C1 1000
TEMARIO CUERPO GENERAL DE ADMINISTRATIVOS
DE LA JUNTA DE ANDALUCÍA.
Actualizado a enero de 2022.
Volumen 1

Francisco Panduro Pérez

2

INTRODUCCIÓN

Incluye el desarrollo de los temas 1 a 24 del programa de materia según el anexo II de la Resolución de 7 de diciembre de 2016, de la Secretaría General para la Administración Pública, por la que se convocan pruebas selectivas, por el sistema de acceso libre, para ingreso en el Cuerpo General de Administrativos y Cuerpo de Auxiliares Administrativos de la Junta de Andalucía, abarcando las Áreas Jurídico Administrativa General y Gestión Financiera.

INDICE[1]

[1]Los temas donde aparezca la indicación PI en la primera página, son los que se incluyeron en la última convocatoria de Promoción Interna.

TEMA 1

LA CONSTITUCIÓN ESPAÑOLA DE 1978. VALORES SUPERIORES Y PRINCIPIOS INSPIRADORES. DERECHOS Y LIBERTADES. GARANTÍAS Y CASOS DE SUSPENSIÓN.

LA CONSTITUCIÓN ESPAÑOLA DE 1978.

La Constitución Española de 1978 es fruto de la evolución histórica del constitucionalismo español y está a su vez influenciada por las otras constituciones democráticas.

En relación con las constituciones anteriores a la actual tenemos:

CONSTITUCIÓN ESPAÑOLA 1812 de Cádiz: (la pepa), proclama la soberanía nacional, división de poderes y preeminencia de las Cortes (Unicamerales).

Estatuto Real de 1834: No proclama la soberanía nacional, ni la división de poderes, principio bicameral.

CONSTITUCIÓN ESPAÑOLA 1837: Soberanía nacional, división de poderes, progresista.

CONSTITUCIÓN ESPAÑOLA 1845: Soberanía compartida (Rey y Cortes), conservadora.

CONSTITUCIÓN ESPAÑOLA 1869 (1ª República): Soberanía nacional, sufragio universal, división de poderes con preeminencia de las Cortes, libertad de cultos, se amplían los derechos y libertades individuales.

CONSTITUCIÓN ESPAÑOLA 1876: (Moderada) Soberanía compartida, división de poderes, turno de partidos.

CONSTITUCIÓN ESPAÑOLA 1931 (2ª República): Soberanía popular y sufragio universal, separación de poderes (preeminencia de las Cortes), Estado laico y aconfesional, descentralización territorial, tribunal de garantías constitucionales y principios sociales.

Periodo de dictadura: No existe Constitución como tal, sino más bien una serie de leyes fundamentales, estableciendo un sistema de corte político autoritario. Entre las leyes más importantes tenemos:

➤ Fuero del trabajo 1938.
➤ Ley constitutiva de las Cortes orgánicas 1942.
➤ Fuero de los españoles 1945.
➤ Ley de referéndum 1945.
➤ Ley de sucesión en la jefatura del Estado 1947.
➤ Ley de principios fundamentales del movimiento nacional 1958.
➤ Ley orgánica del Estado 1967.

Último periodo, después de la muerte de Franco se publicó la ley para la reforma política (1976), otras leyes ayudaron en el proceso democrático de implantación de la CONSTITUCIÓN ESPAÑOLA de 1978 como son la regulación del derecho de asociación política y la ley de partidos políticos de 1978 y el reconocimiento de los regímenes provisionales de autonomía.

Otras influencias.

Los legisladores también se influenciaron por lo expuesto en otras constituciones europeas democráticas como en:

➤ La ley fundamental de Boon (1949) 🖙 idea del Estado social y democrático de derecho.
➤ Constitución italiana (1947) 🖙 Consejo general del poder judicial.
➤ Constitución Francesa (1958).
➤ Constitución portuguesa (1976) 🖙 derechos y libertades fundamentales.

REDACCIÓN:

Se realizó a cargo de la Comisión de Asuntos Constitucionales y Libertades Públicas (formada por 7 personas) se inició el 25/07/1977.

FASE DE DISCUSIÓN EN EL CONGRESO:

En 25 días para enmiendas se presentaron más de mil, dictaminadas por la propia ponencia durante dos meses. Después se discutió en la comisión del Congreso y en el Pleno.

FASE DE DISCUSIÓN EN EL SENADO:

Se produjeron otras mil enmiendas que fueran discutidas en comisión y en pleno. Como el texto aprobado discrepaba sustancialmente con el del Congreso se hizo necesaria la discusión en una comisión mixta.

FASE FINAL DE CONCILIACIÓN PARLAMENTARIA:

La comisión encargada introdujo algunas modificaciones como son la suspensión del control de constitucionalidad de la jurisprudencia o el recorte del veto del Senado.

El texto único fue aprobado por ambas cámaras el 31/10/1978.

FASE DE APROBACIÓN POR REFERÉNDUM:

El 20/11/1978 se inicia la campaña para la aprobación de la Constitución Española en referéndum nacional. Fue aprobada en referéndum el 06/12/1978, sancionada y promulgada ante las Cortes por el Rey el 27/12/1978. Se publicó en el B.O.E. el 29/12/1978, entrando en vigor ese mismo día.

La Constitución Española de 1978 es una constitución escrita, rígida, de origen popular y de carácter extenso, influenciada por el constitucionalismo europeo. La Constitución Española de 1978 se configura en los siguientes bloques:
♦ Un preámbulo.
♦ Una parte dogmática (Título preliminar y título 1º)
♦ Una parte orgánica (títulos 2 al 10)
    Preámbulo.
    Enumera una serie de valores y principios que luego son desarrollados en el texto. Es un texto sin fuerza de obligar directamente, aunque con un gran valor declaratorio, señala los fundamentos de orden constitucional y los objetivos primarios que la Constitución Española persigue.
    Parte dogmática.
    a) título preliminar: contiene los principios, caracteres y valores fundamentales de la Constitución.
    "España se constituye en un Estado social y democrático de derecho que propaga como valores superiores del ordenamiento jurídico la libertad, la justicia, la igualdad y el pluralismo político" (art. 1.1).
    b) título primero: dedicado a los derechos y deberes fundamentales.
    El artículo 14, el 30 y la sección primera del capítulo segundo vinculan a todos los poderes públicos, tienen reserva de ley orgánica, y sus procedimientos están basados en los principios de preferencia y sumariedad (recurso de amparo). Su reforma se equipara a la de la propia CONSTITUCIÓN ESPAÑOLA (art. 168).
    La sección segunda del capítulo segundo vincula a todos los poderes públicos, tienen reserva de ley ordinaria y pueden dar lugar a una declaración de inconstitucionalidad (art. 167).
    Los contenidos del capítulo tercero informan la legislación positiva, la práctica judicial y la actuación de los poderes públicos, sólo pueden ser alegados de acuerdo con las leyes que los desarrollan. (art. 167).
    Parte orgánica.
    Contiene la definición de los órganos de poder, regulándose la estructura fundamental, organización y funciones principales, así como las relaciones entre los mismos. Aunque explícitamente no establece la división de poderes su existencia resulta evidente.

CONSTITUCIÓN ESPAÑOLA (169 arts.)

PREÁMBULO	
	TITULO PRELIMINAR
	TITULO I de los derechos y deberes fundamentales
	Cap. 1º de los españoles y de los extranjeros
	Cap. 2º derechos y libertades
PARTE DOGMATICA	Secc. 1ª de los derechos fundamentales y de las libertades públicas
	Secc. 2ª de los derechos y deberes de los ciudadanos
	Cap. 3º de los principios rectores de la política social y económica
	Cap. 4º de las garantías de las libertades y derechos fundamentales
	Cap. 5º de la suspensión de derechos y libertades
PARTE ORGÁNICA	TITULO II de la corona
	TITULO III de las Cortes Generales
	Cap. 1º de las cámaras
	Cap. 2º de la elaboración de las leyes
	Cap. 3º de los tratados internacionales
	TITULO IV del Gobierno y de la administración
	TITULO V de las relaciones entre el Gobierno y las Cortes Generales
	TITULO VI del poder judicial
	TITULO VII economía y hacienda

TITULO VIII de la organización territorial del Estado
    Cap. 1° principios generales
    Cap. 2° de la administración local
    Cap. 3° de las Comunidades Autónomas
TITULO IX del Tribunal Constitucional
TITULO X de la reforma constitucional
  4 DISPOSICIONES ADICIONALES
  9 DISPOSICIONES TRANSITORIAS
  1 DISPOSICIÓN DEROGATORIA
  1 DISPOSICIÓN FINAL

El poder normativo de los textos constitucionales conlleva la invalidez de toda norma o acto que infrinja lo dispuesto en la Constitución Española de 1978.

La Constitución Española es la norma suprema de la que derivan jerárquicamente todas las demás. Toda Constitución tiene valor normativo inmediato y directo.

Al mismo tiempo, toda norma se debe interpretar de la forma más acorde con los principios que informan la Constitución Española. Los Jueces y tribunales interpretarán y aplicarán las leyes y los reglamentos según los preceptos y principios constitucionales.

El monopolio jurisdiccional del Tribunal Constitucional sólo alcanza a la declaración de inconstitucionalidad de las leyes. La declaración de inconstitucionalidad no se extiende ni a normas con rango inferior a la ley, ni a actos jurídicos, públicos o privados.

Los jueces y tribunales están habilitados (art. 163) a un juicio de constitucionalidad positiva. Existe la obligación de interpretar todo el ordenamiento jurídico de la forma más acorde con la Constitución Española.

LA REFORMA CONSTITUCIONAL.

Viene regulado en el capítulo X de la Constitución Española (arts. 166 á 169).

La iniciativa para la reforma constitucional corresponde al gobierno, al Congreso y al Senado, así como a las asambleas de las Comunidades Autónomas. Hay dos procedimientos establecidos:

Procedimiento ordinario (art.167).

Aprobado por mayoría de 3/5 en cada cámara. Si no existe acuerdo se crea una comisión paritaria que presentará un texto para su votación por ambas cámaras.

Si no existe acuerdo pero sí hay mayoría absoluta del Senado, el Congreso con el voto de 2/3 de los diputados podrá aprobar la reforma.

Después debe realizarse referéndum de ratificación cuando lo soliciten la décima parte de los miembros de cualquiera de las cámaras en el plazo de 15 días desde su aprobación.

Procedimiento extraordinario (art. 168).

Se aplica cuando se trata de la modificación total de la Constitución Española o afecta a:

♦   Los principios generales del título preliminar.
♦   Los derechos y libertades públicas (sección 1ª, capítulo 2° del título 1°)
♦   La corona.

Requiere aprobación por 2/3 en cada cámara y disolución de las Cortes. Las nuevas cámaras deben ratificar el acuerdo por 2/3.

Es obligatorio realizar un referéndum de ratificación.

En tiempos de guerra o en caso de Estado de alarma, excepción o sitio, no se puede iniciar ninguna reforma constitucional. (art. 169).

VALORES SUPERIORES Y PRINCIPIOS INSPIRADORES.

Valores superiores

"España se constituye en un Estado Social y Democrático de Derecho que propugna como valores superiores de su ordenamiento jurídico <u>la libertad</u>, <u>la justicia</u>, <u>la igualdad</u> y <u>el pluralismo político.</u>" (art. 1 CE).

"La nación española, deseando establecer la justicia, la libertad y la seguridad y promover el bien de cuantos la integran en uso de su soberanía..." (preámbulo).

Los valores superiores tienen un carácter básico, no son exactamente principios del derecho (porque no son fuentes del derecho) ya que no tienen valor jurídico definido, aunque se pueden considerar como elementos de interpretación.

El artículo 10 establece: "La dignidad de la persona, los derechos individuales que le son inherentes, el libre desarrollo de la personalidad, el respeto a la ley y a los derechos de los demás son fundamentos del orden político y la paz social.

Las normas relativas a los derechos fundamentales y a las libertades que la Constitución Española establece, se interpretarán de conformidad con la declaración universal de los derechos humanos y los tratados y acuerdos internacionales sobre las mismas materias ratificados por España". Este artículo contiene las claves interpretativas de los valores.

La libertad.

Es la base de una serie de exigencias que la Constitución Española consagra: soberanía popular, tolerancia, legitimación de los gobernantes, sometimiento de los gobernantes y gobernados a la ley, separación de poderes...

La justicia.

La garantía de la justicia reside en la legitimación democrática de los representantes del pueblo, encargados de elaborar las leyes. Los principios fundamentales de la justicia son:

♦ Dar a cada uno lo suyo.
♦ Tratar lo igual de igual manera y lo distinto de manera distinta.

La Constitución Española establece el derecho fundamental a la justicia (art. 117). La justicia emana del pueblo y se administra en nombre del Rey por jueces y magistrados integrantes del poder judicial, independientes, inamovibles, responsables y sometidos únicamente al imperio de la ley.

El ejercicio de la potestad jurisdiccional corresponde exclusivamente a los juzgados y tribunales determinados por las leyes.

La igualdad.

A la igualdad material como ausencia de privilegios se une la igualdad social.

Todos los españoles son iguales ante la ley, sin que pueda prevalecer discriminación alguna por razón de nacimiento, raza, sexo, religión, opinión o cualquier otra condición o circunstancia personal o social (art. 14 CE).

El principio de igualdad compensatoria está citado en el artículo 9 de la Constitución Española donde se establece la obligación de los poderes públicos de promover las condiciones para que la libertad e igualdad de los individuos y de los grupos en que se integre sean reales y efectivas.

"Los poderes públicos promoverán las condiciones favorables para el progreso social y económico y para una distribución de la renta regional y personal más equitativa, en el marco de una política de estabilidad económica. De manera especial realizarán una política orientada al pleno empleo" (art. 40 CE).

"Los poderes públicos realizarán una política de previsión, tratamiento, rehabilitación e integración de los disminuidos físicos, sensoriales y psíquicos, a los que prestará la atención especializada que requieran y los ampararán especialmente para el disfrute de los derechos que este título otorga a otros ciudadanos." (art. 49 CE).

"Los poderes públicos garantizarán, mediante pensiones adecuadas y periódicamente actualizadas, la suficiencia económica a los ciudadanos durante la tercera edad. Asimismo, y con independencia de las obligaciones familiares, promoverán su bienestar mediante un sistema de servicios sociales que atenderán sus problemas específicos de salud, vivienda, cultura y ocio" (art. 50 CE).

El pluralismo político.

Supone el rechazo al partido único y la concurrencia de varios partidos en la formación y acción de poder. Las decisiones de un régimen pluralista son abiertas y públicas.

El instrumento básico es la representación constituida a través del sufragio y el órgano de dialogo es el parlamento. La representación exige la libertad para expresar esa pluralidad y el derecho de asociación como medio para simplificar y potenciar las demandas y tendencias de la sociedad.

"Los partidos políticos expresan el pluralismo político, concurren a la formación y manifestación de la voluntad popular y son instrumento fundamental para la participación política. Su creación y el ejercicio de su actividad son libres, dentro del respeto a la Constitución Española y a la Ley. Su estructura interna y funcionamiento deberán ser democráticos" (art. 6 CE).

"Los sindicatos de trabajadores y las asociaciones empresariales contribuyen a la defensa y promoción de los intereses sociales y económicos que le son propios, Su creación y el ejercicio de su actividad son libres dentro del respeto a la Constitución Española y a la ley. Su estructura interna y funcionamiento deberán ser democráticos" (art. 7 CE).

Principios inspiradores de la Constitución.

Los principios inspiradores de la Constitución vienen recogidos en el título preliminar, donde se establecen las siguientes características:

Estado social y democrático de derecho.

Estado de derecho ☞ **principio de constitucionalidad** del Estado, el ejercicio del poder político se encuentra sometido a los límites establecidos en la Constitución Española.

Principio de legalidad puesto que la ley es el marco y límite de actuación de la administración civil y de la administración de justicia.

Existencia de jurisdicciones garantizadoras del principio de constitucionalidad (Tribunal Constitucional) y del principio de legalidad (jurisdicción ordinaria).

Estado de derecho democrático ☞ donde están reflejados los **principios de representatividad** y el **sufragio universal**.

Estado de derecho social ☞ **principio de socialidad** del Estado a través de los servicios prestacionales de la administración pública.

Principio de soberanía popular (art.12 CE).

El pueblo español es el titular originario e inmediato del poder político y lo ejerce por medio de titulares delegados mediante las elecciones generales periódicas por sufragio universal.

Principio monárquico (art. 1.3 CE   ).

Principio parlamentario (art. 1.3 CE).

La forma política del Estado establecida por la Constitución Española es la monarquía parlamentaria, designa la forma del Gobierno y la forma en que se relaciona con los distintos poderes (legislativo y judicial).

Principio de autonomía regional (art. 2 CE).

Determina la potestad reconocida a comunidades territoriales para dotarse de un ordenamiento propio.

Principio de unidad (art. 2 CE).

Constituye un fundamento de la Constitución Española la unidad indivisible de la nación española. Funciona al mismo tiempo como límite de las autonomías.

Principio de solidaridad (art.2 CE).

Orientado al establecimiento de un equilibrio interregional económico justo para evitar la existencia de situaciones de privilegio entre distintas Comunidades Autónomas.

Principio de pluralismo lingüístico (art. 3 CE).

Por medio del cual se reconocen las distintas nacionalidades y regiones. Sus lenguas también son oficiales.

Principio de pluralismo político (art. 6 CE).

Principio informador del orden constitucional, reconoce a los partidos políticos como cauce de integración política de la comunidad.

Principio de pluralismo social (art. 7 CE).

Reconoce las funciones esenciales que para la integración de los intereses sociales y económicos realizan los sindicatos y las asociaciones empresariales.

Principio de legalidad y seguridad jurídica (art. 9.3 CE).

Toda la actuación de los poderes públicos va a estar predeterminada por la ley (interdicción de la arbitrariedad de los poderes públicos y seguridad jurídica).

Los poderes públicos tienen la obligación de motivar sus decisiones cuando éstas se aparten de la conducta o decisiones cotidianamente tomadas.

Ninguna norma de rango inferior puede contradecir o suprimir un precepto de una norma de rango superior. Para ello, todos los poderes públicos y todos los ciudadanos deben conocer las leyes para poder cumplirlas, lo que trae como consecuencia la publicidad de las normas (la ignorancia de la ley no excusa de su cumplimiento).

La Constitución Española garantiza la irretroactividad de las disposiciones sancionadoras no favorables o restrictivas de derechos individuales. En consecuencia, hay responsabilidad de los poderes públicos como consecuencia del funcionamiento normal o anormal del Estado que comportará la correspondiente indemnización.

DERECHOS Y LIBERTADES.

Los primeros derechos fundamentales reconocidos fueron los individuales, posteriormente se incorporaron los derechos políticos o de participación. Los últimos en aparecer son los derechos sociales.

Clasificación derechos fundamentales:

<u>Civiles o individuales:</u> protegen el desarrollo y la realización de la personalidad del individuo frente a los demás y al Estado.

<u>Políticos:</u> comprenden la participación del ciudadano en la vida comunitaria directamente o a través de sus legítimos representantes.

<u>Sociales:</u> son aquellos cuyo ejercicio supone una prestación positiva por parte del Estado (principio de justicia social).

La Constitución Española no clasifica los derechos fundamentales, sino que los agrupa según el grado de garantía o protección que tienen.

Los derechos fundamentales en la Constitución Española (Título 1º).

♦ Capítulo 1º de los españoles y los extranjeros:

Nacionalidad española (art. 11 CE) puede ser de origen o derivado, los españoles de origen no podrán ser privados de su nacionalidad.

Mayoría de edad (art. 12 CE) a los 18 años, comporta plenos derechos civiles y políticos.

Libertades de extranjeros en España (art. 13 CE). Gozan de los mismos derechos excepto de participar en decisiones de forma directa (Referéndum) o indirecta a través del derecho de sufragio activo o pasivo. Los ciudadanos europeos tienen derecho al sufragio activo y pasivo en las elecciones municipales.

♦ Capítulo 2º derechos y libertades.

Libertades personales establecidas con el principio de igualdad (art. 14 CE).

Derecho a la vida (art. 15 CE), la Constitución Española prohíbe la pena de muerte.

Derecho a la integridad física y moral (art. 15 CE).

Libertad ideológica y religiosa (art. 16 CE), nadie puede ser obligado a declarar sobre su ideología.

Derecho a la libertad y seguridad (art. 17 CE), todo individuo goza de la garantía constitucional frente a la detención o prisión arbitrarias. La prisión preventiva no puede durar más de 72 horas.

Derecho a la privacidad (art. 18 CE), protección de ámbito íntimo de la persona.

a) Derecho a la intimidad personal y familiar, al honor y a la propia imagen.
b) Inviolabilidad del domicilio.
c) Secreto de las comunicaciones.
d) Limitación del uso de la informática (L.O. 5/92).
e) Libertad de circulación y residencia (art. 19 CE).

Derechos de participación.

Libertad de expresión (art. 20 CE) es el cauce para la pluralidad de opiniones y pensamientos.

Derecho a la creación literaria, artística, científica y técnica y a la libertad de cátedra.

Derecho a comunicar y recibir información veraz. Principio de libertad de prensa, prohibición de censura previa y cláusula de conciencia y secreto profesional.

Derecho de reunión y manifestación (art. 21 CE), sólo se exige comunicación previa para el caso de manifestaciones y reuniones en lugares de tránsito público.

Derecho de asociación (art. 22 CE), derecho de libre ejercicio, hay libertad positiva o negativa de asociación.

Derecho de participación política (art. 23 CE), incluye el derecho de sufragio y el derecho de acceder en condiciones de igualdad a las funciones y cargos públicos.

Libertad de enseñanza (art. 27 CE).

Derecho de petición (art. 29 CE).

Derechos institucionales.

Requieren la previa aportación por parte del Estado de una infraestructura institucional.

Derecho a la jurisdicción (art. 24 CE), exige la creación de la administración de justicia, con unas exigencias básicas: libre acceso a los tribunales, derecho a obtener un fallo de los tribunales y derecho a que el fallo se cumpla.

Derecho de educación (art. 27 CE), gratuidad y obligatoriedad de la enseñanza básica.

♦ Capítulo 3° Derechos económicos y sociales.

Protección social, económica y jurídica de la familia (art. 39 CE).
- Derecho a la libertad sindical (art. 28 CE).
- Derecho de huelga (art. 28 CE).
- Derecho a contraer matrimonio (art. 32 CE).
- Derecho a la propiedad privada y a la herencia (art. 33 CE).
- Derecho a la fundación para fines de interés general (art. 34 CE).
- Peculiaridades del régimen jurídico de los Colegios Profesionales (art. 36 CE).
- Derecho a la negociación colectiva laboral (art. 37 CE).
- Libertad de empresa (art. 38 CE).
- Derecho al progreso económico y social (art. 40 CE).
- Derecho a un régimen público de seguridad social (art. 41 CE).
- Derecho a la protección de la salud (art. 43 CE).
- Derecho de acceso a la cultura (art. 44 CE).
- Derecho a disfrutar del medio ambiente (art. 45 CE).
- Conservación del patrimonio artístico, cultural e histórico (art. 46 CE).
- Derecho a una vivienda digna (art. 47 CE).
- Participación de la juventud (art. 48 CE).
- Política de previsión, tratamiento y rehabilitación de los disminuidos físicos, sensoriales o psíquicos (art. 49 CE).
- Derecho a pensiones adecuadas (art. 50 CE).
- Defensa de los consumidores (art. 51 CE).
- Organizaciones profesionales (art. 52 CE).

Deberes constitucionales.

Deber de defensa (art. 30 CE) se reconoce el derecho a la objeción de conciencia (considerado como un derecho fundamental).

Deber de tributación (art. 31 CE) obligación general de contribuir al sostenimiento de los gastos públicos, de acuerdo con los principios de capacidad económica, igualdad y progresividad.

Deber de trabajar (art. 35 CE) es un derecho y un deber al mismo tiempo.

GARANTÍAS Y CASOS DE SUSPENSIÓN.

La Constitución es rígida para favorecer la permanencia en el tiempo, aunque tiene establecidos procedimientos de reforma para poder adaptarse a las circunstancias (permite flexibilizar la Constitución Española). Al mismo tiempo el control de constitucionalidad permite impugnar y anular actos contrarios a la Constitución Española.

El Tribunal Constitucional es el principal garante de la Constitución Española, velando porque el ordenamiento jurídico acate lo contenido en ella, y que la actuación de los poderes y administraciones públicas sea conforme con la norma magna española.

Garantías:

La Constitución Española establece para los derechos y libertades un sistema de garantías complejo y no uniforme en sus artículos 53 y 54.

1ª Garantía: Vinculación de todos los poderes públicos a los derechos y libertades del capítulo II del título I.

2ª Garantía: Reserva de ley sobre estos derechos (ley Orgánica).

3ª Garantía: Recurso preferente y sumario para reclamar derechos del artículo 14 y la Sección 1ª del capítulo II del título I, planteado ante los tribunales ordinarios.

4ª Garantía: Recurso de amparo para los derechos anteriores y para el derecho a la objeción de conciencia (art. 30 CE).

5ª Garantía: El capítulo III informará la legislación positiva, la práctica judicial y la actuación de los poderes públicos. Sólo podrán ser alegados ante la jurisdicción ordinaria de acuerdo con las leyes que los desarrollen.

6ª Garantía. La institución del defensor del pueblo.

Restricciones.

Se fundamentan en la necesidad de poseer medidas adecuadas para superar situaciones excepcionales que pongan en peligro el orden constitucional.

El artículo 55 prevé la suspensión genérica de una serie de artículos, que son los siguientes:

- 17- Derecho a la libertad y la seguridad.
- 18- Inviolabilidad del domicilio, secreto de las comunicaciones.
- 19- Libertad de residencia y circulación.
- 20- Libertad de expresión, secreto profesional, cláusula de conciencia y secuestro de publicaciones.
- 21- Derecho de reunión y manifestación.
- 28- Derecho de huelga.
- 37- Adoptar medidas de conflicto colectivo.

Estos artículos se pueden suspender cuando se acuerde la declaración de los estados de excepción o de sitio.

Los estados excepcionales están regulados en el artículo 116 de la Constitución Española, que exige que sean regulados por ley orgánica. Tenemos:

Estado de alarma: lo declara el Gobierno por un periodo máximo de quince días, dando cuenta al Congreso sin cuya autorización no se puede prorrogar.

Estado de excepción: Es declarado por el Gobierno previa autorización del Congreso, por un período máximo de 30 días prorrogables por otros 30.

Estado de sitio: lo declara el Congreso por mayoría absoluta, a propuesta del Gobierno. En la declaración se determinará el ámbito de duración y condiciones. Conlleva la asunción de importantes competencias por las autoridades militares.

El artículo 55 de la Constitución Española también prevé la posibilidad de una suspensión individual de determinados derechos para luchar contra el terrorismo. Son los siguientes:

- 17- Duración máxima de la detención preventiva 72 horas.
- 18- Inviolabilidad del domicilio y secreto de las comunicaciones.

Siempre para personas determinadas en relación a investigaciones correspondientes a la actuación de bandas armadas o terroristas (L.O. Protección Seguridad Ciudadana).

TEMA 2

LOS ÓRGANOS CONSTITUCIONALES. LA CORONA. LAS CORTES GENERALES. EL CONGRESO DE LOS DIPUTADOS Y EL SENADO: COMPOSICIÓN Y FUNCIONES. EL GOBIERNO. EL PODER JUDICIAL. EL TRIBUNAL CONSTITUCIONAL. EL TRIBUNAL DE CUENTAS. EL DEFENSOR DEL PUEBLO.

LOS ÓRGANOS CONSTITUCIONALES. LA CORONA.

La Constitución Española establece que la forma política del Estado español es la monarquía parlamentaria. El título II (arts. 56 a 65) corresponde a la corona.

El Rey es el jefe de Estado, símbolo de su unidad y permanencia, arbitra y modera el funcionamiento regular de las instituciones, asume la más alta representación del Estado español en las relaciones internacionales, especialmente con las naciones de su comunidad histórica, y ejerce las funciones que le atribuyen expresamente la Constitución y las leyes (art. 56.1 CE).

La corona es un órgano de titularidad hereditaria. El monarca es el jefe del Estado, vela por el funcionamiento de las instituciones. El Rey es inviolable e irresponsable. El cargo de Rey es vitalicio. Además del título de Rey de España podrá utilizar los demás que le correspondan.

La Constitución Española atribuye una serie de funciones al Rey:

⇨ Sancionar y promulgar las leyes.

⇨ Convocar y disolver las Cortes generales y convocar las elecciones en los términos previstos en la Constitución Española.

⇨ Convocar referéndum en los casos previstos en la Constitución Española.

⇨ Proponer al candidato a presidente del Gobierno y, en su caso, nombrarlo, así como poner fin a sus funciones en los términos previstos en la Constitución Española.

⇨ Nombrar y separar a los miembros del Gobierno a propuesta de su presidente.

⇨ Expedir los decretos acordados en el Consejo de Ministros, conferir los empleos civiles y militares y conceder honores y distinciones con arreglo a las leyes.

⇨ Ser informados de los asuntos del Estado y presidir, a estos efectos, las sesiones del Consejo de Ministros, cuando lo estime oportuno, a petición del presidente del Gobierno.

⇨ El mando de las fuerzas armadas.

⇨ Ejercer el derecho de gracia con arreglo a la ley, aunque no podrá autorizar indultos generales.

⇨ El alto patronazgo de las reales academias.

⇨ Acreditar a embajadores y representantes diplomáticos, siendo ante él donde se acreditan los representantes extranjeros en España.

⇨ Manifestar el consentimiento del Estado para obligarse internacionalmente por medio de tratados.

⇨ Previa autorización de las Cortes, le corresponde declarar la guerra y hacer la paz.

La sucesión.

La corona es hereditaria en los sucesores de Juan Carlos I. La sucesión seguirá el orden de primogenitura y representación. Se prefiere la línea anterior a las posteriores, en la misma línea, el grado más próximo al más remoto; en el mismo grado, el varón sobre la mujer y en el mismo sexo, la persona de más edad a la de menos.

Si todas las líneas están extinguidas, las Cortes proveerán de la forma que más convenga a los intereses del Estado.

Por medio de la ley orgánica 3/2014, de 18 de junio, se hace efectiva la abdicación de su majestad el Rey D. Juan Carlos I de Borbón, de forma que el Hasta ahora Príncipe de Asturias, Felipe de Borbón, pasa a reinar bajo el nombre de Felipe VI.

Don Juan Carlos de Borbón, padre del Rey Don Felipe VI, continuará vitaliciamente en el uso con carácter honorífico del título de Rey, con tratamiento de Majestad y honores análogos a los establecidos para el Heredero de la Corona, Príncipe o Princesa de Asturias, en el Real Decreto 684/2010, de 20 de mayo, por el que se aprueba el Reglamento de Honores Militares.

Doña Sofía de Grecia, madre del Rey Don Felipe VI, continuará vitaliciamente en el uso con carácter honorífico del título de Reina, con tratamiento de Majestad y honores análogos a los establecidos para la Princesa o el Príncipe de Asturias consortes en dicho Real Decreto.

El orden de precedencia de los Reyes Don Juan Carlos y Doña Sofía en el Ordenamiento General de Precedencias del Estado, aprobado por el Real Decreto 2099/1983, de 4 de agosto, será el inmediatamente posterior a los descendientes del Rey Don Felipe VI.

La regencia.

El Rey ha de ser mayor de edad y tener la capacidad necesaria para el ejercicio de su autoridad.

Si el Rey es menor de edad se produce la regencia. La ejerce el padre o madre, o el pariente mayor de edad más próximo a suceder en la corona, durante el tiempo de la minoría de edad del Rey.

Si el Rey se inhabilita para el ejercicio de la autoridad, entrará a ejercer la regencia el príncipe heredero.

Si no hay ninguna persona a quien corresponda la regencia, las Cortes nombrarán uno, tres o cinco regentes. En todo caso han de ser españoles y mayores de edad.

Será tutor del Rey menor la persona que en su testamento hubiese nombrado el Rey difunto. Ha de ser mayor de edad y español de nacimiento. En su defecto lo nombrarán las Cortes, pero no se puede acumular los cargos de tutor y regente excepto en los padres y ascendientes del Rey.

El refrendo.

La persona del Rey es inviolable y no está sujeta a responsabilidad. Sus actos estarán siempre refrendados en la forma establecida en el artículo 64 de la Constitución Española (presidente o ministros competentes), careciendo de validez sin dicho refrendo.

De los actos del Rey serán responsables las personas que los refrenden.

Los nombramientos y relevos de miembros civiles y militares de la Casa Real, así como de la distribución de la cantidad global que se recibe de los presupuestos generales del Estado no necesitan refrendo.

LAS CORTES GENERALES. EL CONGRESO DE LOS DIPUTADOS Y EL SENADO: COMPOSICIÓN Y FUNCIONES.

España se constituye en un Estado social y democrático de derecho y proclama la soberanía nacional que reside en el pueblo español del que emanan todos los poderes del Estado (art. 1 CE). Las Cortes Generales es el órgano que encarna la representación popular.

Están reguladas en el título III, representan al pueblo español y están formadas por el Congreso de los Diputados y el Senado. Ejercen la potestad legislativa, aprueban los presupuestos, controlan al Gobierno y tienen las demás competencias que le atribuya la Constitución Española.

Está caracterizado por:

- La representatividad, tanto del pueblo en su unidad y en su conjunto (Congreso de los Diputados) como del pueblo en su variedad territorial (Senado).
- Carácter colegiado y deliberante.
- La inviolabilidad.
- La continuidad, es un órgano de existencia continua (diputación permanente), renovándose cada cuatro años.
- La publicidad (órgano público).
- La supremacía política.
- Las Cortes son un órgano amplio.

Composición del Congreso de los Diputados.

Se compone de un mínimo de 300 y un máximo de 400 Diputados. En la actualidad son 350 miembros, elegidos por sufragio universal, libre, igual, directo y secreto. La circunscripción electoral es la provincia. A Ceuta y Melilla les corresponden sendos Diputados.

A cada provincia le corresponde un mínimo de dos Diputados y el resto en proporción a la población (fórmula D'hont). El Congreso es elegido por cuatro años.

Composición del Senado.

Es la cámara de representación territorial. Sus miembros se eligen en función de circunscripciones territoriales, independientemente de la población con que cuenten. En cada provincia se elegirán cuatro Senadores por sufragio universal, libre, igual, directo y secreto. A cada una de las islas mayores (Mallorca, Gran Canaria y Tenerife) le corresponden tres Senadores, al resto de islas o agrupaciones le corresponden un Senador. A Ceuta y Melilla de corresponden dos Senadores a cada una.

Cada comunidad designa un Senador y otro más por millón de habitantes de su respectivo territorio, designación que corresponde a las asambleas legislativas o a los órganos colegiados superiores. El mandato de los Senadores es de cuatro años. En la actualidad tenemos 259 Senadores de los que 208 son electos y 51 designados por las Comunidades Autónomas.

La ley 19/2007 de designación de senadores y Senadoras en representación de la Comunidad Autónoma de Andalucía establece que se podrá designar Senador o Senadora en representación de la

Comunidad Autónoma de Andalucía a quienes, además de reunir las condiciones generales exigidas en las leyes electorales para ser elegibles como tales, gocen de la condición política de andaluces o andaluzas y declaren, formalmente, su aceptación del cargo de resultar designados.

Son electores y elegibles para Diputados y Senadores todos los españoles que estén en pleno uso de sus derechos públicos.

Las elecciones tendrán lugar entre los 30 y 60 días siguientes a la terminación del mandato. El Congreso electo deberá ser convocado dentro de los 25 días siguientes a la celebración de las elecciones.

Los parlamentarios no están sometidos de modo directo a las instrucciones de determinados grupos de electores, sino que representan al pueblo. Nadie puede pertenecer simultáneamente al Congreso y al Senado.

Diputados y Senadores gozarán de inmunidad durante el período de su mandato. Gozan también de inviolabilidad por las opiniones manifestadas en el ejercicio de sus funciones. Las causas contra Diputados y Senadores corresponden al Tribunal Supremo.

Son **inelegibles**:
- Los miembros del Tribunal Constitucional.
- Los altos cargos de la administración del Estado (excepto los miembros del Gobierno).
- El Defensor del Pueblo.
- Los magistrados, jueces y fiscales en activo.
- Los militares profesionales y miembros de las fuerzas y cuerpos de seguridad del Estado en activo.
- Los miembros de las juntas electorales.
- Los Senadores designados por las administraciones autónomas, sean o no simultáneamente miembros de las asambleas legislativas de éstas:
    a) Sólo podrán desempeñar las actividades que como Senadores están expresamente autorizadas en la Constitución Española y ley electoral.
    b) Sólo pueden permitir la remuneración de Senador, salvo que opten por la de la asamblea autónoma.

Al mismo tiempo, están sometidos a las siguientes incompatibilidades:
- El mandato se ejercerá en régimen de dedicación absoluta.
- Será incompatible con el desempeño, por sí o mediante sustitución de cualquier otro puesto, público o privado.
- Régimen de dedicación absoluta e incompatible.
- Deben declarar todas las actividades que puedan constituir causa de incompatibilidad.
- Deben declarar sus bienes patrimoniales y sus actividades.

Las cámaras tienen una serie de órganos:
❖ De dirección:

Los presidentes, que representan a las mismas, dirigen los debates, mantiene el orden y ordenan los pagos (hay además cuatro vicepresidentes en el Congreso y dos en el Senado, también hay cuatro secretarios en cada cámara).

Las mesas, órgano rector de la cámara, ostentan la representación colegiada. En el Congreso están formada por el presidente, cuatro vicepresidentes y cuatro secretarios. En el Senado la forman el presidente, dos vicepresidentes y cuatro secretarios.

Junta de portavoces, órganos colegiados de dirección de los trabajos, fijan el orden del día en los plenos (criterio del voto ponderado)
❖ De trabajo:

Las comisiones, ejercen una labor de preparación e instrucción de los trabajos del pleno. Les corresponde conocer de proyectos, proposiciones o asuntos que les encomienden. Pueden ser permanentes o no permanentes, generales, legislativas, no legislativas, de investigación o especiales.

Dentro de las comisiones es posible nombrar uno o más ponentes que preparen un informe que es el que utilizará la comisión para sus trabajos y emitir su dictamen.

El pleno, es la reunión de todos los miembros de derecho de la cámara. Convocada por el presidente, a propia iniciativa o a solicitud de al menos 2 grupos parlamentarios o 1/5 de los miembros de la cámara.

Los grupos parlamentarios, son uniones de miembros de las cámaras, en función de una afinidad ideológica o pertenencia a un mismo partido. En el Congreso el mínimo exigido es de quince miembros, en el Senado bastan diez. También es posible formar un grupo parlamentario con cinco miembros y el 15% de los votos de una circunscripción o el 5% nacional.

La diputación permanente, en cada cámara existirá una, con un mínimo de 21 miembros que representen a los grupos parlamentarios. Asumen las funciones de las cámaras una vez expirado el mandato, o tras su disolución y velan por los poderes de aquella fuera del período ordinario de sesiones (septiembre-diciembre, febrero-junio).

❖ *Extraordinarios*:

Comisiones de encuesta o investigación.

Comisiones mixtas para procedimientos de reforma constitucional.

Comisiones mixtas para superar desacuerdos entre ambas cámaras.

Comisiones mixtas para relaciones con el Tribunal de Cuentas, para la Unión Europea...

Comisiones mixtas para las relaciones con el Defensor del Pueblo.

Funciones de las Cortes Generales.

A las Cortes le corresponde las funciones relacionadas con la corona, para lo que se reúnen de forma conjunta. Se exige mayoría en cada cámara para autorizar tratados internacionales, acuerdos de cooperación entre Comunidades Autónomas y para distribuir recursos del fondo de compensación para corregir desequilibrios interterritoriales. En estos casos si no existe acuerdo se intenta en una comisión mixta. Si no se aprueba decide el Congreso por mayoría absoluta.

Funciones del Congreso.

❑ Otorgar la confianza al presidente del Gobierno, invistiéndole.

❑ Hacer cesar al Gobierno (moción de censura, negándole la confianza).

❑ Declarar el Estado de sitio, autorizar el de excepción y/o la prórroga del de alarma.

❑ Autorizar referéndums.

❑ Convalidar o derogar decretos leyes dictados por el Gobierno.

Funciones del Senado.

Adoptar las medidas necesarias para obligar a una comunidad autónoma que no cumpliese con las obligaciones que la Constitución Española u otras leyes imponen o que actuara de forma gravemente atentatoria para el interés general de España, al cumplimiento forzoso de dichas obligaciones.

Función legislativa de las Cortes Generales.

Las Cortes Generales ejercen la potestad legislativa del Estado, aprueban sus presupuestos, controlan la acción del Gobierno y tienen las demás competencias que les atribuye la Constitución (art. 66 CE).

• Poseen iniciativa legislativa, que la comparten con el Gobierno, las asambleas legislativas de las Comunidades Autónomas y los ciudadanos (por medio de la iniciativa popular).

• Tramitan los proyectos de ley y las proposiciones legislativas.

• Aprueban leyes.

• Delegan en el Gobierno para dictar normas con rango de ley sobre materias no reservadas a ley orgánica.

• Convalidan los decretos-leyes o los derogan.

Procedimiento ordinario.

Presentado un proyecto de ley por el Gobierno, se envía a la mesa del Congreso para que se publique en el boletín oficial de las Cortes y se envía a la comisión correspondiente.

Las proposiciones deben ser tenidas en consideración por el pleno (15 días) antes de ser publicada en el Boletín oficial de las Cortes y ser enviada a la comisión correspondiente.

Una vez publicado el proyecto (o proposición) hay un plazo de 15 días para presentar enmiendas (por escrito ante la mesa de la comisión) ésta pueden ser a la totalidad o al articulado. Si son a la totalidad se debaten en el pleno.

Finalizado el debate, la comisión nombra uno o varios ponentes que redactan un informe (15 días) que será debatido artículo por artículo en la comisión. Tras lo cual se redacta un dictamen que se envía al presidente del Congreso. Los grupos parlamentarios pueden dirigir sus escritos (48 horas) en los que comunican sus votos particulares y las enmiendas que pretenden defender en el pleno.

El debate y votación puede hacerse artículo por artículo o bien por materias, grupos de artículos o enmiendas.

Aprobado el proyecto o la proposición, el presidente del Congreso lo remitirá al del Senado para su deliberación en esta cámara. En un plazo de dos meses pueden oponer su veto (mayoría absoluta) e introducir enmiendas.

El Rey no puede sancionar sin que el Congreso ratifique por mayoría absoluta el veto o por mayoría simple una vez que pasan dos meses (veinte días naturales en proyectos urgentes).

Las leyes orgánicas exigen una votación final sobre el conjunto de su articulado, exigiéndose su aprobación por mayoría absoluta.

La función de control del Gobierno.

El Gobierno responde solidariamente de su gestión política ante el Congreso de los Diputados (art. 108 CE).

Entre los mecanismos de control tenemos:

La investidura del presidente del Gobierno, quien debe obtener la confianza de la cámara.

La moción de censura. Se establece la posibilidad de hacer cesar al Gobierno en su acción. Debe ser propuesta, al menos, por el 10% de los Diputados y debe incluir un candidato a la presidencia. No puede ser votada hasta que transcurran 5 días desde su presentación.

Durante los dos primeros días del plazo se pueden presentar mociones alternativas. Si no prospera la moción, sus signatarios no podrán presentar otra durante el mismo periodo de sesiones.

La cuestión de confianza. El presidente del Gobierno, previa deliberación del Consejo de Ministros, puede plantear ante el Congreso de los Diputados la cuestión de confianza sobre un programa o sobre una declaración de política general. La confianza se entiende otorgada cuando vote a su favor la mayoría simple de Diputados.

Interpelaciones y preguntas. El Gobierno y cada uno de los miembros están sometidos a las interpelaciones y preguntas que se le formulen en las cámaras. Toda interpelación podrá dar lugar a una moción en la que la cámara manifieste su posición.

Comparecencia de los miembros del Gobierno, Las cámaras y sus comisiones pueden reclamar la presencia de los miembros del Gobierno, éstos tienen acceso a las sesiones de las cámaras y a sus comisiones.

Petición de información. Las cámaras y sus comisiones podrán recabar a través de los presidentes de aquellas, la información y ayuda que precisen del Gobierno y de sus departamentos y de cualquiera autoridades del Estado y Comunidades Autónomas (art. 109 CE).

Supervisión de los estados de alarma, excepción y sitio. Se da cuando autoriza la prórroga de la alarma, o autoriza la excepción o cuando declara el sitio.

Como contrapartida a este control que tienen las Cortes sobre el Gobierno, éste puede disolverlas.

El presidente del Gobierno, previa deliberación del Consejo de Ministros, y bajo su exclusiva responsabilidad, podrá disponer la disolución del Congreso, del Senado o de las Cortes generales que será decretada por el Rey (art. 115 CE).

El decreto fijará la fecha de las elecciones y no es posible cuando se tramite una moción de censura, o haya transcurrido menos de un año de la anterior disolución, tampoco en los casos de alarma, excepción o sitio.

EL GOBIERNO.

El Gobierno del Estado aparece regulado en los capítulos IV y V de la Constitución Española y en la ley 50/97, de 27 de noviembre del Gobierno. Según el art. 97 de la Constitución Española, el Gobierno dirige la política interior y exterior, la administración civil y militar y la defensa del Estado. Ejerce la función ejecutiva y la potestad reglamentaria de acuerdo con la Constitución Española y las leyes.

Funciona de acuerdo con tres principios: dirección presidencial, principio de colegialidad (responsabilidad solidaria de sus miembros) y principio departamental que otorga a cada titular de departamento una amplia autonomía y responsabilidad en el ámbito de su respectiva gestión.

El Gobierno se compone de presidente, de los vicepresidentes en su caso, de los ministros y de los demás miembros que establezca la ley (art. 98 CE).

La Ley de 27 de diciembre de 1998 faculta al presidente del Gobierno a variar la composición del Consejo de Ministros mediante Real Decreto.

Desde un punto de vista amplio el Gobierno ejerce la función ejecutiva, aunque no de manera exclusiva, puesto que la administración pública también participa de ella. El Gobierno también tiene funciones normativas. La ley 50/97 establece distintos tipos de funciones:

Funciones políticas. El Gobierno dirige la política interior y exterior. La función de dirección del Gobierno consiste en seleccionar y planificar la realización de los objetivos del aparato estatal. El capítulo III de la Constitución Española contiene los mandatos expresos a los poderes públicos.

Corresponde al presidente del Gobierno y a los ministros refrendar los actos del Rey. El Gobierno es el competente para requerir al Tribunal Constitucional que declare si existen o no estipulaciones contrarias a la Constitución Española. También participa en la iniciativa de reforma de la Constitución Española.

Al mismo tiempo el Gobierno y sus miembros, tanto del Estado como de las comunidades autónomas, están obligados a facilitar la información y ayuda que las cámaras y sus comisiones puedan recabar. Las cámaras pueden exigir la responsabilidad del Gobierno por medio de la moción de censura o la negación de la confianza. El Gobierno, por el contrario, puede disolver las Cortes.

Funciones normativas. El Gobierno posee la potestad de dictar reglamentos y dictar normas con rango de ley. Las Cortes pueden delegar en el Gobierno la potestad de dictar normas con rango de ley sobre materias determinadas que no sean objeto de ley orgánica.

Esta delegación se deberá otorgar mediante ley de bases para textos articulados o una ley ordinaria cuando se trate de refundir varios textos legales en uno solo (decretos legislativos).

El Gobierno posee potestad legislativa en casos de extraordinaria y/o urgente necesidad (Decretos leyes) no pudiendo afectar al ordenamiento de las instituciones básicas del Estado, a los derechos y deberes y libertades de los ciudadanos regulados en el título I, al régimen de las Comunidades Autónomas ni al derecho electoral general. Estas disposiciones deben ser inmediatamente sometidas a debate y votación a la totalidad por el Congreso de los Diputados en los 30 días siguientes a su promulgación.

El Gobierno participa en la iniciativa legislativa con la aprobación en Consejo de Ministros de proyectos de ley que elevará a las cámaras para su tramitación.

La potestad reglamentaria atribuida al Gobierno y a la administración consiste en la facultad de dictar los reglamentos como disposiciones generales y obligatorias, emanadas de la administración y con carácter subordinado a la ley formal del parlamento. Esta potestad la comparte con otros órganos del Estado como: las propias Cortes generales, el Consejo General del Poder Judicial y el Tribunal Constitucional (TC). Asimismo los órganos del Gobierno de las Comunidades Autónomas también tienen potestades reglamentarias.

Los tribunales tienen encomendado el control de la potestad reglamentaria del Gobierno (garantía de la legalidad).

Funciones administrativas. El Gobierno dirige la administración civil y militar. Marca unas metas y distribuye las tareas entre los departamentos y organismos y armoniza dicha labor administrativa.

El Gobierno realza la actividad política, constituida por el núcleo de decisiones del poder ejecutivo de mayor importancia, basada en razones de oportunidad cuya apreciación queda a la libertad de los sujetos que lo integran.

La administración se constituye por un conjunto de órganos servidos por funcionarios (neutrales políticamente se pretende) y que tienen como misión ejecutar materialmente la ley y asegurar la efectividad de las decisiones del Gobierno. La defensa del Estado también es tarea del Gobierno.

El Gobierno debe estar autorizado por ley para emitir deuda pública o contraer crédito. También puede impugnar ante el Tribunal Constitucional las disposiciones y resoluciones adoptadas por los órganos de las Comunidades Autónomas, pueden interponer recursos de inconstitucionalidad.

Designación, remoción y responsabilidades.

El primer paso para su constitución es la designación del presidente. Su nombramiento se realiza mediante la presentación de un candidato, propuesto por el Rey al Congreso o mediante el mecanismo de la moción de censura. Los demás miembros son nombrados y separados por el Rey a propuesta de su presidente, que los designa.

El Gobierno legalmente dura lo que dure el cargo de presidente. Cesa en los casos de cese del presidente como son: dimisión voluntaria, dimisión obligatoria (pérdida de la confianza, moción de censura), renovación del Congreso, fallecimiento.

Los ministros y vicepresidente, en su caso, también cesan a propuesta del presidente del Gobierno. El Gobierno cesante continuará en funciones hasta la toma de posesión del nuevo Gobierno.

En caso de vacante, ausencia o enfermedad del presidente, éste será suplido por el vicepresidente (según su respectivo orden) o en su defecto, por los ministros según el orden de precedencia.

La responsabilidad del Gobierno puede ser:

* Política 🖙 el Gobierno responde solidariamente de su gestión política ante el Congreso de los Diputados mediante la moción de censura o la negación de la confianza.
* Penal 🖙 la responsabilidad del presidente y los demás miembros del Gobierno será exigible ante la sala de lo penal del Tribunal Supremo.
* Civil o patrimonial 🖙 exigible ante la sala de lo civil del Tribunal Supremo.

EL PODER JUDICIAL.

Según el artículo 117 de la Constitución Española, la justicia emana del pueblo y se administra en nombre del Rey por jueces y magistrados, integrantes del poder judicial, independientes, inamovibles, responsables y sometidos únicamente al imperio de la ley. Los jueces y magistrados no podrán ser separados, suspendidos, trasladados ni jubilados, sino por alguna de las causas y con las garantías previstas en la ley.

De este artículo se desprenden una serie de principios de la justicia:

Principio de independencia e inamovilidad de los jueces. La aplicación del derecho corresponde a órganos que no pueden ostentar la doble condición de órgano decisor y órgano interesado en el proceso. No pueden ser removidos libremente por los demás poderes públicos y no se integran en otra estructura que la judicial (independencia).

Para garantizar la independencia, la Ley orgánica del poder judicial establece las siguientes técnicas:

⇨ Inamovilidad de los jueces y tribunales.
⇨ Incompatibilidades y prohibiciones.
⇨ Inmunidad.
⇨ Independencia económica.
⇨ Abstención y recusación.

Principio de responsabilidad: Los jueces y magistrados en el ejercicio de sus funciones son responsables de sus actos, lo que supone una garantía para la sociedad. También se establece el derecho a una indemnización a cargo del Estado por daños causados por error judicial.

Principio de origen popular de la justicia: La justicia emana del pueblo español y se administra en nombre del Rey.

Principio de monopolio jurisdiccional (exclusividad): El ejercicio de la potestad jurisdiccional en todo tipo de procesos, juzgando y haciendo ejecutar lo juzgado, corresponde exclusivamente a los juzgados y tribunales determinados por las leyes, según las normas de competencia y procedimiento que se establezcan. Se prohíbe expresamente los tribunales de excepción.

Principio de estatuto especial de los jueces: Tienen un régimen concreto de incompatibilidades y prohibiciones. Los jueces y magistrados, así como los fiscales, mientras se hallen en activo, no podrán desempeñar otros cargos públicos, ni pertenecer a partidos políticos o sindicatos.

Principio de unidad jurisdiccional: Es la base de la organización y funcionamiento de los tribunales. Solo existe un poder judicial estatal y en éste se integran los tribunales judiciales autonómicos (unidad territorial).

La ley Orgánica del Poder Judicial (LOPJ) determinará la Constitución, funcionamiento y Gobierno de los juzgados y tribunales, así como el estatuto jurídico de los jueces y magistrados de carrera que formarán un cuerpo único, y del personal al servicio de la administración de justicia.

Participación ciudadana en la administración de justicia: Los ciudadanos podrán ejercer la acción popular y participar en la administración de justicia mediante la institución del jurado... así como en los tribunales consuetudinarios y tradicionales.

Principio de sumisión del juez a la ley: como consecuencia del principio general de vinculación de todos los poderes públicos a la Constitución Española y al resto del ordenamiento jurídico, esta vinculación tiene distintos grados:

- Vinculación absoluta a la Constitución Española.

- Vinculación crítica a las restantes normas jurídicas.
- Vinculación relativa a la jurisprudencia.

Principio de gratuidad: (art. 119 CE) La justicia será gratuita cuando así lo disponga la ley y, en todo caso, respecto de quienes acrediten insuficiencia de recursos para litigar.

Principio de publicidad y oralidad: (art. 120 CE) Las actuaciones judiciales serán públicas, con las excepciones previstas en las leyes de procedimiento, éste será predominantemente oral. Las sentencias serán siempre motivadas y se pronunciarán en audiencia pública.

Principio de indemnización por error judicial: a cargo del Estado.

Principio de dependencia de la policía judicial: Depende de los jueces y tribunales y del ministerio fiscal en sus funciones de averiguación del delito y descubrimiento y aseguramiento del delincuente.

Principio de vinculación de las decisiones judiciales: Se establece el respeto y acatamiento a las decisiones de los tribunales.

La organización judicial.

La función jurisdiccional se realiza por una pluralidad de órganos. La ley Orgánica 6/1985 del Poder Judicial organiza el Estado a efectos judiciales en municipios, partidos, provincias y Comunidades Autónomas.

La organización judicial se compone de los siguientes órganos:

1. *Tribunal Supremo:*

El Tribunal Supremo, con sede en la villa de Madrid, es el órgano jurisdiccional superior en todos los órdenes, salvo lo dispuesto en materia de garantías Constitucionales. Tendrá jurisdicción en toda España y ningún otro podrá tener el título de Supremo.

El Tribunal Supremo se compondrá de su Presidente, de los Presidentes de Sala y los Magistrados que determine la ley para cada una de las Salas y, en su caso, Secciones en que las mismas puedan articularse.

El Tribunal Supremo estará integrado por las siguientes Salas:

Primera: De lo Civil.

Segunda: De lo Penal.

Tercera: De lo Contencioso-Administrativo.

Cuarta: De lo Social.

Quinta: De lo Militar, que se regirá por su legislación específica y supletoriamente por la presente Ley y por el ordenamiento común a las demás Salas del Tribunal Supremo.

Además de las competencias atribuidas a las Salas de lo Civil y de lo Penal del Tribunal Supremo en los artículos 56 y 57, dichas Salas conocerán de la tramitación y enjuiciamiento de las acciones civiles y penales, respectivamente, dirigidas contra la Reina consorte o el consorte de la Reina, la Princesa o Príncipe de Asturias y su consorte, así como contra el Rey o Reina que hubiere abdicado y su consorte.

La <u>Sala de lo Civil del Tribunal Supremo</u> conocerá:

1.º De los recursos de casación, revisión y otros extraordinarios en materia civil que establezca la ley.

2.º De las demandas de responsabilidad civil por hechos realizados en el ejercicio de su cargo, dirigidas contra el Presidente del Gobierno, Presidentes del Congreso y del Senado, Presidente del Tribunal Supremo y del Consejo General del Poder Judicial, Presidente del Tribunal Constitucional, miembros del Gobierno, Diputados y Senadores, Vocales del Consejo General del Poder Judicial, Magistrados del Tribunal Constitucional y del Tribunal Supremo, Presidentes de la Audiencia Nacional y de cualquiera de sus Salas y de los Tribunales Superiores de Justicia, Fiscal General del Estado, Fiscales de Sala del Tribunal Supremo, Presidente y Consejeros del Tribunal de Cuentas, Presidente y Consejeros del Consejo de Estado, Defensor del Pueblo y Presidente y Consejeros de una Comunidad Autónoma, cuando así lo determinen su Estatuto de Autonomía.

3.º De las demandas de responsabilidad civil dirigidas contra Magistrados de la Audiencia Nacional o de los Tribunales Superiores de Justicia por hechos realizados en el ejercicio de sus cargos.

La <u>Sala de lo Penal del Tribunal Supremo</u> conocerá:

1.º De los recursos de casación, revisión y otros extraordinarios en materia penal que establezca la ley.

2.º De la instrucción y enjuiciamiento de las causas contra el Presidente del Gobierno, Presidentes del Congreso y del Senado, Presidente del Tribunal Supremo y del Consejo General del Poder Judicial,

Presidente del Tribunal Constitucional, miembros del Gobierno, Diputados y Senadores, Vocales del Consejo General del Poder Judicial, Magistrados del Tribunal Constitucional y del Tribunal Supremo, Presidente de la Audiencia Nacional y de cualquiera de sus Salas y de los Tribunales Superiores de Justicia, Fiscal General del Estado, Fiscales de Sala del Tribunal Supremo, Presidente y Consejeros del Tribunal de Cuentas, Presidente y Consejeros del Consejo de Estado y Defensor del Pueblo, así como de las causas que, en su caso, determinen los Estatutos de Autonomía.

3.º De la instrucción y enjuiciamiento de las causas contra Magistrados de la Audiencia Nacional o de un Tribunal Superior de Justicia.

4.º De los demás asuntos que le atribuya esta Ley.

5.º De los procedimientos de decomiso autónomo por los delitos para cuyo conocimiento sean competentes.

En las causas a que se refieren los números segundo y tercero del párrafo anterior se designará de entre los miembros de la Sala, conforme a un turno preestablecido, un instructor, que no formará parte de la misma para enjuiciarlas.

La Sala de lo Contencioso-administrativo del Tribunal Supremo conocerá:

Primero. En única instancia, de los recursos contencioso-administrativos contra actos y disposiciones del Consejo de Ministros, de las Comisiones Delegadas del Gobierno y del Consejo General del Poder Judicial y contra los actos y disposiciones de los órganos competentes del Congreso de los Diputados y del Senado, del Tribunal Constitucional, del Tribunal de Cuentas y del Defensor del Pueblo en los términos y materias que la Ley establezca y de aquellos otros recursos que excepcionalmente le atribuya la Ley.

Segundo. De los recursos de casación y revisión en los términos que establezca la Ley.

La Sala de lo Social del Tribunal Supremo conocerá de los recursos de casación y revisión y otros extraordinarios que establezca la ley en materias propias de este orden jurisdiccional.

Conocerá además cada una de las Salas del Tribunal Supremo de las recusaciones que se interpusieren contra los Magistrados que las compongan, y de las cuestiones de competencia entre Juzgados o Tribunales del propio orden jurisdiccional que no tengan otro superior común.

A estos efectos, los Magistrados recusados no formarán parte de la Sala.

Una Sala formada por el Presidente del Tribunal Supremo, los Presidentes de Sala y el Magistrado más antiguo y el más moderno de cada una de ellas conocerá:

1.º De los recursos de revisión contra las sentencias dictadas en única instancia por la Sala de lo Contencioso-Administrativo de dicho Tribunal.

2.º De los incidentes de recusación del Presidente del Tribunal Supremo, o de los Presidentes de Sala, o de más de dos Magistrados de una Sala. En este caso, los afectados directamente por la recusación serán sustituidos por quienes corresponda.

3.º De las demandas de responsabilidad civil que se dirijan contra los Presidentes de Sala o contra todos o la mayor parte de los Magistrados de una Sala de dicho Tribunal por hechos realizados en el ejercicio de su cargo.

4.º De la instrucción y enjuiciamiento de las causas contra los Presidentes de Sala o contra los Magistrados de una Sala, cuando sean Juzgados todos o la mayor parte de los que la constituyen.

5.º Del conocimiento de las pretensiones de declaración de error judicial cuando éste se impute a una Sala del Tribunal Supremo.

6.º De los procesos de declaración de ilegalidad y consecuente disolución de los partidos políticos, conforme a lo dispuesto en la Ley Orgánica 6/2002, de 27 de junio, de Partidos Políticos.

En las causas a que se refiere el número 4 del apartado anterior se designará de entre los miembros de la Sala, conforme a un turno preestablecido, un instructor que no formará parte de la misma para enjuiciarlos.

Una Sección, formada por el Presidente del Tribunal Supremo, el de la Sala de lo Contencioso-administrativo y cinco Magistrados de esta misma Sala, que serán los dos más antiguos y los tres más modernos, conocerá del recurso de casación para la unificación de doctrina cuando la contradicción se produzca entre sentencias dictadas en única instancia por Secciones distintas de dicha Sala.

2. La Audiencia Nacional.

La Audiencia Nacional, con sede en la villa de Madrid, tiene jurisdicción en toda España.

La Audiencia Nacional se compondrá de su Presidente, los Presidentes de Sala y los magistrados que determine la ley para cada una de sus Salas y Secciones.

El Presidente de la Audiencia Nacional, que tendrá la consideración de Presidente de Sala del Tribunal Supremo, es el Presidente nato de todas sus Salas.

La Audiencia Nacional estará integrada por las siguientes Salas:

- De Apelación.
- De lo Penal.
- De lo Contencioso-Administrativo.
- De lo Social.

En el caso de que el número de asuntos lo aconseje, podrán crearse dos o más Secciones dentro de una Sala.

La Sala de Apelación de la Audiencia Nacional conocerá de los recursos de esta clase que establezca la ley contra las resoluciones de la Sala de lo Penal.

Cuando la sensible y continuada diferencia en el volumen de trabajo lo aconseje, los magistrados de esta Sala, con el acuerdo favorable de la Sala de Gobierno, previa propuesta del Presidente del Tribunal, podrán ser adscritos por el Consejo General del Poder Judicial, total o parcialmente, y sin que ello signifique incremento retributivo alguno, a otra Sala de diferente orden.

Para la adscripción se valorarán la antigüedad en el escalafón y la especialidad o experiencia de los magistrados afectados y, a ser posible, sus preferencias.

La Sala de lo Penal de la Audiencia Nacional conocerá:

1.º Del enjuiciamiento, salvo que corresponda en primera instancia a los Juzgados Centrales de lo Penal, de las causas por los siguientes delitos:

a) Delitos contra el titular de la Corona, su Consorte, su Sucesor, altos organismos de la Nación y forma de Gobierno.

b) Falsificación de moneda y fabricación de tarjetas de crédito y débito falsas y cheques de viajero falsos, siempre que sean cometidos por organizaciones o grupos criminales.

c) Defraudaciones y maquinaciones para alterar el precio de las cosas que produzcan o puedan producir grave repercusión en la seguridad del tráfico mercantil, en la economía nacional o perjuicio patrimonial en una generalidad de personas en el territorio de más de una Audiencia.

d) Tráfico de drogas o estupefacientes, fraudes alimentarios y de sustancias farmacéuticas o medicinales, siempre que sean cometidos por bandas o grupos organizados y produzcan efectos en lugares pertenecientes a distintas Audiencias.

e) Delitos cometidos fuera del territorio nacional, cuando conforme a las leyes o a los tratados corresponda su enjuiciamiento a los Tribunales españoles.

En todo caso, la Sala de lo penal de la Audiencia Nacional extenderá su competencia al conocimiento de los delitos conexos con todos los anteriormente reseñados.

2.º De los procedimientos penales iniciados en el extranjero, de la ejecución de las sentencias dictadas por Tribunales extranjeros o del cumplimiento de pena de prisión impuesta por Tribunales extranjeros, cuando en virtud de un tratado internacional corresponda a España la continuación de un procedimiento penal iniciado en el extranjero, la ejecución de una sentencia penal extranjera o el cumplimiento de una pena o medida de seguridad privativa de libertad, salvo en aquellos casos en que esta Ley atribuya alguna de estas competencias a otro órgano jurisdiccional penal.

3.º De las cuestiones de cesión de jurisdicción en materia penal derivadas del cumplimiento de tratados internacionales en los que España sea parte.

4.º De los recursos respecto a los instrumentos de reconocimiento mutuo de resoluciones penales en la Unión Europea que les atribuya la ley, y la resolución de los procedimientos judiciales de extradición pasiva, sea cual fuere el lugar de residencia o en que hubiese tenido lugar la detención del afectado por el procedimiento.

5.º De los recursos establecidos en la Ley contra las sentencias y otras resoluciones de los Juzgados Centrales de lo Penal, de los Juzgados Centrales de Instrucción y del Juzgado Central de Menores.

6.º De los recursos contra las resoluciones dictadas por los Juzgados Centrales de Vigilancia Penitenciaria de conformidad con lo previsto en la disposición adicional quinta.

7.º De los procedimientos de decomiso autónomo por los delitos para cuyo conocimiento sean competentes.

8.º De cualquier otro asunto que le atribuyan las leyes.

La <u>Sala de lo Contencioso-Administrativo de la Audiencia Nacional</u> conocerá:

a) En única instancia, de los recursos contencioso-administrativos contra disposiciones y actos de los Ministros y Secretarios de Estado que la ley no atribuya a los Juzgados Centrales de lo Contencioso-Administrativo.

b) En única instancia, de los recursos contencioso-administrativos contra los actos dictados por la Comisión de Vigilancia de Actividades de Financiación del Terrorismo. Conocerá, asimismo, de la posible prórroga de los plazos que le plantee dicha Comisión de Vigilancia respecto de las medidas previstas en los artículos 1 y 2 de la Ley 12/2003, de prevención y bloqueo de la financiación del terrorismo.

c) De los recursos devolutivos que la ley establezca contra las resoluciones de los Juzgados Centrales de lo Contencioso-Administrativo.

d) De los recursos no atribuidos a los Tribunales Superiores de Justicia en relación a los convenios entre las Administraciones públicas y a las resoluciones del Tribunal Económico-Administrativo Central.

e) De las cuestiones de competencia que se puedan plantear entre los Juzgados Centrales de lo Contencioso-Administrativo y de aquellos otros recursos que excepcionalmente le atribuya la ley.

La <u>Sala de lo Social de la Audiencia Nacional</u> conocerá en única instancia:

1.º De los procesos especiales de impugnación de convenios colectivos cuyo ámbito territorial de aplicación sea superior al territorio de una Comunidad Autónoma.

2.º De los procesos sobre conflictos colectivos cuya resolución haya de surtir efecto en un ámbito territorial superior al de una Comunidad Autónoma.

Conocerá además cada una de las Salas de la Audiencia Nacional de las recusaciones que se interpusieren contra los Magistrados que las compongan.

A estos efectos, los Magistrados recusados no formarán parte de la Sala.

Una Sala formada por el Presidente de la Audiencia Nacional, los Presidentes de las Salas y el Magistrado más antiguo y el más moderno de cada una, o aquel que, respectivamente, le sustituya, conocerá de los incidentes de recusación del Presidente, de los Presidentes de Sala o de más de dos Magistrados de una Sala.

3.   Tribunales Superiores de Justicia (TSJ).

El Tribunal Superior de Justicia de la Comunidad Autónoma culminará la organización judicial en el ámbito territorial de aquélla, sin perjuicio de la jurisdicción que corresponde al Tribunal Supremo.

El Tribunal Superior de Justicia tomará el nombre de la Comunidad Autónoma y extenderá su jurisdicción al ámbito territorial de ésta.

El Tribunal Superior de Justicia estará integrado por las siguientes Salas: de lo Civil y Penal, de lo Contencioso-Administrativo y de lo Social.

Se compondrá de un Presidente, que lo será también de su Sala de lo Civil y Penal, y tendrá la consideración de Magistrado del Tribunal Supremo mientras desempeñe el cargo; de los Presidentes de Sala y de los Magistrados que determine la ley para cada una de las Salas y, en su caso, de las Secciones que puedan dentro de ellas crearse.

La <u>Sala de lo Civil y Penal del Tribunal Superior de Justicia</u> conocerá, como Sala de lo Civil:

a) Del recurso de casación que establezca la ley contra resoluciones de órganos jurisdiccionales del orden civil con sede en la comunidad autónoma, siempre que el recurso se funde en infracción de normas del derecho civil, foral o especial, propio de la comunidad, y cuando el correspondiente Estatuto de Autonomía haya previsto esta atribución.

b) Del recurso extraordinario de revisión que establezca la ley contra sentencias dictadas por órganos jurisdiccionales del orden civil con sede en la comunidad autónoma, en materia de derecho civil, foral o especial, propio de la comunidad autónoma, si el correspondiente Estatuto de Autonomía ha previsto esta atribución.

c) De las funciones de apoyo y control del arbitraje que se establezcan en la ley, así como de las peticiones de exequátur de laudos o resoluciones arbitrales extranjeros, a no ser que, con arreglo a lo acordado en los tratados o las normas de la Unión Europea, corresponda su conocimiento a otro Juzgado o Tribunal.

Esta Sala conocerá igualmente:

a) En única instancia, de las demandas de responsabilidad civil, por hechos cometidos en el ejercicio de sus respectivos cargos, dirigidas contra el Presidente y miembros del Consejo de Gobierno de la comunidad autónoma y contra los miembros de la Asamblea legislativa, cuando tal atribución no corresponda, según los Estatutos de Autonomía, al Tribunal Supremo.

b) En única instancia, de las demandas de responsabilidad civil, por hechos cometidos en el ejercicio de su cargo, contra todos o la mayor parte de los magistrados de una Audiencia Provincial o de cualesquiera de sus secciones.

c) De las cuestiones de competencia entre órganos jurisdiccionales del orden civil con sede en la comunidad autónoma que no tenga otro superior común.

Como Sala de lo Penal, corresponde a esta Sala:

a) El conocimiento de las causas penales que los Estatutos de Autonomía reservan al conocimiento de los Tribunales Superiores de Justicia.

b) La instrucción y el fallo de las causas penales contra jueces, magistrados y miembros del Ministerio Fiscal por delitos o faltas cometidos en el ejercicio de su cargo en la comunidad autónoma, siempre que esta atribución no corresponda al Tribunal Supremo.

c) El conocimiento de los recursos de apelación contra las resoluciones dictadas en primera instancia por las Audiencias Provinciales, así como el de todos aquellos previstos por las leyes.

d) La decisión de las cuestiones de competencia entre órganos jurisdiccionales del orden penal con sede en la comunidad autónoma que no tengan otro superior común.

e) De los procedimientos de decomiso autónomo por los delitos para cuyo conocimiento sean competentes.

Para la instrucción de las causas a que se refieren los párrafos a) y b) del apartado anterior se designará de entre los miembros de la Sala, conforme a un turno preestablecido, un instructor que no formará parte de la misma para enjuiciarlas.

Le corresponde, igualmente, la decisión de las cuestiones de competencia entre Juzgados de Menores de distintas provincias de la comunidad autónoma.

En el caso de que el número de asuntos lo aconseje, podrán crearse una o más Secciones e incluso Sala de lo Penal con su propia circunscripción territorial en aquellas capitales que ya sean sedes de otras Salas del Tribunal Superior, a los solos efectos de conocer los recursos de apelación a los que se refiere la letra c) del apartado 3 de este artículo y aquellas otras apelaciones atribuidas por las leyes al Tribunal Superior de Justicia.

Los nombramientos para Magistrados de estas Secciones o Salas, a propuesta del Consejo General del Poder Judicial, recaerán en aquellos Magistrados que, ostentando la condición de especialista en el orden penal obtenida mediante la superación de las pruebas selectivas que reglamentariamente determine el Consejo General del Poder Judicial, tengan mejor puesto en su escalafón. A falta de éstos, recaerá en aquellos Magistrados que habiendo prestado sus servicios en el orden jurisdiccional penal durante diez años dentro de los quince años inmediatamente anteriores a la fecha de la convocatoria, tengan mejor puesto en el escalafón. La antigüedad en órganos mixtos se computará de igual manera a estos efectos. En su defecto, se nombrará a quien ostente mejor puesto en el escalafón.

Las Salas de lo Contencioso-administrativo de los Tribunales Superiores de Justicia conocerán, en única instancia, de los recursos que se deduzcan en relación con:

a) Los actos de las Entidades locales y de las Administraciones de las Comunidades Autónomas, cuyo conocimiento no esté atribuido a los Juzgados de lo Contencioso-administrativo.

b) Las disposiciones generales emanadas de las Comunidades Autónomas y de las Entidades locales.

c) Los actos y disposiciones de los órganos de gobierno de las Asambleas legislativas de las Comunidades Autónomas y de las instituciones autonómicas análogas al Tribunal de Cuentas y al Defensor del Pueblo, en materia de personal, administración y gestión patrimonial.

d) Los actos y resoluciones dictados por los Tribunales Económico-Administrativos Regionales y Locales que pongan fin a la vía económicoadministrativa.

e) Las resoluciones dictadas en alzada por el Tribunal Económico-Administrativo Central en materia de tributos cedidos.

f) Los actos y disposiciones de las Juntas Electorales Provinciales y de Comunidades Autónomas, así como los recursos contencioso-electorales contra acuerdos de las Juntas Electorales sobre proclamación de electos y elección y proclamación de Presidentes de Corporaciones locales en los términos de la legislación electoral.

g) Los convenios entre Administraciones públicas cuyas competencias se ejerzan en el ámbito territorial de la correspondiente Comunidad Autónoma.

h) La prohibición o la propuesta de modificación de reuniones previstas en la Ley Orgánica reguladora del Derecho de Reunión.

i) Los actos y resoluciones dictados por órganos de la Administración General del Estado cuya competencia se extienda a todo el territorio nacional y cuyo nivel orgánico sea inferior a Ministro o Secretario de Estado, en materias de personal, propiedades especiales y expropiación forzosa.

j) Cualesquiera otras actuaciones administrativas no atribuidas expresamente a la competencia de otros órganos de este orden jurisdiccional.

Conocerán, en segunda instancia, de las apelaciones promovidas contra sentencias y autos dictados por los Juzgados de lo Contencioso-administrativo y de los correspondientes recursos de queja.

También les corresponde, con arreglo a lo establecido en esta Ley, el conocimiento de los recursos de revisión contra las sentencias firmes de los Juzgados de lo Contencioso-administrativo.

Conocerán de las cuestiones de competencia entre los Juzgados de lo Contencioso-administrativo con sede en la Comunidad Autónoma.

Conocerán del recurso de casación para la unificación de doctrina en los casos previstos en la Ley reguladora de la Jurisdicción Contencioso-administrativa.

Conocerán del recurso de casación en interés de la Ley en los casos previstos en la Ley reguladora de la Jurisdicción Contencioso-administrativa.

La <u>Sala de lo Social del Tribunal Superior de Justicia</u> conocerá:

1.º En única instancia, de los procesos que la ley establezca sobre controversias que afecten a intereses de los trabajadores y empresarios en ámbito superior al de un Juzgado de lo Social y no superior al de la Comunidad Autónoma.

2.º De los recursos que establezca la ley contra las resoluciones dictadas por los Juzgados de lo Social de la comunidad autónoma, así como de los recursos de suplicación y los demás que prevé la ley contra las resoluciones de los juzgados de lo mercantil de la comunidad autónoma en materia laboral, y las que resuelvan los incidentes concursales que versen sobre la misma materia.

3.º De las cuestiones de competencia que se susciten entre los Juzgados de lo Social de la Comunidad Autónoma.

Cada una de las Salas del Tribunal Superior de Justicia conocerá de las recusaciones que se formulen contra sus Magistrados cuando la competencia no corresponda a la Sala a que se refiere el artículo siguiente.

Una Sala constituida por el Presidente del Tribunal Superior de Justicia, los Presidentes de Sala y el Magistrado más moderno de cada una de ellas conocerá de las recusaciones formuladas contra el Presidente, los Presidentes de Sala o de Audiencias Provinciales con sede en la Comunidad Autónoma o de dos o más Magistrados de una Sala o Sección o de una Audiencia Provincial.

El recusado no podrá formar parte de la Sala, produciéndose, en su caso, su sustitución con arreglo a lo previsto en esta ley.

Cuando el número de asuntos procedentes de determinadas provincias u otras circunstancias lo requieran podrán crearse, con carácter excepcional, Salas de lo Contencioso-Administrativo o de lo Social con jurisdicción limitada a una o varias provincias de la misma Comunidad Autónoma, en cuya capital tendrán su sede. Dichas Salas estarán formadas, como mínimo, por su Presidente, y se completarán, en su caso, con Magistrados de la Audiencia Provincial de su sede.

La Ley de planta podrá, en aquellos Tribunales Superiores de Justicia en que el número de asuntos lo justifique, reducir el de Magistrados, quedando compuestas las Salas por su respectivo Presidente y por los Presidentes y Magistrados, en su caso, que aquélla determine.

4. Las Audiencias Provinciales:

Las Audiencias Provinciales, que tendrán su sede en la capital de la provincia, de la que tomarán su nombre, extenderán su jurisdicción a toda ella, sin perjuicio de lo dispuesto en el apartado 4 del artículo 82.

Podrán crearse Secciones de la Audiencia Provincial fuera de la capital de la provincia, a las que quedarán adscritos uno o varios partidos judiciales.

En todo caso, y previo informe de la correspondiente Sala de Gobierno, el Consejo General del Poder Judicial podrá acordar que el conocimiento de determinadas clases de asuntos se atribuya en exclusiva a una sección de la Audiencia Provincial, que extenderá siempre su competencia a todo su ámbito territorial aun cuando existieren secciones desplazadas. Este acuerdo se publicará en el "Boletín Oficial del Estado".

Las Audiencias Provinciales se compondrán de un Presidente y dos o más magistrados. También podrán estar integradas por dos o más Secciones de la misma composición, en cuyo caso el Presidente de la Audiencia presidirá una de las Secciones que determinará al principio de su mandato.

Cuando el escaso número de asuntos de que conozca una Audiencia Provincial lo aconseje, podrá constar su plantilla de uno a dos magistrados, incluido el Presidente. En este caso, la Audiencia Provincial se completará para el enjuiciamiento y fallo, y cuando la naturaleza de la resolución a dictar lo exija, con el número de magistrados que se precisen del Tribunal Superior de Justicia. A estos efectos, la Sala de Gobierno establecerá un turno para cada año judicial.

Del mismo modo, cuando así lo aconseje la mejor Administración de Justicia, las Secciones de la Audiencia podrán estar formadas por cuatro o más magistrados.

La adscripción de los magistrados a las distintas secciones tendrá carácter funcional cuando no estuvieren separadas por orden jurisdiccional o por especialidad. Si lo estuvieren, la adscripción será funcional exclusivamente dentro de las del mismo orden o especialidad.

Las Audiencias Provinciales conocerán en el orden penal:

1.º De las causas por delito, a excepción de los que la Ley atribuye al conocimiento de los Juzgados de lo Penal o de otros Tribunales previstos en esta Ley.

2.º De los recursos que establezca la ley contra las resoluciones dictadas por los Juzgados de Instrucción y de lo Penal de la provincia.

Para el conocimiento de los recursos contra resoluciones de los Juzgados de Instrucción en juicios por delitos leves la Audiencia se constituirá con un solo Magistrado, mediante un turno de reparto.

3.º De los recursos que establezca la ley contra las resoluciones en materia penal dictadas por los Juzgados de Violencia sobre la Mujer de la provincia. A fin de facilitar el conocimiento de estos recursos, y atendiendo al número de asuntos existentes, deberán especializarse una o varias de sus secciones de conformidad con lo previsto en el artículo 98 de la presente Ley Orgánica. Esta especialización se extenderá a aquellos supuestos en que corresponda a la Audiencia Provincial el enjuiciamiento en primera instancia de asuntos instruidos por los Juzgados de Violencia sobre la Mujer de la provincia.

4.º Las Audiencias Provinciales conocerán también de los recursos contra las resoluciones de los Juzgados de Menores con sede en la provincia y de las cuestiones de competencia entre los mismos.

5.º De los recursos que establezca la ley contra las resoluciones de los Juzgados de Vigilancia Penitenciaria, cuando la competencia no corresponda a la Sala de lo Penal de la Audiencia Nacional.

6.º De los procedimientos de decomiso autónomo por los delitos para cuyo conocimiento sean competentes.

Las Audiencias Provinciales conocerán en el orden civil:

1.º De los recursos que establezca la ley contra resoluciones dictadas en primera instancia por los Juzgados de Primera Instancia de la provincia.

Para el conocimiento de los recursos contra resoluciones de los Juzgados de Primera Instancia que se sigan por los trámites del juicio verbal por razón de la cuantía, la Audiencia se constituirá con un solo Magistrado, mediante un turno de reparto.

2.º De los recursos que establezca la ley contra las resoluciones dictadas en primera instancia por los Juzgados de lo Mercantil, salvo las que se dicten en incidentes concursales que resuelvan cuestiones de materia laboral, debiendo especializarse a tal fin una o varias de sus Secciones, de conformidad con lo previsto en el artículo 98 de la presente Ley Orgánica. Estas Secciones especializadas conocerán también de los recursos que establezca la ley contra las resoluciones dictadas por los Juzgados de primera instancia en los procedimientos relativos a concursos de personas físicas y a acciones individuales relativas a condiciones generales de la contratación.

3.º Asimismo, la Sección o Secciones de la Audiencia Provincial de Alicante que se especialicen al amparo de lo previsto en el párrafo anterior conocerán, además, en segunda instancia y de forma exclusiva, de todos aquellos recursos a los que se refiere el artículo 101 del Reglamento n.º 40/94, del Consejo de la Unión Europea, de 20 de diciembre de 1993, sobre la marca comunitaria, y el Reglamento

6/2002, del Consejo de la Unión Europea, de 12 de diciembre de 2001, sobre los dibujos y modelos comunitarios. En el ejercicio de esta competencia extenderán su jurisdicción a todo el territorio nacional, y a estos solos efectos se denominarán Tribunales de Marca Comunitaria.

4.º Las Audiencias Provinciales también conocerán de los recursos que establezca la ley contra las resoluciones dictadas en materia civil por los Juzgados de Violencia sobre la Mujer de la provincia. A fin de facilitar el conocimiento de estos recursos, y atendiendo al número de asuntos existentes, podrán especializarse una o varias de sus secciones de conformidad con lo previsto en el artículo 98 de la presente Ley Orgánica.

Corresponde igualmente a las Audiencias Provinciales el conocimiento:

1.º De las cuestiones de competencia en materia civil y penal que se susciten entre juzgados de la provincia que no tengan otro superior común.

2.º De las recusaciones de sus Magistrados, cuando la competencia no esté atribuida a la Sala especial existente a estos efectos en los Tribunales Superiores de Justicia.

El juicio del Jurado se celebrará en el ámbito de la Audiencia Provincial u otros Tribunales y en la forma que establezca la ley.

La composición y competencia del Jurado es la regulada en la Ley Orgánica del Tribunal del Jurado.

5. Juzgados de Primera Instancia e Instrucción, de lo Mercantil, de lo Penal, de Violencia sobre la Mujer, de lo Contencioso-Administrativo, de lo Social, de Vigilancia Penitenciaria y de Menores:

En cada partido habrá uno o más Juzgados de Primera Instancia e Instrucción con sede en la capital de aquél y jurisdicción en todo su ámbito territorial. Tomarán su designación del municipio de su sede.

Los <u>Juzgados de Primera Instancia</u> conocerán en el orden civil:

1. En primera instancia, de los juicios que no vengan atribuidos por esta ley a otros juzgados o tribunales.

2. De los actos de jurisdicción voluntaria en los términos que prevean las leyes.

3. De los recursos que establezca la ley contra las resoluciones de los Juzgados de Paz del partido.

4. De las cuestiones de competencia en materia civil entre los Juzgados de Paz del partido.

5. De las solicitudes de reconocimiento y ejecución de sentencias y demás resoluciones judiciales extranjeras y de la ejecución de laudos o resoluciones arbitrales extranjeros, a no ser que, con arreglo a lo acordado en los tratados y otras normas internacionales, corresponda su conocimiento a otro Juzgado o Tribunal.

6. De los concursos de persona natural que no sea empresario en los términos previstos en su Ley reguladora.

Con carácter general, en cada provincia, con jurisdicción en toda ella y sede en su capital, habrá uno o varios <u>juzgados de lo mercantil</u>.

También podrán establecerse en poblaciones distintas de la capital de provincia cuando, atendidas la población, la existencia de núcleos industriales o mercantiles y la actividad económica, lo aconsejen, delimitándose en cada caso el ámbito de su jurisdicción.

Podrán establecerse juzgados de lo mercantil que extiendan su jurisdicción a dos o más provincias de la misma comunidad autónoma, con la salvedad de lo previsto en el apartado 4 de este artículo.

Los Juzgados de lo mercantil conocerán de cuantas cuestiones se susciten en materia concursal, en los términos previstos en su Ley reguladora y sin perjuicio de lo dispuesto en el artículo 85.6. En todo caso, la jurisdicción del juez del concurso será exclusiva y excluyente en las siguientes materias:

1.º Las acciones civiles con trascendencia patrimonial que se dirijan contra el patrimonio del concursado, con excepción de las que se ejerciten en los procesos sobre capacidad, filiación, matrimonio y menores a las que se refiere el título I del libro IV de la Ley 1/2000, de 7 de enero, de Enjuiciamiento Civil. Con el mismo alcance conocerá de la acción a que se refiere el artículo 17.1 de la Ley 22/2003, de 9 de julio, Concursal.

2.º Las acciones sociales que tengan por objeto la extinción, modificación o suspensión colectivas de los contratos de trabajo en los que sea empleador el concursado, así como la suspensión o extinción de contratos de alta dirección, sin perjuicio de que cuando estas medidas supongan modificar las condiciones establecidas en convenio colectivo aplicable a estos contratos se requerirá el acuerdo de los representantes de los trabajadores. En el enjuiciamiento de estas materias, y sin perjuicio de la aplicación de las normas específicas de la Ley Concursal, deberán tenerse en cuenta los principios inspiradores de la ordenación normativa estatutaria y del proceso laboral.

3.º Toda ejecución frente a los bienes y derechos de contenido patrimonial del concursado, cualquiera que sea el órgano que la hubiera ordenado.

4.º Toda medida cautelar que afecte al patrimonio del concursado, excepto las que se adopten en los procesos civiles que quedan excluidos de su jurisdicción en el número 1.º y sin perjuicio de las medidas cautelares que puedan decretar los árbitros durante un procedimiento arbitral.

5.º Las que en el procedimiento concursal debe adoptar en relación con la asistencia jurídica gratuita.

6.º Las acciones tendentes a exigir responsabilidad civil a los administradores sociales, a los auditores o, en su caso, a los liquidadores, por los perjuicios causados al concursado durante el procedimiento.

Los Juzgados de lo Mercantil conocerán, asimismo, de cuantas cuestiones sean de la competencia del orden jurisdiccional civil, respecto de:

a) Las demandas en las que se ejerciten acciones relativas a competencia desleal, propiedad industrial, propiedad intelectual y publicidad, así como todas aquellas cuestiones que dentro de este orden jurisdiccional se promuevan al amparo de la normativa reguladora de las sociedades mercantiles y cooperativas.

b) Las pretensiones que se promuevan al amparo de la normativa en materia de transportes, nacional o internacional.

c) Aquellas pretensiones relativas a la aplicación del Derecho marítimo.

d) Las acciones colectivas previstas en la legislación relativa a condiciones generales de la contratación y a la protección de consumidores y usuarios.

e) Los recursos contra las resoluciones de la Dirección General de los Registros y del Notariado en materia de recurso contra la calificación del Registrador Mercantil, con arreglo a lo dispuesto en la Ley Hipotecaria para este procedimiento.

f) De los procedimientos de aplicación de los artículos 81 y 82 del Tratado constitutivo de la Comunidad Europea y su Derecho derivado, así como los procedimientos de aplicación de los artículos que determine la Ley de Defensa de la Competencia.

Los Juzgados de lo Mercantil tendrán competencia para el reconocimiento y ejecución de sentencias y demás resoluciones judiciales extranjeras, cuando éstas versen sobre materias de su competencia, a no ser que, con arreglo a lo acordado en los tratados y otras normas internacionales, corresponda su conocimiento a otro Juzgado o Tribunal.

Los Juzgados de Instrucción conocerán, en el orden penal:

a) De la instrucción de las causas por delito cuyo enjuiciamiento corresponda a las Audiencias Provinciales y a los Juzgados de lo Penal, excepto de aquellas causas que sean competencia de los Juzgados de Violencia sobre la Mujer.

b) Les corresponde asimismo dictar sentencia de conformidad con la acusación en los casos establecidos por la Ley y en los procesos por aceptación de decreto.

c) Del conocimiento y fallo de los juicios de faltas, salvo los que sean competencia de los Jueces de Paz, o de los Juzgados de Violencia sobre la Mujer.

d) De los procedimientos de "habeas corpus".

e) De los recursos que establezca la ley contra las resoluciones dictadas por los Juzgados de Paz del partido y de las cuestiones de competencia entre éstos.

f) De la adopción de la orden de protección a las víctimas de violencia sobre la mujer cuando esté desarrollando funciones de guardia, siempre que no pueda ser adoptada por el Juzgado de Violencia sobre la Mujer.

g) De la emisión y la ejecución de los instrumentos de reconocimiento mutuo de resoluciones penales en la Unión Europea que les atribuya la ley.

h) De los procedimientos de decomiso autónomo por los delitos para cuyo conocimiento sean competentes.

Asimismo, los juzgados de instrucción conocerán de la autorización del internamiento de extranjeros en los centros de internamiento, así como del control de la estancia de éstos en los mismos y en las salas de inadmisión de fronteras. También conocerán de las peticiones y quejas que planteen los internos en cuanto afecten a sus derechos fundamentales.

En cada partido habrá uno o más <u>Juzgados de Violencia sobre la Mujer</u>, con sede en la capital de aquél y jurisdicción en todo su ámbito territorial. Tomarán su designación del municipio de su sede.

Sin perjuicio de lo previsto en la legislación vigente sobre demarcación y planta judicial, el Gobierno, a propuesta del Consejo General del Poder Judicial y en su caso, con informe de la Comunidad Autónoma con competencias en materia de Justicia, podrá establecer mediante real decreto que los Juzgados de Violencia sobre la Mujer que se determinen extiendan su jurisdicción a dos o más partidos dentro de la misma provincia.

El Consejo General del Poder Judicial podrá acordar, previo informe de las Salas de Gobierno, que, en aquellas circunscripciones donde sea conveniente en función de la carga de trabajo existente, el conocimiento de los asuntos referidos en el artículo 87 ter de la presente Ley Orgánica, corresponda a uno de los Juzgados de Primera Instancia e Instrucción, o de Instrucción en su caso, determinándose en esta situación que uno solo de estos Órganos conozca de todos estos asuntos dentro del partido judicial, ya sea de forma exclusiva o conociendo también de otras materias.

En los partidos judiciales en que exista un solo Juzgado de Primera Instancia e Instrucción será éste el que asuma el conocimiento de los asuntos a que se refiere el artículo 87 ter de esta Ley.

Los Juzgados de Violencia sobre la Mujer conocerán, en el orden penal, de conformidad en todo caso con los procedimientos y recursos previstos en la Ley de Enjuiciamiento Criminal, de los siguientes supuestos:

a) De la instrucción de los procesos para exigir responsabilidad penal por los delitos recogidos en los títulos del Código Penal relativos a homicidio, aborto, lesiones, lesiones al feto, delitos contra la libertad, delitos contra la integridad moral, contra la libertad e indemnidad sexuales, contra la intimidad y el derecho a la propia imagen, contra el honor o cualquier otro delito cometido con violencia o intimidación, siempre que se hubiesen cometido contra quien sea o haya sido su esposa, o mujer que esté o haya estado ligada al autor por análoga relación de afectividad, aun sin convivencia, así como de los cometidos sobre los descendientes, propios o de la esposa o conviviente, o sobre los menores o personas con la capacidad modificada judicialmente que con él convivan o que se hallen sujetos a la potestad, tutela, curatela, acogimiento o guarda de hecho de la esposa o conviviente, cuando también se haya producido un acto de violencia de género.

b) De la instrucción de los procesos para exigir responsabilidad penal por cualquier delito contra los derechos y deberes familiares, cuando la víctima sea alguna de las personas señaladas como tales en la letra anterior.

c) De la adopción de las correspondientes órdenes de protección a las víctimas, sin perjuicio de las competencias atribuidas al Juez de Guardia.

d) Del conocimiento y fallo de los delitos leves que les atribuya la ley cuando la víctima sea alguna de las personas señaladas como tales en la letra a) de este apartado.

e) Dictar sentencia de conformidad con la acusación en los casos establecidos por la ley.

f) De la emisión y la ejecución de los instrumentos de reconocimiento mutuo de resoluciones penales en la Unión Europea que les atribuya la ley.

g) De la instrucción de los procesos para exigir responsabilidad penal por el delito de quebrantamiento previsto y penado en el artículo 468 del Código Penal cuando la persona ofendida por el delito cuya condena, medida cautelar o medida de seguridad se haya quebrantado sea o haya sido su esposa, o mujer que esté o haya estado ligada al autor por una análoga relación de afectividad aun sin convivencia, así como los descendientes, propios o de la esposa o conviviente, o sobre los menores o personas con la capacidad modificada judicialmente que con él convivan o que se hallen sujetos a la potestad, tutela, curatela, acogimiento o guarda de hecho de la esposa o conviviente.

Los Juzgados de Violencia sobre la Mujer podrán conocer en el orden civil, en todo caso de conformidad con los procedimientos y recursos previstos en la Ley de Enjuiciamiento Civil, de los siguientes asuntos:

a) Los de filiación, maternidad y paternidad.

b) Los de nulidad del matrimonio, separación y divorcio.

c) Los que versen sobre relaciones paterno filiales.

d) Los que tengan por objeto la adopción o modificación de medidas de trascendencia familiar.

e) Los que versen exclusivamente sobre guarda y custodia de hijos e hijas menores o sobre alimentos reclamados por un progenitor contra el otro en nombre de los hijos e hijas menores.

f) Los que versen sobre la necesidad de asentimiento en la adopción.

g) Los que tengan por objeto la oposición a las resoluciones administrativas en materia de protección de menores.

Los Juzgados de Violencia sobre la Mujer tendrán de forma exclusiva y excluyente competencia en el orden civil cuando concurran simultáneamente los siguientes requisitos:

a) Que se trate de un proceso civil que tenga por objeto alguna de las materias indicadas en el número 2 del presente artículo.

b) Que alguna de las partes del proceso civil sea víctima de los actos de violencia de género, en los términos a que hace referencia el apartado 1 a) del presente artículo.

c) Que alguna de las partes del proceso civil sea imputado como autor, inductor o cooperador necesario en la realización de actos de violencia de género.

d) Que se hayan iniciado ante el Juez de Violencia sobre la Mujer actuaciones penales por delito o falta a consecuencia de un acto de violencia sobre la mujer, o se haya adoptado una orden de protección a una víctima de violencia de género.

Cuando el Juez apreciara que los actos puestos en su conocimiento, de forma notoria, no constituyen expresión de violencia de género, podrá inadmitir la pretensión, remitiéndola al órgano judicial competente.

En todos estos casos está vedada la mediación.

En la villa de Madrid podrá haber uno o más <u>Juzgados Centrales de Instrucción</u>, con jurisdicción en toda España, que instruirán las causas cuyo enjuiciamiento corresponda a la Sala de lo Penal de la Audiencia Nacional o, en su caso, a los Juzgados Centrales de lo Penal y tramitarán los expedientes de ejecución de las órdenes europeas de detención y entrega, los procedimientos de extradición pasiva, los relativos a la emisión y la ejecución de otros instrumentos de reconocimiento mutuo de resoluciones penales en la Unión Europea que les atribuya la ley, así como las solicitudes de información entre los servicios de seguridad de los Estados miembros de la Unión Europea cuando requieran autorización judicial, en los términos previstos en la ley.

La Ley de planta y demarcación puede establecer, como órganos distintos, en aquellos partidos en que fuere conveniente, los Juzgados de Primera Instancia y los Juzgados de Instrucción.

En cada provincia, y con sede en su capital, habrá uno o varios <u>Juzgados de lo Penal</u>. Podrán establecerse Juzgados de lo Penal cuya jurisdicción se extienda a uno o varios partidos de la misma provincia, conforme a lo que disponga la legislación sobre demarcación y planta judicial, que fijará la ciudad donde tendrán su sede. Los Juzgados de lo Penal tomarán su denominación de la población donde tengan su sede.

Los Juzgados de lo Penal enjuiciarán las causas por delito que la ley determine.

A fin de facilitar el conocimiento de los asuntos instruidos por los Juzgados de Violencia sobre la Mujer, y atendiendo al número de asuntos existentes, deberán especializarse uno o varios Juzgados en cada provincia, de conformidad con lo previsto en el artículo 98 de la presente Ley.

Corresponde asimismo a los Juzgados de lo Penal la ejecución de las sentencias dictadas en causas por delito grave o menos grave por los Juzgados de Instrucción, el reconocimiento y ejecución de las resoluciones que impongan sanciones pecuniarias transmitidas por las autoridades competentes de otros Estados miembros de la Unión Europea, cuando las mismas deban cumplirse en territorio español, y los procedimientos de decomiso autónomo por los delitos para cuyo conocimiento sean competentes.

En la Villa de Madrid, con jurisdicción en toda España, habrá uno o varios <u>Juzgados Centrales de lo Penal</u> que conocerán, en los casos en que así lo establezcan las leyes procesales, de las causas por los delitos a que se refiere el artículo 65 y de los demás asuntos que señalen las leyes.

Corresponde asimismo a los Juzgados Centrales de lo Penal la ejecución de las sentencias dictadas en causas por delito grave o menos grave por los Juzgados Centrales de Instrucción, y los procedimientos de decomiso autónomo por los delitos para cuyo conocimiento sean competentes.

Corresponde a los Juzgados de lo Penal la emisión y la ejecución de los instrumentos de reconocimiento mutuo de resoluciones penales en la Unión Europea que les atribuya la ley.

En cada provincia, con jurisdicción en toda ella y sede en su capital, habrá uno o más <u>Juzgados de lo Contencioso-Administrativo</u>.

Cuando el volumen de asuntos lo requiera, se podrán establecer uno o más Juzgados de lo Contencioso-Administrativo en las poblaciones que por ley se determine. Tomarán la denominación del municipio de su sede, y extenderán su jurisdicción al partido correspondiente.

También podrán crearse excepcionalmente Juzgados de lo Contencioso-Administrativo que extiendan su jurisdicción a más de una provincia dentro de la misma Comunidad Autónoma.

En la villa de Madrid, con jurisdicción en toda España, habrá <u>Juzgados Centrales de lo Contencioso-administrativo</u> que conocerán, en primera o única instancia, de los recursos contencioso-administrativos contra disposiciones y actos emanados de autoridades, organismos, órganos y entidades públicas con competencia en todo el territorio nacional, en los términos que la Ley establezca.

Corresponde también a los Juzgados Centrales de lo Contencioso-Administrativo autorizar, mediante auto, la cesión de los datos que permitan la identificación a que se refiere el artículo 8.2 de la Ley 34/2002, de 11 de julio, de Servicios de la Sociedad de la Información y de Comercio Electrónico, así como la ejecución material de las resoluciones adoptadas por la Sección Segunda de la Comisión de Propiedad Intelectual para que se interrumpa la prestación de servicios de la sociedad de la información o para que se retiren contenidos que vulneran la propiedad intelectual, en aplicación de la citada Ley 34/2002 y del texto refundido de la Ley de Propiedad Intelectual, aprobado por Real Decreto Legislativo 1/1996, de 12 de abril.

Igualmente conocerán los Juzgados Centrales de lo Contencioso Administrativo del procedimiento previsto en el artículo 12 bis de la Ley Orgánica 6/2002, de 27 de junio, de Partidos Políticos.

Los Juzgados de lo Contencioso-administrativo conocerán, en primera o única instancia, de los recursos contencioso-administrativos contra actos que expresamente les atribuya la Ley.

Corresponde también a los Juzgados de lo Contencioso-administrativo autorizar, mediante auto, la entrada en los domicilios y en los restantes edificios o lugares cuyo acceso requiera el consentimiento de su titular, cuando ello proceda para la ejecución forzosa de actos de la Administración, salvo que se trate de la ejecución de medidas de protección de menores acordadas por la Entidad Pública competente en la materia.

En cada provincia, con jurisdicción en toda ella y sede en su capital, habrá uno o más <u>Juzgados de lo Social</u>, también podrán establecerse en poblaciones distintas de la capital de provincia cuando las necesidades del servicio o la proximidad a determinados núcleos de trabajo lo aconsejen, delimitándose, en tal caso, el ámbito de su jurisdicción.

Los Juzgados de lo Social podrán excepcionalmente extender su jurisdicción a dos o más provincias dentro de la misma Comunidad Autónoma.

Los Juzgados de lo Social conocerán, en primera o única instancia, de los procesos sobre materias propias de este orden jurisdiccional que no estén atribuidos a otros órganos del mismo.

En cada provincia, y dentro del orden jurisdiccional penal, habrá uno o varios <u>Juzgados de Vigilancia Penitenciaria</u>, que tendrán las funciones jurisdiccionales previstas en la Ley General Penitenciaria en materia de ejecución de penas privativas de libertad y medidas de seguridad, emisión y ejecución de los instrumentos de reconocimiento mutuo de resoluciones penales en la Unión Europea que les atribuya la ley, control jurisdiccional de la potestad disciplinaria de las autoridades penitenciarias, amparo de los derechos y beneficios de los internos en los establecimientos penitenciarios y demás que señale la ley.

Podrán establecerse Juzgados de Vigilancia Penitenciaria que extiendan su jurisdicción a dos o más provincias de la misma Comunidad Autónoma.

También podrán crearse Juzgados de Vigilancia Penitenciaria cuya jurisdicción no se extienda a toda la provincia.

En la villa de Madrid, con jurisdicción en toda España, habrá uno o varios <u>Juzgados Centrales de Vigilancia Penitenciaria</u> que tendrán las funciones jurisdiccionales previstas en la Ley General Penitenciaria, descritas en el apartado 1 de este artículo, la competencia para la emisión y ejecución de los instrumentos de reconocimiento mutuo de resoluciones penales en la Unión Europea que les atribuya la ley y demás funciones que señale la ley, en relación con los delitos competencia de la Audiencia Nacional. En todo caso, la competencia de estos Juzgados Centrales será preferente y excluyente cuando el penado cumpla también otras condenas que no hubiesen sido impuestas por la Audiencia Nacional.

El cargo de Juez de Vigilancia Penitenciaria será compatible con el desempeño de un órgano del orden jurisdiccional penal.

El número de Juzgados de Vigilancia Penitenciaria se determinará en la Ley de planta, atendiendo principalmente a los establecimientos penitenciarios existentes y a la clase de éstos.

El Gobierno establecerá la sede de estos Juzgados, previa audiencia de la Comunidad Autónoma afectada y del Consejo General del Poder Judicial.

En cada provincia, con jurisdicción en toda ella y sede en su capital, habrá uno o más Juzgados de Menores. No obstante, cuando el volumen de trabajo lo aconseje, podrán establecerse Juzgados de Menores cuya jurisdicción se extienda o bien a un partido determinado o agrupación de partidos, o bien a dos o más provincias de la misma Comunidad Autónoma. Tomarán su nombre de la población donde radique su sede.

En la villa de Madrid, con jurisdicción en toda España, habrá un Juzgado Central de Menores, que conocerá de las causas que le atribuya la legislación reguladora de la responsabilidad penal de los menores, así como de la emisión y la ejecución de los instrumentos de reconocimiento mutuo de resoluciones penales en la Unión Europea que le atribuya la ley.

Corresponde a los Jueces de Menores el ejercicio de las funciones que establezcan las leyes para con los menores que hubieren incurrido en conductas tipificadas por la ley como delito o falta y aquellas otras que, en relación con los menores de edad, les atribuyan las leyes así como de la emisión y la ejecución de los instrumentos de reconocimiento mutuo de resoluciones penales en la Unión Europea que les atribuya la ley.

El Consejo General del Poder Judicial podrá acordar, previo informe de las Salas de Gobierno, que en aquellas circunscripciones donde exista más de un Juzgado de la misma clase, uno o varios de ellos asuman con carácter exclusivo, el conocimiento de determinadas clases de asuntos, o de las ejecuciones propias del orden jurisdiccional de que se trate, sin perjuicio de las labores de apoyo que puedan prestar los servicios comunes que al efecto se constituyan.

El Consejo General del Poder Judicial podrá acordar de manera excepcional y por el tiempo que se determine, con informe favorable del Ministerio de Justicia, oída la Sala de Gobierno y, en su caso, la Comunidad Autónoma con competencias en materia de Justicia, que uno o varios Juzgados de la misma provincia y del mismo orden jurisdiccional asuman el conocimiento de determinadas clases o materias de asuntos y, en su caso, de las ejecuciones que de los mismos dimanen, sin perjuicio de las labores de apoyo que puedan prestar los servicios comunes constituidos o que se constituyan.

En estos casos, el órgano u órganos especializados asumirán la competencia para conocer de todos aquellos asuntos que sean objeto de tal especialización, aun cuando su conocimiento inicial estuviese atribuido a órganos radicados en distinto partido judicial.

No podrá adoptarse este acuerdo para atribuir a los órganos así especializados asuntos que por disposición legal estuviesen atribuidos a otros de diferente clase. Tampoco podrán ser objeto de especialización por esta vía los Juzgados de Instrucción, sin perjuicio de cualesquiera otras medidas de exención de reparto o de refuerzo que fuese necesario adoptar por necesidades del servicio.

Este acuerdo se publicará en el «Boletín Oficial del Estado» y producirá efectos desde el inicio del año siguiente a aquel en que se adopte, salvo que razonadamente se justifique otro momento anterior por razones de urgencia.

Los Juzgados afectados continuarán conociendo de todos los procesos pendientes ante los mismos hasta su conclusión.

6.   Juzgados de Paz:

En cada municipio donde no exista Juzgado de Primera Instancia e Instrucción, y con jurisdicción en el término correspondiente, habrá un Juzgado de Paz.

Podrá existir una sola Oficina judicial para varios juzgados.

Los Juzgados de Paz conocerán, en el orden civil, de la sustanciación en primera instancia, fallo y ejecución de los procesos que la ley determine y cumplirán también las demás funciones que la ley les atribuya.

En el orden penal, conocerán en primera instancia de los procesos por faltas que les atribuya la ley. Podrán intervenir, igualmente, en actuaciones penales de prevención, o por delegación, y en aquellas otras que señalen las leyes.

Los Jueces de Paz y sus sustitutos serán nombrados para un periodo de cuatro años por la Sala de Gobierno del Tribunal Superior de Justicia correspondiente. El nombramiento recaerá en las personas elegidas por el respectivo Ayuntamiento.

Los Jueces de Paz y sus sustitutos serán elegidos por el Pleno del Ayuntamiento, con el voto favorable de la mayoría absoluta de sus miembros, entre las personas que, reuniendo las condiciones legales, así lo soliciten. Si no hubiere solicitante, el pleno elegirá libremente.

Aprobado el acuerdo correspondiente, será remitido al Juez de Primera Instancia e Instrucción, quien lo elevará a la Sala de Gobierno.

Si en el plazo de tres meses, a contar desde que se produjera la vacante en un Juzgado de Paz, el Ayuntamiento correspondiente no efectuase la propuesta prevenida en los apartados anteriores, la Sala de Gobierno del Tribunal Superior de Justicia procederá a designar al Juez de Paz. Se actuará de igual modo cuando la persona propuesta por el Ayuntamiento no reuniera, a juicio de la misma Sala de Gobierno y oído el Ministerio Fiscal, las condiciones exigidas por esta ley.

Los Jueces de Paz prestarán juramento ante el Juez de Primera Instancia e Instrucción y tomarán posesión ante quien se hallara ejerciendo la jurisdicción.

Podrán ser nombrados Jueces de Paz, tanto titular como sustituto, quienes, aun no siendo licenciados en Derecho, reúnan los requisitos establecidos en esta ley para el ingreso en la Carrera Judicial, y no estén incursos en ninguna de las causas de incapacidad o de incompatibilidad previstas para el desempeño de las funciones judiciales, a excepción del ejercicio de actividades profesionales o mercantiles.

Los Jueces de Paz serán retribuidos por el sistema y en la cuantía que legalmente se establezca, y tendrán, dentro de su circunscripción, el tratamiento y precedencia que se reconozcan en la suya a los Jueces de Primera Instancia e Instrucción.

Los Jueces de Paz y los sustitutos, en su caso, cesarán por el transcurso de su mandato y por las mismas causas que los Jueces de carrera en cuanto les sean de aplicación.

El Consejo General del Poder Judicial (CGPJ).

El Gobierno del poder judicial corresponde al Consejo General del Poder Judicial, que ejerce sus competencias en todo el territorio nacional, de acuerdo con la Constitución Española y lo previsto en la presente ley (L.O. 6/85).

El Consejo General del Poder Judicial tiene su sede en la villa de Madrid.

Los Presidentes y demás órganos de gobierno de Juzgados y Tribunales, en el ejercicio de sus funciones gubernativas, están subordinados al Consejo General del Poder Judicial.

El Consejo General del Poder Judicial tiene las siguientes atribuciones:

1.ª Proponer el nombramiento, en los términos previstos por la presente Ley Orgánica, del Presidente del Tribunal Supremo y del Consejo General del Poder Judicial.

2.ª Proponer el nombramiento de Jueces, Magistrados y Magistrados del Tribunal Supremo.

3.ª Proponer el nombramiento, en los términos previstos por la presente Ley Orgánica, de dos Magistrados del Tribunal Constitucional.

4.ª Ser oído por el Gobierno antes del nombramiento del Fiscal General del Estado.

5.ª Interponer el conflicto de atribuciones entre órganos constitucionales del Estado, en los términos previstos por la Ley Orgánica del Tribunal Constitucional.

6.ª Participar, en los términos legalmente previstos, en la selección de Jueces y Magistrados.

7.ª Resolver lo que proceda en materia de formación y perfeccionamiento, provisión de destinos, ascensos, situaciones administrativas y régimen disciplinario de Jueces y Magistrados.

8.ª Ejercer la alta inspección de Tribunales, así como la supervisión y coordinación de la actividad inspectora ordinaria de los Presidentes y Salas de Gobierno de los Tribunales.

9.ª Impartir instrucciones a los órganos de gobierno de Juzgados y Tribunales en materias de la competencia de éstos, así como resolver los recursos de alzada que se interpongan contra cualesquiera acuerdos de los mismos.

10.ª Cuidar de la publicación oficial de las sentencias y demás resoluciones que se determinen del Tribunal Supremo y del resto de órganos judiciales.

A tal efecto el Consejo General del Poder Judicial, previo informe de las Administraciones competentes, establecerá reglamentariamente el modo en que habrán de elaborarse los libros electrónicos de sentencias, la recopilación de las mismas, su tratamiento, difusión y certificación, para velar por su integridad, autenticidad y acceso, así como para asegurar el cumplimiento de la legislación en materia de protección de datos personales.

11.ª Regular la estructura y funcionamiento de la Escuela Judicial, así como nombrar a su Director y a sus profesores.

12.ª Regular la estructura y funcionamiento del Centro de Documentación Judicial, así como nombrar a su Director y al resto de su personal.

13.ª Nombrar al Vicepresidente del Tribunal Supremo, al Promotor de la Acción Disciplinaria y al Jefe de la Inspección de Tribunales.

14.ª Nombrar al Director del Gabinete Técnico del Consejo General del Poder Judicial.

15.ª Regular y convocar el concurso-oposición de ingreso en el Cuerpo de Letrados del Consejo General del Poder Judicial.

16.ª Ejercer la potestad reglamentaria, en el marco estricto de desarrollo de las previsiones de la Ley Orgánica del Poder Judicial, en las siguientes materias:

a) Organización y funcionamiento del Consejo General del Poder Judicial.

b) Personal del Consejo General del Poder Judicial en el marco de la legislación sobre la función pública.

c) Órganos de gobierno de Juzgados y Tribunales.

d) Publicidad de las actuaciones judiciales.

e) Publicación y reutilización de las resoluciones judiciales.

f) Habilitación de días y horas, así como fijación de horas de audiencia pública.

g) Constitución de los órganos judiciales fuera de su sede.

h) Especialización de órganos judiciales.

i) Reparto de asuntos y ponencias.

j) Régimen de guardias de los órganos jurisdiccionales.

k) Organización y gestión de la actuación de los órganos judiciales españoles en materia de cooperación jurisdiccional interna e internacional.

l) Establecimiento de las bases y estándares de compatibilidad de los sistemas informáticos que se utilicen en la Administración de Justicia.

m) Condiciones accesorias para el ejercicio de los derechos y deberes que conforman el estatuto de Jueces y Magistrados, así como el régimen jurídico de las Asociaciones judiciales, sin que tal desarrollo reglamentario pueda suponer innovación o alteración alguna de la regulación legal.

En ningún caso, las disposiciones reglamentarias del Consejo General del Poder Judicial podrán afectar o regular directa o indirectamente los derechos y deberes de personas ajenas al mismo.

17.ª Elaborar y ejecutar su propio presupuesto, en los términos previstos en la presente Ley Orgánica.

18.ª Aprobar la relación de puestos de trabajo del personal funcionario a su servicio.

19ª Colaborar con la Autoridad de Control en materia de protección de datos en el ámbito de la Administración de Justicia. Asimismo, asumirá las competencias propias de aquélla, únicamente respecto a la actuación de Jueces y Magistrados con ocasión del uso de ficheros judiciales.

20.ª Recibir quejas de los ciudadanos en materias relacionadas con la Administración de Justicia.

21.ª Elaborar y aprobar, conjuntamente con el Ministerio de Justicia y, en su caso, oídas las Comunidades Autónomas cuando afectare a materias de su competencia, los sistemas de racionalización, organización y medición de trabajo que se estimen convenientes para determinar la carga de trabajo que pueda soportar un órgano jurisdiccional.

La determinación de la carga de trabajo que cabe exigir, a efectos disciplinarios, al Juez o Magistrado corresponderá en exclusiva al Consejo General del Poder Judicial.

22.ª Proponer, previa justificación de la necesidad, las medidas de refuerzo que sean precisas en concretos órganos judiciales.

23.ª Emitir informe en los expedientes de responsabilidad patrimonial por anormal funcionamiento de la Administración de Justicia.

24.ª Aquellas otras que le atribuya la Ley Orgánica del Poder Judicial.

Los proyectos de reglamentos de desarrollo se someterán a informe de las asociaciones profesionales de Jueces y Magistrados y de las corporaciones profesionales o asociaciones de otra naturaleza que tengan reconocida legalmente representación de intereses a los que puedan afectar. Se dará intervención a la Administración del Estado, por medio del Ministerio de Justicia, y a las de las Comunidades Autónomas siempre que una y otras tengan competencias relacionadas con el contenido del reglamento o sea necesario coordinar éstas con las del Consejo General. Se recabarán las consultas y los estudios previos que se consideren pertinentes y un dictamen de legalidad sobre el proyecto. En todo caso, se elaborará un informe previo de impacto de género.

El Ministerio Fiscal será oído cuando le afecte la materia sobre la que verse el proyecto y especialmente en los supuestos contemplados en las letras d) y f) a j) del apartado 1.16.ª de este artículo.

A los efectos de lo previsto en la letra l) del apartado 1.16.ª de este artículo, el Consejo General del Poder Judicial someterá a la aprobación del Comité Técnico Estatal de la Administración judicial electrónica la definición y validación funcional de los programas y aplicaciones informáticos estableciendo a nivel estatal los modelos de resoluciones, procedimientos e hitos clave de la gestión procesal.

En todo caso, la implementación técnica de todas estas medidas en los programas y aplicaciones informáticas corresponderá al Ministerio de Justicia y demás administraciones con competencias sobre los medios materiales al servicio de la Administración de Justicia.

Cuando en el ejercicio de las atribuciones legalmente previstas en este artículo el Consejo General del Poder Judicial adopte medidas que comporten un incremento de gasto, será preciso informe favorable de la Administración competente que deba soportar dicho gasto.

Se someterán a informe del Consejo General del Poder Judicial los anteproyectos de ley y disposiciones generales que versen sobre las siguientes materias:

1.ª Modificaciones de la Ley Orgánica del Poder Judicial.

2.ª Determinación y modificación de las demarcaciones judiciales, así como de su capitalidad.

3.ª Fijación y modificación de la plantilla orgánica de Jueces y Magistrados, Secretarios Judiciales y personal al servicio de la Administración de Justicia.

4.ª Estatuto orgánico de Jueces y Magistrados.

5.ª Estatuto orgánico de los Secretarios Judiciales y del resto del personal al servicio de la Administración de Justicia.

6.ª Normas procesales o que afecten a aspectos jurídico-constitucionales de la tutela ante los Tribunales ordinarios del ejercicio de derechos fundamentales.

7ª Normas que afecten a la constitución, organización, funcionamiento y gobierno de los Tribunales.

8.ª Leyes penales y normas sobre régimen penitenciario.

9.ª Cualquier otra cuestión que el Gobierno, las Cortes Generales o, en su caso, las Asambleas Legislativas de las Comunidades Autónomas estimen oportuna.

El Consejo General del Poder Judicial emitirá su informe en el plazo improrrogable de treinta días. Si en la orden de remisión se hiciere constar la urgencia del informe, el plazo será de quince días. Excepcionalmente el órgano remitente podrá conceder la prórroga del plazo atendiendo a las circunstancias del caso. La duración de la prórroga será de quince días, salvo en los casos en los que en la orden de remisión se hubiere hecho constar la urgencia del informe, en cuyo caso será de diez días.

Cuando no hubiera sido emitido informe en los plazos previstos en el apartado anterior, se tendrá por cumplido dicho trámite.

El Gobierno remitirá dicho informe a las Cortes Generales en el caso de tratarse de anteproyectos de ley.

El Consejo General del Poder Judicial estará integrado por el Presidente del Tribunal Supremo, que lo presidirá, y por veinte Vocales, de los cuales doce serán Jueces o Magistrados en servicio activo en la carrera judicial y ocho juristas de reconocida competencia.

Los veinte Vocales del Consejo General del Poder Judicial serán designados por las Cortes Generales del modo establecido en la Constitución y en la presente Ley Orgánica.

Cada una de las Cámaras elegirá, por mayoría de tres quintos de sus miembros, a diez Vocales, cuatro entre juristas de reconocida competencia con más de quince años de ejercicio en su profesión y seis correspondientes al turno judicial, conforme a lo previsto en el Capítulo II del presente Título.

Podrán ser elegidos por el turno de juristas aquellos Jueces o Magistrados que no se encuentren en servicio activo en la carrera judicial y que cuenten con más de quince años de experiencia profesional, teniendo en cuenta para ello tanto la antigüedad en la carrera judicial como los años de experiencia en otras profesiones jurídicas. Quien, deseando presentar su candidatura para ser designado Vocal, ocupare cargo incompatible con aquél según la legislación vigente, se comprometerá a formalizar su renuncia al mencionado cargo si resultare elegido.

Las Cámaras designarán, asimismo, tres suplentes para cada uno de los turnos por los que se puede acceder a la designación como Vocal, fijándose el orden por el que deba procederse en caso de sustitución.

En ningún caso podrá recaer la designación de Vocales del Consejo General del Poder Judicial en Vocales del Consejo saliente.

El cómputo de los plazos en los procedimientos de designación de Vocales del Consejo General del Poder Judicial y de elección del Presidente del Tribunal Supremo y del Consejo General del Poder Judicial, así como del Vicepresidente del Tribunal Supremo, se realizará por días hábiles cuando el plazo se señale por días, empezando a computarse desde el día siguiente, y de fecha a fecha cuando se fije en meses o años. Cuando en el mes del vencimiento no hubiera día equivalente al inicial del cómputo se entenderá que el plazo expira el último del mes.

El Consejo General del Poder Judicial se renovará en su totalidad cada cinco años, contados desde la fecha de su constitución. Los Presidentes del Congreso de los Diputados y del Senado deberán adoptar las medidas necesarias para que la renovación del Consejo se produzca en plazo.

A tal efecto, y a fin de que las Cámaras puedan dar comienzo al proceso de renovación del Consejo, cuatro meses antes de la expiración del mencionado plazo, el Presidente del Tribunal Supremo y del Consejo General del Poder Judicial dispondrá:

a) la remisión a los Presidentes del Congreso de los Diputados y del Senado de los datos del escalafón y del Registro de Asociaciones judiciales obrantes en dicha fecha en el Consejo.

b) la apertura del plazo de presentación de candidaturas para la designación de los Vocales correspondientes al turno judicial.

El Presidente del Tribunal Supremo dará cuenta al Pleno del Consejo General del Poder Judicial de los referidos actos en la primera sesión ordinaria que se celebre tras su realización.

Los Vocales del Consejo General del Poder Judicial serán nombrados por el Rey mediante Real Decreto, tomarán posesión de su cargo prestando juramento o promesa ante el Rey y celebrarán a continuación su sesión constitutiva.

Además de las funciones encomendadas a la Presidencia, el Consejo General del Poder Judicial ejerce sus atribuciones en Pleno o a través de las Comisiones previstas en esta Ley Orgánica.

En el Consejo General del Poder Judicial existirán las siguientes Comisiones: Permanente, Disciplinaria, De Asuntos Económicos y De Igualdad.

El Vicepresidente del Tribunal Supremo no ejercerá en el Consejo General del Poder Judicial otras funciones que las previstas expresamente en esta Ley.

La Presidencia del Tribunal Supremo y del Consejo General del Poder Judicial es una función inherente al cargo de Presidente del Tribunal Supremo.

Corresponde a la Presidencia del Consejo General del Poder Judicial:

1.ª Ostentar la representación del Consejo General del Poder Judicial.

2.ª Convocar y presidir las sesiones del Pleno y de la Comisión Permanente, decidiendo los empates con voto de calidad.

3.ª Fijar el orden del día de las sesiones del Pleno y de la Comisión Permanente.

4.ª Proponer al Pleno y a la Comisión Permanente las cuestiones que estime oportunas en materia de la competencia de éstos.

5.ª Proponer el nombramiento de ponencias para preparar la resolución o despacho de un asunto.

6.ª Autorizar con su firma los acuerdos del Pleno y de la Comisión Permanente.

7.ª Ejercer la superior dirección de las actividades de los órganos técnicos del Consejo General del Poder Judicial.

8.ª Dirigir la comunicación institucional.

9.ª Realizar la propuesta del Magistrado, de las Salas Segunda o Tercera del Tribunal Supremo, competente para conocer de la autorización de las actividades del Centro Nacional de Inteligencia que afecten a los derechos fundamentales reconocidos en el artículo 18.2 y 3 de la Constitución, así como del Magistrado de dichas Salas del Tribunal Supremo que le sustituya en caso de vacancia, ausencia o imposibilidad.

10.ª Nombrar y cesar al Director del Gabinete de la Presidencia y al Director de la Oficina de Comunicación, así como al personal eventual al servicio del Presidente.

11.ª Proponer al Pleno el nombramiento del Vicepresidente del Tribunal Supremo, del Secretario General y del Vicesecretario General, así como, en los dos últimos casos, acordar su cese.

12.ª Podrá encargar cometidos a vocales concretos o a grupos de trabajo siempre que este encargo no tenga carácter permanente ni indefinido.

13.ª Las demás previstas en la presente Ley Orgánica.

El <u>Pleno</u> conocerá exclusivamente de las siguientes materias:

1.ª La propuesta de nombramiento, por mayoría de tres quintos, de los dos Magistrados del Tribunal Constitucional cuya designación corresponde al Consejo General del Poder Judicial.

2.ª La propuesta de nombramiento, en los términos previstos por esta Ley Orgánica, del Presidente del Tribunal Supremo y del Consejo General del Poder Judicial, así como la emisión del informe previo sobre el nombramiento del Fiscal General del Estado.

3.ª El nombramiento, en los términos previstos por esta Ley Orgánica, del Vicepresidente del Tribunal Supremo, del Secretario General y del Vicesecretario General del Consejo General del Poder Judicial.

4.ª Todos los nombramientos o propuestas de nombramientos y promociones que impliquen algún margen de discrecionalidad o apreciación de méritos.

5.ª La interposición del conflicto de atribuciones entre órganos constitucionales del Estado.

6.ª La designación de los Vocales componentes de las diferentes Comisiones.

7.ª El ejercicio de la potestad reglamentaria en los términos previstos en esta Ley.

8.ª La aprobación del Presupuesto del Consejo General del Poder Judicial y la recepción de la rendición de cuentas de su ejecución.

9.ª La aprobación de la Memoria anual.

10.ª La resolución de aquellos expedientes disciplinarios en los que la propuesta de sanción consista en la separación de la carrera judicial.

11.ª La resolución de los recursos de alzada interpuestos contra los acuerdos sancionadores de la Comisión Disciplinaria.

12.ª La aprobación de los informes sobre los anteproyectos de ley o de disposiciones generales que se sometan a su dictamen por el Gobierno o las Cámaras legislativas.

El Pleno se reunirá en sesión ordinaria, a convocatoria del Presidente, una vez al mes.

Deberá celebrarse sesión extraordinaria si lo considerare oportuno el Presidente o si lo solicitaren cinco Vocales, para el ejercicio de alguna de las competencias referidas en el artículo anterior. De igual forma, deberá celebrarse sesión extraordinaria si así fuese necesario para dar cumplimiento en plazo a alguna de las competencias atribuidas al Pleno.

En la sesión en la que se tenga que proceder a la elección del Presidente del Tribunal Supremo y del Consejo General del Poder Judicial será necesaria, para la válida constitución del Pleno, al menos la presencia de doce de sus miembros.

En los demás casos, para la válida constitución del Pleno será siempre necesaria, como mínimo, la presencia de diez Vocales y el Presidente.

El Pleno del Consejo General del Poder Judicial elegirá anualmente a los Vocales integrantes de la <u>Comisión Permanente</u>.

La Comisión Permanente estará compuesta por el Presidente del Tribunal Supremo y del Consejo General del Poder Judicial, que la presidirá, y otros siete Vocales: cuatro de los nombrados por el turno judicial y tres de los designados por el turno de juristas de reconocida competencia. Con excepción de los miembros de la Comisión Disciplinaria, se procurará, previa propuesta del Presidente, la rotación anual del resto de los Vocales en la composición anual de la Comisión Permanente.

El Consejo General del Poder Judicial determinará, en el Reglamento de Organización y Funcionamiento, los casos y la forma en que, por razones de transitoria imposibilidad o ausencia justificada a las sesiones de la Comisión Permanente, deba procederse a la sustitución de los Vocales titulares por otros Vocales, a fin de garantizar la correcta composición y el adecuado funcionamiento de dicha Comisión.

A la Comisión Permanente compete el ejercicio de todas las atribuciones del Consejo General del Poder Judicial que no estén expresamente reservadas a la Presidencia, al Pleno, a la Comisión Disciplinaria, a la Comisión de Igualdad o a la Comisión de Asuntos Económicos por la presente Ley Orgánica.

Sin perjuicio de lo dispuesto en el apartado anterior, el Reglamento de Organización y Funcionamiento del Consejo General del Poder Judicial podrá atribuir competencias a los Jefes de los Servicios para supuestos que, sin estar reservados al Pleno, no supongan ejercicio de potestades discrecionales. En este caso, cabrá recurso de alzada ante la Comisión Permanente contra las resoluciones de los Jefes de los Servicios.

En todo caso, la Comisión Permanente preparará las sesiones del Pleno y velará por la exacta ejecución de sus acuerdos.

El Pleno elegirá a los Vocales integrantes de la Comisión Disciplinaria, cuyo mandato, salvo las sustituciones que procedan, será de cinco años.

La Comisión Disciplinaria estará compuesta por siete Vocales: cuatro del turno judicial y tres del turno de juristas de reconocida competencia.

La Comisión Disciplinaria deberá actuar con la asistencia de todos sus componentes y bajo la presidencia del Vocal de origen judicial con mayor categoría y antigüedad.

En caso de transitoria imposibilidad o ausencia justificada de alguno de sus componentes, la Comisión Permanente procederá a su sustitución por otro Vocal de idéntica procedencia.

A la Comisión Disciplinaria compete resolver los expedientes disciplinarios incoados por infracciones graves y muy graves e imponer, en su caso, las sanciones que correspondan a Jueces y Magistrados, con la sola excepción de aquellos supuestos en que la sanción propuesta fuere de separación del servicio.

Los acuerdos sancionadores de la Comisión Disciplinaria a los que se refiere el número anterior serán recurribles, en el plazo de un mes, en alzada ante el Pleno.

La Comisión Disciplinaria conocerá igualmente de los recursos de alzada interpuestos contra las resoluciones sancionadoras de los órganos de gobierno interno de los Tribunales.

El Pleno del Consejo General del Poder Judicial elegirá anualmente a los Vocales integrantes de la Comisión de Asuntos Económicos y, de entre ellos, designará a su Presidente.

La Comisión de Asuntos Económicos estará integrada por tres Vocales.

La Comisión de Asuntos Económicos deberá actuar con la asistencia de todos sus componentes.

Corresponde a la Comisión de Asuntos Económicos la realización de estudios y proyectos de carácter económico y financiero que le sean encomendados por el Pleno del Consejo, el control de la actividad financiera y contable de la gerencia y aquellas otras que resulten necesarias para el correcto desempeño de las funciones del Consejo General del Poder Judicial en materia económica.

Asimismo, la Comisión Permanente podrá delegar en la Comisión de Asuntos Económicos la elaboración del borrador de proyecto del presupuesto anual del Consejo, cuya aprobación corresponderá, en todo caso, a la Comisión Permanente antes de su elevación al Pleno.

El Pleno del Consejo General del Poder Judicial elegirá anualmente, de entre sus Vocales, y atendiendo al principio de presencia equilibrada entre mujeres y hombres, a los componentes de la Comisión de Igualdad y designará, entre ellos, a su Presidente.

La Comisión de Igualdad estará integrada por tres Vocales.

La Comisión de Igualdad deberá actuar con la asistencia de todos sus componentes. En caso de transitoria imposibilidad o ausencia justificada de alguno de los miembros, se procederá a su sustitución por otro Vocal del Consejo General del Poder Judicial, preferentemente del mismo sexo, que será designado por la Comisión Permanente.

Corresponderá a la Comisión de Igualdad asesorar al Pleno sobre las medidas necesarias o convenientes para integrar activamente el principio de igualdad entre mujeres y hombres en el ejercicio de las atribuciones del Consejo General del Poder Judicial y, en particular, le corresponderá elaborar los informes previos sobre impacto de género de los Reglamentos y proponer medidas para mejorar los parámetros de igualdad en la carrera judicial.

Asimismo corresponderá a la Comisión de Igualdad el estudio y seguimiento de la respuesta judicial en materia de violencia doméstica y de género, sirviéndose para ello del Observatorio contra la Violencia Doméstica y de Género o de cualquier otro instrumento que se pueda establecer a estos efectos.

En el Consejo General del Poder Judicial habrá una Secretaría General dirigida por el Secretario General, nombrado entre Magistrados con al menos quince años de antigüedad en la carrera judicial u otros juristas de reconocida competencia también con no menos de quince años de ejercicio de su profesión.

El Secretario General será nombrado por el Pleno, a propuesta del Presidente, y cesado libremente por el Presidente.

Corresponden al Secretario General las siguientes funciones:

1.ª La dirección y coordinación de todos los órganos técnicos y del personal al servicio del Consejo General del Poder Judicial, salvo en relación con el Gabinete de la Presidencia.

2.ª Velar por la correcta preparación, ejecución y liquidación del presupuesto, dando cuenta de todo ello al Presidente y al Pleno para su aprobación por éste último.

3.ª La gestión, tramitación y documentación de los actos del Consejo General del Poder Judicial.

4.ª Las demás funciones que le atribuya el Reglamento de Organización y Funcionamiento del Consejo General del Poder Judicial.

4. El Secretario General asistirá a las sesiones del Pleno y de la Comisión Permanente con voz y sin voto. Asimismo, podrá asistir, con voz y sin voto, a las demás Comisiones previstas legalmente.

El Secretario General será auxiliado y, en su caso, sustituido por el Vicesecretario General.

El Vicesecretario General será nombrado por el Pleno, a propuesta del Presidente, entre miembros del Cuerpo de Letrados del Consejo General del Poder Judicial que tuvieren un mínimo de cinco años de servicios efectivos en el Consejo, y cesado libremente por el Presidente.

En la Secretaría General del Consejo General del Poder Judicial existirá un Servicio Central en el que se integrará la Gerencia, así como los distintos departamentos que presten servicios comunes a los órganos del Consejo General del Poder Judicial.

El Servicio de Inspección llevará a cabo, bajo la dependencia de la Comisión Permanente, las funciones de comprobación y control del funcionamiento de los servicios de la Administración de Justicia a las que se refiere el apartado 1.8ª del artículo 560, de la presente Ley Orgánica, mediante la realización de las actuaciones y visitas que sean acordadas por el Consejo, todo ello sin perjuicio de la competencia de los órganos de gobierno de los Tribunales y en coordinación con éstos.

No obstante, la inspección del Tribunal Supremo será efectuada por el Presidente de dicho Tribunal o, en caso de delegación de éste, por el Vicepresidente del mismo.

El Gabinete Técnico es el órgano encargado del asesoramiento y asistencia técnico-jurídica a los órganos del Consejo General del Poder Judicial, así como del desarrollo de la actividad administrativa necesaria para el cumplimiento de sus funciones.

Integrarán el Gabinete Técnico un Director de Gabinete y el número de Letrados que determine el Reglamento de Organización y Funcionamiento del Consejo General del Poder Judicial, así como el personal que resulte necesario para el correcto desarrollo de sus funciones.

Para poder ser nombrado Director del Gabinete Técnico deberá acreditarse el desempeño efectivo de una profesión jurídica durante al menos quince años.

Corresponde a la Escuela Judicial desarrollar y ejecutar las competencias en materia de selección y formación de los Jueces y Magistrados, de acuerdo con lo establecido en la presente Ley Orgánica y en el Reglamento de la Escuela Judicial.

El nombramiento del Director de la Escuela Judicial recaerá en un Magistrado con al menos quince años de antigüedad en la carrera judicial.

Los profesores de la Escuela Judicial serán seleccionados por la Comisión Permanente mediante concurso de méritos.

El Centro de Documentación Judicial es un órgano técnico del Consejo General del Poder Judicial, cuyas funciones son la selección, la ordenación, el tratamiento, la difusión y la publicación de información jurídica legislativa, jurisprudencial y doctrinal.

Corresponde al Centro de Documentación Judicial colaborar en la implantación de las decisiones adoptadas por el Consejo General del Poder Judicial en materia de armonización de los sistemas informáticos que redunden en una mayor eficiencia de la actividad de los Juzgados y Tribunales.

Solo podrá ser nombrado Director del Centro de Documentación Judicial quien acredite el desempeño efectivo de una profesión jurídica durante al menos quince años.

Corresponden a la Oficina de Comunicación del Consejo General del Poder Judicial las funciones de comunicación institucional.

La Oficina de Comunicación depende directamente del Presidente, que nombrará y cesará libremente a su Director.

El cargo de Director de la Oficina de Comunicación deberá recaer en un profesional con experiencia acreditada en comunicación pública.

EL TRIBUNAL CONSTITUCIONAL.

Está regulado en el título IX de la Constitución Española, "del Tribunal Constitucional" y en la L.O. 2/1979 del Tribunal Constitucional (TC).

El Tribunal Constitucional, como intérprete supremo de la Constitución, es independiente de los demás órganos constitucionales y está sometido sólo a la Constitución y a la presente Ley Orgánica.

Es único en su orden y extiende su jurisdicción a todo el territorio nacional.

El Tribunal Constitucional conocerá en los casos y en la forma que esta Ley determina:

a) Del recurso y de la cuestión de inconstitucionalidad contra Leyes, disposiciones normativas o actos con fuerza de Ley.

b) Del recurso de amparo por violación de los derechos y libertades públicos relacionados en el artículo cincuenta y tres, dos, de la Constitución.

c) De los conflictos constitucionales de competencia entre el Estado y las Comunidades Autónomas o de los de éstas entre sí.

d) De los conflictos entre los órganos constitucionales del Estado.

d) bis. De los conflictos en defensa de la autonomía local.

e) De la declaración sobre la constitucionalidad de los tratados internacionales.

e) bis. Del control previo de inconstitucionalidad en el supuesto previsto en el artículo setenta y nueve de la presente Ley.

f) De las impugnaciones previstas en el número dos del artículo ciento sesenta y uno de la Constitución.

g) De la verificación de los nombramientos de los Magistrados del Tribunal Constitucional, para juzgar si los mismos reúnen los requisitos requeridos por la Constitución y la presente Ley.

h) De las demás materias que le atribuyen la Constitución y las Leyes orgánicas.

El Tribunal Constitucional podrá dictar reglamentos sobre su propio funcionamiento y organización, así como sobre el régimen de su personal y servicios, dentro del ámbito de la presente Ley. Estos reglamentos, que deberán ser aprobados por el Tribunal en Pleno, se publicarán en el «Boletín Oficial del Estado», autorizados por su Presidente.

La competencia del Tribunal Constitucional se extiende al conocimiento y decisión de las cuestiones prejudiciales e incidentales no pertenecientes al orden constitucional, directamente relacionadas con la materia de que conoce, a los solos efectos del enjuiciamiento constitucional de ésta.

En ningún caso se podrá promover cuestión de jurisdicción o competencia al Tribunal Constitucional. El Tribunal Constitucional delimitará el ámbito de su jurisdicción y adoptará cuantas medidas sean necesarias para preservarla, incluyendo la declaración de nulidad de aquellos actos o resoluciones que la menoscaben; asimismo podrá apreciar de oficio o a instancia de parte su competencia o incompetencia.

Las resoluciones del Tribunal Constitucional no podrán ser enjuiciadas por ningún órgano jurisdiccional del Estado.

Cuando el Tribunal Constitucional anule un acto o resolución que contravenga lo dispuesto en los dos apartados anteriores lo ha de hacer motivadamente y previa audiencia al Ministerio Fiscal y al órgano autor del acto o resolución.

El Tribunal Constitucional está integrado por doce miembros, con el título de Magistrados del Tribunal Constitucional.

El Tribunal Constitucional actúa en Pleno, en Sala o en Sección.

El Pleno está integrado por todos los Magistrados del Tribunal. Lo preside el Presidente del Tribunal y, en su defecto, el Vicepresidente y, a falta de ambos, el Magistrado más antiguo en el cargo y, en caso de igual antigüedad, el de mayor edad.

El Tribunal Constitucional consta de dos Salas. Cada Sala está compuesta por seis Magistrados nombrados por el Tribunal en Pleno.

El Presidente del Tribunal lo es también de la Sala Primera, que presidirá en su defecto, el Magistrado más antiguo y, en caso de igual antigüedad, el de mayor edad.

El Vicepresidente del Tribunal presidirá en la Sala Segunda y, en su defecto, el Magistrado más antiguo y, en caso de igual antigüedad, el de mayor edad.

Para el despacho ordinario y la decisión o propuesta, según proceda, sobre la admisibilidad o inadmisibilidad de procesos constitucionales, el Pleno y las Salas constituirán Secciones compuestas por el respectivo Presidente o quien le sustituya y dos Magistrados.

Se dará cuenta al Pleno de las propuestas de admisión o inadmisión de asuntos de su competencia. En el caso de admisión, el Pleno podrá deferir a la Sala que corresponda el conocimiento del asunto de que se trate, en los términos previstos en esta ley.

Podrá corresponder también a las Secciones el conocimiento y resolución de aquellos asuntos de amparo que la Sala correspondiente les defiera en los términos previstos en esta ley.

El Tribunal en Pleno elige de entre sus miembros por votación secreta a su Presidente y propone al Rey su nombramiento.

En primera votación se requerirá la mayoría absoluta. Si ésta no se alcanzase se procederá a una segunda votación, en la que resultará elegido quien obtuviese mayor número de votos. En caso de empate se efectuará una última votación y si éste se repitiese, será propuesto el de mayor antigüedad en el cargo y en caso de igualdad el de mayor edad.

El nombre del elegido se elevará al Rey para su nombramiento por un período de tres años, expirado el cual podrá ser reelegido por una sola vez.

El Tribunal en Pleno elegirá entre sus miembros, por el procedimiento señalado en el apartado 2 de este artículo y por el mismo período de tres años, un Vicepresidente, al que incumbe sustituir al Presidente en caso de vacante, ausencia u otro motivo legal y presidir la Sala Segunda.

El Tribunal en Pleno conoce de los siguientes asuntos:

a) De la constitucionalidad o inconstitucionalidad de los tratados internacionales.

b) De los recursos de inconstitucionalidad contra las leyes y demás disposiciones con valor de ley, excepto los de mera aplicación de doctrina, cuyo conocimiento podrá atribuirse a las Salas en el trámite de admisión. Al atribuir a la Sala el conocimiento del recurso, el Pleno deberá señalar la doctrina constitucional de aplicación.

c) De las cuestiones de constitucionalidad que reserve para sí; las demás deberán deferirse a las Salas según un turno objetivo.

d) De los conflictos constitucionales de competencia entre el Estado y las Comunidades Autónomas o de los de éstas entre sí.

d) bis. De los recursos previos de inconstitucionalidad contra Proyectos de Estatutos de Autonomía y contra Propuestas de Reforma de los Estatutos de Autonomía.

e) De las impugnaciones previstas en el apartado 2 del artículo 161 de la Constitución.

f) De los conflictos en defensa de la autonomía local.

g) De los conflictos entre los órganos constitucionales del Estado.

h) De las anulaciones en defensa de la jurisdicción del Tribunal previstas en el artículo 4.3.

i) De la verificación del cumplimiento de los requisitos exigidos para el nombramiento de Magistrado del Tribunal Constitucional.

j) Del nombramiento de los Magistrados que han de integrar cada una de las Salas.

k) De la recusación de los Magistrados del Tribunal Constitucional.

l) Del cese de los Magistrados del Tribunal Constitucional en los casos previstos en el artículo 23.

m) De la aprobación y modificación de los reglamentos del Tribunal.

n) De cualquier otro asunto que sea competencia del Tribunal pero recabe para sí el Pleno, a propuesta del Presidente o de tres Magistrados, así como de los demás asuntos que le puedan ser atribuidos expresamente por una ley orgánica.

En los casos previstos en los párrafos d), e) y f) del apartado anterior, en el trámite de admisión la decisión de fondo podrá atribuirse a la Sala que corresponda según un turno objetivo, lo que se comunicará a las partes.

El Tribunal en Pleno, en ejercicio de su autonomía como órgano constitucional, elabora su presupuesto, que se integra como una sección independiente dentro de los Presupuestos Generales del Estado.

Las Salas del Tribunal Constitucional conocerán de los asuntos que, atribuidos a la justicia constitucional, no sean de la competencia del Pleno.

También conocerán las Salas de aquellas cuestiones que, habiendo sido atribuidas al conocimiento de las Secciones, entiendan que por su importancia deba resolver la propia Sala.

La distribución de asuntos entre las Salas del Tribunal se efectuará según un turno establecido por el Pleno a propuesta de su Presidente.

Cuando una Sala considere necesario apartarse en cualquier punto de la doctrina constitucional precedente sentada por el Tribunal, la cuestión se someterá a la decisión del Pleno.

El Tribunal en Pleno puede adoptar acuerdos cuando estén presentes, al menos, dos tercios de los miembros que en cada momento lo compongan. Los acuerdos de las Salas requerirán asimismo la presencia de dos tercios de los miembros que en cada momento las compongan. En las Secciones se requerirá la presencia de dos miembros, salvo que haya discrepancia, requiriéndose entonces la de sus tres miembros.

El Presidente del Tribunal Constitucional ejerce la representación del Tribunal, convoca y preside el Tribunal en Pleno y convoca las Salas; adopta las medidas precisas para el funcionamiento del Tribunal, de las Salas y de las Secciones; comunica a las Cámaras, al Gobierno o al Consejo General del Poder Judicial, en cada caso, las vacantes; nombra a los letrados, convoca los concursos para cubrir las plazas de funcionarios y los puestos de personal laboral, y ejerce las potestades administrativas sobre el personal del Tribunal.

Los Magistrados del Tribunal Constitucional serán nombrados por el Rey, a propuesta de las Cámaras, del Gobierno y del Consejo General del Poder Judicial, en las condiciones que establece el artículo ciento cincuenta y nueve, uno, de la Constitución.

Los Magistrados propuestos por el Senado serán elegidos entre los candidatos presentados por las Asambleas Legislativas de las Comunidades Autónomas en los términos que determine el Reglamento de la Cámara.

Los candidatos propuestos por el Congreso y por el Senado deberán comparecer previamente ante las correspondientes Comisiones en los términos que dispongan los respectivos Reglamentos.

La designación para el cargo de Magistrado del Tribunal Constitucional se hará por nueve años, renovándose el Tribunal por terceras partes cada tres. A partir de ese momento se producirá la elección del Presidente y Vicepresidente de acuerdo con lo previsto en el artículo 9. Si el mandato de tres años para el que fueron designados como Presidente y Vicepresidente no coincidiera con la renovación del Tribunal Constitucional, tal mandato quedará prorrogado para que finalice en el momento en que dicha renovación se produzca y tomen posesión los nuevos Magistrados.

Ningún Magistrado podrá ser propuesto al Rey para otro período inmediato, salvo que hubiera ocupado el cargo por un plazo no superior a tres años.

Las vacantes producidas por causas distintas a la de la expiración del periodo para el que se hicieron los nombramientos serán cubiertas con arreglo al mismo procedimiento utilizado para la designación del Magistrado que hubiese causado vacante y por el tiempo que a éste restase. Si hubiese retraso en la renovación por tercios de los Magistrados, a los nuevos que fuesen designados se les restará del mandato el tiempo de retraso en la renovación.

Antes de los cuatro meses previos a la fecha de expiración de los nombramientos, el Presidente del Tribunal solicitará de los Presidentes de los órganos que han de hacer las propuestas para la designación de los nuevos Magistrados, que inicien el procedimiento para ello.

Los Magistrados del Tribunal Constitucional continuarán en el ejercicio de sus funciones hasta que hayan tomado posesión quienes hubieren de sucederles.

Los miembros del Tribunal Constitucional deberán ser nombrados entre ciudadanos españoles que sean Magistrados, Fiscales, Profesores de Universidad, funcionarios públicos o Abogados, todos ellos juristas de reconocida competencia con más de quince años de ejercicio profesional o en activo en la respectiva función.

El cargo de Magistrado del Tribunal Constitucional es incompatible: Primero, con el de Defensor del Pueblo; segundo, con el de Diputado y Senador; tercero, con cualquier cargo político o administrativo del Estado, las Comunidades Autónomas, las provincias u otras Entidades locales; cuarto, con el ejercicio de cualquier jurisdicción o actividad propia de la carrera judicial o fiscal; quinto, con empleos de todas clases en los Tribunales y Juzgados de cualquier orden jurisdiccional; sexto, con el desempeño de funciones directivas en los partidos políticos, sindicatos, asociaciones, fundaciones y colegios profesionales y con toda clase de empleo al servicio de los mismos; séptimo, con el desempeño de actividades profesionales o mercantiles. En lo demás, los miembros del Tribunal Constitucional tendrán las incompatibilidades propias de los miembros del Poder Judicial.

Cuando concurriere causa de incompatibilidad en quien fuere propuesto como Magistrado del Tribunal, deberá, antes de tomar posesión, cesar en el cargo o en la actividad incompatible. Si no lo hiciere en el plazo de diez días siguientes a la propuesta, se entenderá que no acepta el cargo de Magistrado del Tribunal Constitucional. La misma regla se aplicará en el caso de incompatibilidad sobrevenida.

Los miembros de la carrera judicial y fiscal y, en general, los funcionarios públicos nombrados Magistrados y letrados del Tribunal pasarán a la situación de servicios especiales en su carrera de origen.

Los Magistrados del Tribunal Constitucional ejercerán su función de acuerdo con los principios de imparcialidad y dignidad inherentes a la misma; no podrán ser perseguidos por las opiniones expresadas en el ejercicio de sus funciones; serán inamovibles y no podrán ser destituidos ni suspendidos sino por alguna de las causas que esta Ley establece.

Los Magistrados del Tribunal Constitucional cesan por alguna de las causas siguientes: Primero, por renuncia aceptada por el Presidente del Tribunal; segundo, por expiración del plazo de su nombramiento; tercero, por incurrir en alguna causa de incapacidad de las previstas para los miembros del Poder Judicial; cuarto, por incompatibilidad sobrevenida; quinto, por dejar de atender con diligencia los deberes de su cargo; sexto, por violar la reserva propia de su función; séptimo, por haber sido declarado responsable civilmente por dolo o condenado por delito doloso o por culpa grave.

El cese o la vacante en el cargo de Magistrado del Tribunal Constitucional, en los casos primero y segundo, así como en el de fallecimiento, se decretará por el Presidente. En los restantes supuestos decidirá el Tribunal en Pleno, por mayoría simple en los casos tercero y cuarto y por mayoría de las tres cuartas partes de sus miembros en los demás casos.

Los Magistrados del Tribunal Constitucional podrán ser suspendidos por el Tribunal, como medida previa, en caso de procesamiento o por el tiempo indispensable para resolver sobre la concurrencia de alguna de las causas de cese establecidas en el artículo anterior. La suspensión requiere el voto favorable de las tres cuartas partes de los miembros del Tribunal reunido en Pleno.

Los Magistrados del Tribunal que hubieran desempeñado el cargo durante un mínimo de tres años tendrán derecho a una remuneración de transición por un año, equivalente a la que percibieran en el momento del cese.

Cuando el Magistrado del Tribunal proceda de cualquier Cuerpo de funcionarios con derecho a jubilación, se le computará, a los efectos de determinación del haber pasivo, el tiempo de desempeño de las funciones constitucionales y se calculará aquél sobre el total de las remuneraciones que hayan correspondido al Magistrado del Tribunal Constitucional durante el último año.

La responsabilidad criminal de los Magistrados del Tribunal Constitucional sólo será exigible ante la Sala de lo Penal del Tribunal Supremo.

Mediante los procedimientos de declaración de inconstitucionalidad regulados en este título, el Tribunal Constitucional garantiza la primacía de la Constitución y enjuicia la conformidad o disconformidad con ella de las Leyes, disposiciones o actos impugnados.

Son susceptibles de declaración de inconstitucionalidad:

a) Los Estatutos de Autonomía y las demás Leyes orgánicas.

b) Las demás Leyes, disposiciones normativas y actos del Estado con fuerza de Ley. En el caso de los Decretos legislativos, la competencia del Tribunal se entiende sin perjuicio de lo previsto en el número seis del artículo ochenta y dos de la Constitución.

c) Los Tratados Internacionales.

d) Los Reglamentos de las Cámaras y de las Cortes Generales.

e) Las Leyes, actos y disposiciones normativas con fuerza de Ley de las Comunidades Autónomas, con la misma salvedad formula en el apartado b) respecto a los casos de delegación legislativa.

f) Los Reglamentos de las Asambleas legislativas de las Comunidades Autónomas.

Para apreciar la conformidad o disconformidad con la Constitución de una Ley, disposición o acto con fuerza de Ley del Estado o de las Comunidades Autónomas, el Tribunal considerará, además de los preceptos constitucionales, las Leyes que, dentro del marco constitucional, se hubieran dictado para delimitar las competencias del Estado y las diferentes Comunidades Autónomas o para regular o armonizar el ejercicio de las competencias de éstas.

Asimismo el Tribunal podrá declarar inconstitucionales por infracción del artículo ochenta y uno de la Constitución los preceptos de un Decreto-ley, Decreto legislativo, Ley que no haya sido aprobada con el carácter de orgánica o norma legislativa de una Comunidad Autónoma en el caso de que dichas disposiciones hubieran regulado materias reservadas a Ley Orgánica o impliquen modificación o derogación de una Ley aprobada con tal carácter, cualquiera que sea su contenido.

La declaración de inconstitucionalidad podrá promoverse mediante:

a) El recurso de inconstitucionalidad.

b) La cuestión de inconstitucionalidad promovida por Jueces o Tribunales.

La desestimación, por razones de forma, de un recurso de inconstitucionalidad contra una Ley, disposición o acto con fuerza de Ley no será obstáculo para que la misma Ley, disposición o acto puedan ser objeto de una cuestión de inconstitucionalidad con ocasión de su aplicación en otro proceso.

La admisión de un recurso o de una cuestión de inconstitucionalidad no suspenderá la vigencia ni la aplicación de la Ley, de la disposición normativa o del acto con fuerza de Ley, excepto en el caso en que el Gobierno se ampare en lo dispuesto por el artículo ciento sesenta y uno, dos, de la Constitución para impugnar, por medio de su Presidente, Leyes, disposiciones normativas o actos con fuerza de Ley de las Comunidades Autónomas.

El recurso de inconstitucionalidad contra las Leyes, disposiciones normativas o actos con fuerza de Ley podrá promoverse a partir de su publicación oficial.

Están legitimados para el ejercicio del recurso de inconstitucionalidad cuando se trate de Estatutos de Autonomía y demás Leyes del Estado, orgánicas o en cualesquiera de sus formas, y disposiciones normativas y actos del Estado o de las Comunidades Autónomas con fuerza de ley, Tratados Internacionales y Reglamentos de las Cámaras y de las Cortes Generales:

a) El Presidente del Gobierno.

b) El Defensor del Pueblo.

c) Cincuenta Diputados.

d) Cincuenta Senadores.

Para el ejercicio del recurso de inconstitucionalidad contra las Leyes, disposiciones o actos con fuerza de Ley del Estado que puedan afectar a su propio ámbito de autonomía, están también legitimados los órganos colegiados ejecutivos y las Asambleas de las Comunidades Autónomas, previo acuerdo adoptado al efecto.

El recurso de inconstitucionalidad se formulará dentro del plazo de tres meses a partir de la publicación de la Ley, disposición o acto con fuerza de Ley impugnado mediante demanda presentada ante el Tribunal Constitucional, en la que deberán expresarse las circunstancias de identidad de las personas u órganos que ejercitan la acción y, en su caso, de sus comisionados, concretar la Ley, disposición o acto impugnado, en todo o en parte, y precisar el precepto constitucional que se entiende infringido.

No obstante lo dispuesto en el apartado anterior, el Presidente del Gobierno y los órganos colegiados ejecutivos de las Comunidades Autónomas podrán interponer el recurso de inconstitucionalidad en el plazo de nueve meses contra leyes, disposiciones o actos con fuerza de Ley en relación con las cuales, y con la finalidad de evitar la interposición del recurso, se cumplan los siguientes requisitos:

a) Que se reúna la Comisión Bilateral de Cooperación entre la Administración General del Estado y la respectiva Comunidad Autónoma, pudiendo solicitar su convocatoria cualquiera de las dos Administraciones.

b) Que en el seno de la mencionada Comisión Bilateral se haya adoptado un acuerdo sobre iniciación de negociaciones para resolver las discrepancias, pudiendo instar, en su caso, la modificación del texto normativo. Este acuerdo podrá hacer referencia a la invocación o no de la suspensión de la norma en el caso de presentarse el recurso en el plazo previsto en este apartado.

c) Que el acuerdo sea puesto en conocimiento del Tribunal Constitucional por los órganos anteriormente mencionados dentro de los tres meses siguientes a la publicación de la Ley, disposición o acto con fuerza de Ley, y se inserte en el "Boletín Oficial del Estado" y en el "Diario Oficial" de la Comunidad Autónoma correspondiente.

Lo señalado en el apartado anterior se entiende sin perjuicio de la facultad de interposición del recurso de inconstitucionalidad por los demás órganos y personas a que hace referencia el artículo 32.

Admitida a trámite la demanda, el Tribunal Constitucional dará traslado de la misma al Congreso de los Diputados y al Senado por conducto de sus Presidentes, al Gobierno por conducto del Ministerio de

Justicia y, en caso de que el objeto del recurso fuera una Ley o disposición con fuerza de Ley dictada por una Comunidad Autónoma, a los órganos legislativo y ejecutivo de la misma a fin de que puedan personarse en el procedimiento y formular las alegaciones que estimaren oportunas.

La personación y la formulación de alegaciones deberán hacerse en el plazo de quince días, transcurrido el cual el Tribunal dictará sentencia en el de diez, salvo que, mediante resolución motivada, el propio Tribunal estime necesario un plazo más amplio que, en ningún caso, podrá exceder de treinta días.

Cuestión de inconstitucionalidad promovida por Jueces o Tribunales

Cuando un Juez o Tribunal, de oficio o a instancia de parte, considere que una norma con rango de Ley aplicable al caso y de cuya validez dependa el fallo pueda ser contraria a la Constitución, planteará la cuestión al Tribunal Constitucional con sujeción a lo dispuesto en esta Ley.

El órgano judicial sólo podrá plantear la cuestión una vez concluso el procedimiento y dentro del plazo para dictar sentencia, o la resolución jurisdiccional que procediese, y deberá concretar la ley o norma con fuerza de ley cuya constitucionalidad se cuestiona, el precepto constitucional que se supone infringido y especificar o justificar en qué medida la decisión del proceso depende de la validez de la norma en cuestión. Antes de adoptar mediante auto su decisión definitiva, el órgano judicial oirá a las partes y al Ministerio Fiscal para que en el plazo común e improrrogable de 10 días puedan alegar lo que deseen sobre la pertinencia de plantear la cuestión de inconstitucionalidad, o sobre el fondo de ésta; seguidamente y sin más trámite, el juez resolverá en el plazo de tres días. Dicho auto no será susceptible de recurso de ninguna clase. No obstante, la cuestión de inconstitucionalidad podrá ser intentada de nuevo en las sucesivas instancias o grados en tanto no se llegue a sentencia firme.

El planteamiento de la cuestión de constitucionalidad originará la suspensión provisional de las actuaciones en el proceso judicial hasta que el Tribunal Constitucional se pronuncie sobre su admisión. Producida ésta el proceso judicial permanecerá suspendido hasta que el Tribunal Constitucional resuelva definitivamente sobre la cuestión.

El órgano judicial elevará al Tribunal Constitucional la cuestión de inconstitucionalidad junto con testimonio de los autos principales y de las alegaciones previstas en el artículo anterior, si las hubiere.

Recibidas en el Tribunal Constitucional las actuaciones, el procedimiento se sustanciará por los trámites del apartado segundo de este artículo. No obstante, podrá el Tribunal rechazar, en trámite de admisión, mediante auto y sin otra audiencia que la del Fiscal General del Estado, la cuestión de inconstitucionalidad cuando faltaren las condiciones procesales o fuere notoriamente infundada la cuestión suscitada. Esta decisión será motivada.

Publicada en el "Boletín Oficial del Estado" la admisión a trámite de la cuestión de inconstitucionalidad, quienes sean parte en el procedimiento judicial podrán personarse ante el Tribunal Constitucional dentro de los 15 días siguientes a su publicación, para formular alegaciones, en el plazo de otros 15 días.

El Tribunal Constitucional dará traslado de la cuestión al Congreso de los Diputados y al Senado por conducto de sus Presidentes, al Fiscal General del Estado, al Gobierno, por conducto del Ministerio de Justicia, y, en caso de afectar a una Ley o a otra disposición normativa con fuerza de Ley dictadas por una Comunidad Autónoma, a los órganos legislativo y ejecutivo de la misma, todos los cuales podrán personarse y formular alegaciones sobre la cuestión planteada en el plazo común improrrogable de quince días. Concluido éste, el Tribunal dictará sentencia en el plazo de quince días, salvo que estime necesario, mediante resolución motivada, un plazo más amplio, que no podrá exceder de treinta días.

Las sentencias recaídas en procedimientos de inconstitucionalidad tendrán el valor de cosa juzgada, vincularán a todos los Poderes Públicos y producirán efectos generales desde la fecha de su publicación en el «Boletín Oficial del Estado».

Las sentencias desestimatorias dictadas en recursos de inconstitucionalidad y en conflictos en defensa de la autonomía local impedirán cualquier planteamiento ulterior de la cuestión por cualquiera de las dos vías, fundado en la misma infracción de idéntico precepto constitucional.

Si se tratare de sentencias recaídas en cuestiones de inconstitucionalidad, el Tribunal Constitucional lo comunicará inmediatamente al órgano judicial competente para la decisión del proceso. Dicho órgano notificará la sentencia constitucional a las partes. El Juez o Tribunal quedará vinculado desde que tuviere conocimiento de la sentencia constitucional y las partes desde el momento en que sean notificadas.

Cuando la sentencia declare la inconstitucionalidad, declarará igualmente la nulidad de los preceptos impugnados, así como, en su caso, la de aquellos otros de la misma Ley, disposición o acto con fuerza de Ley a los que deba extenderse por conexión o consecuencia.

El Tribunal Constitucional podrá fundar la declaración de inconstitucionalidad en la infracción de cualquier precepto constitucional, haya o no sido invocado en el curso del proceso.

Los derechos y libertades reconocidos en los artículos catorce a veintinueve de la Constitución serán susceptibles de **amparo constitucional**, en los casos y formas que esta Ley establece, sin perjuicio de su tutela general encomendada a los Tribunales de Justicia. Igual protección será aplicable a la objeción de conciencia reconocida en el artículo treinta de la Constitución.

El recurso de amparo constitucional protege, en los términos que esta ley establece, frente a las violaciones de los derechos y libertades a que se refiere el apartado anterior, originadas por las disposiciones, actos jurídicos, omisiones o simple vía de hecho de los poderes públicos del Estado, las Comunidades Autónomas y demás entes públicos de carácter territorial, corporativo o institucional, así como de sus funcionarios o agentes.

En el amparo constitucional no pueden hacerse valer otras pretensiones que las dirigidas a restablecer o preservar los derechos o libertades por razón de los cuales se formuló el recurso.

Las decisiones o actos sin valor de Ley, emanados de las Cortes o de cualquiera de sus órganos, o de las Asambleas legislativas de las Comunidades Autónomas, o de sus órganos, que violen los derechos y libertades susceptibles de amparo constitucional, podrán ser recurridos dentro del plazo de tres meses desde que, con arreglo a las normas internas de las Cámaras o Asambleas, sean firmes.

Las violaciones de los derechos y libertades antes referidos originadas por disposiciones, actos jurídicos, omisiones o simple vía de hecho del Gobierno o de sus autoridades o funcionarios, o de los órganos ejecutivos colegiados de las comunidades autónomas o de sus autoridades o funcionarios o agentes, podrán dar lugar al recurso de amparo una vez que se haya agotado la vía judicial procedente.

El plazo para interponer el recurso de amparo constitucional será el de los veinte días siguientes a la notificación de la resolución recaída en el previo proceso judicial.

El recurso sólo podrá fundarse en la infracción por una resolución firme de los preceptos constitucionales que reconocen los derechos o libertades susceptibles de amparo.

Las violaciones de los derechos y libertades susceptibles de amparo constitucional, que tuvieran su origen inmediato y directo en un acto u omisión de un órgano judicial, podrán dar lugar a este recurso siempre que se cumplan los requisitos siguientes:

a) Que se hayan agotado todos los medios de impugnación previstos por las normas procesales para el caso concreto dentro de la vía judicial.

b) Que la violación del derecho o libertad sea imputable de modo inmediato y directo a una acción u omisión del órgano judicial con independencia de los hechos que dieron lugar al proceso en que aquellas se produjeron, acerca de los que, en ningún caso, entrará a conocer el Tribunal Constitucional.

c) Que se haya denunciado formalmente en el proceso, si hubo oportunidad, la vulneración del derecho constitucional tan pronto como, una vez conocida, hubiera lugar para ello.

El plazo para interponer el recurso de amparo será de 30 días, a partir de la notificación de la resolución recaída en el proceso judicial.

Están legitimados para interponer el recurso de amparo constitucional:

a) En los casos de los artículos cuarenta y dos y cuarenta y cinco, la persona directamente afectada, el Defensor del Pueblo y el Ministerio Fiscal.

b) En los casos de los artículos cuarenta y tres y cuarenta y cuatro, quienes hayan sido parte en el proceso judicial correspondiente, el Defensor del Pueblo y el Ministerio Fiscal.

Si el recurso se promueve por el Defensor del Pueblo o el Ministerio Fiscal, la Sala competente para conocer del amparo constitucional lo comunicara a los posibles agraviados que fueran conocidos y ordenará anunciar la interposición del recurso en el «Boletín Oficial del Estado» a efectos de comparecencia de otros posibles interesados. Dicha publicación tendrá carácter preferente.

Podrán comparecer en el proceso de amparo constitucional, con el carácter de demandado o con el de coadyuvante, las personas favorecidas por la decisión, acto o hecho en razón del cual se formule el recurso que ostenten un interés legítimo en el mismo.

El Ministerio Fiscal intervendrá en todos los procesos de amparo, en defensa de la legalidad, de los derechos de los ciudadanos y del interés público tutelado por la Ley.

El conocimiento de los recursos de amparo constitucional corresponde a las Salas del Tribunal Constitucional y, en su caso, a las Secciones.

El recurso de amparo constitucional se iniciará mediante demanda en la que se expondrán con claridad y concisión los hechos que la fundamenten, se citarán los preceptos constitucionales que se estimen infringidos y se fijará con precisión el amparo que se solicita para preservar o restablecer el derecho o libertad que se considere vulnerado. En todo caso, la demanda justificará la especial trascendencia constitucional del recurso.

Con la demanda se acompañarán:

a) El documento que acredite la representación del solicitante del amparo.

b) En su caso, la copia, traslado o certificación de la resolución recaída en el procedimiento judicial o administrativo.

A la demanda se acompañarán también tantas copias literales de la misma y de los documentos presentados como partes en el previo proceso, si lo hubiere, y una más para el Ministerio Fiscal.

De incumplirse cualquiera de los requisitos establecidos en los apartados que anteceden, las Secretarías de Justicia lo pondrán de manifiesto al interesado en el plazo de 10 días, con el apercibimiento de que, de no subsanarse el defecto, se acordará la inadmisión del recurso.

El recurso de amparo debe ser objeto de una decisión de admisión a trámite. La Sección, por unanimidad de sus miembros, acordará mediante providencia la admisión, en todo o en parte, del recurso solamente cuando concurran todos los siguientes requisitos:

a) Que la demanda cumpla con lo dispuesto en los artículos 41 a 46 y 49.

b) Que el contenido del recurso justifique una decisión sobre el fondo por parte del Tribunal Constitucional en razón de su especial trascendencia constitucional, que se apreciará atendiendo a su importancia para la interpretación de la Constitución, para su aplicación o para su general eficacia, y para la determinación del contenido y alcance de los derechos fundamentales.

Cuando la admisión a trámite, aun habiendo obtenido la mayoría, no alcance la unanimidad, la Sección trasladará la decisión a la Sala respectiva para su resolución.

Las providencias de inadmisión, adoptadas por las Secciones o las Salas, especificarán el requisito incumplido y se notificarán al demandante y al Ministerio Fiscal. Dichas providencias solamente podrán ser recurridas en súplica por el Ministerio Fiscal en el plazo de tres días. Este recurso se resolverá mediante auto, que no será susceptible de impugnación alguna.

Cuando en la demanda de amparo concurran uno o varios defectos de naturaleza subsanable, se procederá en la forma prevista en el artículo 49.4; de no producirse la subsanación dentro del plazo fijado en dicho precepto, la Sección acordará la inadmisión mediante providencia, contra la cual no cabrá recurso alguno

Admitida la demanda de amparo, la Sala requerirá con carácter urgente al órgano o a la autoridad de que dimane la decisión, el acto o el hecho, o al Juez o Tribunal que conoció del procedimiento precedente para que, en plazo que no podrá exceder de diez días, remita las actuaciones o testimonio de ellas.

El órgano, autoridad, Juez o Tribunal acusará inmediato recibo del requerimiento, cumplimentará el envío dentro del plazo señalado y emplazará a quienes fueron parte en el procedimiento antecedente para que puedan comparecer en el proceso constitucional en el plazo de diez días.

Recibidas las actuaciones y transcurrido el tiempo de emplazamiento, la Sala dará vista de las mismas a quien promovió el amparo, a los personados en el proceso, al Abogado del Estado, si estuviera interesada la Administración Pública, y al Ministerio Fiscal. La vista será por plazo común que no podrá exceder de veinte días, y durante él podrán presentarse las alegaciones procedentes.

Presentadas las alegaciones o transcurrido el plazo otorgado para efectuarlas, la Sala podrá diferir la resolución del recurso, cuando para su resolución sea aplicable doctrina consolidada del Tribunal Constitucional, a una de sus Secciones o señalar día para la vista, en su caso, o deliberación y votación.

La Sala, o en su caso la Sección, pronunciará la sentencia que proceda en el plazo de 10 días a partir del día señalado para la vista o deliberación.

La Sala o, en su caso, la Sección, al conocer del fondo del asunto, pronunciará en su sentencia alguno de estos fallos:

a) Otorgamiento de amparo.

b) Denegación de amparo.

Artículo cincuenta y cuatro

Cuando la Sala o, en su caso, la Sección conozca del recurso de amparo respecto de decisiones de jueces y tribunales, limitará su función a concretar si se han violado derechos o libertades del demandante y a preservar o restablecer estos derechos o libertades, y se abstendrá de cualquier otra consideración sobre la actuación de los órganos jurisdiccionales.

La sentencia que otorgue el amparo contendrá alguno o algunos de los pronunciamientos siguientes:

a) Declaración de nulidad de la decisión, acto o resolución que hayan impedido el pleno ejercicio de los derechos o libertades protegidos, con determinación, en su caso, de la extensión de sus efectos.

b) Reconocimiento del derecho o libertad pública, de conformidad con su contenido constitucionalmente declarado.

c) Restablecimiento del recurrente en la integridad de su derecho o libertad con la adopción de las medidas apropiadas, en su caso, para su conservación.

Dos. En el supuesto de que el recurso de amparo debiera ser estimado porque, a juicio de la Sala o, en su caso, la Sección, la ley aplicada lesione derechos fundamentales o libertades públicas, se elevará la cuestión al Pleno con suspensión del plazo para dictar sentencia, de conformidad con lo prevenido en los artículos 35 y siguientes.

La interposición del recurso de amparo no suspenderá los efectos del acto o sentencia impugnados.

Ello no obstante, cuando la ejecución del acto o sentencia impugnados produzca un perjuicio al recurrente que pudiera hacer perder al amparo su finalidad, la Sala, o la Sección en el supuesto del artículo 52.2, de oficio o a instancia del recurrente, podrá disponer la suspensión, total o parcial, de sus efectos, siempre y cuando la suspensión no ocasione perturbación grave a un interés constitucionalmente protegido, ni a los derechos fundamentales o libertades de otra persona.

Asimismo, la Sala o la Sección podrá adoptar cualesquiera medidas cautelares y resoluciones provisionales previstas en el ordenamiento, que, por su naturaleza, puedan aplicarse en el proceso de amparo y tiendan a evitar que el recurso pierda su finalidad.

La suspensión u otra medida cautelar podrá pedirse en cualquier tiempo, antes de haberse pronunciado la sentencia o decidirse el amparo de otro modo. El incidente de suspensión se sustanciará con audiencia de las partes y del Ministerio Fiscal, por un plazo común que no excederá de tres días y con el informe de las autoridades responsables de la ejecución, si la Sala o la Sección lo creyera necesario. La Sala o la Sección podrá condicionar la denegación de la suspensión en el caso de que pudiera seguirse perturbación grave de los derechos de un tercero, a la constitución de caución suficiente para responder de los daños o perjuicios que pudieran originarse.

La Sala o la Sección podrá condicionar la suspensión de la ejecución y la adopción de las medidas cautelares a la satisfacción por el interesado de la oportuna fianza suficiente para responder de los daños y perjuicios que pudieren originarse. Su fijación y determinación podrá delegarse en el órgano jurisdiccional de instancia.

En supuestos de urgencia excepcional, la adopción de la suspensión y de las medidas cautelares y provisionales podrá efectuarse en la resolución de la admisión a trámite. Dicha adopción podrá ser impugnada en el plazo de cinco días desde su notificación, por el Ministerio Fiscal y demás partes personadas. La Sala o la Sección resolverá el incidente mediante auto no susceptible de recurso alguno.

La suspensión o su denegación puede ser modificada durante el curso del juicio de amparo constitucional, de oficio o a instancia de parte, en virtud de circunstancias sobrevenidas o que no pudieron ser conocidas al tiempo de sustanciarse el incidente de suspensión.

Serán competentes para resolver sobre las peticiones de indemnización de los daños causados como consecuencia de la concesión o denegación de la suspensión los Jueces o Tribunales, a cuya disposición se pondrán las fianzas constituidas.

Las peticiones de indemnización, que se sustanciarán por el trámite de los incidentes, deberán presentarse dentro del plazo de un año a partir de la publicación de la sentencia del Tribunal Constitucional.

Conflictos constitucionales.

El Tribunal Constitucional entenderá de los conflictos que se susciten sobre las competencias o atribuciones asignadas directamente por la Constitución, los Estatutos de Autonomía o las leyes orgánicas u ordinarias dictadas para delimitar los ámbitos propios del Estado y las Comunidades Autónomas y que opongan:

a) Al Estado con una o más Comunidades Autónomas.

b) A dos o más Comunidades Autónomas entre sí.

c) Al Gobierno con el Congreso de los Diputados, el Senado o el Consejo General del Poder Judicial; o a cualquiera de estos órganos constitucionales entre sí.

El Tribunal Constitucional entenderá también de los conflictos en defensa de la autonomía local que planteen los municipios y provincias frente al Estado o a una Comunidad Autónoma.

Los conflictos de competencia que opongan al Estado con una Comunidad Autónoma o a éstas entre sí, podrán ser suscitados por el Gobierno o por los órganos colegiados ejecutivos de las Comunidades Autónomas, en la forma que determinan los artículos siguiente. Los conflictos negativos podrán ser instados también por las personas físicas o jurídicas interesadas.

Pueden dar lugar al planteamiento de los conflictos de competencia las disposiciones, resoluciones y actos emanados de los órganos del Estado o de los órganos de las Comunidades Autónomas o la omisión de tales disposiciones, resoluciones o actos.

Cuando se plantease un conflicto de los mencionados en el artículo anterior con motivo de una disposición, resolución o acto cuya impugnación estuviese pendiente ante cualquier Tribunal, este suspenderá el curso del proceso hasta la decisión del conflicto constitucional.

La decisión del Tribunal Constitucional vinculará a todos los poderes públicos y tendrá plenos efectos frente a todos.

Conflictos positivos.

Cuando el Gobierno considere que una disposición o resolución de una Comunidad Autónoma no respeta el orden de competencia establecido en la Constitución, en los Estatutos de Autonomía o en las Leyes orgánicas correspondientes, podrá formalizar directamente ante el Tribunal Constitucional, en el plazo de dos meses, el conflicto de competencia, o hacer uso del previo requerimiento regulado en el artículo siguiente, todo ello sin perjuicio de que el Gobierno pueda invocar el artículo ciento sesenta y uno, dos, de la Constitución, con los efectos correspondientes.

Cuando el órgano ejecutivo superior de una Comunidad Autónoma considerase que una disposición, resolución o acto emanado de la autoridad de otra Comunidad o del Estado no respeta el orden de competencias establecido en la Constitución, en los Estatutos de Autonomía o en las Leyes correspondientes y siempre que afecte a su propio ámbito, requerirá a aquélla o a éste para que sea derogada la disposición o anulados la resolución o el acto en cuestión.

El requerimiento de incompetencia podrá formularse dentro de los dos meses siguientes al día de la publicación o comunicación de la disposición, resolución o acto que se entiendan viciados de incompetencia o con motivo de un acto concreto de aplicación y se dirigirá directamente al Gobierno o al órgano ejecutivo superior de la otra Comunidad Autónoma, dando cuenta igualmente al Gobierno en este caso.

En el requerimiento se especificarán con claridad los preceptos de la disposición o los puntos concretos de la resolución o acto viciados de incompetencia, así como las disposiciones legales o constitucionales de las que el vicio resulte.

El órgano requerido, si estima fundado el requerimiento, deberá atenderlo en el plazo máximo de un mes a partir de su recepción, comunicándolo así al requirente y al Gobierno, si éste no actuara en tal condición. Si no lo estimara fundado, deberá igualmente rechazarlo dentro del mismo plazo, a cuyo término se entenderán en todo caso rechazados los requerimientos no atendidos.

Dentro del mes siguiente a la notificación del rechazo o al término del plazo a que se refiere el apartado anterior, el órgano requirente, si no ha obtenido satisfacción, podrá plantear el conflicto ante el Tribunal Constitucional, certificando el cumplimiento infructuoso del trámite de requerimiento y alegando los fundamentos jurídicos en que éste se apoya.

En el término de diez días, el Tribunal comunicará al Gobierno u órgano autonómico correspondiente la iniciación del conflicto, señalándose plazo, que en ningún caso será mayor de veinte días, para que aporte cuantos documentos y alegaciones considere convenientes.

Si el conflicto hubiere sido entablado por el Gobierno una vez adoptada decisión por la Comunidad Autónoma y con invocación del artículo ciento sesenta y uno, dos. de la Constitución, su formalización comunicada por el Tribunal suspenderá inmediatamente la vigencia de la disposición, resolución o acto que hubiesen dado origen al conflicto.

En los restantes supuestos, el órgano que formalice el conflicto podrá solicitar del Tribunal la suspensión de la disposición, resolución o acto objeto del conflicto, invocando perjuicios de imposible o difícil reparación, el Tribunal acordará o denegará libremente la supension solicitada.

El planteamiento del conflicto iniciado por el Gobierno y, en su caso, el auto del Tribunal por el que se acuerde la suspensión de la disposición, resolución o acto objeto del conflicto serán notificados a los interesados y publicados en el correspondiente «Diario Oficial» por el propio Tribunal.

El Tribunal podrá solicitar de las partes cuantas informaciones, aclaraciones o precisiones juzgue necesarias para su decisión y resolverá dentro de los quince días siguientes al término del plazo de alegaciones o del que, en su caso, se fijare para las informaciones, aclaraciones o precisiones complementarias antes aludidas.

En el caso previsto en el número dos del artículo anterior, si la sentencia no se produjera dentro de los cinco meses desde la iniciación del conflicto, el Tribunal deberá resolver dentro de este plazo, por auto motivado, acerca del mantenimiento o levantamiento de la suspensión del acto, resolución o disposición impugnados de incompetencia por el Gobierno.

La sentencia declarará la titularidad de la competencia controvertida y acordará, en su caso, la anulación de la disposición, resolución o actos que originaron el conflicto en cuanto estuvieren viciados de incompetencia, pudiendo disponer lo que fuera procedente respecto de las situaciones de hecho o de derecho creadas al amparo de la misma.

Si la competencia controvertida hubiera sido atribuida por una Ley o norma con rango de Ley, el conflicto de competencias se tramitará desde su inicio o, en su caso, desde que en defensa de la competencia ejercida se invocare la existencia de la norma legal habilitante, en la forma prevista para el recurso de inconstitucionalidad.

Conflictos negativos

En el caso de que un órgano de la Administración del Estado declinare su competencia para resolver cualquier pretensión deducida ante el mismo por persona física o jurídica, por entender que la competencia corresponde a una Comunidad Autónoma, el interesado, tras haber agotado la vía administrativa mediante recurso ante el Ministerio correspondiente, podrá reproducir su pretensión ante el órgano ejecutivo colegiado de la Comunidad Autónoma que la resolución declare competente. De análogo modo se procederá si la solicitud se promueve ante una Comunidad Autónoma y ésta se inhibe por entender competente al Estado o a otra Comunidad Autónoma.

La Administración solicitada en segundo lugar deberá admitir o declinar su competencia en el plazo de un mes. Si la admitiere, procederá a tramitar la solicitud presentada. Si se inhibiere, deberá notificarlo al requirente, con indicación precisa de los preceptos en que se funda su resolución.

Si la Administración a que se refiere el apartado anterior declinare su competencia o no pronunciare decisión afirmativa en el plazo establecido, el interesado podrá acudir al Tribunal Constitucional. A tal efecto, deducirá la oportuna demanda dentro del mes siguiente a la notificación de la declinatoria, o si trascurriese el plazo establecido en el apartado dos del presente artículo sin resolución expresa, en solicitud de que se tramite y resuelva el conflicto de competencia negativo.

La solicitud de planteamiento de conflicto se formulará mediante escrito, al que habrán de acompañarse los documentos que acrediten haber agotado el trámite a que se refiere el artículo anterior y las resoluciones recaídas durante el mismo.

Si el Tribunal entendiere que la negativa de las Administraciones implicadas se basa precisamente en una diferencia de interpretación de preceptos constitucionales o de los Estatutos de Autonomía o de Leyes orgánicas u ordinarias que delimiten los ámbitos de competencia del Estado y de las Comunidades Autónomas declarará, mediante auto que habrá de ser dictado dentro de los diez días siguientes al de la presentación del escrito, planteado el conflicto. Dará inmediato traslado del auto al solicitante y a las Administraciones implicadas, así como a cualesquiera otras que el Tribunal considere competentes, a las que remitirá además copia de la solicitud de su planteamiento y de los documentos acompañados a la misma y fijará a todos el plazo común de un mes para que aleguen cuanto estimen conducente a la solución del conflicto planteado.

Dentro del mes siguiente a la conclusión del plazo señalado en el artículo anterior o, en su caso, del que sucesivamente el Tribunal hubiere concedido para responder a las peticiones de aclaración, ampliación o precisión que les hubiere dirigido, se dictará sentencia que declarará cuál es la Administración competente.

Los plazos administrativos agotados se entenderán nuevamente abiertos por su duración ordinaria a partir de la publicación de la sentencia.

El Gobierno podrá igualmente plantear conflicto de competencias negativo cuando habiendo requerido al órgano ejecutivo superior de una Comunidad Autónoma para que ejercite las atribuciones propias de la competencia que a la Comunidad confieran sus propios estatutos o una Ley orgánica de delegación o transferencia, sea desatendido su requerimiento por declararse incompetente el órgano requerido.

La declaración de incompetencia se entenderá implícita por la simple inactividad del órgano ejecutivo requerido dentro del plazo que el Gobierno le hubiere fijado para el ejercicio de sus atribuciones, que en ningún caso será inferior a un mes.

Dentro del mes siguiente al día en que de manera expresa o tácita haya de considerarse rechazado el requerimiento a que se refiere el artículo anterior, el Gobierno podrá plantear ante el Tribunal Constitucional el conflicto negativo mediante escrito en el que habrán de indicarse los preceptos constitucionales, estatutarios o legales que a su juicio obligan a la Comunidad Autónoma a ejercer sus atribuciones.

El Tribunal dará traslado del escrito al órgano ejecutivo superior de la Comunidad Autónoma, al que fijará un plazo de un mes para presentar las alegaciones que entienda oportunas.

Dentro del mes siguiente a la conclusión de tal plazo o, en su caso, del que sucesivamente hubiere fijado al Estado o a la Comunidad Autónoma para responder a las peticiones de aclaración, ampliación o precisiones que les hubiere dirigido, el Tribunal dictará sentencia, que contendrá alguno de los siguientes pronunciamientos:

a) La declaración de que el requerimiento es procedente, que conllevará el establecimiento de un plazo dentro del cual la Comunidad Autónoma deberá ejercitar la atribución requerida.

b) La declaración de que el requerimiento es improcedente.

Conflictos entre órganos constitucionales del Estado

En el caso en que alguno de los órganos constitucionales a los que se refiere el artículo 59.3 de esta Ley, por acuerdo de sus respectivos Plenos, estime que otro de dichos órganos adopta decisiones asumiendo atribuciones que la Constitución o las Leyes orgánicas confieren al primero, éste se lo hará saber así dentro del mes siguiente a la fecha en que llegue a su conocimiento la decisión de la que se infiera la indebida asunción de atribuciones y solicitará de él que la revoque.

Si el órgano al que se dirige la notificación afirmara que actúa en el ejercicio constitucional y legal de sus atribuciones o, dentro del plazo de un mes a partir de la recepción de aquella no rectificase en el sentido que le hubiera sido solicitado, el órgano que estime indebidamente asumidas sus atribuciones planteará el conflicto ante el Tribunal Constitucional dentro del mes siguiente. A tal efecto, presentará un escrito en el que se especificarán los preceptos que considera vulnerados y formulará las alegaciones que estime oportunas. A este escrito acompañará una certificación de los antecedentes que repute necesarios y de la comunicación cursada en cumplimiento de lo prevenido en el apartado anterior de este artículo.

Recibido el escrito, el Tribunal, dentro de los diez días siguientes, dará traslado del mismo al órgano requerido y le fijará el plazo de un mes para formular las alegaciones que estime procedentes. Idénticos traslados y emplazamientos se harán a todos los demás órganos legitimados para plantear este género de conflictos, los cuales podrán comparecer en el procedimiento, en apoyo del demandante o del demandado, si entendieren que la solución del conflicto planteado afecta de algún modo a sus propias atribuciones.

El Tribunal podrá solicitar de las partes cuantas informaciones, aclaraciones o precisiones juzgue necesarias para su decisión y resolverá dentro del mes siguiente a la expiración del plazo de alegaciones a que se refiere el artículo anterior o del que, en su caso, se fijare para las informaciones, aclaraciones o precisiones complementarias, que no será superior a otros treinta días.

La sentencia del Tribunal determinará a qué órgano corresponden las atribuciones constitucionales controvertidas y declarará nulos los actos ejecutados por invasión de atribuciones y resolverá, en su caso, lo que procediere sobre las situaciones jurídicas producidas al amparo de los mismos.

Conflictos en defensa de la autonomía local

Podrán dar lugar al planteamiento de los conflictos en defensa de la autonomía local las normas del Estado con rango de ley o las disposiciones con rango de ley de las Comunidades Autónomas que lesionen la autonomía local constitucionalmente garantizada.

La decisión del Tribunal Constitucional vinculará a todos los poderes públicos y tendrá plenos efectos frente a todos.

Están legitimados para plantear estos conflictos:

a) El municipio o provincia que sea destinatario único de la ley.

b) Un número de municipios que supongan al menos un séptimo de los existentes en el ámbito territorial de aplicación de la disposición con rango de ley, y representen como mínimo un sexto de la población oficial del ámbito territorial correspondiente.

c) Un número de provincias que supongan al menos la mitad de las existentes en el ámbito territorial de aplicación de la disposición con rango de ley, y representen como mínimo la mitad de la población oficial.

Para iniciar la tramitación de los conflictos en defensa de la autonomía local será necesario el acuerdo del órgano plenario de las Corporaciones locales con el voto favorable de la mayoría absoluta del número legal de miembros de las mismas.

Una vez cumplido el requisito establecido en el apartado anterior, y de manera previa a la formalización del conflicto, deberá solicitarse dictamen, con carácter preceptivo pero no vinculante, del Consejo de Estado u órgano consultivo de la correspondiente Comunidad Autónoma, según que el ámbito territorial al que pertenezcan las Corporaciones locales corresponda a variasoauna Comunidad Autónoma. En las Comunidades Autónomas que no dispongan de órgano consultivo, el dictamen corresponderá al Consejo de Estado.

Las asociaciones de entidades locales podrán asistir a los entes locales legitimados a fin de facilitarles el cumplimiento de los requisitos establecidos en el procedimiento de tramitación del presente conflicto.

La solicitud de los dictámenes a que se refiere el artículo anterior deberá formalizarse dentro de los tres meses siguientes al día de la publicación de la ley que se entienda lesiona la autonomía local.

Dentro del mes siguiente a la recepción del dictamen del Consejo de Estado o del órgano consultivo de la correspondiente Comunidad Autónoma, los municipios o provincias legitimados podrán plantear el conflicto ante el Tribunal Constitucional, acreditando el cumplimiento de los requisitos exigidos en el artículo anterior y alegándose los fundamentos jurídicos en que se apoya.

Planteado el conflicto, el Tribunal podrá acordar, mediante auto motivado, la inadmisión del mismo por falta de legitimación u otros requisitos exigibles y no subsanables o cuando estuviere notoriamente infundada la controversia suscitada.

Admitido a trámite el conflicto, en el término de diez días, el Tribunal dará traslado del mismo a los órganos legislativo y ejecutivo de la Comunidad Autónoma de quien hubiese emanado la ley, y en todo caso a los órganos legislativo y ejecutivo del Estado. La personación y la formulación de alegaciones deberán realizarse en el plazo de veinte días.

El planteamiento del conflicto será notificado a los interesados y publicado en el correspondiente Diario Oficial por el propio Tribunal.

El Tribunal podrá solicitar de las partes cuantas informaciones, aclaraciones o precisiones juzgue necesarias para su decisión y resolverá dentro de los quince días siguientes al término del plazo de alegaciones o del que, en su caso, se fijare para las informaciones, aclaraciones o precisiones complementarias antes aludidas.

La sentencia declarará si existe o no vulneración de la autonomía local constitucionalmente garantizada, determinando, según proceda, la titularidad o atribución de la competencia controvertida, y resolverá, en su caso, lo que procediere sobre las situaciones de hecho o de derecho creadas en lesión de la autonomía local.

La declaración, en su caso, de inconstitucionalidad de la ley que haya dado lugar al conflicto requerirá nueva sentencia si el Pleno decide plantearse la cuestión tras la resolución del conflicto declarando que ha habido vulneración de la autonomía local. La cuestión se sustanciará por el procedimiento establecido en los artículos 37 y concordantes y tendrá los efectos ordinarios previstos en los artículos 38 y siguientes.

Impugnación de disposiciones sin fuerza de Ley y resoluciones de las Comunidades Autónomas prevista en el artículo 161.2 de la Constitución

Dentro de los dos meses siguientes a la fecha de su publicación o, en defecto de la misma, desde que llegare a su conocimiento, el Gobierno podrá impugnar ante el Tribunal Constitucional las disposiciones normativas sin fuerza de Ley y resoluciones emanadas de cualquier órgano de las Comunidades Autónomas.

La impugnación regulada en este título, sea cual fuere el motivo en que se base, se formulará y sustanciará por el procedimiento previsto en los artículos sesenta y dos a sesenta y siete de esta Ley. La formulación de la impugnación comunicada por el Tribunal producirá la suspensión de la disposición o resolución recurrida hasta que el Tribunal resuelva ratificarla o levantarla en plazo no superior a cinco meses, salvo que, con anterioridad, hubiera dictado sentencia.

Declaración sobre la constitucionalidad de los tratados internacionales

El Gobierno o cualquiera de ambas Cámaras podrán requerir al Tribunal Constitucional para que se pronuncie sobre la existencia o inexistencia de contradicción entre la Constitución y las estipulaciones de un tratado internacional cuyo texto estuviera ya definitivamente fijado, pero al que no se hubiere prestado aún el consentimiento del Estado.

Recibido el requerimiento, el Tribunal Constitucional emplazará al solicitante y a los restantes órganos legitimados, según lo previsto en el apartado anterior, a fin de que, en el término de un mes, expresen su opinión fundada sobre la cuestión. Dentro del mes siguiente al transcurso de este plazo y salvo lo dispuesto en el apartado siguiente, el Tribunal Constitucional emitirá su declaración, que, de acuerdo con lo establecido en el artículo noventa y cinco de la Constitución, tendrá carácter vinculante.

En cualquier momento podrá el Tribunal Constitucional solicitar de los órganos mencionados en el apartado anterior o de otras personas físicas o jurídicas u otros órganos del Estado o de las Comunidades Autónomas, cuantas aclaraciones, ampliaciones o precisiones estimen necesarias, alargando el plazo de un mes antes citado en el mismo tiempo que hubiese concedido para responder a sus consultas, que no podrá exceder de treinta días.

Del recurso previo de inconstitucionalidad contra Proyectos de Estatutos de Autonomía y contra Propuestas de Reforma de Estatutos de Autonomía

Son susceptibles de recurso de inconstitucionalidad, con carácter previo, los Proyectos de Estatutos de Autonomía y las propuestas de reforma de los mismos.

El recurso tendrá por objeto la impugnación del texto definitivo del Proyecto de Estatuto o de la Propuesta de Reforma de un Estatuto, una vez aprobado por las Cortes Generales.

Están legitimados para interponer el recurso previo de inconstitucionalidad quienes, de acuerdo con la Constitución y con esta Ley Orgánica, están legitimados para interponer recursos de inconstitucionalidad contra Estatutos de Autonomía.

El plazo para la interposición del recurso será de tres días desde la publicación del texto aprobado en el «Boletín Oficial de las Cortes Generales». La interposición del recurso suspenderá automáticamente todos los trámites subsiguientes.

Cuando la aprobación del Proyecto de Estatuto o de la Propuesta de reforma haya de ser sometida a referéndum en el territorio de la respectiva Comunidad Autónoma, el mismo no podrá convocarse hasta que haya resuelto el Tribunal Constitucional y, en su caso, se hayan suprimido o modificado por las Cortes Generales los preceptos declarados inconstitucionales.

El recurso previo de inconstitucionalidad se sustanciará en la forma prevista en el capítulo II del título II de esta Ley y deberá ser resuelto por el Tribunal Constitucional en el plazo improrrogable de seis meses desde su interposición. El Tribunal dispondrá lo necesario para dar cumplimiento efectivo a esta previsión, reduciendo los plazos ordinarios y dando en todo caso preferencia a la resolución de estos recursos sobre el resto de asuntos en tramitación.

Cuando el pronunciamiento del Tribunal declare la inexistencia de la inconstitucionalidad alegada, seguirán su curso los trámites conducentes a su entrada en vigor, incluido, en su caso, el correspondiente procedimiento de convocatoria y celebración de referéndum.

Si, por el contrario, declara la inconstitucionalidad del texto impugnado, deberá concretar los preceptos a los que alcanza, aquellos que por conexión o consecuencia quedan afectados por tal declaración y el precepto o preceptos constitucionales infringidos. En este supuesto, la tramitación no podrá proseguir sin que tales preceptos hayan sido suprimidos o modificados por las Cortes Generales.

El pronunciamiento en el recurso previo no prejuzga la decisión del Tribunal en los recursos o cuestiones de inconstitucionalidad que pudieren interponerse tras la entrada en vigor con fuerza de ley del texto impugnado en la vía previa.

EL TRIBUNAL DE CUENTAS.

El **Tribunal de Cuentas** es el supremo órgano fiscalizador de las cuentas y de la gestión económica del Estado y del sector público, sin perjuicio de su propia jurisdicción, de acuerdo con la Constitución y la presente Ley Orgánica.

Asimismo, corresponde al Tribunal de Cuentas la fiscalización de la actividad económico-financiera de los partidos políticos inscritos en el Registro de Partidos Políticos del Ministerio del Interior, así como la de las fundaciones y demás entidades vinculadas o dependientes de ellos.

Es único en su orden y extiende su jurisdicción a todo el territorio nacional, sin perjuicio de los órganos fiscalizadores de cuentas que para las Comunidades Autónomas puedan prever sus Estatutos. Depende directamente de las Cortes Generales.

Son funciones propias del Tribunal de Cuentas:

a) La fiscalización externa, permanente y consuntiva de la actividad económico-financiera del sector público.

b) El enjuiciamiento de la responsabilidad contable en que incurran quienes tengan a su cargo el manejo de caudales o efectos públicos.

El Tribunal de Cuentas tiene competencia para todo lo concerniente al gobierno y régimen interior del mismo y al personal a su servicio y podrá dictar reglamentos sobre su propio funcionamiento y organización, así como sobre el estatuto de su personal y servicios dentro del ámbito de la presente ley y de la de ordenación de su funcionamiento.

También podrá dictar reglamentos en desarrollo, aplicación y ejecución de su Ley de Funcionamiento para establecer regulaciones de carácter secundario y auxiliar en todo lo relativo al Estatuto del personal a su servicio.

Los Reglamentos deberán ser aprobados por el Pleno y se publicarán en el "Boletín Oficial del Estado", autorizados por su Presidente.

Integran el sector público:

a) La Administración del Estado.

b) Las Comunidades Autónomas.

c) Las Corporaciones Locales.

d) Las entidades gestoras de la Seguridad Social.

e) Los Organismos autónomos.

f) Las Sociedades estatales y demás Empresas públicas.

Al Tribunal de Cuentas corresponde la fiscalización de las subvenciones, créditos, avales u otras ayudas del sector público percibidas por personas físicas o jurídicas.

Corresponde al Tribunal de Cuentas la fiscalización de la actividad económico-financiera de los partidos políticos inscritos en el Registro de Partidos Políticos del Ministerio del Interior, así como la de las fundaciones y demás entidades vinculadas o dependientes de ellos. Se considera que una fundación o una entidad está vinculada o es dependiente de un partido político cuando concurran las circunstancias previstas en la Ley Orgánica 8/2007, de 4 de julio, sobre financiación de los partidos políticos.

El Tribunal de Cuentas ejercerá sus funciones con plena independencia y sometimiento al ordenamiento jurídico.

El Tribunal de Cuentas elaborará su propio presupuesto, que se integrará en los Generales del Estado, en una sección independiente y será aprobado por las Cortes Generales.

El Tribunal de Cuentas podrá exigir la colaboración de todas las personas físicas o jurídicas, públicas o privadas que estarán obligadas a suministrarle cuantos datos, estados, documentos, antecedentes o informes solicite relacionados con el ejercicio de sus funciones fiscalizadora o jurisdiccional.

El Estado y demás entidades integrantes del sector público sujetas a control del Tribunal de Cuentas deberán facilitarle la información económico y financiera que les soliciten con ocasión de la tramitación de los procedimientos de control y jurisdiccionales. El Tribunal de Cuentas podrá celebrar convenios de colaboración con la Administración General del Estado y demás órganos, organismos y entidades para el acceso a la información de que estos dispongan de conformidad con la normativa especial que regule la información a suministrar con la finalidad de agilizar y facilitar el ejercicio de su función fiscalizadora y jurisdiccional.

La petición se efectuará por conducto del Ministerio, Comunidad Autónoma o Corporación Local correspondiente.

El incumplimiento de los requerimientos del Tribunal podrá suponer la aplicación de las multas coercitivas que se establezcan en su Ley de Funcionamiento. Si los requerimientos se refieren a la reclamación de justificantes de inversiones o gastos públicos y no son cumplidos en el plazo solicitado, se iniciará de oficio el oportuno expediente de reintegro.

El Tribunal de Cuentas pondrá en conocimiento de las Cortes Generales la falta de colaboración de los obligados a prestársela.

Asimismo el Tribunal podrá comisionar a expertos que tengan titulación adecuada al objeto de inspeccionar, revisar y comprobar la documentación, libros, metálico, valores, bienes y existencias de las Entidades integrantes del sector público en los supuestos a los que se refiere el artículo cuarto, dos, y, en general, para comprobar la realidad de las operaciones reflejadas en sus cuentas y emitir los informes correspondientes.

Las entidades de crédito estarán obligadas a colaborar con el Tribunal de cuentas facilitando la documentación e información que les sea requerida. En particular, estarán obligadas a identificar las diferentes cuentas que se refieran a fondos de los partidos políticos, y fundaciones y entidades vinculadas a los mismos o dependientes de ellos, así como las personas autorizadas a efectuar operaciones de disposición con cargo a las mismas.

En el caso de cuentas en que se ingresen únicamente cuotas en concepto de afiliación, deberán aportarse a solicitud del Tribunal de Cuentas datos sobre saldos y movimientos en las fechas o períodos respecto de los que se solicite. En ningún caso se le facilitarán, en relación a estas cuentas, datos que permitan identificar a personas físicas afiliadas a los partidos políticos.

Para el caso de las cuentas abiertas en entidades de crédito exclusivamente destinadas a la recepción de donaciones y de las cuentas en las que reciban otras aportaciones, además de la información citada en el párrafo precedente, se aportará información sobre la identidad de quienes realicen las aportaciones si, en este último supuesto, el importe acumulado de las aportaciones en un año natural excede de 3.000 euros.

Esta información también deberá ser objeto de aportación en relación con las entidades y fundaciones vinculadas a los partidos políticos o dependientes de ellos.

Los conflictos que se susciten sobre las competencias o atribuciones del Tribunal de Cuentas serán resueltos por el Tribunal Constitucional.

Los requerimientos de inhibición hechos al Tribunal de Cuentas no producirán la suspensión del respectivo procedimiento.

La función fiscalizadora del Tribunal de Cuentas se referirá al sometimiento de la actividad económico-financiera del sector público a los principios de legalidad, eficiencia, economía, transparencia, así como a la sostenibilidad ambiental y la igualdad de género.

El Tribunal de Cuentas ejercerá su función en relación con la ejecución de los programas de ingresos y gastos públicos.

El Tribunal de Cuentas, por delegación, de las Cortes Generales, procederá al examen y comprobación de la Cuenta General del Estado dentro del plazo de seis meses, a partir de la fecha en que se haya rendido. El Pleno, oído el Fiscal, dictará la declaración definitiva que le merezca para elevarla a las Cámaras con la oportuna propuesta, dando traslado al Gobierno.

El Tribunal de Cuentas fiscalizará en particular:

a) Los contratos celebrados por la Administración del Estado y las demás Entidades del sector público en los casos en que así esté establecido o que considere conveniente el Tribunal.

b) La situación y las variaciones del patrimonio del Estado y demás Entidades del sector público.

c) Los créditos extraordinarios y suplementarios, así como las incorporaciones, ampliaciones, transferencias y demás modificaciones de los créditos presupuestarios iniciales.

El resultado de la fiscalización se expondrá por medio de informes o memorias ordinarias o extraordinarias y de mociones o notas que se elevarán a las Cortes Generales y se publicarán en el «Boletín Oficial del Estado».

Cuando la actividad fiscalizadora se refiera a las Comunidades Autónomas o a Entidades que de ellas dependan, el Informe se remitirá, asimismo, a la Asamblea Legislativa de la respectiva Comunidad y se publicará también en su «Boletín Oficial».

El Tribunal de Cuentas hará constar cuantas infracciones, abusos o prácticas irregulares haya observado, con indicación de la responsabilidad en que, a su juicio, se hubiere incurrido y de las medidas para exigirla.

El Informe o Memoria anual que el Tribunal debe remitir a las Cortes Generales en virtud del artículo ciento treinta y seis, dos, de la Constitución, comprenderá el análisis de la Cuenta General del Estado y de las demás del sector público. Se extenderá, además, a la fiscalización de la gestión económica del Estado y del sector público y, entre otros, a los extremos siguientes:

a) La observancia de la Constitución, de las Leyes reguladoras de los Ingresos y Gastos del sector público y, en general, de las normas que afecten a la actividad económico-financiera del mismo.

b) El cumplimiento de las previsiones y la ejecución de los Presupuestos del Estado, de las Comunidades Autónomas, de las Corporaciones Locales y de las demás Entidades sujetas a régimen presupuestario público.

c) La racionalidad en la ejecución del gasto público basada en criterios de eficiencia y economía.

d) La ejecución de los programas de actuación, inversiones y financiación de las Sociedades estatales y de los demás planes o previsiones que rijan la actividad de las Empresas públicas, así como el empleo o aplicación de las subvenciones con cargo a fondos públicos.

Idéntico informe será remitido anualmente a las Asambleas Legislativas de las Comunidades Autónomas para el control económico y presupuestario de su actividad financiera.

El informe contendrá una Memoria de las actuaciones jurisdiccionales del Tribunal durante el ejercicio económico correspondiente.

El Tribunal de Cuentas propondrá las medidas a adoptar, en su caso, para la mejora de la gestión económico-financiera del sector público.

Cuando las medidas propuestas por el Tribunal de Cuentas se refieran a la gestión económico-financiera de las Comunidades Autónomas o Entidades del sector público de ellas dependientes, la Asamblea Legislativa correspondiente, en el ámbito de su competencia, entenderá de la propuesta y dictará, en su caso, las disposiciones necesarias para su aplicación.

El enjuiciamiento contable, como jurisdicción propia del Tribunal de Cuentas, se ejerce respecto de las cuentas que deban rendir quienes recauden, intervengan, administren, custodien, manejen o utilicen bienes, caudales o efectos públicos.

La jurisdicción contable se extiende a los alcances de caudales o efectos públicos, así como a las obligaciones accesorias constituidas en garantía de su gestión.

No corresponderá a la jurisdicción contable el enjuiciamiento de:

a) Los asuntos atribuidos a la competencia del Tribunal Constitucional.

b) Las cuestiones sometidas a la jurisdicción contencioso-administrativa.

c) Los hechos constitutivos de delito o falta.

d) Las cuestiones de índole civil, laboral o de otra naturaleza encomendadas al conocimiento de los órganos del Poder Judicial.

La jurisdicción contable es necesaria e improrrogable, exclusiva y plena.

Se extenderá, a los solos efectos del ejercicio de su función, al conocimiento y decisión en las cuestiones prejudiciales e incidentales, salvo las de carácter penal, que constituyan elemento previo necesario para la declaración de responsabilidad contable y estén con ella relacionadas directamente.

La decisión que se pronuncie no producirá efectos fuera del ámbito de la jurisdicción contable.

La jurisdicción contable es compatible respecto de unos mismos hechos con el ejercicio de la potestad disciplinaria y con la actuación de la jurisdicción penal.

Cuando los hechos fueren constitutivos de delito, la responsabilidad civil será determinada por la jurisdicción contable en el ámbito de su competencia.

Son órganos del Tribunal de Cuentas:

a) El Presidente.

b) El Pleno.

c) La Comisión de Gobierno.

d) La Sección de Fiscalización.

e) La Sección de Enjuiciamiento.

f) Los Consejeros de Cuentas.

g) La Fiscalía.

h) La Secretaría General.

EL DEFENSOR DEL PUEBLO.

Una ley orgánica regulará la institución del **Defensor del Pueblo** (ley orgánica 3/1981), como alto comisionado de las Cortes Generales, designado por éstas para la defensa de los derechos comprendidos en este Título, a cuyo efecto podrá supervisar la actividad de la Administración, dando cuenta a las Cortes Generales.

El Defensor del Pueblo es el alto comisionado de las Cortes Generales designado por éstas para la defensa de los derechos comprendidos en el Título I de la Constitución, a cuyo efecto podrá supervisar la actividad de la Administración, dando cuenta a las Cortes Generales. Ejercerá las funciones que le encomienda la Constitución y la presente Ley.

El Defensor del Pueblo será elegido por las Cortes Generales para un periodo de cinco años, y se dirigirá a las mismas a través de los Presidentes del Congreso y del senado, respectivamente.

Se designará en las Cortes Generales una Comisión Mixta Congreso-Senado encargada de relacionarse con el Defensor del Pueblo e informar a los respectivos Plenos en cuantas ocasiones sea necesario.

Dicha Comisión se reunirá cuando así lo acuerden conjuntamente el Presidente del Congreso y del Senado, y en todo caso, para proponer a los Plenos de las Cámaras el candidato o candidatos a Defensor del Pueblo. Los acuerdos de la Comisión se adoptarán por mayoría simple.

Propuesto el candidato o candidatos, se convocará en término no inferior a diez días al Pleno del Congreso para que proceda a su elección. Será designado quien obtuviese una votación favorable de las tres quintas partes de los miembros del Congreso y posteriormente, en un plazo máximo de veinte días, fuese ratificado por esta misma mayoría del Senado.

Caso de no alcanzarse las mencionadas mayorías, se procederá en nueva sesión de la Comisión, y en el plazo máximo de un mes, a formular sucesivas propuestas. En tales casos, una vez conseguida la mayoría de los tres quintos en el Congreso, la designación quedará realizada al alcanzarse la mayoría absoluta del Senado.

Designado el Defensor del Pueblo se reunirá de nuevo la Comisión Mixta Congreso-Senado para otorgar su conformidad previa al nombramiento de los adjuntos que le sean propuestos por aquél.

Podrá ser elegido Defensor del Pueblo cualquier español mayor de edad que se encuentre en el pleno disfrute de sus derechos civiles y políticos.

Los Presidentes del Congreso y del Senado acreditarán conjuntamente con sus firmas el nombramiento del Defensor del Pueblo que se publicará en el «Boletín Oficial del Estado».

El Defensor del Pueblo tomará posesión de su cargo ante las Mesas de ambas Cámaras reunidas conjuntamente, prestando juramento o promesa de fiel desempeño de su función.

El Defensor del Pueblo cesará por alguna de las siguientes causas:

1. Por renuncia.

2. Por expiración del plazo de su nombramiento.

3. Por muerte o por incapacidad sobrevenida.

4. Por actuar con notoria negligencia en el cumplimiento de las obligaciones y deberes del cargo.

5. Por haber sido condenado, mediante sentencia firme, por delito doloso.

La vacante en el cargo se declarará por el Presidente del Congreso en los casos de muerte, renuncia y expiración del plazo del mandato. En los demás casos se decidirá, por mayoría de las tres quintas partes de los componentes de cada Cámara, mediante debate y previa audiencia del interesado.

Vacante el cargo se iniciará el procedimiento para el nombramiento de nuevo Defensor del Pueblo en plazo no superior a un mes.

En los casos de muerte, cese o incapacidad temporal o definitiva del Defensor del Pueblo y en tanto no procedan las Cortes Generales a una nueva designación desempeñarán sus funciones, interinamente, en su propio orden, los Adjuntos al Defensor del Pueblo.

El Defensor del Pueblo no estará sujeto a mandato imperativo alguno. No recibirá instrucciones de ninguna Autoridad. Desempañará sus funciones con autonomía y según su criterio.

El Defensor del Pueblo gozará de inviolabilidad. No podrá ser detenido, expedientado, multado, perseguido o juzgado en razón a las opiniones que formule o a los actos que realice en el ejercicio de las competencias propias de su cargo.

En las demás casos, y mientras permanezca en el ejercicio de sus funciones, el Defensor del Pueblo no podrá ser detenido ni retenido sino en caso de flagrante delito, correspondiendo la decisión sobre su inculpación, prisión, procesamiento y juicio exclusivamente a la Sala de lo Penal del Tribunal Supremo.

Las anteriores reglas serán aplicables a los Adjuntos del Defensor del Pueblo en el cumplimiento de sus funciones.

La condición de Defensor del Pueblo es incompatible con todo mandato representativo; con todo cargo político o actividad de propaganda política; con la permanencia en el servicio activo de cualquier Administración pública; con la afiliación a un partido político o el desempeño de funciones directivas en un partido político o en un sindicato, asociación o fundación, y con el empleo al servicio de los mismos; con el ejercicio de las carreras judicial y fiscal, y con cualquier actividad profesional, liberal, mercantil o laboral.

El Defensor del Pueblo deberá cesar, dentro de los diez días siguientes a su nombramiento y antes de tomar posesión, en toda situación de incompatibilidad que pudiera afectarle, entendiéndose en caso contrario que no acepta el nombramiento.

Si la incompatibilidad fuere sobrevenida una vez posesionado del cargo, se entenderá que renuncia al mismo en la fecha en que aquélla se hubiere producido.

El Defensor del Pueblo estará auxiliado por un Adjunto Primero y un Adjunto Segundo, en los que podrá delegar sus funciones y que le sustituirán por su orden, en el ejercicio de las mismas, en los supuestos de imposibilidad temporal y en los de cese.

El Defensor del Pueblo nombrará y separará a sus Adjuntos previa conformidad de las Cámaras en la forma que determinen sus Reglamentos.

El nombramiento de los Adjuntos será publicado en el «Boletín Oficial del Estado».

A los Adjuntos les será de aplicación lo dispuesto para el Defensor del Pueblo en los artículos tercero, sexto y séptimo de la presente Ley.

El Defensor del Pueblo podrá iniciar y proseguir de oficio o a petición de parte, cualquier investigación conducente al esclarecimiento de los actos y resoluciones de la Administración pública y sus agentes, en relación con los ciudadanos, a la luz de lo dispuesto en el artículo ciento tres, uno, de la Constitución, y el respeto debido a los Derechos proclamados en su Título primero.

Las atribuciones del Defensor del Pueblo se extienden a la actividad de los ministros, autoridades administrativas, funcionarios y cualquier persona que actúe al servicio de las Administraciones públicas.

Podrá dirigirse al Defensor del Pueblo toda persona natural o jurídica que invoque un interés legítimo, sin restricción alguna. No podrán constituir impedimento para ello la nacionalidad, residencia, sexo, minoría de edad, la incapacidad legal del sujeto, el internamiento en un centro penitenciario o de reclusión o, en general, cualquier relación especial de sujeción o dependencia de una Administración o Poder público.

Los Diputados y Senadores individualmente, las comisiones de investigación o relacionadas con la defensa general o parcial de los derechos y libertades públicas y, principalmente, la Comisión Mixta Congreso-Senado de relaciones con el Defensor del Pueblo podrán solicitar, mediante escrito motivado, la intervención del Defensor del Pueblo para la investigación o esclarecimiento de actos, resoluciones y conductas concretas producidas en las Administraciones públicas, que afecten a un ciudadano o grupo de ciudadanos, en el ámbito de sus competencias.

No podrá presentar quejas ante el Defensor del Pueblo ninguna autoridad administrativa en asuntos de su competencia.

La actividad del Defensor del Pueblo no se verá interrumpida en los casos en que las Cortes Generales no se encuentren reunidas, hubieren sido disueltas o hubiere expirado su mandato.

En las situaciones previstas en el apartado anterior, el Defensor del Pueblo se dirigirá a las Diputaciones Permanentes de las Cámaras.

La declaración de los estados de excepción o de sitio no interrumpirán la actividad del Defensor del Pueblo, ni el derecho de los ciudadanos de acceder al mismo, sin perjuicio de lo dispuesto en el artículo cincuenta y cinco de la Constitución.

El Defensor del Pueblo podrá, en todo caso, de oficio o a instancia de parte, supervisar por sí mismo la actividad de la Comunidad Autónoma en el ámbito de competencias definido por esta Ley.

A los efectos de lo previsto en el párrafo anterior, los órganos similares de las Comunidades Autónomas coordinarán sus funciones con las del Defensor del Pueblo y éste podrá solicitar su cooperación.

Cuando el Defensor del Pueblo reciba quejas referidas al funcionamiento de la Administración de Justicia, deberá dirigirlas al Ministerio Fiscal para que éste investigue su realidad y adopte las medidas oportunas con arreglo a la ley, o bien dé traslado de las mismas al Consejo General del Poder Judicial, según el tipo de reclamación de que se trate; todo ello sin perjuicio de la referencia que en su informe general a las Cortes Generales pueda hacer al tema.

El Defensor del Pueblo velará por el respeto de los derechos proclamados en el título primero de la Constitución en el ámbito de la Administración Militar, sin que ella pueda entrañar una interferencia en el mando de la Defensa Nacional.

Toda queja se presentará firmada por el interesado, con indicación de su nombre, apellidos y domicilio, en escrito razonado en papel común y en el plazo máximo de un año, contado a partir del momento en que tuviera conocimiento de los hechos objeto de la misma.

Todas las actuaciones del Defensor del Pueblo son gratuitas para el interesado y no será preceptiva la asistencia de Letrado ni de Procurador. De toda queja se acusará recibo.

La correspondencia dirigida al Defensor del Pueblo y que sea remitida desde cualquier centro de detención, internamiento o custodia de las personas no podrá ser objeto de censura de ningún tipo.

Tampoco podrán ser objeto de escucha o interferencia las conversaciones que se produzcan entre el Defensor del Pueblo o sus delegados y cualquier otra persona de las enumeradas en el apartado anterior.

El Defensor del Pueblo registrará y acusará recibo de las quejas que se formulen, que tramitará o rechazará. En este último caso lo hará en escrito motivado pudiendo informar al interesado sobre las vías más oportunas para ejercitar su acción, caso de que a su entender hubiese alguna y sin perjuicio de que el interesado pueda utilizar las que considere más pertinentes.

El Defensor del Pueblo no entrará en el examen individual de aquellas quejas sobre las que esté pendiente resolución judicial y lo suspenderá si, iniciada su actuación, se interpusiere por persona interesada demanda o recurso ante las Tribunales ordinarios o el Tribunal Constitucional. Ello no impedirá, sin embargo, la investigación sobre los problemas generales planteados en las quejas presentadas. En cualquier caso velará por que la Administración resuelva expresamente, en tiempo y forma, las peticiones y recursos que le hayan sido formulados.

El Defensor del Pueblo rechazará las quejas anónimas y podrá rechazar aquellas en las que advierta mala fe, carencia de fundamento, inexistencia de pretensión, así como aquellas otras cuya tramitación irrogue perjuicio al legítimo derecho de tercera persona. Sus decisiones no serán susceptibles de recurso.

Admitida la queja, el Defensor del Pueblo promoverá la oportuna investigación sumaria e informal para el esclarecimiento de los supuestos de la misma. En todo caso dará cuenta del contenido sustancial de la solicitud al Organismo o a la Dependencia administrativa procedente con el fin de que por su Jefe en el plazo máximo de quince días, se remita informe escrito. Tal plazo será ampliable cuando concurran circunstancias que lo aconsejen a juicio del Defensor del Pueblo.

La negativa o negligencia del funcionario o de sus superiores responsables al envío del informe inicial solicitado podrá ser considerada por el Defensor del Pueblo como hostil y entorpecedora de sus funciones, haciéndola pública de inmediato y destacando tal calificación en su informe anual o especial, en su caso, a las Cortes Generales.

El Defensor del Pueblo, aun no siendo competente para modificar o anular los actos y resoluciones de la Administración Pública, podrá, sin embargo, sugerir la modificación de los criterios utilizados para la producción de aquéllos.

Si como consecuencia de sus investigaciones llegase al convencimiento de que el cumplimiento riguroso de la norma puede provocar situaciones injustas o perjudiciales para los administrados, podrá sugerir al órgano legislativo competente o a la Administración la modificación de la misma.

Tres. Si las actuaciones se hubiesen realizado con ocasión de servicios prestados por particulares en virtud de acto administrativo habilitante, el Defensor del Pueblo podrá instar de las autoridades administrativas competentes el ejercicio de sus potestades de inspección y sanción.

El Defensor del Pueblo está legitimado para interponer los recursos de inconstitucionalidad y de amparo, de acuerdo con lo dispuesto en la Constitución y en la Ley Orgánica del Tribunal Constitucional.

El Defensor del Pueblo, con ocasión de sus investigaciones, podrá formular a las autoridades y funcionarios de las Administraciones Públicas advertencias, recomendaciones, recordatorios de sus deberes legales y sugerencias para la adopción de nuevas medidas. En todos los casos, las autoridades y los funcionarios vendrán obligados a responder por escrito en término no superior al de un mes.

Si formuladas sus recomendaciones dentro de un plazo razonable no se produce una medida adecuada en tal sentido por la autoridad administrativa afectada o éste no informa al Defensor del Pueblo de las razones que estime para no adoptarlas, el Defensor del Pueblo podrá poner en conocimiento del Ministro del Departamento afectado, o sobre la máxima autoridad de la Administración afectada, los antecedentes del asunto y las recomendaciones presentadas. Si tampoco obtuviera una justificación adecuada, incluirá tal asunto en su informe anual o especial con mención de los nombres de las autoridades o funcionarios que hayan adoptado tal actitud entre los casos en que considerando el Defensor del Pueblo que era posible una solución positiva, ésta no se ha conseguido.

El Defensor del Pueblo dará cuenta anualmente a las Cortes Generales de la gestión realizada en un informe que presentará ante las mismas cuando se hallen reunidas en periodo ordinario de sesiones.

Cuando la gravedad o urgencia de los hechos lo aconsejen podrá presentar un informe extraordinario que dirigirá a las Diputaciones Permanentes de las Cámaras si éstas no se encontraran reunidas.

Los informes anuales y, en su caso los extraordinarios, serán publicados.

El Defensor del Pueblo en su informe anual dará cuenta del número y tipo de quejas presentadas; de aquellas que hubiesen sido rechazadas y sus causas, así como de las que fueron objeto de investigación y el resultado de las mismas, con especificación de las sugerencias o recomendaciones admitidas por las Administraciones Públicas.

En el informe no constarán datos personales que permitan la pública identificación de los interesados en el procedimiento investigador, sin perjuicio de lo dispuesto en el artículo veinticuatro punto uno.

El informe contendrá igualmente un anexo, cuyo destinatario serán las Cortes Generales, en el que se hará constar la liquidación del presupuesto de la institución en el periodo que corresponda.

Un resumen del informe será expuesto oralmente por el Defensor del Pueblo ante los Plenos de ambas Cámaras, pudiendo intervenir los grupos parlamentarios a efectos de fijar su postura.

TEMA 3

ORGANIZACIÓN TERRITORIAL DEL ESTADO DE LAS COMUNIDADES AUTÓNOMAS. LAS COMUNIDADES AUTÓNOMAS. FUNDAMENTO CONSTITUCIONAL. LOS ESTATUTOS DE AUTONOMÍA. DELIMITACIÓN DE LAS FUNCIONES Y COMPETENCIAS DEL ESTADO Y DE LAS COMUNIDADES AUTÓNOMAS. LA ADMINISTRACIÓN LOCAL: TIPOLOGÍA DE LOS ENTES LOCALES.

ORGANIZACIÓN TERRITORIAL DEL ESTADO. LAS COMUNIDADES AUTÓNOMAS.

Si la Constitución Española reconoce a las Comunidades Autónomas competencias sobre las materias asumidas legalmente en sus estatutos o posteriormente transferidas o delegadas, es evidente que para el desarrollo de estas competencias, tales comunidades han de disponer de una potestad normativa. Las Comunidades Autónomas deben tener una asamblea legislativa. La función de controlar la constitucionalidad de las disposiciones normativas con fuerza de ley de las Comunidades Autónomas corresponde al Tribunal Constitucional.

Los límites establecidos para las leyes de las Comunidades Autónomas son:
⇨ No podrán regular materias que no vengan atribuidas en los estatutos o de las que no se haya realizado el traspaso de los servicios correspondientes.
⇨ No podrán obligar fuera del territorio a que extiende su jurisdicción la comunidad autónoma.
⇨ La imposibilidad de regular materias de ley orgánica.
⇨ El respeto a los principios generales del derecho.
⇨ El respeto a los principios derivados de la nueva estructura territorial: principio de igualdad de todos los españoles; principio de libertad de circulación; principio de interdicción de privilegios.

Las competencias pueden ser exclusivas de las Comunidades Autónomas o del Estado, indistintas o concurrentes y compartidas.

Las Comunidades Autónomas son entes territoriales dotados de una serie de poderes y facultades y de los órganos e instituciones necesarios para ejercerlos.

Las Comunidades Autónomas de autonomía plena (aprobados por el art. 151 CE) tienen tres órganos básicos: la asamblea legislativa, un Consejo de Gobierno y el presidente del mismo.

En las Comunidades Autónomas de autonomía gradual el estatuto debe contener la denominación, organización y sede de las instituciones autonómicas.

Asambleas legislativas: La organización institucional autonómica se basará en una asamblea legislativa, elegida por sufragio universal, con arreglo a un sistema de representación proporcional que asegure la representación de las diversas zonas del territorio (sistema unicameral). El mandato es de cuatro años.

Funciones en pleno y en comisiones, y se rigen por sus respectivos reglamentos, aprobados por la misma asamblea. Tienen un presidente elegido por la asamblea. Sus miembros gozan de inviolabilidad por las opiniones que manifiestan en el ejercicio de su cargo (no gozan de inmunidad).

Su función principal es la de legislar en el ámbito de sus competencias, pueden ejercer la iniciativa legislativa ante las Cortes Generales para las leyes estatales.

Sus funciones políticas son las de elegir al presidente, a los senadores que representan a la comunidad autónoma en el Senado; controlar al presidente y al Consejo de Gobierno y promover el recurso de inconstitucionalidad.

El presidente: Es el presidente de la comunidad autónoma y de su Consejo de Gobierno. Es el máximo dirigente del poder ejecutivo autonómico. Será elegido por la asamblea de entre sus miembros y nombrado por el Rey. Los estatutos prevén causas similares al cese del presidente del Gobierno (término de mandato, celebración de nuevas elecciones, dimisión, fallecimiento, incapacidad, pérdida de confianza parlamentaria).

Dirige la acción del gobierno bajo el control de la asamblea.

Representa con carácter supremo a la comunidad autónoma, tanto dentro como fuera de ella. Es el representante ordinario del Estado en dicha comunidad autónoma. Responde políticamente ante la asamblea de la comunidad autónoma.

Consejo de Gobierno: Es el órgano colegiado ejecutivo superior de la comunidad autónoma, compuesto de presidente y consejeros. Responden políticamente ante la asamblea. El nombramiento y cese se hace de manera similar a los del gobierno central.

Dirige la política autonómica, la función ejecutiva y administrativa y la potestad reglamentaria, tiene la posibilidad de interponer el recurso de inconstitucionalidad.

Otros órganos superiores: tenemos:
⇨ Los tribunales superiores de justicia, sin perjuicio de la jurisdicción que corresponde al Tribunal Supremo, culminarán la organización judicial en el ámbito territorial de la comunidad autónoma.
⇨ Los defensores del pueblo autonómicos (colaboran con el defensor del pueblo del Estado).

⇨ Los tribunales o cámaras de cuentas autonómicos; tienen atribuidas funciones de fiscalización económica del sector público. Coordinarán su actividad con el Tribunal de Cuentas del Estado, mediante el establecimiento de criterios y técnicas comunes de fiscalización.

FUNDAMENTO CONSTITUCIONAL.

La Constitución Española de 1978 establece una nueva orientación territorial del Estado, estableciendo un sistema escalonado de entes territoriales dotados de autonomía y estructurados sobre el principio demográfico-representativo. Establece que el Estado se organiza territorialmente en municipios, provincias y en Comunidades Autónomas, que gozarán de autonomía para la gestión de sus intereses.

Art. 143 CE. Las Comunidades Autónomas son entes territoriales con capacidad de autogobierno constituidos bien por provincias limítrofes con características históricas, culturales y económicas comunes, bien por territorios insulares, bien por una sola provincia con entidad regional histórica.

Por motivos de interés nacional, las Cortes pueden autorizar, mediante ley orgánica, la constitución de una comunidad autónoma cuando su ámbito territorial no supere al de una provincia y no reúnan las condiciones del apartado 143.

España es un Estado unitario regional, basado en la redistribución del poder político entre el centro y la periferia. El Estado y las Comunidades Autónomas se reparten el poder político, los campos de actuación y las responsabilidades públicas de acuerdo con lo establecido en los artículos 148, 149 y 150 CE, y dentro de los límites que son garantía de unidad del Estado.

LOS ESTATUTOS DE AUTONOMÍA.

Las Comunidades Autónomas son entes sustantivos dotados de fuertes poderes políticos (y poder legislativo). Los Estatutos son la norma institucional básica de cada comunidad autónoma.

Según el artículo 147 CE deben contener:
⇨ Denominación de la comunidad autónoma.
⇨ Delimitación de su territorio.
⇨ Determinación, organización y sede de las instituciones autónomas propias.
⇨ Las competencias asumidas dentro del marco establecido en la Constitución Española, y las bases para el traspaso de los servicios correspondientes a las mismas.

Los estatutos son normas autonómicas y normas estatales, puesto que son la norma básica de cada comunidad autónoma y el Estado las reconoce y las ampara.

Son normas subordinadas a la Constitución Española, al mismo tiempo son normas superiores a las demás leyes del Estado y de las Comunidades Autónomas. Ni las Cortes Generales ni los legislativos autónomos son jurídicamente competentes para reformar, modificar o derogar por sí solos un estatuto, deben seguirse los procedimientos previstos.

Vías de acceso a la autonomía.

Sistema ordinario (arts. 143 y Disposición transitoria 1°). Legitima a las corporaciones locales y órganos colegiados de entes preautonómicos. La iniciativa del proceso autonómico corresponde a todas las diputaciones interesadas o al órgano interinsular correspondiente y a las 2/3 partes de los municipios cuya población represente, al menos, la mayoría del censo electoral de cada provincia o isla. Estos requisitos deben ser cumplidos en el plazo de 6 meses desde el primer acuerdo adoptado al respecto. Si la iniciativa no prosperase, sólo podría repetirse pasados cinco años.

Sistema extraordinario (art.151) No es preciso dejar transcurrir los cinco años cuando la iniciativa del proceso autonómico sea acordada, dentro del plazo de 6 meses, además de por las diputaciones o los órganos interinsulares correspondientes, por las ¾ partes de los municipios afectados que representen, al menos, la mayoría del censo electoral de cada una de ellas y dicha iniciativa sea ratificada mediante referéndum por el voto afirmativo de la mayoría absoluta de electores de cada provincia en los términos que establezca una ley orgánica.

Los territorios que en el pasado hubiesen plebiscitado afirmativamente proyectos de Estatuto de Autonomía y cuenten con regímenes provisionales de autonomía pueden proceder de igual forma que el caso anterior, cuando así lo acuerdan por mayoría absoluta sus órganos preautonómicos colegiados superiores, comunicándolo al gobierno (disposición transitoria segunda Constitución Española).

Sistema excepcional. Es la autonomía impuesta en los casos que el ámbito territorial no supera el de una provincia y territorios que no están integrados en la organización territorial. También es el caso de sustitución por parte del parlamento de las corporaciones locales en la iniciativa autonómica, cuando no mostraran deseos de acceder a la autonomía, o dicha iniciativa fracasara (artículo 144 CE).

Sistemas singulares de Navarra, Ceuta y Melilla. En el caso de Navarra se permite la posibilidad de su incorporación a la comunidad autónoma del País Vasco a iniciativa del Parlamento Foral Navarro (disposición transitoria cuarta CE).

Las ciudades de Ceuta y Melilla podrán constituirse en Comunidades Autónomas por acuerdo adoptado por la mayoría absoluta de los miembros de sus respectivos ayuntamientos y con autorización de las Cortes Generales (disposición transitoria quinta CE).

DELIMITACIÓN DE LAS FUNCIONES Y COMPETENCIAS DEL ESTADO Y DE LAS COMUNIDADES AUTÓNOMAS.

La Constitución Española establece básicamente las competencias en los artículos 148 y 149. Los estatutos asumen competencias dentro de las listas contenidas pudiendo asumir todas las materias posibles o sólo algunas, hacerlo en los términos de exclusividad o de compartición y arrogarse todas las funciones posibles (legislar y ejecutar) vinculadas a las materias asumidas o sólo algunas.

Transcurridos cinco años, mediante reforma de los estatutos, las Comunidades Autónomas podrán ampliar sucesivamente sus competencias dentro del marco del artículo 149 (este artículo especifica las competencias del Estado y son el límite de las competencias de las Comunidades Autónomas).

Las materias no atribuidas expresamente al Estado por esta Constitución Española podrán corresponder a las Comunidades Autónomas, en virtud de sus respectivos estatutos. La competencia sobre materias que no se hayan asumido por los estatutos de autonomía corresponderá al Estado, cuyas normas prevalecerán en caso de conflicto, sobre las de las Comunidades Autónomas en todo lo que no esté atribuido a la exclusiva competencia de ésta. El derecho estatal será, en todo caso, supletorio del derecho de las Comunidades Autónomas

El artículo 150 establece la posibilidad de ampliar las competencias cuando el Estado transfiere o delega a las Comunidades Autónomas, mediante Ley Orgánica facultades correspondientes a materia de titularidad estatal que, por su propia naturaleza, sea susceptible de transferencia o delegación.

Las comunidades de autonomía gradual sólo podrán asumir competencias en las materias enumeradas en el art. 148. Una vez transcurridos 5 años y mediante reforma de sus estatutos, pueden ampliar sucesivamente sus competencias a cualquiera otras materias que no sean las que el art. 149 enumera como competencias exclusivas del Estado. También le pueden transferir otras competencias por medio de Ley orgánica.

LA ADMINISTRACIÓN LOCAL: TIPOLOGÍA DE LOS ENTES LOCALES.

La Constitución Española (Título VIII) organiza al Estado territorialmente en municipios, provincias y Comunidades Autónomas. Las entidades locales son administraciones públicas; los municipios y provincias son organizaciones cuya función es gestionar servicios públicos de interés general que por su ámbito territorial o competencial les son propios.

Principio de solidaridad: El Estado garantiza la realización efectiva del principio de solidaridad (art. 2 CE), velando por el establecimiento de un equilibrio económico adecuado y justo entre las diversas partes del territorio español, y atendiendo en particular a las circunstancias del hecho insular.

Principio de igualdad de derechos y obligaciones: (Art. 139 CE). "Todos los españoles tienen los mismos derechos y obligaciones en cualquier parte del territorio del Estado. Ninguna autoridad podrá adoptar medidas que, directa o indirectamente, obstaculicen la libertad de circulación y establecimiento de las personas y la libre circulación de bienes en todo el territorio español".

Principio de autonomía: (Art. 140 CE) La Constitución Española garantiza la autonomía de los municipios. Estos gozarán de personalidad jurídica plena. Su gobierno y administración corresponde a sus respectivos ayuntamientos, integrados por los alcaldes y concejales. Los concejales serán elegidos por los vecinos del municipio mediante sufragio universal, igual, libre, directo y secreto, en la forma establecida por la ley. Los alcaldes serán elegidos por los concejales o vecinos. La ley regulará las condiciones en las que proceda el régimen de concejo abierto.

La provincia es una entidad local con personalidad jurídica propia, determinada por la agrupación de municipios y división territorial para el cumplimiento de las actividades del Estado. Cualquier alteración de los límites provinciales habrá de ser aprobada por las Cortes Generales mediante ley orgánica. El Gobierno y la administración autónoma de las provincias están encomendados a diputaciones u otras corporaciones de carácter representativo. Se podrán crear agrupaciones de municipios diferentes de la provincia. En los archipiélagos, las islas tendrán además su administración propia en forma de cabildos o consejos (art. 141 CE).

Las haciendas locales se nutrirán de sus propios tributos y de la participación en los tributos del Estado y de las Comunidades Autónomas (art. 142 CE). Las Comunidades Autónomas y las corporaciones locales podrán establecer y exigir tributos, de acuerdo con la Constitución Española y las leyes.

Por autonomía local se entiende el derecho y la capacidad efectiva de las Entidades locales de ordenar y gestionar una parte importante de los asuntos públicos, en el marco de la Ley, bajo su propia responsabilidad y en beneficio de sus habitantes.

Este derecho se ejerce por Asambleas o Consejos integrados por miembros elegidos por sufragio libre, secreto, igual, directo y universal y que pueden disponer de órganos ejecutivos responsables ante ellos mismos. Esta disposición no causará perjuicio al recurso a las asambleas de vecinos, al referéndum o a cualquier otra forma de participación directa de los ciudadanos, allí donde esté permitido por la Ley.

Las competencias básicas de las Entidades locales vienen fijadas por la Constitución o por la Ley. Sin embargo, esta disposición no impide la atribución a las Entidades locales de competencias para fines específicos, de conformidad con la Ley.

Las Entidades locales tienen, dentro del ámbito de la Ley, libertad plena para ejercer su iniciativa en toda materia que no esté excluida de su competencia o atribuida a otra autoridad.

El ejercicio de las competencias públicas debe, de modo general, incumbir preferente ente a las autoridades más cercanas a los ciudadanos. La atribución de una competencia a otra autoridad debe tener en cuenta la amplitud o la naturaleza de la tarea o las necesidades de eficacia o economía.

Las competencias encomendadas a las Entidades locales, deben ser normalmente plenas y completas. No pueden ser puestas en tela de juicio ni limitadas por otra autoridad central o regional, más que dentro del ámbito de la Ley.

En caso de delegación de poderes por una autoridad central o regional, las Entidades locales deben disfrutar en lo posible de la libertad de adaptar su ejercicio a las condiciones locales.

Las Entidades locales deben ser consultadas, en la medida de lo posible, a su debido tiempo y de forma apropiada, a lo largo de los procesos de planificación y de decisión para todas las cuestiones que les afectan directamente.

Para cualquier modificación de los límites territoriales locales, las colectividades locales afectadas deberán ser consultadas previamente, llegado el caso, por vía de referéndum allá donde la legislación lo permita.

Sin perjuicio de las disposiciones más generales creadas por la Ley, las Entidades locales deben poder definir por sí mismas las estructuras administrativas internas con las que pretenden dotarse, con objeto de adaptarlas a sus necesidades específicas y a fin de permitir una gestión eficaz.

El Estatuto del personal de las Entidades locales debe permitir una selección de calidad, fundamentado en los principios de mérito y capacidad; a este fin, debe reunir condiciones adecuadas de formación, remuneración y perspectivas de carrera.

El Estatuto de los representantes locales debe asegurar el libre ejercicio de su mandato.

Debe permitir la compensación financiera adecuada a los gastos causados con motivo del ejercicio de su mandato, así como si llega el caso, la compensación financiera de los beneficios perdidos o una remuneración del trabajo desempeñado y la cobertura social correspondiente.

Las funciones y actividades incompatibles con el mandato del representante local no pueden ser fijadas más que por Ley o por principios jurídicos fundamentales.

Todo control administrativo sobre las Entidades locales no puede ser ejercido sino según las formas y en los casos previstas por la Constitución o por Ley.

Todo control administrativo de los actos de las Entidades locales no debe normalmente tener como objetivo más que asegurar el respeto a la legalidad y de los principios constitucionales.

Sin embargo, tal control podrá extenderse a un control de oportunidad, ejercido por autoridades de nivel superior, respecto de las competencias cuya ejecución se haya delegado en las

El control administrativo de las Entidades locales debe ejercerse manteniendo una proporcionalidad entre la amplitud de la intervención de la autoridad de control y la importancia de los intereses que pretende salvaguardar.

Las Entidades locales tienen derecho, en el marco de la política económica nacional, a tener recursos propios suficientes de los cuales pueden disponer libremente en el ejercicio de sus competencias.

Los recursos financieros de las Entidades locales deben ser proporcionales a las competencias previstas por la Constitución o por la Ley.

Una parte al menos de los recursos financieros de las Entidades locales debe provenir de ingresos patrimoniales y de tributos locales respecto de los que tengan la potestad de fijar la cuota o el tipo dentro de los límites de la Ley.

Los sistemas financieros sobre los cuales descansan los recursos de que disponen las Entidades locales deben ser de una naturaleza suficientemente diversificada y evolutiva como para permitirles seguir, en la medida de lo posible y en la práctica, la evolución real de los costes del ejercicio de sus competencias.

La protección de las Entidades locales financieramente más débiles reclama la adopción de procedimientos de compensación financiera o de las medidas equivalentes destinadas a corregir los efectos del desigual reparto de las fuentes potenciales de financiación, así como de las cargas que les incumben. Tales procedimientos o medidas no deben reducir la libertad de opción de las Entidades locales, en su propio ámbito de competencia.

Las Entidades locales deben ser consultadas según formas apropiadas sobre las modalidades de adjudicación a éstas de los recursos redistribuidos.

En la medida de lo posible, las subvenciones concedidas a las Entidades locales no deben ser destinadas a la financiación de proyectos específicos. La concesión de subvenciones no deberá causar perjuicio a la libertad fundamental de la política de las Entidades locales, en su propio ámbito de competencia.

Con el fin de financiar sus gastos de inversión, las Entidades locales deben tener acceso de conformidad con la Ley, al mercado nacional de capitales.

Las Entidades locales tienen el derecho, en el ejercicio de sus competencias, de cooperar y, en el ámbito de la Ley, asociarse con otras Entidades locales para la realización de tareas de interés común.

El derecho de las Entidades locales de integrarse en una asociación para la protección y promoción de sus intereses comunes y el de integrarse en una asociación internacional de Entidades locales deben ser reconocidos por cada Estado.

Las Entidades locales pueden, en las condiciones eventualmente previstas por la ley, cooperar con las Entidades de otros Estados.

Las Entidades locales deben disponer de una vía de recurso jurisdiccional a fin de asegurar el libre ejercicio de sus competencias y el respeto a los principios de autonomía local consagrados en la Constitución o en la legislación interna.

TIPOLOGÍA DE LOS ENTES LOCALES

Siguiendo la ley 7/85 de bases del régimen local (LBRL) las entidades locales se clasifican en:

<u>1.-Entidades territoriales</u>: el municipio, la provincia y la isla en los archipiélagos Balear y Canario.

<u>2.-Otras entidades locales</u>:

❑ Entidades locales menores, entidades de ámbito territorial inferior al municipio.
❑ Comarcas, que agrupan a varios municipios.
❑ Áreas metropolitanas.
❑ Mancomunidades de municipios.

<u>3.- Regímenes especiales municipales</u>: concejo abierto y municipios pequeños de carácter rural.

<u>4.-Regímenes especiales provinciales</u>: órganos forales vascos, régimen peculiar de Navarra y Comunidades Autónomas uniprovinciales, cabildos y consejos insulares (Canarias y Baleares).

<u>5.-Consorcios</u>.

6.-Entidades consuetudinarias.

Regímenes especiales provinciales.

La diputación provincial no existe en las Comunidades Autónomas uniprovinciales, ni en las provincias insulares. Los órganos forales de Álava, Guipúzcoa y Vizcaya están constituidos por Juntas Generales, la Diputación Foral (órgano ejecutivo) y el diputado general.

Las Comunidades Autónomas uniprovinciales y la foral de Navarra asumen competencias, medios y recursos que corresponden en el régimen ordinario a las diputaciones provinciales.

Canarias y Baleares toman como órganos de gobierno, administración y representación a los cabildos y consejos respectivamente.

Concejo abierto: funcionan como tal los municipios de menos de cien habitantes y aquellos que tradicionalmente cuenten con este singular régimen de gobierno y administración. También aquellos otros en los que su localización geográfica, la mejor gestión de los intereses municipales u otras circunstancias lo hagan aconsejable.

El gobierno y administración municipales corresponde a un Alcalde y a una asamblea vecinal de la que forman parte todos los electores. Ajustan su funcionamiento a los usos, costumbres y tradiciones locales.

Municipios pequeños o de carácter rural: la ley podrá establecer en estos municipios regímenes especiales.

Competencias propias.

La ley 7/85 de bases del régimen local señala que procederá la coordinación de las competencias de las entidades locales entre sí y, especialmente, con las de las restantes Administraciones públicas, cuando las actividades o los servicios locales trasciendan el interés propio de las correspondientes Entidades, incidan o condicionen relevantemente los de dichas Administraciones o sean concurrentes o complementarios de los de éstas.

COMPETENCIAS.

El Municipio, para la gestión de sus intereses y en el ámbito de sus competencias, puede promover actividades y prestar los servicios públicos que contribuyan a satisfacer las necesidades y aspiraciones de la comunidad vecinal en los términos previstos en este artículo.

El Municipio ejercerá en todo caso como competencias propias, en los términos de la legislación del Estado y de las Comunidades Autónomas, en las siguientes materias:

a) Urbanismo: planeamiento, gestión, ejecución y disciplina urbanística. Protección y gestión del Patrimonio histórico. Promoción y gestión de la vivienda de protección pública con criterios de sostenibilidad financiera. Conservación y rehabilitación de la edificación.

b) Medio ambiente urbano: en particular, parques y jardines públicos, gestión de los residuos sólidos urbanos y protección contra la contaminación acústica, lumínica y atmosférica en las zonas urbanas.

c) Abastecimiento de agua potable a domicilio y evacuación y tratamiento de aguas residuales.

d) Infraestructura viaria y otros equipamientos de su titularidad.

e) Evaluación e información de situaciones de necesidad social y la atención inmediata a personas en situación o riesgo de exclusión social.

f) Policía local, protección civil, prevención y extinción de incendios.

g) Tráfico, estacionamiento de vehículos y movilidad. Transporte colectivo urbano.

h) Información y promoción de la actividad turística de interés y ámbito local.

i) Ferias, abastos, mercados, lonjas y comercio ambulante.

j) Protección de la salubridad pública.

k) Cementerios y actividades funerarias.

l) Promoción del deporte e instalaciones deportivas y de ocupación del tiempo libre.

m) Promoción de la cultura y equipamientos culturales.

n) Participar en la vigilancia del cumplimiento de la escolaridad obligatoria y cooperar con las Administraciones educativas correspondientes en la obtención de los solares necesarios para la construcción de nuevos centros docentes. La conservación, mantenimiento y vigilancia de los edificios de titularidad local destinados a centros públicos de educación infantil, de educación primaria o de educación especial.

ñ) Promoción en su término municipal de la participación de los ciudadanos en el uso eficiente y sostenible de las tecnologías de la información y las comunicaciones.

Las competencias municipales en las materias enunciadas en este artículo se determinarán por Ley debiendo evaluar la conveniencia de la implantación de servicios locales conforme a los principios de descentralización, eficiencia, estabilidad y sostenibilidad financiera.

La Ley a que se refiere el apartado anterior deberá ir acompañada de una memoria económica que refleje el impacto sobre los recursos financieros de las Administraciones Públicas afectadas y el cumplimiento de los principios de estabilidad, sostenibilidad financiera y eficiencia del servicio o la actividad. La Ley debe prever la dotación de los recursos necesarios para asegurar la suficiencia financiera de las Entidades Locales sin que ello pueda conllevar, en ningún caso, un mayor gasto de las Administraciones Públicas.

Los proyectos de leyes estatales se acompañarán de un informe del Ministerio de Hacienda y Administraciones Públicas en el que se acrediten los criterios antes señalados.

La Ley determinará la competencia municipal propia de que se trate, garantizando que no se produce una atribución simultánea de la misma competencia a otra Administración Pública.

El Estado y las Comunidades Autónomas, en el ejercicio de sus respectivas competencias, podrán delegar en los Municipios el ejercicio de sus competencias.

La delegación habrá de mejorar la eficiencia de la gestión pública, contribuir a eliminar duplicidades administrativas y ser acorde con la legislación de estabilidad presupuestaria y sostenibilidad financiera.

La delegación deberá determinar el alcance, contenido, condiciones y duración de ésta, que no podrá ser inferior a cinco años, así como el control de eficiencia que se reserve la Administración delegante y los medios personales, materiales y económicos, que ésta asigne sin que pueda suponer un mayor gasto de las Administraciones Públicas.

La delegación deberá acompañarse de una memoria económica donde se justifiquen los principios a que se refiere el párrafo segundo de este apartado y se valore el impacto en el gasto de las Administraciones Públicas afectadas sin que, en ningún caso, pueda conllevar un mayor gasto de las mismas.

Cuando el Estado o las Comunidades Autónomas deleguen en dos o más municipios de la misma provincia una o varias competencias comunes, dicha delegación deberá realizarse siguiendo criterios homogéneos.

La Administración delegante podrá solicitar la asistencia de las Diputaciones provinciales o entidades equivalentes para la coordinación y seguimiento de las delegaciones previstas en este apartado.

Con el objeto de evitar duplicidades administrativas, mejorar la transparencia de los servicios públicos y el servicio a la ciudadanía y, en general, contribuir a los procesos de racionalización administrativa, generando un ahorro neto de recursos, la Administración del Estado y las de las Comunidades Autónomas podrán delegar, siguiendo criterios homogéneos, entre otras, las siguientes competencias:

a) Vigilancia y control de la contaminación ambiental.

b) Protección del medio natural.

c) Prestación de los servicios sociales, promoción de la igualdad de oportunidades y la prevención de la violencia contra la mujer.

d) Conservación o mantenimiento de centros sanitarios asistenciales de titularidad de la Comunidad Autónoma.

e) Creación, mantenimiento y gestión de las escuelas infantiles de educación de titularidad pública de primer ciclo de educación infantil.

f) Realización de actividades complementarias en los centros docentes.

g) Gestión de instalaciones culturales de titularidad de la Comunidad Autónoma o del Estado, con estricta sujeción al alcance y condiciones que derivan del artículo 149.1.28.ª de la Constitución Española.

h) Gestión de las instalaciones deportivas de titularidad de la Comunidad Autónoma o del Estado, incluyendo las situadas en los centros docentes cuando se usen fuera del horario lectivo.

i) Inspección y sanción de establecimientos y actividades comerciales.

j) Promoción y gestión turística.

k) Comunicación, autorización, inspección y sanción de los espectáculos públicos.

l) Liquidación y recaudación de tributos propios de la Comunidad Autónoma o del Estado.

m) Inscripción de asociaciones, empresas o entidades en los registros administrativos de la Comunidad Autónoma o de la Administración del Estado.

n) Gestión de oficinas unificadas de información y tramitación administrativa.

o) Cooperación con la Administración educativa a través de los centros asociados de la Universidad Nacional de Educación a Distancia.

La Administración delegante podrá, para dirigir y controlar el ejercicio de los servicios delegados, dictar instrucciones técnicas de carácter general y recabar, en cualquier momento, información sobre la gestión municipal, así como enviar comisionados y formular los requerimientos pertinentes para la subsanación de las deficiencias observadas. En caso de incumplimiento de las directrices, denegación de las informaciones solicitadas, o inobservancia de los requerimientos formulados, la Administración delegante podrá revocar la delegación o ejecutar por sí misma la competencia delegada en sustitución del Municipio. Los actos del Municipio podrán ser recurridos ante los órganos competentes de la Administración delegante.

La efectividad de la delegación requerirá su aceptación por el Municipio interesado.

La delegación habrá de ir acompañada en todo caso de la correspondiente financiación, para lo cual será necesaria la existencia de dotación presupuestaria adecuada y suficiente en los presupuestos de la Administración delegante para cada ejercicio económico, siendo nula sin dicha dotación.

El incumplimiento de las obligaciones financieras por parte de la Administración autonómica delegante facultará a la Entidad Local delegada para compensarlas automáticamente con otras obligaciones financieras que ésta tenga con aquélla.

La disposición o acuerdo de delegación establecerá las causas de revocación o renuncia de la delegación. Entre las causas de renuncia estará el incumplimiento de las obligaciones financieras por parte de la Administración delegante o cuando, por circunstancias sobrevenidas, se justifique suficientemente la imposibilidad de su desempeño por la Administración en la que han sido delegadas sin menoscabo del ejercicio de sus competencias propias. El acuerdo de renuncia se adoptará por el Pleno de la respectiva Entidad Local.

Las competencias delegadas se ejercen con arreglo a la legislación del Estado o de las Comunidades Autónomas.

Competencias complementarias.

Son competencias complementarias las relativas a educación, cultura, promoción de la mujer, vivienda, sanidad y protección del medio ambiente.

Competencias provinciales.

Las Comunidades Autónomas podrán delegar competencias en las diputaciones, así como encomendar a éstas la gestión de los servicios propios.

El Estado podrá, previa consulta e informe de la comunidad autónoma, delegar en las diputaciones competencias de mera ejecución cuando el ámbito provincial sea el más idóneo.

Son competencias propias de la Diputación o entidad equivalente las que le atribuyan en este concepto las leyes del Estado y de las Comunidades Autónomas en los diferentes sectores de la acción pública y, en todo caso, las siguientes:

a) La coordinación de los servicios municipales entre sí para la garantía de la prestación integral y adecuada a que se refiere el apartado a) del número 2 del artículo 31.

b) La asistencia y cooperación jurídica, económica y técnica a los Municipios, especialmente los de menor capacidad económica y de gestión. En todo caso garantizará en los municipios de menos de 1.000 habitantes la prestación de los servicios de secretaría e intervención.

c) La prestación de servicios públicos de carácter supramunicipal y, en su caso, supracomarcal y el fomento o, en su caso, coordinación de la prestación unificada de servicios de los municipios de su respectivo ámbito territorial. En particular, asumirá la prestación de los servicios de tratamiento de residuos en los municipios de menos de 5.000 habitantes, y de prevención y extinción de incendios en los de menos de 20.000 habitantes, cuando éstos no procedan a su prestación.

d) La cooperación en el fomento del desarrollo económico y social y en la planificación en el territorio provincial, de acuerdo con las competencias de las demás Administraciones Públicas en este ámbito.

e) El ejercicio de funciones de coordinación en los casos previstos en el artículo 116 bis.

f) Asistencia en la prestación de los servicios de gestión de la recaudación tributaria, en periodo voluntario y ejecutivo, y de servicios de apoyo a la gestión financiera de los municipios con población inferior a 20.000 habitantes.

g) La prestación de los servicios de administración electrónica y la contratación centralizada en los municipios con población inferior a 20.000 habitantes.

h) El seguimiento de los costes efectivos de los servicios prestados por los municipios de su provincia. Cuando la Diputación detecte que estos costes son superiores a los de los servicios coordinados o prestados por ella, ofrecerá a los municipios su colaboración para una gestión coordinada más eficiente de los servicios que permita reducir estos costes.

i) La coordinación mediante convenio, con la Comunidad Autónoma respectiva, de la prestación del servicio de mantenimiento y limpieza de los consultorios médicos en los municipios con población inferior a 5000 habitantes.

A los efectos de lo dispuesto en las letras a), b) y c) del apartado anterior, la Diputación o entidad equivalente:

a) Aprueba anualmente un plan provincial de cooperación a las obras y servicios de competencia municipal, en cuya elaboración deben participar los Municipios de la Provincia. El plan, que deberá contener una memoria justificativa de sus objetivos y de los criterios de distribución de los fondos, criterios que en todo caso han de ser objetivos y equitativos y entre los que estará el análisis de los costes efectivos de los servicios de los municipios, podrá financiarse con medios propios de la Diputación o entidad equivalente, las aportaciones municipales y las subvenciones que acuerden la Comunidad Autónoma y el Estado con cargo a sus respectivos presupuestos. Sin perjuicio de las competencias reconocidas en los Estatutos de Autonomía y de las anteriormente asumidas y ratificadas por éstos, la Comunidad Autónoma asegura, en su territorio, la coordinación de los diversos planes provinciales, de acuerdo con lo previsto en el artículo 59 de esta Ley.

Cuando la Diputación detecte que los costes efectivos de los servicios prestados por los municipios son superiores a los de los servicios coordinados o prestados por ella, incluirá en el plan provincial fórmulas de prestación unificada o supramunicipal para reducir sus costes efectivos.

El Estado y la Comunidad Autónoma, en su caso, pueden sujetar sus subvenciones a determinados criterios y condiciones en su utilización o empleo y tendrán en cuenta el análisis de los costes efectivos de los servicios de los municipios.

b) Asegura el acceso de la población de la Provincia al conjunto de los servicios mínimos de competencia municipal y a la mayor eficacia y economía en la prestación de éstos mediante cualesquiera fórmulas de asistencia y cooperación municipal.

Con esta finalidad, las Diputaciones o entidades equivalentes podrán otorgar subvenciones y ayudas con cargo a sus recursos propios para la realización y el mantenimiento de obras y servicios municipales, que se instrumentarán a través de planes especiales u otros instrumentos específicos.

c) Garantiza el desempeño de las funciones públicas necesarias en los Ayuntamientos y les presta apoyo en la selección y formación de su personal sin perjuicio de la actividad desarrollada en estas materias por la Administración del Estado y la de las Comunidades Autónomas.

d) Da soporte a los Ayuntamientos para la tramitación de procedimientos administrativos y realización de actividades materiales y de gestión, asumiéndolas cuando aquéllos se las encomienden

La diputación aprueba el plan provincial de cooperación a las obras y servicios de competencia municipal y asegura el acceso de la población de la provincia al conjunto de servicios mínimos de competencia municipal.

Las Comunidades Autónomas y el Estado podrán delegar competencias a las diputaciones. La aceptación de la delegación requerirá su aceptación por la diputación interesada, salvo que se imponga por ley, en cuyo caso debe ir acompañada de la correspondiente dotación.

Según la ley 5/2010 de Autonomía local de Andalucía se establecen competencias propias de las provincias:

Con la finalidad de asegurar el ejercicio íntegro de las competencias municipales, las competencias de asistencia que la provincia preste a los municipios, por sí o asociados, podrán consistir en:

a) Asistencia técnica de información, asesoramiento, realización de estudios, elaboración de planes y disposiciones, formación y apoyo tecnológico.

b) Asistencia económica para la financiación de inversiones, actividades y servicios municipales.

c) Asistencia material de prestación de servicios municipales.

La asistencia provincial podrá ser obligatoria, cuando la provincia deba prestarla a solicitud de los municipios, o concertada.

La provincia prestará la siguiente asistencia técnica:

a) Elaboración y disciplina del planeamiento urbanístico y de instrumentos de gestión urbanística.

b) Elaboración de los pliegos de condiciones y demás documentación integrante de la contratación pública, así como la colaboración en la organización y gestión de los procedimientos de contratación.

c) Redacción de ordenanzas y reglamentos municipales, así como de cualquier otra disposición normativa.

d) Implantación de tecnología de la información y de las comunicaciones, así como administración electrónica.

e) Elaboración de estudios, planes y proyectos en cualquier materia de competencia municipal.

f) Asesoramiento jurídico, técnico y económico, incluida la representación y defensa jurídica en vía administrativa y jurisdiccional.

g) Formación y selección del personal, así como la elaboración de instrumentos de gestión de personal, planes de carrera profesional y evaluación del desempeño.

h) Diseño y, en su caso, ejecución de programas de formación y desarrollo de competencias para representantes locales.

i) Integración de la igualdad de género en la planificación, seguimiento y evaluación de las políticas municipales.

j) Cualquier otra que la provincia determine por iniciativa propia o a petición de los ayuntamientos.

Por norma provincial se determinarán los requisitos de asistencia y las formas de financiación, que en cada caso correspondan, de acuerdo, al menos, con los criterios de atención preferente a los municipios de menor población y a los municipios de insuficiente capacidad económica y de gestión, así como la urgencia de la asistencia requerida.

La solicitud de asistencia técnica se tramitará mediante un procedimiento basado en los principios de eficacia, transparencia y celeridad. La decisión que adopte la diputación provincial será motivada con referencia a los criterios normativos establecidos.

La provincia asistirá económicamente a los municipios para la realización de inversiones, actividades y servicios municipales.

Los planes y programas de asistencia económica se regularán por norma provincial. En todo caso, el procedimiento de elaboración se regirá por los principios de transparencia y publicidad de las distintas actuaciones, informes y alegaciones municipales y provinciales, y se compondrá de las siguientes fases:

a) La diputación provincial recabará de los ayuntamientos información detallada sobre sus necesidades e intereses peculiares.

b) Conforme a la información recabada, la diputación provincial fijará los criterios básicos para la priorización de las propuestas municipales. En todo caso, entre dichos criterios se incluirá el apoyo preferente a los municipios de menor población.

c) Considerando los criterios básicos aprobados por la diputación provincial, cada ayuntamiento formulará su propuesta priorizada de asistencia económica.

d) Partiendo de las propuestas municipales, la diputación provincial formulará un proyecto de plan o programa de asistencia económica, cuyo contenido tendrá en cuenta las prioridades municipales con criterios de solidaridad y equilibrio interterritorial.

e) El proyecto de plan o programa de asistencia económica provincial se someterá a un trámite de consulta o audiencia de los ayuntamientos, dirigido a la consecución de acuerdos.

f) Terminado el trámite de audiencia, la diputación provincial introducirá las modificaciones oportunas en el proyecto. Si de las modificaciones pudiera resultar perjuicio o afección singular para uno o varios municipios, la diputación iniciará un trámite extraordinario de consultas con todos los municipios interesados.

g) La aprobación definitiva del plan o programa de asistencia económica corresponderá a la diputación provincial. Cualquier rechazo de las prioridades municipales será motivado, con especificación expresa del objetivo o criterio insatisfecho, y se propondrá derivar la asistencia para otra obra, actividad o servicio incluido en la relación de prioridades elaborada por el ayuntamiento, el cual podrá realizar una nueva concreción de la propuesta.

h) Si en el curso de la ejecución de un plan o programa surgieran circunstancias especiales en algunos municipios que hiciera conveniente su modificación, se procederá a efectuarla siguiendo los trámites previstos en las letras e, f y g.

Cada municipio está obligado a aplicar la asistencia económica a los proyectos específicos aprobados en el plan o programa provincial. La aplicación del plan o programa estará sujeta a seguimiento y evaluación por parte de la diputación provincial, con la colaboración de los ayuntamientos.

La diputación provincial efectuará una evaluación continua de los efectos sociales, económicos, ambientales y territoriales del plan o programa de asistencia económica. Cuando de la ejecución estricta de un plan o programa provincial pudieran derivarse efectos indeseados o imprevisibles, la diputación provincial podrá adaptarlos para asegurar la consecución real y efectiva de los objetivos propuestos. La constatación de estos posibles efectos resultará del intercambio informativo continuo entre cada municipio y la provincia y la realización de los estudios de impacto pertinentes.

La provincia prestará los servicios básicos municipales en caso de incapacidad o insuficiencia de un municipio, cuando este así lo solicite. Corresponderá a la provincia la determinación de la forma de gestión del servicio y las potestades inherentes a su ejercicio.

Asimismo, en la forma y casos en que lo determine una norma provincial, prestará obligatoriamente, a petición del municipio, al menos, los siguientes servicios municipales:

a) Inspección, gestión y recaudación de tributos.

b) Disciplina urbanística y ambiental.

c) Disciplina del personal funcionario y laboral.

d) Representación y defensa judicial.

e) Suplencias en el ejercicio de funciones públicas necesarias de secretaría, intervención y tesorería en municipios menores de cinco mil habitantes.

Sin perjuicio de lo dispuesto en la legislación específica, en el caso de que un municipio incumpla su obligación de prestar los servicios básicos, la diputación provincial, previo requerimiento, actuará por sustitución.

La diputación provincial podrá garantizar el ejercicio de competencias municipales promoviendo la creación de redes intermunicipales para la prestación de servicios de competencia municipal, a la que podrán incorporarse los ayuntamientos en las condiciones que previamente se establezca mediante norma provincial, que incluirá las formas de financiación.

El procedimiento de creación de las redes intermunicipales, que estará basado en los mismos principios citados en el artículo 13.2, deberá permitir la participación activa de los municipios que la integren.

La provincia, en los términos que prevea la legislación sectorial, ejercerá competencias de titularidad municipal, cuando su naturaleza no permita una asignación diferenciada y las economías de escala así lo aconsejen.

La provincia tendrá competencias en las siguientes materias:

1. Carreteras provinciales.

2. Los archivos de interés provincial.

3. Los museos e instituciones culturales de interés provincial.

La diputación aprueba anualmente un plan provincial de cooperación (para municipios de menos de 20.000 habitantes) y debe asegurar el acceso de la población de la provincia al conjunto de los servicios mínimos de competencia municipal y a la mayor eficacia y economicidad.

Según la ley 8/1980 de 22 de julio, de financiación de las Comunidades Autónomas, éstas podrán establecer y gestionar tributos sobre las materias que la legislación de régimen local reserve a las corporaciones locales.

Cuando el Estado o las corporaciones locales transfieran a las Comunidades Autónomas bienes de dominio público para cuya utilización estuvieran establecidas tasas o competencias cuyo ejercicio o desarrollo presten servicios o realicen actividades igualmente gravadas con tasas, aquellas y éstas se considerarán como tributos propios de las respectivas Comunidades Autónomas.

Según la ley 5/2010 de Autonomía local de Andalucía, los municipios andaluces tienen las siguientes competencias propias:

1. Ordenación, gestión, ejecución y disciplina urbanística, que incluye:

a) Elaboración, tramitación y aprobación inicial y provisional de los instrumentos de planeamiento general.

b) Elaboración, tramitación y aprobación definitiva del planeamiento de desarrollo, así como de las innovaciones de la ordenación urbanística que no afecten a la ordenación estructural.

c) Aprobación de los proyectos de actuación para actuaciones en suelo no urbanizable.

d) Otorgamiento de las licencias urbanísticas y declaraciones de innecesariedad.

e) Inspección de la ejecución de los actos sujetos a intervención preventiva.

f) Elaboración y aprobación de los planes municipales de inspección urbanística.

g) Protección de la legalidad urbanística y restablecimiento del orden jurídico perturbado.

h) Procedimiento sancionador derivado de las infracciones urbanísticas.

2. Planificación, programación y gestión de viviendas y participación en la planificación de la vivienda protegida, que incluye:

a) Promoción y gestión de la vivienda.

b) Elaboración y ejecución de los planes municipales de vivienda y participación en la elaboración y gestión de los planes de vivienda y suelo de carácter autonómico.

c) Adjudicación de las viviendas protegidas.

d) Otorgamiento de la calificación provisional y definitiva de vivienda protegida, de conformidad con los requisitos establecidos en la normativa autonómica.

3. Gestión de los servicios sociales comunitarios, conforme al Plan y Mapa Regional de Servicios Sociales de Andalucía, que incluye:

a) Gestión de las prestaciones técnicas y económicas de los servicios sociales comunitarios.

b) Gestión del equipamiento básico de los servicios sociales comunitarios.

c) Promoción de actividades de voluntariado social para la atención a los distintos colectivos, dentro de su ámbito territorial.

4. Ordenación, gestión, prestación y control de los siguientes servicios en el ciclo integral del agua de uso urbano, que incluye:

a) El abastecimiento de agua en alta o aducción, que incluye la captación y alumbramiento de los recursos hídricos y su gestión, incluida la generación de los recursos no convencionales, el tratamiento de potabilización, el transporte por arterias o tuberías principales y el almacenamiento en depósitos reguladores de cabecera de los núcleos de población.

b) El abastecimiento de agua en baja, que incluye su distribución, el almacenamiento intermedio y el suministro o reparto de agua de consumo hasta las acometidas particulares o instalaciones de las personas usuarias.

c) El saneamiento o recogida de las aguas residuales urbanas y pluviales de los núcleos de población a través de las redes de alcantarillado municipales hasta el punto de interceptación con los colectores generales o hasta el punto de recogida para su tratamiento.

d) La depuración de las aguas residuales urbanas, que comprende su interceptación y el transporte mediante los colectores generales, su tratamiento y el vertido del efluente a las masas de agua continentales o marítimas.

e) La reutilización, en su caso, del agua residual depurada en los términos de la legislación básica.

5. Ordenación, gestión y prestación del servicio de alumbrado público.

6. Ordenación, gestión, prestación y control de los servicios de recogida y tratamiento de residuos sólidos urbanos o municipales, así como la planificación, programación y disciplina de la reducción de la producción de residuos urbanos o municipales.

7. Ordenación, gestión y prestación del servicio de limpieza viaria.

8. Ordenación, planificación, programación, gestión, disciplina y promoción de los servicios urbanos de transporte público de personas que, por cualquier modo de transporte, se lleven a cabo íntegramente dentro de sus respectivos términos municipales.

9. Deslinde, ampliación, señalización, mantenimiento, regulación de uso, vigilancia, disciplina y recuperación que garantice el uso o servicio público de los caminos, vías pecuarias o vías verdes que discurran por el suelo urbanizable del término municipal, conforme a la normativa que le sea de aplicación.

10. Ordenación, gestión, disciplina y promoción en vías urbanas de su titularidad de la movilidad y accesibilidad de personas, vehículos, sean o no a motor, y animales, y del transporte de personas y mercancías, para lo que podrán fijar los medios materiales y humanos que se consideren necesarios.

11. Elaboración y aprobación de catálogos urbanísticos y de planes con contenido de protección para la defensa, conservación y promoción del patrimonio histórico y artístico de su término municipal, siempre que estén incluidos en el Plan General de Ordenación Urbanística. En el caso de no estar incluidos en dicho plan, deberán contar con informe preceptivo y vinculante de la consejería competente en materia de cultura.

12. Promoción, defensa y protección del medio ambiente, que incluye:

a) La gestión del procedimiento de calificación ambiental, así como la vigilancia, control y ejercicio de la potestad sancionadora con respecto a las actividades sometidas a dicho instrumento.

b) La programación, ejecución y control de medidas de mejora de la calidad del aire, que deberán cumplir con las determinaciones de los planes de nivel supramunicipal o autonómico, aprobados por la Junta de Andalucía.

c) La declaración y delimitación de suelo contaminado, en los casos en que dicho suelo esté íntegramente comprendido dentro de su término municipal.

d) La aprobación de los planes de descontaminación y la declaración de suelo descontaminado, en los casos en que dicho suelo esté íntegramente comprendido dentro de su término municipal.

e) La ordenación, ejecución y control de las áreas del territorio municipal que admitan flujos luminosos medios y elevados y el establecimiento de parámetros de luminosidad.

f) La ordenación, planificación, programación y ejecución de actuaciones en materia de protección del medio ambiente contra ruidos y vibraciones y el ejercicio de la potestad sancionadora en relación con actividades no sometidas a autorización ambiental integrada o unificada.

g) La programación de actuaciones en materia de información ambiental y de educación ambiental para la sostenibilidad.

h) La declaración y gestión de parques periurbanos y el establecimiento de reservas naturales concertadas, previo informe de la consejería competente en materia de medio ambiente de la Junta de Andalucía.

13. Promoción, defensa y protección de la salud pública, que incluye:

a) La elaboración, aprobación, implantación y ejecución del Plan Local de Salud.

b) El desarrollo de políticas de acción local y comunitaria en materia de salud.

c) El control preventivo, vigilancia y disciplina en las actividades públicas y privadas que directa o indirectamente puedan suponer riesgo inminente y extraordinario para la salud.

d) El desarrollo de programas de promoción de la salud, educación para la salud y protección de la salud, con especial atención a las personas en situación de vulnerabilidad o de riesgo.

e) La ordenación de la movilidad con criterios de sostenibilidad, integración y cohesión social, promoción de la actividad física y prevención de la accidentabilidad.

f) El control sanitario de edificios y lugares de vivienda y convivencia humana, especialmente de los centros de alimentación, consumo, ocio y deporte.

g) El control sanitario oficial de la distribución de alimentos.

h) El control sanitario oficial de la calidad del agua de consumo humano.

i) El control sanitario de industrias, transporte, actividades y servicios.

j) El control de la salubridad de los espacios públicos, y en especial de las zonas de baño.

14. Ordenación de las condiciones de seguridad en las actividades organizadas en espacios públicos y en los lugares de concurrencia pública, que incluye:

a) El control, vigilancia, inspección y régimen sancionador de los establecimientos de pública concurrencia.

b) La gestión y disciplina en materia de animales de compañía y animales potencialmente peligrosos, y la gestión de su registro municipal.

c) La autorización de ampliación de horario y de horarios de apertura permanente de establecimientos públicos, en el marco de la legislación autonómica.

d) La autorización de condiciones específicas de admisión de personas en los establecimientos de espectáculos públicos y actividades recreativas.

e) La creación de Cuerpos de Policía Local, siempre que lo consideren necesario en función de las necesidades de dicho municipio, de acuerdo con lo previsto en la Ley Orgánica 2/1986, de 13 de marzo, de Fuerzas y Cuerpos de Seguridad, y en la legislación básica del Estado.

f) La elaboración, aprobación, implantación y ejecución del Plan de Emergencia Municipal, así como la adopción, con los medios a disposición de la corporación, de medidas de urgencia en caso de catástrofe o calamidad pública en el término municipal.

g) La ordenación, planificación y gestión del servicio de prevención y extinción de incendios y otros siniestros, así como la asistencia y salvamento de personas y protección de bienes.

h) La creación, mantenimiento y dirección de la estructura municipal de protección civil.

i) La promoción de la vinculación ciudadana a través del voluntariado de protección civil.

j) La elaboración de programas de prevención de riesgos y campañas de información.

k) La ordenación de las relaciones de convivencia ciudadana y del uso de sus servicios, equipamientos, infraestructuras, instalaciones y espacios públicos municipales.

15. Ordenación, planificación y gestión de la defensa y protección de personas usuarias y consumidoras, que incluye:

a) La información y educación a las personas usuarias y consumidoras en materia de consumo, así como la orientación y el asesoramiento a estas sobre sus derechos y la forma más eficaz para ejercerlos.

b) La información y orientación a las empresas y profesionales en materia de consumo.

c) El análisis, tramitación, mediación o arbitraje, en su caso, de las quejas, reclamaciones y denuncias que presentan las personas consumidoras.

d) La constitución, gestión, organización y evaluación de las oficinas municipales de información al consumidor de su ámbito territorial.

e) El fomento, divulgación y, en su caso, gestión, del sistema arbitral de consumo, en colaboración con la Administración General del Estado y la Comunidad Autónoma de Andalucía, en los términos previstos en la legislación vigente.

f) La inspección de consumo y el ejercicio de la potestad sancionadora respecto de las infracciones localizadas en su territorio en las condiciones, con el alcance máximo y facultades establecidos en la normativa autonómica reguladora en materia de consumo.

g) La prevención de situaciones de riesgo de ámbito municipal de las personas consumidoras y la adopción de medidas administrativas preventivas definitivas, cuando estas situaciones se materialicen en el ámbito estrictamente local y se puedan afrontar en su totalidad dentro del término municipal, o provisionales cuando excedan del mismo.

h) La constitución, gestión, organización y evaluación de los puntos de contacto municipales integrados en la Red de Alerta de Andalucía de Productos de Consumo.

16. Promoción del turismo, que incluye:

a) La promoción de sus recursos turísticos y fiestas de especial interés.

b) La participación en la formulación de los instrumentos de planificación y promoción del sistema turístico en Andalucía.

c) El diseño de la política de infraestructuras turísticas de titularidad propia.

17. Planificación y gestión de actividades culturales y promoción de la cultura, que incluye:

a) La elaboración, aprobación y ejecución de planes y proyectos municipales en materia de bibliotecas, archivos, museos y colecciones museográficas.

b) La gestión de sus instituciones culturales propias, la construcción y gestión de sus equipamientos culturales y su coordinación con otras del municipio.

c) La organización y promoción de todo tipo de actividades culturales y el fomento de la creación y la producción artística, así como las industrias culturales.

18. Promoción del deporte y gestión de equipamientos deportivos de uso público, que incluye:

a) La planificación, ordenación, gestión y promoción del deporte de base y del deporte para todos.

b) La construcción, gestión y el mantenimiento de las instalaciones y equipamientos deportivos de titularidad propia.

c) La organización y, en su caso, autorización de manifestaciones y competiciones deportivas que transcurran exclusivamente por su territorio, especialmente las de carácter popular y las destinadas a participantes en edad escolar y a grupos de atención especial.

d) La formulación de la planificación deportiva local.

19. Ordenación, planificación y gestión, así como el control sanitario de cementerios y servicios funerarios.

20. En materia de educación:

a) La vigilancia del cumplimiento de la escolaridad obligatoria.

b) La asistencia a la consejería competente en materia de educación en la aplicación de los criterios de admisión del alumnado en los centros docentes sostenidos con fondos públicos.

c) La conservación, mantenimiento y vigilancia de los edificios destinados a centros públicos de segundo ciclo de educación infantil, de educación primaria y de educación especial, así como la puesta a disposición de la Administración educativa de los solares necesarios para la construcción de nuevos centros docentes públicos.

d) La cooperación en la ejecución de la planificación que realice la consejería competente en materia de educación y en la gestión de los centros públicos escolares existentes en su término municipal.

21. Fomento del desarrollo económico y social en el marco de la planificación autonómica.

22. Ordenación, autorización y control del ejercicio de actividades económicas y empresariales, permanentes u ocasionales.

23. Autorización de mercadillos de apertura periódica así como la promoción del acondicionamiento físico de los espacios destinados a su instalación.

24. Ordenación, gestión, promoción y disciplina sobre mercados de abastos.

25. Organización y autorización, en su caso, de eventos o exposiciones menores que, sin tener carácter de feria oficial, estén destinados a la promoción de productos singulares.

26. Establecimiento y desarrollo de estructuras de participación ciudadana y del acceso a las nuevas tecnologías.

27. Provisión de medios materiales y humanos para el ejercicio de las funciones de los juzgados de paz.

28. Ejecución de las políticas de inmigración a través de la acreditación del arraigo para la integración social de inmigrantes, así como la acreditación de la adecuación de la vivienda para el reagrupamiento familiar de inmigrantes.

LEGISLACIÓN VIGENTE.

Legislación estatal.

➢ Constitución Española de 1978.

➢ L 7/85 de bases del régimen local.

➢ L 39/88 de haciendas locales.

➢ RDL 2/2004 texto refundido ley reguladora de haciendas locales.

➢ LO 5/ 85 régimen electoral general.

➢ RD 1690/86, población y demarcación territorial de las entidades locales.

➢ RD 2568/86 reglamento de organización, funcionamiento y régimen jurídico de las entidades locales.

➢ RD 1372/86 bienes de las entidades locales.

➢ RD 1174/87 régimen jurídico de los funcionarios de la administración local con habilitación de carácter nacional.

➢ Ley 57/2003 de medidas de modernización del gobierno local.

➢ Ley 27/2013 de racionalización y sostenibilidad de la Administración Local.

Legislación comunidad autónoma:

➢ L 20/2007 del Consejo Andaluz de Concertación Local.

➢ L 2/2008 que regula el acceso de los municipios andaluces al régimen de organización de los municipios de gran población.

➢ Ley 5/2010 de Autonomía Local de Andalucía.

➢ Ley 6/2010 reguladora de la participación de las entidades locales en los tributos de la Comunidad Autónoma de Andalucía.

➢ Decreto Ley 7/2014, de 20 de mayo, por el que se establecen medidas urgentes para la aplicación de la Ley 27/2013.

Según el título III del Estatuto de Autonomía (arts. 89 a 98) Andalucía se organiza territorialmente en municipios, provincias y demás entidades territoriales que puedan crearse por ley. La Administración de la Comunidad Autónoma y las Administraciones locales ajustarán sus relaciones a los principios de información mutua, coordinación, colaboración y respeto a los ámbitos competenciales correspondientes determinados en el presente Estatuto, en la legislación básica del Estado y en la normativa autonómica de desarrollo, con plena observancia de la garantía institucional de la autonomía local reconocida por la Constitución y por la Carta Europea de la Autonomía Local.

La organización territorial de Andalucía se regirá por los principios de autonomía, responsabilidad, cooperación, desconcentración, descentralización, subsidiariedad, coordinación, suficiencia financiera y lealtad institucional.

El municipio es la entidad territorial básica de la Comunidad Autónoma. Goza de personalidad jurídica propia y de plena autonomía en el ámbito de sus intereses. Su representación, gobierno y administración corresponden a los respectivos Ayuntamientos.

La alteración de términos municipales y la fusión de municipios limítrofes de la misma provincia se realizarán de acuerdo con la legislación que dicte la Comunidad Autónoma en el marco de la legislación básica del Estado.

Los municipios disponen de plena capacidad de autoorganización dentro del marco de las disposiciones generales establecidas por ley en materia de organización y funcionamiento municipal.

El Estatuto garantiza a los municipios un núcleo competencial propio que será ejercido con plena autonomía con sujeción sólo a los controles de constitucionalidad y legalidad. Los Ayuntamientos tienen competencias propias sobre las siguientes materias, en los términos que determinen las leyes:

a) Ordenación, gestión, ejecución y disciplina urbanística.

b) Planificación, programación y gestión de viviendas y participación en la planificación de la vivienda de protección oficial.

c) Gestión de los servicios sociales comunitarios.

d) Ordenación y prestación de los siguientes servicios básicos: abastecimiento de agua y tratamiento de aguas residuales; alumbrado público; recogida y tratamiento de residuos; limpieza viaria; prevención y extinción de incendios y transporte público de viajeros.

e) Conservación de vías públicas urbanas y rurales.

f) Ordenación de la movilidad y accesibilidad de personas y vehículos en las vías urbanas.

g) Cooperación con otras Administraciones públicas para la promoción, defensa y protección del patrimonio histórico y artístico andaluz.

h) Cooperación con otras Administraciones públicas para la promoción, defensa y protección del medio ambiente y de la salud pública.

i) La regulación de las condiciones de seguridad en las actividades organizadas en espacios públicos y en los lugares de concurrencia pública.

j) Defensa de usuarios y consumidores.

k) Promoción del turismo.

l) Promoción de la cultura, así como planificación y gestión de actividades culturales.

m) Promoción del deporte y gestión de equipamientos deportivos de uso público.

n) Cementerio y servicios funerarios.

ñ) Las restantes materias que con este carácter sean establecidas por las leyes.

Por ley, aprobada por mayoría absoluta, se regulará la transferencia y delegación de competencias en los Ayuntamientos siempre con la necesaria suficiencia financiera para poder desarrollarla y de acuerdo con los principios de legalidad, responsabilidad, transparencia, coordinación y lealtad institucional, quedando en el ámbito de la Junta de Andalucía la planificación y control de las mismas.

Las competencias de la Comunidad de Andalucía que se transfieran o deleguen a los Municipios andaluces, posibilitando que éstos puedan seguir políticas propias, deberán estar referidas sustancialmente a la prestación o ejercicio de las mismas. La Comunidad seguirá manteniendo, cuando se considere conveniente, las facultades de ordenación, planificación y coordinación generales.

Una ley regulará las funciones de las áreas metropolitanas, mancomunidades, consorcios y aquellas otras agrupaciones de municipios que se establezcan, para lo cual se tendrán en cuenta las diferentes características demográficas, geográficas, funcionales, organizativas, de dimensión y capacidad de gestión de los distintos entes locales.

Una ley de la Comunidad Autónoma regulará la creación, composición y funciones de un órgano mixto con representación de la Junta de Andalucía y de los Ayuntamientos andaluces, que funcionará como ámbito permanente de diálogo y colaboración institucional, y será consultado en la tramitación parlamentaria de las disposiciones legislativas y planes que afecten de forma específica a las Corporaciones locales.

La provincia es una entidad local con personalidad jurídica propia, determinada por la agrupación de municipios. Cualquier alteración de los límites provinciales habrá de ser aprobada por las Cortes Generales mediante ley orgánica.

El gobierno y la administración autónoma de la provincia corresponden a la Diputación, como órgano representativo de la misma. Serán competencias de la Diputación las siguientes:

a) La gestión de las funciones propias de la coordinación municipal, asesoramiento, asistencia y cooperación con los municipios, especialmente los de menor población que requieran de estos servicios, así como la posible prestación de algunos servicios supramunicipales, en los términos y supuestos que establezca la legislación de la Comunidad Autónoma.

b) Las que con carácter específico y para el fomento y la administración de los intereses peculiares de la provincia le vengan atribuidas por la legislación básica del Estado y por la legislación que dicte la Comunidad Autónoma en desarrollo de la misma.

c) Las que pueda delegarle para su ejercicio la Comunidad Autónoma, siempre bajo la dirección y el control de ésta.

La Junta de Andalucía coordinará la actuación de las Diputaciones, en lo que se refiere a las competencias recogidas, en materias de interés general para Andalucía. La apreciación del interés general y las fórmulas de coordinación se establecerán por una ley aprobada por mayoría absoluta del Parlamento de Andalucía y en el marco de lo que disponga la legislación básica del Estado. En todo caso, la Comunidad Autónoma coordinará los planes provinciales de obras y servicios.

La comarca se configura como la agrupación voluntaria de municipios limítrofes con características geográficas, económicas, sociales e históricas afines. Por ley del Parlamento de Andalucía podrá regularse la creación de comarcas, que establecerá, también, sus competencias. Se requerirá en todo caso el acuerdo de los Ayuntamientos afectados y la aprobación del Consejo de Gobierno.

Una ley de régimen local, en el marco de la legislación básica del Estado, regulará las relaciones entre las instituciones de la Junta de Andalucía y los entes locales, así como las técnicas de organización y de relación para la cooperación y la colaboración entre los entes locales y entre éstos y la Administración de la Comunidad Autónoma, incluyendo las distintas formas asociativas mancomunales, convencionales y consorciales, así como cuantas materias se deduzcan en materia de régimen local.

La ley de régimen local tendrá en cuenta las diferentes características demográficas, geográficas, funcionales, organizativas, de dimensión y capacidad de gestión de los distintos entes locales.

TEMA 4

LA UNIÓN EUROPEA: LOS TRATADOS ORIGINARIOS Y MODIFICATIVOS DE LAS COMUNIDADES EUROPEAS. INSTITUCIONES Y ÓRGANOS DE LA UNIÓN EUROPEA. COMPETENCIAS DE LA UNIÓN EUROPEA. LA REPRESENTACIÓN DE LA JUNTA DE ANDALUCÍA ANTE LA UNIÓN EUROPEA. EL DERECHO COMUNITARIO Y SUS DISTINTAS FUENTES.

LA UNIÓN EUROPEA: LOS TRATADOS ORIGINARIOS Y MODIFICATIVOS DE LAS COMUNIDADES EUROPEAS.

Ya desde finales del siglo XVIII surge una nueva corriente de pensamiento que postula la creación de una Europa unida, si bien no consiguen avances importantes hasta después de la segunda guerra mundial, por medio de dos corrientes de pensamiento:

- ☛ Federalista: basada en el diálogo y relaciones de complementariedad.
- ☛ Funcionalista: basada en la progresiva delegación de parcelas de soberanía.

Los primeros antecedentes fueron el Tratado de la Unión Occidental (Bélgica, Francia, Luxemburgo, Países Bajos y Reino Unido) y la Organización Europea de Cooperación Económica (OECE) en donde dieciséis naciones europeas se reunieron en París para tratar el plan Marshall.

La Comunidad tendrá como misión promover, mediante el establecimiento de un mercado común y de una unión económica y monetaria y mediante la realización de las políticas y acciones comunes, un desarrollo armonioso, equilibrado y sostenible de las actividades económicas en el conjunto de la comunidad, un alto nivel de empleo y de protección social, la igualdad entre el hombre y la mujer, un crecimiento sostenible y no inflacionista, un alto grado de competitividad y de convergencia de los resultados económicos, un alto nivel de protección y de mejora de la calidad del medio ambiente, la elevación del nivel y de la calidad de vida, la cohesión económica y social y la solidaridad entre los estados miembros.

A) TRATADOS ORIGINARIOS:

Tratado de la CECA (Comunidad Europea del Carbón y del Acero; París 18/4/1951).

Firmado por seis países (Francia, Alemania, Italia, Bélgica, Luxemburgo, Países Bajos). Fue creado para hacer del sector del carbón y del acero un mercado común sin obstáculos en las fronteras. Tuvo una duración de 50 años. Sus objetivos fueron:

- ☛ Contribuir a la expansión económica, al desarrollo de la ocupación y a la elevación del nivel de vida de los estados miembros.
- ☛ Establecer condiciones para un reparto más racional de la producción.
- ☛ Constituir el inicio de una futura federación europea que asegure el mantenimiento de la paz.

Sus órganos son:

- ⊕ Alta autoridad: órgano colegiado dotado de poderes autónomos y ejecutivos, actúa por sí misma, aunque en asuntos importantes tiene que consultar con el Consejo de ministros.
- ⊕ Consejo: que expresa el interés de los estados.
- ⊕ Asamblea; que pasará a ser el Parlamento Europeo.
- ⊕ Tribunal de Justicia.

Posteriormente se intentó llegar a un tratado similar pero de defensa (CED) pero se fracasó en el intento.

Tratado de la Comunidad Económica Europea (CEE) y Comunidad Europea de la Energía Atómica (CEEA-EURATOM) (Roma, 25/3/1957).

La CEE tiene por objetivo la creación de una unión aduanera que garantice la libre circulación de mercancías y la libre circulación de personas, servicios y capitales. Además de políticas comunes, como la agrícola, la de transporte y competencia, política social, comercio exterior.

La CEEA (EURATOM) se creó con el fin de desarrollar en común y para fines pacíficos la energía nuclear.

Los fines de la CEE son:

- ⊕ Sentar las bases de una unión cada vez más estrecha entre los pueblos europeos.
- ⊕ Asegurar, mediante la acción común, el progreso económico y social de sus respectivos países, eliminando las barreras que dividen Europa.
- ⊕ Asegurar el desarrollo armonioso de las regiones, reduciendo las diferencias y el retraso de las menos favorecidas.
- ⊕ Consolidar la defensa de la paz y de la libertad.
- ⊕ Invitar a los demás pueblos de Europa a participar.

Los puntos prioritarios sobre los que se basa la CEE son:

- ▪ Libre circulación de mercancías y capitales, servicios y personas.
- ▪ Establecimiento de una política agraria común.

- La creación de una política monetaria coordinada entre las respectivas divisas.
- Organismos competentes para la actuación comunitaria.

Sus órganos son la Comisión, el Consejo, el Parlamento Europeo y el Tribunal de Justicia (los dos últimos compartidos con la CECA y CEEA).

Como órganos del Consejo tenemos el Comité de Representantes Permanentes (COREPER) y el Comité Especial de Agricultura. Como órganos auxiliares tenemos al Comité Económico y Social (CES) y la Comisión de Control Contable.

B) TRATADOS MODIFICATIVOS.

El tratado de fusión: En 1967 se instituye un Consejo único y una Comisión única de las comunidades europeas (CECA, CEE y CEEA).

Tratados de adhesión: con las sucesivas ampliaciones de la Unión.

1972- Reino Unido, Irlanda y Dinamarca.

1981- Grecia.

1985- España y Portugal.

1995- Finlandia, Suecia y Austria.

2003- Estonia, Letonia, Lituania, Polonia, República Checa, República Eslovaca, Eslovenia, Hungría, Chipre y Malta.

2005- República de Bulgaria y Rumania.

2013- Croacia.

Por medio del acuerdo de 27 de enero de 2020 se ratificó la retirada de Reino Unido de Gran Bretaña de la Unión Europea con efectos de 31 de enero de 2020, con lo que se produce un cambio en el número de representantes y votos del resto de países con efectos de 1 de febrero de 2020.

Acta Unión Europea (AUE) -1986.

Entró en vigor el 1/7/1987, se constituyó en la primera gran reforma de la comunidad. Utilizaba las mayorías cualificadas para los acuerdos y otorgó mayores poderes de decisión al Parlamento Europeo.

Tres funciones fundamentales:
- Instaurar un proceso de toma de decisiones en el que el sistema de mayoría adquiere un lugar preponderante frente al de unanimidad, el Parlamento Europeo comienza a ser garantía del principio democrático.
- Elevar a rango de norma fundamental los objetivos e instrumentos de algunas políticas de la comunidad (la regional, la de medio ambiente y la de investigación y desarrollo).
- Adoptar las medidas para establecer el mercado interior. Eliminación de trabas.

Tratado Unión Europea (TUE) Maastrich-1992.

Modifica e introduce nuevos artículos en los tratados constitutivos. Señala de forma precisa los plazos para la unión económica y monetaria, basada en una única moneda y un Banco Central Europeo (con un Sistema Europeo de Bancos Centrales), recoge nuevas políticas comunes, modifica el proceso de toma de decisiones, crea un nuevo fondo de finalidad estructural (fondo de cohesión) y crea un Comité de las Regiones.

La comunidad europea tiene otros dos pilares (conferencias intergubernamentales).

✓ Unión política, unión económica y monetaria (pilar central).

✓ Política Exterior y de Seguridad Común (PESC). Tiene como objetivos: La defensa de los valores comunes, de los intereses fundamentales y de la independencia e integridad de la Unión. El fortalecimiento de la seguridad de la Unión en todas sus formas. El mantenimiento de la paz y el fortalecimiento de la seguridad internacional. El fomento de la cooperación internacional. El desarrollo y la consolidación de la democracia y del Estado de derecho, así como el respeto de los derechos humanos y de las libertades fundamentales.

✓ Cooperación judicial y asuntos internos. Por medio de una mayor cooperación entre las fuerzas policiales, las autoridades aduaneras y otras autoridades competentes de los estados miembros, ya sea directamente o a través de la Oficina Europea de Policía (EUROPOL). Una mayor cooperación entre las autoridades judiciales y otras autoridades competentes de los estados miembros. La aproximación de las normas de los estados miembros en materia penal.

Otorga más poder al Parlamento Europeo (codecisión).

Por medio de este tratado se producen modificaciones institucionales, tales como la configuración del Consejo Europeo como máximo órgano político de la unión, se produce un refuerzo del papel del

Parlamento europeo, el Consejo aumenta su capacidad y eficacia por medio de la toma de decisiones por mayoría en detrimento de la unanimidad.

La Comisión ve aumentada su importancia a medida que aumentan las competencias de la Comunidad, aunque soporta un mayor control por parte del Parlamento Europeo. El Tribunal de Justicia podrá imponer sanciones económicas a los estados miembros. Se crea el Comité de las Regiones.

También se producen reformas con respecto a la creación de la ciudadanía de la unión. Se inician nuevas políticas comunitarias (educación y juventud, cultura, salud pública protección a los consumidores, industria, cooperación al desarrollo, redes transeuropeas). Se crean los Fondos de Cohesión con los que se financian infraestructuras de transporte, redes transeuropeas y medio ambiente en aquellos miembros cuya renta por habitante sea menor al 90% de la media comunitaria.

Tratado de Amsterdam-1997.

Reforma el TUE y a todas las instituciones europeas. Da mayor solidez al concepto de ciudadano de la Unión Europea, se introducen importantes avances en cuestiones de cooperación en asuntos de justicia e interior.

Reforma institucional relativa a la modificación del voto en el Consejo de ministros y el núcleo de comisarios por Estado miembro se aplazan hasta que se produzca efectivamente la ampliación de la Unión Europea.

Refuerza la PESC para perfeccionar su funcionamiento.

Se confirma el calendario de la Unión Europea y monetaria.

Tratado de Niza-2001.

Modifica las principales instituciones de la Unión Europea. El Parlamento Europeo pasó de 700 a 732 escaños (a partir de 2004) de los que España tendrá 54, se establecerá un estatuto de los partidos políticos a escala europea y un estatuto de los miembros del Parlamento Europeo.

El Consejo Europeo también se verá afectado, a partir de 2005, respecto a la obtención de mayoría cualificada, que será cuando la decisión obtenga como mínimo un número de votos determinados, que se establecerá como umbral de mayoría cualificada y al mismo tiempo la decisión obtenga el voto favorable de la mayoría de los estados miembros.

El número de votos que le corresponde a cada Estado miembro variará, correspondiéndole a España 27. Se puede solicitar que la mayoría efectivamente represente al menos el 62% de la población total de la Unión.

La Comisión estará compuesta por un nacional de cada país (a partir de 2005), desapareciendo el segundo comisario de los países grandes. Cuando el número de países miembros supere al número de comisarios, se procederá al nombramiento de éstos por rotación de los estados miembros. Se aumentan las competencias del presidente de la Comisión.

Se dota de mayor flexibilidad al sistema jurisdiccional y se establece la Gran Sala, compuesta por once jueces, que conocerá de las cuestiones que actualmente conoce el pleno del Tribunal de Justicia.

También se producen modificaciones sustanciales en el proceso de toma de decisiones (sustitución de la mayoría cualificada en numerosos asuntos para los que se exigía unanimidad), las cooperaciones reforzadas (número mínimo de ocho estados miembros), derechos fundamentales (posibilidad de suspender derechos de algún Estado miembro que no respete los derechos fundamentales), Seguridad y Defensa (desarrollo capacidad militar de la Unión...), cooperación en materia penal, etc.

Declaración de Laeken (2004).

Plantea dudas sobre la viabilidad del tratado de Niza y sobre el futuro de la Unión Europea, al mismo tiempo prepara el camino para la gran reforma y convoca una Convención para preparar la próxima Conferencia Intergubernamental a celebrar en Roma este mismo año (donde se discutirá la Constitución Europea).

Tratado de Roma de 29 de octubre de 2004, por el que se establece una **Constitución para Europa** mediante la firma de todos los Estados miembros. La firma irá seguida por el procedimiento de ratificación en los 25 Estados miembros, con arreglo a sus respectivas normas constitucionales.

El Tratado constitucional debería entrar en vigor el 1 de noviembre de 2006, siempre que todos los Estados miembros lo hayan ratificado antes de esa fecha. De no ser así, entrará en vigor el primer día del segundo mes siguiente al del depósito del instrumento de ratificación del último Estado miembro que cumpla dicha formalidad.

El 13 de diciembre de 2007 los dirigentes de la UE firmaron el <u>Tratado de Lisboa</u>, culminando así unas negociaciones sobre asuntos institucionales que habían durado varios años. El Tratado de Lisboa modifica los Tratados de la UE y la CE ahora en vigor, pero no los sustituye. El nuevo texto proporcionará a la Unión el marco jurídico y los instrumentos necesarios para hacer frente a los retos del futuro y dar respuesta a las exigencias de los ciudadanos.

1. **Una Europa más democrática y transparente:** el Parlamento Europeo y los Parlamentos nacionales tendrán mayor protagonismo, habrá más oportunidades para que los ciudadanos hagan oír su voz y será más fácil saber cómo se reparten las tareas a nivel europeo y nacional.
   - Mayor protagonismo del Parlamento Europeo: el Parlamento Europeo, directamente elegido por los ciudadanos de la Unión, estrenará nuevas competencias sobre la legislación, el presupuesto y los acuerdos internacionales de la UE. El impulso dado al procedimiento de codecisión colocará al Parlamento Europeo en pie de igualdad con el Consejo, que representa a los Estados miembros, para la mayor parte de la legislación de la UE.
   - Mayor participación de los Parlamentos nacionales: los Parlamentos nacionales podrán participar más en las actividades de la UE, principalmente a través de un nuevo mecanismo para controlar que la Unión actúe exclusivamente cuando la intervención a nivel de la UE resulte más eficaz (subsidiariedad). Esta novedad, unida al mayor protagonismo del Parlamento Europeo, acrecentará la democracia y la legitimidad de las actuaciones de la Unión.
   - A la escucha de los ciudadanos: gracias a la "iniciativa ciudadana", un grupo de al menos un millón de ciudadanos de un número significativo de Estados miembros podrá pedir a la Comisión que haga propuestas de legislación.
   - Reparto de tareas: la relación entre los Estados miembros y Unión Europea quedará más perfilada gracias a una clasificación precisa de las competencias de cada cual.
   - Retirada de la Unión: el Tratado de Lisboa prevé explícitamente por primera vez la posibilidad de que un Estado miembro se retire de la Unión.

2. **Una Europa más eficaz,** con métodos de trabajo y votación simplificados, instituciones modernas y adaptadas a la Unión de los Veintisiete y más capacidad para actuar en los ámbitos prioritarios para la UE de hoy.
   - Eficacia en la toma de decisiones: la aprobación por mayoría cualificada en el Consejo se ampliará a otras políticas, con el fin de agilizar las decisiones e incrementar su eficacia. A partir de 2014 la mayoría cualificada obedecerá al principio de doble mayoría (mayoría de los Estados miembros y de la población), que refleja la doble legitimidad de la Unión. La doble mayoría se alcanzará cuando los votos favorables representen, como mínimo, el 55% de los Estados miembros y el 65% de la población.
   - Un marco institucional más estable y racionalizado: el Tratado de Lisboa crea el cargo de Presidente del Consejo Europeo elegido por dos años y medio, vincula directamente la elección del Presidente de la Comisión a los resultados de las elecciones europeas, prevé nuevas disposiciones relativas a la futura composición del Parlamento Europeo y a la reducción de la Comisión e introduce normas más claras sobre las cooperaciones reforzadas y los aspectos financieros.
   - Mejorar la vida de los europeos: el Tratado de Lisboa mejora la capacidad de la UE para abordar cuestiones que hoy día son prioritarias para la Unión y sus ciudadanos. Es el caso de la actuación en el campo de la justicia, la libertad y la seguridad, ya sea para luchar contra el terrorismo o combatir la delincuencia. Lo mismo ocurre, en cierta medida, con otros campos como política energética, salud pública, protección civil, cambio climático, servicios de interés general, investigación, política espacial, cohesión territorial, política comercial, ayuda humanitaria, deporte, turismo y cooperación administrativa.

3. **Una Europa de derechos y valores, libertad, solidaridad y seguridad,** que potencie los valores de la Unión, conceda rango de Derecho primario a la Carta de los Derechos Fundamentales, establezca nuevos mecanismos de solidaridad y garantice una mejor protección a sus ciudadanos.

- Valores democráticos: El Tratado de Lisboa especifica y consolida los valores y objetivos sobre los que se basa la Unión. Dichos valores constituyen un punto de referencia para los ciudadanos europeos y representan lo que Europa puede ofrecer a sus socios de todo el mundo.
- Derechos de los ciudadanos y Carta de los Derechos Fundamentales: el Tratado de Lisboa conserva los derechos ya existentes e introduce otros nuevos. En particular, garantiza las libertades y los principios enunciados en la Carta de los Derechos Fundamentales, cuyas disposiciones pasan a ser jurídicamente vinculantes. La Carta contiene derechos civiles, políticos, económicos y sociales.
- Libertad de los ciudadanos europeos: el Tratado de Lisboa conserva y consolida las "cuatro libertades" y la libertad política, económica y social de los ciudadanos europeos.
- Solidaridad entre los Estados miembros: el Tratado de Lisboa establece que la Unión y los Estados miembros actuarán conjuntamente con espíritu de solidaridad si un Estado miembro es objeto de un ataque terrorista o víctima de una catástrofe natural o de origen humano. También se hace hincapié en la solidaridad en el sector de la energía.
- Mayor seguridad para todos: la Unión tendrá más capacidad de actuación en el campo de la justicia, la libertad y la seguridad, lo que redundará en beneficio de la lucha contra la delincuencia y el terrorismo. Las nuevas disposiciones sobre protección civil, ayuda humanitaria y salud pública también pretenden impulsar la capacidad de la UE para enfrentarse a las amenazas contra la seguridad de los ciudadanos europeos.

4. **Hacer de Europa un actor en la escena global** combinando los instrumentos con que cuenta la política exterior europea a la hora de elaborar y aprobar nuevas políticas. Gracias al Tratado de Lisboa, Europa estará en condiciones de expresarse con más claridad ante sus socios internacionales. Se pondrán en juego todas las capacidades económicas, humanitarias, políticas y diplomáticas de Europa para fomentar sus intereses y valores en todo el mundo, respetando los intereses particulares de los Estados miembros en el marco de las relaciones exteriores.

- El Alto Representante de la Unión para Asuntos Exteriores y Política de Seguridad — que también será Vicepresidente de la Comisión— dará mayor peso, coherencia y visibilidad a la actuación exterior de la UE.
- El nuevo Servicio Europeo de Acción Exterior asistirá al Alto Representante en el desempeño de sus funciones.
- La personalidad jurídica única de la Unión fortificará su poder de negociación, convirtiéndola en un actor más eficaz a escala internacional y un socio más visible para otros países y organizaciones internacionales.

El desarrollo de la Política Europea de Seguridad y Defensa se hará conservando un sistema especial de toma de decisiones. Sin embargo, también preparará el terreno para la cooperación reforzada de un grupo más reducido de Estados miembros. Entró en vigor el 1 de diciembre de 2009.

Cuando se creó la CEE (Tratado de Roma 1957) España estaba política y económicamente desconectado del resto de los países comunitarios. En 1962 la CEE estableció que sólo podrían asociarse a la comunidad los que reunieran condiciones políticas concretas (democracia parlamentaria) para la adhesión. De no poder asumir las obligaciones económicas, necesitarán un periodo preparatorio para fortalecer su economía.

En 1970 se produce un acuerdo preferencial entre España y la CEE. Se equilibrarán los intercambios comerciales y se producen adelantos de desarrollo. A partir de la muerte de Franco comienzan las negociaciones oficiales para la adhesión.

El 28/7/1977 el gobierno presenta solicitud de adhesión a las comunidades europeas, iniciándose el período de negociaciones que durarán ocho años. El Consejo de la comunidad opinó favorablemente y encargo a la Comisión la elaboración de un dictamen. Se iniciaron las negociaciones en 1979, realizándose un repaso de la legislación comunitaria de forma conjunta, cada una de las partes exponía su opinión por escrito sobre la forma en que el país candidato deberá adoptar la legislación comunitaria.

El 12/6/1985 se firmaron solemnemente en Madrid y Lisboa el tratado y acta de adhesión para España y Portugal. Fue ratificado por los 12 estados miembros y entró en vigor el 1/1/1986.

España cuenta con un comisario en la Comisión, 54 diputados en el Parlamento Europeo, 27 votos del Consejo, 1 juez del Tribunal de Justicia, 1 abogado general, 21 representantes del Comité Económico Social, 21 representantes en el Comité de las Regiones y 1 vicepresidente del Banco Europeo de Inversiones.

INSTITUCIONES Y ÓRGANOS DE LA UNIÓN EUROPEA.

Tenemos a las siguientes: el Consejo, la Comisión, el Parlamento Europeo y el Tribunal de Justicia (órganos básicos), además del Tribunal de Cuentas, el Defensor del Pueblo, el Comité Económico y Social, el Comité de las Regiones y el Banco Europeo de Inversiones.

El Consejo.

El Consejo asegurará la coordinación de las políticas económicas generales de los estados miembros, dispondrá de un poder de decisión y atribuirá a la Comisión, respecto de los actos que el Consejo adopte, las competencias de ejecución de las normas que éste establezca.

Es la principal institución decisoria de la Unión Europea, en ella están presentes los intereses de los estados miembros. Está constituido por un representante de cada Estado de rango ministerial, quien está facultado para comprometer a su gobierno y, son políticamente responsables ante sus parlamentarios y ante la opinión pública.

El Consejo de asuntos generales está integrado por los ministros de exteriores, también están los consejos sectoriales que reúnen a los ministros correspondientes de cada sector.

Cuenta para su labor con unos órganos auxiliares. El comité de representantes permanentes (COREPER), que prepara detalladamente los trabajos del Consejo. También existe una secretaría general (importantes funciones de asistencia).

La presidencia está organizada por un sistema de rotación semestral conforme al cual cada Estado la ejerce por un periodo de seis meses. Lo determina el Consejo por unanimidad.

El calendario de sesiones se programa con una antelación mínima de siete meses de forma concertada con los otros gobiernos y la Comisión. Las convocatorias y el orden del día se hacen siempre por el presidente en ejercicio, por propia iniciativa o a petición de un Estado miembro o de la Comisión.

La presidencia también ordena los debates. El poder más importante es el recurso de votación, ya que puede decidir por sí sola cuando un punto del orden del día sea objeto de votación formal.

El presidente solamente preside y representa al Consejo, no a la Unión Europea, aunque tiene un valor próximo a la representación de la comunidad.

Dentro del Consejo tenemos al COREPER con la misión de preparar los trabajos del Consejo y llevar a cabo los mandatos que éste le confíe. Después del tratado de Ámsterdam se le reconoce a este órgano auxiliar poder para adoptar decisiones de procedimiento en los casos previstos en el reglamento interno del Consejo. Está formado por los jefes de la representación permanente de cada Estado miembro acreditado ante las comunidades europeas. Para su funcionamiento cuenta con numerosos grupos de trabajo (tanto permanentes como específicos para problemas puntuales).

La Secretaría General de Consejo es un órgano de apoyo y asistencia permanente a la presidencia del Consejo, encargado de velar por la legalidad de las decisiones y de defender al Consejo ante el Tribunal de Justicia. Su titularidad recae sobre el Alto Representante de la PESC. El tratado de Ámsterdam prevé la creación de un Subsecretario General que tendrá como funciones la preparación de las reuniones del Consejo, elaboración de la redacción y contenido de los acuerdos, la organización de los servicios de interpretación y la administración del presupuesto del Consejo.

Los poderes del Consejo son:

❑ *Poder de decisión.* Además del poder de decisión político, tiene el poder normativo general de naturaleza legislativa (cualquier decisión normativa necesita colaboración de la Comisión, que es quien toma la iniciativa), aunque en materia presupuestaria la comparte con el Parlamento Europeo. Comparte el poder ejecutivo (facultad para desarrollar y ejecutar las normas).

❑ *Poder de consulta* (en el ámbito CECA), la Comisión es el poder normativo previa consulta al Consejo.

❑ *Poder de coordinación.* Por medio de las políticas económicas generales de los estados miembros. En las acciones de los estados miembros con las comunidades y en armonizar la acción de la Comisión con la de los gobiernos.

- *Poderes en materia de relaciones exteriores*, le corresponde autorizar la apertura de negociaciones de acuerdos internacionales, instituciones y consentimiento para acuerdos internacionales de carácter económico.
- *En materia de PESC y cooperación judicial y policial*, el Consejo actúa en nombre de la unión.

En su sistema de tomas de decisión se dan actualmente tres tipos de votación: mayoría simple (poco usado), mayoría cualificada y unanimidad (cuestiones más importantes).

Para la mayoría cualificada, cada país dispone de un número de votos:
- Alemania, Francia e Italia → 29 votos.
- España, Polonia → 27 votos.
- Rumania → 14 votos.
- Países Bajos → 13 votos.
- Portugal, Grecia, Bélgica, Holanda, República Checa y Hungría → 12 votos.
- Suecia, Austria, Bulgaria → 10 votos.
- Dinamarca, Irlanda, Finlandia, Eslovaquia, Lituania y Croacia → 7 votos.
- Luxemburgo, Letonia, Eslovenia, Estonia y Chipre → 4 votos.
- Malta → 3 votos.

Cuando el Consejo vote una propuesta de la Comisión o del Alto Representante de la Unión para Asuntos Exteriores y Política de Seguridad, deberán cumplirse dos condiciones para alcanzar la mayoría cualificada:
- el 55% de los Estados miembros debe votar a favor - lo que en la práctica significa 16 de los 27 Estados miembros
- los Estados miembros favorables a la propuesta deben representar al menos el 65% de la población total de la UE

Existe la posibilidad de minoría de bloqueo.

La toma de decisiones se lleva a cabo a través de tres procedimientos, el tradicional, cooperación y codecisión (el parlamento cada vez tiene más capacidad de codecisión en más materias).

El **Consejo Europeo** está compuesto por jefes de Estado o de gobierno y el presidente de la Comisión. Se reúne dos veces al año (reuniones ordinarias) bajo la presidencia que corresponda.

El procedimiento decisorio utilizado es el consenso. Emiten conclusiones o declaraciones. Debaten y acuerdan las grandes decisiones políticas relativas al desarrollo del proyecto europeo.

Constituye un centro decisorio de la Unión Europea además de ser el núcleo central del PESC.

La Comisión.

La Comisión es una institución que tiene poderes de iniciativa, ejecución, gestión y control. Es la guardiana de los tratados y personifica el interés comunitario. Está formado por 28 miembros elegidos por cinco años. Cada país tiene un solo un comisario (ampliándose progresivamente hasta el máximo de 30), pero que se variará la ponderación de votos en el Consejo. El presidente es designado de común acuerdo entre los estados miembros, con la aprobación del Parlamento Europeo.

La Comisión es competente para:
- Velar por la aplicación del derecho comunitario.
- Formular recomendaciones o emitir dictámenes en las condiciones previstas en los tratados.
- Disponer de un poder decisorio propio y participar en la formación de los actos del Consejo y del parlamento.
- Ejercer las competencias que el Consejo le atribuya para la ejecución de las normas por él establecidas.

Los poderes de la Comisión son:
- Iniciativa normativa: mediante el derecho de propuesta, casi exclusivo. La Comisión participa en los actos de Consejo.
- Iniciativa de decisión: de naturaleza reglamentaria, a través de lo derivado directamente de los tratados o por atribución del Consejo.
- Iniciativa de gestión: de los servicios administrativos, así como de los fondos estructurales.
- Poderes de control: tanto del comportamiento de los estados, como en algunos casos sobre los particulares.
- Se previene y advierte de las posibles ilegalidades.

- Se dirigen, de manera formal, a los estados recomendaciones o dictámenes.
- Se adoptan decisiones o directivas para determinadas materias.
- Se inicia formalmente un procedimiento para terminar con la demanda del Estado ante el Tribunal de Justicia.
  - ↳ Poderes en materia de relaciones exteriores. Comparte con el Consejo la representación de las Comunidades Europeas ante terceros países u organizaciones.
  - ↳ Ejecuta el presupuesto comunitario. Actualmente debe presentar un "informe general anual" ante el parlamento. El Parlamento Europeo puede dirigir interpelaciones verbales o escritas a la Comisión y puede aprobar una moción de censura y hacer dimitir a la Comisión en bloque.

La Comisión celebra sesiones semanales (ordinarias) y siempre que lo estime necesario y que sea convocado por el Presidente o a solicitud de uno o varios estados miembros (extraordinarias), las decisiones se adoptarán por mayoría, exigiéndose un quórum mínimo de 7 miembros.

EL PARLAMENTO EUROPEO.

El Parlamento Europeo.

El Parlamento Europeo es la asamblea de representantes de los pueblos de los estados miembros de la Unión Europea, elegidos por sufragio universal directo, por un período de cinco años. Tiene su sede en Estrasburgo. Actualmente los miembros se eligen según las normas nacionales de cada país, en un futuro se acordará el procedimiento uniforme en todos los estados. Los escaños se reparten, por regla general, en proporción con las cifras de población de cada país. Cada Estado miembro tiene asignado un número fijo de escaños, 96 como máximo y 6 como mínimo. Actualmente el Parlamento Europeo se compone de un máximo de 751 **diputados,** actualmente 705, elegidos en los 27 Estados miembros de la Unión Europea ampliada repartidos de la siguiente forma:

ALEMANIA	96
FRANCIA	79
ITALIA	76
ESPAÑA	59
POLONIA	52
RUMANÍA	33
HOLANDA	29
BÉLGICA, GRECIA, PORTUGAL, REPÚBLICA CHECA, HUNGRÍA, SUECIA	21
AUSTRIA	19
BULGARIA	17
DINAMARCA, FINLANDIA, ESLOVAQUIA	14
IRLANDA	13
CROACIA	12
LITUANIA	11
LETONIA, ESLOVENIA	8
ESTONIA	7
LUXEMBURGO, CHIPRE, MALTA	6

El Parlamento Europeo se articula en torno a los grupos políticos que se forman en su seno, las comisiones parlamentarias, la presidencia, la mesa del parlamento, las conferencias de presidentes, el pleno y la estructura administrativa.

Los poderes del parlamento son:

Control político: ejerce un control democrático sobre el conjunto de la actividad comunitaria. Lo ejerce a través de interpelaciones o preguntas, discutiendo el informe general anual de la Comisión (posibilidad de moción de censura a la Comisión), comisiones temporales de investigación, participación en los nombramientos de otras instituciones (Defensor del Pueblo, miembros del Tribunal de Cuentas...). Controla la PESC y la cooperación judicial y policial.

También tiene **poderes legislativos**.

- Dictamen simple → el Parlamento Europeo es consultado por el Consejo y éste toma sus puntos de vista en consideración (no es vinculante su posición, sólo su consulta).
- Procedimiento de cooperación → sólo se utiliza en ciertos aspectos de la unión económica y monetaria.
- Dictamen conforme → el Consejo debe obtener la aprobación del Parlamento Europeo (mayoría absoluta) para que tomen determinadas decisiones de importancia. El Parlamento Europeo sólo puede aceptar o rechazarlo, no modificarlo (adhesión de nuevos estados miembros, acuerdos internacionales...)
- Procedimiento de codecisión → da poder al Parlamento Europeo para aprobar disposiciones conjuntamente con el Consejo (cada vez sobre mayor número de materias).

   Poderes presupuestarios. El Parlamento Europeo es el que declara definitivamente aprobado el presupuesto. La Comisión elabora el proyecto de presupuesto y lo aprueba el Consejo, pasa al Parlamento Europeo que puede:

- Rechazarlo globalmente (enmienda a la totalidad).
- Aprobarlo.
- Entrar en su discusión y proponer modificaciones (gastos obligatorios) y enmiendas (gastos no obligatorios).

EL TRIBUNAL DE JUSTICIA DE LA UNIÓN EUROPEA

Tribunal de Justicia de la Unión Europea (TJUE).

El TJUE es la institución que representa el poder judicial. Su función es garantizar el respeto del derecho en la integración y aplicación de los tratados. Tiene su sede en Luxemburgo.

Los Tribunales y los órganos jurisdiccionales de los estados miembros son los que deben aplicar en primer lugar el derecho comunitario.

El TJUE está formado por 27 jueces (1 por Estado miembro, por periodos de 6 años). El presidente es elegido por votación secreta (3 años y reelegible).

También hay 11 abogados generales (6 representan a los seis grandes países, 5 al resto por turnos) cuya función principal consiste en la presentación de conclusiones en todos los asuntos que llegan al tribunal (propuestas motivadas). El TJUE cuenta con un secretario.

Se renueva parcialmente cada tres años (mandatos de seis años).

El Tribunal General (47 jueces) es competente para conocer en primera instancia de determinados recursos directos interpuestos por personas físicas y jurídicas; de los recursos de los Estados miembros contra la Comisión; de recursos contra el Consejo por los Estados miembros en materias de defensa de la competencia; del recurso de indemnización por daños; y de los referentes a la Marca comunitaria, fundamentalmente.

El TJUE se configura como un elemento esencial en la formación y configuración del derecho comunitario, determinando sus características básicas a partir de los tratados constitutivos.

Al TJUE le corresponde la interpretación del derecho comunitario, la aplicación le corresponde a los jueces nacionales. También conoce de distintos recursos:
1. Recursos por incumplimiento contra un Estado incumplidor.
2. Recurso de anulación (parecido al contencioso-administrativo).
3. Recurso por omisión (por no hacer nada).
4. La excepción de ilegalidad (cuestión prejudicial) lo plantean los jueces nacionales cuando dudan a cerca de la validez o interpretación de normas comunitarias.
5. Recursos por responsabilidad extracontractual.

OTRAS INSTITUCIONES Y ÓRGANOS.
El Tribunal de Cuentas.

Es la institución de naturaleza administrativa sin competencia jurisdiccional, ejerce funciones de control externo de las cuentas y de consulta, con plena independencia en el interés de la Unión Europea. Formado por 27 miembros nombrados por 6 años por decisión unánime del Consejo, previa consulta al Parlamento Europeo (profesionales expertos).

Audita los ingresos y los gastos de la UE para verificar que la percepción, uso, rentabilidad y contabilidad de los fondos son los correctos.

Supervisa a cualquier persona u organización que maneje fondos de la UE, en particular mediante controles puntuales en las instituciones de la UE (especialmente en la Comisión), los Estados miembros y los países que reciben ayuda de la UE.

Elabora conclusiones y recomendaciones dirigidas a la Comisión Europea y los Gobiernos nacionales en sus informes de auditoría.

Informa de sus sospechas de fraude, corrupción u otras actividades ilegales a la Oficina Europea de Lucha contra el Fraude (OLAF).

Elabora un informe anual para el Parlamento Europeo y el Consejo de la UE, que el Parlamento examina antes de aprobar la gestión del presupuesto de la UE por parte de la Comisión.

Facilita dictámenes periciales a los responsables políticos de la UE sobre cómo mejorar la gestión financiera y la rendición de cuentas a los ciudadanos.

Además, publica dictámenes sobre la legislación preparatoria que incidirá en la gestión financiera de la UE, así como documentos de posición, estudios y publicaciones específicas sobre cuestiones relacionadas con las finanzas públicas de la UE.

El control se llevará a cabo sobre la documentación contable y, en caso de ser necesario, en las dependencias correspondientes de las otras instituciones de la comunidad o de cualquier órgano que gestione ingresos o gastos de la comunidad. El control se llevará a cabo en colaboración con las instituciones nacionales de control.

Los criterios de control son la legalidad, la regularidad y la buena gestión financiera. Puede emitir dictámenes ante consultas del Consejo y otra institución. Presenta al Consejo y al Parlamento Europeo una declaración sobre la fiabilidad de las cuentas.

Defensor del Pueblo.

Elegido por el Parlamento Europeo. Está facultado para recibir las reclamaciones de cualquier ciudadano de la unión o de cualquier persona física o jurídica que resida en la Unión Europea, relativos a casos de mala administración en la acción de las instituciones u organismos comunitarios, con exclusión del tribunal de justicia y tribunal de primera instancia en el ejercicio de sus funciones jurisdiccionales.

Llevará a cabo investigaciones que considere justificadas, bien por iniciativa propia, bien sobre la base de las reclamaciones recibidas directamente o a través de un miembro del Parlamento Europeo. Anualmente presentará al Parlamento Europeo un informe sobre el Estado de sus investigaciones.

Será nombrado después de cada elección del Parlamento Europeo para toda la legislatura, por cinco años, pudiendo ser renovado. Ejercerá sus funciones con total independencia, no solicitará ni admitirá instrucciones de ningún organismo. No podrá desempeñar ninguna otra actividad profesional. Tendrá su sede en Estrasburgo.

El Comité Económico y Social (CES).

Es el órgano auxiliar de representación socioeconómica común para las materias reguladas por los tratados, entre las que destaca la política agraria común, la libre circulación de trabajadores, la libertad de establecimientos y la prestación de servicios y la política social. Su sede se encuentra en Bruselas. Formado en principio 222 miembros (326 en la actualidad), elegidos por un periodo de 4 años, a propuesta de los estados miembros.

ALEMANIA, FRANCIA, ITALIA	24
ESPAÑA, POLONIA.	21
RUMANÍA.	15
HOLANDA, BÉLGICA, GRECIA, PORTUGAL, SUECIA, AUSTRIA, REPÚBLICA CHECA, HUNGRÍA, BULGARIA	12
DINAMARCA, FINLANDIA, IRLANDA, ESLOVAQUIA, LITUANIA,*CROACIA*	9
LETONIA, ESLOVENIA,ESTONIA	7
LUXEMBURGO, CHIPRE, MALTA.	5

Representan a las diferentes categorías de la vida económica y social. El Comité Económico y Social es consultado obligatoriamente cuando lo exigen los tratados, emitiendo dictamen preceptivo, en los demás casos la consulta es voluntaria y el dictamen facultativo. Pueden consultarlo el Consejo, la Comisión o el Parlamento Europeo.

También puede emitir dictámenes por iniciativa propia.

El Comité de las Regiones.

Es el órgano a través del cual las regiones pueden participar en la constitución europea. Formado por 326 miembros, de entre representantes de los entes regionales y locales que sean titulares de un mandato electoral de un ente regional o local, o que ostenten responsabilidad política ante una asamblea elegida, con igual distribución por países que el Comité Económico y Social.

Su misión es asesorar a la Comisión sobre cualquier cuestión relacionada con el desarrollo regional, especialmente en la elaboración y aplicación de la Política Regional Comunitaria.

Elabora dictámenes no vinculantes (aunque preceptivos) sobre las cuestiones que le plantean sobre temas concretos. También puede emitir dictámenes facultativos. A iniciativa propia puede decir su opinión.

Banco Europeo de Inversiones.

Su objetivo es contribuir al desarrollo equilibrado del mercado común en interés de la comunidad. Facilita créditos sin fines lucrativos para financiar determinados proyectos. Tiene como misión contribuir al desarrollo equilibrado y estable del mercado común en interés de la comunidad, recurriendo al mercado de capitales y a sus propios recursos. A tal fin facilitará mediante la concesión de préstamos y garantías y sin perseguir fines lucrativos, la financiación, en los sectores de la economía, de los proyectos para el desarrollo de las regiones más atrasadas, lo que tiendan a la modernización y reconversión de empresas o a la creación de nuevas actividades necesarias para el establecimiento del mercado común o los proyectos de interés común de varios estados miembros que, por su naturaleza o amplitud, no puedan ser enteramente financiados con los diversos modos de financiación existente en cada uno de los estados miembros.

Sistema Europeo de Bancos Centrales (SEBC), Banco Central Europeo (BCE).

El objetivo principal del SEBC será mantener la estabilidad de precios. Sus funciones básicas serán definir y ejecutar la política monetaria de la Comunidad, realizar operaciones de divisas coherentes, poseer y gestionar las reservas oficiales de divisas de los estados miembros, promover el buen funcionamiento del sistema de pagos.

El BCE tendrá el derecho exclusivo de autorizar la emisión de billetes de banco en la Comunidad. El BCE y los bancos centrales nacionales podrán emitir billetes. El SEBC está compuesto por el BCE y los bancos centrales de los estados miembros.

COMPETENCIAS DE LA UNIÓN EUROPEA.

Las políticas comunitarias se han configurado como complemento y apoyo del proyecto de integración europea y como eje fundamental de la unión económica, habiéndose diferenciado entre las políticas comunes incluidas en el Tratado de Roma, y las políticas de acompañamiento del mercado único y las acciones comunes.

Las políticas comunes afectan a mercado interior; empleo y política social; cohesión económica, social y territorial; agricultura; pesca; medio ambiente; protección de los consumidores; transportes; redes transeuropeas; energía; espacio de libertad, seguridad y justicia; políticas sobre controles de fronteras, asilo e inmigración; cooperación judicial en materia civil; cooperación judicial en materia penal; protección y mejora de la salud humana; industria; turismo; cultura; educación, formación profesional, juventud y deporte.

La Unión Europea dispone de lo que se denominan políticas comunes que están incluidas en el Tratado de la CE, como son la Política Agraria Común, la Política Comercial, la Política de Competencia y la Política de Transportes. Para fortalecer el mercado único europeo y el proceso de integración y para adecuar las condiciones de la Comunidad al avance de la globalización de los mercados internacionales y de la competitividad, se han impulsado otras políticas y acciones comunes, algunas de las cuales ya estaban implantadas.

La agricultura ocupa un lugar privilegiado entre las políticas comunes de la Unión Europea. Aunque la agricultura no constituye una aportación muy relevante al PIB comunitario tiene una gran importancia sectorial, y un fuerte peso específico en el presupuesto comunitario.

Los principios fundamentales de la PAC se basan en la unidad de mercado, la preferencia comunitaria y la solidaridad financiera. La unidad de mercado ha supuesto la supresión de derechos de aduana en las fronteras interiores, arancel exterior común y establecimiento de precios y normas de competencia comunes. La preferencia comunitaria supone la protección del mercado interno de las fluctuaciones de precios vigentes en el mercado internacional y la preferencia por la producción comunitaria. La solidaridad financiera implica hacer frente conjuntamente al coste de la PAC.

La Política de Pesca Común fue definida en 1983. En 1992 fue reformada con el objeto de procurar el equilibrio entre actividad y recursos pesqueros. Una gestión racional de los recursos, bajo el principio de subsidiariedad respecto al control y a las medidas encaminadas a incrementar la responsabilidad de los profesionales de este sector, se consideró la mejor garantía para mantener una actividad eficaz.

La Política Pesquera Común está basada en los siguientes fundamentos: acceso a las aguas, comercio y gestión de los recursos, organización común de mercados, política estructural orientada al sector y relaciones con terceros países.

El término quota hopping en general, es una descripción de los buques con propiedad, base y tripulación extranjeras que pescan las cuotas de un Estado miembro y desembarca sus capturas en otro Estado miembro.

La Política Comercial Común es el conjunto de competencias que tiene la Comunidad Europea en materia de relaciones con terceros países. El art. 113 del Tratado de Roma recoge esas competencias. Una vez que se introdujo la TEC o tarifa exterior común en 1968, los Estados miembros cedieron a la Comunidad la facultad de gestionar la Política Comercial Común, lo que supone negociar acuerdos internacionales, políticas de exportación e importación e instrumentos de política comercial.

Tradicionalmente la Política Comercial Común ha contemplado dos ámbitos fundamentales: la Política Comercial Autónoma y la Política Comercial Convencional. La Política Comercial Autónoma es el conjunto de medidas de política comercial establecidas por la Comunidad con carácter unilateral (no existen acuerdos específicos con países terceros). Los principales elementos de la Política Comercial Autónoma de la UE tradicionalmente han sido la política arancelaria, los regímenes de importación, los regímenes de exportación y las medidas de defensa comercial.

La Política Comercial Convencional es la política de proximidad de la Comunidad respecto a terceros países que geográficamente se encuentra más próximos: países de la EFTA, países del Este y Centro de Europa y países mediterráneos. También se incluyen los países que por razones históricas (antiguas colonias), han mantenido unos lazos estrechos con algún país miembro de la Comunidad Europea.

La diferencia entre la Política Comercial Convencional y Política Comercial Autónoma radica en la existencia de contraprestaciones y cláusulas sobre competencia en la política preferencial europea, mientras que la política no preferencial europea está basada en acuerdos de cooperación y asociación.

POLÍTICA AGRÍCOLA Y PESQUERA

Política agraria:

En la época en que se estableció el Mercado Común en virtud del Tratado de Roma 1958, el sector agrícola de los seis países miembros de entonces se distinguía por una fuerte intervención de los Estados, que intervenían en particular en la orientación de las producciones, la fijación de precios, la comercialización de los productos y las estructuras agrícolas. Para incluir los productos agrícolas en la libre circulación de mercancías y mantener al mismo tiempo una intervención pública en el sector agrícola, había que suprimir los mecanismos de intervención nacionales incompatibles con la libre circulación y traspasar al menos una parte al nivel comunitario: este fue el motivo fundamental de la existencia de la política agrícola común. Cabe señalar que algunos Estados, en particular Francia, y el conjunto de organizaciones profesionales agrícolas deseaban mantener una fuerte intervención pública en la agricultura.

El artículo 33 del Tratado CE (39 TUE) establece los objetivos internos de la PAC: incrementar la productividad de la agricultura, fomentando el progreso técnico y asegurando el empleo óptimo de los factores de producción, en particular, de la mano de obra; garantizar un nivel de vida equitativo a la población agrícola; estabilizar los mercados; garantizar la seguridad de los abastecimientos; asegurar al consumidor unos precios razonables.

La PAC produjo resultados espectaculares en la medida en que la Comunidad pudo superar rápidamente la penuria alimentaria de los años 50 para, en primer lugar, alcanzar un nivel de autosuficiencia y, después, producir excedentes (coyunturales y estructurales), por diversas razones de índole técnica, económica y política, especialmente gracias al abandono progresivo del régimen de preferencias comunitarias y a la sustitución, en los mercados europeos, de productos locales por productos importados en condiciones preferentes. Los cambios registrados en el sector agrícola comunitario y mundial en el decenio de 1980 llevaron al establecimiento de nuevas prioridades. Así, a partir de las orientaciones propuestas en 1985 en el Libro Verde (documento que contiene los resultados de las reflexiones de la Comisión sobre las perspectivas de la PAC), de las medidas introducidas por el Acta Única (1986), de las decisiones alcanzadas en el Consejo de febrero de 1988 y de la reforma de la PAC de 1992, se han definido los nuevos pilares de la PAC.

Los instrumentos básicos de la PAC son: la política de mercados y de precios, basada en las organizaciones comunes de mercados (OCM), que rige la producción y la comercialización de los productos agrarios durante la campaña de producción y la política socio-estructural, que coordina el proceso de adaptación de las estructuras agrarias (técnicas de producción, dimensión de las explotaciones, formación profesional de los agricultores, etc.). La PAC utiliza, asimismo, la política de comercio exterior y la armonización de legislaciones y está dotada de un fondo de financiación, así como de mecanismos de aplicación

La diversidad de disposiciones nacionales relacionadas con la producción o el comercio de los productos agrícolas y alimentarios, por ejemplo, en relación con la utilización de colorantes o conservantes, el control de las epizootias, el uso de hormonas, etc., puede obstaculizar los intercambios intracomunitarios. Por ello, la armonización comunitaria de estas legislaciones resulta indispensable. Dicha armonización, aunque ha dado resultados positivos, seguía siendo muy incompleta en 1985, en el momento de la publicación del Libro Blanco sobre el mercado interior. Por otra parte, más de una tercera parte del programa legislativo incluido en el Libro Blanco corresponde al sector agroalimentario, los abonos, los productos fitosanitarios, la reglamentación veterinaria, los impuestos especiales sobre el alcohol y el tabaco, la maquinaria agrícola, etc.

Los "comités". Su origen se remonta a 1961, con motivo del establecimiento de las primeras organizaciones comunes de mercado (OCM). La Comisión pretendía entonces reservarse un amplio poder de decisión en la gestión de las OCM. Pero varios Estados miembros consideraban que este poder de decisión debía corresponder al Consejo. La fórmula de los comités constituyó en este sentido un compromiso entre ambas tendencias: la gestión se confiaría a la Comisión, pero ésta debía contar con el dictamen de un comité compuesto por representantes de los Estados miembros y en el que las decisiones se tomaran por mayoría cualificada. Según el dictamen deje a la Comisión entera libertad de decisión o introduzca de nuevo una intervención más o menos vinculante del Consejo en el proceso, los comités se clasifican en tres tipos: comités consultivos, comités de gestión y comités de reglamentación.

Las organizaciones profesionales: las más importantes son el Comité de las Organizaciones Profesionales Agrícolas de la UE (COPA) y el Comité General de Cooperación Agrícola de la UE (COGECA).

Los mecanismos de la Política Agrícola Común (PAC) establecidos en 1962 fueron objeto de una amplia reforma en 1992, a la que siguió una revisión profunda en 1999 en el marco de la Agenda 2000 relativa a la estrategia propuesta por la Comisión Europea para reforzar y ampliar la Unión Europea (UE). Esta reforma está basada en:

- el acuerdo político del Consejo de 21 de mayo de 1992 y los primeros reglamentos relativos al régimen de apoyo al sector de los cultivos herbáceos (cereales, oleaginosas y proteaginosas) adoptados formalmente en junio de 1992;
- la estrategia adoptada por el Consejo Europeo de Madrid de diciembre de 1995, basada en la continuación de la adaptación de los instrumentos de la PAC y el refuerzo del apoyo a la comunidades rurales;
- la Comunicación "Agenda 2000" (COM(97) 2000) de la Comisión, que refuerza esta estrategia al adoptar una serie de medidas: aproximar aún más los precios institucionales a los del mercado, compensar la reducción resultante de los ingresos de los agricultores con una serie de ayudas directas y apoyar con más firmeza un nuevo enfoque integrado en relación con el papel multifuncional de la agricultura y del desarrollo rural;

En este fin de milenio caracterizado principalmente por la perspectiva de adhesión de los Países de Europa Central y Oriental (PECO) y la revisión de los acuerdos comerciales multilaterales de la OMC, se requiere una nueva reorientación de la PAC para respetar la estrategia decidida en 1992. Este objetivo equivale a la consolidación, en el contexto de una política cada vez más orientada hacia el mercado, del modelo agrícola europeo, basado en la consecución simultánea de tres funciones fundamentales de la agricultura: económica, de ordenación del territorio y medioambiental:

- La función económica se basa en el papel tradicional representado por la agricultura consistente en producir alimentos para los consumidores y materias primas para la industria y en contribuir al crecimiento económico, el empleo y la balanza comercial.
- La función de ordenación del territorio está basada en la diversificación: la agricultura se completa con otras actividades industriales, comerciales o turísticas;
- La función medioambiental destaca el papel de conservación del espacio, de defensa de la biodiversidad y de conservación del paisaje a partir de una agricultura de tipo sostenible mediante el fomento de prácticas agrícolas que respeten el medio ambiente.

Este nuevo marco reglamentario coincidió con las reformas relanzadas para algunos sectores típicos del sur de Europa (aceite de oliva, tabaco, vino y plátano - este último tras la decisión del órgano de regulación de contenciosos de la OMC). El primer año de aplicación de la PAC de la Agenda 2000 ha estado marcado por el desarrollo de este proceso de reformas (junto con las ya realizadas para el lino y el cáñamo, o en curso, para el azúcar, el arroz, el algodón y las frutas y hortalizas).

El Tratado de Roma define las bases de una política agrícola para el conjunto de la Comunidad. Dentro de esta Política Agrícola Común (PAC), el fundamento jurídico sobre el que se basa la política de mercados es el artículo 32 (38), del cual se derivan los reglamentos de base que rigen las distintas Organizaciones Comunes de Mercado (OCM).

La política de mercados es el instrumento más antiguo y más importante de la PAC. Su objetivo es orientar la producción agrícola y estabilizar los mercados. Consiste en aplicar a una serie de productos y grupos de productos un régimen particular, la Organización Común de Mercado (OCM) con vistas a controlar, en función de unas normas comunes, la producción y el comercio

Las OCM se basan en tres principios fundamentales:

- la unidad del mercado: es decir, una libre circulación de productos agrarios entre los Estados miembros;
- la preferencia comunitaria: la aplicación de este principio tiende a disminuir debido a la progresiva apertura del mercado comunitario al exterior (acuerdos multilaterales, bilaterales y concesiones unilaterales);
- la solidaridad financiera: los gastos derivados de la aplicación de la PAC deben ser asumidos por el presupuesto comunitario.

Las OCM se han ido creando paulatinamente hasta cubrir la mayoría de productos, que representan aproximadamente el 90% de la producción agrícola final (PAF) de la Comunidad (EUR-15), siendo las únicas excepciones significativas el alcohol y las patatas.

Desde las reformas de 1992 y de 1999, la PAC ha tomado dos orientaciones principales:

- la progresiva reducción de los precios institucionales que intenta ajustar a los precios mundiales mediante la reducción de la intervención y la paralela consolidación de las ayudas directas, que a partir de ahora constituyen el mecanismo básico de apoyo de la agricultura comunitaria;
- la generalización de las medidas de control de la oferta debido a la existencia de excedentes estructurales en la mayoría de los sectores.

La PAC se ha convertido de este modo en una política de rentas por medio de ayudas directas compensatorias que pretenden ajustar los precios internos a los precios mundiales. En 1998, la proporción de las contribuciones del FEOGA Garantía se repartían de la siguiente manera:

73% para la garantía de rentas agrícolas (ayudas directas);

2,5% para medidas de fomento de las exportaciones (restituciones por exportación con un porcentaje en regresión constante debido a la evolución de los precios mundiales y a los acuerdos de la Ronda Uruguay del GATT);

6,5% para medidas de estabilización de los mercados (almacenamiento y primas orientativas);

4% para ayudas al consumo;

3% para ayudas destinadas a la transformación y comercialización;

1% para las demás medidas sin objetivo económico determinado.

La consolidación de las restricciones de la oferta, derivadas de la persistencia de excedentes, de una mayor apertura de los mercados y de la reducción de las exportaciones subvencionadas tras el acuerdo de la Ronda de Uruguay, ha dado lugar al establecimiento, sector por sector, de unos mecanismos estabilizadores, que han supuesto, en algunos casos, un derecho de producción o un derecho de garantía a favor de los agricultores o de los industriales europeos.

Los cambios de objetivos y de instrumentos de gestión de mercados derivados de las reformas de 1992 y de 1999 han dado lugar a una modificación de las características de las OCM, cuya clasificación queda englobada en cinco categorías en función de los mecanismos de ayuda:

1. OCM con precios de garantía e intervención automática

Se aplican al azúcar y a los productos lácteos, afectando a algo más de una quinta parte de la producción agrícola final (PAF) comunitaria. Este tipo de OCM incluye un régimen de precios mínimos o de garantía concedidos a los agricultores por parte de los organismos públicos de intervención en contrapartida por la entrega de sus productos, cuando no hay precios remuneradores en el mercado. Este tipo de OCM, el más característico de la PAC antes de 1992, está desapareciendo en la actualidad.

2. OCM con precios de garantía e intervención condicionada

Se aplican a los siguientes productos: vino, carne de porcino, y algunas frutas y hortalizas frescas, lo que representa aproximadamente una quinta parte de la PAF comunitaria. Estas OCM aplican un régimen de precios de garantía, pero solamente en situación de crisis grave en los mercados previamente decretada por la Comisión.

3. OCM mixtas, con precios de garantía y ayudas directas complementarias a la producción

Se aplican a los siguientes productos: cereales, carne de ovino, plátanos, leche (a partir de 2005/2006) y carne de vacuno (incluso si desde 2002 se aplicaba un régimen de intervención condicionada con una "red de seguridad"). Esta categoría abarca una tercera parte de la PAF comunitaria y se ha visto ampliada a partir de los distintos paquetes de reformas de la PAC aprobados en 1992 y 1999.

4. OCM sólo con ayudas directas a la producción

Son ayudas a tanto alzado o proporcionales a las cantidades producidas o a los rendimientos. Se aplican en: oleaginosas, proteaginosas, forrajes, tabaco, textiles, leguminosas, lúpulo y frutas y hortalizas transformadas, algunas frutas y hortalizas frescas (espárragos, avellanas), aceite de oliva y aceitunas, afectando aproximadamente un 10% de la PAF comunitaria.

5. OCM sin apoyo directo a la producción

Se aplica a los siguientes productos: aves, huevos, productos agrícolas transformados (PAT), flores y plantas, algunas frutas y hortalizas frescas, patatas y otros productos marginales o exóticos (alcohol etílico, café, té, etc.). Estos productos se benefician sólo de una protección aduanera.

Política común de pesca.

El Tratado de Roma incluía una política común de la pesca: los objetivos que establece el apartado 1 del artículo 33 (39) para la Política Agrícola Común son los mismos que los de la Política Común de la Pesca (PCP), en la medida en que el artículo 32 (38) entiende por productos agrícolas "los productos de la tierra, de la ganadería y de la pesca, así como los productos de primera transformación directamente relacionados con aquéllos." Estos objetivos son: incrementar la productividad, estabilizar los mercados, garantizar la seguridad de los abastecimientos y asegurar al consumidor suministros a precios razonables.

A fin de tener en cuenta las dimensiones biológicas, sociales y económicas de la pesca, la PCP se organiza en torno a los siguientes cinco instrumentos (o partes) principales:

a. La política de gestión y conservación de los recursos constituye la piedra angular de la PCP.

La política de gestión de los recursos se fundamenta en la fijación anual de los totales autorizados de capturas (TAC) por especies y zonas de pesca, establecidos por consejos científicos, así como en las cuotas, que reparten los TAC entre los Estados miembros.

La política de conservación de los recursos pesqueros en las aguas comunitarias se basa en medidas técnicas cuyo objetivo es asegurar la protección de los recursos biológicos marinos y la explotación equilibrada de los recursos pesqueros en interés tanto de los pescadores como de los consumidores. La imposición de estas medidas se explica fundamentalmente por la voluntad de reducir las capturas de especies juveniles y asegurar la renovación de las poblaciones.

b. La política estructural en favor de la pesca.

Pretende adaptar la capacidad de la flota pesquera a los recursos disponibles y facilitar la modernización de los barcos así como de la pesca en general. En la Agenda 2000, se introducen nuevas orientaciones relativas a la modificación de la política estructural de la pesca, entre ellas, la integración de los problemas estructurales de las zonas que dependen de la pesca en el nuevo objetivo 2 de los Fondos Estructurales y la no renovación de la iniciativa PESCA.

c. La organización común de mercados

En el sector de los productos de la pesca y la acuicultura, la organización común de mercados forma parte de la PCP desde 1970. La Comisión presentó ante el Consejo un nuevo Reglamento relativo a la organización común de mercados en este sector con objeto de permitir una contribución de la OCM al principio de gestión responsable de los recursos. Uno de los objetivos principales de la reforma de la OCM es favorecer un mejor equilibrio entre la oferta y la demanda en el mercado evitando, al mismo tiempo, la destrucción y, por lo tanto, el despilfarro de recursos naturales limitados. En cuanto al ámbito arancelario, las medidas propuestas por la Comisión se refieren a la mejora de la competitividad de la industria de la transformación en el contexto internacional, así como a asegurar el aprovisionamiento de materias primas (es decir, la UE es uno de los principales mercados mundiales de productos de la pesca e importa casi un 60% de lo que consume).

d. Las relaciones internacionales en materia de pesca.

Constituyen la parte más dinámica de la PCP y han ido ganando puntos a medida que los recursos internos disminuían. Se componen de dos grandes capítulos:

la conclusión de los acuerdos de pesca como consecuencia del establecimiento de las zonas económicas exclusivas (ZEE) proclamadas por numerosos terceros países, la participación de la UE en calidad de miembro u observador en diversos convenios internacionales que tienen por objeto asegurar la explotación racional de los recursos más allá de las ZEE, es decir, en alta mar.

e. La política de control e inspección.

Pretende asegurar el cumplimiento de las disposiciones reglamentarias en materia de pesca. De acuerdo con el esfuerzo por garantizar unos recursos pesqueros duraderos. El Reglamento de base 3760/92 prevé "una explotación racional y responsable de los recursos acuáticos vivos y de la acuicultura, reconociendo los intereses que el sector pesquero tiene en su desarrollo a largo plazo y sus condiciones socioeconómicas, así como el interés de los consumidores teniendo en cuenta las limitaciones biológicas y el debido respeto del ecosistema marino."

Para ello, la solución preconizada es la reducción de la flota comunitaria acompañada por medidas estructurales que atenúen las consecuencias sociales. Se introduce un nuevo concepto de "esfuerzo pesquero" a fin de restablecer y mantener el equilibrio entre los recursos accesibles disponibles y las actividades de la pesca. El acceso a los recursos debería regularse más eficazmente mediante la introducción progresiva de licencias para los pescadores a fin de reducir el exceso de capacidad.

Los objetivos fundamentales previstos por la política de conservación y gestión de los recursos pesqueros se han traducido fundamentalmente en la adopción de los siguientes principios:

1. Estabilidad relativa

A largo plazo, el esfuerzo pesquero debe ser globalmente estable, habida cuenta de las preferencias que deben mantenerse a favor de las actividades pesqueras tradicionales y de las regiones más dependientes de la pesca. Denominadas "preferencias de La Haya" (por el Consejo de Asuntos Exteriores que las formuló en noviembre de 1976), éstas consisten en compensar las pérdidas de capturas en las aguas de terceros países debido a la instauración de zonas económicas exclusivas al final de la década de los setenta.

2. Conservación de recursos

Entraña la limitación de la capacidad pesquera de conformidad con las posibilidades de captura.

El principal objetivo de la política estructural de le pesca es adaptar la capacidad de la flota a las posibilidades de pesca existentes a fin de poner fin a la explotación excesiva de los recursos. Para alcanzar dicho objetivo general se intenta modernizar la flota de pesca y hacerla competitiva mediante la supresión de las capacidades excedentarias y orientando al sector hacia el mantenimiento y el desarrollo integral de las zonas costeras extremadamente dependientes de la pesca.

Instrumentos

a. Los programas de orientación plurianuales (POP)

Los POP constituyen el elemento clave de la política estructural. Se definen como un conjunto de objetivos, acompañados de las medidas necesarias para su realización, que permiten orientar los esfuerzos pesqueros con una perspectiva global sostenible.

En este contexto, se ha solicitado a los Estados miembros que establezcan programas para seguir la evolución de su flota en los próximos cuatro o cinco años. Así, los objetivos se han fijado según la flota de cada Estado en términos de capacidad de pesca (es decir, el tonelaje del buque y la potencia del motor) y de esfuerzo de pesca (que se calcula multiplicando la capacidad por el número de días que transcurren en la mar).

b. El Fondo Europeo Marítimo y de Pesca (FEMP).

- Objetivos:

- contribuir a la consecución de un equilibrio sostenible entre los recursos y su explotación,
- favorecer el desarrollo de empresas económicamente viables en el sector pesquero,
- mejorar el abastecimiento del mercado y aumentar el valor añadido de los productos de la pesca y de la acuicultura gracias a un cambio en los procesos de transformación,
- contribuir a la revitalización de los sectores que dependen de la pesca y la acuicultura.

POLITICA EXTERIOR Y DE SEGURIDAD COMÚN.

Conocida también como el segundo pilar sobre el que se fundamenta la Unión Europea, la PESC constituye una de las dos estructuras de cooperación intergubernamental creadas por el Tratado de Maastricht (el tercer pilar estaba constituido por la Cooperación en los Asuntos de Justicia e Interior que, tras la reforma de Amsterdam, ha pasado a denominarse Cooperación Policial y Judicial en materia penal).

Tras los proyectos fracasados de establecer una Comunidad Europea de Defensa (1952) y una Comunidad Política Europea (1953), habrá que esperar hasta el Consejo de Jefes de Estado y de Gobierno celebrado en La Haya en 1969, donde se encargó a los Ministros de Asuntos Exteriores la elaboración de un informe sobre unificación política -el Informe Luxemburgo de 1970- que dará lugar al nacimiento oficial de la Cooperación Política Europea. Los Informes de Copenhague (1973), de Londres (1981) y la Declaración Solemne sobre la Unión Europea de Stuttgart. (1983) van a ir configurando esta cooperación en materia de política exterior que va a quedar formalizada jurídicamente con el Acta Única Europea (art. 30). Con el Tratado de Maastricht se da un nuevo paso adelante: la Cooperación Política Europea se transforma en la Política Exterior y de Seguridad Común que se va a desarrollar dentro del marco institucional único.

La PESC, que aparece recogida en los artículos 11 a 28 del T.U.E., tiene como objetivos:
- La defensa de los valores comunes, los intereses fundamentales y la independencia e integridad de la Unión conforme a los principios de la Carta de las Naciones Unidas.
- El fortalecimiento de la seguridad de la Unión.
- El mantenimiento de la paz y el fortalecimiento de la seguridad internacional.
- El fomento de la cooperación internacional.
- El desarrollo y consolidación de la democracia, el Estado de Derecho y el respeto de los derechos humanos.

El Consejo Europeo, que actúa como suprema instancia en materia de PESC, desarrolla importantes competencias que tienen como finalidad velar por la unidad, la coherencia y la eficacia en este campo. Por un lado, define los principios y orientaciones generales de la PESC, requisito previo para que el Consejo de la Unión pueda adoptar posteriormente las decisiones necesarias para definir y ejecutar la PESC. Por otro, el Consejo Europeo determina las estrategias comunes en los ámbitos de interés común para los Estados miembros y que el Consejo de la Unión tiene que aplicar a través de las acciones y posiciones comunes.

El Consejo de la Unión es la pieza clave en torno a la cual se desarrolla todo el sistema PESC pues se configura como el marco donde los Estados se informan y consultan mutuamente sobre cualquier cuestión de política exterior y de defensa y donde se adoptan las acciones comunes y posiciones comunes. Dentro del Consejo de la Unión, la Presidencia viene a jugar un papel importante pues asume la representación de la Unión en materia de política exterior, ejecuta las acciones comunes, expresa la posición de la Unión en las Organizaciones Internacionales y en las Conferencias intergubernamentales y, con la autorización del Consejo, entabla negociaciones para adoptar acuerdos con terceros. En estas funciones, la Presidencia cuenta con la ayuda del Secretario General del Consejo -que ejerce las funciones de Alto Representante de la PESC-, de la Comisión Europea que está plenamente asociada a las tareas de la presidencia y del Estado miembro que vaya a desempeñar la siguiente presidencia.

La Comisión, además de estar plenamente asociada a los trabajos que se desarrollan en el ámbito PESC y de estar obligada a mantener informado al Parlamento Europeo, tiene competencia para plantear al Consejo cualquier cuestión en la materia y presentar propuestas al respecto.

En el ámbito PESC, el Parlamento Europeo tiene un poder de influencia realmente pequeño pues sólo puede dirigir preguntas y formular recomendaciones al Consejo y realizar un debate anual sobre los avances conseguidos. La Presidencia tiene que consultar al Parlamento sobre las cuestiones principales en materia de PESC velando porque sus opiniones se tengan debidamente en cuenta. Además, tanto la Presidencia como la Comisión tienen que mantenerle regularmente informado sobre los avances que se producen en este campo.

Una de las novedades introducidas por el Tratado de Amsterdam ha sido el establecimiento de la figura de Alto Representante de la PESC que tiene como misión asistir al Consejo, preparar y poner en práctica las decisiones políticas y, por último, dirigir el diálogo político con terceras partes cuando así proceda en nombre del Consejo y a petición de la Presidencia. Además, va a dirigir la Unidad de Planificación de Políticas y de Alerta Rápida que analizará el desarrollo de acontecimientos en la esfera internacional y sus consecuencias para la Unión.

El Consejo de la Unión, sobre la base de las estrategias comunes definidas por el Consejo Europeo, configura las acciones y las posiciones comunes. Las posiciones comunes definen el enfoque de la Unión sobre un asunto concreto de carácter geográfico o temático. Los Estados miembros se comprometen a que su política exterior nacional sea conforme a estas posiciones comunes. Las acciones comunes son más importantes pues vinculan jurídicamente a los Estados y se refieren a situaciones concretas en las que se considera necesario una acción operativa de la Unión (por este motivo, tienen que fijar sus objetivos, medios, condiciones de su ejecución y su duración). A pesar de su carácter vinculante, pueden producirse excepciones, por ejemplo, en el caso de que un Estado tenga dificultades importantes para aplicar una acción común. En este caso, hay que solicitar al Consejo que delibere al respecto y busque una solución que en ningún caso podrá ir en contra de los objetivos de la acción o mermar su eficacia. También en caso de imperiosa necesidad derivada de la evolución de la situación y a falta de una decisión del Consejo al respecto, los Estados podrán adoptar medidas de carácter urgente que tengan en cuenta los objetivos de la acción común informando inmediatamente al Consejo.

En el ámbito PESC, la regla general para la adopción de decisiones es la unanimidad (las abstenciones no impiden la adopción de decisiones por unanimidad). Como novedad del Tratado de Amsterdam, se ha introducido la posibilidad de que el Estado que vaya a abstenerse, acompañe su abstención de una declaración formal que le eximirá de quedar vinculado por la decisión que finalmente se adopte (abstención constructiva). Como excepción a la regla de la unanimidad, las acciones comunes, posiciones comunes o cualquier otra decisión basada en una estrategia común, así como para las decisiones de aplicación de una acción común o de una posición común, van a poderse adoptar por mayoría cualificada (aunque se trata de una mayoría reforzada que requiere sesenta y dos votos que representen el voto favorable de al menos diez Estados miembros en el Consejo). De todas maneras, si un Estado manifiesta su intención de oponerse a la adopción de una decisión por mayoría cualificada debido a motivos importantes de su política nacional, el Consejo puede decidir, también por mayoría cualificada reforzada, que el asunto se remita al Consejo Europeo para que éste decida por unanimidad. Para las cuestiones de procedimiento, el Consejo adoptará la decisión por mayoría de sus miembros.

Además de una política exterior, el segundo pilar de la Unión tiene como objetivo de futuro la definición de una política de defensa común que podría llegar a transformarse, si así lo decidiera el Consejo, en una defensa común (en este caso, los Estados tendrían que adoptar dicha decisión conforme a sus respectivas normas constitucionales). En el campo de la defensa, la Unión Europea Occidental se convierte en parte integrante de la Unión proporcionándole la capacidad operativa necesaria para la realización de las misiones Petersberg que consisten en misiones de carácter humanitario y de rescate, misiones de mantenimiento de la paz y misiones en las que intervengan fuerzas de combate para la gestión de crisis incluidas las misiones de restablecimiento de la paz. Además, se recurre a la U.E.O para que elabore y ejecute las acciones y decisiones de la Unión que tengan repercusión en el ámbito de la defensa. El Tratado también prevé la posibilidad de una futura integración de la U.E.O en la Unión si así llegara a decidirlo el Consejo Europeo que tendría que recomendar a los Estados miembros la adopción de dicha decisión conforme a sus respectivas normas constitucionales (en este camino de fomento de unas relaciones institucionales más estrechas con la U.E.O, se ha adoptado la Decisión del Consejo 1999/404/PESC sobre los Acuerdos de Cooperación más intensa entre la Unión Europea y la U.E.O). De todas maneras, se garantiza que el desarrollo de una política de defensa común no afectará a la política de defensa y seguridad de determinados países (cuatro de los quince Estados miembros -Austria, Finlandia, Suecia e Irlanda- practican una política de neutralidad que dificulta la puesta en marcha de una política de defensa común) así como a las obligaciones derivadas del Tratado del Atlántico Norte para aquellos Estados miembros partidarios de seguir incluyendo su política de defensa dentro de la OTAN. Por último, se prevé la posibilidad de cooperaciones reforzadas entre dos o más Estados miembros a nivel bilateral o en el marco de la U.E.O o de la OTAN siempre que no contravenga ni dificulte la política que se está intentando poner en marcha en el segundo pilar de la Unión.

OTRAS POLÍTICAS COMUNES.

⇨ *Política de desarrollo* (para países en desarrollo y del tercer mundo) combina acuerdos regionales y acciones mundiales. Será complementaria de las llevadas a cabo por los estados miembros, y favorecerá el desarrollo económico y social duradero de los países en desarrollo y, particularmente, de los más desfavorecidos; la inserción armoniosa y progresiva de los países en desarrollo en la economía mundial; la lucha contra la pobreza en los países en desarrollo. Contribuirá al objetivo general de desarrollo y consolidación de la democracia y del Estado de derecho, así como al objetivo de respeto de los derechos humanos y de las libertades fundamentales.

⇨ *Política industrial*, trata sobre medidas específicas que han de dictarse en ciertos sectores industriales y sobre los créditos comunitarios previstos para este concepto. Con ello se persigue el fortalecimiento del mercado interior, la asunción de las necesidades industriales en la política de investigación, la potenciación de la sociedad de la información y el fomento de la cooperación industrial.

⇨ *Política de competencia* (antimonopolio) tiene por objeto impedir toda obstaculización, limitación o falseamiento de la competencia en caso de que la distorsión de la competencia pueda afectar al comercio entre los Estado miembros.

⇨ *Política de medio ambiente*: limitar y evitar las consecuencias negativas del desarrollo económico o compensarlas mediante medidas de restauración. Tiene como objetivos la conservación, la protección y la mejora de la calidad del medio ambiente; la protección de la salud de las personas, la utilización prudente y racional de los recursos naturales; el fomento de medidas a escala internacional destinadas a hacer frente a los problemas regionales o mundiales del medio ambiente.

⇨ *Política de transportes*, persigue eliminar todas las discriminaciones y disparidades existentes en materia de política de transportes a nivel nacional, que entorpecen el funcionamiento del mercado común y crear en el propio sector un mercado común de servicios relacionados con el transporte.

⇨ *Política de investigación y tecnología*, tiene por objeto el desarrollo de una política científica y tecnológica común en ámbitos importantes (nuevas tecnologías, energía, medio ambiente, materias primas...) y coordinar las políticas nacionales o las actividades de investigación a nivel de la Comunidad.

⇨ *Política energética*, busca fomentar y conseguir un proceso de reestructuración en materia de política energética, orientado a aumentar el ahorro de energía y a conseguir un aprovechamiento racional.

⇨ *Política de protección de los consumidores*, reconoce a los consumidores derechos a la protección en materia de salud y seguridad, a la protección de los intereses económicos, a la reparación de los daños, a la información y a la educación, y derecho de representación.

⇨ *Política de armonización fiscal*, se trata de conseguir la neutralidad económica de los impuestos nacionales mediante la correspondiente armonización o unificación comunitaria de los diferentes impuestos. Ningún Estado miembro gravará directa o indirectamente los productos de los demás estados miembros con tributos internos, cualquiera que sea su naturaleza, superiores a los que graven directa o indirectamente los productos nacionales similares.

LA REPRESENTACIÓN DE LA JUNTA DE ANDALUCÍA ANTE LA UNIÓN EUROPEA.

Dentro de la estructura de la Consejería de Presidencia está la Secretaría General de Acción Exterior. Se creó por medio del Decreto 164/1995 la Delegación de la Junta de Andalucía en Bruselas para desarrollar su actividad en cooperación con la representación permanente de España ante la Unión Europea.

Sus funciones son:

☛ Seguimiento del proceso normativo en relación con aquellas iniciativas de la Unión Europea que afecten a las competencias o a los intereses de la comunidad andaluza.

☛ Apoyo a los intereses socio-económicos, sectoriales y profesionales de Andalucía.

☛ Promoción de encuentros entre administración autónoma y los agentes socio-económicos de las instituciones comunitarias (coordinación de las relaciones y contactos).

☛ Colaborar con la promoción exterior de la comunidad autónoma andaluza.

☛ Seguimiento de los trabajos del Comité de las Regiones.

☛ Cooperar con la representación permanente de España y con las oficinas de otras Comunidades Autónomas de España instaladas en Bruselas.

☛ Asesoramiento e información en relación con las políticas y programas comunitarios de cooperación para el desarrollo.

☛ Otras que se le deleguen.

La Consejería de Presidencia podrá convocar becas de formación en materia comunitarias y de cooperación internacional para el desarrollo de períodos de formación en la Delegación de la Junta de Andalucía en Bruselas. También podrá suscribir convenios de colaboración con entes y empresas de la Junta de Andalucía.

Al Delegado de la Junta de Andalucía en Bruselas le corresponde:

- Representar a la Junta de Andalucía ante las instituciones de la Unión Europea.
- Ejercer la dirección de los servicios de la Delegación.
- Velar por el cumplimiento del ordenamiento jurídico en lo que atañe a su ámbito funcional.
- Cuantas otras funciones le sean encomendadas por la Consejería de Presidencia.

EL DERECHO COMUNITARIO Y SUS DISTINTAS FUENTES.

El derecho comunitario está formado por las distintas normas jurídicas y autónomas creadas en el seno de las Comunidades Europeas y constituyen la manifestación más relevante del carácter supranacional de la comunidad. Está compuesto por dos tipos de normas:

Derecho originario o primario: constituido por los tratados constitutivos de las comunidades y aquellos que posteriormente los han completado o modificado. Establece los procedimientos para la adopción de decisiones de las instituciones comunitarias, concede derechos e impone obligaciones tanto a los estados miembros como a personas físicas o jurídicas, articula un sistema completo de protección jurídica, establece las relaciones entre las Comunidades y los estados miembros, regula la responsabilidad de los estados miembros por perjuicios causados a los ciudadanos de la unión.

Derecho derivado: formado por los actos normativos de las instituciones comunitarias.

Ambos derechos prevalecen sobre las normas internas de los estados miembros. Hay que añadir los acuerdos internacionales de asociación y cooperación firmados con terceros países y el conjunto de realizaciones, principios, prácticas y usos no escritos.

El derecho comunitario, tiene una serie de características:

→ Es un derecho autónomo, se fundamenta en el principio de integración no en el de cooperación.

→ También es autónomo respecto del derecho nacional, ya que deriva de las transferencias de los estados miembros a favor de la comunidad.

→ Se trata de un verdadero ordenamiento jurídico.

→ Consiste en la cesión institucional e irreversible por parte de los estados miembros, de determinadas parcelas de su soberanía a una entidad supranacional de nueva creación.

→ El ordenamiento comunitario se configura como un todo encaminado a facilitar el proceso de integración europea (unidad funcional).

El derecho comunitario, en su relación con los ordenamientos nacionales de los países miembros, tiene tres características básicas:

1. Su aplicabilidad inmediata.
2. Su efecto directo.
3. Su supremacía.

Tanto los estados miembros como los ciudadanos están sujetos al derecho comunitario. Todas las normas de los tratados constitutivos pueden ser directamente aplicables a los ciudadanos siempre que estén formuladas sin condiciones, sean completas en sí mismas y no precisen para su cumplimiento o eficacia de otros actos de los estados miembros o de las instituciones comunitarias.

En el derecho derivado tenemos a los reglamentos que son de aplicabilidad directa, las decisiones individuales que también se aplican directamente. Respecto a las directivas y decisiones dirigidas a estados, se puede exigir la aplicación directa siempre que se cumplan que determinen el derecho de forma clara y precisa, que dicho derecho no esté vinculado a ninguna otra condición u obligación, que no quepa competencia alguna al legislador nacional, y que haya expirado el plazo para la transposición de la directiva o decisión.

TIPOLOGÍA DE FUENTES.

Los tratados determinan el campo de aplicación del derecho comunitario en el tiempo y en el espacio. Atribuyen competencias a las instituciones y enuncian sus principios y procedimientos que deben respetar. Dos grandes tipos de fuentes:

a) Derecho primario u originario:

❖ Tratados constitutivos:
  ➢ Tratado de París (18/04/1951, 23/07/1952, CECA).
  ➢ Tratado de Roma (27/03/1957, 01/01/1958, CEE y EURATOM).
  ➢ Tratado Unión Europea (Maastrich-07/02/1992, 01/11/1993).
❖ Tratados modificativos.
  ➢ Convenio de Roma (1967) unificación Asamblea y Tribunal de Justicia.
  ➢ Tratado de Bruselas (08/04/1965, 01/07/1967) fusión de ejecutivos (Consejo y Comisión).
  ➢ Tratado presupuestario de Luxemburgo (1970).
  ➢ Tratado adhesión de Gran Bretaña, Irlanda y Dinamarca (1972).
  ➢ Decisión Consejo (1976) elección sufragio universal directo para componentes del Parlamento.
  ➢ Tratado adhesión de Grecia (1981).
  ➢ Tratado adhesión de España y Portugal (1985).
  ➢ Acta Única Europea (17-28/02/1986, 01/07/1987).
  ➢ Tratado adhesión de Suecia, Austria y Finlandia (1994).
  ➢ Tratado de Amsterdam (02/10/1997, 01/05/1999).
  ➢ Tratado de Niza (26/02/2001).
  ➢ Tratado de adhesión de la República Checa, de Estonia, de Chipre, de Letonia, de Lituania, de Hungría, de Malta, de Polonia, de Eslovenia y de Eslovaquia (2003).
  ➢ Tratado de Roma Constitución Europea (29/10/2004, pendiente entrada en vigor).
  ➢ Tratado de adhesión de la República Bulgaria y de Rumanía (2005).
  ➢ Tratado de Lisboa (13/12/2007)
  ➢ Tratado de adhesión de Croacia (2013)
  Derecho secundario o derivado.
  Formado por normas que surgen de las instituciones comunitarias dotadas de poder legislativo: la Comisión, el Consejo y el Parlamento.
  El reglamento: es un acto normativo de carácter general, obligatorio en todos sus elementos y directamente aplicable en los estados miembros. Son normas de carácter obligatorio y constituyen los actos jurídicos más completos y eficaces, con ellos, las instituciones adquieren potestad legislativa directa sobre los ciudadanos comunitarios.
  Las directivas: normas que vinculan al Estado miembro al que se destina en lo referente al resultado que se ha de conseguir y deja al país destinatario la facultad de escoger la forma y los medios. No es una norma de alcance o eficacia general. Surte efecto cuando se notifica al Estado destinatario y se publica en el DOCE a efectos de información. Es obligatoria en cuanto a los resultados y finalidades no en cuanto a los medios.
  No es aplicable directamente en los estados miembros. La directiva señala el plazo en el que las autoridades deberán llevar a cabo su transposición al ordenamiento interno. Aunque existe la posibilidad de que genere derechos individuales (caso de no aplicarse y la directiva sea lo suficientemente clara y precisa).
  Las decisiones: son disposiciones jurídicas análogas al acto administrativo, obligatorias en todos sus elementos para el destinatario o destinatarios de éstas. Es un acto, no una norma, no tiene un alcance general. Para su entrada en vigor se ha de notificar a los destinatarios (se publica a efectos de información), no se requiere legislación nacional aplicable.
  Las recomendaciones: No son vinculantes. Tanto el Consejo como la Comisión pueden adoptarlas. Se pueden considerar como una invitación de las instituciones comunitarias a los estados miembros para que actúen en un determinado sentido acerca de materias concretas. Es un instrumento de acción indirecta para armonizar legislaciones.
  Los dictámenes: son una manifestación de opinión o juicio sobre una cuestión que le es consultada a una institución comunitaria. Tienen carácter no vinculante.
  Las resoluciones, declaraciones y programas de Acción, no están establecidas en los tratados, son formas de acción que parten de las instituciones. En las resoluciones se expresan determinadas opiniones sobre casos concretos. Las declaraciones son la expresión de opinión de una institución sobre determinadas materias. Los programas de acción son elaborados por el Consejo o la Comisión y sirven para concretar los programas legislativos y los objetivos generales a tratar.
  Otras fuentes.

Las Comunidades Europeas están sometidas al **derecho internacional** general. Los **acuerdos internacionales** celebrados por la Comunidad Europea con terceros países o con organizaciones internacionales.

La **jurisprudencia del Tribunal de Justicia de la Comunidad Europea**, que tiene el monopolio de la interpretación auténtica del derecho comunitario.

Existen tres procedimientos para la creación de las normas comunitarias:

Procedimiento de consulta: que sólo se aplicará en los casos no sometidos expresamente a los procedimientos de codecisión o cooperación.

Procedimiento de cooperación: se aplica fundamentalmente en el ámbito de la unión económica y monetaria. Introducen una segunda lectura en el Parlamento y en el Consejo.

Procedimiento de codecisión: es el procedimiento más importante, introduce el comité de conciliación como última opción de conseguir la aprobación de la norma después de una segunda lectura.

"Los estados miembros adoptarán todas las medidas generales o particulares apropiadas para asegurar el cumplimiento de las obligaciones derivadas del presente tratado o resultante de los actos de las instituciones de la comunidad (...), los estados miembros se abstendrán de todas aquellas medidas que puedan poner en peligro la realización de los fines del presente tratado".

La integración en la comunidad supone la aceptación de un ordenamiento jurídico distinto al de los estados miembros. Estos pierden competencias que traspasan a los órganos comunitarios y están obligados a aplicar el derecho comunitario.

La integración implica la cualidad de Estado miembro. La forma en que las normas de la comunidad se hacen efectivas en el territorio comunitario requiere normalmente la colaboración de los estados miembros, tanto con la promulgación de normas como con la adopción de actos administrativos.

TUE: "para la coherencia y la unidad del proceso de construcción europea, es esencial que todos los estados miembros traspongan íntegra y fielmente a su derecho nacional las directivas comunitarias de las que sean destinatarios dentro de los plazos dispuestos por las mismas". "Corresponde a cada Estado determinar la mejor forma de aplicar las disposiciones del derecho comunitario".

La Comisión es la encargada de velar por el cumplimiento de las obligaciones de los Estado miembros. Los tribunales nacionales son los jueces del derecho comunitario, son ellos quienes los aplican en los conflictos concretos.

Las disposiciones comunitarias son de aplicación preferente por encima de cualquier norma estatal anterior o posterior a las mismas. El juez nacional debe limitarse a conocer el derecho comunitario y sus características según su forma y contenido y aplicarlo inmediatamente o por intermedio de las normas nacionales de desarrollo.

La cuestión prejudicial pone al juez en contacto con el Tribunal de Justicia de la Comunidad Europea quien precisará los extremos sometidos a su consideración por la jurisdicción ordinaria.

Nuestro ordenamiento jurídico no ofrece prácticamente ninguna resistencia a la aplicación por los tribunales del derecho comunitario. La propia Constitución contempla la admisión de que el Estado pueda ser parte de tratados que impliquen la transferencia de competencias derivadas de la Constitución Española. Asimismo contiene un mandato constitucional dirigido a las autoridades estatales a la que se les encomienda garantizar el cumplimiento tanto del derecho originario como del derecho derivado (Art. 93 CE).

TEMA 5

LA COMUNIDAD AUTÓNOMA DE ANDALUCÍA: ANTECEDENTES HISTÓRICO-CULTURALES. EL ESTATUTO DE AUTONOMÍA PARA ANDALUCÍA: FUNDAMENTO, ESTRUCTURA Y CONTENIDO BÁSICO. COMPETENCIAS DE LA COMUNIDAD AUTÓNOMA. REFORMA DEL ESTATUTO.

LA COMUNIDAD AUTÓNOMA DE ANDALUCÍA: ANTECEDENTES HISTÓRICO-CULTURALES.

El sentimiento nacionalista andaluz se remonta al federalismo republicano del siglo XIX.

1833 - Congreso de Antequera: se llegó a formular la Constitución federalista de Andalucía.

1869 - Republicanos y liberales firman el pacto federal de Córdoba.

1873 - Asamblea de Antequera: primera Constitución de Andalucía.

1918 - Se celebra el Congreso andaluz de Ronda, Blas Infante es protagonista del movimiento autonómico andaluz. Se formulan las aspiraciones autonómicas de Antequera y se adoptan los símbolos de Andalucía.

1933 - Asamblea regional de Córdoba: se aprueba el anteproyecto de bases para el Estatuto de Autonomía para Andalucía, con apoyo de las diputaciones y la mayoría de los ayuntamientos.

11-8-1936 - Blas Infante fue fusilado.

Tras las primeras elecciones democráticas (1977) Andalucía accedió a un régimen de preautonomía (RDL 11/1978) con un bajo nivel de transferencias.

El primer texto que plasma la voluntad política de que Andalucía se constituya como entidad política con capacidad de autogobierno es la Constitución Federal Andaluza, redactada en Antequera en 1883. En la Asamblea de Ronda de 1918 fueron aprobados la bandera y el escudo andaluces.

Durante la II República el movimiento autonomista cobra un nuevo impulso. En 1933 las Juntas Liberalistas de Andalucía aprueban el himno andaluz, se forma en Sevilla la Pro-Junta Regional Andaluza y se proyecta un Estatuto. Tres años más tarde, la Guerra Civil rompe el camino de la autonomía al imposibilitar la tramitación parlamentaria de un Estatuto ya en ciernes.

Esta vocación de las Juntas Liberalistas lideradas por Blas Infante por la consecución del autogobierno, por alcanzar una Andalucía libre y solidaria en el marco de la unidad de los pueblos de España, por reivindicar el derecho a la autonomía y la posibilidad de decidir su futuro, emergió años más tarde con más fuerza y respaldo popular.

Las manifestaciones multitudinarias del 4 de diciembre de 1977 y el referéndum de 28 de febrero de 1980 expresaron la voluntad del pueblo andaluz de situarse en la vanguardia de las aspiraciones de autogobierno de máximo nivel en el conjunto de los pueblos de España. Desde Andalucía se dio un ejemplo extraordinario de unidad a la hora de expresar una voluntad inequívoca por la autonomía plena frente a los que no aceptaban que fuéramos una nacionalidad en el mismo plano que las que se acogían al artículo 151 de la Constitución.

Andalucía ha sido la única Comunidad que ha tenido una fuente de legitimidad específica en su vía de acceso a la autonomía, expresada en las urnas mediante referéndum, lo que le otorga una identidad propia y una posición incontestable en la configuración territorial del Estado.

El Manifiesto andalucista de Córdoba describió a Andalucía como realidad nacional en 1919, cuyo espíritu los andaluces encauzaron plenamente a través del proceso de autogobierno recogido en nuestra Carta Magna. En 1978 los andaluces dieron un amplio respaldo al consenso constitucional. Hoy, la Constitución, en su artículo 2, reconoce a Andalucía como una nacionalidad en el marco de la unidad indisoluble de la nación española.

EL ESTATUTO DE AUTONOMÍA PARA ANDALUCÍA: FUNDAMENTO, ESTRUCTURA Y CONTENIDO BÁSICO.

Fundamento.

El artículo 147 de la Constitución Española de 1978 establece que:

Dentro de los términos de la presente Constitución, los Estatutos serán la norma institucional básica de cada Comunidad Autónoma y el Estado los reconocerá y amparará como parte integrante de su ordenamiento jurídico.

Los Estatutos de autonomía deberán contener:

a) La denominación de la Comunidad que mejor corresponda a su identidad histórica.

b) La delimitación de su territorio

c) La denominación, organización y sede de las instituciones autónomas propias.

d) Las competencias asumidas dentro del marco establecido en la Constitución y las bases para el traspaso de los servicios correspondientes a las mismas.

La reforma de los Estatutos se ajustará al procedimiento establecido en los mismos y requerirá, en todo caso, la aprobación por las Cortes Generales, mediante ley orgánica.

Las Comunidades autónomas gozan de verdadera autonomía política como advierte el Tribunal Constitucional en su sentencia 25/1981. La existencia de una pluralidad de centros de producción legislativa (Estado y Comunidades Autónomas) constituye, sin duda alguna, la principal innovación de nuestra Carta Fundamental en cuanto al sistema de fuentes del Derecho se refiere. Ante ello ha de quedar claro que las normas emanadas de uno y otro centro conforman un único ordenamiento jurídico. Es decir, no existen dos ordenamientos jurídicos aislados, el estatal y el de las Comunidades Autónomas, sino un único ordenamiento; de ahí que, el derecho propio de la Comunidad autónoma no constituye un ordenamiento jurídico independiente, sino un conjunto de normas propias de esa Comunidad, que se integran en el ordenamiento jurídico español. Por lo tanto, nos encontramos ante dos subordenamientos, el estatal y el autonómico, siendo el Estatuto de Autonomía la norma que, por excelencia, los relaciona.

El Estatuto de Autonomía constituye la norma que engarza el ordenamiento estatal y el autonómico pues goza de una naturaleza que podríamos denominar híbrida ya que, por una parte es, de acuerdo con el artículo 147.1 de la Constitución, la norma institucional básica de la Comunidad y, por otra, al ser aprobado por ley orgánica forma parte del ordenamiento estatal.

A pesar de esta caracterización como norma institucional básica, -lo que ha llevado a algunos autores a tildarla de Constitución de la Comunidad Autónoma-, el Estatuto no es una Constitución en el sentido propio del término, pues no nace de un poder constituyente originario, -del que carecían los territorios que se constituyeron en Comunidades Autónomas-, sino que debe su existencia a su reconocimiento por el Estado. Así lo pone de manifiesto el Tribunal Constitucional en su sentencia 4/1981, al advertir que el Estatuto de Autonomía no es expresión de soberanía sino de autonomía, que hace referencia a un poder limitado. En efecto, autonomía no es soberanía y dado que cada organización territorial dotada de autonomía es una parte del todo, en ningún caso el principio de autonomía puede oponerse al de unidad, sino que es precisamente dentro de éste donde alcanza su verdadero sentido, como expresa el art. 2 CE.

Por ello, el Estatuto de Autonomía conforme al artículo 147. 1 de la Constitución es la norma institucional básica dentro de los términos de la presente Constitución. En este sentido se manifiesta el Tribunal Constitucional en su sentencia 18/1982, al afirmar que "el Estatuto de Autonomía, al igual que el resto del ordenamiento jurídico, debe ser interpretado siempre de conformidad con la Constitución y que, por ello, los marcos competenciales que la Constitución establece no agotan su virtualidad en el momento de aprobación del Estatuto de Autonomía, sino que continuarán siendo preceptos operativos en el momento de realizar la interpretación de los preceptos de éste a través de los cuales se realiza la asunción de competencias por la Comunidad Autónoma".

En cuanto a la naturaleza jurídica de los Estatutos de autonomía hay que indicar que se trata de una norma compleja que no cabe confundir con la Ley Orgánica que los aprueba. En efecto, conforme dispone el art. 81.1 de la Constitución, "son leyes orgánicas ... las que aprueban los Estatutos de autonomía...". El Estatuto de Autonomía se ha de elaborar siguiendo un procedimiento predeterminado, según los casos, en los arts. 146 y 151.2, para, posteriormente, ser aprobado por las Cortes Generales mediante Ley Orgánica. Por ello, en la formación del Estatuto de autonomía, como norma fundacional de la Comunidad Autónoma, -STC 76/1988-, debieron concurrir, cuando menos, dos voluntades: la de los representantes del pueblo de la Comunidad Autónoma a constituir (diputados y senadores, si se siguió la vía de acceso prevista en el art. 151, y, además diputados provinciales, si se optó por la vía del art. 143), y la del Estado, manifestada por la Cortes Generales al aprobar el Estatuto por Ley Orgánica. El Estado está ejerciendo, así, un acto de soberanía en consonancia con lo dispuesto en el art. 2 de la Constitución.

Pero es que, además, la iniciativa y el procedimiento de reforma de los Estatutos de autonomía pone de manifiesto que aquellos son algo más que una Ley Orgánica, toda vez que no pueden ser reformados como las Leyes Orgánicas, sino mediante los procedimientos en ellos previstos (art. 152.2 de la CE). Téngase en cuenta que, incluso en algunos supuestos, es necesario someter la reforma a referéndum entre los electores inscritos en los censos correspondientes (Estatutos de Comunidades autónomas que accedieron a la autonomía por la vía del art. 151 de la CE).

Nos encontramos, por tanto, ante una norma peculiar fundada en el principio de voluntariedad e inserta en el ordenamiento jurídico del Estado. En definitiva, con una norma expresión de la voluntad del pueblo de un territorio determinado, voluntad que se perfecciona con la de las Cortes Generales, máxima representación de la soberanía popular.

La posición del Estatuto de Autonomía con relación a las leyes autonómicas es de superioridad, tal como ha señalado el Tribunal Constitucional en su sentencia 36/1981. Es decir, la relación entre las leyes autonómicas y el Estatuto de Autonomía está marcada por el principio de jerarquía exclusivamente, de la misma manera que lo está la relación entre la Constitución y las leyes del Estado. El Estatuto de Autonomía es una norma superior tanto lógica como normativamente, en la media en que determina el órgano y el procedimiento a través del cual se aprobará una ley de la Comunidad Autónoma, así como las materias a las que puede extenderse la actividad del legislador autonómico.

Por RDL 11/1978 se concedió a Andalucía un régimen preautonómico, con un escaso nivel de transferencias.

La Junta preautonómica acordó promover la iniciativa autonómica por la vía del art. 151 (máximas competencias) a pesar de la oposición del gobierno central. El 95 % de los municipios y todas las diputaciones se adhirieron a la iniciativa autonómica.

Los insuficientes resultados del referéndum del 28-2-1980 al no alcanzarse la mayoría absoluta en la provincia de Almería, bloquearon el proceso autonómico.

Por medio de la reforma de la L.O. 12/80 que regula las modalidades de referéndum y una sustitución de la iniciativa autonómica en la provincia de Almería por ley de las Cortes Generales al amparo del artículo 144 CE se desbloqueó la situación.

"Previa solicitud de la mayoría de los diputados y Senadores de la provincia en la que no se ha obtenido la ratificación de la iniciativa, las Cortes podrán sustituir la iniciativa autonómica prevista en el art. 151, siempre que la mayoría absoluta se haya alcanzado en el conjunto del territorio que aspira a la autonomía".

El texto del anteproyecto de estatutos concluyó el 12-2-1981 y remitido por la asamblea de parlamentarios andaluces a la mesa del Congreso de los Diputados. El 20-10-1981 se sometió a referéndum de ratificación y fue aprobado por la mayoría de los electores. Fue ratificado por el Congreso de los Diputados el 17-12-1981 y por el Senado el 23-12-1981. Fue sancionado por el Rey el 30-12-1981 y publicado en el BOE el 11-1-1982 y en el BOJA el 11-2-1982 como la ley Orgánica 6/1981 del Estatuto de Autonomía para Andalucía (EA).

En junio de 2001, con ocasión del Debate del Estado de la Comunidad, el presidente de la Junta lanzaba la idea de reformar el Estatuto, para "impulsar un nuevo horizonte de autogobierno". En junio de 2004, el Parlamento andaluz acuerda crear la Ponencia de Reforma del Estatuto, de la que formarían parte 11 parlamentarios. Este órgano, además de elaborar una declaración conjunta, decide convocar a un amplio abanico de representantes sociales, económicos y culturales, además de expertos constitucionalistas, que expusieron en sede parlamentaria sus opiniones y propuestas sobre el proyecto.

El 16 de febrero de 2006 el pleno del Parlamento admite a trámite la proposición de Ley de Reforma del Estatuto. Entre sus principales novedades, se halla la creación de títulos correspondientes a Derechos Sociales, Deberes y Políticas Públicas, Organización Territorial, Medio Ambiente y Medios de Comunicación.

El 2 de mayo se celebra definitivamente el debate en el pleno del Parlamento andaluz, donde la proposición de Ley obtiene la mayoría necesaria. Tres días más tarde se presenta en el registro del Congreso de los Diputados la Propuesta de Reforma del Estatuto.

Tras la toma en consideración de la propuesta en la Cámara Baja, los grupos parlamentarios presentaron sus enmiendas al texto. El plazo concluyó el 5 de septiembre y en total se registraron 285 enmiendas.

En el Congreso de los Diputados los trámites se prolongaron durante casi dos meses. En primer lugar se constituyó la Ponencia del Congreso - compuesta por 11 diputados y por otros tantos parlamentarios andaluces -, que da el relevo a la Comisión Constitucional el 19 de octubre de 2006. Es en el seno de este órgano donde se alcanzan, tras intensos debates, el acuerdo definitivo en torno al texto.

El siguiente paso fue la aprobación, el 2 de noviembre de 2006, del Proyecto de Reforma por parte del pleno del Congreso. El apoyo fue casi unánime, ya que 306 de los 308 diputados presentes votaron a favor. El 20 de diciembre de 2006 el Senado aprobó, con el apoyo más amplio recibido hasta ahora por un texto de esta índole, la Reforma del Estatuto de Autonomía para Andalucía. El texto, tras su paso por el Senado, fue refrendado por los andaluces el 18 de febrero de 2007 y entró en vigor el día 20 de marzo de 2007, fecha en que fue publicado en el BOE como la Ley Orgánica 2/2007,de 19 de marzo, de reforma del Estatuto de Autonomía para Andalucía.

Estructura.
✓ Preámbulo.
✓ Título Preliminar (artículos 1-11).
✓ Título I. Derechos sociales, deberes y políticas públicas (artículos 12-41).
✓ Título II. Competencias de la Comunidad Autónoma (artículos 42-88).
✓ Título III. Organización territorial de la Comunidad Autónoma (artículos 89-98).
✓ Título IV. Organización institucional de la Comunidad Autónoma (artículos 99-139).
✓ Título V. El poder judicial en Andalucía (artículos 140-155).
✓ Título VI. Economía, empleo y hacienda (artículos 156-194).
✓ Titulo VII. Medio Ambiente (artículos 195-206).
✓ Título VIII. Medios de comunicación social (artículos 207-217).
✓ Título IX. Relaciones institucionales de la Comunidad Autónoma (artículos 218-247).
✓ Título X. Reforma del Estatuto (artículos 248-250).
✓ Disposiciones adicionales (5).
✓ Disposiciones transitorias (2).
✓ Disposición derogatoria.
✓ Disposiciones finales (3).

Contenido básico.

Andalucía, como nacionalidad histórica y en el ejercicio del derecho de autogobierno que reconoce la Constitución, se constituye en Comunidad Autónoma en el marco de la unidad de la nación española y conforme al artículo 2 de la Constitución.

El Estatuto de Autonomía propugna como valores superiores la libertad, la justicia, la igualdad y el pluralismo político para todos los andaluces, en un marco de igualdad y solidaridad con las demás Comunidades Autónomas de España.

Los poderes de la Comunidad Autónoma de Andalucía emanan de la Constitución y del pueblo andaluz, en los términos del presente Estatuto de Autonomía, que es su norma institucional básica.

La Unión Europea es ámbito de referencia de la Comunidad Autónoma, que asume sus valores y vela por el cumplimiento de sus objetivos y por el respeto de los derechos de los ciudadanos europeos.

El territorio de Andalucía comprende el de los municipios de las provincias de Almería, Cádiz, Córdoba, Granada, Huelva, Jaén, Málaga y Sevilla.

La bandera de Andalucía es la tradicional formada por tres franjas horizontales -verde, blanca y verde- de igual anchura, y escudo propio tal y como fueron aprobados en la Asamblea de Ronda de 1918. Andalucía tiene himno propio, aprobado por ley de su Parlamento, de acuerdo con lo publicado por la Junta Liberalista de Andalucía en 1933. El día de Andalucía es el 28 de Febrero. La protección que corresponde a los símbolos de Andalucía será la misma que corresponda a los demás símbolos del Estado.

La capital de Andalucía es la ciudad de Sevilla, sede del Parlamento, de la Presidencia de la Junta y del Consejo de Gobierno, sin perjuicio de que estas instituciones puedan celebrar sesiones en otros lugares de Andalucía de acuerdo con lo que establezcan, respectivamente, el Reglamento del Parlamento y la ley.

La sede del Tribunal Superior de Justicia es la ciudad de Granada, sin perjuicio de que algunas Salas puedan ubicarse en otras ciudades de la Comunidad Autónoma. Por ley del Parlamento andaluz se podrán establecer sedes de organismos o instituciones de la Comunidad Autónoma en distintas ciudades de Andalucía, salvo aquellas sedes establecidas en este Estatuto.

A los efectos del presente Estatuto, gozan de la condición política de andaluces los ciudadanos españoles que, de acuerdo con las leyes generales del Estado, tengan vecindad administrativa en cualquiera de los municipios de Andalucía. Como andaluces, gozan de los derechos políticos definidos en este Estatuto los ciudadanos españoles residentes en el extranjero que hayan tenido la última vecindad administrativa en Andalucía y acrediten esta condición en el correspondiente Consulado de España. Gozarán también de estos derechos sus descendientes inscritos como españoles, si así lo solicitan, en la forma que determine la ley del Estado. Dentro del marco constitucional, se establecerán los mecanismos adecuados para promover la participación de los ciudadanos extranjeros residentes en Andalucía.

Los andaluces en el exterior y las comunidades andaluzas asentadas fuera de Andalucía, como tales, tendrán derecho a participar en la vida del pueblo andaluz y a compartirla, en los términos que, en cada caso, establezcan las leyes. Asimismo, las citadas comunidades podrán solicitar el reconocimiento de la identidad andaluza, con los efectos que dispongan las leyes.

A efectos de fomentar y fortalecer los vínculos con los andaluces, así como con las comunidades andaluzas en el exterior, prestarles la asistencia y garantizarles el ejercicio y defensa de sus derechos e intereses, la Comunidad Autónoma podrá, según corresponda, formalizar acuerdos con las instituciones públicas y privadas de los territorios y países donde se encuentren, o instar del Estado la suscripción de tratados internacionales sobre estas materias.

Las leyes y normas emanadas de las instituciones de autogobierno de Andalucía tendrán eficacia en su territorio. Podrán tener eficacia extraterritorial cuando así se deduzca de su naturaleza y en el marco del ordenamiento constitucional.

El derecho propio de Andalucía está constituido por las leyes y normas reguladoras de las materias sobre las que la Comunidad Autónoma ostenta competencias.

Todas las personas en Andalucía gozan como mínimo de los derechos reconocidos en la Declaración Universal de Derechos Humanos y demás instrumentos europeos e internacionales de protección de los mismos ratificados por España, en particular en los Pactos Internacionales de Derechos Civiles y Políticos y de Derechos Económicos, Sociales y Culturales; en el Convenio Europeo para la Protección de los Derechos Humanos y de las Libertades Fundamentales y en la Carta Social Europea. La Comunidad Autónoma garantiza el pleno respeto a las minorías que residan en su territorio.

La Comunidad Autónoma de Andalucía promoverá las condiciones para que la libertad y la igualdad del individuo y de los grupos en que se integra sean reales y efectivas; removerá los obstáculos que impidan o dificulten su plenitud y fomentará la calidad de la democracia facilitando la participación de todos los andaluces en la vida política, económica, cultural y social. A tales efectos, adoptará todas las medidas de acción positiva que resulten necesarias.

La Comunidad Autónoma propiciará la efectiva igualdad del hombre y de la mujer andaluces, promoviendo la democracia paritaria y la plena incorporación de aquélla en la vida social, superando cualquier discriminación laboral, cultural, económica, política o social.

Para todo ello, la Comunidad Autónoma, en defensa del interés general, ejercerá sus poderes con los siguientes objetivos básicos:

1.   La consecución del pleno empleo estable y de calidad en todos los sectores de la producción, con singular incidencia en la salvaguarda de la seguridad y salud laboral, la conciliación de la vida familiar y laboral y la especial garantía de puestos de trabajo para las mujeres y las jóvenes generaciones de andaluces.

2.   El acceso de todos los andaluces a una educación permanente y de calidad que les permita su realización personal y social.

3.   El afianzamiento de la conciencia de identidad y de la cultura andaluza a través del conocimiento, investigación y difusión del patrimonio histórico, antropológico y lingüístico.

4.   La defensa, promoción, estudio y prestigio de la modalidad lingüística andaluza en todas sus variedades.

5.   El aprovechamiento y la potenciación de los recursos naturales y económicos de Andalucía bajo el principio de sostenibilidad, el impulso del conocimiento y del capital humano, la promoción de la inversión pública y privada, así como la justa redistribución de la riqueza y la renta.

6.   La creación de las condiciones indispensables para hacer posible el retorno de los andaluces en el exterior que lo deseen y para que contribuyan con su trabajo al bienestar colectivo del pueblo andaluz.

7.   La mejora de la calidad de vida de los andaluces, mediante la protección de la naturaleza y del medio ambiente, la adecuada gestión del agua y la solidaridad interterritorial en su uso y distribución, junto con el desarrollo de los equipamientos sociales, educativos, culturales y sanitarios, así como la dotación de infraestructuras modernas.

8.   La consecución de la cohesión territorial, la solidaridad y la convergencia entre los diversos territorios de Andalucía, como forma de superación de los desequilibrios económicos, sociales y culturales y de equiparación de la riqueza y el bienestar entre todos los ciudadanos, especialmente los que habitan en el medio rural.

9. La convergencia con el resto del Estado y de la Unión Europea, promoviendo y manteniendo las necesarias relaciones de colaboración con el Estado y las demás Comunidades y Ciudades Autónomas, y propiciando la defensa de los intereses andaluces ante la Unión Europea.

10. La realización de un eficaz sistema de comunicaciones que potencie los intercambios humanos, culturales y económicos, en especial mediante un sistema de vías de alta capacidad y a través de una red ferroviaria de alta velocidad.

11. El desarrollo industrial y tecnológico basado en la innovación, la investigación científica, las iniciativas emprendedoras públicas y privadas, la suficiencia energética y la evaluación de la calidad, como fundamento del crecimiento armónico de Andalucía.

12. La incorporación del pueblo andaluz a la sociedad del conocimiento.

13. La modernización, la planificación y el desarrollo integral del medio rural en el marco de una política de reforma agraria, favorecedora del crecimiento, el pleno empleo, el desarrollo de las estructuras agrarias y la corrección de los desequilibrios territoriales, en el marco de la política agraria comunitaria y que impulse la competitividad de nuestra agricultura en el ámbito europeo e internacional.

14. La cohesión social, mediante un eficaz sistema de bienestar público, con especial atención a los colectivos y zonas más desfavorecidos social y económicamente, para facilitar su integración plena en la sociedad andaluza, propiciando así la superación de la exclusión social.

15. La especial atención a las personas en situación de dependencia.

16. La integración social, económica y laboral de las personas con discapacidad.

17. La integración social, económica, laboral y cultural de los inmigrantes en Andalucía.

18. La expresión del pluralismo político, social y cultural de Andalucía a través de todos los medios de comunicación.

19. La participación ciudadana en la elaboración, prestación y evaluación de las políticas públicas, así como la participación individual y asociada en los ámbitos cívico, social, cultural, económico y político, en aras de una democracia social avanzada y participativa.

20. El diálogo y la concertación social, reconociendo la función relevante que para ello cumplen las organizaciones sindicales y empresariales más representativas de Andalucía.

21. La promoción de las condiciones necesarias para la plena integración de las minorías y, en especial, de la comunidad gitana para su plena incorporación social.

22. El fomento de la cultura de la paz y el diálogo entre los pueblos.

23. La cooperación internacional con el objetivo de contribuir al desarrollo solidario de los pueblos.

24. Los poderes públicos velarán por la salvaguarda, conocimiento y difusión de la historia de la lucha del pueblo andaluz por sus derechos y libertades.

Los poderes públicos de la Comunidad Autónoma de Andalucía adoptarán las medidas adecuadas para alcanzar los objetivos señalados, especialmente mediante el impulso de la legislación pertinente, la garantía de una financiación suficiente y la eficacia y eficiencia de las actuaciones administrativas.

Los poderes públicos de Andalucía promoverán el desarrollo de una conciencia ciudadana y democrática plena, fundamentada en los valores constitucionales y en los principios y objetivos establecidos en este Estatuto como señas de identidad propias de la Comunidad Autónoma. Con esta finalidad se adoptarán las medidas precisas para la enseñanza y el conocimiento de la Constitución y el Estatuto de Autonomía.

Derechos

Se garantiza la igualdad de oportunidades entre hombres y mujeres en todos los ámbitos.

Las mujeres tienen derecho a una protección integral contra la violencia de género, que incluirá medidas preventivas, medidas asistenciales y ayudas públicas.

Se garantiza la protección social, jurídica y económica de la familia. La ley regulará el acceso a las ayudas públicas para atender a las situaciones de las diversas modalidades de familia existentes según la legislación civil.

Todas las parejas no casadas tienen el derecho a inscribir en un registro público sus opciones de convivencia. En el ámbito de competencias de la Comunidad Autónoma, las parejas no casadas inscritas en el registro gozarán de los mismos derechos que las parejas casadas.

Las personas menores de edad tienen derecho a recibir de los poderes públicos de Andalucía la protección y la atención integral necesarias para el desarrollo de su personalidad y para su bienestar en el ámbito familiar, escolar y social, así como a percibir las prestaciones sociales que establezcan las leyes.

El beneficio de las personas menores de edad primará en la interpretación y aplicación de la legislación dirigida a éstos.

Las personas mayores tienen derecho a recibir de los poderes públicos de Andalucía una protección y una atención integral para la promoción de su autonomía personal y del envejecimiento activo, que les permita una vida digna e independiente y su bienestar social e individual, así como a acceder a una atención gerontológica adecuada, en el ámbito sanitario, social y asistencial, y a percibir prestaciones en los términos que establezcan las leyes.

Se reconoce el derecho a declarar la voluntad vital anticipada que deberá respetarse, en los términos que establezca la ley.

Todas las personas tienen derecho a recibir un adecuado tratamiento del dolor y cuidados paliativos integrales y a la plena dignidad en el proceso de su muerte.

Se garantiza, mediante un sistema educativo público, el derecho constitucional de todos a una educación permanente y de carácter compensatorio.

Los poderes públicos de la Comunidad Autónoma de Andalucía garantizan el derecho que asiste a los padres para que sus hijos reciban la formación religiosa y moral que esté de acuerdo con sus propias convicciones. La enseñanza pública, conforme al carácter aconfesional del Estado, será laica.

Los poderes públicos de la Comunidad tendrán en cuenta las creencias religiosas de la confesión católica y de las restantes confesiones existentes en la sociedad andaluza.

Todos tienen derecho a acceder en condiciones de igualdad a los centros educativos sostenidos con fondos públicos. A tal fin se establecerán los correspondientes criterios de admisión, al objeto de garantizarla en condiciones de igualdad y no discriminación.

Se garantiza la gratuidad de la enseñanza en los niveles obligatorios y, en los términos que establezca la ley, en la educación infantil. Todos tienen el derecho a acceder, en condiciones de igualdad, al sistema público de ayudas y becas al estudio en los niveles no gratuitos.

Se garantiza la gratuidad de los libros de texto en la enseñanza obligatoria en los centros sostenidos con fondos públicos. La ley podrá hacer extensivo este derecho a otros niveles educativos.

Todos tienen derecho a acceder a la formación profesional y a la educación permanente en los términos que establezca la ley.

Las universidades públicas de Andalucía garantizarán, en los términos que establezca la ley, el acceso de todos a las mismas en condiciones de igualdad.

Los planes educativos de Andalucía incorporarán los valores de la igualdad entre hombres y mujeres y la diversidad cultural en todos los ámbitos de la vida política y social. El sistema educativo andaluz fomentará la capacidad emprendedora de los alumnos, el multilingüismo y el uso de las nuevas tecnologías.

Se complementará el sistema educativo general con enseñanzas específicas propias de Andalucía.

Las personas con necesidades educativas especiales tendrán derecho a su efectiva integración en el sistema educativo general de acuerdo con lo que dispongan las leyes.

Se garantiza el derecho constitucional previsto en el artículo 43 de la Constitución Española a la protección de la salud mediante un sistema sanitario público de carácter universal.

Los pacientes y usuarios del sistema andaluz de salud tendrán derecho a:

a) Acceder a todas las prestaciones del sistema.

b) La libre elección de médico y de centro sanitario.

c) La información sobre los servicios y prestaciones del sistema, así como de los derechos que les asisten.

d) Ser adecuadamente informados sobre sus procesos de enfermedad y antes de emitir el consentimiento para ser sometidos a tratamiento médico.

e) El respeto a su personalidad, dignidad humana e intimidad.

f) El consejo genético y la medicina predictiva.

g) La garantía de un tiempo máximo para el acceso a los servicios y tratamientos.

h) Disponer de una segunda opinión facultativa sobre sus procesos.

i) El acceso a cuidados paliativos.

j) La confidencialidad de los datos relativos a su salud y sus características genéticas, así como el acceso a su historial clínico.

k) Recibir asistencia geriátrica especializada.

Las personas con enfermedad mental, las que padezcan enfermedades crónicas e invalidantes y las que pertenezcan a grupos específicos reconocidos sanitariamente como de riesgo, tendrán derecho a actuaciones y programas sanitarios especiales y preferentes.

Con arreglo a la ley se establecerán los términos, condiciones y requisitos del ejercicio de los derechos previstos en los apartados anteriores.

Se garantiza el derecho de todos a acceder en condiciones de igualdad a las prestaciones de un sistema público de servicios sociales.

Todos tienen derecho a una renta básica que garantice unas condiciones de vida digna y a recibirla, en caso de necesidad, de los poderes públicos con arreglo a lo dispuesto en la ley.

Las personas con discapacidad y las que estén en situación de dependencia tienen derecho a acceder, en los términos que establezca la ley, a las ayudas, prestaciones y servicios de calidad con garantía pública necesarios para su desarrollo personal y social.

Para favorecer el ejercicio del derecho constitucional a una vivienda digna y adecuada, los poderes públicos están obligados a la promoción pública de la vivienda. La ley regulará el acceso a la misma en condiciones de igualdad, así como las ayudas que lo faciliten.

En el ejercicio del derecho constitucional al trabajo, se garantiza a todas las personas:

a) El acceso gratuito a los servicios públicos de empleo.

b) El acceso al empleo público en condiciones de igualdad y según los principios constitucionales de mérito y capacidad.

c) El acceso a la formación profesional.

d) El derecho al descanso y al ocio.

Se garantiza a los sindicatos y a las organizaciones empresariales el establecimiento de las condiciones necesarias para el desempeño de las funciones que la Constitución les reconoce. La ley regulará la participación institucional en el ámbito de la Junta de Andalucía de las organizaciones sindicales y empresariales más representativas en la Comunidad Autónoma.

Se garantiza a los consumidores y usuarios de los bienes y servicios el derecho a asociarse, así como a la información, formación y protección en los términos que establezca la ley. Asimismo, la ley regulará los mecanismos de participación y el catálogo de derechos del consumidor.

Todas las personas tienen derecho a vivir en un medio ambiente equilibrado, sostenible y saludable, así como a disfrutar de los recursos naturales, del entorno y el paisaje en condiciones de igualdad, debiendo hacer un uso responsable del mismo para evitar su deterioro y conservarlo para las generaciones futuras, de acuerdo con lo que determinen las leyes.

Se garantiza este derecho mediante una adecuada protección de la diversidad biológica y los procesos ecológicos, el patrimonio natural, el paisaje, el agua, el aire y los recursos naturales.

Todas las personas tienen derecho a acceder a la información medioambiental de que disponen los poderes públicos, en los términos que establezcan las leyes.

En el ámbito de sus competencias, la Comunidad Autónoma garantiza la calidad de los servicios de la Administración de Justicia, la atención de las víctimas y el acceso a la justicia gratuita.

Conforme al artículo 5, los andaluces y andaluzas tienen el derecho a participar en condiciones de igualdad en los asuntos públicos de Andalucía, directamente o por medio de representantes, en los términos que establezcan la Constitución, este Estatuto y las leyes. Este derecho comprende:

a) El derecho a elegir a los miembros de los órganos representativos de la Comunidad Autónoma y a concurrir como candidato a los mismos.

b) El derecho a promover y presentar iniciativas legislativas ante el Parlamento de Andalucía y a participar en la elaboración de las leyes, directamente o por medio de entidades asociativas, en los términos que establezca el Reglamento del Parlamento.

c) El derecho a promover la convocatoria de consultas populares por la Junta de Andalucía o por los Ayuntamientos, en los términos que establezcan las leyes.

d) El derecho de petición individual y colectiva, por escrito, en la forma y con los efectos que determine la ley.

e) El derecho a participar activamente en la vida pública andaluza para lo cual se establecerán los mecanismos necesarios de información, comunicación y recepción de propuestas.

La Junta de Andalucía establecerá los mecanismos adecuados para hacer extensivo a los ciudadanos de la Unión Europea y a los extranjeros residentes en Andalucía los derechos contemplados en el apartado anterior, en el marco constitucional y sin perjuicio de los derechos de participación que les garantiza el ordenamiento de la Unión Europea.

Se garantiza el derecho a una buena administración, en los términos que establezca la ley, que comprende el derecho de todos ante las Administraciones Públicas, cuya actuación será proporcionada a sus fines, a participar plenamente en las decisiones que les afecten, obteniendo de ellas una información veraz, y a que sus asuntos se traten de manera objetiva e imparcial y sean resueltos en un plazo razonable, así como a acceder a los archivos y registros de las instituciones, corporaciones, órganos y organismos públicos de Andalucía, cualquiera que sea su soporte, con las excepciones que la ley establezca.

Se garantiza el derecho de todas las personas al acceso, corrección y cancelación de sus datos personales en poder de las Administraciones públicas andaluzas.

Todas las personas tienen derecho, en condiciones de igualdad, al acceso a la cultura, al disfrute de los bienes patrimoniales, artísticos y paisajísticos de Andalucía, al desarrollo de sus capacidades creativas individuales y colectivas, así como el deber de respetar y preservar el patrimonio cultural andaluz.

Se reconoce el derecho a acceder y usar las nuevas tecnologías y a participar activamente en la sociedad del conocimiento, la información y la comunicación, mediante los medios y recursos que la ley establezca.

Toda persona tiene derecho a que se respete su orientación sexual y su identidad de género. Los poderes públicos promoverán políticas para garantizar el ejercicio de este derecho.

Deberes.

En el ámbito de sus competencias, sin perjuicio de los deberes constitucionalmente establecidos, el Estatuto establece y la ley desarrollará la obligación de todas las personas de:

a) Contribuir al sostenimiento del gasto público en función de sus ingresos.

b) Conservar el medio ambiente.

c) Colaborar en las situaciones de emergencia.

d) Cumplir las obligaciones derivadas de la participación de los ciudadanos en la Administración electoral, respetando lo establecido en el régimen electoral general.

e) Hacer un uso responsable y solidario de las prestaciones y servicios públicos y colaborar en su buen funcionamiento, manteniendo el debido respeto a las normas establecidas en cada caso, así como a los demás usuarios y al personal encargado de prestarlos.

f) Cuidar y proteger el patrimonio público, especialmente el de carácter histórico-artístico y natural.

g) Contribuir a la educación de los hijos, especialmente en la enseñanza obligatoria.

Las empresas que desarrollen su actividad en Andalucía se ajustarán a los principios de respeto y conservación del medio ambiente establecidos en el Título VII. La Administración andaluza establecerá los correspondientes mecanismos de inspección y sanción.

PRINCIPIOS RECTORES DE LAS POLITICAS PÚBLICAS.

Los poderes de la Comunidad Autónoma orientarán sus políticas públicas a garantizar y asegurar el ejercicio de los derechos reconocidos en el Capítulo anterior y alcanzar los objetivos básicos establecidos en el artículo 10, mediante la aplicación efectiva de los siguientes principios rectores:

1.º La prestación de unos servicios públicos de calidad.

2.º La lucha contra el sexismo, la xenofobia, la homofobia y el belicismo, especialmente mediante la educación en valores que fomente la igualdad, la tolerancia, la libertad y la solidaridad.

3.º El acceso de las personas mayores a unas condiciones de vida digna e independiente, asegurando su protección social e incentivando el envejecimiento activo y su participación en la vida social, educativa y cultural de la comunidad.

4.º La especial protección de las personas en situación de dependencia que les permita disfrutar de una digna calidad de vida.

5.º La autonomía y la integración social y profesional de las personas con discapacidad, de acuerdo con los principios de no discriminación, accesibilidad universal e igualdad de oportunidades, incluyendo la utilización de los lenguajes que les permitan la comunicación y la plena eliminación de las barreras.

6.º El uso de la lengua de signos española y las condiciones que permitan alcanzar la igualdad de las personas sordas que opten por esta lengua, que será objeto de enseñanza, protección y respeto.

7.º La atención social a personas que sufran marginación, pobreza o exclusión y discriminación social.

8.º La integración de los jóvenes en la vida social y laboral, favoreciendo su autonomía personal.

9.º La integración laboral, económica, social y cultural de los inmigrantes.

10.º El empleo de calidad, la prevención de los riesgos laborales y la promoción en el trabajo.

11.º La plena equiparación laboral entre hombres y mujeres y así como la conciliación de la vida laboral y familiar.

12.º El impulso de la concertación con los agentes económicos y sociales.

13.º El fomento de la capacidad emprendedora, la investigación y la innovación. Se reconoce en estos ámbitos la necesidad de impulsar la labor de las universidades andaluzas.

14.º El fomento de los sectores turístico y agroalimentario, como elementos económicos estratégicos de Andalucía.

15.º El acceso a la sociedad del conocimiento con el impulso de la formación y el fomento de la utilización de infraestructuras tecnológicas.

16.º El fortalecimiento de la sociedad civil y el fomento del asociacionismo.

17.º El libre acceso de todas las personas a la cultura y el respeto a la diversidad cultural.

18.º La conservación y puesta en valor del patrimonio cultural, histórico y artístico de Andalucía, especialmente del flamenco.

19.º El consumo responsable, solidario, sostenible y de calidad, particularmente en el ámbito alimentario.

20.º El respeto del medio ambiente, incluyendo el paisaje y los recursos naturales y garantizando la calidad del agua y del aire.

21.º El impulso y desarrollo de las energías renovables, el ahorro y eficiencia energética.

22.º El uso racional del suelo, adoptando cuantas medidas sean necesarias para evitar la especulación y promoviendo el acceso de los colectivos necesitados a viviendas protegidas.

23.º La convivencia social, cultural y religiosa de todas las personas en Andalucía y el respeto a la diversidad cultural, de creencias y convicciones, fomentando las relaciones interculturales con pleno respeto a los valores y principios constitucionales.

24.º La atención de las víctimas de delitos, especialmente los derivados de actos terroristas.

25.º La atención y protección civil ante situaciones de emergencia, catástrofe o calamidad pública.

Los anteriores principios se orientarán además a superar las situaciones de desigualdad y discriminación de las personas y grupos que puedan derivarse de sus circunstancias personales o sociales o de cualquier otra forma de marginación o exclusión.

Para ello, su desarrollo facilitará el acceso a los servicios y prestaciones correspondientes para los mismos, y establecerá los supuestos de gratuidad ante las situaciones económicamente más desfavorables.

COMPETENCIAS DE LA COMUNIDAD AUTÓNOMA.

Las competencias vienen reguladas en el Título II el Estatuto de Autonomía. Corresponden a la Comunidad Autónoma de Andalucía las competencias exclusivas, compartidas y ejecutivas sobre las materias incluidas en dicho Título, que ejercerá respetando lo dispuesto en la Constitución y en el Estatuto.

La Comunidad Autónoma de Andalucía asume:

Competencias exclusivas, que comprenden la potestad legislativa, la potestad reglamentaria y la función ejecutiva, íntegramente y sin perjuicio de las competencias atribuidas al Estado en la Constitución. En el ámbito de sus competencias exclusivas, el derecho andaluz es de aplicación preferente en su territorio sobre cualquier otro, teniendo en estos casos el derecho estatal carácter supletorio.

Competencias compartidas, que comprenden la potestad legislativa, la potestad reglamentaria y la función ejecutiva, en el marco de las bases que fije el Estado en normas con rango de ley, excepto en los supuestos que se determinen de acuerdo con la Constitución. En el ejercicio de estas competencias, la Comunidad Autónoma puede establecer políticas propias.

Competencias ejecutivas, que comprenden la función ejecutiva que incluye la potestad de organización de su propia administración y, en general, aquellas funciones y actividades que el ordenamiento atribuye a la Administración Pública y, cuando proceda, la aprobación de disposiciones reglamentarias para la ejecución de la normativa del Estado.

Competencias en relación con la aplicación del derecho comunitario, que comprenden el desarrollo y la ejecución de la normativa de la Unión Europea cuando afecte al ámbito de las competencias de la Comunidad Autónoma.

La Comunidad Autónoma de Andalucía ejercerá las competencias no contempladas expresamente en este Estatuto que le sean transferidas o delegadas por el Estado. La Comunidad Autónoma, cuando así se acuerde con el Estado, podrá ejercer actividades de inspección y sanción respecto a materias de competencia estatal, en los términos que se establezcan mediante convenio o acuerdo.

El ejercicio de las competencias autonómicas desplegará su eficacia en el territorio de Andalucía, excepto los supuestos a que hacen referencia expresamente el presente Estatuto y otras disposiciones legales del Estado que establecen la eficacia jurídica extraterritorial de las disposiciones y los actos de la Junta de Andalucía.

La Comunidad Autónoma, en los casos en que el objeto de sus competencias tiene un alcance territorial superior al del territorio de Andalucía, ejerce sus competencias sobre la parte de este objeto situada en su territorio, sin perjuicio de los instrumentos de colaboración que se establezcan con otros entes territoriales o, subsidiariamente, de la coordinación por el Estado de las Comunidades Autónomas afectadas.

Instituciones de autogobierno.

Son *competencia exclusiva* de la Comunidad Autónoma:

1.ª La organización y estructura de sus instituciones de autogobierno.

2.ª Normas y procedimientos electorales para su constitución, en el marco del régimen electoral general.

Administraciones Públicas andaluzas.

Son *competencia exclusiva* de la Comunidad Autónoma:

1.ª El procedimiento administrativo derivado de las especialidades de la organización propia de la Comunidad Autónoma, la estructura y regulación de los órganos administrativos públicos de Andalucía y de sus organismos autónomos.

2.ª Los bienes de dominio público y patrimoniales cuya titularidad corresponde a la Comunidad Autónoma, así como las servidumbres públicas en materia de su competencia, en el marco del régimen general del dominio público.

3.ª Las potestades de control, inspección y sanción en los ámbitos materiales de competencia de la Comunidad Autónoma, en lo no afectado por el artículo 149.1.18.ª de la Constitución.

4.ª Organización a efectos contractuales de la Administración propia.

Son *competencias compartidas* de la Comunidad Autónoma:

1.ª El régimen jurídico de la Administración de la Comunidad Autónoma de Andalucía y régimen estatutario de su personal funcionario y estatutario, así como de su personal laboral.

2.ª El procedimiento administrativo común.

3.ª Los contratos y concesiones administrativas.

Corresponde a la Comunidad Autónoma, en materia de expropiación forzosa, la *competencia ejecutiva* que incluye, en todo caso:

a) Determinar los supuestos, las causas y las condiciones en que las Administraciones andaluzas pueden ejercer la potestad expropiatoria.

b) Establecer criterios de valoración de los bienes expropiados según la naturaleza y la función social que tengan que cumplir, de acuerdo con la legislación estatal.

c) Crear y regular un órgano propio para la determinación del justiprecio y fijar su procedimiento.

Corresponde a la Junta de Andalucía, en materia de responsabilidad patrimonial, la *competencia compartida* para determinar el procedimiento y establecer los supuestos que pueden originar responsabilidad con relación a las reclamaciones dirigidas a ella, de acuerdo con el sistema general de responsabilidad de todas las Administraciones públicas.

La Comunidad Autónoma ostenta facultades para incorporar a su legislación aquellas figuras jurídico-privadas que fueran necesarias para el ejercicio de sus competencias.

Agricultura, ganadería, pesca, aprovechamientos agroforestales, desarrollo rural y denominaciones de calidad.

Corresponde a la Comunidad Autónoma la *competencia exclusiva* en materia de agricultura, ganadería y desarrollo rural.

Corresponde a la Comunidad Autónoma la *competencia exclusiva* en materia de pesca marítima y recreativa en aguas interiores, marisqueo y acuicultura, almadraba y pesca con artes menores, el buceo profesional y la formación y las titulaciones en actividades de recreo.

Corresponde a la Comunidad Autónoma la *competencia exclusiva de acuerdo con las bases y la ordenación de la actuación económica general*, y en los términos de lo dispuesto en la Constitución, sobre las siguientes materias:

a) Ordenación, planificación, reforma y desarrollo de los sectores agrario, ganadero y agroalimentario y, de forma especial, la mejora y ordenación de las explotaciones agrícolas, ganaderas y agroforestales. Regulación de los procesos de producción agrarios, con especial atención a la calidad agroalimentaria, la trazabilidad y las condiciones de los productos agroalimentarios destinados al comercio, así como la lucha contra los fraudes en el ámbito de la producción y comercialización agroalimentaria. La agricultura ecológica, la suficiencia alimentaria, y las innovaciones tecnológicas. Sociedades agrarias de transformación. Sanidad vegetal y animal sin efectos sobre la salud humana. Semillas. Organismos genéticamente modificados. Producción agraria, ganadera, protección y bienestar animal. Ferias y certámenes agrícolas, ganaderos y agroalimentarios. Investigación, desarrollo y transferencia tecnológica agrícola, ganadera y agroalimentaria. Innovación en las industrias agroalimentarias y explotaciones agrarias. Formación. Desarrollo rural integral y sostenible. Regulación y fomento de la producción y uso de la biomasa.

b) Ordenación del sector pesquero andaluz, en particular en lo relativo a las condiciones profesionales para el ejercicio de la pesca, construcción, seguridad y registro de barcos, lonjas de contratación, y la formación, promoción y protección social de los pescadores y trabajadores de la pesca. Investigación, innovación, desarrollo y transferencia tecnológica y formación pesquera.

c) La vigilancia, inspección y control de las competencias reguladas en los apartados anteriores.

Corresponde a la Comunidad Autónoma como *competencia compartida* la planificación del sector pesquero, así como los puertos pesqueros.

Corresponde a Andalucía la gestión de las tierras públicas de titularidad estatal, en los supuestos que fije el Estado y de acuerdo con los protocolos que se establezcan.

Energía y minas.

Corresponde a la Comunidad Autónoma de Andalucía la *competencia compartida* sobre las siguientes materias:

a) Instalaciones de producción, distribución y transporte de energía, cuando este transporte transcurra íntegramente por el territorio de Andalucía y su aprovechamiento no afecte a otro territorio, sin perjuicio de sus competencias generales sobre industria. Asimismo le corresponde el otorgamiento de autorización de estas instalaciones.

b) Fomento y gestión de las energías renovables y de la eficiencia energética.

Corresponde a la Comunidad Autónoma de Andalucía, *de acuerdo con las bases y la ordenación de la actuación económica general* y en los términos de lo dispuesto en la Constitución, la competencia sobre:

a) Energía y minas.

b) Regulación de actividades de producción, depósito y transporte de energías, así como su autorización e inspección y control, estableciendo, en su caso, las normas de calidad de los servicios de suministro.

La Comunidad Autónoma emitirá informe en los procedimientos de autorización de instalaciones de producción y transporte de energía y de redes de abastecimiento que superen el territorio de Andalucía o cuando la energía sea objeto de aprovechamiento fuera de este territorio.

La Junta de Andalucía participa en la regulación y planificación de ámbito estatal del sector de la energía que afecte al territorio de Andalucía a través de los órganos y procedimientos multilaterales oportunos.

Corresponde a la Comunidad Autónoma, como *competencia compartida*, la regulación y control de las minas y de los recursos mineros, así como las actividades extractivas, y las relativas a las instalaciones radiactivas de segunda y tercera categoría.

Agua.

En materia de aguas que transcurran íntegramente por Andalucía le corresponde a la Comunidad Autónoma de Andalucía la *competencia exclusiva* sobre:

a) Recursos y aprovechamientos hidráulicos, canales y regadíos, cuando las aguas transcurran por Andalucía. Aguas subterráneas cuando su aprovechamiento no afecte a otro territorio.

b) Aguas minerales y termales.

c) La participación de los usuarios, la garantía del suministro, la regulación parcelaria y las obras de transformación, modernización y consolidación de regadíos y para el ahorro y uso eficiente del agua.

Corresponde a la Comunidad Autónoma de Andalucía la *competencia sobre la participación en la planificación y gestión hidrológica* de aprovechamientos hidráulicos intercomunitarios, en los términos previstos en la legislación del Estado.

Corresponde a la Comunidad Autónoma dentro de su ámbito territorial la *competencia ejecutiva* sobre adopción de medidas adicionales de protección y saneamiento de los recursos hídricos y de los ecosistemas acuáticos, ejecución y explotación de obras de titularidad estatal si se establece mediante convenio, y facultades de policía del dominio público hidráulico atribuidas por la legislación estatal.

La Comunidad Autónoma de Andalucía ostenta *competencias exclusivas* sobre las aguas de la Cuenca del Guadalquivir que transcurren por su territorio y no afectan a otra Comunidad Autónoma, sin perjuicio de la planificación general del ciclo hidrológico, de las normas básicas sobre protección del medio ambiente, de las obras públicas hidráulicas de interés general y de lo previsto en la Constitución. (artículo 51 del Estatuto de Autonomía declarado inconstitucional por Sentencia del Tribunal Constitucional).

Educación.

Corresponde a la Comunidad Autónoma en materia de enseñanza no universitaria, en relación con las enseñanzas obligatorias y no obligatorias que conducen a la obtención de un título académico o profesional con validez en todo el Estado, incluidas las enseñanzas de educación infantil, la *competencia exclusiva*, que incluye la programación y creación de centros públicos, su organización, régimen e inspección, el régimen de becas y ayudas con fondos propios, la evaluación, la garantía de calidad del sistema educativo, la formación del personal docente, de los demás profesionales de la educación y la aprobación de directrices de actuación en materia de recursos humanos, las materias relativas a conocimiento de la cultura andaluza, los servicios educativos y las actividades complementarias y extraescolares, así como la organización de las enseñanzas no presenciales y semipresenciales. Asimismo, la Comunidad Autónoma tiene *competencias exclusivas* sobre enseñanzas no universitarias que no conduzcan a la obtención de un título académico y profesional estatal. Igualmente, con respecto a las enseñanzas citadas en este apartado la Comunidad Autónoma tiene competencias exclusivas sobre los órganos de participación y consulta de los sectores afectados en la programación de la enseñanza en su territorio; y sobre la innovación, investigación y experimentación educativa.

Corresponde a la Comunidad Autónoma, como *competencia compartida*, el establecimiento de los planes de estudio, incluida la ordenación curricular, el régimen de becas y ayudas estatales, los criterios de admisión de alumnos, la ordenación del sector y de la actividad docente, los requisitos de los centros, el control de la gestión de los centros privados sostenidos con fondos públicos, la adquisición y pérdida de la condición de funcionario docente de la Administración educativa, el desarrollo de sus derechos y deberes básicos, así como la política de personal al servicio de la Administración educativa.

Corresponde a la Comunidad Autónoma, en materia de enseñanza no universitaria, la *competencia ejecutiva* sobre la expedición y homologación de los títulos académicos y profesionales estatales.

La Comunidad Autónoma tiene *competencias de ejecución* en las demás materias educativas.

Universidades.

Corresponde a la Comunidad Autónoma, en materia de enseñanza universitaria, sin perjuicio de la autonomía universitaria, la *competencia exclusiva* sobre:

a) La programación y la coordinación del sistema universitario andaluz en el marco de la coordinación general.

b) La creación de universidades públicas y la autorización de las privadas.

c) La aprobación de los estatutos de las universidades públicas y de las normas de organización y funcionamiento de las universidades privadas.

d) La coordinación de los procedimientos de acceso a las universidades.

e) El marco jurídico de los títulos propios de las universidades.

f) La financiación propia de las universidades y, si procede, la gestión de los fondos estatales en materia de enseñanza universitaria.

g) La regulación y la gestión del sistema propio de becas y ayudas a la formación universitaria y, si procede, la regulación y la gestión de los fondos estatales en esta materia.

h) El régimen retributivo del personal docente e investigador contratado de las universidades públicas y el establecimiento de las retribuciones adicionales del personal docente funcionario.

Corresponde a la Comunidad Autónoma, en materia de enseñanza universitaria, sin perjuicio de la autonomía universitaria, la *competencia compartida* sobre todo aquello a que no hace referencia el apartado anterior, que incluye en todo caso:

a) La regulación de los requisitos para la creación y el reconocimiento de universidades y centros universitarios y la adscripción de estos centros a las universidades.

b) El régimen jurídico de la organización y el funcionamiento de las universidades públicas, incluyendo los órganos de gobierno y representación.

c) La adscripción de centros docentes públicos o privados para impartir títulos universitarios oficiales y la creación, la modificación y la supresión de centros universitarios en universidades públicas, así como el reconocimiento de estos centros en universidades privadas y la implantación y la supresión de enseñanzas.

d) La regulación del régimen de acceso a las universidades.

e) La regulación del régimen del profesorado docente e investigador contratado y funcionario.

f) La evaluación y la garantía de la calidad y de la excelencia de la enseñanza universitaria, así como del personal docente e investigador.

Corresponde a la Comunidad Autónoma la competencia de ejecución en la expedición de títulos universitarios.

Investigación, desarrollo e innovación tecnológica.

Corresponde a la Comunidad Autónoma de Andalucía, en materia de investigación científica y técnica, la *competencia exclusiva* con relación a los centros y estructuras de investigación de la Junta de Andalucía y a los proyectos financiados por ésta, que incluye:

a) El establecimiento de líneas propias de investigación y el seguimiento, control y evaluación de los proyectos.

b) La organización, régimen de funcionamiento, control, seguimiento y acreditación de los centros y estructuras radicadas en Andalucía.

c) La regulación y gestión de las becas y de las ayudas convocadas y financiadas por la Junta de Andalucía.

d) La regulación y la formación profesional del personal investigador y de apoyo a la investigación.

e) La difusión de la ciencia y la transferencia de resultados.

Corresponde a la Comunidad Autónoma la *competencia compartida* sobre la coordinación de los centros y estructuras de investigación de Andalucía. Los criterios de colaboración entre el Estado y la Junta de Andalucía en materia de política de investigación, desarrollo e innovación se fijarán en el marco de lo establecido en el Título IX. Igualmente la Junta de Andalucía participará en la fijación de la voluntad del Estado respecto de las políticas que afecten a esta materia en el ámbito de la Unión Europea y en otros organismos e instituciones internacionales.

Salud, sanidad y farmacia.

Corresponde a la Comunidad Autónoma la *competencia exclusiva* sobre organización, funcionamiento interno, evaluación, inspección y control de centros, servicios y establecimientos sanitarios, así como en el marco de la Constitución la ordenación farmacéutica. Igualmente le corresponde la investigación con fines terapéuticos, sin perjuicio de la coordinación general del Estado sobre esta materia.

Corresponde a la Comunidad Autónoma de Andalucía la *competencia compartida* en materia de sanidad interior y, en particular y sin perjuicio de la competencia exclusiva que le atribuye sobre asuntos sociales, la ordenación, planificación, determinación, regulación y ejecución de los servicios y prestaciones sanitarias, sociosanitarias y de salud mental de carácter público en todos los niveles y para toda la población, la ordenación y la ejecución de las medidas destinadas a preservar, proteger y promover la salud pública en todos los ámbitos, incluyendo la salud laboral, la sanidad animal con efecto sobre la salud humana, la sanidad alimentaria, la sanidad ambiental y la vigilancia epidemiológica, el régimen estatutario y la formación del personal que presta servicios en el sistema sanitario público, así como la formación sanitaria especializada y la investigación científica en materia sanitaria.

Corresponde a Andalucía la *ejecución* de la legislación estatal en materia de productos farmacéuticos. La Comunidad Autónoma participa en la planificación y la coordinación estatal en materia de sanidad y salud pública con arreglo a lo previsto en el Título IX.

Vivienda, urbanismo, ordenación del territorio y obras públicas.

Corresponde a la Comunidad Autónoma la *competencia exclusiva* en materia de vivienda, que incluye en todo caso:

a) La planificación, la ordenación, la gestión, la inspección y el control de la vivienda; el establecimiento de prioridades y objetivos de la actividad de fomento de las Administraciones Públicas de Andalucía en materia de vivienda y la adopción de las medidas necesarias para su alcance; la promoción pública de viviendas; las normas técnicas, la inspección y el control sobre la calidad de la construcción; el control de condiciones de infraestructuras y de normas técnicas de habitabilidad de las viviendas; la innovación tecnológica y la sostenibilidad aplicable a las viviendas; y la normativa sobre conservación y mantenimiento de las viviendas y su aplicación.

b) La regulación administrativa del comercio referido a viviendas y el establecimiento de medidas de protección y disciplinarias en este ámbito.

Asimismo, corresponde a la Comunidad Autónoma la *competencia* sobre las condiciones de los edificios para la instalación de infraestructuras comunes de telecomunicaciones, radiodifusión, telefonía básica y otros servicios por cable, respetando la legislación del Estado en materia de telecomunicaciones.

Corresponde a la Comunidad Autónoma la *competencia exclusiva* en materia de urbanismo, que incluye, en todo caso, la regulación del régimen urbanístico del suelo; la regulación del régimen jurídico de la propiedad del suelo, respetando las condiciones básicas que el Estado establece para garantizar la igualdad del ejercicio del derecho a la propiedad; el establecimiento y la regulación de los instrumentos de planeamiento y de gestión urbanística; la política de suelo y vivienda, la regulación de los patrimonios públicos de suelo y vivienda y el régimen de la intervención administrativa en la edificación, la urbanización y el uso del suelo y el subsuelo; y la protección de la legalidad urbanística, que incluye en todo caso la inspección urbanística, las órdenes de suspensión de obras y licencias, las medidas de restauración de la legalidad física alterada, así como la disciplina urbanística.

También corresponde a la Comunidad Autónoma la *competencia compartida* en materia de derecho de reversión en las expropiaciones urbanísticas, en el marco de la legislación estatal.

Corresponde a la Comunidad Autónoma la *competencia exclusiva* en materia de ordenación del territorio, que incluye en todo caso el establecimiento y regulación de las directrices y figuras de planeamiento territorial, las previsiones sobre emplazamientos de infraestructuras y equipamientos, la promoción del equilibrio territorial y la adecuada protección ambiental.

Corresponde a la Comunidad Autónoma la *competencia exclusiva* en materia de ordenación del litoral, *respetando el régimen general* del dominio público, la competencia exclusiva, que incluye en todo caso: el establecimiento y la regulación de los planes territoriales de ordenación y uso del litoral y de las playas, así como la regulación del procedimiento de tramitación y aprobación de estos instrumentos y planes; la gestión de los títulos de ocupación y uso del dominio público marítimo-terrestre, especialmente el otorgamiento de autorizaciones y concesiones y, en todo caso, las concesiones de obras fijas en el mar, respetando las excepciones que puedan establecerse por motivos medioambientales en las aguas costeras interiores y de transición; la regulación y la gestión del régimen económico-financiero del dominio público marítimo-terrestre en los términos previstos por la legislación general; la ejecución de obras y actuaciones en el litoral andaluz cuando no sean de interés general. Corresponde también a la Comunidad Autónoma la ejecución y la gestión de las obras de interés general situadas en el litoral andaluz.

Corresponde a la Comunidad Autónoma la *competencia exclusiva* en materia de planificación, construcción y financiación de las obras públicas en el ámbito de la Comunidad, siempre que no estén declaradas de interés general por el Estado.

La Comunidad Autónoma de Andalucía participará en la planificación y programación de las obras públicas de interés general competencia del Estado a través de los órganos y procedimientos multilaterales establecidos. La Comunidad Autónoma emitirá informe previo sobre la calificación de obra de interés general del Estado. En el supuesto de las obras calificadas de interés general o que afecten a otra Comunidad Autónoma, podrán suscribirse convenios de colaboración para su gestión, de conformidad con lo dispuesto en la legislación del Estado y según lo establecido en el Título IX.

La Comisión Bilateral Junta de Andalucía-Estado emitirá informe previo sobre la determinación de la ubicación de infraestructuras y equipamientos de titularidad estatal en Andalucía. La calificación de interés general del Estado respecto de obras públicas titularidad de la Comunidad Autónoma requerirá informe previo de la misma y se ejecutarán, en todo caso, mediante convenio de colaboración.

Medio ambiente, espacios protegidos y sostenibilidad.

Corresponde a la Comunidad Autónoma la *competencia exclusiva*, sin perjuicio de lo dispuesto en la Constitución, en materia de:

a) Montes, explotaciones, aprovechamientos y servicios forestales.

b) Vías pecuarias.

c) Marismas y lagunas, y ecosistemas acuáticos.

d) Pastos y tratamiento especial de zonas de montaña.

e) Delimitación, regulación, ordenación y gestión integral de los espacios naturales protegidos, incluyendo los que afecten a las aguas marítimas de su jurisdicción, corredores biológicos, y hábitats en el territorio de Andalucía, así como la declaración de cualquier figura de protección y establecimiento de normas adicionales de protección ambiental.

f) Fauna y flora silvestres.

g) Prevención ambiental.

Corresponde a la Comunidad Autónoma la *competencia exclusiva* en materia de caza y pesca fluvial y lacustre que incluye en todo caso la planificación y la regulación de estas materias; y la regulación del régimen de intervención administrativa de la caza y la pesca, de la vigilancia y de los aprovechamientos cinegéticos y piscícolas.

Corresponde a la Comunidad Autónoma la *competencia compartida* en relación con el establecimiento y la regulación de los instrumentos de planificación ambiental y del procedimiento de tramitación y aprobación de estos instrumentos; el establecimiento y regulación de medidas de sostenibilidad e investigación ambientales; la regulación de los recursos naturales; la regulación sobre prevención en la producción de envases y embalajes; la regulación del ambiente atmosférico y de las distintas clases de contaminación del mismo; la regulación y la gestión de los vertidos efectuados en las aguas interiores de la Comunidad Autónoma, así como de los efectuados a las aguas superficiales y subterráneas que no transcurren por otra Comunidad Autónoma; la regulación de la prevención, el control, la corrección, la recuperación y la compensación de la contaminación del suelo y del subsuelo; la regulación sobre prevención y corrección de la generación de residuos con origen o destino en Andalucía; la regulación del régimen de autorizaciones y seguimiento de emisión de gases de efecto invernadero; el establecimiento y la regulación de medidas de fiscalidad ecológica; y la prevención, restauración y reparación de daños al medio ambiente, así como el correspondiente régimen sancionador. Asimismo, tiene competencias para el establecimiento de normas adicionales de protección.

La Comisión Bilateral Junta de Andalucía-Estado emite informe preceptivo sobre la declaración y delimitación de espacios naturales dotados de un régimen de protección estatal. Si el espacio está situado íntegramente en el territorio de Andalucía, la gestión corresponde a la Comunidad Autónoma.

Corresponde a la Comunidad Autónoma de Andalucía el establecimiento de un servicio meteorológico propio, el suministro de información meteorológica y climática, incluyendo el pronóstico, el control y el seguimiento de las situaciones meteorológicas de riesgo, así como la investigación en estos ámbitos y la elaboración de la cartografía climática.

Actividad económica.

La Comunidad Autónoma de Andalucía asume *competencias exclusivas* en:

1.º La ordenación administrativa de la actividad comercial, incluidos las ferias y mercados interiores; la regulación de los calendarios y horarios comerciales, respetando en su ejercicio el principio constitucional de unidad de mercado y la ordenación general de la economía; el desarrollo de las condiciones y la especificación de los requisitos administrativos necesarios para ejercer la actividad comercial; la regulación administrativa de todas las modalidades de venta y formas de prestación de la actividad comercial; la clasificación y la planificación territorial de los equipamientos comerciales, incluido el establecimiento y la autorización de grandes superficies comerciales; el establecimiento y la ejecución de las normas y los estándares de calidad relacionados con la actividad comercial; la adopción de medidas de policía administrativa con relación a la disciplina de mercado, y la ordenación administrativa del comercio interior, por cualquier medio, incluido el electrónico, sin perjuicio en este último caso de lo previsto en la legislación del Estado.

2.º Régimen de las nuevas tecnologías relacionadas con la sociedad de la información y del conocimiento, en el marco de la legislación del Estado.

3.º Fomento, regulación y desarrollo de las actividades y empresas de artesanía.

4.º Fomento, ordenación y organización de cooperativas y de entidades de economía social. La regulación y el fomento del cooperativismo que incluye:

a) La regulación del asociacionismo cooperativo.

b) La enseñanza y la formación cooperativas.

c) La fijación de los criterios, la regulación de las condiciones, la ejecución y el control de las ayudas públicas al mundo cooperativo.

5.º Promoción de la competencia en los mercados respecto de las actividades económicas que se realizan principalmente en Andalucía y el establecimiento y regulación de un órgano independiente de defensa de la competencia.

La Comunidad Autónoma de Andalucía asume *competencias exclusivas de acuerdo con las bases y la ordenación de la actuación económica general*, y en los términos de lo dispuesto en la Constitución, sobre las siguientes materias:

1.º Fomento y planificación de la actividad económica en Andalucía.

2.º Sector público económico de la Comunidad Autónoma, en cuanto no está contemplado por otras normas de este Estatuto.

3.º Industria, salvo las competencias del Estado por razones de seguridad, sanitarias o de interés de la Defensa.

4.º Defensa de los derechos de los consumidores, la regulación de los procedimientos de mediación, información y educación en el consumo y la aplicación de reclamaciones.

5.º Autorización para la creación y organización de mercados de valores y centros de contratación ubicados en Andalucía. Supervisión de estos mercados y centros, y de las sociedades rectoras de los agentes que intervengan en los mismos.

Corresponde a la Comunidad Autónoma de Andalucía el *desarrollo y la gestión de la planificación general de la actividad económica*. Esta competencia incluye, en todo caso:

a) El desarrollo de los planes estatales.

b) La participación en la planificación de acuerdo con lo establecido en el artículo 222 de este Estatuto.

c) La gestión de los planes, incluyendo los fondos y los recursos de origen estatal destinados al fomento de la actividad económica, en los términos que se acuerden con el Estado mediante convenio.

La Comunidad Autónoma asume *competencias ejecutivas* en:

1.º Reserva al sector público de recursos o servicios esenciales, especialmente en caso de monopolios, e intervención de empresas cuando lo exija el interés general.

2.º Ferias internacionales que se celebren en Andalucía.

3.º Propiedad intelectual e industrial.

4.º Control, metrología y contraste de metales.

5.º Defensa de la competencia en el desarrollo de las actividades económicas que alteren o puedan alterar la libre competencia del mercado en un ámbito que no supere el territorio de Andalucía, incluidas la inspección y la ejecución del régimen sancionador.

Organización territorial.

Corresponde a la Comunidad Autónoma de Andalucía, *respetando la garantía institucional* establecida por la Constitución en los artículos 140 y 141, la *competencia exclusiva* sobre organización territorial, que incluye en todo caso:

a) La determinación, la creación, la modificación y la supresión de las entidades que configuran la organización territorial de Andalucía.

b) La creación, la supresión y la alteración de los términos de los entes locales y las comarcas que puedan constituirse, así como denominación y símbolos.

Régimen local.

Corresponde a la Comunidad Autónoma la *competencia exclusiva* en materia de régimen local que, *respetando el artículo 149.1.18.ª de la Constitución* y el principio de autonomía local, incluye:

a) Las relaciones entre las instituciones de la Junta de Andalucía y los entes locales, así como las técnicas de organización y de relación para la cooperación y la colaboración entre los entes locales y entre éstos y la Administración de la Comunidad Autónoma, incluyendo las distintas formas asociativas mancomunales, convencionales y consorciales.

b) La determinación de las competencias y de las potestades propias de los municipios y de los demás entes locales, en los ámbitos especificados en el Título III.

c) El régimen de los bienes de dominio público, comunales y patrimoniales y las modalidades de prestación de los servicios públicos.

d) La determinación de los órganos de gobierno de los entes locales creados por la Junta de Andalucía, el funcionamiento y el régimen de adopción de acuerdos de todos estos órganos y de las relaciones entre ellos.

e) El régimen de los órganos complementarios de la organización de los entes locales.

f) La regulación del régimen electoral de los entes locales creados por la Junta de Andalucía, con la excepción de los constitucionalmente garantizados.

Asimismo, corresponde a la Comunidad Autónoma la *competencia compartida* en todo lo no establecido en el apartado anterior.

En el marco de la regulación general del Estado, le corresponden a la Comunidad Autónoma de Andalucía las competencias sobre haciendas locales y tutela financiera de los entes locales, sin perjuicio de la autonomía de éstos, y dentro de las bases que dicte el Estado de acuerdo con el artículo 149.1.18.ª de la Constitución.

Servicios sociales, voluntariado, menores y familias.

Corresponde a la Comunidad Autónoma la *competencia exclusiva* en materia de servicios sociales, que en todo caso incluye:

a) La regulación, ordenación y gestión de servicios sociales, las prestaciones técnicas y las prestaciones económicas con finalidad asistencial o complementaria de otros sistemas de protección pública.

b) La regulación y la aprobación de planes y programas específicos dirigidos a personas y colectivos en situación de necesidad social.

c) Instituciones públicas de protección y tutela de personas necesitadas de protección especial, incluida la creación de centros de ayuda, reinserción y rehabilitación.

Corresponde a la Comunidad Autónoma la *competencia exclusiva* en materia de voluntariado, que incluye, en todo caso, la definición de la actividad y la regulación y la promoción de las actuaciones destinadas a la solidaridad y a la acción voluntaria que se ejecuten individualmente o a través de instituciones públicas o privadas.

Corresponde a la Comunidad Autónoma en materia de menores:

a) La *competencia exclusiva* en materia de protección de menores, que incluye, en todo caso, la regulación del régimen de protección y de las instituciones públicas de protección y tutela de los menores desamparados, en situación de riesgo, y de los menores infractores, sin perjuicio de lo dispuesto en la legislación civil y penal.

b) La participación en la elaboración y reforma de la legislación penal y procesal que incida en la competencia de menores a través de los órganos y procedimientos multilaterales a que se refiere el título IX de este Estatuto.

Corresponde a la Comunidad Autónoma la *competencia exclusiva* en materia de promoción de las familias y de la infancia, que, en todo caso, incluye las medidas de protección social y su ejecución.

Inmigración.

Corresponden a la Comunidad Autónoma:

a) Las políticas de integración y participación social, económica y cultural de los inmigrantes, en el marco de sus competencias.

b) La *competencia ejecutiva* en materia de autorizaciones de trabajo de los extranjeros cuya relación laboral se desarrolle en Andalucía, en necesaria coordinación con la competencia estatal en materia de entrada y residencia y de acuerdo con lo que establezca la legislación del Estado. Esta competencia incluye la tramitación y resolución de las autorizaciones iniciales de trabajo, la tramitación y resolución de los recursos presentados a dichas autorizaciones y la aplicación del régimen de inspección y sanción.

La Comunidad Autónoma participará en las decisiones del Estado sobre inmigración con especial trascendencia para Andalucía y, en particular, la participación preceptiva previa en la fijación del contingente de trabajadores extranjeros a través de los mecanismos previstos en el Título IX.

Empleo, relaciones laborales y seguridad social.

Corresponden a la Comunidad Autónoma, *en el marco de la legislación del Estado*, las *competencias ejecutivas* en materia de empleo y relaciones laborales, que incluyen en todo caso:

1.º Las políticas activas de empleo, que comprenderán la formación de los demandantes de empleo y de los trabajadores en activo, así como la gestión de las subvenciones correspondientes; la intermediación laboral y el fomento del empleo.

2.º Las cualificaciones profesionales en Andalucía.

3.º Los procedimientos de regulación de ocupación y de actuación administrativa en materia de traslados colectivos entre centros de trabajo situados en Andalucía.

4.º La Prevención de Riesgos Laborales y la Seguridad en el Trabajo.

5.º La determinación de los servicios mínimos de las huelgas que tengan lugar en Andalucía.

6.º Los instrumentos de conciliación, mediación y arbitraje laborales.

7.º La potestad sancionadora de las infracciones del orden social en el ámbito de sus competencias.

8.º El control de legalidad y, si procede, el registro posterior de los convenios colectivos de trabajo en el ámbito territorial de Andalucía.

9.º La elaboración del calendario de días festivos en el ámbito de la Comunidad Autónoma.

Corresponde a la Junta de Andalucía la *competencia ejecutiva* sobre la función pública inspectora en todo lo previsto en el apartado anterior. A tal efecto, los funcionarios de los cuerpos que realicen dicha función dependerán orgánica y funcionalmente de la Junta de Andalucía. A través de los mecanismos de cooperación previstos en el presente Estatuto se establecerán las fórmulas de garantía del ejercicio eficaz de la función inspectora en el ámbito social, ejerciéndose las competencias del Estado y de la Junta de Andalucía de forma coordinada, conforme a los Planes de actuación que se determinen a través de los indicados mecanismos.

En materia de Seguridad Social, corresponden a la Comunidad Autónoma las *competencias ejecutivas* que se determinen en aplicación de la legislación estatal, incluida la gestión de su régimen económico, con pleno respeto al principio de unidad de caja.

Transportes y comunicaciones.

Corresponde a la Comunidad Autónoma la *competencia exclusiva* sobre:

1.ª Red viaria de Andalucía, integrada por ferrocarriles, carreteras y caminos, y cualquier otra vía cuyo itinerario se desarrolle íntegramente en territorio andaluz.

2.ª Transporte marítimo y fluvial de personas y mercancías que transcurra íntegramente dentro de las aguas de Andalucía.

3.ª Transportes terrestres de personas y mercancías por carretera, ferrocarril, cable o cualquier otro medio cuyo itinerario se desarrolle íntegramente en territorio andaluz, con independencia de la titularidad de la infraestructura sobre la que se desarrolle.

4.ª Centros de transporte, logística y distribución localizados en Andalucía, así como sobre los operadores de las actividades vinculadas a la organización del transporte, la logística y la distribución localizadas en Andalucía.

5.ª Puertos de refugio, puertos y aeropuertos deportivos y, en general, puertos, aeropuertos y helipuertos y demás infraestructuras de transporte en el territorio de Andalucía que no tengan la calificación legal de interés general del Estado.

Corresponden a la Comunidad Autónoma las *competencias de ejecución* sobre:

1.ª Puertos y aeropuertos con calificación de interés general, cuando el Estado no se reserve su gestión directa.

2.ª Ordenación del transporte de mercancías y personas que tengan su origen y destino dentro del territorio de la Comunidad Autónoma, cualquiera que sea el titular de la infraestructura.

Corresponde a la Comunidad Autónoma, en materia de red ferroviaria, la *participación en la planificación y gestión de las infraestructuras* de titularidad estatal situadas en Andalucía en los términos previstos en la legislación del Estado. La Comunidad Autónoma participa en los organismos de ámbito suprautonómico que ejercen funciones sobre las infraestructuras de transporte situadas en Andalucía que son de titularidad estatal, en los términos previstos en la legislación del Estado.

La Comunidad Autónoma emitirá informe previo sobre la calificación de interés general de un puerto, aeropuerto u otra infraestructura de transporte situada en Andalucía en cuya gestión podrá participar, o asumirla, de acuerdo con lo previsto en las leyes. En el caso de que se trate de una infraestructura de titularidad de la Comunidad Autónoma, se requerirá informe previo de ésta, y se ejecutará mediante convenio de colaboración.

Corresponde a la Comunidad Autónoma la participación en la planificación y la programación de puertos y aeropuertos de interés general en los términos que determine la normativa estatal. La integración de líneas o servicios de transporte que transcurran íntegramente por Andalucía en líneas o servicios de ámbito superior requiere el informe previo de la Junta de Andalucía.

La Comunidad Autónoma de Andalucía participará en el establecimiento de los servicios ferroviarios que garanticen la comunicación con otras Comunidades Autónomas o con el tránsito internacional de acuerdo con lo previsto en el Título IX.

Corresponde a la Junta de Andalucía, en los términos previstos en la legislación del Estado, la *competencia ejecutiva* en materia de comunicaciones electrónicas.

Policía autonómica.

Corresponde a la Comunidad Autónoma de Andalucía el establecimiento de políticas de seguridad públicas de Andalucía en los términos previstos en el artículo 149.1.29.ª de la Constitución.

Corresponde a la Comunidad Autónoma de Andalucía la creación, organización y mando de un Cuerpo de Policía Andaluza que, sin perjuicio de las funciones de los Cuerpos de Seguridad del Estado, y dentro del marco de la legislación estatal, desempeñe en su integridad las que le sean propias bajo la directa dependencia de la Junta de Andalucía.

Corresponde, asimismo, a la Comunidad Autónoma de Andalucía la ordenación general y la coordinación supramunicipal de las policías locales andaluzas, sin perjuicio de su dependencia de las autoridades municipales.

Se creará la Junta de Seguridad que, con representación paritaria del Gobierno y de la Junta de Andalucía, coordinará las políticas de seguridad y la actuación de la Policía autónoma con los Cuerpos y Fuerzas de Seguridad del Estado.

Protección civil y Emergencias.

Corresponde a comunidad Autónoma la *competencia exclusiva* en materia de protección civil que incluye, en todo caso, la regulación, la planificación y ejecución de medidas relativas a las emergencias y la seguridad civil, así como la dirección y coordinación de los servicios de protección civil, que incluyen los servicios de prevención y extinción de incendios respetando las competencias del Estado en materia de seguridad pública.

Corresponden a la Comunidad Autónoma *competencias de ejecución* en materia de salvamento marítimo en el litoral andaluz. La Comunidad Autónoma participa en la ejecución en materia de seguridad nuclear en los términos que establezcan las leyes y en los convenios que al respecto se suscriban.

Seguridad y competencias en materia penitenciaria.

Corresponden a la Comunidad Autónoma *competencias de ejecución* en materia de seguridad ciudadana y orden público en los términos que establezca la legislación del Estado.

Corresponden a la Comunidad Autónoma *competencias ejecutivas* en materia de seguridad privada cuando así lo establezca la legislación del Estado.

Corresponde a la Comunidad Autónoma la *competencia ejecutiva* en materia penitenciaria.

Cultura y patrimonio.

Corresponde a la Comunidad Autónoma la *competencia exclusiva* en materia de cultura, que comprende las actividades artísticas y culturales que se lleven a cabo en Andalucía, así como el fomento de la cultura, en relación con el cual se incluye el fomento y la difusión de la creación y la producción teatrales, musicales, de la industria cinematográfica y audiovisual, literarias, de danza, y de artes combinadas llevadas a cabo en Andalucía; la promoción y la difusión del patrimonio cultural, artístico y monumental y de los centros de depósito cultural de Andalucía, y la proyección internacional de la cultura andaluza.

Corresponde asimismo a la Comunidad Autónoma la *competencia exclusiva* en materia de conocimiento, conservación, investigación, formación, promoción y difusión del flamenco como elemento singular del patrimonio cultural andaluz.

La Comunidad Autónoma asume *competencias ejecutivas* sobre los museos, bibliotecas, archivos y otras colecciones de naturaleza análoga de titularidad estatal situados en su territorio cuya gestión no se reserve el Estado, lo que comprende, en todo caso, la regulación del funcionamiento, la organización y el régimen de su personal.

Corresponde a la Comunidad Autónoma, salvo lo dispuesto en el párrafo anterior, la *competencia exclusiva* sobre:

1.º Protección del patrimonio histórico, artístico, monumental, arqueológico y científico, sin perjuicio de lo que dispone la Constitución.

2.º Archivos, museos, bibliotecas y demás colecciones de naturaleza análoga que no sean de titularidad estatal. Conservatorios de música y danza y centros dramáticos y de bellas artes de interés para la Comunidad Autónoma.

La Junta de Andalucía colaborará con el Estado a través de los cauces que se establezcan de mutuo acuerdo para la gestión eficaz de los fondos del Archivo de Indias y de la Real Chancillería.

La Comunidad Autónoma participará en las decisiones sobre inversiones en bienes y equipamientos culturales de titularidad estatal en Andalucía.

Las actuaciones estatales relacionadas con la proyección internacional de la cultura andaluza se desarrollarán en el marco de los instrumentos de colaboración y cooperación.

Medios de comunicación social y servicios de contenido audiovisual.

Corresponde a la Comunidad Autónoma la *competencia exclusiva* sobre la organización de la prestación del servicio público de comunicación audiovisual de la Junta de Andalucía y de los servicios públicos de comunicación audiovisual de ámbito local, respetando la garantía de la autonomía local. La Comunidad Autónoma de Andalucía podrá crear y mantener todos los medios de comunicación social necesarios para el cumplimiento de sus fines.

Corresponde a la Comunidad Autónoma el *desarrollo legislativo y la ejecución* sobre competencias de medios de comunicación social.

Corresponde a la Comunidad Autónoma la *competencia compartida* sobre ordenación y regulación y el control de los servicios de comunicación audiovisual que utilicen cualquiera de los soportes y tecnologías disponibles dirigidos al público de Andalucía, así como sobre las ofertas de comunicación audiovisual si se distribuyen en el territorio de Andalucía.

Publicidad.

Corresponde a la Comunidad Autónoma de Andalucía la *competencia exclusiva* sobre la publicidad en general y sobre publicidad institucional sin perjuicio de la legislación del Estado.

Turismo.

Corresponde a la Comunidad Autónoma la *competencia exclusiva* en materia de turismo, que incluye, en todo caso: la ordenación y la planificación del sector turístico; la regulación y la clasificación de las empresas y establecimientos turísticos y la gestión de la red de establecimientos turísticos de titularidad de la Junta, así como la coordinación con los órganos de administración de Paradores de Turismo de España en los términos que establezca la legislación estatal; la promoción interna y externa que incluye la suscripción de acuerdos con entes extranjeros y la creación de oficinas en el extranjero; la regulación de los derechos y deberes específicos de los usuarios y prestadores de servicios turísticos; la formación sobre turismo y la fijación de los criterios, la regulación de las condiciones y la ejecución y el control de las líneas públicas de ayuda y promoción del turismo.

Deportes, espectáculos y actividades recreativas.

Corresponde a la Comunidad Autónoma la *competencia exclusiva* en materia de deportes y de actividades de tiempo libre, que incluye la planificación, la coordinación y el fomento de estas actividades, así como la regulación y declaración de utilidad pública de entidades deportivas.

Corresponde a la Comunidad Autónoma la *competencia exclusiva* en materia de espectáculos y actividades recreativas que incluye, en todo caso, la ordenación del sector, el régimen de intervención administrativa y el control de todo tipo de espectáculos en espacios y locales públicos.

Políticas de género.

Corresponde a la Comunidad Autónoma la *competencia exclusiva* en materia de políticas de género que, *respetando lo establecido por el Estado* en el ejercicio de la competencia que le atribuye la Constitución, incluye, en todo caso:

a) La promoción de la igualdad de hombres y mujeres en todos los ámbitos sociales, laborales, económicos o representativos.

Se atribuye expresamente a la Comunidad Autónoma la facultad de dictar normativas propias o de desarrollo en esta materia.

b) La planificación y ejecución de normas y planes en materia de políticas para la mujer, así como el establecimiento de acciones positivas para erradicar la discriminación por razón de sexo.

c) La promoción del asociacionismo de mujeres.

Corresponde a la Comunidad Autónoma la *competencia compartida* en materia de lucha contra la violencia de género, la planificación de actuaciones y la capacidad de evaluación y propuesta ante la Administración central. La Comunidad Autónoma podrá establecer medidas e instrumentos para la sensibilización sobre la violencia de género y para su detección y prevención, así como regular servicios y destinar recursos propios para conseguir una protección integral de las mujeres que han sufrido o sufren este tipo de violencia.

Políticas de juventud.

Corresponde a la Comunidad Autónoma la *competencia exclusiva* en materia de juventud, que incluye, en todo caso:

a) La promoción del desarrollo personal y social de los jóvenes así como las actividades de fomento o normativas dirigidas a conseguir el acceso de éstos al trabajo, la vivienda y la formación profesional.

b) El diseño, la aplicación y evaluación de políticas y planes destinados a la juventud.

c) La promoción del asociacionismo juvenil, de la participación de los jóvenes, de la movilidad internacional y del turismo juvenil.

d) La regulación y gestión de actividades e instalaciones destinadas a la juventud.

Cajas de ahorro, entidades de crédito, bancos, seguros y mutualidades no integradas en el sistema de Seguridad Social.

Corresponde a la Comunidad Autónoma en materia de cajas de ahorro con domicilio en Andalucía, cajas rurales y entidades cooperativas de crédito, la *competencia exclusiva* sobre la regulación de su organización, *sin perjuicio de lo establecido en la Constitución.* Esta competencia incluye, en todo caso:

a) La determinación de sus órganos rectores y de la forma en que los distintos intereses sociales deben estar representados.

b) El estatuto jurídico de sus órganos rectores y de los demás cargos.

c) El régimen jurídico de la creación, la fusión, la liquidación y el registro.

d) El ejercicio de las potestades administrativas con relación a las fundaciones que se creen.

e) La regulación de las agrupaciones de cajas de ahorro con sede social en Andalucía y de las restantes entidades a las que se refiere este apartado.

Corresponde a la Comunidad Autónoma, en materia de cajas de ahorro con domicilio en Andalucía, cajas rurales y entidades cooperativas de crédito, la *competencia compartida* sobre la actividad financiera, de acuerdo con los principios, reglas y estándares mínimos que establezcan las bases estatales, que incluye, en todo caso, la regulación de la distribución de los excedentes y de la obra social de las cajas. Asimismo, la Comunidad Autónoma de Andalucía efectuará el seguimiento del proceso de emisión y distribución de cuotas participativas, exceptuando los aspectos relativos al régimen de ofertas públicas de ventas o suscripción de valores y admisión a negociación, a la estabilidad financiera y a la solvencia.

Corresponde a la Comunidad Autónoma, en materia de cajas de ahorro con domicilio en Andalucía, cajas rurales y entidades cooperativas de crédito, la *competencia compartida* sobre disciplina, inspección y sanción. Esta competencia incluye, en todo caso, el establecimiento de infracciones y sanciones adicionales en materias de su competencia.

La Comunidad Autónoma, de acuerdo con lo establecido en la legislación estatal, colabora en las actividades de inspección y sanción que el Ministerio de Economía y Hacienda y el Banco de España ejercen sobre las cajas de ahorro con domicilio en Andalucía, cajas rurales y entidades cooperativas de crédito.

Corresponde a la Comunidad Autónoma, en el marco de las bases del Estado el desarrollo legislativo y la *ejecución* de las siguientes materias: ordenación del crédito, la Banca y los seguros, mutualidades y gestoras de planes de pensiones no integradas en la Seguridad Social.

Corresponde a la Comunidad Autónoma la *competencia exclusiva* sobre la estructura, la organización y el funcionamiento de las mutualidades de previsión social no integradas en el sistema de Seguridad Social.

Corresponde a la Comunidad Autónoma la *competencia compartida* sobre la estructura, la organización, el funcionamiento y la actividad de las entidades de crédito, distintas de las cajas de ahorro y cooperativas de crédito, entidades gestoras y fondos de pensiones, entidades aseguradoras, distintas de cooperativas de seguros y mutualidades de previsión social y mediadores de seguros privados.

Función pública y estadística.

En materia de función pública corresponde a la Comunidad Autónoma el *desarrollo legislativo y la ejecución* en los términos de la Constitución.

Corresponde a la Junta de Andalucía, en materia de función pública y personal al servicio de la Administración, respetando el principio de autonomía local:

a) La *competencia exclusiva* sobre la planificación, organización general, la formación y la acción social de su función pública en todos los sectores materiales de prestación de los servicios públicos de la Comunidad Autónoma.

b) La *competencia compartida* sobre el régimen estatutario del personal al servicio de las Administraciones andaluzas.

c) La *competencia exclusiva*, en materia de personal laboral, sobre la adaptación a las necesidades derivadas de la organización administrativa y sobre la formación de este personal.

Corresponde a la Comunidad Autónoma la *competencia exclusiva* sobre estadística para fines de la Comunidad, la planificación estadística, la creación, la gestión y organización de un sistema estadístico propio. La Comunidad Autónoma de Andalucía participará y colaborará en la elaboración de estadísticas de alcance suprautonómico.

Notariado y registros públicos.

Corresponde a la Comunidad Autónoma la *competencia ejecutiva* sobre:

1.º El nombramiento de Notarios y Registradores y el establecimiento de demarcaciones notariales y registrales.

2.º Registro Civil.

3.º Archivos de protocolos notariales, de libros registrales de la propiedad, mercantiles y civiles.

Consultas populares.

Corresponde a la Junta de Andalucía la *competencia exclusiva* para el establecimiento del régimen jurídico, las modalidades, el procedimiento, la realización y la convocatoria por ella misma o por los entes locales en el ámbito de sus competencias de encuestas, audiencias públicas, foros de participación y cualquier otro instrumento de consulta popular, con la excepción del referéndum.

Asociaciones, fundaciones y corporaciones de derecho público.

Corresponde a la Comunidad Autónoma, *respetando las condiciones básicas* establecidas por el Estado para garantizar la igualdad en el ejercicio del derecho y la reserva de ley orgánica, la *competencia exclusiva* sobre el régimen jurídico de las asociaciones que desarrollen principalmente sus funciones en Andalucía.

Corresponde a la Comunidad Autónoma la *competencia exclusiva* sobre las academias y el régimen jurídico de las fundaciones que desarrollen principalmente sus funciones en Andalucía.

Corresponden a la Comunidad Autónoma *en lo no afectado* por el artículo 149.1.18.ª de la Constitución *competencias exclusivas* sobre:

a) Cámaras de comercio, industria y navegación; cámaras de la propiedad, en su caso, agrarias y cofradías de pescadores, y otras de naturaleza equivalente; consejos reguladores de denominaciones de origen.

b) Colegios profesionales y ejercicio de las profesiones tituladas de acuerdo con el artículo 36 de la Constitución y con la legislación del Estado.

Corresponde a la Comunidad Autónoma la competencia sobre la definición de las corporaciones, los requisitos para su creación y para ser miembros de las mismas en el marco de la legislación básica del Estado.

Administración de Justicia.

La Comunidad Autónoma tiene *competencias compartidas* en materia de administración de justicia, de acuerdo con lo establecido en la Ley Orgánica del Poder Judicial, que incluyen la gestión de los recursos materiales, la organización de los medios humanos al servicio de la Administración de Justicia, las demarcaciones territoriales de los órganos jurisdiccionales, los concursos y oposiciones de personal no judicial, y cuantas competencias ejecutivas le atribuye el Título V del presente Estatuto y la legislación estatal.

Juego.

Corresponde a la Comunidad Autónoma la *competencia exclusiva* en materias de juegos, apuestas y casinos, incluidas las modalidades por medios informáticos y telemáticos, cuando la actividad se desarrolle exclusivamente en Andalucía.

La autorización de nuevas modalidades de juego y apuestas de ámbito estatal, o bien la modificación de las existentes, requiere la deliberación en la Comisión Bilateral Junta de Andalucía-Estado prevista en el Título IX y el informe previo de la Junta de Andalucía.

Protección de datos.

Corresponde a la Comunidad Autónoma de Andalucía la *competencia ejecutiva* sobre protección de datos de carácter personal, gestionados por las instituciones autonómicas de Andalucía, Administración autonómica, Administraciones locales, y otras entidades de derecho público y privado dependientes de cualquiera de ellas, así como por las universidades del sistema universitario andaluz.

Denominaciones de origen y otras menciones de calidad.

Corresponde a la Comunidad Autónoma, *respetando lo dispuesto* en el artículo 149.1.13.ª de la Constitución, la *competencia exclusiva* sobre denominaciones de origen y otras menciones de calidad, que incluye, en todo caso, el régimen jurídico de creación y funcionamiento, el reconocimiento de las denominaciones o indicaciones, la aprobación de sus normas reguladoras y todas las facultades administrativas de gestión y control de la actuación de aquéllas.

Organización de servicios básicos.

La Comunidad Autónoma podrá organizar y administrar todos los servicios relacionados con educación, sanidad y servicios sociales y ejercerá la tutela de las instituciones y entidades en estas materias, sin perjuicio de la alta inspección del Estado, conducente al cumplimiento de las funciones y competencias contenidas en este artículo.

La Comunidad Autónoma de Andalucía ajustará el ejercicio de las competencias que asuma en las materias expresadas en el apartado anterior a criterios de participación democrática de todos los interesados, así como de los sindicatos de trabajadores y asociaciones empresariales en los términos que la ley establezca.

Ejercicio de las funciones y servicios inherentes a las competencias de la Comunidad Autónoma.

En el ámbito de las competencias que se le atribuyen en el presente Estatuto, le corresponden a la Comunidad Autónoma de Andalucía, además de las facultades y funciones expresamente contempladas en el mismo, todas aquellas que, por su naturaleza, resulten inherentes a su pleno ejercicio.

El ejercicio de las funciones y servicios inherentes a las competencias recogidas en el presente Título se entenderá conforme a lo establecido en el Título VIII de la Constitución.

Participación en la ordenación general de la actividad económica.

La Junta de Andalucía participa en la elaboración de las decisiones estatales que afectan a la ordenación general de la actividad económica en el marco de lo establecido en el artículo 131.2 de la Constitución.

Procesos de designación de los miembros de los organismos económicos y sociales.

La participación de la Comunidad Autónoma de Andalucía en los procesos de designación de los miembros de los órganos e instituciones del Estado de carácter económico y social que se señalan a continuación se llevará a cabo en los términos que establezcan la Constitución y la legislación estatal aplicable:

1.º El Banco de España, la Comisión Nacional del Mercado de Valores, la Comisión del Mercado de las Telecomunicaciones, y los organismos que eventualmente les sustituyan, y los demás organismos estatales que ejerzan funciones de autoridad reguladora sobre materias de relevancia económica y social relacionadas con las competencias de la Comunidad Autónoma.

2.º Organismos económicos y energéticos, las instituciones financieras y las empresas públicas del Estado cuya competencia se extienda al territorio de Andalucía y que no sean objeto de traspaso.

3.º El Tribunal de Cuentas, el Consejo Económico y Social, la Agencia Tributaria, la Comisión Nacional de Energía, la Agencia Española de Protección de Datos, el Consejo de Radio y Televisión, los organismos que eventualmente les sustituyan y los que se creen en estos ámbitos.

La participación en las designaciones a que se refieren los apartados anteriores corresponde al Parlamento, o bien con su acuerdo, en los términos establecidos por ley.

La Junta de Andalucía, si la naturaleza del ente lo requiere y su sede principal no está en Andalucía, podrá solicitar al Estado la creación de delegaciones territoriales de los organismos.

Coordinación con el Estado.

La coordinación de la Junta de Andalucía con el Estado se llevará a cabo a través de los mecanismos multilaterales y bilaterales previstos en el Título IX

REFORMA DEL ESTATUTO.

Iniciativa y procedimiento ordinario.

La reforma del Estatuto se ajustará al siguiente procedimiento:

a) La iniciativa de la reforma corresponderá al Gobierno o al Parlamento de Andalucía, a propuesta de una tercera parte de sus miembros, o a las Cortes Generales.

b) La propuesta de reforma requerirá, en todo caso, la aprobación del Parlamento de Andalucía por mayoría de dos tercios, la aprobación de las Cortes Generales mediante ley orgánica y, finalmente, el referéndum positivo de los electores andaluces y andaluzas.

Si la propuesta de reforma no es aprobada por el Parlamento o por las Cortes Generales, o no es confirmada mediante referéndum del cuerpo electoral, no podrá ser sometida nuevamente a debate y votación del Parlamento hasta que haya transcurrido un año.

La Junta de Andalucía someterá a referéndum la reforma en el plazo máximo de seis meses, una vez sea ratificada mediante ley orgánica por las Cortes Generales que llevará implícita la autorización de la consulta.

Procedimiento simplificado.

No obstante lo dispuesto en el artículo anterior, cuando la reforma no afectara a las relaciones de la Comunidad Autónoma con el Estado, se podrá proceder de la siguiente manera:

a) Elaboración y aprobación del proyecto de reforma por el Parlamento de Andalucía.

b) Consulta a las Cortes Generales.

c) Si en el plazo de treinta días, a partir de la recepción de la consulta prevista en el apartado anterior, las Cortes Generales no se declarasen afectadas por la reforma, se convocará, debidamente autorizado, un referéndum sobre el texto propuesto.

d) Se requerirá finalmente la aprobación de las Cortes Generales mediante ley orgánica.

e) Si en el plazo señalado en la letra c) las Cortes Generales se declarasen afectadas por la reforma, se constituirá una comisión mixta paritaria para formular, por el procedimiento previsto en el Reglamento del Congreso de los Diputados, una propuesta conjunta, siguiéndose entonces el procedimiento previsto en el artículo anterior, dándose por cumplidos los trámites del mencionado artículo.

En cualquiera de los dos procedimientos regulados en los artículos anteriores, el Parlamento de Andalucía, por mayoría de tres quintos, podrá retirar la propuesta de reforma en tramitación ante cualquiera de las Cámaras de las Cortes Generales antes de que haya recaído votación final sobre la misma. En tal caso, no será de aplicación la limitación temporal prevista.

La ampliación de la Comunidad Autónoma a territorios históricos no integrados en otra Comunidad Autónoma se resolverá por las Cortes Generales, previo acuerdo de las partes interesadas y sin que ello suponga reforma del presente Estatuto, una vez que dichos territorios hayan vuelto a la soberanía española.

ORGANIZACIÓN INSTITUCIONAL DE LA COMUNIDAD AUTÓNOMA DE ANDALUCÍA. EL PARLAMENTO DE ANDALUCÍA. EL PRESIDENTE DE LA JUNTA DE ANDALUCÍA Y EL CONSEJO DE GOBIERNO. EL PODER JUDICIAL EN ANDALUCÍA. OTRAS INSTITUCIONES DE AUTOGOBIERNO.

ORGANIZACIÓN INSTITUCIONAL DE LA COMUNIDAD AUTÓNOMA DE ANDALUCÍA. EL PARLAMENTO DE ANDALUCÍA.

El Parlamento de Andalucía representa al pueblo andaluz. El Parlamento de Andalucía es inviolable.

Composición.

El Parlamento estará compuesto por un mínimo de 109 Diputados y Diputadas, elegidos por sufragio universal, igual, libre, directo y secreto. Los miembros del Parlamento representan a toda Andalucía y no están sujetos a mandato imperativo.

El Parlamento es elegido por cuatro años. El mandato de los Diputados termina cuatro años después de su elección o el día de disolución de la Cámara. En ambos casos, el mandato de los Diputados titulares y suplentes que integren la Diputación Permanente se prorrogará hasta la constitución de la nueva Cámara.

Los Diputados gozarán, aun después de haber cesado en su mandato, de inviolabilidad por las opiniones manifestadas en actos parlamentarios y por los votos emitidos en el ejercicio de su cargo. Durante su mandato no podrán ser detenidos por los actos delictivos cometidos en el territorio de Andalucía, sino en caso de flagrante delito, correspondiendo decidir, en todo caso, sobre su inculpación, prisión, procesamiento y juicio al Tribunal Superior de Justicia de Andalucía. Fuera de dicho territorio, la responsabilidad penal será exigible, en los mismos términos, ante la Sala de lo Penal del Tribunal Supremo.

El Parlamento goza de plena autonomía reglamentaria, presupuestaria, administrativa y disciplinaria. El Parlamento se dotará de su propio Reglamento de organización y funcionamiento, cuya aprobación o reforma requerirán el voto de la mayoría absoluta de los Diputados. El Reglamento del Parlamento establecerá el Estatuto del Diputado.

El Parlamento elabora y aprueba su presupuesto y, en los términos que establezcan sus propias disposiciones, posee facultades plenas para la modificación, ejecución, liquidación y control del mismo.

El Parlamento elegirá de entre sus miembros al Presidente o Presidenta, la Mesa y la Diputación Permanente. El Parlamento funcionará en Pleno y Comisiones. El Pleno podrá delegar en las Comisiones legislativas la aprobación de proyectos y proposiciones de ley, estableciendo en su caso los criterios pertinentes. El Pleno podrá recabar en cualquier momento el debate y votación de los proyectos o proposiciones de ley que hayan sido objeto de esta delegación.

Corresponde en todo caso al Pleno la aprobación de las leyes de contenido presupuestario y tributario y de todas las que requieran una mayoría cualificada de acuerdo con el presente Estatuto.

El Parlamento se reunirá en sesiones ordinarias y extraordinarias. Los períodos ordinarios serán dos por año y durarán un total de ocho meses como mínimo. El primero se iniciará en septiembre y el segundo en febrero. Las sesiones extraordinarias habrán de ser convocadas por su Presidente, previa aprobación por la Diputación Permanente, a petición de ésta, de una cuarta parte de los Diputados o del número de grupos parlamentarios que el Reglamento determine, así como a petición del Presidente de la Junta o del Consejo de Gobierno.

El Reglamento del Parlamento determinará el procedimiento de elección de su Presidente y de la Mesa; la composición y funciones de la Diputación Permanente; las relaciones entre Parlamento y Consejo de Gobierno; el número mínimo de Diputados para la formación de los grupos parlamentarios; el procedimiento legislativo; las funciones de la Junta de Portavoces y el procedimiento, en su caso, de elección de los Senadores representantes de la Comunidad Autónoma. Los grupos parlamentarios participarán en la Diputación Permanente y en todas las Comisiones en proporción a sus miembros.

La mesa. Es el órgano rector de la cámara y ostenta la representación colegiada de ésta en los actos a los que asiste. Está formada por el presidente del parlamento más 3 vicepresidentes y 3 secretarios. El pleno elegirá a los miembros de la mesa en la sesión constitutiva del Parlamento.

Corresponden a la Mesa las siguientes funciones:

1.º Adoptar cuantas decisiones y medidas requieran la organización del trabajo y el régimen y gobierno interior de la Cámara.

2.º Elaborar el proyecto de presupuesto del Parlamento y dirigir su ejecución.

3.º Aprobar la relación de puestos de trabajo del personal al servicio de la Cámara, las plantillas y la determinación de funciones correspondientes a cada uno de dichos puestos.

4.º Aprobar las bases que regulen el acceso del personal al Parlamento.

5.º Autorizar los gastos de la Cámara.

6.º Calificar, con arreglo al Reglamento, los escritos y documentos de índole parlamentaria, así como declarar la admisibilidad o inadmisibilidad de los mismos.

7.º Decidir la tramitación de todos los escritos y documentos de índole parlamentaria, de acuerdo con las normas establecidas en este Reglamento.

8.º Programar las líneas generales de actuación de la Cámara, fijar el calendario de actividades del Pleno y de las Comisiones para cada período de sesiones y coordinar los trabajos de sus distintos órganos, todo ello de acuerdo con la Junta de Portavoces.

9.º Cualesquiera otras que le encomiende el presente Reglamento y las que no estén atribuidas a un órgano específico.

El presidente. Dirige y coordina la acción de la mesa. Ostenta la representación de la cámara. Dirige los debates, mantiene el orden y ordena los pagos. Los **vicepresidentes** lo sustituyen en los casos establecidos. Los **secretarios** supervisan y autorizan con el Vº Bº del presidente los actos y las certificaciones.

La Mesa se reunirá a convocatoria del Presidente y estará asesorada por el Letrado Mayor, quien redactará el acta de las sesiones y cuidará, bajo la dirección del Presidente, de la ejecución de los acuerdos. El nombramiento de Letrado Mayor se realizará por la Mesa, a propuesta del Presidente, entre los letrados del Parlamento.

Los grupos parlamentarios. Los diputados en número no inferior a cinco podrán constituirse en grupo. Ningún diputado podrá formar parte de más de un grupo.

El Parlamento pondrá a disposición de los grupos parlamentarios locales y medios materiales suficientes y les asignará, con cargo a su presupuesto, las subvenciones necesarias para cubrir sus gastos de funcionamiento. Las cuantías se fijarán por la Comisión de Gobierno Interior y Derechos Humanos, a propuesta de la Mesa de la Cámara y oídos los portavoces de los grupos parlamentarios, dentro de los límites de la correspondiente consignación presupuestaria.

Junta de portavoces. Formada por los portavoces de los grupos parlamentarios. Se reunirán al menos quincenalmente, bajo la presidencia del presidente del Parlamento, éste la convocará a iniciativa propia, a petición de dos grupos parlamentarios o de la décima parte de los miembros de la Cámara. Asistirá también un vicepresidente, un secretario y un letrado mayor. Las decisiones se tomarán en función del criterio del voto ponderado.

La Junta de Portavoces será previamente oída para:

1.º Fijar los criterios que contribuyan a ordenar y facilitar los debates y las tareas del Parlamento.

2.º Decidir la Comisión competente para conocer de los proyectos y proposiciones de ley.

3.º Fijar el número de miembros de cada grupo parlamentario que deberán formar las Comisiones.

4.º Asignar los escaños en el salón de sesiones a los diferentes grupos parlamentarios.

Comisiones. Formada por los miembros que designen los grupos parlamentarios en proporción a su importancia numérica. Las Comisiones serán convocadas por su Presidente, por iniciativa propia o a petición de dos grupos parlamentarios o de la décima parte de los miembros de la Comisión. La Mesa de la Comisión se reunirá, al menos, una vez al mes. De la convocatoria se dará cuenta a la Presidencia del Parlamento, a efectos de la coordinación de los trabajos parlamentarios. Las Comisiones conocerán de los proyectos, proposiciones o asuntos que les encomiende, de acuerdo con su respectiva competencia, la Mesa del Parlamento, oída la Junta de Portavoces. Tenemos comisiones legislativas permanentes y no permanentes (se crean para un trabajo concreto).

Son Comisiones Permanentes Legislativas las siguientes:

Comisión de Agricultura, Ganadería, Pesca y Desarrollo Sostenible
Comisión de Cultura y Patrimonio Histórico
Comisión de Desarrollo Estatutario
Comisión de Educación y Deporte
Comisión de Empleo, Formación y Trabajo Autónomo
Comisión de Fomento, Infraestructuras y Ordenación del Territorio
Comisión de Hacienda y Financiación Europea
Comisión de Igualdad, Políticas Sociales y Conciliación
Comisión de Presidencia, Administración Pública e Interior
Comisión de Salud y Familias
Comisión de Transformación Económica, industria, Conocimiento y Universidades

Comisión de Turismo, Regeneración, Justicia y Administración Local

Son también Comisiones Permanentes aquellas que deban constituirse por disposición legal y las siguientes:

Comisión Consultiva de Nombramientos, Relaciones con el DPA y Peticiones

Comisión de Asuntos Europeos

Comisión de Control de la RTVA y de sus Sociedades Filiales

Comisión de Reglamento

Comisión de Seguimiento y Control Financiación Partidos Políticos

Comisión del Estatuto de los Diputados

Comisión sobre la Discapacidad en Andalucía

Comisión sobre Políticas para la Protección de la Infancia en Andalucía

Son Comisiones no Permanentes las que se crean para un fin concreto. Se extinguen a la finalización del trabajo encomendado y, en todo caso, al concluir la legislatura. Las Comisiones no Permanentes podrán ser de investigación o de estudio.

El pleno. Convocado por el presidente o presidenta o por solicitud, al menos, de dos grupos parlamentarios o 1/5 de los diputados.

Diputación permanente. La Diputación Permanente será presidida por el Presidente o Presidenta del Parlamento y estará compuesta, además de por la Mesa de la Cámara, por tantos miembros más como número complete el de composición de las Comisiones acordado en virtud de lo dispuesto en el artículo 40 de este Reglamento. A efectos de que la representación de los Grupos parlamentarios sea proporcional a su importancia numérica, cada miembro de la Mesa se imputará al Grupo del que forme parte. Se elegirán, además, por cada Grupo parlamentario tantos Diputados suplentes como titulares le correspondan, que tendrán carácter permanente.

La Mesa de la Diputación Permanente será la Mesa del Parlamento de Andalucía. La Diputación Permanente será convocada por su Presidente o Presidenta, a iniciativa propia o a petición de dos Grupos parlamentarios.

A las sesiones de la Diputación Permanente podrán asistir los medios de comunicación debidamente acreditados, salvo que se declare el carácter secreto de la sesión. Cuando el Parlamento no esté reunido por vacaciones parlamentarias, cuando haya sido disuelto o haya expirado el mandato parlamentario y hasta tanto se constituya el nuevo Parlamento, la Diputación Permanente velará por los poderes de la Cámara. Especialmente:

1.º Convocará, en su caso, al Parlamento, sea al Pleno o cualquiera de las Comisiones, por acuerdo de la mayoría absoluta.

2.º Conocerá de la delegación temporal de las funciones ejecutivas propias del Presidente o Presidenta de la Junta en un miembro del Consejo de Gobierno.

En todo caso, después de los lapsos de tiempo entre períodos de sesiones o después de la celebración de elecciones, la Diputación Permanente dará cuenta al Pleno del Parlamento, en la primera sesión ordinaria, de los asuntos que hubiera tratado y de las decisiones adoptadas.

Atribuciones del parlamento andaluz. (Art. 106 EA)

1.º El ejercicio de la potestad legislativa propia de la Comunidad Autónoma, así como la que le corresponda de acuerdo con el artículo 150.1 y 2 de la Constitución.

2.º La orientación y el impulso de la acción del Consejo de Gobierno.

3.º El control sobre la acción del Consejo de Gobierno y sobre la acción de la Administración situada bajo su autoridad. Con esta finalidad se podrán crear, en su caso, comisiones de investigación, o atribuir esta facultad a las comisiones permanentes.

4.º El examen, la enmienda y la aprobación de los presupuestos.

5.º La potestad de establecer y exigir tributos, así como la autorización de emisión de deuda pública y del recurso al crédito, en los términos que establezca la Ley Orgánica a que se refiere el artículo 157.3 de la Constitución Española.

6.º La elección del Presidente de la Junta.

7.º La exigencia de responsabilidad política al Consejo de Gobierno.

8.º La apreciación, en su caso, de la incapacidad del Presidente de la Junta.

9.º La presentación de proposiciones de ley al Congreso de los Diputados en los términos del artículo 87.2 de la Constitución.

10.º La autorización al Consejo de Gobierno para obligarse en los convenios y acuerdos de colaboración con otras Comunidades Autónomas, de acuerdo con la Constitución y el presente Estatuto.

11.º La aprobación de los planes económicos.

12.º El examen y aprobación de la Cuenta General de la Comunidad Autónoma, sin perjuicio del control atribuido a la Cámara de Cuentas.

13.º La ordenación básica de los órganos y servicios de la Comunidad Autónoma.

14.º El control de las empresas públicas andaluzas.

15.º El control de los medios de comunicación social dependientes de la Comunidad Autónoma.

16.º La interposición de recursos de inconstitucionalidad y la personación en los procesos constitucionales de acuerdo con lo que establezca la Ley Orgánica del Tribunal Constitucional.

17.º La designación, en su caso, de los Senadores y Senadoras que correspondan a la Comunidad Autónoma, de acuerdo con lo establecido en la Constitución. La designación podrá recaer en cualquier ciudadano que ostente la condición política de andaluz.

18.º La solicitud al Estado de la atribución, transferencia o delegación de facultades en el marco de lo dispuesto en el artículo 150.1 y 2 de la Constitución.

19.º Las demás atribuciones que se deriven de la Constitución, de este Estatuto y del resto del ordenamiento jurídico.

En los nombramientos y designaciones de instituciones y órganos que corresponda efectuar al Parlamento de Andalucía regirá el principio de presencia equilibrada entre hombres y mujeres.

Funcionamiento.

Celebradas las elecciones al parlamento, se reunirán en sesión constitutiva el día y la hora señalados en el decreto de convocatoria. En esta sesión se elegirán los miembros de la mesa y al Presidente de la Junta de Andalucía.

El parlamento funcionará en pleno y en comisiones. El pleno podrá delegar en las comisiones legislativas la aprobación de proyectos y proposiciones de ley, podrá recabar en cualquier momento el debate y votación de los proyectos o proposiciones.

Anualmente existen dos periodos de sesiones ordinarios (septiembre-diciembre y febrero-junio), fuera de dichos periodos la cámara sólo puede celebrar sesiones extraordinarias previa convocatoria de la presidencia, a petición del Presidente o Presidenta de la Junta o del Consejo de Gobierno.

Las sesiones, por regla general, se celebrarán en días comprendidos entre el martes y el viernes, ambos inclusive, de cada semana. Podrán, no obstante, celebrarse en días diferentes de los señalados por decisión de la Mesa del Parlamento.

Las sesiones serán públicas excepto cuando se debatan propuestas, dictámenes, informes o conclusiones elaborados en el seno de la comisión del estatuto del diputado, también cuando lo acuerde el pleno por mayoría absoluta. Las sesiones de las comisiones se celebran a puerta cerrada.

El orden del día es fijado por el presidente, oída la mesa y de acuerdo con la junta de portavoces. Dicho orden podrá ser alterado por acuerdo del pleno (o comisión) a propuesta del presidente, dos grupos parlamentarios o 10 % de los diputados. La comprobación del quórum sólo podrá solicitarse antes del comienzo de la votación.

De las sesiones del Pleno y de las Comisiones se levantará acta, que contendrá una relación sucinta de las materias debatidas, personas intervinientes, incidencias producidas y acuerdos adoptados.

Los acuerdos serán válidos cuando hayan sido aprobados por mayoría simple de los miembros presentes del órgano correspondiente. El Estatuto de Autonomía establece mayorías especiales en algunos casos. El voto de los diputados es personal e indelegable.

El Parlamento ejerce la potestad legislativa mediante la elaboración y aprobación de las leyes. Las leyes que afectan a la organización territorial, al régimen electoral o a la organización de las instituciones básicas, requerirán el voto favorable de la mayoría absoluta del Pleno del Parlamento en una votación final sobre el conjunto del texto, salvo aquellos supuestos para los que el Estatuto exija mayoría cualificada.

El Parlamento podrá delegar en el Consejo de Gobierno la potestad de dictar normas con rango de ley. Están excluidas de la delegación legislativa las siguientes materias:

a) Las leyes de reforma del Estatuto de Autonomía.

b) Las leyes del presupuesto de la Comunidad Autónoma.

c) Las leyes que requieran cualquier mayoría cualificada del Parlamento.

d) Las leyes relativas al desarrollo de los derechos y deberes regulados en este Estatuto.

e) Otras leyes en que así se disponga en este Estatuto.

La delegación legislativa para la formación de textos articulados se otorgará mediante una ley de bases que fijará, al menos, su objeto y alcance, los principios y criterios que hayan de seguirse en su ejercicio y el plazo de ejercicio. En su caso, podrá establecer fórmulas adicionales de control. La delegación legislativa se agota por el uso que de ella haga el Gobierno mediante la publicación de la norma correspondiente. No podrá entenderse concedida de modo implícito o por tiempo indeterminado. La ley de bases no podrá autorizar, en ningún caso, su propia modificación, ni facultar para dictar normas de carácter retroactivo.

La delegación legislativa para la refundición de textos articulados se otorgará mediante ley ordinaria, que fijará el contenido de la delegación y especificará si debe formularse un texto único o incluye la regularización y armonización de diferentes textos legales.

Cuando una proposición de ley o una enmienda fuere contraria a una delegación legislativa en vigor, el Gobierno está facultado para oponerse a su tramitación. En tal supuesto podrá presentarse una proposición de ley para la derogación total o parcial de la ley de delegación.

En caso de extraordinaria y urgente necesidad el Consejo de Gobierno podrá dictar medidas legislativas provisionales en forma de decretos-leyes, que no podrán afectar a los derechos establecidos en este Estatuto, al régimen electoral, ni a las instituciones de la Junta de Andalucía. No podrán aprobarse por decreto-ley los presupuestos de Andalucía.

Los decretos-leyes quedarán derogados si en el plazo improrrogable de treinta días subsiguientes a su promulgación no son convalidados expresamente por el Parlamento tras un debate y votación de totalidad. Durante el plazo establecido en este apartado el Parlamento podrá acordar la tramitación de los decretos-leyes como proyectos de ley por el procedimiento de urgencia.

La iniciativa legislativa corresponde a los Diputados, en los términos previstos en el Reglamento del Parlamento, y al Consejo de Gobierno. Una ley del Parlamento de Andalucía, en el marco de la ley orgánica prevista en el artículo 87.3 de la Constitución, regulará tanto el ejercicio de la iniciativa legislativa de los Ayuntamientos como la iniciativa legislativa popular.

La ley regulará las modalidades de consulta popular para asuntos de especial importancia para la Comunidad Autónoma en los términos previstos en el artículo 78.

Corresponde al Consejo de Gobierno de Andalucía la elaboración de reglamentos generales de las leyes de la Comunidad Autónoma.

Los ciudadanos, a través de las organizaciones y asociaciones en que se integran, así como las instituciones, participarán en el procedimiento legislativo en los términos que establezca el Reglamento del Parlamento.

En el procedimiento de elaboración de las leyes y disposiciones reglamentarias de la Comunidad Autónoma se tendrá en cuenta el impacto por razón de género del contenido de las mismas.

El control de constitucionalidad de las disposiciones normativas de la Comunidad Autónoma con fuerza de ley corresponde exclusivamente al Tribunal Constitucional.

Las leyes de Andalucía serán promulgadas, en nombre del Rey, por el Presidente de la Junta, el cual ordenará la publicación de las mismas en el Boletín Oficial de la Junta de Andalucía en el plazo de quince días desde su aprobación, así como en el Boletín Oficial del Estado. A efectos de su vigencia regirá la fecha de publicación en el Boletín Oficial de la Junta de Andalucía.

El diputado o diputada que por razón de paternidad o maternidad con ocasión de embarazo, nacimiento o adopción no pueda cumplir con su deber de asistir a los debates y votaciones del Pleno podrá delegar el voto en otro miembro de la Cámara.

La delegación de voto deberá realizarse mediante escrito dirigido a la Mesa del Parlamento, en el cual deberá constar el nombre del miembro de la Cámara que recibe la delegación, así como los debates y las votaciones donde habrá de ejercerse o, en su caso, el período de duración de aquella.

También cabrá delegación de voto en los supuestos de enfermedad o incapacidad prolongada del diputado o diputada.

Según el artículo 106 del estatuto de autonomía para Andalucía corresponde al Parlamento de Andalucía:

2.º La orientación y el impulso de la acción del Consejo de Gobierno.

3.º El control sobre la acción del Consejo de Gobierno y sobre la acción de la Administración situada bajo su autoridad. Con esta finalidad se podrán crear, en su caso, comisiones de investigación, o atribuir esta facultad a las comisiones permanentes.

Los Diputados, previo conocimiento de su Grupo parlamentario, y los propios Grupos parlamentarios podrán formular **interpelaciones** al Consejo de Gobierno y a cada uno de sus miembros. Cada interpelación se presentará por escrito ante la Mesa de la Cámara, formulada por un único Diputado o Diputada o Grupo parlamentario, antes de las diez horas del martes de la semana anterior a aquella en la que se celebre sesión plenaria.

Las interpelaciones habrán de versar sobre los motivos o propósitos de la conducta del Ejecutivo en cuestiones de política general, bien del Consejo de Gobierno o de alguna Consejería.

El Consejo de Gobierno podrá solicitar, motivadamente y por una sola vez, el aplazamiento de una de las dos interpelaciones incluidas en el orden del día, para su debate en la siguiente sesión. A dicho aplazamiento no se le aplicarán los criterios sobre inclusión en el orden del día previsto.

La interpelación se sustanciará ante el Pleno, dando lugar a un turno de exposición por quien la formule, a la contestación del Consejo de Gobierno y a sendos turnos de réplica. Las primeras intervenciones no podrán exceder de diez minutos ni las de réplica de cinco.

Toda interpelación podrá dar lugar a una moción en la que la Cámara manifieste su posición. El Grupo parlamentario interpelante o aquel al que pertenezca quien haya firmado la interpelación deberá presentar la moción, mediante escrito dirigido a la Mesa de la Cámara, antes de las diez horas del primer martes siguiente.

La Mesa de la Cámara calificará la moción presentada, admitiéndola si resulta congruente con la interpelación, y dispondrá su inclusión en el primer orden del día de sesión plenaria que se elabore.

Los Grupos parlamentarios podrán presentar enmiendas a la moción, mediante escrito dirigido a la Mesa de la Cámara, hasta las diez horas del martes de la misma semana en que haya de celebrarse la sesión plenaria en que se debata y vote la moción.

El debate y votación se realizarán de acuerdo con lo establecido para las proposiciones no de ley. En caso de que la moción prospere:

1.º La Comisión a la que corresponda por razón de la materia controlará su cumplimiento.

2.º El Consejo de Gobierno, acabado el plazo fijado para dar cumplimiento a la moción, dará cuenta del mismo ante la Comisión correspondiente.

3.º Si el Consejo de Gobierno incumpliese la realización de la moción o no diese cuenta a la Comisión, el asunto se incluirá en el orden del día del próximo Pleno.

Los Diputados podrán formular **preguntas** al Consejo de Gobierno y a cada uno de sus miembros. Las preguntas habrán de presentarse por escrito ante la Mesa del Parlamento. No será admitida la pregunta de exclusivo interés personal de quien la formula o de cualquier otra persona singularizada, ni la que suponga consulta de índole estrictamente jurídica.

La Mesa calificará el escrito y admitirá la pregunta si se ajusta a lo establecido en el presente capítulo. En defecto de indicación se entenderá que quien formula la pregunta solicita respuesta por escrito, y si solicitara respuesta oral y no lo especificara, se entenderá que ésta ha de tener lugar en la Comisión correspondiente.

Cuando se pretenda la respuesta oral ante el Pleno, el escrito, que habrá de presentarse ante la Mesa de la Cámara antes de las diecinueve horas del martes de la semana anterior a aquella en la que se celebre sesión plenaria, no podrá contener más que la escueta y estricta formulación de una sola cuestión, en la que se interrogue sobre un hecho, una situación o una información, sobre si el Consejo de Gobierno ha tomado o va a tomar alguna providencia en relación con un asunto, o si va a remitir al Parlamento algún documento o a informarle acerca de algún extremo.

El Consejo de Gobierno podrá solicitar, motivadamente y por una sola vez, respecto de cada pregunta, el aplazamiento de su debate para la siguiente sesión. A dicho aplazamiento no se le aplicarán los criterios sobre inclusión en el orden del día previsto.

En el debate, tras la escueta formulación de la pregunta por el Diputado o Diputada, contestará el Consejo de Gobierno. El Diputado o Diputada podrá intervenir para replicar o repreguntar y, tras la nueva intervención del Consejo de Gobierno, terminará el debate. El tiempo para la tramitación de cada pregunta no podrá exceder de cinco minutos, repartido a partes iguales entre quien la formule y el miembro del Consejo de Gobierno encargado de responderla.

En la exposición de la pregunta ante el Pleno, el Diputado o Diputada preguntante podrá ser sustituido por otro miembro de su mismo Grupo, previa comunicación a la Presidencia. En el cómputo del cupo la pregunta será imputada a quien formuló originariamente la cuestión.

En cada sesión plenaria podrán tramitarse **preguntas de interés general para la Comunidad Autónoma**, dirigidas al Presidente o Presidenta de la Junta de Andalucía por los Presidentes o Portavoces de los Grupos parlamentarios. Su número máximo coincidirá con el de Grupos parlamentarios constituidos en la Cámara, sin que en la misma sesión puedan formular más de una. Estas preguntas no serán computables a efectos del límite máximo previsto en el artículo 161.2.1.º anterior.

Los escritos que formulen las citadas preguntas tendrán que presentarse ante la Mesa de la Cámara antes de las diecinueve horas del martes de la semana anterior a aquélla en la que se celebre sesión plenaria.

Las preguntas respecto de las que se pretenda respuesta oral en Comisión estarán en condiciones de ser incluidas en el orden del día una vez que sean calificadas y admitidas a trámite por la Mesa de la Cámara.

Estas preguntas se sustanciarán conforme a lo establecido en el artículo 161.6, con la particularidad de que el tiempo total será de diez minutos. Podrán comparecer para responderlas los Viceconsejeros y Directores Generales o cargos que estén asimilados en rango a éstos.

. En cada sesión de Comisión, un Diputado o Diputada de cada Grupo parlamentario que cuente con alguna pregunta ordinaria en el orden del día previamente aprobado podrá formular una pregunta que tenga por objeto cuestiones o temas de máxima actualidad. Estas preguntas, que tendrán como hora límite de presentación las diez horas del penúltimo día hábil anterior al de celebración de la Comisión, se formularán por escrito ante la Mesa de ésta, que las calificará al menos con veinticuatro horas de antelación a la celebración de la sesión de la Comisión y dispondrá su inclusión en el orden del día de la misma.

La contestación por escrito a las preguntas deberá realizarse dentro de los veinte días siguientes a su publicación. Este plazo podrá prorrogarse, a petición motivada del Consejo de Gobierno y por acuerdo de la Mesa del Parlamento, por otro plazo de hasta veinte días más.

Si el Consejo de Gobierno no enviara la contestación en dicho plazo, el Presidente o Presidenta de la Cámara, a petición del autor o autora de la pregunta, ordenará que se incluya en el orden del día de la siguiente sesión de la Comisión competente, donde recibirá el tratamiento de las preguntas orales. De tal decisión se dará cuenta al Consejo de Gobierno, que, no obstante, no quedará relevado de su deber de contestarla por escrito.

La creación de una Comisión de Investigación sobre cualquier asunto de interés público podrá ser solicitada por el Consejo de Gobierno, un Grupo parlamentario o la décima parte de los miembros de la Cámara.

Admitida la solicitud por la Mesa, se ordenará su publicación en el Boletín Oficial del Parlamento de Andalucía. Transcurridos siete días desde la fecha de la publicación sin que ningún Grupo parlamentario manifieste su oposición, se entenderá creada la Comisión solicitada, de lo que la Presidencia dará cuenta al Pleno de la Cámara.

Si algún Grupo parlamentario manifestase su oposición a la creación de la Comisión, el Pleno decidirá tras un debate de los de totalidad, rechazándose su creación si se opone la mayoría de los miembros de la Cámara.

Las Comisiones de Investigación elaborarán un plan de trabajo y podrán nombrar Ponencias en su seno, así como requerir la presencia, por conducto de la Presidencia del Parlamento, de cualquier persona para que sea oída. Los extremos sobre los que deba informar la persona requerida deberán serle comunicados con quince días de antelación, salvo cuando, por concurrir circunstancias de urgente necesidad, se haga con un plazo menor, que en ningún caso será inferior a tres días. En la notificación, dicha persona será informada de sus derechos y obligaciones conforme a lo dispuesto en este Reglamento, y podrá comparecer acompañada de quien designe para asistirla.

La Presidencia del Parlamento, oída la Comisión, podrá, en su caso, dictar las oportunas normas de procedimiento. En todo caso, las decisiones de las Comisiones de Investigación se adoptarán atendiendo al criterio de voto ponderado. Las conclusiones de estas Comisiones, que no serán vinculantes para los tribunales ni afectarán a las resoluciones judiciales, deberán plasmarse en un dictamen que será discutido en el Pleno de la Cámara junto con los votos particulares que presenten los Grupos parlamentarios. El Presidente o Presidenta del Parlamento, oída la Junta de Portavoces, está facultado para ordenar el debate, conceder la palabra y fijar los tiempos de las intervenciones.

Las conclusiones aprobadas por el Pleno de la Cámara serán publicadas en el Boletín Oficial del Parlamento de Andalucía y comunicadas al Consejo de Gobierno, sin perjuicio de que la Mesa del Parlamento dé traslado de las mismas al Ministerio Fiscal para el ejercicio, cuando proceda, de las acciones oportunas.

A petición del Grupo parlamentario proponente se publicarán también, en el Boletín Oficial del Parlamento de Andalucía, los votos particulares rechazados.

El Presidente de la Junta, previa deliberación del Consejo de Gobierno y bajo su exclusiva responsabilidad, podrá decretar la disolución del Parlamento. El decreto de disolución fijará la fecha de las elecciones.

La disolución no podrá tener lugar cuando esté en trámite una moción de censura.

No procederá nueva disolución antes de que haya transcurrido un año desde la anterior, salvo lo dispuesto en el artículo 118.3. del Estatuto de Autonomía para Andalucía (Si, transcurrido el plazo de dos meses a partir de la primera votación, ningún candidato hubiera obtenido la mayoría simple, el Parlamento quedará automáticamente disuelto y el Presidente de la Junta en funciones convocará nuevas elecciones).

EL PRESIDENTE DE LA JUNTA DE ANDALUCÍA Y EL CONSEJO DE GOBIERNO.

El presidente de la Junta de Andalucía.

El art. 99 del Estatuto de Autonomía establece que la Junta de Andalucía está integrada por el Parlamento, el Consejo de Gobierno y el Presidente de la Junta. El capítulo III del título IV se refiere a "El Presidente de la Junta".

El Presidente de la Junta dirige y coordina la actividad del Consejo de Gobierno, coordina la Administración de la Comunidad Autónoma, designa y separa a los Consejeros y ostenta la suprema representación de la Comunidad Autónoma y la ordinaria del Estado en Andalucía.

El Presidente podrá delegar temporalmente funciones ejecutivas propias en uno de los Vicepresidentes o Consejeros.

El Presidente es responsable políticamente ante el Parlamento.

El Presidente podrá proponer por iniciativa propia o a solicitud de los ciudadanos, de conformidad con lo establecido en el artículo 78 del EA y en la legislación del Estado, la celebración de consultas populares en el ámbito de la Comunidad Autónoma, sobre cuestiones de interés general en materias autonómicas o locales.

El Presidente de la Junta será elegido de entre sus miembros por el Parlamento. El Presidente del Parlamento, previa consulta a los Portavoces designados por los partidos o grupos políticos con representación parlamentaria, propondrá un candidato a Presidente de la Junta. El candidato presentará su programa al Parlamento. Para ser elegido, el candidato deberá, en primera votación, obtener mayoría absoluta. De no obtenerla, se procederá a una nueva votación cuarenta y ocho horas después de la anterior, y la confianza se entenderá otorgada si obtuviera mayoría simple en la segunda o sucesivas votaciones.

Caso de no conseguirse dicha mayoría, se tramitarán sucesivas propuestas en la forma prevista anteriormente. Si, transcurrido el plazo de dos meses a partir de la primera votación, ningún candidato hubiera obtenido la mayoría simple, el Parlamento quedará automáticamente disuelto y el Presidente de la Junta en funciones convocará nuevas elecciones.

Una vez elegido, el Presidente será nombrado por el Rey y procederá a designar los miembros del Consejo de Gobierno y a distribuir entre ellos las correspondientes funciones ejecutivas.

La responsabilidad penal del Presidente de la Junta será exigible ante la Sala de lo Penal del Tribunal Supremo. Ante el mismo Tribunal será exigible la responsabilidad civil en que hubiera incurrido el Presidente de la Junta con ocasión del ejercicio de su cargo.

La ley 6/83 del gobierno y administración de la Comunidad Autónoma regulaba estas figuras, aunque está derogada por la ley 6/2006 del Gobierno de la Comunidad Autónoma de Andalucía.

El Presidente de la Junta de Andalucía ostenta la suprema representación de la Comunidad Autónoma y la ordinaria del Estado en Andalucía. Asimismo, dirige y coordina la acción del Consejo de Gobierno y de la Administración de la Comunidad Autónoma.

El nombramiento del Presidente de la Junta de Andalucía corresponde al Rey, y se publicará en el Boletín Oficial del Estado y en el Boletín Oficial de la Junta de Andalucía. El Presidente electo tomará posesión de su cargo dentro de los cinco días siguientes al de la publicación de su nombramiento en el Boletín Oficial de la Junta de Andalucía.

Atribuciones como suprema representación de la Comunidad Autónoma de Andalucía.

a) Representarla en las relaciones con otras instituciones del Estado y en el ámbito internacional cuando proceda.

b) Firmar los convenios y acuerdos de cooperación que suscriba la Comunidad Autónoma en los casos que proceda.

<u>Atribuciones en su condición de representación ordinaria del Estado en Andalucía.</u>

a) Promulgar, en nombre del Rey, las leyes de Andalucía y ordenar que se publiquen en el Boletín Oficial de la Junta de Andalucía y en el Boletín Oficial del Estado.

b) Ordenar la publicación, en el Boletín Oficial de la Junta de Andalucía, del nombramiento de la persona titular de la Presidencia del Tribunal Superior de Justicia de Andalucía.

Atribuciones en relación con el Parlamento de Andalucía.

a) Convocar elecciones al Parlamento de Andalucía.

b) Disolver el Parlamento de Andalucía.

c) Plantear ante el Parlamento de Andalucía la cuestión de confianza.

d) Solicitar que el Parlamento de Andalucía se reúna en sesión extraordinaria.

e) Convocar la sesión constitutiva del Parlamento de Andalucía.

Atribuciones inherentes a la Presidencia del Consejo de Gobierno.

a) Fijar las directrices generales de la acción de gobierno y asegurar su continuidad.

b) Coordinar el programa legislativo del Consejo de Gobierno y la elaboración de disposiciones de carácter general.

c) Coordinar la acción exterior del Gobierno.

d) Facilitar al Parlamento de Andalucía la información que recabe del Consejo de Gobierno.

e) Nombrar y separar a las personas titulares de las Vicepresidencias y de las Consejerías.

f) Convocar las reuniones del Consejo de Gobierno y de sus Comisiones Delegadas y fijar el orden del día.

g) Presidir, suspender y levantar las sesiones del Consejo de Gobierno y de sus Comisiones Delegadas, y dirigir las deliberaciones.

h) Dictar decretos que supongan la creación de Consejerías, la modificación en la denominación de las existentes, en su distribución de competencias o su orden de prelación, así como la supresión de las mismas.

i) Asegurar la coordinación entre las distintas Consejerías, y resolver los conflictos de atribuciones entre las mismas.

j) Encomendar a un Consejero que se encargue de la gestión de otra Consejería en caso de ausencia, enfermedad o impedimento de su titular.

k) Establecer las normas internas que se precisen para el buen orden de los trabajos del Consejo de Gobierno y para la adecuada preparación de los acuerdos que hayan de adoptarse por aquél.

l) Firmar los decretos acordados por el Consejo de Gobierno y ordenar su publicación.

m) Velar por el cumplimiento de los acuerdos del Consejo de Gobierno.

Corresponden al Presidente de la Junta de Andalucía las facultades y atribuciones, distintas de las previstas en la presente Ley, que le reconozca la normativa de aplicación.

El Presidente de la Junta de Andalucía puede, en su caso, delegar sus atribuciones en las personas titulares de las Vicepresidencias y de las Consejerías. Son delegables las siguientes facultades y atribuciones de la Presidencia de la Junta de Andalucía o de su titular:

a) La representación en las relaciones con otras instituciones del Estado y en el ámbito internacional cuando proceda.

b) La firma de los convenios y acuerdos de cooperación que suscriba la Comunidad Autónoma en los casos que proceda.

c) La orden de publicación, en el Boletín Oficial de la Junta de Andalucía, del nombramiento de la persona titular de la Presidencia del Tribunal Superior de Justicia de Andalucía.

d) La facilitación de información recabada por el Parlamento de Andalucía al Consejo de Gobierno.

e) La convocatoria de las reuniones del Consejo de Gobierno y de sus Comisiones Delegadas, así como la fijación del orden del día.

f) El establecimiento de las normas internas que se precisen para el buen orden de los trabajos del Consejo de Gobierno y para la adecuada preparación de los acuerdos que hayan de adoptarse por aquél.

g) Velar por el cumplimiento de los acuerdos del Consejo de Gobierno.

h) En su caso, las facultades y atribuciones que les atribuya las leyes.

La persona titular de la Presidencia de la Junta de Andalucía cesa por las siguientes causas:

a) Tras la celebración de elecciones al Parlamento de Andalucía.

b) Aprobación de una moción de censura.

c) Denegación de una cuestión de confianza.

d) Dimisión comunicada formalmente al Parlamento de Andalucía.

e) Incapacidad permanente física o mental que le imposibilite para el ejercicio del cargo que debe ser apreciada por el Consejo de Gobierno, excluida la persona titular de la Presidencia de la Junta de Andalucía, por unanimidad, y propuesta al Parlamento de Andalucía que, en caso de que la estime, deberá declararla por mayoría absoluta. El Consejo de Gobierno que examine la incapacidad será convocado y dirigido por quien corresponda según el orden de suplencia

f) Fallecimiento.

g) Pérdida de la condición de parlamentario o parlamentaria.

h) Condena penal, mediante sentencia judicial firme, que lleve aparejada la inhabilitación para el ejercicio del cargo.

i) Sentencia judicial firme de incapacitación.

En los supuestos de las letras a), b), c) y d) la persona titular de la Presidencia de la Junta de Andalucía continuará en el ejercicio de sus funciones hasta que quien le suceda haya tomado posesión del cargo. En los demás casos su sustitución se realizará por las personas titulares de las Vicepresidencias, si las hubiere, por su orden y, de no existir, por las de las Consejerías, según su orden.

El Presidente del Parlamento de Andalucía, en todos los casos, abrirá inmediatamente consultas con las personas portavoces designadas por los partidos o grupos políticos con representación parlamentaria, para presentar un candidato o una candidata a la Presidencia de la Junta de Andalucía, de acuerdo con el procedimiento establecido en el Estatuto de Autonomía para Andalucía y en el Reglamento del Parlamento de Andalucía.

En los supuestos de ausencia, enfermedad o impedimento temporal, la Presidencia de la Junta de Andalucía se realizará por las personas titulares de las Vicepresidencias, si las hubiere, por su orden y, de no existir, por las de las Consejerías, según su orden.

Quien supla al Presidente de la Junta de Andalucía sólo podrá ejercer las atribuciones que sean necesarias para el despacho de los asuntos de trámite, salvo casos de urgencia o interés general debidamente acreditados.

El Presidente en funciones de la Junta de Andalucía no podrá ser sometido o sometida a una moción de censura. Tampoco podrá ejercer las siguientes facultades:

a) Designar o separar a las personas titulares de las Vicepresidencias o de las Consejerías.

b) Crear, modificar o suprimir Vicepresidencias o Consejerías.

c) Disolver el Parlamento de Andalucía.

d) Plantear la cuestión de confianza.

Quien ejerza la Presidencia de la Junta de Andalucía tiene derecho a:

a) La precedencia sobre cualquier autoridad de la Comunidad Autónoma de Andalucía y la que le reserve la legislación del Estado.

b) Los honores atribuidos en razón de su cargo.

c) Utilizar la bandera y el escudo de Andalucía como distintivo.

d) Percibir las retribuciones que se fijen en las leyes del Presupuesto de la Comunidad Autónoma.

e) Ocupar la residencia oficial que se establezca con el personal, servicios y dotación correspondiente.

El ejercicio de la Presidencia de la Junta de Andalucía es incompatible con cualquier otra función o actividad pública que no derive de aquélla, salvo la de diputado en el Parlamento de Andalucía. También es incompatible con el ejercicio de toda actividad laboral, profesional o empresarial, siéndole igualmente de aplicación el régimen propio de las incompatibilidades de las personas altos cargos de la Junta de Andalucía.

De acuerdo con lo establecido en el Estatuto de Autonomía, el Presidente de la Junta de Andalucía es responsable políticamente ante el Parlamento de Andalucía. La responsabilidad civil y penal del Presidente de la Junta de Andalucía será exigible ante la Sala correspondiente del Tribunal Supremo

Según la ley 2/2005 los ex-presidentes de la Junta de Andalucía gozarán de la consideración, distinción y apoyo debidos de acuerdo con las funciones y responsabilidades que han desempeñado. Tendrán derecho a percibir una asignación mensual (70% sueldo del presidente activo) así como un sistema de incompatibilidades y dispondrán de los medios personales y materiales necesarios para el sostenimiento de una oficina adecuada a las responsabilidades y funciones ejercidas, disponiendo de una dotación presupuestaria para el funcionamiento ordinario y atenciones protocolarias.

Los vicepresidentes.

El Presidente de la Junta de Andalucía podrá crear una o varias Vicepresidencias, señalando, en este último caso, el orden de prelación. Quien asuma una Vicepresidencia podrá ejercer las funciones correspondientes a la titularidad de una Consejería y las que le encomiende el Presidente de la Junta de Andalucía.

El cese de la persona titular de una Vicepresidencia llevará aparejada la supresión del órgano.

El Consejo de Gobierno.

Según el Estatuto de Autonomía el Consejo de Gobierno está integrado por el Presidente, los Vicepresidentes en su caso, y los Consejeros.

El Consejo de Gobierno de Andalucía es el órgano colegiado que, en el marco de sus competencias, ejerce la dirección política de la Comunidad Autónoma, dirige la Administración y desarrolla las funciones ejecutivas y administrativas de la Junta de Andalucía.

En el ámbito de las competencias de la Comunidad Autónoma corresponde al Consejo de Gobierno y a cada uno de sus miembros el ejercicio de la potestad reglamentaria. Corresponde al Consejo de Gobierno la interposición de recursos de inconstitucionalidad y conflictos de competencia, así como la personación en los procesos constitucionales de acuerdo con lo que establezca la Ley Orgánica del Tribunal Constitucional.

El Consejo de Gobierno, por conducto de su Presidente, podrá plantear conflictos de jurisdicción a los jueces y tribunales conforme a las leyes reguladoras de aquéllos.

El Consejo de Gobierno cesa tras la celebración de elecciones al Parlamento, y en los casos de pérdida de cuestión de confianza o aprobación de moción de censura, dimisión, incapacidad, condena penal firme que inhabilite para el desempeño de cargo público o fallecimiento del Presidente. El Consejo de Gobierno cesante continuará en funciones hasta la toma de posesión del nuevo Consejo de Gobierno.

El régimen jurídico y administrativo del Consejo de Gobierno y el estatuto de sus miembros será regulado por ley del Parlamento de Andalucía, que determinará las causas de incompatibilidad de aquéllos. El Presidente y los Consejeros no podrán ejercer actividad laboral, profesional o empresarial alguna.

La responsabilidad penal de los Consejeros será exigible ante la Sala de lo Penal del Tribunal Supremo. No obstante, para los delitos cometidos en el ámbito territorial de su jurisdicción, será exigible ante el Tribunal Superior de Justicia de Andalucía. Ante este último Tribunal será exigible la responsabilidad civil en que dichas personas hubieran incurrido con ocasión del ejercicio de sus cargos.

El Consejo de Gobierno podrá ejercer la potestad expropiatoria conforme a la legislación estatal y autonómica vigente en la materia. La Comunidad Autónoma indemnizará a los particulares por toda lesión que sufran en sus bienes o derechos, salvo en los casos de fuerza mayor, siempre que la lesión sea consecuencia del funcionamiento de los servicios públicos de la misma.

El Consejo de Gobierno es el órgano superior colegiado que ostenta y ejerce las funciones ejecutivas y administrativas de la Junta de Andalucía. A tal fin, le corresponde la iniciativa legislativa y la potestad reglamentaria de acuerdo con el Estatuto de Autonomía y con la ley.

Corresponde al Consejo de Gobierno:

1. Desarrollar el Programa de Gobierno, de acuerdo con las directrices fijadas por la Presidencia de la Junta de Andalucía.

2. Aprobar los proyectos de ley, autorizar su remisión al Parlamento de Andalucía y acordar, en su caso, su retirada.

3. Manifestar la conformidad o disconformidad con la tramitación en el Parlamento de Andalucía de proposiciones de ley o enmiendas que impliquen aumento de los créditos o disminución de los ingresos presupuestarios, así como manifestar su criterio respecto a la toma en consideración de cualesquiera otras proposiciones de ley.

4. Deliberar sobre la cuestión de confianza que la persona titular de la Presidencia de la Junta de Andalucía se proponga plantear ante el Parlamento de Andalucía y sobre la solicitud de sesión extraordinaria de la Cámara que se vaya a formular.

5. Deliberar sobre la decisión de la persona titular de la Presidencia de la Junta de Andalucía de acordar la disolución del Parlamento de Andalucía y convocar nuevas elecciones.

6. Aprobar los reglamentos para el desarrollo y ejecución de las leyes, así como las demás disposiciones reglamentarias que procedan.

7. Elaborar los Presupuestos de la Comunidad Autónoma, mediante la aprobación de los correspondientes proyectos de ley, remitirlos al Parlamento para su aprobación, y aplicarlos.

8. Adoptar las medidas necesarias para la ejecución de los tratados y convenios internacionales que afecten a las materias atribuidas a la competencia de la Comunidad Autónoma.

9. Aprobar y remitir al Parlamento de Andalucía los proyectos de convenios y de acuerdos de cooperación con otras Comunidades Autónomas.

10. Aprobar programas, planes y directrices vinculantes para todos o varios órganos de la Administración de la Junta de Andalucía y sus organismos autónomos.

11. Acordar la interposición de recursos de inconstitucionalidad y el planteamiento de conflictos de competencia ante el Tribunal Constitucional y personarse ante éste cuando le corresponda.

12. Acordar el ejercicio de acciones judiciales.

13. Resolver los recursos que, con arreglo a la ley, se interpongan ante el mismo.

14. Disponer la realización de operaciones de crédito y emisión de deuda pública, de conformidad con la normativa específica.

15. Autorizar los gastos de su competencia.

16. Aprobar la estructura orgánica de las Consejerías y de sus organismos autónomos, así como la relación de puestos de trabajo de la Administración General de la Comunidad Autónoma y de sus organismos autónomos.

17. Acordar la creación de Comisiones Delegadas del Gobierno.

18. Nombrar y separar, a propuesta de las personas titulares de las Consejerías correspondientes, a las personas altos cargos de la Administración y a aquellas otras que las leyes y las disposiciones reglamentarias establezcan.

19. Designar la representación de la Comunidad Autónoma en los organismos económicos, las instituciones financieras y las empresas públicas del Estado a que se refiere el Estatuto de Autonomía para Andalucía, así como la representación en los organismos institucionales y empresas dependientes de la Comunidad Autónoma, salvo que por ley se atribuya a otro órgano la designación.

20. Cualquier otra atribución que le venga conferida por las leyes y, en general, entender de aquellos asuntos que por su importancia o naturaleza requieran el conocimiento, deliberación o decisión del Consejo de Gobierno.

El Consejo de Gobierno se rige, en su organización y funcionamiento, por la presente Ley, por los decretos de la Presidencia de la Junta de Andalucía y del Consejo de Gobierno y por las disposiciones organizativas internas dictadas al efecto.

El Consejo de Gobierno se reúne, convocado por la persona titular de la Presidencia de la Junta de Andalucía. La convocatoria, cuando proceda, irá acompañada del orden del día de la reunión. También podrá reunirse el Consejo de Gobierno, sin convocatoria previa, cuando así lo decida la persona titular de la Presidencia de la Junta de Andalucía y se hallen presentes todas las personas integrantes del órgano.

Los acuerdos del Consejo de Gobierno se adoptarán por mayoría. En caso de empate, el voto de la Presidencia es dirimente. Para la constitución del órgano y la validez de las deliberaciones y de los acuerdos, se requerirá la presencia del Presidente y de, al menos, la mitad del resto de las personas miembros del Consejo de Gobierno. De no poder asistir la persona titular de la Presidencia, la sustituirá la persona miembro del Consejo de Gobierno que corresponda.

Los acuerdos del Consejo de Gobierno deberán constar en un acta, en la que figurarán, exclusivamente, las circunstancias relativas al tiempo y lugar de su celebración, la relación de los asistentes, los acuerdos adoptados y los informes presentados.

Los documentos que se presenten al Consejo de Gobierno tendrán carácter reservado hasta que el propio Consejo de Gobierno acuerde hacerlos públicos. Las deliberaciones del Consejo de Gobierno, así como las opiniones o votos emitidos en él, tendrán carácter secreto, estando obligados sus integrantes a mantener dicho carácter, aun cuando hubieran dejado de pertenecer al Consejo de Gobierno.

A las reuniones del Consejo de Gobierno podrán acudir personas que no pertenezcan al mismo, bien para informar sobre algún asunto objeto de consideración por el Consejo de Gobierno o por razones de trabajo. Dichas personas están obligadas a guardar secreto sobre lo tratado en el Consejo de Gobierno.

El Consejo de Gobierno podrá utilizar redes de comunicación a distancia o medios telemáticos para su funcionamiento. A tal fin, se establecerán los mecanismos necesarios que permitan garantizar la identidad de los comunicantes y la autenticidad de los mensajes, informaciones y manifestaciones verbales o escritas transmitidas. En la celebración de las reuniones en las que no estén presentes en un mismo lugar quienes integran el Consejo de Gobierno, la persona titular de la Secretaría del Consejo de Gobierno hará constar esta circunstancia en el acta de la sesión, y verificará el cumplimiento de los requisitos establecidos en esta Ley para la válida constitución del órgano y para la adopción de sus acuerdos.

La transmisión al Consejo de Gobierno de información y documentación podrá realizarse, igualmente, por medios telemáticos de comunicación. Tales sistemas también podrán utilizarse para la remisión de las decisiones y certificaciones de los acuerdos del Consejo de Gobierno a los órganos destinatarios de las mismas.

Ejercerá la Secretaría del Consejo de Gobierno la persona titular de la Consejería competente en materia de Presidencia. La Secretaría del Consejo de Gobierno remite las convocatorias, levanta acta de las reuniones y da fe de los acuerdos mediante la expedición de certificaciones de los mismos. Igualmente, vela por la correcta publicación de las disposiciones y acuerdos que deban insertarse en el Boletín Oficial de la Junta de Andalucía.

En caso de ausencia, vacante o enfermedad, la Secretaría del Consejo de Gobierno será ejercida por la persona titular de la Consejería que corresponda según el orden de prelación de las Consejerías o por la persona miembro del Consejo de Gobierno que designe la Presidencia de la Junta. Así mismo existirá una Secretaría de Actas del Consejo de Gobierno, que podrá levantar acta de las reuniones y expedir certificaciones de las decisiones adoptadas por el Consejo de Gobierno.

El Consejo de Gobierno cesa cuando cesa la persona titular de la Presidencia de la Junta de Andalucía. El Consejo de Gobierno cesante continuará en funciones hasta la toma de posesión del nuevo Consejo de Gobierno.

El Gobierno en funciones facilitará el normal desarrollo del proceso de formación del nuevo Consejo de Gobierno y el traspaso de poderes al mismo, limitándose su gestión al despacho ordinario de los asuntos públicos de su competencia, salvo casos de urgencia o interés general debidamente acreditados.

El Consejo de Gobierno en funciones no podrá ejercer las siguientes facultades:

a) Aprobar el proyecto de Ley del Presupuesto de la Comunidad Autónoma.

b) Presentar proyectos de ley al Parlamento de Andalucía.

El Consejo de Gobierno responde políticamente ante el Parlamento de Andalucía de forma solidaria, sin perjuicio de la responsabilidad directa de sus integrantes por su gestión.

El Consejo de Gobierno podrá crear Comisiones Delegadas, para coordinar la elaboración de directrices y disposiciones, programar la política sectorial y examinar asuntos de interés común a varias Consejerías.

En el decreto de creación de una Comisión Delegada figurarán las funciones y competencias asignadas, su composición y la persona titular de la Vicepresidencia o de la Consejería que puede presidirla, caso de no asistir el Presidente de la Junta de Andalucía.

El régimen general de funcionamiento de las Comisiones Delegadas deberá ajustarse a los mismos criterios establecidos para el Consejo de Gobierno. Los acuerdos de las Comisiones Delegadas deberán constar en un acta, en la que figurarán, exclusivamente, las circunstancias relativas al tiempo y lugar de su celebración, la relación de los asistentes, los acuerdos adoptados y los informes presentados.

El Decreto 484/2019, de 4 de junio, por el que se regula la composición y funciones de las Comisiones Delegadas del Gobierno, aporta claridad y certidumbre en relación con la composición y funciones de las Comisiones Delegadas tras la nueva reestructuración de Consejerías y competencias llevadas a cabo por el Gobierno, facilitando así su conocimiento y comprensión.

El Consejo de Gobierno estará asistido por una Comisión General de VicecABonsejeros y Viceconsejeras, para preparar los asuntos que vayan a ser debatidos por el Consejo de Gobierno y para resolver cuestiones de carácter administrativo que afecten a varias Consejerías y que no sean de la competencia de aquél.

La presidencia de la Comisión General de Viceconsejeros y Viceconsejeras corresponderá a la persona titular de la Consejería competente en materia de Presidencia. Los acuerdos de la Comisión General de Viceconsejeros y Viceconsejeras deberán constar en un acta, en la que figurarán, exclusivamente, las circunstancias relativas al tiempo y lugar de su celebración, la relación de los asistentes, los acuerdos adoptados y los informes presentados.

EL PODER JUDICIAL EN ANDALUCÍA.

El Tribunal Superior de Justicia de Andalucía es el órgano jurisdiccional en que culmina la organización judicial en Andalucía y es competente, en los términos establecidos por la ley orgánica correspondiente, para conocer de los recursos y de los procedimientos en los distintos órdenes jurisdiccionales y para tutelar los derechos reconocidos por el presente Estatuto. En todo caso, el Tribunal Superior de Justicia de Andalucía es competente en los órdenes jurisdiccionales civil, penal, contencioso-administrativo, social y en los que pudieran crearse en el futuro.

El Tribunal Superior de Justicia de Andalucía es la última instancia jurisdiccional de todos los procesos judiciales iniciados en Andalucía, así como de todos los recursos que se tramiten en su ámbito territorial, sea cual fuere el derecho invocado como aplicable, de acuerdo con la Ley Orgánica del Poder Judicial y sin perjuicio de la competencia reservada al Tribunal Supremo. La Ley Orgánica del Poder Judicial determinará el alcance y contenido de los indicados recursos.

Corresponde al Tribunal Superior de Justicia de Andalucía la resolución de los recursos extraordinarios de revisión que autorice la ley contra las resoluciones firmes dictadas por los órganos judiciales de Andalucía. Corresponde en exclusiva al Tribunal de Justicia de Andalucía la unificación de la interpretación del derecho de Andalucía.

La competencia de los órganos jurisdiccionales en Andalucía se extiende:

a) En el orden civil, penal y social, a todas las instancias y grados, con arreglo a lo establecido en la legislación estatal.

b) En el orden contencioso-administrativo, a los recursos que se deduzcan contra los actos y disposiciones de las Administraciones Públicas en los términos que establezca la legislación estatal.

Los conflictos de competencia entre los órganos judiciales de Andalucía y los del resto de España se resolverán conforme a lo establecido en la Ley Orgánica del Poder Judicial.

En todo caso, corresponde al Tribunal Superior de Justicia de Andalucía, de conformidad con lo previsto en las leyes estatales:

1.º Conocer de las responsabilidades que se indican de los Diputados y Consejeros.

2.º Entender de los recursos relacionados con los procesos electorales de la Comunidad Autónoma con arreglo a las leyes.

3.º Resolver, en su caso, los conflictos de jurisdicción entre órganos de la Comunidad Autónoma.

4.º Resolver las cuestiones de competencia entre órganos judiciales de Andalucía.

5.º Resolver los conflictos de atribuciones entre Corporaciones Locales.

El Presidente del Tribunal Superior de Justicia de Andalucía es el representante del Poder Judicial en Andalucía. Es nombrado por el Rey, a propuesta del Consejo General del Poder Judicial con la participación del Consejo de Justicia de Andalucía en los términos que establezca la Ley Orgánica del Poder Judicial. El Presidente de la Junta de Andalucía ordenará la publicación de dicho nombramiento en el Boletín Oficial de la Junta de Andalucía.

Los Presidentes de Sala del Tribunal Superior de Justicia de Andalucía serán nombrados a propuesta del Consejo General del Poder Judicial y con la participación del Consejo de Justicia de Andalucía en los términos que determine la Ley Orgánica del Poder Judicial. La memoria anual del Tribunal Superior de Justicia será presentada, por su Presidente, ante el Parlamento de Andalucía.

El Fiscal Superior es el Fiscal Jefe del Tribunal Superior de Justicia de Andalucía, representa al Ministerio Fiscal en Andalucía, y será designado en los términos previstos en su estatuto orgánico y tendrá las funciones establecidas en el mismo. El Presidente de la Junta de Andalucía ordenará la publicación de dicho nombramiento en el Boletín Oficial de la Junta de Andalucía.

El Fiscal Superior de Andalucía debe enviar una copia de la memoria anual de la Fiscalía del Tribunal Superior de Justicia de Andalucía al Gobierno, al Consejo de Justicia de Andalucía y al Parlamento, debiendo presentarla ante el mismo. La Junta de Andalucía podrá celebrar convenios con el Ministerio Fiscal.

El **Consejo de Justicia de Andalucía** es el órgano de gobierno de la Administración de Justicia en Andalucía, de acuerdo con lo previsto en la Ley Orgánica del Poder Judicial. Está integrado por el Presidente del Tribunal Superior de Justicia de Andalucía, que lo preside, y por los miembros elegidos entre Jueces, Magistrados, Fiscales y juristas de reconocido prestigio que se nombren de acuerdo con lo previsto por la Ley Orgánica del Poder Judicial, correspondiendo al Parlamento de Andalucía la designación de los miembros que determine dicha Ley.

Las funciones del Consejo de Justicia de Andalucía son las previstas en la Ley Orgánica del Poder Judicial, en el presente Estatuto, y en las leyes del Parlamento de Andalucía y las que, en su caso, le delegue el Consejo General del Poder Judicial.

Las atribuciones del Consejo de Justicia de Andalucía respecto a los órganos jurisdiccionales situados en su territorio son, conforme a lo previsto en la Ley Orgánica del Poder Judicial, las siguientes:

a) Participar en la designación del Presidente del Tribunal Superior de Justicia de Andalucía, así como en la de los Presidentes de Sala de dicho Tribunal Superior y de los Presidentes de las Audiencias Provinciales.

b) Proponer al Consejo General del Poder Judicial y expedir los nombramientos y los ceses de los Jueces y Magistrados incorporados a la carrera judicial temporalmente con funciones de asistencia, apoyo o sustitución, así como determinar la adscripción de estos Jueces y Magistrados a los órganos judiciales que requieran medidas de refuerzo.

c) Instruir expedientes y, en general, ejercer las funciones disciplinarias sobre Jueces y Magistrados en los términos previstos por las leyes.

d) Participar en la planificación de la inspección de juzgados y tribunales, ordenar, en su caso, su inspección y vigilancia y realizar propuestas en este ámbito, atender a las órdenes de inspección de los juzgados y tribunales que inste el Gobierno y dar cuenta de la resolución y de las medidas adoptadas.

e) Informar sobre los recursos de alzada interpuestos contra los acuerdos de los órganos de gobierno de los tribunales y juzgados de Andalucía.

f) Precisar y aplicar, cuando proceda, en el ámbito de Andalucía, los reglamentos del Consejo General del Poder Judicial.

g) Informar sobre las propuestas de revisión, delimitación y modificación de las demarcaciones territoriales de los órganos jurisdiccionales y sobre las propuestas de creación de Secciones y Juzgados.

h) Presentar una memoria anual al Parlamento sobre el Estado y el funcionamiento de la Administración de Justicia en Andalucía.

i) Todas las funciones que le atribuyan la Ley Orgánica del Poder Judicial y las leyes del Parlamento, y las que le delegue el Consejo General del Poder Judicial.

Las resoluciones del Consejo de Justicia de Andalucía en materia de nombramientos, autorizaciones, licencias y permisos deben adoptarse de acuerdo con los criterios aprobados por el Consejo General del Poder Judicial. El Consejo de Justicia de Andalucía, a través de su Presidente comunicará al Consejo General del Poder Judicial las resoluciones que dicte y las iniciativas que emprenda y debe facilitar la información que le sea solicitada.

La Comunidad Autónoma asume las competencias en materia de Justicia para las que la legislación estatal exija una previsión estatutaria. La Junta de Andalucía propone al Gobierno del Estado, al Consejo General del Poder Judicial o al Consejo de Justicia de Andalucía, según corresponda, la convocatoria de oposiciones y concursos para cubrir las plazas vacantes de Magistrados, Jueces y Fiscales en Andalucía.

El Consejo de Justicia de Andalucía convoca los concursos para cubrir plazas vacantes de Jueces y Magistrados en los términos establecidos en la Ley Orgánica del Poder Judicial.

Corresponde a la Junta de Andalucía la competencia normativa sobre el personal no judicial al servicio de la Administración de Justicia, dentro del respeto al estatuto jurídico de ese personal establecido por la Ley Orgánica del Poder Judicial. En dichos términos, esta competencia de la Junta de Andalucía incluye la regulación de:

a) La organización de este personal en cuerpos y escalas.

b) El proceso de selección.

c) La promoción interna, la formación inicial y la formación continuada.

d) La provisión de destinos y ascensos.

e) Las situaciones administrativas.

f) El régimen de retribuciones.

g) La jornada laboral y el horario de trabajo.

h) La ordenación de la actividad profesional y las funciones.

i) Las licencias, los permisos, las vacaciones y las incompatibilidades.

j) El registro de personal.

k) El régimen disciplinario.

En los mismos términos, corresponde a la Junta de Andalucía la competencia ejecutiva y de gestión en materia de personal no judicial al servicio de la Administración de Justicia. Esta competencia incluye:

a) Aprobar la oferta de ocupación pública.

b) Convocar y resolver todos los procesos de selección, y la adscripción a los puestos de trabajo.

c) Nombrar a los funcionarios que superen los procesos selectivos.

d) Impartir la formación, previa y continuada.

e) Elaborar las relaciones de puestos de trabajo.

f) Convocar y resolver todos los procesos de provisión de puestos de trabajo.

g) Convocar y resolver todos los procesos de promoción interna.

h) Gestionar el Registro de Personal, coordinado con el estatal.

i) Efectuar toda la gestión de este personal en aplicación de su régimen estatutario y retributivo.

j) Ejercer la potestad disciplinaria e imponer las sanciones que proceda, incluida la separación del servicio.

k) Ejercer todas las demás funciones que sean necesarias para garantizar una gestión eficaz y eficiente de los recursos humanos al servicio de la Administración de Justicia.

Dentro del marco dispuesto por la Ley Orgánica del Poder Judicial, por ley del Parlamento pueden crearse, en su caso, cuerpos de funcionarios al servicio de la Administración de Justicia, que dependen de la función pública de la Junta de Andalucía. La Junta de Andalucía dispone de competencia exclusiva sobre el personal laboral al servicio de la Administración de Justicia.

Corresponden a la Junta de Andalucía los medios materiales de la Administración de Justicia en Andalucía. Esta competencia incluye en todo caso:

a) La construcción y la reforma de los edificios judiciales y de la fiscalía.

b) La provisión de bienes muebles y materiales para las dependencias judiciales y fiscales.

c) La configuración, la implantación y el mantenimiento de sistemas informáticos y de comunicación, sin perjuicio de las competencias de coordinación y homologación que corresponden al Estado para garantizar la compatibilidad del sistema.

d) La gestión y la custodia de los archivos, de las piezas de convicción y de los efectos intervenidos, en todo aquello que no tenga naturaleza jurisdiccional.

e) La participación en la gestión de las cuentas de depósitos y consignaciones judiciales y de sus rendimientos, teniendo en cuenta el volumen de la actividad judicial desarrollada en la Comunidad Autónoma y el coste efectivo de los servicios y en el marco de lo establecido en la legislación estatal.

f) La gestión, la liquidación y la recaudación de las tasas judiciales que establezca la Junta de Andalucía en el ámbito de sus competencias sobre Administración de Justicia.

Corresponde a la Junta de Andalucía, de acuerdo con la Ley Orgánica del Poder Judicial, determinar la creación, el diseño, la organización, la dotación y la gestión de las oficinas judiciales y de los órganos y servicios de apoyo a los órganos jurisdiccionales, incluyendo la regulación de las instituciones, los institutos y los servicios de medicina forense y de toxicología.

Corresponde a la Junta de Andalucía la competencia para ordenar los servicios de justicia gratuita y de orientación jurídica gratuita. La Junta de Andalucía puede establecer los instrumentos y procedimientos de mediación y conciliación en la resolución de conflictos en las materias de su competencia.

El Gobierno de la Junta de Andalucía, al menos cada cinco años, previo informe del Consejo de Justicia de Andalucía, propondrá al Gobierno del Estado la determinación y la revisión de la demarcación y la planta judiciales en Andalucía. Esta propuesta, que es preceptiva, deberá acompañar al proyecto de ley que el Gobierno envíe a las Cortes Generales.

Las modificaciones de la planta judicial que no comporten reforma legislativa podrán corresponder al Gobierno de la Junta de Andalucía. Asimismo la Junta de Andalucía podrá crear secciones y juzgados, por delegación del Gobierno del Estado, en los términos previstos por la Ley Orgánica del Poder Judicial.

La capitalidad de las demarcaciones judiciales es fijada por una ley del Parlamento.

La Junta de Andalucía tiene competencia sobre la justicia de paz en los términos que establezca la Ley Orgánica del Poder Judicial. En estos mismos términos corresponde al Consejo de Justicia de Andalucía el nombramiento de los Jueces. La Junta de Andalucía también se hace cargo de sus indemnizaciones y es la competente para la provisión de los medios necesarios para el ejercicio de sus funciones. Le corresponde también la creación de las secretarías y su provisión.

La Junta de Andalucía, en las poblaciones que se determine y de acuerdo con lo establecido por la Ley Orgánica del Poder Judicial, podrá instar el establecimiento de un sistema de justicia de proximidad que tenga por objetivo resolver conflictos menores con celeridad y eficacia.

La Junta de Andalucía ejercerá, además, las funciones y facultades que la Ley Orgánica del Poder Judicial reconozca o atribuya al Gobierno del Estado con relación a la Administración de Justicia en Andalucía.

Los andaluces podrán participar en la Administración de Justicia, mediante la institución del Jurado, en los procesos penales que se sustancien ante los órganos jurisdiccionales radicados en territorio andaluz en los casos y forma legalmente establecidos, de conformidad con lo previsto en la legislación del Estado.

La ley regulará una carta de los derechos de los ciudadanos en su relación con el servicio público de la Administración de Justicia

OTRAS INSTITUCIONES DE AUTOGOBIERNO.

El Defensor del pueblo Andaluz.

El Defensor del Pueblo Andaluz es el comisionado del Parlamento, designado por éste para la defensa de los derechos y libertades comprendidos en el Título I de la Constitución y en el Título I del Estatuto de Autonomía, a cuyo efecto podrá supervisar la actividad de las Administraciones públicas de Andalucía, dando cuenta al Parlamento.

El Defensor del Pueblo Andaluz será elegido por el Parlamento por mayoría cualificada. Su organización, funciones y duración del mandato se regularán mediante ley. El Defensor del Pueblo Andaluz y el Defensor del Pueblo designado por las Cortes Generales colaborarán en el ejercicio de sus funciones.

Se rige por la ley 9/1983, es el comisionado del parlamento, designado por éste para la defensa de los derechos y libertades comprendidos en el título I de la Constitución española. Podrá supervisar la actividad de la administración autonómica, dando cuenta al parlamento.

Ejercerá las funciones que le encomienda el Estatuto de Autonomía y la ley, y coordinará sus funciones con la del Defensor del Pueblo designado por las Cortes Generales, prestando su cooperación cuando le sea solicitada y recabándola de aquél a los mismos efectos.

Es elegido por 5 años (3/5 votos del parlamento). Se dirigirá al parlamento a través de su presidente. La comisión de gobierno interior y peticiones será la encargada de relacionarse con el Defensor del Pueblo e informar al pleno en cuantas ocasiones sea necesario,

Puede ser elegido cualquier ciudadano que se encuentre en pleno disfrute de sus derechos civiles y políticos, y que goce la condición política de andaluz. Cesará por renuncia, expiración del plazo de su nombramiento, muerte o incapacidad, actuar con notoria negligencia o haber sido condenado mediante sentencia firme por delito doloso.

El presidente del parlamento de Andalucía acreditará, con su firma, el nombramiento del Defensor del Pueblo, que se publicará en el B.O.J.A. El Defensor del Pueblo tomará posesión de su cargo ante la mesa del parlamento, prestando juramento o promesa de desempeñar fielmente su función.

No está sujeto a mandato imperativo alguno, no recibe instrucciones de ninguna autoridad. Desempeñará sus funciones con autonomía y según su criterio. La condición de Defensor del Pueblo Andaluz es incompatible con todo mandato representativo, con todo cargo político o actividad de propaganda política, con la pertenencia a partidos políticos, sindicatos, asociaciones... y con cualquier actividad profesional, liberal, mercantil o laboral.

Estará auxiliado por cuatro adjuntos, en los que podrá delegar sus funciones y que le sustituirán, por su orden, en el ejercicio de las mismas, en los supuestos de imposibilidad temporal y en los de cese. Los adjuntos y los asesores y colaboradores adscritos a la oficina del Defensor del Pueblo cesarán automáticamente en el momento de la toma de posesión de un nuevo Defensor del Pueblo nombrado por el parlamento.

El defensor podrá iniciar y proseguir, de oficio o a petición de parte, cualquier investigación conducente al esclarecimiento de actos y resoluciones de la administración autonómica, en relación con los ciudadanos, y el respeto debido a los derechos y libertades proclamados en su título I. Podrá dirigirse a él toda persona natural o jurídica que invoque un interés legítimo, sin restricción alguna.

Los diputados individualmente, las comisiones de investigación o la de gobierno interior y derechos humanos, podrán solicitar por escrito y motivado, la intervención del defensor para la investigación o esclarecimiento de actos, resoluciones y conductas concretas de la administración autonómica que afecte a un ciudadano o grupo de ciudadanos.

El defensor podrá supervisar la actividad de la administración, en el ámbito de sus competencias, coordinando sus acciones con el Defensor del Pueblo (estatal). Cuando reciba quejas relativas al funcionamiento de la administración de justicia, deberá dirigirlas al ministerio fiscal o al Consejo General del Poder Judicial. No puede interponer recursos de inconstitucionalidad y amparo.

Las quejas se presentarán por escrito, en el plazo de un año desde que se tuviera conocimiento de los hechos. Serán rechazadas las quejas anónimas y aquellas en las que se advierta mala fe, carencia de fundamento, inexistencia de pretensión. En todo caso, el nombre de la persona que ejercite la queja se mantendrá en secreto.

Todos los poderes públicos y organismos de la comunidad autónoma están obligados a auxiliar con carácter preferente y urgente al Defensor del Pueblo Andaluz en sus investigaciones e inspecciones. No podrá negársele el acceso a ningún expediente o documentación relacionada con el objeto de investigación.

Cuando las actuaciones practicadas revelen que la queja ha sido originada presumiblemente por el abuso, arbitrariedad, discriminación, error, negligencia u omisión de un funcionario, el Defensor del Pueblo podrá dirigirse al afectado haciéndole constar su criterio al respecto. Con la misma fecha dará traslado de dicho escrito al superior jerárquico, formulando las sugerencias que considere oportunas.

La persistencia en una actitud hostil o entorpecedora de la labor investigadora del Defensor del Pueblo Andaluz por parte de cualquier organismo, funcionarios o personas al servicio de la administración autonómica, podrá ser objeto de un informe especial, además de destacarlo en la sección correspondiente de su informe anual.

Cuando el Defensor del Pueblo Andaluz, en razón del ejercicio de las funciones propias de su cargo, tenga conocimiento de una conducta o hechos presumiblemente delictivos, lo pondrá en inmediato conocimiento del ministerio fiscal.

El defensor no es el competente para modificar o anular actos y resoluciones, aunque podrá sugerir que se modifiquen los criterios utilizados para la producción de aquellos. Anualmente presentará un informe al parlamento.

El Defensor del Pueblo Andaluz informará al interesado del resultado de sus investigaciones y gestión, así como de la respuesta que hubiese dado la administración o funcionarios implicados.

La Cámara de Cuentas de Andalucía.

La Cámara de Cuentas es el órgano de control externo de la actividad económica y presupuestaria de la Junta de Andalucía, de los entes locales y del resto del sector público de Andalucía. La Cámara de Cuentas depende orgánicamente del Parlamento de Andalucía. Su composición, organización y funciones se regulará mediante ley.

La Cámara de Cuentas estará integrada por los siguientes órganos:

a) El Pleno.
b) La Comisión de Gobierno.
c) La persona titular de la Presidencia.
d) La persona titular de la Vicepresidencia.
e) Los Consejeros.

f) La Secretaría General

Regulado por la ley 1/1988, aunque ha tenido varias modificaciones. Es un órgano con carácter técnico dependiente del Parlamento de Andalucía, con independencia funcional. Le corresponde la fiscalización externa de la gestión económica, financiera y contable de los fondos públicos de la comunidad autónoma andaluza.

Se entiende que compone el sector público de la comunidad autónoma de Andalucía:

*1   La Junta de Andalucía, sus organismos autónomos, sus instituciones y empresas.

a)   Las corporaciones locales que forman parte del territorio de la comunidad autónoma, así como los organismos autónomos y empresas públicas de ellas dependientes.

b)   Cuantos organismos y entidades sean incluidos por norma legal.

Son fondos públicos, todos los gestionados por el sector público andaluz, así como las subvenciones, créditos, avales y todas las ayudas, cualquiera que sea su naturaleza, concedidas por los órganos del sector público a cualquier persona física o jurídica.

Rendirá a la comisión de hacienda y presupuesto, antes del 1 de marzo de cada año, una memoria de las actuaciones realizadas el año anterior, dicha memoria incluirá la liquidación de su presupuesto. Sus funciones son:

⇨   Fiscalizar la actividad económico-financiera del sector público.

⇨   Fiscalizar el grado de cumplimiento de los objetivos propuestos en los diversos programas presupuestarios y en las memorias de las subvenciones.

⇨   Asesorar al Parlamento de Andalucía en materia de su competencia.

⇨   Fiscalizar los contratos administrativos.

⇨   Desarrollar funciones de fiscalización que por delegación le encomiende el Tribunal de Cuentas.

⇨   El ejercicio de las atribuciones necesarias para la regulación de cuanto afecte a su gobierno, organización, funcionamiento y personal a su servicio.

La Consejería competente en materia de Hacienda trasladará a la cámara de cuentas todos los contratos que se celebren por la Junta de Andalucía, cuyo importe inicial exceda de 150.253,03 euros (25 millones de pesetas), para su examen y toma de razón. Dichos contratos deberán ser enviados a la Consejería de Hacienda por los órganos de contratación.

Corresponde a la Cámara de Cuentas de Andalucía, el ejercicio de las siguientes competencias:

a)   La regulación de cuanto afecta a su gobierno, organización y personal a su servicio, con la siguiente particularidad: la determinación de la estructura orgánica del personal al servicio de la cámara, así como de sus retribuciones, corresponderá a la mesa del parlamento, sin perjuicio de las normas generales que puedan serle de aplicación.

b)   La elaboración del proyecto de su propio presupuesto, que se integrará en el general de la comunidad autónoma como sección independiente, para que sea sometido a la aprobación del Parlamento de Andalucía.

El régimen del patrimonio y contratación de la cámara de cuentas, ejercido a través de sus propios órganos, será el que rija para la administración de la Junta de Andalucía.

Pleno. El Pleno, como órgano colegiado de la Cámara de Cuentas, lo compondrán siete Consejeros, de entre los cuales serán elegidas la persona titular de la Presidencia y la persona titular de la Vicepresidencia.

El Pleno no podrá constituirse ni actuar sin la asistencia de la persona titular de la Presidencia o de la persona titular de la Vicepresidencia. En todo caso, será necesaria la presencia de la mayoría de sus miembros para que quede válidamente constituido.

Los acuerdos serán adoptados por mayoría de los asistentes y dirimirá los empates el voto de la persona titular de la Presidencia o de quien la sustituya.

El Pleno se reunirá con la periodicidad que se considere necesaria y siempre que así lo estime la persona titular de la Presidencia o lo propongan tres de sus miembros. La convocatoria deberá ser acordada y notificada con una antelación mínima de cuarenta y ocho horas, salvo los casos de urgencia. A la convocatoria se acompañará el orden del día.

No podrá ser objeto de acuerdo ningún asunto que no figure en el orden del día, salvo que estén presentes todos los miembros y sea declarada la urgencia del asunto por el voto favorable de la mayoría. En todo lo no previsto en esta Ley, el funcionamiento del Pleno se regirá por los preceptos contenidos en la Ley de Régimen Jurídico de las Administraciones Públicas y del Procedimiento Administrativo Común.

A la **persona titular de la Presidencia** le corresponde:

a) Representar a la Cámara de Cuentas de Andalucía.

b) Convocar y presidir el Pleno de la Cámara y la Comisión de Gobierno, y dirigir sus deliberaciones, decidiendo con voto de calidad en caso de empate.

c) Asignar a los Consejeros las tareas a desarrollar, de acuerdo con los programas de actuación que el Pleno apruebe.

d) Autorizar, con su firma, los informes o memorias que hayan de remitirse al Parlamento, a los órganos rectores de las entidades del sector público andaluz o al Tribunal de Cuentas. e) Informar oralmente al Parlamento sobre la documentación remitida, y podrá, en todo caso, estar asistida por los Consejeros que hayan dirigido las funciones de control y por el personal de la Cámara que estime conveniente.

f) Acordar los nombramientos de todo el personal al servicio de la Cámara.

g) Cuanto concierne a la contratación, gobierno y administración en general de la Cámara y, en particular, autorizar los gastos propios de la misma y la contratación de obras, servicios, suministros y otras prestaciones necesarias para su funcionamiento.

h) Decidir sobre cualquier otro asunto no atribuido expresamente a otros órganos de la Cámara de Cuentas y sobre aquellos que, siendo de la competencia del Pleno, hayan de resolverse con urgencia y esta no permita la convocatoria del mismo. De tales asuntos se dará cuenta inmediata al Pleno, al que se convocará para la ratificación de los mismos, si procede.

A la **persona titular de la Vicepresidencia** le corresponde:

a) Sustituir a la persona titular de la Presidencia en caso de vacante, ausencia o enfermedad.

b) Asistir a la persona titular de la Presidencia en las actuaciones de control de la Cámara de Cuentas.

c) Colaborar con la persona titular de la Presidencia en la mejora de la planificación de los métodos de trabajo.

d) Proponer a la persona titular de la Presidencia y al Pleno las medidas necesarias para la organización de los servicios comunes.

e) Las demás funciones que, siendo competencia de la persona titular de la Presidencia, le sean delegadas por esta.

Comisión de gobierno. La Comisión de Gobierno estará formada por la persona titular de la residencia, por la persona titular de la Vicepresidencia y por otros dos Consejeros, designados por el Pleno, ejercerá la dirección superior del personal de la cámara.

Consejeros. Son siete, elegidos por el parlamento (mayoría de 3/5), entre personas de reconocida competencia profesional, por un mandato de 6 años. La renovación se hace cada 3 años por 3/7 y 4/7 partes.

El cargo es incompatible con toda actividad pública o privada (excepto de la administración del patrimonio propio) y el ejercicio de funciones directivas, ejecutivas o asesoras en partidos políticos, organizaciones sindicales, organizaciones empresariales y colegios profesionales.

A los Consejeros, como órganos unipersonales de la Cámara, les corresponde:

a) Dirigir las actuaciones de control externo que les hayan sido asignadas.

b) Elevar a la persona titular de la Presidencia los resultados de las fiscalizaciones realizadas para que, en su caso, sean aprobadas por el Pleno.

c) Aprobar las propuestas que les formulen las unidades de fiscalización que de ellos dependan.

d) Proponer los gastos que sean necesarios para el funcionamiento de los servicios que de ellos dependan.

e) Las demás funciones que les fueren encomendadas por el Pleno de la Cámara, la Comisión de Gobierno o la persona titular de la Presidencia y puedan corresponderles con arreglo a lo dispuesto en la presente Ley.

Secretario general. Organiza y dirige los servicios de la cámara.

En los informes emitidos por la cámara deben constar:

❑ La observancia de la legalidad reguladora de la actividad económico-financiera del sector público y de los principios contables aplicables.

❑ El grado de cumplimiento de los objetivos previstos y si la gestión económico-financiera se ha ajustado a los principios de economía y eficacia.

❑   La existencia, en su caso, de infracciones, abusos o prácticas irregulares.

❑   Las medidas que, en su caso, se proponen para la mejora de la gestión económica y financiera de las entidades fiscalizadas.

La cámara de cuentas deberá realizar sus funciones según un programa previo confeccionado por ella misma, de acuerdo con su presupuesto y de cuya ejecución pueda formarse juicio suficiente sobre la calidad y regularidad de la gestión económico-financiera del sector público andaluz. Esta actividad no podrá verse mermada por el derecho de petición que corresponde al parlamento, al Consejo de Gobierno o a las entidades locales.

La iniciativa fiscalizadora corresponde a la cámara de cuentas y al parlamento de Andalucía. No obstante, podrán interesar igualmente la actuación fiscalizadora de la cámara de cuentas o la emisión de informe:

❋   El gobierno de la comunidad autónoma.

❋   Las entidades locales, previo acuerdo del respectivo pleno. Dicha iniciativa habrá de ser realizada a través de la comisión de hacienda y presupuestos del parlamento de Andalucía, que se pronunciará sobre la propuesta.

La cámara de cuentas notificará a los consejeros, directores o responsables de los servicios, dependencias y establecimientos en general que vayan a ser controlados, el inicio de las actuaciones fiscalizadoras con una antelación mínima de diez días.

La cámara de cuentas podrá exigir, de cuantos organismos y entidades integran el sector público andaluz, los datos, informes, documentos o antecedentes que considere necesarios. Así como inspeccionar y comprobar toda la documentación de las oficinas públicas, libros, metálicos y valores, dependencias, depósitos, almacenes y en general, cuantos documentos, establecimientos y bienes considere necesarios.

El Consejo Consultivo de Andalucía.

Según el artículo 129 del EA el Consejo Consultivo de Andalucía es el superior órgano consultivo del Consejo de Gobierno y de la Administración de la Junta de Andalucía, incluidos sus organismos y entes sujetos a derecho público. Asimismo, es el supremo órgano de asesoramiento de las entidades locales y de los organismos y entes de derecho público de ellas dependientes, así como de las universidades públicas andaluzas. También lo es de las demás entidades y corporaciones de derecho público no integradas en la Administración de la Junta de Andalucía, cuando las leyes sectoriales así lo prescriban.

El Consejo Consultivo ejercerá sus funciones con autonomía orgánica y funcional. Una ley del Parlamento regulará su composición, competencia y funcionamiento.

Se creó por la ley 8/1993 de 19 de octubre, actualmente está regulado por la ley 4/2005.

El Consejo Consultivo de Andalucía es el superior órgano consultivo del Consejo de Gobierno y de la Administración de la Junta de Andalucía, incluidos los Organismos y Entes sujetos a Derecho Público de la Junta de Andalucía.

Asimismo, es el supremo órgano de asesoramiento de las Entidades Locales y de los Organismos y Entes de Derecho Público de ellas dependientes. También lo es de las Universidades Públicas andaluzas y de las demás Entidades y Corporaciones de Derecho Público no integradas en la Administración de la Junta de Andalucía, cuando las leyes sectoriales así lo prescriban.

En el ejercicio de su función, el Consejo Consultivo velará por la observancia de la Constitución, el Estatuto de Autonomía para Andalucía y el resto del ordenamiento jurídico.

El Consejo Consultivo tiene su sede en la ciudad de Granada.

El Consejo Consultivo ejercerá sus funciones con autonomía orgánica y funcional, para garantizar su objetividad e independencia. No entrará a conocer los aspectos de oportunidad y conveniencia salvo que le sea solicitado expresamente.

Los asuntos en que haya dictaminado el Consejo Consultivo no podrán ser remitidos ulteriormente para informe a ningún órgano u organismo de la Comunidad Autónoma de Andalucía.

La consulta al Consejo Consultivo será preceptiva cuando así se establezca en esta Ley o en otra disposición de igual rango, y facultativa en los demás casos. Los dictámenes no serán vinculantes, salvo en los casos en que así se establezca en las respectivas leyes.

Las disposiciones y resoluciones sobre asuntos informados por el Consejo expresarán si se adoptan conforme con el dictamen del Consejo Consultivo o se apartan de él.

El Consejo Consultivo está constituido por el Presidente, los Consejeros permanentes, los Consejeros electivos y los Consejeros natos. Estará asistido por el Secretario General, que actuará con voz y sin voto. Su composición y posterior renovación responderán a criterios de participación paritaria de hombres y mujeres. A tal efecto, ambos sexos deberán estar representados en, al menos, un 40 % de los miembros en cada caso designados. De esta regla se excluirán aquellos que fueren designados en función del cargo específico que desempeñen o hubieren desempeñado.

El Presidente del Consejo Consultivo será nombrado por Decreto del Presidente de la Junta de Andalucía, oído el Consejo de Gobierno, entre juristas de reconocido prestigio con una experiencia superior a diez años.

En caso de vacante o ausencia, será sustituido por el Consejero electivo más antiguo y, en caso de concurrir varios en esta condición, por el de mayor edad de entre ellos. Corresponde al Presidente del Consejo Consultivo la representación a todos los efectos del mismo.

Serán Consejeros permanentes, hasta que cumplan sesenta y cinco años de edad, aquellas personas que hayan desempeñado el cargo de Presidente de la Junta de Andalucía. Su nombramiento se efectuará por Decreto del Consejo de Gobierno, previa aceptación del interesado. El nombramiento de Consejero permanente será incompatible con la condición de alto cargo, con la de miembro electo de las Cortes Generales o de las Asambleas Legislativas de las Comunidades Autónomas y con la de miembro de Corporaciones Locales. Tampoco podrá ser funcionario público en activo o personal laboral al servicio de la Junta de Andalucía, salvo que lo sea en el ejercicio de funciones docentes e investigadoras.

Los Consejeros electivos, en número de seis, serán nombrados por Decreto del Consejo de Gobierno entre profesionales que se hayan distinguido en el campo del Derecho y en el que tengan una experiencia superior a diez años.

Su dedicación será con carácter exclusivo y a tiempo completo. Con independencia de éstos, y cumpliendo los mismos requisitos, el Consejo de Gobierno podrá designar hasta seis Consejeros más que desempeñarán sus funciones sin exclusividad.

En ambos casos el nombramiento se efectuará por un período de cinco años, pudiendo ser reelegidos por una sola vez.

Tendrán la consideración de Consejeros natos los siguientes:

- El Presidente de una de las Reales Academias de Legislación y Jurisprudencia de Andalucía, designado por el Instituto de Academias de Andalucía.
- El Fiscal Jefe del Tribunal Superior de Justicia de Andalucía.
- Un representante del Consejo Andaluz de Colegios de Abogados designado de entre los Decanos de dichos Colegios.
- El Director General competente en materia de Administración Local.
- El Jefe del Gabinete Jurídico de la Junta de Andalucía.

Los Consejeros permanentes y electivos cesarán por alguna de las siguientes causas:

a) Fallecimiento.
b) Renuncia.
c) Expiración del plazo de su nombramiento, en el caso de los Consejeros electivos.
d) Incompatibilidad de sus funciones.
e) Incumplimiento grave de sus funciones.
f) Incapacidad declarada por sentencia firme.

g) Condena por delito doloso en virtud de sentencia firme. El cese será acordado por el Consejo de Gobierno. En los casos previstos en las letras d) y e), se seguirá el procedimiento que reglamentariamente se determine, requiriéndose en todo caso audiencia del interesado e informe favorable del Pleno del Consejo por mayoría absoluta.

En caso de producirse vacante, se procederá a su cobertura por el órgano y procedimiento que corresponda.

Los Consejeros natos conservarán su condición mientras ostenten el cargo que haya determinado su nombramiento, sin perjuicio de la aplicación de las causas de cese previstas en las letras a), b), e), f) y g).

En los dos casos de designación que se contemplan, ésta deberá ser ratificada o renovada cada cinco años por aquellos a quienes correspondan llevarla a cabo.

Los Consejeros podrán ser suspendidos en el ejercicio de sus funciones por el Consejo de Gobierno, a propuesta del Consejo Consultivo, durante el tiempo indispensable para resolver acerca de la concurrencia de alguna de las causas de cese.

El Secretario General será nombrado por el Consejo de Gobierno, a propuesta del Presidente del Consejo Consultivo, oído el Pleno del mismo. Ejercerá las funciones que le atribuya el Reglamento Orgánico.

El Presidente del Consejo Consultivo, los Consejeros electivos a tiempo completo y el Secretario General estarán sometidos al régimen propio de las incompatibilidades de los altos cargos de la Administración de la Junta de Andalucía.

La condición de Consejero electivo será incompatible con el desempeño de cargos públicos de representación popular. El régimen de incompatibilidades del resto de los Consejeros será el que les corresponda por razón de sus cargos o actividad.

Todos los miembros del Consejo Consultivo deberán abstenerse de intervenir en aquellos asuntos que proceda conforme a la Ley de Régimen Jurídico de las Administraciones Públicas y del Procedimiento Administrativo Común.

El Presidente, los Consejeros electivos a tiempo completo y el Secretario General tendrán derecho a percibir las retribuciones en los conceptos y cuantías que anualmente se fijen en la Ley de Presupuestos de la Comunidad Autónoma. Los restantes Consejeros sólo tendrán derecho a la percepción de dietas, asistencias y gastos de desplazamiento, de conformidad con lo que al efecto disponga el Reglamento Orgánico y demás disposiciones de desarrollo de esta Ley.

El Consejo Consultivo de Andalucía será consultado preceptivamente en los asuntos siguientes:

1. Anteproyecto de reforma del Estatuto de Autonomía.
2. Anteproyectos de leyes.
3. Proyectos de reglamentos que se dicten en ejecución de las leyes y sus modificaciones.
4. Recursos de inconstitucionalidad y conflictos de competencia ante el Tribunal Constitucional.
5. Convenios o acuerdos de cooperación con otra Comunidad Autónoma, contemplados en el título V del Estatuto de Autonomía.
6. Conflictos de atribuciones que se susciten entre Consejerías.
7. Proyectos de Estatutos de las Universidades Públicas de Andalucía y sus reformas.
8. Transacciones judiciales o extrajudiciales sobre los derechos de contenido económico de la Administración de la Comunidad Autónoma, así como el sometimiento a arbitraje de las cuestiones que se susciten respecto de los mismos, cuando, en ambos casos, la cuantía litigiosa exceda de 300.000 euros.
9. Revocación de actos de naturaleza tributaria cuando la deuda supere los 30.000 euros y conflictos en la aplicación de la norma tributaria.
10. Expedientes tramitados por la Administración de la Comunidad Autónoma, en que la consulta venga exigida por Ley, en los supuestos contenidos en la misma, que se refieran, entre otras, a las materias siguientes:
a) Reclamaciones administrativas de indemnización por daños y perjuicios de cuantía superior a 60.000 euros.
b) Anulación de oficio de los actos administrativos.
c) Recurso extraordinario de revisión.
d) Modificación de figuras de planeamiento, que tengan por objeto una diferente zonificación o uso urbanístico de parques, jardines o espacios libres, dotaciones o equipamientos previstos en un plan, así como los supuestos de suspensión de instrumentos de planeamiento que competen al Consejo de Gobierno.
e) Creación y supresión de municipios o alteración de términos municipales, constitución y disolución de Entidades Locales Autónomas y creación de Áreas Metropolitanas y demás asuntos en que la consulta venga exigida por la legislación de Régimen Local.
f) Interpretación, modificación, resolución y nulidad de concesiones y contratos administrativos, cuando el precio del contrato sea superior a 600.000 euros para la interpretación y resolución, o que la cuantía de aquella exceda del 20 por 100 del precio del contrato para la modificación, así como de los Pliegos de Cláusulas Administrativas Generales.

11.   Expedientes tramitados por instituciones, entidades, organismos, Universidades y empresas en que, por precepto expreso de una Ley, deba pedirse dictamen al Consejo Consultivo.

12.   Conflictos en defensa de la autonomía local.

13.   Transacciones de las Entidades Locales que superen el 5 por 100 de los recursos ordinarios de su Presupuesto.

14.   Tratándose de solicitudes de dictamen que versen sobre reclamaciones en materia de responsabilidad patrimonial frente a Administraciones Públicas no pertenecientes a la Administración de la Comunidad Autónoma de Andalucía, el Consejo Consultivo será competente para dictaminar cuando la cuantía de la reclamación sea superior a 15.000 euros.

Podrá recabarse el dictamen del Consejo Consultivo en aquellos asuntos no incluidos en el artículo anterior, que por su especial trascendencia o repercusión lo requieran.

El Consejo Consultivo elevará una memoria anual al Consejo de Gobierno, en la que expondrá la actividad del mismo en el período anterior, así como las sugerencias que estime oportuno para la mejora de la actuación administrativa.

El Consejo Consultivo actuará en Pleno, en Comisión Permanente y, en su caso, en Secciones. En el caso de dictámenes facultativos, la competencia corresponde a la Comisión Permanente. No obstante, cuando la importancia del asunto lo requiera, el Presidente de la Junta de Andalucía o el Consejo de Gobierno podrán requerir el dictamen del Pleno.

La Comisión Permanente estará constituida por el Presidente y los seis Consejeros electivos con dedicación a tiempo completo. Las Secciones, en su caso, también se formarán con Consejeros electivos a tiempo completo en el número que se designe por la Presidencia.

Cuando la índole de los asuntos lo requiera, el Presidente del Consejo Consultivo podrá designar como ponentes o requerir la asistencia a las reuniones de la Comisión Permanente o, en su caso, de las Secciones, de otros miembros del Consejo que actuarán, en estos casos, con voz pero sin voto.

El dictamen del Consejo Consultivo será recabado por el Presidente de la Junta de Andalucía, el Consejo de Gobierno o cualquiera de sus miembros. Corresponde a los Presidentes de las Entidades Locales de Andalucía solicitar el dictamen del Consejo Consultivo en los supuestos previstos en la legislación vigente. En el caso de las Universidades la petición la realizará el Rector correspondiente y en el caso de otras Corporaciones u Organismos Públicos quien ostente su representación.

Las deliberaciones y acuerdos precisarán para su validez la presencia del Presidente o de quien legalmente le sustituya, de un número de miembros que con el anterior constituyan la mayoría absoluta y la del Secretario General o quien ejerza sus funciones.

Los acuerdos se adoptarán por mayoría absoluta de votos de los asistentes. En caso de empate decidirá el Presidente con su voto de calidad.

Quienes discrepen del acuerdo adoptado podrán formular, dentro del plazo que reglamentariamente se determine, voto particular por escrito que se incorporará al dictamen.

El Presidente del Consejo Consultivo fijará el orden del día, presidirá las sesiones, designará las Ponencias, interpretará el Reglamento y ordenará los debates. Tendrá la dirección de todas las dependencias del Consejo, así como su representación. Le corresponde igualmente autorizar los gastos y aquellas otras funciones que se determinen en el Reglamento Orgánico.

El Consejo Consultivo deberá evacuar las consultas en el plazo de treinta días desde la recepción de la correspondiente solicitud de dictamen.

En los supuestos de proyectos de reglamentos de ejecución y recursos de inconstitucionalidad el plazo será de veinte días. Cuando en la orden de remisión de los expedientes se haga constar la urgencia del dictamen, el plazo máximo para su despacho será de quince días, salvo que el Presidente de la Junta de Andalucía o el Consejo de Gobierno fijen uno inferior.

En los supuestos en que el dictamen no tenga carácter vinculante, transcurridos los plazos establecidos en los apartados anteriores sin haberse evacuado, se entenderá cumplido el trámite.

En los recursos de inconstitucionalidad y en los conflictos positivos de competencia, podrá solicitarse el dictamen simultáneamente a que sean adoptados los acuerdos de interposición o de requerimiento, respectivamente.

A la petición de consulta deberá acompañarse toda la documentación que requiera el expediente administrativo de la cuestión planteada. Si el Consejo Consultivo estimase incompleto el expediente, podrá solicitar en el plazo de diez días desde la petición de la consulta y por conducto de su Presidente que se complete con cuantos antecedentes, informes y pruebas sean necesarios. En tal caso se interrumpirá el plazo establecido para evacuar la consulta.

Por medio del órgano consultante o directamente por el Consejo Consultivo se podrá recabar el parecer de órganos, entidades o personas, con notoria competencia técnica en las materias relacionadas con los asuntos sometidos a consulta, así como acordar la audiencia de las personas que tuvieren interés directo y legítimo en el expediente sometido a consulta, si así lo solicitaran.

Corresponde al Consejo Consultivo aprobar el anteproyecto de su presupuesto, que se incorporará como sección al anteproyecto de presupuestos de la Comunidad Autónoma.

Otros órganos.

El **Consejo Audiovisual** es la autoridad audiovisual independiente encargada de velar por el respeto de los derechos, libertades y valores constitucionales y estatutarios en los medios audiovisuales, tanto públicos como privados, en Andalucía, así como por el cumplimiento de la normativa vigente en materia audiovisual y de publicidad.

El Consejo Audiovisual velará especialmente por la protección de la juventud y la infancia en relación con el contenido de la programación de los medios de comunicación, tanto públicos como privados, de Andalucía.

Una ley del Parlamento regulará su composición, competencia y funcionamiento.

El **Consejo Económico y Social de Andalucía** es el órgano colegiado de carácter consultivo del Gobierno de la Comunidad Autónoma en materia económica y social, cuya finalidad primordial es servir de cauce de participación y diálogo permanente en los asuntos socioeconómicos.

Una ley del Parlamento regulará su composición, competencia y funcionamiento.

El **Consejo de Justicia de Andalucía** es el órgano de gobierno de la Administración de Justicia en Andalucía, de acuerdo con lo previsto en la Ley Orgánica del Poder Judicial.

El Consejo de Justicia de Andalucía está integrado por el Presidente o Presidenta del Tribunal Superior de Justicia de Andalucía, que lo preside, y por los miembros elegidos entre Jueces, Magistrados, Fiscales y juristas de reconocido prestigio que se nombren de acuerdo con lo previsto por la Ley Orgánica del Poder Judicial, correspondiendo al Parlamento de Andalucía la designación de los miembros que determine dicha Ley.

Las funciones del Consejo de Justicia de Andalucía son las previstas en la Ley Orgánica del Poder Judicial, en el presente Estatuto, y en las leyes del Parlamento de Andalucía y las que, en su caso, le delegue el Consejo General del Poder Judicial.

Las atribuciones del Consejo de Justicia de Andalucía respecto a los órganos jurisdiccionales situados en su territorio son, conforme a lo previsto en la Ley Orgánica del Poder Judicial, las siguientes:

a) Participar en la designación del Presidente o Presidenta del Tribunal Superior de Justicia de Andalucía, así como en la de los Presidentes de Sala de dicho Tribunal Superior y de los Presidentes de las Audiencias Provinciales.

b) Proponer al Consejo General del Poder Judicial y expedir los nombramientos y los ceses de los Jueces y Magistrados incorporados a la carrera judicial temporalmente con funciones de asistencia, apoyo o sustitución, así como determinar la adscripción de estos Jueces y Magistrados a los órganos judiciales que requieran medidas de refuerzo.

c) Instruir expedientes y, en general, ejercer las funciones disciplinarias sobre Jueces y Magistrados en los términos previstos por las leyes.

d) Participar en la planificación de la inspección de juzgados y tribunales, ordenar, en su caso, su inspección y vigilancia y realizar propuestas en este ámbito, atender a las órdenes de inspección de los juzgados y tribunales que inste el Gobierno y dar cuenta de la resolución y de las medidas adoptadas.

e) Informar sobre los recursos de alzada interpuestos contra los acuerdos de los órganos de gobierno de los tribunales y juzgados de Andalucía.

f) Precisar y aplicar, cuando proceda, en el ámbito de Andalucía, los reglamentos del Consejo General del Poder Judicial.

g) Informar sobre las propuestas de revisión, delimitación y modificación de las demarcaciones territoriales de los órganos jurisdiccionales y sobre las propuestas de creación de secciones y juzgados.

h) Presentar una memoria anual al Parlamento sobre el estado y el funcionamiento de la Administración de Justicia en Andalucía.

i) Todas las funciones que le atribuyan la Ley Orgánica del Poder Judicial y las leyes del Parlamento, y las que le delegue el Consejo General del Poder Judicial.

Las resoluciones del Consejo de Justicia de Andalucía en materia de nombramientos, autorizaciones, licencias y permisos deben adoptarse de acuerdo con los criterios aprobados por el Consejo General del Poder Judicial.

El Consejo de Justicia de Andalucía, a través de su Presidente o Presidenta, comunicará al Consejo General del Poder Judicial las resoluciones que dicte y las iniciativas que emprenda y debe facilitar la información que le sea solicitada.

TEMA 7

ORGANIZACIÓN DE LA ADMINISTRACIÓN DE LA JUNTA: PRINCIPIOS DE ORGANIZACIÓN, ACTUACIÓN Y ATENCIÓN CIUDADANA. ORGANIZACIÓN CENTRAL Y TERRITORIAL DE LA ADMINISTRACIÓN DE LA JUNTA DE ANDALUCÍA. ENTIDADES INSTRUMENTALES DE LA ADMINISTRACIÓN DE LA JUNTA DE ANDALUCÍA.

ORGANIZACIÓN DE LA ADMINISTRACIÓN DE LA JUNTA: PRINCIPIOS DE ORGANIZACIÓN, ACTUACIÓN Y ATENCIÓN CIUDADANA.

El capítulo VII del Título IV del Estatuto de Autonomía está dedicado a la Administración de la Junta de Andalucía (arts. 133 a 139).

La Administración de la Junta de Andalucía sirve con objetividad al interés general y actúa de acuerdo con los principios de eficacia, eficiencia, racionalidad organizativa, jerarquía, simplificación de procedimientos, desconcentración, coordinación, cooperación, imparcialidad, transparencia, lealtad institucional, buena fe, protección de la confianza legítima, no discriminación y proximidad a los ciudadanos, con sujeción a la Constitución, al Estatuto y al resto del ordenamiento jurídico.

La Administración de la Junta de Andalucía desarrollará la gestión ordinaria de sus actividades a través de sus servicios centrales y periféricos.

Todos los órganos encargados de la prestación de servicios o de la gestión de competencias y atribuciones de la Comunidad Autónoma dependen de ésta y se integran en su Administración.

La ley regulará:

a) La participación de los ciudadanos, directamente o a través de las asociaciones y organizaciones en las que se integren, en los procedimientos administrativos o de elaboración de disposiciones que les puedan afectar.

b) El acceso de los ciudadanos a la Administración de la Junta de Andalucía, que comprenderá en todo caso sus archivos y registros, sin menoscabo de las garantías constitucionales y estatutarias, poniendo a disposición de los mismos los medios tecnológicos necesarios para ello.

Una ley regulará el principio de presencia equilibrada de hombres y mujeres en el nombramiento de los titulares de los órganos directivos de la Administración andaluza cuya designación corresponda al Consejo de Gobierno o a los miembros del mismo en sus respectivos ámbitos. El mismo principio regirá en los nombramientos de los órganos colegiados o consultivos que corresponda efectuar en el ámbito de la Administración andaluza.

La ley regulará el estatuto de los funcionarios públicos de la Administración de la Junta de Andalucía, el acceso al empleo público de acuerdo con los principios de mérito y capacidad, y establecerá un órgano administrativo de la función pública resolutorio de los recursos que se interpongan sobre esta materia.

La Administración de la Junta de Andalucía hará pública la oferta y características de prestación de los servicios, así como las cartas de derechos de los ciudadanos ante la misma. La ley regulará la organización y funcionamiento de un sistema de evaluación de las políticas públicas.

La Comunidad Autónoma es Administración Pública a los efectos de la Ley Reguladora de la Jurisdicción Contencioso-Administrativa. La Comunidad Autónoma estará exenta de prestar cauciones o depósitos para ejercitar acciones o interponer recursos.

La Administración de la Junta de Andalucía, bajo la dirección del Consejo de Gobierno, desarrolla funciones ejecutivas de carácter administrativo. La Administración de la Junta de Andalucía, constituida por órganos jerárquicamente ordenados, actúa para el cumplimiento de sus fines con personalidad jurídica única, sin perjuicio de la que tengan atribuida las entidades instrumentales de ella dependientes.

La Administración de la Junta de Andalucía gozará, en el ejercicio de sus competencias, de las potestades y prerrogativas que le atribuya o reconozca el ordenamiento jurídico, así como las que este confiere a la Administración del Estado, en cuanto le sean de aplicación. Dichas potestades y prerrogativas corresponderán también a las agencias integradas en su Administración instrumental, en tanto les sean expresamente reconocidas por las leyes y sus estatutos.

Principios de organización, actuación y atención ciudadana.

La ley 9/2007 de Administración de la Junta de Andalucía establece que su Administración sirve con objetividad al interés general a través de sus órganos y entidades instrumentales, con sujeción a la Constitución, al Estatuto de Autonomía y al resto del ordenamiento jurídico. Se organiza y actúa de acuerdo con los principios de:

a) Eficacia.
b) Jerarquía.
c) Descentralización funcional.
d) Desconcentración funcional y territorial.
e) Coordinación.

f) Lealtad institucional.

g) Buena fe.

h) Confianza legítima.

i) Transparencia.

j) Colaboración y cooperación en su relación con otras Administraciones Públicas.

k) Eficiencia en su actuación y control de los resultados.

l) Programación de sus objetivos.

m) Coordinación y planificación de la actividad.

n) Racionalidad organizativa mediante simplificación y racionalización de su estructura organizativa.

ñ) Racionalización, simplificación y agilidad de los procedimientos.

o) Imparcialidad.

p) Igualdad de oportunidades y de trato de hombres y mujeres.

q) No discriminación.

r) Proximidad a la ciudadanía.

s) Responsabilidad por la gestión pública.

t) Buena administración y calidad de los servicios.

En su relación con la ciudadanía, la Administración de la Junta de Andalucía actúa de acuerdo con el principio de buena administración, que comprende el derecho de la ciudadanía a:

a) Que los actos de la Administración sean proporcionados a sus fines.

b) Que se traten sus asuntos de manera equitativa, imparcial y objetiva.

c) Participar en las decisiones que le afecten, de acuerdo con el procedimiento establecido.

d) Que sus asuntos sean resueltos en un plazo razonable, siguiendo el principio de proximidad a la ciudadanía.

e) Participar en los asuntos públicos.

f) Acceder a la documentación e información de la Administración de la Junta de Andalucía en los términos establecidos en esta Ley y en la normativa que le sea de aplicación.

g) Obtener información veraz.

h) Acceder a los archivos y registros de la Administración de la Junta de Andalucía, cualquiera que sea su soporte, con las excepciones que la ley establezca.

En la organización y gestión de los servicios públicos se tendrán especialmente en cuenta las necesidades de las personas con discapacidad.

El número y denominación de las consejerías de la Junta de Andalucía se fijó en la ley 6/83 del gobierno y administración de la Junta de Andalucía, pero se establece que por decreto del presidente se podrá modificar el número, denominación y competencias de las distintas consejerías, con sujeción al conjunto de las disponibilidades del presupuesto.

La estructura de la administración de la comunidad autónoma responde al modelo departamental, ordenándose los órganos jerárquicamente, sin perjuicio del establecimiento de una descentralización funcional, a través de la creación de organismos autónomos y de una desconcentración administrativa, en virtud de las delegaciones provinciales.

Actualmente, en virtud del decreto 3/2020, de 3 de septiembre, de la Vicepresidencia y sobre reestructuración de Consejerías. La Administración de la Junta de Andalucía se organiza en las siguientes Consejerías:

♦ Consejería de Turismo, Regeneración, Justicia y Administración Local.
♦ Consejería de la Presidencia, Administración Pública e Interior.
♦ Consejería de Empleo, Formación y Trabajo Autónomo.
♦ Consejería de Hacienda y Financiación Europea.
♦ Consejería de Educación y Deporte.
♦ Consejería de Agricultura, Ganadería, Pesca y Desarrollo Sostenible.
♦ Consejería de Transformación Económica, Industria, Conocimiento y Universidades.
♦ Consejería de Salud y Familias.
♦ Consejería de Igualdad, Políticas Sociales y Conciliación.
♦ Consejería de Fomento, Infraestructuras y Ordenación del Territorio.
♦ Consejería de Cultura y Patrimonio Histórico.

El orden de prelación establecido es el presentado.

La creación, modificación o supresión de los niveles orgánicos inferiores a sección se realizará por orden de la Consejería correspondiente. Para los órganos iguales o superiores a sección se utilizará el decreto.

Por medio de la ley 3/2005 se establece el régimen de incompatibilidad de altos cargos de la administración de la Junta de Andalucía y de Declaración de Actividades, Bienes e Intereses, que se aplica a todos los altos cargos de la Junta (básicamente todos aquellos nombrados por decreto) estableciendo un sistema de sanciones para los incumplimientos en estos supuestos.

Bajo la superior dirección del Consejo de Gobierno, las Consejerías y las agencias administrativas se componen de órganos y unidades administrativas. Tendrán la consideración de órganos las unidades administrativas a las que se atribuyan funciones que tengan efectos frente a terceros o cuya actuación tenga carácter preceptivo.

Las unidades administrativas son estructuras funcionales básicas de preparación y gestión de los procedimientos en el ámbito funcional propio de las Consejerías y de las agencias administrativas. Las unidades administrativas se crean, modifican y suprimen a través de la relación de puestos de trabajo.

Por decreto del Consejo de Gobierno podrán crearse servicios administrativos con gestión diferenciada por razones de especialización funcional, para la identificación singular del servicio público ante la ciudadanía u otros motivos justificados. Los servicios administrativos con gestión diferenciada podrán agrupar un conjunto de órganos o unidades de una misma Consejería. Carecerán de personalidad jurídica independiente y estarán, en todo caso, adscritos a una Consejería. Su denominación, estructura y competencias se definirán en el correspondiente decreto de creación de los mismos.

Bajo la superior dirección del Consejo de Gobierno, los órganos que integran la estructura básica de la Administración de la Junta de Andalucía se clasifican en superiores y directivos. Es órgano superior la Consejería. Son órganos directivos centrales la Viceconsejería, Secretaría General, Secretaría General Técnica y Dirección General. Son órganos directivos periféricos la Delegación del Gobierno de la Junta de Andalucía, la Delegación Provincial de la Consejería y, en su caso, la Delegación Territorial.

Corresponde a los órganos superiores la planificación y superior coordinación de la organización situada bajo su responsabilidad, y a los órganos directivos su ejecución y puesta en práctica, así como la dirección inmediata de los órganos y unidades administrativas que les están adscritos. Las personas titulares de los órganos superiores y directivos tendrán la consideración de altos cargos.

El nombramiento y separación de las personas titulares de órganos directivos se realizarán por decreto del Consejo de Gobierno, a propuesta de la persona titular de la Consejería de la que dependa el órgano. Salvo que se disponga otra cosa, el nombramiento de las personas titulares de los órganos directivos tendrá efecto desde el día siguiente al de la aprobación del decreto por el Consejo de Gobierno, y el cese surtirá efecto desde el mismo día de su aprobación.

El nombramiento como personas titulares de las Secretarías Generales Técnicas se realizará entre personal funcionario de carrera de la Administración de la Junta de Andalucía, del Estado, de las Comunidades Autónomas o de las Entidades Locales, perteneciente a cuerpos, grupos o escalas en los que se exija para su ingreso el título de licenciatura, grado o equivalente; o bien, entre personal estatutario fijo de los servicios de salud, para cuyo ingreso se exija el título de licenciatura, grado o equivalente, de acuerdo con lo dispuesto en la Ley 55/2003, de 16 de diciembre, del Estatuto Marco del personal estatutario de los servicios de salud.

Asimismo, deberán reunir el requisito indicado en el párrafo anterior aquellas personas que vayan a ser nombradas titulares de la Secretaría General competente en materia de Administración Pública y de las Direcciones Generales que tengan competencias en dicha materia de Administración Pública, de la Intervención General de la Junta de Andalucía y de la Dirección de la Agencia Tributaria de Andalucía.

Se garantizará la representación equilibrada de hombres y mujeres en el nombramiento de los titulares de los órganos directivos de la Administración de la Junta de Andalucía cuya designación corresponda al Consejo de Gobierno. A estos efectos, se entiende por representación equilibrada aquella situación que garantice la presencia de mujeres y hombres al menos en un cuarenta por ciento.

Son órganos colegiados los que están compuestos por tres o más miembros que, reunidos en sesión convocada al efecto, deliberan y acuerdan colegiadamente sobre el ejercicio de las funciones que les están encomendadas. En la composición de los órganos colegiados de la Administración de la Junta de Andalucía deberá respetarse la representación equilibrada de mujeres y hombres. Este mismo criterio de representación se observará en la modificación o renovación de dichos órganos. A tal efecto, se tendrá en cuenta lo siguiente:

a) Del cómputo se excluirán aquellos miembros que formen parte del órgano en función del cargo específico que desempeñen.

b) Cada una de las instituciones, organizaciones y entidades que designen o propongan representantes deberá tener en cuenta la composición de género que permita la representación equilibrada.

Son órganos colegiados de participación administrativa o social aquellos en cuya composición se integran, junto a miembros de la Administración de la Junta de Andalucía, representantes de otras Administraciones Públicas, personas u organizaciones en representación de intereses, legalmente reconocidos, o personas en calidad de profesionales expertos.

Los órganos de la Administración de la Junta de Andalucía se crean, modifican y suprimen por decreto del Consejo de Gobierno, sin perjuicio del régimen establecido para los órganos colegiados.

Además de los requisitos determinados en la legislación básica estatal, la norma de creación del órgano deberá establecer:

a) Su denominación.

b) En relación con la delimitación de sus funciones y competencias, las que asume, en su caso, de otros órganos y las que son de nueva atribución por no corresponder a ningún otro órgano.

En ningún caso se podrán crear nuevos órganos y unidades administrativas sin que en el expediente de su creación quede acreditado que sus funciones y atribuciones les corresponden como propias, por no coincidir con las de otros órganos o unidades administrativas existentes. En los supuestos en que concurra dicha coincidencia se deberá prever expresamente la supresión o disminución competencial del órgano o unidad administrativa afectados.

La aprobación de la norma de creación del órgano deberá ir precedida de la valoración de la repercusión económico-financiera de su ejecución, así como de los informes y demás documentación exigidos en la normativa de aplicación. Se exceptúa de lo establecido en los apartados anteriores la creación de Consejerías, la modificación en la denominación de las existentes, en su distribución de competencias o su orden de prelación, así como la supresión de las mismas.

ORGANIZACIÓN CENTRAL Y TERRITORIAL DE LA ADMINISTRACIÓN DE LA JUNTA DE ANDALUCÍA.

La Administración de la Junta de Andalucía se organiza en Consejerías, a las que corresponde la gestión de uno o varios sectores de actividad. La organización interna de las Consejerías comprenderá, además de su titular, los siguientes órganos centrales: Viceconsejería, Secretaría General Técnica y Direcciones Generales. Podrán crearse, además, Secretarías Generales. Su estructura orgánica se aprueba por decreto acordado en Consejo de Gobierno.

Se podrán adscribir a alguno de los órganos citados entidades públicas vinculadas o dependientes de la Consejería que desarrollen sus funciones en su ámbito competencial.

Las personas titulares de las Consejerías desempeñan la jefatura superior de la Consejería y son superiores jerárquicos directos de las personas titulares de las Viceconsejerías. Los demás órganos directivos dependen de alguno de los mencionados y se ordenan jerárquicamente entre sí de la siguiente forma: Secretaría General, Secretaría General Técnica y Dirección General.

Titulares de Consejerías:

Junto con el Presidente de la Junta de Andalucía forman el Consejo de Gobierno y ejercen las funciones ejecutivas y administrativas de la Junta de Andalucía.

Son nombrados y separados por decreto del Presidente de la Junta de Andalucía. Cesan cuando cese éste, por revocación del nombramiento o por fallecimiento. Están sometidos al mismo régimen de incompatibilidades que el Presidente de la Junta.

La responsabilidad penal o civil sólo será exigible ante el Tribunal Supremo para delitos cometidos fuera del ámbito de jurisdicción del Tribunal Superior de Justicia de Andalucía.

Las personas titulares de las Consejerías ostentan su representación y ejercen la superior dirección, iniciativa, coordinación, inspección, evaluación y potestad reglamentaria en su ámbito funcional, correspondiéndoles la responsabilidad inherente a tales funciones.

Las personas titulares de las Consejerías son nombradas de acuerdo con lo establecido en la normativa correspondiente (ley 6/2006 del Gobierno de la Comunidad Autónoma de Andalucía). Además de sus atribuciones como miembros del Consejo de Gobierno y las que les asignan esta y otras leyes, a las personas titulares de las Consejerías les corresponde:

a) Ejercer la potestad reglamentaria en los términos previstos en la Ley del Gobierno de la Comunidad Autónoma de Andalucía.

b) Nombrar y separar a los cargos de libre designación de su Consejería.

c) Aprobar los planes de actuación de la Consejería, asignando los recursos necesarios para su ejecución de acuerdo con las dotaciones presupuestarias.

d) Dirigir las actuaciones de las personas titulares de los órganos directivos de la Consejería e impartirles instrucciones.

e) Resolver los conflictos de atribuciones entre los órganos situados bajo su dependencia que les correspondan y plantear los que procedan con otras Consejerías.

f) Evaluar la realización de los planes y programas de actuación de la Consejería por parte de los órganos directivos y ejercer el control de eficacia respecto de la actuación de dichos órganos, así como de las entidades públicas dependientes.

g) Formular el anteproyecto de presupuesto de la Consejería.

h) Autorizar los gastos propios de los servicios de la Consejería no reservados a la competencia del Consejo de Gobierno, dentro del importe de los créditos autorizados, e interesar de la Consejería competente la ordenación de los pagos correspondientes.

i) Suscribir contratos y convenios relativos a asuntos propios de su Consejería, salvo en los casos en que corresponda al Consejo de Gobierno.

j) Resolver los recursos administrativos, acordar y resolver la revisión de oficio y declarar la lesividad de los actos administrativos en los casos en que proceda, salvo que corresponda al Consejo de Gobierno.

k) La resolución de los procedimientos de responsabilidad patrimonial, salvo que corresponda al Consejo de Gobierno.

l) Ejercer la potestad sancionadora en el ámbito de sus competencias, en los casos en que les corresponda.

m) Cuantas otras les atribuya la legislación vigente.

Titulares de Viceconsejerías:

A las personas titulares de las Viceconsejerías, como superiores órganos directivos, sin perjuicio de las personas titulares de las Consejerías, les corresponde:

a) La representación ordinaria de la Consejería después de su titular y la delegación general de este.

b) La suplencia de la persona titular de la Consejería en los asuntos propios de esta, sin perjuicio de las facultades de la persona titular de la Presidencia de la Junta de Andalucía a que se refiere la Ley del Gobierno de la Comunidad Autónoma de Andalucía.

c) Formar parte de la Comisión General de Viceconsejeros y Viceconsejeras.

d) La dirección, coordinación y control de los servicios comunes y los órganos que les sean dependientes.

A las personas titulares de las Viceconsejerías les corresponde, en el ámbito de la Consejería:

a) El asesoramiento a la persona titular de la Consejería en el desarrollo de las funciones que a esta le corresponden y, en particular, en el ejercicio de su potestad normativa y en la producción de los actos administrativos, así como a los demás órganos de la Consejería.

b) Supervisar el funcionamiento coordinado de todos los órganos de la Consejería.

c) Establecer los programas de inspección y evaluación de los servicios de la Consejería.

d) Proponer medidas de organización de la Consejería, así como en materia de relaciones de puestos de trabajo y planes de empleo, y dirigir el funcionamiento de los servicios comunes a través de las correspondientes instrucciones y órdenes de servicio.

e) La coordinación de la actividad económico-financiera de la Consejería.

f) Desempeñar la jefatura superior de todo el personal de la Consejería.

g) Ejercer las facultades de dirección, coordinación y control de la Secretaría General Técnica y de los demás órganos y centros directivos que dependan directamente de ellas.

h) Ejercer las demás facultades que les delegue la persona titular de la Consejería.

i) Cualesquiera otras competencias que les atribuya la legislación vigente.

Titulares de Secretarías Generales.

Las personas titulares de las Secretarías Generales ejercen la dirección, coordinación y control de un sector homogéneo de actividad de la Consejería, susceptible de ser dirigido y gestionado diferenciadamente.

A las personas titulares de las Secretarías Generales les corresponde:

a) Ejercer las competencias sobre el sector de actividad administrativa asignado que les atribuya la norma de creación del órgano o que les delegue la persona titular de la Consejería.

b) Impulsar la consecución de los objetivos y la ejecución de los proyectos de su organización, controlando su cumplimiento, supervisando la actividad de los órganos directivos adscritos e impartiendo instrucciones a sus titulares.

c) Ejercer la dirección, supervisión y control de los órganos que les sean adscritos, todo ello sin perjuicio de las competencias atribuidas a las personas titulares de las Viceconsejerías en la letra g).

d) Cualesquiera otras competencias que les atribuya la legislación vigente.

Tenemos Secretaría General en las siguientes Consejerías:

• Secretaría General para el Turismo (Consejería de Turismo, Regeneración, Justicia y Administración Local)

• Secretaría General de Relaciones con el Parlamento (Consejería de Turismo, Regeneración, Justicia y Administración Local)

• Secretaría General de Regeneración, Racionalización y Transparencia (Consejería de Turismo, Regeneración, Justicia y Administración Local)

• Secretaría General para la Justicia (Consejería de Turismo, Regeneración, Justicia y Administración Local)

• Secretaría General para la Administración Pública (Consejería de Presidencia, Administración Pública e Interior)

• Secretaría General de la Presidencia (Consejería de Presidencia, Administración Pública e Interior)

• Secretaría General de Interior y Espectáculos Públicos (Consejería de Presidencia, Administración Pública e Interior)

• Secretaría General de Acción Exterior (Consejería de Presidencia, Administración Pública e Interior)

• Secretaría General de Empleo y Trabajo Autónomo (Consejería de Empleo, Formación y Trabajo Autónomo)

• Secretaría General de Ordenación de la Formación (Consejería de Empleo y Trabajo Autónomo)

• Secretaría General de Hacienda (Consejería de Hacienda y Financiación Europea)

• Secretaría General de Educación y Formación Profesional (Consejería de Educación y Deporte)

• Secretaría General para el Deporte (Consejería de Educación y Deporte)

• Secretaría General de Agricultura, Ganadería y Alimentación (Consejería de Agricultura, Ganadería, Pesca y Desarrollo Sostenible)

• Secretaría General de Fondos Europeos al Desarrollo Rural Sostenible (Consejería de Agricultura, Ganadería, Pesca y Desarrollo Sostenible)

• Secretaría General de Medio Ambiente, Agua y Cambio Climático (Consejería de Agricultura, Ganadería, Pesca y Desarrollo Sostenible)

• Secretaría General de Empresa, Innovación y Emprendimiento (Consejería de Transformación Económica, Industria, Conocimiento y Universidades)

• Secretaría General de Industria, Energía y Minas (Consejería de Transformación Económica, Industria, Conocimiento y Universidades)

• Secretaría General de Economía (Consejería de Transformación Económica, Industria, Conocimiento y Universidades)

• Secretaría General de Universidades, Investigación y Tecnología (Consejería de Transformación Económica, Industria, Conocimiento y Universidades)

- Secretaría General de Investigación, Desarrollo e Innovación en Salud (Consejería de Salud y Familias)
- Secretaría General de Familias (Consejería de Salud y Familias)
- Secretaría General de Políticas Sociales, Voluntariado y Conciliación (Consejería de Igualdad, Políticas Sociales y Conciliación)
- Secretaría General de Infraestructuras, Movilidad y Ordenación del Territorio (Consejería de Fomento, Infraestructuras y Ordenación del Territorio)
- Secretaría General de Vivienda (Consejería de Fomento, Infraestructuras y Ordenación del Territorio)
- Secretaría General de Patrimonio Cultural (Consejería de Cultura y Patrimonio Histórico)
- Secretaría General de Innovación Cultural y Museos (Consejería de Cultura y Patrimonio Histórico)

Titulares de Secretarías Generales Técnicas. (SGT)

Las personas titulares de las Secretarías Generales Técnicas, bajo la dependencia directa de la titular de la Viceconsejería, tendrán las competencias que sobre los servicios comunes de la Consejería les atribuya el decreto de estructura orgánica, específicamente en relación con la producción normativa, asistencia jurídica, recursos humanos, gestión financiera y patrimonial y gestión de medios materiales, servicios auxiliares y publicaciones.

Las personas titulares de las Secretarías Generales Técnicas tendrán rango de Director General. Las personas titulares de las Secretarías Generales Técnicas ejercen sobre los órganos y unidades administrativas que les sean dependientes las facultades propias de las personas titulares de las Direcciones Generales.

Titulares de las Direcciones Generales:

Las personas titulares de las Direcciones Generales asumen la gestión directa de una o varias áreas funcionales homogéneas bajo la dirección y control inmediatos de la persona titular de la Consejería, de la Viceconsejería o de una Secretaría General.

A las personas titulares de las Direcciones Generales les corresponde:

a) Elaborar los planes, programas, estudios y propuestas relativos al ámbito de competencia de la Dirección General, con arreglo a los objetivos fijados para la misma, así como dirigir su ejecución y controlar su cumplimiento.

b) Ejercer las competencias atribuidas a la Dirección General y las que le sean desconcentradas o delegadas.

c) Impulsar, coordinar y supervisar el buen funcionamiento de los órganos y unidades administrativas de la Dirección General, así como del personal integrado en ellas.

d) Cualesquiera otras competencias que les atribuya la legislación vigente.

Otros Órganos.

Las **comisiones interdepartamentales** son órganos colegiados en los que están representadas dos o más Consejerías. Son funciones de las comisiones interdepartamentales:

a) El estudio y preparación de asuntos que afecten a más de una Consejería.

b) La formulación de informes y propuestas.

c) La adopción de acuerdos en materias o asuntos que les puedan ser delegados por las Consejerías que las integren.

d) El seguimiento, supervisión y control del cumplimento de objetivos o de actuaciones desarrolladas por otros órganos.

Asimismo, se podrán crear, con carácter temporal o permanente, comisiones interdepartamentales con la misión de coordinar la actuación administrativa en asuntos de ámbito concreto y específico que afecten a varias Consejerías.

Corresponde al Consejo de Gobierno la creación de las comisiones interdepartamentales. La norma de creación determinará su régimen interno, que deberá ajustarse a las reglas establecidas en esta Ley para los órganos colegiados.

Los servicios, secciones y negociados, son las unidades que aparecen en las relaciones de puestos de trabajo de las consejerías. Las funciones de los **servicios** son:

1. Ordenar el despacho de los asuntos.

2. Elaborar la propuesta de los actos administrativos del inmediato superior.

3. Proponer la ampliación de plazos.

4. Notificar actos a sus destinatarios.

5. Acordar la mejora de las solicitudes.

6. Autorizar el acceso a documentos y registros.

7. Ordenar cuanto fuere necesario para que el personal de su servicio desarrolle adecuadamente el cumplimiento de las obligaciones inherentes a su puesto de trabajo.

8. Cuantas funciones se les asignen o tengan designadas por delegación o desconcentración.

Las funciones de las **secciones** son:

1. Informar a los interesados del Estado de tramitación de los expedientes en su ámbito de actuación.

2. Informar y orientar a cerca de los requisitos jurídicos o técnicos.

3. Acordar la acumulación de expedientes.

4. Requerir la subsanación de escritos o solicitudes de los interesados.

5. Las funciones de instrucción de los procedimientos y aquellas otras que se les atribuya.

Corresponde a los **negociados** el despacho y la tramitación de aquellos asuntos que consistan en la simple constatación de hechos y en la aplicación automática de normas y que no estén incluidas en las funciones de servicios o secciones.

Órganos Centrales y territoriales.

La Administración de la Junta de Andalucía se organiza en Consejerías, a las que corresponde la gestión de uno o varios sectores de actividad.

La organización interna de las Consejerías comprenderá, además de su titular, los siguientes órganos centrales: Viceconsejería, Secretaría General Técnica y Direcciones Generales. Podrán crearse, además, Secretarías Generales. Su estructura orgánica se aprueba por decreto acordado en Consejo de Gobierno.

Se podrán adscribir a alguno de los órganos citados en el apartado anterior entidades públicas vinculadas o dependientes de la Consejería que desarrollen sus funciones en su ámbito competencial.

Las personas titulares de las Consejerías podrán crear en el ámbito funcional propio de la Consejería comisiones integradas por representantes de la misma. La norma de creación determinará su régimen interno, en el marco de las reglas establecidas en esta Ley para los órganos colegiados que mejor garanticen su buen funcionamiento y el cumplimiento de los fines y objetivos marcados.

Los actos de estas comisiones tendrán eficacia en el ámbito interno de la Consejería.

Son órganos territoriales provinciales de la Administración de la Junta de Andalucía las Delegaciones del Gobierno de la Junta de Andalucía, las Delegaciones Provinciales de las Consejerías y, en su caso, las Delegaciones Territoriales.

Las **Delegaciones Territoriales de la Junta de Andalucía** podrán crearse por Decreto del Consejo de Gobierno, a propuesta de la Consejería competente en materia de la Presidencia, para el ejercicio de las competencias de los servicios periféricos que se les asignen. Su titular será nombrado y separado mediante Decreto del Consejo de Gobierno, a propuesta de la persona titular de la Consejería competente en materia de la Presidencia si la Dirección asume competencias de varias Consejerías, o de la persona titular de la Consejería correspondiente cuando se trate sólo de una. Las personas titulares de las Delegaciones Territoriales representarán a las Consejerías cuyos servicios periféricos se les asignen y ejercerán la dirección, coordinación y control inmediatos de los mismos, así como aquellas otras funciones que reglamentariamente se determinen, sustituyendo a las Delegaciones Provinciales afectadas en los casos en que se adopte esta figura.

Sin perjuicio de lo dispuesto, podrán crearse estructuras u órganos de ámbito territorial provincial o inferior a la provincia por razones de eficacia administrativa, de proximidad de la gestión administrativa a la ciudadanía, y cuando sean necesarios o convenientes para los intereses públicos que deban satisfacerse. Su creación corresponderá al Consejo de Gobierno, a propuesta de la Consejería o Consejerías interesadas. Estos órganos o estructuras estarán, en todo caso, bajo la coordinación y supervisión de la persona titular de la Delegación del Gobierno de la Junta de Andalucía en la provincia o, en su caso, de la Delegación Provincial o Delegación Territorial correspondiente.

Las personas titulares de las **Delegaciones del Gobierno de la Junta de Andalucía** son las representantes de éste en la provincia, gozando en dicho ámbito territorial de la condición de primera autoridad de la Administración de la Junta de Andalucía. Su nombramiento y separación se hará por Decreto del Consejo de Gobierno, a propuesta de la persona titular de la Consejería a la que se encuentren adscritas. Ejercen funciones de coordinación y supervisión de los servicios y de las actividades de la Administración de la Junta de Andalucía en la provincia, bajo la superior dirección y la supervisión de la persona titular de la Consejería a la que se encuentren adscritas.

Además, las personas titulares de las Delegaciones del Gobierno de la Junta de Andalucía ejercen en la respectiva provincia las competencias de los servicios periféricos que se les asignen.

Corresponden a la persona titular de la Delegación del Gobierno de la Junta de Andalucía en su provincia las competencias y funciones siguientes:

1.   Ostentar la representación ordinaria de la Administración de la Junta de Andalucía en la provincia y presidir los actos que se celebren en la misma, cuando proceda.

2.   Dirigir y controlar el funcionamiento de su Delegación.

3.   Coordinar la actividad de las Delegaciones Provinciales de las Consejerías y, en su caso, de las Delegaciones Territoriales.

4.   Actuar como órgano de comunicación, a nivel provincial, entre la Administración de la Junta de Andalucía, la Administración del Estado y las entidades locales andaluzas, sin perjuicio de las actuaciones específicas que correspondan a cada Delegación Provincial en las materias de la competencia propia de su Consejería y, en su caso, a cada Delegación Territorial.

5.   Requerir a las entidades locales de la provincia para que anulen los actos y acuerdos que infrinjan el ordenamiento jurídico y, en su caso, promover su impugnación.

6.   Informar a la Presidencia de la Junta de Andalucía, a través de la persona titular de la Consejería a la que se encuentre adscrita, sobre los conflictos de atribuciones entre Delegaciones Provinciales y, en su caso, Delegaciones Territoriales.

7.   Instar, a través de la persona titular de la Consejería a la que se encuentre adscrita, al Consejo de Gobierno para que plantee conflictos de jurisdicción conforme a sus leyes reguladoras.

8.   Representar a la Administración de la Junta de Andalucía en los órganos colegiados competentes en materia de seguridad existentes en la provincia.

9.   Velar por el cumplimiento de las normas y actos emanados de los órganos de la Administración de la Junta de Andalucía.

Las personas titulares de las Delegaciones del Gobierno de la Junta de Andalucía ejercerán la potestad sancionadora cuando la tengan atribuida específicamente y en todos los demás casos en que, en el ámbito de su competencia territorial, no venga atribuida a ningún otro órgano administrativo.

Las personas titulares de las **Delegaciones Provinciales de las Consejerías** representan a estas en la provincia y ejercen la dirección, coordinación y control inmediatos de los servicios de la Delegación, bajo la superior dirección y la supervisión de la persona titular de la Consejería. Su nombramiento y separación se harán por decreto del Consejo de Gobierno, a propuesta de la persona titular de la Consejería competente.

Corresponde a las personas titulares de las Delegaciones Provinciales de las Consejerías:

•   Ostentar la representación ordinaria de la Consejería en la provincia y, en su caso, de las agencias adscritas o dependientes de la misma y dirigir, bajo la dependencia funcional de los correspondientes centros directivos, las unidades administrativas pertenecientes a la Delegación, en los términos establecidos en los decretos de estructura orgánica.

•   Ejercer la jefatura de todo el personal de la Delegación y las competencias de administración y gestión ordinarias del mismo que expresamente se le deleguen.

•   Constituir el cauce ordinario de relación con los servicios centrales de la Consejería y, sin perjuicio de las competencias atribuidas a las personas titulares de las Delegaciones del Gobierno de la Junta de Andalucía, con los órganos periféricos de la Administración del Estado y las entidades locales de Andalucía en materias de su competencia.

•   Cuantas otras funciones les sean desconcentradas por decreto o les sean delegadas.

Las Delegaciones Provinciales de las Consejerías estarán integradas en la estructura orgánica de estas. Los decretos de estructura orgánica de cada Consejería podrán determinar las competencias que se les desconcentran.

La organización y funcionamiento de las Delegaciones Provinciales de las Consejerías responderán, específicamente, a los principios de eficacia, eficiencia y economía del gasto público, evitando la duplicidad de órganos, unidades administrativas y de funciones con respecto a la organización central de la Administración de la Junta de Andalucía; procurando en todo caso la mayor proximidad y facilidad en sus relaciones con la ciudadanía.

El decreto 226/2020, de 29 de diciembre, por el que se regula la organización territorial provincial de la Administración de la Junta de Andalucía tiene por objeto determinar la organización territorial provincial de la Administración de la Junta de Andalucía, en los términos fijados por el Capítulo III, del Título II de la Ley 9/2007, de 22 de octubre, de la Administración de la Junta de Andalucía, ordenando la figura de las personas titulares de los órganos directivos periféricos en que se organice y las unidades administrativas que se les adscriban, así como sus funciones y competencias.

La Administración de la Junta de Andalucía podrá adoptar, mediante decreto del Consejo de Gobierno, y sin perjuicio de lo previsto en el artículo 35.3 de la Ley 9/2007, de 22 de octubre, una de las siguientes estructuras provinciales:

a) Delegaciones del Gobierno de la Junta de Andalucía y Delegaciones Provinciales de cada una de las distintas Consejerías.

b) Delegaciones del Gobierno de la Junta de Andalucía, y Delegaciones Territoriales de la Junta de Andalucía. Estas Delegaciones Territoriales podrán tener asignados los servicios periféricos correspondientes a determinadas materias de una Consejería, el conjunto de los servicios periféricos de una Consejería o agrupar los servicios periféricos de varias Consejerías.

De conformidad con lo previsto en el artículo 36 de la Ley 9/2007, de 22 de octubre, y en el Decreto 512/1996, de 10 de diciembre, por el que se crean y regulan las Delegaciones del Gobierno de la Junta de Andalucía, las personas titulares de las Delegaciones del Gobierno de la Junta de Andalucía son los máximos órganos directivos periféricos representantes de la Junta de Andalucía en la provincia.

De conformidad con lo previsto en el artículo 36 de la Ley 9/2007, de 22 de octubre, las personas titulares de la Delegaciones del Gobierno de la Junta de Andalucía serán nombradas y separadas mediante decreto del Consejo de Gobierno, a propuesta de la persona titular de la Consejería a la que se encuentren adscritas.

Las personas titulares de la Delegaciones del Gobierno de la Junta de Andalucía tendrán rango de Dirección General, tal y como establece el artículo 2.2 del Decreto 512/1996, de 10 de diciembre.

Las personas titulares de la Delegación del Gobierno de la Junta de Andalucía estarán sometidas al mismo régimen de incompatibilidades previsto para las personas que ocupan puestos de alto cargo de la Junta de Andalucía, de conformidad con lo dispuesto en la Ley 3/2005, de 8 de abril, de incompatibilidades de Altos Cargos de la Administración de Andalucía y de declaración de actividades, bienes e intereses de altos cargos y otros cargos públicos.

De acuerdo con el Decreto 512/1996, de 10 de diciembre, en caso de vacante, las competencias de la Delegación del Gobierno de la Junta de Andalucía serán ejercidas por la persona titular de otra Delegación Provincial o, en su caso, de la Delegación Territorial que designe la persona titular de la Consejería a la que se encuentren adscritas las Delegaciones del Gobierno.

Igualmente, en caso de ausencia o enfermedad de la persona titular de la Delegación del Gobierno de la Junta de Andalucía, así como en los casos en que haya sido declarada su abstención o recusación, será sustituida por la persona titular de la Delegación Provincial o, en su caso, por la persona titular de la Delegación Territorial que designe aquella como suplente. En caso de no ser posible esa designación, será de aplicación lo dispuesto en el apartado anterior.

Corresponden a las personas titulares de las Delegaciones del Gobierno de la Junta de Andalucía las funciones y competencias establecidas en los artículos 36 y 37 de la Ley 9/2007, de 22 de octubre, y en los artículos 6 y 7 del Decreto 512/1996, de 10 de diciembre, así como la coordinación de las relaciones informativas de la Administración de la Junta de Andalucía en la provincia y cualquier otra que se les atribuya o les sea delegada.

Además de las competencias que les son propias, las Delegaciones del Gobierno de la Junta de Andalucía ejercerán, en el ámbito de su provincia, las competencias de los servicios periféricos de las Consejerías que se determinen por decreto del Consejo de Gobierno.

Las Delegaciones del Gobierno de la Junta de Andalucía dependerán orgánicamente de la Consejería a la que se encuentren adscritas, y funcionalmente de la Consejería o Consejerías competentes por razón de la materia cuyos servicios periféricos tenga asignados.

Contra los actos administrativos que dicten las personas titulares de las Delegaciones del Gobierno de la Junta de Andalucía que no agoten la vía administrativa, se podrá interponer el recurso de alzada, que será resuelto por la persona titular de la Consejería que tenga atribuidas las competencias funcionales de la materia objeto de recurso.

La persona titular de la Secretaría General de la Delegación del Gobierno será nombrada por el sistema de libre designación, por la persona titular de la Consejería de la que dependa la Delegación del Gobierno, entre personal funcionario de carrera perteneciente a un cuerpo o escala del Subgrupo A1 de cualquier Administración Pública, con al menos cinco años de servicios profesionales en puestos de trabajo adscritos a dicho Subgrupo.

Bajo la superior dirección y coordinación de la persona titular de la Delegación del Gobierno, la persona titular de la Secretaría General de la Delegación del Gobierno ejercerá la jefatura de los servicios de la Consejería de que dependa en la provincia.

Igualmente, tendrá las siguientes funciones respecto de los servicios comunes de las Consejerías que se le adscriban:

a) La coordinación administrativa, de acuerdo con las instrucciones de la persona titular de la Delegación del Gobierno, de los servicios de la Delegación del Gobierno.

b) La administración y gestión de los asuntos de personal y económicos de la Delegación del Gobierno, con sujeción a los criterios y normas emanados de los órganos directivos centrales de la Consejería de la que dependa.

c) La tramitación de los recursos administrativos.

d) Las de archivo y registro.

e) La asistencia técnico-jurídica a la persona titular de la Delegación del Gobierno.

f) Cuantas otras funciones le sean delegadas o atribuidas.

En cada Delegación del Gobierno podrá existir una Oficina de la Vicepresidencia o Vicepresidencias, en su caso.

De acuerdo con lo previsto en el artículo 35 de la Ley 9/2007, de 22 de octubre, las **Delegaciones Provinciales de las Consejerías** son órganos territoriales provinciales de la Administración de la Junta de Andalucía que se encuentran integrados en la estructura orgánica de estas.

Cuando así lo establezcan los decretos de estructura orgánica, podrá existir en cada provincia una Delegación Provincial de cada Consejería.

Las personas titulares de las Delegaciones Provinciales de las Consejerías representan a estas en la provincia y ejercen la dirección, coordinación y control inmediatos de los servicios de la Delegación, bajo la superior dirección y la supervisión de la persona titular de la Consejería.

La organización y funcionamiento de las Delegaciones Provinciales de las Consejerías responderán, específicamente, a los principios de eficacia, eficiencia y economía del gasto público, evitando la duplicidad de órganos, unidades administrativas y de funciones con respecto a la organización central de la Administración de la Junta de Andalucía; procurando en todo caso la mayor proximidad y facilidad en sus relaciones con la ciudadanía.

De acuerdo con lo previsto en el artículo 38 de la Ley 9/2007, de 22 de octubre, el nombramiento y separación de las personas titulares de las Delegaciones Provinciales de las Consejerías se hará por decreto del Consejo de Gobierno, a propuesta de la persona titular de la Consejería competente.

La persona titular de la Delegación Provincial de una Consejería de la Administración de la Junta de Andalucía estará sometida al mismo régimen de incompatibilidades previsto para las personas que ocupan puestos de alto cargo de la Junta de Andalucía, de conformidad con lo dispuesto en la Ley 3/2005, de 8 de abril.

Corresponden a las personas titulares de las Delegaciones Provinciales de las Consejerías de la Administración de la Junta de Andalucía las competencias establecidas en el artículo 39 de la Ley 9/2007, de 22 de octubre, así como cualquier otra que se les atribuya o que les sean delegadas.

La persona titular de la Secretaría General de la Delegación Provincial será nombrada por el sistema de libre designación, por la persona titular de la Consejería de la que la Delegación Provincial dependa, entre personal funcionario de carrera perteneciente a un cuerpo o escala del Subgrupo A1 de cualquier Administración Pública, con al menos cinco años de servicios profesionales en puestos de trabajo adscritos a dicho Subgrupo.

Bajo la superior dirección y coordinación de la persona titular de la Delegación Provincial la persona titular de la Secretaría General de la Delegación Provincial ejercerá la jefatura de los servicios de la Consejería de que dependa en la provincia y, además, tendrá las siguientes funciones:

a) La coordinación administrativa, de acuerdo con las instrucciones de la persona titular de la Delegación Provincial, de los servicios de la Delegación.

b) La administración y gestión de los asuntos de personal y económicos de la Delegación, con sujeción a los criterios y normas emanados de los órganos directivos centrales de la Consejería de la que dependa.

c) La tramitación de los recursos administrativos.

d) Las de archivo y registro.

e) La asistencia técnico-jurídica a la persona titular de la Delegación Provincial.

f) Cuantas otras funciones le sean delegadas o atribuidas.

De acuerdo con lo previsto en el artículo 35 de la Ley 9/2007, de 22 de octubre, las **Delegaciones Territoriales de la Junta de Andalucía** son órganos territoriales provinciales de la Administración de la Junta de Andalucía.

Las Delegaciones Territoriales de la Junta de Andalucía dependerán orgánicamente de la Consejería que, por decreto del Consejo de Gobierno, se establezca, y funcionalmente de la Consejería o Consejerías competentes por razón de la materia cuyos servicios periféricos tengan asignados.

Contra los actos administrativos que dicten las personas titulares de las Delegaciones Territoriales que no agoten la vía administrativa, se podrá interponer recurso de alzada, que será resuelto por la persona titular de la Consejería que tenga atribuidas las competencias funcionales de la materia objeto de recurso. Si el recurso se refiere a materias propias del servicio de gestión de recursos comunes, regulado en el artículo 23, será resuelto por la persona titular de la Consejería a la que esté adscrita orgánicamente la Delegación Territorial.

De acuerdo con lo previsto en el artículo 35.2 de la Ley 9/2007, de 22 de octubre, la persona titular de la Delegación Territorial es nombrada y separada por decreto del Consejo de Gobierno, a propuesta de la persona titular de la Consejería competente en materia de la Presidencia si la Delegación asume competencias de varias Consejerías, o de la persona titular de la Consejería correspondiente, cuando se trate de una sola de ellas.

Las personas titulares de la Delegaciones Territoriales de la Junta de Andalucía estarán sometidas al mismo régimen de incompatibilidades previsto para las personas que ocupan puestos de alto cargo de la Junta de Andalucía, de conformidad con lo dispuesto en la Ley 3/2005, de 8 de abril.

En caso de vacante, las competencias propias de la Delegación Territorial de la Junta de Andalucía serán ejercidas por la persona titular de la Delegación del Gobierno o de la Delegación Territorial que designe la Consejería a la que esté adscrita orgánicamente la Delegación Territorial.

En caso de ausencia o enfermedad de la persona titular de la Delegación Territorial de la Junta de Andalucía, así como en los casos en que haya sido declarada su abstención o recusación, será sustituida por la persona titular de la Delegación Territorial o de la Delegación del Gobierno que designe como suplente. En caso de no ser posible esa designación, será de aplicación lo dispuesto en el apartado anterior.

Las personas titulares de las Delegaciones Territoriales de la Junta de Andalucía ostentan las siguientes funciones y competencias en el ámbito de su provincia:

a) La representación ordinaria de las Consejerías cuyos servicios periféricos se encuentran adscritos en la Delegación Territorial y, en su caso, de las agencias adscritas o dependientes de las Consejerías. En el caso de que en una Consejería existan dos Delegaciones Territoriales, las personas titulares de las mismas ostentarán la representación ordinaria de la Consejería en relación con las materias que se le hayan asignado.

b) Dirigir, bajo la dependencia funcional de los correspondientes órganos directivos, las unidades administrativas pertenecientes a la Delegación.

c) Ejercer la jefatura de todo el personal de la Delegación y las competencias de administración y gestión ordinarias del mismo que expresamente se le deleguen.

d) Constituir el cauce ordinario de relación con los servicios centrales de las Consejerías cuyos servicios periféricos se encuentran adscritos a la Delegación Territorial y, sin perjuicio de las competencias atribuidas a las personas titulares de las Delegaciones del Gobierno de la Junta de

Andalucía, con los órganos periféricos de la Administración General del Estado y las entidades locales de Andalucía en materias de su competencia. En el caso de que en una Consejería existan dos Delegaciones Territoriales, las personas titulares de las mismas ejercerán esta función en relación con las materias que se le hayan asignado.

e) Trasladar órdenes e instrucciones en las materias que sean de su competencia a las personas titulares de las Secretarías Generales Provinciales de las Consejerías cuyos servicios periféricos se encuentren adscritos a la Delegación Territorial, sin perjuicio de lo dispuesto en el artículo 21.3 de este Decreto.

f) El ejercicio de potestades administrativas con respecto a aquellas competencias que tengan atribuidas y, en su caso, respecto a aquellas de los servicios periféricos que tengan adscritos.

g) Cuantas otras funciones les sean atribuidas, desconcentradas o delegadas.

Se integrarán en las Delegaciones Territoriales de la Junta de Andalucía los servicios periféricos de las Consejerías que así se establezcan por decreto. Asimismo, en cada Delegación Territorial en la que se integren servicios periféricos de diferentes Consejerías existirá un servicio de gestión de recursos comunes.

Cuando la Delegación Territorial asuma competencias funcionales de una sola Consejería o de sólo una parte de sus servicios periféricos, será de aplicación lo establecido en el artículo 40 de la Ley 9/2007, de 22 de octubre, para las Delegaciones Provinciales.

El servicio de gestión de recursos comunes de las Delegaciones Territoriales de la Junta de Andalucía existirá en el caso en que estas integren servicios periféricos de diferentes Consejerías.

La persona titular del servicio de gestión de recursos comunes será nombrada mediante el procedimiento de libre designación por la persona titular de la Consejería a la que esté adscrita orgánicamente la Delegación Territorial, de entre personal funcionario de carrera pertenecientes a Cuerpos o Escalas del Subgrupo A1 de cualquier Administración Pública.

El servicio de gestión de recursos comunes dependerá orgánica y funcionalmente de la persona titular de la Delegación Territorial y tendrá las siguientes funciones:

a) La coordinación administrativa, de acuerdo con las instrucciones de la persona titular de la Delegación Territorial, de los servicios comunes de dicha Delegación Territorial.

b) La administración y gestión de los asuntos de personal y económicos de la Delegación Territorial, referentes a los servicios comunes, bajo la dirección de la persona titular de la Delegación Territorial.

c) Las de archivo y registro en materias de los servicios comunes.

d) La tramitación de los recursos administrativos que se refieran a materias que tengan atribuidas o del personal que desarrolle sus funciones bajo la dependencia de este Servicio.

e) Cualquier otra materia de administración general que le atribuya la normativa vigente.

Al frente de los servicios periféricos de cada Consejería existirá una Secretaría General Provincial de la Consejería, órgano administrativo periférico de aquellos a que se refiere el artículo 16.4 de la Ley 9/2007, de 22 de octubre, de la que dependerán las unidades administrativas correspondientes.

Excepcionalmente, por razones de eficacia administrativa, cuando sea necesario para la satisfacción de los intereses públicos, en atención al volumen y variedad de las competencias asignadas, podrán existir hasta dos Secretarías Generales Provinciales en las Delegaciones Territoriales que asuman competencias funcionales de una sola Consejería, posibilidad que deberá ser aprobada por decreto del Consejo de Gobierno a propuesta de la respectiva Consejería y previo informe favorable de las Consejerías competentes en materia de Administración Pública y de Hacienda. En dicho decreto se determinarán las funciones que ejercerá cada Secretaría General Provincial.

Los servicios periféricos de las Consejerías podrán integrarse en las Delegaciones del Gobierno, o en las Delegaciones Territoriales, según se establezca por decreto del Consejo de Gobierno.

Los servicios periféricos de las Consejerías dependerán funcionalmente de la Consejería respectiva y, orgánicamente, de la Delegación del Gobierno de la Junta de Andalucía, o de la Delegación Territorial en que se integren, según se establezca por decreto del Consejo de Gobierno.

La persona titular de la Secretaría General Provincial de la Consejería será nombrada por la persona titular de la Consejería de la que dependa funcionalmente, por el sistema de libre designación entre personal funcionario de carrera perteneciente a un cuerpo o escala del Subgrupo A1 de cualquier Administración Pública, con al menos cinco años de servicios profesionales en puestos de trabajo adscritos a dicho Subgrupo.

Bajo la superior dirección y coordinación de la persona titular de la Delegación del Gobierno o de la Delegación Territorial de la Junta de Andalucía, la persona titular de la Secretaría General Provincial ejercerá la jefatura de los servicios de la Consejería en la provincia. Asimismo, tendrá en su ámbito territorial la asistencia técnico-jurídica y la gestión de los asuntos económicos sobre las materias de la competencia de los servicios periféricos, así como la tramitación de los recursos, desempeñando asimismo cuantas otras competencias o funciones le sean delegadas por la persona titular de la Consejería de la que dependan o le atribuya la normativa vigente. En el caso de que en una Consejería existan dos Delegaciones Territoriales, las personas titulares de las Secretarías Generales Provinciales ejercerán estas funciones en relación con las materias que se hayan asignado a su respectiva Delegación Territorial.

Las competencias de la persona titular de la Secretaría General Provincial, en caso de ausencia, vacante o enfermedad, serán desempeñadas por quien designe la persona titular de la Consejería de la que dependa funcionalmente.

Cuando la reestructuración de las Consejerías afecte a la organización territorial provincial de la Administración de la Junta de Andalucía, al objeto de garantizar el mejor cumplimiento de sus fines, se podrá acordar, de forma excepcional y transitoria, la gestión compartida de determinadas funciones de las Delegaciones, tanto Territoriales como del Gobierno, cuando los servicios periféricos de las Consejerías afectadas dejen de estar adscritos a dichas Delegaciones. Las áreas que se relacionan en el artículo 25 podrán prestar las funciones que les sean asignadas, con el objetivo de conseguir la máxima eficacia y eficiencia en su prestación.

Podrán ser objeto de gestión compartida las siguientes funciones:
a) La gestión de recursos humanos.
b) La gestión económica.
c) La gestión de la contratación administrativa.
d) La gestión de las tecnologías de la información y las comunicaciones.
e) La gestión relativa a la administración general de equipos e instalaciones.
f) El asesoramiento técnico-jurídico.
g) La gestión del registro y la atención a la ciudadanía.

Mediante orden conjunta de las Consejerías afectadas, se establecerán las funciones que serán objeto de gestión compartida, las unidades y los puestos afectados funcionalmente por la materia. Asimismo, se determinarán los oportunos mecanismos de coordinación.

En todo caso, las unidades administrativas y puestos que vayan a realizar con su estructura la gestión compartida dependerán de las respectivas Delegaciones Territoriales o de las Delegaciones del Gobierno, correspondiendo a sus respectivas Secretarías Generales la coordinación entre las Delegaciones afectadas.

ENTIDADES INSTRUMENTALES DE LA ADMINISTRACIÓN DE LA JUNTA DE ANDALUCÍA.

La Junta de Andalucía ha creado un considerable número de organismos autónomos, entes públicos y empresas y sociedades públicas con el fin puesto en una mejora de la gestión.

El Estatuto de Autonomía establece como competencias exclusivas de la comunidad autónoma: la organización y estructura de sus instituciones de autogobierno así como la estructura y regulación de los órganos administrativos públicos de Andalucía y de sus organismos autónomos.

Tienen la consideración de entidades instrumentales de la Administración de la Junta de Andalucía, a los efectos de esta Ley, las entidades dotadas de personalidad jurídica propia, creadas, participadas mayoritariamente o controladas efectivamente por la Administración de la Junta de Andalucía o por sus entes públicos, con independencia de su naturaleza y régimen jurídico, que tengan por objeto la realización de actividades cuyas características por razones de eficacia justifiquen su organización y desarrollo en régimen de autonomía de gestión y de mayor proximidad a la ciudadanía, en los términos previstos en esta Ley.

Cuando se creen entidades instrumentales que supongan duplicación de la organización administrativa o de otras entidades ya existentes, habrán de suprimirse o reducirse debidamente las funciones o competencias de éstas.

Si los servicios o actividades desarrollados por una entidad instrumental se integraran total o parcialmente en los fines u objeto social de otra entidad instrumental, se aplicarán las normas contenidas en el artículo 52 bis relativas a la sucesión de derechos y obligaciones y al régimen del personal y, en su caso, las previstas en el artículo 60 para la disolución, liquidación y extinción de agencias.

Corresponde a la Consejería competente en materia de Hacienda, en el ámbito de sus competencias específicas, el control económico-financiero del sector público andaluz, así como la emisión de informes, y en su caso las autorizaciones, en relación con la creación, alteración y supresión de las entidades instrumentales de la Administración de la Junta de Andalucía y los consorcios a que se refiere el artículo 12 de esta Ley. En especial, corresponde a dicha Consejería el informe preceptivo para perfeccionar negocios de disposición o administración que impliquen la ubicación de sedes y subsedes de los consorcios a que se refiere el artículo 12.3 y de las entidades instrumentales de la Junta de Andalucía, así como para destinar inmuebles a los citados usos.

Las entidades a las que se refiere el presente Título tienen personalidad jurídica diferenciada, patrimonio y tesorería propios, así como autonomía de gestión en los términos de esta Ley, y se ajustarán al principio de instrumentalidad, con arreglo al cual los fines y objetivos que se les asignan específicamente son propios de la Administración de la que dependen.

Las entidades instrumentales de la Administración de la Junta de Andalucía se clasifican en:

a) Agencias.

b) Entidades instrumentales privadas:

1.º Sociedades mercantiles del sector público andaluz.

2.º Fundaciones del sector público andaluz.

Las agencias tienen personalidad jurídica pública y la consideración de Administración institucional dependiente de la Administración de la Junta de Andalucía. Se atendrán a los criterios dispuestos para la Administración de la Junta de Andalucía en la presente Ley, sin perjuicio de las peculiaridades contempladas en el Capítulo II del presente Título.

Las sociedades mercantiles y las fundaciones del sector público andaluz tienen personalidad jurídica privada, por lo que en ningún caso podrán disponer de facultades que impliquen ejercicio de autoridad.

Se requerirá autorización del Consejo de Gobierno para cualquier fórmula de participación no reglada en entidades por parte de las Consejerías o entidades instrumentales de la Administración de la Junta de Andalucía, distinta de las previstas en la legislación sectorial o en la presente Ley.

Las entidades instrumentales de la Administración de la Junta de Andalucía adoptarán sistemas de gestión de calidad en el desarrollo de las actividades que tienen atribuidas. Asimismo, implantarán sistemas de gestión de calidad en la producción de bienes y prestación de servicios, incluidos los de naturaleza medioambiental.

Las entidades instrumentales de la Administración de la Junta de Andalucía, así como los consorcios adscritos a la misma, podrán ser considerados medios propios de los poderes adjudicadores y del resto de entes y sociedades que no tengan la consideración de poder adjudicador cuando cumplan las condiciones y requisitos de carácter básico establecidos, respectivamente, en los artículos 32 y 33 de la Ley 9/2017, de 8 de noviembre, de Contratos del Sector Público, por la que se transponen al ordenamiento jurídico español las Directivas del Parlamento Europeo y del Consejo 2014/23/UE y 2014/24/UE, de 26 de febrero de 2014.

Tendrán la consideración de medio propio, para las prestaciones propias de los contratos de obras, suministros, servicios, concesión de obras y concesión de servicios, cuando se acredite que, además de disponer de medios suficientes e idóneos para realizar dichas prestaciones en el sector de actividad que se corresponda con su objeto social, de acuerdo con sus estatutos o acuerdo de creación, se dé alguna de las circunstancias siguientes:

a) Sea una opción más eficiente que la contratación pública y resulte sostenible y eficaz, aplicando criterios de rentabilidad económica.

b) Resulte necesario por razones de seguridad pública o de urgencia en la necesidad de disponer de las prestaciones propias de los contratos citados en este apartado, suministradas por el medio propio.

Formará parte del control de eficacia de los medios propios y servicios técnicos la comprobación de la concurrencia de los mencionados requisitos.

En la denominación de las entidades instrumentales de la Administración de la Junta de Andalucía y de sus consorcios que tengan la condición de medio propio deberá figurar necesariamente la indicación «Medio Propio» o su abreviatura «M.P.».

A la propuesta de declaración de medio propio deberá acompañarse una memoria justificativa que acredite lo dispuesto en el apartado anterior y deberá ser informada por la Intervención General de la Junta de Andalucía con carácter previo a la declaración de medio propio.

Las Consejerías, sus agencias y el resto de entidades que deban ser consideradas poderes adjudicadores, así como el resto de entes y sociedades que no tengan la consideración de poder adjudicador, en el ámbito de sus competencias o de su objeto, podrán ordenar al resto de entidades instrumentales del sector público andaluz que, conforme a los requisitos y condiciones establecidas en los apartados anteriores de este artículo tengan la calificación jurídica de medio propio personificado, la realización de los trabajos y actuaciones que precisen, en el marco de sus estatutos y en las materias que constituyan sus competencias o su objeto social o fundacional.

El encargo al medio propio personificado, en el que la entidad del sector público actuará por cuenta y bajo la supervisión y control de la Consejería o agencia u otra entidad ordenante, se regirá en su otorgamiento y ejecución por lo dispuesto en la resolución que la establezca, sometiéndose en todo caso a las siguientes condiciones y trámites:

a) Se formalizará mediante resolución dictada por la persona competente de la entidad ordenante, que deberá incluir, además de los antecedentes que procedan, la determinación de las actuaciones a realizar, la forma y condiciones de realización de los trabajos, su plazo de ejecución, su importe, la partida presupuestaria a la que, en su caso, se imputa el gasto, así como sus anualidades y los importes de cada una de ellas, la persona designada para dirigir la actuación a realizar y, finalmente, los compromisos y obligaciones que deberá asumir la entidad que reciba el encargo, justificándose, en todo caso, la necesidad o conveniencia de realización de los trabajos a través de esta figura, mediante la acreditación de alguna de las circunstancias indicadas en los párrafos a) y b) del apartado 2 de este artículo.

b) La determinación del importe del encargo se efectuará, por referencia a las tarifas aprobadas por la entidad de la que depende el medio propio, en los términos establecidos por la normativa básica en materia de contratación del sector público.

c) La resolución del encargo de cada actuación se comunicará formalmente a la entidad que reciba el encargo, a la que también le será facilitado el proyecto o presupuesto del servicio concreto u obra calculado conforme a lo indicado en el párrafo b) de este apartado, con desagregación de las partidas que podrán ser subcontratadas, así como en su caso el programa de los trabajos o actuaciones a realizar. La comunicación de la resolución por la que se efectúa el encargo de una actuación al medio propio supondrá la orden para iniciarlo.

d) Los encargos de ejecución que se formalicen deberán ser publicados en los términos y condiciones establecidos en la normativa de transparencia pública de Andalucía.

Los medios propios personificados que reciban los encargos realizarán sus actuaciones conforme al documento de definición que la entidad ordenante les facilite y siguiendo las indicaciones de la persona designada para dirigir cada actuación, la cual podrá supervisar en cualquier momento la correcta realización del objeto del encargo y, especialmente, verificar la correcta ejecución de los contratos que para el cumplimiento de dicha finalidad se concierten.

El pago del importe de los trabajos realizados se efectuará con la periodicidad establecida en la resolución por la que se ordene el encargo y conforme a la actuación efectivamente realizada, una vez expedida certificación de conformidad por la persona designada para dirigir la actuación y aprobada la misma y/o el documento que acredite la realización total o parcial de la actuación de que se trate. También se deberá aportar certificación en la que conste la aplicación de las tarifas aprobadas a los trabajos ejecutados, así como el coste efectivo soportado por el medio propio para las actividades que se subcontraten con empresarios particulares o entidades del sector público en los casos en que estos costes sean inferiores al resultante de aplicar las tarifas a las actividades subcontratadas, mediante la relación detallada y certificada de las facturas que deba abonar el medio propio. En el caso de actuaciones financiadas con fondos procedentes de la Unión Europea, deberá asegurarse la posibilidad de subvencionar estos gastos de acuerdo con lo establecido en la normativa comunitaria.

No obstante, en las condiciones y con los requisitos que se determinen por el órgano o entidad competente para efectuar el encargo, este podrá autorizar pagos en concepto de anticipo, cuya cuantía no podrá superar los límites establecidos en el artículo 26.3 del texto refundido de la Ley General de la Hacienda Pública de la Junta de Andalucía, debiendo quedar justificado el anticipo antes de los tres meses siguientes a la finalización del plazo de ejecución del encargo y, en todo caso, con anterioridad al último pago que proceda.

Los negocios jurídicos que deban celebrarse por los medios propios que reciban los encargos, para la ejecución de los mismos, quedarán sometidos a las reglas previstas en el apartado 7 del artículo 32 de la Ley 9/2017, de 8 de noviembre.

Las actuaciones que se realicen en virtud de los encargos serán de la titularidad de la Junta de Andalucía, adscribiéndose, en aquellos casos en que sea necesario, a la Consejería, agencia o entidad ordenante de su realización.

Cuando sea necesario introducir alguna modificación en el encargo, deberá acordarse mediante resolución, sobre la base de la propuesta técnica de la persona designada para dirigir la actuación, integrada por los documentos que justifiquen, describan y valoren dicha modificación.

Cuando por retraso en el comienzo de la ejecución del encargo sobre lo previsto al iniciarse el expediente, por modificaciones en el mismo o por cualesquiera otras razones de interés público debidamente justificadas, se produjese desajuste entre las anualidades establecidas en la resolución en que se formalizó el encargo y las necesidades reales en el orden económico que el normal desarrollo de los trabajos y actuaciones exija, el órgano competente que efectuó el encargo procederá a reajustar las anualidades, siempre que lo permitan los créditos presupuestarios.

En los encargos a medios propios personificados que cuenten con programa de trabajo, cualquier reajuste de anualidades exigirá su revisión, para adaptarlo a los nuevos importes anuales, debiendo ser aprobado por el órgano ordenante el nuevo programa de trabajo resultante.

Los encargos a sociedades mercantiles y fundaciones del sector público andaluz no podrán implicar, en ningún caso, la atribución de potestades, funciones o facultades sujetas al Derecho Administrativo.

Las memorias integrantes de las cuentas anuales de los medios propios personificados destinatarios de los encargos deberán incluir información del coste de realización material de la totalidad de los encargos realizados en el ejercicio, así como del cumplimiento de los requisitos establecidos, en cada caso, en los apartados 2.b) y 4.b) del artículo 32 de la Ley 9/2017, de 8 de noviembre, en los términos que determine la Intervención General de la Junta de Andalucía.

Cuando los poderes adjudicadores deban actuar de manera inmediata con motivo de la declaración de cualquiera de los estados contemplados en el artículo 116 de la Constitución, o debido a catástrofes, situaciones que supongan grave peligro o calamidades de cualquier naturaleza, y concurran los requisitos para la adopción de un encargo a medio propio personificado para que realice las actividades necesarias, éstas serán ejecutadas por la correspondiente entidad instrumental o consorcio adscrito, con carácter, además de obligatorio, prioritario, de acuerdo con el siguiente régimen excepcional:

a) En estas actuaciones se podrán disponer o movilizar directamente los medios de las entidades encargadas que se requieran, ordenándoles las actuaciones necesarias para conseguir la más eficaz protección de las personas, los bienes y el mantenimiento de los servicios, sin sujeción al régimen administrativo ordinario de actuación previsto en el apartado 6 de este artículo, incluso el de la existencia de crédito suficiente. En caso de que no exista crédito adecuado y suficiente, una vez adoptado el acuerdo de emergencia, se procederá a su dotación de conformidad con lo establecido en el texto refundido de la Ley General de la Hacienda Pública de la Junta de Andalucía.

b) De estos encargos de emergencia adoptados por el órgano competente se dará cuenta al Consejo de Gobierno por la persona titular de la Consejería correspondiente en el plazo máximo de dos meses desde que se dictó el acuerdo, acreditándose en este trámite la existencia de crédito adecuado y suficiente. A la comunicación correspondiente se acompañará la oportuna retención de crédito o documentación que justifique la iniciación del expediente de la necesaria modificación presupuestaria.

c) El libramiento de los fondos se realizará directamente al ente destinatario del encargo mediante pagos en firme por el importe de cada una de las certificaciones que se expidan, previa conformidad del servicio correspondiente.

Excepcionalmente, y previa acreditación de la necesidad de efectuar pagos con carácter inmediato, la Consejería competente en materia de Hacienda podrá autorizar expresamente el libramiento de fondos con el carácter de pagos en firme de justificación diferida, que podrán alcanzar hasta el 100% del importe total que comprenda la actividad necesaria para remediar la situación de emergencia.

En este caso, los fondos serán librados previa presentación del programa de trabajo de realización de las actuaciones objeto del encargo, quedando obligados los perceptores a justificar la aplicación de las cantidades recibidas a la finalización del plazo de ejecución.

Las **agencias** son entidades con personalidad jurídica pública dependientes de la Administración de la Junta de Andalucía para la realización de actividades de la competencia de la Comunidad Autónoma en régimen de descentralización funcional.

Las agencias se clasifican en los siguientes tipos:

a) Agencias administrativas.

b) Agencias públicas empresariales.

c) Agencias de régimen especial.

Dentro de la esfera de sus competencias, corresponden a las agencias las potestades administrativas precisas para el cumplimiento de sus fines, en los términos previstos en sus estatutos, salvo la potestad expropiatoria.

La creación de las agencias administrativas y públicas empresariales se efectuará por ley, que establecerá:

a) El tipo de entidad que se crea, con indicación de sus fines.

b) Las peculiaridades de sus recursos económicos, de su régimen personal y fiscal y cualesquiera otras que, por su naturaleza, exijan norma con rango de ley.

Los estatutos de las agencias administrativas y públicas empresariales se aprobarán por decreto del Consejo de Gobierno, a propuesta de la persona titular de la Consejería competente por razón de la materia y previo informe de las Consejerías competentes en materia de Administración Pública y de Hacienda.

La adscripción de las agencias administrativas y públicas empresariales a una o varias Consejerías o a una agencia se efectuará por decreto del Consejo de Gobierno.

La creación de las agencias de régimen especial requerirá autorización previa por ley, que establecerá su objeto y fines generales, y se producirá con la aprobación de su estatuto por decreto del Consejo de Gobierno a propuesta conjunta de las personas titulares de las Consejerías competentes en materia de Administración Pública y de Hacienda.

El anteproyecto de ley de la agencia que se presente al Consejo de Gobierno deberá ser acompañado del proyecto de estatutos y del plan inicial de actuación de la entidad.

El contenido de los estatutos de cualquier tipo de agencia incluirá en todo caso los siguientes extremos:

a) Determinación de los máximos órganos de dirección de la entidad, ya sean unipersonales o colegiados, sus competencias, así como su forma de designación, con indicación de aquellos cuyas resoluciones agoten la vía administrativa.

b) Funciones y competencias, con indicación de las potestades administrativas que la entidad pública pueda ejercitar, y la distribución de competencias entre los órganos de dirección, así como el rango administrativo de los mismos en el caso de las agencias administrativas y, en el de las agencias públicas empresariales y agencias de régimen especial, la determinación de los órganos que excepcionalmente se asimilen a los de un determinado rango administrativo y los órganos a los que se confiera el ejercicio de potestades administrativas.

c) El patrimonio que se le adscriba para el cumplimiento de sus fines y los recursos económicos que hayan de financiar la entidad.

d) El régimen relativo a los recursos humanos, patrimonio y contratación.

e) El régimen presupuestario, económico-financiero, de intervención, de control financiero y de contabilidad.

f) La facultad de creación o participación de sociedades mercantiles cuando sea imprescindible para la consecución de los fines asignados.

Las personas titulares de los máximos órganos directivos a que se refiere el párrafo a) del apartado anterior, ejercerán las funciones que les atribuyan los estatutos de la agencia, cualquiera que sea el régimen jurídico de vinculación de las referidas personas.

Los estatutos serán aprobados y publicados en el Boletín Oficial de la Junta de Andalucía con carácter previo al inicio del funcionamiento efectivo de la entidad correspondiente.

El plan inicial de actuación de las agencias será aprobado por la persona titular de la Consejería de la que dependa la agencia, previo informe favorable de las Consejerías competentes en materia de Hacienda y de Administración Pública, y su contenido incluirá en todo caso los extremos siguientes:

a) Los objetivos que la entidad deba alcanzar en el área de actividad atribuida.

b) Los recursos humanos, financieros y materiales precisos para el funcionamiento de la entidad.

El plan inicial de actuación tendrá un ámbito temporal de cuatro años.

La modificación o refundición de las agencias deberá producirse por ley cuando suponga alteración de sus fines, del tipo de entidad o de las peculiaridades relativas a los recursos económicos, al régimen del personal, patrimonial o fiscal y cualesquiera otras que exijan norma con rango de ley.

Sin perjuicio de lo dispuesto en el apartado anterior, la modificación o refundición de las agencias por razones de eficacia, eficiencia y de economía del gasto público en la aplicación de los recursos del sector público, aun cuando suponga alteración de sus fines o del tipo de entidad, se llevará a cabo por decreto del Consejo de Gobierno, previo informe de las Consejerías competentes en materia de Hacienda y de Administración Pública.

El resto de las modificaciones o refundiciones se llevarán a cabo por decreto del Consejo de Gobierno, previo informe de las Consejerías competentes en materia de Hacienda y de Administración Pública.

La extinción de las agencias se producirá:

a) Por determinación de una ley.

b) Mediante decreto del Consejo de Gobierno, a propuesta de la persona titular de la Consejería de adscripción y previo informe de las Consejerías competentes en materia de Hacienda y de Administración Pública, en los siguientes casos:

- Por el transcurso del tiempo de existencia señalado en la ley de creación.

- Por cumplimiento total de los fines de la entidad, de forma que no se justifique la pervivencia de la misma.

- Por la asunción de la totalidad de sus fines y objetivos por los servicios de la Administración de la Junta de Andalucía.

En caso de extinción de una agencia, la norma correspondiente establecerá las medidas aplicables al personal de la entidad afectada en el marco de la legislación reguladora de dicho personal. Asimismo, determinará la integración en el patrimonio de la Comunidad Autónoma de los bienes y derechos que, en su caso, resulten sobrantes de la liquidación de la entidad, para su afectación a servicios de la Administración de la Junta de Andalucía o adscripción a las entidades que procedan.

El régimen jurídico del patrimonio de las agencias será el previsto en la legislación patrimonial de la Comunidad Autónoma de Andalucía.

El régimen de contratación de las agencias, salvo las agencias públicas empresariales previstas en el artículo 68.1.a) de esta ley, será el establecido para las Administraciones Públicas en la legislación de contratos del sector público.

El régimen de contratación de las agencias a que se refiere el citado artículo 68.1.a) se regirá por las previsiones contenidas en la legislación de contratos del sector público respecto de las entidades que, sin tener el carácter de Administraciones Públicas, tienen la consideración de poderes adjudicadores.

Los estatutos de la agencia determinarán su órgano de contratación, pudiendo fijar la persona titular de la Consejería a que se halle adscrita la cuantía a partir de la cual será necesaria su autorización para la celebración de los contratos, salvo que dicha autorización corresponda al Consejo de Gobierno.

El régimen presupuestario, económico-financiero, de contabilidad y de control de las agencias será el establecido por la Ley General de la Hacienda Pública de la Comunidad Autónoma de Andalucía y demás disposiciones de aplicación para cada tipo de agencia.

Las agencias están sometidas a un control de eficacia, que será ejercido por la Consejería o, en su caso, por la entidad a la que estén adscritas, al objeto de comprobar el grado de cumplimiento de los objetivos y la adecuada utilización de los recursos asignados, sin perjuicio de las competencias atribuidas por la Ley General de la Hacienda Pública de la Comunidad Autónoma de Andalucía a la Consejería competente en materia de Hacienda.

Los actos dictados por los órganos de las agencias en el ejercicio de potestades administrativas son susceptibles de los recursos administrativos previstos en la legislación básica estatal de régimen jurídico de las Administraciones Públicas y del procedimiento administrativo común. Los estatutos establecerán los órganos cuyos actos agoten la vía administrativa.

Los actos de gestión, inspección y recaudación de las tasas y demás ingresos de Derecho Público podrán recurrirse en vía económico-administrativa conforme a la normativa de aplicación.

Las reclamaciones previas, en asuntos civiles y laborales, serán resueltas por la agencia, salvo que estatutariamente se asigne la competencia al órgano superior de la Consejería a la que se adscriban.

Las **agencias administrativas** son entidades públicas que se rigen por el Derecho Administrativo, a las que se atribuye, en ejecución de programas específicos de la actividad de una Consejería, la realización de actividades de promoción, prestacionales, de gestión de servicios públicos y otras actividades administrativas.

Las agencias administrativas se rigen por el mismo régimen jurídico de personal, presupuestario, económico-financiero, de control y contabilidad que el establecido para la Administración de la Junta de Andalucía. Para el desarrollo de sus funciones dispondrán de las potestades públicas que tengan expresamente atribuidas por sus estatutos.

Las agencias administrativas se adscriben a una Consejería, a la que corresponde la dirección estratégica, la evaluación y el control de los resultados de su actividad en los términos previstos en el artículo 63 de esta Ley. Excepcionalmente pueden adscribirse a otra agencia administrativa cuyo objeto consista en la coordinación de varias de ellas.

Para la creación de una agencia administrativa deberá concurrir alguno de los siguientes requisitos:

a) La necesidad de dotar al servicio o actividad de que se trate de una especial autonomía de gestión respecto de los órganos de la Consejería a los que se encuentre adscrito.

b) La existencia de un patrimonio que por su especial volumen o entidad requiera su gestión a través de una entidad con personalidad jurídica.

c) La existencia de un servicio susceptible de financiarse en más de un cincuenta por ciento mediante los ingresos que genere su propia actividad.

Las personas titulares de las presidencias, direcciones o asimilados de las agencias administrativas serán nombradas y separadas libremente por el Consejo de Gobierno y tienen la consideración de altos cargos a efectos de la normativa sobre incompatibilidades que sea de aplicación. La persona titular tendrá atribuidas en materia de gestión de recursos humanos las facultades que le asigne la normativa específica.

El personal al servicio de las agencias administrativas será funcionario, laboral o, en su caso, estatutario, en los mismos términos que los establecidos para la Administración de la Junta de Andalucía. No obstante, la ley de creación podrá establecer excepcionalmente peculiaridades del régimen de personal de la agencia en las materias de oferta de empleo, sistemas de acceso, adscripción y provisión de puestos y régimen de movilidad de su personal.

En los casos en que la creación de la agencia afecte, total o parcialmente, al objeto, servicios o actividades desarrollados hasta entonces por otras entidades instrumentales, la ley de creación podrá establecer la subrogación del personal laboral afectado conforme a lo dispuesto en el artículo 52 bis para la transformación de entidades y, en su caso, el artículo 60 para la disolución, liquidación y extinción de agencias.

Igualmente, en caso de que una agencia administrativa preexistente asuma total o parcialmente el objeto, servicios o actividades desarrollados hasta entonces por otras entidades pertenecientes al sector público andaluz, podrá establecerse la subrogación del personal laboral afectado conforme a lo dispuesto en el artículo 52 bis para la transformación de entidades y, en su caso, el artículo 60 para la disolución, liquidación y extinción de agencias.

Las **agencias públicas empresariales** son entidades públicas a las que se atribuye la realización de actividades prestacionales, la gestión de servicios o la producción de bienes de interés público, sean o no susceptibles de contraprestación, y que aplican técnicas de gestión empresarial en ejecución de competencias propias o de programas específicos de una o varias Consejerías, en el marco de la planificación y dirección de estas. Las agencias públicas empresariales pueden ser de dos tipos:

a) Aquellas que tienen por objeto principal la producción, en régimen de libre mercado, de bienes y servicios de interés público destinados al consumo individual o colectivo mediante contraprestación.

b) Aquellas que tienen por objeto, en ejecución de competencias propias o de programas específicos de una o varias Consejerías, y en el marco de la planificación y dirección de estas, la realización de actividades de promoción pública, prestacionales, de gestión de servicios o de producción de bienes de interés público, sean o no susceptibles de contraprestación, sin actuar en régimen de libre mercado.

Las agencias públicas empresariales se adscriben a una o varias Consejerías. Excepcionalmente pueden adscribirse a una agencia cuyo objeto además consista en la coordinación de varias de ellas.

Asimismo, se podrán aplicar técnicas de coordinación funcional entre varias agencias públicas empresariales que compartan la misma adscripción orgánica, a través de órganos o unidades horizontales.

Las **agencias públicas empresariales** a que hace referencia la letra a) del apartado 1 del artículo 68 de esta Ley se rigen por el Derecho Privado, excepto en las cuestiones relacionadas con la formación de la voluntad de sus órganos y con el ejercicio de las potestades administrativas que tengan atribuidas y en los aspectos específicamente regulados en esta Ley, en sus estatutos, en la Ley General de la Hacienda Pública de la Junta de Andalucía y demás disposiciones de general aplicación.

Las agencias públicas empresariales a que hace referencia la letra b) del apartado 1 del artículo 68 de esta Ley se rigen por el Derecho Administrativo en las cuestiones relacionadas con la formación de la voluntad de sus órganos y con el ejercicio de las potestades administrativas que tengan atribuidas y en los aspectos específicamente regulados en esta Ley, en sus estatutos, en la Ley General de la Hacienda Pública de la Junta de Andalucía y demás disposiciones de general aplicación. En los restantes aspectos se regirán por el Derecho Administrativo o por el Derecho Privado según su particular gestión empresarial así lo requiera.

Las agencias públicas empresariales ejercerán únicamente las potestades administrativas que expresamente se les atribuyan y solo pueden ser ejercidas por aquellos órganos a los que en los estatutos se les asigne expresamente esta facultad. No obstante, a los efectos de esta Ley, los órganos de las agencias públicas empresariales no son asimilables en cuanto a su rango administrativo al de los órganos de la Administración de la Junta de Andalucía, salvo las excepciones que, a determinados efectos, se fijen, en cada caso, en sus estatutos.

En el caso de que se trate de funciones que impliquen la participación directa o indirecta en el ejercicio de las potestades públicas o en la salvaguarda de los intereses generales que deban corresponder exclusivamente a personal funcionario de acuerdo con la legislación aplicable en materia de función pública, podrá llevarlas a cabo, bajo la dirección funcional de la agencia pública empresarial, el personal funcionario perteneciente a la Consejería o la agencia administrativa a la que esté adscrita. A tal fin, se configurarán en la relación de puestos de trabajo correspondiente las unidades administrativas precisas, que dependerán funcionalmente de la agencia pública empresarial.

La dependencia de este personal supondrá su integración funcional en la estructura de la agencia, con sujeción a las instrucciones y órdenes de servicio de los órganos directivos de la misma, quienes ejercerán las potestades que a tal efecto establece la normativa general. El decreto por el que se aprueben los estatutos de la agencia contendrá las prescripciones necesarias para concretar el régimen de dependencia funcional, el horario de trabajo y las retribuciones en concepto de evaluación por desempeño y las relativas al sistema de recursos administrativos que procedan contra los actos que se dicten en ejercicio de las potestades administrativas atribuidas a la agencia.

El personal de las agencias públicas empresariales se rige en todo caso por el Derecho Laboral, así como por lo que le sea de aplicación en el Real Decreto Legislativo 5/2015, de 30 de octubre, por el que se aprueba el texto refundido de la Ley del Estatuto Básico del Empleado Público. Será seleccionado mediante convocatoria pública en medios oficiales, basada en los principios de igualdad, mérito y capacidad.

Es personal directivo de las agencias públicas empresariales el que ocupa puestos de trabajo determinados como tales en los estatutos, en atención a la especial responsabilidad, competencia técnica y relevancia de las tareas asignadas. Su régimen jurídico será el previsto en el artículo 13 del Real Decreto Legislativo 5/2015, de 30 de octubre, por el que se aprueba el texto refundido de la Ley del Estatuto Básico del Empleado Público, y en la normativa de desarrollo dictada por la Comunidad Autónoma de Andalucía.

La determinación y modificación de las condiciones retributivas, tanto del personal directivo como del resto del personal de las agencias públicas empresariales, requerirán el informe previo y favorable de las Consejerías competentes en materia de Administración Pública y de Hacienda. Estas Consejerías efectuarán, con la periodicidad adecuada, controles específicos sobre la evolución de los gastos de personal y de la gestión de los recursos humanos, conforme a los criterios previamente establecidos por las mismas.

Las **agencias de régimen especial** son entidades públicas a las que se atribuye cualesquiera de las actividades mencionadas en el artículo 65.1 de esta Ley, siempre que se les asignen funciones que impliquen ejercicio de autoridad que requieran especialidades en su régimen jurídico.

Las agencias de régimen especial se rigen por el Derecho Administrativo, sin perjuicio de la aplicación del Derecho Privado en aquellos ámbitos en que su particular gestión así lo requiera. En todo caso se rigen por Derecho Administrativo en las cuestiones relacionadas con la formación de la voluntad de sus órganos y con el ejercicio de las potestades administrativas que tengan atribuidas y en los aspectos específicamente regulados en esta Ley, en sus estatutos, en la Ley General de la Hacienda Pública de la Junta de Andalucía y demás disposiciones de general aplicación.

Las agencias de régimen especial se adscriben a la Consejería competente por razón de la materia. Excepcionalmente pueden adscribirse a una agencia administrativa o de régimen especial cuyo objeto consista en la coordinación de varias de ellas.

La actuación de las agencias de régimen especial se producirá con arreglo al plan de acción anual, bajo la vigencia y con arreglo al pertinente contrato plurianual de gestión, que definirá los objetivos a perseguir, los resultados a obtener y, en general, la gestión a desarrollar, así como los siguientes extremos:

a) Los recursos personales, materiales y presupuestarios a aportar para la consecución de los objetivos.

b) Los efectos asociados al grado de cumplimiento de los objetivos establecidos por lo que hace a exigencia de responsabilidad por la gestión de los órganos ejecutivos y el personal directivo, así como el montante de masa salarial destinada al complemento de productividad o concepto equivalente del personal laboral.

c) Los demás extremos que se establezcan mediante orden conjunta de las Consejerías competentes en materia de Administración Pública y de Hacienda, en la que se determinará, asimismo, el procedimiento de elaboración, contenido y efectos.

Corresponderá al Consejo de Gobierno la aprobación del contrato de gestión de las agencias de régimen especial.

En el seno de las agencias de régimen especial se creará una comisión de control, cuya composición se determinará en los estatutos, a la que corresponderá informar sobre la ejecución del contrato de gestión y, en general, sobre todos aquellos aspectos relativos a la gestión económico-financiera que deban conocer los órganos de gobierno de la agencia y que se determinen en los estatutos.

El presupuesto de gastos de las agencias de régimen especial tiene carácter limitativo por su importe global y carácter estimativo para la distribución de los créditos en categorías económicas, con excepción de los correspondientes a gastos de personal que en todo caso tienen carácter limitativo y vinculante por su cuantía total.

El personal de las agencias de régimen especial podrá ser funcionario, que se regirá por la normativa aplicable en materia de función pública, y personal sujeto a Derecho Laboral. Las funciones que impliquen ejercicio de autoridad serán desempeñadas por personal funcionario.

Las agencias de régimen especial dispondrán de competencias en materia de oferta de empleo, sistemas de acceso, adscripción, provisión de puestos y movilidad de su personal, con arreglo a lo siguiente:

a) La oferta de empleo de la agencia se integrará en la correspondiente oferta de empleo público de la Administración de la Junta de Andalucía.

b) La selección del personal se realizará mediante convocatoria pública, de acuerdo con los principios de igualdad, mérito y capacidad, respetando la reserva en el acceso al empleo público de las personas con discapacidad. Las agencias seleccionarán a su personal laboral a través de sus propios órganos de selección. Las convocatorias de selección de personal funcionario se efectuarán por la Consejería a la que se encuentre adscrita la agencia y, excepcionalmente, por la propia agencia, previa autorización, en todo caso, de la Consejería competente en materia de función pública.

Los conceptos retributivos del personal funcionario de los órganos de régimen especial serán los establecidos en la normativa de función pública de la Administración de la Junta de Andalucía y sus cuantías se determinarán en el marco del correspondiente contrato de gestión, de conformidad con lo establecido en dicha normativa y en la correspondiente Ley del Presupuesto de la Comunidad Autónoma de Andalucía.

Las condiciones retributivas del personal laboral serán las determinadas en el convenio colectivo de aplicación y en el respectivo contrato de trabajo y sus cuantías se fijarán de acuerdo con lo indicado en el párrafo anterior de este apartado.

La cuantía de la masa salarial destinada al complemento de productividad o concepto equivalente del personal laboral estará en todo caso vinculada al grado de cumplimiento de los objetivos fijados en el contrato de gestión.

Al personal directivo de las agencias de régimen especial y al personal no sujeto a la normativa aplicable en materia de función pública que corresponda les será de aplicación lo dispuesto en los apartados 2 y 3 del artículo 70 de esta Ley.

Tendrán la consideración de **sociedades mercantiles del sector público andaluz** las previstas en la Ley General de la Hacienda Pública de la Comunidad Autónoma de Andalucía y en la Ley del Patrimonio de la Comunidad Autónoma de Andalucía.

Las sociedades mercantiles del sector público andaluz tendrán por objeto la realización de actividades comerciales o de gestión de servicios en régimen de mercado, actuando bajo el principio de la libre competencia.

En ningún caso podrán ejercer potestades administrativas.

Corresponde al Consejo de Gobierno autorizar la creación de sociedades mercantiles del sector público andaluz, en los términos y condiciones previstos en la legislación patrimonial de la Comunidad Autónoma de Andalucía.

El acuerdo del Consejo de Gobierno de autorización para la creación de las sociedades mercantiles del sector público andaluz constituye un acto administrativo que deberá ser objeto de publicación en el Boletín Oficial de la Junta de Andalucía y que deberá especificar como contenido mínimo obligatorio:

a) Denominación.
b) Forma jurídica de la sociedad.
c) Descripción de las actividades que integran el objeto social.
d) Facultad de participar o crear otras sociedades mercantiles.
e) Participación de la Administración en el capital social, así como mecanismos para garantizar el mantenimiento de la posición de partícipe mayoritario cuando sea oportuno por razón de interés público.
f) Líneas básicas de su organización y de funcionamiento de la administración de la sociedad y, en su caso, del consejo de administración.
g) Consejería o agencia de adscripción.

Asimismo, el acuerdo debe incorporar y aprobar el proyecto de estatutos y el plan inicial de actuación en los mismos términos que los establecidos para las agencias.

El personal al servicio de las sociedades mercantiles del sector público andaluz se rige por el Derecho Laboral. El nombramiento del personal no directivo irá precedido de convocatoria pública y de los procesos selectivos correspondientes, basados en los principios de igualdad, mérito y capacidad.

El concepto y régimen jurídico de las **fundaciones del sector público andaluz** será el previsto en la Ley 10/2005, de 31 de mayo, de Fundaciones de la Comunidad Autónoma de Andalucía.

El personal al servicio de las fundaciones del sector público andaluz se rige por el Derecho Laboral. El nombramiento del personal no directivo irá precedido de convocatoria pública y de los procesos selectivos correspondientes basados en los principios de igualdad, mérito y capacidad.

Con respecto a la clasificación que hacía la ley 5/1983 de Hacienda Pública, La ley 9/2007 establece que:

a) Las referencias efectuadas en la considerada Ley a los «organismos» u «organismos autónomos» se entenderán hechas a las «agencias administrativas».

b) Las referencias efectuadas en la considerada Ley a las «empresas» se entenderán hechas a las «agencias públicas empresariales» y a las «sociedades mercantiles del sector público andaluz», según corresponda.

El actual decreto legislativo 1/2010 del texto refundido de la Ley General de Hacienda de la Junta de Andalucía establece que Las agencias administrativas, públicas empresariales y de régimen especial se someterán a la presente Ley en los términos que la misma establezca.

Las instituciones de la Junta de Andalucía se regirán por su legislación específica y por esta Ley en lo que les sea de aplicación. Sus bienes, derechos, acciones y recursos constituyen un patrimonio único afecto a sus fines.

Tendrán la consideración de sociedades mercantiles del sector público andaluz aquéllas en cuyo capital sea mayoritaria la participación, directa o indirecta, de la Administración de la Junta de Andalucía, de sus agencias y demás entidades de derecho público.

A las fundaciones y a las demás entidades con personalidad jurídica propia del sector público andaluz no incluidas en los artículos anteriores, en las que sea mayoritaria la representación, directa o indirecta, de la Administración de la Junta de Andalucía, les será de aplicación el régimen presupuestario, económico-financiero, de control y contabilidad que se establece en la presente Ley, en lo previsto en la misma.

Se entenderá que existe representación mayoritaria en las citadas entidades cuando más de la mitad de los miembros de los órganos de administración, dirección o vigilancia sean nombrados por la Administración de la Junta de Andalucía o por sus agencias y sociedades mercantiles del sector público andaluz.

Para la creación y extinción de las entidades referidas en este apartado, así como para la adquisición y pérdida de la representación mayoritaria, se requerirá autorización del Consejo de Gobierno.

Los consorcios no adscritos a la Administración de la Junta de Andalucía, las fundaciones, las sociedades mercantiles y demás entidades con personalidad jurídica propia que, no formando parte del sector público andaluz, sean considerados unidades integrantes del Subsector Administración Regional de la Comunidad Autónoma de Andalucía por aplicación de las normas de Contabilidad Nacional, podrán quedar sometidos al control financiero previsto en esta Ley cuando, mediando razones justificadas para ello, así lo acuerde el Consejo de Gobierno, a propuesta de la persona titular de la Consejería competente en materia de Hacienda.

A los consorcios referidos en el artículo 12.3 de la Ley 9/2007, de 22 de octubre, les será de aplicación el régimen presupuestario, económico-financiero, de control y contabilidad que se establece en la presente Ley, en lo previsto en la misma.

No obstante, los consorcios que durante la vigencia de un determinado ejercicio presupuestario resulten adscritos a la Administración de la Junta de Andalucía en aplicación de lo previsto en el referido artículo mantendrán hasta el día 31 de diciembre de dicho ejercicio el régimen de gestión económico-presupuestaria, contable y de control que se contemple en sus Estatutos anteriores a la adscripción, excepto el régimen aplicable a la elaboración y aprobación de los presupuestos del consorcio. A partir de la referida fecha quedarán sometidos al régimen presupuestario, económico-financiero, de control y contabilidad que se contempla en el primer párrafo de este artículo.

Para la creación y extinción de estos consorcios, así como para la adquisición y pérdida de la participación mayoritaria en los mismos, se requerirá autorización del Consejo de Gobierno.

Se entenderá que existe representación mayoritaria en las citadas entidades cuando más de la mitad de los miembros de los órganos de administración, dirección o vigilancia sean nombrados por la Administración de la Junta de Andalucía o por sus agencias y sociedades mercantiles del sector público andaluz.

Para la creación y extinción de las entidades referidas en este apartado así como para la adquisición y pérdida de la representación mayoritaria, se requerirá autorización del Consejo de Gobierno.

Los consorcios, las fundaciones y demás entidades con personalidad jurídica propia que, aunque no cumplan los requisitos establecidos, tengan una financiación mayoritaria de la Junta de Andalucía, podrán quedar sometidos al control financiero previsto en esta Ley cuando, mediando razones justificadas para ello, así lo acuerde el Consejo de Gobierno, a propuesta de la persona titular de la Consejería competente en materia de Hacienda.

Los fondos carentes de personalidad jurídica cuya dotación se efectúe mayoritariamente desde el Presupuesto de la Junta de Andalucía, sin perjuicio de la legislación específica que les sea de aplicación, se sujetarán a los efectos de esta Ley al régimen establecido para las entidades mencionadas.

Tienen la consideración de **entidades instrumentales** de la Administración de la Junta de Andalucía, a los efectos de esta Ley, las entidades dotadas de personalidad jurídica propia, creadas, participadas mayoritariamente o controladas efectivamente por la Administración de la Junta de Andalucía o por sus entes públicos, con independencia de su naturaleza y régimen jurídico, que tengan por objeto la realización de actividades cuyas características por razones de eficacia justifiquen su organización y desarrollo en régimen de autonomía de gestión y de mayor proximidad a la ciudadanía, en los términos previstos en esta Ley.

Cuando se creen entidades instrumentales que supongan duplicación de la organización administrativa o de otras entidades ya existentes, habrán de suprimirse o reducirse debidamente las funciones o competencias de estas.

Corresponde a la Consejería competente en materia de Hacienda, en el ámbito de sus competencias específicas, el control económico-financiero del sector público andaluz, así como la emisión de informes, y en su caso las autorizaciones, en relación con la creación, alteración y supresión de las entidades instrumentales de la Administración de la Junta de Andalucía y los consorcios a que se refiere el artículo 12 de esta Ley. En especial, corresponde a dicha Consejería el informe preceptivo para perfeccionar negocios de disposición o administración que impliquen la ubicación de sedes y subsedes de los consorcios a que se refiere el artículo 12.3 y de las entidades instrumentales de la Junta de Andalucía, así como para destinar inmuebles a los citados usos.

Las entidades a las que se refiere el presente Título tienen personalidad jurídica diferenciada, patrimonio y tesorería propios, así como autonomía de gestión en los términos de esta Ley, y se ajustarán al principio de instrumentalidad, con arreglo al cual los fines y objetivos que se les asignan específicamente son propios de la Administración de la que dependen.

Las entidades instrumentales de la Administración de la Junta de Andalucía se clasifican en:

a) Agencias.

b) Entidades instrumentales privadas:

1.º Sociedades mercantiles del sector público andaluz.

2.º Fundaciones del sector público andaluz.

Las agencias tienen personalidad jurídica pública y la consideración de Administración institucional dependiente de la Administración de la Junta de Andalucía. Se atenderán a los criterios dispuestos para la Administración de la Junta de Andalucía en la presente Ley, sin perjuicio de las peculiaridades contempladas en el Capítulo II del presente Título.

Las sociedades mercantiles y las fundaciones del sector público andaluz tienen personalidad jurídica privada, por lo que en ningún caso podrán disponer de facultades que impliquen ejercicio de autoridad.

Se requerirá autorización del Consejo de Gobierno para cualquier fórmula de participación no reglada en entidades por parte de las Consejerías o entidades instrumentales de la Administración de la Junta de Andalucía, distinta de las previstas en la legislación sectorial o en la presente Ley.

Las entidades instrumentales de la Administración de la Junta de Andalucía adoptarán sistemas de gestión de calidad en el desarrollo de las actividades que tienen atribuidas.

Asimismo, implantarán sistemas de gestión de calidad en la producción de bienes y prestación de servicios, incluidos los de naturaleza medioambiental.

AGENCIAS ADMINISTRATIVAS [2](Organismos autónomos)
- Instituto Andaluz de Administración Pública
- Agencia Digital de Andalucía
- Instituto Andaluz de Prevención de Riesgos Laborales
- Instituto Andaluz de la Juventud
- Instituto Andaluz de Investigación y Formación Agraria, Pesquera, Alimentaria y de la Producción Ecológica (IAIFAPAPE)
- Instituto de Estadística y Cartografía de Andalucía (IECA)
- Servicio Andaluz de Salud
- Instituto Andaluz de la Mujer
- Patronato de la Alhambra y Generalife
- Centro Andaluz de Arte Contemporáneo

AGENCIA DE RÉGIMEN ESPECIAL

[2] Se indica la relación de Agencias Administrativa, Agencias de Régimen Especial, Agencias Públicas Empresariales, Sociedades Mercantiles de participación mayoritaria directa y entidades similares que aparecen reflejadas en la ley de presupuestos vigente para cada año.

- Servicio Andaluz de Empleo
- Agencia Tributaria de Andalucía
- Agencia de Gestión Agraria y Pesquera de Andalucía (AGAPA)

CONSORCIOS DEL SECTOR PÚBLICO ANDALUZ
- Consorcio para el Desarrollo de la Sociedad de la Información y del Conocimiento en Andalucía «Fernando de los Ríos»
- Consorcio Parque de las Ciencias de Granada
- Consorcio Palacio de Exposiciones y Congresos de Granada
- Consorcio Sanitario Público del Aljarafe
- Consorcio de Transporte Metropolitano de la Costa de Huelva
- Consorcio de Transporte Metropolitano del Área de Almería
- Consorcio de Transporte Metropolitano del Área de Córdoba
- Consorcio de Transporte Metropolitano del Área de Granada
- Consorcio de Transporte Metropolitano del Área de Jaén
- Consorcio de Transporte Metropolitano del Área de Málaga
- Consorcio de Transporte Metropolitano del Área de Sevilla
- Consorcio de Transporte Metropolitano del Campo de Gibraltar
- Consorcio Metropolitano de Transportes de la Bahía de Cádiz

CONSORCIOS EN PROCESO DE LIQUIDACIÓN SIN ACTIVIDAD
- Consorcio Centro de Formación en Comunicaciones y Tecnologías de la Información de Málaga (Forman)
- Consorcio Centro de Formación Medioambiental y Desarrollo Sostenible (Formades)

AGENCIAS PÚBLICAS EMPRESARIALES
- Agencia Pública Empresarial de la Radio y Televisión de Andalucía (RTVA)
- Agencia Andaluza de la Energía
- Agencia Pública Andaluza de Educación
- Agencia de Medio Ambiente y Agua de Andalucía
- Agencia Andaluza del Conocimiento
- Agencia de Innovación y Desarrollo de Andalucía (IDEA)
- Agencia Pública Empresarial Sanitaria Bajo Guadalquivir
- Agencia Pública Empresarial Sanitaria Costa del Sol
- Agencia Pública Empresarial Sanitaria Hospital Alto Guadalquivir
- Agencia Pública Empresarial Sanitaria Hospital de Poniente de Almería
- Empresa Pública de Emergencias Sanitarias (EPES)
- Agencia Andaluza de Cooperación Internacional para el Desarrollo (AACID)
- Agencia de Servicios Sociales y Dependencia de Andalucía
- Agencia de Vivienda y Rehabilitación de Andalucía (AVRA)
- Agencia de Obra Pública de la Junta de Andalucía (AOPJA)
- Agencia Pública de Puertos de Andalucía (APPA)
- Agencia Andaluza de Instituciones Culturales
- Instituto Andaluz del Patrimonio Histórico (IAPH)

SOCIEDADES MERCANTILES DE PARTICIPACIÓN MAYORITARIA
- Canal Sur Radio y Televisión, S.A
- Extenda-Agencia Andaluza de Promoción Exterior, S.A.
- Sociedad Andaluza para el Desarrollo de las Telecomunicaciones, S.A. (SANDETEL)
- Empresa Pública para la Gestión del Turismo y del Deporte de Andalucía, S.A.

- Red de Villas Turísticas de Andalucía, S.A.
- Empresa Andaluza de Gestión de Instalaciones y Turismo Juvenil, S.A. (INTURJOVEN)
- Cetursa Sierra Nevada, S.A.
- Empresa Pública de Gestión de Activos, S.A. (EPGASA)
- Parque Científico y Tecnológico Cartuja, S.A.
- Parque de Innovación Empresarial Sanlúcar la Mayor, S.A. (SOLAND)
- Parque Tecnológico y Aeronáutico de Andalucía, S.L. (AERÓPOLIS)
- Verificaciones Industriales de Andalucía, S.A. (VEIASA)
- Escuela Andaluza de Salud Pública, S.A. (EASP)
- Red Logística de Andalucía, S.A.

FUNDACIONES DEL SECTOR PÚBLICO ANDALUZ
- Fundación Pública Andaluza Barenboim-Said
- Fundación Pública Andaluza Centro de Estudios Andaluces
- Real Escuela Andaluza del Arte Ecuestre, Fundación Pública Andaluza
- Andalucía Emprende, Fundación Pública Andaluza
- Fundación Pública Andaluza Instituto de Estudios sobre la Hacienda Pública de Andalucía, MP (IEHPA)
- Fundación Andalucía Olímpica, Fundación Pública Andaluza
- Fundación para el Desarrollo Sostenible de Doñana y su Entorno-Doñana 21, Fundación Pública Andaluza
- Fundación Pública Andaluza Centro de Nuevas Tecnologías del Agua (Centa)
- Fundación Pública Andaluza Parque Tecnológico de Ciencias de la Salud de Granada
- Fundación Pública Andaluza para la Gestión de la Investigación en Salud de Sevilla (Fisevi)
- Fundación Pública Andaluza para la Integración Social de Personas con Enfermedad Mental (FAISEM)
- Fundación Pública Andaluza para la Investigación Biosanitaria de Andalucía Oriental-Alejandro Otero (Fibao)
- Fundación Pública Andaluza para la Investigación de Málaga en Biomedicina y Salud (Fimabis)
- Fundación Pública Andaluza Progreso y Salud
- Fundación Pública Andaluza San Juan de Dios de Lucena y Fundaciones Fusionadas de Córdoba
- Fundación Pública Andaluza El Legado Andalusí
- Fundación Pública Andaluza Rodríguez Acosta

ENTIDADES EN PROCESO DE DISOLUCIÓN, LIQUIDACIÓN, EXTINCIÓN O REESTRUCTURACIÓN
- Aparthotel Trevenque, S.A.
- Innova Venture SGEIC, S.A.
- Inversión y Gestión de Capital Semilla de Andalucía S.I.C.C., S.A. (Inverseed)
- Venture Invercaria, S.A.
- Fundación Audiovisual Pública Andaluza
- Fundación Pública Andaluza Rey Fahd Bin Abdulaziz

ENTIDADES EN PROCESO DE LIQUIDACIÓN, SIN ACTIVIDAD
- Fundación Hospital San Rafael, Fundación Pública Andaluza
- Fundación Agregación de Fundaciones de Sevilla, Fundación Pública Andaluza
- Fundación Pública Andaluza Juan Nepomuceno Rojas
- Fundación Banco Agrícola Don José Torrico y López Calero, Fundación Pública Andaluza

TEMA 8

FUENTES DEL DERECHO ADMINISTRATIVO: CLASIFICACIÓN. JERARQUÍA NORMATIVA. LA LEY: CONCEPTO Y CLASES. DISPOSICIONES DEL EJECUTIVO CON FUERZA DE LEY. EL REGLAMENTO: CONCEPTO Y CLASIFICACIÓN. LA POTESTAD REGLAMENTARIA: FUNDAMENTO, TITULARIDAD Y LÍMITES. PROCEDIMIENTO DE ELABORACIÓN DE LOS REGLAMENTOS.

FUENTES DEL DERECHO ADMINISTRATIVO: CLASIFICACIÓN.

Las fuentes del derecho son los orígenes y las formas de manifestarse de las normas jurídicas que integran el derecho objetivo.

Fuentes materiales - aquellas fuerzas sociales con facultad normativa creadora (Cortes Generales, Gobierno...).

Fuentes formales - son los modos o formas en que se manifiesta externamente el derecho (ley, real decreto...).

Las dos fuentes principales (ley y costumbre) proceden de dos fuentes materiales (Estado y/o Comunidades Autónomas y pueblo).

En la actualidad existe un solo ordenamiento jurídico con diversas fuentes creadoras (las Comunidades Autónomas también tienen poder normativo), las leyes de las Comunidades Autónomas son jerárquicamente iguales a las del Estado, se diferencian en su ámbito competencial.

Los poderes centrales y autonómicos, aunque independientes, están coordinados y hay mecanismos de cooperación, en aras de la unidad nacional, de la eficacia política y económica del sistema.

La única instancia superior que puede vigilar las relaciones entre ambos ordenamientos es el Tribunal Constitucional (le compete resolver los conflictos de competencia que se planteen). La principal clasificación de las fuentes:

*   **Fuentes directas**:

    Las fuentes del ordenamiento jurídico son la ley, la costumbre y los principios generales del derecho. Carecen de validez las disposiciones que contradigan otra de rango superior.

    La costumbre sólo regirá en defecto de ley aplicable, siempre que no sea contraria a la moral ni al orden público y que resulte probada.

    Los principios generales del derecho se aplicarán en defecto de ley o de costumbre, sin perjuicio de su carácter informador del ordenamiento jurídico (costumbre y principios generales son fuentes no escritas y subsidiarias).

*   **Fuentes indirectas**:

    Sin llegar a constituir por sí mismas verdaderas normas jurídicas, coadyuvan a su producción y cooperación.

    Los *tratados internacionales* son convenios celebrados entre dos o más estados y entre estados y organizaciones supranacionales (Son la fuente primaria y fundamental del derecho internacional). Cuando no están publicados son meramente fuente indirecta. Al publicarse pasan a fuentes de aplicación directa y normas eficaces.

    La *jurisprudencia del Tribunal Supremo* se puede definir como el criterio constante y uniforme de aplicar el derecho mostrado por el Tribunal Supremo. Complementa el ordenamiento jurídico con la doctrina que, de modo reiterado, establezca el Tribunal Supremo al interpretar y aplicar la ley, la costumbre y los principios generales del derecho.

    La *doctrina científica* es la mantenida por los tratadistas o estudiosos del derecho. Es fuente del conocimiento del derecho.

    La *jurisprudencia del Tribunal Constitucional*, tiene el valor de cosa juzgada, sobre la que no es posible recurso alguno.

    El derecho administrativo español tiene como característica fundamental la primacía absoluta de la norma escrita. Las fuentes del derecho administrativo se pueden clasificar:

    ⅄   Por su procedencia: fuentes para la administración y fuentes de la administración (reglamentos).

    ⅄   Por la materia regulada: fuentes casi exclusivas del derecho administrativo y fuentes eventuales del derecho administrativo.

JERARQUÍA NORMATIVA.

El ordenamiento jurídico administrativo es una estructura jerárquica de normas escritas. En primer plano se sitúa la Constitución Española, luego las leyes (y disposiciones normativas equiparadas) y en un escalafón inferior los reglamentos.

El principio de jerarquía normativa impone que ninguna norma jurídica puede contradecir lo establecido en otra de rango superior. Carecerán de validez las disposiciones que contradigan otra de rango superior.

Se usan dos criterios para establecer el orden jerárquico:

Criterio de la primacía del derecho escrito, luego las fuentes no escritas pasan a ser subsidiarias. Únicamente será posible acudir a ellas en defecto de regulación expresa legal.

Criterio de la jerarquía del órgano del que emana, establece la subordinación de las disposiciones administrativas respecto de las emanadas del poder legislativo. A mayor jerarquía del órgano que dicta la norma administrativa, corresponde mayor valor de la norma dictada.

Fuentes directas primarias.
1. La Constitución.
2. Leyes
➢ Estatales: orgánicas, ordinarias, disposiciones del ejecutivo con rango de ley.
➢ Autonómicas.
3. Los reglamentos: estatales, autonómicos y locales.

Fuentes directas subsidiarias.
➢ La costumbre.
➢ Los principios generales del derecho.

Las decisiones de los órganos regulados en la Ley 50/97 del Gobierno son:
⅄ Real decreto ley y real decreto legislativo.
⅄ Real decreto del presidente del Gobierno.
⅄ Real decreto acordados en Consejo de Ministros.
⅄ Acuerdos del Consejo de Ministros.
⅄ Acuerdos de comisiones delegadas (orden ministro competente o presidencia).
⅄ Órdenes ministeriales.

LA LEY: CONCEPTO Y CLASES.

La Constitución Española proclama en el preámbulo la voluntad de consolidar un Estado de derecho que asegure el imperio de la ley como expresión de la voluntad popular. Las Cortes Generales representan al pueblo español y están formadas por el Congreso de los Diputados y el Senado. Las Cortes Generales ejercen la potestad legislativa del Estado.

La Constitución Española encomienda a la ley las decisiones básicas que han de actuar los principios constitucionales y la ordenación fundamental de la sociedad y del Estado (Ley orgánica y ley ordinaria).

La ley pretende ser entendida como norma jurídica o como norma escrita. Concretamente la ley es la norma escrita superior de todas, que prevalece frente a cualquier otra fuente normativa, en cuanto a expresión de la voluntad popular. Solo el control de constitucionalidad puede erigirse en límite jurídico de la ley.

La iniciativa legislativa se ejercerá por los órganos de gobierno de las Comunidades Autónomas en los términos establecidos por la Constitución y sus respectivos Estatutos de Autonomía.

Asimismo, el Gobierno de la Nación podrá aprobar reales decretos-leyes y reales decretos legislativos en los términos previstos en la Constitución. Los respectivos órganos de gobierno de las Comunidades Autónomas podrán aprobar normas equivalentes a aquéllas en su ámbito territorial, de conformidad con lo establecido en la Constitución y en sus respectivos Estatutos de Autonomía.

La ley tiene que emanar de los órganos que constitucionalmente tienen atribuido el poder legislativo (Cortes Generales y asambleas legislativas de Comunidades Autónomas). La ley a de ser publicada oficialmente con tal carácter y han de contener un mandato normativo. La Constitución Española regula distintos tipos de leyes:

Leyes orgánicas (L.O.).

Son leyes orgánicas las relativas al desarrollo de los derechos fundamentales y de las libertades públicas, las que aprueban los estatutos de autonomía, el régimen electoral general y las demás previstas en la Constitución Española.

La aprobación, modificación o derogación de las leyes orgánicas exigirá la mayoría absoluta del Congreso, en una votación final sobre el conjunto del proyecto.

Las leyes orgánicas se caracterizan por una mayor rigidez para su aprobación, modificación o derogación y que versan sobre un conjunto de materias especificadas en la Constitución Española, sobre las que no caben las delegaciones legislativas, el decreto-ley, la iniciativa legislativa popular ni la competencia legislativa plena de las comisiones del Congreso.

La Constitución Española reserva a ley orgánica las siguientes materias:

Art. 8.2	La regulación de las bases de la organización militar.
Art. 54	El Defensor del Pueblo.
Art. 55.2	Supresión individual de derechos para bandas armadas y elementos terroristas.
Art. 57.3	Las abdicaciones, renuncias y dudas en la sucesión de la corona.
Art. 87.3	Las formas de ejercicio y requisitos de la iniciativa popular.
Art. 92.3	Las condiciones y el procedimiento de las distintas modalidades de referéndum.
Art. 93	Autorizar la celebración de tratados por los que se atribuya a una organización o institución internacional el ejercicio de competencias derivadas de la Constitución Española.
Art. 104.2	La determinación de las funciones, principios básicos de actuación y estatutos de las fuerzas y cuerpos de seguridad.
Art. 107	La regulación de la composición y competencia del Consejo de Estado.
Art. 116	La regulación de los estados de alarma, excepción y sitio.
Art. 122.1	La regulación del poder judicial.
Art. 136.4	La composición, organización y funciones del Tribunal de Cuentas.
Art. 141.1	La alteración de los límites provinciales.
Art. 144	Por motivos de interés nacional las Cortes pueden:
	*1 Autorizar la Constitución de una comunidad autónoma cuando su ámbito no supere el de una provincia.
	a) Autorizar o acordar un Estatuto de Autonomía para territorios que no estén integrados en la organización provincial.
	b) Sustituir la iniciativa de las corporaciones locales.
Art. 147.3	La reforma de los estatutos de autonomía.
Art. 148.1.22	Las Comunidades Autónomas podrán asumir competencias sobre coordinación y demás facultades en relación con las policías locales.
Art. 149.1.29	Seguridad pública.
Art. 150.2	Transferir y delegar en las Comunidades Autónomas facultades correspondientes a materias de titularidad estatal.
Art. 151.1	La iniciativa del proceso autonómico cuando no sea preciso dejar transcurrir el plazo de cinco años.
Art. 157.3	Regular el ejercicio de las competencias financieras de las Comunidades Autónomas.
Art. 165	El funcionamiento del Tribunal Constitucional.

No se puede regular por ley orgánica las materias reservadas a ley ordinaria.

Leyes ordinarias (l.o.)

Son las aprobadas con tal carácter por las Cortes Generales. En general se puede afirmar que son leyes ordinarias todas las que no son orgánicas. Para su aprobación es suficiente el voto favorable de la mayoría simple. Pueden ser aprobadas en pleno o por las comisiones legislativas permanentes.

Leyes marco.

Las Cortes Generales, en materias de competencia estatal, podrán atribuir a todas o a alguna de las Comunidades Autónomas la facultad de dictar, para sí mismas, normas legislativas en el marco de los principios, bases y directrices fijados por una ley estatal. En cada ley marco se establecerá la modalidad de control de las Cortes Generales sobre estas normas legislativas de las Comunidades Autónomas.

Leyes de armonización.

El Estado podrá dictar leyes que establezcan los principios necesarios para armonizar las disposiciones normativas de las Comunidades Autónomas, aún en el caso de materias atribuidas a la competencia de éstas, cuando así lo exija el interés general. Corresponde a las Cortes Generales, por mayoría absoluta de cada cámara, la apreciación de esta necesidad.

La Constitución Española ya contempla que entre los órganos de toda comunidad autónoma debe existir una asamblea legislativa. El control de la actividad de los órganos de las Comunidades Autónomas se ejercerá por el Tribunal Constitucional (en lo relativo a la constitucionalidad de sus disposiciones normativas con fuerza de ley).

El Gobierno, previo dictamen del Consejo de Estado, controla el ejercicio de funciones delegadas. La jurisdicción contencioso-administrativa controla el ejercicio de la actividad de la administración autónoma y sus normas reglamentarias. El Tribunal de Cuentas respecto de la actividad económica y presupuestaria.

Las leyes autonómicas pueden ser:

✔ Aquellas que regulan materias que sean de exclusiva competencia de las Comunidades Autónomas.

✔ Las dictadas sobre materias en las que la competencia aparece legalmente compartida con el Estado.

✔ Las dictadas sobre materias de competencia estatal en virtud de ley marco.

✔ Las dictadas sobre materias transferidas o delegadas, mediante ley orgánica, por el Estado.

El Estatuto de Autonomía establece que el Parlamento, como órgano legislativo autonómico, ejerce la potestad legislativa mediante la elaboración y aprobación de las leyes.

Las leyes de Andalucía serán promulgadas en nombre del Rey por el presidente de la Junta de Andalucía, el cual ordenará la publicación de las mismas en el BOJA (15 días de plazo), así como en el BOE.

Corresponde al Consejo de Gobierno de Andalucía, la elaboración de reglamentos generales de las leyes de la comunidad autónoma.

La iniciativa legislativa corresponde a los diputados y al Consejo de Gobierno. Una ley del Parlamento andaluz regulará tanto el ejercicio de la iniciativa legislativa de los ayuntamientos como la iniciativa legislativa popular.

En respuesta a este mandato del Estatuto de Autonomía se promulgó la ley 5/1988 de 17 de octubre, de iniciativa legislativa popular y de los ayuntamientos, donde se contempla que pueden ejercer la iniciativa popular:

Podrán ejercer la iniciativa legislativa prevista en el artículo 111.2 del Estatuto de Autonomía para Andalucía, conforme a lo dispuesto en la presente Ley:

1. Los ciudadanos que gozando de la condición política de andaluces, conforme a lo dispuesto en el artículo 5.1 del Estatuto de Autonomía, sean mayores de edad y se encuentren inscritos en el Censo Electoral.

2. Los Ayuntamientos comprendidos en el territorio de la Comunidad Autónoma de Andalucía

La iniciativa legislativa popular y de los ayuntamientos se ejercerá mediante la presentación ante la Mesa del Parlamento de una Proposición de Ley suscrita:

a) Por las firmas de, al menos, 40.000 ciudadanos que reúnan los requisitos prescritos en el artículo anterior y que se encuentren inscritos en el censo electoral vigente el día de presentación de la iniciativa ante la Mesa del Parlamento.

b) Por acuerdo, adoptado por mayoría absoluta, de los Plenos de veinticinco ayuntamientos de nuestra Comunidad, o de diez cuando estos representen al menos globalmente a 40.000 electores, de acuerdo con el censo autonómico andaluz vigente el día de presentación de la iniciativa ante la Mesa del Parlamento.

Están excluidas de la Iniciativa Legislativa regulada en esta Ley las siguientes materias:

1. Aquellas que no sean de la competencia legislativa de la Comunidad Autónoma.

2. Las de naturaleza tributaria.

3. La planificación económica de la Comunidad Autónoma.

4. Las mencionadas en los artículos 187 y 190 del Estatuto de Autonomía.

5. Las relativas a la organización de las instituciones de autogobierno

Corresponde a la Mesa del Parlamento admitir o no a trámite las iniciativas legislativas presentadas por los ciudadanos o los Ayuntamientos a que se refiere el artículo 1.

De no haberse cumplido los requisitos exigidos en la presente Ley, y tratándose de defectos subsanables, la Mesa del Parlamento lo comunicará a los promotores para que procedan, en su caso, a la subsanación, en el plazo de un mes a partir de la notificación efectuada al efecto.

La iniciativa legislativa popular se ejerce mediante la presentación de Proposiciones de Ley suscritas por las firmas de, al menos, 40.000 electores andaluces, autenticadas en la forma que previene la presente Ley

El procedimiento se iniciará mediante la presentación ante la Mesa del Parlamento, a través del registro general del mismo, de la documentación exigida. La mesa del Parlamento examinará la documentación presentada y resolverá en el plazo de quince días hábiles sobre su admisión

Admitida la proposición, la Mesa del Parlamento lo comunicará a la Junta Electoral de Andalucía, que garantizará la regularidad del procedimiento de recogida de firmas.

La Junta Electoral de Andalucía notificará a la comisión promotora la admisión de la proposición, al objeto de que proceda a la recogida de las firmas requeridas. El procedimiento de recogida de firmas deberá finalizar con la entrega a la Junta Electoral de Andalucía de las firmas recogidas, en el plazo de seis meses a contar desde la notificación a que se refiere el apartado anterior. Este plazo podrá ser prorrogado en dos meses cuando concurran razones objetivas debidamente justificadas, cuya apreciación corresponde a la Mesa del Parlamento.

Agotado el plazo, y en su caso la prórroga, sin que se haya hecho entrega de las firmas recogidas, caducará la iniciativa Reglamentariamente se establecerán los requisitos necesarios para que el procedimiento de recogida de firmas pueda realizarse a través del sistema de firma electrónica.

La iniciativa legislativa de los Ayuntamientos requerirá acuerdo favorable adoptado por mayoría absoluta del pleno de las corporaciones interesadas.

Los Ayuntamientos promotores de la iniciativa constituirán una comisión compuesta por un miembro de cada corporación, elegidos a tal fin por los plenos de las respectivas corporaciones.

Cuando se trate de una proposición de ley de iniciativa de los Ayuntamientos, una vez acordada la admisión por la Mesa del Parlamento, se dará cuenta a los Ayuntamientos de Andalucía, con remisión del texto íntegro, para que en el plazo de dos meses presenten cuantas alegaciones estimen oportunas. Las alegaciones presentadas serán sistematizadas por la Mesa del Parlamento y se notificarán a los Grupos Parlamentarios antes del Pleno en que debe someterse la toma en consideración de la proposición de ley.

La Comunidad Autónoma, con cargo a los presupuestos del Parlamento, resarcirá a la comisión promotora o a los entes locales interesados de los gastos realizados en la difusión de la proposición y la recogida de firmas cuando alcance su tramitación parlamentaria.

Los gastos deberán ser justificados en forma por los promotores de la iniciativa. La compensación económica no excederá, en ningún caso, de 30.050,60 euros. Esta cantidad será revisada cada dos años por el Parlamento de Andalucía.

A partir de la Constitución Española de 1978 se establecieron varias autonomías, cada una con poder legislativo. La pluralidad de ordenamientos para ser tal implica que cada uno se mueva en su ámbito propio. Estas fuentes de derecho no están jerárquicamente subordinadas a las fuentes de ninguna otra organización diferente, ni siquiera de la organización general que englobe a todos los ordenamientos particulares.

Las normas autonómicas no están jerárquicamente subordinadas a las del Estado. Su primacía no se basa en el principio de jerarquía, sino en el de la competencia, según el cual en el ámbito autonómico la norma autonómica excluye a la del Estado y, en general, a la de cualquier otro ordenamiento.

El principio de separación de los ordenamientos se instrumenta con una garantía judicial recíproca que recae en el Tribunal Constitucional.

El ordenamiento jurídico español se basa en la unidad del ordenamiento general del Estado inmediatamente subordinado a la Constitución Española como norma suprema:

⇨ La validez de todas las normas, tanto del Estado como de los ordenamientos autonómicos está condicionada a su constitucionalidad.

⇨ Tanto el derecho estatal, como los autonómicos (incluidos los estatutos) se deben interpretar conforme a la Constitución Española.

La Constitución Española regula tres tipos de relaciones compartidas:

1. Relaciones de cooperación (art. 148.1 y 149.1).
2. Relaciones de interferencia (150 y 151, leyes de delegación, de armonización...).
3. Relaciones de integración (149.3, supletoriedad de la legislación estatal).

En las relaciones de cooperación distinguimos tres supuestos:

↰ Regulación concurrente del Estado y las Comunidades Autónomas sobre una misma materia.

↰ La ejecución autonómica de la legislación estatal.

λ La coordinación estatal de las competencias presentes en los dos niveles, como en la fijación de los medios y de sistemas de relación que hagan posible la información recíproca, la homogeneidad técnica en determinados aspectos y la acción conjunta de las autoridades estatales y autonómicas.

En resumen, son varios los supuestos de colaboración que podemos encontrar:

a.- Supuestos de competencias atribuidas al Estado de forma exclusiva, en estos casos la competencia de la comunidad autónoma puede versar sobre el desarrollo legislativo, desarrollo reglamentario o mera ejecución.

b.- Supuestos de materias no atribuidas expresamente al Estado y no asumidas de forma exclusiva por las Comunidades Autónomas en sus estatutos, en este caso la competencia corresponderá el Estado, cuyas normas prevalecerán en caso de conflicto con las de las Comunidades Autónomas en todo lo que no esté atribuido a la competencia exclusiva de éstas.

c.- Supuestos de competencias del Estado atribuidas a una comunidad autónoma dentro de una ley marco estatal. Las Cortes Generales, en materia de competencia estatal, podrán atribuir a todas o alguna de las Comunidades Autónomas la facultad de dictar, para sí mismas normas legislativas en el marco de los principios, bases y directrices fijados por una ley estatal.

d.- Supuestos de transferencia o delegación de facultades de titularidad estatal. El Estado podrá transferir o delegar en las Comunidades Autónomas, mediante ley orgánica, facultades correspondientes a materia de titularidad estatal que por su propia naturaleza sea susceptibles de transferencia o delegación.

La legislación autonómica puede crearse a partir de unas bases sobre las que se genera una actividad legislativa autonómica libre. Al mismo tiempo, junto con la legislación propia de las Comunidades Autónomas se producen delegaciones estatales a favor de las Comunidades Autónomas (transferencias, leyes marco...).

Leyes estatales de armonización: El Estado podrá dictar leyes que establezcan los principios necesarios para armonizar las disposiciones normativas de las Comunidades Autónomas, aún en el caso de materias atribuidas a la competencia de éstas, cuando así lo exija el interés general.

Corresponde a las Cortes Generales, por mayoría absoluta de cada una de las cámaras la apreciación de esta necesidad.

Es una norma de cierre del sistema de distribución de competencias aplicable solo a aquellos supuestos en que el legislador estatal no disponga de otros cauces constitucionales para el ejercicio de su potestad legislativa o éstos sean suficientes para garantizar la armonía exigida por el interés general.

La derogación de la ley de armonización restablecerá la libertad plena de las potestades autonómicas.

Las materias no atribuidas expresamente al Estado por la Constitución Española podrán corresponder a las Comunidades Autónomas, en virtud de sus respectivos estatutos.

La competencia sobre materias que no se hayan asumido por los estatutos de autonomía corresponderá al Estado, cuyas normas prevalecerán, en caso de conflicto, sobre las de las Comunidades Autónomas en todo lo que no esté atribuido a la exclusiva competencia de éstas.

El derecho estatal será, en todo caso, supletorio del derecho de las Comunidades Autónomas.

La cláusula de suplencia general del derecho estatal es una expresión de un principio por el cual el derecho del Estado es el derecho general o común. Supone la prohibición de que un ordenamiento autonómico pueda intentar integrase, completarse o suplir sus insuficiencias haciendo apelación a otro derecho autonómico (en ningún caso se admitirá la federación de Comunidades Autónomas).

LAS DISPOSICIONES DEL EJECUTIVO CON FUERZA DE LEY.

Decretos legislativos.

Las Cortes Generales podrán delegar en el Gobierno la potestad de dictar normas con rango de ley sobre materias determinadas no reservadas a ley orgánica.

La delegación legislativa deberá otorgarse mediante una ley de bases cuando su objeto sea la formación de textos articulados o por una ley ordinaria cuando se trate de refundir varios textos legales en uno solo.

La delegación legislativa habrá de otorgarse al Gobierno de forma expresa para materia concreta y con fijación del plazo para su ejercicio. Dicha delegación se agota por el uso que de ella haga el Gobierno mediante la publicación de la norma correspondiente. No podrá entenderse concedida de modo implícito o por tiempo indeterminado. Tampoco se podrá presumir la subdelegación a autoridades distintas del Gobierno.

Las leyes de bases delimitarán con precisión el objeto y alcance de la delegación legislativa y los principios y criterios que han de seguirse en su ejercicio.

La autorización para refundir textos legales determinará el ámbito normativo a que se refiere el contenido de la delegación. Las leyes de delegación podrán establecer en cada caso fórmulas adicionales de control.

Las leyes de bases no podrán en ningún caso autorizar la modificación de la propia ley de bases, ni facultar para dictar normas con carácter retroactivo.

Cuando una proposición de ley o una enmienda fuera contraria a una delegación legislativa en vigor, el Gobierno está facultado para oponerse a su tramitación.

Decretos-leyes.

En casos de extraordinaria y urgente necesidad, el Gobierno podrá dictar disposiciones legislativas provisionales que tomarán la forma de decretos-leyes y que no podrán afectar al ordenamiento de las instituciones básicas del Estado, a los derechos y deberes y libertades de los ciudadanos regulados en el título I de la Constitución Española, al régimen de las Comunidades Autónomas ni al derecho electoral general.

Los decretos leyes deberán ser inmediatamente sometidos a debate y votación de totalidad al Congreso de los Diputados, en el plazo de los 30 días siguientes a su promulgación. Durante este plazo las Cortes lo podrán tramitar como proyectos de ley por el procedimiento de urgencia.

Para Andalucía el Estatuto de Autonomía establece la posibilidad de que el Consejo de Gobierno pueda también dictar decretos legislativos y decretos-leyes.

Decreto legislativo. El Parlamento podrá delegar en el Consejo de Gobierno la potestad de dictar normas con rango de ley. Están excluidas de la delegación legislativa las siguientes materias:

a) Las leyes de reforma del Estatuto de Autonomía.

b) Las leyes del presupuesto de la Comunidad Autónoma.

c) Las leyes que requieran cualquier mayoría cualificada del Parlamento.

d) Las leyes relativas al desarrollo de los derechos y deberes regulados en este Estatuto.

e) Otras leyes en que así se disponga en este Estatuto.

La delegación legislativa para la formación de textos articulados se otorgará mediante una ley de bases que fijará, al menos, su objeto y alcance, los principios y criterios que hayan de seguirse en su ejercicio y el plazo de ejercicio. En su caso, podrá establecer fórmulas adicionales de control. La delegación legislativa se agota por el uso que de ella haga el Gobierno mediante la publicación de la norma correspondiente. No podrá entenderse concedida de modo implícito o por tiempo indeterminado. La ley de bases no podrá autorizar, en ningún caso, su propia modificación, ni facultar para dictar normas de carácter retroactivo.

La delegación legislativa para la refundición de textos articulados se otorgará mediante ley ordinaria, que fijará el contenido de la delegación y especificará si debe formularse un texto único o incluye la regularización y armonización de diferentes textos legales.

Cuando una proposición de ley o una enmienda fuere contraria a una delegación legislativa en vigor, el Gobierno está facultado para oponerse a su tramitación. En tal supuesto podrá presentarse una proposición de ley para la derogación total o parcial de la ley de delegación.

En caso de extraordinaria y urgente necesidad el Consejo de Gobierno podrá dictar medidas legislativas provisionales en forma de **decretos-leyes**, que no podrán afectar a los derechos establecidos en este Estatuto, al régimen electoral, ni a las instituciones de la Junta de Andalucía. No podrán aprobarse por decreto-ley los presupuestos de Andalucía.

Los decretos-leyes quedarán derogados si en el plazo improrrogable de treinta días subsiguientes a su promulgación no son convalidados expresamente por el Parlamento tras un debate y votación de totalidad. Durante el plazo establecido en este apartado el Parlamento podrá acordar la tramitación de los decretos-leyes como proyectos de ley por el procedimiento de urgencia.

EL REGLAMENTO: CONCEPTO Y CLASIFICACIÓN.
Concepto.

Se puede definir el reglamento como una norma escrita dictada por la administración en el ejercicio de una potestad propia y de valor inferior a la ley.

Se llama potestad reglamentaria al poder en virtud del cual la administración dicta reglamentos.

Naturaleza.

El reglamento no puede presentarse como voluntad de la comunidad, porque la administración es una organización al servicio de dicha comunidad, pero no la representa. Sin embargo presenta algunos aspectos comunes con la ley:

✔ Es una norma escrita.
✔ Surte efectos tras la publicación en el Boletín oficial correspondiente.

El reglamento es una norma secundaria, subalterna, inferior y complementaria de la ley. Obra de la administración, que necesita de justificación, y por tanto, está condicionada, con posibilidades limitadas y tasadas libremente por el juez. Su sumisión a la ley es absoluta.

Las normas reglamentarias están ordenadas basándose en los principios de jerarquía y competencia.

Clasificación.

1. Reglamentos jurídicos (normativos): son los que unen normalmente al Estado con cualquier ciudadano.
2. Reglamentos administrativos (de organización): regulan las relaciones de supremacía especial en que se pueden encontrar los administrados.
3. Reglamentos ejecutivos, independientes o de necesidad:
⇨ Ejecutivos- los que desarrollan lo establecido en una ley.
⇨ Independientes- operan sobre ámbitos distintos a los regulados por las leyes.
⇨ De necesidad- se justifica únicamente en función de un Estado de necesidad, de una situación de emergencia, cuya excepcionalidad lo coloca por encima del principio de primacía de la ley.

Según el órgano del que emanan tenemos:
🖉 Reglamentos del Gobierno del Estado.
🖉 Reglamentos de los órganos colegiados de las Comunidades Autónomas.
🖉 Reglamentos de entidades locales.
🖉 Reglamentos organizativos de las Cortes Generales y de las asambleas legislativas de Comunidades Autónomas.
🖉 Reglamentos de entidades públicas menores no territoriales (colegios profesionales, universidades, cámaras de comercio...)

Los reglamentos que infringen en alguna forma el ordenamiento jurídico son ilegales y por tanto nulos de pleno derecho.

LA POTESTAD REGLAMENTARIA: FUNDAMENTO, TITULARIDAD Y LÍMITES.

El ejercicio de la potestad reglamentaria corresponde al Gobierno de la Nación, a los órganos de Gobierno de las Comunidades Autónomas, de conformidad con lo establecido en sus respectivos Estatutos, y a los órganos de gobierno locales, de acuerdo con lo previsto en la Constitución, los Estatutos de Autonomía y la Ley 7/1985, de 2 de abril, reguladora de las Bases del Régimen Local.

Los reglamentos y disposiciones administrativas no podrán vulnerar la Constitución o las leyes ni regular aquellas materias que la Constitución o los Estatutos de Autonomía reconocen de la competencia de las Cortes Generales o de las Asambleas Legislativas de las Comunidades Autónomas. Sin perjuicio de su función de desarrollo o colaboración con respecto a la ley, no podrán tipificar delitos, faltas o infracciones administrativas, establecer penas o sanciones, así como tributos, exacciones parafiscales u otras cargas o prestaciones personales o patrimoniales de carácter público.

Las disposiciones administrativas se ajustarán al orden de jerarquía que establezcan las leyes. Ninguna disposición administrativa podrá vulnerar los preceptos de otra de rango superior.

En el ejercicio de la iniciativa legislativa y la potestad reglamentaria, las Administraciones Públicas actuarán de acuerdo con los principios de necesidad, eficacia, proporcionalidad, seguridad jurídica, transparencia, y eficiencia. En la exposición de motivos o en el preámbulo, según se trate, respectivamente, de anteproyectos de ley o de proyectos de reglamento, quedará suficientemente justificada su adecuación a dichos principios.

En virtud de los principios de necesidad y eficacia, la iniciativa normativa debe estar justificada por una razón de interés general, basarse en una identificación clara de los fines perseguidos y ser el instrumento más adecuado para garantizar su consecución.

En virtud del principio de proporcionalidad, la iniciativa que se proponga deberá contener la regulación imprescindible para atender la necesidad a cubrir con la norma, tras constatar que no existen otras medidas menos restrictivas de derechos, o que impongan menos obligaciones a los destinatarios.

A fin de garantizar el principio de seguridad jurídica, la iniciativa normativa se ejercerá de manera coherente con el resto del ordenamiento jurídico, nacional y de la Unión Europea, para generar un marco normativo estable, predecible, integrado, claro y de certidumbre, que facilite su conocimiento y comprensión y, en consecuencia, la actuación y toma de decisiones de las personas y empresas.

Cuando en materia de procedimiento administrativo la iniciativa normativa establezca trámites adicionales o distintos a los contemplados en esta Ley, éstos deberán ser justificados atendiendo a la singularidad de la materia o a los fines perseguidos por la propuesta.

Las habilitaciones para el desarrollo reglamentario de una ley serán conferidas, con carácter general, al Gobierno o Consejo de Gobierno respectivo. La atribución directa a los titulares de los departamentos ministeriales o de las consejerías del Gobierno, o a otros órganos dependientes o subordinados de ellos, tendrá carácter excepcional y deberá justificarse en la ley habilitante.

Las leyes podrán habilitar directamente a Autoridades Independientes u otros organismos que tengan atribuida esta potestad para aprobar normas en desarrollo o aplicación de las mismas, cuando la naturaleza de la materia así lo exija.

En aplicación del principio de transparencia, las Administraciones Públicas posibilitarán el acceso sencillo, universal y actualizado a la normativa en vigor y los documentos propios de su proceso de elaboración, en los términos establecidos en el artículo 7 de la Ley 19/2013, de 9 de diciembre, de transparencia, acceso a la información pública y buen gobierno; definirán claramente los objetivos de las iniciativas normativas y su justificación en el preámbulo o exposición de motivos; y posibilitarán que los potenciales destinatarios tengan una participación activa en la elaboración de las normas.

En aplicación del principio de eficiencia, la iniciativa normativa debe evitar cargas administrativas innecesarias o accesorias y racionalizar, en su aplicación, la gestión de los recursos públicos.

Cuando la iniciativa normativa afecte a los gastos o ingresos públicos presentes o futuros, se deberán cuantificar y valorar sus repercusiones y efectos, y supeditarse al cumplimiento de los principios de estabilidad presupuestaria y sostenibilidad financiera.

Las Administraciones Públicas revisarán periódicamente su normativa vigente para adaptarla a los principios de buena regulación y para comprobar la medida en que las normas en vigor han conseguido los objetivos previstos y si estaba justificado y correctamente cuantificado el coste y las cargas impuestas en ellas.

El resultado de la evaluación se plasmará en un informe que se hará público, con el detalle, periodicidad y por el órgano que determine la normativa reguladora de la Administración correspondiente.

Las Administraciones Públicas promoverán la aplicación de los principios de buena regulación y cooperarán para promocionar el análisis económico en la elaboración de las normas y, en particular, para evitar la introducción de restricciones injustificadas o desproporcionadas a la actividad económica.

Las normas con rango de ley, los reglamentos y disposiciones administrativas habrán de publicarse en el diario oficial correspondiente para que entren en vigor y produzcan efectos jurídicos. Adicionalmente, y de manera facultativa, las Administraciones Públicas podrán establecer otros medios de publicidad complementarios.

La publicación de los diarios o boletines oficiales en las sedes electrónicas de la Administración, Órgano, Organismo público o Entidad competente tendrá, en las condiciones y con las garantías que cada Administración Pública determine, los mismos efectos que los atribuidos a su edición impresa.

La publicación del «Boletín Oficial del Estado» en la sede electrónica del Organismo competente tendrá carácter oficial y auténtico en las condiciones y con las garantías que se determinen reglamentariamente, derivándose de dicha publicación los efectos previstos en el título preliminar del Código Civil y en las restantes normas aplicables.

Anualmente, las Administraciones Públicas harán público un Plan Normativo que contendrá las iniciativas legales o reglamentarias que vayan a ser elevadas para su aprobación en el año siguiente.

Una vez aprobado, el Plan Anual Normativo se publicará en el Portal de la Transparencia de la Administración Pública correspondiente.

Con carácter previo a la elaboración del proyecto o anteproyecto de ley o de reglamento, se sustanciará una consulta pública, a través del portal web de la Administración competente en la que se recabará la opinión de los sujetos y de las organizaciones más representativas potencialmente afectados por la futura norma acerca de:

a) Los problemas que se pretenden solucionar con la iniciativa.

b) La necesidad y oportunidad de su aprobación.

c) Los objetivos de la norma.

d) Las posibles soluciones alternativas regulatorias y no regulatorias.

Sin perjuicio de la consulta previa a la redacción del texto de la iniciativa, cuando la norma afecte a los derechos e intereses legítimos de las personas, el centro directivo competente publicará el texto en el portal web correspondiente, con el objeto de dar audiencia a los ciudadanos afectados y recabar cuantas aportaciones adicionales puedan hacerse por otras personas o entidades. Asimismo, podrá también recabarse directamente la opinión de las organizaciones o asociaciones reconocidas por ley que agrupen o representen a las personas cuyos derechos o intereses legítimos se vieren afectados por la norma y cuyos fines guarden relación directa con su objeto.

La consulta, audiencia e información públicas reguladas en este artículo deberán realizarse de forma tal que los potenciales destinatarios de la norma y quienes realicen aportaciones sobre ella tengan la posibilidad de emitir su opinión, para lo cual deberán ponerse a su disposición los documentos necesarios, que serán claros, concisos y reunir toda la información precisa para poder pronunciarse sobre la materia.

Podrá prescindirse de los trámites de consulta, audiencia e información públicas previstos en este artículo en el caso de normas presupuestarias u organizativas de la Administración General del Estado, la Administración autonómica, la Administración local o de las organizaciones dependientes o vinculadas a éstas, o cuando concurran razones graves de interés público que lo justifiquen.

Cuando la propuesta normativa no tenga un impacto significativo en la actividad económica, no imponga obligaciones relevantes a los destinatarios o regule aspectos parciales de una materia, podrá omitirse la consulta pública regulada en el apartado primero. Si la normativa reguladora del ejercicio de la iniciativa legislativa o de la potestad reglamentaria por una Administración prevé la tramitación urgente de estos procedimientos, la eventual excepción del trámite por esta circunstancia se ajustará a lo previsto en aquella.

En el ámbito de las competencias de la Comunidad Autónoma corresponde al Consejo de Gobierno y a cada uno de sus miembros el ejercicio de la potestad reglamentaria.

Fundamento.

La atribución a la administración de un poder de creación de normas jurídicas tiene una importancia de primer orden. Dicha potestad se caracteriza por su uso extensivo y generalizado. La justificación de la potestad reglamentaria se puede analizar desde dos puntos de vista:

❖ Las causas políticas y sociales de atribución a la administración de tal potestad de dictar normas jurídicas. Para poder gobernar una sociedad como la actual, con interrelaciones cada vez más complejas y sutiles, la administración debe asegurar el mantenimiento de sus supuestos básicos comunes y que disponga para ello de una extensa gama de poderes (entre ellos la potestad reglamentaria).

❖ Los fundamentos jurídicos para la emanación por la administración de tales normas. Se reconoce a la administración un poder reglamentario propio y general, no surgido como tal de delegaciones legislativas. En la Constitución Española se atribuye al Gobierno el ejercicio de la potestad reglamentaria de acuerdo con la Constitución y las leyes.

Las razones que justifican la potestad reglamentaria de la administración pueden ser:

1. La composición política y no técnica de las cámaras legislativas.

2. La gran movilidad de las normas administrativas.

3. La amplia esfera discrecional del poder ejecutivo (la administración se autolimita).

4. La oportunidad de atribuir determinadas materias al poder ejecutivo para que las reglamente (el legislador no puede preverlo todo).

5. Gobernar y administrar no es simplemente ejecutar las leyes dictadas por el poder legislativo. Para satisfacer unas necesidades colectivas cada vez más amplias la administración debe contar con

más medios y entre ellos el de poder dictar reglamentos.

Hay varias teorías sobre el fundamento:

- Teoría de la delegación.
- Teoría de la discrecionalidad.
- Teoría de los poderes propios.

Límites.

1. Limites formales (aspecto externo).

    ⅄ Límite competencial.

    ⅄ Límite material: los reglamentos no podrán regular materias objeto de reserva de ley, ni infringir normas de dicho rango. No podrán tipificar delitos, faltas o infracciones administrativas, establecer penas o sanciones, así como tributos, cánones...

    ⅄ Límite jerárquico: según el órgano que los dicta.

    ⅄ Límite procedimental: Establecido por la ley 39/2015 de procedimiento administrativo común de las Administraciones Públicas.

1. Limites sustanciales (contenido).

    ⅄ Sometimiento de los reglamentos a la ley y también a los principios generales del derecho (principio de la naturaleza de la cosa, principio de rechazo a la iniquidad manifiesta, principio de respeto a la buena fe, lo vital no puede quedar viciado por lo inútil, principio de inderogabilidad singular de los reglamentos).

    ⅄ Técnicas de control. Control de la discrecionalidad de la administración por los tribunales, control de los actos del Gobierno (control político de las Cortes).

La ley 39/2015 establece que Las resoluciones administrativas de carácter particular no podrán vulnerar lo establecido en una disposición de carácter general, aunque aquéllas procedan de un órgano de igual o superior jerarquía al que dictó la disposición general.

Son nulas las resoluciones administrativas que vulneren lo establecido en una disposición reglamentaria, así como aquellas que incurran en alguna de las causas recogidas en el artículo 47.

"Son nulas las resoluciones administrativas que vulneren lo establecido en una disposición reglamentaria, así como aquéllas que incurran en alguna de las causas recogidas en el artículo 47 " (L 39/2015).

Según esto la autoridad que dictó un reglamento (y que podría derogarlo) no puede, mediante un acto singular, excepcionar para un caso concreto la aplicación del reglamento, a menos que éste mismo autorice la excepción o dispensa.

El poder reglamentario, atribuido por la Constitución Española al Gobierno, debe ejercitarse de acuerdo con unos trámites establecidos.

Las infracciones de este procedimiento constituyen vicios de orden público, trascendentes al propio interés particular de las partes litigantes y afectantes al orden o al interés general, lo que faculta a los tribunales para apreciarlas de oficio.

PROCEDIMIENTO DE ELABORACIÓN DE LOS REGLAMENTOS.

El procedimiento de elaboración de las disposiciones de carácter general cumple con una finalidad interna, la garantía de la propia administración.

En Andalucía la ley 6/2006 del Gobierno de la Comunidad Autónoma de Andalucía establece que la elaboración de los reglamentos se ajustará al siguiente procedimiento:

a) Con carácter previo a la elaboración del proyecto del reglamento se sustanciará una consulta pública en los términos establecidos en la normativa básica estatal y en la Ley 7/2017, de 27 diciembre, de Participación Ciudadana de Andalucía.

b) La iniciación del procedimiento de elaboración de un reglamento se llevará a cabo por el órgano directivo competente, previo acuerdo de la persona titular de la Consejería, mediante la elaboración del correspondiente proyecto, al que se acompañará un informe sobre la necesidad y oportunidad de aquel, una memoria económica que contenga la estimación del coste a que dará lugar y su forma de financiación, una memoria sobre el impacto por razón de género de las medidas que se establezcan en el mismo, y, cuando proceda, una valoración de las cargas administrativas derivadas de la aplicación de la norma para la ciudadanía y las empresas.

c) A lo largo del proceso de elaboración deberán recabarse, además de los informes, dictámenes y aprobaciones preceptivos, cuantos estudios y consultas se estimen convenientes para garantizar el acierto y la legalidad de la disposición.

d) Cuando una disposición afecte a los derechos e intereses legítimos de la ciudadanía, se le dará audiencia, durante un plazo razonable y no inferior a quince días hábiles, directamente o a través de las organizaciones y asociaciones reconocidas por la ley que la agrupe o la represente y cuyos fines guarden relación directa con el objeto de la disposición. La decisión sobre el procedimiento escogido para dar audiencia a la ciudadanía afectada será debidamente motivada en el expediente por el órgano que acuerde la apertura del trámite de audiencia.

Asimismo, dicha disposición será sometida a información pública durante el plazo indicado anteriormente, debiendo publicarse la iniciativa, al menos, en el Portal de la Junta de Andalucía. La participación de la ciudadanía podrá producirse por cualquier medio admisible en Derecho.

El trámite de audiencia y de información pública podrá ser abreviado hasta el mínimo de siete días hábiles cuando razones debidamente motivadas así lo justifiquen.

e) No será necesario el trámite de audiencia previsto en la letra anterior, si las organizaciones o asociaciones mencionadas hubieran participado por medio de informes o consultas en el proceso de elaboración indicado en la letra c).

f) Los trámites de audiencia a la ciudadanía y de información pública, regulados en la letra d), no se aplicarán a las disposiciones de carácter presupuestario u organizativo del Gobierno y la Administración de la Junta de Andalucía o de las organizaciones dependientes o adscritas a ella, ni cuando concurran razones graves de interés público que lo justifiquen.

g) Junto a la memoria o informe sucintos que conforman el expediente de elaboración del reglamento se conservarán en el expediente todos los estudios y consultas evacuados y demás actuaciones practicadas, así como informe de valoración de las alegaciones planteadas en la tramitación del proyecto.

La persona titular de la Consejería a la que corresponda la iniciativa normativa podrá acordar la tramitación urgente del procedimiento de elaboración y aprobación de anteproyectos de ley y de los proyectos de reglamentos en alguno de los siguientes supuestos:

a) Cuando sea necesario para que la norma entre en vigor en el plazo exigido para la transposición de directivas comunitarias o el establecido en otras leyes o normas de Derecho de la Unión Europea.

b) Cuando concurran otras circunstancias extraordinarias que, no habiendo podido preverse con anterioridad, exijan la aprobación urgente de la norma.

La tramitación urgente implicará que:

a) Los plazos previstos para la realización de los trámites del procedimiento de elaboración, establecidos en esta o en otra norma, se reducirán a la mitad de su duración.

b) No será preciso el trámite de consulta pública previo, sin perjuicio de la realización de los trámites de audiencia pública o de información pública cuyo plazo de realización será de siete días hábiles.

c) Solo tendrá carácter preceptivo el dictamen del Consejo Consultivo de Andalucía, en lo que se refiere a los informes de órganos colegiados consultivos de la Comunidad Autónoma.

d) La falta de emisión de un dictamen o informe preceptivo en plazo no impedirá la continuación del procedimiento, sin perjuicio de su posterior incorporación y consideración cuando se reciba.

Las circunstancias que motivan la tramitación urgente del procedimiento constarán debidamente justificadas en el acuerdo de inicio.

En todo caso, los proyectos de reglamentos deberán ser informados por la Secretaría General Técnica respectiva, por el Gabinete Jurídico de la Junta de Andalucía y demás órganos cuyo informe o dictamen tenga carácter preceptivo conforme a las normas vigentes. Finalmente, será solicitado, en los casos que proceda, el dictamen del Consejo Consultivo de Andalucía.

La entrada en vigor de los reglamentos requiere su íntegra publicación en el Boletín Oficial de la Junta de Andalucía.

TEMA 9

LOS ÓRGANOS ADMINISTRATIVOS: CONCEPTO Y CLASES. LA COMPETENCIA: CLASES Y CRITERIOS DE DELIMITACIÓN. EL ACTO ADMINISTRATIVO: CONCEPTO, CLASES Y ELEMENTOS. LA FORMA DE LOS ACTOS ADMINISTRATIVOS: LA MOTIVACIÓN, LA NOTIFICACIÓN Y LA PUBLICACIÓN. RÉGIMEN JURÍDICO DEL SILENCIO ADMINISTRATIVO. EFICACIA, VALIDEZ Y REVISIÓN DE OFICIO DE LOS ACTOS ADMINISTRATIVOS.

LOS ÓRGANOS ADMINISTRATIVOS: CONCEPTO Y CLASES.

Para determinar el concepto de órgano administrativo debemos distinguir entre unidad orgánica y el órgano.

Unidad orgánica es un concepto genérico que designa una pluralidad de puestos de trabajo dependientes de una jefatura, mientras que el **órgano** es un concepto específico que designa aquellas unidades orgánicas aptas para producir actos jurídicos.

En el órgano administrativo existen tres tipos de elementos:

❋   Elemento subjetivo - representado por las personas físicas encuadradas en el órgano.

❋   Elemento objetivo - los materiales necesarios para el funcionamiento del órgano.

❋   Elemento espiritual - integrado por las atribuciones o competencias del órgano.

La ley 40/2015 de Régimen Jurídico del Sector Público define a los órganos administrativos como "Tendrán la consideración de órganos administrativos las unidades administrativas a las que se les atribuyan funciones que tengan efectos jurídicos frente a terceros, o cuya actuación tenga carácter preceptivo.

Corresponde a cada Administración Pública delimitar, en su respectivo ámbito competencial, las unidades administrativas que configuran los órganos administrativos propios de las especialidades derivadas de su organización.

La creación de cualquier órgano administrativo exigirá, al menos, el cumplimiento de los siguientes requisitos:

a) Determinación de su forma de integración en la Administración Pública de que se trate y su dependencia jerárquica.

b) Delimitación de sus funciones y competencias.

c) Dotación de los créditos necesarios para su puesta en marcha y funcionamiento.

No podrán crearse nuevos órganos que supongan duplicación de otros ya existentes si al mismo tiempo no se suprime o restringe debidamente la competencia de estos. A este objeto, la creación de un nuevo órgano sólo tendrá lugar previa comprobación de que no existe otro en la misma Administración Pública que desarrolle igual función sobre el mismo territorio y población.

Los órganos administrativos podrán dirigir las actividades de sus órganos jerárquicamente dependientes mediante instrucciones y órdenes de servicio.

Cuando una disposición específica así lo establezca, o se estime conveniente por razón de los destinatarios o de los efectos que puedan producirse, las instrucciones y órdenes de servicio se publicarán en el boletín oficial que corresponda, sin perjuicio de su difusión de acuerdo con lo previsto en la Ley 19/2013, de 9 de diciembre, de transparencia, acceso a la información pública y buen gobierno.

El incumplimiento de las instrucciones u órdenes de servicio no afecta por sí solo a la validez de los actos dictados por los órganos administrativos, sin perjuicio de la responsabilidad disciplinaria en que se pueda incurrir.

La Administración consultiva podrá articularse mediante órganos específicos dotados de autonomía orgánica y funcional con respecto a la Administración activa, o a través de los servicios de esta última que prestan asistencia jurídica.

En tal caso, dichos servicios no podrán estar sujetos a dependencia jerárquica, ya sea orgánica o funcional, ni recibir instrucciones, directrices o cualquier clase de indicación de los órganos que hayan elaborado las disposiciones o producido los actos objeto de consulta, actuando para cumplir con tales garantías de forma colegiada.

Clases de órganos:

⅄   <u>Órganos y organizaciones constitucionales</u>: la Constitución Española menciona organizaciones personificadas (provincias y municipios) y no personificadas (Cortes Generales, Tribunal de Cuentas, Defensor del Pueblo, Consejo General del Poder Judicial) que realizan o cumplen funciones administrativas. También figuran órganos administrativos de la administración del Estado (Consejo de Estado). Esta mención en el texto constitucional les dota de una protección reforzada.

⅄   Dentro de los ministerios reconoce a los órganos superiores (ministros y secretarios de Estado) y los órganos directivos (los subsecretarios, secretarios generales, los secretarios generales técnicos, los directores generales y los subdirectores generales).

⅄ Órganos externos y órganos internos: los primeros manifiestan y declaran la voluntad, el conocimiento, el juicio o el deseo de la organización frente a terceros. Los órganos internos se limitan a preparar el acto que habrá de manifestarse al exterior.

⅄ Órganos de línea (LINE) y órganos de apoyo: los primeros son aquellos que tienen encomendada la realización de actividades que tienden de modo inmediato y directo a la consecución de los fines institucionales o distintivos de la organización. Los órganos de apoyo son aquellos cuya misión es la de auxiliar a los órganos de línea con actividades de consejo, asistencia, elaboración de planes de acción...

⅄ Por el ámbito territorial de su competencia, se distinguen órganos cuya competencia se extiende a todo el territorio nacional y aquellos cuya competencia se extiende sólo a una parte de ese mismo territorio.

⅄ Órganos colegiados o individuales: son órganos colegiados aquellos cuyo titular es un "colegio", un conjunto de personas físicas cuyas distintas voluntades se fusionan en una voluntad superior que es llamada voluntad colegial. Para la válida constitución del órgano se requerirá la presencia del presidente y del secretario (o quienes le sustituyan) y al menos la mitad de sus miembros.

La ley 50/97 del Gobierno distingue entre:

✳ Órganos unipersonales (presidente del Gobierno, vicepresidentes, ministros).

✳ Órganos colegiados (Consejo de Ministros, comisiones delegadas).

✳ Órganos de apoyo al Gobierno (secretarios de Estado, comisión general de secretarios de Estado y subsecretarios, secretariado del Gobierno, gabinetes).

La ley 40/2015 de Régimen Jurídico del Sector Público establece que el régimen jurídico de los órganos colegiados se ajustará a las normas contenidas en la presente sección, sin perjuicio de las peculiaridades organizativas de las Administraciones Públicas en que se integran.

Los órganos colegiados de las distintas Administraciones Públicas en que participen organizaciones representativas de intereses sociales, así como aquellos compuestos por representaciones de distintas Administraciones Públicas, cuenten o no con participación de organizaciones representativas de intereses sociales, podrán establecer o completar sus propias normas de funcionamiento.

Los órganos colegiados a que se refiere este apartado quedarán integrados en la Administración Pública que corresponda, aunque sin participar en la estructura jerárquica de ésta, salvo que así lo establezcan sus normas de creación, se desprenda de sus funciones o de la propia naturaleza del órgano colegiado.

El acuerdo de creación y las normas de funcionamiento de los órganos colegiados que dicten resoluciones que tengan efectos jurídicos frente a terceros deberán ser publicados en el Boletín o Diario Oficial de la Administración Pública en que se integran. Adicionalmente, las Administraciones podrán publicarlos en otros medios de difusión que garanticen su conocimiento.

Cuando se trate de un órgano colegiado a los que se refiere el apartado 2 de este artículo la citada publicidad se realizará por la Administración a quien corresponda la Presidencia.

Los órganos colegiados tendrán un Secretario que podrá ser un miembro del propio órgano o una persona al servicio de la Administración Pública correspondiente.

Corresponderá al Secretario velar por la legalidad formal y material de las actuaciones del órgano colegiado, certificar las actuaciones del mismo y garantizar que los procedimientos y reglas de constitución y adopción de acuerdos son respetadas.

En caso de que el Secretario no miembro sea suplido por un miembro del órgano colegiado, éste conservará todos sus derechos como tal.

Todos los órganos colegiados se podrán constituir, convocar, celebrar sus sesiones, adoptar acuerdos y remitir actas tanto de forma presencial como a distancia, salvo que su reglamento interno recoja expresa y excepcionalmente lo contrario.

En las sesiones que celebren los órganos colegiados a distancia, sus miembros podrán encontrarse en distintos lugares siempre y cuando se asegure por medios electrónicos, considerándose también tales los telefónicos, y audiovisuales, la identidad de los miembros o personas que los suplan, el contenido de sus manifestaciones, el momento en que éstas se producen, así como la interactividad e intercomunicación entre ellos en tiempo real y la disponibilidad de los medios durante la sesión. Entre otros, se considerarán incluidos entre los medios electrónicos válidos, el correo electrónico, las audioconferencias y las videoconferencias.

Para la válida constitución del órgano, a efectos de la celebración de sesiones, deliberaciones y toma de acuerdos, se requerirá la asistencia, presencial o a distancia, del Presidente y Secretario o en su caso, de quienes les suplan, y la de la mitad, al menos, de sus miembros.

Cuando se trate de los órganos colegiados a que se refiere el artículo 15.2, el Presidente podrá considerar válidamente constituido el órgano, a efectos de celebración de sesión, si asisten los representantes de las Administraciones Públicas y de las organizaciones representativas de intereses sociales miembros del órgano a los que se haya atribuido la condición de portavoces.

Cuando estuvieran reunidos, de manera presencial o a distancia, el Secretario y todos los miembros del órgano colegiado, o en su caso las personas que les suplan, éstos podrán constituirse válidamente como órgano colegiado para la celebración de sesiones, deliberaciones y adopción de acuerdos sin necesidad de convocatoria previa cuando así lo decidan todos sus miembros.

Los órganos colegiados podrán establecer el régimen propio de convocatorias, si éste no está previsto por sus normas de funcionamiento. Tal régimen podrá prever una segunda convocatoria y especificar para ésta el número de miembros necesarios para constituir válidamente el órgano.

Salvo que no resulte posible, las convocatorias serán remitidas a los miembros del órgano colegiado a través de medios electrónicos, haciendo constar en la misma el orden del día junto con la documentación necesaria para su deliberación cuando sea posible, las condiciones en las que se va a celebrar la sesión, el sistema de conexión y, en su caso, los lugares en que estén disponibles los medios técnicos necesarios para asistir y participar en la reunión.

No podrá ser objeto de deliberación o acuerdo ningún asunto que no figure incluido en el orden del día, salvo que asistan todos los miembros del órgano colegiado y sea declarada la urgencia del asunto por el voto favorable de la mayoría.

Los acuerdos serán adoptados por mayoría de votos. Cuando se asista a distancia, los acuerdos se entenderán adoptados en el lugar donde tenga la sede el órgano colegiado y, en su defecto, donde esté ubicada la presidencia.

Cuando los miembros del órgano voten en contra o se abstengan, quedarán exentos de la responsabilidad que, en su caso, pueda derivarse de los acuerdos.

Quienes acrediten la titularidad de un interés legítimo podrán dirigirse al Secretario de un órgano colegiado para que les sea expedida certificación de sus acuerdos. La certificación será expedida por medios electrónicos, salvo que el interesado manifieste expresamente lo contrario y no tenga obligación de relacionarse con las Administraciones por esta vía.

De cada sesión que celebre el órgano colegiado se levantará acta por el Secretario, que especificará necesariamente los asistentes, el orden del día de la reunión, las circunstancias del lugar y tiempo en que se ha celebrado, los puntos principales de las deliberaciones, así como el contenido de los acuerdos adoptados.

Podrán grabarse las sesiones que celebre el órgano colegiado. El fichero resultante de la grabación, junto con la certificación expedida por el Secretario de la autenticidad e integridad del mismo, y cuantos documentos en soporte electrónico se utilizasen como documentos de la sesión, podrán acompañar al acta de las sesiones, sin necesidad de hacer constar en ella los puntos principales de las deliberaciones.

El acta de cada sesión podrá aprobarse en la misma reunión o en la inmediata siguiente. El Secretario elaborará el acta con el visto bueno del Presidente y lo remitirá a través de medios electrónicos, a los miembros del órgano colegiado, quienes podrán manifestar por los mismos medios su conformidad o reparos al texto, a efectos de su aprobación, considerándose, en caso afirmativo, aprobada en la misma reunión.

Cuando se hubiese optado por la grabación de las sesiones celebradas o por la utilización de documentos en soporte electrónico, deberán conservarse de forma que se garantice la integridad y autenticidad de los ficheros electrónicos correspondientes y el acceso a los mismos por parte de los miembros del órgano colegiado.

La ley 9/2007 de la Administración de la Junta de Andalucía establece que los órganos colegiados tendrán esta naturaleza cuando reúnan los requisitos establecidos en esta Ley. En los demás casos constituirán unidades administrativas especiales, bajo la denominación de comités u otras similares que no coincidan con las de los órganos.

Los órganos colegiados de la Administración de la Junta de Andalucía se clasifican atendiendo a los siguientes criterios:

a) Por su composición, en interdepartamentales o pertenecientes a una sola Consejería.

b) Por su ámbito funcional, en órganos asesores, decisorios y de control.

c) Por su régimen de adscripción, según estén bajo la dependencia de otro órgano jerárquicamente superior o dispongan de autonomía funcional.

d) Por las características de sus miembros, en órganos de participación administrativa o social.

La creación de órganos colegiados en la Administración de la Junta de Andalucía se regirá por los preceptos de esta Ley y normas que la desarrollen, así como por la normativa básica estatal de aplicación, debiendo determinarse en su norma o convenio interadministrativo de creación los siguientes extremos:

a) La composición del órgano, que deberá respetar una representación equilibrada de mujeres y hombres.

b) Los criterios para la designación de su presidente y de los restantes miembros.

c) Los criterios básicos de su estructura interna y de su funcionamiento, que podrán ser desarrollados, previa habilitación, por el órgano colegiado.

d) Sus fines y objetivos

e) Su adscripción administrativa

f) Sus funciones de decisión, propuesta, informe, seguimiento o control, así como cualquier otra que se le atribuya.

La norma de creación podrá revestir forma de orden o de decreto. Serán creados por decreto los siguientes órganos colegiados:

a) Los órganos colegiados con competencias decisorias, de informe o propuesta preceptivos y de control de las actividades de otros órganos.

b) Los órganos cuya presidencia o vocalías sean nombradas por decreto, en razón a su rango dentro de la estructura orgánica administrativa.

c) Los órganos integrados por representantes de más de una Consejería.

d) Los órganos creados por tiempo indefinido para el ejercicio de funciones públicas permanentes de la Administración.

Los órganos colegiados estarán compuestos por el número de miembros que determine su norma o convenio de creación, uno de los cuales será titular de la presidencia. Asimismo, contarán con una persona que ejerza la secretaría, que podrá ser un miembro del propio órgano colegiado o una persona al servicio de la Administración de la Junta de Andalucía. El número de miembros previsto deberá ser proporcionado a la naturaleza y características de las funciones del órgano colegiado y, en su caso, a los intereses representados en el mismo, debiendo garantizarse la celeridad y la eficacia de su funcionamiento.

Son funciones de la persona titular de la presidencia del órgano colegiado, sin perjuicio de las que le corresponden como miembro del órgano:

a) Representar al órgano.

b) Acordar la convocatoria de las sesiones y determinar el orden del día, teniendo en cuenta, en su caso, las peticiones presentadas por los restantes miembros con antelación suficiente.

c) Presidir las sesiones y moderar el desarrollo de los debates.

d) Dirimir con su voto los empates para la adopción de acuerdos, salvo que las normas reguladoras de los órganos colegiados de participación administrativa o social dispongan otra cosa.

e) Visar las actas y las certificaciones de los acuerdos del órgano.

f) Cuantas otras le reconozcan la norma o el convenio de creación del órgano y, en su caso, las normas que este apruebe en su desarrollo.

En los casos de vacante, ausencia, enfermedad u otra causa legal, la persona titular de la presidencia del órgano colegiado será sustituida por la titular de la vicepresidencia que corresponda o, en su defecto, por el miembro del órgano colegiado que, perteneciendo a la Administración de la Junta de Andalucía o, en su caso, a cualquier otra Administración, tenga mayor jerarquía, antigüedad en el órgano y edad, por este orden, de entre sus componentes.

Corresponde a los miembros de los órganos colegiados:

a) Ser notificados, con una antelación mínima de cuarenta y ocho horas, de la convocatoria con el orden del día de las sesiones.

b) Consultar la información relativa al orden del día, que deberá estar puesta a su disposición en la sede del órgano, al menos, en el mismo plazo de cuarenta y ocho horas, sin perjuicio de la que pueda ser notificada personalmente.

c) Participar en las deliberaciones y debates de las sesiones.

d) Ejercer el derecho al voto y formular su voto particular, así como expresar el sentido de su voto y los motivos que lo justifican. No podrán abstenerse en las votaciones quienes por su cualidad de autoridades o personal al servicio de la Administración de la Junta de Andalucía tengan la condición de personas miembros de órganos colegiados.

e) Formular ruegos y preguntas.

f) Proponer a la presidencia, individual o colectivamente, la inclusión de asuntos en el orden del día, en la forma y condiciones que establezca su norma reguladora.

g) Obtener información precisa para el cumplimiento de sus funciones.

h) Cuantos otros derechos, deberes y funciones sean inherentes a su condición y les reconozcan las normas de creación y funcionamiento del órgano.

La designación de la persona titular de la secretaría será determinada en la norma de creación o de funcionamiento del órgano colegiado, la cual establecerá la forma de su sustitución, que deberá recaer en una persona con la misma cualificación y requisitos que su titular. Sin perjuicio, en su caso, de sus derechos como miembro del órgano colegiado, la persona titular de su secretaría ejerce las siguientes funciones:

a) Asistir a las reuniones con voz y voto, si es miembro del órgano, y con voz pero sin voto en caso contrario.

b) Efectuar la convocatoria de las sesiones del órgano por orden de la persona titular de la presidencia, así como las citaciones de sus miembros.

c) Preparar el despacho de los asuntos y redactar y autorizar las actas de las sesiones.

d) Recepcionar los escritos y la documentación que se generen en el seno del órgano colegiado o remitan sus miembros.

e) Organizar y gestionar, en su caso, el registro del órgano.

f) Expedir certificados de las actuaciones y acuerdos.

g) Cuantas otras le reconozcan la norma o convenio de creación del órgano y, en su caso, las normas que este apruebe en su desarrollo.

LA COMPETENCIA: CLASES Y CRITERIOS DE DELIMITACIÓN.

La competencia se define como el conjunto de facultades, de poderes, de atribuciones que corresponden a un determinado órgano en relación con los demás. Es la facultad irrenunciable de emanar actos jurídicos atribuida por la norma jurídica a un órgano administrativo.

El principio de irrenunciabilidad de la competencia se entenderá sin perjuicio de los supuestos de alteración del ejercicio o de colaboración de otros órganos en los términos previstos en la ley. Si alguna disposición atribuye competencia a la Administración de la Junta de Andalucía, sin especificar el órgano que debe ejercerla, se entenderá que la facultad de instruir y resolver los expedientes corresponde a los órganos inferiores competentes por razón de la materia y del territorio, y, de existir varios de estos, al superior jerárquico común.

Tenemos varias características:

► *Facultad de un órgano administrativo*, la competencia se predica del órgano.

► *Facultad irrenunciable*, el principio de irrenunciabilidad da la posibilidad de apreciación de oficio de la propia competencia.

Desde el punto de vista del interesado, la competencia se configura como un requisito del acto administrativo, cuya inobservancia determina la anulabilidad del mismo o su nulidad si la competencia se manifiesta por razón de la materia o del territorio.

► *Facultad de emanar actos jurídicos.*

► *Facultad atribuida por la norma jurídica*, la competencia viene atribuida siempre por la norma. Tenemos la competencia material (por razón de la materia), competencia jerárquica (por razón de la posición jerárquica del órgano) y competencia territorial (por razón del territorio).

La finalidad es determinar qué órgano tiene atribuida la competencia con preferencia a sus iguales o respecto de sus superiores e inferiores.

Categorías que definen la competencia:

⇨ Competencias específicas, inespecíficas, exclusivas y excluyentes: la competencia específica supone la atribución de competencia a un órgano concreto y de forma indubitada. Tiene dos formas exclusiva y excluyente. En la competencia inespecífica la atribución de emanar actos jurídicos se hace a un órgano complejo, sin especificar el órgano concreto, que se atribuye a los órganos inferiores competentes en razón de la materia y del territorio.

⇨ Competencias compartidas y concurrentes: suponen la convergencia de diversos órganos sobre un mismo objeto contemplando diversos aspectos o facetas del mismo.

⇨ Competencias residuales: cumplen la función de impedir que alguno de los fines quede sin cumplir por falta de atribución a un órgano concreto.

⇨ Competencias indistintas: la competencia se atribuye por una misma norma a través de dos o más órganos gestores con el propósito de asegurar mejor la realización de los objetivos.

La competencia es irrenunciable y se ejercerá por los órganos administrativos que la tengan atribuida como propia, salvo los casos de delegación o avocación, cuando se efectúen en los términos previstos en ésta u otras leyes.

La delegación de competencias, las encomiendas de gestión, la delegación de firma y la suplencia no suponen alteración de la titularidad de la competencia, aunque sí de los elementos determinantes de su ejercicio que en cada caso se prevén.

La titularidad y el ejercicio de las competencias atribuidas a los órganos administrativos podrán ser desconcentradas en otros jerárquicamente dependientes de aquéllos en los términos y con los requisitos que prevean las propias normas de atribución de competencias.

Si alguna disposición atribuye la competencia a una Administración, sin especificar el órgano que debe ejercerla, se entenderá que la facultad de instruir y resolver los expedientes corresponde a los órganos inferiores competentes por razón de la materia y del territorio. Si existiera más de un órgano inferior competente por razón de materia y territorio, la facultad para instruir y resolver los expedientes corresponderá al superior jerárquico común de estos.

Descentralización.

Partiendo de la existencia de distintos ordenamientos jurídicos tenemos:

- La descentralización territorial: supone la transferencia de determinadas competencias de un ordenamiento superior a otro territorialmente inferior. La Constitución Española prevé la delegación o transferencias de competencias del Estado en las Comunidades Autónomas.

Mediante la transferencia se atribuye al ente transferido la competencia en sí, de forma que la totalidad de las imputaciones por su ejercicio recaen en el ente transferido.

En la delegación la titularidad de la competencia permanece en el ente que delega y sólo su ejercicio se atribuye al ente delegado.

- Descentralización funcional o institucional: parte de la capacidad de todo ordenamiento de calificar a los sujetos de su propio ordenamiento.

- Descentralización burocrática o desconcentración: supone la transferencia de una competencia con carácter permanente de un órgano superior a otro inferior, no hay un desplazamiento de la competencia a otra persona jurídica.

Desconcentración.

La ley 40/2015 establece que "la titularidad y el ejercicio de las competencias atribuidas a los órganos administrativos podrán ser desconcentrados en otros órganos jerárquicamente dependientes de aquellos en los términos y con los requisitos que prevean las propias normas de atribución de competencias".

En la desconcentración se produce un auténtico cambio de titularidad, se transfiere la competencia misma. Se da siempre entre órganos no entre personas jurídicas (descentralización).

La desconcentración constituye una forma de transferencia de competencias realizada por norma jurídica, no por acto administrativo.

Las competencias atribuidas a las personas titulares de las Consejerías y órganos directivos centrales podrán ser desconcentradas en otros órganos jerárquicamente dependientes de aquellos cuando circunstancias de carácter organizativo, funcional o territorial lo hagan necesario y no se contradiga la legislación vigente. La desconcentración se aprobará mediante decreto del Consejo de Gobierno, a propuesta de la persona titular de la Consejería correspondiente.

Delegación.

Los órganos de las diferentes Administraciones Públicas podrán delegar el ejercicio de las competencias que tengan atribuidas en otros órganos de la misma Administración, aun cuando no sean jerárquicamente dependientes, o en los Organismos públicos o Entidades de Derecho Público vinculados o dependientes de aquéllas.

En el ámbito de la Administración General del Estado, la delegación de competencias deberá ser aprobada previamente por el órgano ministerial de quien dependa el órgano delegante y en el caso de los Organismos públicos o Entidades vinculados o dependientes, por el órgano máximo de dirección, de acuerdo con sus normas de creación. Cuando se trate de órganos no relacionados jerárquicamente será necesaria la aprobación previa del superior común si ambos pertenecen al mismo Ministerio, o del órgano superior de quien dependa el órgano delegado, si el delegante y el delegado pertenecen a diferentes Ministerios.

Asimismo, los órganos de la Administración General del Estado podrán delegar el ejercicio de sus competencias propias en sus Organismos públicos y Entidades vinculados o dependientes, cuando resulte conveniente para alcanzar los fines que tengan asignados y mejorar la eficacia de su gestión. La delegación deberá ser previamente aprobada por los órganos de los que dependan el órgano delegante y el órgano delegado, o aceptada por este último cuando sea el órgano máximo de dirección del Organismo público o Entidad vinculado o dependiente.

En ningún caso podrán ser objeto de delegación las competencias relativas a:

a) Los asuntos que se refieran a relaciones con la Jefatura del Estado, la Presidencia del Gobierno de la Nación, las Cortes Generales, las Presidencias de los Consejos de Gobierno de las Comunidades Autónomas y las Asambleas Legislativas de las Comunidades Autónomas.

b) La adopción de disposiciones de carácter general.

c) La resolución de recursos en los órganos administrativos que hayan dictado los actos objeto de recurso.

d) Las materias en que así se determine por norma con rango de Ley.

Las delegaciones de competencias y su revocación deberán publicarse en el «Boletín Oficial del Estado», en el de la Comunidad Autónoma o en el de la Provincia, según la Administración a que pertenezca el órgano delegante, y el ámbito territorial de competencia de éste.

Las resoluciones administrativas que se adopten por delegación indicarán expresamente esta circunstancia y se considerarán dictadas por el órgano delegante.

Salvo autorización expresa de una Ley, no podrán delegarse las competencias que se ejerzan por delegación.

No constituye impedimento para que pueda delegarse la competencia para resolver un procedimiento la circunstancia de que la norma reguladora del mismo prevea, como trámite preceptivo, la emisión de un dictamen o informe; no obstante, no podrá delegarse la competencia para resolver un procedimiento una vez que en el correspondiente procedimiento se haya emitido un dictamen o informe preceptivo acerca del mismo.

La delegación será revocable en cualquier momento por el órgano que la haya conferido.

El acuerdo de delegación de aquellas competencias atribuidas a órganos colegiados, para cuyo ejercicio se requiera un quórum o mayoría especial, deberá adoptarse observando, en todo caso, dicho quórum o mayoría.

Los órganos de la Administración de la Junta de Andalucía podrán delegar mediante resolución motivada el ejercicio de las competencias que tengan atribuidas en otros de la misma Administración, del mismo rango o inferior, aunque no sean jerárquicamente dependientes.

La delegación también podrá efectuarse a favor de agencias de la Administración de la Junta de Andalucía, siempre que el objeto de la delegación se corresponda con los fines y objetivos asignados a dichas agencias. No puede delegarse el ejercicio de las competencias establecidas como indelegables en la normativa estatal básica de régimen jurídico de las Administraciones Públicas o en una norma con rango legal.

La delegación de competencias será publicada en el Boletín Oficial de la Junta de Andalucía y producirá sus efectos a partir de la fecha de publicación. La delegación de competencias atribuidas a órganos colegiados, para cuyo ejercicio ordinario se requiera un quórum especial, deberá adoptarse observando, en todo caso, dicho quórum.

Las resoluciones administrativas que se adopten por delegación indicarán expresamente esta circunstancia y se considerarán dictadas por el órgano delegante. La delegación podrá revocarse en cualquier momento por el mismo órgano que la otorgó, sin perjuicio de lo establecido, en su caso, en una norma específica. La revocación será publicada en el Boletín Oficial de la Junta de Andalucía y producirá sus efectos a partir de la fecha de publicación.

El recurso de reposición que, en su caso, se interponga contra los actos dictados por delegación, salvo que en esta se disponga otra cosa, será resuelto por el órgano delegado.

Encomienda de gestión.

La realización de actividades de carácter material o técnico de la competencia de los órganos administrativos o de las Entidades de Derecho Público podrá ser encomendada a otros órganos o Entidades de Derecho Público de la misma o de distinta Administración, siempre que entre sus competencias estén esas actividades, por razones de eficacia o cuando no se posean los medios técnicos idóneos para su desempeño.

Las encomiendas de gestión no podrán tener por objeto prestaciones propias de los contratos regulados en la legislación de contratos del sector público. En tal caso, su naturaleza y régimen jurídico se ajustará a lo previsto en ésta.

La encomienda de gestión no supone cesión de la titularidad de la competencia ni de los elementos sustantivos de su ejercicio, siendo responsabilidad del órgano o Entidad encomendante dictar cuantos actos o resoluciones de carácter jurídico den soporte o en los que se integre la concreta actividad material objeto de encomienda.

En todo caso, la Entidad u órgano encomendado tendrá la condición de encargado del tratamiento de los datos de carácter personal a los que pudiera tener acceso en ejecución de la encomienda de gestión, siéndole de aplicación lo dispuesto en la normativa de protección de datos de carácter personal.

La formalización de las encomiendas de gestión se ajustará a las siguientes reglas:

a) Cuando la encomienda de gestión se realice entre órganos administrativos o Entidades de Derecho Público pertenecientes a la misma Administración deberá formalizarse en los términos que establezca su normativa propia y, en su defecto, por acuerdo expreso de los órganos o Entidades de Derecho Público intervinientes. En todo caso, el instrumento de formalización de la encomienda de gestión y su resolución deberá ser publicada, para su eficacia, en el Boletín Oficial del Estado, en el Boletín oficial de la Comunidad Autónoma o en el de la Provincia, según la Administración a que pertenezca el órgano encomendante.

Cada Administración podrá regular los requisitos necesarios para la validez de tales acuerdos que incluirán, al menos, expresa mención de la actividad o actividades a las que afecten, el plazo de vigencia y la naturaleza y alcance de la gestión encomendada.

b) Cuando la encomienda de gestión se realice entre órganos y Entidades de Derecho Público de distintas Administraciones se formalizará mediante firma del correspondiente convenio entre ellas, que deberá ser publicado en el «Boletín Oficial del Estado», en el Boletín oficial de la Comunidad Autónoma o en el de la Provincia, según la Administración a que pertenezca el órgano encomendante, salvo en el supuesto de la gestión ordinaria de los servicios de las Comunidades Autónomas por las Diputaciones Provinciales o en su caso Cabildos o Consejos insulares, que se regirá por la legislación de Régimen Local.

La encomienda de gestión a agencias dependientes de una Consejería será autorizada por la persona titular de la misma. La encomienda de gestión a órganos o a entes públicos pertenecientes o dependientes de diferente Consejería o de distinta Administración Pública será autorizada por el Consejo de Gobierno.

En las encomiendas de gestión a órganos de la propia Administración de la Junta de Andalucía servirá de instrumento de formalización la resolución que las autorice. Cuando se trate de encomiendas realizadas a órganos no dependientes de la Junta de Andalucía deberá firmarse el correspondiente convenio.

El instrumento en el que se formalice la encomienda de gestión ha de contener, al menos, las siguientes determinaciones:

a) Actividad o actividades a que se refiera y objetivos a cumplir, en su caso.

b) Naturaleza y alcance de la gestión encomendada.

c) Plazo de vigencia y supuestos en que proceda la finalización anticipada de la encomienda o su prórroga.

d) Mecanismos de control y evaluación del desarrollo de la actividad a que se refiera y, en su caso, del cumplimiento de los objetivos señalados.

El instrumento en el que se formalice la encomienda de gestión ha de ser publicado en el Boletín Oficial de la Junta de Andalucía.

Las Consejerías y sus agencias podrán ordenar a las sociedades mercantiles y fundaciones del sector público andaluz cuyo capital o cuya aportación constitutiva, respectivamente, sea en su totalidad de titularidad pública, la ejecución de actividades o cometidos propios de aquellas, siempre que ejerzan sobre ellas un control análogo al que ejercen sobre sus propios servicios y dichas sociedades y fundaciones realicen la parte esencial de su actividad para la Junta de Andalucía. Las sociedades y fundaciones tendrán la consideración de medio propio instrumental de la Administración de la Junta de Andalucía o de sus agencias, a los efectos de la ejecución de obras, trabajos, asistencias técnicas y prestación de servicios que se les encomienden. La encomienda de dichas actividades no podrá implicar, en ningún caso, la atribución de potestades, funciones o facultades sujetas a Derecho Administrativo.

La encomienda de gestión de actividades y servicios que sean competencia de otras Administraciones Públicas a favor de órganos o agencias dependientes de la Administración de la Junta de Andalucía requerirá la aceptación del Consejo de Gobierno y será formalizada mediante la firma del correspondiente convenio, que habrá de ser publicado en el Boletín Oficial de la Junta de Andalucía.

Avocación.

Los órganos superiores podrán avocar para sí el conocimiento de uno o varios asuntos cuya resolución corresponda ordinariamente o por delegación a sus órganos administrativos dependientes, cuando circunstancias de índole técnica, económica, social, jurídica o territorial lo hagan conveniente.

En los supuestos de delegación de competencias en órganos no dependientes jerárquicamente, el conocimiento de un asunto podrá ser avocado únicamente por el órgano delegante.

En todo caso, la avocación se realizará mediante acuerdo motivado que deberá ser notificado a los interesados en el procedimiento, si los hubiere, con anterioridad o simultáneamente a la resolución final que se dicte.

Contra el acuerdo de avocación no cabrá recurso, aunque podrá impugnarse en el que, en su caso, se interponga contra la resolución del procedimiento.

Es la figura contraria a la delegación. Se trata del traslado de la competencia que se realiza del órgano inferior al superior. Hay una asunción de competencias reclamada directamente por el órgano superior.

La delegación de firma.

Los titulares de los órganos administrativos podrán, en materias de su competencia, que ostenten, bien por atribución, bien por delegación de competencias, delegar la firma de sus resoluciones y actos administrativos en los titulares de los órganos o unidades administrativas que de ellos dependan, dentro de los límites señalados en el artículo 9.

La delegación de firma no alterará la competencia del órgano delegante y para su validez no será necesaria su publicación.

En las resoluciones y actos que se firmen por delegación se hará constar esta circunstancia y la autoridad de procedencia.

Las personas titulares de los órganos de la Administración de la Junta de Andalucía podrán delegar la firma de sus resoluciones y actos administrativos en las titulares de los órganos que de ellas dependan, dentro de los límites señalados para la delegación de competencias.

En las resoluciones y actos que se firmen por delegación se hará constar la autoridad delegante. La firma deberá ir precedida de la expresión «por autorización», o su forma usual de abreviatura, con indicación del cargo que autoriza y del órgano autorizado.

Para la validez de la delegación de firma no será necesaria su publicación en el Boletín Oficial de la Junta de Andalucía. No cabrá la delegación de firma en las resoluciones de carácter sancionador.

No implica alteración de competencia, no constituye una delegación en sentido técnico. No hay una transferencia del ejercicio de la competencia, lo único que se transfiere es la materialidad de la firma.

La suplencia.

En la forma que disponga cada Administración Pública, los titulares de los órganos administrativos podrán ser suplidos temporalmente en los supuestos de vacante, ausencia o enfermedad, así como en los casos en que haya sido declarada su abstención o recusación.

Si no se designa suplente, la competencia del órgano administrativo se ejercerá por quien designe el órgano administrativo inmediato superior de quien dependa.

La suplencia no implicará alteración de la competencia y para su validez no será necesaria su publicación.

En el ámbito de la Administración General del Estado, la designación de suplente podrá efectuarse:

a) En los reales decretos de estructura orgánica básica de los Departamentos Ministeriales o en los estatutos de sus Organismos públicos y Entidades vinculados o dependientes según corresponda.

b) Por el órgano competente para el nombramiento del titular, bien en el propio acto de nombramiento bien en otro posterior cuando se produzca el supuesto que dé lugar a la suplencia.

En las resoluciones y actos que se dicten mediante suplencia, se hará constar esta circunstancia y se especificará el titular del órgano en cuya suplencia se adoptan y quien efectivamente está ejerciendo esta suplencia.

Decisiones sobre competencia.

El órgano administrativo que se estime incompetente para la resolución de un asunto remitirá directamente las actuaciones al órgano que considere competente, debiendo notificar esta circunstancia a los interesados.

Los interesados que sean parte en el procedimiento podrán dirigirse al órgano que se encuentre conociendo de un asunto para que decline su competencia y remita las actuaciones al órgano competente.

Asimismo, podrán dirigirse al órgano que estimen competente para que requiera de inhibición al que esté conociendo del asunto.

Los conflictos de atribuciones sólo podrán suscitarse entre órganos de una misma Administración no relacionados jerárquicamente, y respecto a asuntos sobre los que no haya finalizado el procedimiento administrativo.

Los conflictos positivos o negativos de atribuciones entre órganos o agencias de una misma Consejería serán resueltos por el superior jerárquico común o, en su defecto, por la persona titular de la Consejería, en un plazo de diez días. Los conflictos positivos o negativos de atribuciones que se planteen entre agencias adscritas a distintas Consejerías o entre una Consejería y agencias adscritas a otra distinta se resolverán por la persona titular de la Presidencia de la Junta de Andalucía en un plazo de quince días.

Los conflictos positivos de atribuciones se plantearán una vez que el órgano requerido de inhibición no acepte el requerimiento por considerarse competente, debiendo remitir seguidamente las actuaciones al órgano que deba resolver.

Los conflictos negativos de atribuciones se plantearán cuando el órgano llamado a conocer de un asunto por otro órgano, que no se considera competente para ello, se considere asimismo incompetente, debiendo remitir seguidamente las actuaciones al órgano que deba resolver.

EL ACTO ADMINISTRATIVO: CONCEPTO, CLASES Y ELEMENTOS.

El acto administrativo es una declaración de voluntad, de juicio, de conocimiento o de deseo, realizada por la administración en el ejercicio de una potestad administrativa distinta de la potestad reglamentaria.

Los actos que dicten las administraciones públicas de oficio o a instancia del interesado, se producirán por el órgano competente ajustándose al procedimiento establecido.

Podemos clasificarlos de múltiples maneras:

- *Actos resolutorios y de trámite*: los primeros deciden el fondo del asunto y son recurribles en vía administrativa. Los de trámite son todos aquellos actos previos al de resolución y sólo son recurribles cuando determinen la imposibilidad de terminar el proceso o produzcan indefensión.
- *Actos que causan Estado en vía administrativa* (sobre los que no es susceptible ningún recurso ordinario en vía administrativa) *y actos que no causan Estado*. Sólo pueden ser impugnados ante la jurisdicción contencioso-administrativa los primeros.

⋏ *Actos firmes y no firmes.* El acto deviene firme cuando han transcurrido los plazos para recurrir que estaban establecidos en vía administrativa o en vía judicial sin haberse interpuesto el correspondiente recurso.

⋏ *Actos favorables y actos de gravamen.* Los primeros son aquellos que vienen a constituir un derecho a favor de un particular que antes no tenía o a declarar su existencia o reconocerle cualquier ventaja (declarativos de derechos). Los actos de gravamen restringen la esfera jurídica del administrado destinatario, imponiéndole una obligación.

⋏ *Actos expresos, tácitos y presuntos: Expresos son aquellos en que la administración comunica manifiestamente su* inequívoca voluntad. Los tácitos se producen cuando la voluntad de la administración se deduce claramente en una resolución adoptada por la misma. Los actos presuntos son los que tienen su origen en el silencio administrativo.

Se produce silencio administrativo cuando la administración no resuelve ni expresa ni tácitamente una petición, reclamación o recurso interpuesto por un particular. Ante esta situación la ley presume (positiva o negativamente) la voluntad de la administración.

Elementos del acto administrativo.

⇨ Elemento subjetivo: el acto administrativo debe de proceder de la administración pública competente para ello. Se consideran nulos de pleno derecho los actos dictados por órganos manifiestamente incompetentes por razón de la materia o del territorio.

⇨ Elemento objetivo: el objeto o contenido del acto (declaración de voluntad, juicio, deseo, conocimiento) ha de cumplir los siguientes requisitos: posible, lícito, determinado y adecuado a los fines que el mismo persigue.

⇨ Elemento causal: (el porqué del acto) las razones y circunstancias que justifican en cada caso que un acto administrativo se dicte.

⇨ Elemento teleológico: el fin que debe perseguir el acto administrativo no puede ser otro que la satisfacción del interés público (concreto para cada caso según la ley). En caso contrario se incurre en desviación de poder.

⇨ Elemento formal: los actos se producen a través de un íter determinado y puede manifestarse de varias formas. Los actos administrativos se producirán por el órgano competente ajustándose al procedimiento establecido. La regla general en cuanto a las formas de manifestación es la escrita.

LA FORMA DE LOS ACTOS ADMINISTRATIVOS: LA MOTIVACIÓN, LA NOTIFICACIÓN Y LA PUBLICACIÓN.

La motivación.

Serán motivados, con sucinta referencia de hechos y fundamentos de derecho:

a) Los actos que limiten derechos subjetivos o intereses legítimos.

b) Los actos que resuelvan procedimientos de revisión de oficio de disposiciones o actos administrativos, recursos administrativos y procedimientos de arbitraje y los que declaren su inadmisión.

c) Los actos que se separen del criterio seguido en actuaciones precedentes o del dictamen de órganos consultivos.

d) Los acuerdos de suspensión de actos, cualquiera que sea el motivo de ésta, así como la adopción de medidas provisionales previstas en el artículo 56.

e) Los acuerdos de aplicación de la tramitación de urgencia, de ampliación de plazos y de realización de actuaciones complementarias.

f) Los actos que rechacen pruebas propuestas por los interesados.

g) Los actos que acuerden la terminación del procedimiento por la imposibilidad material de continuarlo por causas sobrevenidas, así como los que acuerden el desistimiento por la Administración en procedimientos iniciados de oficio.

h) Las propuestas de resolución en los procedimientos de carácter sancionador, así como los actos que resuelvan procedimientos de carácter sancionador o de responsabilidad patrimonial.

i) Los actos que se dicten en el ejercicio de potestades discrecionales, así como los que deban serlo en virtud de disposición legal o reglamentaria expresa.

La motivación de los actos que pongan fin a los procedimientos selectivos y de concurrencia competitiva se realizará de conformidad con lo que dispongan las normas que regulen sus convocatorias, debiendo, en todo caso, quedar acreditados en el procedimiento los fundamentos de la resolución que se adopte.

Los actos administrativos se producirán por escrito a través de medios electrónicos, a menos que su naturaleza exija otra forma más adecuada de expresión y constancia.

En los casos en que los órganos administrativos ejerzan su competencia de forma verbal, la constancia escrita del acto, cuando sea necesaria, se efectuará y firmará por el titular del órgano inferior o funcionario que la reciba oralmente, expresando en la comunicación del mismo la autoridad de la que procede. Si se tratara de resoluciones, el titular de la competencia deberá autorizar una relación de las que haya dictado de forma verbal, con expresión de su contenido.

Cuando deba dictarse una serie de actos administrativos de la misma naturaleza, tales como nombramientos, concesiones o licencias, podrán refundirse en un único acto, acordado por el órgano competente, que especificará las personas u otras circunstancias que individualicen los efectos del acto para cada interesado.

La notificación.

El órgano que dicte las resoluciones y actos administrativos los notificará a los interesados cuyos derechos e intereses sean afectados por aquéllos, en los términos previstos en los artículos siguientes.

Toda notificación deberá ser cursada dentro del plazo de diez días a partir de la fecha en que el acto haya sido dictado, y deberá contener el texto íntegro de la resolución, con indicación de si pone fin o no a la vía administrativa, la expresión de los recursos que procedan, en su caso, en vía administrativa y judicial, el órgano ante el que hubieran de presentarse y el plazo para interponerlos, sin perjuicio de que los interesados puedan ejercitar, en su caso, cualquier otro que estimen procedente.

Las notificaciones que, conteniendo el texto íntegro del acto, omitiesen alguno de los demás requisitos previstos en el apartado anterior, surtirán efecto a partir de la fecha en que el interesado realice actuaciones que supongan el conocimiento del contenido y alcance de la resolución o acto objeto de la notificación, o interponga cualquier recurso que proceda.

Sin perjuicio de lo establecido en el apartado anterior, y a los solos efectos de entender cumplida la obligación de notificar dentro del plazo máximo de duración de los procedimientos, será suficiente la notificación que contenga, cuando menos, el texto íntegro de la resolución, así como el intento de notificación debidamente acreditado.

Las Administraciones Públicas podrán adoptar las medidas que consideren necesarias para la protección de los datos personales que consten en las resoluciones y actos administrativos, cuando éstos tengan por destinatarios a más de un interesado.

Las notificaciones se practicarán preferentemente por medios electrónicos y, en todo caso, cuando el interesado resulte obligado a recibirlas por esta vía.

No obstante lo anterior, las Administraciones podrán practicar las notificaciones por medios no electrónicos en los siguientes supuestos:

a) Cuando la notificación se realice con ocasión de la comparecencia espontánea del interesado o su representante en las oficinas de asistencia en materia de registro y solicite la comunicación o notificación personal en ese momento.

b) Cuando para asegurar la eficacia de la actuación administrativa resulte necesario practicar la notificación por entrega directa de un empleado público de la Administración notificante.

Con independencia del medio utilizado, las notificaciones serán válidas siempre que permitan tener constancia de su envío o puesta a disposición, de la recepción o acceso por el interesado o su representante, de sus fechas y horas, del contenido íntegro, y de la identidad fidedigna del remitente y destinatario de la misma. La acreditación de la notificación efectuada se incorporará al expediente.

Los interesados que no estén obligados a recibir notificaciones electrónicas, podrán decidir y comunicar en cualquier momento a la Administración Pública, mediante los modelos normalizados que se establezcan al efecto, que las notificaciones sucesivas se practiquen o dejen de practicarse por medios electrónicos.

Reglamentariamente, las Administraciones podrán establecer la obligación de practicar electrónicamente las notificaciones para determinados procedimientos y para ciertos colectivos de personas físicas que por razón de su capacidad económica, técnica, dedicación profesional u otros motivos quede acreditado que tienen acceso y disponibilidad de los medios electrónicos necesarios.

Adicionalmente, el interesado podrá identificar un dispositivo electrónico y/o una dirección de correo electrónico que servirán para el envío de los avisos regulados en este artículo, pero no para la práctica de notificaciones.

En ningún caso se efectuarán por medios electrónicos las siguientes notificaciones:

a) Aquellas en las que el acto a notificar vaya acompañado de elementos que no sean susceptibles de conversión en formato electrónico.

b) Las que contengan medios de pago a favor de los obligados, tales como cheques.

En los procedimientos iniciados a solicitud del interesado, la notificación se practicará por el medio señalado al efecto por aquel. Esta notificación será electrónica en los casos en los que exista obligación de relacionarse de esta forma con la Administración.

Cuando no fuera posible realizar la notificación de acuerdo con lo señalado en la solicitud, se practicará en cualquier lugar adecuado a tal fin, y por cualquier medio que permita tener constancia de la recepción por el interesado o su representante, así como de la fecha, la identidad y el contenido del acto notificado.

En los procedimientos iniciados de oficio, a los solos efectos de su iniciación, las Administraciones Públicas podrán recabar, mediante consulta a las bases de datos del Instituto Nacional de Estadística, los datos sobre el domicilio del interesado recogidos en el Padrón Municipal, remitidos por las Entidades Locales en aplicación de lo previsto en la Ley 7/1985, de 2 de abril, reguladora de las Bases del Régimen Local.

Cuando el interesado o su representante rechace la notificación de una actuación administrativa, se hará constar en el expediente, especificándose las circunstancias del intento de notificación y el medio, dando por efectuado el trámite y siguiéndose el procedimiento.

Con independencia de que la notificación se realice en papel o por medios electrónicos, las Administraciones Públicas enviarán un aviso al dispositivo electrónico y/o a la dirección de correo electrónico del interesado que éste haya comunicado, informándole de la puesta a disposición de una notificación en la sede electrónica de la Administración u Organismo correspondiente o en la dirección electrónica habilitada única. La falta de práctica de este aviso no impedirá que la notificación sea considerada plenamente válida.

Cuando el interesado fuera notificado por distintos cauces, se tomará como fecha de notificación la de aquélla que se hubiera producido en primer lugar.

Todas las notificaciones que se practiquen en papel deberán ser puestas a disposición del interesado en la sede electrónica de la Administración u Organismo actuante para que pueda acceder al contenido de las mismas de forma voluntaria.

Cuando la notificación se practique en el domicilio del interesado, de no hallarse presente éste en el momento de entregarse la notificación, podrá hacerse cargo de la misma cualquier persona mayor de catorce años que se encuentre en el domicilio y haga constar su identidad. Si nadie se hiciera cargo de la notificación, se hará constar esta circunstancia en el expediente, junto con el día y la hora en que se intentó la notificación, intento que se repetirá por una sola vez y en una hora distinta dentro de los tres días siguientes. En caso de que el primer intento de notificación se haya realizado antes de las quince horas, el segundo intento deberá realizarse después de las quince horas y viceversa, dejando en todo caso al menos un margen de diferencia de tres horas entre ambos intentos de notificación. Si el segundo intento también resultara infructuoso, se procederá en la forma prevista en el artículo 44.

Cuando el interesado accediera al contenido de la notificación en sede electrónica, se le ofrecerá la posibilidad de que el resto de notificaciones se puedan realizar a través de medios electrónicos.

Las notificaciones por medios electrónicos se practicarán mediante comparecencia en la sede electrónica de la Administración u Organismo actuante, a través de la dirección electrónica habilitada única o mediante ambos sistemas, según disponga cada Administración u Organismo.

A los efectos previstos en este artículo, se entiende por comparecencia en la sede electrónica, el acceso por el interesado o su representante debidamente identificado al contenido de la notificación.

Las notificaciones por medios electrónicos se entenderán practicadas en el momento en que se produzca el acceso a su contenido.

Cuando la notificación por medios electrónicos sea de carácter obligatorio, o haya sido expresamente elegida por el interesado, se entenderá rechazada cuando hayan transcurrido diez días naturales desde la puesta a disposición de la notificación sin que se acceda a su contenido.

Se entenderá cumplida la obligación a la que se refiere el artículo 40.4 con la puesta a disposición de la notificación en la sede electrónica de la Administración u Organismo actuante o en la dirección electrónica habilitada única.

Los interesados podrán acceder a las notificaciones desde el Punto de Acceso General electrónico de la Administración, que funcionará como un portal de acceso.

Cuando los interesados en un procedimiento sean desconocidos, se ignore el lugar de la notificación o bien, intentada ésta, no se hubiese podido practicar, la notificación se hará por medio de un anuncio publicado en el «Boletín Oficial del Estado».

Asimismo, previamente y con carácter facultativo, las Administraciones podrán publicar un anuncio en el boletín oficial de la Comunidad Autónoma o de la Provincia, en el tablón de edictos del Ayuntamiento del último domicilio del interesado o del Consulado o Sección Consular de la Embajada correspondiente.

Las Administraciones Públicas podrán establecer otras formas de notificación complementarias a través de los restantes medios de difusión, que no excluirán la obligación de publicar el correspondiente anuncio en el «Boletín Oficial del Estado».

La ley 9/2007 de Administración de la Junta de Andalucía establece que las resoluciones y actos que afecten a los derechos e intereses de la ciudadanía, sean definitivos o de trámite, serán notificados o publicados de conformidad con lo dispuesto en la legislación sobre procedimiento administrativo común. Para que las notificaciones administrativas puedan llevarse a cabo mediante medios o soportes informáticos y electrónicos, será preciso que el sujeto interesado haya señalado o consentido expresamente dicho medio de notificación como preferente mediante la identificación de una dirección electrónica al efecto. Dicha manifestación podrá producirse tanto en el momento de iniciación del procedimiento como en cualquier otra fase de tramitación del mismo. Asimismo, el sujeto interesado podrá, en cualquier momento, revocar su consentimiento para que las notificaciones se efectúen por vía electrónica, en cuyo caso deberá comunicarlo así al órgano competente e indicar una nueva dirección donde practicar las notificaciones.

La notificación telemática se entenderá practicada a todos los efectos legales en el momento en que se produzca el acceso a su contenido en la dirección electrónica de modo que pueda comprobarse fehacientemente por el remitente tal acceso. Cuando, existiendo constancia de la recepción de la notificación en la dirección electrónica señalada, transcurrieran diez días naturales sin que el sujeto destinatario acceda a su contenido, se entenderá que la notificación ha sido rechazada con los efectos previstos en la normativa básica estatal, salvo que de oficio o a instancias del sujeto destinatario se compruebe la imposibilidad técnica o material del acceso.

La publicación.

Los actos administrativos serán objeto de publicación cuando así lo establezcan las normas reguladoras de cada procedimiento o cuando lo aconsejen razones de interés público apreciadas por el órgano competente.

En todo caso, los actos administrativos serán objeto de publicación, surtiendo ésta los efectos de la notificación, en los siguientes casos:

a) Cuando el acto tenga por destinatario a una pluralidad indeterminada de personas o cuando la Administración estime que la notificación efectuada a un solo interesado es insuficiente para garantizar la notificación a todos, siendo, en este último caso, adicional a la individualmente realizada.

b) Cuando se trate de actos integrantes de un procedimiento selectivo o de concurrencia competitiva de cualquier tipo. En este caso, la convocatoria del procedimiento deberá indicar el medio donde se efectuarán las sucesivas publicaciones, careciendo de validez las que se lleven a cabo en lugares distintos.

La publicación de un acto deberá contener los mismos elementos que el artículo 40.2 exige respecto de las notificaciones. Será también aplicable a la publicación lo establecido en el apartado 3 del mismo artículo.

En los supuestos de publicaciones de actos que contengan elementos comunes, podrán publicarse de forma conjunta los aspectos coincidentes, especificándose solamente los aspectos individuales de cada acto.

La publicación de los actos se realizará en el diario oficial que corresponda, según cual sea la Administración de la que proceda el acto a notificar.

Sin perjuicio de lo dispuesto en el artículo 44, la publicación de actos y comunicaciones que, por disposición legal o reglamentaria deba practicarse en tablón de anuncios o edictos, se entenderá cumplida por su publicación en el Diario oficial correspondiente.

Si el órgano competente apreciase que la notificación por medio de anuncios o la publicación de un acto lesiona derechos o intereses legítimos, se limitará a publicar en el Diario oficial que corresponda una somera indicación del contenido del acto y del lugar donde los interesados podrán comparecer, en el plazo que se establezca, para conocimiento del contenido íntegro del mencionado acto y constancia de tal conocimiento.

Adicionalmente y de manera facultativa, las Administraciones podrán establecer otras formas de notificación complementarias a través de los restantes medios de difusión que no excluirán la obligación de publicar en el correspondiente Diario oficial.

RÉGIMEN JURÍDICO DEL SILENCIO ADMINISTRATIVO.

En los procedimientos iniciados a solicitud del interesado, sin perjuicio de la resolución que la Administración debe dictar en la forma prevista en el apartado 3 de este artículo, el vencimiento del plazo máximo sin haberse notificado resolución expresa, legitima al interesado o interesados para entenderla estimada por silencio administrativo, excepto en los supuestos en los que una norma con rango de ley o una norma de Derecho de la Unión Europea o de Derecho internacional aplicable en España establezcan lo contrario. Cuando el procedimiento tenga por objeto el acceso a actividades o su ejercicio, la ley que disponga el carácter desestimatorio del silencio deberá fundarse en la concurrencia de razones imperiosas de interés general.

El silencio tendrá efecto desestimatorio en los procedimientos relativos al ejercicio del derecho de petición, a que se refiere el artículo 29 de la Constitución, aquellos cuya estimación tuviera como consecuencia que se transfirieran al solicitante o a terceros facultades relativas al dominio público o al servicio público, impliquen el ejercicio de actividades que puedan dañar el medio ambiente y en los procedimientos de responsabilidad patrimonial de las Administraciones Públicas.

El sentido del silencio también será desestimatorio en los procedimientos de impugnación de actos y disposiciones y en los de revisión de oficio iniciados a solicitud de los interesados. No obstante, cuando el recurso de alzada se haya interpuesto contra la desestimación por silencio administrativo de una solicitud por el transcurso del plazo, se entenderá estimado el mismo si, llegado el plazo de resolución, el órgano administrativo competente no dictase y notificase resolución expresa, siempre que no se refiera a las materias enumeradas en el párrafo anterior de este apartado.

La estimación por silencio administrativo tiene a todos los efectos la consideración de acto administrativo finalizador del procedimiento. La desestimación por silencio administrativo tiene los solos efectos de permitir a los interesados la interposición del recurso administrativo o contencioso-administrativo que resulte procedente.

La obligación de dictar resolución expresa a que se refiere el apartado primero del artículo 21 se sujetará al siguiente régimen:

a) En los casos de estimación por silencio administrativo, la resolución expresa posterior a la producción del acto sólo podrá dictarse de ser confirmatoria del mismo.

b) En los casos de desestimación por silencio administrativo, la resolución expresa posterior al vencimiento del plazo se adoptará por la Administración sin vinculación alguna al sentido del silencio.

Los actos administrativos producidos por silencio administrativo se podrán hacer valer tanto ante la Administración como ante cualquier persona física o jurídica, pública o privada. Los mismos producen efectos desde el vencimiento del plazo máximo en el que debe dictarse y notificarse la resolución expresa sin que la misma se haya expedido, y su existencia puede ser acreditada por cualquier medio de prueba admitido en Derecho, incluido el certificado acreditativo del silencio producido. Este certificado se expedirá de oficio por el órgano competente para resolver en el plazo de quince días desde que expire el plazo máximo para resolver el procedimiento. Sin perjuicio de lo anterior, el interesado podrá pedirlo en cualquier momento, computándose el plazo indicado anteriormente desde el día siguiente a aquél en que la petición tuviese entrada en el registro electrónico de la Administración u Organismo competente para resolver.

En los procedimientos iniciados de oficio, el vencimiento del plazo máximo establecido sin que se haya dictado y notificado resolución expresa no exime a la Administración del cumplimiento de la obligación legal de resolver, produciendo los siguientes efectos:

a) En el caso de procedimientos de los que pudiera derivarse el reconocimiento o, en su caso, la constitución de derechos u otras situaciones jurídicas favorables, los interesados que hubieren comparecido podrán entender desestimadas sus pretensiones por silencio administrativo.

b) En los procedimientos en que la Administración ejercite potestades sancionadoras o, en general, de intervención, susceptibles de producir efectos desfavorables o de gravamen, se producirá la caducidad. En estos casos, la resolución que declare la caducidad ordenará el archivo de las actuaciones, con los efectos previstos en el artículo 95.

En los supuestos en los que el procedimiento se hubiera paralizado por causa imputable al interesado, se interrumpirá el cómputo del plazo para resolver y notificar la resolución.

La comunidad autónoma de Andalucía dictó una serie de decretos donde se indicaba el plazo máximo y consecuencias del silencio administrativo en los procedimientos administrativos en el ámbito de las distintas consejerías. Dichos decretos quedaron derogados por la *ley 9/2001 de 12 de julio*, por la que se establece el sentido del silencio administrativo y los plazos de determinados procedimientos como garantías procedimentales para los ciudadanos.

Dicha ley da cobertura a aquellos procedimientos en los que se considera necesario que el plazo de notificación de la resolución sea superior a seis meses y aquellos otros en los que se prevé el sentido desestimatorio del silencio.

EFICACIA, VALIDEZ Y REVISIÓN DE OFICIO DE LOS ACTOS ADMINISTRATIVOS.

Eficacia.

Podemos entender por eficacia del acto la producción de los efectos jurídicos que persigue. Los actos de las administraciones públicas se presumirán válidos y producirán efectos desde la fecha en que se dictan, salvo que en ellos se disponga otra cosa.

La eficacia quedará demorada cuando así lo exija el contenido del acto o esté supeditada a su notificación, publicación o aprobación superior.

Excepcionalmente, podrá otorgarse eficacia retroactiva a los actos cuando se dicten en sustitución de actos anulables y, asimismo, cuando produzcan efectos favorables al interesado, siempre que los supuestos de hecho necesarios existieran ya en la fecha en que se retrotraiga la eficacia del acto y ésta no lesione los derechos o intereses legítimos de otras personas.

Puede producirse la suspensión de la eficacia de un acto administrativo, con carácter provisional, mientras se decide a cerca de la validez de tal acto. Esta suspensión puede producirse en vía administrativa, cuando al interponer un recurso contra un acto, el órgano que ha de resolverlo decide la suspensión por sí o a instancia del recurrente, por entender que la ejecución del acto puede causar perjuicio de imposible o difícil reparación, o porque la impugnación del acto se funde en alguna de las causas de nulidad de pleno derecho, o bien, en vía contencioso-administrativa, cuando el tribunal estima que la ejecución del acto puede causar daño de reparación difícil o imposible.

Los efectos de los actos se producen en la forma y en el tiempo previsto. Cuando así ocurre el acto se considera consumado o agotado.

Validez.

Los actos de las administraciones públicas se presumen válidos (admite prueba en contrario). De esta presunción de validez se deriva el privilegio de la ejecución forzosa.

La administración, a través de la revisión de oficio y los administrados a través de los recursos administrativos, o en su caso, jurisdiccionales, pueden poner fin a tal presunción de validez y a la eficacia del acto administrativo, cuando los mismos incurran en motivos que puedan dar lugar a su nulidad absoluta o a su anulabilidad.

Los actos de las administraciones públicas son **nulos de pleno derecho** en los siguientes casos:

a) Los que lesionen los derechos y libertades susceptibles de amparo constitucional.

b) Los dictados por órgano manifiestamente incompetente por razón de la materia o del territorio.

c) Los que tengan un contenido imposible.

d) Los que sean constitutivos de infracción penal o se dicten como consecuencia de ésta.

e) Los dictados prescindiendo total y absolutamente del procedimiento legalmente establecido o de las normas que contienen las reglas esenciales para la formación de la voluntad de los órganos colegiados.

f) Los actos expresos o presuntos contrarios al ordenamiento jurídico por los que se adquieren facultades o derechos cuando se carezca de los requisitos esenciales para su adquisición.

g) Cualquier otro que se establezca expresamente en una disposición con rango de Ley.

También serán nulas de pleno derecho las disposiciones administrativas que vulneren la Constitución, las leyes u otras disposiciones administrativas de rango superior, las que regulen materias reservadas a la Ley, y las que establezcan la retroactividad de disposiciones sancionadoras no favorables o restrictivas de derechos individuales.

Son **anulables** los actos de la Administración que incurran en cualquier infracción del ordenamiento jurídico, incluso la desviación de poder.

No obstante, el defecto de forma sólo determinará la anulabilidad cuando el acto carezca de los requisitos formales indispensables para alcanzar su fin o dé lugar a la indefensión de los interesados.

La realización de actuaciones administrativas fuera del tiempo establecido para ellas sólo implicará la anulabilidad del acto cuando así lo imponga la naturaleza del término o plazo.

La nulidad o anulabilidad de un acto no implicará la de los sucesivos en el procedimiento que sean independientes del primero.

La nulidad o anulabilidad en parte del acto administrativo no implicará la de las partes del mismo independientes de aquélla, salvo que la parte viciada sea de tal importancia que sin ella el acto administrativo no hubiera sido dictado.

Los actos nulos o anulables que, sin embargo, contengan los elementos constitutivos de otro distinto producirán los efectos de éste.

El órgano que declare la nulidad o anule las actuaciones dispondrá siempre la conservación de aquellos actos y trámites cuyo contenido se hubiera mantenido igual de no haberse cometido la infracción.

La Administración podrá convalidar los actos anulables, subsanando los vicios de que adolezcan.

El acto de convalidación producirá efecto desde su fecha, salvo lo dispuesto en el artículo 39.3 para la retroactividad de los actos administrativos.

Si el vicio consistiera en incompetencia no determinante de nulidad, la convalidación podrá realizarse por el órgano competente cuando sea superior jerárquico del que dictó el acto viciado.

Si el vicio consistiese en la falta de alguna autorización, podrá ser convalidado el acto mediante el otorgamiento de la misma por el órgano competente.

La ejecutividad de los actos administrativos.

Es la cualidad jurídica que se reconoce a la administración para proceder a ejecutar los actos y operaciones necesarias que su ejecución comporta. Un acto ejecutivo confirma que tiene fuerza obligatoria, debe cumplirse.

Las administraciones públicas no iniciarán ninguna actuación material de ejecución de resoluciones que limite derechos de los particulares sin que previamente haya sido adoptada la resolución que le sirva de fundamento jurídico.

El órgano que ordene un acto de ejecución material de resoluciones estará obligado a notificar al particular interesado la resolución que autorice la actuación administrativa.

Los actos de las Administraciones Públicas sujetos al Derecho Administrativo se presumirán válidos y producirán efectos desde la fecha en que se dicten, salvo que en ellos se disponga otra cosa.

La eficacia quedará demorada cuando así lo exija el contenido del acto o esté supeditada a su notificación, publicación o aprobación superior.

Excepcionalmente, podrá otorgarse eficacia retroactiva a los actos cuando se dicten en sustitución de actos anulados, así como cuando produzcan efectos favorables al interesado, siempre que los supuestos de hecho necesarios existieran ya en la fecha a que se retrotraiga la eficacia del acto y ésta no lesione derechos o intereses legítimos de otras personas.

Las normas y actos dictados por los órganos de las Administraciones Públicas en el ejercicio de su propia competencia deberán ser observadas por el resto de los órganos administrativos, aunque no dependan jerárquicamente entre sí o pertenezcan a otra Administración.

Cuando una Administración Pública tenga que dictar, en el ámbito de sus competencias, un acto que necesariamente tenga por base otro dictado por una Administración Pública distinta y aquélla entienda que es ilegal, podrá requerir a ésta previamente para que anule o revise el acto de acuerdo con lo dispuesto en el artículo 44 de la Ley 29/1998, de 13 de julio, reguladora de la Jurisdicción Contencioso-Administrativa, y, de rechazar el requerimiento, podrá interponer recurso contencioso-administrativo. En estos casos, quedará suspendido el procedimiento para dictar resolución.

Las Administraciones Públicas no iniciarán ninguna actuación material de ejecución de resoluciones que limite derechos de los particulares sin que previamente haya sido adoptada la resolución que le sirva de fundamento jurídico.

El órgano que ordene un acto de ejecución material de resoluciones estará obligado a notificar al particular interesado la resolución que autorice la actuación administrativa.

Los actos de las Administraciones Públicas sujetos al Derecho Administrativo serán inmediatamente ejecutivos, salvo que:

a) Se produzca la suspensión de la ejecución del acto.

b) Se trate de una resolución de un procedimiento de naturaleza sancionadora contra la que quepa algún recurso en vía administrativa, incluido el potestativo de reposición.

c) Una disposición establezca lo contrario.

d) Se necesite aprobación o autorización superior.

Cuando de una resolución administrativa, o de cualquier otra forma de finalización del procedimiento administrativo prevista en esta ley, nazca una obligación de pago derivada de una sanción pecuniaria, multa o cualquier otro derecho que haya de abonarse a la Hacienda pública, éste se efectuará preferentemente, salvo que se justifique la imposibilidad de hacerlo, utilizando alguno de los medios electrónicos siguientes:

a) Tarjeta de crédito y débito.

b) Transferencia bancaria.

c) Domiciliación bancaria.

d) Cualesquiera otros que se autoricen por el órgano competente en materia de Hacienda Pública.

Las Administraciones Públicas, a través de sus órganos competentes en cada caso, podrán proceder, previo apercibimiento, a la ejecución forzosa de los actos administrativos, salvo en los supuestos en que se suspenda la ejecución de acuerdo con la Ley, o cuando la Constitución o la Ley exijan la intervención de un órgano judicial.

La ejecución forzosa por las Administraciones Públicas se efectuará, respetando siempre el principio de proporcionalidad, por los siguientes medios:

a) Apremio sobre el patrimonio.

b) Ejecución subsidiaria.

c) Multa coercitiva.

d) Compulsión sobre las personas.

Si fueran varios los medios de ejecución admisibles se elegirá el menos restrictivo de la libertad individual.

Si fuese necesario entrar en el domicilio del afectado o en los restantes lugares que requieran la autorización de su titular, las Administraciones Públicas deberán obtener el consentimiento del mismo o, en su defecto, la oportuna autorización judicial.

Si en virtud de acto administrativo hubiera de satisfacerse cantidad líquida se seguirá el procedimiento previsto en las normas reguladoras del procedimiento de apremio.

En cualquier caso no podrá imponerse a los administrados una obligación pecuniaria que no estuviese establecida con arreglo a una norma de rango legal.

Habrá lugar a la ejecución subsidiaria cuando se trate de actos que por no ser personalísimos puedan ser realizados por sujeto distinto del obligado.

En este caso, las Administraciones Públicas realizarán el acto, por sí o a través de las personas que determinen, a costa del obligado.

El importe de los gastos, daños y perjuicios se exigirá conforme a lo dispuesto en el artículo anterior.

Dicho importe podrá liquidarse de forma provisional y realizarse antes de la ejecución, a reserva de la liquidación definitiva.

Cuando así lo autoricen las Leyes, y en la forma y cuantía que éstas determinen, las Administraciones Públicas pueden, para la ejecución de determinados actos, imponer multas coercitivas, reiteradas por lapsos de tiempo que sean suficientes para cumplir lo ordenado, en los siguientes supuestos:

a) Actos personalísimos en que no proceda la compulsión directa sobre la persona del obligado.

b) Actos en que, procediendo la compulsión, la Administración no la estimara conveniente.

c) Actos cuya ejecución pueda el obligado encargar a otra persona.

2. La multa coercitiva es independiente de las sanciones que puedan imponerse con tal carácter y compatible con ellas.

Los actos administrativos que impongan una obligación personalísima de no hacer o soportar podrán ser ejecutados por compulsión directa sobre las personas en los casos en que la ley expresamente lo autorice, y dentro siempre del respeto debido a su dignidad y a los derechos reconocidos en la Constitución.

Si, tratándose de obligaciones personalísimas de hacer, no se realizase la prestación, el obligado deberá resarcir los daños y perjuicios, a cuya liquidación y cobro se procederá en vía administrativa.

No se admitirán a trámite acciones posesorias contra las actuaciones de los órganos administrativos realizadas en materia de su competencia y de acuerdo con el procedimiento legalmente establecido.

Revisión de oficio.

Las Administraciones Públicas, en cualquier momento, por iniciativa propia o a solicitud de interesado, y previo dictamen favorable del Consejo de Estado u órgano consultivo equivalente de la Comunidad Autónoma, si lo hubiere, declararán de oficio la nulidad de los actos administrativos que hayan puesto fin a la vía administrativa o que no hayan sido recurridos en plazo, en los supuestos previstos en el artículo 47.1.

Asimismo, en cualquier momento, las Administraciones Públicas de oficio, y previo dictamen favorable del Consejo de Estado u órgano consultivo equivalente de la Comunidad Autónoma si lo hubiere, podrán declarar la nulidad de las disposiciones administrativas en los supuestos previstos en el artículo 47.2.

El órgano competente para la revisión de oficio podrá acordar motivadamente la inadmisión a trámite de las solicitudes formuladas por los interesados, sin necesidad de recabar Dictamen del Consejo de Estado u órgano consultivo de la Comunidad Autónoma, cuando las mismas no se basen en alguna de las causas de nulidad del artículo 47.1 o carezcan manifiestamente de fundamento, así como en el supuesto de que se hubieran desestimado en cuanto al fondo otras solicitudes sustancialmente iguales.

Las Administraciones Públicas, al declarar la nulidad de una disposición o acto, podrán establecer, en la misma resolución, las indemnizaciones que proceda reconocer a los interesados, si se dan las circunstancias previstas en los artículos 32.2 y 34.1 de la Ley de Régimen Jurídico del Sector Público sin perjuicio de que, tratándose de una disposición, subsistan los actos firmes dictados en aplicación de la misma.

Cuando el procedimiento se hubiera iniciado de oficio, el transcurso del plazo de seis meses desde su inicio sin dictarse resolución producirá la caducidad del mismo. Si el procedimiento se hubiera iniciado a solicitud de interesado, se podrá entender la misma desestimada por silencio administrativo.

Las Administraciones Públicas podrán impugnar ante el orden jurisdiccional contencioso-administrativo los actos favorables para los interesados que sean anulables conforme a lo dispuesto en el artículo 48, previa su declaración de lesividad para el interés público.

La declaración de lesividad no podrá adoptarse una vez transcurridos cuatro años desde que se dictó el acto administrativo y exigirá la previa audiencia de cuantos aparezcan como interesados en el mismo, en los términos establecidos por el artículo 82.

Sin perjuicio de su examen como presupuesto procesal de admisibilidad de la acción en el proceso judicial correspondiente, la declaración de lesividad no será susceptible de recurso, si bien podrá notificarse a los interesados a los meros efectos informativos.

Transcurrido el plazo de seis meses desde la iniciación del procedimiento sin que se hubiera declarado la lesividad, se producirá la caducidad del mismo.

Si el acto proviniera de la Administración General del Estado o de las Comunidades Autónomas, la declaración de lesividad se adoptará por el órgano de cada Administración competente en la materia.

Si el acto proviniera de las entidades que integran la Administración Local, la declaración de lesividad se adoptará por el Pleno de la Corporación o, en defecto de éste, por el órgano colegiado superior de la entidad.

Iniciado el procedimiento de revisión de oficio al que se refieren los artículos 106 y 107, el órgano competente para declarar la nulidad o lesividad, podrá suspender la ejecución del acto, cuando ésta pudiera causar perjuicios de imposible o difícil reparación.

Las Administraciones Públicas podrán revocar, mientras no haya transcurrido el plazo de prescripción, sus actos de gravamen o desfavorables, siempre que tal revocación no constituya dispensa o exención no permitida por las leyes, ni sea contraria al principio de igualdad, al interés público o al ordenamiento jurídico.

Las Administraciones Públicas podrán, asimismo, rectificar en cualquier momento, de oficio o a instancia de los interesados, los errores materiales, de hecho o aritméticos existentes en sus actos.

Las facultades de revisión establecidas en este Capítulo, no podrán ser ejercidas cuando por prescripción de acciones, por el tiempo transcurrido o por otras circunstancias, su ejercicio resulte contrario a la equidad, a la buena fe, al derecho de los particulares o a las leyes.

En el ámbito estatal, serán competentes para la revisión de oficio de las disposiciones y los actos administrativos nulos y anulables:

a) El Consejo de Ministros, respecto de sus propios actos y disposiciones y de los actos y disposiciones dictados por los Ministros.

b) En la Administración General del Estado:

1.º Los Ministros, respecto de los actos y disposiciones de los Secretarios de Estado y de los dictados por órganos directivos de su Departamento no dependientes de una Secretaría de Estado.

2.º Los Secretarios de Estado, respecto de los actos y disposiciones dictados por los órganos directivos de ellos dependientes.

c) En los Organismos públicos y entidades derecho público vinculados o dependientes de la Administración General del Estado:

1.º Los órganos a los que estén adscritos los Organismos públicos y entidades de derecho público, respecto de los actos y disposiciones dictados por el máximo órgano rector de éstos.

2.º Los máximos órganos rectores de los Organismos públicos y entidades de derecho público, respecto de los actos y disposiciones dictados por los órganos de ellos dependientes.

Según la ley 9/2007 de la Administración de la Junta de Andalucía serán competentes para la revisión de oficio de los actos nulos:

a) El Consejo de Gobierno respecto de sus propios actos, de los actos de sus Comisiones Delegadas y de los dictados por las personas titulares de las Consejerías.

b) Las personas titulares de las Consejerías respecto de los actos dictados por órganos directivos de ellas dependientes, así como respecto de los actos dictados por los máximos órganos de gobierno de las agencias que tengan adscritas.

c) Los máximos órganos rectores de las agencias respecto de los actos dictados por los órganos de ellos dependientes.

El procedimiento para declarar la lesividad de los actos anulables será iniciado por el órgano que haya dictado el acto. La declaración de lesividad, en los casos en que legalmente proceda, será competencia de la persona titular de la Consejería respectiva, salvo que se trate de actos del Consejo de Gobierno o de alguna de sus Comisiones Delegadas, en cuyo caso la declaración de lesividad corresponderá al Consejo de Gobierno. La declaración de lesividad de los actos emanados de las agencias será competencia de la persona titular de la Consejería a la que estén adscritas.

La revisión de oficio de los actos dictados en materia tributaria se ajustará a su legislación específica. La revocación de los actos de gravamen o desfavorables y la rectificación de los errores materiales, de hecho o aritméticos corresponderán al propio órgano administrativo que haya dictado el acto.

TEMA 10

EL PROCEDIMIENTO ADMINISTRATIVO COMÚN: PRINCIPIOS GENERALES. LAS FASES DEL PROCEDIMIENTO. DERECHOS DEL INTERESADO EN EL PROCEDIMIENTO. DERECHOS DE LAS PERSONAS EN SUS RELACIONES CON LAS ADMINISTRACIONES PÚBLICAS. ABSTENCIÓN Y RECUSACIÓN. ESPECIALIDADES DEL PROCEDIMIENTO ADMINISTRATIVO.

EL PROCEDIMIENTO ADMINISTRATIVO COMÚN: PRINCIPIOS GENERALES.

El procedimiento administrativo es el cauce formal de la serie de actos en que se concreta la actuación de la administración para la realización de un fin. Se regula por la ley 39/2015 de procedimiento administrativo común de las Administraciones Públicas, que cumple el precepto de la Constitución Española que establece que "la ley regulará el procedimiento a través del cual deben producirse los actos administrativos, garantizando, cuando proceda, la audiencia del interesado" (art. 105).

Tiene una naturaleza formal articulándose técnicamente como un complejo de actos que son organizados sobre la base de un vínculo común orientados a la consecución de un fin, con la contribución de todos ellos.

Los fines del procedimiento administrativo son:

a) Permitir dar satisfacción a las necesidades colectivas de una forma rápida, ágil y flexible.

b) Se constituye en garantía de los derechos o intereses legítimos de otras administraciones públicas o personas públicas, así como de los ciudadanos.

c) Posibilita la participación de los ciudadanos en la toma de decisiones por el poder público administrativo.

El procedimiento se singulariza como el modo de producción de los actos administrativos.

Cada procedimiento administrativo integrará un único expediente, aunque en su tramitación intervengan diversos órganos o entidades de la Administración de la Junta de Andalucía. Con independencia del órgano ante el que se haya presentado la solicitud o que lo haya iniciado de oficio, el procedimiento será impulsado por el órgano competente para resolverlo.

La función de impulso conlleva la capacidad de coordinar a los órganos implicados en la tramitación, formular requerimientos y efectuar cuantas actuaciones tiendan a asegurar la resolución del procedimiento en el plazo legalmente establecido. Reglamentariamente podrá designarse como órgano competente para la tramitación e impulso de los procedimientos a un órgano o entidad distintos de quien tenga la competencia para resolver, siempre que se den razones de índole técnica o de servicio que así lo justifiquen.

Los documentos emitidos, cualquiera que sea su soporte, por medios electrónicos o informáticos por los órganos o agencias de la Administración de la Junta de Andalucía serán válidos siempre que quede garantizada su autenticidad, integridad y conservación y se cumplan las demás garantías y requisitos exigidos por la normativa aplicable. La regulación de la tramitación telemática de procedimientos administrativos contemplará las garantías necesarias para salvaguardar los derechos de la ciudadanía. Dichas condiciones serán objetivas, razonables y no discriminatorias, y no obstaculizarán la prestación de servicios a la ciudadanía cuando en dicha prestación intervengan distintas Administraciones Públicas. Para entablar relaciones jurídicas por vía telemática las partes intervinientes tendrán que disponer de un certificado reconocido de usuario que les habilite para utilizar una firma electrónica en los casos y con las condiciones establecidas reglamentariamente.

La Constitución Española garantiza el sometimiento de las administraciones públicas al principio de legalidad, tanto con respecto a las normas que rigen su propia organización, como al régimen jurídico, el procedimiento administrativo y el sistema de responsabilidad.

La delimitación del régimen jurídico de las administraciones públicas se engloba en el esquema "bases más desarrollo" que permite a las Comunidades Autónomas dictar sus propias normas siempre que se ajusten a las bases estatales. Respecto al procedimiento administrativo común y al sistema de responsabilidad de las administraciones públicas la Constitución Española las contempla como una competencia normativa plena y exclusiva del Estado.

La regulación de los procedimientos propios de las Comunidades Autónomas habrá de respetar siempre las reglas del procedimiento que integra el concepto de procedimiento administrativo común.

Principios Generales.

Principio inquisitivo y de contradicción.

El procedimiento es el cauce formal de desarrollo de la actividad administrativa, la cual ha de servir al interés general con eficacia. La ley concede a la administración facultades para iniciar, impulsar, instruir y resolver el procedimiento.

El procedimiento puede iniciarse de oficio y no solo a instancia de parte.

La ordenación de su tramitación ha de impulsarse en todo momento de oficio.

La resolución que ponga fin al procedimiento debe decidir todas las cuestiones derivadas del mismo y no sólo las que hayan planteado los interesados.

Principios de publicidad y de secreto.

El acceso al conocimiento del contenido de todas las actuaciones relevantes de un procedimiento por los interesados en el mismo. La ley otorga a los interesados el derecho a conocer, en cualquier momento, el Estado de tramitación de los procedimientos en los que sean interesados y a obtener copias de los documentos contenidos en ellos.

Principio de gratuidad.

La tramitación de los procedimientos administrativos es, con carácter general, gratuita para los ciudadanos.

No comprende los gastos que se originen en un procedimiento como consecuencia de diligencias solicitadas por el propio interesado (pruebas), por otro lado, determinados procedimientos dan lugar al pago de cantidades, bien por el mismo hecho de la tramitación (procedimientos ejecutivos en hacienda pública), bien por razón del servicio o prestación cumplidos a través de la misma (en todos los supuestos contemplados por la ley 8/89 de 13 de abril, de tasas y precios públicos).

Principio de celeridad.

Se acordarán en un solo acto todos los trámites que, por su naturaleza, admitan una impulsión simultánea y no sea obligado su cumplimiento sucesivo.

Simplificación de los trámites y economía procesal.

Se pretende que los interesados obtengan respuesta de las solicitudes formuladas y sobre todo que la obtengan en el plazo establecido. "Los titulares de las unidades administrativas (...) adoptarán las medidas oportunas para remover los obstáculos que impidan, dificulten o retrasen el ejercicio pleno de los derechos de los ciudadanos.

Colaboración de los interesados.

Se obliga a los ciudadanos a facilitar a la administración, informes, inspecciones y otros actos de investigación en los casos previstos por la ley.

Los interesados en un procedimiento que conozcan datos que permitan identificar a otros interesados que no hayan comparecido en él tienen el deber de proporcionárselos a la administración actuante.

Flexibilidad del procedimiento.

• Posibilidad de subsanar defectos.

• Posibilidad de efectuar alegaciones en cualquier momento del procedimiento antes del trámite de audiencia.

• Posibilidad de utilizar cualquier medio de prueba.

• Intrascendencia de los errores en la calificación de recursos.

Principio in dubio pro actione.

Establece el procedimiento a favor de la mayor garantía del interesado y de la interpretación más favorable al ejercicio del derecho de acción.

Exigencia de legitimación.

La participación en un procedimiento concreto precisa de una cualificación específica, que se concreta en la titularidad de un interés directo, personal y legítimo que pueda resultar afectado por la resolución que se dicte.

La imparcialidad en el procedimiento administrativo.

En el procedimiento la administración actúa como juez y parte. La ley mediante las técnicas de recusación y abstención garantiza un mínimo de imparcialidad.

A los efectos previstos en esta Ley, tendrán capacidad de obrar ante las Administraciones Públicas:

a) Las personas físicas o jurídicas que ostenten capacidad de obrar con arreglo a las normas civiles.

b) Los menores de edad para el ejercicio y defensa de aquellos de sus derechos e intereses cuya actuación esté permitida por el ordenamiento jurídico sin la asistencia de la persona que ejerza la patria potestad, tutela o curatela. Se exceptúa el supuesto de los menores incapacitados, cuando la extensión de la incapacitación afecte al ejercicio y defensa de los derechos o intereses de que se trate.

c) Cuando la Ley así lo declare expresamente, los grupos de afectados, las uniones y entidades sin personalidad jurídica y los patrimonios independientes o autónomos.

Se consideran interesados en el procedimiento administrativo:

a) Quienes lo promuevan como titulares de derechos o intereses legítimos individuales o colectivos.

b) Los que, sin haber iniciado el procedimiento, tengan derechos que puedan resultar afectados por la decisión que en el mismo se adopte.

c) Aquellos cuyos intereses legítimos, individuales o colectivos, puedan resultar afectados por la resolución y se personen en el procedimiento en tanto no haya recaído resolución definitiva.

Las asociaciones y organizaciones representativas de intereses económicos y sociales serán titulares de intereses legítimos colectivos en los términos que la Ley reconozca.

Cuando la condición de interesado derivase de alguna relación jurídica transmisible, el derecho-habiente sucederá en tal condición cualquiera que sea el estado del procedimiento.

Los interesados con capacidad de obrar podrán actuar por medio de representante, entendiéndose con éste las actuaciones administrativas, salvo manifestación expresa en contra del interesado.

Las personas físicas con capacidad de obrar y las personas jurídicas, siempre que ello esté previsto en sus Estatutos, podrán actuar en representación de otras ante las Administraciones Públicas.

Para formular solicitudes, presentar declaraciones responsables o comunicaciones, interponer recursos, desistir de acciones y renunciar a derechos en nombre de otra persona, deberá acreditarse la representación. Para los actos y gestiones de mero trámite se presumirá aquella representación.

La representación podrá acreditarse mediante cualquier medio válido en Derecho que deje constancia fidedigna de su existencia.

A estos efectos, se entenderá acreditada la representación realizada mediante apoderamiento apud acta efectuado por comparecencia personal o comparecencia electrónica en la correspondiente sede electrónica, o a través de la acreditación de su inscripción en el registro electrónico de apoderamientos de la Administración Pública competente.

El órgano competente para la tramitación del procedimiento deberá incorporar al expediente administrativo acreditación de la condición de representante y de los poderes que tiene reconocidos en dicho momento. El documento electrónico que acredite el resultado de la consulta al registro electrónico de apoderamientos correspondiente tendrá la condición de acreditación a estos efectos.

La falta o insuficiente acreditación de la representación no impedirá que se tenga por realizado el acto de que se trate, siempre que se aporte aquélla o se subsane el defecto dentro del plazo de diez días que deberá conceder al efecto el órgano administrativo, o de un plazo superior cuando las circunstancias del caso así lo requieran.

Las Administraciones Públicas podrán habilitar con carácter general o específico a personas físicas o jurídicas autorizadas para la realización de determinadas transacciones electrónicas en representación de los interesados. Dicha habilitación deberá especificar las condiciones y obligaciones a las que se comprometen los que así adquieran la condición de representantes, y determinará la presunción de validez de la representación salvo que la normativa de aplicación prevea otra cosa. Las Administraciones Públicas podrán requerir, en cualquier momento, la acreditación de dicha representación. No obstante, siempre podrá comparecer el interesado por sí mismo en el procedimiento.

La Administración General del Estado, las Comunidades Autónomas y las Entidades Locales dispondrán de un registro electrónico general de apoderamientos, en el que deberán inscribirse, al menos, los de carácter general otorgados apud acta, presencial o electrónicamente, por quien ostente la condición de interesado en un procedimiento administrativo a favor de representante, para actuar en su nombre ante las Administraciones Públicas. También deberá constar el bastanteo realizado del poder.

En el ámbito estatal, este registro será el Registro Electrónico de Apoderamientos de la Administración General del Estado.

Los registros generales de apoderamientos no impedirán la existencia de registros particulares en cada Organismo donde se inscriban los poderes otorgados para la realización de trámites específicos en el mismo. Cada Organismo podrá disponer de su propio registro electrónico de apoderamientos.

Los registros electrónicos generales y particulares de apoderamientos pertenecientes a todas y cada una de las Administraciones, deberán ser plenamente interoperables entre sí, de modo que se garantice su interconexión, compatibilidad informática, así como la transmisión telemática de las solicitudes, escritos y comunicaciones que se incorporen a los mismos.

Los registros electrónicos generales y particulares de apoderamientos permitirán comprobar válidamente la representación de quienes actúen ante las Administraciones Públicas en nombre de un tercero, mediante la consulta a otros registros administrativos similares, al registro mercantil, de la propiedad, y a los protocolos notariales.

Los registros mercantiles, de la propiedad, y de los protocolos notariales serán interoperables con los registros electrónicos generales y particulares de apoderamientos.

Los asientos que se realicen en los registros electrónicos generales y particulares de apoderamientos deberán contener, al menos, la siguiente información:

a) Nombre y apellidos o la denominación o razón social, documento nacional de identidad, número de identificación fiscal o documento equivalente del poderdante.

b) Nombre y apellidos o la denominación o razón social, documento nacional de identidad, número de identificación fiscal o documento equivalente del apoderado.

c) Fecha de inscripción.

d) Período de tiempo por el cual se otorga el poder.

e) Tipo de poder según las facultades que otorgue.

Los poderes que se inscriban en los registros electrónicos generales y particulares de apoderamientos deberán corresponder a alguna de las siguientes tipologías:

a) Un poder general para que el apoderado pueda actuar en nombre del poderdante en cualquier actuación administrativa y ante cualquier Administración.

b) Un poder para que el apoderado pueda actuar en nombre del poderdante en cualquier actuación administrativa ante una Administración u Organismo concreto.

c) Un poder para que el apoderado pueda actuar en nombre del poderdante únicamente para la realización de determinados trámites especificados en el poder.

A tales efectos, por Orden del Ministro de Hacienda y Administraciones Públicas se aprobarán, con carácter básico, los modelos de poderes inscribibles en el registro distinguiendo si permiten la actuación ante todas las Administraciones de acuerdo con lo previsto en la letra a) anterior, ante la Administración General del Estado o ante las Entidades Locales.

Cada Comunidad Autónoma aprobará los modelos de poderes inscribibles en el registro cuando se circunscriba a actuaciones ante su respectiva Administración.

El apoderamiento «apud acta» se otorgará mediante comparecencia electrónica en la correspondiente sede electrónica haciendo uso de los sistemas de firma electrónica previstos en esta Ley, o bien mediante comparecencia personal en las oficinas de asistencia en materia de registros.

Los poderes inscritos en el registro tendrán una validez determinada máxima de cinco años a contar desde la fecha de inscripción. En todo caso, en cualquier momento antes de la finalización de dicho plazo el poderdante podrá revocar o prorrogar el poder. Las prórrogas otorgadas por el poderdante al registro tendrán una validez determinada máxima de cinco años a contar desde la fecha de inscripción.

Las solicitudes de inscripción del poder, de revocación, de prórroga o de denuncia del mismo podrán dirigirse a cualquier registro, debiendo quedar inscrita esta circunstancia en el registro de la Administración u Organismo ante la que tenga efectos el poder y surtiendo efectos desde la fecha en la que se produzca dicha inscripción.

Cuando en una solicitud, escrito o comunicación figuren varios interesados, las actuaciones a que den lugar se efectuarán con el representante o el interesado que expresamente hayan señalado, y, en su defecto, con el que figure en primer término.

Si durante la instrucción de un procedimiento que no haya tenido publicidad, se advierte la existencia de personas que sean titulares de derechos o intereses legítimos y directos cuya identificación resulte del expediente y que puedan resultar afectados por la resolución que se dicte, se comunicará a dichas personas la tramitación del procedimiento.

Las Administraciones Públicas están obligadas a verificar la identidad de los interesados en el procedimiento administrativo, mediante la comprobación de su nombre y apellidos o denominación o razón social, según corresponda, que consten en el Documento Nacional de Identidad o documento identificativo equivalente.

Los interesados podrán identificarse electrónicamente ante las Administraciones Públicas a través de cualquier sistema que cuente con un registro previo como usuario que permita garantizar su identidad. En particular, serán admitidos, los sistemas siguientes:

a) Sistemas basados en certificados electrónicos reconocidos o cualificados de firma electrónica expedidos por prestadores incluidos en la «Lista de confianza de prestadores de servicios de certificación». A estos efectos, se entienden comprendidos entre los citados certificados electrónicos reconocidos o cualificados los de persona jurídica y de entidad sin personalidad jurídica.

b) Sistemas basados en certificados electrónicos reconocidos o cualificados de sello electrónico expedidos por prestadores incluidos en la «Lista de confianza de prestadores de servicios de certificación».

c) Sistemas de clave concertada y cualquier otro sistema que las Administraciones Públicas consideren válido, en los términos y condiciones que se establezcan.

Cada Administración Pública podrá determinar si sólo admite alguno de estos sistemas para realizar determinados trámites o procedimientos, si bien la admisión de alguno de los sistemas de identificación previstos en la letra c) conllevará la admisión de todos los previstos en las letras a) y b) anteriores para ese trámite o procedimiento.

En todo caso, la aceptación de alguno de estos sistemas por la Administración General del Estado servirá para acreditar frente a todas las Administraciones Públicas, salvo prueba en contrario, la identificación electrónica de los interesados en el procedimiento administrativo.

Los interesados podrán firmar a través de cualquier medio que permita acreditar la autenticidad de la expresión de su voluntad y consentimiento, así como la integridad e inalterabilidad del documento.

En el caso de que los interesados optaran por relacionarse con las Administraciones Públicas a través de medios electrónicos, se considerarán válidos a efectos de firma:

a) Sistemas de firma electrónica reconocida o cualificada y avanzada basados en certificados electrónicos reconocidos o cualificados de firma electrónica expedidos por prestadores incluidos en la «Lista de confianza de prestadores de servicios de certificación». A estos efectos, se entienden comprendidos entre los citados certificados electrónicos reconocidos o cualificados los de persona jurídica y de entidad sin personalidad jurídica.

b) Sistemas de sello electrónico reconocido o cualificado y de sello electrónico avanzado basados en certificados electrónicos reconocidos o cualificados de sello electrónico incluidos en la «Lista de confianza de prestadores de servicios de certificación».

c) Cualquier otro sistema que las Administraciones Públicas consideren válido, en los términos y condiciones que se establezcan.

Cada Administración Pública, Organismo o Entidad podrá determinar si sólo admite algunos de estos sistemas para realizar determinados trámites o procedimientos de su ámbito de competencia.

Cuando así lo disponga expresamente la normativa reguladora aplicable, las Administraciones Públicas podrán admitir los sistemas de identificación contemplados en esta Ley como sistema de firma cuando permitan acreditar la autenticidad de la expresión de la voluntad y consentimiento de los interesados.

Cuando los interesados utilicen un sistema de firma de los previstos en este artículo, su identidad se entenderá ya acreditada mediante el propio acto de la firma.

Con carácter general, para realizar cualquier actuación prevista en el procedimiento administrativo, será suficiente con que los interesados acrediten previamente su identidad a través de cualquiera de los medios de identificación previstos en esta Ley.

Las Administraciones Públicas sólo requerirán a los interesados el uso obligatorio de firma para:

a) Formular solicitudes.

b) Presentar declaraciones responsables o comunicaciones.

c) Interponer recursos.

d) Desistir de acciones.

e) Renunciar a derechos.

Las Administraciones Públicas deberán garantizar que los interesados pueden relacionarse con la Administración a través de medios electrónicos, para lo que pondrán a su disposición los canales de acceso que sean necesarios así como los sistemas y aplicaciones que en cada caso se determinen.

Las Administraciones Públicas asistirán en el uso de medios electrónicos a los interesados no incluidos en los apartados 2 y 3 del artículo 14 que así lo soliciten, especialmente en lo referente a la identificación y firma electrónica, presentación de solicitudes a través del registro electrónico general y obtención de copias auténticas.

Asimismo, si alguno de estos interesados no dispone de los medios electrónicos necesarios, su identificación o firma electrónica en el procedimiento administrativo podrá ser válidamente realizada por un funcionario público mediante el uso del sistema de firma electrónica del que esté dotado para ello. En este caso, será necesario que el interesado que carezca de los medios electrónicos necesarios se identifique ante el funcionario y preste su consentimiento expreso para esta actuación, de lo que deberá quedar constancia para los casos de discrepancia o litigio.

La Administración General del Estado, las Comunidades Autónomas y las Entidades Locales mantendrán actualizado un registro, u otro sistema equivalente, donde constarán los funcionarios habilitados para la identificación o firma regulada en este artículo. Estos registros o sistemas deberán ser plenamente interoperables y estar interconectados con los de las restantes Administraciones Públicas, a los efectos de comprobar la validez de las citadas habilitaciones.

En este registro o sistema equivalente, al menos, constarán los funcionarios que presten servicios en las oficinas de asistencia en materia de registros.

LAS FASES DEL PROCEDIMIENTO.
Iniciación.
Los procedimientos podrán iniciarse de oficio o a solicitud del interesado.

Con anterioridad al inicio del procedimiento, el órgano competente podrá abrir un período de información o actuaciones previas con el fin de conocer las circunstancias del caso concreto y la conveniencia o no de iniciar el procedimiento.

En el caso de procedimientos de naturaleza sancionadora las actuaciones previas se orientarán a determinar, con la mayor precisión posible, los hechos susceptibles de motivar la incoación del procedimiento, la identificación de la persona o personas que pudieran resultar responsables y las circunstancias relevantes que concurran en unos y otros.

Las actuaciones previas serán realizadas por los órganos que tengan atribuidas funciones de investigación, averiguación e inspección en la materia y, en defecto de éstos, por la persona u órgano administrativo que se determine por el órgano competente para la iniciación o resolución del procedimiento.

Iniciado el procedimiento, el órgano administrativo competente para resolver, podrá adoptar, de oficio o a instancia de parte y de forma motivada, las medidas provisionales que estime oportunas para asegurar la eficacia de la resolución que pudiera recaer, si existiesen elementos de juicio suficientes para ello, de acuerdo con los principios de proporcionalidad, efectividad y menor onerosidad.

Antes de la iniciación del procedimiento administrativo, el órgano competente para iniciar o instruir el procedimiento, de oficio o a instancia de parte, en los casos de urgencia inaplazable y para la protección provisional de los intereses implicados, podrá adoptar de forma motivada las medidas provisionales que resulten necesarias y proporcionadas. Las medidas provisionales deberán ser confirmadas, modificadas o levantadas en el acuerdo de iniciación del procedimiento, que deberá efectuarse dentro de los quince días siguientes a su adopción, el cual podrá ser objeto del recurso que proceda.

En todo caso, dichas medidas quedarán sin efecto si no se inicia el procedimiento en dicho plazo o cuando el acuerdo de iniciación no contenga un pronunciamiento expreso acerca de las mismas.

De acuerdo con lo previsto en los dos apartados anteriores, podrán acordarse las siguientes medidas provisionales, en los términos previstos en la Ley 1/2000, de 7 de enero, de Enjuiciamiento Civil:

a) Suspensión temporal de actividades.

b) Prestación de fianzas.

c) Retirada o intervención de bienes productivos o suspensión temporal de servicios por razones de sanidad, higiene o seguridad, el cierre temporal del establecimiento por estas u otras causas previstas en la normativa reguladora aplicable.

d) Embargo preventivo de bienes, rentas y cosas fungibles computables en metálico por aplicación de precios ciertos.

e) El depósito, retención o inmovilización de cosa mueble.

f) La intervención y depósito de ingresos obtenidos mediante una actividad que se considere ilícita y cuya prohibición o cesación se pretenda.

g) Consignación o constitución de depósito de las cantidades que se reclamen.

h) La retención de ingresos a cuenta que deban abonar las Administraciones Públicas.

i) Aquellas otras medidas que, para la protección de los derechos de los interesados, prevean expresamente las leyes, o que se estimen necesarias para asegurar la efectividad de la resolución.

No se podrán adoptar medidas provisionales que puedan causar perjuicio de difícil o imposible reparación a los interesados o que impliquen violación de derechos amparados por las leyes.

Las medidas provisionales podrán ser alzadas o modificadas durante la tramitación del procedimiento, de oficio o a instancia de parte, en virtud de circunstancias sobrevenidas o que no pudieron ser tenidas en cuenta en el momento de su adopción.

En todo caso, se extinguirán cuando surta efectos la resolución administrativa que ponga fin al procedimiento correspondiente.

El órgano administrativo que inicie o tramite un procedimiento, cualquiera que haya sido la forma de su iniciación, podrá disponer, de oficio o a instancia de parte, su acumulación a otros con los que guarde identidad sustancial o íntima conexión, siempre que sea el mismo órgano quien deba tramitar y resolver el procedimiento.

Contra el acuerdo de acumulación no procederá recurso alguno.

Los procedimientos se iniciarán de oficio por acuerdo del órgano competente, bien por propia iniciativa o como consecuencia de orden superior, a petición razonada de otros órganos o por denuncia.

Se entiende por propia iniciativa, la actuación derivada del conocimiento directo o indirecto de las circunstancias, conductas o hechos objeto del procedimiento por el órgano que tiene atribuida la competencia de iniciación.

Se entiende por orden superior, la emitida por un órgano administrativo superior jerárquico del competente para la iniciación del procedimiento.

Principios de la potestad sancionadora

La potestad sancionadora de las Administraciones Públicas se ejercerá cuando haya sido expresamente reconocida por una norma con rango de Ley, con aplicación del procedimiento previsto para su ejercicio y de acuerdo con lo establecido en esta Ley y en la Ley de Procedimiento Administrativo Común de las Administraciones Públicas y, cuando se trate de Entidades Locales, de conformidad con lo dispuesto en el Título XI de la Ley 7/1985, de 2 de abril.

El ejercicio de la potestad sancionadora corresponde a los órganos administrativos que la tengan expresamente atribuida, por disposición de rango legal o reglamentario.

Las disposiciones de este Capítulo serán extensivas al ejercicio por las Administraciones Públicas de su potestad disciplinaria respecto del personal a su servicio, cualquiera que sea la naturaleza jurídica de la relación de empleo.

Las disposiciones de este capítulo no serán de aplicación al ejercicio por las Administraciones Públicas de la potestad sancionadora respecto de quienes estén vinculados a ellas por relaciones reguladas por la legislación de contratos del sector público o por la legislación patrimonial de las Administraciones Públicas.

Irretroactividad.

Serán de aplicación las disposiciones sancionadoras vigentes en el momento de producirse los hechos que constituyan infracción administrativa.

Las disposiciones sancionadoras producirán efecto retroactivo en cuanto favorezcan al presunto infractor o al infractor, tanto en lo referido a la tipificación de la infracción como a la sanción y a sus plazos de prescripción, incluso respecto de las sanciones pendientes de cumplimiento al entrar en vigor la nueva disposición.

Principio de tipicidad.

Sólo constituyen infracciones administrativas las vulneraciones del ordenamiento jurídico previstas como tales infracciones por una Ley, sin perjuicio de lo dispuesto para la Administración Local en el Título XI de la Ley 7/1985, de 2 de abril.

Las infracciones administrativas se clasificarán por la Ley en leves, graves y muy graves.

Únicamente por la comisión de infracciones administrativas podrán imponerse sanciones que, en todo caso, estarán delimitadas por la Ley.

Las disposiciones reglamentarias de desarrollo podrán introducir especificaciones o graduaciones al cuadro de las infracciones o sanciones establecidas legalmente que, sin constituir nuevas infracciones o sanciones, ni alterar la naturaleza o límites de las que la Ley contempla, contribuyan a la más correcta identificación de las conductas o a la más precisa determinación de las sanciones correspondientes.

Las normas definidoras de infracciones y sanciones no serán susceptibles de aplicación analógica.

Responsabilidad.

Sólo podrán ser sancionadas por hechos constitutivos de infracción administrativa las personas físicas y jurídicas, así como, cuando una Ley les reconozca capacidad de obrar, los grupos de afectados, las uniones y entidades sin personalidad jurídica y los patrimonios independientes o autónomos, que resulten responsables de los mismos a título de dolo o culpa.

Las responsabilidades administrativas que se deriven de la comisión de una infracción serán compatibles con la exigencia al infractor de la reposición de la situación alterada por el mismo a su estado originario, así como con la indemnización por los daños y perjuicios causados, que será determinada y exigida por el órgano al que corresponda el ejercicio de la potestad sancionadora. De no satisfacerse la indemnización en el plazo que al efecto se determine en función de su cuantía, se procederá en la forma prevista en el artículo 101 de la Ley del Procedimiento Administrativo Común de las Administraciones Públicas.

Cuando el cumplimiento de una obligación establecida por una norma con rango de Ley corresponda a varias personas conjuntamente, responderán de forma solidaria de las infracciones que, en su caso, se cometan y de las sanciones que se impongan. No obstante, cuando la sanción sea pecuniaria y sea posible se individualizará en la resolución en función del grado de participación de cada responsable.

Las leyes reguladoras de los distintos regímenes sancionadores podrán tipificar como infracción el incumplimiento de la obligación de prevenir la comisión de infracciones administrativas por quienes se hallen sujetos a una relación de dependencia o vinculación. Asimismo, podrán prever los supuestos en que determinadas personas responderán del pago de las sanciones pecuniarias impuestas a quienes de ellas dependan o estén vinculadas.

Principio de proporcionalidad.

Las sanciones administrativas, sean o no de naturaleza pecuniaria, en ningún caso podrán implicar, directa o subsidiariamente, privación de libertad.

El establecimiento de sanciones pecuniarias deberá prever que la comisión de las infracciones tipificadas no resulte más beneficioso para el infractor que el cumplimiento de las normas infringidas.

En la determinación normativa del régimen sancionador, así como en la imposición de sanciones por las Administraciones Públicas se deberá observar la debida idoneidad y necesidad de la sanción a imponer y su adecuación a la gravedad del hecho constitutivo de la infracción. La graduación de la sanción considerará especialmente los siguientes criterios:

a) El grado de culpabilidad o la existencia de intencionalidad.

b) La continuidad o persistencia en la conducta infractora.

c) La naturaleza de los perjuicios causados.

d) La reincidencia, por comisión en el término de un año de más de una infracción de la misma naturaleza cuando así haya sido declarado por resolución firme en vía administrativa.

Cuando lo justifique la debida adecuación entre la sanción que deba aplicarse con la gravedad del hecho constitutivo de la infracción y las circunstancias concurrentes, el órgano competente para resolver podrá imponer la sanción en el grado inferior.

Cuando de la comisión de una infracción derive necesariamente la comisión de otra u otras, se deberá imponer únicamente la sanción correspondiente a la infracción más grave cometida.

Será sancionable, como infracción continuada, la realización de una pluralidad de acciones u omisiones que infrinjan el mismo o semejantes preceptos administrativos, en ejecución de un plan preconcebido o aprovechando idéntica ocasión.

Prescripción.

Las infracciones y sanciones prescribirán según lo dispuesto en las leyes que las establezcan. Si éstas no fijan plazos de prescripción, las infracciones muy graves prescribirán a los tres años, las graves a los dos años y las leves a los seis meses; las sanciones impuestas por faltas muy graves prescribirán a los tres años, las impuestas por faltas graves a los dos años y las impuestas por faltas leves al año.

El plazo de prescripción de las infracciones comenzará a contarse desde el día en que la infracción se hubiera cometido. En el caso de infracciones continuadas o permanentes, el plazo comenzará a correr desde que finalizó la conducta infractora.

Interrumpirá la prescripción la iniciación, con conocimiento del interesado, de un procedimiento administrativo de naturaleza sancionadora, reiniciándose el plazo de prescripción si el expediente sancionador estuviera paralizado durante más de un mes por causa no imputable al presunto responsable.

El plazo de prescripción de las sanciones comenzará a contarse desde el día siguiente a aquel en que sea ejecutable la resolución por la que se impone la sanción o haya transcurrido el plazo para recurrirla.

Interrumpirá la prescripción la iniciación, con conocimiento del interesado, del procedimiento de ejecución, volviendo a transcurrir el plazo si aquél está paralizado durante más de un mes por causa no imputable al infractor.

En el caso de desestimación presunta del recurso de alzada interpuesto contra la resolución por la que se impone la sanción, el plazo de prescripción de la sanción comenzará a contarse desde el día siguiente a aquel en que finalice el plazo legalmente previsto para la resolución de dicho recurso.

Concurrencia de sanciones.

No podrán sancionarse los hechos que lo hayan sido penal o administrativamente, en los casos en que se aprecie identidad del sujeto, hecho y fundamento.

Cuando un órgano de la Unión Europea hubiera impuesto una sanción por los mismos hechos, y siempre que no concurra la identidad de sujeto y fundamento, el órgano competente para resolver deberá tenerla en cuenta a efectos de graduar la que, en su caso, deba imponer, pudiendo minorarla, sin perjuicio de declarar la comisión de la infracción.

En los procedimientos de naturaleza sancionadora, la orden expresará, en la medida de lo posible, la persona o personas presuntamente responsables; las conductas o hechos que pudieran constituir infracción administrativa y su tipificación; así como el lugar, la fecha, fechas o período de tiempo continuado en que los hechos se produjeron.

Se entiende por petición razonada, la propuesta de iniciación del procedimiento formulada por cualquier órgano administrativo que no tiene competencia para iniciar el mismo y que ha tenido conocimiento de las circunstancias, conductas o hechos objeto del procedimiento, bien ocasionalmente o bien por tener atribuidas funciones de inspección, averiguación o investigación.

La petición no vincula al órgano competente para iniciar el procedimiento, si bien deberá comunicar al órgano que la hubiera formulado los motivos por los que, en su caso, no procede la iniciación.

En los procedimientos de naturaleza sancionadora, las peticiones deberán especificar, en la medida de lo posible, la persona o personas presuntamente responsables; las conductas o hechos que pudieran constituir infracción administrativa y su tipificación; así como el lugar, la fecha, fechas o período de tiempo continuado en que los hechos se produjeron.

En los procedimientos de responsabilidad patrimonial, la petición deberá individualizar la lesión producida en una persona o grupo de personas, su relación de causalidad con el funcionamiento del servicio público, su evaluación económica si fuera posible, y el momento en que la lesión efectivamente se produjo.

Se entiende por denuncia, el acto por el que cualquier persona, en cumplimiento o no de una obligación legal, pone en conocimiento de un órgano administrativo la existencia de un determinado hecho que pudiera justificar la iniciación de oficio de un procedimiento administrativo.

Las denuncias deberán expresar la identidad de la persona o personas que las presentan y el relato de los hechos que se ponen en conocimiento de la Administración. Cuando dichos hechos pudieran constituir una infracción administrativa, recogerán la fecha de su comisión y, cuando sea posible, la identificación de los presuntos responsables.

Cuando la denuncia invocara un perjuicio en el patrimonio de las Administraciones Públicas la no iniciación del procedimiento deberá ser motivada y se notificará a los denunciantes la decisión de si se ha iniciado o no el procedimiento.

Cuando el denunciante haya participado en la comisión de una infracción de esta naturaleza y existan otros infractores, el órgano competente para resolver el procedimiento deberá eximir al denunciante del pago de la multa que le correspondería u otro tipo de sanción de carácter no pecuniario, cuando sea el primero en aportar elementos de prueba que permitan iniciar el procedimiento o comprobar la infracción, siempre y cuando en el momento de aportarse aquellos no se disponga de elementos suficientes para ordenar la misma y se repare el perjuicio causado.

Asimismo, el órgano competente para resolver deberá reducir el importe del pago de la multa que le correspondería o, en su caso, la sanción de carácter no pecuniario, cuando no cumpliéndose alguna de las condiciones anteriores, el denunciante facilite elementos de prueba que aporten un valor añadido significativo respecto de aquellos de los que se disponga.

En ambos casos será necesario que el denunciante cese en la participación de la infracción y no haya destruido elementos de prueba relacionados con el objeto de la denuncia.

La presentación de una denuncia no confiere, por sí sola, la condición de interesado en el procedimiento.

Cuando las Administraciones Públicas decidan iniciar de oficio un procedimiento de responsabilidad patrimonial será necesario que no haya prescrito el derecho a la reclamación del interesado al que se refiere el artículo 67.

El acuerdo de iniciación del procedimiento se notificará a los particulares presuntamente lesionados, concediéndoles un plazo de diez días para que aporten cuantas alegaciones, documentos o información estimen conveniente a su derecho y propongan cuantas pruebas sean pertinentes para el reconocimiento del mismo. El procedimiento iniciado se instruirá aunque los particulares presuntamente lesionados no se personen en el plazo establecido.

Las solicitudes que se formulen deberán contener:

a) Nombre y apellidos del interesado y, en su caso, de la persona que lo represente.

b) Identificación del medio electrónico, o en su defecto, lugar físico en que desea que se practique la notificación. Adicionalmente, los interesados podrán aportar su dirección de correo electrónico y/o dispositivo electrónico con el fin de que las Administraciones Públicas les avisen del envío o puesta a disposición de la notificación.

c) Hechos, razones y petición en que se concrete, con toda claridad, la solicitud.

d) Lugar y fecha.

e) Firma del solicitante o acreditación de la autenticidad de su voluntad expresada por cualquier medio.

f) Órgano, centro o unidad administrativa a la que se dirige y su correspondiente código de identificación.

Las oficinas de asistencia en materia de registros estarán obligadas a facilitar a los interesados el código de identificación si el interesado lo desconoce. Asimismo, las Administraciones Públicas deberán mantener y actualizar en la sede electrónica correspondiente un listado con los códigos de identificación vigentes.

Cuando las pretensiones correspondientes a una pluralidad de personas tengan un contenido y fundamento idéntico o sustancialmente similar, podrán ser formuladas en una única solicitud, salvo que las normas reguladoras de los procedimientos específicos dispongan otra cosa.

De las solicitudes, comunicaciones y escritos que presenten los interesados electrónicamente o en las oficinas de asistencia en materia de registros de la Administración, podrán éstos exigir el correspondiente recibo que acredite la fecha y hora de presentación.

Las Administraciones Públicas deberán establecer modelos y sistemas de presentación masiva que permitan a los interesados presentar simultáneamente varias solicitudes. Estos modelos, de uso voluntario, estarán a disposición de los interesados en las correspondientes sedes electrónicas y en las oficinas de asistencia en materia de registros de las Administraciones Públicas.

Los solicitantes podrán acompañar los elementos que estimen convenientes para precisar o completar los datos del modelo, los cuales deberán ser admitidos y tenidos en cuenta por el órgano al que se dirijan.

Los sistemas normalizados de solicitud podrán incluir comprobaciones automáticas de la información aportada respecto de datos almacenados en sistemas propios o pertenecientes a otras Administraciones u ofrecer el formulario cumplimentado, en todo o en parte, con objeto de que el interesado verifique la información y, en su caso, la modifique y complete.

Cuando la Administración en un procedimiento concreto establezca expresamente modelos específicos de presentación de solicitudes, éstos serán de uso obligatorio por los interesados.

Los interesados sólo podrán solicitar el inicio de un procedimiento de responsabilidad patrimonial, cuando no haya prescrito su derecho a reclamar. El derecho a reclamar prescribirá al año de producido el hecho o el acto que motive la indemnización o se manifieste su efecto lesivo. En caso de daños de carácter físico o psíquico a las personas, el plazo empezará a computarse desde la curación o la determinación del alcance de las secuelas.

En los casos en que proceda reconocer derecho a indemnización por anulación en vía administrativa o contencioso-administrativa de un acto o disposición de carácter general, el derecho a reclamar prescribirá al año de haberse notificado la resolución administrativa o la sentencia definitiva.

En los casos de responsabilidad patrimonial a que se refiere el artículo 32, apartados 4 y 5, de la Ley de Régimen Jurídico del Sector Público, el derecho a reclamar prescribirá al año de la publicación en el «Boletín Oficial del Estado» o en el «Diario Oficial de la Unión Europea», según el caso, de la sentencia que declare la inconstitucionalidad de la norma o su carácter contrario al Derecho de la Unión Europea.

Además de lo previsto en el artículo 66, en la solicitud que realicen los interesados se deberán especificar las lesiones producidas, la presunta relación de causalidad entre éstas y el funcionamiento del servicio público, la evaluación económica de la responsabilidad patrimonial, si fuera posible, y el momento en que la lesión efectivamente se produjo, e irá acompañada de cuantas alegaciones, documentos e informaciones se estimen oportunos y de la proposición de prueba, concretando los medios de que pretenda valerse el reclamante.

Si la solicitud de iniciación no reúne los requisitos que señala el artículo 66, y, en su caso, los que señala el artículo 67 u otros exigidos por la legislación específica aplicable, se requerirá al interesado para que, en un plazo de diez días, subsane la falta o acompañe los documentos preceptivos, con indicación de que, si así no lo hiciera, se le tendrá por desistido de su petición, previa resolución que deberá ser dictada en los términos previstos en el artículo 21.

Siempre que no se trate de procedimientos selectivos o de concurrencia competitiva, este plazo podrá ser ampliado prudencialmente, hasta cinco días, a petición del interesado o a iniciativa del órgano, cuando la aportación de los documentos requeridos presente dificultades especiales.

En los procedimientos iniciados a solicitud de los interesados, el órgano competente podrá recabar del solicitante la modificación o mejora voluntarias de los términos de aquélla. De ello se levantará acta sucinta, que se incorporará al procedimiento.

Si alguno de los sujetos a los que hace referencia el artículo 14.2 y 14.3 presenta su solicitud presencialmente, las Administraciones Públicas requerirán al interesado para que la subsane a través de su presentación electrónica. A estos efectos, se considerará como fecha de presentación de la solicitud aquella en la que haya sido realizada la subsanación.

A los efectos de esta Ley, se entenderá por declaración responsable el documento suscrito por un interesado en el que éste manifiesta, bajo su responsabilidad, que cumple con los requisitos establecidos en la normativa vigente para obtener el reconocimiento de un derecho o facultad o para su ejercicio, que dispone de la documentación que así lo acredita, que la pondrá a disposición de la Administración cuando le sea requerida, y que se compromete a mantener el cumplimiento de las anteriores obligaciones durante el período de tiempo inherente a dicho reconocimiento o ejercicio.

Los requisitos a los que se refiere el párrafo anterior deberán estar recogidos de manera expresa, clara y precisa en la correspondiente declaración responsable. Las Administraciones podrán requerir en cualquier momento que se aporte la documentación que acredite el cumplimiento de los mencionados requisitos y el interesado deberá aportarla.

A los efectos de esta Ley, se entenderá por comunicación aquel documento mediante el que los interesados ponen en conocimiento de la Administración Pública competente sus datos identificativos o cualquier otro dato relevante para el inicio de una actividad o el ejercicio de un derecho.

Las declaraciones responsables y las comunicaciones permitirán, el reconocimiento o ejercicio de un derecho o bien el inicio de una actividad, desde el día de su presentación, sin perjuicio de las facultades de comprobación, control e inspección que tengan atribuidas las Administraciones Públicas.

No obstante lo dispuesto en el párrafo anterior, la comunicación podrá presentarse dentro de un plazo posterior al inicio de la actividad cuando la legislación correspondiente lo prevea expresamente.

La inexactitud, falsedad u omisión, de carácter esencial, de cualquier dato o información que se incorpore a una declaración responsable o a una comunicación, o la no presentación ante la Administración competente de la declaración responsable, la documentación que sea en su caso requerida para acreditar el cumplimiento de lo declarado, o la comunicación, determinará la imposibilidad de continuar con el ejercicio del derecho o actividad afectada desde el momento en que se tenga constancia de tales hechos, sin perjuicio de las responsabilidades penales, civiles o administrativas a que hubiera lugar.

Asimismo, la resolución de la Administración Pública que declare tales circunstancias podrá determinar la obligación del interesado de restituir la situación jurídica al momento previo al reconocimiento o al ejercicio del derecho o al inicio de la actividad correspondiente, así como la imposibilidad de instar un nuevo procedimiento con el mismo objeto durante un período de tiempo determinado por la ley, todo ello conforme a los términos establecidos en las normas sectoriales de aplicación.

Las Administraciones Públicas tendrán permanentemente publicados y actualizados modelos de declaración responsable y de comunicación, fácilmente accesibles a los interesados.

Únicamente será exigible, bien una declaración responsable, bien una comunicación para iniciar una misma actividad u obtener el reconocimiento de un mismo derecho o facultad para su ejercicio, sin que sea posible la exigencia de ambas acumulativamente.

Ordenación.

Se entiende por expediente administrativo el conjunto ordenado de documentos y actuaciones que sirven de antecedente y fundamento a la resolución administrativa, así como las diligencias encaminadas a ejecutarla.

Los expedientes tendrán formato electrónico y se formarán mediante la agregación ordenada de cuantos documentos, pruebas, dictámenes, informes, acuerdos, notificaciones y demás diligencias deban integrarlos, así como un índice numerado de todos los documentos que contenga cuando se remita. Asimismo, deberá constar en el expediente copia electrónica certificada de la resolución adoptada.

Cuando en virtud de una norma sea preciso remitir el expediente electrónico, se hará de acuerdo con lo previsto en el Esquema Nacional de Interoperabilidad y en las correspondientes Normas Técnicas de Interoperabilidad, y se enviará completo, foliado, autentificado y acompañado de un índice, asimismo autentificado, de los documentos que contenga. La autenticación del citado índice garantizará la integridad e inmutabilidad del expediente electrónico generado desde el momento de su firma y permitirá su recuperación siempre que sea preciso, siendo admisible que un mismo documento forme parte de distintos expedientes electrónicos.

No formará parte del expediente administrativo la información que tenga carácter auxiliar o de apoyo, como la contenida en aplicaciones, ficheros y bases de datos informáticas, notas, borradores, opiniones, resúmenes, comunicaciones e informes internos o entre órganos o entidades administrativas, así como los juicios de valor emitidos por las Administraciones Públicas, salvo que se trate de informes, preceptivos y facultativos, solicitados antes de la resolución administrativa que ponga fin al procedimiento.

El procedimiento, sometido al principio de celeridad, se impulsará de oficio en todos sus trámites y a través de medios electrónicos, respetando los principios de transparencia y publicidad.

En el despacho de los expedientes se guardará el orden riguroso de incoación en asuntos de homogénea naturaleza, salvo que por el titular de la unidad administrativa se dé orden motivada en contrario, de la que quede constancia.

El incumplimiento de lo dispuesto en el párrafo anterior dará lugar a la exigencia de responsabilidad disciplinaria del infractor y, en su caso, será causa de remoción del puesto de trabajo.

Las personas designadas como órgano instructor o, en su caso, los titulares de las unidades administrativas que tengan atribuida tal función serán responsables directos de la tramitación del procedimiento y, en especial, del cumplimiento de los plazos establecidos.

De acuerdo con el principio de simplificación administrativa, se acordarán en un solo acto todos los trámites que, por su naturaleza, admitan un impulso simultáneo y no sea obligado su cumplimiento sucesivo.

Al solicitar los trámites que deban ser cumplidos por otros órganos, deberá consignarse en la comunicación cursada el plazo legal establecido al efecto.

Los trámites que deban ser cumplimentados por los interesados deberán realizarse en el plazo de diez días a partir del siguiente al de la notificación del correspondiente acto, salvo en el caso de que en la norma correspondiente se fije plazo distinto.

En cualquier momento del procedimiento, cuando la Administración considere que alguno de los actos de los interesados no reúne los requisitos necesarios, lo pondrá en conocimiento de su autor, concediéndole un plazo de diez días para cumplimentarlo.

A los interesados que no cumplan lo dispuesto en los apartados anteriores, se les podrá declarar decaídos en su derecho al trámite correspondiente. No obstante, se admitirá la actuación del interesado y producirá sus efectos legales, si se produjera antes o dentro del día que se notifique la resolución en la que se tenga por transcurrido el plazo.

Las cuestiones incidentales que se susciten en el procedimiento, incluso las que se refieran a la nulidad de actuaciones, no suspenderán la tramitación del mismo, salvo la recusación.

Instrucción.

Los actos de instrucción necesarios para la determinación, conocimiento y comprobación de los hechos en virtud de los cuales deba pronunciarse la resolución, se realizarán de oficio y a través de medios electrónicos, por el órgano que tramite el procedimiento, sin perjuicio del derecho de los interesados a proponer aquellas actuaciones que requieran su intervención o constituyan trámites legal o reglamentariamente establecidos.

Las aplicaciones y sistemas de información utilizados para la instrucción de los procedimientos deberán garantizar el control de los tiempos y plazos, la identificación de los órganos responsables y la tramitación ordenada de los expedientes, así como facilitar la simplificación y la publicidad de los procedimientos.

Los actos de instrucción que requieran la intervención de los interesados habrán de practicarse en la forma que resulte más conveniente para ellos y sea compatible, en la medida de lo posible, con sus obligaciones laborales o profesionales.

En cualquier caso, el órgano instructor adoptará las medidas necesarias para lograr el pleno respeto a los principios de contradicción y de igualdad de los interesados en el procedimiento.

Los interesados podrán, en cualquier momento del procedimiento anterior al trámite de audiencia, aducir alegaciones y aportar documentos u otros elementos de juicio.

Unos y otros serán tenidos en cuenta por el órgano competente al redactar la correspondiente propuesta de resolución.

En todo momento podrán los interesados alegar los defectos de tramitación y, en especial, los que supongan paralización, infracción de los plazos preceptivamente señalados o la omisión de trámites que pueden ser subsanados antes de la resolución definitiva del asunto. Dichas alegaciones podrán dar lugar, si hubiere razones para ello, a la exigencia de la correspondiente responsabilidad disciplinaria.

Los hechos relevantes para la decisión de un procedimiento podrán acreditarse por cualquier medio de prueba admisible en Derecho, cuya valoración se realizará de acuerdo con los criterios establecidos en la Ley 1/2000, de 7 de enero, de Enjuiciamiento Civil.

Cuando la Administración no tenga por ciertos los hechos alegados por los interesados o la naturaleza del procedimiento lo exija, el instructor del mismo acordará la apertura de un período de prueba por un plazo no superior a treinta días ni inferior a diez, a fin de que puedan practicarse cuantas juzgue pertinentes. Asimismo, cuando lo considere necesario, el instructor, a petición de los interesados, podrá decidir la apertura de un período extraordinario de prueba por un plazo no superior a diez días.

El instructor del procedimiento sólo podrá rechazar las pruebas propuestas por los interesados cuando sean manifiestamente improcedentes o innecesarias, mediante resolución motivada.

En los procedimientos de carácter sancionador, los hechos declarados probados por resoluciones judiciales penales firmes vincularán a las Administraciones Públicas respecto de los procedimientos sancionadores que substancien.

Los documentos formalizados por los funcionarios a los que se reconoce la condición de autoridad y en los que, observándose los requisitos legales correspondientes se recojan los hechos constatados por aquéllos harán prueba de éstos salvo que se acredite lo contrario.

Cuando la prueba consista en la emisión de un informe de un órgano administrativo, organismo público o Entidad de derecho público, se entenderá que éste tiene carácter preceptivo.

Cuando la valoración de las pruebas practicadas pueda constituir el fundamento básico de la decisión que se adopte en el procedimiento, por ser pieza imprescindible para la correcta evaluación de los hechos, deberá incluirse en la propuesta de resolución.

La Administración comunicará a los interesados, con antelación suficiente, el inicio de las actuaciones necesarias para la realización de las pruebas que hayan sido admitidas.

En la notificación se consignará el lugar, fecha y hora en que se practicará la prueba, con la advertencia, en su caso, de que el interesado puede nombrar técnicos para que le asistan.

En los casos en que, a petición del interesado, deban efectuarse pruebas cuya realización implique gastos que no deba soportar la Administración, ésta podrá exigir el anticipo de los mismos, a reserva de la liquidación definitiva, una vez practicada la prueba. La liquidación de los gastos se practicará uniendo los comprobantes que acrediten la realidad y cuantía de los mismos.

A efectos de la resolución del procedimiento, se solicitarán aquellos informes que sean preceptivos por las disposiciones legales, y los que se juzguen necesarios para resolver, citándose el precepto que los exija o fundamentando, en su caso, la conveniencia de reclamarlos.

En la petición de informe se concretará el extremo o extremos acerca de los que se solicita.

Salvo disposición expresa en contrario, los informes serán facultativos y no vinculantes.

Los informes serán emitidos a través de medios electrónicos y de acuerdo con los requisitos que señala el artículo 26 en el plazo de diez días, salvo que una disposición o el cumplimiento del resto de los plazos del procedimiento permita o exija otro plazo mayor o menor.

De no emitirse el informe en el plazo señalado, y sin perjuicio de la responsabilidad en que incurra el responsable de la demora, se podrán proseguir las actuaciones salvo cuando se trate de un informe preceptivo, en cuyo caso se podrá suspender el transcurso del plazo máximo legal para resolver el procedimiento en los términos establecidos en la letra d) del apartado 1 del artículo 22.

Si el informe debiera ser emitido por una Administración Pública distinta de la que tramita el procedimiento en orden a expresar el punto de vista correspondiente a sus competencias respectivas, y transcurriera el plazo sin que aquél se hubiera emitido, se podrán proseguir las actuaciones.

El informe emitido fuera de plazo podrá no ser tenido en cuenta al adoptar la correspondiente resolución.

En el caso de los procedimientos de responsabilidad patrimonial será preceptivo solicitar informe al servicio cuyo funcionamiento haya ocasionado la presunta lesión indemnizable, no pudiendo exceder de diez días el plazo de su emisión.

Cuando las indemnizaciones reclamadas sean de cuantía igual o superior a 50.000 euros o a la que se establezca en la correspondiente legislación autonómica, así como en aquellos casos que disponga la Ley Orgánica 3/1980, de 22 de abril, del Consejo de Estado, será preceptivo solicitar dictamen del Consejo de Estado o, en su caso, del órgano consultivo de la Comunidad Autónoma.

A estos efectos, el órgano instructor, en el plazo de diez días a contar desde la finalización del trámite de audiencia, remitirá al órgano competente para solicitar el dictamen una propuesta de resolución, que se ajustará a lo previsto en el artículo 91, o, en su caso, la propuesta de acuerdo por el que se podría terminar convencionalmente el procedimiento.

El dictamen se emitirá en el plazo de dos meses y deberá pronunciarse sobre la existencia o no de relación de causalidad entre el funcionamiento del servicio público y la lesión producida y, en su caso, sobre la valoración del daño causado y la cuantía y modo de la indemnización de acuerdo con los criterios establecidos en esta Ley.

En el caso de reclamaciones en materia de responsabilidad patrimonial del Estado por el funcionamiento anormal de la Administración de Justicia, será preceptivo el informe del Consejo General del Poder Judicial que será evacuado en el plazo máximo de dos meses. El plazo para dictar resolución quedará suspendido por el tiempo que medie entre la solicitud, del informe y su recepción, no pudiendo exceder dicho plazo de los citados dos meses.

Instruidos los procedimientos, e inmediatamente antes de redactar la propuesta de resolución, se pondrán de manifiesto a los interesados o, en su caso, a sus representantes, para lo que se tendrán en cuenta las limitaciones previstas en su caso en la Ley 19/2013, de 9 de diciembre.

La audiencia a los interesados será anterior a la solicitud del informe del órgano competente para el asesoramiento jurídico o a la solicitud del Dictamen del Consejo de Estado u órgano consultivo equivalente de la Comunidad Autónoma, en el caso que éstos formaran parte del procedimiento.

Los interesados, en un plazo no inferior a diez días ni superior a quince, podrán alegar y presentar los documentos y justificaciones que estimen pertinentes.

Si antes del vencimiento del plazo los interesados manifiestan su decisión de no efectuar alegaciones ni aportar nuevos documentos o justificaciones, se tendrá por realizado el trámite.

Se podrá prescindir del trámite de audiencia cuando no figuren en el procedimiento ni sean tenidos en cuenta en la resolución otros hechos ni otras alegaciones y pruebas que las aducidas por el interesado.

En los procedimientos de responsabilidad patrimonial a los que se refiere el artículo 32.9 de la Ley de Régimen Jurídico del Sector Público, será necesario en todo caso dar audiencia al contratista, notificándole cuantas actuaciones se realicen en el procedimiento, al efecto de que se persone en el mismo, exponga lo que a su derecho convenga y proponga cuantos medios de prueba estime necesarios.

El órgano al que corresponda la resolución del procedimiento, cuando la naturaleza de éste lo requiera, podrá acordar un período de información pública.

A tal efecto, se publicará un anuncio en el Diario oficial correspondiente a fin de que cualquier persona física o jurídica pueda examinar el expediente, o la parte del mismo que se acuerde.

El anuncio señalará el lugar de exhibición, debiendo estar en todo caso a disposición de las personas que lo soliciten a través de medios electrónicos en la sede electrónica correspondiente, y determinará el plazo para formular alegaciones, que en ningún caso podrá ser inferior a veinte días.

La incomparecencia en este trámite no impedirá a los interesados interponer los recursos procedentes contra la resolución definitiva del procedimiento.

La comparecencia en el trámite de información pública no otorga, por sí misma, la condición de interesado. No obstante, quienes presenten alegaciones u observaciones en este trámite tienen derecho a obtener de la Administración una respuesta razonada, que podrá ser común para todas aquellas alegaciones que planteen cuestiones sustancialmente iguales.

Conforme a lo dispuesto en las leyes, las Administraciones Públicas podrán establecer otras formas, medios y cauces de participación de las personas, directamente o a través de las organizaciones y asociaciones reconocidas por la ley en el procedimiento en el que se dictan los actos administrativos.

Finalización.

Pondrán fin al procedimiento la resolución, el desistimiento, la renuncia al derecho en que se funde la solicitud, cuando tal renuncia no esté prohibida por el ordenamiento jurídico, y la declaración de caducidad.

También producirá la terminación del procedimiento la imposibilidad material de continuarlo por causas sobrevenidas. La resolución que se dicte deberá ser motivada en todo caso.

Iniciado un procedimiento sancionador, si el infractor reconoce su responsabilidad, se podrá resolver el procedimiento con la imposición de la sanción que proceda.

Cuando la sanción tenga únicamente carácter pecuniario o bien quepa imponer una sanción pecuniaria y otra de carácter no pecuniario pero se ha justificado la improcedencia de la segunda, el pago voluntario por el presunto responsable, en cualquier momento anterior a la resolución, implicará la terminación del procedimiento, salvo en lo relativo a la reposición de la situación alterada o a la determinación de la indemnización por los daños y perjuicios causados por la comisión de la infracción.

En ambos casos, cuando la sanción tenga únicamente carácter pecuniario, el órgano competente para resolver el procedimiento aplicará reducciones de, al menos, el 20 % sobre el importe de la sanción propuesta, siendo éstos acumulables entre sí. Las citadas reducciones, deberán estar determinadas en la notificación de iniciación del procedimiento y su efectividad estará condicionada al desistimiento o renuncia de cualquier acción o recurso en vía administrativa contra la sanción.

El porcentaje de reducción previsto en este apartado podrá ser incrementado reglamentariamente.

Las Administraciones Públicas podrán celebrar acuerdos, pactos, convenios o contratos con personas tanto de Derecho público como privado, siempre que no sean contrarios al ordenamiento jurídico ni versen sobre materias no susceptibles de transacción y tengan por objeto satisfacer el interés público que tienen encomendado, con el alcance, efectos y régimen jurídico específico que, en su caso, prevea la disposición que lo regule, pudiendo tales actos tener la consideración de finalizadores de los procedimientos administrativos o insertarse en los mismos con carácter previo, vinculante o no, a la resolución que les ponga fin.

Los citados instrumentos deberán establecer como contenido mínimo la identificación de las partes intervinientes, el ámbito personal, funcional y territorial, y el plazo de vigencia, debiendo publicarse o no según su naturaleza y las personas a las que estuvieran destinados.

Requerirán en todo caso la aprobación expresa del Consejo de Ministros u órgano equivalente de las Comunidades Autónomas, los acuerdos que versen sobre materias de la competencia directa de dicho órgano.

Los acuerdos que se suscriban no supondrán alteración de las competencias atribuidas a los órganos administrativos, ni de las responsabilidades que correspondan a las autoridades y funcionarios, relativas al funcionamiento de los servicios públicos.

En los casos de procedimientos de responsabilidad patrimonial, el acuerdo alcanzado entre las partes deberá fijar la cuantía y modo de indemnización de acuerdo con los criterios que para calcularla y abonarla establece el artículo 34 de la Ley de Régimen Jurídico del Sector Público.

Antes de dictar resolución, el órgano competente para resolver podrá decidir, mediante acuerdo motivado, la realización de las actuaciones complementarias indispensables para resolver el procedimiento. No tendrán la consideración de actuaciones complementarias los informes que preceden inmediatamente a la resolución final del procedimiento.

El acuerdo de realización de actuaciones complementarias se notificará a los interesados, concediéndoseles un plazo de siete días para formular las alegaciones que tengan por pertinentes tras la finalización de las mismas. Las actuaciones complementarias deberán practicarse en un plazo no superior a quince días. El plazo para resolver el procedimiento quedará suspendido hasta la terminación de las actuaciones complementarias.

La resolución que ponga fin al procedimiento decidirá todas las cuestiones planteadas por los interesados y aquellas otras derivadas del mismo.

Cuando se trate de cuestiones conexas que no hubieran sido planteadas por los interesados, el órgano competente podrá pronunciarse sobre las mismas, poniéndolo antes de manifiesto a aquéllos por un plazo no superior a quince días, para que formulen las alegaciones que estimen pertinentes y aporten, en su caso, los medios de prueba.

En los procedimientos tramitados a solicitud del interesado, la resolución será congruente con las peticiones formuladas por éste, sin que en ningún caso pueda agravar su situación inicial y sin perjuicio de la potestad de la Administración de incoar de oficio un nuevo procedimiento, si procede.

Las resoluciones contendrán la decisión, que será motivada en los casos a que se refiere el artículo 35. Expresarán, además, los recursos que contra la misma procedan, órgano administrativo o judicial ante el que hubieran de presentarse y plazo para interponerlos, sin perjuicio de que los interesados puedan ejercitar cualquier otro que estimen oportuno.

Sin perjuicio de la forma y lugar señalados por el interesado para la práctica de las notificaciones, la resolución del procedimiento se dictará electrónicamente y garantizará la identidad del órgano competente, así como la autenticidad e integridad del documento que se formalice mediante el empleo de alguno de los instrumentos previstos en esta Ley.

En ningún caso podrá la Administración abstenerse de resolver so pretexto de silencio, oscuridad o insuficiencia de los preceptos legales aplicables al caso, aunque podrá acordarse la inadmisión de las solicitudes de reconocimiento de derechos no previstos en el ordenamiento jurídico o manifiestamente carentes de fundamento, sin perjuicio del derecho de petición previsto por el artículo 29 de la Constitución.

La aceptación de informes o dictámenes servirá de motivación a la resolución cuando se incorporen al texto de la misma.

Cuando la competencia para instruir y resolver un procedimiento no recaiga en un mismo órgano, será necesario que el instructor eleve al órgano competente para resolver un propuesta de resolución.

En los procedimientos de carácter sancionador, la propuesta de resolución deberá ser notificada a los interesados en los términos previstos en el artículo siguiente.

Una vez recibido, en su caso, el dictamen al que se refiere el artículo 81.2 o, cuando éste no sea preceptivo, una vez finalizado el trámite de audiencia, el órgano competente resolverá o someterá la propuesta de acuerdo para su formalización por el interesado y por el órgano administrativo competente para suscribirlo. Cuando no se estimase procedente formalizar la propuesta de terminación convencional, el órgano competente resolverá en los términos previstos en el apartado siguiente.

Además de lo previsto en el artículo 88, en los casos de procedimientos de responsabilidad patrimonial, será necesario que la resolución se pronuncie sobre la existencia o no de la relación de causalidad entre el funcionamiento del servicio público y la lesión producida y, en su caso, sobre la valoración del daño causado, la cuantía y el modo de la indemnización, cuando proceda, de acuerdo con los criterios que para calcularla y abonarla se establecen en el artículo 34 de la Ley de Régimen Jurídico del Sector Público.

Transcurridos seis meses desde que se inició el procedimiento sin que haya recaído y se notifique resolución expresa o, en su caso, se haya formalizado el acuerdo, podrá entenderse que la resolución es contraria a la indemnización del particular.

En el ámbito de la Administración General del Estado, los procedimientos de responsabilidad patrimonial se resolverán por el Ministro respectivo o por el Consejo de Ministros en los casos del artículo 32.3 de la Ley de Régimen Jurídico del Sector Público o cuando una ley así lo disponga.

En el ámbito autonómico y local, los procedimientos de responsabilidad patrimonial se resolverán por los órganos correspondientes de las Comunidades Autónomas o de las Entidades que integran la Administración Local.

En el caso de las Entidades de Derecho Público, las normas que determinen su régimen jurídico podrán establecer los órganos a quien corresponde la resolución de los procedimientos de responsabilidad patrimonial. En su defecto, se aplicarán las normas previstas en este artículo.

En los procedimientos iniciados de oficio, la Administración podrá desistir, motivadamente, en los supuestos y con los requisitos previstos en las Leyes.

Todo interesado podrá desistir de su solicitud o, cuando ello no esté prohibido por el ordenamiento jurídico, renunciar a sus derechos.

Si el escrito de iniciación se hubiera formulado por dos o más interesados, el desistimiento o la renuncia sólo afectará a aquellos que la hubiesen formulado.

Tanto el desistimiento como la renuncia podrán hacerse por cualquier medio que permita su constancia, siempre que incorpore las firmas que correspondan de acuerdo con lo previsto en la normativa aplicable.

La Administración aceptará de plano el desistimiento o la renuncia, y declarará concluso el procedimiento salvo que, habiéndose personado en el mismo terceros interesados, instasen éstos su continuación en el plazo de diez días desde que fueron notificados del desistimiento o renuncia.

Si la cuestión suscitada por la incoación del procedimiento entrañase interés general o fuera conveniente sustanciarla para su definición y esclarecimiento, la Administración podrá limitar los efectos del desistimiento o la renuncia al interesado y seguirá el procedimiento.

En los procedimientos iniciados a solicitud del interesado, cuando se produzca su paralización por causa imputable al mismo, la Administración le advertirá que, transcurridos tres meses, se producirá la caducidad del procedimiento. Consumido este plazo sin que el particular requerido realice las actividades necesarias para reanudar la tramitación, la Administración acordará el archivo de las actuaciones, notificándoselo al interesado. Contra la resolución que declare la caducidad procederán los recursos pertinentes.

No podrá acordarse la caducidad por la simple inactividad del interesado en la cumplimentación de trámites, siempre que no sean indispensables para dictar resolución. Dicha inactividad no tendrá otro efecto que la pérdida de su derecho al referido trámite.

La caducidad no producirá por sí sola la prescripción de las acciones del particular o de la Administración, pero los procedimientos caducados no interrumpirán el plazo de prescripción.

En los casos en los que sea posible la iniciación de un nuevo procedimiento por no haberse producido la prescripción, podrán incorporarse a éste los actos y trámites cuyo contenido se hubiera mantenido igual de no haberse producido la caducidad. En todo caso, en el nuevo procedimiento deberán cumplimentarse los trámites de alegaciones, proposición de prueba y audiencia al interesado.

Podrá no ser aplicable la caducidad en el supuesto de que la cuestión suscitada afecte al interés general, o fuera conveniente sustanciarla para su definición y esclarecimiento.

Cuando razones de interés público o la falta de complejidad del procedimiento así lo aconsejen, las Administraciones Públicas podrán acordar, de oficio o a solicitud del interesado, la tramitación simplificada del procedimiento.

En cualquier momento del procedimiento anterior a su resolución, el órgano competente para su tramitación podrá acordar continuar con arreglo a la tramitación ordinaria.

Cuando la Administración acuerde de oficio la tramitación simplificada del procedimiento deberá notificarlo a los interesados. Si alguno de ellos manifestara su oposición expresa, la Administración deberá seguir la tramitación ordinaria.

Los interesados podrán solicitar la tramitación simplificada del procedimiento. Si el órgano competente para la tramitación aprecia que no concurre alguna de las razones previstas en el apartado 1, podrá desestimar dicha solicitud, en el plazo de cinco días desde su presentación, sin que exista posibilidad de recurso por parte del interesado. Transcurrido el mencionado plazo de cinco días se entenderá desestimada la solicitud.

En el caso de procedimientos en materia de responsabilidad patrimonial de las Administraciones Públicas, si una vez iniciado el procedimiento administrativo el órgano competente para su tramitación considera inequívoca la relación de causalidad entre el funcionamiento del servicio público y la lesión, así como la valoración del daño y el cálculo de la cuantía de la indemnización, podrá acordar de oficio la suspensión del procedimiento general y la iniciación de un procedimiento simplificado.

En el caso de procedimientos de naturaleza sancionadora, se podrá adoptar la tramitación simplificada del procedimiento cuando el órgano competente para iniciar el procedimiento considere que, de acuerdo con lo previsto en su normativa reguladora, existen elementos de juicio suficientes para calificar la infracción como leve, sin que quepa la oposición expresa por parte del interesado prevista en el apartado 2.

Salvo que reste menos para su tramitación ordinaria, los procedimientos administrativos tramitados de manera simplificada deberán ser resueltos en treinta días, a contar desde el siguiente al que se notifique al interesado el acuerdo de tramitación simplificada del procedimiento, y constarán únicamente de los siguientes trámites:

a) Inicio del procedimiento de oficio o a solicitud del interesado.

b) Subsanación de la solicitud presentada, en su caso.

c) Alegaciones formuladas al inicio del procedimiento durante el plazo de cinco días.

d) Trámite de audiencia, únicamente cuando la resolución vaya a ser desfavorable para el interesado.

e) Informe del servicio jurídico, cuando éste sea preceptivo.

f) Informe del Consejo General del Poder Judicial, cuando éste sea preceptivo.

g) Dictamen del Consejo de Estado u órgano consultivo equivalente de la Comunidad Autónoma en los casos en que sea preceptivo. Desde que se solicite el Dictamen al Consejo de Estado, u órgano equivalente, hasta que éste sea emitido, se producirá la suspensión automática del plazo para resolver.

El órgano competente solicitará la emisión del Dictamen en un plazo tal que permita cumplir el plazo de resolución del procedimiento. El Dictamen podrá ser emitido en el plazo de quince días si así lo solicita el órgano competente.

En todo caso, en el expediente que se remita al Consejo de Estado u órgano consultivo equivalente, se incluirá una propuesta de resolución. Cuando el Dictamen sea contrario al fondo de la propuesta de resolución, con independencia de que se atienda o no este criterio, el órgano competente para resolver acordará continuar el procedimiento con arreglo a la tramitación ordinaria, lo que se notificará a los interesados. En este caso, se entenderán convalidadas todas las actuaciones que se hubieran realizado durante la tramitación simplificada del procedimiento, a excepción del Dictamen del Consejo de Estado u órgano consultivo equivalente.

h) Resolución.

En el caso que un procedimiento exigiera la realización de un trámite no previsto en el apartado anterior, deberá ser tramitado de manera ordinaria.

Se entiende por documentos públicos administrativos los válidamente emitidos por los órganos de las Administraciones Públicas. Las Administraciones Públicas emitirán los documentos administrativos por escrito, a través de medios electrónicos, a menos que su naturaleza exija otra forma más adecuada de expresión y constancia.

Para ser considerados válidos, los documentos electrónicos administrativos deberán:

a) Contener información de cualquier naturaleza archivada en un soporte electrónico según un formato determinado susceptible de identificación y tratamiento diferenciado.

b) Disponer de los datos de identificación que permitan su individualización, sin perjuicio de su posible incorporación a un expediente electrónico.

c) Incorporar una referencia temporal del momento en que han sido emitidos.

d) Incorporar los metadatos mínimos exigidos.

e) Incorporar las firmas electrónicas que correspondan de acuerdo con lo previsto en la normativa aplicable.

Se considerarán válidos los documentos electrónicos, que cumpliendo estos requisitos, sean trasladados a un tercero a través de medios electrónicos.

No requerirán de firma electrónica, los documentos electrónicos emitidos por las Administraciones Públicas que se publiquen con carácter meramente informativo, así como aquellos que no formen parte de un expediente administrativo. En todo caso, será necesario identificar el origen de estos documentos.

Cada Administración Pública determinará los órganos que tengan atribuidas las competencias de expedición de copias auténticas de los documentos públicos administrativos o privados.

Las copias auténticas de documentos privados surten únicamente efectos administrativos. Las copias auténticas realizadas por una Administración Pública tendrán validez en las restantes Administraciones.

A estos efectos, la Administración General del Estado, las Comunidades Autónomas y las Entidades Locales podrán realizar copias auténticas mediante funcionario habilitado o mediante actuación administrativa automatizada.

Se deberá mantener actualizado un registro, u otro sistema equivalente, donde constarán los funcionarios habilitados para la expedición de copias auténticas que deberán ser plenamente interoperables y estar interconectados con los de las restantes Administraciones Públicas, a los efectos de comprobar la validez de la citada habilitación. En este registro o sistema equivalente constarán, al menos, los funcionarios que presten servicios en las oficinas de asistencia en materia de registros.

Tendrán la consideración de copia auténtica de un documento público administrativo o privado las realizadas, cualquiera que sea su soporte, por los órganos competentes de las Administraciones Públicas en las que quede garantizada la identidad del órgano que ha realizado la copia y su contenido.

Las copias auténticas tendrán la misma validez y eficacia que los documentos originales.

Para garantizar la identidad y contenido de las copias electrónicas o en papel, y por tanto su carácter de copias auténticas, las Administraciones Públicas deberán ajustarse a lo previsto en el Esquema Nacional de Interoperabilidad, el Esquema Nacional de Seguridad y sus normas técnicas de desarrollo, así como a las siguientes reglas:

a) Las copias electrónicas de un documento electrónico original o de una copia electrónica auténtica, con o sin cambio de formato, deberán incluir los metadatos que acrediten su condición de copia y que se visualicen al consultar el documento.

b) Las copias electrónicas de documentos en soporte papel o en otro soporte no electrónico susceptible de digitalización, requerirán que el documento haya sido digitalizado y deberán incluir los metadatos que acrediten su condición de copia y que se visualicen al consultar el documento.

Se entiende por digitalización, el proceso tecnológico que permite convertir un documento en soporte papel o en otro soporte no electrónico en un fichero electrónico que contiene la imagen codificada, fiel e íntegra del documento.

c) Las copias en soporte papel de documentos electrónicos requerirán que en las mismas figure la condición de copia y contendrán un código generado electrónicamente u otro sistema de verificación, que permitirá contrastar la autenticidad de la copia mediante el acceso a los archivos electrónicos del órgano u Organismo público emisor.

d) Las copias en soporte papel de documentos originales emitidos en dicho soporte se proporcionarán mediante una copia auténtica en papel del documento electrónico que se encuentre en poder de la Administración o bien mediante una puesta de manifiesto electrónica conteniendo copia auténtica del documento original.

A estos efectos, las Administraciones harán públicos, a través de la sede electrónica correspondiente, los códigos seguros de verificación u otro sistema de verificación utilizado.

Los interesados podrán solicitar, en cualquier momento, la expedición de copias auténticas de los documentos públicos administrativos que hayan sido válidamente emitidos por las Administraciones Públicas. La solicitud se dirigirá al órgano que emitió el documento original, debiendo expedirse, salvo las excepciones derivadas de la aplicación de la Ley 19/2013, de 9 de diciembre, en el plazo de quince días a contar desde la recepción de la solicitud en el registro electrónico de la Administración u Organismo competente.

Asimismo, las Administraciones Públicas estarán obligadas a expedir copias auténticas electrónicas de cualquier documento en papel que presenten los interesados y que se vaya a incorporar a un expediente administrativo.

Cuando las Administraciones Públicas expidan copias auténticas electrónicas, deberá quedar expresamente así indicado en el documento de la copia.

La expedición de copias auténticas de documentos públicos notariales, registrales y judiciales, así como de los diarios oficiales, se regirá por su legislación específica.

Los interesados deberán aportar al procedimiento administrativo los datos y documentos exigidos por las Administraciones Públicas de acuerdo con lo dispuesto en la normativa aplicable. Asimismo, los interesados podrán aportar cualquier otro documento que estimen conveniente.

Los interesados no estarán obligados a aportar documentos que hayan sido elaborados por cualquier Administración, con independencia de que la presentación de los citados documentos tenga carácter preceptivo o facultativo en el procedimiento de que se trate, siempre que el interesado haya expresado su consentimiento a que sean consultados o recabados dichos documentos. Se presumirá que la consulta u obtención es autorizada por los interesados salvo que conste en el procedimiento su oposición expresa o la ley especial aplicable requiera consentimiento expreso.

En ausencia de oposición del interesado, las Administraciones Públicas deberán recabar los documentos electrónicamente a través de sus redes corporativas o mediante consulta a las plataformas de intermediación de datos u otros sistemas electrónicos habilitados al efecto.

Cuando se trate de informes preceptivos ya elaborados por un órgano administrativo distinto al que tramita el procedimiento, éstos deberán ser remitidos en el plazo de diez días a contar desde su solicitud. Cumplido este plazo, se informará al interesado de que puede aportar este informe o esperar a su remisión por el órgano competente.

Las Administraciones no exigirán a los interesados la presentación de documentos originales, salvo que, con carácter excepcional, la normativa reguladora aplicable establezca lo contrario.

Asimismo, las Administraciones Públicas no requerirán a los interesados datos o documentos no exigidos por la normativa reguladora aplicable o que hayan sido aportados anteriormente por el interesado a cualquier Administración. A estos efectos, el interesado deberá indicar en qué momento y ante que órgano administrativo presentó los citados documentos, debiendo las Administraciones Públicas recabarlos electrónicamente a través de sus redes corporativas o de una consulta a las plataformas de intermediación de datos u otros sistemas electrónicos habilitados al efecto. Se presumirá que esta consulta es autorizada por los interesados, salvo que conste en el procedimiento su oposición expresa o la ley especial aplicable requiera consentimiento expreso, debiendo, en ambos casos, ser informados previamente de sus derechos en materia de protección de datos de carácter personal. Excepcionalmente, si las Administraciones Públicas no pudieran recabar los citados documentos, podrán solicitar nuevamente al interesado su aportación.

Cuando con carácter excepcional, y de acuerdo con lo previsto en esta Ley, la Administración solicitara al interesado la presentación de un documento original y éste estuviera en formato papel, el interesado deberá obtener una copia auténtica, según los requisitos establecidos en el artículo 27, con carácter previo a su presentación electrónica. La copia electrónica resultante reflejará expresamente esta circunstancia.

Excepcionalmente, cuando la relevancia del documento en el procedimiento lo exija o existan dudas derivadas de la calidad de la copia, las Administraciones podrán solicitar de manera motivada el cotejo de las copias aportadas por el interesado, para lo que podrán requerir la exhibición del documento o de la información original.

Las copias que aporten los interesados al procedimiento administrativo tendrán eficacia, exclusivamente en el ámbito de la actividad de las Administraciones Públicas.

Los interesados se responsabilizarán de la veracidad de los documentos que presenten.

Los términos y plazos establecidos en ésta u otras leyes obligan a las autoridades y personal al servicio de las Administraciones Públicas competentes para la tramitación de los asuntos, así como a los interesados en los mismos.

Salvo que por Ley o en el Derecho de la Unión Europea se disponga otro cómputo, cuando los plazos se señalen por horas, se entiende que éstas son hábiles. Son hábiles todas las horas del día que formen parte de un día hábil.

Los plazos expresados por horas se contarán de hora en hora y de minuto en minuto desde la hora y minuto en que tenga lugar la notificación o publicación del acto de que se trate y no podrán tener una duración superior a veinticuatro horas, en cuyo caso se expresarán en días.

Siempre que por Ley o en el Derecho de la Unión Europea no se exprese otro cómputo, cuando los plazos se señalen por días, se entiende que éstos son hábiles, excluyéndose del cómputo los sábados, los domingos y los declarados festivos.

Cuando los plazos se hayan señalado por días naturales por declararlo así una ley o por el Derecho de la Unión Europea, se hará constar esta circunstancia en las correspondientes notificaciones.

Los plazos expresados en días se contarán a partir del día siguiente a aquel en que tenga lugar la notificación o publicación del acto de que se trate, o desde el siguiente a aquel en que se produzca la estimación o la desestimación por silencio administrativo.

Si el plazo se fija en meses o años, éstos se computarán a partir del día siguiente a aquel en que tenga lugar la notificación o publicación del acto de que se trate, o desde el siguiente a aquel en que se produzca la estimación o desestimación por silencio administrativo.

El plazo concluirá el mismo día en que se produjo la notificación, publicación o silencio administrativo en el mes o el año de vencimiento. Si en el mes de vencimiento no hubiera día equivalente a aquel en que comienza el cómputo, se entenderá que el plazo expira el último día del mes.

Cuando el último día del plazo sea inhábil, se entenderá prorrogado al primer día hábil siguiente.

Cuando un día fuese hábil en el municipio o Comunidad Autónoma en que residiese el interesado, e inhábil en la sede del órgano administrativo, o a la inversa, se considerará inhábil en todo caso.

La Administración General del Estado y las Administraciones de las Comunidades Autónomas, con sujeción al calendario laboral oficial, fijarán, en su respectivo ámbito, el calendario de días inhábiles a efectos de cómputos de plazos. El calendario aprobado por las Comunidades Autónomas comprenderá los días inhábiles de las Entidades Locales correspondientes a su ámbito territorial, a las que será de aplicación.

Dicho calendario deberá publicarse antes del comienzo de cada año en el diario oficial que corresponda, así como en otros medios de difusión que garanticen su conocimiento generalizado.

La declaración de un día como hábil o inhábil a efectos de cómputo de plazos no determina por sí sola el funcionamiento de los centros de trabajo de las Administraciones Públicas, la organización del tiempo de trabajo o el régimen de jornada y horarios de las mismas.

Cada Administración Pública publicará los días y el horario en el que deban permanecer abiertas las oficinas que prestarán asistencia para la presentación electrónica de documentos, garantizando el derecho de los interesados a ser asistidos en el uso de medios electrónicos.

El registro electrónico de cada Administración u Organismo se regirá a efectos de cómputo de los plazos, por la fecha y hora oficial de la sede electrónica de acceso, que deberá contar con las medidas de seguridad necesarias para garantizar su integridad y figurar de modo accesible y visible.

El funcionamiento del registro electrónico se regirá por las siguientes reglas:

a) Permitirá la presentación de documentos todos los días del año durante las veinticuatro horas.

b) A los efectos del cómputo de plazo fijado en días hábiles, y en lo que se refiere al cumplimiento de plazos por los interesados, la presentación en un día inhábil se entenderá realizada en la primera hora del primer día hábil siguiente salvo que una norma permita expresamente la recepción en día inhábil.

Los documentos se considerarán presentados por el orden de hora efectiva en el que lo fueron en el día inhábil. Los documentos presentados en el día inhábil se reputarán anteriores, según el mismo orden, a los que lo fueran el primer día hábil posterior.

c) El inicio del cómputo de los plazos que hayan de cumplir las Administraciones Públicas vendrá determinado por la fecha y hora de presentación en el registro electrónico de cada Administración u Organismo. En todo caso, la fecha y hora efectiva de inicio del cómputo de plazos deberá ser comunicada a quien presentó el documento.

La sede electrónica del registro de cada Administración Pública u Organismo, determinará, atendiendo al ámbito territorial en el que ejerce sus competencias el titular de aquélla y al calendario previsto en el artículo 30.7, los días que se considerarán inhábiles a los efectos previstos en este artículo. Este será el único calendario de días inhábiles que se aplicará a efectos del cómputo de plazos en los registros electrónicos, sin que resulte de aplicación a los mismos lo dispuesto en el artículo 30.6.

La Administración, salvo precepto en contrario, podrá conceder de oficio o a petición de los interesados, una ampliación de los plazos establecidos, que no exceda de la mitad de los mismos, si las circunstancias lo aconsejan y con ello no se perjudican derechos de tercero. El acuerdo de ampliación deberá ser notificado a los interesados.

La ampliación de los plazos por el tiempo máximo permitido se aplicará en todo caso a los procedimientos tramitados por las misiones diplomáticas y oficinas consulares, así como a aquellos que, sustanciándose en el interior, exijan cumplimentar algún trámite en el extranjero o en los que intervengan interesados residentes fuera de España.

Tanto la petición de los interesados como la decisión sobre la ampliación deberán producirse, en todo caso, antes del vencimiento del plazo de que se trate. En ningún caso podrá ser objeto de ampliación un plazo ya vencido. Los acuerdos sobre ampliación de plazos o sobre su denegación no serán susceptibles de recurso, sin perjuicio del procedente contra la resolución que ponga fin al procedimiento.

Cuando una incidencia técnica haya imposibilitado el funcionamiento ordinario del sistema o aplicación que corresponda, y hasta que se solucione el problema, la Administración podrá determinar una ampliación de los plazos no vencidos, debiendo publicar en la sede electrónica tanto la incidencia técnica acontecida como la ampliación concreta del plazo no vencido.

Cuando razones de interés público lo aconsejen, se podrá acordar, de oficio o a petición del interesado, la aplicación al procedimiento de la tramitación de urgencia, por la cual se reducirán a la mitad los plazos establecidos para el procedimiento ordinario, salvo los relativos a la presentación de solicitudes y recursos.

No cabrá recurso alguno contra el acuerdo que declare la aplicación de la tramitación de urgencia al procedimiento, sin perjuicio del procedente contra la resolución que ponga fin al procedimiento.

La lengua de los procedimientos tramitados por la Administración General del Estado será el castellano. No obstante lo anterior, los interesados que se dirijan a los órganos de la Administración General del Estado con sede en el territorio de una Comunidad Autónoma podrán utilizar también la lengua que sea cooficial en ella.

En este caso, el procedimiento se tramitará en la lengua elegida por el interesado. Si concurrieran varios interesados en el procedimiento, y existiera discrepancia en cuanto a la lengua, el procedimiento se tramitará en castellano, si bien los documentos o testimonios que requieran los interesados se expedirán en la lengua elegida por los mismos.

En los procedimientos tramitados por las Administraciones de las Comunidades Autónomas y de las Entidades Locales, el uso de la lengua se ajustará a lo previsto en la legislación autonómica correspondiente.

La Administración Pública instructora deberá traducir al castellano los documentos, expedientes o partes de los mismos que deban surtir efecto fuera del territorio de la Comunidad Autónoma y los documentos dirigidos a los interesados que así lo soliciten expresamente. Si debieran surtir efectos en el territorio de una Comunidad Autónoma donde sea cooficial esa misma lengua distinta del castellano, no será precisa su traducción.

Cada Administración dispondrá de un Registro Electrónico General, en el que se hará el correspondiente asiento de todo documento que sea presentado o que se reciba en cualquier órgano administrativo, Organismo público o Entidad vinculado o dependiente a éstos. También se podrán anotar en el mismo, la salida de los documentos oficiales dirigidos a otros órganos o particulares.

Los Organismos públicos vinculados o dependientes de cada Administración podrán disponer de su propio registro electrónico plenamente interoperable e interconectado con el Registro Electrónico General de la Administración de la que depende.

El Registro Electrónico General de cada Administración funcionará como un portal que facilitará el acceso a los registros electrónicos de cada Organismo. Tanto el Registro Electrónico General de cada Administración como los registros electrónicos de cada Organismo cumplirán con las garantías y medidas de seguridad previstas en la legislación en materia de protección de datos de carácter personal.

Las disposiciones de creación de los registros electrónicos se publicarán en el diario oficial correspondiente y su texto íntegro deberá estar disponible para consulta en la sede electrónica de acceso al registro. En todo caso, las disposiciones de creación de registros electrónicos especificarán el órgano o unidad responsable de su gestión, así como la fecha y hora oficial y los días declarados como inhábiles.

En la sede electrónica de acceso a cada registro figurará la relación actualizada de trámites que pueden iniciarse en el mismo.

Los asientos se anotarán respetando el orden temporal de recepción o salida de los documentos, e indicarán la fecha del día en que se produzcan. Concluido el trámite de registro, los documentos serán cursados sin dilación a sus destinatarios y a las unidades administrativas correspondientes desde el registro en que hubieran sido recibidas.

El registro electrónico de cada Administración u Organismo garantizará la constancia, en cada asiento que se practique, de un número, epígrafe expresivo de su naturaleza, fecha y hora de su presentación, identificación del interesado, órgano administrativo remitente, si procede, y persona u órgano administrativo al que se envía, y, en su caso, referencia al contenido del documento que se registra. Para ello, se emitirá automáticamente un recibo consistente en una copia autenticada del documento de que se trate, incluyendo la fecha y hora de presentación y el número de entrada de registro, así como un recibo acreditativo de otros documentos que, en su caso, lo acompañen, que garantice la integridad y el no repudio de los mismos.

Los documentos que los interesados dirijan a los órganos de las Administraciones Públicas podrán presentarse:

a) En el registro electrónico de la Administración u Organismo al que se dirijan, así como en los restantes registros electrónicos de cualquiera de los sujetos a los que se refiere el artículo 2.1.

b) En las oficinas de Correos, en la forma que reglamentariamente se establezca.

c) En las representaciones diplomáticas u oficinas consulares de España en el extranjero.

d) En las oficinas de asistencia en materia de registros.

e) En cualquier otro que establezcan las disposiciones vigentes.

Los registros electrónicos de todas y cada una de las Administraciones, deberán ser plenamente interoperables, de modo que se garantice su compatibilidad informática e interconexión, así como la transmisión telemática de los asientos registrales y de los documentos que se presenten en cualquiera de los registros.

Los documentos presentados de manera presencial ante las Administraciones Públicas, deberán ser digitalizados, de acuerdo con lo previsto en el artículo 27 y demás normativa aplicable, por la oficina de asistencia en materia de registros en la que hayan sido presentados para su incorporación al expediente administrativo electrónico, devolviéndose los originales al interesado, sin perjuicio de aquellos supuestos en que la norma determine la custodia por la Administración de los documentos presentados o resulte obligatoria la presentación de objetos o de documentos en un soporte específico no susceptibles de digitalización.

Reglamentariamente, las Administraciones podrán establecer la obligación de presentar determinados documentos por medios electrónicos para ciertos procedimientos y colectivos de personas físicas que, por razón de su capacidad económica, técnica, dedicación profesional u otros motivos quede acreditado que tienen acceso y disponibilidad de los medios electrónicos necesarios.

Podrán hacerse efectivos mediante transferencia dirigida a la oficina pública correspondiente cualesquiera cantidades que haya que satisfacer en el momento de la presentación de documentos a las Administraciones Públicas, sin perjuicio de la posibilidad de su abono por otros medios.

Las Administraciones Públicas deberán hacer pública y mantener actualizada una relación de las oficinas en las que se prestará asistencia para la presentación electrónica de documentos.

No se tendrán por presentados en el registro aquellos documentos e información cuyo régimen especial establezca otra forma de presentación.

Cada Administración deberá mantener un archivo electrónico único de los documentos electrónicos que correspondan a procedimientos finalizados, en los términos establecidos en la normativa reguladora aplicable.

Los documentos electrónicos deberán conservarse en un formato que permita garantizar la autenticidad, integridad y conservación del documento, así como su consulta con independencia del tiempo transcurrido desde su emisión. Se asegurará en todo caso la posibilidad de trasladar los datos a otros formatos y soportes que garanticen el acceso desde diferentes aplicaciones. La eliminación de dichos documentos deberá ser autorizada de acuerdo a lo dispuesto en la normativa aplicable.

Los medios o soportes en que se almacenen documentos, deberán contar con medidas de seguridad, de acuerdo con lo previsto en el Esquema Nacional de Seguridad, que garanticen la integridad, autenticidad, confidencialidad, calidad, protección y conservación de los documentos almacenados. En particular, asegurarán la identificación de los usuarios y el control de accesos, así como el cumplimiento de las garantías previstas en la legislación de protección de datos.

Las personas colaborarán con la Administración en los términos previstos en la Ley que en cada caso resulte aplicable, y a falta de previsión expresa, facilitarán a la Administración los informes, inspecciones y otros actos de investigación que requieran para el ejercicio de sus competencias, salvo que la revelación de la información solicitada por la Administración atentara contra el honor, la intimidad personal o familiar o supusieran la comunicación de datos confidenciales de terceros de los que tengan conocimiento por la prestación de servicios profesionales de diagnóstico, asesoramiento o defensa, sin perjuicio de lo dispuesto en la legislación en materia de blanqueo de capitales y financiación de actividades terroristas.

Los interesados en un procedimiento que conozcan datos que permitan identificar a otros interesados que no hayan comparecido en él tienen el deber de proporcionárselos a la Administración actuante.

Cuando las inspecciones requieran la entrada en el domicilio del afectado o en los restantes lugares que requieran autorización del titular, se estará a lo dispuesto en el artículo 100.

La comparecencia de las personas ante las oficinas públicas, ya sea presencialmente o por medios electrónicos, sólo será obligatoria cuando así esté previsto en una norma con rango de ley.

En los casos en que proceda la comparecencia, la correspondiente citación hará constar expresamente el lugar, fecha, hora, los medios disponibles y objeto de la comparecencia, así como los efectos de no atenderla.

Las Administraciones Públicas entregarán al interesado certificación acreditativa de la comparecencia cuando así lo solicite.

Los titulares de las unidades administrativas y el personal al servicio de las Administraciones Públicas que tuviesen a su cargo la resolución o el despacho de los asuntos, serán responsables directos de su tramitación y adoptarán las medidas oportunas para remover los obstáculos que impidan, dificulten o retrasen el ejercicio pleno de los derechos de los interesados o el respeto a sus intereses legítimos, disponiendo lo necesario para evitar y eliminar toda anomalía en la tramitación de procedimientos.

Los interesados podrán solicitar la exigencia de esa responsabilidad a la Administración Pública de que dependa el personal afectado.

DERECHOS DEL INTERESADO EN EL PROCEDIMIENTO. DERECHOS DE LAS PERSONAS EN SUS RELACIONES CON LAS ADMINISTRACIONES PÚBLICAS.

Quienes de conformidad con el artículo 3, tienen capacidad de obrar ante las Administraciones Públicas, son titulares, en sus relaciones con ellas, de los siguientes derechos:

a) A comunicarse con las Administraciones Públicas a través de un Punto de Acceso General electrónico de la Administración.

b) A ser asistidos en el uso de medios electrónicos en sus relaciones con las Administraciones Públicas.

c) A utilizar las lenguas oficiales en el territorio de su Comunidad Autónoma, de acuerdo con lo previsto en esta Ley y en el resto del ordenamiento jurídico.

d) Al acceso a la información pública, archivos y registros, de acuerdo con lo previsto en la Ley 19/2013, de 9 de diciembre, de transparencia, acceso a la información pública y buen gobierno y el resto del Ordenamiento Jurídico.

e) A ser tratados con respeto y deferencia por las autoridades y empleados públicos, que habrán de facilitarles el ejercicio de sus derechos y el cumplimiento de sus obligaciones.

f) A exigir las responsabilidades de las Administraciones Públicas y autoridades, cuando así corresponda legalmente.

g) A la obtención y utilización de los medios de identificación y firma electrónica contemplados en esta Ley.

h) A la protección de datos de carácter personal, y en particular a la seguridad y confidencialidad de los datos que figuren en los ficheros, sistemas y aplicaciones de las Administraciones Públicas.

i) Cualesquiera otros que les reconozcan la Constitución y las leyes.

Además del resto de derechos previstos en esta Ley, los interesados en un procedimiento administrativo, tienen los siguientes derechos:

a) A conocer, en cualquier momento, el estado de la tramitación de los procedimientos en los que tengan la condición de interesados; el sentido del silencio administrativo que corresponda, en caso de que la Administración no dicte ni notifique resolución expresa en plazo; el órgano competente para su instrucción, en su caso, y resolución; y los actos de trámite dictados. Asimismo, también tendrán derecho a acceder y a obtener copia de los documentos contenidos en los citados procedimientos.

Quienes se relacionen con las Administraciones Públicas a través de medios electrónicos, tendrán derecho a consultar la información a la que se refiere el párrafo anterior, en el Punto de Acceso General electrónico de la Administración que funcionará como un portal de acceso. Se entenderá cumplida la obligación de la Administración de facilitar copias de los documentos contenidos en los procedimientos mediante la puesta a disposición de las mismas en el Punto de Acceso General electrónico de la Administración competente o en las sedes electrónicas que correspondan.

b) A identificar a las autoridades y al personal al servicio de las Administraciones Públicas bajo cuya responsabilidad se tramiten los procedimientos.

c) A no presentar documentos originales salvo que, de manera excepcional, la normativa reguladora aplicable establezca lo contrario. En caso de que, excepcionalmente, deban presentar un documento original, tendrán derecho a obtener una copia autenticada de éste.

d) A no presentar datos y documentos no exigidos por las normas aplicables al procedimiento de que se trate, que ya se encuentren en poder de las Administraciones Públicas o que hayan sido elaborados por éstas.

e) A formular alegaciones, utilizar los medios de defensa admitidos por el Ordenamiento Jurídico, y a aportar documentos en cualquier fase del procedimiento anterior al trámite de audiencia, que deberán ser tenidos en cuenta por el órgano competente al redactar la propuesta de resolución.

f) A obtener información y orientación acerca de los requisitos jurídicos o técnicos que las disposiciones vigentes impongan a los proyectos, actuaciones o solicitudes que se propongan realizar.

g) A actuar asistidos de asesor cuando lo consideren conveniente en defensa de sus intereses.

h) A cumplir las obligaciones de pago a través de los medios electrónicos previstos en el artículo 98.2.

i) Cualesquiera otros que les reconozcan la Constitución y las leyes.

Además de los derechos previstos en el apartado anterior, en el caso de procedimientos administrativos de naturaleza sancionadora, los presuntos responsables tendrán los siguientes derechos:

a) A ser notificado de los hechos que se le imputen, de las infracciones que tales hechos puedan constituir y de las sanciones que, en su caso, se les pudieran imponer, así como de la identidad del instructor, de la autoridad competente para imponer la sanción y de la norma que atribuya tal competencia.

b) A la presunción de no existencia de responsabilidad administrativa mientras no se demuestre lo contrario.

La ley 9/2007 de la Administración de la Comunidad Autónoma de Andalucía establece que la actuación de la Administración de la Junta de Andalucía se desarrollará con el máximo respeto a los principios de publicidad y transparencia, sin perjuicio de las limitaciones derivadas del derecho a la intimidad o de otros derechos constitucionales que gozan de una protección específica. En atención a dichos derechos, la publicidad de los actos y procedimientos administrativos se realizará de acuerdo con el principio de proporcionalidad.

Toda la ciudadanía tiene derecho a ser informada, en general, sobre los servicios de la Administración de la Junta de Andalucía y, en particular, sobre los asuntos que le afecten. Reglamentariamente se determinarán los medios a través de los cuales se prestarán servicios de interpretación en lengua de signos española para las personas que los necesiten. En orden a facilitar el derecho a la información de la ciudadanía, la Administración de la Junta de Andalucía está obligada a:

a) Informar de manera actualizada sobre la organización propia y sobre los principales servicios y prestaciones públicos, así como facilitar toda aquella información relativa a la identificación y la localización de los órganos y unidades administrativas, especialmente a través de páginas web claras, completas, accesibles y actualizadas.

b) Ofrecer información general sobre los procedimientos vigentes de la competencia de la Administración de la Junta de Andalucía, utilizando especialmente para ello las vías electrónicas que permitan un acceso rápido y eficaz a dicha información.

c) Adoptar las estrategias multicanales de atención a la ciudadanía al objeto de ampliar e integrar las vías de información entre la Administración y la ciudadanía.

d) Informar sobre los medios de impugnación y de reclamación al alcance del ciudadano.

Cualquier ciudadano podrá ejercer el derecho de petición ante la Administración de la Junta de Andalucía, de acuerdo con la Constitución y con la Ley Orgánica que regule el ejercicio de este derecho. Las peticiones pueden expresar también sugerencias relativas al funcionamiento de los servicios públicos que, en defecto de procedimiento específico para su atención y respuesta, se deberán tramitar conforme al procedimiento establecido en la Ley Orgánica reguladora del derecho de petición.

En todas las Consejerías de la Junta de Andalucía existirá un registro general y los registros auxiliares que se establezcan. Asimismo, en las agencias administrativas, en las agencias de régimen especial, en las Delegaciones del Gobierno de la Junta de Andalucía, en las Delegaciones Provinciales de las Consejerías o en las Delegaciones Territoriales y en los órganos de ámbito inferior a la provincia que, en su caso, se creen existirá un registro general o un registro de carácter auxiliar.

Reglamentariamente se establecerán los días y horarios en que deberán permanecer abiertas las oficinas de registro dependientes de la Administración de la Junta de Andalucía.

Los registros generales de los Ayuntamientos actuarán como registros de entrada para la recepción de documentos dirigidos a la Administración de la Junta de Andalucía.

Los registros telemáticos dependientes de la Junta de Andalucía estarán habilitados para la recepción o transmisión de documentos electrónicos relativos a los procedimientos, las actividades o los servicios contemplados en las disposiciones autonómicas que establezcan la tramitación telemática de los mismos y permitirán la entrada y salida de documentos electrónicos a través de cualquier soporte reconocido.

Los registros telemáticos permitirán la entrada de documentos electrónicos a través de redes abiertas de telecomunicación todos los días del año durante las veinticuatro horas del día. Reglamentariamente se regulará el funcionamiento de los registros telemáticos.

En todo caso, los medios o soportes en que se almacenen los documentos electrónicos contarán con las medidas de seguridad que garanticen la integridad, protección y conservación de los documentos almacenados, así como la identificación de las personas usuarias y el control de acceso de los mismos.

Cualquier ciudadano tiene derecho a presentar escritos y documentos en los registros dependientes de la Administración de la Junta de Andalucía, así como a obtener constancia de dicha presentación. Los órganos administrativos que por error reciban instancias, peticiones o solicitudes de la ciudadanía darán traslado inmediato de las mismas al órgano que resulte competente para su tramitación, poniéndolo en conocimiento de los sujetos interesados. La ciudadanía tiene derecho a no presentar aquellos documentos que ya obren en poder de la Administración de la Junta de Andalucía, siempre que indique el día y procedimiento en que los presentó.

En todas las Consejerías, Delegaciones del Gobierno de la Junta de Andalucía, Delegaciones Provinciales de las Consejerías, en las Delegaciones Territoriales y agencias estará a disposición de la ciudadanía un libro en el que podrán formularse sugerencias o reclamaciones, sin que estas últimas tengan el carácter de recurso administrativo.

La ciudadanía tiene derecho a acceder a la información pública, archivos y registros en los términos y con las condiciones establecidas en la Constitución, en la Ley de Transparencia, Acceso a la Información Pública y Buen Gobierno, en la Ley de Transparencia Pública de Andalucía y demás que resulten de aplicación.

La ciudadanía tiene derecho al acceso, corrección y cancelación de sus datos personales en poder de la Administración de la Junta de Andalucía.

ABSTENCIÓN Y RECUSACIÓN.

La **abstención** es el deber que tiene todo funcionario que actúa en un procedimiento de rehusar intervenir en el mismo cuando se halle comprendido en alguna de las causas legalmente previstas al efecto.

Las autoridades y el personal al servicio de las Administraciones en quienes se den algunas de las circunstancias señaladas en el apartado siguiente se abstendrán de intervenir en el procedimiento y lo comunicarán a su superior inmediato, quien resolverá lo procedente.

Son motivos de abstención los siguientes:

a) Tener interés personal en el asunto de que se trate o en otro en cuya resolución pudiera influir la de aquél; ser administrador de sociedad o entidad interesada, o tener cuestión litigiosa pendiente con algún interesado.

b) Tener un vínculo matrimonial o situación de hecho asimilable y el parentesco de consanguinidad dentro del cuarto grado o de afinidad dentro del segundo, con cualquiera de los interesados, con los administradores de entidades o sociedades interesadas y también con los asesores, representantes legales o mandatarios que intervengan en el procedimiento, así como compartir despacho profesional o estar asociado con éstos para el asesoramiento, la representación o el mandato.

c) Tener amistad íntima o enemistad manifiesta con alguna de las personas mencionadas en el apartado anterior.

d) Haber intervenido como perito o como testigo en el procedimiento de que se trate.

e) Tener relación de servicio con persona natural o jurídica interesada directamente en el asunto, o haberle prestado en los dos últimos años servicios profesionales de cualquier tipo y en cualquier circunstancia o lugar.

GRADO	PRIMERO	SEGUNDO	TERCERO	CUARTO
CONSAGUINIDAD	Hijos Padres	Nietos Hermanos Abuelos	Tíos Sobrinos	Primos
AFINIDAD	Suegros Yernos, Nueras	Cuñados	Tíos Sobrinos	Primos

Los órganos jerárquicamente superiores a quien se encuentre en alguna de las circunstancias señaladas en el punto anterior podrán ordenarle que se abstengan de toda intervención en el expediente.

La actuación de autoridades y personal al servicio de las Administraciones Públicas en los que concurran motivos de abstención no implicará, necesariamente, y en todo caso, la invalidez de los actos en que hayan intervenido.

La no abstención en los casos en que concurra alguna de esas circunstancias dará lugar a la responsabilidad que proceda.

En los casos previstos en el artículo anterior, podrá promoverse recusación por los interesados en cualquier momento de la tramitación del procedimiento.

La recusación se planteará por escrito en el que se expresará la causa o causas en que se funda.

En el día siguiente el recusado manifestará a su inmediato superior si se da o no en él la causa alegada. En el primer caso, si el superior aprecia la concurrencia de la causa de recusación, acordará su sustitución acto seguido.

Si el recusado niega la causa de recusación, el superior resolverá en el plazo de tres días, previos los informes y comprobaciones que considere oportunos.

Contra las resoluciones adoptadas en esta materia no cabrá recurso, sin perjuicio de la posibilidad de alegar la recusación al interponer el recurso que proceda contra el acto que ponga fin al procedimiento.

ESPECIALIDADES DEL PROCEDIMIENTO ADMINISTRATIVO.

El procedimiento administrativo es el cauce formal de la serie de actos en que se concreta la actuación administrativa para la realización de un fin.

La Ley 39/2015 de procedimiento administrativo común de las Administraciones Públicas y la Ley 40/2015 de Régimen Jurídico del Sector Público regulan los procedimientos especiales para la elaboración de disposiciones de carácter general, el sancionador y la responsablidad patrimonial.

El procedimiento para la elaboración de disposiciones generales trata de asegurar la legalidad, acierto y oportunidad de la disposición, mediante los correspondientes estudios e informes previos, al mismo tiempo que permite conocer la opinión de los administrados a través del trámite de información que, con las naturales cautelas, se prevé.

El procedimiento sancionador tiene carácter supletorio. Sin embargo, las normas esenciales de garantía del interesado, contenidas en la Ley, se aplicarán cuando no estén consignadas en las de un procedimiento especial.

LA POTESTAD SANCIONADORA Y DEL PROCEDIMIENTO SANCIONADOR.

Los procedimientos de naturaleza sancionadora se iniciarán siempre de oficio por acuerdo del órgano competente y establecerán la debida separación entre la fase instructora y la sancionadora, que se encomendará a órganos distintos.

Se considerará que un órgano es competente para iniciar el procedimiento cuando así lo determinen las normas reguladoras del mismo.

En ningún caso se podrá imponer una sanción sin que se haya tramitado el oportuno procedimiento.

No se podrán iniciar nuevos procedimientos de carácter sancionador por hechos o conductas tipificadas como infracciones en cuya comisión el infractor persista de forma continuada, en tanto no haya recaído una primera resolución sancionadora, con carácter ejecutivo.

El acuerdo de iniciación se comunicará al instructor del procedimiento, con traslado de cuantas actuaciones existan al respecto, y se notificará a los interesados, entendiendo en todo caso por tal al inculpado.

Asimismo, la incoación se comunicará al denunciante cuando las normas reguladoras del procedimiento así lo prevean.

El acuerdo de iniciación deberá contener al menos:

a) Identificación de la persona o personas presuntamente responsables.

b) Los hechos que motivan la incoación del procedimiento, su posible calificación y las sanciones que pudieran corresponder, sin perjuicio de lo que resulte de la instrucción.

c) Identificación del instructor y, en su caso, Secretario del procedimiento, con expresa indicación del régimen de recusación de los mismos.

d) Órgano competente para la resolución del procedimiento y norma que le atribuya tal competencia, indicando la posibilidad de que el presunto responsable pueda reconocer voluntariamente su responsabilidad, con los efectos previstos en el artículo 85.

e) Medidas de carácter provisional que se hayan acordado por el órgano competente para iniciar el procedimiento sancionador, sin perjuicio de las que se puedan adoptar durante el mismo de conformidad con el artículo 56.

f) Indicación del derecho a formular alegaciones y a la audiencia en el procedimiento y de los plazos para su ejercicio, así como indicación de que, en caso de no efectuar alegaciones en el plazo previsto sobre el contenido del acuerdo de iniciación, éste podrá ser considerado propuesta de resolución cuando contenga un pronunciamiento preciso acerca de la responsabilidad imputada.

Excepcionalmente, cuando en el momento de dictar el acuerdo de iniciación no existan elementos suficientes para la calificación inicial de los hechos que motivan la incoación del procedimiento, la citada calificación podrá realizarse en una fase posterior mediante la elaboración de un Pliego de cargos, que deberá ser notificado a los interesados.

El órgano instructor resolverá la finalización del procedimiento, con archivo de las actuaciones, sin que sea necesaria la formulación de la propuesta de resolución, cuando en la instrucción procedimiento se ponga de manifiesto que concurre alguna de las siguientes circunstancias:

a) La inexistencia de los hechos que pudieran constituir la infracción.

b) Cuando lo hechos no resulten acreditados.

c) Cuando los hechos probados no constituyan, de modo manifiesto, infracción administrativa.

d) Cuando no exista o no se haya podido identificar a la persona o personas responsables o bien aparezcan exentos de responsabilidad.

e) Cuando se concluyera, en cualquier momento, que ha prescrito la infracción.

En el caso de procedimientos de carácter sancionador, una vez concluida la instrucción del procedimiento, el órgano instructor formulará una propuesta de resolución que deberá ser notificada a los interesados. La propuesta de resolución deberá indicar la puesta de manifiesto del procedimiento y el plazo para formular alegaciones y presentar los documentos e informaciones que se estimen pertinentes.

En la propuesta de resolución se fijarán de forma motivada los hechos que se consideren probados y su exacta calificación jurídica, se determinará la infracción que, en su caso, aquéllos constituyan, la persona o personas responsables y la sanción que se proponga, la valoración de las pruebas practicadas, en especial aquellas que constituyan los fundamentos básicos de la decisión, así como las medidas provisionales que, en su caso, se hubieran adoptado. Cuando la instrucción concluya la inexistencia de infracción o responsabilidad y no se haga uso de la facultad prevista en el apartado primero, la propuesta declarará esa circunstancia.

En el caso de procedimientos de carácter sancionador, además del contenido previsto en los dos artículos anteriores, la resolución incluirá la valoración de las pruebas practicadas, en especial aquellas que constituyan los fundamentos básicos de la decisión, fijarán los hechos y, en su caso, la persona o personas responsables, la infracción o infracciones cometidas y la sanción o sanciones que se imponen, o bien la declaración de no existencia de infracción o responsabilidad.

2. En la resolución no se podrán aceptar hechos distintos de los determinados en el curso del procedimiento, con independencia de su diferente valoración jurídica. No obstante, cuando el órgano competente para resolver considere que la infracción o la sanción revisten mayor gravedad que la determinada en la propuesta de resolución, se notificará al inculpado para que aporte cuantas alegaciones estime convenientes en el plazo de quince días.

La resolución que ponga fin al procedimiento será ejecutiva cuando no quepa contra ella ningún recurso ordinario en vía administrativa, pudiendo adoptarse en la misma las disposiciones cautelares precisas para garantizar su eficacia en tanto no sea ejecutiva y que podrán consistir en el mantenimiento de las medidas provisionales que en su caso se hubieran adoptado.

Cuando la resolución sea ejecutiva, se podrá suspender cautelarmente, si el interesado manifiesta a la Administración su intención de interponer recurso contencioso-administrativo contra la resolución firme en vía administrativa. Dicha suspensión cautelar finalizará cuando:

a) Haya transcurrido el plazo legalmente previsto sin que el interesado haya interpuesto recurso contencioso administrativo.

b) Habiendo el interesado interpuesto recurso contencioso-administrativo:

1.º No se haya solicitado en el mismo trámite la suspensión cautelar de la resolución impugnada.

2.º El órgano judicial se pronuncie sobre la suspensión cautelar solicitada, en los términos previstos en ella.

Cuando las conductas sancionadas hubieran causado daños o perjuicios a las Administraciones y la cuantía destinada a indemnizar estos daños no hubiera quedado determinada en el expediente, se fijará mediante un procedimiento complementario, cuya resolución será inmediatamente ejecutiva. Este procedimiento será susceptible de terminación convencional, pero ni ésta ni la aceptación por el infractor de la resolución que pudiera recaer implicarán el reconocimiento voluntario de su responsabilidad. La resolución del procedimiento pondrá fin a la vía administrativa.

RECLAMACIONES ECONÓMICO-ADMINISTRATIVAS

La ley establece que las reclamaciones económico-administrativas se ajustarán a los procedimientos establecidos por su legislación específica, fundamentalmente por la ley 58/2003 General Tributaria.

Dicha ley establece que podrá reclamarse en vía económico-administrativa en relación con las siguientes materias:

a) La aplicación de los tributos y la imposición de sanciones tributarias que realicen la Administración General del Estado y las entidades de derecho público vinculadas o dependientes de la misma.

b) La aplicación de los tributos cedidos por el Estado a las Comunidades Autónomas o de los recargos establecidos por éstas sobre tributos del Estado y la imposición de sanciones que se deriven de unos y otros.

c) Cualquier otra que se establezca por precepto legal expreso.

La reclamación económico-administrativa será admisible, en relación con las materias a las que se refiere el artículo anterior, contra los actos siguientes:

*1   Los que provisional o definitivamente reconozcan o denieguen un derecho o declaren una obligación o un deber.

a)   Los de trámite que decidan, directa o indirectamente, el fondo del asunto o pongan término al procedimiento.

En materia de aplicación de los tributos, son reclamables:

a) Las liquidaciones provisionales o definitivas.

b) Las resoluciones expresas o presuntas derivadas de una solicitud de rectificación de una autoliquidación o de una comunicación de datos.

c) Las comprobaciones de valor de rentas, productos, bienes, derechos y gastos, así como los actos de fijación de valores, rendimientos y bases, cuando la normativa tributaria lo establezca.

d) Los actos que denieguen o reconozcan exenciones, beneficios o incentivos fiscales.

e) Los actos que aprueben o denieguen planes especiales de amortización.

f) Los actos que determinen el régimen tributario aplicable a un obligado tributario, en cuanto sean determinantes de futuras obligaciones, incluso formales, a su cargo.

g) Los actos dictados en el procedimiento de recaudación.

h) Los actos respecto a los que la normativa tributaria así lo establezca.

Asimismo, serán reclamables los actos que impongan sanciones. Serán reclamables, igualmente, previo cumplimiento de los requisitos y en la forma que se determine reglamentariamente, las siguientes actuaciones u omisiones de los particulares en materia tributaria:

a) Las relativas a las obligaciones de repercutir y soportar la repercusión prevista legalmente.

b) Las relativas a las obligaciones de practicar y soportar retenciones o ingresos a cuenta.

c) Las relativas a la obligación de expedir, entregar y rectificar facturas que incumbe a los empresarios y profesionales.

d) Las derivadas de las relaciones entre el sustituto y el contribuyente.

No se admitirán reclamaciones económico-administrativas respecto de los siguientes actos:

a) Los que den lugar a reclamación en vía administrativa previa a la judicial, civil o laboral o pongan fin a dicha vía.

b) Los dictados en procedimientos en los que esté reservada al Ministro de Hacienda o al Secretario de Estado de Hacienda la resolución que ultime la vía administrativa.

c) Los dictados en virtud de una Ley que los excluya de reclamación económico-administrativa.

El conocimiento de las reclamaciones económico-administrativas corresponderá con exclusividad a los órganos económico-administrativos, que actuarán con independencia funcional en el ejercicio de sus competencias.

En el ámbito de competencias del Estado, son órganos económico-administrativos:

a) El Tribunal Económico-Administrativo Central.

b) Los tribunales económico-administrativos regionales y locales.

También tendrá la consideración de órgano económico-administrativo la Sala Especial para la Unificación de Doctrina. La competencia de los tribunales económico-administrativos será irrenunciable e improrrogable y no podrá ser alterada por la voluntad de los interesados.

Procedimiento de las reclamaciones económico-administrativas.

La reclamación económico-administrativa en única o primera instancia se interpondrá en el plazo de un mes a contar desde el día siguiente al de la notificación del acto impugnado, desde el día siguiente a aquél en que se produzcan los efectos del silencio administrativo o desde el día siguiente a aquél en que quede constancia de la realización u omisión de la retención o ingreso a cuenta, de la repercusión motivo de la reclamación o de la sustitución derivada de las relaciones entre el sustituto y el contribuyente.

El procedimiento deberá iniciarse mediante escrito que podrá limitarse a solicitar que se tenga por interpuesta, identificando al reclamante, el acto o actuación contra el que se reclama, el domicilio para notificaciones y el tribunal ante el que se interpone. Asimismo, el reclamante podrá acompañar las alegaciones en que base su derecho.

El escrito de interposición se dirigirá al órgano administrativo que haya dictado el acto reclamable que lo remitirá al tribunal competente en el plazo de un mes junto con el expediente correspondiente, al que se podrá incorporar un informe si se considera conveniente.

No obstante, cuando el escrito de interposición incluyese alegaciones, el órgano administrativo que dictó el acto podrá anular total o parcialmente el acto impugnado antes de la remisión del expediente al tribunal dentro del plazo señalado en el párrafo anterior, siempre que no se hubiera presentado previamente recurso de reposición. En este caso, se remitirá al tribunal el nuevo acto dictado junto con el escrito de interposición.

Si el órgano administrativo no hubiese remitido al tribunal el escrito de interposición de la reclamación, bastará que el reclamante presente ante el tribunal la copia sellada de dicho escrito para que la reclamación se pueda tramitar y resolver.

El tribunal, una vez recibido y, en su caso, completado el expediente, lo pondrá de manifiesto a los interesados que hubieran comparecido en la reclamación y no hubiesen formulado alegaciones en el escrito de interposición o las hubiesen formulado pero con la solicitud expresa de este trámite, por plazo común de un mes en el que deberán presentar el escrito de alegaciones con aportación de las pruebas oportunas.

El tribunal podrá asimismo solicitar informe al órgano que dictó el acto impugnado, al objeto de aclarar las cuestiones que lo precisen. El tribunal deberá dar traslado del informe al reclamante para que pueda presentar alegaciones al mismo. Reglamentariamente se podrán establecer supuestos en los que la solicitud de dicho informe tenga carácter preceptivo. Las pruebas testificales, periciales y las consistentes en declaración de parte se realizarán mediante acta notarial o ante el secretario del tribunal o el funcionario en quien el mismo delegue que extenderá el acta correspondiente.

Podrán plantearse como cuestiones incidentales aquellas que se refieran a extremos que, sin constituir el fondo del asunto, estén relacionadas con el mismo o con la validez del procedimiento y cuya resolución sea requisito previo y necesario para la tramitación de la reclamación, no pudiendo aplazarse hasta que recaiga acuerdo sobre el fondo del asunto.

Las reclamaciones y recursos económico-administrativos someten a conocimiento del órgano competente para su resolución todas las cuestiones de hecho y de derecho que ofrezca el expediente, hayan sido o no planteadas por los interesados, sin que en ningún caso pueda empeorar la situación inicial del reclamante.

El procedimiento finalizará por renuncia al derecho en que la reclamación se fundamente, por desistimiento de la petición o instancia, por caducidad de ésta, por satisfacción extraprocesal y mediante resolución.

Los tribunales no podrán abstenerse de resolver ninguna reclamación sometida a su conocimiento sin que pueda alegarse duda racional o deficiencia en los preceptos legales.

La resolución podrá ser estimatoria, desestimatoria o declarar la inadmisibilidad. La resolución estimatoria podrá anular total o parcialmente el acto impugnado por razones de derecho sustantivo o por defectos formales.

Cuando la resolución aprecie defectos formales que hayan disminuido las posibilidades de defensa del reclamante, se producirá la anulación del acto en la parte afectada y se ordenará la retroacción de las actuaciones al momento en que se produjo el defecto formal.

La resolución que se dicte tendrá plena eficacia respecto de los interesados a quienes se hubiese notificado la existencia de la reclamación.

La doctrina que de modo reiterado establezca el Tribunal Económico-Administrativo Central vinculará a los tribunales económico-administrativos regionales y locales y al resto de la Administración tributaria. En cada Tribunal Económico-Administrativo, la doctrina sentada por su Pleno vinculará a las Salas y la de ambos a los órganos unipersonales. Las resoluciones y los actos de la Administración tributaria que se fundamenten en la doctrina establecida conforme a este precepto lo harán constar expresamente.

La duración del procedimiento en cualquiera de sus instancias será de un año contado desde la interposición de la reclamación. Transcurrido este plazo, el interesado podrá considerar desestimada la reclamación al objeto de interponer el recurso procedente, cuyo plazo se contará a partir del día siguiente de la finalización del plazo de un año a que se refiere este apartado.

El tribunal deberá resolver expresamente en todo caso. Los plazos para la interposición de los correspondientes recursos comenzarán a contarse desde el día siguiente al de la notificación de la resolución expresa.

TEMA 11

LOS RECURSOS ADMINISTRATIVOS: PRINCIPIOS GENERALES. RECURSO DE ALZADA. RECURSO DE REPOSICIÓN. RECURSO EXTRAORDINARIO DE REVISIÓN. RECLAMACIONES PREVIAS AL EJERCICIO DE LAS ACCIONES CIVILES Y LABORALES. LA JURISDICCIÓN CONTENCIOSO-ADMINISTRATIVA: CONCEPTO Y NATURALEZA.

LOS RECURSOS ADMINISTRATIVOS: PRINCIPIOS GENERALES.

Contra las resoluciones y los actos de trámite, si estos últimos deciden directa o indirectamente el fondo del asunto, determinan la imposibilidad de continuar el procedimiento, producen indefensión o perjuicio irreparable a derechos e intereses legítimos, podrán interponerse por los interesados los recursos de alzada y potestativo de reposición, que cabrá fundar en cualquiera de los motivos de nulidad o anulabilidad previstos en los artículos 47 y 48 de esta Ley.

La oposición a los restantes actos de trámite podrá alegarse por los interesados para su consideración en la resolución que ponga fin al procedimiento.

Las leyes podrán sustituir el recurso de alzada, en supuestos o ámbitos sectoriales determinados, y cuando la especificidad de la materia así lo justifique, por otros procedimientos de impugnación, reclamación, conciliación, mediación y arbitraje, ante órganos colegiados o Comisiones específicas no sometidas a instrucciones jerárquicas, con respeto a los principios, garantías y plazos que la presente Ley reconoce a las personas y a los interesados en todo procedimiento administrativo.

En las mismas condiciones, el recurso de reposición podrá ser sustituido por los procedimientos a que se refiere el párrafo anterior, respetando su carácter potestativo para el interesado.

La aplicación de estos procedimientos en el ámbito de la Administración Local no podrá suponer el desconocimiento de las facultades resolutorias reconocidas a los órganos representativos electos establecidos por la Ley.

Contra las disposiciones administrativas de carácter general no cabrá recurso en vía administrativa.

Los recursos contra un acto administrativo que se funden únicamente en la nulidad de alguna disposición administrativa de carácter general podrán interponerse directamente ante el órgano que dictó dicha disposición.

Las reclamaciones económico-administrativas se ajustarán a los procedimientos establecidos por su legislación específica.

Contra los actos firmes en vía administrativa, sólo procederá el recurso extraordinario de revisión cuando concurra alguna de las circunstancias previstas en el artículo 125.1.

Ponen fin a la vía administrativa:

a) Las resoluciones de los recursos de alzada.

b) Las resoluciones de los procedimientos a que se refiere el artículo 112.2.

c) Las resoluciones de los órganos administrativos que carezcan de superior jerárquico, salvo que una Ley establezca lo contrario.

d) Los acuerdos, pactos, convenios o contratos que tengan la consideración de finalizadores del procedimiento.

e) La resolución administrativa de los procedimientos de responsabilidad patrimonial, cualquiera que fuese el tipo de relación, pública o privada, de que derive.

f) La resolución de los procedimientos complementarios en materia sancionadora a los que se refiere el artículo 90.4.

g) Las demás resoluciones de órganos administrativos cuando una disposición legal o reglamentaria así lo establezca.

Además de lo previsto en el apartado anterior, en el ámbito estatal ponen fin a la vía administrativa los actos y resoluciones siguientes:

a) Los actos administrativos de los miembros y órganos del Gobierno.

b) Los emanados de los Ministros y los Secretarios de Estado en el ejercicio de las competencias que tienen atribuidas los órganos de los que son titulares.

c) Los emanados de los órganos directivos con nivel de Director general o superior, en relación con las competencias que tengan atribuidas en materia de personal.

d) En los Organismos públicos y entidades derecho público vinculados o dependientes de la Administración General del Estado, los emanados de los máximos órganos de dirección unipersonales o colegiados, de acuerdo con lo que establezcan sus estatutos, salvo que por ley se establezca otra cosa.

La interposición del recurso deberá expresar:

a) El nombre y apellidos del recurrente, así como la identificación personal del mismo.

b) El acto que se recurre y la razón de su impugnación.

c) Lugar, fecha, firma del recurrente, identificación del medio y, en su caso, del lugar que se señale a efectos de notificaciones.

d) Órgano, centro o unidad administrativa al que se dirige y su correspondiente código de identificación.

e) Las demás particularidades exigidas, en su caso, por las disposiciones específicas.

El error o la ausencia de la calificación del recurso por parte del recurrente no será obstáculo para su tramitación, siempre que se deduzca su verdadero carácter.

Los vicios y defectos que hagan anulable un acto no podrán ser alegados por quienes los hubieren causado.

Serán causas de inadmisión las siguientes:

a) Ser incompetente el órgano administrativo, cuando el competente perteneciera a otra Administración Pública. El recurso deberá remitirse al órgano competente, de acuerdo con lo establecido en el artículo 14.1 de la Ley de Régimen Jurídico del Sector Público.

b) Carecer de legitimación el recurrente.

c) Tratarse de un acto no susceptible de recurso.

d) Haber transcurrido el plazo para la interposición del recurso.

e) Carecer el recurso manifiestamente de fundamento.

La interposición de cualquier recurso, excepto en los casos en que una disposición establezca lo contrario, no suspenderá la ejecución del acto impugnado.

No obstante lo dispuesto en el apartado anterior, el órgano a quien competa resolver el recurso, previa ponderación, suficientemente razonada, entre el perjuicio que causaría al interés público o a terceros la suspensión y el ocasionado al recurrente como consecuencia de la eficacia inmediata del acto recurrido, podrá suspender, de oficio o a solicitud del recurrente, la ejecución del acto impugnado cuando concurran alguna de las siguientes circunstancias:

a) Que la ejecución pudiera causar perjuicios de imposible o difícil reparación.

b) Que la impugnación se fundamente en alguna de las causas de nulidad de pleno derecho previstas en el artículo 47.1 de esta Ley.

La ejecución del acto impugnado se entenderá suspendida si transcurrido un mes desde que la solicitud de suspensión haya tenido entrada en el registro electrónico de la Administración u Organismo competente para decidir sobre la misma, el órgano a quien competa resolver el recurso no ha dictado y notificado resolución expresa al respecto. En estos casos, no será de aplicación lo establecido en el artículo 21.4 segundo párrafo, de esta Ley.

Al dictar el acuerdo de suspensión podrán adoptarse las medidas cautelares que sean necesarias para asegurar la protección del interés público o de terceros y la eficacia de la resolución o el acto impugnado.

Cuando de la suspensión puedan derivarse perjuicios de cualquier naturaleza, aquélla sólo producirá efectos previa prestación de caución o garantía suficiente para responder de ellos, en los términos establecidos reglamentariamente.

La suspensión se prolongará después de agotada la vía administrativa cuando, habiéndolo solicitado previamente el interesado, exista medida cautelar y los efectos de ésta se extiendan a la vía contencioso-administrativa. Si el interesado interpusiera recurso contencioso-administrativo, solicitando la suspensión del acto objeto del proceso, se mantendrá la suspensión hasta que se produzca el correspondiente pronunciamiento judicial sobre la solicitud.

Cuando el recurso tenga por objeto la impugnación de un acto administrativo que afecte a una pluralidad indeterminada de personas, la suspensión de su eficacia habrá de ser publicada en el periódico oficial en que aquél se insertó.

Cuando hayan de tenerse en cuenta nuevos hechos o documentos no recogidos en el expediente originario, se pondrán de manifiesto a los interesados para que, en un plazo no inferior a diez días ni superior a quince, formulen las alegaciones y presenten los documentos y justificantes que estimen procedentes.

No se tendrán en cuenta en la resolución de los recursos, hechos, documentos o alegaciones del recurrente, cuando habiendo podido aportarlos en el trámite de alegaciones no lo haya hecho. Tampoco podrá solicitarse la práctica de pruebas cuando su falta de realización en el procedimiento en el que se dictó la resolución recurrida fuera imputable al interesado.

Si hubiera otros interesados se les dará, en todo caso, traslado del recurso para que en el plazo antes citado, aleguen cuanto estimen procedente.

El recurso, los informes y las propuestas no tienen el carácter de documentos nuevos a los efectos de este artículo. Tampoco lo tendrán los que los interesados hayan aportado al expediente antes de recaer la resolución impugnada.

La resolución del recurso estimará en todo o en parte o desestimará las pretensiones formuladas en el mismo o declarará su inadmisión.

Cuando existiendo vicio de forma no se estime procedente resolver sobre el fondo se ordenará la retroacción del procedimiento al momento en el que el vicio fue cometido, sin perjuicio de que eventualmente pueda acordarse la convalidación de actuaciones por el órgano competente para ello, de acuerdo con lo dispuesto en el artículo 52.

El órgano que resuelva el recurso decidirá cuantas cuestiones, tanto de forma como de fondo, plantee el procedimiento, hayan sido o no alegadas por los interesados. En este último caso se les oirá previamente. No obstante, la resolución será congruente con las peticiones formuladas por el recurrente, sin que en ningún caso pueda agravarse su situación inicial.

Cuando deban resolverse una pluralidad de recursos administrativos que traigan causa de un mismo acto administrativo y se hubiera interpuesto un recurso judicial contra una resolución administrativa o bien contra el correspondiente acto presunto desestimatorio, el órgano administrativo podrá acordar la suspensión del plazo para resolver hasta que recaiga pronunciamiento judicial.

El acuerdo de suspensión deberá ser notificado a los interesados, quienes podrán recurrirlo.

La interposición del correspondiente recurso por un interesado, no afectará a los restantes procedimientos de recurso que se encuentren suspendidos por traer causa del mismo acto administrativo.

Recaído el pronunciamiento judicial, será comunicado a los interesados y el órgano administrativo competente para resolver podrá dictar resolución sin necesidad de realizar ningún trámite adicional, salvo el de audiencia, cuando proceda.

Las Administraciones Públicas, en cualquier momento, por iniciativa propia o a solicitud de interesado, y previo dictamen favorable del Consejo de Estado u órgano consultivo equivalente de la Comunidad Autónoma, si lo hubiere, declararán de oficio la nulidad de los actos administrativos que hayan puesto fin a la vía administrativa o que no hayan sido recurridos en plazo, en los supuestos previstos en el artículo 47.1.

Asimismo, en cualquier momento, las Administraciones Públicas de oficio, y previo dictamen favorable del Consejo de Estado u órgano consultivo equivalente de la Comunidad Autónoma si lo hubiere, podrán declarar la nulidad de las disposiciones administrativas en los supuestos previstos en el artículo 47.2.

El órgano competente para la revisión de oficio podrá acordar motivadamente la inadmisión a trámite de las solicitudes formuladas por los interesados, sin necesidad de recabar Dictamen del Consejo de Estado u órgano consultivo de la Comunidad Autónoma, cuando las mismas no se basen en alguna de las causas de nulidad del artículo 47.1 o carezcan manifiestamente de fundamento, así como en el supuesto de que se hubieran desestimado en cuanto al fondo otras solicitudes sustancialmente iguales.

Las Administraciones Públicas, al declarar la nulidad de una disposición o acto, podrán establecer, en la misma resolución, las indemnizaciones que proceda reconocer a los interesados, si se dan las circunstancias previstas en los artículos 32.2 y 34.1 de la Ley de Régimen Jurídico del Sector Público sin perjuicio de que, tratándose de una disposición, subsistan los actos firmes dictados en aplicación de la misma.

Cuando el procedimiento se hubiera iniciado de oficio, el transcurso del plazo de seis meses desde su inicio sin dictarse resolución producirá la caducidad del mismo. Si el procedimiento se hubiera iniciado a solicitud de interesado, se podrá entender la misma desestimada por silencio administrativo.

Las Administraciones Públicas podrán impugnar ante el orden jurisdiccional contencioso-administrativo los actos favorables para los interesados que sean anulables conforme a lo dispuesto en el artículo 48, previa su declaración de lesividad para el interés público.

La declaración de lesividad no podrá adoptarse una vez transcurridos cuatro años desde que se dictó el acto administrativo y exigirá la previa audiencia de cuantos aparezcan como interesados en el mismo, en los términos establecidos por el artículo 82.

Sin perjuicio de su examen como presupuesto procesal de admisibilidad de la acción en el proceso judicial correspondiente, la declaración de lesividad no será susceptible de recurso, si bien podrá notificarse a los interesados a los meros efectos informativos.

Transcurrido el plazo de seis meses desde la iniciación del procedimiento sin que se hubiera declarado la lesividad, se producirá la caducidad del mismo.

Si el acto proviniera de la Administración General del Estado o de las Comunidades Autónomas, la declaración de lesividad se adoptará por el órgano de cada Administración competente en la materia.

Si el acto proviniera de las entidades que integran la Administración Local, la declaración de lesividad se adoptará por el Pleno de la Corporación o, en defecto de éste, por el órgano colegiado superior de la entidad.

Iniciado el procedimiento de revisión de oficio al que se refieren los artículos 106 y 107, el órgano competente para declarar la nulidad o lesividad, podrá suspender la ejecución del acto, cuando ésta pudiera causar perjuicios de imposible o difícil reparación.

Las Administraciones Públicas podrán revocar, mientras no haya transcurrido el plazo de prescripción, sus actos de gravamen o desfavorables, siempre que tal revocación no constituya dispensa o exención no permitida por las leyes, ni sea contraria al principio de igualdad, al interés público o al ordenamiento jurídico.

Las Administraciones Públicas podrán, asimismo, rectificar en cualquier momento, de oficio o a instancia de los interesados, los errores materiales, de hecho o aritméticos existentes en sus actos.

Las facultades de revisión establecidas en este Capítulo, no podrán ser ejercidas cuando por prescripción de acciones, por el tiempo transcurrido o por otras circunstancias, su ejercicio resulte contrario a la equidad, a la buena fe, al derecho de los particulares o a las leyes.

En el ámbito estatal, serán competentes para la revisión de oficio de las disposiciones y los actos administrativos nulos y anulables:

a) El Consejo de Ministros, respecto de sus propios actos y disposiciones y de los actos y disposiciones dictados por los Ministros.

b) En la Administración General del Estado:

1.º Los Ministros, respecto de los actos y disposiciones de los Secretarios de Estado y de los dictados por órganos directivos de su Departamento no dependientes de una Secretaría de Estado.

2.º Los Secretarios de Estado, respecto de los actos y disposiciones dictados por los órganos directivos de ellos dependientes.

c) En los Organismos públicos y entidades derecho público vinculados o dependientes de la Administración General del Estado:

1.º Los órganos a los que estén adscritos los Organismos públicos y entidades de derecho público, respecto de los actos y disposiciones dictados por el máximo órgano rector de éstos.

2.º Los máximos órganos rectores de los Organismos públicos y entidades de derecho público, respecto de los actos y disposiciones dictados por los órganos de ellos dependientes.

RECURSO DE ALZADA.

Las resoluciones y actos a que se refiere el artículo 112.1, cuando no pongan fin a la vía administrativa, podrán ser recurridos en alzada ante el órgano superior jerárquico del que los dictó. A estos efectos, los Tribunales y órganos de selección del personal al servicio de las Administraciones Públicas y cualesquiera otros que, en el seno de éstas, actúen con autonomía funcional, se considerarán dependientes del órgano al que estén adscritos o, en su defecto, del que haya nombrado al presidente de los mismos.

El recurso podrá interponerse ante el órgano que dictó el acto que se impugna o ante el competente para resolverlo.

Si el recurso se hubiera interpuesto ante el órgano que dictó el acto impugnado, éste deberá remitirlo al competente en el plazo de diez días, con su informe y con una copia completa y ordenada del expediente.

El titular del órgano que dictó el acto recurrido será responsable directo del cumplimiento de lo previsto en el párrafo anterior.

El plazo para la interposición del recurso de alzada será de un mes, si el acto fuera expreso. Transcurrido dicho plazo sin haberse interpuesto el recurso, la resolución será firme a todos los efectos.

Si el acto no fuera expreso el solicitante y otros posibles interesados podrán interponer recurso de alzada en cualquier momento a partir del día siguiente a aquel en que, de acuerdo con su normativa específica, se produzcan los efectos del silencio administrativo.

El plazo máximo para dictar y notificar la resolución será de tres meses. Transcurrido este plazo sin que recaiga resolución, se podrá entender desestimado el recurso, salvo en el supuesto previsto en el artículo 24.1, tercer párrafo.

Contra la resolución de un recurso de alzada no cabrá ningún otro recurso administrativo, salvo el recurso extraordinario de revisión, en los casos establecidos en el artículo 125.1.

RECURSO POTESTATIVO DE REPOSICIÓN.

Los actos administrativos que pongan fin a la vía administrativa podrán ser recurridos potestativamente en reposición ante el mismo órgano que los hubiera dictado o ser impugnados directamente ante el orden jurisdiccional contencioso-administrativo.

No se podrá interponer recurso contencioso-administrativo hasta que sea resuelto expresamente o se haya producido la desestimación presunta del recurso de reposición interpuesto.

El plazo para la interposición del recurso de reposición será de un mes, si el acto fuera expreso. Transcurrido dicho plazo, únicamente podrá interponerse recurso contencioso-administrativo, sin perjuicio, en su caso, de la procedencia del recurso extraordinario de revisión.

Si el acto no fuera expreso, el solicitante y otros posibles interesados podrán interponer recurso de reposición en cualquier momento a partir del día siguiente a aquel en que, de acuerdo con su normativa específica, se produzca el acto presunto.

El plazo máximo para dictar y notificar la resolución del recurso será de un mes.

Contra la resolución de un recurso de reposición no podrá interponerse de nuevo dicho recurso.

RECURSO EXTRAORDINARIO DE REVISIÓN.

Contra los actos firmes en vía administrativa podrá interponerse el recurso extraordinario de revisión ante el órgano administrativo que los dictó, que también será el competente para su resolución, cuando concurra alguna de las circunstancias siguientes:

a) Que al dictarlos se hubiera incurrido en error de hecho, que resulte de los propios documentos incorporados al expediente.

b) Que aparezcan documentos de valor esencial para la resolución del asunto que, aunque sean posteriores, evidencien el error de la resolución recurrida.

c) Que en la resolución hayan influido esencialmente documentos o testimonios declarados falsos por sentencia judicial firme, anterior o posterior a aquella resolución.

d) Que la resolución se hubiese dictado como consecuencia de prevaricación, cohecho, violencia, maquinación fraudulenta u otra conducta punible y se haya declarado así en virtud de sentencia judicial firme.

El recurso extraordinario de revisión se interpondrá, cuando se trate de la causa a) del apartado anterior, dentro del plazo de cuatro años siguientes a la fecha de la notificación de la resolución impugnada. En los demás casos, el plazo será de tres meses a contar desde el conocimiento de los documentos o desde que la sentencia judicial quedó firme.

Lo establecido en el presente artículo no perjudica el derecho de los interesados a formular la solicitud y la instancia a que se refieren los artículos 106 y 109.2 de la presente Ley ni su derecho a que las mismas se sustancien y resuelvan.

El órgano competente para la resolución del recurso podrá acordar motivadamente la inadmisión a trámite, sin necesidad de recabar dictamen del Consejo de Estado u órgano consultivo de la Comunidad Autónoma, cuando el mismo no se funde en alguna de las causas previstas en el apartado 1 del artículo anterior o en el supuesto de que se hubiesen desestimado en cuanto al fondo otros recursos sustancialmente iguales.

El órgano al que corresponde conocer del recurso extraordinario de revisión debe pronunciarse no sólo sobre la procedencia del recurso, sino también, en su caso, sobre el fondo de la cuestión resuelta por el acto recurrido.

Transcurrido el plazo de tres meses desde la interposición del recurso extraordinario de revisión sin haberse dictado y notificado la resolución, se entenderá desestimado, quedando expedita la vía jurisdiccional contencioso-administrativa.

RECLAMACIONES PREVIAS AL EJERCICIO DE ACCIONES CIVILES Y LABORALES.

El ejercicio de las reclamaciones previas la ejercicio de acciones civiles y laborales ha sido suprimido por la entrada en vigor de la ley 39/2015 de Procedimiento Administrativo Común, siendo únicamente obligatoria en los procedimientos ante la Seguridad Social. Para el resto de supuestos, una vez finalizado el procedimiento administrativo hay vía libre para acceder al proceso judicial correspondiente.

Para poder demandar al Estado, Comunidades Autónomas, entidades locales o entidades de Derecho público con personalidad jurídica propia vinculadas o dependientes de los mismos será requisito necesario haber agotado la vía administrativa, cuando así proceda, de acuerdo con lo establecido en la normativa de procedimiento administrativo aplicable.

En todo caso, la Administración pública deberá notificar a los interesados las resoluciones y actos administrativos que afecten a sus derechos e intereses, conteniendo la notificación el texto íntegro de la resolución, con indicación de si es o no definitivo en la vía administrativa, la expresión de los recursos que procedan, órgano ante el que hubieran de presentarse y plazo para interponerlos, sin perjuicio de que los interesados puedan ejercitar, en su caso, cualquier otro que estimen procedente.

Las notificaciones que conteniendo el texto íntegro del acto omitiesen alguno de los demás requisitos previstos en el párrafo anterior mantendrán suspendidos los plazos de caducidad e interrumpidos los de prescripción y únicamente surtirán efecto a partir de la fecha en que el interesado realice actuaciones que supongan el conocimiento del contenido y alcance de la resolución o acto objeto de la notificación o resolución, o interponga cualquier recurso que proceda.

Desde que se deba entender agotada la vía administrativa el interesado podrá formalizar la demanda en el plazo de dos meses ante el juzgado o la Sala competente. A la demanda se acompañará copia de la resolución denegatoria o documento acreditativo de la interposición o resolución del recurso administrativo, según proceda, uniendo copia de todo ello para la entidad demandada.

En las acciones derivadas de despido y demás acciones sujetas a plazo de caducidad, el plazo de interposición de la demanda será de veinte días hábiles o el especial que sea aplicable, contados a partir del día siguiente a aquél en que se hubiera producido el acto o la notificación de la resolución impugnada, o desde que se deba entender agotada la vía administrativa en los demás casos.

No será necesario agotar la vía administrativa para interponer demanda de tutela de derechos fundamentales y libertades públicas frente a actos de las Administraciones públicas en el ejercicio de sus potestades en materia laboral y sindical, si bien el plazo para la interposición de la demanda será de veinte días desde el día siguiente a la notificación del acto o al transcurso del plazo fijado para la resolución, sin más trámites; cuando la lesión del derecho fundamental tuviera su origen en la inactividad administrativa o en actuación en vías de hecho, o se hubiera interpuesto potestativamente un recurso administrativo, el plazo de veinte días se iniciará transcurridos veinte días desde la reclamación contra la inactividad o vía de hecho, o desde la presentación del recurso, respectivamente.

LA JURISDICCIÓN CONTENCIOSA-ADMINISTRATIVA: CONCEPTO Y NATURALEZA.

El control de la legalidad de la administración está encomendado a los tribunales de justicia (los tribunales contencioso-administrativos) cuando lo que se trata de controlar son, o bien los actos producidos por la administración sujetos al derecho administrativo, o las disposiciones dictadas por la misma en el ejercicio de su potestad reglamentaria.

El conjunto de órganos judiciales a los que está encomendado el control de las disposiciones generales administrativas y de los actos dictados por la administración sujetos al derecho administrativo, integran la denominada jurisdicción contencioso-administrativa y el proceso a través del cual se realiza tal control es el recurso contencioso-administrativo. Actualmente están regulados por la ley 29/1998 de 13 de julio reguladora de la jurisdicción contencioso-administrativa.

Los juzgados y tribunales del orden contencioso-administrativo conocerán de las pretensiones que se deduzcan en relación con la actuación de las administraciones públicas sujetas al derecho administrativo, con las disposiciones generales de rango inferior a la ley y con los decretos legislativos cuando exceden los límites de la delegación.

Se entenderá por administración pública:
* La administración general del Estado.
* Las administraciones de las Comunidades Autónomas.
* Las entidades que integran la administración local.

✳ Las entidades de derecho público que sean dependientes o estén vinculadas al Estado, las Comunidades Autónomas o las entidades locales.

La sujeción al enjuiciamiento de la jurisdicción contencioso-administrativa de actos y disposiciones emana de otros órganos públicos que no forman parte de la administración, cuando dichos actos y disposiciones tengan, por su contenido y efectos, una naturaleza materialmente administrativa. Conocerán también de las pretensiones que se deduzcan en relación con:

a) Los actos y disposiciones en materia de personal, administración y gestión patrimonial sujetos al derecho público adoptados por los órganos competentes del Congreso de los Diputados, del Senado, del Tribunal de Cuentas y del Defensor del Pueblo, así como de las asambleas legislativas de las Comunidades Autónomas y de las instituciones autonómicas análogas al Tribunal de Cuentas y Defensor del Pueblo.

b) Los actos y disposiciones del Consejo General del Poder Judicial y la actividad administrativa de los órganos de gobierno de los juzgados y tribunales, en los términos de la ley orgánica del poder judicial.

c) La actuación de la administración electoral.

El orden jurisdiccional conocerá de las cuestiones que se susciten en relación con:

⤴ La protección jurisdiccional de los derechos fundamentales, los elementos reglados y la determinación de las indemnizaciones que fueran procedentes, todo ello en relación con los actos del gobierno o de los consejos de gobierno de las Comunidades Autónomas cualquiera que fuese la naturaleza de dichos actos.

⤴ Los contratos administrativos y los actos de preparación y adjudicación de los demás contratos sujetos a la legislación de contratación de las administraciones públicas.

⤴ Los actos y disposiciones de las corporaciones de derecho público adoptados en el ejercicio de funciones públicas.

⤴ Los actos administrativos de control y fiscalización dictados por la administración concedente, respecto de los dictados por los concesionarios de los servicios públicos que impliquen el ejercicio de las potestades administrativas conferidas a los mismos.

⤴ La responsabilidad patrimonial de las administraciones públicas cualquiera que sea la naturaleza de la actividad o el tipo de relación de que se derive, no pudiendo ser demandada aquella por este motivo ante las órdenes jurisdiccionales civil o social.

⤴ Las restantes materias que le atribuya expresamente la ley.

El orden jurisdiccional contencioso-administrativo se halla integrado por los siguientes órganos:

Los juzgados de lo contencioso-administrativo.

Los Juzgados de lo Contencioso-Administrativo conocerán, en única o primera instancia según lo dispuesto en esta Ley, de los recursos que se deduzcan frente a los actos de las entidades locales o de las entidades y corporaciones dependientes o vinculadas a las mismas, excluidas las impugnaciones de cualquier clase de instrumentos de planeamiento urbanístico.

Conocerán, asimismo, en única o primera instancia de los recursos que se deduzcan frente a los actos administrativos de la Administración de las Comunidades Autónomas, salvo cuando procedan del respectivo Consejo de Gobierno, cuando tengan por objeto:

a) Cuestiones de personal, salvo que se refieran al nacimiento o extinción de la relación de servicio de funcionarios públicos de carrera.

b) Las sanciones administrativas que consistan en multas no superiores a 60.000 euros y en ceses de actividades o privación de ejercicio de derechos que no excedan de seis meses.

c) Las reclamaciones por responsabilidad patrimonial cuya cuantía no exceda de 30.050 euros.

Conocerán en única o primera instancia de los recursos que se deduzcan frente a disposiciones y actos de la Administración periférica del Estado y de las Comunidades Autónomas, contra los actos de los organismos, entes, entidades o corporaciones de derecho público, cuya competencia no se extienda a todo el territorio nacional y contra las resoluciones de los órganos superiores cuando confirmen íntegramente los dictados por aquellos en vía de recurso, fiscalización o tutela.

Se exceptúan los actos de cuantía superior a 60.000 euros dictados por la Administración periférica del Estado y los organismos públicos estatales cuya competencia no se extienda a todo el territorio nacional, o cuando se dicten en ejercicio de sus competencias sobre dominio público, obras públicas del Estado, expropiación forzosa y propiedades especiales.

Conocerán, igualmente, de todas las resoluciones que se dicten en materia de extranjería por la Administración periférica del Estado.

Corresponde conocer a los Juzgados de las impugnaciones contra actos de las Juntas Electorales de Zona y de las formuladas en materia de proclamación de candidaturas y candidatos efectuada por cualquiera de las Juntas Electorales, en los términos previstos en la legislación electoral.

Conocerán también los Juzgados de lo Contencioso-Administrativo de las autorizaciones para la entrada en domicilios y restantes lugares cuyo acceso requiera el consentimiento de su titular, siempre que ello proceda para la ejecución forzosa de actos de la Administración pública.

Asimismo, corresponderá a los Juzgados de lo Contencioso-Administrativo la autorización o ratificación judicial de las medidas que las autoridades sanitarias consideren urgentes y necesarias para la salud pública e impliquen privación o restricción de la libertad o de otro derecho fundamental.

Los juzgados centrales de lo contencioso-administrativo.

Los Juzgados Centrales de lo Contencioso-Administrativo conocerán de los recursos que se deduzcan frente a los actos administrativos que tengan por objeto:

a) En primera o única instancia en las materias de personal cuando se trate de actos dictados por Ministros y Secretarios de Estado, salvo que confirmen en vía de recurso, fiscalización o tutela, actos dictados por órganos inferiores, o se refieran al nacimiento o extinción de la relación de servicio de funcionarios de carrera, o a las materias recogidas en el artículo 11.1.a) sobre personal militar.

b) En única o primera instancia contra los actos de los órganos centrales de la Administración General del Estado en los supuestos previstos en el apartado 2.b) del artículo 8 (sanciones de menos de 60.000 euros).

c) En primera o única instancia de los recursos contencioso-administrativos que se interpongan contra las disposiciones generales y contra los actos emanados de los organismos públicos con personalidad jurídica propia y entidades pertenecientes al sector público estatal con competencia en todo el territorio nacional, sin perjuicio de lo dispuesto en el párrafo i) del apartado 1 del artículo 10.

d) En primera o única instancia, de los recursos contra las resoluciones dictadas por los Ministros y Secretarios de Estado en materia de responsabilidad patrimonial cuando lo reclamado no exceda de 30.050 euros.

e) En primera instancia, de las resoluciones que acuerden la inadmisión de las peticiones de asilo político.

Las salas de lo contencioso-administrativo de los Tribunales Superiores de Justicia.

Conocerán en única instancia de los recursos que se deduzcan en relación con:

a) Los actos de las Entidades locales y de las Administraciones de las Comunidades Autónomas, cuyo conocimiento no esté atribuido a los Juzgados de lo Contencioso-Administrativo.

b) Las disposiciones generales emanadas de las Comunidades Autónomas y de las Entidades locales.

c) Los actos y disposiciones de los órganos de gobierno de las asambleas legislativas de las Comunidades Autónomas, y de las instituciones autonómicas análogas al Tribunal de Cuentas y al Defensor del Pueblo, en materia de personal, administración y gestión patrimonial.

d) Los actos y resoluciones dictados por los Tribunales Económico-Administrativos Regionales y Locales que pongan fin a la vía económico-administrativa.

e) Las resoluciones dictadas por el Tribunal Económico-Administrativo Central en materia de tributos cedidos.

f) Los actos y disposiciones de las Juntas Electorales Provinciales y de Comunidades Autónomas, así como los recursos contencioso-electorales contra acuerdos de las Juntas Electorales sobre proclamación de electos y elección y proclamación de Presidentes de Corporaciones locales, en los términos de la legislación electoral.

g) Los convenios entre Administraciones públicas cuyas competencias se ejerzan en el ámbito territorial de la correspondiente Comunidad Autónoma.

h) La prohibición o la propuesta de modificación de reuniones previstas en la Ley Orgánica 9/1983, de 15 de julio, Reguladora del Derecho de Reunión.

i) Los actos y resoluciones dictados por órganos de la Administración General del Estado cuya competencia se extienda a todo el territorio nacional y cuyo nivel orgánico sea inferior al de Ministro o Secretario de Estado en materias de personal, propiedades especiales y expropiación forzosa.

j) Los actos y resoluciones de los órganos de las Comunidades Autónomas competentes para la aplicación de la Ley de Defensa de la Competencia.

k) Las resoluciones dictadas por el órgano competente para la resolución de recursos en materia de contratación previsto en el artículo 311 de la Ley 30/2007, de 30 de octubre, de Contratos del Sector Público, en relación con los contratos incluidos en el ámbito competencial de las Comunidades Autónomas o de las Corporaciones locales.

l) Las resoluciones dictadas por los Tribunales Administrativos Territoriales de Recursos Contractuales.

m) Cualesquiera otras actuaciones administrativas no atribuidas expresamente a la competencia de otros órganos de este orden jurisdiccional.

Conocerán, en segunda instancia, de las apelaciones promovidas contra sentencias y autos dictados por los Juzgados de lo Contencioso-administrativo, y de los correspondientes recursos de queja.

También les corresponde, con arreglo a lo establecido en esta Ley, el conocimiento de los recursos de revisión contra las sentencias firmes de los Juzgados de lo Contencioso-administrativo.

Conocerán de las cuestiones de competencia entre los Juzgados de lo Contencioso-administrativo con sede en la Comunidad Autónoma.

Conocerán del recurso de casación para la unificación de doctrina previsto en el artículo 99.

Conocerán del recurso de casación en interés de la ley previsto en el artículo 101.

La sala de lo contencioso-administrativo de la Audiencia Nacional.

Conocerá en única instancia de los recursos que se deduzcan en relación con las disposiciones generales y los actos de los ministros y secretarios de Estado en general y en materia de personal cuando se refieran al nacimiento o extinción de la relación de servicios de funcionario de carrera. Conocerán de los recursos contra los actos de cualesquiera órganos centrales del ministerio de defensa en materia de ascensos, antigüedad, orden...

De los recursos contra actos de ministros o secretarios de Estado cuando rectifiquen en vía de recurso o en procedimiento de fiscalización o de tutela los dictados por órganos con competencia en todo el territorio nacional.

De los recursos en relación con los convenios entre administraciones públicas no atribuidos a los Tribunales Superiores de Justicia.

De los actos de naturaleza económico-administrativa dictados por el ministro de Economía y Hacienda y por el Tribunal Económico-Administrativo Central.

Conocerá en segunda instancia de las apelaciones contra autos y sentencias dictadas por los juzgados centrales de lo contencioso-administrativo y de los recursos de queja.

Conocerán de los recursos de revisión contra sentencias firmes dictadas por los juzgados centrales de lo contencioso-administrativo. También conocerá de las cuestiones de competencia entre los juzgados centrales de lo contencioso-administrativo.

La sala de lo contencioso-administrativo del Tribunal Supremo.

Conocerá en única instancia de los recursos que se deduzcan en relación con:

⇨ Los actos y disposiciones del consejo de ministros y de las comisiones delegadas del Gobierno.

⇨ Los actos y disposiciones del Consejo General del Poder Judicial.

⇨ Los actos y disposiciones en materia de personal, administración y gestión patrimonial adoptados por los órganos competentes del Congreso de los Diputados, del Senado, del Tribunal Constitucional, del Tribunal de Cuentas y del Defensor del Pueblo.

Conocerá de los recursos de casación de cualquier modalidad (recursos de queja). De los recursos de casación y revisión contra las resoluciones dictadas por el Tribunal de Cuentas. De los recursos de revisión contra las sentencias firmes dictadas por las salas de lo contencioso-administrativo de los Tribunales Superiores de Justicia, de la Audiencia Nacional y del Supremo.

También conocerá de los recursos que se deduzcan en relación con los actos y disposiciones de la junta electoral central, y de los recursos contra los acuerdos de proclamación de electos.

De los recursos deducidos contra actos de las Juntas Electorales adoptados en el procedimiento para elección de los miembros de las salas de gobierno de los tribunales, en los términos de la ley orgánica del poder judicial.

La **competencia territorial** de los juzgados y tribunales superiores se determinan conforme a las siguientes **reglas**:

Primera.

Con carácter general, será competente el órgano jurisdiccional en cuya circunscripción tenga su sede el órgano que hubiese dictado la disposición o el acto originario impugnado.

Segunda.

Cuando el recurso tenga por objeto actos de las administraciones públicas en materia de personal, propiedades especiales y sanciones será competente, a elección del demandante, el juzgado o tribunal en cuya circunscripción tenga aquél su domicilio o se halle la sede del órgano autor del acto originario impugnado.

Tercera.

La competencia corresponderá al órgano jurisdiccional en cuya circunscripción radiquen los inmuebles afectados cuando se impugnen planes de ordenación urbana y actuaciones urbanísticas, expropiatorias y, en general, las que comporten intervención administrativa en la propiedad privada.

Cuando el acto originario impugnado afectase a una pluralidad de destinatarios y fueran diversos los juzgados o tribunales competentes según las reglas anteriores, la competencia vendrá atribuida al órgano jurisdiccional en cuya circunscripción tenga su sede el órgano que hubiera dictado el acto originario impugnado.

La Constitución Española establece que los Tribunales Superiores de Justicia, sin perjuicio de la jurisdicción del Tribunal Supremo, culminarán la organización judicial en el ámbito territorial de la comunidad autónoma. Las competencias están reguladas en los artículos 140 a 143 del Estatuto de Andalucía.

El Tribunal Superior de Justicia de Andalucía es el órgano jurisdiccional en que culmina la organización judicial en Andalucía y es competente, en los términos establecidos por la ley orgánica correspondiente, para conocer de los recursos y de los procedimientos en los distintos órdenes jurisdiccionales y para tutelar los derechos reconocidos por el presente Estatuto. En todo caso, el Tribunal Superior de Justicia de Andalucía es competente en los órdenes jurisdiccionales civil, penal, contencioso administrativo, social y en los que pudieran crearse en el futuro.

El Tribunal Superior de Justicia de Andalucía es la última instancia jurisdiccional de todos los procesos judiciales iniciados en Andalucía, así como de todos los recursos que se tramiten en su ámbito territorial, sea cual fuere el derecho invocado como aplicable, de acuerdo con la Ley Orgánica del Poder Judicial y sin perjuicio de la competencia reservada al Tribunal Supremo. La Ley Orgánica del Poder Judicial determinará el alcance y contenido de los indicados recursos.

Corresponde al Tribunal Superior de Justicia de Andalucía la resolución de los recursos extraordinarios de revisión que autorice la ley contra las resoluciones firmes dictadas por los órganos judiciales de Andalucía. Corresponde en exclusiva al Tribunal de Justicia de Andalucía la unificación de la interpretación del derecho de Andalucía.

La competencia de los órganos jurisdiccionales en Andalucía se extiende:

a) En el orden civil, penal y social, a todas las instancias y grados, con arreglo a lo establecido en la legislación estatal.

b) En el orden contencioso-administrativo, a los recursos que se deduzcan contra los actos y disposiciones de las Administraciones Públicas en los términos que establezca la legislación estatal.

Los conflictos de competencia entre los órganos judiciales de Andalucía y los del resto de España se resolverán conforme a lo establecido en la Ley Orgánica del Poder Judicial.

En todo caso, corresponde al Tribunal Superior de Justicia de Andalucía, de conformidad con lo previsto en las leyes estatales:

1.º Conocer de las responsabilidades que se indican en los artículos 101.3 y 122 (Diputados del Parlamento y Consejeros).

2.º Entender de los recursos relacionados con los procesos electorales de la Comunidad Autónoma con arreglo a las leyes.

3.º Resolver, en su caso, los conflictos de jurisdicción entre órganos de la Comunidad Autónoma.

4.º Resolver las cuestiones de competencia entre órganos judiciales de Andalucía.

5.º Resolver los conflictos de atribuciones entre Corporaciones locales.

Tienen capacidad procesal ante el orden jurisdiccional contencioso-administrativo, además de las personas que la ostenten con arreglo a la ley de enjuiciamiento civil, los menores de edad, para la defensa de aquellos de sus derechos e intereses legítimos cuya actuación le esté permitida por el ordenamiento jurídico sin necesidad de asistencia de la persona que ejerza la patria potestad. Los grupos de afectados, uniones sin personalidad o patrimonios independientes o autónomos también tendrán capacidad procesal.

Están legitimados las personas físicas o jurídicas que *ostenten un derecho o interés legítimo*, las corporaciones, asociaciones, sindicatos y grupos, la administración del Estado, de las Comunidades Autónomas o local, el ministerio fiscal (en todos los casos con derecho o interés legitimo).

La administración autora de un acto está legitimada para impugnarlo previa su declaración de lesividad para el interés público.

La legitimación pasiva a favor de la administración autora del acto administrativo impugnado y a favor de las personas y entidades cuyos derechos o intereses legítimos pudiera quedar afectados por la estimación de las pretensiones del demandante.

Las partes podrán ser representadas por procurador y son asistidas obligatoriamente por abogado. La administración utiliza sus letrados. Los funcionarios públicos en defensa de sus derechos estatutarios, cuando se refieran a cuestiones de personal que no impliquen separación de empleados públicos, inamovibles, pueden comparecer por sí mismos.

Se establecen cuatro tipo de recursos:

⇨   El tradicional, dirigido contra actos administrativos (expresos y presuntos).

⇨   El que de manera directa o indirecta, versa sobre la legalidad de alguna disposición de carácter general.

⇨   El recurso contra la inactividad de la administración.

⇨   El que se interpone contra actuaciones materiales constitutivas de vías de hecho.

Diligencias preliminares.

La declaración previa de lesividad del acto administrativo cuando quien pretende impugnarlo es la misma administración pública que lo ha dictado.

El requerimiento que debe practicar una administración pública antes de interponer recurso contencioso contencioso-administrativo contra una disposición dictada por otra administración pública al objeto de que derogue la disposición, anule o revoque el acto o haga cesar o modifique la actuación material, o inicie la actividad a la que está obligada.

Si el acto administrativo es expreso hay un plazo de dos meses para interponer recurso, en el caso de que el acto sea presunto tenemos seis meses para interponer el recurso.

Si el recurso contencioso-administrativo se dirigiera contra una actuación en vía de hecho de la administración, el plazo para interponer es de diez días desde el día siguiente a la terminación del plazo, o veinte días si no hubiese requerimiento.

En el caso de declaración previa de lesividad el plazo para interponer recurso contencioso-administrativo será de dos meses, el mismo plazo hay cuando existe litigio entre administraciones.

Inicio, proceso y terminación.

El inicio se divide en dos fases (escrito simple de interposición y demanda) si quien da inicio es un particular, y únicamente una fase (demanda) si quien lo inicia es una administración. Se exige escrito simple de interposición porque el recurrente no tiene suficientes elementos de juicio para fundamentar legalmente su demanda hasta que no tenga a su disposición el expediente administrativo. Con el escrito de remisión se provoca que el tribunal que conozca del mismo solicite a la administración autora del acto administrativo impugnado la remisión inmediata del expediente administrativo que se entregará al interesado para que en el plazo de veinte días pueda sustanciar la correspondiente demanda.

Previamente el tribunal podría no haber admitido el recurso, fundándose en alguna de las causas establecidas en la ley de la jurisdicción contencioso administrativa. (Art. 51).

Una vez presentada la demanda, se producirán las alegaciones previas y se pasará a la fase de prueba. Tras la celebración de éstas se llega a la fase de conclusiones, que constituyen el acto previo a la resolución del proceso, que normalmente se producirá por medio de una sentencia que se pronunciará por alguno de los siguientes fallos: Inadmisibilidad del recurso, estimación o desestimación, además del pronunciamiento referente a las costas.

Otras formas de terminar el proceso se producen por desistimiento, por el allanamiento, la satisfacción extraprocesal o acuerdo que ponga fin a la controversia.

Existe un procedimiento abreviado, basado en la oralidad, para materias en las que su cuantía no supere 13.000 euros, las cuestiones de personal (excepto nacimiento y extinción de la relación de funcionarios) y las cuestiones de extranjería e inadmisión de peticiones de asilo político.

Se puede recurrir contra las providencias y autos (súplica, solicitud de revisión de diligencias) y autos (apelación) y contra las sentencias (apelación y casación).

TEMA 12

LOS CONTRATOS DEL SECTOR PÚBLICO. ÁMBITO SUBJETIVO. ÁMBITO OBJETIVO: TIPIFICACIÓN DE LOS CONTRATOS DEL SECTOR PÚBLICO. ELEMENTOS OBJETIVOS DE LOS CONTRATOS: OBJETO, DURACIÓN, PRECIO Y CUANTÍA. ELEMENTOS SUBJETIVOS DE LOS CONTRATOS: LAS PARTES. ÓRGANOS DE CONTRATACIÓN DE LA ADMINISTRACIÓN DE LA JUNTA DE ANDALUCÍA Y SUS ENTES INSTRUMENTALES. REGISTROS OFICIALES.

LOS CONTRATOS DEL SECTOR PÚBLICO. ÁMBITO SUBJETIVO.

Son contratos del sector público y, en consecuencia, están sometidos a la Ley 9/2017, de 8 de noviembre de 2017 de Contratos del Sector Público, en la forma y términos previstos en la misma, los contratos onerosos, cualquiera que sea su naturaleza jurídica, que celebren las entidades enumeradas en el artículo 3.

Se entenderá que un contrato tiene carácter oneroso en los casos en que el contratista obtenga algún tipo de beneficio económico, ya sea de forma directa o indirecta.

Están también sujetos a la presente Ley, en los términos que en ella se señalan, los contratos subvencionados por entidades que tengan la consideración de poderes adjudicadores que celebren otras personas físicas o jurídicas en los supuestos previstos en el artículo 23 relativo a los contratos subvencionados sujetos a una regulación armonizada.

La aplicación de esta Ley a los contratos que celebren las Comunidades Autónomas y las entidades que integran la Administración Local, o los organismos dependientes de las mismas, así como a los contratos subvencionados por cualquiera de estas entidades, se efectuará en los términos previstos en la Disposición final primera de la presente Ley relativa a los títulos competenciales.

A los efectos de identificar las prestaciones que son objeto de los contratos regulados en esta Ley, se utilizará el «Vocabulario común de contratos públicos», aprobado por el Reglamento (CE) n.º 2195/2002 del Parlamento Europeo y del Consejo de 5 de noviembre de 2002, por el que se aprueba el Vocabulario común de contratos públicos (CPV), o normativa comunitaria que le sustituya.

A los efectos de esta Ley, se considera que forman parte del sector público las siguientes entidades:

a) La Administración General del Estado, las Administraciones de las Comunidades Autónomas, las Ciudades Autónomas de Ceuta y Melilla y las Entidades que integran la Administración Local.

b) Las Entidades Gestoras y los Servicios Comunes de la Seguridad Social.

c) Los Organismos Autónomos, las Universidades Públicas y las autoridades administrativas independientes.

d) Los consorcios dotados de personalidad jurídica propia a los que se refiere la Ley 40/2015, de 1 de octubre, de Régimen Jurídico del Sector Público, y la legislación de régimen local, así como los consorcios regulados por la legislación aduanera.

e) Las fundaciones públicas. A efectos de esta Ley, se entenderá por fundaciones públicas aquellas que reúnan alguno de los siguientes requisitos:

1.º Que se constituyan de forma inicial, con una aportación mayoritaria, directa o indirecta, de una o varias entidades integradas en el sector público, o bien reciban dicha aportación con posterioridad a su constitución.

2.º Que el patrimonio de la fundación esté integrado en más de un 50 por ciento por bienes o derechos aportados o cedidos por sujetos integrantes del sector público con carácter permanente.

3.º Que la mayoría de derechos de voto en su patronato corresponda a representantes del sector público.

f) Las Mutuas colaboradoras con la Seguridad Social.

g) Las Entidades Públicas Empresariales a las que se refiere la Ley 40/2015, de 1 de octubre, de Régimen Jurídico del Sector Público, y cualesquiera entidades de derecho público con personalidad jurídica propia vinculadas a un sujeto que pertenezca al sector público o dependientes del mismo.

h) Las sociedades mercantiles en cuyo capital social la participación, directa o indirecta, de entidades de las mencionadas en las letras a), b), c), d), e), g) y h) del presente apartado sea superior al 50 por 100, o en los casos en que sin superar ese porcentaje, se encuentre respecto de las referidas entidades en el supuesto previsto en el artículo 5 del texto refundido de la Ley del Mercado de Valores, aprobado por Real Decreto Legislativo 4/2015, de 23 de octubre.

i) Los fondos sin personalidad jurídica.

j) Cualesquiera entidades con personalidad jurídica propia, que hayan sido creadas específicamente para satisfacer necesidades de interés general que no tengan carácter industrial o mercantil, siempre que uno o varios sujetos pertenecientes al sector público financien mayoritariamente su actividad, controlen su gestión, o nombren a más de la mitad de los miembros de su órgano de administración, dirección o vigilancia.

k) Las asociaciones constituidas por las entidades mencionadas en las letras anteriores.

l) A los efectos de esta Ley, se entiende que también forman parte del sector público las Diputaciones Forales y las Juntas Generales de los Territorios Históricos del País Vasco en lo que respecta a su actividad de contratación.

Dentro del sector público, y a los efectos de esta Ley, tendrán la consideración de Administraciones Públicas las siguientes entidades:

a) Las mencionadas en las letras a), b), c), y l) del apartado primero del presente artículo.

b) Los consorcios y otras entidades de derecho público, en las que dándose las circunstancias establecidas en la letra d) del apartado siguiente para poder ser considerados poder adjudicador y estando vinculados a una o varias Administraciones Públicas o dependientes de las mismas, no se financien mayoritariamente con ingresos de mercado. Se entiende que se financian mayoritariamente con ingresos de mercado cuando tengan la consideración de productor de mercado de conformidad con el Sistema Europeo de Cuentas.

Se considerarán poderes adjudicadores, a efectos de esta Ley, las siguientes entidades:

a) Las Administraciones Públicas.

b) Las fundaciones públicas.

c) Las Mutuas colaboradoras con la Seguridad Social.

d) Todas las demás entidades con personalidad jurídica propia distintas de las expresadas en las letras anteriores que hayan sido creadas específicamente para satisfacer necesidades de interés general que no tengan carácter industrial o mercantil, siempre que uno o varios sujetos que deban considerarse poder adjudicador de acuerdo con los criterios de este apartado 3, bien financien mayoritariamente su actividad; bien controlen su gestión; o bien nombren a más de la mitad de los miembros de su órgano de administración, dirección o vigilancia.

e) Las asociaciones constituidas por las entidades mencionadas en las letras anteriores.

Los partidos políticos, en el sentido definido en el artículo 1 de la Ley Orgánica 8/2007, de Financiación de los Partidos Políticos; así como las organizaciones sindicales reguladas en la Ley Orgánica 11/1985, de 2 de agosto, de Libertad Sindical, y las organizaciones empresariales y asociaciones profesionales a las que se refiere la Ley 19/1977, de 1 de abril, sobre regulación del derecho de asociación sindical, además de las fundaciones y asociaciones vinculadas a cualquiera de ellos, cuando cumplan los requisitos para ser poder adjudicador de acuerdo con la letra d) del apartado 3 del presente artículo, y respecto de los contratos sujetos a regulación armonizada deberán actuar conforme a los principios de publicidad, concurrencia, transparencia, igualdad y no discriminación sin perjuicio del respeto a la autonomía de la voluntad y de la confidencialidad cuando sea procedente.

Los sujetos obligados deberán aprobar unas instrucciones internas en materia de contratación que se adecuarán a lo previsto en el párrafo anterior y a la normativa comunitaria, y que deberán ser informadas antes de su aprobación por el órgano al que corresponda su asesoramiento jurídico. Estas instrucciones deberán publicarse en sus respectivas páginas web.

Asimismo, quedarán sujetas a esta Ley las Corporaciones de derecho público cuando cumplan los requisitos para ser poder adjudicador de acuerdo con el apartado tercero, letra d) del presente artículo.

Las relaciones jurídicas, negocios y contratos citados en esta sección quedan excluidos del ámbito de la presente Ley, y se regirán por sus normas especiales, aplicándose los principios de esta Ley para resolver las dudas y lagunas que pudieran presentarse.

Quedan excluidos del ámbito de la presente Ley los convenios incluidos en el ámbito del artículo 346 del Tratado de Funcionamiento de la Unión Europea que se concluyan en el sector de la defensa y la seguridad.

Se excluyen, asimismo, del ámbito de la presente Ley los contratos de obras, suministros y servicios que se celebren en el ámbito de la seguridad o de la defensa que estén comprendidos dentro del ámbito de aplicación de la Ley 24/2011, de 1 de agosto, de contratos del sector público en los ámbitos de la defensa y de la seguridad; así como los contratos a los que no resulte de aplicación la citada Ley en virtud de su artículo 7.

Quedan también excluidos los contratos de concesiones de obras y concesiones de servicios, que se celebren en el ámbito de la seguridad y de la defensa, en los que concurra alguna de las circunstancias siguientes:

a) Que sean adjudicados en el marco de un programa de cooperación basado en la investigación y el desarrollo de un nuevo producto y, en su caso, también relacionados con el ciclo de vida del mismo o partes de dicho ciclo, siempre que participen en el programa al menos dos Estados miembros de la Unión Europea.

b) Los que se adjudiquen en un tercer Estado no miembro de la Unión Europea para efectuar compras, incluidas las de carácter civil, cuando las Fuerzas Armadas estén desplegadas fuera del territorio de la Unión y las necesidades operativas hagan necesario que estos contratos se concluyan con empresarios situados en la zona de operaciones. A los efectos de esta Ley, se entenderán incluidos en la zona de operaciones los territorios de influencia de esta y las bases logísticas avanzadas.

c) Las concesiones que se adjudiquen a otro Estado en relación con obras y servicios directamente relacionados con el equipo militar sensible, u obras y servicios específicamente con fines militares, u obras y servicios sensibles.

Lo establecido en los dos apartados anteriores se aplicará aún en el supuesto de que parte de las prestaciones correspondientes estén sometidas a la presente Ley, y no se haya optado por adjudicar un contrato separado por cada una de las distintas prestaciones que constituyan el objeto del contrato.

No obstante, constituirá una condición necesaria para la aplicación de lo señalado en el párrafo anterior el hecho de que la opción entre adjudicar un único contrato o varios contratos por separado no se ejerza con el objetivo de excluir el contrato o contratos del ámbito de aplicación de la presente Ley.

Quedan excluidos, también, del ámbito de la presente Ley los contratos y convenios que se celebren en los ámbitos de la defensa o de la seguridad y que deban adjudicarse de conformidad con un procedimiento de contratación específico que haya sido establecido de alguna de las siguientes maneras:

a) En virtud de un acuerdo o convenio internacional celebrado de conformidad con el Tratado de Funcionamiento de la Unión Europea con uno o varios Estados no signatarios de este último, relativo a las obras, suministros o servicios que resulten necesarios para la explotación o el desarrollo conjunto de un proyecto por los Estados firmantes.

b) En virtud de un acuerdo o convenio internacional relativo al estacionamiento de tropas y que se refiera a las empresas de un Estado Miembro de la Unión Europea o de un tercer Estado.

c) En virtud de las normas de contratación establecidas por una organización internacional o por una institución financiera internacional, cuando además los contratos que se adjudiquen estén financiados íntegramente o en su mayor parte por esa institución.

Quedan excluidos del ámbito de la presente Ley los convenios, cuyo contenido no esté comprendido en el de los contratos regulados en esta Ley o en normas administrativas especiales celebrados entre sí por la Administración General del Estado, las Entidades Gestoras y los Servicios Comunes de la Seguridad Social, las Universidades Públicas, las Comunidades Autónomas y las Ciudades Autónomas de Ceuta y Melilla, las Entidades locales, las entidades con personalidad jurídico pública de ellas dependientes y las entidades con personalidad jurídico privada, siempre que, en este último caso, tengan la condición de poder adjudicador.

Su exclusión queda condicionada al cumplimiento de las siguientes condiciones:

a) Las entidades intervinientes no han de tener vocación de mercado, la cual se presumirá cuando realicen en el mercado abierto un porcentaje igual o superior al 20 por ciento de las actividades objeto de colaboración. Para el cálculo de dicho porcentaje se tomará en consideración el promedio del volumen de negocios total u otro indicador alternativo de actividad apropiado, como los gastos soportados considerados en relación con la prestación que constituya el objeto del convenio en los tres ejercicios anteriores a la adjudicación del contrato. Cuando, debido a la fecha de creación o de inicio de actividad o a la reorganización de las actividades, el volumen de negocios u otro indicador alternativo de actividad apropiado, como los gastos, no estuvieran disponibles respecto de los tres ejercicios anteriores o hubieran perdido su vigencia, será suficiente con demostrar que el cálculo del nivel de actividad se corresponde con la realidad, en especial, mediante proyecciones de negocio.

b) Que el convenio establezca o desarrolle una cooperación entre las entidades participantes con la finalidad de garantizar que los servicios públicos que les incumben se prestan de modo que se logren los objetivos que tienen en común.

c) Que el desarrollo de la cooperación se guíe únicamente por consideraciones relacionadas con el interés público.

Estarán también excluidos del ámbito de la presente Ley los convenios que celebren las entidades del sector público con personas físicas o jurídicas sujetas al derecho privado, siempre que su contenido no esté comprendido en el de los contratos regulados en esta Ley o en normas administrativas especiales.

Asimismo, quedan excluidas del ámbito de la presente Ley las encomiendas de gestión reguladas en la legislación vigente en materia de régimen jurídico del sector público.

Se excluyen del ámbito de la presente Ley los acuerdos que celebre el Estado con otros Estados o con otros sujetos de derecho internacional.

Estarán también excluidos del ámbito de la presente Ley los contratos que deban adjudicarse de conformidad con un procedimiento de contratación específico que haya sido establecido en virtud de un instrumento jurídico, celebrado de conformidad con el Tratado de Funcionamiento de la Unión Europea con uno o varios Estados no signatarios de este último, que cree obligaciones de derecho internacional relativo a las obras, suministros o servicios que resulten necesarios para la ejecución o la realización conjunta de un proyecto por sus signatarios.

Asimismo, quedarán excluidos del ámbito de la presente Ley los contratos que deban adjudicarse de conformidad con un procedimiento de contratación específico que haya sido establecido en virtud de las normas de contratación aprobadas por una organización internacional o por una institución financiera internacional, siempre y cuando estén financiados íntegramente o mayoritariamente por esa institución.

Quedan excluidos de la presente Ley los contratos de investigación y desarrollo, excepto aquellos que además de estar incluidos en los códigos CPV 73000000-2 (servicios de investigación y desarrollo y servicios de consultoría conexos); 73100000-3 (servicio de investigación y desarrollo experimental); 73110000-6 (servicios de investigación); 73111000-3 (servicios de laboratorio de investigación); 73112000-0 (servicios de investigación marina); 73120000-9 (servicios de desarrollo experimental); 73300000-5 (diseño y ejecución en materia de investigación y desarrollo); 73420000-2 (estudio de previabilidad y demostración tecnológica) y 73430000-5 (ensayo y evaluación), cumplan las dos condiciones siguientes:

a) Que los beneficios pertenezcan exclusivamente al poder adjudicador para su utilización en el ejercicio de su propia actividad.

b) Que el servicio prestado sea remunerado íntegramente por el poder adjudicador.

Se encuentran excluidas de la presente Ley las autorizaciones y concesiones sobre bienes de dominio público y los contratos de explotación de bienes patrimoniales distintos a los definidos en el artículo 14, que se regularán por su legislación específica salvo en los casos en que expresamente se declaren de aplicación las prescripciones de la presente Ley.

Quedan, asimismo, excluidos de la presente Ley los contratos de compraventa, donación, permuta, arrendamiento y demás negocios jurídicos análogos sobre bienes inmuebles, valores negociables y propiedades incorporales, a no ser que recaigan sobre programas de ordenador y deban ser calificados como contratos de suministro o servicios, que tendrán siempre el carácter de contratos privados y se regirán por la legislación patrimonial. En estos contratos solo podrán incluirse prestaciones que sean propias de los contratos típicos regulados en la Sección 1.ª del Capítulo II del Título Preliminar, si el valor estimado de las mismas no es superior al 50 por 100 del importe total del negocio y, a su vez, mantienen con la prestación característica del contrato patrimonial relaciones de vinculación y complementariedad en los términos previstos en el artículo 34.2.

Están excluidos del ámbito de la presente Ley los contratos relativos a servicios financieros relacionados con la emisión, compra, venta o transferencia de valores o de otros instrumentos financieros en el sentido de la Directiva 2004/39/CE, del Parlamento Europeo y del Consejo, de 21 de abril de 2004, relativa a los mercados de instrumentos financieros, por la que se modifican las Directivas 85/611/CEE y 93/6/CEE, del Consejo y la Directiva 2000/12/CE, del Parlamento Europeo y del Consejo y se deroga la Directiva 93/22/ CEE, del Consejo. Asimismo quedan excluidos los servicios prestados por el Banco de España y las operaciones realizadas con la Facilidad Europea de Estabilización Financiera y el Mecanismo Europeo de Estabilidad y los contratos de préstamo y operaciones de tesorería, estén o no relacionados con la emisión, venta, compra o transferencia de valores o de otros instrumentos financieros.

La relación de servicio de los funcionarios públicos y los contratos regulados en la legislación laboral queda excluida del ámbito de la presente Ley.

Se excluyen, asimismo, de la presente Ley las relaciones jurídicas consistentes en la prestación de un servicio público cuya utilización por los usuarios requiera el abono de una tarifa, tasa o precio público de aplicación general.

Los contratos relativos a servicios de arbitraje y conciliación quedan excluidos de la presente Ley.

Asimismo, están excluidos los contratos por los que una entidad del sector público se obligue a entregar bienes o derechos o a prestar algún servicio, sin perjuicio de que el adquirente de los bienes o el receptor de los servicios, si es una entidad del sector público sujeta a esta Ley, deba ajustarse a sus prescripciones para la celebración del correspondiente contrato.

Se encuentran, asimismo, excluidos los contratos que tengan por objeto servicios relacionados con campañas políticas, incluidos en los códigos CPV 79341400-0, 92111230-3 y 92111240-6, cuando sean adjudicados por un partido político.

Queda excluida de la presente Ley la prestación de servicios sociales por entidades privadas, siempre que esta se realice sin necesidad de celebrar contratos públicos, a través, entre otros medios, de la simple financiación de estos servicios o la concesión de licencias o autorizaciones a todas las entidades que cumplan las condiciones previamente fijadas por el poder adjudicador, sin límites ni cuotas, y que dicho sistema garantice una publicidad suficiente y se ajuste a los principios de transparencia y no discriminación.

La Constitución Española establece en su artículo 149.1.18 como competencia exclusiva del Estado la legislación básica sobre contratos y concesiones administrativas, así como el sistema de responsabilidad de todas las administraciones públicas.

En el Estatuto de Autonomía se establece como competencia compartida de la Comunidad Autónoma los contratos y concesiones administrativas, por lo que le corresponde la potestad legislativa, reglamentaria y la función ejecutiva, en el marco de las bases que fije el Estado en normas con rango de ley. En el ejercicio de estas competencias, la Comunidad Autónoma puede establecer políticas propias.

En virtud de la potestad de la Junta de Andalucía se han realizado las siguientes normas:

L9/96 que aprueba medidas fiscales (...) contratación, regula la tramitación de emergencia y las bajas temerarias. Sobre la tramitación de emergencia contempla que del acuerdo de tramitación de emergencia adoptado por el órgano competente se dará cuenta al Consejo de Gobierno por el titular de la Consejería correspondiente en el plazo de dos meses desde que se dictó dicho acuerdo, acreditándose en este trámite la existencia de crédito adecuado y suficiente, mediante la oportuna retención del mismo.

L8/97 de medidas tributarias (...) contratación, regula el reajuste de anualidades y los contratos forestales. Se contempla la procedencia del reajuste de anualidades en los siguientes casos:

a)   Cuando la ejecución de un contrato haya sufrido paralizaciones o retrasos en su ritmo de ejecución.

b)   Cuando se hayan autorizados prórrogas de los plazos parciales o del total.

c)   Cuando se haya aprobado la autorización de modificaciones en el contrato que comporte un nuevo plazo de ejecución.

d)   Cuando se acuerde la incoación de un expediente de resolución del contrato.

e)   Por cualquier causa justificada de interés público.

Deberá acreditarse, en todo caso, la existencia de crédito adecuado y suficiente para acordar el reajuste.

Respecto a los contratos administrativos de aprovechamientos forestales, se establece que se regirán por lo dispuesto en la ley de contratos de las administraciones públicas, en especial, las normas reguladoras del contrato de obras, con la excepción de los aprovechamientos apícolas.

Ley 18/2003 de medidas fiscales y administrativas, donde establece medidas sociales en materia de contratación, estableciendo la preferencia de adjudicación de los contratos a aquellas empresas que, en el momento de acreditar su solvencia técnica, justifiquen tener en la plantilla de sus centros de trabajo radicados en Andalucía un número no inferior al 2% de trabajadores con discapacidad, por tener un grado de minusvalía igual o superior al 33%, siempre que las proposiciones presentadas igualen en sus términos a las más ventajosas desde el punto de vista de los criterios objetivos que sirvan de base para la adjudicación.

Así mismo, se reserva un porcentaje de la adjudicación de contratos de suministros, consultoría y asistencia y de servicios a centros especiales de empleo y a entidades sin ánimo de lucro inscritas en los correspondientes registros oficiales de la comunidad autónoma de Andalucía, siempre que la actividad de dichos centros y entidades tenga relación directa con el objeto del contrato. Tales entidades deberán tener en su plantilla al menos un 25% de trabajadores contratados a tiempo completo con un grado de minusvalía igual o superior al 33%.

Los contratos que se reserven serán exclusivamente los que se adjudiquen como contrato menor o por procedimiento negociado por razón de la cuantía. El porcentaje de reserva será como mínimo del 10% y como máximo el 20%. Los centros, entidades y empresas contratados al amparo de la reserva no vendrán obligados a constituir la garantía provisional o definitiva conforme se exige en la legislación de contratos de las administraciones públicas.

Por medio del decreto 39/2011, por el que se establece la organización administrativa para la gestión de contratación de la Administración de la Junta de Andalucía y sus entidades instrumentales y se regula el régimen de bienes y servicios homologados se desarrolla parcialmente la Ley de Contratos del Sector Público, en lo que se refiere a:

a) Órganos de la Administración de la Junta de Andalucía y entidades integrantes del sector público andaluz dependientes o vinculadas a la misma, con competencias en materia de contratación.

b) Registro de Licitadores de la Comunidad Autónoma de Andalucía.

c) Registro de Contratos de la Junta de Andalucía.

d) Contratación de obras, bienes y servicios homologados.

e) Otras disposiciones de desarrollo de la referida Ley, entre las que cabe señalar la aprobación de los pliegos de cláusulas administrativas generales, que corresponde a la persona titular de la Consejería competente en materia de Hacienda. Asimismo, se incluyen medidas para promover la igualdad de género y el cumplimiento de la normativa de prevención de riesgos laborales en la contratación pública.

Por medio del Decreto 332/2011 por el que se crea el Tribunal Administrativo de Recursos Contractuales de la Junta de Andalucía se crea el Tribunal Administrativo de Recursos Contractuales de la Junta de Andalucía, como órgano de carácter especializado que actuará con plena independencia funcional, al que corresponderán las siguientes competencias, en el ámbito de la Administración de la Junta de Andalucía y de las entidades instrumentales de la misma que ostenten la condición de poderes adjudicadores:

a) Resolver los recursos especiales en materia de contratación regulados en la Ley de Contratos del Sector Público, y las cuestiones de nulidad establecidas en la referida Ley.

b) Resolver las reclamaciones en los procedimientos de adjudicación reguladas en el artículo 101 y siguientes de la Ley 31/2007, de 30 de octubre, sobre procedimientos de contratación en los sectores del agua, la energía, los transportes y los servicios postales, y las cuestiones de nulidad establecidas en el artículo 109 de dicha Ley.

c) Resolver, respecto a los contratos celebrados en el ámbito de la seguridad pública, los recursos especiales en materia de contratación regulados en el artículo 59 de la Ley 24/2011, de 1 de agosto, de contratos del sector público en los ámbitos de la defensa y de la seguridad y las cuestiones de nulidad establecidas en el artículo 56 de dicha Ley.

d) Adoptar las decisiones pertinentes sobre las medidas provisionales o cautelares que se hayan solicitado por las personas legitimadas con anterioridad a la interposición de los recursos, reclamaciones y cuestiones de nulidad a que se refieren los párrafos a), b) y c) del presente artículo.

e) Cualquier otra competencia que le atribuya la normativa de la Unión Europea o la normativa estatal básica.

Sin perjuicio de su independencia funcional, el Tribunal Administrativo de Recursos Contractuales de la Junta de Andalucía, en adelante el Tribunal Administrativo, queda adscrito orgánicamente a la Consejería competente en materia de Hacienda.

El Tribunal Administrativo estará compuesto por la persona titular de la Presidencia y dos vocales. En caso de que el volumen de asuntos sometidos al conocimiento del Tribunal lo aconseje por causas debidamente acreditadas, el número de vocales podrá incrementarse por Decreto del Consejo de Gobierno.

El nombramiento de las personas titulares de la Presidencia y de las Vocalías se realizará por Acuerdo del Consejo de Gobierno, a propuesta de la persona titular de la Consejería competente en materia de Hacienda, entre personas funcionarias de carrera con licenciatura o grado en Derecho. Deberán haber desempeñado su actividad por tiempo superior a quince años, la persona titular de la

Presidencia, y a diez años, las personas titulares de las Vocalías, preferentemente en el ámbito del Derecho Administrativo relacionado directamente con la contratación pública.

En el caso de que las personas titulares de la Presidencia o de las Vocalías fueran designadas entre personal funcionario de carrera incluido en el ámbito de aplicación del Real Decreto Legislativo 5/2015, de 30 de octubre, por el que se aprueba el texto refundido de la Ley del Estatuto Básico del Empleado Público, deberán pertenecer a cuerpos o escalas clasificados en el Subgrupo A1 del artículo 76 de dicha Ley.

La duración del mandato será de cinco años, renovables por una sola vez.

Por medio del Decreto 39/2011, de 22 de febrero, por el que se establece la organización administrativa para la gestión de la contratación de la Administración de la Junta de Andalucía y sus entidades instrumentales y se regula el régimen de bienes y servicios homologados la Administración de la Junta de Andalucía hace efectiva su facultad de ordenar los aspectos no básicos de la ley 30/2007, de 30 de octubre, de Contratos del Sector Público, así como concreta y desarrolla aspectos básicos ya incluidos en el Real Decreto 317/2009, de 8 de mayo, donde se desarrolla en aras de una aplicación más eficaz de la ley 30/2007.

COLABORACIÓN ENTRE EL SECTOR PÚBLICO Y EL SECTOR PRIVADO.

Son contratos de colaboración entre el sector público y el sector privado aquéllos en que una Administración Pública encarga a una entidad de derecho privado, por un periodo determinado en función de la duración de la amortización de las inversiones o de las fórmulas de financiación que se prevean, la realización de una actuación global e integrada que, además de la financiación de inversiones inmateriales, de obras o de suministros necesarios para el cumplimiento de determinados objetivos de servicio público o relacionados con actuaciones de interés general, comprenda alguna de las siguientes prestaciones:

a) La construcción, instalación o transformación de obras, equipos, sistemas, y productos o bienes complejos, así como su mantenimiento, actualización o renovación, su explotación o su gestión.

b) La gestión integral del mantenimiento de instalaciones complejas.

c) La fabricación de bienes y la prestación de servicios que incorporen tecnología específicamente desarrollada con el propósito de aportar soluciones más avanzadas y económicamente más ventajosas que las existentes en el mercado.

d) Otras prestaciones de servicios ligadas al desarrollo por la Administración del servicio público o actuación de interés general que le haya sido encomendado.

Sólo podrán celebrarse contratos de colaboración entre el sector público y el sector privado cuando previamente se haya puesto de manifiesto que otras fórmulas alternativas de contratación no permiten la satisfacción de las finalidades públicas.

El contratista colaborador de la Administración puede asumir, en los términos previstos en el contrato, la dirección de las obras que sean necesarias, así como realizar, total o parcialmente, los proyectos para su ejecución y contratar los servicios precisos.

La contraprestación a percibir por el contratista colaborador consistirá en un precio que se satisfará durante toda la duración del contrato, y que podrá estar vinculado al cumplimiento de determinados objetivos de rendimiento.

Con carácter previo a la iniciación de un expediente de contrato de colaboración entre el sector público y el sector privado, la Administración contratante deberá elaborar un documento de evaluación en que se ponga de manifiesto que, habida cuenta de la complejidad del contrato, la Administración no está en condiciones de definir, con carácter previo a la licitación, los medios técnicos necesarios para alcanzar los objetivos proyectados o de establecer los mecanismos jurídicos y financieros para llevar a cabo el contrato, y se efectúe un análisis comparativo con formas alternativas de contratación que justifiquen en términos de obtención de mayor valor por precio, de coste global, de eficacia o de imputación de riesgos, los motivos de carácter jurídico, económico, administrativo y financiero que recomienden la adopción de esta fórmula de contratación.

La evaluación será realizada por un órgano colegiado donde se integren expertos con cualificación suficiente en la materia sobre la que verse el contrato.

El órgano de contratación, a la vista de los resultados de la evaluación a que se refiere el artículo anterior, elaborará un programa funcional que contendrá los elementos básicos que informarán el diálogo con los contratistas y que se incluirá en el documento descriptivo del contrato. Particularmente, se identificará en el programa funcional la naturaleza y dimensión de las necesidades a satisfacer, los elementos jurídicos, técnicos o económicos mínimos que deben incluir necesariamente las ofertas para ser admitidas al diálogo competitivo, y los criterios de adjudicación del contrato.

Los contratos de colaboración entre el sector público y el sector privado deberán incluir necesariamente:

a) Identificación de las prestaciones principales que constituyen su objeto, que condicionarán el régimen sustantivo aplicable al contrato.

b) Condiciones de reparto de riesgos entre la Administración y el contratista, desglosando y precisando la imputación de los riesgos derivados de la variación de los costes de las prestaciones y la imputación de los riesgos de disponibilidad o de demanda de dichas prestaciones.

c) Objetivos de rendimiento asignados al contratista, particularmente en lo que concierne a la calidad de las prestaciones de los servicios, la calidad de las obras y suministros y las condiciones en que son puestas a disposición de la administración.

d) Remuneración del contratista, que deberá desglosar las bases y criterios para el cálculo de los costes de inversión, de funcionamiento y de financiación y en su caso, de los ingresos que el contratista pueda obtener de la explotación de las obras o equipos en caso de que sea autorizada y compatible con la cobertura de las necesidades de la administración.

e) Causas y procedimientos para determinar las variaciones de la remuneración a lo largo del periodo de ejecución del contrato.

f) Fórmulas de pago y, particularmente, condiciones en las cuales, en cada vencimiento o en determinado plazo, el montante de los pagos pendientes de satisfacer por la Administración y los importes que el contratista debe abonar a ésta como consecuencia de penalidades o sanciones pueden ser objeto de compensación.

g) Fórmulas de control por la administración de la ejecución del contrato, especialmente respecto a los objetivos de rendimiento, así como las condiciones en que se puede producir la subcontratación.

h) Sanciones y penalidades aplicables en caso de incumplimiento de las obligaciones del contrato.

i) Condiciones en que puede procederse por acuerdo o, a falta del mismo, por una decisión unilateral de la Administración, a la modificación de determinados aspectos del contrato o a su resolución, particularmente en supuestos de variación de las necesidades de la Administración, de innovaciones tecnológicas o de modificación de las condiciones de financiación obtenidas por el contratista.

j) Control que se reserva la Administración sobre la cesión total o parcial del contrato.

k) Destino de las obras y equipamientos objeto del contrato a la finalización del mismo.

l) Garantías que el contratista afecta al cumplimiento de sus obligaciones.

m) Referencia a las condiciones generales y, cuando sea procedente, a las especiales que sean pertinentes en función de la naturaleza de las prestaciones principales, que la Ley establece respecto a las prerrogativas de la administración y a la ejecución, modificación y extinción de los contratos.

Los contratos de colaboración entre el sector público y el sector privado se regirán por las normas generales y por las especiales correspondientes al contrato típico cuyo objeto se corresponda con la prestación principal de aquél, en lo que no se opongan a su naturaleza, funcionalidad y contenido peculiar.

Estas normas delimitarán los deberes y derechos de las partes y las prerrogativas de la Administración.

La duración de los contratos de colaboración entre el sector público y el sector privado no podrá exceder de 20 años. No obstante, cuando por razón de la prestación principal que constituye su objeto y de su configuración, el régimen aplicable sea el propio de los contratos de concesión de obra pública, se estará a lo dispuesto sobre la duración de éstos.

ÁMBITO OBJETIVO: TIPIFICACIÓN DE LOS CONTRATOS DEL SECTOR PÚBLICO.

Los contratos de obras, concesión de obras, concesión de servicios, suministro y servicios que celebren las entidades pertenecientes al sector público se calificarán de acuerdo con las normas contenidas en la presente sección.

Los restantes contratos del sector público se calificarán según las normas de derecho administrativo o de derecho privado que les sean de aplicación.

Son contratos de obras aquellos que tienen por objeto uno de los siguientes:

a) La ejecución de una obra, aislada o conjuntamente con la redacción del proyecto, o la realización de alguno de los trabajos enumerados en el Anexo I.

b) La realización, por cualquier medio, de una obra que cumpla los requisitos fijados por la entidad del sector público contratante que ejerza una influencia decisiva en el tipo o el proyecto de la obra.

Por «obra» se entenderá el resultado de un conjunto de trabajos de construcción o de ingeniería civil, destinado a cumplir por sí mismo una función económica o técnica, que tenga por objeto un bien inmueble.

También se considerará «obra» la realización de trabajos que modifiquen la forma o sustancia del terreno o de su vuelo, o de mejora del medio físico o natural.

Los contratos de obras se referirán a una obra completa, entendiendo por esta la susceptible de ser entregada al uso general o al servicio correspondiente, sin perjuicio de las ampliaciones de que posteriormente pueda ser objeto y comprenderá todos y cada uno de los elementos que sean precisos para la utilización de la obra.

No obstante lo anterior, podrán contratarse obras definidas mediante proyectos independientes relativos a cada una de las partes de una obra completa, siempre que estas sean susceptibles de utilización independiente, en el sentido del uso general o del servicio, o puedan ser sustancialmente definidas y preceda autorización administrativa del órgano de contratación que funde la conveniencia de la referida contratación.

Se podrán celebrar contratos de obras sin referirse a una obra completa en los supuestos previstos en el apartado 4 del artículo 30 de la presente Ley cuando la responsabilidad de la obra completa corresponda a la Administración por tratarse de un supuesto de ejecución de obras por la propia Administración Pública.

La concesión de obras es un contrato que tiene por objeto la realización por el concesionario de algunas de las prestaciones a que se refiere el artículo anterior, incluidas las de restauración y reparación de construcciones existentes, así como la conservación y mantenimiento de los elementos construidos, y en el que la contraprestación a favor de aquel consiste, o bien únicamente en el derecho a explotar la obra en el sentido del apartado cuarto siguiente, o bien en dicho derecho acompañado del de percibir un precio.

El contrato podrá comprender, además, el siguiente contenido:

a) La adecuación, reforma y modernización de la obra para adaptarla a las características técnicas y funcionales requeridas para la correcta prestación de los servicios o la realización de las actividades económicas a las que sirve de soporte material.

b) Las actuaciones de reposición y gran reparación que sean exigibles en relación con los elementos que ha de reunir cada una de las obras para mantenerse apta a fin de que los servicios y actividades a los que aquellas sirven puedan ser desarrollados adecuadamente de acuerdo con las exigencias económicas y las demandas sociales.

El contrato de concesión de obras podrá también prever que el concesionario esté obligado a proyectar, ejecutar, conservar, reponer y reparar aquellas obras que sean accesorias o estén vinculadas con la principal y que sean necesarias para que esta cumpla la finalidad determinante de su construcción y que permitan su mejor funcionamiento y explotación, así como a efectuar las actuaciones ambientales relacionadas con las mismas que en ellos se prevean. En el supuesto de que las obras vinculadas o accesorias puedan ser objeto de explotación o aprovechamiento económico, estos corresponderán al concesionario conjuntamente con la explotación de la obra principal, en la forma determinada por los pliegos respectivos.

El derecho de explotación de las obras, a que se refiere el apartado primero de este artículo, deberá implicar la transferencia al concesionario de un riesgo operacional en la explotación de dichas obras abarcando el riesgo de demanda o el de suministro, o ambos. Se entiende por riesgo de demanda el que se debe a la demanda real de las obras o servicios objeto del contrato y riesgo de suministro el relativo al suministro de las obras o servicios objeto del contrato, en particular el riesgo de que la prestación de los servicios no se ajuste a la demanda.

Se considerará que el concesionario asume un riesgo operacional cuando no esté garantizado que, en condiciones normales de funcionamiento, el mismo vaya a recuperar las inversiones realizadas ni a cubrir los costes en que hubiera incurrido como consecuencia de la explotación de las obras que sean objeto de la concesión. La parte de los riesgos transferidos al concesionario debe suponer una exposición real a las incertidumbres del mercado que implique que cualquier pérdida potencial estimada en que incurra el concesionario no es meramente nominal o desdeñable.

El contrato de concesión de servicios es aquel en cuya virtud uno o varios poderes adjudicadores encomiendan a título oneroso a una o varias personas, naturales o jurídicas, la gestión de un servicio cuya prestación sea de su titularidad o competencia, y cuya contrapartida venga constituida bien por el derecho a explotar los servicios objeto del contrato o bien por dicho derecho acompañado del de percibir un precio.

El derecho de explotación de los servicios implicará la transferencia al concesionario del riesgo operacional, en los términos señalados en el apartado cuarto del artículo anterior.

Son contratos de suministro los que tienen por objeto la adquisición, el arrendamiento financiero, o el arrendamiento, con o sin opción de compra, de productos o bienes muebles.

Sin perjuicio de lo dispuesto en la letra b) del apartado 3 de este artículo respecto de los contratos que tengan por objeto programas de ordenador, no tendrán la consideración de contrato de suministro los contratos relativos a propiedades incorporales o valores negociables.

En todo caso, se considerarán contratos de suministro los siguientes:

a) Aquellos en los que el empresario se obligue a entregar una pluralidad de bienes de forma sucesiva y por precio unitario sin que la cuantía total se defina con exactitud al tiempo de celebrar el contrato, por estar subordinadas las entregas a las necesidades del adquirente.

b) Los que tengan por objeto la adquisición y el arrendamiento de equipos y sistemas de telecomunicaciones o para el tratamiento de la información, sus dispositivos y programas, y la cesión del derecho de uso de estos últimos, en cualquiera de sus modalidades de puesta a disposición, a excepción de los contratos de adquisición de programas de ordenador desarrollados a medida, que se considerarán contratos de servicios.

c) Los de fabricación, por los que la cosa o cosas que hayan de ser entregadas por el empresario deban ser elaboradas con arreglo a características peculiares fijadas previamente por la entidad contratante, aun cuando esta se obligue a aportar, total o parcialmente, los materiales precisos.

d) Los que tengan por objeto la adquisición de energía primaria o energía transformada.

Son contratos de servicios aquellos cuyo objeto son prestaciones de hacer consistentes en el desarrollo de una actividad o dirigidas a la obtención de un resultado distinto de una obra o suministro, incluyendo aquellos en que el adjudicatario se obligue a ejecutar el servicio de forma sucesiva y por precio unitario.

No podrán ser objeto de estos contratos los servicios que impliquen ejercicio de la autoridad inherente a los poderes públicos.

Se entenderá por contrato mixto aquel que contenga prestaciones correspondientes a otro u otros de distinta clase.

Únicamente podrán celebrarse contratos mixtos en las condiciones establecidas en el artículo 34.2 de la presente Ley.

El régimen jurídico de la preparación y adjudicación de los contratos mixtos se determinará de conformidad con lo establecido en este artículo; y el de sus efectos, cumplimiento y extinción se determinará de acuerdo con lo dispuesto en el artículo 122.2.

Para la determinación de las normas que regirán la adjudicación de los contratos mixtos cuyo objeto contenga prestaciones de varios contratos regulados en esta Ley, se estará a las siguientes reglas:

a) Cuando un contrato mixto comprenda prestaciones propias de dos o más contratos de obras, suministros o servicios se atenderá al carácter de la prestación principal.

En el caso de los contratos mixtos que comprendan en parte servicios especiales del anexo IV, y en parte otros servicios, o en el caso de los contratos mixtos compuestos en parte por servicios y en parte por suministros, el objeto principal se determinará en función de cuál sea el mayor de los valores estimados de los respectivos servicios o suministros.

b) Cuando el contrato mixto contenga prestaciones de los contratos de obras, suministros o servicios, por una parte, y contratos de concesiones de obra o concesiones de servicios, de otra, se actuará del siguiente modo:

1.º Si las distintas prestaciones no son separables se atenderá al carácter de la prestación principal.

2.º Si las distintas prestaciones son separables y se decide adjudicar un contrato único, se aplicarán las normas relativas a los contratos de obras, suministros o servicios cuando el valor estimado de las prestaciones correspondientes a estos contratos supere las cuantías establecidas en los artículos 20, 21 y 22 de la presente Ley, respectivamente. En otro caso, se aplicarán las normas relativas a los contratos de concesión de obras y concesión de servicios.

Cuando el contrato mixto contemple prestaciones de contratos regulados en esta Ley con prestaciones de otros contratos distintos de los regulados en la misma, para determinar las normas aplicables a su adjudicación se atenderá a las siguientes reglas:

a) Si las distintas prestaciones no son separables se atenderá al carácter de la prestación principal.

b) Si las prestaciones son separables y se decide celebrar un único contrato, se aplicará lo dispuesto en esta Ley.

No obstante lo establecido en el apartado 1, en los casos en que un elemento del contrato mixto sea una obra y esta supere los 50.000 euros, deberá elaborarse un proyecto y tramitarse de conformidad con los artículos 231 y siguientes de la presente Ley.

En el supuesto de que el contrato mixto contenga elementos de una concesión de obras o de una concesión de servicios, deberá acompañarse del correspondiente estudio de viabilidad y, en su caso, del anteproyecto de construcción y explotación de las obras previstos en los artículos 247, 248 y 285 de la presente Ley.

Son contratos sujetos a una **regulación armonizada** los contratos de obras, los de concesión de obras, los de concesión de servicios, los de suministro, y los de servicios, cuyo valor estimado, calculado conforme a las reglas que se establecen en el artículo 101, sea igual o superior a las cuantías que se indican en los artículos siguientes, siempre que la entidad contratante tenga el carácter de poder adjudicador. Tendrán también la consideración de contratos sujetos a regulación armonizada los contratos subvencionados por estas entidades a los que se refiere el artículo 23.

No obstante lo señalado en el apartado anterior, no se consideran sujetos a regulación armonizada, cualquiera que sea su valor estimado, los contratos siguientes:

a) Los que tengan por objeto la adquisición, el desarrollo, la producción o la coproducción de programas destinados a servicios de comunicación audiovisual o servicios de comunicación radiofónica, que sean adjudicados por proveedores del servicio de comunicación audiovisual o radiofónica, o los relativos al tiempo de radiodifusión o al suministro de programas que sean adjudicados a proveedores del servicio de comunicación audiovisual o radiofónica. A efectos de la presente letra, por «servicio de comunicación audiovisual» y «proveedor del servicio de comunicación» se entenderá, respectivamente, lo mismo que en el artículo 1, apartado 1, letras a) y d), de la Directiva 2010/13/UE, del Parlamento Europeo y del Consejo, de 10 de marzo de 2010, sobre la coordinación de determinadas disposiciones legales, reglamentarias y administrativas de los Estados miembros relativas a la prestación de servicios de comunicación audiovisual. Por «programa» se entenderá lo mismo que en el artículo 1, apartado 1, letra b), de dicha Directiva, si bien se incluirán también los programas radiofónicos y los contenidos de los programas radiofónicos. Además, a efectos de la presente disposición, «contenidos del programa» tendrá el mismo significado que «programa».

b) Los incluidos dentro del ámbito definido por el artículo 346 del Tratado de Funcionamiento de la Unión Europea que se concluyan en el sector de la defensa.

c) Los declarados secretos o reservados, o aquellos cuya ejecución deba ir acompañada de medidas de seguridad especiales conforme a la legislación vigente, o en los que lo exija la protección de intereses esenciales para la seguridad del Estado, cuando la protección de los intereses esenciales de que se trate no pueda garantizarse mediante la aplicación de las normas que rigen los contratos sujetos a regulación armonizada en esta Ley.

d) Aquellos cuyo objeto principal sea permitir a los órganos de contratación la puesta a disposición o la explotación de redes públicas de comunicaciones o la prestación al público de uno o varios servicios de comunicaciones electrónicas. A efectos del presente apartado «red pública de comunicaciones» y «servicio de comunicaciones electrónicas» tendrán el mismo significado que el que figura en la Directiva 2002/21/CE, del Parlamento Europeo y del Consejo, de 7 de marzo de 2002, relativa a un marco regulador común de las redes y los servicios de comunicaciones electrónicas.

e) Aquellos que tengan por objeto cualquiera de los siguientes servicios jurídicos:

1.º La representación y defensa legal de un cliente por un procurador o un abogado, ya sea en un arbitraje o una conciliación celebrada en un Estado o ante una instancia internacional de conciliación o arbitraje, o ya sea en un procedimiento judicial ante los órganos jurisdiccionales o las autoridades públicas de un Estado o ante órganos jurisdiccionales o instituciones internacionales.

2.º El asesoramiento jurídico prestado como preparación de uno de los procedimientos mencionados en el apartado anterior de la presente letra, o cuando exista una probabilidad alta de que el asunto sobre el que se asesora será objeto de dichos procedimientos, siempre que el asesoramiento lo preste un abogado.

3.º Los servicios de certificación y autenticación de documentos que deban ser prestados por un notario público.

4.º Los servicios jurídicos prestados por administradores, tutores u otros servicios jurídicos cuyos prestadores sean designados por un órgano jurisdiccional o designados por ley para desempeñar funciones específicas bajo la supervisión de dichos órganos jurisdiccionales.

5.º Otros servicios jurídicos que estén relacionados, incluso de forma ocasional, con el ejercicio del poder público.

f) Los que tengan por objeto servicios de defensa civil, protección civil y prevención de riesgos laborales prestados por organizaciones o asociaciones sin ánimo de lucro e incluidos en los siguientes códigos CPV: 75250000-3, 75251000-0, 75251100-1, 75251110-4, 75251120-7, 75252000-7, 75222000-8; 98113100-9; 85143000-3, salvo los servicios de transporte en ambulancia de pacientes.

g) Los que tengan por objeto servicios públicos de transporte de viajeros por ferrocarril o en metro, así como las concesiones de servicios de transporte de viajeros, sin perjuicio de la aplicación del Reglamento (UE) n.º 1370/2007, del Parlamento Europeo y del Consejo, de 23 de octubre de 2007, sobre los servicios públicos de transporte de viajeros por ferrocarril y carretera y por el que se derogan los Reglamentos (CEE) n.º 1191/69 y (CEE) n.º 1107/70 del Consejo.

h) Los contratos de concesión adjudicados para:

1.º La puesta a disposición o la explotación de redes fijas destinadas a prestar un servicio al público en relación con la producción, el transporte o la distribución de agua potable;

2.º El suministro de agua potable a dichas redes.

Asimismo, tampoco se considerarán sujetos a regulación armonizada los contratos de concesión que se refieran a uno de los objetos siguientes o a ambos que estén relacionadas con una de las actividades contempladas en los números 1.º y 2.º anteriores:

I. Proyectos de ingeniería hidráulica, irrigación o drenaje, siempre que el volumen de agua destinado al abastecimiento de agua potable represente más del 20 por ciento del volumen total de agua disponible gracias a dichos proyectos o a dichas instalaciones de irrigación o drenaje, o

II. Eliminación o tratamiento de aguas residuales.

Están sujetos a **regulación armonizada los contratos de obras, de concesión de obras y de concesión de servicios** cuyo valor estimado sea igual o superior a **5.382.000** euros.

En el supuesto previsto en el artículo 101.12 relativo al cálculo del valor estimado en los contratos de obras que se adjudiquen por lotes separados, cuando el valor acumulado de los lotes en que se divida la obra iguale o supere la cantidad indicada en el apartado anterior, se aplicarán las normas de la regulación armonizada a la adjudicación de cada lote.

No obstante lo dispuesto en el párrafo anterior, los órganos de contratación podrán exceptuar de estas normas a los lotes cuyo valor estimado sea inferior a un millón de euros, siempre que el importe acumulado de los lotes exceptuados no sobrepase el 20 por 100 del valor acumulado de la totalidad de los mismos.

Están sujetos a **regulación armonizada los contratos de suministro** cuyo valor estimado sea igual o superior a las siguientes cantidades:

a) **140.000** euros, cuando se trate de contratos adjudicados por la Administración General del Estado, sus Organismos Autónomos, o las Entidades Gestoras y Servicios Comunes de la Seguridad Social. No obstante, cuando los contratos se adjudiquen por órganos de contratación que pertenezcan al sector de la defensa, este umbral solo se aplicará respecto de los contratos de suministro que tengan por objeto los productos enumerados en el anexo II.

b) **215.000** euros, cuando se trate de contratos de suministro distintos, por razón del sujeto contratante o por razón de su objeto, de los contemplados en la letra anterior.

En el supuesto previsto en el artículo 101.12 relativo al cálculo del valor estimado en los contratos que se adjudiquen por lotes separados, cuando el valor acumulado de los lotes en que se divida el suministro iguale o supere las cantidades indicadas en el apartado anterior, se aplicarán las normas de la regulación armonizada a la adjudicación de cada lote. No obstante, los órganos de contratación podrán exceptuar de estas normas a los lotes cuyo valor estimado sea inferior a 80.000 euros, siempre que el importe acumulado de los lotes exceptuados no sobrepase el 20 por 100 del valor acumulado de la totalidad de los mismos.

Están sujetos a **regulación armonizada los contratos de servicios** cuyo valor estimado sea igual o superior a las siguientes cantidades:

a) **140.000** euros, cuando los contratos hayan de ser adjudicados por la Administración General del Estado, sus Organismos Autónomos, o las Entidades Gestoras y Servicios Comunes de la Seguridad Social.

b) **215.000** euros, cuando los contratos hayan de adjudicarse por entidades del sector público distintas a la Administración General del Estado, sus Organismos Autónomos o las Entidades Gestoras y Servicios Comunes de la Seguridad Social.

c) **750.000** euros, cuando se trate de contratos que tengan por objeto los servicios sociales y otros servicios específicos enumerados en el anexo IV.

En el supuesto previsto en el artículo 101.12 relativo al cálculo del valor estimado en los contratos que se adjudiquen por lotes separados, cuando el valor acumulado de los lotes en que se divida la contratación de servicios iguale o supere los importes indicados en el apartado anterior, se aplicarán las normas de la regulación armonizada a la adjudicación de cada lote. No obstante, los órganos de contratación podrán exceptuar de estas normas a los lotes cuyo valor estimado sea inferior a 80.000 euros, siempre que el importe acumulado de los lotes exceptuados no sobrepase el 20 por 100 del valor acumulado de la totalidad de los mismos.

Son contratos subvencionados sujetos a una regulación armonizada los contratos de obras y los contratos de servicios definidos conforme a lo previsto en los artículos 13 y 17, respectivamente, que sean subvencionados, de forma directa y en más de un 50 por 100 de su importe, por entidades que tengan la consideración de poderes adjudicadores, siempre que pertenezcan a alguna de las categorías siguientes:

a) Contratos de obras que tengan por objeto actividades de ingeniería civil de la sección F, división 45, grupo 45.2 de la Nomenclatura General de Actividades Económicas de las Comunidades Europeas (NACE), o la construcción de hospitales, centros deportivos, recreativos o de ocio, edificios escolares o universitarios y edificios de uso administrativo, siempre que su valor estimado sea igual o superior a 5.225.000 euros.

b) Contratos de servicios vinculados a un contrato de obras de los definidos en la letra a), cuyo valor estimado sea igual o superior a 215.000 euros.

2. Las normas previstas para los contratos subvencionados se aplicarán a aquellos celebrados por particulares o por entidades del sector público que no tengan la consideración de poderes adjudicadores, en conjunción, en este último caso, con las establecidas en el Título II del Libro Tercero de esta Ley. Cuando el contrato subvencionado se adjudique por entidades del sector público que tengan la consideración de poder adjudicador, se aplicarán las normas de contratación previstas para estas entidades, de acuerdo con su naturaleza, salvo la relativa a la determinación de la competencia para resolver el recurso especial en materia de contratación y para adoptar medidas cautelares en el procedimiento de adjudicación, que se regirá, en todo caso, por la regla establecida en el apartado 2 del artículo 47.

Los contratos del sector público podrán estar sometidos a un régimen jurídico de derecho administrativo o de derecho privado.

Tendrán carácter administrativo los contratos siguientes, siempre que se celebren por una Administración Pública:

a) Los contratos de obra, concesión de obra, concesión de servicios, suministro y servicios. No obstante, tendrán carácter privado los siguientes contratos:

1.º Los contratos de servicios que tengan por objeto servicios financieros con número de referencia CPV de 66100000-1 a 66720000-3 y los que tengan por objeto la creación e interpretación artística y literaria y los de espectáculos con número de referencia CPV de 79995000-5 a 79995200-7, y de 92000000-1 a 92700000-8, excepto 92230000-2, 92231000-9 y 92232000-6.

2.º Aquellos cuyo objeto sea la suscripción a revistas, publicaciones periódicas y bases de datos.

b) Los contratos declarados así expresamente por una Ley, y aquellos otros de objeto distinto a los expresados en la letra anterior, pero que tengan naturaleza administrativa especial por estar vinculados al giro o tráfico específico de la Administración contratante o por satisfacer de forma directa o inmediata una finalidad pública de la específica competencia de aquella.

Los contratos administrativos se regirán, en cuanto a su preparación, adjudicación, efectos, modificación y extinción, por esta Ley y sus disposiciones de desarrollo; supletoriamente se aplicarán las restantes normas de derecho administrativo y, en su defecto, las normas de derecho privado. No obstante, a los contratos administrativos especiales a que se refiere la letra b) del apartado anterior les serán de aplicación, en primer término, sus normas específicas.

Tendrán la consideración de contratos privados:

a) Los que celebren las Administraciones Públicas cuyo objeto sea distinto de los referidos en las letras a) y b) del apartado primero del artículo anterior.

b) Los celebrados por entidades del sector público que siendo poder adjudicador no reúnan la condición de Administraciones Públicas.

c) Los celebrados por entidades del sector público que no reúnan la condición de poder adjudicador.

Los contratos privados que celebren las Administraciones Públicas se regirán, en cuanto a su preparación y adjudicación, en defecto de normas específicas, por las Secciones 1.ª y 2.ª del Capítulo I del Título I del Libro Segundo de la presente Ley con carácter general, y por sus disposiciones de desarrollo, aplicándose supletoriamente las restantes normas de derecho administrativo o, en su caso, las normas de derecho privado, según corresponda por razón del sujeto o entidad contratante. En lo que respecta a su efectos, modificación y extinción, estos contratos se regirán por el derecho privado.

No obstante lo establecido en el párrafo anterior, a los contratos mencionados en los números 1.º y 2.º de la letra a) del apartado primero del artículo anterior, les resultarán de aplicación, además del Libro Primero de la presente Ley, el Libro Segundo de la misma en cuanto a su preparación y adjudicación. En cuanto a sus efectos y extinción les serán aplicables las normas de derecho privado, salvo lo establecido en los artículos de esta Ley relativos a las condiciones especiales de ejecución, modificación, cesión, subcontratación y resolución de los contratos, que les serán de aplicación cuando el contrato esté sujeto a regulación armonizada.

Los contratos privados que celebren los poderes adjudicadores que no pertenezcan a la categoría de Administraciones Públicas mencionados en la letra b) del apartado primero del presente artículo, cuyo objeto esté comprendido en el ámbito de la presente Ley, se regirán por lo dispuesto en el Título I del Libro Tercero de la misma, en cuanto a su preparación y adjudicación.

En cuanto a sus efectos y extinción les serán aplicables las normas de derecho privado, y aquellas normas a las que se refiere el párrafo primero del artículo 319 en materia medioambiental, social o laboral, de condiciones especiales de ejecución, de modificación del contrato, de cesión y subcontratación, de racionalización técnica de la contratación; y la causa de resolución del contrato referida a la imposibilidad de ejecutar la prestación en los términos inicialmente pactados, cuando no sea posible modificar el contrato conforme a los artículos 204 y 205.

Los contratos que celebren las Entidades del Sector Público que no posean la condición de poder adjudicador, se regirán por lo dispuesto en los artículos 321 y 322.

En lo que se refiere a sus efectos, modificación y extinción se regularán por las normas de derecho privado que les resulten de aplicación.

Serán competencia del orden jurisdiccional contencioso-administrativo las siguientes cuestiones:

a) Las relativas a la preparación, adjudicación, efectos, modificación y extinción de los contratos administrativos.

b) Las que se susciten en relación con la preparación y adjudicación de los contratos privados de las Administraciones Públicas.

Adicionalmente, respecto de los contratos referidos en los números 1.º y 2.º de la letra a) del apartado primero del artículo 25 de la presente Ley que estén sujetos a regulación armonizada, las impugnaciones de las modificaciones basadas en el incumplimiento de lo establecido en los artículos 204 y 205 de la presente Ley, por entender que la modificación debió ser objeto de una nueva adjudicación.

c) Las referidas a la preparación, adjudicación y modificaciones contractuales, cuando la impugnación de estas últimas se base en el incumplimiento de lo establecido en los artículos 204 y 205 de la presente Ley, cuando se entienda que dicha modificación debió ser objeto de una nueva adjudicación de los contratos celebrados por los poderes adjudicadores que no tengan la consideración de Administración Pública.

d) Las relativas a la preparación y adjudicación de los contratos de entidades del sector público que no tengan el carácter de poderes adjudicadores.

e) Los recursos interpuestos contra las resoluciones que se dicten por los órganos administrativos de resolución de los recursos previstos en el artículo 44 de esta Ley, así como en el artículo 321.5.

f) Las cuestiones que se susciten en relación con la preparación, adjudicación y modificación de los contratos subvencionados a que se refiere el artículo 23 de la presente Ley.

El orden jurisdiccional civil será el competente para resolver:

a) Las controversias que se susciten entre las partes en relación con los efectos y extinción de los contratos privados de las entidades que tengan la consideración de poderes adjudicadores, sean o no Administraciones Públicas, con excepción de las modificaciones contractuales citadas en las letras b) y c) del apartado anterior.

b) De las cuestiones referidas a efectos y extinción de los contratos que celebren las entidades del sector público que no tengan el carácter de poderes adjudicadores.

c) El conocimiento de las cuestiones litigiosas relativas a la financiación privada del contrato de concesión de obra pública o de concesión de servicios, salvo en lo relativo a las actuaciones en ejercicio de las obligaciones y potestades administrativas que, con arreglo a lo dispuesto en esta Ley, se atribuyen a la Administración concedente, y en las que será competente el orden jurisdiccional contencioso-administrativo.

El objeto de los contratos del sector público deberá ser determinado. El mismo se podrá definir en atención a las necesidades o funcionalidades concretas que se pretenden satisfacer, sin cerrar el objeto del contrato a una solución única. En especial, se definirán de este modo en aquellos contratos en los que se estime que pueden incorporarse innovaciones tecnológicas, sociales o ambientales que mejoren la eficiencia y sostenibilidad de los bienes, obras o servicios que se contraten.

No podrá fraccionarse un contrato con la finalidad de disminuir la cuantía del mismo y eludir así los requisitos de publicidad o los relativos al procedimiento de adjudicación que correspondan.

Siempre que la naturaleza o el objeto del contrato lo permitan, deberá preverse la realización independiente de cada una de sus partes mediante su división en lotes, pudiéndose reservar lotes de conformidad con lo dispuesto en la disposición adicional cuarta.

No obstante lo anterior, el órgano de contratación podrá no dividir en lotes el objeto del contrato cuando existan motivos válidos, que deberán justificarse debidamente en el expediente, salvo en los casos de contratos de concesión de obras.

En todo caso se considerarán motivos válidos, a efectos de justificar la no división en lotes del objeto del contrato, los siguientes:

a) El hecho de que la división en lotes del objeto del contrato conllevase el riesgo de restringir injustificadamente la competencia. A los efectos de aplicar este criterio, el órgano de contratación deberá solicitar informe previo a la autoridad de defensa de la competencia correspondiente para que se pronuncie sobre la apreciación de dicha circunstancia.

b) El hecho de que, la realización independiente de las diversas prestaciones comprendidas en el objeto del contrato dificultara la correcta ejecución del mismo desde el punto de vista técnico; o bien que el riesgo para la correcta ejecución del contrato proceda de la naturaleza del objeto del mismo, al implicar la necesidad de coordinar la ejecución de las diferentes prestaciones, cuestión que podría verse imposibilitada por su división en lotes y ejecución por una pluralidad de contratistas diferentes. Ambos extremos deberán ser, en su caso, justificados debidamente en el expediente.

Cuando el órgano de contratación proceda a la división en lotes del objeto del contrato, este podrá introducir las siguientes limitaciones, justificándolas debidamente en el expediente:

a) Podrá limitar el número de lotes para los que un mismo candidato o licitador puede presentar oferta.

b) También podrá limitar el número de lotes que pueden adjudicarse a cada licitador.

Cuando el órgano de contratación considere oportuno introducir alguna de las dos limitaciones a que se refieren las letras a) y b) anteriores, así deberá indicarlo expresamente en el anuncio de licitación y en el pliego de cláusulas administrativas particulares.

Cuando se introduzca la limitación a que se refiere la letra b) anterior, además deberán incluirse en los pliegos de cláusulas administrativas particulares los criterios o normas que se aplicarán cuando, como consecuencia de la aplicación de los criterios de adjudicación, un licitador pueda resultar adjudicatario de un número de lotes que exceda el máximo indicado en el anuncio y en el pliego. Estos criterios o normas en todo caso deberán ser objetivos y no discriminatorios.

Salvo lo que disponga el pliego de cláusulas administrativas particulares, a efectos de las limitaciones previstas en las letras a) y b) anteriores, en las uniones de empresarios serán estas y no sus componentes las consideradas candidato o licitador.

Podrá reservar alguno o algunos de los lotes para Centros Especiales de Empleo o para empresas de inserción, o un porcentaje mínimo de reserva de la ejecución de estos contratos en el marco de programas de empleo protegido, de conformidad con lo dispuesto en la Disposición adicional cuarta. Igualmente se podrán reservar lotes a favor de las entidades a que se refiere la Disposición adicional cuadragésima octava, en las condiciones establecidas en la citada disposición.

Cuando el órgano de contratación hubiera decidido proceder a la división en lotes del objeto del contrato y, además, permitir que pueda adjudicarse más de un lote al mismo licitador, aquel podrá adjudicar a una oferta integradora, siempre y cuando se cumplan todos y cada uno de los requisitos siguientes:

a) Que esta posibilidad se hubiere establecido en el pliego que rija el contrato y se recoja en el anuncio de licitación. Dicha previsión deberá concretar la combinación o combinaciones que se admitirá, en su caso, así como la solvencia y capacidad exigida en cada una de ellas.

b) Que se trate de supuestos en que existan varios criterios de adjudicación.

c) Que previamente se lleve a cabo una evaluación comparativa para determinar si las ofertas presentadas por un licitador concreto para una combinación particular de lotes cumpliría mejor, en conjunto, los criterios de adjudicación establecidos en el pliego con respecto a dichos lotes, que las ofertas presentadas para los lotes separados de que se trate, considerados aisladamente.

d) Que los empresarios acrediten la solvencia económica, financiera y técnica correspondiente, o, en su caso, la clasificación, al conjunto de lotes por los que licite.

Cuando se proceda a la división en lotes, las normas procedimentales y de publicidad que deben aplicarse en la adjudicación de cada lote o prestación diferenciada se determinarán en función del valor acumulado del conjunto, calculado según lo establecido en el artículo 101, salvo que se dé alguna de las excepciones a que se refieren los artículos 20.2, 21.2 y 22.2.

En los contratos adjudicados por lotes, y salvo que se establezca otra previsión en el pliego que rija el contrato, cada lote constituirá un contrato, salvo en casos en que se presenten ofertas integradoras, en los que todas las ofertas constituirán un contrato.

A todos los efectos previstos en esta Ley, el valor estimado de los contratos será determinado como sigue:

a) En el caso de los contratos de obras, suministros y servicios, el órgano de contratación tomará el importe total, sin incluir el Impuesto sobre el Valor Añadido, pagadero según sus estimaciones.

b) En el caso de los contratos de concesión de obras y de concesión de servicios, el órgano de contratación tomará el importe neto de la cifra de negocios, sin incluir el Impuesto sobre el Valor Añadido, que según sus estimaciones, generará la empresa concesionaria durante la ejecución del mismo como contraprestación por las obras y los servicios objeto del contrato, así como de los suministros relacionados con estas obras y servicios.

En el cálculo del valor estimado deberán tenerse en cuenta, como mínimo, además de los costes derivados de la aplicación de las normativas laborales vigentes, otros costes que se deriven de la ejecución material de los servicios, los gastos generales de estructura y el beneficio industrial. Asimismo deberán tenerse en cuenta:

a) Cualquier forma de opción eventual y las eventuales prórrogas del contrato.

b) Cuando se haya previsto abonar primas o efectuar pagos a los candidatos o licitadores, la cuantía de los mismos.

c) En el caso de que, de conformidad con lo dispuesto en el artículo 204, se haya previsto en el pliego de cláusulas administrativas particulares o en el anuncio de licitación la posibilidad de que el contrato sea modificado, se considerará valor estimado del contrato el importe máximo que este pueda alcanzar, teniendo en cuenta la totalidad de las modificaciones al alza previstas.

En los contratos de servicios y de concesión de servicios en los que sea relevante la mano de obra, en la aplicación de la normativa laboral vigente a que se refiere el párrafo anterior se tendrán especialmente en cuenta los costes laborales derivados de los convenios colectivos sectoriales de aplicación.

Adicionalmente a lo previsto en el apartado anterior, en el cálculo del valor estimado de los contratos de concesión de obras y de concesión de servicios se tendrán en cuenta, cuando proceda, los siguientes conceptos:

a) La renta procedente del pago de tasas y multas por los usuarios de las obras o servicios, distintas de las recaudadas en nombre del poder adjudicador.

b) Los pagos o ventajas financieras, cualquiera que sea su forma, concedidos al concesionario por el poder adjudicador o por cualquier otra autoridad pública, incluida la compensación por el cumplimiento de una obligación de servicio público y subvenciones a la inversión pública.

c) El valor de los subsidios o ventajas financieras, cualquiera que sea su forma, procedentes de terceros a cambio de la ejecución de la concesión.

d) El precio de la venta de cualquier activo que forme parte de la concesión.

e) El valor de todos los suministros y servicios que el poder adjudicador ponga a disposición del concesionario, siempre que sean necesarios para la ejecución de las obras o la prestación de servicios.

La elección del método para calcular el valor estimado no podrá efectuarse con la intención de sustraer el contrato a la aplicación de las normas de adjudicación que correspondan.

El método de cálculo aplicado por el órgano de contratación para calcular el valor estimado en todo caso deberá figurar en los pliegos de cláusulas administrativas particulares.

Cuando un órgano de contratación esté compuesto por unidades funcionales separadas, se tendrá en cuenta el valor total estimado para todas las unidades funcionales individuales.

No obstante lo anterior, cuando una unidad funcional separada sea responsable de manera autónoma respecto de su contratación o de determinadas categorías de ella, los valores pueden estimarse al nivel de la unidad de que se trate.

En todo caso, se entenderá que se da la circunstancia aludida en el párrafo anterior cuando dicha unidad funcional separada cuente con financiación específica y con competencias respecto a la adjudicación del contrato.

La estimación deberá hacerse teniendo en cuenta los precios habituales en el mercado, y estar referida al momento del envío del anuncio de licitación o, en caso de que no se requiera un anuncio de este tipo, al momento en que el órgano de contratación inicie el procedimiento de adjudicación del contrato.

En los contratos de obras el cálculo del valor estimado debe tener en cuenta el importe de las mismas así como el valor total estimado de los suministros necesarios para su ejecución que hayan sido puestos a disposición del contratista por el órgano de contratación.

En los contratos de suministro que tengan por objeto el arrendamiento financiero, el arrendamiento o la venta a plazos de productos, el valor que se tomará como base para calcular el valor estimado del contrato será el siguiente:

a) En el caso de contratos de duración determinada, cuando su duración sea igual o inferior a doce meses, el valor total estimado para la duración del contrato; cuando su duración sea superior a doce meses, su valor total, incluido el importe estimado del valor residual.

b) En el caso de contratos cuya duración no se fije por referencia a un período de tiempo determinado, el valor mensual multiplicado por 48.

En los contratos de suministro o de servicios que tengan un carácter de periodicidad, o de contratos que se deban renovar en un período de tiempo determinado, se tomará como base para el cálculo del valor estimado del contrato alguna de las siguientes cantidades:

a) El valor real total de los contratos sucesivos similares adjudicados durante el ejercicio precedente o durante los doce meses previos, ajustado, cuando sea posible, en función de los cambios de cantidad o valor previstos para los doce meses posteriores al contrato inicial.

b) El valor estimado total de los contratos sucesivos adjudicados durante los doce meses siguientes a la primera entrega o en el transcurso del ejercicio, si este fuera superior a doce meses.

En los contratos de servicios, a los efectos del cálculo de su valor estimado, se tomarán como base, en su caso, las siguientes cantidades:

a) En los servicios de seguros, la prima pagadera y otras formas de remuneración.

b) En servicios bancarios y otros servicios financieros, los honorarios, las comisiones, los intereses y otras formas de remuneración.

c) En los contratos relativos a un proyecto, los honorarios, las comisiones pagaderas y otras formas de remuneración, así como las primas o contraprestaciones que, en su caso, se fijen para los participantes en el concurso.

d) En los contratos de servicios en que no se especifique un precio total, si tienen una duración determinada igual o inferior a cuarenta y ocho meses, el valor total estimado correspondiente a toda su duración. Si la duración es superior a cuarenta y ocho meses o no se encuentra fijada por referencia a un período de tiempo cierto, el valor mensual multiplicado por 48.

Cuando la realización de una obra, la contratación de unos servicios o la obtención de unos suministros destinados a usos idénticos o similares pueda dar lugar a la adjudicación simultánea de contratos por lotes separados, se deberá tener en cuenta el valor global estimado de la totalidad de dichos lotes.

Igualmente, cuando una obra o un servicio propuestos puedan derivar en la adjudicación simultánea de contratos de concesión de obras o de concesión de servicios por lotes separados, deberá tenerse en cuenta el valor global estimado de todos los lotes.

Para los acuerdos marco y para los sistemas dinámicos de adquisición se tendrá en cuenta el valor máximo estimado, excluido el Impuesto sobre el Valor Añadido, del conjunto de contratos previstos durante la duración total del acuerdo marco o del sistema dinámico de adquisición.

En el procedimiento de asociación para la innovación se tendrá en cuenta el valor máximo estimado, excluido el Impuesto sobre el Valor Añadido, de las actividades de investigación y desarrollo que esté previsto que se realicen a lo largo de la duración total de la asociación, y de los suministros, servicios u obras que esté previsto que se ejecuten o adquieran al final de la asociación prevista.

Los contratos del sector público tendrán siempre un precio cierto, que se abonará al contratista en función de la prestación realmente ejecutada y de acuerdo con lo pactado. En el precio se entenderá incluido el importe a abonar en concepto de Impuesto sobre el Valor Añadido, que en todo caso se indicará como partida independiente.

Con carácter general el precio deberá expresarse en euros, sin perjuicio de que su pago pueda hacerse mediante la entrega de otras contraprestaciones en los casos en que esta u otras Leyes así lo prevean.

No obstante lo anterior, en los contratos podrá preverse que la totalidad o parte del precio sea satisfecho en moneda distinta del euro. En este supuesto se expresará en la correspondiente divisa el importe que deba satisfacerse en esa moneda, y se incluirá una estimación en euros del importe total del contrato.

Los órganos de contratación cuidarán de que el precio sea adecuado para el efectivo cumplimiento del contrato mediante la correcta estimación de su importe, atendiendo al precio general de mercado, en el momento de fijar el presupuesto base de licitación y la aplicación, en su caso, de las normas sobre ofertas con valores anormales o desproporcionados.

En aquellos servicios en los que el coste económico principal sean los costes laborales, deberán considerarse los términos económicos de los convenios colectivos sectoriales, nacionales, autonómicos y provinciales aplicables en el lugar de prestación de los servicios.

El precio del contrato podrá formularse tanto en términos de precios unitarios referidos a los distintos componentes de la prestación o a las unidades de la misma que se entreguen o ejecuten, como en términos de precios aplicables a tanto alzado a la totalidad o a parte de las prestaciones del contrato.

Los precios fijados en los contratos del sector público podrán ser revisados en los términos previstos en el Capítulo II de este Título, cuando deban ser ajustados, al alza o a la baja, para tener en cuenta las variaciones económicas de costes que acaezcan durante la ejecución del contrato.

Los contratos, cuando su naturaleza y objeto lo permitan, podrán incluir cláusulas de variación de precios en función del cumplimiento o incumplimiento de determinados objetivos de plazos o de rendimiento, debiendo establecerse con precisión los supuestos en que se producirán estas variaciones y las reglas para su determinación, de manera que el precio sea determinable en todo caso.

Excepcionalmente pueden celebrarse contratos con precios provisionales cuando, tras la tramitación de un procedimiento negociado, de un diálogo competitivo, o de un procedimiento de asociación para la innovación, se ponga de manifiesto que la ejecución del contrato debe comenzar antes de que la determinación del precio sea posible por la complejidad de las prestaciones o la necesidad de utilizar una técnica nueva, o que no existe información sobre los costes de prestaciones análogas y sobre los elementos técnicos o contables que permitan negociar con precisión un precio cierto.

En los contratos celebrados con precios provisionales el precio se determinará, dentro de los límites fijados para el precio máximo, en función de los costes en que realmente incurra el contratista y del beneficio que se haya acordado, para lo que, en todo caso, se detallarán en el contrato los siguientes extremos:

a) El procedimiento para determinar el precio definitivo, con referencia a los costes efectivos y a la fórmula de cálculo del beneficio.

b) Las reglas contables que el adjudicatario deberá aplicar para determinar el coste de las prestaciones.

c) Los controles documentales y sobre el proceso de producción que el adjudicador podrá efectuar sobre los elementos técnicos y contables del coste de producción.

En los contratos celebrados con precios provisionales no cabrá la revisión de precios.

Se prohíbe el pago aplazado del precio en los contratos de las Administraciones Públicas, excepto en los supuestos en que el sistema de pago se establezca mediante la modalidad de arrendamiento financiero o de arrendamiento con opción de compra, así como en los casos en que esta u otra Ley lo autorice expresamente.

Los precios de los contratos del sector público solo podrán ser objeto de revisión periódica y predeterminada en los términos establecidos en este Capítulo.

Salvo en los contratos no sujetos a regulación armonizada a los que se refiere el apartado 2 del artículo 19, no cabrá la revisión periódica no predeterminada o no periódica de los precios de los contratos.

Se entenderá por precio cualquier retribución o contraprestación económica del contrato, bien sean abonadas por la Administración o por los usuarios.

Previa justificación en el expediente y de conformidad con lo previsto en el Real Decreto al que se refieren los artículos 4 y 5 de la Ley 2/2015, de 30 de marzo, de desindexación de la economía española, la revisión periódica y predeterminada de precios solo se podrá llevar a cabo en los contratos de obra, en los contratos de suministros de fabricación de armamento y equipamiento de las Administraciones Públicas, en los contratos de suministro de energía y en aquellos otros contratos en los que el período de recuperación de la inversión sea igual o superior a cinco años. Dicho período se calculará conforme a lo dispuesto en el Real Decreto anteriormente citado.

No se considerarán revisables en ningún caso los costes asociados a las amortizaciones, los costes financieros, los gastos generales o de estructura ni el beneficio industrial. Los costes de mano de obra de los contratos distintos de los de obra, suministro de fabricación de armamento y equipamiento de las Administraciones Públicas, se revisarán cuando el período de recuperación de la inversión sea igual o superior a cinco años y la intensidad en el uso del factor trabajo sea considerada significativa, de acuerdo con los supuestos y límites establecidos en el Real Decreto.

En los supuestos en que proceda, el órgano de contratación podrá establecer el derecho a revisión periódica y predeterminada de precios y fijará la fórmula de revisión que deba aplicarse, atendiendo a la naturaleza de cada contrato y la estructura y evolución de los costes de las prestaciones del mismo.

El pliego de cláusulas administrativas particulares deberá detallar, en tales casos, la fórmula de revisión aplicable, que será invariable durante la vigencia del contrato y determinará la revisión de precios en cada fecha respecto a la fecha de formalización del contrato, siempre que la formalización se produzca en el plazo de tres meses desde la finalización del plazo de presentación de ofertas, o respecto a la fecha en que termine dicho plazo de tres meses si la formalización se produce con posterioridad.

Salvo en los contratos de suministro de energía, cuando proceda, la revisión periódica y predeterminada de precios en los contratos del sector público tendrá lugar, en los términos establecidos en este Capítulo, cuando el contrato se hubiese ejecutado, al menos, en el 20 por ciento de su importe y hubiesen transcurrido dos años desde su formalización. En consecuencia, el primer 20 por ciento ejecutado y los dos primeros años transcurridos desde la formalización quedarán excluidos de la revisión.

No obstante, la condición relativa al porcentaje de ejecución del contrato no será exigible a efectos de proceder a la revisión periódica y predeterminada en los contratos de concesión de servicios.

El Consejo de Ministros podrá aprobar, previo informe de la Junta Consultiva de Contratación Pública del Estado y de la Comisión Delegada del Gobierno para Asuntos Económicos, fórmulas tipo de revisión periódica y predeterminada para los contratos previstos en el apartado 2.

A propuesta de la Administración Pública competente de la contratación, el Comité Superior de Precios de Contratos del Estado determinará aquellas actividades donde resulte conveniente contar con una fórmula tipo, elaborará las fórmulas y las remitirá para su aprobación al Consejo de Ministros.

Cuando para un determinado tipo de contrato, se hayan aprobado, por el procedimiento descrito, fórmulas tipo, el órgano de contratación no podrá incluir otra fórmula de revisión diferente a esta en los pliegos y contrato.

Las fórmulas tipo que se establezcan con sujeción a los principios y metodologías contenidos en el Real Decreto referido en el apartado 2 de la presente disposición reflejarán la ponderación en el precio del contrato de los componentes básicos de costes relativos al proceso de generación de las prestaciones objeto del mismo.

El Instituto Nacional de Estadística elaborará los índices mensuales de los precios de los componentes básicos de costes incluidos en las fórmulas tipo de revisión de precios de los contratos, los cuales serán aprobados por Orden del Ministro de Hacienda y Función Pública, previo informe del Comité Superior de Precios de Contratos del Estado.

Los índices reflejarán, al alza o a la baja, las variaciones reales de los precios de la energía y materiales básicos observadas en el mercado y podrán ser únicos para todo el territorio nacional o particularizarse por zonas geográficas.

Reglamentariamente se establecerá la relación de componentes básicos de costes a incluir en las fórmulas tipo referidas en este apartado, relación que podrá ser ampliada por Orden del Ministro de Hacienda y Función Pública, previo informe de la Junta Consultiva de Contratación Pública del Estado cuando así lo exija la evolución de los procesos productivos o la aparición de nuevos materiales con participación relevante en el coste de determinados contratos o la creación de nuevas fórmulas tipo de acuerdo con lo dispuesto en esta Ley y su desarrollo.

Los indicadores o reglas de determinación de cada uno de los índices que intervienen en las fórmulas de revisión de precios serán establecidos por Orden del Ministerio de Hacienda y Función Pública, a propuesta del Comité Superior de Precios de Contratos del Estado.

Cuando resulte aplicable la revisión de precios mediante las fórmulas tipo referidas en el apartado 6 de la presente disposición, el resultado de aplicar las ponderaciones previstas en el apartado 7 a los índices de precios, que se determinen conforme al apartado 8, proporcionará en cada fecha, respecto a la fecha y períodos determinados en el apartado 4, un coeficiente que se aplicará a los importes líquidos de las prestaciones realizadas que tengan derecho a revisión a los efectos de calcular el precio que corresponda satisfacer.

Lo establecido en este artículo y en la Ley 2/2015, de 30 de marzo, de desindexación de la economía española, se entenderá, en todo caso, sin perjuicio de la posibilidad de mantener el equilibrio económico en las circunstancias previstas en los artículos 270 y 290.

Cuando la cláusula de revisión se aplique sobre períodos de tiempo en los que el contratista hubiese incurrido en mora y sin perjuicio de las penalidades que fueren procedentes, los índices de precios que habrán de ser tenidos en cuenta serán aquellos que hubiesen correspondido a las fechas establecidas en el contrato para la realización de la prestación en plazo, salvo que los correspondientes al período real de ejecución produzcan un coeficiente inferior, en cuyo caso se aplicarán estos últimos.

Los órganos de contratación de las entidades del sector público estatal que tengan la consideración de poder adjudicador en virtud de lo establecido en el apartado 3 del artículo 3 de la presente Ley necesitarán la autorización del Consejo de Ministros (Consejo de Gobierno) para celebrar contratos en los siguientes supuestos:

a) Cuando el valor estimado del contrato, calculado conforme a lo señalado en el artículo 101, sea igual o superior a doce millones de euros.

b) Cuando el pago de los contratos se concierte mediante el sistema de arrendamiento financiero o mediante el sistema de arrendamiento con opción de compra y el número de anualidades supere cuatro años.

c) En los acuerdos marco y sistemas dinámicos de adquisición cuyo valor estimado sea igual o superior a doce millones de euros. Una vez autorizada la celebración de estos acuerdos marco y sistemas dinámicos de adquisición no será necesaria autorización del Consejo de Ministros para la celebración de los contratos basados y contratos específicos, en dichos acuerdos marco y sistemas dinámicos de adquisición, respectivamente.

La autorización del Consejo de Ministros (Consejo de Gobierno) a que se refiere el apartado anterior deberá obtenerse antes de la aprobación del expediente. A efectos de obtener la citada autorización, los órganos de contratación deberán remitir al menos los siguientes documentos:

a) Justificación sobre la necesidad e idoneidad del contrato a que se refiere el artículo 28 de esta Ley.

b) Certificado de existencia de crédito o, en el caso de entidades del sector público estatal con presupuesto estimativo, documento equivalente que acredite la existencia de financiación.

c) El pliego de cláusulas administrativas particulares.

d) El informe del servicio jurídico al pliego.

e) Y, de resultar preceptivo, el informe previsto en el apartado 6 de este artículo.

La autorización que otorgue el Consejo de Ministros (Consejo de Gobierno) será genérica para la celebración del contrato, sin que en ningún caso implique una validación de los trámites realizados por el órgano de contratación, ni exima de la responsabilidad que corresponda a este respecto de la tramitación y aprobación de los distintos documentos que conformen el expediente.

Con carácter posterior a la obtención de la autorización del Consejo de Ministros (Consejo de Gobierno), al órgano de contratación le corresponderá la aprobación del expediente y la aprobación del gasto.

El Consejo de Ministros (Consejo de Gobierno) podrá reclamar discrecionalmente el conocimiento y autorización de cualquier otro contrato.

En los casos en que el Consejo de Ministros (Consejo de Gobierno) autorice la celebración de un contrato deberá autorizar igualmente sus modificaciones, siempre que, no encontrándose las mismas previstas en el pliego, representen un porcentaje, aislada o conjuntamente, superior al 10 por ciento del precio inicial del contrato, IVA excluido; así como la resolución misma, en su caso.

Asimismo, en estos contratos, y con independencia de la cuantía del contrato, será igualmente necesario recabar el informe vinculante del Ministerio de Hacienda y Función Pública cuando, en su financiación se prevea cualquier forma de ayuda o aportación estatal, o el otorgamiento de préstamos o anticipos.

A tal efecto, el órgano de contratación deberá proporcionar información completa acerca de los aspectos financieros y presupuestarios del contrato, incluyendo los mecanismos de captación de financiación y garantías que se prevea utilizar, durante toda la vigencia del mismo.

Las competencias en materia de contratación podrán ser desconcentradas por Real Decreto acordado en Consejo de Ministros (Decreto del Consejo de Gobierno), en cualesquiera órganos, sean o no dependientes del órgano de contratación.

Solo podrán contratar con el sector público las personas naturales o jurídicas, españolas o extranjeras, que tengan plena capacidad de obrar, no estén incursas en alguna prohibición de contratar, y acrediten su solvencia económica y financiera y técnica o profesional o, en los casos en que así lo exija esta Ley, se encuentren debidamente clasificadas.

Cuando, por así determinarlo la normativa aplicable, se le requirieran al contratista determinados requisitos relativos a su organización, destino de sus beneficios, sistema de financiación u otros para poder participar en el correspondiente procedimiento de adjudicación, estos deberán ser acreditados por el licitador al concurrir en el mismo.

Los contratistas deberán contar, asimismo, con la habilitación empresarial o profesional que, en su caso, sea exigible para la realización de las prestaciones que constituyan el objeto del contrato.

En los contratos subvencionados a que se refiere el artículo 23 de esta Ley, el contratista deberá acreditar su solvencia y no podrá estar incurso en la prohibición de contratar a que se refiere la letra a) del apartado 1 del artículo 71.

Las personas jurídicas solo podrán ser adjudicatarias de contratos cuyas prestaciones estén comprendidas dentro de los fines, objeto o ámbito de actividad que, a tenor de sus estatutos o reglas fundacionales, les sean propios.

Quienes concurran individual o conjuntamente con otros a la licitación de una concesión de obras o de servicios, podrán hacerlo con el compromiso de constituir una sociedad que será la titular de la concesión. La constitución y, en su caso, la forma de la sociedad deberán ajustarse a lo que establezca, para determinados tipos de concesiones, la correspondiente legislación específica.

Tendrán capacidad para contratar con el sector público, en todo caso, las empresas no españolas de Estados miembros de la Unión Europea o de los Estados signatarios del Acuerdo sobre el Espacio Económico Europeo que, con arreglo a la legislación del Estado en que estén establecidas, se encuentren habilitadas para realizar la prestación de que se trate.

Cuando la legislación del Estado en que se encuentren establecidas estas empresas exija una autorización especial o la pertenencia a una determinada organización para poder prestar en él el servicio de que se trate, deberán acreditar que cumplen este requisito.

Sin perjuicio de la aplicación de las obligaciones de España derivadas de acuerdos internacionales, las personas físicas o jurídicas de Estados no pertenecientes a la Unión Europea o de Estados signatarios del Acuerdo sobre el Espacio Económico Europeo deberán justificar mediante informe que el Estado de procedencia de la empresa extranjera admite a su vez la participación de empresas españolas en la contratación con los entes del sector público asimilables a los enumerados en el artículo 3, en forma sustancialmente análoga. Dicho informe será elaborado por la correspondiente Oficina Económica y Comercial de España en el exterior y se acompañará a la documentación que se presente. En los contratos sujetos a regulación armonizada se prescindirá del informe sobre reciprocidad en relación con las empresas de Estados signatarios del Acuerdo sobre Contratación Pública de la Organización Mundial de Comercio.

Adicionalmente, el pliego de cláusulas administrativas particulares podrá exigir a las empresas no comunitarias que resulten adjudicatarias de contratos de obras que abran una sucursal en España, con designación de apoderados o representantes para sus operaciones, y que estén inscritas en el Registro Mercantil.

Podrán contratar con el sector público las uniones de empresarios que se constituyan temporalmente al efecto, sin que sea necesaria la formalización de las mismas en escritura pública hasta que se haya efectuado la adjudicación del contrato a su favor.

Cuando en el ejercicio de sus funciones la mesa de contratación o, en su defecto, el órgano de contratación apreciaran posibles indicios de colusión entre empresas que concurran agrupadas en una unión temporal, los mismos requerirán a estas empresas para que, dándoles plazo suficiente, justifiquen de forma expresa y motivada las razones para concurrir agrupadas.

Cuando la mesa o el órgano de contratación, considerando la justificación efectuada por las empresas, estimase que existen indicios fundados de colusión entre ellas, los trasladará a la Comisión Nacional de los Mercados y la Competencia o, en su caso, a la autoridad de competencia autonómica correspondiente, a efectos de que, previa sustanciación del procedimiento sumarísimo a que se refiere el artículo 150.1, tercer párrafo, se pronuncie sobre aquellos.

Los empresarios que concurran agrupados en uniones temporales quedarán obligados solidariamente y deberán nombrar un representante o apoderado único de la unión con poderes bastantes para ejercitar los derechos y cumplir las obligaciones que del contrato se deriven hasta la extinción del mismo, sin perjuicio de la existencia de poderes mancomunados que puedan otorgar para cobros y pagos de cuantía significativa.

A efectos de la licitación, los empresarios que deseen concurrir integrados en una unión temporal deberán indicar los nombres y circunstancias de los que la constituyan y la participación de cada uno, así como que asumen el compromiso de constituirse formalmente en unión temporal en caso de resultar adjudicatarios del contrato.

La duración de las uniones temporales de empresarios será coincidente, al menos, con la del contrato hasta su extinción.

Para los casos en que sea exigible la clasificación y concurran en la unión empresarios nacionales, extranjeros que no sean nacionales de un Estado miembro de la Unión Europea ni de un Estado signatario del Acuerdo sobre el Espacio Económico Europeo y extranjeros que sean nacionales de un Estado miembro de la Unión Europea o de un Estado signatario del Acuerdo sobre el Espacio Económico Europeo, los que pertenezcan a los dos primeros grupos deberán acreditar su clasificación, y estos últimos su solvencia económica, financiera y técnica o profesional.

A los efectos de valorar y apreciar la concurrencia del requisito de clasificación, respecto de los empresarios que concurran agrupados se atenderá, en la forma que reglamentariamente se determine, a las características acumuladas de cada uno de ellos, expresadas en sus respectivas clasificaciones. En todo caso, será necesario para proceder a esta acumulación que todas las empresas hayan obtenido previamente la clasificación como empresa de obras, sin perjuicio de lo establecido para los empresarios no españoles de Estados miembros de la Unión Europea y de Estados signatarios del Acuerdo sobre el Espacio Económico Europeo en el apartado 4 del presente artículo.

Los empresarios que estén interesados en formar las uniones a las que se refiere el presente artículo, podrán darse de alta en el Registro Oficial de Licitadores y Empresas Clasificadas del Sector Público, que especificará esta circunstancia. Si ya estuvieran inscritos en el citado Registro únicamente deberán comunicarle a este, en la forma que se establezca reglamentariamente, su interés en el sentido indicado.

Si durante la tramitación de un procedimiento y antes de la formalización del contrato se produjese la modificación de la composición de la unión temporal de empresas, esta quedará excluida del procedimiento. No tendrá la consideración de modificación de la composición la alteración de la participación de las empresas siempre que se mantenga la misma clasificación. Quedará excluida también del procedimiento de adjudicación del contrato la unión temporal de empresas cuando alguna o algunas de las empresas que la integren quedase incursa en prohibición de contratar.

Las operaciones de fusión, escisión y aportación o transmisión de rama de actividad de que sean objeto alguna o algunas empresas integradas en una unión temporal no impedirán la continuación de esta en el procedimiento de adjudicación. En el caso de que la sociedad absorbente, la resultante de la fusión, la beneficiaria de la escisión o la adquirente de la rama de actividad, no sean empresas integrantes de la unión temporal, será necesario que tengan plena capacidad de obrar, no estén incursas en prohibición de contratar y que se mantenga la solvencia, la capacidad o clasificación exigida.

Una vez formalizado el contrato con una unión temporal de empresas, se observarán las siguientes reglas:

a) Cuando la modificación de la composición de la unión temporal suponga el aumento del número de empresas, la disminución del mismo, o la sustitución de una o varias por otra u otras, se necesitará la autorización previa y expresa del órgano de contratación, debiendo haberse ejecutado el contrato al menos en un 20 por ciento de su importe o, cuando se trate de un contrato de concesión de obras o concesión de servicios, que se haya efectuado su explotación durante al menos la quinta parte del plazo de duración del contrato. En todo caso será necesario que se mantenga la solvencia o clasificación exigida y que en la nueva configuración de la unión temporal las empresas que la integren tengan plena capacidad de obrar y no estén incursas en prohibición de contratar.

b) Cuando tenga lugar respecto de alguna o algunas empresas integrantes de la unión temporal operaciones de fusión, escisión o transmisión de rama de actividad, continuará la ejecución del contrato con la unión temporal adjudicataria. En el caso de que la sociedad absorbente, la resultante de la fusión, la beneficiaria de la escisión o la adquirente de la rama de actividad, no sean empresas integrantes de la unión temporal, será necesario que tengan plena capacidad de obrar, no estén incursas en prohibición de contratar y que se mantenga la solvencia, la capacidad o clasificación exigida.

c) Cuando alguna o algunas de las empresas integrantes de la unión temporal fuesen declaradas en concurso de acreedores y aun cuando se hubiera abierto la fase de liquidación, continuará la ejecución del contrato con la empresa o empresas restantes siempre que estas cumplan los requisitos de solvencia o clasificación exigidos.

La información pública de los contratos adjudicados a estas uniones incluirá los nombres de las empresas participantes y la participación porcentual de cada una de ellas en la Unión Temporal de Empresas, sin perjuicio de la publicación en el Registro Especial de Uniones Temporales de Empresas.

El órgano de contratación tomará las medidas adecuadas para garantizar que la participación en la licitación de las empresas que hubieran participado previamente en la elaboración de las especificaciones técnicas o de los documentos preparatorios del contrato o hubieran asesorado al órgano de contratación durante la preparación del procedimiento de contratación, no falsee la competencia. Entre esas medidas podrá llegar a establecerse que las citadas empresas, y las empresas a ellas vinculadas, entendiéndose por tales las que se encuentren en alguno de los supuestos previstos en el artículo 42 del Código de Comercio, puedan ser excluidas de dichas licitaciones, cuando no haya otro medio de garantizar el cumplimiento del principio de igualdad de trato.

En todo caso, antes de proceder a la exclusión del candidato o licitador que participó en la preparación del contrato, deberá dársele audiencia para que justifique que su participación en la fase preparatoria no puede tener el efecto de falsear la competencia o de dispensarle un trato privilegiado con respecto al resto de las empresas licitadoras.

Entre las medidas a las que se refiere el primer párrafo del presente apartado, se encontrarán la comunicación a los demás candidatos o licitadores de la información intercambiada en el marco de la participación en la preparación del procedimiento de contratación o como resultado de ella, y el establecimiento de plazos adecuados para la presentación de ofertas.

Las medidas adoptadas se consignarán en los informes específicos previstos en el artículo 336.

Los contratos que tengan por objeto la vigilancia, supervisión, control y dirección de la ejecución de cualesquiera contratos, así como la coordinación en materia de seguridad y salud, no podrán adjudicarse a las mismas empresas adjudicatarias de los correspondientes contratos, ni a las empresas a estas vinculadas, en el sentido establecido en el apartado anterior.

No podrán contratar con las entidades previstas en el artículo 3 de la presente Ley con los efectos establecidos en el artículo 73, las personas en quienes concurra alguna de las siguientes circunstancias:

a) Haber sido condenadas mediante sentencia firme por delitos de terrorismo, constitución o integración de una organización o grupo criminal, asociación ilícita, financiación ilegal de los partidos políticos, trata de seres humanos, corrupción en los negocios, tráfico de influencias, cohecho, fraudes, delitos contra la Hacienda Pública y la Seguridad Social, delitos contra los derechos de los trabajadores, prevaricación, malversación, negociaciones prohibidas a los funcionarios, blanqueo de capitales, delitos relativos a la ordenación del territorio y el urbanismo, la protección del patrimonio histórico y el medio ambiente, o a la pena de inhabilitación especial para el ejercicio de profesión, oficio, industria o comercio.

La prohibición de contratar alcanzará a las personas jurídicas que sean declaradas penalmente responsables, y a aquellas cuyos administradores o representantes, lo sean de hecho o de derecho, vigente su cargo o representación y hasta su cese, se encontraran en la situación mencionada en este apartado.

b) Haber sido sancionadas con carácter firme por infracción grave en materia profesional que ponga en entredicho su integridad, de disciplina de mercado, de falseamiento de la competencia, de integración laboral y de igualdad de oportunidades y no discriminación de las personas con discapacidad, o de extranjería, de conformidad con lo establecido en la normativa vigente; o por infracción muy grave en materia medioambiental de conformidad con lo establecido en la normativa vigente, o por infracción muy grave en materia laboral o social, de acuerdo con lo dispuesto en el texto refundido de la Ley sobre Infracciones y Sanciones en el Orden Social, aprobado por el Real Decreto Legislativo 5/2000, de 4 de agosto, así como por la infracción grave prevista en el artículo 22.2 del citado texto.

c) Haber solicitado la declaración de concurso voluntario, haber sido declaradas insolventes en cualquier procedimiento, hallarse declaradas en concurso, salvo que en este haya adquirido eficacia un convenio o se haya iniciado un expediente de acuerdo extrajudicial de pagos, estar sujetos a intervención judicial o haber sido inhabilitados conforme a la Ley 22/2003, de 9 de julio, Concursal, sin que haya concluido el período de inhabilitación fijado en la sentencia de calificación del concurso.

d) No hallarse al corriente en el cumplimiento de las obligaciones tributarias o de Seguridad Social impuestas por las disposiciones vigentes, en los términos que reglamentariamente se determinen; o en el caso de empresas de 50 o más trabajadores, no cumplir el requisito de que al menos el 2 por ciento de sus empleados sean trabajadores con discapacidad, de conformidad con el artículo 42 del Real Decreto Legislativo 1/2013, de 29 de noviembre, por el que se aprueba el texto refundido de la Ley General de derechos de las personas con discapacidad y de su inclusión social, en las condiciones que reglamentariamente se determinen; o en el caso de empresas de más de 250 trabajadores, no cumplir con la obligación de contar con un plan de igualdad conforme a lo dispuesto en el artículo 45 de la Ley Orgánica 3/2007, de 22 de marzo, para la igualdad de mujeres y hombres.

En relación con el cumplimiento de sus obligaciones tributarias o con la Seguridad Social, se considerará que las empresas se encuentran al corriente en el mismo cuando las deudas estén aplazadas, fraccionadas o se hubiera acordado su suspensión con ocasión de la impugnación de tales deudas.

La acreditación del cumplimiento de la cuota de reserva de puestos de trabajo del 2 por ciento para personas con discapacidad y de la obligación de contar con un plan de igualdad a que se refiere el primer párrafo de esta letra se hará mediante la presentación de la declaración responsable a que se refiere el artículo 140.

No obstante lo dispuesto en el párrafo anterior, el Consejo de Ministros, mediante Real Decreto, podrá establecer una forma alternativa de acreditación que, en todo caso, será bien mediante certificación del órgano administrativo correspondiente, con vigencia mínima de seis meses, o bien mediante certificación del correspondiente Registro de Licitadores, en los casos en que dicha circunstancia figure inscrita en el mismo.

e) Haber incurrido en falsedad al efectuar la declaración responsable a que se refiere el artículo 140 o al facilitar cualesquiera otros datos relativos a su capacidad y solvencia, o haber incumplido, por causa que le sea imputable, la obligación de comunicar la información prevista en el artículo 82.4 y en el artículo 343.1.

f) Estar afectado por una prohibición de contratar impuesta en virtud de sanción administrativa firme, con arreglo a lo previsto en la Ley 38/2003, de 17 de noviembre, General de Subvenciones, o en la Ley 58/2003, de 17 de diciembre, General Tributaria.

La presente causa de prohibición de contratar dejará de aplicarse cuando el órgano de contratación, en aplicación de lo dispuesto en el artículo 72.1, compruebe que la empresa ha cumplido sus obligaciones de pago o celebrado un acuerdo vinculante con vistas al pago de las cantidades adeudadas, incluidos en su caso los intereses acumulados o las multas impuestas.

g) Estar incursa la persona física o los administradores de la persona jurídica en alguno de los supuestos de la Ley 3/2015, de 30 de marzo, reguladora del ejercicio del alto cargo de la Administración General del Estado o las respectivas normas de las Comunidades Autónomas, de la Ley 53/1984, de 26 de diciembre, de Incompatibilidades del Personal al Servicio de las Administraciones Públicas o tratarse de cualquiera de los cargos electivos regulados en la Ley Orgánica 5/1985, de 19 de junio, del Régimen Electoral General, en los términos establecidos en la misma.

La prohibición alcanzará a las personas jurídicas en cuyo capital participen, en los términos y cuantías establecidas en la legislación citada, el personal y los altos cargos a que se refiere el párrafo anterior, así como los cargos electos al servicio de las mismas.

La prohibición se extiende igualmente, en ambos casos, a los cónyuges, personas vinculadas con análoga relación de convivencia afectiva, ascendientes y descendientes, así como a parientes en segundo grado por consanguineidad o afinidad de las personas a que se refieren los párrafos anteriores, cuando se produzca conflicto de intereses con el titular del órgano de contratación o los titulares de los órganos en que se hubiere delegado la facultad para contratar o los que ejerzan la sustitución del primero.

h) Haber contratado a personas respecto de las que se haya publicado en el «Boletín Oficial del Estado» el incumplimiento a que se refiere el artículo 15.1 de la Ley 3/2015, de 30 de marzo, reguladora del ejercicio del alto cargo de la Administración General del Estado o en las respectivas normas de las Comunidades Autónomas, por haber pasado a prestar servicios en empresas o sociedades privadas directamente relacionadas con las competencias del cargo desempeñado durante los dos años siguientes a la fecha de cese en el mismo. La prohibición de contratar se mantendrá durante el tiempo que permanezca dentro de la organización de la empresa la persona contratada con el límite máximo de dos años a contar desde el cese como alto cargo.

Además de las previstas en el apartado anterior, son circunstancias que impedirán a los empresarios contratar con las entidades comprendidas en el artículo 3 de la presente Ley, en las condiciones establecidas en el artículo 73 las siguientes:

a) Haber retirado indebidamente su proposición o candidatura en un procedimiento de adjudicación, o haber imposibilitado la adjudicación del contrato a su favor por no cumplimentar lo establecido en el apartado 2 del artículo 150 dentro del plazo señalado mediando dolo, culpa o negligencia.

b) Haber dejado de formalizar el contrato, que ha sido adjudicado a su favor, en los plazos previstos en el artículo 153 por causa imputable al adjudicatario.

c) Haber incumplido las cláusulas que son esenciales en el contrato, incluyendo las condiciones especiales de ejecución establecidas de acuerdo con lo señalado en el artículo 202, cuando dicho incumplimiento hubiese sido definido en los pliegos o en el contrato como infracción grave, concurriendo dolo, culpa o negligencia en el empresario, y siempre que haya dado lugar a la imposición de penalidades o a la indemnización de daños y perjuicios.

d) Haber dado lugar, por causa de la que hubiesen sido declarados culpables, a la resolución firme de cualquier contrato celebrado con una entidad de las comprendidas en el artículo 3 de la presente Ley.

Las prohibiciones de contratar afectarán también a aquellas empresas de las que, por razón de las personas que las rigen o de otras circunstancias, pueda presumirse que son continuación o que derivan, por transformación, fusión o sucesión, de otras empresas en las que hubiesen concurrido aquellas.

Son **causas de nulidad** de derecho administrativo las indicadas en el artículo 47 de la Ley 39/2015, de 1 de octubre, del Procedimiento Administrativo Común de las Administraciones Públicas.

Serán igualmente nulos de pleno derecho los contratos celebrados por poderes adjudicadores en los que concurra alguna de las causas siguientes:

a) La falta de capacidad de obrar o de solvencia económica, financiera, técnica o profesional; o la falta de habilitación empresarial o profesional cuando sea exigible para la realización de la actividad o prestación que constituya el objeto del contrato; o la falta de clasificación, cuando esta proceda, debidamente acreditada, del adjudicatario; o el estar este incurso en alguna de las prohibiciones para contratar señaladas en el artículo 71.

b) La carencia o insuficiencia de crédito, de conformidad con lo establecido en la Ley 47/2003, de 26 de noviembre, General Presupuestaria, o en las normas presupuestarias de las restantes Administraciones Públicas sujetas a esta Ley, salvo los supuestos de emergencia.

c) La falta de publicación del anuncio de licitación en el perfil de contratante alojado en la Plataforma de Contratación del Sector Público o en los servicios de información similares de las Comunidades Autónomas, en el «Diario Oficial de la Unión Europea» o en el medio de publicidad en que sea preceptivo, de conformidad con el artículo 135.

d) La inobservancia por parte del órgano de contratación del plazo para la formalización del contrato siempre que concurran los dos siguientes requisitos:

1.º Que por esta causa el licitador se hubiese visto privado de la posibilidad de interponer recurso contra alguno de los actos del procedimiento de adjudicación y,

2.º Que, además, concurra alguna infracción de los preceptos que regulan el procedimiento de adjudicación de los contratos que le hubiera impedido obtener esta.

e) Haber llevado a efecto la formalización del contrato, en los casos en que se hubiese interpuesto el recurso especial en materia de contratación a que se refieren los artículos 44 y siguientes, sin respetar la suspensión automática del acto recurrido en los casos en que fuera procedente, o la medida cautelar de suspensión acordada por el órgano competente para conocer del recurso especial en materia de contratación que se hubiera interpuesto.

f) El incumplimiento de las normas establecidas para la adjudicación de los contratos basados en un acuerdo marco celebrado con varios empresarios o de los contratos específicos basados en un sistema dinámico de adquisición en el que estuviesen admitidos varios empresarios, siempre que dicho incumplimiento hubiera determinado la adjudicación del contrato de que se trate a otro licitador.

g) El incumplimiento grave de normas de derecho de la Unión Europea en materia de contratación pública que conllevara que el contrato no hubiera debido adjudicarse al contratista, declarado por el TJUE en un procedimiento con arreglo al artículo 260 del Tratado de Funcionamiento de la Unión Europea.

Son **causas de anulabilidad** de derecho administrativo las demás infracciones del ordenamiento jurídico y, en especial, las de las reglas contenidas en la presente Ley, de conformidad con lo establecido en el artículo 48 de la Ley 39/2015, de 1 de octubre, del Procedimiento Administrativo Común de las Administraciones Públicas.

En particular, se incluyen entre las causas de anulabilidad a las que se refiere el párrafo anterior, las siguientes:

a) El incumplimiento de las circunstancias y requisitos exigidos para la modificación de los contratos en los artículos 204 y 205.

b) Todas aquellas disposiciones, resoluciones, cláusulas o actos emanados de cualquier poder adjudicador que otorguen, de forma directa o indirecta, ventajas a las empresas que hayan contratado previamente con cualquier Administración.

c) Los encargos que acuerden los poderes adjudicadores para la ejecución directa de prestaciones a través de medios propios, cuando no observen alguno de los requisitos establecidos en los apartados 2, 3 y 4 del artículo 32, relativos a la condición de medio propio.

La **revisión de oficio** de los actos preparatorios y de los actos de adjudicación de los contratos se efectuará de conformidad con lo establecido en el Capítulo I del Título V de la Ley 39/2015, de 1 de octubre, del Procedimiento Administrativo Común de las Administraciones Públicas.

A los exclusivos efectos de la presente Ley, tendrán la consideración de actos administrativos los actos preparatorios y los actos de adjudicación de los contratos de las entidades del sector público que no sean Administraciones Públicas, así como los actos preparatorios y los actos de adjudicación de los contratos subvencionados a que se refiere el artículo 23 de la presente Ley. La revisión de oficio de dichos actos se efectuará de conformidad con lo dispuesto en el apartado anterior.

Sin perjuicio de lo que, para el ámbito de las Comunidades Autónomas establezcan sus normas respectivas que, en todo caso, deberán atribuir esta competencia a un órgano cuyas resoluciones agoten la vía administrativa, serán competentes para declarar la nulidad o lesividad de los actos a que se refieren los apartados anteriores el órgano de contratación, cuando se trate de contratos de una Administración Pública, o el titular del departamento, órgano, ente u organismo al que esté adscrita la entidad contratante o al que corresponda su tutela, cuando esta no tenga el carácter de Administración Pública. En este último caso, si la entidad contratante estuviera vinculada a más de una Administración, será competente el órgano correspondiente de la que ostente el control o participación mayoritaria.

En el supuesto de contratos subvencionados, la competencia corresponderá al titular del departamento, presidente o director de la entidad que hubiese otorgado la subvención, o al que esté adscrita la entidad que la hubiese concedido, cuando esta no tenga el carácter de Administración Pública. En el supuesto de concurrencia de subvenciones por parte de distintos sujetos del sector público, la competencia se determinará atendiendo a la subvención de mayor cuantía y, a igualdad de importe, atendiendo a la subvención primeramente concedida.

Salvo determinación expresa en contrario, la competencia para declarar la nulidad o la lesividad se entenderá delegada conjuntamente con la competencia para contratar. No obstante, la facultad de acordar una indemnización por perjuicios en caso de nulidad no será susceptible de delegación, debiendo resolver sobre la misma, en todo caso, el órgano delegante; a estos efectos, si se estimase pertinente reconocer una indemnización, se elevará el expediente al órgano delegante, el cual, sin necesidad de avocación previa y expresa, resolverá lo procedente sobre la declaración de nulidad conforme a lo previsto en la Ley 39/2015, de 1 de octubre, del Procedimiento Administrativo Común de las Administraciones Públicas.

En los supuestos de nulidad y anulabilidad, y en relación con la suspensión de la ejecución de los actos de los órganos de contratación, se estará a lo dispuesto en el artículo 108 de la Ley 39/2015, de 1 de octubre, del Procedimiento Administrativo Común de las Administraciones Públicas.

La declaración de nulidad de los actos preparatorios del contrato o de la adjudicación, cuando sea firme, llevará en todo caso consigo la del mismo contrato, que entrará en fase de liquidación, debiendo restituirse las partes recíprocamente las cosas que hubiesen recibido en virtud del mismo y si esto no fuese posible se devolverá su valor. La parte que resulte culpable deberá indemnizar a la contraria de los daños y perjuicios que haya sufrido.

La nulidad de los actos que no sean preparatorios solo afectará a estos y sus consecuencias.

Si la declaración administrativa de nulidad de un contrato produjese un grave trastorno al servicio público, podrá disponerse en el mismo acuerdo la continuación de los efectos de aquel y bajo sus mismas cláusulas, hasta que se adopten las medidas urgentes para evitar el perjuicio.

Los efectos establecidos en los apartados anteriores podrán ser acordados por la sentencia que ponga fin al recurso contencioso-administrativo interpuesto previa declaración de lesividad, de conformidad con lo previsto en el artículo 71 de la Ley 29/1998, de 13 de julio, reguladora de la Jurisdicción Contencioso-administrativa.

La invalidez de los contratos por causas reconocidas en el derecho civil, en cuanto resulten de aplicación a los contratos a que se refiere el artículo 38, se sujetará a los requisitos y plazos de ejercicio de las acciones establecidos en el ordenamiento civil, pero el procedimiento para hacerlas valer, cuando el contrato se haya celebrado por una Administración Pública, se someterá a lo previsto en los artículos anteriores para los actos y contratos administrativos anulables.

Serán susceptibles de **recurso especial en materia de contratación**, los actos y decisiones relacionados en el apartado 2 de este mismo artículo, cuando se refieran a los siguientes contratos que pretendan concertar las Administraciones Públicas o las restantes entidades que ostenten la condición de poderes adjudicadores:

a) Contratos de obras cuyo valor estimado sea superior a tres millones de euros, y de suministro y servicios, que tenga un valor estimado superior a cien mil euros.

b) Acuerdos marco y sistemas dinámicos de adquisición que tengan por objeto la celebración de alguno de los contratos tipificados en la letra anterior, así como los contratos basados en cualquiera de ellos.

c) Concesiones de obras o de servicios cuyo valor estimado supere los tres millones de euros.

Serán igualmente recurribles los contratos administrativos especiales, cuando, por sus características no sea posible fijar su precio de licitación o, en otro caso, cuando su valor estimado sea superior a lo establecido para los contratos de servicios.

Asimismo serán susceptibles de recurso especial en materia de contratación los contratos subvencionados a que se refiere el artículo 23, y los encargos cuando, por sus características no sea posible fijar su importe o, en otro caso, cuando este, atendida su duración total más las prórrogas, sea igual o superior a lo establecido para los contratos de servicios.

Podrán ser objeto del recurso las siguientes actuaciones:

a) Los anuncios de licitación, los pliegos y los documentos contractuales que establezcan las condiciones que deban regir la contratación.

b) Los actos de trámite adoptados en el procedimiento de adjudicación, siempre que estos decidan directa o indirectamente sobre la adjudicación, determinen la imposibilidad de continuar el procedimiento o produzcan indefensión o perjuicio irreparable a derechos o intereses legítimos. En todo caso se considerará que concurren las circunstancias anteriores en los actos de la mesa o del órgano de contratación por los que se acuerde la admisión o inadmisión de candidatos o licitadores, o la admisión o exclusión de ofertas, incluidas las ofertas que sean excluidas por resultar anormalmente bajas como consecuencia de la aplicación del artículo 149.

c) Los acuerdos de adjudicación.

d) Las modificaciones basadas en el incumplimiento de lo establecido en los artículos 204 y 205 de la presente Ley, por entender que la modificación debió ser objeto de una nueva adjudicación.

e) La formalización de encargos a medios propios en los casos en que estos no cumplan los requisitos legales.

f) Los acuerdos de rescate de concesiones.

Los defectos de tramitación que afecten a actos distintos de los contemplados en el apartado 2 podrán ser puestos de manifiesto por los interesados al órgano al que corresponda la instrucción del expediente o al órgano de contratación, a efectos de su corrección con arreglo a derecho, y sin perjuicio de que las irregularidades que les afecten puedan ser alegadas por los interesados al recurrir el acto de adjudicación.

No se dará este recurso en relación con los procedimientos de adjudicación que se sigan por el trámite de emergencia.

Contra las actuaciones mencionadas en el presente artículo como susceptibles de ser impugnadas mediante el recurso especial, no procederá la interposición de recursos administrativos ordinarios.

Los actos que se dicten en los procedimientos de adjudicación de contratos de las Administraciones Públicas que no reúnan los requisitos del apartado 1 podrán ser objeto de recurso de conformidad con lo dispuesto en la Ley 39/2015, de 1 de octubre, del Procedimiento Administrativo Común de las Administraciones Públicas; así como en la Ley 29/1998, de 13 de julio, Reguladora de la Jurisdicción Contencioso-administrativa.

En el caso de actuaciones realizadas por poderes adjudicadores que no tengan la condición de Administraciones Públicas, aquellas se impugnarán en vía administrativa de conformidad con lo dispuesto en la Ley 39/2015, de 1 de octubre, del Procedimiento Administrativo Común de las Administraciones Públicas ante el titular del departamento, órgano, ente u organismo al que esté adscrita la entidad contratante o al que corresponda su tutela. Si la entidad contratante estuviera vinculada a más de una Administración, será competente el órgano correspondiente de la que ostente el control o participación mayoritaria.

La interposición del recurso especial en materia de contratación tendrá carácter potestativo y será gratuito para los recurrentes.

En el ámbito de las Comunidades Autónomas, la competencia para resolver los recursos será establecida por sus normas respectivas, debiendo crear un órgano independiente cuyo titular, o en el caso de que fuera colegiado al menos su Presidente, ostente cualificaciones jurídicas y profesionales que garanticen un adecuado conocimiento de las materias que sean de su competencia. El nombramiento de los miembros de esta instancia independiente y la terminación de su mandato estarán sujetos en lo relativo a la autoridad responsable de su nombramiento, la duración de su mandato y su revocabilidad a condiciones que garanticen su independencia e inamovilidad.

Podrán las Comunidades Autónomas, asimismo, atribuir la competencia para la resolución de los recursos al Tribunal Administrativo Central de Recursos Contractuales. A tal efecto, deberán celebrar el correspondiente convenio con la Administración General del Estado, en el que se estipulen las condiciones en que la Comunidad sufragará los gastos derivados de esta asunción de competencias.

En lo relativo a la contratación en el ámbito de las Corporaciones Locales, la competencia para resolver los recursos será establecida por las normas de las Comunidades Autónomas cuando estas tengan atribuida competencia normativa y de ejecución en materia de régimen local y contratación.

En el supuesto de que no exista previsión expresa en la legislación autonómica y sin perjuicio de lo dispuesto en el párrafo siguiente, la competencia para resolver los recursos corresponderá al mismo órgano al que las Comunidades Autónomas en cuyo territorio se integran las Corporaciones Locales hayan atribuido la competencia para resolver los recursos de su ámbito.

En todo caso, los Ayuntamientos de los municipios de gran población a los que se refiere el artículo 121 de la Ley 7/1985, de 2 de abril, Reguladora de las Bases del Régimen Local, y las Diputaciones Provinciales podrán crear un órgano especializado y funcionalmente independiente que ostentará la competencia para resolver los recursos. Su constitución y funcionamiento y los requisitos que deben reunir sus miembros, su nombramiento, remoción y la duración de su mandato se regirá por lo que establezca la legislación autonómica, o, en su defecto, por lo establecido en el artículo 45 de esta Ley. El Pleno de la Corporación será el competente para acordar su creación y nombrar y remover a sus miembros. El resto de los Ayuntamientos podrán atribuir la competencia para resolver el recurso al órgano creado por la Diputación de la provincia a la que pertenezcan.

Cuando se trate de los recursos interpuestos contra actos de los poderes adjudicadores que no tengan la consideración de Administraciones Públicas, la competencia estará atribuida al órgano independiente que la ostente respecto de la Administración a que esté vinculada la entidad autora del acto recurrido.

Si la entidad contratante estuviera vinculada con más de una Administración, el órgano competente para resolver el recurso será aquel que tenga atribuida la competencia respecto de la que ostente el control o participación mayoritaria y, en caso de que todas o varias de ellas, ostenten una participación igual, ante el órgano que elija el recurrente de entre los que resulten competentes con arreglo a las normas de este apartado.

En los contratos subvencionados la competencia corresponderá al órgano independiente que ejerza sus funciones respecto de la Administración a que esté adscrito el ente u organismo que hubiese otorgado la subvención, o al que esté adscrita la entidad que la hubiese concedido, cuando esta no tenga el carácter de Administración Pública. En el supuesto de concurrencia de subvenciones por parte de distintos sujetos del sector público, la competencia se determinará atendiendo a la subvención de mayor cuantía y, a igualdad de importe, al órgano ante el que el recurrente decida interponer el recurso de entre los que resulten competentes con arreglo a las normas de este apartado.

Podrá interponer el recurso especial en materia de contratación cualquier persona física o jurídica cuyos derechos o intereses legítimos, individuales o colectivos, se hayan visto perjudicados o puedan resultar afectados, de manera directa o indirecta, por las decisiones objeto del recurso.

Estarán también legitimadas para interponer este recurso, contra los actos susceptibles de ser recurridos, las organizaciones sindicales cuando de las actuaciones o decisiones recurribles pudiera deducirse fundamentalmente que estas implican que en el proceso de ejecución del contrato se incumplan por el empresario las obligaciones sociales o laborales respecto de los trabajadores que participen en la realización de la prestación. En todo caso se entenderá legitimada la organización empresarial sectorial representativa de los intereses afectados.

Antes de interponer el recurso especial, las personas legitimadas para ello podrán solicitar ante el órgano competente para resolver el recurso la adopción de medidas cautelares. Tales medidas irán dirigidas a corregir infracciones de procedimiento o impedir que se causen otros perjuicios a los intereses afectados, y podrán estar incluidas, entre ellas, las destinadas a suspender o a hacer que se suspenda el procedimiento de adjudicación del contrato en cuestión o la ejecución de cualquier decisión adoptada por los órganos de contratación.

El órgano competente para resolver el recurso deberá adoptar decisión en forma motivada sobre las medidas cautelares dentro de los cinco días hábiles siguientes a la presentación del escrito en que se soliciten.

A estos efectos, el órgano que deba resolver, en el mismo día en que se reciba la petición de la medida cautelar, comunicará la misma al órgano de contratación, que dispondrá de un plazo de dos días hábiles, para presentar las alegaciones que considere oportunas referidas a la adopción de las medidas solicitadas o a las propuestas por el propio órgano decisorio. Si transcurrido este plazo no se formulasen alegaciones se continuará el procedimiento.

Si antes de dictar resolución se hubiese interpuesto el recurso, el órgano competente para resolverlo acumulará a este la solicitud de medidas cautelares.

Contra las resoluciones dictadas en este procedimiento no cabrá recurso alguno, sin perjuicio de los que procedan contra las resoluciones que se dicten en el procedimiento principal.

El procedimiento de recurso se iniciará mediante escrito que deberá presentarse en el plazo de quince días hábiles. Dicho plazo se computará:

a) Cuando se interponga contra el anuncio de licitación, el plazo comenzará a contarse a partir del día siguiente al de su publicación en el perfil de contratante.

b) Cuando el recurso se interponga contra el contenido de los pliegos y demás documentos contractuales, el cómputo se iniciará a partir del día siguiente a aquel en que se haya publicado en el perfil de contratante el anuncio de licitación, siempre que en este se haya indicado la forma en que los interesados pueden acceder a ellos. Cuando no se hiciera esta indicación el plazo comenzará a contar a partir del día siguiente a aquel en que se le hayan entregado al interesado los mismos o este haya podido acceder a su contenido a través del perfil de contratante.

En el caso del procedimiento negociado sin publicidad el cómputo del plazo comenzará desde el día siguiente a la remisión de la invitación a los candidatos seleccionados.

En los supuestos en que, de conformidad con lo establecido en el artículo 138.2 de la presente Ley, los pliegos no pudieran ser puestos a disposición por medios electrónicos, el plazo se computará a partir del día siguiente en que se hubieran entregado al recurrente.

Con carácter general no se admitirá el recurso contra los pliegos y documentos contractuales que hayan de regir una contratación si el recurrente, con carácter previo a su interposición, hubiera presentado oferta o solicitud de participación en la licitación correspondiente, sin perjuicio de lo previsto para los supuestos de nulidad de pleno derecho.

c) Cuando se interponga contra actos de trámite adoptados en el procedimiento de adjudicación o contra un acto resultante de la aplicación del procedimiento negociado sin publicidad, el cómputo se iniciará a partir del día siguiente a aquel en que se haya tenido conocimiento de la posible infracción.

d) Cuando se interponga contra la adjudicación del contrato el cómputo se iniciará a partir del día siguiente a aquel en que se haya notificado esta de conformidad con lo dispuesto en la disposición adicional decimoquinta a los candidatos o licitadores que hubieran sido admitidos en el procedimiento.

e) Cuando el recurso se interponga en relación con alguna modificación basada en el incumplimiento de lo establecido en los artículos 204 y 205 de la presente Ley, por entender que la modificación debió ser objeto de una nueva adjudicación, desde el día siguiente a aquel en que se haya publicado en el perfil de contratante.

f) Cuando el recurso se interponga contra un encargo a medio propio por no cumplir los requisitos establecidos en el artículo 32 de la presente Ley, desde el día siguiente a aquel en que se haya publicado en el perfil de contratante.

g) En todos los demás casos, el plazo comenzará a contar desde el día siguiente al de la notificación realizada de conformidad con lo dispuesto en la Disposición adicional decimoquinta.

No obstante lo dispuesto en el párrafo anterior, cuando el recurso se funde en alguna de las causas de nulidad previstas en el apartado 2, letras c), d), e) o f) del artículo 39, el plazo de interposición será el siguiente:

a) Treinta días a contar desde la publicación de la formalización del contrato en la forma prevista en esta Ley, incluyendo las razones justificativas por las que no se ha publicado en forma legal la convocatoria de la licitación o desde la notificación a los candidatos o licitadores afectados, de los motivos del rechazo de su candidatura o de su proposición y de las características de la proposición del adjudicatario que fueron determinantes de la adjudicación a su favor.

b) En los restantes casos, antes de que transcurran seis meses a contar desde la formalización del contrato.

En el escrito de interposición se hará constar el acto recurrido, el motivo que fundamente el recurso, los medios de prueba de que pretenda valerse el recurrente y, en su caso, las medidas de la misma naturaleza que las mencionadas en el artículo 49, cuya adopción solicite, acompañándose también:

a) El documento que acredite la representación del compareciente, salvo si figurase unido a las actuaciones de otro recurso pendiente ante el mismo órgano, en cuyo caso podrá solicitarse que se expida certificación para su unión al procedimiento.

b) El documento o documentos que acrediten la legitimación del actor cuando la ostente por habérsela transmitido otro por herencia o por cualquier otro título.

c) La copia o traslado del acto expreso que se recurra, o indicación del expediente en que haya recaído o del boletín oficial o perfil de contratante en que se haya publicado.

d) El documento o documentos en que funde su derecho.

e) Una dirección de correo electrónico «habilitada» a la que enviar, de conformidad con la disposición adicional decimoquinta, las comunicaciones y notificaciones.

Para la subsanación de los defectos que puedan afectar al escrito de recurso, se requerirá al interesado a fin de que, en un plazo de tres días hábiles desde el siguiente a su notificación, subsane la falta o acompañe los documentos preceptivos, con indicación de que, si así no lo hiciera, se le tendrá por desistido de su petición, quedando suspendida la tramitación del expediente con los efectos previstos en la Ley 39/2015, de 1 de octubre, del Procedimiento Administrativo Común de las Administraciones Públicas. La presentación de documentación subsanada se hará, necesariamente, en el registro del órgano competente para la resolución del recurso.

El escrito de interposición podrá presentarse en los lugares establecidos en el artículo 16.4 de la Ley 39/2015, de 1 de octubre, del Procedimiento Administrativo Común de las Administraciones Públicas. Asimismo, podrá presentarse en el registro del órgano de contratación o en el del órgano competente para la resolución del recurso.

Los escritos presentados en registros distintos de los dos citados específicamente en el párrafo anterior, deberán comunicarse al Tribunal de manera inmediata y de la forma más rápida posible.

El órgano competente para la resolución del recurso hará públicas a través de su página web, mediante resolución de su Presidente, las direcciones de registro en las que debe hacerse la presentación de los escritos para entenderla efectuada ante el propio Tribunal.

Si el interesado desea examinar el expediente de contratación de forma previa a la interposición del recurso especial, deberá solicitarlo al órgano de contratación, el cual tendrá la obligación de ponerlo de manifiesto sin perjuicio de los límites de confidencialidad establecidos en la Ley.

Los interesados podrán hacer la solicitud de acceso al expediente dentro del plazo de interposición del recurso especial, debiendo el órgano de contratación facilitar el acceso en los cinco días hábiles siguientes a la recepción de la solicitud. La presentación de esta solicitud no paralizará en ningún caso el plazo para la interposición del recurso especial.

Una vez interpuesto el recurso quedará en suspenso la tramitación del procedimiento cuando el acto recurrido sea el de adjudicación, salvo en el supuesto de contratos basados en un acuerdo marco o de contratos específicos en el marco de un sistema dinámico de adquisición, sin perjuicio de las medidas cautelares que en relación a estos últimos podrían adoptarse en virtud de lo señalado en el artículo 56.3.

Las comunicaciones y el intercambio de documentación entre los órganos competentes para la resolución de los recursos, los órganos de contratación y los interesados en el procedimiento se harán por medios electrónicos.

El órgano encargado de resolver el recurso, tras la reclamación y examen del expediente administrativo, podrá declarar su inadmisión cuando constare de modo inequívoco y manifiesto cualquiera de los siguientes supuestos:

a) La incompetencia del órgano para conocer del recurso.

b) La falta de legitimación del recurrente o de acreditación de la representación de la persona que interpone el recurso en nombre de otra, mediante poder que sea suficiente a tal efecto.

c) Haberse interpuesto el recurso contra actos no susceptibles de impugnación de conformidad con lo dispuesto en el artículo 44.

d) La interposición del recurso, una vez finalizado el plazo establecido para su interposición.

Si el órgano encargado de resolverlo apreciara que concurre alguno de ellos, sin perjuicio de lo previsto en el artículo 51.2, dictará resolución acordando la inadmisión del recurso.

Una vez recibidas las alegaciones de los interesados, o transcurrido el plazo señalado para su formulación, y el de la prueba, en su caso, el órgano competente deberá resolver el recurso dentro de los cinco días hábiles siguientes, notificándose a continuación la resolución a todos los interesados.

La resolución del recurso estimará en todo o en parte o desestimará las pretensiones formuladas o declarará su inadmisión, decidiendo motivadamente cuantas cuestiones se hubiesen planteado. En todo caso, la resolución será congruente con la petición y, de ser procedente, se pronunciará sobre la anulación de las decisiones no conformes a derecho adoptadas durante el procedimiento de adjudicación, incluyendo la supresión de las características técnicas, económicas o financieras discriminatorias contenidas en el anuncio de licitación, anuncio indicativo, pliegos, condiciones reguladoras del contrato o cualquier otro documento relacionado con la licitación o adjudicación, así como, si procede, sobre la retroacción de actuaciones. En todo caso la estimación del recurso que conlleve anulación de cláusulas o condiciones de los pliegos o documentación contractual de naturaleza análoga, determinará la anulación de los actos del expediente de contratación relacionados con su aprobación.

La resolución deberá acordar el levantamiento de la suspensión del acto de adjudicación si en el momento de dictarla continuase suspendido, así como de las restantes medidas cautelares que se hubieran acordado y la devolución de las garantías cuya constitución se hubiera exigido para la efectividad de las mismas, si procediera.

En caso de estimación total o parcial del recurso, el órgano de contratación deberá dar conocimiento al órgano que hubiera dictado la resolución, de las actuaciones adoptadas para dar cumplimiento a la misma.

Transcurridos dos meses contados desde el siguiente a la interposición del recurso sin que se haya notificado su resolución, el interesado podrá considerarlo desestimado a los efectos de interponer recurso contencioso-administrativo.

El órgano competente para la resolución del recurso, a solicitud del interesado, podrá imponer a la entidad contratante la obligación de indemnizar a la persona interesada por los daños y perjuicios que le haya podido ocasionar la infracción legal que hubiese dado lugar al recurso, resarciéndole, cuando menos, de los gastos ocasionados por la preparación de la oferta o la participación en el procedimiento de contratación. La cuantía de la indemnización se fijará atendiendo en lo posible a los criterios establecidos en el Capítulo IV del Título Preliminar de la Ley 40/2015, de 1 de octubre, de Régimen Jurídico del Sector Público.

En caso de que el órgano competente aprecie temeridad o mala fe en la interposición del recurso o en la solicitud de medidas cautelares, podrá acordar la imposición de una multa al responsable de la misma.

El importe de la multa será de entre 1.000 y 30.000 euros, determinándose su cuantía en función de la mala fe apreciada y el perjuicio ocasionado al órgano de contratación y a los restantes licitadores, así como del cálculo de los beneficios obtenidos.

El importe de la multa impuesta se ingresará en todo caso en el Tesoro Público.

Contra la resolución dictada en este procedimiento solo cabrá la interposición de recurso contencioso-administrativo conforme a lo dispuesto en el artículo 10, letras k) y l) del apartado 1 y en el artículo 11, letra f) de su apartado 1 de la Ley 29/1998, de 13 de julio, reguladora de la Jurisdicción Contencioso-administrativa.

Sin perjuicio de lo dispuesto en el apartado anterior, la resolución será directamente ejecutiva.

No procederá la revisión de oficio de la resolución ni de ninguno de los actos dictados por los órganos competentes para la resolución del recurso. Tampoco estarán sujetos a fiscalización por los órganos de control interno de las Administraciones a que cada uno de ellos se encuentre adscrito.

Los órganos competentes para la resolución del recurso podrán rectificar en cualquier momento, de oficio o a instancia de los interesados, los errores materiales, de hecho o aritméticos existentes en sus actos, incluida la resolución del recurso.

Cuando contra una resolución del órgano competente para la resolución del recurso se interponga recurso contencioso administrativo, aquel, una vez recibida la diligencia del Tribunal jurisdiccional reclamando el expediente administrativo, procederá a emplazar para su comparecencia ante la Sala correspondiente al órgano de contratación autor del acto que hubiera sido objeto del recurso y a los restantes comparecidos en el procedimiento.

El emplazamiento indicado en el párrafo anterior se hará en la forma prevista en el artículo 49 de la Ley 29/1998, de 13 de julio, reguladora de la Jurisdicción Contencioso-administrativa.

Modificación.

Una vez perfeccionado el contrato, el órgano de contratación sólo podrá introducir modificaciones en el mismo por razones de interés público y para atender a causas imprevistas, justificando debidamente su necesidad en el expediente. Estas modificaciones no podrán afectar a las condiciones esenciales del contrato.

En estos casos, las modificaciones acordadas por el órgano de contratación serán obligatorias para los contratistas. Las modificaciones del contrato deberán formalizarse del mismo modo que las adjudicaciones.

Si la Administración acordase la suspensión del contrato se levantará un acta en la que se consignarán las circunstancias que la han motivado y la situación de hecho en la ejecución de aquél. Acordada la suspensión, la Administración abonará al contratista los daños y perjuicios efectivamente sufridos por éste.

Extinción

Los contratos se extinguirán por cumplimiento o por resolución.

El contrato se entenderá cumplido por el contratista cuando éste haya realizado, de acuerdo con los términos del mismo y a satisfacción de la Administración, la totalidad de la prestación. En todo caso, su constatación exigirá por parte de la Administración un acto formal y positivo de recepción o conformidad dentro del mes siguiente a la entrega o realización del objeto del contrato, o en el plazo que se determine en el pliego de cláusulas administrativas particulares por razón de sus características. A la Intervención de la Administración correspondiente le será comunicado, cuando ello sea preceptivo, la fecha y lugar del acto, para su eventual asistencia en ejercicio de sus funciones de comprobación de la inversión.

En los contratos se fijará un plazo de garantía a contar de la fecha de recepción o conformidad, transcurrido el cual sin objeciones por parte de la Administración, salvo los supuestos en que se establezca otro plazo en esta Ley o en otras normas, quedará extinguida la responsabilidad del contratista. Se exceptúan del plazo de garantía aquellos contratos en que por su naturaleza o características no resulte necesario, lo que deberá justificarse debidamente en el expediente de contratación, consignándolo expresamente en el pliego.

Excepto en los contratos de obras, dentro del plazo de un mes, a contar desde la fecha del acta de recepción o conformidad, deberá acordarse y ser notificada al contratista la liquidación correspondiente del contrato y abonársele, en su caso, el saldo resultante. Si se produjera demora en el pago del saldo de liquidación, el contratista tendrá derecho a percibir los intereses de demora y la indemnización por los costes de cobro.

Son causas de resolución del contrato (artículo 223 Ley de contratos del sector público):

a) La muerte o incapacidad sobrevenida del contratista individual o la extinción de la personalidad jurídica de la sociedad contratista.

b) La declaración de concurso o la declaración de insolvencia en cualquier otro procedimiento.

c) El mutuo acuerdo entre la Administración y el contratista.

d) La demora en el cumplimiento de los plazos por parte del contratista y el incumplimiento del plazo señalado para los calificados de urgentes (15 días).

e) La demora en el pago por parte de la Administración por plazo superior al establecido (6 meses).

f) El incumplimiento de las restantes obligaciones contractuales esenciales, calificadas como tales en los pliegos o en el contrato.

g) La imposibilidad de ejecutar la prestación en los términos inicialmente pactados o la posibilidad cierta de producción de una lesión grave al interés público de continuarse ejecutando la prestación en esos términos, cuando no sea posible modificar el contrato.

h) Las establecidas expresamente en el contrato.

i) Las que se señalen específicamente para cada categoría de contrato en esta Ley.

La resolución del contrato se acordará por el órgano de contratación, de oficio o a instancia del contratista, en su caso, siguiendo el procedimiento que en las normas de desarrollo de esta Ley se establezca. La declaración de insolvencia en cualquier procedimiento y, en caso de concurso, la apertura de la fase de liquidación, darán siempre lugar a la resolución del contrato.

Cuando la causa de resolución sea la muerte o incapacidad sobrevenida del contratista individual la Administración podrá acordar la continuación del contrato con sus herederos o sucesores.

La resolución por mutuo acuerdo sólo podrá tener lugar cuando no concurra otra causa de resolución que sea imputable al contratista, y siempre que razones de interés público hagan innecesaria o inconveniente la permanencia del contrato.

En caso de declaración de concurso y mientras no se haya producido la apertura de la fase de liquidación, la Administración potestativamente continuará el contrato si el contratista prestare las garantías suficientes a juicio de aquélla para su ejecución.

El incumplimiento de las obligaciones derivadas del contrato por parte de la Administración originará la resolución de aquél sólo en los casos previstos en esta Ley.

Cuando la resolución se produzca por mutuo acuerdo, los derechos de las partes se acomodarán a lo validamente estipulado por ellas. El incumplimiento por parte de la Administración de las obligaciones del contrato determinará para aquélla, con carácter general, el pago de los daños y perjuicios que por tal causa se irroguen al contratista.

Cuando el contrato se resuelva por incumplimiento culpable del contratista, éste deberá indemnizar a la Administración los daños y perjuicios ocasionados. La indemnización se hará efectiva, en primer término, sobre la garantía que, en su caso, se hubiese constituido, sin perjuicio de la subsistencia de la responsabilidad del contratista en lo que se refiere al importe que exceda del de la garantía incautada.

En todo caso el acuerdo de resolución contendrá pronunciamiento expreso acerca de la procedencia o no de la pérdida, devolución o cancelación de la garantía que, en su caso, hubiese sido constituida.

Cesión de los contratos.

Los derechos y obligaciones dimanantes del contrato podrán ser cedidos por el adjudicatario a un tercero siempre que las cualidades técnicas o personales del cedente no hayan sido razón determinante de la adjudicación del contrato, y de la cesión no resulte una restricción efectiva de la competencia en el mercado. No podrá autorizarse la cesión a un tercero cuando esta suponga una alteración sustancial de las características del contratista si éstas constituyen un elemento esencial del contrato.

Para que los adjudicatarios puedan ceder sus derechos y obligaciones a terceros deberán cumplirse los siguientes requisitos:

a) Que el órgano de contratación autorice, de forma previa y expresa, la cesión.

b) Que el cedente tenga ejecutado al menos un 20 por ciento del importe del contrato o, cuando se trate de la gestión de servicio público, que haya efectuado su explotación durante al menos una quinta parte del plazo de duración del contrato.

c) Que el cesionario tenga capacidad para contratar con la Administración y la solvencia que resulte exigible, debiendo estar debidamente clasificado si tal requisito ha sido exigido al cedente, y no estar incurso en una causa de prohibición de contratar.

d) Que la cesión se formalice, entre el adjudicatario y el cesionario, en escritura pública.

El cesionario quedará subrogado en todos los derechos y obligaciones que corresponderían al cedente.

El contratista podrá concertar con terceros la realización parcial de la prestación, salvo que el contrato o los pliegos dispongan lo contrario o que por su naturaleza y condiciones se deduzca que aquél ha de ser ejecutado directamente por el adjudicatario.

La celebración de los subcontratos estará sometida al cumplimiento de los siguientes requisitos:

a) Si así se prevé en los pliegos o en el anuncio de licitación, los licitadores deberán indicar en la oferta la parte del contrato que tengan previsto subcontratar, señalando su importe, y el nombre o el perfil empresarial, definido por referencia a las condiciones de solvencia profesional o técnica, de los subcontratistas a los que se vaya a encomendar su realización.

b) En todo caso, el adjudicatario deberá comunicar anticipadamente y por escrito a la Administración la intención de celebrar los subcontratos, señalando la parte de la prestación que se pretende subcontratar y la identidad del subcontratista, y justificando suficientemente la aptitud de éste para ejecutarla por referencia a los elementos técnicos y humanos de que dispone y a su experiencia. En el caso que el subcontratista tuviera la clasificación adecuada para realizar la parte del contrato objeto de la subcontratación, la comunicación de esta circunstancia eximirá al contratista de la necesidad de justificar la aptitud de aquél. La acreditación de la aptitud del subcontratista podrá realizarse inmediatamente después de la celebración del subcontrato si ésta es necesaria para atender a una situación de emergencia o que exija la adopción de medidas urgentes y así se justifica suficientemente.

c) Si los pliegos o el anuncio de licitación hubiesen impuesto a los licitadores la obligación de comunicar las circunstancias señaladas en la letra a), los subcontratos que no se ajusten a lo indicado en la oferta, por celebrarse con empresarios distintos de los indicados nominativamente en la misma o por referirse a partes de la prestación diferentes a las señaladas en ella, no podrán celebrarse hasta que transcurran veinte días desde que se hubiese cursado la notificación y aportado las justificaciones a que se refiere la letra b), salvo que con anterioridad hubiesen sido autorizados expresamente, siempre que la Administración no hubiese notificado dentro de este plazo su oposición a los mismos. Este régimen será igualmente aplicable si los subcontratistas hubiesen sido identificados en la oferta mediante la descripción de su perfil profesional. Bajo la responsabilidad del contratista, los subcontratos podrán concluirse sin necesidad de dejar transcurrir el plazo de veinte días si su celebración es necesaria para atender a una situación de emergencia o que exija la adopción de medidas urgentes y así se justifica suficientemente.

d) En los contratos de carácter secreto o reservado, o en aquéllos cuya ejecución deba ir acompañada de medidas de seguridad especiales de acuerdo con disposiciones legales o reglamentarias o cuando lo exija la protección de los intereses esenciales de la seguridad del Estado, la subcontratación requerirá siempre autorización expresa del órgano de contratación.

e) Las prestaciones parciales que el adjudicatario subcontrate con terceros no podrán exceder del porcentaje que se fije en el pliego de cláusulas administrativas particulares. En el supuesto de que no figure en el pliego un límite especial, el contratista podrá subcontratar hasta un porcentaje que no exceda del 60 por ciento del importe de adjudicación.

Para el cómputo de este porcentaje máximo, no se tendrán en cuenta los subcontratos concluidos con empresas vinculadas al contratista principal.

La infracción de las condiciones establecidas para proceder a la subcontratación, así como la falta de acreditación de la aptitud del subcontratista o de las circunstancias determinantes de la situación de emergencia o de las que hacen urgente la subcontratación, podrá dar lugar, en todo caso, a la imposición al contratista de una penalidad de hasta un 50 por ciento del importe del subcontrato.

Los subcontratistas quedarán obligados sólo ante el contratista principal que asumirá, por tanto, la total responsabilidad de la ejecución del contrato frente a la Administración, con arreglo estricto a los pliegos de cláusulas administrativas particulares y a los términos del contrato.

Los órganos de contratación podrán imponer al contratista, advirtiéndolo en el anuncio o en los pliegos, la subcontratación con terceros no vinculados al mismo, de determinadas partes de la prestación que no excedan en su conjunto del 50 por ciento del importe del presupuesto del contrato, cuando gocen de una sustantividad propia dentro del conjunto que las haga susceptibles de ejecución separada, por tener que ser realizadas por empresas que cuenten con una determinada habilitación profesional o poder atribuirse su realización a empresas con una clasificación adecuada para realizarla.

El contratista debe obligarse a abonar a los subcontratistas o suministradores el precio pactado en los plazos y condiciones que se indican en la ley de contratos del sector público.

Contrato de obras.

Son contratos de obras aquéllos que tienen por objeto la realización de una obra o la ejecución de alguno de los trabajos enumerados en el Anexo I o la realización por cualquier medio de una obra que responda a las necesidades especificadas por la entidad del sector público contratante. Además de estas prestaciones, el contrato podrá comprender, en su caso, la redacción del correspondiente proyecto.

Por «obra» se entenderá el resultado de un conjunto de trabajos de construcción o de ingeniería civil, destinado a cumplir por sí mismo una función económica o técnica, que tenga por objeto un bien inmueble.

Están sujetos a regulación armonizada los contratos de obras y los contratos de concesión de obras públicas cuyo valor estimado sea igual o superior a 5.382.000 euros.

En el supuesto previsto de separación en lotes, cuando el valor acumulado de los lotes en que se divida la obra iguale o supere la cantidad indicada en el apartado anterior, se aplicarán las normas de la regulación armonizada a la adjudicación de cada lote. No obstante, los órganos de contratación podrán exceptuar de estas normas a los lotes cuyo valor estimado sea inferior a un millón de euros, siempre que el importe acumulado de los lotes exceptuados no sobrepase el 20 por ciento del valor acumulado de la totalidad de los mismos.

En los términos previstos en esta Ley, la adjudicación de un contrato de obras requerirá la previa elaboración, supervisión, aprobación y replanteo del correspondiente proyecto que definirá con precisión el objeto del contrato. La aprobación del proyecto corresponderá al órgano de contratación salvo que tal competencia esté específicamente atribuida a otro órgano por una norma jurídica.

En el supuesto de adjudicación conjunta de proyecto y obra, la ejecución de ésta quedará condicionada a la supervisión, aprobación y replanteo del proyecto por el órgano de contratación.

A los efectos de elaboración de los proyectos se clasificarán las obras, según su objeto y naturaleza, en los grupos siguientes:

a) Obras de primer establecimiento, reforma o gran reparación.

b) Obras de reparación simple, restauración o rehabilitación.

c) Obras de conservación y mantenimiento.

d) Obras de demolición.

Son obras de primer establecimiento las que dan lugar a la creación de un bien inmueble. El concepto general de reforma abarca el conjunto de obras de ampliación, mejora, modernización, adaptación, adecuación o refuerzo de un bien inmueble ya existente. Se consideran como obras de reparación las necesarias para enmendar un menoscabo producido en un bien inmueble por causas fortuitas o accidentales. Cuando afecten fundamentalmente a la estructura resistente tendrán la calificación de gran reparación y, en caso contrario, de reparación simple. Si el menoscabo se produce en el tiempo por el natural uso del bien, las obras necesarias para su enmienda tendrán el carácter de conservación. Las obras de mantenimiento tendrán el mismo carácter que las de conservación. Son obras de restauración aquéllas que tienen por objeto reparar una construcción conservando su estética, respetando su valor histórico y manteniendo su funcionalidad. Son obras de rehabilitación aquéllas que tienen por objeto reparar una construcción conservando su estética, respetando su valor histórico y dotándola de una nueva funcionalidad que sea compatible con los elementos y valores originales del inmueble. Son obras de demolición las que tengan por objeto el derribo o la destrucción de un bien inmueble.

Los proyectos de obras deberán comprender, al menos:

a) Una memoria en la que se describa el objeto de las obras, que recogerá los antecedentes y situación previa a las mismas, las necesidades a satisfacer y la justificación de la solución adoptada, detallándose los factores de todo orden a tener en cuenta.

b) Los planos de conjunto y de detalle necesarios para que la obra quede perfectamente definida, así como los que delimiten la ocupación de terrenos y la restitución de servidumbres y demás derechos reales, en su caso, y servicios afectados por su ejecución.

c) El pliego de prescripciones técnicas particulares, donde se hará la descripción de las obras y se regulará su ejecución, con expresión de la forma en que esta se llevará a cabo, las obligaciones de orden técnico que correspondan al contratista, y la manera en que se llevará a cabo la medición de las unidades ejecutadas y el control de calidad de los materiales empleados y del proceso de ejecución.

d) Un presupuesto, integrado o no por varios parciales, con expresión de los precios unitarios y de los descompuestos, en su caso, Estado de mediciones y los detalles precisos para su valoración.

e) Un programa de desarrollo de los trabajos o plan de obra de carácter indicativo, con previsión, en su caso, del tiempo y coste.

f) Las referencias de todo tipo en que se fundamentará el replanteo de la obra.

g) El estudio de seguridad y salud o, en su caso, el estudio básico de seguridad y salud, en los términos previstos en las normas de seguridad y salud en las obras.

h) Cuanta documentación venga prevista en normas de carácter legal o reglamentario.

No obstante, para los proyectos de obras de primer establecimiento, reforma o gran reparación inferiores a 350.000 euros, y para los restantes proyectos enumerados en el artículo anterior, se podrá simplificar, refundir o incluso suprimir, alguno o algunos de los documentos anteriores en la forma que en las normas de desarrollo de esta Ley se determine, siempre que la documentación resultante sea suficiente para definir, valorar y ejecutar las obras que comprenda.

Salvo que ello resulte incompatible con la naturaleza de la obra, el proyecto deberá incluir un estudio geotécnico de los terrenos sobre los que ésta se va a ejecutar, así como los informes y estudios previos necesarios para la mejor determinación del objeto del contrato.

La contratación conjunta de la elaboración del proyecto y la ejecución de las obras correspondientes tendrá carácter excepcional y solo podrá efectuarse en los siguientes supuestos cuya concurrencia deberá justificarse debidamente en el expediente:

a) Cuando motivos de orden técnico obliguen necesariamente a vincular al empresario a los estudios de las obras. Estos motivos deben estar ligados al destino o a las técnicas de ejecución de la obra.

b) Cuando se trate de obras cuya dimensión excepcional o dificultades técnicas singulares, requieran soluciones aportadas con medios y capacidad técnica propias de las empresas.

Antes de la aprobación del proyecto, cuando la cuantía del contrato de obras sea igual o superior a 350.000 euros, los órganos de contratación deberán solicitar un informe de las correspondientes oficinas o unidades de supervisión de los proyectos encargadas de verificar que se han tenido en cuenta las disposiciones generales de carácter legal o reglamentario así como la normativa técnica que resulten de aplicación para cada tipo de proyecto.

Aprobado el proyecto y previamente a la tramitación del expediente de contratación de la obra, se procederá a efectuar el replanteo del mismo, el cual consistirá en comprobar la realidad geométrica de la misma y la disponibilidad de los terrenos precisos para su normal ejecución, que será requisito indispensable para la adjudicación en todos los procedimientos. Asimismo se deberán comprobar cuántos supuestos figuren en el proyecto elaborado y sean básicos para el contrato a celebrar.

Para los contratos de obras cuyo valor estimado sea igual o superior a 500.000 euros será requisito indispensable que el empresario se encuentre debidamente clasificado como contratista de obras de las Administraciones Públicas. Para dichos contratos, la clasificación del empresario en el grupo o subgrupo que en función del objeto del contrato corresponda, con categoría igual o superior a la exigida para el contrato, acreditará sus condiciones de solvencia para contratar.

Para los contratos de obras cuyo valor estimado sea inferior a 500.000 euros la clasificación del empresario en el grupo o subgrupo que en función del objeto del contrato corresponda acreditará su solvencia económica y financiera y solvencia técnica para contratar. En tales casos, el empresario podrá acreditar su solvencia indistintamente mediante su clasificación como contratista de obras en el grupo o subgrupo de clasificación correspondiente al contrato o bien acreditando el cumplimiento de los requisitos específicos de solvencia exigidos en el anuncio de licitación o en la invitación a participar en el procedimiento y detallados en los pliegos del contrato. En defecto de estos, la acreditación de la solvencia se efectuará con los requisitos y por los medios que reglamentariamente se establezcan en función de la naturaleza, objeto y valor estimado del contrato, medios y requisitos que tendrán carácter supletorio respecto de los que en su caso figuren en los pliegos.

En los contratos de obras en los que se estipule que la Administración satisfará el precio mediante un único abono efectuado en el momento de terminación de la obra, obligándose el contratista a financiar su construcción adelantando las cantidades necesarias hasta que se produzca la recepción de la obra terminada, los pliegos de cláusulas administrativas particulares deberán incluir las condiciones específicas de la financiación, así como, en su caso, la capitalización de sus intereses y su liquidación, debiendo las ofertas expresar separadamente el precio de construcción y el precio final a pagar, a efectos de que en la valoración de las mismas se puedan ponderar las condiciones de financiación y la refinanciación, en su caso, de los costes de construcción.

Además de en los casos generales previstos en el artículo 170, los contratos de obras podrán adjudicarse por procedimiento negociado en los siguientes supuestos:

a) Cuando las obras se realicen únicamente con fines de investigación, experimentación o perfeccionamiento y no con objeto de obtener una rentabilidad o de cubrir los costes de investigación o de desarrollo.

b) Cuando se trate de obras complementarias que no figuren en el proyecto ni en el contrato, o en el proyecto de concesión y su contrato inicial, pero que debido a una circunstancia imprevista pasen a ser necesarias para ejecutar la obra tal y como estaba descrita en el proyecto o en el contrato sin modificarla, y cuya ejecución se confíe al contratista de la obra principal o al concesionario de la obra pública de acuerdo con los precios que rijan para el contrato primitivo o que, en su caso, se fijen contradictoriamente, siempre que las obras no puedan separarse técnica o económicamente del contrato primitivo sin causar grandes inconvenientes a la Administración o que, aunque resulten separables, sean estrictamente necesarias para su perfeccionamiento, y que el importe acumulado de las obras complementarias no supere el 50 por ciento del precio primitivo del contrato.

c) Cuando las obras consistan en la repetición de otras similares adjudicadas por procedimiento abierto o restringido al mismo contratista por el órgano de contratación, siempre que se ajusten a un proyecto base que haya sido objeto del contrato inicial adjudicado por dichos procedimientos, que la posibilidad de hacer uso de este procedimiento esté indicada en el anuncio de licitación del contrato inicial y que el importe de las nuevas obras se haya computado al fijar la cuantía total del contrato. Únicamente se podrá recurrir a este procedimiento durante un período de tres años, a partir de la formalización del contrato inicial.

d) En todo caso, cuando su valor estimado sea inferior a un millón de euros.

La ejecución del contrato de obras comenzará con el acta de comprobación del replanteo. A tales efectos, dentro del plazo que se consigne en el contrato que no podrá ser superior a un mes desde la fecha de su formalización salvo casos excepcionales justificados, el servicio de la Administración encargada de las obras procederá, en presencia del contratista, a efectuar la comprobación del replanteo hecho previamente a la licitación, extendiéndose acta del resultado que será firmada por ambas partes interesadas, remitiéndose un ejemplar de la misma al órgano que celebró el contrato.

Las obras se ejecutarán con estricta sujeción a las estipulaciones contenidas en el pliego de cláusulas administrativas particulares y al proyecto que sirve de base al contrato y conforme a las instrucciones que en interpretación técnica de éste dieren al contratista el Director facultativo de las obras, y en su caso, el responsable del contrato, en los ámbitos de su respectiva competencia.

Durante el desarrollo de las obras y hasta que se cumpla el plazo de garantía el contratista es responsable de los defectos que en la construcción puedan advertirse.

En casos de fuerza mayor y siempre que no exista actuación imprudente por parte del contratista, éste tendrá derecho a una indemnización por los daños y perjuicios que se le hubieren producido. Tendrán la consideración de casos de fuerza mayor los siguientes:

a) Los incendios causados por la electricidad atmosférica.

b) Los fenómenos naturales de efectos catastróficos, como maremotos, terremotos, erupciones volcánicas, movimientos del terreno, temporales marítimos, inundaciones u otros semejantes.

c) Los destrozos ocasionados violentamente en tiempo de guerra, robos tumultuosos o alteraciones graves del orden público.

A los efectos del pago, la Administración expedirá mensualmente, en los primeros diez días siguientes al mes al que correspondan, certificaciones que comprendan la obra ejecutada durante dicho período de tiempo, salvo prevención en contrario en el pliego de cláusulas administrativas particulares, cuyos abonos tienen el concepto de pagos a cuenta sujetos a las rectificaciones y variaciones que se produzcan en la medición final y sin suponer en forma alguna, aprobación y recepción de las obras que comprenden.

Cuando la naturaleza de la obra lo permita, se podrá establecer el sistema de retribución a tanto alzado, sin existencia de precios unitarios. El sistema de retribución a tanto alzado podrá, en su caso, configurarse como de precio cerrado, con el efecto de que el precio ofertado por el adjudicatario se mantendrá invariable no siendo abonables las modificaciones del contrato que sean necesarias para corregir deficiencias u omisiones del proyecto sometido a licitación.

Serán obligatorias para el contratista las modificaciones del contrato de obras que produzcan aumento, reducción o supresión de las unidades de obra o sustitución de una clase de fábrica por otra, cuando ésta sea una de las comprendidas en el contrato, siempre que no sea causa de resolución del contrato. En caso de supresión o reducción de obras, el contratista no tendrá derecho a reclamar indemnización alguna.

Cuando las modificaciones supongan la introducción de unidades de obra no previstas en el proyecto o cuyas características difieran de las fijadas en éste, los precios aplicables a las mismas serán fijados por la Administración, previa audiencia del contratista por plazo mínimo de tres días hábiles. Si éste no aceptase los precios fijados, el órgano de contratación podrá contratarlas con otro empresario en los mismos precios que hubiese fijado o ejecutarlas directamente.

No obstante, podrán introducirse variaciones sin necesidad de previa aprobación cuando éstas consistan en la alteración en el número de unidades realmente ejecutadas sobre las previstas en las mediciones del proyecto, siempre que no representen un incremento del gasto superior al 10 por ciento del precio primitivo del contrato.

A la recepción de las obras a su terminación concurrirá el responsable del contrato, si se hubiese nombrado, o un facultativo designado por la Administración representante de ésta, el facultativo encargado de la dirección de las obras y el contratista asistido, si lo estima oportuno, de su facultativo. Dentro del plazo de tres meses contados a partir de la recepción, el órgano de contratación deberá aprobar la certificación final de las obras ejecutadas, que será abonada al contratista a cuenta de la liquidación del contrato.

Si se encuentran las obras en buen Estado y con arreglo a las prescripciones previstas, el funcionario técnico designado por la Administración contratante y representante de ésta, las dará por recibidas, levantándose la correspondiente acta y comenzando entonces el plazo de garantía. Cuando las obras no se hallen en estado de ser recibidas se hará constar así en el acta y el Director de las mismas señalará los defectos observados y detallará las instrucciones precisas fijando un plazo para remediar aquéllos. Si transcurrido dicho plazo el contratista no lo hubiere efectuado, podrá concedérsele otro nuevo plazo improrrogable o declarar resuelto el contrato.

El plazo de garantía se establecerá en el pliego de cláusulas administrativas particulares atendiendo a la naturaleza y complejidad de la obra y no podrá ser inferior a un año salvo casos especiales. Dentro del plazo de quince días anteriores al cumplimiento del plazo de garantía, el director facultativo de la obra, de oficio o a instancia del contratista, redactará un informe sobre el Estado de las obras. Si éste fuera favorable, el contratista quedará relevado de toda responsabilidad, salvo lo dispuesto en el artículo siguiente, procediéndose a la devolución o cancelación de la garantía, a la liquidación del contrato y, en su caso, al pago de las obligaciones pendientes que deberá efectuarse en el plazo de treinta días. En el caso de que el informe no fuera favorable y los defectos observados se debiesen a deficiencias en la ejecución de la obra y no al uso de lo construido, durante el plazo de garantía, el director facultativo procederá a dictar las oportunas instrucciones al contratista para la debida reparación de lo construido, concediéndole un plazo para ello durante el cual continuará encargado de la conservación de las obras, sin derecho a percibir cantidad alguna por ampliación del plazo de garantía.

No obstante, en aquellas obras cuya perduración no tenga finalidad práctica como las de sondeos y prospecciones que hayan resultado infructuosas o que por su naturaleza exijan trabajos que excedan el concepto de mera conservación como los de dragados no se exigirá plazo de garantía.

Si la obra se arruina con posterioridad a la expiración del plazo de garantía por vicios ocultos de la construcción, debido al incumplimiento del contrato por parte del contratista, responderá éste de los daños y perjuicios que se manifiesten durante un plazo de quince años a contar desde la recepción. Transcurrido este plazo sin que se haya manifestado ningún daño o perjuicio, quedará totalmente extinguida la responsabilidad del contratista.

Son causas de resolución del contrato de obras, además de las señaladas en el artículo 223, las siguientes:

a) La demora en la comprobación del replanteo (máximo un mes).

b) La suspensión de la iniciación de las obras por plazo superior a seis meses por parte de la Administración.

c) El desistimiento o la suspensión de las obras por un plazo superior a ocho meses acordada por la Administración.

En la suspensión de la iniciación de las obras por parte de la Administración, cuando ésta dejare transcurrir seis meses a contar de la misma sin dictar acuerdo sobre dicha situación y notificarlo al contratista, éste tendrá derecho a la resolución del contrato.

La resolución del contrato dará lugar a la comprobación, medición y liquidación de las obras realizadas con arreglo al proyecto, fijando los saldos pertinentes a favor o en contra del contratista. Será necesaria la citación de éste, en el domicilio que figure en el expediente de contratación, para su asistencia al acto de comprobación y medición.

Si se demorase la comprobación del replanteo dando lugar a la resolución del contrato, el contratista sólo tendrá derecho a una indemnización equivalente al 2 por ciento del precio de la adjudicación.

En el supuesto de suspensión de la iniciación de las obras por parte de la Administración por tiempo superior a seis meses el contratista tendrá derecho a percibir por todos los conceptos una indemnización del 3 por ciento del precio de adjudicación.

En caso de desistimiento o suspensión de las obras iniciadas por plazo superior a ocho meses, el contratista tendrá derecho al 6 por ciento del precio de las obras dejadas de realizar en concepto de beneficio industrial, entendiéndose por obras dejadas de realizar las que resulten de la diferencia entre las reflejadas en el contrato primitivo y sus modificaciones y las que hasta la fecha de notificación de la suspensión se hubieran ejecutado.

Cuando las obras hayan de ser continuadas por otro empresario o por la propia Administración, con carácter de urgencia, por motivos de seguridad o para evitar la ruina de lo construido, el órgano de contratación, una vez que haya notificado al contratista la liquidación de las ejecutadas, podrá acordar su continuación, sin perjuicio de que el contratista pueda impugnar la valoración efectuada ante el propio órgano. El órgano de contratación resolverá lo que proceda en el plazo de quince días.

Contrato de concesión de obras públicas.

La concesión de obras públicas es un contrato que tiene por objeto la realización por el concesionario de algunas de las prestaciones del contrato de obras, incluidas las de restauración y reparación de construcciones existentes, así como la conservación y mantenimiento de los elementos construidos, y en el que la contraprestación a favor de aquél consiste, o bien únicamente en el derecho a explotar la obra, o bien en dicho derecho acompañado del de percibir un precio.

El contrato, que se ejecutará en todo caso a riesgo y ventura del contratista, podrá comprender, además, el siguiente contenido:

a) La adecuación, reforma y modernización de la obra para adaptarla a las características técnicas y funcionales requeridas para la correcta prestación de los servicios o la realización de las actividades económicas a las que sirve de soporte material.

b) Las actuaciones de reposición y gran reparación que sean exigibles en relación con los elementos que ha de reunir cada una de las obras para mantenerse apta a fin de que los servicios y actividades a los que aquéllas sirven puedan ser desarrollados adecuadamente de acuerdo con las exigencias económicas y las demandas sociales.

El contrato de concesión de obras públicas podrá también prever que el concesionario esté obligado a proyectar, ejecutar, conservar, reponer y reparar aquellas obras que sean accesorias o estén vinculadas con la principal y que sean necesarias para que ésta cumpla la finalidad determinante de su construcción y que permitan su mejor funcionamiento y explotación, así como a efectuar las actuaciones ambientales relacionadas con las mismas que en ellos se prevean. En el supuesto de que las obras vinculadas o accesorias puedan ser objeto de explotación o aprovechamiento económico, éstos corresponderán al concesionario conjuntamente con la explotación de la obra principal, en la forma determinada por los pliegos respectivos.

Con carácter previo a la decisión de construir y explotar en régimen de concesión una obra pública, el órgano que corresponda de la Administración concedente acordará la realización de un estudio de viabilidad de la misma.

El estudio de viabilidad deberá contener, al menos, los datos, análisis, informes o estudios que procedan sobre los puntos siguientes:

a) Finalidad y justificación de la obra, así como definición de sus características esenciales.

b) Previsiones sobre la demanda de uso e incidencia económica y social de la obra en su área de influencia y sobre la rentabilidad de la concesión.

c) Valoración de los datos e informes existentes que hagan referencia al planeamiento sectorial, territorial o urbanístico.

d) Estudio de impacto ambiental cuando éste sea preceptivo de acuerdo con la legislación vigente. En los restantes casos, un análisis ambiental de las alternativas y las correspondientes medidas correctoras y protectoras necesarias.

e) Justificación de la solución elegida, indicando, entre las alternativas consideradas si se tratara de infraestructuras viarias o lineales, las características de su trazado.

f) Riesgos operativos y tecnológicos en la construcción y explotación de la obra.

g) Coste de la inversión a realizar, así como el sistema de financiación propuesto para la construcción de la obra con la justificación, asimismo, de la procedencia de ésta.

h) Estudio de seguridad y salud o, en su caso, estudio básico de seguridad y salud, en los términos previstos en las disposiciones mínimas de seguridad y salud en obras de construcción.

Se admitirá la iniciativa privada en la presentación de estudios de viabilidad de eventuales concesiones. Presentado el estudio será elevado al órgano competente para que en el plazo de tres meses comunique al particular la decisión de tramitar o no tramitar el mismo o fije un plazo mayor para su estudio que, en ningún caso, será superior a seis meses. El silencio de la Administración o de la entidad que corresponda equivaldrá a la no aceptación del estudio.

La Administración concedente podrá acordar motivadamente la sustitución del estudio de viabilidad a que se refieren los apartados anteriores por un estudio de viabilidad económico-financiera cuando por la naturaleza y finalidad de la obra o por la cuantía de la inversión requerida considerara que éste es suficiente.

En función de la complejidad de la obra y del grado de definición de sus características, la Administración concedente, aprobado el estudio de viabilidad, podrá acordar la redacción del correspondiente anteproyecto. Éste podrá incluir, de acuerdo con la naturaleza de la obra, zonas complementarias de explotación comercial.

El anteproyecto se someterá a información pública por el plazo de un mes, prorrogable por idéntico plazo en razón de su complejidad, para que puedan formularse cuantas observaciones se consideren oportunas sobre la ubicación y características de la obra, así como cualquier otra circunstancia referente a su declaración de utilidad pública, y dará traslado de éste para informe a los órganos de la Administración General del Estado, las Comunidades Autónomas y Entidades Locales afectados. Este trámite de información pública servirá también para cumplimentar el concerniente al estudio de impacto ambiental, en los casos en que la declaración de impacto ambiental resulte preceptiva y no se hubiera efectuado dicho trámite anteriormente.

La Administración concedente aprobará el anteproyecto de la obra, considerando las alegaciones formuladas e incorporando las prescripciones de la declaración de impacto ambiental, e instará el reconocimiento concreto de la utilidad pública de ésta a los efectos previstos en la legislación de expropiación forzosa.

En el supuesto de que las obras sean definidas en todas sus características por la Administración concedente, se procederá a la redacción, supervisión, aprobación y replanteo del correspondiente proyecto de acuerdo con lo dispuesto en los correspondientes artículos de esta Ley y al reconocimiento de la utilidad pública de la obra a los efectos previstos en la legislación de expropiación forzosa.

El concesionario responderá de los daños derivados de los defectos del proyecto cuando, según los términos de la concesión, le corresponda su presentación o haya introducido mejoras en el propuesto por la Administración.

Los pliegos de cláusulas administrativas particulares de los contratos de concesión de obras públicas deberán hacer referencia, al menos, a los siguientes aspectos:

a) Definición del objeto del contrato, con referencia al anteproyecto o proyecto de que se trate y mención expresa de los documentos de éste que revistan carácter contractual. En su caso determinación de la zona complementaria de explotación comercial.

b) Requisitos de capacidad y solvencia financiera, económica y técnica que sean exigibles a los licitadores.

c) Contenido de las proposiciones, que deberán hacer referencia, al menos, a los siguientes extremos:

1.º Relación de promotores de la futura sociedad concesionaria, en el supuesto de que estuviera prevista su constitución, y características de la misma tanto jurídicas como financieras.

2.º Plan de realización de las obras con indicación de las fechas previstas para su inicio, terminación y apertura al uso al que se destinen.

3.º Plazo de duración de la concesión.

4.º Plan económico-financiero de la concesión que incluirá, entre los aspectos que le son propios, el sistema de tarifas, la inversión y los costes de explotación y obligaciones de pago y gastos financieros, directos o indirectos, estimados. Deberá ser objeto de consideración específica la incidencia en las tarifas, así como en las previsiones de amortización, en el plazo concesional y en otras variables de la concesión previstas en el pliego, en su caso, de los rendimientos de la demanda de utilización de la obra y, cuando exista, de los beneficios derivados de la explotación de la zona comercial, cuando no alcancen o cuando superen los niveles mínimo y máximo, respectivamente, que se consideren en la oferta. En cualquier caso, si los rendimientos de la zona comercial no superan el umbral mínimo fijado en el pliego de cláusulas administrativas, dichos rendimientos no podrán considerarse a los efectos de la revisión de los elementos señalados anteriormente.

5.º En los casos de financiación mixta de la obra, propuesta del porcentaje de financiación con cargo a recursos públicos, por debajo de los establecidos en el pliego de cláusulas administrativas particulares.

6.º Compromiso de que la sociedad concesionaria adoptará el modelo de contabilidad que establezca el pliego, de conformidad con la normativa aplicable, incluido el que pudiera corresponder a la gestión de las zonas complementarias de explotación comercial, sin perjuicio de que los rendimientos de éstas se integren a todos los efectos en los de la concesión.

7.º En los términos y con el alcance que se fije en el pliego, los licitadores podrán introducir las mejoras que consideren convenientes, y que podrán referirse a características estructurales de la obra, a su régimen de explotación, a las medidas tendentes a evitar los daños al medio ambiente y los recursos naturales, o a mejoras sustanciales, pero no a su ubicación.

d) Sistema de retribución del concesionario en el que se incluirán las opciones posibles sobre las que deberá versar la oferta, así como, en su caso, las fórmulas de actualización de costes durante la explotación de la obra, con referencia obligada a su repercusión en las correspondientes tarifas en función del objeto de la concesión.

e) El umbral mínimo de beneficios derivados de la explotación de la zona comercial por debajo del cual no podrá incidirse en los elementos económicos de la concesión.

f) Cuantía y forma de las garantías.

g) Características especiales, en su caso, de la sociedad concesionaria.

h) Plazo, en su caso, para la elaboración del proyecto, plazo para la ejecución de las obras y plazo de explotación de las mismas, que podrá ser fijo o variable en función de los criterios establecidos en el pliego.

i) Derechos y obligaciones específicas de las partes durante la fase de ejecución de las obras y durante su explotación.

j) Régimen de penalidades y supuestos que puedan dar lugar al secuestro de la concesión.

k) Lugar, fecha y plazo para la presentación de ofertas.

Las obras se realizarán conforme al proyecto aprobado por el órgano de contratación y en los plazos establecidos en el pliego de cláusulas administrativas particulares, pudiendo ser ejecutadas con ayuda de la Administración. La ejecución de la obra que corresponda al concesionario podrá ser contratada en todo o en parte con terceros, de acuerdo con lo dispuesto en esta Ley y en el pliego de cláusulas administrativas particulares.

La ayuda de la Administración en la construcción de la obra podrá consistir en la ejecución por su cuenta de parte de la misma o en su financiación parcial. Corresponde al concesionario el control de la ejecución de las obras que contrate con terceros debiendo ajustarse el control al plan que el concesionario elabore y resulte aprobado por el órgano de contratación. Éste podrá en cualquier momento recabar información sobre la marcha de las obras y girar a las mismas las visitas de inspección que estime oportunas.

El concesionario será responsable ante el órgano de contratación de las consecuencias derivadas de la ejecución o resolución de los contratos que celebre con terceros y responsable asimismo único frente a éstos de las mismas consecuencias.

Las obras se construirán a riesgo y ventura del concesionario salvo para aquella parte de la obra que pudiera ser ejecutada por cuenta de la Administración. El plan económico-financiero de la concesión deberá recoger en todo caso, mediante los oportunos ajustes, los efectos derivados del incremento o disminución de los costes.

A la terminación de las obras, y a efectos del seguimiento del correcto cumplimiento del contrato por el concesionario, se procederá al levantamiento de un acta de comprobación por parte de la Administración concedente.

Los concesionarios tendrán los siguientes derechos:

a) El derecho a explotar la obra pública y percibir la retribución económica prevista en el contrato durante el tiempo de la concesión.

b) El derecho al mantenimiento del equilibrio económico de la concesión.

c) El derecho a utilizar los bienes de dominio público de la Administración concedente necesarios para la construcción, modificación, conservación y explotación de la obra pública. Dicho derecho incluirá el de utilizar, exclusivamente para la construcción de la obra, las aguas que afloren o los materiales que aparezcan durante su ejecución, previa autorización de la Administración competente, en cada caso, para la gestión del dominio público correspondiente.

d) El derecho a recabar de la Administración la tramitación de los procedimientos de expropiación forzosa, imposición de servidumbres y desahucio administrativo que resulten necesarios para la construcción, modificación y explotación de la obra pública, así como la realización de cuantas acciones sean necesarias para hacer viable el ejercicio de los derechos del concesionario.

e) Los bienes y derechos expropiados que queden afectos a la concesión se incorporarán al dominio público.

f) El derecho a ceder la concesión de acuerdo con lo previsto en el artículo 209 y a hipotecar la misma en las condiciones establecidas en la Ley, previa autorización del órgano de contratación en ambos casos.

g) El derecho a titulizar sus derechos de crédito, en los términos previstos en la Ley.

h) Cualesquiera otros que le sean reconocidos por esta u otras Leyes o por los pliegos de condiciones.

Serán obligaciones generales del concesionario:

a) Ejecutar las obras con arreglo a lo dispuesto en el contrato.

b) Explotar la obra pública, asumiendo el riesgo económico de su gestión con la continuidad y en los términos establecidos en el contrato u ordenados posteriormente por el órgano de contratación.

c) Admitir la utilización de la obra pública por todo usuario, en las condiciones que hayan sido establecidas de acuerdo con los principios de igualdad, universalidad y no discriminación, mediante el abono, en su caso, de la correspondiente tarifa.

d) Cuidar del buen orden y de la calidad de la obra pública, y de su uso, pudiendo dictar las oportunas instrucciones, sin perjuicio de los poderes de policía que correspondan al órgano de contratación.

e) Indemnizar los daños que se ocasionen a terceros por causa de la ejecución de las obras o de su explotación.

f) Proteger el dominio público que quede vinculado a la concesión, en especial, preservando los valores ecológicos y ambientales del mismo.

g) Cualesquiera otras previstas en ésta u otra Ley o en el pliego de cláusulas administrativas particulares.

El concesionario deberá cuidar de la adecuada aplicación de las normas sobre uso, policía y conservación de la obra pública. El concesionario deberá mantener la obra pública de conformidad con lo que, en cada momento y según el progreso de la ciencia, disponga la normativa técnica, medioambiental, de accesibilidad y eliminación de barreras y de seguridad de los usuarios que resulte de aplicación. La Administración podrá incluir en los pliegos de condiciones mecanismos para medir la calidad del servicio ofrecida por el concesionario, y otorgar ventajas o penalizaciones económicas a éste en función de los mismos.

Atendiendo a su finalidad, las obras públicas podrán incluir, además de las superficies que sean precisas según su naturaleza, otras zonas o terrenos para la ejecución de actividades complementarias, comerciales o industriales que sean necesarias o convenientes por la utilidad que prestan a los usuarios de las obras y que sean susceptibles de un aprovechamiento económico diferenciado, tales como establecimientos de hostelería, estaciones de servicio, zonas de ocio, estacionamientos, locales comerciales y otros susceptibles de explotación.

El órgano de contratación podrá acordar, cuando el interés público lo exija, la modificación de la obra pública, así como su ampliación o la realización de obras complementarias directamente relacionadas con el objeto de la concesión durante la vigencia de ésta, procediéndose, en su caso, a la revisión del plan económico-financiero al objeto de acomodarlo a las nuevas circunstancias.

El órgano de contratación, previa audiencia del concesionario, podrá acordar el secuestro de la concesión en los casos en que el concesionario no pueda hacer frente, temporalmente y con grave daño social, a la explotación de la obra pública por causas ajenas al mismo o incurriese en un incumplimiento grave de sus obligaciones que pusiera en peligro dicha explotación. El acuerdo del órgano de contratación será notificado al concesionario y si éste, dentro del plazo que se le hubiera fijado, no corrigiera la deficiencia se ejecutará el secuestro. Asimismo, se podrá acordar el secuestro en los demás casos recogidos en esta Ley con los efectos previstos en la misma.

Efectuado el secuestro, corresponderá al órgano de contratación la explotación directa de la obra pública y la percepción de la contraprestación establecida, pudiendo utilizar el mismo personal y material del concesionario. El secuestro tendrá carácter temporal y su duración será la que determine el órgano de contratación sin que pueda exceder, incluidas las posibles prórrogas, de tres años. El órgano de contratación acordará de oficio o a petición del concesionario el cese del secuestro cuando resultara acreditada la desaparición de las causas que lo hubieran motivado y el concesionario justificase estar en condiciones de proseguir la normal explotación de la obra pública. Transcurrido el plazo fijado para el secuestro sin que el concesionario haya garantizado la asunción completa de sus obligaciones, el órgano de contratación resolverá el contrato de concesión.

Los pliegos de cláusulas administrativas particulares establecerán un catálogo de incumplimientos de las obligaciones del concesionario, distinguiendo entre los de carácter leve y grave. Deberán considerarse penalizables el incumplimiento total o parcial por el concesionario de las prohibiciones establecidas en esta Ley, la omisión de actuaciones que fueran obligatorias conforme a ella y, en particular, el incumplimiento de los plazos para la ejecución de las obras, la negligencia en el cumplimiento de sus deberes de uso, policía y conservación de la obra pública, la interrupción injustificada total o parcial de su utilización, y el cobro al usuario de cantidades superiores a las legalmente autorizadas.

El órgano de contratación podrá imponer penalidades de carácter económico, que se establecerán en los pliegos de forma proporcional al tipo de incumplimiento y a la importancia económica de la explotación. El límite máximo de las penalidades a imponer no podrá exceder del 10 por ciento del presupuesto total de la obra durante su fase de construcción. Si la concesión estuviera en fase de explotación, el límite máximo de las penalidades anuales no podrá exceder del 20 por ciento de los ingresos obtenidos por la explotación de la obra pública durante el año anterior.

Los incumplimientos graves darán lugar, además, a la resolución de la concesión en los casos previstos en el correspondiente pliego. Con independencia del régimen de penalidades previsto en el pliego, la Administración podrá también imponer al concesionario multas coercitivas cuando persista en el incumplimiento de sus obligaciones, siempre que hubiera sido requerido previamente y no las hubiera cumplido en el plazo fijado. A falta de determinación por la legislación específica, el importe diario de la multa será de 3.000 euros.

Las obras públicas objeto de concesión serán financiadas, total o parcialmente, por el concesionario que, en todo caso, asumirá el riesgo en función de la inversión realizada. Cuando existan razones de rentabilidad económica o social, o concurran singulares exigencias derivadas del fin público o interés general de la obra objeto de concesión, la Administración podrá también aportar recursos públicos para su financiación, que adoptará la forma de financiación conjunta de la obra, mediante subvenciones o préstamos reintegrables, con o sin interés y de conformidad con las previsiones del correspondiente pliego de cláusulas administrativas particulares, debiendo respetarse en todo caso el principio de asunción de riesgo por el concesionario.

El concesionario tendrá derecho a percibir de los usuarios o de la Administración una retribución por la utilización de la obra en la forma prevista en el pliego de cláusulas administrativas particulares y de conformidad con lo establecido en este artículo. Las tarifas que abonen los usuarios por la utilización de las obras públicas serán fijadas por el órgano de contratación en el acuerdo de adjudicación. Las tarifas tendrán el carácter de máximas y los concesionarios podrán aplicar tarifas inferiores cuando así lo estimen conveniente.

El concesionario se retribuirá igualmente con los ingresos procedentes de la explotación de la zona comercial vinculada a la concesión, en el caso de existir ésta, según lo establecido en el pliego de cláusulas administrativas particulares.

Contrato de gestión de servicios públicos.

El contrato de gestión de servicios públicos es aquél en cuya virtud una Administración Pública o una Mutua de Accidentes de Trabajo y Enfermedades Profesionales de la Seguridad Social encomienda a una persona, natural o jurídica, la gestión de un servicio cuya prestación ha sido asumida como propia de su competencia por la Administración encomendante.

Las disposiciones de esta Ley referidas a este contrato no serán aplicables a los supuestos en que la gestión del servicio público se efectúe mediante la creación de entidades de derecho público destinadas a este fin, ni a aquellos en que la misma se atribuya a una sociedad de derecho privado cuyo capital sea, en su totalidad, de titularidad pública.

Antes de proceder a la contratación de un servicio público, deberá haberse establecido su régimen jurídico, que declare expresamente que la actividad de que se trata queda asumida por la Administración respectiva como propia de la misma, atribuya las competencias administrativas, determine el alcance de las prestaciones a favor de los administrados, y regule los aspectos de carácter jurídico, económico y administrativo relativos a la prestación del servicio.

De acuerdo con las normas reguladoras del régimen jurídico del servicio, los pliegos de cláusulas administrativas particulares y de prescripciones técnicas fijarán las condiciones de prestación del servicio y, en su caso, fijarán las tarifas que hubieren de abonar los usuarios, los procedimientos para su revisión, y el canon o participación que hubiera de satisfacerse a la Administración.

En los contratos que comprendan la ejecución de obras, la tramitación del expediente irá precedida de la elaboración y aprobación administrativa del anteproyecto de explotación y del correspondiente a las obras precisas, con especificación de las prescripciones técnicas relativas a su realización. En tal supuesto serán de aplicación los preceptos establecidos en esta Ley para la concesión de obras públicas.

Con carácter previo a la iniciación de un expediente de contrato de colaboración entre el sector público y el sector privado, la Administración contratante deberá elaborar un documento de evaluación en que se ponga de manifiesto que, habida cuenta de la complejidad del contrato, la Administración no está en condiciones de definir, con carácter previo a la licitación, los medios técnicos necesarios para alcanzar los objetivos proyectados o de establecer los mecanismos jurídicos y financieros para llevar a cabo el contrato, y se efectúe un análisis comparativo con formas alternativas de contratación que justifiquen en términos de obtención de mayor valor por precio, de coste global, de eficacia o de imputación de riesgos, los motivos de carácter jurídico, económico, administrativo y financiero que recomienden la adopción de esta fórmula de contratación.

Los contratos de colaboración entre el sector público y el sector privado deberán incluir necesariamente, además de las cláusulas relativas a los extremos previstos como contenido mínimo, estipulaciones referidas a los siguientes aspectos:

a) Identificación de las prestaciones principales que constituyen su objeto, que condicionarán el régimen sustantivo aplicable al contrato.

b) Condiciones de reparto de riesgos entre la Administración y el contratista, desglosando y precisando la imputación de los riesgos derivados de la variación de los costes de las prestaciones y la imputación de los riesgos de disponibilidad o de demanda de dichas prestaciones.

c) Objetivos de rendimiento asignados al contratista, particularmente en lo que concierne a la calidad de las prestaciones de los servicios, la calidad de las obras y suministros y las condiciones en que son puestas a disposición de la administración.

d) Remuneración del contratista, que deberá desglosar las bases y criterios para el cálculo de los costes de inversión, de funcionamiento y de financiación y en su caso, de los ingresos que el contratista pueda obtener de la explotación de las obras o equipos en caso de que sea autorizada y compatible con la cobertura de las necesidades de la administración.

e) Causas y procedimientos para determinar las variaciones de la remuneración a lo largo del periodo de ejecución del contrato.

f) Fórmulas de pago y, particularmente, condiciones en las cuales, en cada vencimiento o en determinado plazo, el montante de los pagos pendientes de satisfacer por la Administración y los importes que el contratista debe abonar a ésta como consecuencia de penalidades o sanciones pueden ser objeto de compensación.

g) Fórmulas de control por la administración de la ejecución del contrato, especialmente respecto a los objetivos de rendimiento, así como las condiciones en que se puede producir la subcontratación.

h) Sanciones y penalidades aplicables en caso de incumplimiento de las obligaciones del contrato.

i) Condiciones en que puede procederse por acuerdo o, a falta del mismo, por una decisión unilateral de la Administración, a la modificación de determinados aspectos del contrato o a su resolución, particularmente en supuestos de variación de las necesidades de la Administración, de innovaciones tecnológicas o de modificación de las condiciones de financiación obtenidas por el contratista.

j) Control que se reserva la Administración sobre la cesión total o parcial del contrato.

k) Destino de las obras y equipamientos objeto del contrato a la finalización del mismo.

l) Garantías que el contratista afecta al cumplimiento de sus obligaciones.

m) Referencia a las condiciones generales y, cuando sea procedente, a las especiales que sean pertinentes en función de la naturaleza de las prestaciones principales, que la Ley establece respecto a las prerrogativas de la administración y a la ejecución, modificación y extinción de los contratos.

Además de en los supuestos generales previstos en el artículo 170, podrá acudirse al procedimiento negociado para adjudicar contratos de gestión de servicios públicos en los siguientes casos:

a) Cuando se trate de servicios públicos respecto de los cuales no sea posible promover concurrencia en la oferta.

b) Los de gestión de servicios cuyo presupuesto de gastos de primer establecimiento se prevea inferior a 500.000 euros y su plazo de duración sea inferior a cinco años.

c) Los relativos a la prestación de asistencia sanitaria concertados con medios ajenos, derivados de un Convenio de colaboración entre las Administraciones Públicas o de un contrato marco, siempre que éste haya sido adjudicado con sujeción a las normas de esta Ley.

La Administración podrá gestionar indirectamente, mediante contrato, los servicios de su competencia, siempre que sean susceptibles de explotación por particulares. En ningún caso podrán prestarse por gestión indirecta los servicios que impliquen ejercicio de la autoridad inherente a los poderes públicos. El contrato expresará con claridad el ámbito de la gestión, tanto en el orden funcional, como en el territorial.

La contratación de la gestión de los servicios públicos podrá adoptar las siguientes modalidades:

a) Concesión, por la que el empresario gestionará el servicio a su propio riesgo y ventura.

b) Gestión interesada, en cuya virtud la Administración y el empresario participarán en los resultados de la explotación del servicio en la proporción que se establezca en el contrato.

c) Concierto con persona natural o jurídica que venga realizando prestaciones análogas a las que constituyen el servicio público de que se trate.

d) Sociedad de economía mixta en la que la Administración participe, por sí o por medio de una entidad pública, en concurrencia con personas naturales o jurídicas.

El contrato de gestión de servicios públicos no podrá tener carácter perpetuo o indefinido, fijándose necesariamente en el pliego de cláusulas administrativas particulares su duración y la de las prórrogas de que pueda ser objeto, sin que pueda exceder el plazo total, incluidas las prórrogas, de los siguientes períodos:

a) Cincuenta años en los contratos que comprendan la ejecución de obras y la explotación de servicio público, salvo que éste sea de mercado o lonja central mayorista de artículos alimenticios gestionados por sociedad de economía mixta municipal, en cuyo caso podrá ser hasta 60 años.

b) Veinticinco años en los contratos que comprendan la explotación de un servicio público no relacionado con la prestación de servicios sanitarios.

c) Diez años en los contratos que comprendan la explotación de un servicio público cuyo objeto consista en la prestación de servicios sanitarios siempre que no estén comprendidos en la letra a).

El contratista está obligado a organizar y prestar el servicio con estricta sujeción a las características establecidas en el contrato y dentro de los plazos señalados en el mismo, y, en su caso, a la ejecución de las obras conforme al proyecto aprobado por el órgano de contratación. En todo caso, la Administración conservará los poderes de policía necesarios para asegurar la buena marcha de los servicios de que se trate.

El contratista estará sujeto al cumplimiento de las siguientes obligaciones:

a) Prestar el servicio con la continuidad convenida y garantizar a los particulares el derecho a utilizarlo en las condiciones que hayan sido establecidas y mediante el abono, en su caso, de la contraprestación económica comprendida en las tarifas aprobadas.

b) Cuidar del buen orden del servicio, pudiendo dictar las oportunas instrucciones, sin perjuicio de los poderes de policía a los que se refiere el artículo anterior.

c) Indemnizar los daños que se causen a terceros como consecuencia de las operaciones que requiera el desarrollo del servicio, excepto cuando el daño sea producido por causas imputables a la Administración.

d) Respetar el principio de no discriminación por razón de nacionalidad, respecto de las empresas de Estados miembros de la Comunidad Europea o signatarios del Acuerdo sobre Contratación Pública de la Organización Mundial del Comercio, en los contratos de suministro consecuencia del de gestión de servicios públicos.

El contratista tiene derecho a las contraprestaciones económicas previstas en el contrato, entre las que se incluirá, para hacer efectivo su derecho a la explotación del servicio, una retribución fijada en función de su utilización que se percibirá directamente de los usuarios o de la propia Administración. Las contraprestaciones económicas pactadas serán revisadas, en su caso, en la forma establecida en el contrato.

La Administración podrá modificar por razones de interés público las características del servicio contratado y las tarifas que han de ser abonadas por los usuarios. Cuando las modificaciones afecten al régimen financiero del contrato, la Administración deberá compensar al contratista de manera que se mantenga el equilibrio de los supuestos económicos que fueron considerados como básicos en la adjudicación del contrato.

Cuando finalice el plazo contractual el servicio revertirá a la Administración, debiendo el contratista entregar las obras e instalaciones a que esté obligado con arreglo al contrato y en el Estado de conservación y funcionamiento adecuados.

Si la Administración no hiciere efectiva al contratista la contraprestación económica o no entregare los medios auxiliares a que se obligó en el contrato dentro de los plazos previstos en el mismo y no procediese la resolución del contrato o no la solicitase el contratista, éste tendrá derecho al interés de demora de las cantidades o valores económicos que aquéllos signifiquen.

Si del incumplimiento por parte del contratista se derivase perturbación grave y no reparable por otros medios en el servicio público y la Administración no decidiese la resolución del contrato, podrá acordar la intervención del mismo hasta que aquélla desaparezca. En todo caso, el contratista deberá abonar a la Administración los daños y perjuicios que efectivamente le haya irrogado.

Son causas de resolución del contrato de gestión de servicios públicos, además de las señaladas en el artículo 223, con la excepción de las contempladas en sus letras e) y f), las siguientes:

a) La demora superior a seis meses por parte de la Administración en la entrega al contratista de la contraprestación o de los medios auxiliares a que se obligó según el contrato.

b) El rescate del servicio por la Administración.

c) La supresión del servicio por razones de interés público.

d) La imposibilidad de la explotación del servicio como consecuencia de acuerdos adoptados por la Administración con posterioridad al contrato.

Cuando la causa de resolución sea la muerte o incapacidad sobrevenida del contratista, la Administración podrá acordar la continuación del contrato con sus herederos o sucesores, salvo disposición expresa en contrario de la legislación específica del servicio. Por razones de interés público la Administración podrá acordar el rescate del servicio para gestionarlo directamente.

En los supuestos de resolución, la Administración abonará, en todo caso, al contratista el precio de las obras e instalaciones que, ejecutadas por éste, hayan de pasar a propiedad de aquélla, teniendo en cuenta su Estado y el tiempo que restare para la reversión.

En el contrato de gestión de servicios públicos, la subcontratación sólo podrá recaer sobre prestaciones accesorias.

Contrato de suministro.

Son contratos de suministro los que tienen por objeto la adquisición, el arrendamiento financiero, o el arrendamiento, con o sin opción de compra, de productos o bienes muebles. No tendrán la consideración de contrato de suministro los contratos relativos a propiedades incorporales o valores negociables. En todo caso, se considerarán contratos de suministro los siguientes:

a) Aquellos en los que el empresario se obligue a entregar una pluralidad de bienes de forma sucesiva y por precio unitario sin que la cuantía total se defina con exactitud al tiempo de celebrar el contrato, por estar subordinadas las entregas a las necesidades del adquirente. No obstante, la adjudicación de estos contratos se efectuará de acuerdo con las normas previstas para los acuerdos marco celebrados con un único empresario.

b) Los que tengan por objeto la adquisición y el arrendamiento de equipos y sistemas de telecomunicaciones o para el tratamiento de la información, sus dispositivos y programas, y la cesión del derecho de uso de estos últimos, a excepción de los contratos de adquisición de programas de ordenador desarrollados a medida, que se considerarán contratos de servicios.

c) Los de fabricación, por los que la cosa o cosas que hayan de ser entregadas por el empresario deban ser elaboradas con arreglo a características peculiares fijadas previamente por la entidad contratante, aun cuando ésta se obligue a aportar, total o parcialmente, los materiales precisos.

Además de en los casos previstos en el artículo 170, los contratos de suministro podrán adjudicarse mediante el procedimiento negociado en los siguientes supuestos:

a) Cuando se trate de la adquisición de bienes muebles integrantes del Patrimonio Histórico Español, previa su valoración por la Junta de Calificación, Valoración y Exportación de Bienes del Patrimonio Histórico Español u organismo reconocido al efecto de las Comunidades Autónomas, que se destinen a museos, archivos o bibliotecas.

b) Cuando los productos se fabriquen exclusivamente para fines de investigación, experimentación, estudio o desarrollo; esta condición no se aplica a la producción en serie destinada a establecer la viabilidad comercial del producto o a recuperar los costes de investigación y desarrollo.

c) Cuando se trate de entregas complementarias efectuadas por el proveedor inicial que constituyan bien una reposición parcial de suministros o instalaciones de uso corriente, o bien una ampliación de los suministros o instalaciones existentes, si el cambio de proveedor obligase al órgano de contratación a adquirir material con características técnicas diferentes, dando lugar a incompatibilidades a dificultades técnicas de uso y de mantenimiento desproporcionadas. La duración de tales contratos, así como la de los contratos renovables, no podrá, por regla general, ser superior a tres años.

d) Cuando se trate de la adquisición en mercados organizados o bolsas de materias primas de suministros que coticen en los mismos.

e) Cuando se trate de un suministro concertado en condiciones especialmente ventajosas con un proveedor que cese definitivamente en sus actividades comerciales, o con los administradores de un concurso, o a través de un acuerdo judicial o un procedimiento de la misma naturaleza.

f) En todo caso, cuando su valor estimado sea inferior a 100.000 euros.

En el contrato de arrendamiento, el arrendador o empresario asumirá durante el plazo de vigencia del contrato la obligación del mantenimiento del objeto del mismo. Las cantidades que, en su caso, deba satisfacer la Administración en concepto de canon de mantenimiento se fijarán separadamente de las constitutivas del precio del arriendo.

En el contrato de arrendamiento no se admitirá la prórroga tácita y la prórroga expresa no podrá extenderse a un período superior a la mitad del contrato inmediatamente anterior.

A los contratos de fabricación se les aplicarán directamente las normas generales y especiales del contrato de obras que el órgano de contratación determine en el correspondiente pliego de cláusulas administrativas particulares, salvo las relativas a su publicidad que se acomodarán, en todo caso, al contrato de suministro.

El contratista estará obligado a entregar los bienes objeto de suministro en el tiempo y lugar fijados en el contrato y de conformidad con las prescripciones técnicas y cláusulas administrativas. Cualquiera que sea el tipo de suministro, el adjudicatario no tendrá derecho a indemnización por causa de pérdidas, averías o perjuicios ocasionados en los bienes antes de su entrega a la Administración, salvo que ésta hubiere incurrido en mora al recibirlos. Cuando el acto formal de la recepción de los bienes, de acuerdo con las condiciones del pliego, sea posterior a su entrega, la Administración será responsable de la custodia de los mismos durante el tiempo que medie entre una y otra.

El adjudicatario tendrá derecho al abono del precio de los suministros efectivamente entregados y formalmente recibidos por la Administración con arreglo a las condiciones establecidas en el contrato. Cuando razones técnicas o económicas debidamente justificadas en el expediente lo aconsejen, podrá establecerse en el pliego de cláusulas administrativas particulares que el pago del precio total de los bienes a suministrar consista parte en dinero y parte en la entrega de otros bienes de la misma clase, sin que, en ningún caso, el importe de éstos pueda superar el 50 por ciento del precio total. A estos efectos, el compromiso de gasto correspondiente se limitará al importe que, del precio total del contrato, no se satisfaga mediante la entrega de bienes al contratista.

La entrega de los bienes por la Administración se acordará por el órgano de contratación, por el mismo procedimiento que se siga para la adjudicación del contrato de suministro, implicando dicho acuerdo por sí solo la baja en el inventario y, en su caso, la desafectación de los bienes de que se trate.

La Administración tiene la facultad de inspeccionar y de ser informada del proceso de fabricación o elaboración del producto que haya de ser entregado como consecuencia del contrato, pudiendo ordenar o realizar por sí misma análisis, ensayos y pruebas de los materiales que se vayan a emplear, establecer sistemas de control de calidad y dictar cuantas disposiciones estime oportunas para el estricto cumplimiento de lo convenido.

Cuando como consecuencia de las modificaciones del contrato de suministro se produzca aumento, reducción o supresión de las unidades de bienes que integran el suministro o la sustitución de unos bienes por otros, siempre que los mismos estén comprendidos en el contrato, estas modificaciones serán obligatorias para el contratista, sin que tenga derecho alguno en caso de supresión o reducción de unidades o clases de bienes a reclamar indemnización por dichas causas.

Salvo pacto en contrario, los gastos de la entrega y transporte de los bienes objeto del suministro al lugar convenido serán de cuenta del contratista. Si durante el plazo de garantía se acreditase la existencia de vicios o defectos en los bienes suministrados tendrá derecho la Administración a reclamar del contratista la reposición de los que resulten inadecuados o la reparación de los mismos si fuese suficiente. Durante este plazo de garantía tendrá derecho el contratista a conocer y ser oído sobre la aplicación de los bienes suministrados.

Si el órgano de contratación estimase, durante el plazo de garantía, que los bienes suministrados no son aptos para el fin pretendido, como consecuencia de los vicios o defectos observados en ellos e imputables al contratista y exista la presunción de que la reposición o reparación de dichos bienes no serán bastantes para lograr aquel fin, podrá, antes de expirar dicho plazo, rechazar los bienes dejándolos de cuenta del contratista y quedando exento de la obligación de pago o teniendo derecho, en su caso, a la recuperación del precio satisfecho.

Son causas de resolución del contrato de suministro, además de las señaladas en el artículo 223, las siguientes:

a) La suspensión, por causa imputable a la Administración, de la iniciación del suministro por plazo superior a seis meses a partir de la fecha señalada en el contrato para la entrega, salvo que en el pliego se señale otro menor.

b) El desistimiento o la suspensión del suministro por un plazo superior al año acordada por la Administración, salvo que en el pliego se señale otro menor.

La resolución del contrato dará lugar a la recíproca devolución de los bienes y del importe de los pagos realizados, y, cuando no fuera posible o conveniente para la Administración, habrá de abonar ésta el precio de los efectivamente entregados y recibidos de conformidad. En el supuesto de suspensión de la iniciación del suministro por tiempo superior a seis meses, sólo tendrá derecho el contratista a percibir una indemnización del 3 por ciento del precio de la adjudicación. En el caso de desistimiento o de suspensión del suministro por plazo superior a un año por parte de la Administración, el contratista tendrá derecho al 6 por ciento del precio de las entregas dejadas de realizar en concepto de beneficio industrial.

Contrato de servicios.

Son contratos de servicios aquéllos cuyo objeto son prestaciones de hacer consistentes en el desarrollo de una actividad o dirigidas a la obtención de un resultado distinto de una obra o un suministro. A efectos de aplicación de esta Ley, los contratos de servicios se dividen en las categorías enumeradas en el Anexo II, son las siguientes:

Categoría   Descripción

1 * Servicios de mantenimiento y reparación.
2 * Servicios de transporte por vía terrestre, incluidos servicios de furgones blindados y servicios de mensajería, excepto transporte de correo.
3 * Servicios de transporte aéreo: transporte de pasajeros y carga, excepto el transporte de correo.
4 * Transporte de correo por vía terrestre y por vía aérea.
5 * Servicios de telecomunicación.
6 * Servicios financieros:
   a) Servicios de seguros.
   b) Servicios bancarios y de inversiones
7 * Servicios de informática y servicios conexos.
8 * Servicios de investigación y desarrollo.
9 * Servicios de contabilidad, auditoría y teneduría de libros.
10 * Servicios de investigación de estudios y encuestas de la opinión pública.
11 * Servicios de consultores de dirección y servicios conexos.
12 * Servicios de arquitectura; servicios de ingeniería y servicios integrados de ingeniería; Servicios de planificación urbana y servicios de arquitectura paisajista. Servicios conexos de consultores en ciencia y tecnología. Servicios de ensayos y análisis técnicos.
13 * Servicios de publicidad.
14 * Servicios de limpieza de edificios y servicios de administración de bienes raíces.
15 * Servicios editoriales y de imprenta, por tarifa o por contrato.
16 * Servicios de alcantarillado y eliminación de desperdicios: servicios de saneamiento y servicios similares.
17 * Servicios de hostelería y restaurante.
18 * Servicios de transporte por ferrocarril.
19 * Servicios de transporte fluvial y marítimo.
20 * Servicios de transporte complementarios y auxiliares.
21 * Servicios jurídicos.
22 * Servicios de colocación y suministro de personal.
23 * Servicios de investigación y seguridad, excepto servicios de furgones blindados.
24 * Servicios de educación y formación profesional.
25 * Servicios sociales y de salud.
26 * Servicios de esparcimiento, culturales y deportivos.
27 * Otros servicios.

Para los contratos de servicios no será exigible la clasificación del empresario. En el anuncio de licitación o en la invitación a participar en el procedimiento y en los pliegos del contrato se establecerán los criterios y requisitos mínimos de solvencia económica y financiera y de solvencia técnica o profesional tanto en los términos establecidos en los artículos 75 y 78 de la Ley como en términos de grupo o subgrupo de clasificación y de categoría mínima exigible, siempre que el objeto del contrato esté incluido en el ámbito de clasificación de alguno de los grupos o subgrupos de clasificación vigentes, atendiendo para ello al código CPV del contrato. En tales casos, el empresario podrá acreditar su solvencia indistintamente mediante su clasificación en el grupo o subgrupo de clasificación correspondiente al contrato o bien acreditando el cumplimiento de los requisitos específicos de solvencia exigidos en el anuncio de licitación o en la invitación a participar en el procedimiento y detallados en los pliegos del contrato. En defecto de estos, la acreditación de la solvencia se efectuará con los requisitos y por los medios que reglamentariamente se establezcan en función de la naturaleza, objeto y valor estimado del contrato, medios y requisitos que tendrán carácter supletorio respecto de los que en su caso figuren en los pliegos.

Además de en los casos previstos en el artículo 170, los contratos de servicios podrán adjudicarse por procedimiento negociado en los siguientes supuestos:

a) Cuando debido a las características de la prestación, especialmente en los contratos que tengan por objeto prestaciones de carácter intelectual y en los comprendidos en la categoría 6 del Anexo II, no sea posible establecer sus condiciones con la precisión necesaria para adjudicarlo por procedimiento abierto o restringido.

b) Cuando se trate de servicios complementarios que no figuren en el proyecto ni en el contrato pero que debido a una circunstancia imprevista pasen a ser necesarios para ejecutar el servicio tal y como estaba descrito en el proyecto o en el contrato sin modificarlo, y cuya ejecución se confíe al empresario al que se adjudicó el contrato principal de acuerdo con los precios que rijan para éste o que, en su caso, se fijen contradictoriamente, siempre que los servicios no puedan separarse técnica o económicamente del contrato primitivo sin causar grandes inconvenientes a la Administración o que, aunque resulten separables, sean estrictamente necesarios para su perfeccionamiento y que el importe acumulado de los servicios complementarios no supere el 50 por ciento del precio primitivo del contrato. Los demás servicios complementarios que no reúnan los requisitos señalados habrán de ser objeto de contratación independiente.

c) Cuando los servicios consistan en la repetición de otros similares adjudicados por procedimiento abierto o restringido al mismo contratista por el órgano de contratación, siempre que se ajusten a un proyecto base que haya sido objeto del contrato inicial adjudicado por dichos procedimientos, que la posibilidad de hacer uso de este procedimiento esté indicada en el anuncio de licitación del contrato inicial y que el importe de los nuevas servicios se haya computado al fijar la cuantía total del contrato. Únicamente se podrá recurrir a este procedimiento durante un período de tres años, a partir de la formalización del contrato inicial.

d) Cuando el contrato en cuestión sea la consecuencia de un concurso y, con arreglo a las normas aplicables, deba adjudicarse al ganador. En caso de que existan varios ganadores se deberá invitar a todos ellos a participar en las negociaciones.

e) En todo caso, cuando su valor estimado sea inferior a 100.000 euros.

No podrán ser objeto de estos contratos los servicios que impliquen ejercicio de la autoridad inherente a los poderes públicos. Salvo que se disponga otra cosa en los pliegos de cláusulas administrativas o en el documento contractual, los contratos de servicios que tengan por objeto el desarrollo y la puesta a disposición de productos protegidos por un derecho de propiedad intelectual o industrial llevarán aparejada la cesión de éste a la Administración contratante.

A la extinción de los contratos de servicios, no podrá producirse en ningún caso la consolidación de las personas que hayan realizado los trabajos objeto del contrato como personal del ente, organismo o entidad del sector público contratante.

En el pliego de cláusulas administrativas se establecerá el sistema de determinación del precio de los contratos de servicios, que podrá estar referido a componentes de la prestación, unidades de ejecución o unidades de tiempo, o fijarse en un tanto alzado cuando no sea posible o conveniente su descomposición, o resultar de la aplicación de honorarios por tarifas o de una combinación de varias de estas modalidades.

Los contratos de servicios no podrán tener un plazo de vigencia superior a cuatro años con las condiciones y límites establecidos en las respectivas normas presupuestarias de las Administraciones Públicas, si bien podrá preverse en el mismo contrato su prórroga por mutuo acuerdo de las partes antes de la finalización de aquél, siempre que la duración total del contrato, incluidas las prórrogas, no exceda de seis años, y que las prórrogas no superen, aislada o conjuntamente, el plazo fijado originariamente. La celebración de contratos de servicios de duración superior a la señalada podrá ser autorizada excepcionalmente por el Consejo de Ministros o por el órgano autonómico competente de forma singular, para contratos determinados, o de forma genérica, para ciertas categorías.

No obstante lo dispuesto anteriormente, los contratos de servicios que sean complementarios de contratos de obras o de suministro podrán tener un plazo superior de vigencia que, en ningún caso, excederá del plazo de duración del contrato principal, salvo en los contratos que comprenden trabajos relacionados con la liquidación del contrato principal, cuyo plazo final excederá al del mismo en el tiempo necesario para realizarlos. Solamente tendrán el concepto de contratos complementarios aquellos cuyo objeto se considere necesario para la correcta realización de la prestación o prestaciones objeto del contrato principal. Los contratos para la defensa jurídica y judicial de la Administración tendrán la duración precisa para atender adecuadamente sus necesidades.

En los contratos regulados en este Título que tengan por objeto la prestación de actividades docentes en centros del sector público desarrolladas en forma de cursos de formación o perfeccionamiento del personal al servicio de la Administración o cuando se trate de seminarios, coloquios, mesas redondas, conferencias, colaboraciones o cualquier otro tipo similar de actividad, siempre que dichas actividades sean realizadas por personas físicas, las disposiciones de esta Ley no serán de aplicación a la preparación y adjudicación del contrato. En esta clase de contratos podrá establecerse el pago parcial anticipado, previa constitución de garantía por parte del contratista, sin que pueda autorizarse su cesión. Para acreditar la existencia de los contratos a que se refiere este artículo, bastará la designación o nombramiento por autoridad competente.

El contrato se ejecutará con sujeción a lo establecido en su clausulado y en los pliegos, y de acuerdo con las instrucciones que para su interpretación diere al contratista el órgano de contratación. El contratista será responsable de la calidad técnica de los trabajos que desarrolle y de las prestaciones y servicios realizados, así como de las consecuencias que se deduzcan para la Administración o para terceros de las omisiones, errores, métodos inadecuados o conclusiones incorrectas en la ejecución del contrato.

La Administración determinará si la prestación realizada por el contratista se ajusta a las prescripciones establecidas para su ejecución y cumplimiento, requiriendo, en su caso, la realización de las prestaciones contratadas y la subsanación de los defectos observados con ocasión de su recepción. Si los trabajos efectuados no se adecuan a la prestación contratada, como consecuencia de vicios o defectos imputables al contratista, podrá rechazar la misma quedando exento de la obligación de pago o teniendo derecho, en su caso, a la recuperación del precio satisfecho.

Si durante el plazo de garantía se acreditase la existencia de vicios o defectos en los trabajos efectuados el órgano de contratación tendrá derecho a reclamar al contratista la subsanación de los mismos. Terminado el plazo de garantía sin que la Administración haya formalizado alguno de los reparos o denuncia, el contratista quedará exento de responsabilidad por razón de la prestación efectuada, sin perjuicio de lo establecido sobre subsanación de errores y responsabilidad en los contratos que tengan por objeto la elaboración de proyectos de obras.

El contratista tendrá derecho a conocer y ser oído sobre las observaciones que se formulen en relación con el cumplimiento de la prestación contratada.

Son causas de resolución de los contratos de servicios, además de las señaladas en el artículo 223, las siguientes:

a) La suspensión por causa imputable a la Administración de la iniciación del contrato por plazo superior a seis meses a partir de la fecha señalada en el mismo para su comienzo, salvo que en el pliego se señale otro menor.

b) El desistimiento o la suspensión del contrato por plazo superior a un año acordada por la Administración, salvo que en el pliego se señale otro menor (el contratista tendrá derecho al 10 por ciento del precio de los estudios, informes, proyectos o trabajos pendientes de realizar en concepto de beneficio dejado de obtener).

c) Los contratos complementarios quedarán resueltos, en todo caso, cuando se resuelva el contrato principal.

La resolución del contrato dará derecho al contratista, en todo caso, a percibir el precio de los estudios, informes, proyectos, trabajos o servicios que efectivamente hubiese realizado con arreglo al contrato y que hubiesen sido recibidos por la Administración. En el supuesto de suspensión de la iniciación del contrato por tiempo superior a seis meses, el contratista sólo tendrá derecho a percibir una indemnización del 5 por ciento del precio de aquél.

Cuando el contrato de servicios consista en la elaboración íntegra de un proyecto de obra, el órgano de contratación exigirá la subsanación por el contratista de los defectos, insuficiencias técnicas, errores materiales, omisiones e infracciones de preceptos legales o reglamentarios que le sean imputables, otorgándole al efecto el correspondiente plazo que no podrá exceder de dos meses. Si transcurrido este plazo las deficiencias no hubiesen sido corregidas, la Administración podrá, atendiendo a las circunstancias concurrentes, optar por la resolución del contrato o por conceder un nuevo plazo al contratista.

En el primer caso procederá la incautación de la garantía y el contratista incurrirá en la obligación de abonar a la Administración una indemnización equivalente al 25 por ciento del precio del contrato. En el segundo caso el nuevo plazo concedido para subsanar las deficiencias no corregidas será de un mes improrrogable, incurriendo el contratista en una penalidad equivalente al 25 por ciento del precio del contrato.

De producirse un nuevo incumplimiento procederá la resolución del contrato con obligación por parte del contratista de abonar a la Administración una indemnización igual al precio pactado con pérdida de la garantía. Cuando el contratista, en cualquier momento antes de la concesión del último plazo, renunciare a la realización del proyecto deberá abonar a la Administración una indemnización igual a la mitad del precio del contrato con pérdida de la garantía.

Para los casos en que el presupuesto de ejecución de la obra prevista en el proyecto se desviare en más de un 20 por ciento, tanto por exceso como por defecto, del coste real de la misma como consecuencia de errores u omisiones imputables al contratista consultor, la Administración podrá establecer, en el pliego de cláusulas administrativas particulares, un sistema de indemnizaciones consistente en una minoración del precio del contrato de elaboración del proyecto, en función del porcentaje de desviación, hasta un máximo equivalente a la mitad de aquél.

El baremo de indemnizaciones será el siguiente:

a) En el supuesto de que la desviación sea de más del 20 por ciento y menos del 30 por ciento, la indemnización correspondiente será del 30 por ciento del precio del contrato.

b) En el supuesto de que la desviación sea de más del 30 por ciento y menos del 40 por ciento, la indemnización correspondiente será del 40 por ciento del precio del contrato.

c) En el supuesto de que la desviación sea de más del 40 por ciento, la indemnización correspondiente será del 50 por ciento del precio del contrato.

El contratista responderá de los daños y perjuicios que durante la ejecución o explotación de las obras se causen tanto a la Administración como a terceros, por defectos e insuficiencias técnicas del proyecto o por los errores materiales, omisiones e infracciones de preceptos legales o reglamentarios en que el mismo haya incurrido, imputables a aquél.

Contratos mixtos.

Cuando un contrato contenga prestaciones correspondientes a otro u otros de distinta clase se atenderá en todo caso, para la determinación de las normas que deban observarse en su adjudicación, al carácter de la prestación que tenga más importancia desde el punto de vista económico.

ELEMENTOS OBJETIVOS DE LOS CONTRATOS: OBJETO, DURACIÓN, PRECIO Y CUANTÍA.

Los contratos de obras, concesión de obras públicas, gestión de servicios públicos, suministro, servicios y de colaboración entre el sector público y el sector privado que celebren los entes, organismos y entidades pertenecientes al sector público se calificarán de acuerdo con las normas contenidas en la ley de contratos del sector público. Los restantes contratos del sector público se calificarán según las normas de derecho administrativo o de derecho privado que les sean de aplicación.

Contrato de obras.

Son contratos de obras aquéllos que tienen por objeto la realización de una obra o la ejecución de alguno de los trabajos enumerados en el Anexo I o la realización por cualquier medio de una obra que responda a las necesidades especificadas por la entidad del sector público contratante. Además de estas prestaciones, el contrato podrá comprender, en su caso, la redacción del correspondiente proyecto.

Por «obra» se entenderá el resultado de un conjunto de trabajos de construcción o de ingeniería civil, destinado a cumplir por sí mismo una función económica o técnica, que tenga por objeto un bien inmueble.

Contrato de concesión de obras públicas.

La concesión de obras públicas es un contrato que tiene por objeto la realización por el concesionario de algunas de las prestaciones a que se refiere el contrato de obras, incluidas las de restauración y reparación de construcciones existentes, así como la conservación y mantenimiento de los elementos construidos, y en el que la contraprestación a favor de aquél consiste, o bien únicamente en el derecho a explotar la obra, o bien en dicho derecho acompañado del de percibir un precio.

El contrato, que se ejecutará en todo caso a riesgo y ventura del contratista, podrá comprender, además, el siguiente contenido:

a) La adecuación, reforma y modernización de la obra para adaptarla a las características técnicas y funcionales requeridas para la correcta prestación de los servicios o la realización de las actividades económicas a las que sirve de soporte material.

b) Las actuaciones de reposición y gran reparación que sean exigibles en relación con los elementos que ha de reunir cada una de las obras para mantenerse apta a fin de que los servicios y actividades a los que aquéllas sirven puedan ser desarrollados adecuadamente de acuerdo con las exigencias económicas y las demandas sociales.

El contrato de concesión de obras públicas podrá también prever que el concesionario esté obligado a proyectar, ejecutar, conservar, reponer y reparar aquellas obras que sean accesorias o estén vinculadas con la principal y que sean necesarias para que ésta cumpla la finalidad determinante de su construcción y que permitan su mejor funcionamiento y explotación, así como a efectuar las actuaciones ambientales relacionadas con las mismas que en ellos se prevean. En el supuesto de que las obras vinculadas o accesorias puedan ser objeto de explotación o aprovechamiento económico, éstos corresponderán al concesionario conjuntamente con la explotación de la obra principal, en la forma determinada por los pliegos respectivos.

Contrato de gestión de servicios públicos.

El contrato de gestión de servicios públicos es aquél en cuya virtud una Administración Pública o una Mutua de Accidentes de Trabajo y Enfermedades Profesionales de la Seguridad Social, encomienda a una persona, natural o jurídica, la gestión de un servicio cuya prestación ha sido asumida como propia de su competencia por la Administración o Mutua encomendante.

Las Mutuas de Accidentes de Trabajo y Enfermedades Profesionales sólo podrán realizar este tipo de contrato respecto a la gestión de la prestación de asistencia sanitaria

Las disposiciones de esta Ley referidas a este contrato no serán aplicables a los supuestos en que la gestión del servicio público se efectúe mediante la creación de entidades de derecho público destinadas a este fin, ni a aquellos en que la misma se atribuya a una sociedad de derecho privado cuyo capital sea, en su totalidad, de titularidad pública.

Contrato de suministro.

Son contratos de suministro los que tienen por objeto la adquisición, el arrendamiento financiero, o el arrendamiento, con o sin opción de compra, de productos o bienes muebles. No tendrán la consideración de contrato de suministro los contratos relativos a propiedades incorporales o valores negociables.

En todo caso, se considerarán contratos de suministro los siguientes:

a) Aquellos en los que el empresario se obligue a entregar una pluralidad de bienes de forma sucesiva y por precio unitario sin que la cuantía total se defina con exactitud al tiempo de celebrar el contrato, por estar subordinadas las entregas a las necesidades del adquirente. No obstante, la adjudicación de estos contratos se efectuará de acuerdo con las normas previstas en ley de Contratos para los acuerdos marco celebrados con un único empresario.

b) Los que tengan por objeto la adquisición y el arrendamiento de equipos y sistemas de telecomunicaciones o para el tratamiento de la información, sus dispositivos y programas, y la cesión del derecho de uso de estos últimos, a excepción de los contratos de adquisición de programas de ordenador desarrollados a medida, que se considerarán contratos de servicios.

c) Los de fabricación, por los que la cosa o cosas que hayan de ser entregadas por el empresario deban ser elaboradas con arreglo a características peculiares fijadas previamente por la entidad contratante, aun cuando ésta se obligue a aportar, total o parcialmente, los materiales precisos.

Contrato de servicios.

Son contratos de servicios aquéllos cuyo objeto son prestaciones de hacer consistentes en el desarrollo de una actividad o dirigidas a la obtención de un resultado distinto de una obra o un suministro. A efectos de aplicación de esta Ley, los contratos de servicios se dividen en las categorías enumeradas en el Anexo II de la ley de contratos del sector público.

Contrato de colaboración entre el sector público y el sector privado.

Son contratos de colaboración entre el sector público y el sector privado aquéllos en que una Administración Pública encarga a una entidad de derecho privado, por un periodo determinado en función de la duración de la amortización de las inversiones o de las fórmulas de financiación que se prevean, la realización de una actuación global e integrada que, además de la financiación de inversiones inmateriales, de obras o de suministros necesarios para el cumplimiento de determinados objetivos de servicio público o relacionados con actuaciones de interés general, comprenda alguna de las siguientes prestaciones:

a) La construcción, instalación o transformación de obras, equipos, sistemas, y productos o bienes complejos, así como su mantenimiento, actualización o renovación, su explotación o su gestión.

b) La gestión integral del mantenimiento de instalaciones complejas.

c) La fabricación de bienes y la prestación de servicios que incorporen tecnología específicamente desarrollada con el propósito de aportar soluciones más avanzadas y económicamente más ventajosas que las existentes en el mercado.

d) Otras prestaciones de servicios ligadas al desarrollo por la Administración del servicio público o actuación de interés general que le haya sido encomendado.

Sólo podrán celebrarse contratos de colaboración entre el sector público y el sector privado cuando previamente se haya puesto de manifiesto que otras fórmulas alternativas de contratación no permiten la satisfacción de las finalidades públicas.

El contratista puede asumir, en los términos previstos en el contrato, la dirección de las obras que sean necesarias, así como realizar, total o parcialmente, los proyectos para su ejecución y contratar los servicios precisos.

La contraprestación a percibir por el contratista colaborador consistirá en un precio que se satisfará durante toda la duración del contrato, y que podrá estar vinculado al cumplimiento de determinados objetivos de rendimiento.

Contratos mixtos.

Cuando un contrato contenga prestaciones correspondientes a otro u otros de distinta clase se atenderá en todo caso, para la determinación de las normas que deban observarse en su adjudicación, al carácter de la prestación que tenga más importancia desde el punto de vista económico.

Son **contratos sujetos a una regulación armonizada** los contratos de colaboración entre el sector público y el sector privado, en todo caso, y los contratos de obras, los de concesión de obras públicas, los de suministro, y los de servicios comprendidos en las categorías 1 a 16 del Anexo II, cuyo valor estimado sea igual o superior a las cuantías que se indican en la ley de contratos del sector público (o en las actualizaciones que se hagan con la normativa europea).

No obstante, no se consideran sujetos a regulación armonizada, cualquiera que sea su valor estimado, los contratos siguientes:

a) Los que tengan por objeto la compra, el desarrollo, la producción o la coproducción de programas destinados a la radiodifusión, por parte de los organismos de radiodifusión, así como los relativos al tiempo de radiodifusión.

b) Los de investigación y desarrollo remunerados íntegramente por el órgano de contratación, siempre que sus resultados no se reserven para su utilización exclusiva por éste en el ejercicio de su actividad propia.

c) Los incluidos dentro del ámbito definido por el artículo 296 del Tratado Constitutivo de la Comunidad Europea que se concluyan en el sector de la defensa.

d) Los declarados secretos o reservados, o aquéllos cuya ejecución deba ir acompañada de medidas de seguridad especiales conforme a la legislación vigente, o en los que lo exija la protección de intereses esenciales para la seguridad del Estado. La declaración de que concurre esta última circunstancia deberá hacerse, de forma expresa en cada caso.

e) Aquellos cuyo objeto principal sea permitir a los órganos de contratación la puesta a disposición o la explotación de redes públicas de telecomunicaciones o el suministro al público de uno o más servicios de telecomunicaciones.

Están sujetos a regulación **armonizada** los **contratos de obras** y los contratos de concesión de obras públicas cuyo valor estimado sea igual o superior a **5.382.000 euros**.

En el supuesto previsto para la contratación por lotes, cuando el valor acumulado de los lotes en que se divida la obra iguale o supere la cantidad indicada en el apartado anterior, se aplicarán las normas de la regulación armonizada a la adjudicación de cada lote. No obstante, los órganos de contratación podrán exceptuar de estas normas a los lotes cuyo valor estimado sea inferior a un millón de euros, siempre que el importe acumulado de los lotes exceptuados no sobrepase el 20 por ciento del valor acumulado de la totalidad de los mismos.

Están sujetos a regulación **armonizada** los **contratos de suministro** cuyo valor estimado sea igual o superior a las siguientes cantidades:

a) **140.000 euros**, cuando se trate de contratos adjudicados por la **Administración General** del Estado, sus organismos autónomos, o las Entidades Gestoras y Servicios Comunes de la Seguridad Social. No obstante, cuando los contratos se adjudiquen por órganos de contratación que pertenezcan al sector de la defensa, este umbral solo se aplicará respecto de los contratos de suministro que tengan por objeto los productos enumerados en el anexo III.

b) **215.000 euros**, cuando se trate de contratos de suministro distintos, por razón del sujeto contratante o por razón de su objeto, de los contemplados en la letra anterior.

En el supuesto previsto para la contratación por lotes, cuando el valor acumulado de los lotes en que se divida el suministro iguale o supere las cantidades indicadas en el apartado anterior, se aplicarán las normas de la regulación armonizada a la adjudicación de cada lote. No obstante, los órganos de contratación podrán exceptuar de estas normas a los lotes cuyo valor estimado sea inferior a 80.000 euros, siempre que el importe acumulado de los lotes exceptuados no sobrepase el 20 por ciento del valor acumulado de la totalidad de los mismos.

Están sujetos a regulación **armonizada** los **contratos de servicios** comprendidos en las categorías 1 a 16 del Anexo II cuyo valor estimado sea igual o superior a las siguientes cantidades:

a) **140.000 euros**, cuando los contratos hayan de ser adjudicados por la **Administración General** del Estado, sus organismos autónomos, o las Entidades Gestoras y Servicios Comunes de la Seguridad Social.

b) **215.000 euros**, cuando los contratos hayan de adjudicarse por entes, organismos o entidades del sector público distintos a la Administración General del Estado, sus organismos autónomos o las Entidades Gestoras y Servicios Comunes de la Seguridad Social, o cuando, aún siendo adjudicados por estos sujetos, se trate de contratos de telecomunicación o de investigación y desarrollo.

c) **750.000 euros**, cuando se trate de contratos que tengan por objeto los servicios sociales y otros servicios específicos enumerados en el anexo IV.

En el supuesto previsto para la contratación por lotes, cuando el valor acumulado de los lotes en que se divida la compra de servicios iguale o supere los importes indicados en el apartado anterior, se aplicarán las normas de la regulación armonizada a la adjudicación de cada lote. No obstante, los órganos de contratación podrán exceptuar de estas normas a los lotes cuyo valor estimado sea inferior a 80.000 euros, siempre que el importe acumulado de los lotes exceptuados no sobrepase el 20 por ciento del valor acumulado de la totalidad de los mismos.

Los contratos del sector público pueden tener carácter administrativo o carácter privado. Tendrán carácter administrativo los contratos siguientes, siempre que se celebren por una Administración Pública:

a) Los contratos de obra, concesión de obra pública, gestión de servicios públicos, suministro, y servicios, así como los contratos de colaboración entre el sector público y el sector privado. No obstante, los contratos de servicios financieros y los que tengan por objeto la creación e interpretación artística y literaria y los de espectáculos no tendrán carácter administrativo.

b) Los contratos de objeto distinto a los anteriormente expresados, pero que tengan naturaleza administrativa especial por estar vinculados al giro o tráfico específico de la Administración contratante o por satisfacer de forma directa o inmediata una finalidad pública de la específica competencia de aquélla, siempre que no tengan expresamente atribuido el carácter de contratos privados o por declararlo así una Ley.

Los contratos administrativos se regirán, en cuanto a su preparación, adjudicación, efectos y extinción, por esta Ley y sus disposiciones de desarrollo; supletoriamente se aplicarán las restantes normas de derecho administrativo y, en su defecto, las normas de derecho privado.

Tendrán la consideración de contratos privados los celebrados por los entes, organismos y entidades del sector público que no reúnan la condición de Administraciones Públicas. Igualmente, son contratos privados los celebrados por una Administración Pública que tengan por objeto servicios financieros, la creación e interpretación artística y literaria o espectáculos y la suscripción a revistas, publicaciones periódicas y bases de datos.

Los contratos privados se regirán, en cuanto a su preparación y adjudicación, en defecto de normas específicas, por la presente Ley y sus disposiciones de desarrollo, aplicándose supletoriamente las restantes normas de derecho administrativo o, en su caso, las normas de derecho privado, según corresponda por razón del sujeto o entidad contratante. En cuanto a sus efectos y extinción, estos contratos se regirán por el derecho privado.

El orden jurisdiccional contencioso-administrativo será el competente para resolver las cuestiones litigiosas relativas a la preparación, adjudicación, efectos, cumplimiento y extinción de los contratos administrativos. Igualmente corresponderá a este orden jurisdiccional el conocimiento de las cuestiones que se susciten en relación con la preparación y adjudicación de los contratos privados de las Administraciones Públicas y de los contratos sujetos a regulación armonizada, incluidos los contratos subvencionados a que se refiere el artículo 17 así como de los contratos de servicios de las categorías 17 a 27 del Anexo II cuyo valor estimado sea igual o superior a 193.000 euros que pretendan concertar entes, organismos o entidades que, sin ser Administraciones Públicas, tengan la condición de poderes adjudicadores. También conocerá de los recursos interpuestos contra las resoluciones que se dicten por los órganos de resolución de recursos previstos en el artículo 41 de esta Ley.

El orden jurisdiccional civil será el competente para resolver las controversias que surjan entre las partes en relación con los efectos, cumplimiento y extinción de los contratos privados. Este orden jurisdiccional será igualmente competente para conocer de cuantas cuestiones litigiosas afecten a la preparación y adjudicación de los contratos privados que se celebren por los entes y entidades sometidos a esta Ley que no tengan el carácter de Administración Pública, siempre que estos contratos no estén sujetos a una regulación armonizada.

El conocimiento de las cuestiones litigiosas que se susciten por aplicación de los preceptos contenidos en la sección 4.ª del Capítulo II del Título II del Libro IV de esta Ley será competencia del orden jurisdiccional civil, salvo para las actuaciones en ejercicio de las obligaciones y potestades administrativas que, con arreglo a lo dispuesto en dichos preceptos, se atribuyen a la Administración concedente, y en las que será competente el orden jurisdiccional contencioso-administrativo.

El **objeto** de los contratos del sector público deberá ser determinado.

No podrá fraccionarse un contrato con la finalidad de disminuir la cuantía del mismo y eludir así los requisitos de publicidad o los relativos al procedimiento de adjudicación que correspondan.

Cuando el objeto del contrato admita fraccionamiento y así se justifique debidamente en el expediente, podrá preverse la realización independiente de cada una de sus partes mediante su división en lotes, siempre que éstos sean susceptibles de utilización o aprovechamiento separado y constituyan una unidad funcional, o así lo exija la naturaleza del objeto.

Asimismo podrán contratarse separadamente prestaciones diferenciadas dirigidas a integrarse en una obra, tal y como ésta es definida en el artículo 6, cuando dichas prestaciones gocen de una sustantividad propia que permita una ejecución separada, por tener que ser realizadas por empresas que cuenten con una determinada habilitación.

En los casos previstos en los párrafos anteriores, las normas procedimentales y de publicidad que deben aplicarse en la adjudicación de cada lote o prestación diferenciada se determinarán en función del valor acumulado del conjunto, salvo lo dispuesto en los artículos 14.2, 15.2 y 16.2.

Precio.

En los contratos del sector público, la retribución del contratista consistirá en un precio cierto que deberá expresarse en euros, sin perjuicio de que su pago pueda hacerse mediante la entrega de otras contraprestaciones en los casos en que ésta u otras Leyes así lo prevean. Los órganos de contratación cuidarán de que el precio sea adecuado para el efectivo cumplimiento del contrato mediante la correcta estimación de su importe, atendiendo al precio general de mercado, en el momento de fijar el presupuesto de licitación y la aplicación, en su caso, de las normas sobre ofertas con valores anormales o desproporcionados.

El precio del contrato podrá formularse tanto en términos de precios unitarios referidos a los distintos componentes de la prestación o a las unidades de la misma que se entreguen o ejecuten, como en términos de precios aplicables a tanto alzado a la totalidad o a parte de las prestaciones del contrato. En todo caso se indicará, como partida independiente, el importe del Impuesto sobre el Valor Añadido que deba soportar la Administración.

Los precios fijados en el contrato podrán ser revisados o actualizados, en los términos previstos en el Capítulo II de este Título, si se trata de contratos de las Administraciones Públicas, o en la forma pactada en el contrato, en otro caso, cuando deban ser ajustados, al alza o a la baja, para tener en cuenta las variaciones económicas que acaezcan durante la ejecución del contrato.

Los contratos, cuando su naturaleza y objeto lo permitan, podrán incluir cláusulas de variación de precios en función del cumplimiento de determinados objetivos de plazos o de rendimiento, así como penalizaciones por incumplimiento de cláusulas contractuales, debiendo determinar con precisión los supuestos en que se producirán estas variaciones y las reglas para su determinación.

Excepcionalmente pueden celebrarse contratos con precios provisionales cuando, tras la tramitación de un procedimiento negociado o de un diálogo competitivo, se ponga de manifiesto que la ejecución del contrato debe comenzar antes de que la determinación del precio sea posible por la complejidad de las prestaciones o la necesidad de utilizar una técnica nueva, o que no existe información sobre los costes de prestaciones análogas y sobre los elementos técnicos o contables que permitan negociar con precisión un precio cierto.

En los contratos celebrados con precios provisionales el precio se determinará, dentro de los límites fijados para el precio máximo, en función de los costes en que realmente incurra el contratista y del beneficio que se haya acordado, para lo que, en todo caso, se detallarán en el contrato los siguientes extremos:

a) El procedimiento para determinar el precio definitivo, con referencia a los costes efectivos y a la fórmula de cálculo del beneficio.

b) Las reglas contables que el adjudicatario deberá aplicar para determinar el coste de las prestaciones.

c) Los controles documentales y sobre el proceso de producción que el adjudicador podrá efectuar sobre los elementos técnicos y contables del coste de producción.

En los contratos podrá preverse que la totalidad o parte del precio sea satisfecho en moneda distinta del euro. En este supuesto se expresará en la correspondiente divisa el importe que deba satisfacerse en esa moneda, y se incluirá una estimación en euros del importe total del contrato.

Se prohíbe el pago aplazado del precio en los contratos de las Administraciones Públicas, excepto en los supuestos en que el sistema de pago se establezca mediante la modalidad de arrendamiento financiero o de arrendamiento con opción de compra, así como en los casos en que esta u otra Ley lo autorice expresamente.

A todos los efectos previstos en esta Ley, el valor estimado de los contratos vendrá determinado por el importe total, sin incluir el Impuesto sobre el Valor Añadido, pagadero según las estimaciones del órgano de contratación. En el cálculo del importe total estimado, deberán tenerse en cuenta cualquier forma de opción eventual y las eventuales prórrogas del contrato.

Cuando se haya previsto abonar primas o efectuar pagos a los candidatos o licitadores, la cuantía de los mismos se tendrá en cuenta en el cálculo del valor estimado del contrato.

En el caso de que, de conformidad con lo dispuesto en el artículo 92 ter, se haya previsto en los pliegos o en el anuncio de licitación la posibilidad de que el contrato sea modificado, se considerará valor estimado del contrato el importe máximo que éste pueda alcanzar, teniendo en cuenta la totalidad de las modificaciones previstas.

La estimación deberá hacerse teniendo en cuenta los precios habituales en el mercado, y estar referida al momento del envío del anuncio de licitación o, en caso de que no se requiera un anuncio de este tipo, al momento en que el órgano de contratación inicie el procedimiento de adjudicación del contrato.

En los contratos de obras y de concesión de obra pública, el cálculo del valor estimado debe tener en cuenta el importe de las mismas así como el valor total estimado de los suministros necesarios para su ejecución que hayan sido puestos a disposición del contratista por el órgano de contratación.

En los contratos de suministro que tengan por objeto el arrendamiento financiero, el arrendamiento o la venta a plazos de productos, el valor que se tomará como base para calcular el valor estimado del contrato será el siguiente:

a) En el caso de contratos de duración determinada, cuando su duración sea igual o inferior a doce meses, el valor total estimado para la duración del contrato; cuando su duración sea superior a doce meses, su valor total, incluido el importe estimado del valor residual.

b) En el caso de contratos cuya duración no se fije por referencia a un periodo de tiempo determinado, el valor mensual multiplicado por 48.

En los contratos de suministro o de servicios que tengan un carácter de periodicidad, o de contratos que se deban renovar en un período de tiempo determinado, se tomará como base para el cálculo del valor estimado del contrato alguna de las siguientes cantidades:

a) El valor real total de los contratos sucesivos similares adjudicados durante el ejercicio precedente o durante los doce meses previos, ajustado, cuando sea posible, en función de los cambios de cantidad o valor previstos para los doce meses posteriores al contrato inicial.

b) El valor estimado total de los contratos sucesivos adjudicados durante los doce meses siguientes a la primera entrega o en el transcurso del ejercicio, si éste fuera superior a doce meses.

La elección del método para calcular el valor estimado no podrá efectuarse con la intención de sustraer el contrato a la aplicación de las normas de adjudicación que correspondan.

En los contratos de servicios, a los efectos del cálculo de su importe estimado, se tomarán como base, en su caso, las siguientes cantidades:

a) En los servicios de seguros, la prima pagadera y otras formas de remuneración.

b) En servicios bancarios y otros servicios financieros, los honorarios, las comisiones, los intereses y otras formas de remuneración.

c) En los contratos relativos a un proyecto, los honorarios, las comisiones pagaderas y otras formas de remuneración, así como las primas o contraprestaciones que, en su caso, se fijen para los participantes en el concurso.

d) En los contratos de servicios en que no se especifique un precio total, si tienen una duración determinada igual o inferior a cuarenta y ocho meses, el valor total estimado correspondiente a toda su duración. Si la duración es superior a cuarenta y ocho meses o no se encuentra fijada por referencia a un periodo de tiempo cierto, el valor mensual multiplicado por 48.

Cuando la realización de una obra, la contratación de unos servicios o la obtención de unos suministros homogéneos pueda dar lugar a la adjudicación simultánea de contratos por lotes separados, se deberá tener en cuenta el valor global estimado de la totalidad de dichos lotes.

Para los acuerdos marco y para los sistemas dinámicos de adquisición se tendrá en cuenta el valor máximo estimado, excluido el Impuesto sobre el Valor Añadido, del conjunto de contratos contemplados durante la duración total del acuerdo marco o del sistema dinámico de adquisición.

ELEMENTOS SUBJETIVOS DE LOS CONTRATOS: LAS PARTES.

En la ley de contratos del sector público el apartado donde se indican los órganos competentes para contratar está referido únicamente a órganos de la Administración General del Estado y lógicamente, no constituyen legislación básica, por lo que no tienen por qué ser de aplicación directa en Andalucía. Según la ley 9/2007 de la Administración de la Junta de Andalucía, se establece que las personas titulares de las consejerías son competentes para suscribir contratos y convenios relativos a asuntos propios de su Consejería, salvo en los casos en los que corresponda al Consejo de Gobierno.

Los órganos de contratación de los departamentos ministeriales (consejerías), organismos autónomos, Agencias Estatales (agencias autonómicas) y entidades de derecho público estatales (autonómicas), necesitarán la autorización del Consejo de Ministros (Consejo de Gobierno) para celebrar contratos en los siguientes supuestos:

a) Cuando el valor estimado del contrato sea igual o superior a doce millones de euros.

b) En los contratos de carácter plurianual cuando se modifiquen los porcentajes o el número de anualidades legalmente previstas.

c) En los acuerdos marco y sistemas dinámicos de adquisición cuyo valor estimado sea igual o superior a doce millones de euros. Una vez autorizada la celebración de estos acuerdos marco y sistemas dinámicos de adquisición no será necesaria autorización del Consejo de Ministros para la celebración de los contratos basados y contratos específicos, en dichos acuerdos marco y sistemas dinámicos de adquisición, respectivamente.

La autorización del Consejo de Ministros (Consejo de Gobierno) a que se refiere el apartado anterior deberá obtenerse antes de la aprobación del expediente. La aprobación del expediente y la aprobación del gasto corresponderán al órgano de contratación.

El Consejo de Ministros (Consejo de Gobierno) podrá reclamar discrecionalmente el conocimiento y autorización de cualquier otro contrato. Igualmente, el órgano de contratación, a través del Ministro (Consejero) correspondiente, podrá elevar un contrato no comprendido en la relación anterior a la consideración del Consejo de Ministros (Consejo de Gobierno).

Cuando el Consejo de Ministros (Consejo de Gobierno) autorice la celebración del contrato deberá autorizar igualmente su modificación, cuando sea causa de resolución, y la resolución misma, en su caso.

Las competencias en materia de contratación podrán ser desconcentradas por Decreto acordado en Consejo de Gobierno, en cualesquiera órganos, sean o no dependientes del órgano de contratación.

Sólo podrán contratar con el sector público las personas naturales o jurídicas, españolas o extranjeras, que tengan plena capacidad de obrar, no estén incursas en una prohibición de contratar, y acrediten su solvencia económica, financiera y técnica o profesional o, en los casos en que así lo exija esta Ley, se encuentren debidamente clasificadas.

Los empresarios deberán contar, asimismo, con la habilitación empresarial o profesional que, en su caso, sea exigible para la realización de la actividad o prestación que constituya el objeto del contrato.

Las personas físicas o jurídicas de Estados no pertenecientes a la Unión Europea deberán justificar mediante informe de la respectiva Misión Diplomática Permanente española, que se acompañará a la documentación que se presente, que el Estado de procedencia de la empresa extranjera admite a su vez la participación de empresas españolas en la contratación con la Administración en forma sustancialmente análoga.

Para celebrar contratos de obras será necesario, además, que estas empresas tengan abierta sucursal en España, con designación de apoderados o representantes para sus operaciones, y que estén inscritas en el Registro Mercantil.

Las personas jurídicas sólo podrán ser adjudicatarias de contratos cuyas prestaciones estén comprendidas dentro de los fines, objeto o ámbito de actividad que, a tenor de sus estatutos o reglas fundacionales, les sean propios.

Quienes concurran individual o conjuntamente con otros a la licitación de una concesión de obras públicas, podrán hacerlo con el compromiso de constituir una sociedad que será la titular de la concesión. La constitución y, en su caso, la forma de la sociedad deberán ajustarse a lo que establezca, para determinados tipos de concesiones, la correspondiente legislación específica.

Tendrán capacidad para contratar con el sector público, en todo caso, las empresas no españolas de Estados miembros de la Unión Europea que, con arreglo a la legislación del Estado en que estén establecidas, se encuentren habilitadas para realizar la prestación de que se trate.

Podrán contratar con el sector público las uniones de empresarios que se constituyan temporalmente al efecto, sin que sea necesaria la formalización de las mismas en escritura pública hasta que se haya efectuado la adjudicación del contrato a su favor.

Los empresarios que concurran agrupados en uniones temporales quedarán obligados solidariamente y deberán nombrar un representante o apoderado único de la unión con poderes bastantes para ejercitar los derechos y cumplir las obligaciones que del contrato se deriven hasta la extinción del mismo, sin perjuicio de la existencia de poderes mancomunados que puedan otorgar para cobros y pagos de cuantía significativa. A efectos de la licitación, los empresarios que deseen concurrir integrados en una unión temporal deberán indicar los nombres y circunstancias de los que la constituyan y la participación de cada uno, así como que asumen el compromiso de constituirse formalmente en unión temporal en caso de resultar adjudicatarios del contrato.

La duración de las uniones temporales de empresarios será coincidente con la del contrato hasta su extinción.

No podrán contratar con las entidades previstas en el artículo 3 de la presente Ley con los efectos establecidos en el artículo 61 bis, las personas en quienes concurra alguna de las siguientes circunstancias:

a) Haber sido condenadas mediante sentencia firme por delitos de terrorismo, constitución o integración de una organización o grupo criminal, asociación ilícita, financiación ilegal de los partidos políticos, trata de seres humanos, corrupción en los negocios, tráfico de influencias, cohecho, prevaricación, fraudes, negociaciones y actividades prohibidas a los funcionarios, delitos contra la Hacienda Pública y la Seguridad Social, delitos contra los derechos de los trabajadores, malversación, blanqueo de capitales, delitos relativos a la ordenación del territorio y el urbanismo, la protección del patrimonio histórico y el medio ambiente, o a la pena de inhabilitación especial para el ejercicio de profesión, oficio, industria o comercio.

La prohibición de contratar alcanzará a las personas jurídicas que sean declaradas penalmente responsables, y a aquéllas cuyos administradores o representantes, lo sean de hecho o de derecho, vigente su cargo o representación y hasta su cese, se encontraran en la situación mencionada en este apartado.

b) Haber sido sancionadas con carácter firme por infracción grave en materia profesional, de falseamiento de la competencia, de integración laboral y de igualdad de oportunidades y no discriminación de las personas con discapacidad, o de extranjería, de conformidad con lo establecido en la normativa vigente; por infracción muy grave en materia medioambiental, de acuerdo con lo establecido en la Ley 21/2013, de 9 de diciembre, de evaluación ambiental; en la Ley 22/1988, de 28 de julio, de Costas; en la Ley 4/1989, de 27 de marzo, de Conservación de los Espacios Naturales y de la Flora y Fauna Silvestres; en la Ley 11/1997, de 24 de abril, de Envases y Residuos de Envases; en la Ley 10/1998, de 21 de abril, de Residuos; en el Texto Refundido de la Ley de Aguas, aprobado por Real Decreto Legislativo 1/2001, de 20 de julio, y en la Ley 16/2002, de 1 de julio, de Prevención y Control Integrados de la Contaminación; o por infracción muy grave en materia laboral o social, de acuerdo con lo dispuesto en el Texto Refundido de la Ley sobre Infracciones y Sanciones en el Orden Social, aprobado por el Real Decreto Legislativo 5/2000, de 4 de agosto, así como por la infracción grave prevista en el artículo 22.2 del citado texto.

c) Haber solicitado la declaración de concurso voluntario, haber sido declaradas insolventes en cualquier procedimiento, hallarse declaradas en concurso, salvo que en éste haya adquirido la eficacia un convenio, estar sujetos a intervención judicial o haber sido inhabilitados conforme a la Ley 22/2003, de 9 de julio, Concursal, sin que haya concluido el período de inhabilitación fijado en la sentencia de calificación del concurso.

d) No hallarse al corriente en el cumplimiento de las obligaciones tributarias o de Seguridad Social impuestas por las disposiciones vigentes, en los términos que reglamentariamente se determinen; o en el caso de empresas de 50 o más trabajadores, no cumplir el requisito de que al menos el 2 por ciento de sus empleados sean trabajadores con discapacidad, de conformidad con el artículo 42 del Real Decreto Legislativo 1/2013, de 29 de noviembre, por el que se aprueba el Texto Refundido de la Ley General de derechos de las personas con discapacidad y de su inclusión social, en las condiciones que reglamentariamente se determinen.

En relación con el cumplimiento de sus obligaciones tributarias o con la Seguridad Social, se considerará que las empresas se encuentran al corriente en el mismo cuando las deudas estén aplazadas, fraccionadas o se hubiera acordado su suspensión con ocasión de la impugnación de tales deudas.

e) Haber incurrido en falsedad al efectuar la declaración responsable a que se refiere el artículo 146 o al facilitar cualesquiera otros datos relativos a su capacidad y solvencia, o haber incumplido, por causa que le sea imputable, la obligación de comunicar la información que corresponda en materia de clasificación y la relativa a los registros de licitadores y empresas clasificadas.

f) Estar afectado por una prohibición de contratar impuesta en virtud de sanción administrativa firme, con arreglo a lo previsto en la Ley 38/2003, de 17 de noviembre, General de Subvenciones, o en la Ley 58/2003, de 17 de diciembre, General Tributaria.

g) Estar incursa la persona física o los administradores de la persona jurídica en alguno de los supuestos de la Ley 5/2006, de 10 de abril, de Regulación de los Conflictos de Intereses de los Miembros del Gobierno y de los Altos Cargos de la Administración General del Estado o las respectivas normas de las Comunidades Autónomas, de la Ley 53/1984, de 26 de diciembre, de Incompatibilidades del Personal al Servicio de las Administraciones Públicas o tratarse de cualquiera de los cargos electivos regulados en la Ley Orgánica 5/1985, de 19 de junio, del Régimen Electoral General, en los términos establecidos en la misma.

La prohibición alcanzará a las personas jurídicas en cuyo capital participen, en los términos y cuantías establecidas en la legislación citada, el personal y los altos cargos a que se refiere el párrafo anterior, así como los cargos electos al servicio de las mismas.

La prohibición se extiende igualmente, en ambos casos, a los cónyuges, personas vinculadas con análoga relación de convivencia afectiva, ascendientes y descendientes, así como a parientes en segundo grado por consanguineidad o afinidad de las personas a que se refieren los párrafos anteriores, cuando se produzca conflicto de intereses con el titular del órgano de contratación o los titulares de los órganos en que se hubiere delegado la facultad para contratar o los que ejerzan la sustitución del primero.

h) Haber contratado a personas respecto de las que se haya publicado en el "Boletín Oficial del Estado" el incumplimiento a que se refiere el artículo 18.6 de la Ley 5/2006, de 10 de abril, de Regulación de los Conflictos de Intereses de los Miembros del Gobierno y de los Altos Cargos de la Administración General del Estado o en las respectivas normas de las Comunidades Autónomas, por haber pasado a prestar servicios en empresas o sociedades privadas directamente relacionadas con las competencias del cargo desempeñado durante los dos años siguientes a la fecha de cese en el mismo. La prohibición de contratar se mantendrá durante el tiempo que permanezca dentro de la organización de la empresa la persona contratada con el límite máximo de dos años a contar desde el cese como alto cargo.

Además de las previstas en el apartado anterior, son circunstancias que impedirán a los empresarios contratar con las entidades comprendidas en el artículo 3 de la presente Ley, en las condiciones establecidas en el artículo 61 bis las siguientes:

a) Haber retirado indebidamente su proposición o candidatura en un procedimiento de adjudicación, o haber imposibilitado la adjudicación del contrato a su favor por no cumplimentar lo establecido en el apartado 2 del artículo 151 dentro del plazo señalado mediando dolo, culpa o negligencia.

b) Haber dejado de formalizar el contrato, que ha sido adjudicado a su favor, en los plazos previstos en el artículo 156.3 por causa imputable al adjudicatario.

c) Haber incumplido las cláusulas que son esenciales en el contrato, incluyendo las condiciones especiales de ejecución establecidas de acuerdo con lo señalado en el artículo 118, cuando dicho incumplimiento hubiese sido definido en los pliegos o en el contrato como infracción grave, concurriendo dolo, culpa o negligencia en el empresario, y siempre que haya dado lugar a la imposición de penalidades o a la indemnización de daños y perjuicios.

d) Haber dado lugar, por causa de la que hubiesen sido declarados culpables, a la resolución firme de cualquier contrato celebrado con una entidad de las comprendidas en el artículo 3 de la presente Ley.

Las prohibiciones de contratar afectarán también a aquellas empresas de las que, por razón de las personas que las rigen o de otras circunstancias, pueda presumirse que son continuación o que derivan, por transformación, fusión o sucesión, de otras empresas en las que hubiesen concurrido aquéllas.

Para celebrar contratos con el sector público los empresarios deberán acreditar estar en posesión de las condiciones mínimas de solvencia económica y financiera y profesional o técnica que se determinen por el órgano de contratación. Este requisito será sustituido por el de la clasificación, cuando ésta sea exigible conforme a lo dispuesto en esta Ley.

Los requisitos mínimos de solvencia que deba reunir el empresario y la documentación requerida para acreditar los mismos se indicarán en el anuncio de licitación y se especificarán en el pliego del contrato, debiendo estar vinculados a su objeto y ser proporcionales al mismo.

Para acreditar la solvencia necesaria para celebrar un contrato determinado, el empresario podrá basarse en la solvencia y medios de otras entidades, independientemente de la naturaleza jurídica de los vínculos que tenga con ellas, siempre que demuestre que, para la ejecución del contrato, dispone efectivamente de esos medios.

En los contratos de servicios y de obras, así como en los contratos de suministro que incluyan servicios o trabajos de colocación e instalación, podrá exigirse a las personas jurídicas que especifiquen, en la oferta o en la solicitud de participación, los nombres y la cualificación profesional del personal responsable de ejecutar la prestación.

Los órganos de contratación podrán exigir a los candidatos o licitadores, haciéndolo constar en los pliegos, que además de acreditar su solvencia o, en su caso, clasificación, se comprometan a dedicar o adscribir a la ejecución del contrato los medios personales o materiales suficientes para ello. Estos compromisos se integrarán en el contrato, pudiendo los pliegos o el documento contractual, atribuirles el carácter de obligaciones esenciales

Causas de nulidad de derecho administrativo.

Son causas de nulidad de derecho administrativo las siguientes:

a) Las indicadas en el artículo 47 de la Ley 39/2015 de procedimiento administrativo común de las Administraciones Públicas.

b) La falta de capacidad de obrar o de solvencia económica, financiera, técnica o profesional, debidamente acreditada, del adjudicatario, o el estar éste incurso en alguna de las prohibiciones para contratar señaladas.

c) La carencia o insuficiencia de crédito, de conformidad con lo establecido en la Ley 47/2003 General Presupuestaria, o en las normas presupuestarias de las restantes Administraciones Públicas sujetas a esta Ley, salvo los supuestos de emergencia.

Causas de anulabilidad de derecho administrativo.

Son causas de anulabilidad de derecho administrativo las demás infracciones del ordenamiento jurídico y, en especial, las de las reglas contenidas en la presente Ley, de conformidad con el artículo 48 de la Ley 39/2015 de procedimiento administrativo común de las Administraciones Públicas.

La **revisión de oficio** de los actos preparatorios y de los actos de adjudicación de los contratos se efectuará de conformidad con lo establecido en el Capítulo I del Título V de la Ley 39/2015, de 1 de octubre, del Procedimiento Administrativo Común de las Administraciones Públicas.

Sin perjuicio de lo que, para el ámbito de las Comunidades Autónomas, establezcan sus normas respectivas que, en todo caso, deberán atribuir esta competencia a un órgano cuyas resoluciones agoten la vía administrativa, serán competentes para declarar la nulidad de estos actos o declarar su lesividad el órgano de contratación, cuando se trate de contratos de una Administración Pública, o el titular del departamento, órgano, ente u organismo al que esté adscrita la entidad contratante o al que corresponda su tutela, cuando ésta no tenga el carácter de Administración Pública. En este último caso, si la entidad contratante estuviera vinculada a más de una Administración, será competente el órgano correspondiente de la que ostente el control o participación mayoritaria.

En el supuesto de contratos subvencionados, la competencia corresponderá al titular del departamento, órgano, ente u organismo que hubiese otorgado la subvención, o al que esté adscrita la entidad que la hubiese concedido, cuando ésta no tenga el carácter de Administración Pública. En el supuesto de concurrencia de subvenciones por parte de distintos sujetos del sector público, la competencia se determinará atendiendo a la subvención de mayor cuantía y, a igualdad de importe, atendiendo a la subvención primeramente concedida.

Salvo determinación expresa en contrario, la competencia para declarar la nulidad o la lesividad se entenderá delegada conjuntamente con la competencia para contratar. No obstante, la facultad de acordar una indemnización por perjuicios en caso de nulidad no será susceptible de delegación, debiendo resolver sobre la misma, en todo caso, el órgano delegante; a estos efectos, si se estimase pertinente reconocer una indemnización, se elevará el expediente al órgano delegante, el cual, sin necesidad de avocación previa y expresa, resolverá lo procedente sobre la declaración de nulidad conforme a lo previsto en la Ley 39/2015, de 1 de octubre, del Procedimiento Administrativo Común de las Administraciones Públicas..

En los supuestos de nulidad y anulabilidad, y en relación con la suspensión de la ejecución de los actos de los órganos de contratación, se estará a lo dispuesto en el artículo 108 de la Ley 39/2015, de 1 de octubre, del Procedimiento Administrativo Común de las Administraciones Públicas.

La declaración de nulidad de los actos preparatorios del contrato o de la adjudicación, cuando sea firme, llevará en todo caso consigo la del mismo contrato, que entrará en fase de liquidación, debiendo restituirse las partes recíprocamente las cosas que hubiesen recibido en virtud del mismo y si esto no fuese posible se devolverá su valor. La parte que resulte culpable deberá indemnizar a la contraria de los daños y perjuicios que haya sufrido.

La nulidad de los actos que no sean preparatorios sólo afectará a éstos y sus consecuencias.

Si la declaración administrativa de nulidad de un contrato produjese un grave trastorno al servicio público, podrá disponerse en el mismo acuerdo la continuación de los efectos de aquél y bajo sus mismas cláusulas, hasta que se adopten las medidas urgentes para evitar el perjuicio.

Causas de invalidez de derecho civil.

La invalidez de los contratos por causas reconocidas en el derecho civil, en cuanto resulten de aplicación a los contratos, se sujetará a los requisitos y plazos de ejercicio de las acciones establecidos en el ordenamiento civil, pero el procedimiento para hacerlas valer se someterá a lo previsto en los artículos anteriores para los actos y contratos administrativos anulables.

Serán susceptibles de recurso especial en materia de contratación previo a la interposición del contencioso-administrativo, los actos relacionados en el apartado 2 de este mismo artículo, cuando se refieran a los siguientes tipos de contratos que pretendan concertar las Administraciones Públicas y las entidades que ostenten la condición de poderes adjudicadores:

a) Contratos de obras, concesión de obras públicas, de suministro, de servicios, de colaboración entre el Sector Público y el Sector Privado y acuerdos marco, sujetos a regulación armonizada.

b) Contratos de servicios comprendidos en las categorías 17 a 27 del Anexo II de esta Ley cuyo valor estimado sea igual o superior a 215.000 euros y

c) contratos de gestión de servicios públicos en los que el presupuesto de gastos de primer establecimiento, excluido el importe del Impuesto sobre el Valor Añadido, sea superior a 500.000 euros y el plazo de duración superior a cinco años.

Serán también susceptibles de este recurso los contratos subvencionados a que se refiere el artículo 17.

Podrán ser objeto del recurso los siguientes actos:

a) Los anuncios de licitación, los pliegos y los documentos contractuales que establezcan las condiciones que deban regir la contratación.

b) Los actos de trámite adoptados en el procedimiento de adjudicación, siempre que éstos decidan directa o indirectamente sobre la adjudicación, determinen la imposibilidad de continuar el procedimiento o produzcan indefensión o perjuicio irreparable a derechos o intereses legítimos. Se considerarán actos de trámite que determinan la imposibilidad de continuar el procedimiento los actos de la Mesa de Contratación por los que se acuerde la exclusión de licitadores.

c) Los acuerdos de adjudicación adoptados por los poderes adjudicadores.

Sin embargo, no serán susceptibles de recurso especial en materia de contratación los actos de los órganos de contratación dictados en relación con las modificaciones contractuales no previstas en el pliego que, de conformidad con lo dispuesto en los artículos 105 a 107, sea preciso realizar una vez adjudicados los contratos tanto si acuerdan como si no la resolución y la celebración de nueva licitación.

Los defectos de tramitación que afecten a actos distintos de los contemplados en el apartado 2 podrán ser puestos de manifiesto por los interesados al órgano al que corresponda la instrucción del expediente o al órgano de contratación, a efectos de su corrección, y sin perjuicio de que las irregularidades que les afecten puedan ser alegadas por los interesados al recurrir el acto de adjudicación.

No se dará este recurso en relación con los procedimientos de adjudicación que se sigan por el trámite de emergencia regulado en el artículo 113 de esta Ley.

No procederá la interposición de recursos administrativos ordinarios contra los actos enumerados en este artículo, salvo la excepción prevista en el siguiente con respecto a las Comunidades Autónomas.

Los actos que se dicten en los procedimientos de adjudicación de contratos de las Administraciones Públicas que no reúnan los requisitos del apartado 1 podrán ser objeto de recurso de conformidad con lo dispuesto en la Ley 39/2015, de 1 de octubre, del Procedimiento Administrativo Común de las Administraciones Públicas; así como en la Ley 29/1998, de 13 de julio, Reguladora de la Jurisdicción Contencioso-administrativa.

El recurso especial regulado en este artículo y los siguientes tendrá carácter potestativo.

En el ámbito de la Administración General del Estado, el conocimiento y resolución de los recursos a que se refiere el artículo anterior estará encomendado a un órgano especializado que actuará con plena independencia funcional en el ejercicio de sus competencias. Este Tribunal conocerá también de los recursos especiales que se susciten de conformidad con el artículo anterior contra los actos de los órganos competentes del Consejo General del Poder Judicial, del Tribunal Constitucional y del Tribunal de Cuentas.

A estos efectos se crea el Tribunal Administrativo Central de Recursos Contractuales que estará adscrito al Ministerio de Economía y Hacienda y compuesto por un Presidente y un mínimo de dos vocales. Reglamentariamente podrá incrementarse el número de vocales que hayan de integrar el Tribunal cuando el volumen de asuntos sometidos a su conocimiento lo aconseje.

En el ámbito de las Comunidades Autónomas, así como en el de los órganos competentes de sus Asambleas Legislativas y de las instituciones autonómicas análogas al Tribunal de Cuentas y al Defensor del Pueblo la competencia para resolver los recursos será establecida por sus normas respectivas, debiendo crear un órgano independiente cuyo titular, o en el caso de que fuera colegiado al menos su Presidente, ostente cualificaciones jurídicas y profesionales que garanticen un adecuado conocimiento de las materias de que deba conocer. El nombramiento de los miembros de esta instancia independiente y la terminación de su mandato estarán sujetos en lo relativo a la autoridad responsable de su nombramiento, la duración de su mandato y su revocabilidad a condiciones que garanticen su independencia e inamovilidad.

Las Comunidades Autónomas podrán prever la interposición de recurso administrativo previo al contemplado en el artículo 40.

En este último caso, la ejecución de los actos de adjudicación impugnados quedará suspendida hasta que el órgano competente para resolverlo decida sobre el fondo de la cuestión planteada. En todo caso, si la resolución no fuese totalmente estimatoria, la suspensión persistirá en los términos previstos en el artículo 45.

En el ámbito de las Corporaciones Locales, la competencia para resolver los recursos será establecida por las normas de las Comunidades Autónomas cuando éstas tengan atribuida competencia normativa y de ejecución en materia de régimen local y contratación.

Podrá interponer el correspondiente recurso especial en materia de contratación toda persona física o jurídica cuyos derechos o intereses legítimos se hayan visto perjudicados o puedan resultar afectados por las decisiones objeto de recurso.

Antes de interponer el recurso especial regulado en este Capítulo, las personas físicas y jurídicas, legitimadas para ello con arreglo a lo dispuesto en el artículo anterior, podrán solicitar ante el órgano competente para resolver el recurso la adopción de medidas provisionales. Tales medidas irán dirigidas a corregir infracciones de procedimiento o impedir que se causen otros perjuicios a los intereses afectados, y podrán estar incluidas, entre ellas, las destinadas a suspender o a hacer que se suspenda el procedimiento de adjudicación del contrato en cuestión o la ejecución de cualquier decisión adoptada por los órganos de contratación.

El órgano competente para resolver el recurso deberá adoptar decisión en forma motivada sobre las medidas provisionales dentro de los cinco días hábiles siguientes, a la presentación del escrito en que se soliciten.

A estos efectos, el órgano decisorio, en el mismo día en que se reciba la petición de la medida provisional, comunicará la misma al órgano de contratación, que dispondrá de un plazo de dos días hábiles, para presentar las alegaciones que considere oportunas referidas a la adopción de las medidas solicitadas o a las propuestas por el propio órgano decisorio. Si transcurrido este plazo no se formulasen alegaciones se continuará el procedimiento.

Si antes de dictar resolución se hubiese interpuesto el recurso, el órgano decisorio acumulará a éste la solicitud de medidas provisionales y resolverá sobre ellas en la forma prevista en el artículo 46.

Contra las resoluciones dictadas en este procedimiento no cabrá recurso alguno, sin perjuicio de los que procedan contra las resoluciones que se dicten en el procedimiento principal.

Cuando de la adopción de las medidas provisionales puedan derivarse perjuicios de cualquier naturaleza, la resolución podrá imponer la constitución de caución o garantía suficiente para responder de ellos, sin que aquéllas produzcan efectos hasta que dicha caución o garantía sea constituida.

La suspensión del procedimiento que pueda acordarse cautelarmente no afectará, en ningún caso, al plazo concedido para la presentación de ofertas o proposiciones por los interesados.

Las medidas provisionales que se soliciten y acuerden con anterioridad a la presentación del recurso especial en materia de contratación decaerán una vez transcurra el plazo establecido para su interposición sin que el interesado lo haya deducido.

Todo aquel que se proponga interponer recurso contra alguno de los actos indicados en el artículo 40.1 y 2 deberá anunciarlo previamente mediante escrito especificando el acto del procedimiento que vaya a ser objeto del mismo, presentado ante el órgano de contratación en el plazo previsto en el apartado siguiente para la interposición del recurso.

El procedimiento de recurso se iniciará mediante escrito que deberá presentarse en el plazo de quince días hábiles contados a partir del siguiente a aquel en que se remita la notificación del acto impugnado de conformidad con lo dispuesto en el artículo 151.4.

No obstante lo dispuesto en el párrafo anterior:

a) Cuando el recurso se interponga contra el contenido de los pliegos y demás documentos contractuales, el cómputo se iniciará a partir del día siguiente a aquel en que los mismos hayan sido recibidos o puestos a disposición de los licitadores o candidatos para su conocimiento conforme se dispone en el artículo 158 de esta Ley.

b) Cuando se interponga contra actos de trámite adoptados en el procedimiento de adjudicación o contra un acto resultante de la aplicación del procedimiento negociado sin publicidad, el cómputo se iniciará a partir del día siguiente a aquel en que se haya tenido conocimiento de la posible infracción.

c) Cuando se interponga contra el anuncio de licitación, el plazo comenzará a contarse a partir del día siguiente al de publicación.

La presentación del escrito de interposición deberá hacerse necesariamente en el registro del órgano de contratación o en el del órgano competente para la resolución del recurso.

En el escrito de interposición se hará constar el acto recurrido, el motivo que fundamente el recurso, los medios de prueba de que pretenda valerse el recurrente y, en su caso, las medidas de la misma naturaleza que las mencionadas en el artículo anterior, cuya adopción solicite.

Para la subsanación de los defectos que puedan afectar al escrito de recurso, se requerirá al interesado a fin de que, en un plazo tres días hábiles, subsane la falta o acompañe los documentos preceptivos, con indicación de que, si así no lo hiciera, se le tendrá por desistido de su petición, quedando suspendida la tramitación del expediente.

Una vez interpuesto el recurso, si el acto recurrido es el de adjudicación, quedará en suspenso la tramitación del expediente de contratación.

El procedimiento para tramitar los recursos especiales en materia de contratación se regirá por las disposiciones de la Ley 39/2015 con las especialidades que se recogen en los apartados siguientes.

Interpuesto el recurso, el órgano encargado de resolverlo lo notificará en el mismo día al órgano de contratación con remisión de la copia del escrito de interposición y reclamará el expediente de contratación a la entidad, órgano o servicio que lo hubiese tramitado, quien deberá remitirlo dentro de los dos días hábiles siguientes acompañado del correspondiente informe.

Si el recurso se hubiera interpuesto ante el órgano de contratación autor del acto impugnado, éste deberá remitirlo al órgano encargado de resolverlo dentro de los dos días hábiles siguientes a su recepción acompañado del expediente administrativo y del informe a que se refiere el párrafo anterior.

Dentro de los cinco días hábiles siguientes a la interposición del recurso, dará traslado del mismo a los restantes interesados, concediéndoles un plazo de cinco días hábiles para formular alegaciones, y, de forma simultánea a este trámite, decidirá, en el plazo de cinco días hábiles, acerca de las medidas cautelares si se hubiese solicitado la adopción de alguna en el escrito de interposición del recurso o se hubiera procedido a la acumulación prevista en el párrafo tercero del artículo 43.2.

Asimismo en este plazo, resolverá, en su caso, sobre si procede o no el mantenimiento de la suspensión automática prevista en el artículo anterior, entendiéndose vigente ésta en tanto no se dicte resolución expresa acordando el levantamiento. Si las medidas provisionales se hubieran solicitado después de la interposición del recurso, el órgano competente resolverá sobre ellas en los términos previstos en el párrafo anterior sin suspender el procedimiento principal.

Los hechos relevantes para la decisión del recurso podrán acreditarse por cualquier medio de prueba admisible en Derecho. Cuando los interesados lo soliciten o el órgano encargado de la resolución del recurso no tenga por ciertos los hechos alegados por los interesados o la naturaleza del procedimiento lo exija, podrá acordarse la apertura del período de prueba por plazo de diez días hábiles, a fin de que puedan practicarse cuantas juzgue pertinentes.

El órgano competente para la resolución del recurso podrá rechazar las pruebas propuestas por los interesados cuando sean manifiestamente improcedentes o innecesarias, mediante resolución motivada.

La práctica de las pruebas se anunciará con antelación suficiente a los interesados.

El órgano competente para la resolución del recurso deberá, en todo caso, garantizar la confidencialidad y el derecho a la protección de los secretos comerciales en relación con la información contenida en el expediente de contratación, sin perjuicio de que pueda conocer y tomar en consideración dicha información a la hora de resolver. Corresponderá a dicho órgano resolver acerca de cómo garantizar la confidencialidad y el secreto de la información que obre en el expediente de contratación, sin que por ello, resulten perjudicados los derechos de los demás interesados a la protección jurídica efectiva y al derecho de defensa en el procedimiento.

Una vez recibidas las alegaciones de los interesados, o transcurrido el plazo señalado para su formulación, y el de la prueba, en su caso, el órgano competente deberá resolver el recurso dentro de los cinco días hábiles siguientes, notificándose a continuación la resolución a todos los interesados.

La resolución del recurso estimará en todo o en parte o desestimará las pretensiones formuladas o declarará su inadmisión, decidiendo motivadamente cuantas cuestiones se hubiesen planteado. En todo caso, la resolución será congruente con la petición y, de ser procedente, se pronunciará sobre la anulación de las decisiones ilegales adoptadas durante el procedimiento de adjudicación, incluyendo la supresión de las características técnicas, económicas o financieras discriminatorias contenidas en el anuncio de licitación, anuncio indicativo, pliegos, condiciones reguladoras del contrato o cualquier otro documento relacionado con la licitación o adjudicación, así como, si procede, sobre la retroacción de actuaciones.

Si, como consecuencia del contenido de la resolución, fuera preciso que el órgano de contratación acordase la adjudicación del contrato a otro licitador, se concederá a éste un plazo de diez días hábiles para que cumplimente la presentación de la documentación justificativa de hallarse al corriente en el cumplimiento de sus obligaciones tributarias y con la Seguridad Social, de disponer efectivamente de los medios que se hubiese comprometido a dedicar y de haber constituido la garantía definitiva que sea procedente.

Asimismo, a solicitud del interesado y si procede, podrá imponerse a la entidad contratante la obligación de indemnizar a la persona interesada por los daños y perjuicios que le haya podido ocasionar la infracción legal que hubiese dado lugar al recurso.

La resolución deberá acordar, también, el levantamiento de la suspensión del acto de adjudicación si en el momento de dictarla continuase suspendido, así como de las restantes medidas cautelares que se hubieran acordado y la devolución de las garantías cuya constitución se hubiera exigido para la efectividad de las mismas, si procediera.

En caso de que el órgano competente aprecie temeridad o mala fe en la interposición del recurso o en la solicitud de medidas cautelares, podrá acordar la imposición de una multa al responsable de la misma. El importe de ésta será de entre 1.000 y 15.000 euros determinándose su cuantía en función de la mala fe apreciada y el perjuicio ocasionado al órgano de contratación y a los restantes licitadores. Las cuantías indicadas en este apartado serán actualizadas cada dos años mediante Orden Ministerial.

Contra la resolución dictada en este procedimiento sólo cabrá la interposición de recurso contencioso-administrativo conforme a lo dispuesto en la Ley 29/1998, de 13 de julio, Reguladora de la Jurisdicción Contencioso-Administrativa.

GARANTÍAS

Garantía definitiva

Los que presenten las ofertas económicamente más ventajosas en las licitaciones de los contratos que celebren las Administraciones Públicas deberán constituir a disposición del órgano de contratación una garantía de un 5 por ciento del importe de adjudicación, excluido el Impuesto sobre el Valor Añadido. En el caso de los contratos con precios provisionales a que se refiere el artículo 87.5, el porcentaje se calculará con referencia al precio máximo fijado.

No obstante, atendidas las circunstancias concurrentes en el contrato, el órgano de contratación podrá eximir al adjudicatario de la obligación de constituir garantía, justificándolo adecuadamente en los pliegos, especialmente en el caso de suministros de bienes consumibles cuya entrega y recepción deba efectuarse antes del pago del precio. Esta exención no será posible en el caso de contratos de obras y de concesión de obras públicas.

En casos especiales, el órgano de contratación podrá establecer en el pliego de cláusulas que, además de la garantía a que se refiere el apartado anterior, se preste una complementaria de hasta un 5 por ciento del importe de adjudicación del contrato, pudiendo alcanzar la garantía total un 10 por ciento del precio del contrato.

Cuando la cuantía del contrato se determine en función de precios unitarios, el importe de la garantía a constituir se fijará atendiendo al presupuesto base de licitación. En la concesión de obras públicas el importe de la garantía definitiva se calculará aplicando el 5 por ciento sobre el valor estimado del contrato, cuantificado con arreglo a lo establecido en el artículo 88.3.

El órgano de contratación, atendidas las características y la duración del contrato, podrá prever en los pliegos, justificándolo adecuadamente, la posibilidad de reducir el importe de la garantía definitiva, una vez ejecutada la obra y durante el periodo previsto para su explotación. Sin perjuicio de otros criterios que puedan establecerse en los pliegos, esta reducción será progresiva e inversamente proporcional al tiempo que reste de vigencia del contrato, sin que pueda suponer una minoración del importe de la garantía por debajo del 2 por ciento del valor estimado del contrato.

Las garantías exigidas en los contratos celebrados con las Administraciones Públicas podrán prestarse en alguna de las siguientes formas:

a) En efectivo o en valores de Deuda Pública, con sujeción, en cada caso, a las condiciones establecidas en las normas de desarrollo de esta Ley. El efectivo y los certificados de inmovilización de los valores anotados se depositarán en la Caja General de Depósitos o en sus sucursales encuadradas en las Delegaciones de Economía y Hacienda, o en las Cajas o establecimientos públicos equivalentes de las Comunidades Autónomas o Entidades locales contratantes ante las que deban surtir efectos, en la forma y con las condiciones que las normas de desarrollo de esta Ley establezcan.

b) Mediante aval, prestado en la forma y condiciones que establezcan las normas de desarrollo de esta Ley, por alguno de los bancos, cajas de ahorros, cooperativas de crédito, establecimientos financieros de crédito y sociedades de garantía recíproca autorizados para operar en España, que deberá depositarse en los establecimientos señalados en la letra a) anterior.

c) Mediante contrato de seguro de caución, celebrado en la forma y condiciones que las normas de desarrollo de esta Ley establezcan, con una entidad aseguradora autorizada para operar en el ramo. El certificado del seguro deberá entregarse en los establecimientos señalados en la letra a) anterior.

Cuando así se prevea en los pliegos, la garantía que, eventualmente, deba prestarse en contratos distintos a los de obra y concesión de obra pública podrá constituirse mediante retención en el precio. Cuando así se prevea en el pliego, la acreditación de la constitución de la garantía podrá hacerse mediante medios electrónicos, informáticos o telemáticos.

Las personas o entidades distintas del contratista que presten garantías a favor de éste no podrán utilizar el beneficio de excusión a que se refieren los artículos 1.830 y concordantes del Código Civil. El avalista o asegurador será considerado parte interesada en los procedimientos que afecten a la garantía prestada, en los términos previstos en la Ley Ley 39/2015, de 2 de octubre.

En el contrato de seguro de caución se aplicarán las siguientes normas:

a) Tendrá la condición de tomador del seguro el contratista y la de asegurado la Administración contratante.

b) La falta de pago de la prima, sea única, primera o siguientes, no dará derecho al asegurador a resolver el contrato, ni extinguirá el seguro, ni suspenderá la cobertura, ni liberará al asegurador de su obligación, en el caso de que éste deba hacer efectiva la garantía.

c) El asegurador no podrá oponer al asegurado las excepciones que puedan corresponderle contra el tomador del seguro.

Alternativamente a la prestación de una garantía singular para cada contrato, el empresario podrá constituir una *garantía global* para afianzar las responsabilidades que puedan derivarse de la ejecución de todos los que celebre con una Administración Pública, o con uno o varios órganos de contratación.

La garantía global deberá constituirse en alguna de las modalidades previstas, y ser depositada en la Caja General de Depósitos o en sus sucursales encuadradas en las Delegaciones de Economía y Hacienda o en las cajas o establecimientos públicos equivalentes de las Comunidades Autónomas o Entidades Locales contratantes, según la Administración ante la que deba surtir efecto.

La garantía global responderá, genérica y permanentemente, del cumplimiento por el adjudicatario de las obligaciones derivadas de los contratos cubiertos por la misma hasta el 5 por ciento, o porcentaje mayor que proceda, del importe de adjudicación o del presupuesto base de licitación, cuando el precio se determine en función de precios unitarios, sin perjuicio de que la indemnización de daños y perjuicios a favor de la Administración que, en su caso, pueda ser procedente, se haga efectiva sobre el resto de la garantía global.

A efectos de la afectación de la garantía global a un contrato concreto, la caja o establecimiento donde se hubiese constituido emitirá, a petición de los interesados, una certificación acreditativa de su existencia y suficiencia, en un plazo máximo de tres días hábiles desde la presentación de la solicitud en tal sentido, procediendo a inmovilizar el importe de la garantía a constituir, que se liberará cuando quede cancelada la garantía.

El licitador que hubiera presentado la oferta económicamente más ventajosa deberá acreditar en el plazo señalado en el artículo 151.2 (10 días), la constitución de la garantía. De no cumplir este requisito por causas a él imputables, la Administración no efectuará la adjudicación a su favor, se entenderá que el licitador ha retirado su oferta, procediéndose en ese caso a recabar la misma documentación al licitador siguiente, por el orden en que hayan quedado clasificadas las ofertas.

En caso de que se hagan efectivas sobre la garantía las penalidades o indemnizaciones exigibles al adjudicatario, este deberá reponer o ampliar aquélla, en la cuantía que corresponda, en el plazo de quince días desde la ejecución, incurriendo en caso contrario en causa de resolución.

Cuando, como consecuencia de una modificación del contrato, experimente variación el precio del mismo, deberá reajustarse la garantía, para que guarde la debida proporción con el nuevo precio modificado, en el plazo de quince días contados desde la fecha en que se notifique al empresario el acuerdo de modificación. A estos efectos no se considerarán las variaciones de precio que se produzcan como consecuencia de una revisión del mismo conforme a lo señalado en el Capítulo II del Título III de este Libro.

La garantía responderá de los siguientes conceptos:

a) De las penalidades impuestas al contratista conforme al artículo 212.

b) De la correcta ejecución de las prestaciones contempladas en el contrato, de los gastos originados a la Administración por la demora del contratista en el cumplimiento de sus obligaciones, y de los daños y perjuicios ocasionados a la misma con motivo de la ejecución del contrato o por su incumplimiento, cuando no proceda su resolución.

c) De la incautación que puede decretarse en los casos de resolución del contrato, de acuerdo con lo que en él o en esta Ley esté establecido.

d) Además, en el contrato de suministro la garantía definitiva responderá de la inexistencia de vicios o defectos de los bienes suministrados durante el plazo de garantía que se haya previsto en el contrato.

Para hacer efectiva la garantía, la Administración contratante tendrá preferencia sobre cualquier otro acreedor, sea cual fuere la naturaleza del mismo y el título del que derive su crédito. Cuando la garantía no sea bastante para cubrir las responsabilidades a las que está afecta, la Administración procederá al cobro de la diferencia mediante el procedimiento administrativo de apremio, con arreglo a lo establecido en las normas de recaudación.

La garantía no será devuelta o cancelada hasta que se haya producido el vencimiento del plazo de garantía y cumplido satisfactoriamente el contrato de que se trate, o hasta que se declare la resolución de éste sin culpa del contratista.

Aprobada la liquidación del contrato y transcurrido el plazo de garantía, si no resultaren responsabilidades se devolverá la garantía constituida o se cancelará el aval o seguro de caución.

El acuerdo de devolución deberá adoptarse y notificarse al interesado en el plazo de dos meses desde la finalización del plazo de garantía. Transcurrido el mismo, la Administración deberá abonar al contratista la cantidad adeudada incrementada con el interés legal del dinero correspondiente al período transcurrido desde el vencimiento del citado plazo hasta la fecha de la devolución de la garantía, si ésta no se hubiera hecho efectiva por causa imputable a la Administración.

En el supuesto de recepción parcial sólo podrá el contratista solicitar la devolución o cancelación de la parte proporcional de la garantía cuando así se autorice expresamente en el pliego de cláusulas administrativas particulares.

En los casos de cesión de contratos no se procederá a la devolución o cancelación de la garantía prestada por el cedente hasta que se halle formalmente constituida la del cesionario. Transcurrido un año desde la fecha de terminación del contrato, sin que la recepción formal y la liquidación hubiesen tenido lugar por causas no imputables al contratista, se procederá, sin más demora, a la devolución o cancelación de las garantías una vez depuradas las responsabilidades correspondientes.

Cuando el importe del contrato sea inferior a 1.000.000 euros, si se trata de contratos de obras, o a 100.000 euros, en el caso de otros contratos, el plazo se reducirá a seis meses.

Garantía provisional

Cuando el órgano de contratación decida exigir una garantía provisional deberá justificar suficientemente en el expediente las razones de su exigencia para ese concreto contrato.

En los pliegos de cláusulas administrativas se determinará el importe de la garantía provisional, que no podrá ser superior a un 3 por 100 del presupuesto del contrato, excluido el Impuesto sobre el Valor Añadido, y el régimen de su devolución. La garantía provisional podrá prestarse en cualquiera de las formas previstas en el artículo 96.

Cuando se exijan garantías provisionales éstas se depositarán, en las condiciones que las normas de desarrollo de esta Ley establezcan, en la siguiente forma:

a) En la Caja General de Depósitos o en sus sucursales encuadradas en las Delegaciones de Economía y Hacienda, o en la Caja o establecimiento público equivalente de las Comunidades Autónomas o Entidades locales contratantes ante las que deban surtir efecto cuando se trate de garantías en efectivo.

b) Ante el órgano de contratación, cuando se trate de certificados de inmovilización de valores anotados, de avales o de certificados de seguro de caución.

La garantía provisional se extinguirá automáticamente y será devuelta a los licitadores inmediatamente después de la adjudicación del contrato. En todo caso, la garantía será retenida al licitador cuya proposición hubiera sido seleccionada para la adjudicación hasta que proceda a la constitución de la garantía definitiva, e incautada a las empresas que retiren injustificadamente su proposición antes de la adjudicación.

El adjudicatario podrá aplicar el importe de la garantía provisional a la definitiva o proceder a una nueva constitución de esta última, en cuyo caso la garantía provisional se cancelará simultáneamente a la constitución de la definitiva.

ÓRGANOS DE CONTRATACIÓN DE LA ADMINISTRACIÓN DE LA JUNTA DE ANDALUCÍA Y SUS ENTES INSTRUMENTALES.

En los procedimientos abiertos y restringidos y en los procedimientos negociados con publicidad referidos en la Ley de Contratos del Sector Público, los órganos de contratación de la Administración de la Junta de Andalucía y de las entidades dependientes o vinculadas que tengan la consideración de Administración Pública a los efectos de dicha Ley, estarán asistidos por una Mesa de contratación, que será el órgano competente para la valoración de las ofertas y para proponer al órgano de contratación la adjudicación. La constitución de la Mesa será potestativa en los procedimientos negociados en los que no sea necesario publicar anuncios de licitación.

Las Mesas de contratación tendrán la siguiente composición:

a) La Presidencia, que será desempeñada por una persona designada por el órgano de contratación, con rango al menos de Jefatura de Servicio. En las agencias y demás entidades que tengan la consideración de Administración Pública, la Presidencia corresponderá a una persona de nivel o funciones equivalentes.

b) Al menos cuatro vocales designados por el órgano de contratación, entre los que deberá figurar obligatoriamente:

1.º Un letrado o una letrada del Gabinete Jurídico de la Junta de Andalucía o persona a la que se asignen sus funciones, o una persona de las que tengan atribuido el asesoramiento jurídico del órgano de contratación, conforme a la normativa aplicable.

2.º Una persona en representación de la Intervención General de la Junta de Andalucía cuando el órgano de contratación forme parte de la Administración de la Junta de Andalucía, de sus agencias administrativas o de régimen especial.

En el resto de entidades que tengan la consideración de Administración Pública, en lugar de las personas indicadas en el párrafo anterior, una persona al servicio del órgano de contratación que se encuentre integrada en la unidad de control interno, siempre que esta última, de conformidad con lo dispuesto en el artículo 94 del Texto Refundido de la Ley General de la Hacienda Pública de la Junta de Andalucía, actúe bajo la dependencia funcional exclusiva de la Intervención General de la Junta de Andalucía en lo que se refiere a las labores de control interno y de auditoría que desempeñe. Cuando el órgano de contratación pertenezca a los servicios periféricos o territoriales de la entidad pública contratante, podrá formar parte de la Mesa una persona al servicio de dicha entidad que tenga atribuidas las funciones correspondientes al control económico-presupuestario de la misma.

c) La Secretaría, con voz y voto, que será desempeñada por una persona funcionaria que preste sus servicios en el órgano de contratación, designada por su titular. Cuando no sea posible designar a una persona funcionaria, la Secretaría será ejercida por personal laboral que preste sus servicios en el órgano de contratación, designado por su titular.

d) En función del objeto del contrato, formarán parte de las Mesas las personas cuya participación sea obligatoria en virtud de la normativa sectorial específica, con voz y voto.

En caso de vacante, ausencia o enfermedad, los miembros de las Mesas de contratación serán sustituidos por sus suplentes, que serán designados por la persona que hubiese designado a los titulares.

En la designación de los miembros titulares o suplentes de las Mesas de contratación, se observarán las normas sobre la representación equilibrada de mujeres y hombres establecidas en los artículos 18.2 y 19 de la Ley 9/2007, de 22 de octubre y en el artículo 11.2 de la Ley 12/2007, de 26 de noviembre, para la promoción de la igualdad de género en Andalucía. A estos efectos, del cómputo se excluirán los miembros designados por razón del cargo que desempeñan.

La composición de las Mesas de contratación se publicará en el perfil de contratante del órgano de contratación correspondiente, con una antelación mínima de siete días con respecto a la reunión que deba celebrar para la calificación de la documentación referida en la Ley de Contratos del Sector Público.

La designación de los miembros de la Mesa de contratación podrá hacerse con carácter permanente o de manera específica para la adjudicación de cada contrato. Cuando se trate de una Mesa de contratación permanente, o se le atribuyan funciones para una pluralidad de contratos, su composición deberá publicarse en el Boletín Oficial de la Junta de Andalucía.

A las reuniones de las Mesas podrá asistir personal técnico especializado cuando resulte necesario, según la naturaleza de los asuntos a tratar, que actuará con voz y sin voto.

Para la válida constitución de las Mesas de contratación deberán estar presentes la mayoría absoluta de los miembros o sus suplentes y, en todo caso, las personas titulares de la Presidencia, de la Secretaría y los dos vocales que tengan atribuidas las funciones correspondientes al asesoramiento jurídico y al control económico-presupuestario del órgano. Los acuerdos serán adoptados por mayoría de votos.

El funcionamiento de las Mesas de contratación se ajustará a lo establecido en la Sección 1.ª del Capítulo II del Título IV de la Ley 9/2007, de 22 de octubre, así como en la Ley 40/2015 de régimen jurídico del Sector Público, en lo que constituya legislación básica.

Sin perjuicio de las restantes funciones que le atribuyan la Ley de Contratos del Sector Público, y sus disposiciones complementarias, las Mesas de contratación desempeñarán las siguientes funciones en los procedimientos abiertos de licitación:

a) Calificar la documentación de carácter general acreditativa de la personalidad jurídica, capacidad de obrar, apoderamiento y solvencia económica, financiera, técnica y profesional de las empresas y profesionales licitadores y demás requisitos a que se refiere el artículo 130.1 y 2 de la Ley de Contratos del Sector Público; así como la garantía provisional en los casos en que se haya exigido, comunicando a las personas interesadas los defectos y omisiones subsanables que aprecie en la documentación. A tal fin se reunirá con la antelación suficiente, previa citación de todos sus miembros.

b) Determinar las empresas o profesionales licitadores que deban ser excluidos del procedimiento por no acreditar el cumplimiento de los requisitos establecidos en el pliego de cláusulas administrativas particulares.

c) Abrir las proposiciones presentadas dando a conocer su contenido en acto público, salvo en los supuestos contemplados en la Ley de Contratos del Sector Público.

d) Cuando el procedimiento de valoración se articule en varias fases, determinar las empresas o profesionales licitadores que hayan de quedar excluidos por no superar el umbral mínimo de puntuación exigido para continuar en el proceso selectivo.

e) Valorar las distintas proposiciones, clasificándolas en orden decreciente de valoración, en los términos previstos en la Ley de Contratos del Sector Público, a cuyo efecto podrá solicitar los informes técnicos que considere precisos, conforme a lo establecido en la Ley de Contratos del Sector Público.

f) Cuando entienda que alguna de las proposiciones podría ser calificada como anormal o desproporcionada, tramitar el procedimiento previsto por la Ley de Contratos del Sector Público, y en vista de su resultado proponer al órgano de contratación su aceptación o rechazo.

g) Cuando no concurra la circunstancia prevista en el párrafo anterior, o se acepte la proposición una vez tramitado el procedimiento indicado en el mismo, proponer al órgano de contratación la adjudicación a favor de la empresa o profesional licitador que hubiese presentado la proposición que contuviese la oferta económicamente más ventajosa según proceda, de conformidad con el pliego de cláusulas administrativas particulares que rija la licitación.

Tratándose de la adjudicación de los acuerdos marco, proponer la adjudicación a favor de las empresas o profesionales licitadores que hayan presentado las ofertas económicamente más ventajosas.

En aquellos casos en que, de conformidad con los criterios que figuren en el pliego de cláusulas administrativas particulares, no resultase admisible ninguna de las ofertas presentadas, proponer que se declare desierta la licitación.

De igual modo, si durante su intervención apreciase que se ha cometido alguna infracción de las normas de preparación o reguladoras del procedimiento de adjudicación del contrato, podrá exponerlo justificadamente al órgano de contratación, proponiéndole que se declare el desistimiento.

En el procedimiento restringido, de acuerdo con lo establecido en la Ley de Contratos del Sector Público, la Mesa de contratación examinará la documentación administrativa en los mismos términos previstos en el párrafo a) del apartado anterior. La selección de las empresas o profesionales solicitantes corresponderá al órgano de contratación, quien podrá, sin embargo, delegar en la Mesa esta función haciéndolo constar en el pliego de cláusulas administrativas particulares.

Una vez realizada la selección de candidaturas y presentadas las proposiciones, corresponderán a la Mesa de contratación las mismas funciones establecidas en los párrafos c), d), e), f) y g) indicados anteriormente.

En el procedimiento negociado, la Mesa, en los casos en que intervenga, calificará la documentación general acreditativa del cumplimiento de los requisitos previos a que se refiere la Ley de Contratos. Concluida la fase de negociación, la Mesa valorará las ofertas de Ley de Contratos del Sector Público, a cuyo efecto podrá recabar los informes técnicos que considere precisos, y propondrá al órgano de contratación la adjudicación.

En los procedimientos de diálogo competitivo regulados en la Ley de Contratos del Sector Público, además de los miembros especificados en el artículo 5.2 de este Decreto, serán vocales, con voz y voto, de la Mesa de contratación, las personas especialmente cualificadas en la materia que constituya el objeto del contrato, designadas por el órgano de contratación, en número no inferior a un tercio de los componentes de la Mesa.

La Mesa de contratación en los procedimientos de diálogo competitivo ejercerá las siguientes funciones:

a) Elaborar, antes de la iniciación de cualquier expediente de contrato de colaboración entre el sector público y el privado, el documento de evaluación previa en el que:

1.º Se ponga de manifiesto que el órgano de contratación, por causa de la complejidad del contrato, no está en condiciones de definir, con carácter previo a la licitación, los medios técnicos necesarios para alcanzar los objetivos proyectados o de establecer los mecanismos jurídicos y financieros para llevar a cabo el contrato.

2.º Se efectúe un análisis comparativo con formas alternativas de contratación que justifiquen en términos de obtención de mayor valor por precio, de coste global, de eficacia o de imputación de riesgos, los motivos de carácter jurídico, económico, administrativo y financiero que recomienden la adopción de esta fórmula de contratación.

El expediente de contratación en estos procedimientos se iniciará con la designación de los miembros con competencia en la materia sobre la que verse el contrato para formar parte de la Mesa, que elaborará el documento de evaluación previa citado.

b) Examinar la documentación administrativa en la fase de selección de candidaturas, en los mismos términos previstos en el artículo 7.2 del presente Decreto para el procedimiento restringido.

c) Durante el diálogo con las empresas o profesionales licitadores, los miembros de la Mesa con competencia técnica en la materia sobre la que versa el contrato podrán asistir al órgano de contratación, a petición de éste.

d) En caso de que el procedimiento se articule en varias fases, determinar el número de soluciones susceptibles de ser examinadas en la siguiente fase, aplicando los criterios indicados por el órgano de contratación en el anuncio de licitación o en el documento descriptivo.

e) Proponer al órgano de contratación que se declare el fin del diálogo una vez determinada la solución o soluciones que hayan de ser adoptadas para la última fase del proceso de licitación por el órgano de contratación, salvo aquellos casos en que la Mesa tuviera delegada la facultad para declararlo por sí misma.

f) Valorar las distintas proposiciones, en los términos previstos en la Ley de Contratos del Sector Público, clasificándolas en orden decreciente de valoración.

g) Requerir, en su caso, a la empresa o profesional licitador cuya oferta se considere económicamente más ventajosa para que aclare determinados aspectos de la misma o ratifique los compromisos que en ella figuran, siempre que con ello no se modifiquen elementos sustanciales de la oferta o de la licitación, se falsee la competencia o se produzca un efecto discriminatorio.

h) Proponer al órgano de contratación la adjudicación a favor de la empresa o profesional licitador que hubiese presentado la proposición que contuviese la oferta económicamente más ventajosa, de conformidad con el pliego de condiciones que rija la licitación.

En los concursos de proyectos regulados en la Ley de Contratos del Sector Público, la Mesa se constituirá en Jurado de los mismos, que estará integrado por los miembros especificados en el artículo 5.2 y hasta cinco vocales más, con voz y voto, designados por el órgano de contratación entre personas de notoria competencia en la materia objeto del concurso de proyectos.

De conformidad con la Ley de Contratos del Sector Público, los miembros del Jurado serán personas físicas independientes de los participantes en el concurso. Cuando se exija a quienes participen en el concurso poseer una determinada cualificación o experiencia, al menos una tercera parte de los miembros del Jurado deberán estar en posesión de la misma u otra equivalente.

De acuerdo con lo establecido en el artículo 26.2.i) de la Ley 9/2007, de 22 de octubre, de la Administración de la Junta de Andalucía, las personas titulares de las Consejerías son los órganos de contratación de las mismas, estando facultadas para celebrar en su nombre los contratos relativos a asuntos propios de su Consejería, salvo en los casos en que, con arreglo a la ley, la competencia para celebrar o autorizar los contratos corresponda al Consejo de Gobierno.

Los órganos de contratación de las agencias serán los que se determinen en sus estatutos, de acuerdo con el artículo 62 de la Ley 9/2007, de 22 de octubre.

Los órganos de contratación de las entidades vinculadas con régimen de independencia funcional o de especial autonomía a que se refiere la disposición adicional segunda de la Ley 9/2007, de 22 de octubre, serán los que se determinen en su normativa específica.

La capacidad para contratar de las personas que ostenten la representación en las sociedades mercantiles y fundaciones del sector público andaluz se regirá por lo establecido en sus estatutos y por las normas de derecho privado que les resulten de aplicación.

Los órganos de contratación de los consorcios referidos en el artículo 12.3 de la Ley 9/2007, de 22 de octubre, serán los establecidos en sus estatutos.

Se requerirá autorización del Consejo de Gobierno para la celebración de contratos por las personas titulares de las Consejerías y los órganos de contratación de las agencias, las entidades referidas en la disposición adicional segunda de la Ley 9/2007, de 22 de octubre, las sociedades mercantiles y fundaciones del sector público andaluz y los consorcios mencionados en el artículo 12.3 de dicha Ley, en los casos previstos legalmente.

La citada autorización deberá obtenerse antes de la aprobación del expediente de contratación y llevará implícita la aprobación del gasto correspondiente.

En los supuestos previstos en el apartado 1 el Consejo de Gobierno deberá autorizar igualmente su modificación, cuando sea causa de resolución, y la resolución del contrato, en su caso.

Excepcionalmente, en los supuestos en que sea conveniente para los intereses públicos, corresponderá al Consejo de Gobierno otorgar la autorización para la celebración de contratos con empresas o profesionales que no estén clasificados, cuando este requisito sea exigible, previo informe de la Comisión Consultiva de Contratación Pública.

Además de sus facultades como órganos de contratación, las personas titulares de las Consejerías serán competentes para:

a) Acordar la continuación provisional de las obras cuando la tramitación del expediente de modificación de contratos de obras exija la suspensión temporal, parcial o total, de la ejecución, y ello ocasione graves perjuicios para el interés público, de acuerdo con lo previsto en la Ley de Contratos del Sector Público, en relación con la Consejería de la que sean titulares.

En las agencias y entidades vinculadas a las que se refiere la disposición adicional segunda de la Ley 9/2007, de 22 de octubre, dicha facultad corresponderá a sus órganos de contratación.

b) Dar cuenta al Consejo de Gobierno, en el plazo máximo de dos meses, de la adopción del acuerdo de tramitación de emergencia de cualquier contrato, incluidos los celebrados por las agencias dependientes de la Consejería.

Simultáneamente, por la persona titular de la Consejería competente en materia de Hacienda o por los órganos a los que corresponda de las agencias, se autorizará el libramiento de los fondos precisos para hacer frente a los gastos, con carácter de a justificar.

c) Fijar la cuantía, en su caso, a partir de la cual será necesaria su autorización para la celebración de los contratos por las agencias dependientes de la Consejería, salvo que dicha autorización corresponda al Consejo de Gobierno.

d) Efectuar la declaración de contratos secretos o reservados, o de que la ejecución debe ir acompañada de medidas de seguridad especiales, a que hace referencia la Ley de Contratos del Sector Público, en el ámbito de su Consejería y entidades instrumentales de la misma. La competencia para efectuar esta declaración no será susceptible de delegación.

REGISTROS OFICIALES.

El Registro de Licitadores de la Comunidad Autónoma de Andalucía tiene por objeto la inscripción y la acreditación, ante todos los órganos de contratación del sector público de la Administración de la Junta de Andalucía y de las entidades locales andaluzas, y los restantes entes, organismos o entidades dependientes de una y de otras, a tenor de lo reflejado en él y salvo prueba en contrario, de las condiciones de aptitud para contratar de las personas físicas que tengan la condición de empresarios o profesionales y de las personas jurídicas nacionales o extranjeras que soliciten su inscripción, así como de la concurrencia o no de las prohibiciones de contratar que deban constar en el mismo.

Las circunstancias relativas a la aptitud para contratar que se inscribirán en el Registro de Licitadores de la Comunidad Autónoma de Andalucía, en adelante Registro de Licitadores, serán las siguientes: personalidad, capacidad de obrar, representación, habilitación profesional o empresarial, solvencia económica y financiera, técnica o profesional y clasificación.

A estos efectos, se entenderá por sector público de la Administración de la Junta de Andalucía, además de la citada Administración, las entidades instrumentales de la misma, las entidades vinculadas a las que se refiere la disposición adicional segunda de la Ley 9/2007, de 22 de octubre y los consorcios regulados en el artículo 12.3 de dicha Ley.

El Registro de Licitadores es único y está adscrito a la Dirección General competente en materia de Patrimonio. La prueba del contenido del Registro de Licitadores se efectuará mediante certificación del Servicio de la Dirección General anteriormente indicada, al que le corresponda la gestión del mismo.

El Registro de Licitadores tiene como finalidad facilitar la concurrencia y agilizar y simplificar los procedimientos de contratación que tramiten los órganos y entidades referidos en el artículo anterior.

Las funciones del Registro de Licitadores serán las siguientes:

a) La inscripción de las empresas y profesionales que lo soliciten, siempre que reúnan los requisitos exigidos en el presente Decreto, así como de las prohibiciones de contratar.

b) La emisión de las certificaciones acreditativas de la inscripción en el Registro.

c) La modificación y actualización de los datos registrales y, en su caso, la suspensión o la cancelación de la inscripción.

d) La custodia de la documentación aportada por las empresas y profesionales solicitantes.

e) Facilitar la información sobre las empresas y profesionales que se encuentren incursos en prohibiciones de contratar en el ámbito del sector público de la Administración de la Junta de Andalucía, de las entidades locales andaluzas y de los entes dependientes de una y de otras.

La gestión del Registro de Licitadores se llevará a cabo por medios electrónicos en los términos en que se regule por Orden de la Consejería competente en materia de Hacienda, de acuerdo con la normativa estatal y autonómica sobre acceso electrónico de la ciudadanía a los servicios públicos, y sobre tramitación de los procedimientos administrativos por medios electrónicos.

Sin perjuicio de lo anterior, las personas interesadas tendrán derecho a elegir en todo momento la manera de relacionarse con el órgano al que se encuentra adscrito el Registro, en lo que se refiere al empleo o no de medios electrónicos.

Las prohibiciones de contratar referidas en la Ley de Contratos del Sector Público, se inscribirán de oficio por la Dirección General competente en materia de Patrimonio, cuando la declaración de las mismas corresponda a la Administración de la Junta de Andalucía, a las entidades locales andaluzas y al resto de entidades comprendidas en el ámbito del Registro de Licitadores.

Los órganos gestores competentes en materia de contratación mencionados deberán comunicar al Registro de Licitadores las sanciones y resoluciones firmes relativas a las prohibiciones de contratar mencionadas en la Ley de Contratos del Sector Público, así como la comisión de los hechos previstos en el párrafo e) de su apartado 1 y en los párrafos b), d) y e) de su apartado 2, de acuerdo con el artículo 50.4 y 5 de la citada Ley, a fin de que se pueda instruir el procedimiento indicado en dicho artículo e inscribir la prohibición, en su caso.

Podrán solicitar su inscripción en el Registro de Licitadores, tanto las personas físicas que tengan la condición de empresarios o profesionales, como las jurídicas, nacionales o extranjeras.

Podrán solicitar la inscripción de los siguientes datos:

a) Los correspondientes a su personalidad y capacidad de obrar, en el caso de personas jurídicas.

b) Los relativos a la extensión de las facultades de las personas representantes o apoderadas con capacidad para actuar en su nombre y obligarlas contractualmente.

c) Los referentes a las autorizaciones o habilitaciones profesionales y a los demás requisitos que resulten necesarios para actuar en su sector de actividad.

d) Los datos relativos a la solvencia económica y financiera y técnica o profesional, que se reflejarán de forma independiente si la empresa carece de clasificación.

e) La clasificación expedida por la Junta Consultiva de Contratación Administrativa.

f) La documentación complementaria a que se refiere el artículo 20.

De acuerdo con la Ley de Contratos del Sector Público, la inscripción en el Registro de Licitadores será voluntaria para las empresas y profesionales, quienes podrán determinar qué datos de entre los mencionados en el presente artículo desean que se reflejen en el mismo.

La solicitud de inscripción voluntaria en el Registro de Licitadores se dirigirá a la persona titular de la Dirección General competente en materia de Patrimonio y se formulará conforme al modelo normalizado

En cualquier caso, el órgano al que se encuentra adscrito el Registro de Licitadores podrá comprobar los datos aportados por los solicitantes de la inscripción en el Registro en los sistemas informáticos propios o de otras Administraciones, o requerir a las personas interesadas la exhibición del documento original. La aportación de tales documentos o copias implicará la autorización a la Administración para que acceda y trate la información personal contenida en tales documentos. La falsedad en las declaraciones, documentos o datos aportados dará lugar a la exigencia de las responsabilidades administrativas o penales que procedan, conforme a la normativa aplicable en la materia.

A la vista de la solicitud y documentos presentados, la persona titular de la Dirección General competente en materia de Patrimonio, mediante resolución motivada, acordará lo procedente sobre la inscripción de la empresa o profesional en el Registro de Licitadores, asignándole en caso de inscripción un número registral.

El plazo para resolver y notificar las resoluciones será de tres meses. Si transcurrido el citado plazo no se hubiera notificado resolución expresa, podrá entenderse estimada, a los efectos previstos en la Ley 39/2015 de procedimiento administrativo común de las Administraciones Públicas.

La resolución de la persona titular de la Dirección General competente en materia de Patrimonio será notificada a la persona o entidad interesada, junto con la certificación de la inscripción en el Registro de Licitadores. Contra la citada resolución cabrá interponer recurso de alzada ante la persona titular de la Consejería competente en materia de Hacienda.

La inscripción en el Registro de Licitadores permitirá sustituir la presentación de la documentación a que se refiere la Ley de Contratos del Sector Público, mediante una certificación expedida por el mismo, acompañada de una declaración responsable formulada por la empresa o profesional licitador en la que manifieste que las circunstancias reflejadas en el certificado no han experimentado variación.

Dicha declaración se formulará conforme al modelo normalizado de declaración responsable

Al objeto de garantizar la exactitud y actualidad de la información inscrita en el Registro, las empresas y profesionales licitadores inscritos estarán obligados a comunicar al Registro de Licitadores, en el plazo de diez días a contar desde su eficacia, cualquier modificación que se produzca en los datos que consten en el Registro, acompañando la correspondiente documentación acreditativa.

Asimismo, deberán mantener actualizados en todo momento los datos inscritos susceptibles de pérdida de vigencia. En particular, deberán comunicar la concurrencia de cualquiera de las circunstancias que prohíben contratar con el sector público.

Procederá la suspensión de la inscripción en el Registro de Licitadores de oficio por el órgano del que depende el Registro, cuando las empresas o profesionales incurran en prohibición de contratar, y se mantendrá mientras dure la causa que la motive.

La Dirección General competente en materia de Patrimonio cancelará las inscripciones cuando concurra alguna de las circunstancias siguientes:

a) La falta de actualización de los datos a que se refiere el artículo 23.1.

b) La muerte o incapacidad sobrevenida del contratista individual o la extinción de la personalidad jurídica, fusión o absorción de la empresa inscrita.

c) En general, cuando no concurran o dejen de cumplirse los requisitos necesarios para su inscripción.

d) A solicitud de la empresa o profesional interesado, que deberá realizarla en el modelo normalizado que figura en el

El Registro de Licitadores será público para quienes tengan interés legítimo en conocer su contenido. Los datos que constan en el Registro de Licitadores podrán ser consultados por los órganos de contratación del sector público de la Comunidad Autónoma de Andalucía.

El **Registro de Contratos de la Junta de Andalucía**, en lo sucesivo Registro de Contratos, tiene por objeto la inscripción de los datos básicos de los contratos adjudicados por los órganos de contratación de la Administración de la Junta de Andalucía, sus entidades instrumentales públicas y privadas, los consorcios mencionados en el artículo 12.3 de la Ley 9/2007, de 22 de octubre y las entidades vinculadas a que se refiere la disposición adicional segunda de la citada Ley, en los términos que se establecen en este Capítulo y en el Anexo VIII del presente Decreto.

Asimismo se inscribirán, en su caso, las modificaciones, prórrogas, variaciones de plazos o de precio, el importe final y la extinción de los referidos contratos.

Serán de obligatoria inscripción en el Registro de Contratos los datos relativos a los contratos que revistan carácter administrativo o privado, según la definición y clasificación que a tal efecto realiza la Ley de Contratos del Sector Público, incluidos aquellos contratos en los que no medie el pago de un precio.

Asimismo, se inscribirán obligatoriamente los contratos patrimoniales a que se refiere la legislación patrimonial de la Comunidad Autónoma de Andalucía.

El Registro de Contratos es único y está adscrito a la Dirección General competente en materia de Patrimonio.

El Registro de Contratos es el sistema oficial central de información sobre la contratación de la Administración de la Junta de Andalucía y de las entidades referidas en el artículo anterior. En consecuencia, constituirá el soporte para el conocimiento, análisis e investigación de la contratación pública, para la estadística en materia de contratos públicos, para el cumplimiento de las obligaciones en materia de información sobre la contratación pública, para las comunicaciones de los datos sobre contratos a otros órganos de la Administración que estén legalmente previstas y, en general, para la difusión pública de dicha información, de conformidad con el principio de transparencia.

Corresponderán al Registro de Contratos las siguientes funciones:

a) Elaborar la memoria anual sobre la contratación pública efectuada por los órganos de contratación del sector público, para su examen y valoración por la Comisión Consultiva de Contratación Pública.

b) Confeccionar las relaciones estadísticas de los contratos administrativos, privados y patrimoniales, de conformidad con las directivas comunitarias sobre contratación pública, y las que se requieran por la Comisión Europea a través de la Junta Consultiva de Contratación Administrativa del Estado.

c) Suministrar información a los órganos de contratación sobre los distintos tipos de contratos celebrados por la Administración de la Junta de Andalucía y por las restantes entidades que integran el sector público de la misma, sobre las incidencias que se produzcan en su ejecución, los procedimientos de adjudicación, contratistas y cuantos datos estén relacionados con los expedientes de contratación.

d) Comunicar al Registro de Contratos del Sector Público del Estado, para su inscripción, los datos básicos de los contratos adjudicados,

No se inscribirán en el Registro de Contratos los negocios, contratos y relaciones jurídicas a que se refiere la Ley de Contratos del Sector Público, salvo los contemplados en los párrafos o) y p) de dicho artículo y en aquellos casos en que sea obligatorio por otras disposiciones, los referidos en los párrafos c) y d).

La Dirección General competente en materia de Patrimonio, como órgano al que se encuentra adscrito el Registro de Contratos, tendrá acceso a la totalidad de la aplicación informática que lo gestiona. En consecuencia, centralizará toda la información recogida en los modelos para la comunicación de datos remitidos por los órganos de contratación de la Administración de la Junta de Andalucía y entidades referidas en el artículo 28.1, según se recoge en el Anexo VIII, y la procesará para el cumplimiento de las funciones que tiene encomendadas.

Los órganos gestores de la contratación tendrán acceso únicamente a los datos de los contratos cuyos expedientes hayan tramitado. Dichos órganos serán los competentes para procesar dichos datos y podrán consultarlos en cualquier momento.

Asimismo, para el ejercicio de sus competencias, los órganos gestores de la contratación podrán solicitar información al Registro sobre otros contratos inscritos en el mismo.

La información que se inscriba en el Registro de Contratos habrá de ser veraz, exacta y completa en función del expediente de contratación, de conformidad con las circulares o instrucciones dictadas por la Dirección General competente en materia de Patrimonio para asegurar la adecuación, pertinencia y necesidad de los datos exigidos.

En el supuesto de que se observaran insuficiencias o defectos en los datos inscritos, la Dirección General competente en materia de Patrimonio pondrá tales extremos en conocimiento del correspondiente órgano gestor de la contratación, al objeto de que se adopten las medidas necesarias para subsanar las deficiencias detectadas.

TEMA 13

LA RESPONSABILIDAD PATRIMONIAL DE LA ADMINISTRACIÓN. COMPETENCIAS DE LA JUNTA DE ANDALUCÍA. EL PROCEDIMIENTO. LA RESPONSABILIDAD DE LAS AUTORIDADES Y DEL PERSONAL. RESPONSABILIDAD DE LA ADMINISTRACIÓN POR ACTOS DE LOS CONCESIONARIOS Y CONTRATISTAS.

LA RESPONSABILIDAD PATRIMONIAL DE LA ADMINISTRACIÓN.

La Constitución Española consagra el principio de responsabilidad de todos los poderes públicos "los particulares, en los términos establecidos por la ley, tendrán derecho a ser indemnizados por toda lesión que sufran en cualquiera de sus bienes y derechos, salvo en los casos de fuerza mayor, siempre que la lesión sea consecuencia del funcionamiento de los servicios públicos".

En todo caso el daño alegado habrá de ser efectivo, evaluable económicamente e individualizado con relación a una persona o grupo de personas.

Los particulares tendrán derecho a ser indemnizados por las Administraciones Públicas correspondientes, de toda lesión que sufran en cualquiera de sus bienes y derechos, siempre que la lesión sea consecuencia del funcionamiento normal o anormal de los servicios públicos salvo en los casos de fuerza mayor o de daños que el particular tenga el deber jurídico de soportar de acuerdo con la Ley.

La anulación en vía administrativa o por el orden jurisdiccional contencioso administrativo de los actos o disposiciones administrativas no presupone, por sí misma, derecho a la indemnización.

En todo caso, el daño alegado habrá de ser efectivo, evaluable económicamente e individualizado con relación a una persona o grupo de personas.

Asimismo, los particulares tendrán derecho a ser indemnizados por las Administraciones Públicas de toda lesión que sufran en sus bienes y derechos como consecuencia de la aplicación de actos legislativos de naturaleza no expropiatoria de derechos que no tengan el deber jurídico de soportar cuando así se establezca en los propios actos legislativos y en los términos que en ellos se especifiquen.

La responsabilidad del Estado legislador podrá surgir también en los siguientes supuestos, siempre que concurran los requisitos previstos en los apartados anteriores:

a) Cuando los daños deriven de la aplicación de una norma con rango de ley declarada inconstitucional, siempre que concurran los requisitos del apartado 4.

b) Cuando los daños deriven de la aplicación de una norma contraria al Derecho de la Unión Europea, de acuerdo con lo dispuesto en el apartado 5.

Si la lesión es consecuencia de la aplicación de una norma con rango de ley declarada inconstitucional, procederá su indemnización cuando el particular haya obtenido, en cualquier instancia, sentencia firme desestimatoria de un recurso contra la actuación administrativa que ocasionó el daño, siempre que se hubiera alegado la inconstitucionalidad posteriormente declarada.

Si la lesión es consecuencia de la aplicación de una norma declarada contraria al Derecho de la Unión Europea, procederá su indemnización cuando el particular haya obtenido, en cualquier instancia, sentencia firme desestimatoria de un recurso contra la actuación administrativa que ocasionó el daño, siempre que se hubiera alegado la infracción del Derecho de la Unión Europea posteriormente declarada. Asimismo, deberán cumplirse todos los requisitos siguientes:

a) La norma ha de tener por objeto conferir derechos a los particulares.

b) El incumplimiento ha de estar suficientemente caracterizado.

c) Ha de existir una relación de causalidad directa entre el incumplimiento de la obligación impuesta a la Administración responsable por el Derecho de la Unión Europea y el daño sufrido por los particulares.

La sentencia que declare la inconstitucionalidad de la norma con rango de ley o declare el carácter de norma contraria al Derecho de la Unión Europea producirá efectos desde la fecha de su publicación en el «Boletín Oficial del Estado» o en el «Diario Oficial de la Unión Europea», según el caso, salvo que en ella se establezca otra cosa.

La responsabilidad patrimonial del Estado por el funcionamiento de la Administración de Justicia se regirá por la Ley Orgánica 6/1985, de 1 de julio, del Poder Judicial.

El Consejo de Ministros fijará el importe de las indemnizaciones que proceda abonar cuando el Tribunal Constitucional haya declarado, a instancia de parte interesada, la existencia de un funcionamiento anormal en la tramitación de los recursos de amparo o de las cuestiones de inconstitucionalidad.

El procedimiento para fijar el importe de las indemnizaciones se tramitará por el Ministerio de Justicia, con audiencia al Consejo de Estado.

Se seguirá el procedimiento previsto en la Ley de Procedimiento Administrativo Común de las Administraciones Públicas para determinar la responsabilidad de las Administraciones Públicas por los daños y perjuicios causados a terceros durante la ejecución de contratos cuando sean consecuencia de una orden inmediata y directa de la Administración o de los vicios del proyecto elaborado por ella misma sin perjuicio de las especialidades que, en su caso establezca el Real Decreto Legislativo 3/2011, de 14 de noviembre, por el que se aprueba el texto refundido de la Ley de Contratos del Sector Público.

Cuando de la gestión dimanante de fórmulas conjuntas de actuación entre varias Administraciones públicas se derive responsabilidad en los términos previstos en la presente Ley, las Administraciones intervinientes responderán frente al particular, en todo caso, de forma solidaria. El instrumento jurídico regulador de la actuación conjunta podrá determinar la distribución de la responsabilidad entre las diferentes Administraciones públicas.

En otros supuestos de concurrencia de varias Administraciones en la producción del daño, la responsabilidad se fijará para cada Administración atendiendo a los criterios de competencia, interés público tutelado e intensidad de la intervención. La responsabilidad será solidaria cuando no sea posible dicha determinación.

En los casos previstos en el apartado primero, la Administración competente para incoar, instruir y resolver los procedimientos en los que exista una responsabilidad concurrente de varias Administraciones Públicas, será la fijada en los Estatutos o reglas de la organización colegiada. En su defecto, la competencia vendrá atribuida a la Administración Pública con mayor participación en la financiación del servicio.

Cuando se trate de procedimientos en materia de responsabilidad patrimonial, la Administración Pública competente a la que se refiere el apartado anterior, deberá consultar a las restantes Administraciones implicadas para que, en el plazo de quince días, éstas puedan exponer cuanto consideren procedente.

Sólo serán indemnizables las lesiones producidas al particular provenientes de daños que éste no tenga el deber jurídico de soportar de acuerdo con la Ley. No serán indemnizables los daños que se deriven de hechos o circunstancias que no se hubiesen podido prever o evitar según el estado de los conocimientos de la ciencia o de la técnica existentes en el momento de producción de aquéllos, todo ello sin perjuicio de las prestaciones asistenciales o económicas que las leyes puedan establecer para estos casos.

En los casos de responsabilidad patrimonial a los que se refiere los apartados 4 y 5 del artículo 32, serán indemnizables los daños producidos en el plazo de los cinco años anteriores a la fecha de la publicación de la sentencia que declare la inconstitucionalidad de la norma con rango de ley o el carácter de norma contraria al Derecho de la Unión Europea, salvo que la sentencia disponga otra cosa.

La indemnización se calculará con arreglo a los criterios de valoración establecidos en la legislación fiscal, de expropiación forzosa y demás normas aplicables, ponderándose, en su caso, las valoraciones predominantes en el mercado. En los casos de muerte o lesiones corporales se podrá tomar como referencia la valoración incluida en los baremos de la normativa vigente en materia de Seguros obligatorios y de la Seguridad Social.

La cuantía de la indemnización se calculará con referencia al día en que la lesión efectivamente se produjo, sin perjuicio de su actualización a la fecha en que se ponga fin al procedimiento de responsabilidad con arreglo al Índice de Garantía de la Competitividad, fijado por el Instituto Nacional de Estadística, y de los intereses que procedan por demora en el pago de la indemnización fijada, los cuales se exigirán con arreglo a lo establecido en la Ley 47/2003, de 26 de noviembre, General Presupuestaria, o, en su caso, a las normas presupuestarias de las Comunidades Autónomas.

La indemnización procedente podrá sustituirse por una compensación en especie o ser abonada mediante pagos periódicos, cuando resulte más adecuado para lograr la reparación debida y convenga al interés público, siempre que exista acuerdo con el interesado.

Cuando las Administraciones Públicas actúen, directamente o a través de una entidad de derecho privado, en relaciones de esta naturaleza, su responsabilidad se exigirá de conformidad con lo previsto en los artículos 32 y siguientes, incluso cuando concurra con sujetos de derecho privado o la responsabilidad se exija directamente a la entidad de derecho privado a través de la cual actúe la Administración o a la entidad que cubra su responsabilidad.

COMPETENCIAS DE LA JUNTA DE ANDALUCÍA.
Antecedentes.

Durante el siglo XIX, inicialmente no existía posibilidad alguna de responsabilidad de la administración en el caso de actos de soberanía, pero sí por los de gestión. En 1889, el código civil reguló la responsabilidad extracontractual, la administración sólo respondía cuando obraba por mediación de un agente especial, no cuando un funcionario fuese el causante del daño.

Con la ley de expropiación forzosa de 1954 se estableció un régimen especial de responsabilidad administrativa y se atribuyó la competencia al orden jurisdiccional contencioso-administrativo.

La Constitución Española republicana de 1931 estableció la responsabilidad subsidiaria de la administración por daños que sus funcionarios causen a terceros.

Regulación actual.

Art. 106 CE "los particulares, en los términos establecidos por la ley, tendrán derecho a ser indemnizados por toda lesión que sufran en cualquiera de sus bienes y derechos, salvo en los casos de fuerza mayor, siempre que la lesión sea consecuencia del funcionamiento de los servicios públicos".

La ley 39/2015 del procedimiento administrativo común regula la responsabilidad de las administraciones públicas y de las autoridades y funcionarios a su servicio. Establece que es la jurisdicción contencioso-administrativa la competente.

El silencio tendrá efecto desestimatorio en los procedimientos relativos al ejercicio del derecho de petición, a que se refiere el artículo 29 de la Constitución, aquellos cuya estimación tuviera como consecuencia que se transfirieran al solicitante o a terceros facultades relativas al dominio público o al servicio público, impliquen el ejercicio de actividades que puedan dañar el medio ambiente y en los procedimientos de responsabilidad patrimonial de las Administraciones Públicas.

Serán motivados, con sucinta referencia de hechos y fundamentos de derecho las propuestas de resolución en los procedimientos de carácter sancionador, así como los actos que resuelvan procedimientos de carácter sancionador o de responsabilidad patrimonial.

En los procedimientos de responsabilidad patrimonial, la petición deberá individualizar la lesión producida en una persona o grupo de personas, su relación de causalidad con el funcionamiento del servicio público, su evaluación económica si fuera posible, y el momento en que la lesión efectivamente se produjo.

Cuando las Administraciones Públicas decidan iniciar de oficio un procedimiento de responsabilidad patrimonial será necesario que no haya prescrito el derecho a la reclamación del interesado al que se refiere el artículo 67.

El acuerdo de iniciación del procedimiento se notificará a los particulares presuntamente lesionados, concediéndoles un plazo de diez días para que aporten cuantas alegaciones, documentos o información estimen conveniente a su derecho y propongan cuantas pruebas sean pertinentes para el reconocimiento del mismo. El procedimiento iniciado se instruirá aunque los particulares presuntamente lesionados no se personen en el plazo establecido.

Los interesados sólo podrán solicitar el inicio de un procedimiento de responsabilidad patrimonial, cuando no haya prescrito su derecho a reclamar. El derecho a reclamar prescribirá al año de producido el hecho o el acto que motive la indemnización o se manifieste su efecto lesivo. En caso de daños de carácter físico o psíquico a las personas, el plazo empezará a computarse desde la curación o la determinación del alcance de las secuelas.

En los casos en que proceda reconocer derecho a indemnización por anulación en vía administrativa o contencioso-administrativa de un acto o disposición de carácter general, el derecho a reclamar prescribirá al año de haberse notificado la resolución administrativa o la sentencia definitiva.

En los casos de responsabilidad patrimonial a que se refiere el artículo 32, apartados 4 y 5, de la Ley de Régimen Jurídico del Sector Público, el derecho a reclamar prescribirá al año de la publicación en el «Boletín Oficial del Estado» o en el «Diario Oficial de la Unión Europea», según el caso, de la sentencia que declare la inconstitucionalidad de la norma o su carácter contrario al Derecho de la Unión Europea.

Además de lo previsto en el artículo 66, en la solicitud que realicen los interesados se deberán especificar las lesiones producidas, la presunta relación de causalidad entre éstas y el funcionamiento del servicio público, la evaluación económica de la responsabilidad patrimonial, si fuera posible, y el momento en que la lesión efectivamente se produjo, e irá acompañada de cuantas alegaciones, documentos e informaciones se estimen oportunos y de la proposición de prueba, concretando los medios de que pretenda valerse el reclamante.

En el caso de los procedimientos de responsabilidad patrimonial será preceptivo solicitar informe al servicio cuyo funcionamiento haya ocasionado la presunta lesión indemnizable, no pudiendo exceder de diez días el plazo de su emisión.

Cuando las indemnizaciones reclamadas sean de cuantía igual o superior a 50.000 euros o a la que se establezca en la correspondiente legislación autonómica, así como en aquellos casos que disponga la Ley Orgánica 3/1980, de 22 de abril, del Consejo de Estado, será preceptivo solicitar dictamen del Consejo de Estado o, en su caso, del órgano consultivo de la Comunidad Autónoma.

A estos efectos, el órgano instructor, en el plazo de diez días a contar desde la finalización del trámite de audiencia, remitirá al órgano competente para solicitar el dictamen una propuesta de resolución, que se ajustará a lo previsto en el artículo 91, o, en su caso, la propuesta de acuerdo por el que se podría terminar convencionalmente el procedimiento.

El dictamen se emitirá en el plazo de dos meses y deberá pronunciarse sobre la existencia o no de relación de causalidad entre el funcionamiento del servicio público y la lesión producida y, en su caso, sobre la valoración del daño causado y la cuantía y modo de la indemnización de acuerdo con los criterios establecidos en esta Ley.

En el caso de reclamaciones en materia de responsabilidad patrimonial del Estado por el funcionamiento anormal de la Administración de Justicia, será preceptivo el informe del Consejo General del Poder Judicial que será evacuado en el plazo máximo de dos meses. El plazo para dictar resolución quedará suspendido por el tiempo que medie entre la solicitud, del informe y su recepción, no pudiendo exceder dicho plazo de los citados dos meses.

En los procedimientos de responsabilidad patrimonial a los que se refiere el artículo 32.9 de la Ley de Régimen Jurídico del Sector Público, será necesario en todo caso dar audiencia al contratista, notificándole cuantas actuaciones se realicen en el procedimiento, al efecto de que se persone en el mismo, exponga lo que a su derecho convenga y proponga cuantos medios de prueba estime necesarios.

En los casos de procedimientos de responsabilidad patrimonial, el acuerdo alcanzado entre las partes deberá fijar la cuantía y modo de indemnización de acuerdo con los criterios que para calcularla y abonarla establece el artículo 34 de la Ley de Régimen Jurídico del Sector Público.

Una vez recibido, en su caso, el dictamen al que se refiere el artículo 81.2 o, cuando éste no sea preceptivo, una vez finalizado el trámite de audiencia, el órgano competente resolverá o someterá la propuesta de acuerdo para su formalización por el interesado y por el órgano administrativo competente para suscribirlo. Cuando no se estimase procedente formalizar la propuesta de terminación convencional, el órgano competente resolverá en los términos previstos en el apartado siguiente.

Además de lo previsto en el artículo 88, en los casos de procedimientos de responsabilidad patrimonial, será necesario que la resolución se pronuncie sobre la existencia o no de la relación de causalidad entre el funcionamiento del servicio público y la lesión producida y, en su caso, sobre la valoración del daño causado, la cuantía y el modo de la indemnización, cuando proceda, de acuerdo con los criterios que para calcularla y abonarla se establecen en el artículo 34 de la Ley de Régimen Jurídico del Sector Público.

Transcurridos seis meses desde que se inició el procedimiento sin que haya recaído y se notifique resolución expresa o, en su caso, se haya formalizado el acuerdo, podrá entenderse que la resolución es contraria a la indemnización del particular.

En el ámbito de la Administración General del Estado, los procedimientos de responsabilidad patrimonial se resolverán por el Ministro respectivo o por el Consejo de Ministros en los casos del artículo 32.3 de la Ley de Régimen Jurídico del Sector Público o cuando una ley así lo disponga.

En el ámbito autonómico y local, los procedimientos de responsabilidad patrimonial se resolverán por los órganos correspondientes de las Comunidades Autónomas o de las Entidades que integran la Administración Local.

En el caso de las Entidades de Derecho Público, las normas que determinen su régimen jurídico podrán establecer los órganos a quien corresponde la resolución de los procedimientos de responsabilidad patrimonial. En su defecto, se aplicarán las normas previstas en este artículo.

En el caso de procedimientos en materia de responsabilidad patrimonial de las Administraciones Públicas, si una vez iniciado el procedimiento administrativo el órgano competente para su tramitación considera inequívoca la relación de causalidad entre el funcionamiento del servicio público y la lesión, así como la valoración del daño y el cálculo de la cuantía de la indemnización, podrá acordar de oficio la suspensión del procedimiento general y la iniciación de un procedimiento simplificado.

Ponen fin a la vía administrativa la resolución administrativa de los procedimientos de responsabilidad patrimonial, cualquiera que fuese el tipo de relación, pública o privada, de que derive.

Competencias de la Junta de Andalucía.

Las administraciones públicas territoriales son competentes para examinar en vía administrativa las reclamaciones sobre su propia responsabilidad, aunque aplicando las normas que configuran el sistema de responsabilidad de todas las administraciones públicas que, por imperativo constitucional, debe ser único.

El artículo 144 atribuye al Estado, de forma exclusiva, la competencia para regular las bases del régimen jurídico de las administraciones públicas y, dentro de ellas, el sistema de responsabilidad de todas las administraciones públicas, con el fin de garantizar a los ciudadanos un tratamiento común ante ellas.

El artículo 47 del Estatuto de Autonomía de Andalucía establece que corresponde a la Junta de Andalucía, en materia de responsabilidad patrimonial, la competencia compartida para determinar el procedimiento y establecer los supuestos que pueden originar responsabilidad con relación a las reclamaciones dirigidas a ella, de acuerdo con el sistema general de responsabilidad de todas las Administraciones Públicas.

EL PROCEDIMIENTO.

Procedimiento general.

Cuando las Administraciones Públicas decidan iniciar de oficio un procedimiento de responsabilidad patrimonial será necesario que no haya prescrito el derecho a la reclamación del interesado al que se refiere el artículo 67.

El acuerdo de iniciación del procedimiento se notificará a los particulares presuntamente lesionados, concediéndoles un plazo de diez días para que aporten cuantas alegaciones, documentos o información estimen conveniente a su derecho y propongan cuantas pruebas sean pertinentes para el reconocimiento del mismo. El procedimiento iniciado se instruirá aunque los particulares presuntamente lesionados no se personen en el plazo establecido.

Los interesados sólo podrán solicitar el inicio de un procedimiento de responsabilidad patrimonial, cuando no haya prescrito su derecho a reclamar. El derecho a reclamar prescribirá al año de producido el hecho o el acto que motive la indemnización o se manifieste su efecto lesivo. En caso de daños de carácter físico o psíquico a las personas, el plazo empezará a computarse desde la curación o la determinación del alcance de las secuelas.

En los casos en que proceda reconocer derecho a indemnización por anulación en vía administrativa o contencioso-administrativa de un acto o disposición de carácter general, el derecho a reclamar prescribirá al año de haberse notificado la resolución administrativa o la sentencia definitiva.

En los casos de responsabilidad patrimonial a que se refiere el artículo 32, apartados 4 y 5, de la Ley de Régimen Jurídico del Sector Público, el derecho a reclamar prescribirá al año de la publicación en el «Boletín Oficial del Estado» o en el «Diario Oficial de la Unión Europea», según el caso, de la sentencia que declare la inconstitucionalidad de la norma o su carácter contrario al Derecho de la Unión Europea.

Además de lo previsto en el artículo 66, en la solicitud que realicen los interesados se deberán especificar las lesiones producidas, la presunta relación de causalidad entre éstas y el funcionamiento del servicio público, la evaluación económica de la responsabilidad patrimonial, si fuera posible, y el momento en que la lesión efectivamente se produjo, e irá acompañada de cuantas alegaciones, documentos e informaciones se estimen oportunos y de la proposición de prueba, concretando los medios de que pretenda valerse el reclamante.

En el caso de los procedimientos de responsabilidad patrimonial será preceptivo solicitar informe al servicio cuyo funcionamiento haya ocasionado la presunta lesión indemnizable, no pudiendo exceder de diez días el plazo de su emisión.

Cuando las indemnizaciones reclamadas sean de cuantía igual o superior a 50.000 euros o a la que se establezca en la correspondiente legislación autonómica, así como en aquellos casos que disponga la Ley Orgánica 3/1980, de 22 de abril, del Consejo de Estado, será preceptivo solicitar dictamen del Consejo de Estado o, en su caso, del órgano consultivo de la Comunidad Autónoma.

A estos efectos, el órgano instructor, en el plazo de diez días a contar desde la finalización del trámite de audiencia, remitirá al órgano competente para solicitar el dictamen una propuesta de resolución, que se ajustará a lo previsto en el artículo 91, o, en su caso, la propuesta de acuerdo por el que se podría terminar convencionalmente el procedimiento.

El dictamen se emitirá en el plazo de dos meses y deberá pronunciarse sobre la existencia o no de relación de causalidad entre el funcionamiento del servicio público y la lesión producida y, en su caso, sobre la valoración del daño causado y la cuantía y modo de la indemnización de acuerdo con los criterios establecidos en esta Ley.

En el caso de reclamaciones en materia de responsabilidad patrimonial del Estado por el funcionamiento anormal de la Administración de Justicia, será preceptivo el informe del Consejo General del Poder Judicial que será evacuado en el plazo máximo de dos meses. El plazo para dictar resolución quedará suspendido por el tiempo que medie entre la solicitud, del informe y su recepción, no pudiendo exceder dicho plazo de los citados dos meses.

Una vez recibido, en su caso, el dictamen al que se refiere el artículo 81.2 o, cuando éste no sea preceptivo, una vez finalizado el trámite de audiencia, el órgano competente resolverá o someterá la propuesta de acuerdo para su formalización por el interesado y por el órgano administrativo competente para suscribirlo. Cuando no se estimase procedente formalizar la propuesta de terminación convencional, el órgano competente resolverá en los términos previstos en el apartado siguiente.

Además de lo previsto en el artículo 88, en los casos de procedimientos de responsabilidad patrimonial, será necesario que la resolución se pronuncie sobre la existencia o no de la relación de causalidad entre el funcionamiento del servicio público y la lesión producida y, en su caso, sobre la valoración del daño causado, la cuantía y el modo de la indemnización, cuando proceda, de acuerdo con los criterios que para calcularla y abonarla se establecen en el artículo 34 de la Ley de Régimen Jurídico del Sector Público.

Transcurridos seis meses desde que se inició el procedimiento sin que haya recaído y se notifique resolución expresa o, en su caso, se haya formalizado el acuerdo, podrá entenderse que la resolución es contraria a la indemnización del particular.

En el ámbito de la Administración General del Estado, los procedimientos de responsabilidad patrimonial se resolverán por el Ministro respectivo o por el Consejo de Ministros en los casos del artículo 32.3 de la Ley de Régimen Jurídico del Sector Público o cuando una ley así lo disponga.

En el ámbito autonómico y local, los procedimientos de responsabilidad patrimonial se resolverán por los órganos correspondientes de las Comunidades Autónomas o de las Entidades que integran la Administración Local.

En el caso de las Entidades de Derecho Público, las normas que determinen su régimen jurídico podrán establecer los órganos a quien corresponde la resolución de los procedimientos de responsabilidad patrimonial. En su defecto, se aplicarán las normas previstas en este artículo.

Tramitación simplificada del procedimiento administrativo común.

En el caso de procedimientos en materia de responsabilidad patrimonial de las Administraciones Públicas, si una vez iniciado el procedimiento administrativo el órgano competente para su tramitación considera inequívoca la relación de causalidad entre el funcionamiento del servicio público y la lesión, así como la valoración del daño y el cálculo de la cuantía de la indemnización, podrá acordar de oficio la suspensión del procedimiento general y la iniciación de un procedimiento simplificado.

LA RESPONSABILIDAD DE LAS AUTORIDADES Y DEL PERSONAL.

Para hacer efectiva la responsabilidad patrimonial a que se refiere esta Ley, los particulares exigirán directamente a la Administración Pública correspondiente las indemnizaciones por los daños y perjuicios causados por las autoridades y personal a su servicio.

La Administración correspondiente, cuando hubiere indemnizado a los lesionados, exigirá de oficio en vía administrativa de sus autoridades y demás personal a su servicio la responsabilidad en que hubieran incurrido por dolo, o culpa o negligencia graves, previa instrucción del correspondiente procedimiento.

Para la exigencia de dicha responsabilidad y, en su caso, para su cuantificación, se ponderarán, entre otros, los siguientes criterios: el resultado dañoso producido, el grado de culpabilidad, la responsabilidad profesional del personal al servicio de las Administraciones públicas y su relación con la producción del resultado dañoso.

Asimismo, la Administración instruirá igual procedimiento a las autoridades y demás personal a su servicio por los daños y perjuicios causados en sus bienes o derechos cuando hubiera concurrido dolo, o culpa o negligencia graves.

El procedimiento para la exigencia de la responsabilidad al que se refieren los apartados 2 y 3, se sustanciará conforme a lo dispuesto en la Ley de Procedimiento Administrativo Común de las Administraciones Públicas y se iniciará por acuerdo del órgano competente que se notificará a los interesados y que constará, al menos, de los siguientes trámites:

a) Alegaciones durante un plazo de quince días.

b) Práctica de las pruebas admitidas y cualesquiera otras que el órgano competente estime oportunas durante un plazo de quince días.

c) Audiencia durante un plazo de diez días.

d) Formulación de la propuesta de resolución en un plazo de cinco días a contar desde la finalización del trámite de audiencia.

e) Resolución por el órgano competente en el plazo de cinco días.

La resolución declaratoria de responsabilidad pondrá fin a la vía administrativa.

Lo dispuesto en los apartados anteriores, se entenderá sin perjuicio de pasar, si procede, el tanto de culpa a los Tribunales competentes.

RESPONSABILIDAD DE LA ADMINISTRACIÓN POR ACTOS DE SUS CONCESIONARIOS Y CONTRATISTAS.

Cuando exista responsabilidad por servicios concedidos, la reclamación se dirigirá a la administración que otorgó la concesión, la cual resolverá tanto sobre la procedencia de la indemnización como sobre quién debe pagarla. Esta resolución deja abierta la vía contencioso-administrativa, que podrá utilizar el particular o el concesionario.

En los servicios públicos concedidos correrá la indemnización a cargo del concesionario, salvo en el caso de que el daño tenga su origen en alguna cláusula impuesta por la administración al concesionario y que sea de ineludible cumplimiento por éste.

Para que surja la obligación de indemnizar de la administración son necesarios dos requisitos:

✳ Un elemento subjetivo, que consiste en que el daño se produzca en el desarrollo de una actividad de titularidad pública.

✳ Un elemento objetivo, que la actividad productora del daño esté sujeta al derecho administrativo.

Entre los deberes del contratista frente a la administración está la obligación de indemnizar todos los daños y perjuicios que se causen a terceros como consecuencia de las operaciones que se requieran a la ejecución del contrato.

Cuando tales daños y perjuicios hayan sido ocasionados como consecuencia inmediata y directa de una orden de la administración, será ésta la responsable dentro de los límites señalados en las leyes. También será la administración responsable de los daños que se causen a terceros como consecuencia de vicios del proyecto elaborado por ella misma en el contrato de obras o en el de suministro de fabricación.

Los terceros podrán requerir previamente, dentro del año siguiente a la producción del hecho, el órgano de contratación para que éste, oído el contratista, se pronuncie sobre a cuál de las partes contratantes corresponde la responsabilidad de los daños. El ejercicio de ésta facultad interrumpe el plazo de prescripción de la acción.

La reclamación de aquéllos se formulará, en todo caso, conforme al procedimiento establecido en la legislación aplicable a cada supuesto.

TEMA 14

LAS PROPIEDADES ADMINISTRATIVAS: CLASES. EL PATRIMONIO DE LA JUNTA DE ANDALUCÍA: BIENES QUE LO INTEGRAN. EL DOMINIO PÚBLICO DE LA JUNTA. ELEMENTOS Y RÉGIMEN JURÍDICO. PRERROGATIVAS. LA UTILIZACIÓN DEL DOMINIO PÚBLICO.

LAS PROPIEDADES ADMINISTRATIVAS: CLASES.

El derecho administrativo surgido tras la revolución francesa toma el domino público como uno de los principios básicos del mismo.

Las propiedades administrativas se pueden definir como aquellas propiedades afectadas a la utilidad pública y que por consecuencia de esta afectación, resultan sometidas a un régimen especial de utilización y protección.

La Constitución Española establece en su artículo 132 que la ley regulará el régimen jurídico de los bienes de dominio público y de los comunales, inspirándose en los principios de inalienabilidad, imprescriptibilidad e inembargabilidad, así como su desafectación.

Son bienes de dominio público estatal los que determine la ley y, en todo caso, la zona marítimo-terrestre, las playas, el mar territorial y los recursos naturales de la zona económica y la plataforma continental.

Por ley se regularán el patrimonio del Estado y el patrimonio nacional, su administración, defensa y conservación.

Las propiedades administrativas se tratan de unas propiedades especiales, singularizada por ciertas notas que la separan de la propiedad común. Se trata de unas propiedades que pertenecen a las administraciones. Se distinguen cuatro tipos de bienes de las administraciones públicas:

- De dominio público o demaniales.
- Patrimoniales.
- Comunales.
- Patrimonio nacional.

Están regulados por la ley 33/2003 del patrimonio de las Administraciones Públicas, ley 4/86 de patrimonio de la comunidad autónoma y su reglamento D 276/87. La ley de bases del régimen local y su reglamento también lo regulan.

Los bienes demaniales.

Son aquellos bienes que siendo titularidad de una administración pública, se encuentran afectados o destinados a un uso o servicio público, o al fomento de la riqueza nacional. La Constitución Española establece unos principios fundamentales a los bienes demaniales:

- El principio de reserva de ley para regular su régimen jurídico y desafectación.
- El reconocimiento constitucional de los principios básicos de los bienes demaniales (inalienabilidad, imprescriptibilidad e inembargabilidad).
- La enumeración de una serie de bienes como mínimos integrantes del dominio público estatal (zona marítimo-terrestre, las playas, el mar territorial y los recursos naturales de la zona económica y la plataforma continental).
- La posibilidad, mediante ley, de incorporar otros bienes al dominio público estatal.

Los bienes comunales.

Según la LBRL son bienes de titularidad municipal cuyo aprovechamiento corresponde al común de los vecinos. La nota definitoria del carácter comunal de un bien no es su titularidad, sino su aprovechamiento en común.

Se consideran bienes comunales como bienes de dominio público. Tienen la consideración de comunales aquellos bienes que, siendo de dominio público, su aprovechamiento corresponde al común de los vecinos y que sólo podrán pertenecer a los municipios y a las entidades locales menores. Éstos aparecen como propietarios y los vecinos son titulares de un auténtico derecho real de goce que limita y completa los derechos dominicales de aquellos.

El patrimonio nacional.

Está regulado por el RD 485/87 del patrimonio nacional.

El patrimonio nacional, o real, es el conjunto de bienes y derechos vinculados a favor de la corona, pero distintos del patrimonio privado del monarca. Los bienes que componen el patrimonio nacional, cuya titularidad corresponde al Estado, están afectos al uso y servicio del Rey y de los miembros de la familia real para el ejercicio de la alta representación que la Constitución Española y las leyes le atribuyen.

Se crea una entidad, el Consejo de Administración del Patrimonio Nacional, para la gestión y administración de los bienes que lo integran. Está formado por una serie de bienes inamovibles (palacios) y los bienes muebles de titularidad estatal contenidos en ellos. Los bienes integrados en el patrimonio nacional son inalienables, imprescriptibles e inembargables. Gozan del mismo tratamiento tributario que los bienes de dominio público del Estado, y deben ser inscritos en el registro de la propiedad.

A los bienes integrantes del patrimonio nacional que tengan valor o carácter histórico-artístico les será también de aplicación la legislación sobre patrimonio histórico-artístico.

Los bienes patrimoniales.

La Constitución Española impone una reserva de ley en todo lo relacionado con la administración, conservación y disfrute del patrimonio del Estado. El Estado puede ser titular de bienes que ni son de dominio público ni están adscritos a un servicio público, tal y como se define en la ley de patrimonio del Estado: "constituyen el patrimonio del Estado los bienes que, siendo propiedad del Estado, no se hallen afectos al uso general o a los servicios públicos, a menos que una ley les confiera expresamente el carácter de demaniales.

EL PATRIMONIO DE LA JUNTA DE ANDALUCÍA: BIENES QUE LO INTEGRAN.

El patrimonio de la comunidad autónoma de Andalucía y de las entidades de derecho público de ella dependientes está constituido por todos aquellos bienes y derechos de que las mismas sean titulares.

Los bienes y derechos de la comunidad autónoma de Andalucía podrán ser de dominio público o demaniales y de dominio privado o patrimoniales.

Son bienes de dominio público los siguientes:

*1   Los bienes y derechos así declarados por una norma estatal, una vez que hayan sido transferidos como tales a la comunidad autónoma de Andalucía.

1.   Aquellos bienes y derechos que sean transferidos a la comunidad autónoma y se afecten a un uso o servicio público.

2.   Los bienes y derechos que la comunidad autónoma adquiera por cualquier título legítimo y se afecten a un uso o servicio público.

3.   Aquellos a los que se atribuya esta condición por una ley de la comunidad autónoma.

Son bienes de dominio privado o patrimoniales todos aquellos bienes y derechos que pertenecen a la comunidad autónoma y entidades de derecho público de ella dependientes por cualquier título y no tengan la consideración de bienes de dominio público.

Solo la comunidad autónoma de Andalucía podrá ser titular de bienes y derechos de dominio público.

No perderán su condición de bienes de dominio público, aquellos cuya gestión se ceda por la comunidad autónoma a personas públicas o privadas.

Las obras ejecutadas por los concesionarios o los bienes que éstos destinen al cumplimiento de la concesión continuarán siendo de su propiedad hasta su entrega a la administración a causa de rescate, reversión, caducidad o por cualquier otro motivo. Sin embargo, los concesionarios no podrán disponer libremente de tales bienes, salvo cuando con ello no se incumpla ni se perjudique la relación especial a que están afectos.

EL DOMINIO PÚBLICO DE LA JUNTA DE ANDALUCÍA: ELEMENTOS Y RÉGIMEN JURÍDICO. PRERROGATIVAS.

El Parlamento de Andalucía tiene autonomía patrimonial y asume las mismas competencias y facultades que se atribuyen al Consejo de Gobierno y a las consejerías en cada caso sobre los bienes adscritos, se les adscriban o adquieran. La Consejería competente en materia de Hacienda, por medio de la Dirección General de Patrimonio, será la competente para el ejercicio de las facultades que como titular de bienes y derechos patrimoniales corresponda a la comunidad autónoma de Andalucía. Confeccionará un inventario general de bienes y derechos de la comunidad autónoma y de las entidades de derecho público dependientes de la misma.

Los bienes de dominio público son inalienables, imprescriptibles e inembargables, mientras conserven tal carácter, no podrán ser enajenados ni gravados de forma alguna. No podrá despacharse mandamiento de ejecución ni dictarse providencia de embargo sobre los mismos.

La comunidad autónoma de Andalucía podrá recuperar en cualquier momento la posesión de los bienes demaniales que se hallen indebidamente en posesión de terceros. La recuperación material del bien se producirá una vez adoptado el oportuno acuerdo que le sirva de fundamento.

El acuerdo final será ejecutorio y recurrible en vía contencioso-administrativa, pero la decisión de fondo sobre la titularidad del bien o derecho sólo corresponde a la jurisdicción ordinaria.

La recuperación de la plena disponibilidad de los bienes de dominio público, como consecuencia de haber desaparecido las condiciones que amparaban su uso por terceros, compete a la comunidad autónoma de Andalucía en ejercicio de su potestad de autotutela. En tal caso, cuando no se produzca voluntariamente el desalojo o liberación del bien, la administración llevará a cabo su recuperación previo expediente. El acto administrativo que se adopte será recurrible en vía contencioso-administrativa.

La comunidad autónoma de Andalucía podrá acometer el deslinde y amojonamiento de los bienes de dominio público de su titularidad. El expediente de deslinde sólo podrá referirse a aquellos bienes cuya titularidad conste a la administración. Mientras se tramite un deslinde administrativo, no podrán sustanciarse procedimiento de deslinde judicial ni juicios posesorios sobre el mismo. La competencia para resolver los deslindes administrativos corresponde al jefe del departamento o entidad pública a que haya quedado adscrito el bien, debiendo informar en todo caso a la Consejería competente en materia de Hacienda.

La **afectación** es el acto por el cual un bien o derecho perteneciente a la comunidad autónoma de Andalucía o entidad dependiente de ella es destinado a un uso o servicio público. La afectación podrá referirse a bienes o derechos que ya pertenecen a la comunidad autónoma, o podrá llevar consigo al mismo tiempo una asunción de titularidad que ésta antes no tenía.

La afectación podrá tener lugar mediante cualquiera de las siguientes formas:

a.-   La afectación se producirá por ley cuando así se disponga en norma de dicho rango. Dicha afectación pondrá a uno o varios bienes o derechos en concreto, o de forma genérica a todos los que tengan determinada naturaleza o condición.

b.-   Se producirá la afectación por silencio en los siguientes casos:

➢   Cuando el bien o derecho que ya sea anteriormente de dominio privado de la comunidad autónoma se destine, al menos durante cinco años de forma continuada a un uso o servicio público.

➢   Cuando sin tratarse de un bien que tenga la condición de dominio privado de la comunidad autónoma, ésta lo adquiera por usucapión de acuerdo con las reglas del derecho civil, siempre que esté bien viniera siendo destinado a un uso o servicio público durante los últimos cinco años.

Cuando algún órgano o entidad tenga conocimiento de que se ha producido una afectación por silencio, deberá ponerlo en conocimiento de la Consejería competente en materia de Hacienda, para que ésta ordene el levantamiento del acta y proceda a incorporar formalmente el bien al dominio público.

a.-   La afectación puede ser expresa o tácita. Expresa tendrá lugar cuando de forma clara y concreta se especifique el bien y el destino al que queda afectado. Tácita cuando no se diga de forma clara y concreta pero se deduzca de un acto de la administración autonómica.

En caso de expropiación forzosa, la afectación se entiende implícita en la declaración de utilidad pública e interés social.

Los bienes de dominio privado de organismos autónomos dependientes de la comunidad autónoma andaluza podrán quedar afectados a un uso o servicio público y, por tanto, pasarán a ser de titularidad de la comunidad autónoma. El organismo autónomo no será indemnizado por ello.

Podrán cederse bienes muebles o inmuebles de forma gratuita u onerosa a entidades públicas para uso o servicio público de competencia de ellas. El bien patrimonial cedido quedará así afecto a un uso o servicio público ajeno al cedente, pasando a ser de dominio público sin que suponga cambio de titularidad.

La **mutación demanial** se produce por el cambio de afectación de un bien que ya sea de dominio público. Podrá tener lugar por ley o por acto expreso o tácito.

La mutación demanial expresa se llevará a cabo por un procedimiento similar al de afectación, debiendo intervenir en el expediente los órganos afectados.

El acuerdo final implicará la desafectación del bien respecto al fin o destino anterior y su afectación a un fin o destino distinto llevará consigo también, si llega el caso, la modificación de la adscripción orgánica del bien objeto de la mutación.

Producida la mutación demanial tácita, los órganos a los que afecte podrán recabar de la Consejería competente en materia de Hacienda la constatación formal de la misma, mediante levantamiento de acta al efecto.

La **desafectación** tendrá lugar cuando un bien de dominio público deje de estar destinado a un uso o servicio público, pasando a ser de dominio privado. La comunidad autónoma podrá desafectar bienes de dominio público de que sea titular en las formas previstas para la afectación. En cualquier caso, la comunidad autónoma de Andalucía deberá proceder a la desafectación cuando los bienes o derechos dejen de estar destinados a usos o servicios públicos.

Las discrepancias que se produzcan entre dos o más departamentos en materia de afectación, mutación o desafectación de bienes serán resueltas por el Consejo de Gobierno.

Todos los bienes públicos, tanto demaniales como patrimoniales, tienen un régimen jurídico común, exorbitante con respecto al ordenamiento privado, suponen prerrogativas de la administración.

Los bienes muebles necesitan de su inscripción en un catálogo o registro (propiedad). Las administraciones tienen sus propios inventarios.

Mientras el deslinde de bienes entre particulares es un procedimiento civil en el que intervienen todos los afectados y resuelve el juez, los bienes públicos pueden ser deslindados por la administración.

Las administraciones públicas, para recuperar la posesión de sus bienes tampoco necesitan ir al juez civil mediante un interdicto, sino que pueden hacerlo por sí mismas mediante el llamado "interdictum propium".

Los bienes públicos, tanto demaniales como patrimoniales, serán inembargables. Ningún tribunal podrá dictar providencia de embargo, ni despachar mandamiento de ejecución contra los bienes y derechos del patrimonio.

La inalienabilidad supone que no es posible jurídicamente vender bienes demaniales.

La imprescriptibilidad supone para los bienes demaniales la implicación de las normas que permiten la adquisición de los bienes privados ajenos por quien los posee durante cierto tiempo y con ciertas condiciones.

LA UTILIZACIÓN DEL DOMINIO PÚBLICO.

El uso de los bienes de dominio público podrá ser común (general o especial) o privativo.

Uso común es aquel que corresponde por igual a todas las personas, sin que la utilización por parte de unas impidan la de las otras. Se considera que existe uso común general cuando no concurren especiales circunstancias. No será exigible en tales casos licencia de uso, sin perjuicio del obligado sometimiento a las específicas reglas de policía e instrucciones dictadas para posibilitar un ordenado uso común.

Cuando concurran circunstancias especiales, sea por intensidad o multiplicidad de uso, escasez del bien, peligrosidad, o por otros motivos suficientes, cabe exigir una especial autorización para uso, imponer una tasa, limitar e incluso prohibir la utilización si las circunstancias así lo requieren, calificándose en tales casos el uso común como especial. El órgano al que se haya adscrito el bien tendrá competencia para regular este uso.

Uso privativo es el que origina una ocupación de un bien intensa y tendente a permanecer, de forma que impida su libre uso a otras personas.

El uso será privativo, tanto si el usuario se aprovecha de frutos como si utiliza el bien de dominio público sólo como soporte de alguna construcción, y tanto si el bien es devuelto a la administración en similares condiciones a las que tenía antes de la ocupación como si se han modificado sus caracteres especiales.

Todo uso privativo, sea a favor de personas públicas o privadas, exige previa concesión administrativa.

La adscripción para uso privativo de bienes de dominio público a un organismo autónomo dependiente de la comunidad autónoma para su gestión, conservación, explotación o la prestación de un servicio público no requerirá concesión administrativa.

USO
{
  -COMÚN {
    -GENERAL
    -ESPECIAL
  }
  -PRIVATIVO
}

TEMA 15

NORMATIVA SOBRE IGUALDAD Y DE GÉNERO. IGUALDAD DE GÉNERO: CONCEPTOS GENERALES. VIOLENCIA DE GÉNERO: CONCEPTOS GENERALES. PUBLICIDAD INSTITUCIONAL E IMAGEN PÚBLICA NO SEXISTA.

NORMATIVA SOBRE IGUALDAD Y DE GÉNERO.

Normativa sobre igualdad.

La Constitución Española, aunque responde a un momento en el que todavía no se había desarrollado la sensibilidad social presente, proclama en su artículo 14, como valor superior del ordenamiento jurídico, la igualdad de toda la ciudadanía ante la ley, sin que pueda prevalecer discriminación alguna por razón de sexo. Por su parte, el artículo 9.2 establece la obligación de los poderes públicos de promover las condiciones para que la libertad y la igualdad del individuo y de los grupos en que se integra sean reales y efectivas. A estos preceptos constitucionales hay que unir la cláusula de apertura a las normas internacionales sobre derechos y libertades contenida en el artículo 10.2, las previsiones del artículo 96, integrando en el ordenamiento interno los tratados internacionales publicados oficialmente en España; y el artículo 93, autorizando las transferencias de competencias constitucionales a las organizaciones supranacionales mediante la aprobación de una ley orgánica.

La Ley Orgánica 3/2007, de 22 de marzo, para la igualdad efectiva de mujeres y hombres, constituye el marco de desarrollo del principio de igualdad de trato, incorpora sustanciales modificaciones legislativas para avanzar en la igualdad real de mujeres y hombres y en el ejercicio pleno de los derechos e implementa medidas transversales que inciden en todos los órdenes de la vida política, jurídica y social, a fin de erradicar las discriminaciones contra las mujeres.

La jurisprudencia ha identificado los preceptos constitucionales que se vulneran con la violencia de género, tales como el derecho a la dignidad de la persona y al libre desarrollo de su personalidad, recogido en el artículo 10.1, el derecho a la vida y a la integridad física y moral, con interdicción de los tratos inhumanos o degradantes, reconocido en el artículo 15, así como el derecho a la seguridad, establecido en el artículo 17, quedando también afectados los principios rectores de la política social y económica, que se refieren a la protección de la familia y de la infancia.

En cuanto a la regulación legal, se ha producido una evolución normativa en el marco estatal con la aprobación de la Ley Orgánica 11/2003, de 29 de septiembre, de medidas concretas en materia de seguridad ciudadana, violencia doméstica e integración social de los extranjeros, y la Ley 27/2003, de 31 de julio, reguladora de la Orden de Protección para las Víctimas de la Violencia Doméstica. Aunque, sin duda, el instrumento que cumple decididamente con las recomendaciones y directrices internacionales y de ámbito regional europeo es la Ley Orgánica 1/2004, de 28 de diciembre, de Medidas de Protección Integral contra la Violencia de Género, una Ley cuyo objetivo fundamental es actuar contra una violencia que constituye una manifestación clara de la discriminación a través de un enfoque multicausal desde la disposición de medidas en ámbitos muy diversos.

El proceso de descentralización, que a partir del texto constitucional conduce al Estado autonómico, conlleva que sean diversos los poderes públicos que tienen que proyectar y desarrollar políticas de promoción de la igualdad de oportunidades. La Comunidad Autónoma de Andalucía asume en el Estatuto de Autonomía para Andalucía un fuerte compromiso en esa dirección, cuando en su artículo 10.2 afirma que "la Comunidad Autónoma propiciará la efectiva igualdad del hombre y de la mujer andaluces, promoviendo la democracia paritaria y la plena incorporación de aquélla en la vida social, superando cualquier discriminación laboral, cultural, económica, política o social". Asimismo, en su artículo 15 "se garantiza la igualdad de oportunidades entre hombres y mujeres en todos los ámbitos". Finalmente, el artículo 38 del Estatuto de Autonomía para Andalucía establece "la prohibición de discriminación del artículo 14 y los derechos reconocidos en el Capítulo II vinculan a todos los poderes públicos andaluces y, dependiendo de la naturaleza de cada derecho, a los particulares, debiendo de ser interpretados en el sentido más favorable a su plena efectividad".

La Comunidad Autónoma de Andalucía ha venido desarrollando una ingente labor para promover el papel de las mujeres en los distintos ámbitos de la vida social, educativa, cultural, laboral, económica y política, a fin de favorecer la igualdad y el pleno ejercicio de sus derechos de ciudadanía.

El principio de igualdad ha ido evolucionando hacia exigencias de igualdad de oportunidades reales en todos los ámbitos de la vida, haciendo necesaria la implementación de un enfoque más integral y general de la igualdad de género. En Andalucía, la integración de la perspectiva de género ha supuesto avances muy importantes, siendo claros ejemplos la obligatoriedad del informe de evaluación de impacto de género en los proyectos de ley y reglamentos aprobados por el Consejo de Gobierno y el enfoque de género en los presupuestos de la Comunidad Autónoma, según han establecido los artículos 139 y 140 de la Ley 18/2003, de 29 de diciembre, de Medidas Fiscales y Administrativas. También la Ley 6/2006, de

24 de octubre, del Gobierno de la Comunidad Autónoma de Andalucía, en su artículo 18.3, establece la representación equilibrada en las designaciones de las personas integrantes del Consejo de Gobierno. El objetivo de la erradicación de la violencia de género se ha situado en primera línea de las acciones del Gobierno andaluz, por lo que ha aprobado y desarrollado dos planes contra la violencia hacia las mujeres: I Plan del Gobierno Andaluz para avanzar en la erradicación de la violencia contra las mujeres (1998-2000) y el II Plan de Acción del Gobierno Andaluz contra la violencia hacia las mujeres (2001-2004).

Normativa de Género

Constituye el objeto de la **ley 12/2007, de 26 de noviembre, para la promoción de la igualdad de género en Andalucía,** hacer efectivo el derecho de igualdad de trato y oportunidades entre mujeres y hombres para, en el desarrollo de los artículos 9.2 y 14 de la Constitución y 15 y 38 del Estatuto de Autonomía para Andalucía, seguir avanzando hacia una sociedad más democrática, más justa y más solidaria.

Para la consecución del objeto de esta ley, serán principios generales de actuación de los poderes públicos de Andalucía, en el marco de sus competencias:

• La igualdad de trato entre mujeres y hombres, que supone la ausencia de toda discriminación, directa o indirecta, por razón de sexo, en los ámbitos económico, político, social, laboral, cultural y educativo, en particular, en lo que se refiere al empleo, a la formación profesional y a las condiciones de trabajo.

• La adopción de las medidas necesarias para la eliminación de la discriminación y, especialmente, aquellas que incidan en la creciente feminización de la pobreza.

• El reconocimiento de la maternidad, biológica o no biológica, como un valor social, evitando los efectos negativos en los derechos de las mujeres y la consideración de la paternidad en un contexto familiar y social de corresponsabilidad, de acuerdo con los nuevos modelos de familia.

• El fomento de la corresponsabilidad, a través del reparto equilibrado entre mujeres y hombres de las responsabilidades familiares, de las tareas domésticas y del cuidado de las personas en situación de dependencia.

• La adopción de las medidas específicas necesarias destinadas a eliminar las desigualdades de hecho por razón de sexo que pudieran existir en los diferentes ámbitos.

• La especial protección del derecho a la igualdad de trato de aquellas mujeres o colectivos de mujeres que se encuentren en riesgo de padecer múltiples situaciones de discriminación.

• La promoción del acceso a los recursos de todo tipo a las mujeres que viven en el medio rural y su participación plena, igualitaria y efectiva en la economía y en la sociedad.

• El fomento de la participación o composición equilibrada de mujeres y hombres en los distintos órganos de representación y de toma de decisiones, así como en las candidaturas a las elecciones al Parlamento de Andalucía.

• El impulso de las relaciones entre las distintas Administraciones, instituciones y agentes sociales sustentadas en los principios de colaboración, coordinación y cooperación, para garantizar la igualdad entre mujeres y hombres.

• La adopción de las medidas necesarias para eliminar el uso sexista del lenguaje, y garantizar y promover la utilización de una imagen de las mujeres y los hombres, fundamentada en la igualdad de sexos, en todos los ámbitos de la vida pública y privada.

• La adopción de las medidas necesarias para permitir la compatibilidad efectiva entre responsabilidades laborales, familiares y personales de las mujeres y los hombres en Andalucía.

• El impulso de la efectividad del principio de igualdad en las relaciones entre particulares.

• La incorporación del principio de igualdad de género y la coeducación en el sistema educativo.

• La adopción de medidas que aseguren la igualdad entre hombres y mujeres en lo que se refiere al acceso al empleo, a la formación, promoción profesional, igualdad salarial y a las condiciones de trabajo.

La presente Ley se estructura en un Título Preliminar, cuatro Títulos, una disposición adicional, una disposición transitoria, una disposición derogatoria y dos disposiciones finales.

El Título Preliminar establece los conceptos esenciales en materia de igualdad de género y los principios generales que han de presidir la actuación de los poderes públicos en relación con la igualdad de género.

El Título I recoge, en su Capítulo I, las acciones para garantizar la integración de la perspectiva de género en las políticas públicas: el informe de evaluación de impacto de género, los presupuestos públicos con enfoque de género, el Plan estratégico para la igualdad de mujeres y hombres, el lenguaje no sexista e imagen pública y las estadísticas e investigaciones con perspectiva de género. Su Capítulo II establece las medidas para la promoción de la igualdad de género en el ámbito de competencias de la Junta de Andalucía, entre las que se adopta el principio de representación equilibrada de mujeres y hombres en los nombramientos de los órganos directivos y colegiados.

El Título II establece las medidas para promover la igualdad de género en las políticas públicas de los distintos ámbitos de actuación. En el Capítulo I, se determinan las garantías para asegurar una formación educativa basada en el principio de igualdad entre mujeres y hombres. En el Capítulo II se contempla, en el marco de los Acuerdos de Concertación Social en Andalucía, las medidas destinadas a favorecer el acceso y la permanencia de las mujeres, en condiciones de igualdad, en el empleo. Por su parte, el Capítulo III se refiere a la necesaria conciliación de la vida laboral, familiar y personal. En el Capítulo IV se incluyen medidas en materia de promoción y protección a la salud y bienestar social, y se tienen en cuenta también las necesidades especiales de determinados colectivos de mujeres. El Capítulo V establece políticas de promoción y atención a las mujeres. El Capítulo VI propone la participación social, política y económica de las mujeres. Y en el Capítulo VII se completa este marco de actuaciones con aquellas dirigidas a mejorar la imagen pública de las mujeres.

El Título III se ocupa de la organización institucional y coordinación, como estrategia adecuada y necesaria para impulsar, desarrollar y evaluar las acciones y políticas públicas para promover la igualdad de género en Andalucía.

Y por último, el Título IV se refiere al establecimiento de garantías para la igualdad de género.

Por medio de la ley 9/2018, de 8 de octubre, se añade un título V de infracciones y sanciones en el ámbito de género.

La Ley 13/2007, de 26 de noviembre, de medidas de prevención y protección integral contra la violencia de género, tiene por objeto actuar contra la violencia que, como consecuencia de una cultura machista y como manifestación de la discriminación, la situación de desigualdad y las relaciones de poder de los hombres, se ejerce sobre las mujeres por el mero hecho de serlo y que se extiende como forma de violencia vicaria sobre las víctimas que se contemplan en la presente Ley.

Asimismo, será objeto de esta Ley la adopción de medidas para la erradicación de la violencia de género mediante actuaciones de prevención y de protección integral a las víctimas, así como de sensibilización, educativas, formativas, de detección, atención y recuperación y todas las que resulten necesarias.

A efectos de la presente Ley, se considerarán víctimas de violencia de género y tendrán reconocidos los derechos de esta norma sin necesidad de interposición de denuncia, tanto si se trata de violencia física, violencia psicológica, violencia sexual o violencia económica:

a) La mujer que, por el hecho de serlo, independientemente de su edad, orientación o identidad sexual, origen, etnia, religión, o cualquier otra condición o circunstancia personal o social, sufra un daño o perjuicio sobre su persona. A estos efectos, el término «mujer» incluye a las menores de edad que puedan sufrir violencia de género.

b) Las hijas e hijos que sufran la violencia a la que está sometida su madre.

c) Las personas menores de edad, las personas mayores, las personas con discapacidad o en situación de dependencia, que estén sujetas a la tutela o guarda y custodia de la mujer víctima de violencia de género y que convivan en el entorno violento.

d) Las madres cuyos hijos e hijas hayan sido asesinados.

La presente Ley se estructura en un Título Preliminar, cuatro Títulos, tres Disposiciones adicionales una Disposición Transitoria y dos Disposiciones finales.

El Título Preliminar recoge las disposiciones generales que se refieren al objeto de la Ley, a su ámbito de aplicación, al concepto de violencia de género y a los principios que habrán de regir la actuación de los poderes públicos. Por tanto, con objeto de favorecer la igualdad y prevenir y erradicar la violencia de género, la actuación de los poderes públicos vendrá informada por el principio de accesibilidad a la comunicación, velando de manera especial por la protección y garantía de los derechos de las mujeres con discapacidad o mujeres en situación de especial vulnerabilidad.

El Título I establece las acciones de sensibilización y prevención. En el Capítulo I se fomentan las acciones para seguir avanzando en el conocimiento y la investigación de las causas, características y consecuencias de la violencia de género. En el Capítulo II se pretende, con la elaboración periódica de un plan integral, la acción planificada dirigida a la sensibilización, prevención, detección y protección integral. En el Capítulo III se determinan las medidas encaminadas a que la educación sea un elemento fundamental de prevención de la violencia y de promoción de la igualdad de mujeres y hombres, atendiendo además a los contenidos curriculares para la resolución pacífica de conflictos. En el Capítulo IV se recogen las medidas para promover una imagen de las mujeres no discriminatoria, respetando el principio de igualdad de mujeres y hombres, vigilancia de la publicidad sexista y especial atención al tratamiento de la violencia de género. Y en el Capítulo V se garantiza la adopción de medidas para la formación y especialización de las personas profesionales que atienden a las mujeres.

El Título II desarrolla las acciones de protección y atención a las mujeres, desde los distintos ámbitos de actuación. En el Capítulo I se establecen los derechos de las mujeres afectadas por la violencia de género. En el Capítulo II se promueven acciones destinadas a la formación en el ámbito de la seguridad y fomento de unidades policiales especializadas para la atención a las mujeres. En el Capítulo III se determinan las medidas para la detección precoz, atención y seguimiento de las intervenciones realizadas en el ámbito de la salud, así como la necesidad de reforzar la atención psicológica a las mujeres para facilitarles su equilibrio emocional. En el Capítulo IV se adoptan las medidas necesarias para garantizar una atención jurídica especializada, integral e inmediata. En el Capítulo V se recogen las medidas de atención social para garantizar a las mujeres el derecho a la información. En el Capítulo VI se determinan las medidas para la atención integral y acogida, consistentes en el desarrollo de un modelo de atención integral dirigido a garantizar la protección, la atención integral multidisciplinar, y la búsqueda de autonomía de las mujeres víctimas de violencia de género.

El Título III establece una serie de acciones para la recuperación integral de las mujeres. En el Capítulo I se recogen las ayudas socioeconómicas. En el Capítulo II se adoptan una serie de medidas tendentes a facilitar el acceso de las mujeres a las viviendas protegidas, y en el Capítulo III se fomentan medidas encaminadas a la formación y promoción del empleo y trabajo autónomo de las mujeres, y a la concienciación en el ámbito laboral.

El Título IV promueve las acciones para la coordinación y cooperación institucional, como principio básico de una política pública de carácter integral, orientada a sumar los esfuerzos de las instituciones, asociaciones y colectivos que trabajan en la erradicación de la violencia de género.

En desarrollo de estas leyes se han dictado las siguientes normativas:

• Decreto 12/2011 por el que se crea y regula la Comisión de Coordinación de las políticas autonómicas y locales para la Igualdad de Género.

• Decreto 17/2012 por el que se regula la elaboración del Informe de Evaluación del Impacto de Género.

IGUALDAD DE GÉNERO: CONCEPTOS GENERALES.

La Ley 12/2007 para la Promoción de la Igualdad de Género en Andalucía tiene como objetivo la consecución de la igualdad real y efectiva entre mujeres y hombres. La Constitución Española, aunque responde a un momento en el que todavía no se había desarrollado la sensibilidad social presente, proclama en su artículo 14, como valor superior del ordenamiento jurídico, la igualdad de toda la ciudadanía ante la ley, sin que pueda prevalecer discriminación alguna por razón de sexo. Por su parte, el artículo 9.2 establece la obligación de los poderes públicos de promover las condiciones para que la libertad y la igualdad del individuo y de los grupos en que se integra sean reales y efectivas. A estos preceptos constitucionales hay que unir la cláusula de apertura a las normas internacionales sobre derechos y libertades contenida en el artículo 10.2, las previsiones del artículo 96, integrando en el ordenamiento interno los tratados internacionales publicados oficialmente en España; y el artículo 93, autorizando las transferencias de competencias constitucionales a las organizaciones supranacionales mediante la aprobación de una ley orgánica.

La Ley Orgánica 3/2007, de 22 de marzo, para la igualdad efectiva de mujeres y hombres, constituye el marco de desarrollo del principio de igualdad de trato, incorpora sustanciales modificaciones legislativas para avanzar en la igualdad real de mujeres y hombres y en el ejercicio pleno de los derechos e implementa medidas transversales que inciden en todos los órdenes de la vida política, jurídica y social, a fin de erradicar las discriminaciones contra las mujeres.

La Comunidad Autónoma de Andalucía asume en el Estatuto de Autonomía para Andalucía un fuerte compromiso en esa dirección, cuando en su artículo 10.2 afirma que "la Comunidad Autónoma propiciará la efectiva igualdad del hombre y de la mujer andaluces, promoviendo la democracia paritaria y la plena incorporación de aquélla en la vida social, superando cualquier discriminación laboral, cultural, económica, política o social". Asimismo, en su artículo 15 "se garantiza la igualdad de oportunidades entre hombres y mujeres en todos los ámbitos". Finalmente, el artículo 38 del Estatuto de Autonomía para Andalucía establece "la prohibición de discriminación del artículo 14 y los derechos reconocidos en el Capítulo II vinculan a todos los poderes públicos andaluces y, dependiendo de la naturaleza de cada derecho, a los particulares, debiendo de ser interpretados en el sentido más favorable a su plena efectividad".

En consecuencia, los poderes públicos de la Comunidad Autónoma de Andalucía están vinculados a lo establecido en los tratados y en las normas constitucionales y estatutarias relacionadas, teniendo la obligación de adoptar las medidas necesarias para promover la igualdad de derechos de las mujeres y de los hombres. Para ello, deben ejercitar las competencias que les corresponden desde una perspectiva de género, formulando y desarrollando una política global de protección de los derechos de las mujeres. La igualdad formal debe llenarse de contenido a través de una actuación decidida de todos los poderes públicos y de una progresiva concienciación social e individual.

Se entiende por discriminación directa por razón de sexo la situación en que se encuentra una persona que sea, haya sido o pudiera ser tratada, en atención a su sexo, de manera menos favorable que otra en situación equiparable.

Se entiende por discriminación indirecta por razón de sexo la situación en que la aplicación de una disposición, criterio o práctica aparentemente neutros pone a las personas de un sexo en desventaja particular con respecto a las personas del otro, salvo que la aplicación de dicha disposición, criterio o práctica pueda justificarse objetivamente en atención a una finalidad legítima y que los medios para alcanzar dicha finalidad sean necesarios y adecuados.

Se entiende por representación equilibrada aquella situación que garantice la presencia de mujeres y hombres de forma que, en el conjunto de personas a que se refiera, cada sexo ni supere el sesenta por ciento ni sea menos del cuarenta por ciento.

El condicionamiento de un derecho o de una expectativa de derecho a la aceptación de una situación constitutiva de acoso sexual o de acoso por razón de sexo se considerará acto de discriminación por razón de sexo. Tendrá la misma consideración cualquier tipo de acoso.

Se entiende por transversalidad el instrumento para integrar la perspectiva de género en el ejercicio de las competencias de las distintas políticas y acciones públicas, desde la consideración sistemática de la igualdad de género.

Se entiende por acoso sexual la situación en que se produce cualquier comportamiento verbal, no verbal o físico de índole sexual, con el propósito o el efecto de atentar contra la dignidad de una persona, en particular cuando se crea un entorno intimidatorio, hostil, degradante, humillante u ofensivo.

Se entiende por acoso por razón de sexo la situación en que se produce un comportamiento relacionado con el sexo de una persona, con el propósito o el efecto de atentar contra la dignidad de la persona y crear un entorno intimidatorio, hostil, degradante, humillante u ofensivo.

VIOLENCIA DE GÉNERO: CONCEPTOS GENERALES.

Se entiende por violencia de género aquella que, como manifestación de la discriminación, la situación de desigualdad y las relaciones de poder de los hombres sobre las mujeres, se ejerce sobre estas por el hecho de serlo.

La violencia a que se refiere la Ley 13/2007 comprende cualquier acto de violencia basada en género que tenga como consecuencia, o que tenga posibilidades de tener como consecuencia, perjuicio o sufrimiento en la salud física, sexual o psicológica de la mujer, incluyendo amenazas de dichos actos, coerción o privaciones arbitrarias de su libertad, tanto si se producen en la vida pública como privada.

A los efectos de la presente Ley, se considera violencia de género:

a) Violencia física, que incluye cualquier acto de fuerza contra el cuerpo de la mujer, con resultado o riesgo de producir lesión física o daño, ejercida por quien sea o haya sido su cónyuge o por quien esté o haya estado ligado a ella por análoga relación de afectividad, aun sin convivencia. Asimismo, tendrán la consideración de actos de violencia física contra la mujer los ejercidos por hombres en su entorno familiar o en su entorno social y/o laboral.

b) Violencia psicológica, que incluye toda conducta, verbal o no verbal, que produzca en la mujer desvalorización o sufrimiento, a través de amenazas, humillaciones o vejaciones, exigencia de obediencia o sumisión, coerción, insultos, aislamiento, culpabilización o limitaciones de su ámbito de libertad, ejercida por quien sea o haya sido su cónyuge o por quien esté o haya estado ligado a ella por análoga relación de afectividad, aun sin convivencia. Asimismo, tendrán la consideración de actos de violencia psicológica contra la mujer los ejercidos por hombres en su entorno familiar o en su entorno social y/o laboral.

c) Violencia económica, que incluye la privación intencionada, y no justificada legalmente, de recursos para el bienestar físico o psicológico de la mujer y de sus hijas e hijos o la discriminación en la disposición de los recursos compartidos en el ámbito de la convivencia de pareja.

d) Violencia sexual y abusos sexuales, que incluyen cualquier acto de naturaleza sexual forzada por el agresor o no consentida por la mujer, abarcando la imposición, mediante la fuerza o con intimidación, de relaciones sexuales no consentidas, y el abuso sexual, con independencia de que el agresor guarde o no relación conyugal, de pareja, afectiva o de parentesco con la víctima.

PUBLICIDAD INSTITUCIONAL E IMAGEN PÚBLICA NO SEXISTA.

Las Administraciones públicas de Andalucía garantizarán un uso no sexista del lenguaje y un tratamiento igualitario en los contenidos e imágenes que utilicen en el desarrollo de sus políticas, en todos los documentos, titulaciones académicas y soportes que produzcan directamente o bien a través de personas o entidades. Todas las publicaciones y emisiones en las que la Junta de Andalucía participe garantizarán un tratamiento inclusivo y no discriminatorio de las mujeres.

Las entidades instrumentales de las Administraciones públicas de Andalucía, así como las corporaciones de derecho público de Andalucía, adaptarán su denominación oficial a un lenguaje no sexista, en el marco de sus respectivas normas reguladoras, y garantizarán un tratamiento igualitario en los contenidos e imágenes que utilicen en el desarrollo de sus actividades y en todos los documentos y soportes que produzcan directamente o bien a través de personas o entidades.

La Administración de la Junta de Andalucía promoverá que los colegios profesionales y las corporaciones de derecho público hagan un uso no sexista del lenguaje y un tratamiento igualitario en los contenidos e imágenes que utilicen.

Las Administraciones públicas de Andalucía, en el ámbito de sus respectivas competencias, adoptarán las medidas necesarias para garantizar una formación básica, progresiva y permanente de su personal en materia de igualdad de mujeres y hombres, con enfoque feminista y transformador de los roles tradicionales de género, a fin de hacer efectiva la integración de la perspectiva de género en la actuación administrativa, conforme a lo establecido en esta ley y sus normas de desarrollo.

A tal efecto, las Administraciones públicas de Andalucía elaborarán y desarrollarán sus respectivos planes de formación del personal a su servicio en materia de igualdad de mujeres y hombres, así como realizarán actividades de sensibilización para el personal que desempeñe funciones de dirección.

Por la Consejería competente en materia de igualdad se prestará apoyo a los organismos responsables de la formación de las empleadas y empleados públicos de Andalucía, con el fin de garantizar la formación continuada y la actualización permanente del personal responsable de la misma en materia de igualdad de mujeres y hombres.

El órgano competente de la Junta de Andalucía en materia de función pública garantizará la experiencia o capacitación específica del personal que vaya a ocupar puestos de trabajo entre cuyas funciones se incluyan las de elaborar e impulsar programas y prestar asesoramiento técnico en materia de igualdad de mujeres y hombres, estableciendo requisitos específicos de conocimiento en dicha materia para el acceso a los mismos.

Los poderes públicos de Andalucía promoverán la transmisión de una imagen igualitaria, plural y no estereotipada de los hombres y de las mujeres en todos los medios de información y comunicación, conforme a los principios y valores de nuestro ordenamiento jurídico y las normas específicas que les sean de aplicación.

A tales efectos se considerará ilícita, de conformidad con lo previsto en la legislación vigente en esta materia, la publicidad que atente contra la dignidad de la persona o vulnere los valores y derechos reconocidos en la Constitución, especialmente los que refieren sus artículos 18 y 20, apartado 4. Se entenderán incluidos en la previsión anterior los anuncios que presenten a las mujeres de forma vejatoria, bien utilizando particular y directamente su cuerpo o partes del mismo como mero objeto desvinculado del producto que se pretende promocionar, su imagen asociada a comportamientos estereotipados que vulneren los fundamentos de nuestro ordenamiento, coadyuvando a genenar la violencia a que se refiere la Ley Orgánica 1/2004, de 28 de diciembre, de Medidas de Protección Integral contra la Violencia de Género.

El Consejo Audiovisual de Andalucía, en el cumplimiento de las funciones que tiene asignadas, contribuirá a fomentar la igualdad de género y los comportamientos no sexistas en los contenidos de las programaciones ofrecidas por los medios de comunicación en Andalucía, así como en la publicidad que emitan.

Los medios de comunicación social públicos incorporarán la perspectiva de género de forma transversal, promoverán la aplicación de un uso no sexista del lenguaje, impulsarán la transmisión de una imagen de las mujeres y los hombres libre de estereotipos sexistas y velarán por que los contenidos de las programaciones cumplan con el principio de igualdad de género.

Igualmente, los medios de comunicación social evitarán difundir cualquier contenido, emisión o publicidad sexista que justifique, banalice o incite a la violencia de género.

A este respecto, usarán un lenguaje adecuado que visibilice la violencia sufrida por las víctimas de violencia de género, de una manera crítica hacia la conducta del agresor, y presentarán a las hijas e hijos menores de las mismas como víctimas directas de dicha violencia, preservando su protección y tratamiento de la información.

Los medios de comunicación social adoptarán, mediante autorregulación, códigos de conducta con el fin de asumir y transmitir el principio de igualdad de género. Asimismo, colaborarán con las campañas institucionales dirigidas a fomentar la igualdad entre mujeres y hombres y la erradicación de la violencia de género, darán visibilidad a las mujeres en la programación y contenidos y promoverán una representación equilibrada de mujeres y hombres en los debates públicos con personas expertas.

La Administración de la Junta de Andalucía, a través del órgano con competencias en la materia, garantizará la aplicación del principio de igualdad y transversalidad de género en todas las instancias, instituciones, entidades de cualquier naturaleza jurídica y acciones que se desarrollen en el sector audiovisual de Andalucía, aplicando de forma rigurosa y sistemática la normativa vigente sobre el fomento de la igualdad entre mujeres y hombres, y especialmente:

a) Impulsará el desarrollo de un código de buenas prácticas que ayude a delimitar los conceptos de sexismo y estereotipos sexistas, y de lucha contra la violencia de género, para su aplicación en los ámbitos de la comunicación y la publicidad.

b) Establecerá indicadores que midan la igualdad de género en los medios de comunicación social y en la publicidad.

c) Promoverá la elaboración de programas, la emisión de mensajes y la alfabetización mediática coeducativa, que contribuyan a la educación en valores de igualdad de género y no violencia, especialmente dirigidos a adolescentes y jóvenes.

d) Impulsará la formación sobre igualdad y violencia de género, así como sobre integración de la perspectiva de género, en las facultades y profesiones relacionadas con los medios de comunicación.

e) Fomentará el establecimiento de acuerdos que coadyuven al cumplimiento de los objetivos en materia de igualdad de género y erradicación de la violencia de género establecidos en la ley.

f) Promoverá espacios en los medios de comunicación públicos de la Comunidad Autónoma, para que realicen la labor de divulgación, información y concienciación, para la consecución de la igualdad real entre mujeres y hombres.

La Administración de la Junta de Andalucía promoverá una presencia equilibrada de mujeres y hombres en órganos de dirección y decisión de los medios de comunicación social.

TEMA 16

LA IGUALDAD DE GÉNERO EN LAS POLÍTICAS PÚBLICAS: CONCEPTO DE ENFOQUE DE GÉNERO Y TRANSVERSALIDAD. LA INTEGRACIÓN DE LA TRANSVERSALIDAD EN LA JUNTA DE ANDALUCÍA. ARQUITECTURA DE GÉNERO EN LA JUNTA DE ANDALUCÍA.

LA IGUALDAD DE GÉNERO EN LAS POLÍTICAS PÚBLICAS: CONCEPTO DE ENFOQUE DE GÉNERO Y TRANSVERSALIDAD.

Se entiende por transversalidad el instrumento para integrar la perspectiva de género en el ejercicio de las competencias de las distintas políticas y acciones públicas, desde la consideración sistemática de la igualdad de género.

Los poderes públicos potenciarán que la perspectiva de la igualdad de género esté presente en la elaboración, ejecución y seguimiento de las disposiciones normativas, de las políticas en todos los ámbitos de actuación, considerando sistemáticamente las prioridades y necesidades propias de las mujeres y de los hombres, teniendo en cuenta su incidencia en la situación específica de unas y otros, al objeto de adaptarlas para eliminar los efectos discriminatorios y fomentar la igualdad de género.

Se entiende por Enfoque integrado de Género la metodología de intervención basada en la integración de la perspectiva de género en todas las esferas de la vida, en todos los niveles de intervención y en todas las fases de programación de una intervención. Se conoce también como Mainstreaming de Género.

Integración de la igualdad de Oportunidades en el conjunto de las políticas (" Mainstreaming de Género") Se refiere a integrar sistemáticamente las situaciones, prioridades y necesidades respectivas de mujeres y hombres en todas las políticas, con vistas a promover la igualdad entre mujeres y hombres, y recurrir a todas las políticas y medidas generales con el fin específico de lograr la igualdad, teniendo en cuenta activa y abiertamente, desde la fase de planificación, sus efectos en las situaciones respectivas de unas y otros cuando se apliquen, supervisen y evalúen las políticas diseñadas.

Mainstreaming de género es un término anglosajón que se utiliza para definir la integración de la igualdad de oportunidades en el conjunto de todas las políticas (elaboración, aplicación y seguimiento) y actuaciones públicas de los gobiernos.

LA INTEGRACIÓN DE LA TRANSVERSALIDAD EN LA JUNTA DE ANDALUCÍA.

Los poderes públicos de Andalucía incorporarán la evaluación del impacto de género en el desarrollo de sus competencias, para garantizar la integración del principio de igualdad entre hombres y mujeres.

Todos los proyectos de ley, disposiciones reglamentarias y planes que apruebe el Consejo de Gobierno incorporarán, de forma efectiva, el objetivo de la igualdad por razón de género. A tal fin, en el proceso de tramitación de esas decisiones, deberá emitirse, por parte de quien reglamentariamente corresponda, un informe de evaluación del impacto de género del contenido de las mismas.

Dicho informe de evaluación de impacto de género irá acompañado de indicadores pertinentes en género, mecanismos y medidas dirigidas a paliar y neutralizar los posibles impactos negativos que se detecten sobre las mujeres y los hombres, así como a reducir o eliminar las diferencias encontradas, promoviendo de esta forma la igualdad entre los sexos.

La emisión del informe de evaluación del impacto de género corresponderá al centro directivo competente para la iniciación del procedimiento de elaboración de la disposición de que se trate.

Con carácter preceptivo, el informe de evaluación del impacto de género acompañará al acuerdo de iniciación del procedimiento de elaboración de la disposición.

Conforme a lo establecido en el artículo 4.a) del Decreto 275/2010, de 27 de abril, por el que se regulan las Unidades de Igualdad de Género en la Administración de la Junta de Andalucía, éstas asesorarán a los órganos competentes en la elaboración de los informes de evaluación del impacto por razón de género, formulando observaciones a los mismos y valorando su contenido. Tales observaciones y valoraciones serán incorporadas al expediente de elaboración de la norma, plan u oferta pública de empleo.

El informe de evaluación del impacto de género deberá contener, como mínimo, los siguientes extremos:

a) Enumeración de la legislación vigente en materia de igualdad de género, citando expresamente las normas que afectan a la disposición.

b) Identificación y análisis del contexto social de partida de mujeres y hombres en relación con la disposición de que se trate, con inclusión de indicadores de género que permitan medir si la igualdad de oportunidades entre ambos sexos será alcanzada a través de las medidas que se pretenden regular en aquella, e incorporando datos desagregados por sexos recogidos preferentemente en estadísticas oficiales y acotados al objeto de la norma.

c) Análisis del impacto potencial que la aprobación de las medidas que se pretenden regular producirá entre las mujeres y hombres a quienes afecten.

d) Incorporación de mecanismos y medidas dirigidas a neutralizar los posibles impactos negativos que se detecten sobre las mujeres y los hombres, así como a reducir o eliminar las diferencias encontradas.

En el caso en que la disposición no produzca efectos, ni positivos ni negativos, sobre la igualdad de oportunidades entre hombres y mujeres, se reflejará esta circunstancia en el informe del impacto de género, siendo en todo caso necesario revisar el lenguaje del proyecto para evitar sesgos sexistas.

El centro directivo competente para la emisión del informe de evaluación del impacto de género lo remitirá al Instituto Andaluz de la Mujer junto con las observaciones de la Unidad de igualdad de género de la Consejería y el proyecto de disposición, acreditándolo en el respectivo expediente y antes de su envío a la Comisión General de Viceconsejeros y Viceconsejeras o, en caso de proyectos de disposiciones en las que no sea necesario dicho trámite, antes de su aprobación.

ARQUITECTURA DE GÉNERO EN LA JUNTA DE ANDALUCÍA.

El Presupuesto de la Comunidad Autónoma de Andalucía será un elemento activo en la consecución de forma efectiva del objetivo de la igualdad entre mujeres y hombres; a tal fin, la Comisión de Impacto de Género en los Presupuestos, dependiente de la Consejería con competencias en la materia, con participación del Instituto Andaluz de la Mujer, emitirá el informe de evaluación de impacto de género sobre el anteproyecto de Ley del Presupuesto de la Comunidad Autónoma de cada ejercicio.

La Comisión de Impacto de Género en los Presupuestos impulsará y fomentará la preparación de anteproyectos con perspectiva de género de los estados de ingresos y de gastos en las diversas Consejerías y, cuando proceda, de recursos y dotaciones de las entidades instrumentales de la Administración de la Junta de Andalucía. Además, promoverá la realización de auditorías de género en las Consejerías y entidades instrumentales de la Administración de la Junta de Andalucía e impulsará la aplicación de la perspectiva del enfoque de género en el plan de auditorías de cada ejercicio.

La Cámara de Cuentas de Andalucía incorporará en el informe sobre la Cuenta General de la Comunidad Autónoma la fiscalización del cumplimiento de la perspectiva de género en el presupuesto de la Junta de Andalucía.

Se crean Unidades de Igualdad de Género en todas las Consejerías de la Junta de Andalucía, con el fin de impulsar, coordinar e implementar la perspectiva de género en la planificación, gestión y evaluación en sus respectivas políticas.

Cada Consejería encomendará a uno de sus órganos directivos las funciones de la Unidad de Igualdad de Género en los términos que se establezcan reglamentariamente.

La Administración de la Junta de Andalucía garantizará el asesoramiento y la formación de su personal en materia de igualdad de género para implementar eficazmente las políticas públicas con perspectiva de género.

Son funciones de la Unidad:

1. Facilitar la integración de la perspectiva de género en los sistemas de análisis, seguimiento y evaluación de los planes y programas desarrollados por la Junta de Andalucía.
2. Identificar las necesidades y potencialidades de los centros en relación con la integración de la perspectiva de género.
3. Facilitar a los equipos gestores formación en el enfoque integrado de género como marco de intervención común.
4. Ofrecer asesoramiento especializado y permanente a los centros gestores en las materias relacionadas con la integración de la perspectiva de género en su gestión.

Por medio del decreto 275/2010 por el que se regulan las Unidades de Igualdad de Género en la Administración de la Junta de Andalucía, se instauran estas unidades en todas las Consejerías, con el fin de impulsar, coordinar e implementar la perspectiva de género en la planificación, gestión y evaluación de las políticas desarrolladas por las respectivas Consejerías.

Las Unidades de Igualdad de Género de las Consejerías, o en su caso, agencias administrativas o agencias de régimen especial, ejercerán cuantas funciones resulten necesarias para el cumplimiento de sus fines y, en especial, las siguientes:

a) Asesorar a los órganos competentes de la Consejería en la elaboración del informe de evaluación del impacto por razón de género, previsto en el artículo 6 de la Ley 12/2007, de 26 de noviembre.

b) Llevar a cabo el seguimiento, evaluación del desarrollo y cumplimiento del Plan Estratégico para la Igualdad de mujeres y hombres establecido por el artículo 7 de la Ley 12/2007, de 26 de noviembre, sin perjuicio de las funciones que, a tales efectos, correspondan a otros órganos.

c) Recibir las estadísticas oficiales de su Consejería y de sus entidades instrumentales, y realizar el análisis, seguimiento y control de los datos desde la dimensión de género.

d) Impulsar la formación y sensibilización del personal de la Consejería o entidades instrumentales en relación al alcance y significado del principio de igualdad de oportunidades, mediante la formulación de propuestas de acciones formativas.

e) Asesorar, en la elaboración de los planes de igualdad regulados en el artículo 32 de la Ley 12/2007, de 26 de noviembre, que se proyecten en su respectivo ámbito de actuación por la Administración de la Junta de Andalucía, así como colaborar en la evaluación de dichos planes y favorecer la elaboración de medidas correctoras.

f) Impulsar y apoyar el desarrollo de medidas de conciliación de la vida laboral, familiar y personal de las mujeres y hombres que se adopten desde la Consejería competente en materia de función pública.

g) Realizar la asistencia técnica al personal y órganos de la Consejería y de sus entidades instrumentales en relación a la aplicación de las políticas de igualdad, y especialmente en el seguimiento de la publicidad institucional.

h) Colaborar con el Instituto Andaluz de la Mujer al objeto de garantizar la adecuada cooperación en la coordinación de las actuaciones en materia de igualdad de mujeres y hombres, de acuerdo con lo establecido en la disposición adicional única, de la Ley 12/2007, de 26 de noviembre.

i) En general, velar por la aplicación efectiva del principio de igualdad de oportunidades entre mujeres y hombres.

El Decreto 154/2011, de 10 de mayo, por el que se regula el Consejo Andaluz de Participación de las Mujeres tiene por objeto la regulación de la composición, funciones y régimen de funcionamiento del Consejo Andaluz de Participación de las Mujeres, en lo sucesivo el Consejo.

El Consejo se configura como un órgano colegiado de participación de las organizaciones de mujeres en las políticas de igualdad de género de la Junta de Andalucía. Se adscribe orgánicamente a la Consejería competente en materia de igualdad y funcionalmente al Instituto Andaluz de la Mujer.

A los efectos de este Decreto se entenderá por organizaciones de mujeres las asociaciones, federaciones y confederaciones de mujeres que se encuentren inscritas en el Censo de Entidades Colaboradoras con el Instituto Andaluz de la Mujer para la promoción de la igualdad de género en Andalucía.

Corresponderán al Consejo las siguientes funciones:

a) Representar ante la Administración de la Junta de Andalucía los intereses de las organizaciones de mujeres andaluzas en las políticas de aplicación de la promoción de la igualdad efectiva entre mujeres y hombres ante la Administración de la Junta de Andalucía.

b) Servir de cauce de participación activa de las organizaciones de mujeres de Andalucía en las políticas de igualdad de género de la Administración Autonómica Andaluza.

c) Colaborar con la Consejería competente en materia de igualdad para el impulso y la promoción de la participación de las mujeres en la vida política, económica, cultural y social de Andalucía, en concreto proponiendo a la Consejería competente en materia de igualdad las medidas e iniciativas que estime necesarias.

d) Asesorar a la Consejería competente en materia de igualdad sobre las disposiciones de carácter general en materias de su competencia que hayan de ser sometidas a la aprobación del Consejo de Gobierno.

e) Canalizar las demandas de las mujeres andaluzas en los procedimientos de elaboración y desarrollo de los Planes de la Consejería competente en materia de igualdad.

f) Difundir el valor de la igualdad en la sociedad andaluza, defender los derechos e intereses de las mujeres, así como fortalecer el movimiento asociativo y la coordinación entre las organizaciones de mujeres para la consecución de sus objetivos comunes.

g) Elaborar cuantos informes considere convenientes en orden a la mejora de la situación de la mujer andaluza y de la sensibilización social en esta materia.

h) Colaborar con los diferentes colectivos y organizaciones relacionados con la igualdad de oportunidades dentro y fuera de Andalucía, así como fomentar la interrelación con los órganos locales de participación en relación con la igualdad de oportunidades entre mujeres y hombres y potenciar la colaboración con otras entidades de análoga naturaleza y fines de otras Comunidades Autónomas.

i) Velar por el incremento de la participación de las mujeres en los órganos de gobierno y en los procesos de toma de decisión, tanto en el ámbito público como privado.

j) Cualquier otra que le sea atribuida por la Consejería competente en materia de igualdad.

El Consejo estará integrado por una Presidencia, tres Vicepresidencias, una Secretaría y veintiséis vocalías en representación de las organizaciones de mujeres. Así mismo podrán formar parte del Consejo hasta tres personas con reconocida trayectoria profesional en el movimiento asociativo de mujeres, que actuarán con voz pero sin voto.

La Presidencia será ejercida por la persona titular de la Presidencia de la Junta de Andalucía.

La Vicepresidencia Primera estará ocupada por la persona titular de la Consejería competente en materia de igualdad; la Vicepresidencia Segunda será elegida por y entre las personas que ocupen puesto en las vocalías del Consejo en representación de las organizaciones de mujeres, exigiéndose mayoría simple; y la Vicepresidencia Tercera estará ocupada por la persona titular de la Dirección del Instituto Andaluz de la Mujer.

Las veintiséis vocalías en representación de las organizaciones de mujeres serán elegidas teniendo en cuenta lo siguiente:

a) Diez en representación de las organizaciones de mujeres de ámbito supraprovincial o regional.

b) Dieciséis, dos por provincia, en representación de las organizaciones de mujeres cuyo ámbito de actuación no supere el de una provincia.

No podrán estar directamente representadas en las vocalías del Consejo aquellas organizaciones de mujeres cuyo ámbito de actuación no supere el de una provincia, siempre que se den de forma conjunta las siguientes circunstancias:

a) Estar integradas en organizaciones de mujeres de ámbito supraprovincial o regional.

b) Tener el mismo sector de actuación que la organización supraprovincial o regional de la que forme parte.

c) Haber presentado candidatura a las vocalías del Consejo por parte de la organización de ámbito supraprovincial o regional de la que forma parte.

La Secretaría del Consejo será desempeñada por una persona funcionaria que desempeñe un puesto de Jefatura de Servicio, y su nombramiento se realizará por la persona que ostenta la Vicepresidencia primera del Consejo, a propuesta de la persona titular de la Dirección del Instituto Andaluz de la Mujer por un periodo de cuatro años, prorrogables por periodos de igual duración y sin limitación alguna.

Podrán formar parte como vocales del Pleno del Consejo hasta un máximo de tres personas con reconocida trayectoria profesional en el movimiento asociativo de mujeres, que actuarán con voz y sin voto de acuerdo con lo establecido en el Reglamento interno del Consejo. Su nombramiento se realizará por la persona que ostenta la Vicepresidencia Primera del Consejo, a propuesta del Pleno del Consejo, por un periodo de dos años, prorrogables por periodos de igual duración y sin limitación alguna.

Las funciones de la Presidencia, las Vicepresidencias y las vocalías del Consejo serán las establecidas en la Sección 1.ª del Capítulo II del Título IV de la Ley 9/2007, de 22 de octubre, de la Administración de la Junta de Andalucía, y en la Ley 40/2015 de régimen jurídico del Sector Público. Por la persona titular de la Presidencia, se podrán delegar expresamente en cualesquiera de las Vicepresidencias, aquellas funciones que estime oportuno de las que le atribuye la legislación vigente y la normativa reguladora de este Consejo.

La Vicepresidencia Segunda será la representante del Consejo Andaluz de Participación de las Mujeres en el Observatorio Andaluz de la Violencia de Género, en el que participará en calidad de vocal nata del mismo. Como suplente actuará una de las vocales pertenecientes al movimiento asociativo de mujeres de las que integran la Comisión Permanente del Consejo, designada por mayoría de la citada Comisión.

TEMA 17

EL PRESUPUESTO: CONCEPTO. LOS PRINCIPIOS PRESUPUESTARIOS. EL PRESUPUESTO POR PROGRAMAS. EL CICLO PRESUPUESTARIO: ELABORACIÓN, APROBACIÓN Y RENDICIÓN DE CUENTAS DEL PRESUPUESTO DE LA COMUNIDAD AUTÓNOMA DE ANDALUCÍA.

EL PRESUPUESTO: CONCEPTO.

De conformidad con lo previsto en el Estatuto de Autonomía, el Presupuesto de la Junta de Andalucía constituye la expresión cifrada, conjunta y sistemática de las obligaciones que, como máximo, pueden reconocer la Junta de Andalucía, sus agencias administrativas y de régimen especial y sus instituciones, y de los derechos que prevean liquidar durante el correspondiente ejercicio, así como las estimaciones de gastos e ingresos a realizar por las agencias públicas empresariales, por las sociedades mercantiles del sector público andaluz, por los consorcios, fundaciones y las demás entidades previstas en el artículo 5.1 de la presente ley, y por la dotación para operaciones financieras de los fondos regulados en el artículo 5.3. del decreto legislativo 1/2010 del texto refundido de la Ley General de Hacienda de la Junta de Andalucía.

El ejercicio presupuestario coincidirá con el año natural y a él se imputarán:

a) Los derechos liquidados durante el mismo, cualquiera que sea el periodo de que deriven.

b) Las obligaciones reconocidas hasta el 31 de diciembre con cargo a los referidos créditos.

El Presupuesto será único e incluirá la totalidad de los gastos e ingresos de la Junta de Andalucía y demás entidades referidas en el artículo 31.

El Presupuesto contendrá:

a) Los estados de gastos de la Junta de Andalucía y de sus agencias administrativas y de régimen especial, en los que se incluirán, con la debida especificación, los créditos necesarios para atender el cumplimiento de las obligaciones.

b) Los estados de ingresos de la Junta de Andalucía y de sus agencias administrativas y de régimen especial, en los que figuren las estimaciones de los distintos derechos económicos que se prevean liquidar durante el correspondiente ejercicio.

c) Los estados de gastos e ingresos de sus instituciones.

d) Los presupuestos de explotación y de capital de las agencias públicas empresariales y de las sociedades mercantiles del sector público andaluz. Las agencias públicas empresariales y las sociedades mercantiles del sector público andaluz que deban presentar cuentas anuales consolidadas presentarán los presupuestos de explotación y capital de forma individual y de forma consolidada.

e) Los presupuestos de explotación y de capital de los consorcios, fundaciones y demás entidades referidas en el artículo 5.1.

f) Los presupuestos de explotación y de capital de las restantes agencias públicas empresariales y de las sociedades mercantiles del sector público andaluz.

La estructura del Presupuesto de ingresos y gastos se determinará por la Consejería competente en materia de Hacienda, teniendo en cuenta la organización de la Junta de Andalucía y de sus agencias administrativas y de régimen especial e instituciones, la naturaleza económica de los ingresos y de los gastos, las finalidades y objetivos que con estos últimos se propongan conseguir y los programas de inversiones previstos en los correspondientes planes económicos vigentes.

El estado de gastos aplicará la clasificación orgánica, funcional por programas y económica. Los gastos de inversión se clasificarán territorialmente. El estado de ingresos aplicará la clasificación orgánica y económica.

La clasificación económica de gastos e ingresos contendrá las transferencias necesarias para la financiación de las agencias administrativas, de régimen especial, públicas empresariales del artículo 2.c) y consorcios adscritos, que equilibren los gastos e ingresos de sus respectivos presupuestos y permitan obtener la cuenta consolidada del Presupuesto.

El procedimiento de elaboración del Presupuesto se ajustará a las siguientes reglas:

El Consejo de Gobierno aprobará cada año, a propuesta de la Consejería competente en materia de Hacienda, el marco presupuestario a medio plazo que servirá de referencia para la elaboración del Presupuesto anual.

Las Consejerías y los distintos órganos, instituciones y agencias administrativas y de régimen especial, con dotaciones diferenciadas en el Presupuesto de la Junta de Andalucía, remitirán a la Consejería competente en materia de Hacienda, antes del día 1 de julio de cada año, los correspondientes anteproyectos de estado de gastos, debidamente documentados, de acuerdo con las leyes que sean de aplicación y con las directrices aprobadas por el Consejo de Gobierno, a propuesta de la persona titular de la Consejería competente en materia de Hacienda.

Del mismo modo, y antes de dicho día, las distintas Consejerías remitirán a la competente en materia de Hacienda los anteproyectos de estado de ingresos y gastos y, cuando proceda, de recursos y dotaciones de sus agencias públicas empresariales, sociedades mercantiles del sector público andaluz, y de los consorcios, fundaciones y otras entidades indicadas en el artículo 31, así como los anteproyectos de presupuestos de los fondos sin personalidad jurídica.

El estado de ingresos del Presupuesto de la Junta de Andalucía será elaborado por la Consejería competente en materia de Hacienda, conforme a las correspondientes técnicas de evaluación y al sistema de tributos y demás derechos que hayan de regir en el respectivo ejercicio.

El Presupuesto se ajustará al límite de gasto no financiero que apruebe el Consejo de Gobierno a propuesta de la Consejería competente en materia de Hacienda, y su contenido se adaptará a las líneas generales de política económica establecidas en los planes económicos vigentes, y recogerá la anualidad de las previsiones contenidas en los programas plurianuales de inversiones públicas establecidas en los mismos.

Las Consejerías y los distintos órganos, instituciones, agencias administrativas, de régimen especial y públicas empresariales referidas en el artículo 33.2.c) y consorcios adscritos, con dotaciones diferenciadas en el Presupuesto de la Junta de Andalucía, adaptarán en su caso los estados de gastos remitidos, conforme a las previsiones del Anteproyecto.

Del mismo modo, deberán comunicar a sus entidades instrumentales adscritas la financiación que les corresponde, de acuerdo a lo previsto en el artículo 58.5.

Cuando las normas de organización y funcionamiento de las agencias y consorcios adscritos recojan la aprobación de los anteproyectos de estados de gastos de sus Presupuestos, dicho acto se realizará por los órganos que tengan atribuida esta competencia en las diferentes entidades, una vez adaptados en su caso los estados de gastos remitidos, conforme a las previsiones del Anteproyecto.

El estado de gastos incluirá una dotación diferenciada de crédito para atender, cuando proceda, necesidades inaplazables de carácter no discrecional y no previstas en el Presupuesto, que se recogerá con la denominación de Fondo de Contingencia».

Con base en los referidos anteproyectos, en las estimaciones de ingresos y en la previsible actividad económica durante el ejercicio presupuestario siguiente, la Consejería competente en materia de Hacienda someterá al acuerdo del Consejo de Gobierno, previo estudio y deliberación de la Comisión Delegada para Asuntos Económicos, el anteproyecto de Ley del Presupuesto, con separación de los estados de ingresos y gastos correspondientes a la Junta de Andalucía y sus instituciones, y de los relativos a sus agencias administrativas y de régimen especial

Como documentación anexa al anteproyecto de Ley del Presupuesto, se remitirá al Consejo de Gobierno:

a) La cuenta consolidada del Presupuesto.

b) La memoria explicativa de su contenido y de las principales modificaciones que presente el anteproyecto comparado con el Presupuesto vigente.

c) La liquidación del Presupuesto del año anterior y un avance de la del ejercicio corriente.

d) Un informe económico y financiero.

e) La clasificación por programas del Presupuesto.

f) El informe de evaluación de impacto de género.

g) El Anexo de Inversiones.

h) El Anexo de Personal.

El proyecto de Ley del Presupuesto y la documentación anexa se remitirán al Parlamento de Andalucía al menos dos meses antes de la expiración del Presupuesto corriente, para su examen, enmienda y aprobación.

Si la Ley del Presupuesto no fuera aprobada por el Parlamento de Andalucía antes del primer día del ejercicio económico que haya de regir se considerará automáticamente prorrogado el del ejercicio inmediatamente anterior, con la estructura y aplicaciones contables del proyecto remitido, en su caso, hasta la aprobación y publicación del nuevo en el Boletín Oficial de la Junta de Andalucía.

La prórroga no afectará a las operaciones de capital y financieras, correspondientes a programas y servicios no incluidos en el Anexo de Inversiones del Presupuesto del ejercicio que se prorroga. Tampoco afectará a transferencias corrientes que no se relacionen con el funcionamiento de los servicios.

El importe de los beneficios fiscales que afecten a los tributos de la Comunidad Autónoma se consignará expresamente en el Presupuesto.

Las cuentas de la Junta de Andalucía se rendirán al Tribunal de Cuentas y a la Cámara de Cuentas de Andalucía, de acuerdo con las disposiciones que regulan las funciones de estas instituciones, serán censuradas por las mismas y sometidas al control del Parlamento de Andalucía.

Los derechos liquidados y las obligaciones reconocidas se aplicarán al Presupuesto por su importe íntegro, quedando prohibido atender obligaciones mediante minoración de los derechos liquidados o ya ingresados. Se exceptúan de lo anterior las devoluciones de ingresos que se declaren indebidos por el Tribunal o autoridad competente.

LOS PRINCIPIOS PRESUPUESTARIOS.

Con la expresión "principios presupuestarios" nos estamos refiriendo a una serie de reglas que resumen la disciplina de la institución presupuestaria y cuyo respeto asegura el cumplimiento de la finalidad básica de dicha institución: permitir el control parlamentario del proceso de asignación de los recursos públicos así como la correspondencia entre dicha asignación y su ejecución.

Desde el nacimiento de la institución presupuestaria, su elaboración está supeditada al cumplimiento de una serie de principios informadores. Estos principios han ido evolucionando a lo largo del tiempo, conforme lo hacía la situación económica y política de las naciones. Los principios tratan de dar respuesta a tres preguntas básicas: ¿Quién debe diseñar el presupuesto? ¿Cómo debe ser dicho presupuesto? ¿En función de qué criterios económicos se elabora el presupuesto? La respuesta se encuentra en los principios políticos, contables y económicos respectivamente.

La elaboración de una serie de principios presupuestarios como pilares en los que habrían de sustentarse cuestiones de tanto calado como el contenido de un presupuesto, su elaboración formal o las normas de disciplina político – administrativa a que ha de someterse, fue tratada tempranamente por la escuela económica clásica, que alumbró los llamados "principios presupuestarios clásicos".

El conjunto de estos principios, si bien se han mantenido en los diversos tratamientos otorgados a la problemática presupuestaria, han perdido – en muchos casos – la importancia que se les concedió por la ya mencionada escuela económica clásica. Esta cesión de vigor y aplicación se aprecia claramente, entre otros, en el "principio de competencia".

Basados en la doctrina de la división de poderes y en la soberanía popular características del siglo XIX, estos principios están encaminados a conseguir el máximo control del ejecutivo. De este modo, para controlar la autorización presupuestaria del Legislativo al Ejecutivo, las normas constitucionales establecen una serie de principios que deben informar el proceso presupuestario.

Los **principios políticos** característicos del presupuesto clásico han sido tradicionalmente los siguientes:

Competencia: Garantiza el equilibrio de poderes, en base al siguiente reparto de competencias: el Legislativo aprueba el presupuesto y las cuentas generales; el ejecutivo prepara y ejecuta el presupuesto; el judicial fiscaliza. El Parlamento como representante de la soberanía popular en ejercicio de la competencia legislativa, autoriza los presupuestos del Ejecutivo. El Gobierno tiene la competencia para la elaboración y ejecución de los presupuestos autorizados. Es el principio fundamental. La vigente Constitución de 1978, determina en su artículo 134.1: "Corresponde al Gobierno la elaboración de los Presupuestos Generales del Estado y a las Cortes Generales su examen, enmienda y aprobación".

Universalidad: Los presupuestos deberán incluir la totalidad de los ingresos y gastos públicos sin minoraciones. En consecuencia, el Ejecutivo únicamente podrá gastar los importes contenidos en el presupuesto. Los ingresos tienen, no obstante, carácter estimativo y no vinculan al Gobierno en su cuantía. La Constitución contempla este principio en el artículo 134.2, antes citado, cuando establece que los Presupuestos "incluirán la totalidad de los gastos e ingresos del Sector Público Estatal".

Unidad: Todos los ingresos y gastos públicos se incluirán en un solo presupuesto, prohibiendo la existencia de presupuestos extraordinarios y especiales. Es una consecuencia del principio de universalidad y tiene por objeto facilitar al Legislativo el ejercicio del control presupuestario.

Especialidad: El Parlamento al aprobar los presupuestos elige una serie de alternativas y los recursos precisos para financiarlas. Dichas elecciones, vinculan al Ejecutivo y deben ser cumplidas en su ejecución. Incluye las denominadas especialidades presupuestarias con una triple acepción: para un determinado destino (cualitativa); por un determinado importe (cuantitativa) y para un período de tiempo determinado (temporal).

Anualidad: La autorización parlamentaria del presupuesto, ha de tener una vigencia determinada, el denominado ejercicio presupuestario, que en la mayoría de los países coincide con el año natural y transcurrido el cual perderá su valor, salvo que se prorroguen. Como excepción a este principio y por la naturaleza de determinados créditos se prevé la plurianualidad para alguna clase de gastos (ejemplo: las inversiones), o el pago de obligaciones de ejercicios anteriores con cargo al presupuesto corriente.

La contabilidad pública tenía para los clásicos un carácter de instrumento de control presupuestario, comprobando que los recursos son gestionados conforme a los principios políticos y económicos.

Los **principios contables** son, en definitiva, una traducción a la técnica contable de los principios políticos. Son los siguientes:

Presupuesto bruto: Se corresponde con el de universalidad. La contabilidad ha de llevarse por un sistema administrativo y no especulativo y como consecuencia del principio de universalidad, se exige que todas las partidas se consignen en el presupuesto, sin aumentos o minoraciones.

Unidad de caja: Derivado del principio político de unidad, establece que todos los ingresos y gastos de la Hacienda Pública deben realizarse a través de la misma caja. Persigue coordinar la tesorería de los caudales públicos, prohibiendo las cajas especiales.

Especificación: Tiene su origen en el principio de especialidad y reduce la discrecionalidad del Ejecutivo en la gestión presupuestaria, que ha de acomodarse a lo autorizado por el Parlamento, al aprobar el presupuesto con el limite cualitativo y cuantitativo, los cuales contablemente debe ser comprobados. También se articula en una triple acepción: cualitativa, cuantitativa y temporal.

Ejercicio cerrado: Se corresponde con el de anualidad. A través del principio de ejercicio cerrado se establece una limitación a cualquier prórroga contable de una actuación presupuestaria vencida. Cuando haya que realizar un pago o percibir un ingreso por cuenta de otro ejercicio, se abre una cuenta especial.

Para los economistas liberales la actividad económica del Estado tenía que ser lo más limitada posible y ajustarse a una serie de reglas que debían orientar el presupuesto y la gestión de la actividad financiera del Sector Público.

Los **principios económicos**, están íntimamente ligados a la filosofía financiera clásica:

• Limitación del gasto o gasto mínimo, derivado del hecho de que el gasto público se considera improductivo desde la perspectiva de los economistas clásicos.

• Equilibrio presupuestario, regla de oro de la hacienda clásica. Se basa en que deben coincidir los ingresos y los gastos públicos del presupuesto. Tiene por objeto limitar la participación pública en el mercado, pues ello ocasionaría una intromisión en la economía privada y una disminución de la riqueza y capacidad económica de los ciudadanos.

• Neutralidad impositiva, porque los impuestos no deben entorpecer ni perjudicar el desarrollo económico de un país.

• Autoliquidación de la deuda, que parte del paralelismo entre el Estado y las empresas privadas, considerando que la emisión de deuda pública solo está justificada para la financiación de inversiones productoras de riqueza, con la cual se van a poder pagar sus intereses y amortizar el principal, ya que a través de la emisión de deuda pública el Estado detrae capital que podría utilizarse para empleos productivos. Señala pues, que el endeudamiento excepcional del sector público sólo debe utilizarse para financiar gastos públicos de inversión capaces de generar recursos suficientes como para hacer frente a la amortización y al pago de intereses.

La Administración de la Hacienda de la Junta de Andalucía estará sometida a los siguientes principios presupuestarios:

a) De estabilidad presupuestaria.

b) De eficiencia y economía.

c) De coordinación, transparencia y eficacia en la gestión.

d) De presupuesto anual.

e) De unidad de caja.

f) De intervención de todas las operaciones de contenido económico.

g) De contabilidad pública, tanto para reflejar toda clase de operaciones y resultados de su actividad, como para facilitar datos e información, en general, que sean necesarios para el desarrollo de sus funciones.

h) De no afectación de los ingresos: los recursos de la Junta de Andalucía se destinarán a satisfacer el conjunto de sus respectivas obligaciones, salvo que por ley se establezca su afectación a fines determinados.

La Constitución Española establece también una serie de principios tributarios:

1. Principio de generalidad.

"Todos contribuirán al sostenimiento de los gastos públicos".

2. Principio de igualdad.

Las diferencias entre los estatutos de las distintas Comunidades Autónomas no podrán implicar en ningún caso privilegios económicos o sociales.

3. Principio de justicia.

"Todos contribuirán al sostenimiento de los gastos públicos de acuerdo con su capacidad económica mediante un sistema tributario justo inspirado en los principios de igualdad y progresividad".

4. Principio de solidaridad.

Corresponde al Estado garantizar la realización efectiva del principio de solidaridad entre las "nacionalidades y regiones". Las Comunidades Autónomas gozarán de autonomía financiera para el desarrollo y ejecución de sus competencias con arreglo a los principios de coordinación de la hacienda estatal y de solidaridad entre todos los españoles.

Con el fin de corregir desequilibrios económicos, interterritoriales y hacer efectivo este principio se constituirá un fondo de compensación interterritorial.

5. Principio de capacidad económica:

"Todos contribuirán al sostenimiento de los gastos públicos de acuerdo con su capacidad económica".

6. Principio de redistribución de la renta.

Los poderes públicos promocionarán las condiciones favorables para una distribución de la renta regional y personal más equitativa.

7. Principio de progresividad.

Se establecerá un sistema tributario justo inspirado en los principios de igualdad y progresividad.

8. Principio de no confiscación.

El sistema tributario "en ningún caso tendrá alcance confiscatorio".

9. Principio de reserva de ley.

Solo podrán establecerse prestaciones personales o patrimoniales de carácter público con arreglo a la ley. La potestad originaria para establecer tributos corresponde exclusivamente al Estado, mediante ley. Las Comunidades Autónomas y las corporaciones locales podrán establecer y exigir tributos de acuerdo con la Constitución Española y las leyes. Todo beneficio fiscal que afecta a los tributos del Estado deberá establecerse en virtud de la ley. Las administraciones públicas sólo podrán contraer obligaciones financieras y realizar gastos de acuerdo con las leyes.

10. Principio de legalidad.

"Los ciudadanos y los poderes públicos están sometidos a la Constitución Española y al resto del ordenamiento jurídico". La Constitución Española garantiza el principio de legalidad. El gobierno ejerce la potestad reglamentaria de acuerdo con la Constitución Española y las leyes. La administración pública sirve con objetividad los intereses generales y actúa con sometimiento pleno a la ley y al derecho. Los tribunales controlan la potestad reglamentaria y la legalidad de la actuación administrativa.

11. Principio de irretroactividad de sanciones.

Irretroactividad de disposiciones sancionadoras no favorables o restrictivas de derechos individuales. Nadie puede ser condenado o sancionados por acciones u omisiones que en el momento de producirse no constituyan delito, falta o infracción administrativa, según la legislación vigente en el momento.

12. Principio de territorialidad.

Las Comunidades Autónomas no podrán en ningún caso adoptar medidas tributarias sobre bienes situados fuera de su territorio o que supongan obstáculo para la libre circulación de mercancías o servicios.

13. Principio de coordinación.

Las Comunidades Autónomas deben coordinar sus haciendas públicas con la hacienda estatal.

El artículo 135 de la Constitución Española, según la Reforma de 27 de septiembre de 2011 establece que todas las Administraciones Públicas adecuarán sus actuaciones al principio de estabilidad presupuestaria.

El Estado y las Comunidades Autónomas no podrán incurrir en un déficit estructural que supere los márgenes establecidos, en su caso, por la Unión Europea para sus Estados Miembros.

Una ley orgánica fijará el déficit estructural máximo permitido al Estado y a las Comunidades Autónomas, en relación con su producto interior bruto. Las Entidades Locales deberán presentar equilibrio presupuestario.

El Estado y las Comunidades Autónomas habrán de estar autorizados por ley para emitir deuda pública o contraer crédito.

Los créditos para satisfacer los intereses y el capital de la deuda pública de las Administraciones se entenderán siempre incluidos en el estado de gastos de sus presupuestos y su pago gozará de prioridad absoluta. Estos créditos no podrán ser objeto de enmienda o modificación, mientras se ajusten a las condiciones de la ley de emisión.

El volumen de deuda pública del conjunto de las Administraciones Públicas en relación con el producto interior bruto del Estado no podrá superar el valor de referencia establecido en el Tratado de Funcionamiento de la Unión Europea.

Los límites de déficit estructural y de volumen de deuda pública sólo podrán superarse en caso de catástrofes naturales, recesión económica o situaciones de emergencia extraordinaria que escapen al control del Estado y perjudiquen considerablemente la situación financiera o la sostenibilidad económica o social del Estado, apreciadas por la mayoría absoluta de los miembros del Congreso de los Diputados.

Una ley orgánica desarrollará los principios a que se refiere este artículo, así como la participación, en los procedimientos respectivos, de los órganos de coordinación institucional entre las Administraciones Públicas en materia de política fiscal y financiera. En todo caso, regulará:

a) La distribución de los límites de déficit y de deuda entre las distintas Administraciones Públicas, los supuestos excepcionales de superación de los mismos y la forma y plazo de corrección de las desviaciones que sobre uno y otro pudieran producirse.

b) La metodología y el procedimiento para el cálculo del déficit estructural.

c) La responsabilidad de cada Administración Pública en caso de incumplimiento de los objetivos de estabilidad presupuestaria.

Las Comunidades Autónomas, de acuerdo con sus respectivos Estatutos y dentro de los límites a que se refiere este artículo, adoptarán las disposiciones que procedan para la aplicación efectiva del principio de estabilidad en sus normas y decisiones presupuestarias.

EL PRESUPUESTO POR PROGRAMAS.

El presupuesto por programas nace del movimiento de racionalización administrativa. Se determinan objetivos, se definen programas para alcanzarlos, identificando los recursos necesarios para ello y las alternativas.

Es esencial la debida identificación de los objetivos que persigue cada unidad orgánica, todos ellos priorizados. Posteriormente se produce una fase de estudio y selección de los objetivos más interesantes para el sector público, así como de las finalidades generales de las decisiones públicas, todo ello, desde un enfoque a largo plazo.

Posteriormente se elaborarán los programas alternativos que posibiliten la consecución de los objetivos, identificándose los medios necesarios, recursos financieros necesarios y resultados previsibles. A continuación se traducen en términos físicos y monetarios el conjunto de programas seleccionados en la etapa de programación.

Por último, en la fase de control posterior, son necesarios dos requisitos: la existencia de una contabilidad analítica y presupuestaria que determine los costes y productos de cada programa y el establecimiento de unos indicadores de resultados que permitan cuantificar el grado de consecución de los objetivos propuestos.

En España se aplicó por primera vez en el Ministerio de Obras Públicas en 1978.

Todas las formas de planificación se integran en un único proceso planificador. Fases:

1.) Fijación de los objetivos: estudio y selección de éstos para la totalidad del sector público.

2.) Programación: clasificación y ordenación de las políticas alternativas para alcanzar objetivos en el plazo de 4 ó 5 años.

3.) Presupuestación: traducción a términos físicos y monetarios de los programas seleccionados, estimando los costes implícitos y de los beneficios.

4.) Control: ejecución del presupuesto, comparando costes y resultados obtenidos para lo que existe:

    ⅄ Registro de costes y resultado.

    ⅄ Comparación entre las previsiones y las realizaciones.

    ⅄ Análisis de las causas de las desviaciones.

    ⅄ Feed-back o información de retorno para revisar las decisiones adoptadas reasignando recursos.

Estamos ante un sistema integrado de gestión donde se proyectan los costes a medio plazo integrando partidas presupuestarias de los distintos departamentos, e impulsando el coste beneficio.

Con la Ley Orgánica 2/2012, de 27 de abril, de Estabilidad Presupuestaria y Sostenibilidad Financiera se establecen los principios rectores a los que deberá adecuarse la política presupuestaria del sector público en orden a la consecución de la estabilidad y crecimiento económicos, en el marco de la Unión Económica y Monetaria, así como la determinación de los procedimientos necesarios para la aplicación efectiva del principio de estabilidad presupuestaria, de acuerdo con los principios derivados del Pacto de Estabilidad y Crecimiento, y en virtud de la competencia del Estado respecto de las bases y coordinación de la planificación general de la actividad económica.

La elaboración, aprobación y ejecución de los Presupuestos y demás actuaciones que afecten a los gastos o ingresos de las Administraciones Públicas y demás entidades que forman parte del sector público se someterá al principio de estabilidad presupuestaria.

Ninguna Administración Pública podrá incurrir en déficit estructural, definido como déficit ajustado del ciclo, neto de medidas excepcionales y temporales. No obstante, en caso de reformas estructurales con efectos presupuestarios a largo plazo, de acuerdo con la normativa europea, podrá alcanzarse en el conjunto de Administraciones Públicas un déficit estructural del 0,4 por ciento del Producto Interior Bruto nacional expresado en términos nominales, o el establecido en la normativa europea cuando este fuera inferior.

Excepcionalmente, el Estado y las Comunidades Autónomas podrán incurrir en déficit estructural en caso de catástrofes naturales, recesión económica grave o situaciones de emergencia extraordinaria que escapen al control de las Administraciones Públicas y perjudiquen considerablemente su situación financiera o su sostenibilidad económica o social, apreciadas por la mayoría absoluta de los miembros del Congreso de los Diputados. Esta desviación temporal no puede poner en peligro la sostenibilidad fiscal a medio plazo.

A los efectos anteriores la recesión económica grave se define de conformidad con lo dispuesto en la normativa europea. En cualquier caso, será necesario que se de una tasa de crecimiento real anual negativa del Producto Interior Bruto, según las cuentas anuales de la contabilidad nacional.

En estos casos deberá aprobarse un plan de reequilibrio que permita la corrección del déficit estructural teniendo en cuenta la circunstancia excepcional que originó el incumplimiento.

Las Corporaciones Locales deberán mantener una posición de equilibrio o superávit presupuestario.

Las Administraciones de Seguridad Social mantendrán una situación de equilibrio o superávit presupuestario. Excepcionalmente podrán incurrir en un déficit estructural de acuerdo con las finalidades y condiciones previstas en la normativa del Fondo de Reserva de la Seguridad Social. En este caso, el déficit estructural máximo admitido para la administración central se minorará en la cuantía equivalente al déficit de la Seguridad Social.

Para el cálculo del déficit estructural se aplicará la metodología utilizada por la Comisión Europea en el marco de la normativa de estabilidad presupuestaria.

La variación del gasto computable de la Administración Central, de las Comunidades Autónomas y de las Corporaciones Locales, no podrá superar la tasa de referencia de crecimiento del Producto Interior Bruto de medio plazo de la economía española.

No obstante, cuando exista un desequilibrio estructural en las cuentas públicas o una deuda pública superior al objetivo establecido, el crecimiento del gasto público computable se ajustará a la senda establecida en los respectivos planes económico-financieros y de reequilibrio previstos en los artículos 21 y 22 de esta ley.

Se entenderá por gasto computable a los efectos previstos en el apartado anterior, los empleos no financieros definidos en términos del Sistema Europeo de Cuentas Nacionales y Regionales, excluidos los intereses de la deuda, el gasto no discrecional en prestaciones por desempleo, la parte del gasto financiado con fondos finalistas procedentes de la Unión Europea o de otras Administraciones Públicas y las transferencias a las Comunidades Autónomas y a las Corporaciones Locales vinculadas a los sistemas de financiación.

Corresponde al Ministerio de Economía y Competitividad calcular la tasa de referencia de crecimiento del Producto Interior Bruto de medio plazo de la economía española, de acuerdo con la metodología utilizada por la Comisión Europea en aplicación de su normativa. Esta tasa se publicará en el informe de situación de la economía española al que se refiere el artículo 15.5 de esta Ley. Será la referencia a tener en cuenta por la Administración Central y cada una de las Comunidades Autónomas y Corporaciones Locales en la elaboración de sus respectivos Presupuestos.

Cuando se aprueben cambios normativos que supongan aumentos permanentes de la recaudación, el nivel de gasto computable resultante de la aplicación de la regla en los años en que se obtengan los aumentos de recaudación podrá aumentar en la cuantía equivalente.

Cuando se aprueben cambios normativos que supongan disminuciones de la recaudación, el nivel de gasto computable resultante de la aplicación de la regla en los años en que se produzcan las disminuciones de recaudación deberá disminuirse en la cuantía equivalente.

Los ingresos que se obtengan por encima de lo previsto se destinarán íntegramente a reducir el nivel de deuda pública.

El volumen de deuda pública, definida de acuerdo con el Protocolo sobre Procedimiento de déficit excesivo, del conjunto de Administraciones Públicas no podrá superar el 60 por ciento del Producto Interior Bruto nacional expresado en términos nominales, o el que se establezca por la normativa europea.

Este límite se distribuirá de acuerdo con los siguientes porcentajes, expresados en términos nominales del Producto Interior Bruto nacional: 44 por ciento para la Administración central, 13 por ciento para el conjunto de Comunidades Autónomas y 3 por ciento para el conjunto de Corporaciones Locales. Si, como consecuencia de las obligaciones derivadas de la normativa europea, resultase un límite de deuda distinto al 60 por ciento, el reparto del mismo entre Administración central, Comunidades Autónomas y Corporaciones Locales respetará las proporciones anteriormente expuestas.

El límite de deuda pública de cada una de las Comunidades Autónomas no podrá superar el 13 por ciento de su Producto Interior Bruto regional.

La Administración Pública que supere su límite de deuda pública no podrá realizar operaciones de endeudamiento neto.

Los límites de deuda pública solo podrán superarse por las circunstancias y en los términos previstos en el artículo 11.3 de esta Ley.

En estos casos deberá aprobarse un plan de reequilibrio que permita alcanzar el límite de deuda teniendo en cuenta la circunstancia excepcional que originó el incumplimiento.

El Estado y las Comunidades Autónomas habrán de estar autorizados por Ley para emitir deuda pública o contraer crédito.

La autorización del Estado a las Comunidades Autónomas para realizar operaciones de crédito y emisiones de deuda, en cumplimiento de lo establecido en el artículo 14.3 de la Ley Orgánica 8/1980, de 22 de septiembre, de Financiación de las Comunidades Autónomas, tendrá en cuenta el cumplimiento de los objetivos de estabilidad presupuestaria y de deuda pública, así como al cumplimiento de los principios y el resto de las obligaciones que se derivan de la aplicación de esta Ley.

La autorización del Estado, o en su caso de las Comunidades Autónomas, a las Corporaciones Locales para realizar operaciones de crédito y emisiones de deuda, en cumplimiento de lo establecido en el artículo 53 del Texto Refundido de la Ley Reguladora de las Haciendas Locales, aprobada por Real Decreto Legislativo 2/2004, de 5 de marzo, tendrá en cuenta el cumplimiento de los objetivos de estabilidad presupuestaria y de deuda pública, así como al cumplimiento de los principios y las obligaciones que se derivan de la aplicación de esta Ley.

EL CICLO PRESUPUESTARIO: ELABORACIÓN, APROBACIÓN Y RENDICIÓN DE CUENTAS DEL PRESUPUESTO DE LA COMUNIDAD AUTÓNOMA DE ANDALUCÍA.

El procedimiento de elaboración del Presupuesto se ajustará a las siguientes reglas:

1. Las Consejerías y los distintos órganos, instituciones y agencias administrativas, con dotaciones diferenciadas en el Presupuesto de la Junta de Andalucía, remitirán a la Consejería competente en materia de Hacienda, antes del día 1 de julio de cada año, los correspondientes anteproyectos de estado de gastos, debidamente documentados, de acuerdo con las leyes que sean de aplicación y con las directrices aprobadas por el Consejo de Gobierno, a propuesta de la persona titular de la Consejería competente en materia de Hacienda. Del mismo modo, y antes de dicho día, las distintas Consejerías remitirán a la competente en materia de Hacienda los anteproyectos de estado de ingresos y gastos y, cuando proceda, de recursos y dotaciones de sus agencias públicas empresariales, sociedades mercantiles del sector público andaluz, y de los consorcios, fundaciones y otras entidades indicadas en el artículo 31, así como los anteproyectos de Presupuestos de los fondos sin personalidad jurídica y de sus agencias de régimen especial.

El estado de ingresos del Presupuesto de la Junta de Andalucía será elaborado por la Consejería competente en materia de Hacienda, conforme a las correspondientes técnicas de evaluación y al sistema de tributos y demás derechos que hayan de regir en el respectivo ejercicio.

El contenido del Presupuesto se adaptará a las líneas generales de política económica establecidas en los planes económicos vigentes, y recogerá la anualidad de las previsiones contenidas en los programas plurianuales de inversiones públicas establecidas en los mismos.

Con base en los referidos anteproyectos, en las estimaciones de ingresos y en la previsible actividad económica durante el ejercicio presupuestario siguiente, la Consejería competente en materia de Hacienda someterá al acuerdo del Consejo de Gobierno, previo estudio y deliberación de la Comisión Delegada para Asuntos Económicos, el anteproyecto de Ley del Presupuesto, con separación de los estados de ingresos y gastos correspondientes a la Junta de Andalucía y de los relativos a sus agencias administrativas.

Como documentación anexa al anteproyecto de Ley del Presupuesto se remitirá al Consejo de Gobierno:

a) La cuenta consolidada del Presupuesto.

b) La memoria explicativa de su contenido y de las principales modificaciones que presente el anteproyecto comparado con el Presupuesto vigente.

c) La liquidación del Presupuesto del año anterior y un avance de la del ejercicio corriente.

d) Un informe económico y financiero.

e) La clasificación por programas del Presupuesto.

f) El informe de impacto de género.

g) El Anexo de Inversiones.

h) El Anexo de Personal.

El proyecto de Ley del Presupuesto y la documentación anexa se remitirán al Parlamento de Andalucía al menos dos meses antes de la expiración del Presupuesto corriente, para su examen, enmienda y aprobación.

Si la Ley del Presupuesto no fuera aprobada por el Parlamento de Andalucía antes del primer día del ejercicio económico que haya de regir se considerará automáticamente prorrogado el del ejercicio inmediatamente anterior, con la estructura y aplicaciones contables del proyecto remitido, en su caso, hasta la aprobación y publicación del nuevo en el Boletín Oficial de la Junta de Andalucía.

La prórroga no afectará a las operaciones de capital y financieras, correspondientes a programas y servicios no incluidos en el Anexo de Inversiones del Presupuesto del ejercicio que se prorroga. Tampoco afectará a transferencias corrientes que no se relacionen con el funcionamiento de los servicios.

El importe de los beneficios fiscales que afecten a los tributos de la Comunidad Autónoma se consignará expresamente en el Presupuesto.

La Consejería competente en materia de hacienda publicará trimestralmente en el Boletín Oficial de la Junta de Andalucía los siguientes datos:

⅄ Las operaciones de ejecución del presupuesto.

⅄ La situación y movimiento de la tesorería, tanto por operaciones presupuestarias como extrapresupuestarias.

⅄ Las demás que se considera de interés.

La cuenta general corresponderá a todas las operaciones presupuestarias, patrimoniales y de tesorería llevadas a cabo durante el ejercicio por la Junta de Andalucía, sus organismos, instituciones y empresas.

La cuenta general de la Junta constará de las siguientes partes:

6. La liquidación del presupuesto dividida en tres partes:
- Cuadro demostrativo de los créditos autorizados en el Estado de gastos y en sus modificaciones, al cual se unirá copia de las leyes, disposiciones y acuerdos en cuya virtud se hayan producido aquellas.
- Liquidación del Estado de gastos.
- Liquidación del Estado de ingresos.
2. Cuenta general de tesorería que ponga de manifiesto la situación de la tesorería y las operaciones realizadas por la misma durante el ejercicio, con distinción de las que correspondan al presupuesto vigente y a los anteriores.
3. Cuenta general de la deuda pública y la general del endeudamiento de la Junta.
4. Un Estado relativo a la evolución y situación de los anticipos de tesorería.
5. Un Estado demostrativo de la evolución y situación de los valores a cobrar y obligaciones a pagar procedentes de ejercicios anteriores.
6. El resultado del ejercicio con la siguiente estructura:
  - Los saldos de la ejecución del presupuesto por obligaciones y derechos reconocidos por pagos e ingresos realizados.
  - El déficit o superávit de tesorería por operaciones presupuestarias, incluyendo los que correspondan al presupuesto vigente y a los anteriores.
  - La variación de los activos y pasivos de la hacienda de la comunidad derivada de las operaciones corrientes y de capital.

A la cuenta general se unirá:

- Una memoria demostrativa del grado de cumplimiento de los objetivos programados, con indicación de los previstos y los alcanzados, y del coste de los mismos.
- Un Estado de los compromisos de gastos adquiridos con cargo a ejercicios futuros, con indicación de los ejercicios en los cuales se deba imputar.

La cuenta general se formará por la intervención general con las cuentas de cada uno de los organismos, instituciones y empresas y demás documentos que deban rendirse al Parlamento de Andalucía.

La cuenta general de cada año se formará antes del 31 de agosto del siguiente y se remitirá al Tribunal de Cuentas y a la Cámara de Cuentas de Andalucía, para su examen y comprobación antes del 30 de septiembre.

En el ámbito de aplicación de la presente ley, la Consejería con competencia en materia de hacienda remitirá a la Comisión de Hacienda y Administración Pública del Parlamento de Andalucía la siguiente información con carácter trimestral:

a) La relación de los expedientes de modificaciones presupuestarias aprobados conforme a lo establecido en la presente ley, acompañada de la documentación que permita conocer, con el mayor nivel de desagregación orgánica, funcional y económica, los créditos de alta y baja, así como la justificación detallada de los motivos por los que se adoptan y la repercusión sobre objetivos e indicadores afectados .

b) Las operaciones de ejecución del Presupuesto.

c) La situación y movimiento de la Tesorería General, tanto por operaciones presupuestarias como extrapresupuestarias.

d) La relación de avales que haya autorizado el Consejo de Gobierno en el período, en la que se indicará singularmente la entidad avalada, el importe del aval y las condiciones del mismo.

Igualmente, se dará traslado a dicha Comisión de los acuerdos de emisión de Deuda Pública que se adopten en el ejercicio, especificando la cuantía de la deuda y las condiciones de amortización.

TEMA 18

EL PRESUPUESTO DE LA COMUNIDAD AUTÓNOMA DE ANDALUCÍA: ESTRUCTURA. CRITERIOS DE CLASIFICACIÓN DE LOS CRÉDITOS PRESUPUESTARIOS. LAS MODIFICACIONES PRESUPUESTARIAS. AMPLIACIONES DE CRÉDITO. GENERACIONES DE CRÉDITO. TRANSFERENCIAS DE CRÉDITO. INCORPORACIONES DE CRÉDITO.

EL PRESUPUESTO DE LA COMUNIDAD AUTÓNOMA DE ANDALUCÍA: ESTRUCTURA.

La estructura del Presupuesto de ingresos y gastos se determinará por la Consejería competente en materia de Hacienda, teniendo en cuenta la organización de la Junta de Andalucía y de sus agencias administrativas y de régimen especial e instituciones, la naturaleza económica de los ingresos y de los gastos, las finalidades y objetivos que con estos últimos se propongan conseguir y los programas de inversiones previstos en los correspondientes planes económicos vigentes.

El estado de gastos aplicará la clasificación orgánica, funcional por programas y económica. Los gastos de inversión se clasificarán territorialmente. El estado de ingresos aplicará la clasificación orgánica y económica.

CRITERIOS DE CLASIFICACIÓN DE LOS CRÉDITOS.

El Estado de gastos aplicará la clasificación orgánica, económica, funcional por programas. Los gastos de inversión se clasificarán territorialmente.

Clasificación orgánica.[3]

Los gastos e ingresos del presupuesto se presentan ordenados con arreglo a los siguientes criterios:

a)   Sección presupuestaria que representa al órgano responsable del gasto / ingreso.

Clasificación orgánica de primer grado (por secciones):

0000 Junta de Andalucía

0100 Presidencia de la Junta de Andalucía y Consejería de la Presidencia, Administración Pública e Interior

0131 Instituto Andaluz de Administración Pública

0132 Agencia Digital de Andalucía

0140 Consorcio para el Desarrollo de la Sociedad de la Información y del Conocimiento en Andalucía "Fernando de los Ríos"

0151 Agencia Pública Empresarial de la Radio y Televisión de Andalucía (RTVA)

0200 Parlamento de Andalucía

0400 Cámara de Cuentas

0500 Consejo Consultivo de Andalucía

0600 Consejo Audiovisual de Andalucía

0700 Consejo de Transparencia y Protección de Datos de Andalucía

0800 Agencia de la Competencia y de la Regulación Económica de Andalucía

0900 Vicepresidencia de la Junta de Andalucía y Consejería de Turismo, Regeneración, Justicia y Administración Local

1000 Consejería de Empleo, Formación y Trabajo Autónomo

1031 Instituto Andaluz de Prevención de Riesgos Laborales

1032 Instituto Andaluz de la Juventud

1039 Servicio Andaluz de Empleo

1100 Consejería de Hacienda y Financiación Europea

1139 Agencia Tributaria de Andalucía

1151 Agencia Andaluza de la Energía

1200 Consejería de Educación y Deporte

1240 Consorcio Parque de las Ciencias de Granada

1251 Agencia Pública Andaluza de Educación

1300 Consejería de Agricultura, Ganadería, Pesca y Desarrollo Sostenible

1331 Instituto Andaluz de Investigación y Formación Agraria, Pesquera, Alimentaria y de la Producción Ecológica (IAIFAPAPE)

1339 Agencia de Gestión Agraria y Pesquera de Andalucía (AGAPA)

1351 Agencia de Medio Ambiente y Agua de Andalucía

1400 Consejería de Transformación Económica Industria, Conocimiento y Universidades

1431 Instituto de Estadística y Cartografía de Andalucía (IECA)

---

[3]   Se muestra la clasificación de la prórroga del presupuesto de 2021 para el año 2022, en función de lo indicado en el Decreto 286/2021, de 28 de diciembre, por el que se establecen las condiciones específicas a las que debe ajustarse la prórroga del Presupuesto de la Comunidad Autónoma para el ejercicio 2022,

1440 Consorcio Palacio de Exposiciones y Congresos de Granada
1451 Agencia Andaluza del Conocimiento
1452 Agencia de Innovación y Desarrollo de Andalucía (IDEA)
1500 Consejería de Salud y Familias
1531 Servicio Andaluz de Salud
1540 Consorcio Sanitario Público del Aljarafe
1551 Agencia Pública Empresarial Sanitaria Bajo Guadalquivir
1552 Agencia Pública Empresarial Sanitaria Costa del Sol
1553 Agencia Pública Empresarial Sanitaria Hospital Alto Guadalquivir
1554 Agencia Pública Empresarial Sanitaria Hospital de Poniente de Almería
1555 Empresa Pública de Emergencias Sanitarias (EPES)
1600 Consejería de Igualdad, Políticas Sociales y Conciliación
1631 Instituto Andaluz de la Mujer
1651 Agencia Andaluza de Cooperación Internacional para el Desarrollo (AACID)
1652 Agencia de Servicios Sociales y Dependencia de Andalucía
1700 Consejería de Fomento, Infraestructuras y Ordenación del Territorio
1740 Consorcio Transporte Metropolitano de la Costa de Huelva
1741 Consorcio Transporte Metropolitano del Área de Almería
1742 Consorcio Transporte Metropolitano del Área de Córdoba
1743 Consorcio Transporte Metropolitano del Área de Granada
1744 Consorcio Transporte Metropolitano del Área de Jaén
1745 Consorcio Transporte Metropolitano del Área de Málaga
1746 Consorcio Transporte Metropolitano del Área de Sevilla
1747 Consorcio Transporte Metropolitano del Campo de Gibraltar
1748 Consorcio Transporte Metropolitano de la Bahía de Cádiz
1751 Agencia de Vivienda y Rehabilitación de Andalucía (AVRA)
1752 Agencia de Obra Pública de la Junta de Andalucía
1753 Agencia Pública de Puertos de Andalucía (APPA)
1800 Consejería de Cultura y Patrimonio Histórico
1831 Patronato de la Alhambra y Generalife
1832 Centro Andaluz de Arte Contemporáneo
1851 Agencia Andaluza de Instituciones Culturales
1852 Instituto Andaluz del Patrimonio Histórico (IAPH)
3000 Deuda Pública
3100 Gastos de diversas Consejerías
3200 A Corporaciones Locales por Participación en Ingresos del Estado
3300 Fondo Andaluz de Garantía Agraria
3400 Pensiones Asistenciales
3500 Participación de las entidades locales en los tributos de la Comunidad Autónoma

⊿ Servicio: fuente de financiación.
Clasificación orgánica de segundo grado (por servicios):

01	Servicios centrales	
02	Delegaciones provinciales	Autofinanciada
03 hasta 09	Otros servicios y centros (08 Delegaciones Gobierno)	
11	Gastos cofinanciados con FEADER	
12	Gastos cofinanciados con FEMP	
13	Gastos cofinanciados con otros fondos europeos	
14	Gastos cofinanciados con Fondo de Cohesión	Fondos Europeos
16	Gastos cofinanciados con Fondo Social Europeo	
17	Gastos cofinanciados con FEDER	

15	Gastos financiados con FEAGA	Servicio Fondo Europeo Agrícola de Garantía
18	Gastos financiados con ingresos finalistas	Servicio Transferencias Finalistas
19	Gastos afectados a Subvenciones de la Junta de Andalucía	Servicio otros ingresos finalistas
20	Gastos afectados a otros ingresos finalistas	

⅄ Provincia: ámbito geográfico.

Clasificación orgánica de tercer grado (por provincias):

00	SERVICIOS CENTRALES
04	ALMERIA
11	CADIZ
14	CORDOBA
18	GRANADA
21	HUELVA
23	JAEN
29	MALAGA
41	SEVILLA
98	VARIAS PROVINCIAS
99	NO PROVINCIALIZABLE

⅄ Centro: dependencia administrativa (sólo gasto).

Se reserva para los distintos centros dentro de determinados servicios, por ejemplo, para los distintos centros sanitarios dentro del SAS.

Clasificación económica.

Clasificados por capítulo, artículos, conceptos, y subconceptos. Permite conocer en qué se gastan las partidas del presupuesto.

	INGRESOS		GASTOS
1	Impuestos directos	1	Gastos de personal
2	Impuestos indirectos	2	Gastos corrientes en bienes y servicios
3	Tasas, precios públicos y otros ingresos	3	Gastos financieros.
4	Transferencias corrientes	4	Transferencias corrientes.
5	Ingresos patrimoniales	5	Fondo de Contingencia
6	Enajenación inversiones reales	6	Inversiones reales
7	Transferencias de capital	7	Transferencias de capital
8	Activos financieros	8	Activos financieros
9	Pasivos financieros	9	Pasivos financieros

Los artículos más usuales dentro del capítulo 1 y 2 de gastos son:

Capítulo 1 de gastos, gastos de personal:

10	Altos cargos
11	Personal eventual
12	Funcionarios
	120. retribuciones básicas
	121. retribuciones complementarias
13	Laborales
14	Otro personal
15	Incentivos al rendimiento (carácter vinculante)
	150. productividad

151. gratificaciones

152. horas extraordinarias

16   Cuotas, prestaciones y gastos sociales a cargo del empleador (vinculante)

17   Otros gastos de personal

En cada uno de los artículos en los que se desagregan los gastos de personal se reservarán los subconceptos económicos del 40 al 49 para la imputación de los gastos correspondientes al personal de la Administración de Justicia; los subconceptos del 60 al 69 para los gastos referidos al personal estatutario de sanidad; los subconceptos del 80 al 89 para los gastos pertenecientes al personal docente y, por último, los subconceptos del 70 al 79 y 90 al 99 para los gastos del personal laboral propio de las entidades instrumentales y consorcios adscritos.

Capítulo 2 de gastos, gastos de bienes corrientes y servicios.

20   Arrendamientos y cánones

21   Reparación, mantenimiento y conservación

22   Material, suministro y otros

      220   Material de oficina

      221   Suministros

      222   Comunicaciones

      223   Transporte

      224   Primas de seguros

      225   Tributos

      226   Gastos diversos

      227   Trabajos realizados por otras empresas y profesionales

          00 limpieza y aseo

          01 seguridad

23   Indemnización por razón del servicio

      230   Dietas

      231   Locomoción

      232   Traslados

      233   Otras indemnizaciones

25   Asistencias sanitarias con medios ajenos

26   Conciertos servicios sociales

Clasificación funcional por programas

Se utiliza sólo para gastos. El presupuesto se ordena de tal forma que se puede saber la función que el gasto cumple y los objetivos concretos que pretenden lograrse, se clasifican en:

   ⅄ Grupos: se identifica con un dígito y representa a grandes áreas de actuación a las que se dirige la utilización de fondos presupuestados.

   0 Deuda Pública.

   1 Servicios de carácter general.

   2 Protección civil y seguridad ciudadana.

   3 Seguridad, protección y promoción social.

   4 Producción de bienes públicos de carácter social.

   5 Producción de bienes públicos de carácter económico.

   6 Regulación económica de carácter general.

   7 Regulación económica de la actividad y los sectores productivos.

   8 Relaciones con otras administraciones.

   ⅄ Funciones: (dos dígitos) identifican con más concreción la finalidad para la que se piensa emplear los fondos públicos.

0.1 Deuda Pública
1.1 Alta Dirección de la Junta de Andalucía
1.2 Administración General
1.4 Justicia
2.2 Seguridad y Protección Civil
3.1 Seguridad y Protección Social
3.2 Promoción Social
4.1 Sanidad
4.2 Educación
4.3 Vivienda y Urbanismo
4.4 Bienestar Comunitario
4.5 Cultura
4.6 Deporte
5.1 Infraestructuras Básicas y Transportes
5.2 Comunicaciones
5.4 Investigación, Innovación y Sociedad del Conocimiento
6.1 Regulación Económica
6.3 Regulación Financiera
7.1 Agricultura, Ganadería y Pesca
7.2 Fomento Empresarial
7.5 Turismo
7.6 Comercio
8.1 Relaciones con las Corporaciones Locales
8.2 Relaciones con la Unión Europea y Ayudas al Desarrollo

↳ Programas: ponen de manifiesto objetivos concretos que pretenden lograrse con unos recursos presupuestarios específicos. (Dos dígitos y letra).

Dentro de cada programa se detallan los objetivos que se pretenden alcanzar, las actividades a desarrollar y los recursos necesarios.

La clasificación funcional por programas permite conocer para qué se emplean los fondos públicos.

La aplicación presupuestaria representa la unidad mínima de seguimiento de la información del Presupuesto. Su estructura viene dada por distintos elementos que permiten conocer:

¿Quién gasta? al informarnos del órgano que gestiona el gasto, por medio de la clasificación orgánica.

¿En qué se gasta?, nos explica la naturaleza del gasto a través de la clasificación económica.

¿Para qué se gasta?, nos informa del programa presupuestario al que se imputa, a través de la clasificación funcional.

La **estructura presupuestaria** recogida en GIRO, si bien representa a la misma información que la existente en JUPITER, presenta variaciones respecto a ésta. En la nueva plataforma, la estructura presupuestaria estará formada por los siguientes elementos de imputación:

↳ Centro Gestor
↳ Posición Presupuestaria
↳ Fondo
↳ Proyecto Presupuestario

Los Centros Gestores representan la clasificación estructural en departamentos, áreas de responsabilidad, etc. dentro de una organización y además suministrará información sobre los servicios (fuentes de financiación afectadas e instancias que gestionan gastos/ingresos para autofinanciada). En GIRO la definición del centro gestor establecida se corresponderá con la clasificación orgánica a nivel de servicio, por lo que tendrá la siguiente definición:

Centro Gestor (10)			
Sección Presupuestaria (4)		Servicio (2)	Centro (4)
Código de Sección (2)	Código de Agencia (2)	Servicio (2)	Centro (4)

La **sección presupuestaria** se configurará en la nueva plataforma de manera equivalente al sistema actual.

El **servicio** se configurará en la nueva plataforma de manera equivalente al sistema actual.

El **centro** deberá identificar a un centro de gastos o unidad organizativa concreta de la sección presupuestaria. La codificación del centro deberá ser determinada por la Dirección General competente.

En la nueva plataforma, las **posiciones presupuestarias** informan sobre la naturaleza del gasto/ingresos así como las funciones y/u objetivos de los gastos en posiciones presupuestarias de gastos.

Por tanto, una posición presupuestaria contendrá la siguiente información en la nueva plataforma GIRO:

⅄ Tipo de posición
⅄ Clasificación Funcional (solo gastos)
⅄ Clasificación Económica
⅄ Provincia

El **tipo de posición** tendrá los siguientes valores:

"G" para las posiciones presupuestarias de gastos.

"I" para las posiciones presupuestarias de ingresos.

La clasificación funcional, económica y la provincia se configurarán en la nueva plataforma de manera equivalente al sistema actual.

Para el caso de contabilidad presupuestaria de gastos, la posición presupuestaria será del tipo:

Posición Presupuestaria de Gastos (11)								
T. Pos. (1) "G"	Func. (3)			Económica (5)				Prov. (2)
T. Pos. (1) "G"	G (1)	F (1)	S (1)	Cap. (1)	Art. (1)	Con (1)	Sub. (2)	Prov. (2)

En la nueva plataforma, los fondos informarán sobre el origen de la financiación de los gastos e ingresos. Cada Fondo estará clasificado, es decir, tendría asociado una clase de fondo, correspondiéndose éstas con una fuente de financiación de las existentes en el sistema actual. En la nueva plataforma se habilitarían las siguientes clases de fondo:

01	Autofinanciada
11	FEADER
12	FEP
13	Otros fondos Europeos
14	Fondos de Cohesión
15	FEAGA
16	Fondo Socila Europeo
17	FEDER
18	Subvenciones Finalistas
99	Fondos de Consolidación

En la nueva plataforma, los proyectos presupuestarios representarán a los proyectos de inversión que constituyen el Anexo de Inversiones de la Junta de Andalucía. Sólo formarán parte de las partidas presupuestarias de gastos de capital (capítulo 6 y 7). Los proyectos presupuestarios también son denominados "Programas de Financiación".

En la siguiente imagen se muestra cómo a partir de los elementos de imputación anteriores se conforma la partida presupuestaria de gasto, así como la correlación con la aplicación presupuestaria de JUPITER:

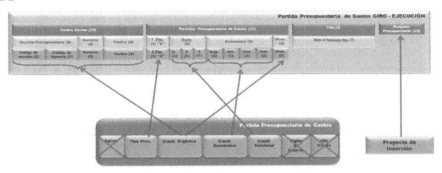

La agrupación, el dígito de control y el año origen de la aplicación presupuestaria de JUPITER desparecerán en la nueva estructura presupuestaria de GIRO.

La agrupación y el año origen pasan a ser información de los documentos conformen se graben y sean arrastrados (traspasados) entre ejercicios. De esta forma, se tendrá una única partida presupuestaria en el presupuesto del ejercicio corriente y a partir de los documentos asociados se podrá obtener la información referida a ejercicios anteriores y posteriores.

El dígito de control no es necesario ya que todas las verificaciones asociadas al mismo se seguirán contemplando en la nueva plataforma sin necesidad de su uso.

En la siguiente imagen se muestra cómo a partir de los elementos de imputación se conforma la partida presupuestaria de ingreso, así como la correlación con la aplicación presupuestaria de JUPITER:

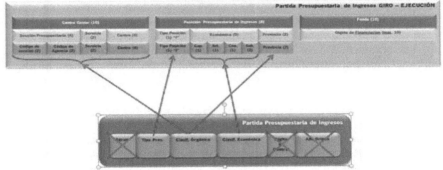

LAS MODIFICACIONES PRESUPUESTARIAS.

Los créditos para gastos se destinarán exclusivamente a la finalidad específica para la que hayan sido autorizados por la Ley del Presupuesto o por las modificaciones aprobadas conforme a esta ley.

Los créditos autorizados en los estados de gastos del Presupuesto de la Administración de la Junta de Andalucía, las instituciones, las agencias administrativas, las agencias de régimen especial, las agencias públicas empresariales referidas en el artículo 33.2.c) de esta ley y consorcios tienen carácter limitativo y vinculante, conforme a las normas de vinculación que se establecen en los apartados siguientes, y cuantas determinaciones específicas establezca la Ley del Presupuesto de cada ejercicio. Por tanto, no podrán adquirirse compromisos de gasto por cuantía superior a su importe, siendo nulos de pleno derecho los actos administrativos y las disposiciones generales con rango inferior a la ley que infrinjan esta norma, sin perjuicio de las responsabilidades a que haya lugar.

Como regla general, los créditos autorizados en los estados de gastos del Presupuesto de la Junta de Andalucía, sus instituciones, agencias y consorcios vincularán a nivel de sección presupuestaria y servicio, por programas y económica a nivel de artículo.

Reglas especiales.

Primera. En todo caso, tendrán carácter específicamente vinculante los siguientes créditos, financiados con recursos propios:

a) Incentivos al rendimiento a nivel de sección, servicio y artículo 15.

b) Seguridad Social a nivel de sección, servicio y concepto 160.

c) Atenciones protocolarias y representativas a nivel de sección, servicio, programa y subconcepto 226.01.

d) Las dotaciones a los fondos carentes de personalidad jurídica previstos en el apartado 5 del artículo 5.

Segunda. Los gastos financiados con transferencias y otros ingresos de carácter finalista vincularán en cada sección y programa de gasto a nivel de capítulo y fondo de financiación.

Tercera. Los gastos de los servicios Fondos Europeos y FEAGA vincularán en cada sección y programa de gasto a nivel de capítulo y categoría de gasto o medida comunitaria.

Cuarta. Tendrán carácter específicamente vinculante, con independencia de su fuente de financiación, las subvenciones nominativas a nivel de sección, servicio, programa y subconcepto.

Las normas de vinculación de los créditos previstas en los apartados anteriores no excusan de que su contabilización sea al nivel con el que figuren en los estados de gastos por programas, extendiéndose al proyecto en las inversiones reales y transferencias de capital.

Sin perjuicio de lo dispuesto en este artículo, tendrán la condición de ampliables aquellos créditos que, de modo taxativo y debidamente explicitados, determine la Ley del Presupuesto en cada ejercicio.

En el ejercicio 2021, además de las reglas de vinculación señaladas en el artículo 39 del texto refundido de la Ley General de la Hacienda Pública de la Junta de Andalucía, regirán las siguientes:

Para el Capítulo I de la clasificación económica del estado de gastos, y en relación con los créditos financiados con recursos propios, los créditos que se enumeran a continuación vincularán con el siguiente nivel de desagregación:

a) El grupo de créditos correspondientes a las retribuciones de altos cargos y asimilados y personal eventual, que comprenden, a nivel de sección y servicio, los artículos 10 Altos cargos y asimilados, y 11 Personal eventual, de la clasificación económica.

b) El grupo formado por las dotaciones de la plantilla presupuestaria, que comprende, a nivel de sección y servicio, los conceptos 120 Retribuciones básicas del personal funcionario y estatutario de sanidad, 121 Retribuciones complementarias del personal funcionario y estatutario de sanidad, 124 Retribuciones del personal sanitario de cupo y sanitario local (SDH), 130 Retribuciones básicas del personal laboral, y 131 Otras remuneraciones.

c) Sustituciones del personal a nivel de sección, servicio y conceptos 125 y 135.

d) Personal estatutario de sanidad eventual a nivel de sección, servicio y concepto 127.

e) Atención continuada (personal sanidad) a nivel de sección, servicio y concepto 126.

f) Nombramientos de personal funcionario interino y contratación de personal laboral temporal en casos excepcionales para cubrir necesidades urgentes o para la ejecución de programas específicos, a nivel de sección, servicio y los conceptos 128 Personal funcionario interino por exceso o acumulación de tareas o para la ejecución de programas de carácter temporal, 138 Personal laboral para programas específicos y necesidades estacionales, así como el subconcepto 149.70 Personal temporal no incluido en puestos de estructura.

g) El grupo formado por los créditos destinados a otro personal, prestaciones sociales y retribuciones en especie que se compone, a nivel de sección y servicio, de los artículos 14 (excepto el subconcepto 149.70 Personal temporal no incluido en puestos de estructura), 16 (excepto el concepto 160 Cuotas sociales, y los subconceptos recogidos en el párrafo h) del presente artículo), los conceptos 122 Retribuciones en especie y 139 Otro personal laboral.

h) El grupo formado por los créditos destinados a atender los gastos por productividad del personal estatutario de sanidad en concepto de rendimiento profesional, a nivel de sección, servicio y programa de los subconceptos 150.60 CRP- Complemento rendimiento profesional (personal sanidad) y 150.68 Productividad personal sustituto y eventual sanidad.

i) El grupo formado por los créditos destinados a atender los otros gastos por productividad del personal estatutario de sanidad, a nivel de sección, servicio y programas de los subconceptos 150.61 Participación en programas especiales, 150.62 Productividad personal directivo sanidad, 150.63

Productividad Trasplantes (personal sanidad), 150.64 Desplazamientos por razón del servicio (personal sanidad), 150.67 Tarjeta Sanitaria. Asunción de cupos y 150.69 Otras productividades (personal sanidad) y cualquier otra productividad del personal estatutario que no se incluya en el párrafo anterior.

j) A nivel de sección y servicio el grupo formado por los subconceptos 162.04 y 163.05, Seguros de vida y accidente; 162.11 Seguro Diputados y Diputadas y 165.01 Seguro de responsabilidad civil.

k) El grupo formado por los créditos para gastos por modificaciones retributivas y revisiones salariales, a nivel de sección, servicio y concepto 170.

l) El grupo formado por los créditos para gastos por provisión de plazas, nuevos devengos y obligaciones no previstas, que incluye los conceptos 171 y 172, a nivel de sección, servicio y programa.

m) El grupo formado por los créditos destinados a las variaciones de la plantilla presupuestaria, a nivel de sección, servicio y concepto 190 Incremento plantilla presupuestaria.

Para el Capítulo II de la clasificación económica del estado de gastos, y en relación con los créditos financiados con recursos propios, tendrán carácter específicamente vinculante los siguientes créditos:

a) A nivel de sección, servicio y programa, el grupo formado por los subconceptos 226.02 Información, divulgación y publicidad, 226.12 Publicidad institucional y 226.16 Contratos de patrocinio institucional.

b) Conciertos sanitarios, a nivel de sección, servicio, programa y artículo 25.

c) El grupo formado por los créditos destinados a financiar el gasto de farmacia, a nivel de sección, servicio y subconceptos 221.06 Productos farmacéuticos, y 221.18 Vacunas.

d) Energía eléctrica contratación centralizada, a nivel de sección, servicio, programa y subconcepto 221.16.

e) Telefónicas contratación centralizada, a nivel de sección, servicio, programa y subconcepto 222.16.

f) El grupo formado por los créditos destinados a financiar estudios y trabajos técnicos, a nivel de sección, servicio, programa y subconceptos 227.06 Estudios y trabajos técnicos, y 227.08 Estudios y trabajos técnicos del área TIC.

Para el Capítulo IV, de la clasificación económica del estado de gastos, y en relación con los créditos financiados con recursos propios, tendrán carácter específicamente vinculante los siguientes créditos:

a) Los destinados a financiar la Renta Mínima de Inserción Social, regulada mediante Decreto-ley 3/2017, de 19 de diciembre, a nivel de sección, servicio y subconcepto 484.00 Renta Mínima de Inserción Social.

b) Los destinados a financiar los gastos de farmacia, a nivel de sección, servicio y concepto 489 A familias e instituciones sin fines de lucro.

Asimismo, tendrán carácter específicamente vinculante las transferencias de financiación y las transferencias con asignación nominativa, tanto corrientes como de capital, y los créditos para gastos e inversiones a ejecutar por entidades que tengan la consideración de medio propio, a nivel de sección, servicio, programa y subconcepto.

Cuando haya de realizarse con cargo al Presupuesto algún gasto que no pueda demorarse hasta el ejercicio siguiente y no exista en él crédito o sea insuficiente y no ampliable el consignado, la persona titular de la Consejería competente en materia de Hacienda, previo informe de la Dirección General de Presupuestos, elevará al acuerdo del Consejo de Gobierno la remisión de un proyecto de Ley al Parlamento de concesión de un **crédito extraordinario**, en el primer caso, o de un **suplemento de crédito** en el segundo, y en el que se especifiquen los recursos concretos que deben financiarlos.

En el supuesto de que el Consejo de Gobierno haya acordado la aplicación del Fondo de Contingencia contemplado en el artículo 35.4, de conformidad con el artículo 52.6, el crédito extraordinario o suplemento de crédito correspondiente será aprobado por la persona titular de la Consejería competente en materia de hacienda.

| Crédito extraordinario: | No existe crédito | Documento contable Z3 |
| Suplemento de crédito: | Crédito insuficiente y no ampliable | Documento contable Z4 |

AMPLIACIONES, INCORPORACIONES, TRANSFERENCIAS Y GENERACIONES DE CRÉDITO.
Ampliaciones de créditos (documento contable Z5)

Tendrán la consideración de ampliables, aquellos créditos que, de modo taxativo y debidamente explicitados, determine la ley de presupuestos en cada ejercicio.

Se declaran ampliables, durante el ejercicio 2021, los créditos para satisfacer:

a) Las cuotas de la Seguridad Social y las aportaciones de la Junta de Andalucía, de sus agencias y consorcios adscritos al régimen de previsión social de su personal.

b) Los trienios o antigüedad derivados del cómputo del tiempo de servicios realmente prestados a la Administración.

c) Los sexenios del personal docente.

d) Los haberes del personal laboral, en cuanto precisen ser incrementados como consecuencia de aumentos salariales impuestos por normas legales, de la aplicación del convenio colectivo laboral o de resolución administrativa o judicial firme.

e) Los intereses, amortizaciones del principal y gastos derivados de deuda emitida u operaciones de crédito concertadas por la Junta de Andalucía, las entidades del sector público andaluz y aquellas otras unidades que se encuentren integradas en el subsector Administración Regional del sector Administraciones Públicas de la Comunidad Autónoma de Andalucía, de acuerdo con los criterios del Sistema Europeo de Cuentas Nacionales y Regionales de la Unión Europea. Los pagos indicados se imputarán, cualquiera que sea el vencimiento al que correspondan, a los respectivos créditos del ejercicio económico corriente.

f) Las obligaciones derivadas de quebrantos de operaciones de crédito avaladas por la Junta de Andalucía.

g) Los que tengan este carácter, de acuerdo con la legislación procesal del Estado.

h) Los gastos financiados con cargo a transferencias del FEAGA.

i) Los gastos de gratuidad de los libros de texto.

j) Los gastos para atención a la dependencia, derivados del concierto de plazas residenciales, de unidades de estancia diurna, del servicio de ayuda a domicilio y de las prestaciones económicas.

Incorporación de remanentes (documento Z7)

Los créditos para gastos que el último día del ejercicio presupuestario que a 31 de diciembre no estén afectados al cumplimiento de obligaciones ya reconocidas quedarán anulados de pleno derecho.

No obstante, podrán incorporarse al estado de gastos del ejercicio inmediatamente siguiente:

a) Los remanentes de créditos procedentes de los Fondos de Compensación Interterritorial.

b) Los remanentes de créditos financiados con fondos procedentes de la Unión Europea de acuerdo con la planificación establecida por el centro directivo responsable de la programación de los Fondos Europeos, y hasta el límite de su financiación externa.

c) Los remanentes de créditos financiados con transferencias y otros ingresos de carácter finalista, hasta el límite de su financiación externa.

d) Los remanentes de créditos extraordinarios o suplementos de créditos.

e) Los remanentes de créditos de operaciones de capital financiados con ingresos correspondientes a recursos propios afectados por Ley a un gasto determinado.

Los remanentes incorporados lo serán hasta el límite en que la financiación afectada se encuentre asegurada, y para los mismos gastos que motivaron, en cada caso, la concesión, autorización y compromiso. Por la parte no incorporada, y en los casos que proceda, deberán autorizarse transferencias o generaciones de crédito hasta alcanzar el gasto público total.

Con cargo a los créditos del estado de gastos consignados en el Presupuesto, solamente podrán contraerse obligaciones derivadas de gastos que se realicen en el año natural del ejercicio presupuestario. No obstante, se aplicarán a los créditos del Presupuesto vigente, en el momento de expedición de las órdenes de pago, las obligaciones siguientes:

a) Las que resulten de la liquidación de atrasos a favor del personal al servicio de la Comunidad Autónoma.

b) Las derivadas de compromisos de gasto debidamente adquiridos en ejercicios anteriores.

La Consejería competente en materia de Hacienda determinará, a iniciativa de la Consejería correspondiente, los créditos a los que habrá de imputarse el pago de estas obligaciones.

Todo acuerdo de modificación presupuestaria deberá indicar expresamente el programa, servicio y concepto económico afectado por la misma. La propuesta de modificación deberá expresar su incidencia, en la consecución de los respectivos objetivos de gasto.

Las modificaciones de los créditos iniciales del presupuesto se ajustarán a lo previsto en el texto refundido de la ley de hacienda pública andaluza y, en su caso, al contenido de las leyes de presupuestos.

De toda modificación presupuestaria que se realice en los capítulos de inversiones se dará traslado, para su conocimiento, a la Comisión de Hacienda y Presupuestos del Parlamento de Andalucía.

Los expedientes que acumulen varias modificaciones presupuestarias que, individualmente consideradas, sean competencia de distintos órganos, serán autorizadas por el órgano de mayor rango de los que resulten competentes.

Las **transferencias de créditos** (documento contable Z9) son traspasos de dotaciones entre créditos presupuestarios. Pueden realizarse entre los diferentes créditos del presupuesto, incluso con la creación de créditos nuevos.

Las transferencias de crédito estarán sujetas a las siguientes limitaciones:

a) No afectarán a los créditos extraordinarios concedidos durante el ejercicio ni a los incrementados con suplementos.

b) No minorarán créditos que hayan sido incrementados por transferencias, ni a los créditos ampliados.

c) No incrementarán créditos que, como consecuencia de otras transferencias, hayan sido objeto de minoración.

En cualquier caso, las transferencias de créditos no podrán suponer, en el conjunto del ejercicio, una variación, en más o en menos, del 20 por ciento del crédito inicial del capítulo afectado dentro de un programa.

Las limitaciones previstas en los apartados anteriores no serán de aplicación:

a) Cuando se refieran al programa de "Imprevistos y Funciones no Clasificadas".

b) En las transferencias motivadas por adaptaciones técnicas derivadas de reorganizaciones administrativas o que tengan su origen en lo establecido en el artículo 41.2.b) de esta ley.

c) Cuando afecten a las transferencias a las agencias administrativas y agencias de régimen especial.

d) Cuando afecten a créditos del capítulo I, "Gastos de Personal".

No obstante las limitaciones previstas en este artículo, las transferencias podrán ser excepcionalmente autorizadas por el Consejo de Gobierno o por la persona titular de la Consejería competente en materia de hacienda mediante acuerdo motivado, conforme se establece en los artículos 47 y 48 de esta ley.

Las personas titulares de las diversas Consejerías, agencias administrativas y agencias de régimen especial, podrán autorizar con el informe favorable de la Intervención competente, las transferencias entre créditos del mismo o distintos programas a su cargo, dentro de una misma sección y capítulo, siempre que no afecten a:

a) Los financiados con fondos de la Unión Europea y con transferencias y otros ingresos de carácter finalista.

b) Los declarados específicamente como vinculantes, salvo en los supuestos de transferencias entre los distintos programas de las mismas clasificaciones económicas declaradas específicamente como vinculantes y pertenecientes a los capítulos I y II.

c) Los de operaciones de capital.

d) Los de operaciones financieras.

e) Los destinados a «Otros gastos de personal» incluidos en el programa «Modernización y gestión de la Función Pública».

Las personas titulares de las diversas Consejerías podrán autorizar, además, con las limitaciones e informe favorable establecidos en el párrafo primero de este apartado, las transferencias entre créditos de un mismo programa y capítulo y diferente sección cuando resulten afectados tanto la Consejería a su cargo como cualquiera de sus agencias administrativas o agencias de régimen especial dependientes.

Las competencias previstas en el apartado anterior para autorizar transferencias comportan la de creación de las aplicaciones presupuestarias pertinentes, de acuerdo con la clasificación económica vigente.

En caso de discrepancia del informe de la Intervención con la propuesta de modificación presupuestaria, se remitirá el expediente a la Consejería competente en materia de Hacienda a los efectos de la resolución procedente».

Una vez acordadas por la Consejería, agencia administrativa o agencia de régimen especial las modificaciones presupuestarias previstas en el apartado 6, se remitirán a la Consejería competente en materia de Hacienda para su contabilización.

Las **personas titulares de las diversas Consejerías** podrán autorizar, además, con las limitaciones e informe favorable establecidos en el párrafo primero de este apartado, las transferencias entre créditos de un mismo programa y diferente sección, cuando resulten afectados tanto la Consejería a su cargo como cualquiera de sus agencias administrativas dependientes.

Las competencias previstas para autorizar transferencias comportan la de creación de las aplicaciones presupuestarias pertinentes, de acuerdo con la clasificación económica vigente.

En caso de discrepancia del informe de la Intervención con la propuesta de modificación presupuestaria, se remitirá el expediente a la Consejería competente en materia de Hacienda, a los efectos de la resolución procedente.

En todo caso, una vez acordadas por la Consejería o agencia administrativa las modificaciones presupuestarias previstas en este artículo, se remitirán a la Consejería competente en materia de Hacienda, para su contabilización.

Corresponde a la persona titular de la **Consejería competente en materia de Hacienda**, además de las competencias genéricas atribuidas en el artículo 45 de esta Ley:

a) Autorizar las transferencias de créditos siempre que no excedan de 3.000.000 de euros, sin perjuicio de las competencias delimitadas en el artículo 45 de esta Ley.

b) Autorizar las transferencias entre créditos de operaciones financieras, independientemente de su cuantía, excepto las destinadas a modificar las dotaciones de los fondos carentes de personalidad jurídica.

c) Resolver los expedientes de competencia de las distintas personas titulares, conforme a lo establecido en el artículo 45 de esta Ley, en caso de discrepancia del informe del órgano de la Intervención competente.

d) Autorizar ampliaciones de crédito hasta una suma igual a las obligaciones cuyo reconocimiento sea preceptivo.

e) Autorizar las generaciones de créditos en los estados de gastos siempre que no excedan de 3.000.000 de euros o se refieran a supuestos de generaciones por ingresos efectivamente recaudados y no previstos en el Presupuesto.

f) Autorizar, previo informe de la Consejería, agencia administrativa o agencia de régimen especial, las incorporaciones previstas en el artículo 41.2 y, en su caso, generaciones y transferencias de créditos a que hace referencia el artículo 41.3 de esta Ley.

g) Autorizar generaciones de crédito en los presupuestos de las agencias administrativas, de régimen especial, públicas empresariales del artículo 2.c) y consorcios adscritos por los ingresos efectivamente recaudados por prestaciones de servicios que superen las previsiones del estado global de ingresos de los mismos.

Las competencias previstas en este artículo comportan la de creación de las aplicaciones presupuestarias pertinentes, de acuerdo con la clasificación económica vigente.

Corresponde al **Consejo de Gobierno**, a propuesta de la Consejería competente en materia de Hacienda, la autorización de las siguientes modificaciones presupuestarias:

a) Las transferencias de créditos siempre que excedan de 3.000.000 de euros, sin perjuicio de las competencias delimitadas en los artículos 45 y 47 de la presente Ley.

b) Las generaciones de créditos siempre que excedan de 3.000.000 de euros, excepto las generaciones por ingresos efectivamente recaudados y no previstos en el Presupuesto y las referidas en el artículo 41.2 de esta Ley, que corresponderán a la persona titular de la Consejería competente en materia de Hacienda.

c) Las generaciones de créditos siempre que excedan de 3.000.000 de euros, excepto las generaciones por ingresos efectivamente recaudados y no previstos en el Presupuesto y las referidas en el artículo 41.2 de esta Ley, que corresponderán a la persona titular de la Consejería competente en materia de Hacienda.

d) Las modificaciones de crédito previstas en el artículo 13.j) de esta ley.

La Consejería competente en materia de Hacienda procederá de oficio, al fin del ejercicio, a minorar créditos que se encuentren disponibles, en la misma cuantía de las generaciones y ampliaciones de crédito aprobadas con cargo a la declaración de no disponibilidad de otros créditos.

Si fuera necesario, oída la Consejería afectada, se realizará previamente el reajuste al ejercicio siguiente de los compromisos adquiridos cuyas obligaciones no hayan llegado a contraerse. A tal fin, los límites de la anualidad futura correspondiente se fijarán en la cuantía necesaria para posibilitar el citado reajuste.

Los reintegros de pagos realizados con cargo a créditos presupuestarios podrán dar lugar a la reposición de estos últimos.

Se habilita a la persona titular de la Consejería competente en materia de hacienda a dictar las normas necesarias para el desarrollo de lo previsto en este artículo.

TRANSFERENCIAS DE CRÉDITO

Consejero	■ Mismo programa. No afecta a financiados con fondos UE, vinculantes o de capital (previo informe intervención). ■ De distintos programas (capitulo 1) incluidos gastos del programa de modernización y gestión de la función pública destinados a Otros gastos de personal. ■ Transferencias entre créditos del mismo programa y distinta sección, entre Consejería y organismos autónomos a su cargo (previo informe intervención).
Consejero competente en materia de Hacienda	■ Transferencias créditos (< 3.000.000€). ■ Resolver expedientes de competencia en caso de discrepancia. ■ Autorizar ampliaciones de créditos (documento Z5). ■ Autorizar generaciones de créditos (documento Z8). ■ Generaciones de Créditos (< 3.000.000€). ■ Incorporaciones de créditos efectivamente recaudados (documento Z7).
Consejo de Gobierno	■ Transferencias créditos (> 3.000.000€). ■ Generación de créditos (> 3.000.000€).

Todo acuerdo de **modificación presupuestaria** deberá indicar expresamente el programa, servicio y concepto económico afectado por la misma. La propuesta de modificación deberá expresar su incidencia en la consecución de los respectivos objetivos de gasto.

Cuando la modificación presupuestaria afecte a las transferencias a recibir por las agencias públicas empresariales y el resto de entidades reguladas en los artículos 4 y 5 de esta ley, el órgano que apruebe la modificación deberá pronunciarse sobre la alteración que la misma provoca en el correspondiente presupuesto de explotación o de capital y en el programa de actuación, inversión y financiación de la entidad.

Las modificaciones de los créditos iniciales del Presupuesto se ajustarán a lo previsto en esta ley y, en su caso, al contenido de las leyes del Presupuesto.

Las **generaciones de créditos** (documento Z8) son modificaciones que incrementan los créditos como consecuencia de la realización de determinados ingresos no previstos o superiores a los contemplados en el presupuesto inicial.

Del mismo modo procederá la generación de crédito conforme a lo previsto en el artículo 41.3 de esta ley.

Podrán dar lugar a generaciones los ingresos del ejercicio como consecuencia de:

a) Aportaciones del Estado, de sus organismos o instituciones, de la Unión Europea o de otras personas naturales o jurídicas, públicas o privadas, para financiar total o conjuntamente gastos que por su naturaleza estén comprendidos en los fines u objetivos asignados a la Comunidad Autónoma.

b) Aportaciones de la Administración de la Comunidad Autónoma a sus agencias administrativas o de régimen especial, así como de estas a la Administración de la Comunidad Autónoma, y entre sí, para financiar total o conjuntamente gastos que por su naturaleza estén comprendidos en los fines u objetivos asignados a la Comunidad Autónoma.

c) Préstamos concedidos a la Administración de la Comunidad Autónoma por otras administraciones públicas, sus organismos o instituciones para financiar total o conjuntamente gastos que por su naturaleza estén comprendidos en los fines u objetivos asignados a la misma.

d) Ventas de bienes y prestación de servicios, únicamente para financiar créditos destinados a cubrir gastos de la misma naturaleza que los que se originaron por la adquisición o producción de los bienes enajenados o por la prestación del servicio.

e) Enajenaciones de inmovilizado, con destino a operaciones de la misma naturaleza económica.

f) Reembolsos de préstamos, exclusivamente para financiar créditos destinados a la concesión de nuevos préstamos.

g) Recursos legalmente afectados a la realización de actuaciones determinadas.

h) Remanente líquido de tesorería.

i) Declaración de no disponibilidad de otros créditos del presupuesto.

En los supuestos previstos en las letras a), b), c) y g) del apartado 3, podrá generar crédito el ingreso procedente de ejercicios cerrados cuando no se hubiera generado en el ejercicio en que se produjo.

Con carácter excepcional, podrán generar crédito en el Presupuesto del ejercicio los ingresos contemplados en las letras d), e) y f) del apartado 3 realizados en el último trimestre del ejercicio anterior.

En todo expediente de generación de crédito deberá quedar asegurado el cumplimiento de las reglas de estabilidad presupuestaria y sostenibilidad financiera.

Sin perjuicio de lo anterior, procederá realizar generaciones de créditos por ingresos afectados que no se encuentren efectivamente recaudados, cuya financiación lo sea por derechos reconocidos o compromisos de ingresos, siempre que quede documentalmente acreditada la previsión de los mismos, así como las condiciones y requisitos que se asuman en la gestión de los gastos e ingresos de la financiación afectada por parte del órgano gestor de los créditos.

Corresponde a la Consejería competente en materia de Hacienda autorizar la generación de créditos en los estados de gastos, por los ingresos efectivamente recaudados y no previstos en el presupuesto, sin perjuicio de las competencias que correspondan al Consejo de Gobierno. Las competencias previstas comportan la de creación de las aplicaciones presupuestarias pertinentes, de acuerdo con la clasificación económica pertinente. Se utilizará el documento contable Z8.

Corresponde al Consejo de Gobierno la generación de créditos por derechos reconocidos o compromisos de ingresos, distintos de los previstos en los estados de ingresos, derivados de los diferentes instrumentos de financiación de los servicios ya transferidos a la comunidad autónoma, o que sean objeto de asunción por la misma. También le corresponde la generación de créditos por los resultados positivos y no aplicados de liquidaciones de presupuestos de ejercicios anteriores o por créditos declarados no disponibles respecto al reconocimiento de obligaciones. Para ello se utilizará el documento contable Z8.

Los documentos contables de apertura y modificación de los créditos del presupuesto de gastos que se corresponden con las distintas figuras modificativas reguladas en el Texto Refundido de la Ley General de la Hacienda Pública de la Junta de Andalucía, serán los siguientes:

a) «Z0»: Créditos iniciales.

b) «Z2»: Redistribuciones de crédito.

c) «Z3»: Créditos extraordinarios.

d) «Z4»: Suplementos de créditos.

e) «Z5»: Ampliaciones de créditos.

f) «Z6»: Anualidades futuras.

g) «Z7»: Incorporaciones de remanentes.

h) «Z8»: Generaciones de crédito.

i) «Z9»: transferencias de crédito.

TEMA 19

LA EJECUCIÓN DEL PRESUPUESTO DE GASTOS DE LA COMUNIDAD AUTÓNOMA ANDALUZA: EL PROCEDIMIENTO GENERAL, FASES, ÓRGANOS COMPETENTES Y DOCUMENTOS CONTABLES. LOS GASTOS PLURIANUALES, LOS EXPEDIENTES DE TRAMITACIÓN ANTICIPADA Y LA CONVALIDACIÓN DE GASTOS. LAS OPERACIONES DE CIERRE DEL EJERCICIO. LOS PAGOS: CONCEPTO Y CLASIFICACIÓN.

LA EJECUCIÓN DEL PRESUPUESTO DE GASTOS DE LA COMUNIDAD ANDALUZA: EL PROCEDIMIENTOS GENERAL, FASES, ÓRGANOS COMPETENTES Y DOCUMENTOS CONTABLES.

El procedimiento administrativo de ejecución del gasto es el conjunto de actos que realiza la administración pública orientados hacia la finalidad específica de realizar un gasto. Viene precedida por las fases de elaboración y aprobación del presupuesto.

Los créditos para gastos se destinarán exclusivamente a la finalidad específica para la que han sido autorizados por la ley del presupuesto o por las modificaciones aprobadas.

Los créditos autorizados en los estados de gastos del presupuesto tienen el carácter limitativo y vinculante, de acuerdo a su clasificación orgánica y económica, a nivel de artículo. No podrán adquirirse compromisos de gastos por cuantía superior a su importe, siendo nulos de pleno derecho los actos administrativos y las disposiciones generales con rango inferior a la ley que infrinjan esta norma, sin perjuicio de las responsabilidades a que haya lugar.

El procedimiento de ejecución del gasto público está integrado por dos fases sucesivas (ordenación del gasto y ordenación de pagos). El gasto se refiere al empleo de los créditos presupuestados (expresión cifrada de las cantidades que figuran en el presupuesto para la atención de las distintas necesidades de una administración). La ejecución de los gastos da lugar a obligaciones que se satisfacen con su pago.

El pago se refiere a toda salida, material o formal, de fondos o efectos de la caja del tesoro. Dentro del procedimiento de ejecución del gasto tenemos los siguientes tipos de actos:

a.- Actos de gestión: constituyen acuerdos tendentes a plasmar la voluntad del órgano en cuanto a la realización del gasto, tenemos la propuesta de gastos, autorización y compromiso de gasto, propuesta y ordenación de pago.

b.- Actos de intervención: consisten en la comprobación del cumplimiento de la legalidad económica de los actos de gestión.

c.- Actos contables: tienen por finalidad recoger, mediante los correspondientes asientos, el Estado de ejecución de los créditos, y aportar la información precisa de su aplicación, reflejando la realidad económica de los actos de gestión.

Fases.

1ª Fases de la ordenación del gasto:

A)   Propuesta de gasto:

El expediente de gasto se inicia por el órgano competente mediante la propuesta de gastos. Está formada por una memoria justificativa de la necesidad de la actividad a realizar y de los datos económicos que se cuantifican en la misma, a la que se unirán cuantos documentos e informes resulten necesarios. La propuesta de gasto ha de reunir dos requisitos imprescindibles: la existencia de crédito y la adecuación del mismo a la naturaleza del gasto.

B)   Fiscalización previa del gasto:

Todo acto susceptible de producir obligaciones de contenido económico para la Junta de Andalucía debe ser sometido a fiscalización previa. Se entiende por fiscalización crítica o fiscalización previa del reconocimiento de obligaciones o gastos, el ejercicio de la competencia atribuida a la Intervención General de la Junta de Andalucía para examinar antes de que se dicte el correspondiente acuerdo, todo expediente o documento en que se formule una propuesta de gasto, con objeto de conocer si su contenido y tramitación se ajustan a la legalidad económico-presupuestaria y contable aplicable en cada caso.

La fiscalización previa podrá ejercerse aplicando técnicas de muestreo y comprobaciones periódicas a los actos, documentos y expedientes objeto de control (excepto en los gastos de cuantía indeterminada, o los que deban aprobarse por el Consejo de Gobierno). No están sometidos a fiscalización previa:

a)   Los gastos de carácter periódico y demás de tracto sucesivo, una vez intervenido el gasto correspondiente al período inicial del acto o contrato del que se deriven o sus modificaciones.

b)   Los contratos menores definidos en la Ley de Contratos del Sector Público.

c)   Los gastos menores de 3.005,06 euros (500.000 pesetas) cuyo pago, de conformidad con la vigente legislación, deba realizarse mediante el procedimiento especial de Anticipo de Caja Fija.

d)   Los gastos destinados a satisfacer los honorarios y compensaciones que deban percibir las personas o entidades a quienes la Junta de Andalucía encomiende la gestión recaudatoria de sus ingresos cuando el importe de tales gastos se calcule por programas integrados en los sistemas informáticos de gestión, liquidación y recaudación de dichos ingresos.

Por vía reglamentaria, cuando lo demande la agilización de los procedimientos, podrán ser excluidos de intervención previa y sometidos a control posterior, sin quiebra de los principios económico-presupuestarios y contables, los siguientes gastos:

a)   Los relativos a personal.

b)   Los de bienes corrientes y servicios, excepto los relativos a conciertos sanitarios.

c)   Los gastos de farmacia y prótesis.

La intervención previa se sustituirá por control financiero en los casos establecidos. Se sustituye la fiscalización previa de los derechos por la toma de razón de los mismos, estableciéndose las actuaciones comprobatorias posteriores que determine la Intervención General de la Junta de Andalucía. El procedimiento de control de los tributos cedidos cuya gestión se haya delegado a la Comunidad Autónoma de Andalucía será el que establezca la normativa legal que regule dicha cesión.

Se sustituye la fiscalización previa por la toma de razón en los supuestos de subvenciones nominativas que figuren como tales en los presupuestos y de subvenciones calificadas por el titular de la Consejería como específicas por razón del objeto y, en base a ello, se considere innecesaria la concurrencia.

La administración de la Junta, sus organismos, instituciones y empresas, así como las corporaciones de derecho público cuyos presupuestos hayan de ser aprobados por alguna de sus consejerías, están sometidos a control de carácter financiero, mediante procedimientos y técnicas de auditoría, en los siguientes casos:

- Empresas públicas y organismos autónomos con actividades industriales, comerciales, financieras y análogas.

- Sociedades mercantiles, empresas, entidades y particulares por razón de las subvenciones, créditos, avales y demás ayuda concedidas por la Junta o por sus organismos.

- Corporaciones de derecho público.

A)   Aprobación del gasto.

Una vez fiscalizada de conformidad la propuesta, cuando sea preceptivo, el órgano gestor puede proceder a autorizar el gasto. Se trata de un acto de declaración de voluntad de la administración en el que se decide o acuerda la realización de un determinado gasto.

B)   Compromiso del gasto (disposición).

Consiste en el acto por el que se acuerda o concierta, según los casos, tras los trámites que con arreglo a derecho proceda, un gasto, formalizando así la reserva de crédito comprometido por la operación anterior.

El compromiso de gasto se efectúa por el importe y condiciones exactamente determinadas, ya que se trata de reconocer el derecho de un tercero respecto a determinados créditos del presupuesto que podrán hacerse efectivos tras el cumplimiento por el mismo de la contraprestación.

Se justificará con la propuesta de resolución de adjudicación, y se remitirá a la correspondiente intervención para su fiscalización y anotación contable.

C)   La obligación.

Las obligaciones económicas de la comunidad autónoma y de sus organismos e instituciones nacen de la ley, de los negocios jurídicos y de los actos o hechos que, según derecho, las generen.

La administración, una vez que se produce la prestación o el derecho del acreedor, asume a su cargo la obligación de efectuar puntualmente el pago que corresponda, dando con ello cumplimiento a su contraprestación.

D)   La propuesta de pago.

Es el acto por el cual el órgano competente para autorizar el gasto interesa de la Consejería competente en materia de Hacienda la ordenación de los correspondientes pagos.

Se acompañará con la propuesta los documentos que acrediten la realización de la prestación o el derecho del acreedor, de conformidad con los acuerdos que en su día autorizaron y comprometieron el gasto.

Las órdenes de pago cuyos documentos no puedan acompañarse en el momento de su expedición tendrán el carácter de "a justificar". Los preceptores de estas órdenes de pago quedarán obligados a justificar la aplicación de las cantidades recibidas en el plazo de tres meses, excepcionalmente podrá ampliarse este plazo hasta doce meses.

E)   La fiscalización de la propuesta de pago.

Sin perjuicio de que algunos gastos puedan estar exentos de fiscalización previa, todos ellos tienen que ser fiscalizados al proponerse el pago.

El ejercicio de la función interventora comprenderá la intervención formal de la ordenación del pago, mediante el cual la intervención comprueba que la propuesta de pago procede de un gasto fiscalizado (si así se exige) y que documentalmente queda acreditada la ejecución de la obra, la realización del suministro o la prestación del servicio, así como el derecho y la legitimidad del acreedor.

La ausencia de fiscalización o el reparo por la intervención de la propuesta de pago imposibilita la continuación en los trámites del expediente y, consecuentemente, la materialización del pago.

2º Fases de la ordenación del pago.

Una vez fiscalizada la propuesta de pago se remitirá, a través del correspondiente índice, a la Dirección General de Tesorería y Política Financiera (Consejería de Hacienda y Administración Pública), cuando se trate de pagos centralizados, o a la tesorería de la correspondiente Delegación Provincial de la Consejería competente en materia de Hacienda cuando se trate de pagos desconcentrados, para su oportuna ordenación. En el caso de organismos autónomos se cursarán a la propia tesorería del ente autonómico.

La ordenación del pago es la operación por la que el ordenador competente expide, en relación con una obligación contraída, la correspondiente orden contra la tesorería. El pago se efectuará mediante transferencia, a través de cheque o por formalización a otros conceptos del presupuesto.

El pago es una operación consistente en la salida material o virtual de fondos o efectos de la caja del tesoro.

El órgano de control interviene materialmente el pago, es decir, comprueba que el cheque bancario u orden de transferencia se ha expedido por el mismo importe y a favor de la misma persona que figura en la orden de pago. Esta operación se realiza por los interventores delegados o provinciales en las ordenaciones de pagos, mediante la firma de cheque, orden de transferencia... previa comprobación de existencia de saldo de tesorería suficiente.

Una vez que se ha hecho efectivo o materializado el pago queda cumplida la obligación de la administración y, por tanto, finalizado el expediente de ejecución del gasto y pago.

Órganos competentes.

Corresponde a las personas titulares de las distintas Consejerías aprobar los gastos propios de los servicios a su cargo, salvo los casos reservados por la ley a la competencia del Consejo de Gobierno, así como autorizar su compromiso y liquidación e interesar de la Consejería competente en materia de Hacienda la ordenación de los correspondientes pagos.

Con la misma reserva legal, compete a las personas titulares de la Presidencia o Dirección de las instituciones, agencias administrativas y de régimen especial, tanto la disposición de los gastos como la ordenación de los pagos relativos a las mismas.

Las facultades a que se refieren los anteriores apartados podrán delegarse en los términos establecidos reglamentariamente.

La Consejería competente en materia de Hacienda podrá imputar al presupuesto de gastos de la Consejería, agencia administrativa, agencia de régimen especial, agencia pública empresarial comprendida en el artículo 2.c) o consorcio afectado las obligaciones de pago no atendidas a su vencimiento que hubieran ocasionado minoración de ingresos o incremento de gasto por compensaciones de deudas o deducciones sobre transferencias efectuadas por otras Administraciones Públicas. A tal efecto adoptará, asimismo, los acuerdos y dictará las resoluciones que procedan para la adecuada contabilización de los respectivos gastos e ingresos, realizando estas actuaciones en el ejercicio en el que se produzcan. Todo ello sin perjuicio de lo dispuesto en los apartados 4 y 5 del artículo 53 bis.

La Consejería, agencia o consorcio adscrito a la Administración de la Junta de Andalucía que licite los contratos declarados de contratación centralizada o que realice encargos a medios propios personificados, cuya ejecución se realice a favor de diversas Consejerías o entidades del sector público andaluz en materia de su competencia, podrá aprobar los gastos así como autorizar su compromiso con imputación al presupuesto de gastos de las Consejerías, agencias administrativas, de régimen especial, públicas empresariales referidas en el artículo 2.c), consorcios adscritos, así como al presupuesto de explotación y capital de las sociedades mercantiles y fundaciones, cuando así se determine.

A tal efecto adoptará, asimismo, los acuerdos y dictará las resoluciones que procedan para la adecuada contabilización de los respectivos gastos.

Con cargo a créditos que figuren en los estados de gastos de la Junta de Andalucía o de sus agencias administrativas o de régimen especial, correspondientes a servicios cuyo volumen de gasto tenga correlación con el importe de tasas, cánones y precios públicos liquidados por las mismas, o que por su naturaleza o normativa aplicable deban financiarse total o parcialmente con unos ingresos específicos y predeterminados, tales como las provenientes de transferencias finalistas, subvenciones o de convenios con otras Administraciones, solo podrán gestionarse sus gastos en la medida en que se vaya asegurando su financiación.

A tal efecto, la Consejería competente en materia de Hacienda determinará los conceptos presupuestarios y el procedimiento de afectación para cada caso

Con cargo al crédito del Fondo de Contingencia se financiarán únicamente, cuando proceda, las siguientes modificaciones de crédito:

- Crédito extraordinario.
- Suplementos de crédito.
- Ampliaciones.

En ningún caso podrá utilizarse el mencionado crédito para financiar modificaciones destinadas a dar cobertura a gastos o actuaciones que deriven de decisiones discrecionales de la Administración, que carezcan de cobertura presupuestaria.

Su aplicación se decidirá por el Consejo de Gobierno, a propuesta de la Consejería competente en materia de Hacienda

Corresponde a las personas titulares de las distintas Consejerías dictar las normas necesarias para el desarrollo y ejecución de las actuaciones financiadas en los estados de gastos de las secciones presupuestarias a su cargo, en todo aquello que no esté expresamente atribuido a otro órgano. Dichas facultades corresponden a la persona titular de la Consejería competente en materia de Hacienda, como órgano competente en la gestión del gasto de las secciones correspondientes a «Deuda Pública», «Gastos de Diversas Consejerías» y «A Corporaciones Locales por participación en ingresos del Estado», a la persona titular de la Consejería competente en materia de agricultura las correspondientes a la sección del «Fondo Andaluz de Garantía Agraria», y a la persona titular de la Consejería competente en materia de bienestar social las de la sección «Pensiones Asistenciales», siendo de aplicación a las mismas cuantas disposiciones establece la presente Ley para las secciones presupuestarias de las Consejerías.

Corresponde a la persona titular de la Consejería competente en materia de Hacienda las funciones de ordenación general de pagos de la Junta de Andalucía.

La Consejería competente en materia de Hacienda podrá establecer directrices a los entes referidos en el artículo 52.2 de esta ley para el ejercicio de sus funciones de ordenación de los pagos y ejercerá la supervisión de su cumplimiento con el objeto de garantizar las exigencias establecidas en la Ley Orgánica de Estabilidad Presupuestaria y Sostenibilidad Financiera.

El régimen de la ordenación de pagos se regulará por Decreto a propuesta de la persona titular de la Consejería competente en materia de Hacienda.

La expedición de las órdenes de pago a cargo del Presupuesto de la Junta de Andalucía deberá ajustarse al Plan que sobre disposición de fondos de la Tesorería General establezca el Consejo de Gobierno, a propuesta de la persona titular de la Consejería competente en materia de Hacienda.

A las órdenes de pago libradas con cargo al Presupuesto, se acompañarán los documentos que acrediten la realización de la prestación o el derecho de la persona o entidad acreedora, de conformidad con los acuerdos que en su día autorizaron y comprometieron el gasto.

Las órdenes de pago cuyos documentos no puedan acompañarse en el momento de su expedición, según establece el artículo anterior, tendrán el carácter de «a justificar», sin perjuicio de su aplicación a los correspondientes créditos presupuestarios.

Los perceptores de estas órdenes de pago quedarán obligados a justificar la aplicación de las cantidades recibidas en el plazo de tres meses. Excepcionalmente podrá ampliarse este plazo hasta doce meses en los casos que reglamentariamente se determinen, estando en cualquier caso sujetos al régimen de responsabilidades previsto en la presente Ley. Durante el mes siguiente a la fecha de aportación de los documentos justificativos, a que se refieren los apartados anteriores de este artículo, se llevará a cabo la aprobación o reparo de la cuenta por el órgano competente.

El órgano gestor competente decidirá la ejecución de los créditos del presupuesto, dentro de la legalidad presupuestaria y financiera, realizando los actos oportunos que conduzcan a la gestión del gasto y al cumplimiento de las obligaciones.

Según el Estatuto de Autonomía la ejecución del presupuesto corresponde al Consejo de Gobierno, le corresponde autorizar los gastos en los supuestos contemplados en las leyes (ley de hacienda, leyes presupuestarias, ley de contratos del sector público).

Corresponde al Consejero competente en materia de Hacienda:

a) Proponer al Consejo de Gobierno las disposiciones y los acuerdos que procedan según el artículo 12 de esta Ley, y que sean materia de su competencia.

b) Elaborar y someter al acuerdo del Consejo de Gobierno el anteproyecto de Ley del Presupuesto.

c) Dictar las disposiciones y resoluciones de su competencia.

d) La administración, gestión y recaudación de los derechos económicos de la Hacienda de la Junta de Andalucía, sin perjuicio de las competencias que esta ley atribuye a las agencias administrativas y de régimen especial

e) Velar por la ejecución del Presupuesto y por los derechos económicos de la Hacienda de la Junta de Andalucía, ejerciendo las acciones económico-administrativas y cualesquiera otras que la defensa de tales derechos exija.

f) Ordenar los pagos de la Tesorería General de la Junta de Andalucía.

g) La tutela financiera de los entes locales y la colaboración entre estos entes y la Comunidad Autónoma, en los términos previstos en los artículos 60.3 y 192.3 del Estatuto de Autonomía para Andalucía.

h) El impulso y coordinación de los instrumentos y procedimientos para la aplicación de las normas en materia de estabilidad presupuestaria y sostenibilidad financiera.

i) Las demás competencias y funciones que se le atribuyan en esta Ley y demás disposiciones de aplicación.

j) Proponer modificaciones de crédito que afecten a varias secciones presupuestarias, con objeto de cubrir una insuficiencia de crédito en aquellos que tengan la condición de ampliables.

El Consejero competente en materia de Hacienda es el ordenador general de pagos de la Junta, sin embargo estas funciones son ejercidas por delegación permanente por el Director General de Tesorería y Política Financiera. Para facilitar el servicio existirán ordenaciones de pagos secundarias en las delegaciones provinciales de la Consejería competente en materia de Hacienda.

Son funciones de los órganos de la Junta de Andalucía y de las distintas consejerías:

➤ Administrar los créditos para gastos del presupuesto y de sus modificaciones.

➤ Contraer obligaciones económicas en nombre y por cuenta de la Junta.

➤ Autorizar los gastos que no sean de la competencia del Consejo de Gobierno y elevar a la aprobación de éste los que sean de su competencia.

➤ Proponer el pago de las obligaciones al Consejero competente en materia de Hacienda.

Entre las funciones de los organismos autónomos de la Junta de Andalucía está la administración, gestión y recaudación de los derechos económicos del propio organismo autónomo, y autorizar los gastos y ordenar los pagos, según el presupuesto aprobado.

Se requerirá acuerdo del Consejo de Gobierno para autorizar cualquier tipo de expediente de gastos de consejerías, agencias y consorcios adscritos cuyo importe global sea igual o superior a ocho millones de euros (8.000.000 €).

Del mencionado régimen de autorización quedarán excluidos los expedientes de gastos que se tramiten para la ejecución de los créditos incluidos en las secciones 32, A Corporaciones Locales por participación en ingresos del Estado, y 35, Participación de las Entidades Locales en los tributos de la Comunidad Autónoma, del estado de gastos del Presupuesto, las transferencias para la financiación de las agencias y consorcios adscritos así como las transferencias de financiación a las sociedades mercantiles del sector público andaluz y entidades asimiladas a que se refiere el artículo 4 de esta Ley y a las Universidades públicas andaluzas, y los destinados a la dotación para operaciones financieras de los fondos regulados en el apartado 5 del artículo 5 del texto refundido de la Ley General de la Hacienda Pública de la Junta de Andalucía. Igualmente quedarán excluidos los expedientes de gastos que se tramiten para la concertación de las operaciones financieras contempladas en el artículo 67 bis del citado texto refundido.

Asimismo, se requerirá acuerdo del Consejo de Gobierno para la autorización de contratos cuyo pago se concierte mediante el sistema de arrendamiento financiero o mediante el sistema de arrendamiento con opción de compra, y el número de anualidades supere el de cuatro años a partir de la adjudicación del contrato.

Los citados acuerdos, que cuando se produzcan en materia contractual deberán concurrir antes de la aprobación de los expedientes de contratación, llevarán implícita la aprobación del gasto correspondiente.

Los contratos y cualquier otra operación que pretendan celebrar las sociedades mercantiles del sector público andaluz, y las fundaciones y demás entidades previstas en los apartados 3 y 4 así como los fondos carentes de personalidad jurídica del artículo 5 del texto refundido de la Ley General de la Hacienda Pública de la Junta de Andalucía, en los mismos términos y cuantías previstos en los apartados anteriores, requerirán autorización previa del Consejo de Gobierno.

Los expedientes de gastos derivados de las operaciones de endeudamiento cuya emisión o concertación se tramite ante el Consejo de Gobierno, de acuerdo con lo previsto en el artículo 38, serán autorizados, en su caso, por el Consejo de Gobierno simultáneamente con la autorización prevista en el citado precepto. No obstante, la fiscalización del gasto por parte de la Intervención General de la Junta de Andalucía y su aprobación, que corresponderá al órgano competente por razón de la materia, se realizarán en el momento previo a la puesta en circulación de la emisión o a la formalización de la operación de endeudamiento.

Documentos contables.

Los créditos del presupuesto de gastos serán objeto de asiento inicial en la contabilidad una vez aprobados.

Los créditos que aún no han sido ejecutados serán susceptibles de modificación cualitativa o cuantitativa en su clasificación orgánica, económica o funcional afectando, en su caso, al fondo y al proyecto presupuestario, en la forma y con los requisitos que se establezcan en el Texto Refundido de la Ley General de la Hacienda Pública de la Junta de Andalucía y las Leyes del Presupuesto.

Los documentos contables de apertura y modificación de los créditos del presupuesto de gastos que se corresponden con las distintas figuras modificativas reguladas en el Texto Refundido de la Ley General de la Hacienda Pública de la Junta de Andalucía, serán los siguientes:

a) «Z0»: Créditos iniciales.

b) «Z2»: Redistribuciones de crédito.

c) «Z3»: Créditos extraordinarios.

d) «Z4»: Suplementos de créditos.

e) «Z5»: Ampliaciones de créditos.

f) «Z6»: Anualidades futuras.

g) «Z7»: Incorporaciones de remanentes.

h) «Z8»: Generaciones de crédito.

i) «Z9»: transferencias de crédito.

Estos documentos se complementarán con los dígitos que sean necesarios para distinguir la particularidad de cada figura modificativa.

El expediente de modificación presupuestaria incluirá la propuesta contable, que se entenderá suscrita con la firma de aquél.

Los documentos contables «Z2» permitirán redistribuir créditos dentro de la misma vinculación, y adicionalmente, entre distintos códigos de provincias y centros de gasto.

Estos documentos serán contabilizados, editados y autorizados por la oficina de gestión sin que estén sujetos a fiscalización por la Intervención correspondiente.

Las fases contables de ejecución reflejan en los créditos de gastos el diferente estado de ejecución de los mismos y se corresponden con los actos administrativos de autorización, compromiso y reconocimiento de la obligación, que incluirá la propuesta de pago.

La fase de retención del crédito o reserva de crédito se recoge también en la contabilidad como previa, complementaria e instrumental de las fases indicadas en el apartado anterior.

Los documentos contables de ejecución son los destinados a contabilizar las distintas fases de ejecución de los créditos del presupuesto de gastos.

Las fases contables de ejecución y sus documentos contables serán los siguientes:

a) Fase y documento de reserva de crédito, «RC»: refleja los créditos que, con carácter temporal o indefinido, se retienen para una determinada finalidad, se utilizan para la no disponibilidad de créditos o se reservan de forma cautelar para garantizar la suficiencia de las operaciones de traspaso o de cualquier otra índole.

b) Fase de autorización de gasto, «A»: refleja la autorización del gasto efectuada por los órganos competentes, según las normas de ejecución del gasto.

El documento «A» se expedirá cuando se instruya un expediente de gasto, en el que, en el momento de la aprobación del mismo, no se conozca el importe exacto del compromiso a adquirir por la Administración y el citado gasto no se encuentre excluido de fiscalización.

c) Fase de compromiso de gasto o disposición, «D»: refleja los compromisos de gasto de la Administración de la Junta de Andalucía y de sus agencias administrativas y de régimen especial frente a terceros.

El documento «D» se expedirá en el momento anterior a la adquisición del compromiso del gasto, una vez conocido su importe exacto.

d) Fase de obligaciones reconocidas, «O»: refleja las obligaciones contraídas frente a terceros como consecuencia del cumplimiento por parte de éstos de la prestación a su cargo y de haberse dictado los correspondientes actos de reconocimiento y liquidación de la obligación. Dicho reconocimiento lleva implícita la propuesta del pago de la obligación reconocida a la Tesorería General de la Junta de Andalucía y a las tesorerías de las agencias administrativas y de régimen especial, sin perjuicio de que el pago deba posponerse en los supuestos que proceda de acuerdo con la normativa aplicable.

Los documentos «O» se expedirán respectivamente en cada uno de estos supuestos contra el saldo del documento con fase «D» que ampara el compromiso previo.

e) Fase de ordenación del pago: el ordenador de pagos competente dispone la ejecución de los pagos de las obligaciones reconocidas. La ordenación de los pagos no implica la edición de ningún nuevo documento contable.

f) Fase de pago material: se corresponde con la realización de los pagos, materiales o virtuales, que efectúan la Tesorería General de la Junta de Andalucía o las tesorerías de las agencias administrativas y de régimen especial atendiendo a la ejecución de los mismos dispuesta por el ordenador de pagos.

Los documentos contables pueden agrupar varias fases. Los documentos que agrupan varias fases serán los siguientes:

a) Documento «AD»: se expedirá en todos aquellos casos en los que se conozca, desde el inicio del expediente, el importe exacto del compromiso del gasto a contraer, o cuando se trate de gastos cuya fiscalización queda diferida al momento en el que se conozca el citado importe exacto y supondrá la contabilización acumulada de las fases de autorización y compromiso de un expediente de gasto.

b) Documento «ADO»: se expedirá cuando se proponga el reconocimiento de la obligación de gastos exentos de fiscalización, o cuando se produzcan en unidad de acto las fases de autorización, disposición y contracción de la obligación.

c) Documento «DO»: se expedirá cuando, una vez autorizado el gasto, se proponga simultáneamente la adquisición de un compromiso de gasto y el reconocimiento de la obligación.

Se podrán expedir documentos contables de ejercicios futuros y de residuos de ejercicios anteriores.

Los documentos contables de ejercicios futuros afectarán únicamente a las fases de retenciones, autorizaciones y disposiciones.

Los documentos contables de residuos de ejercicios anteriores tendrán como única función la anulación de documentos que contengan la fase de obligación reconocida.

Los documentos contables de un expediente de gasto se van expidiendo a medida que se dictan los actos administrativos del procedimiento.

Cada documento contable se vincula con el anterior. El importe del documento contable se resta sucesivamente del saldo del documento de la fase contable anterior, desde la fase de reserva de crédito, en su caso, hasta la fase de obligación reconocida.

En caso de expedirse un documento «RC» previo a un procedimiento de gasto, el documento correspondiente a la fase de autorización del gasto, «A», se vinculará a aquél restando el saldo del crédito que corresponda del mismo e incorporándolo al documento «A».

Conforme a lo establecido en el apartado anterior, el importe reflejado en cada documento contable, soporte de una determinada fase de ejecución del gasto, no podrá ser superior al consignado en los documentos correspondientes a fases anteriores de los que deriva.

Todos los documentos contables de gasto podrán ser documentos múltiples incorporando más de una anotación contable correspondiente a más de un acreedor y a varias partidas presupuestarias.

Los documentos podrán complementarse con otro documento del mismo tipo, que ajuste el valor de su importe.

Cuando proceda, se podrán expedir documentos barrados, que tienen por objeto anular parcial o totalmente el importe consignado en un documento contable de la misma naturaleza. Los documentos contables barrados que se podrán expedir son los siguientes:

a) Documento «RC/».
b) Documento «A/».
c) Documento «D/».
d) Documento «O/».
e) Documento «AD/».
f) Documento «ADO/».
g) Documento «DO/».

En los documentos contables constarán los siguientes campos:

a) El código del expediente contable.
b) El código del documento.
c) La partida presupuestaria.
d) El importe.

e) El año de efectividad en caja o ejercicio al que pertenecen los créditos al que se imputa el documento contable, sea corriente o anualidad futura.

f) El procedimiento, el tipo de intervención en su caso, y la fase de intervención, a través de los cuales se identificarán los diferentes procedimientos sustantivos de gasto según las tipologías del mismo.

g) El código del acreedor, que hace referencia al tercero con el que se adquiere el compromiso y al que habrán de efectuarse los pagos o a su sustituto legal, que estará previamente dado de alta como acreedor. Este código es obligatorio para la contabilización de las propuestas de documentos contables que contengan las fases contables de disposición y obligación.

h) Las retenciones o descuentos que hayan de practicarse al importe del pago propuesto.

i) Los datos de justificación y fecha límite de la misma en los documentos con propuesta de pago que se hayan librado con justificación posterior.

j) El ejercicio de procedencia, que es el ejercicio al que corresponden los créditos con cargo a los cuales se reconoció la obligación.

Además serán obligatorios otros campos en los documentos contables según el gasto de que se trate, tales como los datos del contrato, el activo fijo, el procedimiento judicial o el indicador de impuestos.

La realización de las distintas fases del procedimiento contable de ejecución del gasto se llevará a cabo a través de un tramitador contable del Sistema GIRO, que registrará desde el alta de las propuestas, incluyendo, en su caso, las modificaciones y bajas, que se pudieran producir, hasta la terminación del procedimiento contable del gasto.

Finalizado el ejercicio económico, la Intervención General de la Junta de Andalucía contabilizará en el ejercicio siguiente todos los documentos contables de obligaciones reconocidas pendientes de efectuar su pago que incorporarán la información del ejercicio de procedencia. Esta operación tiene la consideración de arrastre o traspaso de residuos de ejercicios anteriores.

Los documentos traspasados conservarán su código original.

Los documentos contables de anualidades futuras procedentes del ejercicio anterior se contabilizarán como documentos contables del ejercicio corriente mediante un procedimiento de arrastre o traspaso.

Igualmente, una vez concluido el ejercicio económico, se imputarán al ejercicio siguiente los saldos de documentos contables de remanentes comprometidos con cargo a las mismas partidas presupuestarias o a la partida equivalente en el presupuesto vigente a las que estaban imputadas en el ejercicio de origen.

Todos los documentos conservarán su código original.

La Orden reguladora del cierre de cada ejercicio presupuestario establecerá la forma y secuencia de desarrollo de dichos procesos.

La ejecución del presupuesto de ingresos se desarrolla a través de las fases contables de previsiones y las de gestión, mediante el correspondiente documento contable.

Los documentos contables de previsiones de ingresos serán los siguientes:

a) «Z0»: Previsiones iniciales.

b) «Z3»: Créditos extraordinarios.

c) «Z4»: Suplementos de créditos.

d) «Z5»: Ampliaciones de créditos.

e) «Z6»: Anualidades futuras.

f) «Z7»: Incorporaciones de remanentes.

g) «Z8»: Generaciones de crédito.

h) «Z9»: Transferencias de previsiones.

Estos documentos se complementarán con los dígitos que sean necesarios para distinguir la particularidad de cada figura modificativa.

Las fases contables de gestión reflejan las distintas situaciones derivadas de los procedimientos de ejecución del presupuesto de ingresos. Estas fases, así como sus documentos contables, serán las siguientes:

a) Derechos contraídos: refleja los derechos reconocidos o liquidados a favor de la Tesorería General de la Junta de Andalucía y sus agencias administrativas y de régimen especial. Se reflejarán contablemente mediante el documento «R».

b) Derechos anulados y rectificaciones: refleja la cancelación total o parcial de un derecho previamente reconocido o liquidado. Se reflejarán contablemente mediante el documento «R/», que se expedirá cuando proceda la anulación o rectificación de derechos.

c) Recaudado: representa la entrada material o virtual de fondos en la Tesorería General de la Junta de Andalucía, y en las tesorerías de las agencias administrativas y de régimen especial. Se reflejarán contablemente mediante el documento «I», que se expedirá cuando se realice un ingreso a favor de la Administración de la Junta de Andalucía o de sus agencias administrativas y de régimen especial, siempre que previamente exista un reconocimiento del derecho.

d) Cuando las fases de derechos contraídos y recaudado se produzcan simultáneamente, se emitirá un documento contable «RI».

e) Devoluciones: representa la devolución de cualquier ingreso realizado. Se reflejarán contablemente mediante el documento «RI/», que se expedirá independientemente de que el ingreso se hubiera realizado o no en el ejercicio corriente y corresponda o no a un contraído previo.

Asimismo, el Sistema ofrecerá la siguiente información:

a) Derechos pendientes de cobro: representan los derechos susceptibles de cobro, que han sido reconocidos previamente. Se obtiene por la diferencia entre los derechos reconocidos netos y la recaudación neta.

b) Derechos pendientes del ejercicio anterior: representan los derechos pendientes de cobro al cierre del ejercicio anterior e incluirán información del ejercicio de procedencia.

Los documentos podrán ser también documentos múltiples incorporando anotaciones de ingresos de varios deudores y de varias partidas presupuestarias, así como retenciones para compensar con derechos contraídos.

Los documentos podrán complementarse con otro documento del mismo tipo, que ajuste el valor de su importe. Asimismo, será posible expedir documentos barrados, al objeto de minorar su importe total o parcialmente, cuando ello proceda, ajustando asimismo el valor del importe de otros ya expedidos de su misma naturaleza.

En los documentos contables constarán los siguientes campos:

a) El código de expediente contable.

b) El código del documento.

c) La partida presupuestaria.

d) El importe.

e) El año de efectividad en caja o ejercicio en el que tiene efecto el reconocimiento del derecho.

f) El código del deudor, que hace referencia al tercero con el que surge el derecho. Este código es obligatorio para la contabilización de las propuestas de documentos contables.

g) Las retenciones o descuentos que hayan de practicarse.

h) El ejercicio de procedencia: ejercicio del que proceden los derechos pendientes de cobro de ejercicios anteriores.

Además podrán ser obligatorios otros campos en los documentos contables, en función de la naturaleza del ingreso.

Finalizado el ejercicio económico, la Intervención General de la Junta de Andalucía contabilizará en el ejercicio siguiente todos los documentos contables de reconocimiento de derechos cuyo ingreso no se hubiere realizado que incorporarán la información del ejercicio de procedencia, mediante un proceso de arrastre o traspaso de los mismos.

Los documentos contables de anualidades futuras procedentes del ejercicio anterior se contabilizarán como documentos contables del ejercicio corriente indicando el ejercicio de efectividad en caja mediante un proceso de arrastre o traspaso de documentos.

Las devoluciones de ingresos se contabilizarán mediante documentos contables de tipo «RI/» generándose automáticamente un documento extrapresupuestario de pago. Posteriormente se procederá a la devolución, compensándose las posiciones deudora y acreedora correspondientes.

Todas las devoluciones de ingresos, tanto si corresponden a ingresos realizados en el ejercicio corriente como si afectan a ingresos realizados en ejercicios anteriores, se contabilizarán en el ejercicio corriente.

LOS GASTOS PLURIANUALES, LOS EXPEDIENTES DE TRAMITACIÓN ANTICIPADA Y LA CONVALIDACIÓN DE GASTOS.

Son **gastos de carácter plurianual** aquellos que se autoricen y comprometan con cargo a dos o más ejercicios.

La autorización o realización de los gastos de carácter plurianual se subordinará al crédito que para cada ejercicio autorice el Presupuesto.

Podrán adquirirse compromisos por gastos que hayan de extenderse a ejercicios posteriores a aquel en que se autoricen, siempre que se encuentren en alguno de los casos que a continuación se indican:

a) Inversiones reales, transferencias y subvenciones de capital, salvo las subvenciones nominativas, y transferencias de financiación de la Ley del Presupuesto de cada ejercicio.

b) Los contratos de suministros, servicios y otros contratos, así como los encargos a medios propios personificados previstos en el artículo 53 bis de la Ley 9/2007, de 22 de octubre, de la Administración de la Junta de Andalucía, cuando no puedan ser estipulados o resulten antieconómicos por plazo de un año.

c) Arrendamientos de bienes inmuebles.

d) Cargas financieras del endeudamiento.

e) Subvenciones y otras transferencias corrientes, salvo las subvenciones nominativas, y transferencias de financiación de la Ley del Presupuesto de cada ejercicio.

f) Concesión de préstamos para la financiación de viviendas protegidas de promoción pública o privada.

g) Concesión de préstamos para promoción económica en programas especiales aprobados por el Consejo de Gobierno.

El número de ejercicios a los que pueden aplicarse los gastos referidos en los párrafos a), b), e) y g) del apartado anterior no será superior a seis.

En relación con el párrafo c), el número de ejercicios no será superior a diez.

Los créditos que, con cargo a ejercicios futuros, se comprometan en la tramitación de este tipo de expedientes estarán sujetos, según los casos, a las siguientes limitaciones cuantitativas:

a) Para los supuestos a que se refiere los párrafos a) y c) del apartado 2 de este artículo, no podrá superarse el importe acumulado que resulte de aplicar sobre el crédito correspondiente del Presupuesto del ejercicio corriente los siguientes porcentajes:

1.º El 80% en el ejercicio inmediatamente siguiente.

2.º El 70% en el segundo ejercicio.

3.º El 60% en el tercer ejercicio.

4.º El 50% en el cuarto ejercicio.

5.º El 50% en el quinto ejercicio.

6.º El 50% en el sexto ejercicio.

7.º El 50% en los ejercicios sexto a décimo, para los gastos contemplados en el párrafo c) del apartado 2 de este artículo.

b) Para los gastos referidos en los párrafos b), e), f) y g) del apartado 2 de este artículo, no podrá superarse el importe acumulado que resulte de aplicar sobre el crédito correspondiente del Presupuesto del ejercicio corriente los siguientes porcentajes:

1.º El 40% en el ejercicio inmediatamente siguiente.

2.º El 30% en el segundo ejercicio.

3.º El 20% en el tercer ejercicio.

4.º El 20% en el cuarto ejercicio.

5.º El 20% en el quinto ejercicio.

6.º El 20% en el sexto ejercicio.

7.º El 20% en los ejercicios posteriores al sexto, para los gastos contemplados en el párrafo f) del apartado 2 de este artículo.

c) En los gastos que se especifican en el párrafo d) del apartado 2 de este artículo, sin perjuicio de lo dispuesto en el artículo 14 de la Ley Orgánica 8/1980, de 22 de septiembre, de Financiación de las Comunidades Autónomas, se estará a lo que se determine en el seno del Consejo de Política Fiscal y Financiera de las Comunidades Autónomas sobre endeudamiento de las Administraciones Públicas.

No obstante, la apertura de anualidades futuras y la dotación de crédito para dichas anualidades, las redistribuciones y modificaciones en los límites de crédito de ejercicios futuros y el número de anualidades futuras para gastos corrientes y los relativos a los proyectos de inversión financiados, en ambos casos, con recursos procedentes de la Unión Europea, serán autorizados por la Dirección General de Fondos Europeos y se alcanzará el nivel que esté establecido en los correspondientes programas plurianuales aprobados por la Comisión Europea.

Del mismo modo, para los créditos financiados con transferencias y otros ingresos finalistas, tanto la apertura de anualidades futuras como la dotación de los límites de crédito para dichas anualidades serán autorizadas por la Dirección General de Presupuestos y se fijarán en función de la financiación prevista.

La Ley del Presupuesto de cada ejercicio podrá establecer limitaciones temporales o cuantitativas diferentes a las establecidas en este artículo.

Las modificaciones en los límites de crédito correspondientes a los ejercicios futuros y el número de anualidades futuras establecidos en este artículo o, en su caso, en la Ley del Presupuesto de cada ejercicio, financiados con recursos propios, serán aprobadas por Consejo de Gobierno, a propuesta de la persona titular de la Consejería competente en materia de Hacienda y a instancia de la Consejería, de la agencia administrativa, de régimen especial y pública empresarial referida en el artículo 2.c), o del consorcio afectado.

Cuando la modificación de límites a que se refiere el párrafo anterior no exceda de un importe de 3.000.000 de euros por cada nivel de vinculación de crédito afectado, esta podrá ser autorizada por la persona titular de la Consejería competente en materia de Hacienda. En todo caso, dichos límites deberán ser coherentes con el marco presupuestario a medio plazo.

Lo dispuesto en los párrafos anteriores de este mismo apartado no será de aplicación en las modificaciones de límites de anualidades que tengan por objeto dar cobertura presupuestaria a los compromisos de gasto previamente adquiridos que, de acuerdo con lo establecido en la Orden de cierre de cada ejercicio presupuestario, deban ser objeto de traspaso contable a anualidades futuras en el marco del nuevo ejercicio presupuestario.

En este supuesto, tanto la ampliación del límite de crédito como del número de anualidades, en caso de ser necesario, operará de forma automática.

La apertura de anualidades futuras y la dotación de crédito para dichas anualidades en el caso de créditos financiados con recursos propios, con objeto de cumplir lo previsto en la Ley, serán autorizadas por la Dirección General de Presupuestos.

Las modificaciones en los límites de crédito de ejercicios futuros y el número de anualidades futuras, y en su caso, redistribuciones, relativas a las cargas financieras del endeudamiento serán autorizadas por la Dirección General competente en materia de Tesorería y Deuda Pública, conforme al apartado 4.c) de este artículo.

A los efectos de aplicar los límites regulados en el presente artículo, los créditos a los que se hace mención serán los resultantes de tomar como nivel de vinculación el que se obtiene aplicando las mismas reglas que rigen para los créditos del ejercicio corriente.

No deberán formar parte de la base de cálculo de dichos porcentajes aquellos créditos del presupuesto del ejercicio corriente cuyo gasto no tenga la consideración de gasto plurianual conforme al apartado 1.

En los contratos de obras de carácter plurianual, con excepción de los realizados bajo la modalidad de abono total del precio, se efectuará una retención adicional de crédito del diez por ciento del importe de adjudicación en el momento en que esta se realice. Dicha retención se aplicará al ejercicio en que finalice el plazo fijado en el contrato para la terminación de las obras o al siguiente, según el momento en que se prevea realizar el pago de la certificación final. Estas retenciones computarán dentro del límite de crédito correspondiente a los ejercicios futuros a que se refieren los apartados anteriores. La aplicación de la referida retención de crédito se efectuará asimismo sobre el importe de los encargos a medios propios personificados previstos en el artículo 53 bis de la Ley 9/2007, de 22 de octubre, de la Administración de la Junta de Andalucía, en el momento en el que éstos se ordenen y respecto al ejercicio en que finalicen las obras correspondientes o al siguiente, según el momento en el que se prevea realizar la liquidación final del encargo.

Todos los compromisos regulados en este artículo serán objeto de adecuada e independiente contabilización, conforme a las instrucciones dictadas por la Intervención General de la Junta de Andalucía.

La Dirección General de Presupuestos, a propuesta de la Consejería, de la agencia administrativa, de régimen especial y pública empresarial referida en el artículo 2.c), o consorcio correspondiente, podrá resolver sobre la redistribución de los créditos, salvo que estos estuvieran financiados con fondos procedentes de la Unión Europea, siempre y cuando se respete el montante global de límites que corresponda en un mismo ejercicio, sección, servicio y capítulo.

La Dirección General competente en materia de Fondos Europeos, a propuesta de la Consejería, consorcio o agencia correspondiente, podrá resolver sobre la redistribución de los créditos financiados con fondos procedentes de la Unión Europea, de acuerdo con las responsabilidades que ostenta en la programación y control de los mismos.

De dichos acuerdos se dará traslado a la Intervención General, a los oportunos efectos contables.

El régimen jurídico previsto en este artículo será aplicable a la autorización o realización de gastos de carácter plurianual de las agencias de régimen especial, públicas empresariales referidas en el artículo 2.c), y consorcios.

En el ejercicio 2021, como excepción a lo establecido en el artículo 40.4.b) del texto refundido de la Ley General de la Hacienda Pública de la Junta de Andalucía, para los contratos de suministro, servicios y otros contratos, así como los encargos a medios propios, cuando no puedan ser estipulados o resulten antieconómicos por plazo de un año, no podrá superarse el importe acumulado que resulte de aplicar sobre el crédito correspondiente del Presupuesto del ejercicio corriente los siguientes porcentajes:

1.º El 60% en el ejercicio inmediatamente siguiente.

2.º El 50% en el segundo ejercicio.

3.º El 40% en el tercer ejercicio.

4.º El 30% en el cuarto ejercicio.

5.º El 30% en el quinto ejercicio.

6.º El 30% en el sexto ejercicio.

No obstante, para los créditos de gastos corrientes y los relativos a los proyectos de inversión financiados con recursos procedentes de la Unión Europea, se alcanzará el nivel que esté establecido en los correspondientes programas plurianuales aprobados por la Comisión Europea.

A los efectos de aplicación de los límites para cada ejercicio, los créditos vincularán en cada programa de gasto a nivel de capítulo y categoría de gasto o medida.

Del mismo modo, para los gastos afectados a transferencias y otros ingresos finalistas, tanto el número de anualidades como el límite de crédito se fijarán en función de la financiación prevista.

La Dirección General de Presupuestos de la Consejería de Hacienda y Administración Pública, a propuesta de la Consejería correspondiente, podrá resolver sobre la redistribución de los créditos autofinanciados de cada ejercicio futuro, previo informe favorable de la Dirección General competente en materia de planificación respecto de créditos de operaciones de capital, siempre y cuando se respete el montante global de límites que corresponda a una misma sección presupuestaria consolidada.

Las modificaciones en los límites de crédito correspondientes a los ejercicios futuros y el número de anualidades futuras establecidos en este artículo o, en su caso, en la Ley del Presupuesto de cada ejercicio, serán aprobadas por el Consejo de Gobierno, a propuesta de la persona titular de la Consejería competente en materia de hacienda y a instancia de la Consejería afectada.

Cuando la modificación de límites a la que se refiere el párrafo anterior no exceda de un importe de 3.000.000 de euros por cada nivel de vinculación de crédito afectado, esta podrá ser autorizada por la persona titular de la Consejería competente en materia de hacienda.

En todo caso, dichos límites deberán ser coherentes con el marco presupuestario a medio plazo.

Lo dispuesto en los párrafos anteriores de este mismo apartado no será de aplicación en las modificaciones de límites de anualidades que tengan por objeto dar cobertura presupuestaria a los compromisos de gasto previamente adquiridos que, de acuerdo con lo establecido en la Orden de cierre de cada ejercicio presupuestario, deban de ser objeto de traspaso contable a anualidades futuras en el marco del nuevo ejercicio presupuestario. En este supuesto, tanto la ampliación del límite de crédito como del número de anualidades, en caso de ser necesario, operará de forma automática.

En los contratos de obra de carácter plurianual, con excepción de los realizados bajo la modalidad de abono total del precio, se efectuará una retención adicional de crédito del 10 por ciento del importe de adjudicación en el momento en que ésta se realice. Dicha retención se aplicará al ejercicio en que finalice el plazo fijado en el contrato para la terminación de la obra o al siguiente, según el momento en que se prevea realizar el pago de la certificación final. Estas retenciones computarán dentro del límite de crédito correspondiente a los ejercicios futuros a que se refiere el párrafo anterior.

Los compromisos por gastos que hayan de extenderse a ejercicios posteriores deberán ser objeto de adecuada e independiente contabilización.

Expedientes de tramitación anticipada.

Son gastos de tramitación anticipada aquellos cuyos expedientes se inicien en el ejercicio presupuestario anterior a aquel en que se adquiera el compromiso, y cuya contraprestación e imputación presupuestaria se realice a este último. Están sujetos a los límites y demás requisitos de los gastos plurianuales.

La tramitación de estos expedientes no podrá iniciarse antes de la presentación al parlamento del proyecto de ley del presupuesto del ejercicio siguiente pudiendo llegar, como máximo, hasta el momento inmediato anterior a la adquisición del compromiso. Requisitos:

⊠ Los pliegos de condiciones administrativas particulares (PCAP) y las resoluciones que autorizan los gastos deberán contener la prevención expresa de que el gasto que se proyecta queda condicionado a la existencia de crédito adecuado y suficiente, dentro del presupuesto que ha de aprobar el parlamento para el ejercicio siguiente, en el momento de dictarse la resolución de adjudicación definitiva o la de adquisición del compromiso.

⊠ Una vez aprobado el presupuesto y previamente a la adjudicación definitiva, por los órganos que en su momento hubieran efectuado la propuesta se emitirá informe en el que constarán que las actuaciones practicadas conservan plenamente su validez.

Los **gastos contractuales** son aquellos que se producen por una relación contractual de la comunidad autónoma andaluza y los particulares, según lo previsto en la Ley de contratos del sector público.

Se trata de establecer la regulación necesaria para garantizar la transparencia de la contratación administrativa como medio de lograr la objetividad de la actividad administrativa y el respeto de los principios de igualdad, no discriminación y concurrencia.

Mediante los gastos de carácter contractual, la administración pública satisface sus necesidades, tendentes tanto a actuaciones de mantenimiento y servicio de su propia estructura como aquellas cuyo fundamento se encuentra en el interés general. La imputación de los gastos al presupuesto de gastos de la comunidad autónoma depende de la propia naturaleza de éstos, imputándose fundamentalmente a los siguientes capítulos:

Capítulo II, gastos corrientes en bienes y servicios: recoge los créditos destinados a atender gastos en bienes y servicios necesarios para el ejercicio de las actividades de la Junta de Andalucía que no originen un aumento de capital público o patrimonial.

Capítulo VI, inversiones reales: comprende los créditos destinados a atender gastos a realizar directamente por la Junta de Andalucía, con la finalidad de la creación, construcción, adquisición, conservación o reparación de:

Inversiones destinadas al uso general.

Inmovilizado material.

Inmovilizado inmaterial.

El gasto subvencional.

Se entiende por subvención o ayuda, toda disposición gratuita de fondos públicos realizada a favor de personas o entidades públicas o privadas, para fomentar una actividad de utilidad o interés social o para promover la consecución de un fin público, así como cualquier tipo de ayuda que se otorgue con cargo al presupuesto de la comunidad autónoma de Andalucía.

Las subvenciones financiadas por el Fondo Europeo de Orientación y Garantía Agraria (FEOGA) se regirán, en cuanto a su ejecución, gestión y control, por las normas y procedimientos establecidos por la Unión Europea.

Son órganos competentes para conceder subvenciones, previa consignación presupuestaria para este fin, los titulares de las consejerías y los presidentes o directores de los organismos autónomos, en sus respectivos ámbitos.

En los restantes entes, los órganos de gobierno, de acuerdo con lo establecido en sus leyes de creación o normativa específica. No obstante, será necesario el acuerdo del Consejo de Gobierno para autorizar la concesión de subvenciones y ayudas cuando el gasto a aprobar sea superior a 3.005.060,52 de euros (500 millones de pesetas). La autorización del Consejo de Gobierno llevará implícita la aprobación del gasto correspondiente.

Todos los acuerdos de concesión de subvenciones deben ser motivados, razonándose el otorgamiento de función del mejor cumplimiento de la finalidad que lo justifique.

Tendrá la condición de concesión de subvenciones y ayudas el destinatario de los fondos públicos que haya de realizar la actividad que fundamentó su otorgamiento o que se encuentre en la situación que legitima su concesión.

Son obligaciones del concesionario:

Realizar la actividad o adoptar el comportamiento que fundamente la concesión de la subvención en la forma y plazos establecidos.

Justificar ante la entidad concedente o, en su caso, la entidad colaboradora la realización de la actividad o la adopción del comportamiento, así como el cumplimiento de los requisitos y condiciones que determinen la concesión o disfrute de la subvención.

El sometimiento a las actuaciones de comprobación, a efectuar por la entidad concedente o la entidad colaboradora, en su caso, y a las de control financiero que correspondan a la Intervención General de la Junta de Andalucía, en relación con las subvenciones y ayudas concedidas, y a las previstas en la legislación del tribunal de cuentas y de la cámara de cuentas de Andalucía.

Comunicar a la entidad concedente o la entidad colaboradora, en su caso, la obtención de otras subvenciones o ayudas para la misma finalidad, procedentes de cualquier administración o entes públicos o privados, nacionales o internacionales, así como las alteraciones de las condiciones tenidas en cuenta en la concesión de la subvención.

Acreditar, previamente al cobro de la subvención, que se encuentra al corriente de sus obligaciones fiscales y frente a la seguridad social.

De acuerdo con la clasificación económica del presupuesto de gastos, las subvenciones o ayudas se imputarán a los siguientes capítulos:

Capítulo IV: créditos destinados a efectuar pagos sin contraprestación directa, tanto para la financiación de operaciones genéricas o transferencias, como para la financiación de operaciones corrientes con un fin concreto específico o subvenciones.

Capítulo VII: transferencias de capital. Se define y estructura de forma análoga al capítulo IV, cuando los pagos se destinan a operaciones de capital y financieras.

La convalidación de gastos.

Corresponde a la intervención la competencia para examinar, antes de que se dicte el correspondiente acuerdo, todo expediente o documento en que se formule una propuesta de gasto, con objeto de conocer si su contenido y tramitación se ajustan a la legalidad económico presupuestaria y contable aplicable a cada caso.

La omisión de la fiscalización previa en los casos que sea preceptivo supone la necesidad de convalidación del gasto, que se contiene en el acto o expediente no fiscalizado, por el Consejo de Gobierno o por la Comisión General de Viceconsejeros, según que la obligación o gasto exceda o no de 150.253,03 euros (25 millones de pesetas).

Si el interventor general de la Junta de Andalucía al conocer un expediente, observara que la obligación o gasto a que corresponda no ha sido previamente fiscalizado estando obligado a ello, lo manifestará así al órgano que hubiera iniciado aquel y emitirá al tiempo su opinión respecto de la propuesta, a fin de que, uniendo este informe al resto de las actuaciones, pueda el titular del departamento del que proceda, si lo considera conveniente, acordar que se someta lo actuado a la decisión del Consejo de Gobierno o a la Comisión General de Viceconsejeros, según que la obligación o gasto exceda o no de 150.253,03 euros (25 millones de pesetas).

Si el titular de la Consejería a que la propuesta corresponda acordara someter el expediente a la decisión del Consejo de Gobierno (o Comisión General de Viceconsejeros) lo comunicará así al Consejero competente en materia de Hacienda por conducto del Interventor General de la Junta de Andalucía (antelación mínima cinco días).

No obstante, con carácter excepcional y por razones de urgencia reconocida, el Consejero respectivo podrá cursar, sin sujeción al plazo mínimo de cinco días, la comunicación aludida en el plazo mínimo de dos días. En la citada comunicación, a la que se acompañará copia del expediente y certificado de retención de crédito, habrá de expresarse simultáneamente, según los casos, el haber quedado cumplimentados los requisitos establecidos en el informe fiscal, las causas que impidieron la efectividad de tales requisitos o las razones aducidas en contraposición a dicho informe.

Los expedientes que sean elevados al Consejo de Gobierno o tramitados ante la Comisión General de Viceconsejeros sin el cumplimiento de los requisitos mencionados quedarán pendientes de resolución, sin pronunciamiento alguno, hasta que quede subsanada la omisión observada.

LAS OPERACIONES DE CIERRE DEL EJERCICIO.[4]

La presente norma será de aplicación a todas las operaciones que se describen en la misma, realizadas en el ámbito de la Administración de la Junta de Andalucía, sus agencias administrativas, de régimen especial y públicas empresariales del artículo 2.c) del Texto Refundido de la Ley General de la Hacienda Pública de la Junta de Andalucía, aprobado por el Decreto Legislativo 1/2010, de 2 de marzo, así como de los consorcios adscritos a la Administración de la Junta de Andalucía.

En las nóminas tramitadas a través del subsistema de gestión de nóminas del Sistema de Información de Recursos Humanos «SIRhUS», la fecha final de captura de incidencias de la nómina de diciembre de 2021 será el día 13 de dicho mes, debiendo finalizar su fiscalización por las Intervenciones Central, Delegadas y Provinciales correspondientes el día 14 del mismo mes y año.

Dichas nóminas deberán aprobarse por los órganos gestores y ser presentadas en las correspondientes Intervenciones hasta el día 16 de diciembre de 2021, debiendo quedar fiscalizadas y contabilizadas el día 17 de diciembre de dicho año.

El resto de las nóminas se cerrarán el día 13 de diciembre de 2021, y se remitirán hasta el día 16 del mismo mes a las Intervenciones Central, Delegadas y Provinciales correspondientes, debiendo quedar fiscalizadas y contabilizadas el día 17 de diciembre de dicho año.

Las nóminas mencionadas en los apartados anteriores serán satisfechas entre los días 17 y 28, ambos inclusive, de dicho mes y año.

---

[4] Cada año se publica una orden con las instrucciones para el cierre del ejercicio, se muestra la última publicada.

Las propuestas de documentos de gestión contable de ingresos y operaciones extrapresupuestarias, junto con la documentación necesaria que deberán remitir los órganos gestores, tendrán como fecha límite de entrada en las Intervenciones correspondientes el día 7 de enero de 2022, excepto las relativas a las devoluciones de ingresos, que tendrán de plazo para ser presentadas en las Intervenciones hasta el día 30 de diciembre de 2021, todo ello para que se proceda a la contabilización y expedición de los documentos contables correspondientes hasta el día 20 de enero de 2022.

Los órganos gestores responsables de la aplicación de los saldos de las cuentas extrapresupuestarias cuyo destino sea su aplicación al presupuesto de ingresos de la Junta de Andalucía y sus agencias administrativas, de régimen especial y públicas empresariales del artículo 2.c) del Texto Refundido de la Ley General de la Hacienda Pública de la Junta de Andalucía, así como de los consorcios adscritos a la Administración de la Junta de Andalucía realizarán las actuaciones necesarias para que los ingresos reflejados en las citadas cuentas queden regularizados al cierre del ejercicio 2021.

Una vez cerrado el ejercicio, y con anterioridad al día 31 de enero de 2022, los mencionados órganos gestores remitirán a la Intervención General de la Junta de Andalucía un informe que justifique las causas que hayan impedido la formalización contable de los saldos, en su caso, que hayan quedado pendientes en las mencionadas cuentas. Los saldos pendientes de formalización al final del ejercicio, deberán ser cancelados antes del 30 de abril de 2022.

En caso de que no haya sido posible la formalización de la totalidad de los saldos pendientes a 30 de abril de 2022, deberá remitirse a la Intervención General de la Junta de Andalucía un nuevo informe, en el plazo de diez días desde dicha fecha, en el que se explicarán las razones que han impedido su formalización.

Las propuestas de documentos de gestión contable «A», así como sus complementarios, junto con su documentación anexa, tendrán entrada en las Intervenciones correspondientes hasta el día 12 de noviembre de 2021, debiendo quedar fiscalizadas y contabilizadas en los plazos establecidos con carácter general en el Reglamento de Intervención de la Junta de Andalucía, aprobado mediante el Decreto 149/1988, de 5 de abril.

Como regla general, y sin perjuicio de lo que se dispone en los apartados 4, 5, 6, 7 y 8, las propuestas de documentos de gestión contable «AD», «D», complementarios de ambos, y su documentación anexa, tendrán como fecha límite de entrada en las Intervenciones correspondientes el día 30 de noviembre de 2021, y deberán quedar fiscalizadas y contabilizadas el día 15 de diciembre de 2021.

Las propuestas de documentos de gestión contable barrados de «A», «D» y «AD», y su documentación anexa, tendrán como fecha límite de entrada en las Intervenciones correspondientes el día 30 de diciembre de 2021, debiendo quedar fiscalizadas y contabilizadas el día 20 de enero de 2022.

No obstante, las fechas establecidas en el apartado 2 se ampliarán, hasta el día 15 de diciembre de 2021 para la entrada en las Intervenciones de las propuestas de documentos de gestión contable de gastos, y hasta el día 30 del mismo mes para su fiscalización y contabilización, en los supuestos siguientes:

a) Las propuestas de documentos de gestión contable «AD» y «D» y complementarios, correspondientes a gastos subvencionables con cargo a fondos de la Unión Europea del periodo de programación 2014-2020, incluidos los correspondientes a la iniciativa REACT EU.

b) Las propuestas de documentos de gestión contable «AD» y «D» y complementarios, correspondientes a gastos financiados total o parcialmente con transferencias y otros ingresos finalistas.

c) Las propuestas de documentos de gestión contable «AD» y complementarios, correspondientes a contratos basados en acuerdos marco.

Por su parte, las fechas establecidas en el apartado 2 se ampliarán, hasta el día 30 de diciembre de 2021 la correspondiente a la entrada en las Intervenciones de las propuestas de documentos, y hasta el día 20 de enero de 2022 la de su fiscalización y contabilización, en los supuestos siguientes:

a) Las propuestas de documentos de gestión contable «A» y «AD», con origen en modificaciones presupuestarias contabilizadas después del día 26 de noviembre de 2021. En estos supuestos el órgano gestor deberá acreditar documentalmente esta circunstancia ante su Intervención.

b) Las propuestas de documentos de gestión contable «AD» y sus barrados que deriven de pensiones asistenciales.

c) Los gastos que hayan de ser aprobados o autorizados por el Consejo de Gobierno, así como los compromisos de gasto que deriven de un expediente fiscalizado en fase «A» por la Intervención General de la Junta de Andalucía, al haber sido autorizado el gasto por el Consejo de Gobierno.

d) Las propuestas de documentos «AD» y sus barrados, correspondientes a créditos del concepto 488, relativos a gastos de personal de la enseñanza concertada de la Consejería de Educación y Deporte.

e) Las propuestas de documentos de gestión contable «A», «D» y «AD» y sus barrados de la sección Deuda Pública.

f) Las propuestas de documentos de gestión contable «AD» y sus barrados, correspondientes a créditos del subconcepto 486.04 relativo a las prestaciones económicas a las familias acogedoras de menores y su documentación anexa.

g) Las propuestas de documentos de gestión contable «A», «D» y «AD» y complementarios, correspondientes a gastos subvencionables con cargo a los fondos del Mecanismo para la Recuperación y la Resiliencia.

Las propuestas de documentos de gestión contable de gastos con fase «D» y sus barrados, derivadas de los expedientes de gasto a los que se refiere la Orden de la Consejería de Igualdad, Políticas Sociales y Conciliación, de 9 de junio de 2021, por la que se aprueban las bases reguladoras para la concesión de subvenciones en régimen de concurrencia competitiva destinadas a entidades privadas para la realización de actuaciones de interés general para atender fines sociales con cargo a la asignación tributaria del 0,7% del Impuesto sobre la Renta de las Personas Físicas, en el ámbito de las competencias de la Consejería de Igualdad, Políticas Sociales y Conciliación, para el ejercicio 2021, tendrán como fecha límite de entrada en la Intervención el día 30 de diciembre de 2021, debiendo quedar fiscalizadas y contabilizadas el día 7 de enero de 2022. Los mismos plazos se aplicarán a las propuestas de documentos de gestión contable «D» y «AD» y sus barrados, correspondientes al Pacto de Estado contra la Violencia de Género.

En las líneas de subvenciones y en los demás gastos respecto a los que se haya autorizado por la Intervención General de la Junta de Andalucía la fiscalización por muestreo de acuerdo con lo dispuesto en el artículo 90.7 del Texto Refundido de la Ley General de la Hacienda Pública de la Junta de Andalucía, los órganos gestores remitirán a las Intervenciones actuantes la totalidad de las propuestas de documentos de gestión contable «D» o en su caso «AD» y su documentación anexa hasta el día 26 de noviembre de 2021. Recibida esta documentación, la Intervención actuante remitirá a la Intervención General de la Junta de Andalucía la relación de propuestas de documentos de gestión contable «D» o en su caso «AD», con la finalidad de seleccionar la muestra en un plazo de tres días hábiles desde la recepción de la citada comunicación, debiendo quedar fiscalizada la muestra y, en su caso, contabilizada la totalidad de las propuestas de documentos de gestión contable «D» o en su caso «AD», con fecha límite 17 de diciembre de 2021.

Las propuestas de documentos de gestión contable del Capítulo I, así como las que afecten a gastos en materia retributiva imputables al Capítulo VI, incluidas las cotizaciones sociales, las correspondientes a las transferencias a las agencias administrativas, de régimen especial y públicas empresariales del artículo 2.c) del Texto Refundido de la Ley General de la Hacienda Pública de la Junta de Andalucía o consorcios adscritos a la Administración de la Junta de Andalucía para financiar su Capítulo I, las propuestas de documentos de gestión contable con fase «O» y sus barrados correspondientes, las propuestas de los documentos relativos a gastos de tramitación anticipada y gastos de carácter plurianual cuyos compromisos sean exclusivamente de anualidades futuras, y las propuestas de los documentos de gestión contable «RC», «A», «AD» y «D» de anualidades futuras, aun cuando también afecte a la anualidad corriente, cuya finalidad sea reajustar las anualidades de expedientes tramitados con cargo a los Capítulos II, IV, VI y VII y su documentación anexa, tendrán como fecha límite de entrada en las correspondientes Intervenciones el día 30 de diciembre de 2021, debiendo quedar fiscalizadas y contabilizadas con fecha límite el día 20 de enero de 2022.

No obstante lo dispuesto en el párrafo anterior, las propuestas de documentos contables con fase «O» que se relacionan a continuación, podrán presentarse ante las respectivas Intervenciones, junto con su documentación anexa, hasta el día 7 de enero de 2022, debiendo quedar contabilizadas con fecha límite el día 20 de enero de 2022:

a) Las correspondientes a prestaciones contractuales derivadas de contratos o encargos de ejecución realizadas, facturadas y conformadas hasta el día 31 de diciembre de 2021.

b) Las propuestas de documentos de gestión contable «O» correspondientes a expedientes de gastos que hayan sido fiscalizados en fase de compromiso en los servicios centrales de la Intervención General de la Junta de Andalucía.

c) Las propuestas de documentos de gestión contable «ADO» de imputación al presupuesto de gastos, a que se refiere el artículo 53 bis del Texto Refundido de la Ley General de la Hacienda Pública de la Junta de Andalucía, correspondientes a los pagos extrapresupuestarios realizados hasta el día 31 de diciembre de 2021, así como de los acuerdos firmes de compensaciones y deducciones sobre transferencias notificados con anterioridad a esa misma fecha, podrán presentarse ante la respectiva Intervención hasta el día 7 de enero de 2022, debiendo quedar contabilizadas con fecha límite 20 de enero de 2022.

Por su parte, las propuestas de documentos de gestión contable con fase «O» derivadas de los expedientes de gasto de subvenciones con cargo a la asignación tributaria del 0,7% del Impuesto sobre la Renta de las Personas Físicas, así como las correspondientes al Pacto de Estado contra la Violencia de Género, tendrán como fecha límite de entrada en la correspondiente Intervención el día 14 de enero de 2022, debiendo quedar contabilizadas el día 20 del mismo mes y año.

Por lo que respecta a las propuestas de documentos de gestión contable «ADO» tramitadas por la Agencia Tributaria de Andalucía relativas a los gastos aparejados a los resultados de gestión de cobro en vía ejecutiva, así como las correspondientes a la ejecución de gastos por el convenio de colaboración con las oficinas registradoras de Andalucía para tareas de información, asistencia y control, tendrán como fecha límite de entrada en la correspondiente Intervención el día 19 de enero de 2022, debiendo quedar contabilizadas el día 20 del mismo mes y año.

Las propuestas de documentos de gestión contable «J», correspondientes a libramientos efectuados en el ejercicio 2021 y anteriores, que hayan de ser imputados al ejercicio 2021, junto con su documentación anexa, tendrán como fecha límite de entrada en la correspondiente Intervención hasta el día 20 de enero de 2022, debiendo quedar fiscalizadas y contabilizadas el día 31 de enero de 2022.

Las Intervenciones con competencias en materia de tesorería tendrán para contabilizar la realización material del pago de todos los documentos pagados hasta el 31 de diciembre de 2021 las siguientes fechas límite:

a) Hasta el día 31 de diciembre, para las órdenes de pago materializadas mediante transferencia.

b) Hasta el día 7 de enero de 2022, cuando los documentos se hubieran pagado por otro medio de pago, distinto del previsto en el párrafo anterior. Para ello, los Servicios de Tesorería deberán haber remitido antes del día 7 de enero de 2022 los documentos necesarios para realizar dicha contabilización.

Cuando las Intervenciones actuantes emitan un informe desfavorable respecto a los expedientes que hayan sido presentados dentro del correspondiente plazo contemplado en los apartados precedentes para la entrada de propuestas de documentos contables, dichas Intervenciones admitirán el expediente presentado en subsanación del previamente reparado para su fiscalización, fuera de los plazos contemplados en los apartados precedentes, siempre y cuando el expediente subsanado en su totalidad, se presente en los dos días hábiles siguientes a la fecha en la que el órgano gestor del expediente contable haya podido tener conocimiento del reparo, disponiendo las correspondientes Intervenciones de un mínimo de tres días hábiles para su fiscalización y contabilización, sin que ello pueda suponer una ampliación de las fechas de cierre de la contabilidad reguladas en el artículo 9 de esta orden. Esto mismo resultará de aplicación cuando el informe desfavorable haya sido objeto del trámite de discrepancia descrito en el artículo 90.5 del Texto Refundido de la Ley General de la Hacienda Pública de la Junta de Andalucía, contándose el plazo de dos días hábiles desde la fecha en la que el órgano gestor haya podido tener constancia de la resolución de dicha discrepancia.

El día 10 de diciembre de 2021 será la fecha límite para la presentación de propuestas de modificaciones presupuestarias, salvo aquellas que afecten al Capítulo I «Gastos de Personal», al Fondo de Contingencia, a créditos del concepto 488 de la sección 12, relativos a gastos de personal de la enseñanza concertada de la Consejería de Educación y Deporte, a gastos financiados con cargo a transferencias del Fondo Europeo Agrícola de Garantía (FEAGA), a la participación de los municipios y provincias en los Ingresos del Estado (PIE), a gastos correspondientes a la sección «Deuda Pública», a gastos de farmacia, a gastos financiados con cargo a fondos de la Unión Europea, así como los financiados con transferencias y otros ingresos finalistas, a la cancelación de saldos deudores de operaciones avaladas por la Tesorería General de la Junta de Andalucía, a expedientes de gastos que deban ser aprobados o autorizados por el Consejo de Gobierno, o resulten precisas para el cumplimiento de resoluciones judiciales, deriven de alguno de los mecanismos de financiación, o sean necesarias para la imputación al presupuesto del resultado del programa de pagarés.

La limitación del plazo establecido en el presente artículo no será de aplicación en la tramitación de expedientes de modificación presupuestaria inicialmente propuestos al órgano tramitador en plazo, cuando, a solicitud de este, sea necesaria la aportación de información adicional o su rectificación. En estos casos el órgano tramitador, una vez completada o subsanada la documentación, podrá admitir a trámite el expediente con posterioridad a dicho plazo.

Con independencia de la fecha de contabilización de las modificaciones presupuestarias, la tramitación de los expedientes de gastos que pudieran imputarse a dichos créditos se someterá, en todo caso, a los plazos regulados por la presente orden.

Todas las obligaciones que deban reconocerse con cargo al ejercicio 2021 llevarán implícita la propuesta del pago de la obligación reconocida a la Tesorería General de la Junta de Andalucía y a las tesorerías de las agencias administrativas, de régimen especial y públicas empresariales del artículo 2.c) del Texto Refundido de la Ley General de la Hacienda Pública de la Junta de Andalucía, así como de los consorcios adscritos a la Administración de la Junta de Andalucía, de conformidad con lo dispuesto en el artículo 15.4.d) de la Orden de la Consejería de Hacienda y Administración Pública, de 19 de febrero de 2015, por la que se regula la contabilidad pública de la Junta de Andalucía, sin perjuicio de que el pago deba posponerse en los supuestos que proceda de acuerdo con la normativa aplicable.

No obstante lo dispuesto en el apartado anterior, procederá la tramitación de propuestas de documentos de gestión contable con fase de obligaciones reconocidas con pago pospuesto, ante las correspondientes Intervenciones, en los siguientes casos:

a) Gastos relativos a créditos de la sección «Deuda Pública».

b) Aquellos otros que expresamente autorice la Intervención General de la Junta de Andalucía, de acuerdo con los principios vigentes de la contabilidad pública.

Las referidas propuestas de documentos de gestión contable con fase de obligaciones reconocidas con pago pospuesto se acompañarán de la documentación que acredite la realización de la prestación o el derecho de la persona o entidad acreedora, de conformidad con los acuerdos que en su día autorizaron o comprometieron el gasto.

Con anterioridad al 30 de diciembre de 2021, los órganos gestores deberán revisar las propuestas de pago pendientes de materializar con una antigüedad superior a tres meses, con el objeto de proceder a efectuar el reclamo a la tesorería de aquéllas que no se correspondan con una obligación exigible, o en las que exista algún error que deba ser subsanado. Las correspondientes Intervenciones tendrán de plazo hasta el día 20 de enero de 2022 para su rechazo y consecuente generación del documento barrado.

Durante el mes de diciembre de 2021, la Intervención competente sólo efectuará designación de persona representante o renuncia a dicha designación, para las solicitudes de los actos de recepción del objeto de los contratos a celebrar en ese mes, que se hubiesen recibido en dicha Intervención hasta el día 10 de diciembre de 2021.

No obstante, para los casos de adjudicación de contratos de suministros cuyas propuestas de documentos «AD» y «D» puedan presentarse en las Intervenciones hasta el día 17 de diciembre, podrá solicitarse la designación de representante el mismo día de la contabilización de los citados documentos, si la entrega se va a realizar antes del 24 de diciembre.

En todo caso, solo se imputarán al ejercicio presupuestario 2021 aquellas obligaciones que hayan sido objeto de acta de recepción positiva y de facturación antes del 24 de diciembre de 2021.

Se autoriza a la Intervención General de la Junta de Andalucía para que, al fin del ejercicio 2021, minore los créditos que se encuentren disponibles, en la misma cuantía de las generaciones y ampliaciones de crédito aprobadas con cargo a la declaración de no disponibilidad de otros créditos.

Asimismo, se autoriza a dicho órgano directivo para que, oída la Consejería afectada, cuando resulte necesario y con carácter previo a la minoración prevista en el párrafo anterior, realice el reajuste al ejercicio 2022 de los compromisos adquiridos cuyas obligaciones no hayan llegado a contraerse, fijando asimismo los límites de la anualidad futura correspondiente en la cuantía necesaria para posibilitar el citado reajuste.

Sin perjuicio de las normas especiales contenidas en la presente orden o en otras normas aplicables, el día 20 de enero de 2022 se cerrará tanto la contabilidad de gastos, salvo para las propuestas de documentos contables «J» que finalizarán el 31 del mismo mes y año, como la contabilidad de ingresos y de operaciones extrapresupuestarias del ejercicio 2021, comenzando las operaciones de incorporación y traspaso de remanentes y las de liquidación del ejercicio y rendición de cuentas.

Todas las propuestas de documentos contables que el día 20 de enero de 2022 o, en su caso, el día 31 del mismo mes y año, no estén contabilizadas, se anularán de oficio por la Consejería de Hacienda y Financiación Europea.

La Intervención General de la Junta de Andalucía, antes del día 31 de enero de 2022, expedirá las correspondientes relaciones nominales de deudores, justificativas de los derechos pendientes de cobro registrados en la contabilidad pública.

La Intervención Delegada en la Dirección General de Política Financiera y Tesorería, respecto de las cuentas tesoreras generales y especiales, y las Intervenciones Delegadas de las agencias administrativas, de régimen especial y públicas empresariales del artículo 2.c) del Texto Refundido de la Ley General de la Hacienda Pública de la Junta de Andalucía así como de los consorcios adscritos a la Administración de la Junta de Andalucía, respecto de sus cuentas autorizadas, remitirán a la Intervención General de la Junta de Andalucía, como fecha límite hasta el día 4 de marzo de 2022, la información correspondiente a las conciliaciones bancarias realizadas a fecha 31 de diciembre de 2021.

Asimismo, las Intervenciones Provinciales remitirán en la misma fecha, las actas de arqueo de la agrupación de valores de la Cuenta de Operaciones Extrapresupuestarias de aquellas operaciones contabilizadas en su ámbito, en relación con la Caja General de Depósitos y cartones de bingo. A tal efecto, la Dirección General de Política Financiera y Tesorería, a través de las Tesorerías Provinciales, deberá enviar a su Intervención las mencionadas actas hasta el día 25 de febrero de 2022.

Se autoriza a la Intervención General de la Junta de Andalucía, una vez conocidos los datos provisionales del avance de liquidación de las agencias administrativas, de régimen especial y públicas empresariales del artículo 2.c) del Texto Refundido de la Ley General de la Hacienda Pública de la Junta de Andalucía y en función del remanente de tesorería obtenido, a realizar las operaciones contables necesarias para ajustar los saldos a su favor, tanto en su contabilidad como en la de la Junta de Andalucía, con el fin de consolidar en esta última el remanente de tesorería no afectado.

Por lo que se refiere a los consorcios adscritos a la Administración de la Junta de Andalucía, la Intervención General de la Junta de Andalucía podrá ajustar los saldos tanto en su contabilidad como en la de la Junta, con el fin de consolidar en la Junta de Andalucía el porcentaje del remanente de tesorería equivalente al porcentaje de participación que la Junta de Andalucía tenga atribuido en los gastos corrientes o de capital del consorcio.

Finalizado el ejercicio 2021, y contabilizadas las operaciones previstas en el artículo 40.8 del Texto Refundido de la Ley General de la Hacienda Pública de la Junta de Andalucía, la Intervención General de la Junta de Andalucía lo comunicará a los diferentes centros contables, para que se proceda al traspaso al ejercicio 2022 y siguientes de los compromisos de créditos, créditos autorizados y créditos retenidos con cargo a anualidades futuras, de acuerdo con las Instrucciones impartidas a tal efecto por la Intervención General de la Junta de Andalucía, en las que se incluirá la necesidad de proceder al traspaso de oficio por parte de los distintos centros contables competentes de aquellos compromisos de gasto respecto de los que haya sido necesario proceder a la ampliación automática de los límites de crédito de anualidades futuras a la que se refiere el artículo 40.8 del Texto Refundido de la Ley General de la Hacienda Pública de la Junta de Andalucía.

No obstante, podrán ser objeto de traspaso desde el inicio del ejercicio 2022, sin que sea necesario esperar la comunicación de la Intervención General de la Junta de Andalucía, los compromisos de gastos siguientes:

a) Compromisos de gastos correspondientes a la sección presupuestaria «Deuda Pública».

b) Compromisos de gastos con cargo a anualidades futuras que afecten a gastos en materia retributiva imputables al Capítulo VI del Presupuesto de Gastos, incluidas las cotizaciones sociales.

c) Compromisos de gastos cuyo traspaso sea ineludible para el cumplimiento de los plazos establecidos en el Decreto 5/2017, de 16 de enero, por el que se establece la garantía de los tiempos de pago de determinadas obligaciones de la Administración de la Junta de Andalucía y sus Entidades Instrumentales.

Para facilitar la finalización de las operaciones de traspaso, el órgano gestor del expediente o el que tenga las competencias para la coordinación de la gestión presupuestaria en la correspondiente sección presupuestaria deberá comunicar al respectivo centro contable las retenciones de crédito que deberán ser registradas en otros créditos de su Presupuesto, de la misma sección y fuente de financiación, y preferentemente dentro del mismo capítulo y programa presupuestario, por un importe igual al de los compromisos de anualidades futuras que no puedan ser traspasados por falta de cobertura presupuestaria en el ejercicio 2022, o por cualquier otra incidencia que se haya producido en el expediente de cuya resolución dependa la determinación de la necesidad del traspaso, del importe del mismo o de su distribución plurianual. El órgano gestor, o el competente para la coordinación de la gestión presupuestaria, aplicará dichas retenciones a los créditos cuya minoración ocasione menos trastornos para el servicio público. Esas retenciones de crédito podrán ser anuladas con motivo de la tramitación de las modificaciones presupuestarias que resulten necesarias para imputar los compromisos pendientes de traspaso.

Si el órgano gestor del expediente o el que tenga las competencias para la coordinación de la gestión presupuestaria en la correspondiente sección presupuestaria no hubiere comunicado al centro contable las actuaciones a realizar respecto a los compromisos pendientes de registro contable, el centro contable procederá a registrar de oficio las retenciones de crédito por un importe igual al de dichas operaciones. Dichas retenciones se aplicarán a los créditos que cada centro contable determine, siempre dentro de la misma sección y fuente de financiación y preferentemente dentro del mismo capítulo y programa presupuestario a los que correspondan. El centro contable comunicará al órgano gestor las retenciones de crédito realizadas de oficio tanto en el ejercicio 2022 como en los ejercicios posteriores al mismo.

Las incorporaciones de remanentes de crédito al estado de gastos del Presupuesto del ejercicio 2022 se llevarán a cabo de conformidad con lo establecido en el artículo 41 del Texto Refundido de la Ley General de la Hacienda Pública de la Junta de Andalucía.

En los remanentes de créditos relativos a proyectos financiados por el Fondo de Compensación Interterritorial, corresponde la propuesta de su incorporación a la Dirección General de Análisis, Planificación y Política Económica, una vez cerrado el ejercicio presupuestario. No obstante, por el citado órgano directivo podrá efectuarse la redistribución de tales remanentes para su asignación a proyectos que demanden una ejecución inmediata, en cuyo caso, los proyectos reasignados habrán de quedar financiados con recursos tributarios y propios de la Junta de Andalucía.

En los remanentes de créditos relativos a los fondos de la Unión Europea, corresponde la propuesta de su incorporación a la Dirección General de Fondos Europeos, una vez cerrado el ejercicio presupuestario, por el importe del remanente de la ayuda de la Unión Europea y hasta el límite de la financiación externa que se prevea recibir en el propio ejercicio económico que no haya sido incluido en los Presupuestos iniciales del ejercicio 2022. En todo caso, en el expediente deberá acreditarse por parte del órgano gestor tanto el compromiso como la certificación de los gastos en el propio ejercicio económico.

Por la parte no incorporada, la Dirección General de Fondos Europeos propondrá las transferencias o generaciones de crédito que procedan, hasta alcanzar el gasto público total.

En los remanentes de créditos financiados con transferencias y otros ingresos de carácter finalista, corresponde la previa propuesta de su incorporación a las Consejerías, las agencias administrativas, de régimen especial y públicas empresariales del artículo 2.c) del Texto Refundido de la Ley General de la Hacienda Pública de la Junta de Andalucía y consorcios adscritos a la Administración de la Junta de Andalucía afectados. Con el fin de acreditar la constancia de financiación efectiva, la incorporación de los créditos sólo podrá realizarse hasta el límite de la desviación de financiación positiva.

Una vez cerrada la contabilidad del ejercicio 2021, salvo para las propuestas de documentos contables «J», y calculado, en su caso, el importe del reajuste previsto en el artículo 8, la Intervención General de la Junta de Andalucía lo comunicará a los diferentes centros contables, para que se proceda al traspaso al ejercicio 2022 de los remanentes de créditos comprometidos y autorizados en su caso, de acuerdo con las Instrucciones impartidas a tal efecto por la Intervención General de la Junta de Andalucía.

Quedan exceptuados de lo dispuesto en el párrafo anterior los compromisos de gastos cuyo traspaso sea ineludible para el cumplimiento de los plazos establecidos en el Decreto 5/2017, de 16 de enero, cuyo traspaso podrá realizarse desde el inicio del 2022.

Para facilitar la finalización de las operaciones de traspaso el órgano gestor del expediente o el que tenga las competencias para la coordinación de la gestión presupuestaria en la correspondiente sección presupuestaria deberá comunicar al respectivo centro contable las retenciones de crédito que deberán ser registradas en otros créditos de su Presupuesto, de la misma sección y fuente de financiación, y preferentemente dentro del mismo capítulo y programa presupuestario, por un importe igual al de los compromisos o gastos autorizados que no puedan ser traspasados por falta de cobertura presupuestaria o por cualquier otra incidencia que se haya producido en el expediente de cuya resolución dependa la determinación de la necesidad del traspaso, del importe del mismo o de su distribución plurianual. Cuando pueda acreditarse que parte del gasto cuya ejecución estaba prevista para el ejercicio 2022 no va a implicar el reconocimiento de obligaciones en dicho ejercicio sino en ejercicios posteriores, podrán efectuarse las correspondientes retenciones de crédito en las anualidades futuras en las que previsiblemente vayan a ser exigibles las mismas siempre que cuenten con cobertura presupuestaria o vayan acompañadas de un expediente de ampliación de límites conforme a lo previsto en el primer y segundo párrafo del artículo 40.8 del Texto Refundido de la Ley General de la Hacienda Pública de la Junta de Andalucía.

El órgano gestor aplicará dichas retenciones a los créditos cuya minoración ocasione menos trastornos para el servicio público. Esas retenciones de crédito podrán ser anuladas con motivo de la tramitación de las modificaciones presupuestarias que resulten necesarias para imputar los compromisos pendientes de traspaso.

Si el órgano gestor no hubiere comunicado al centro contable las actuaciones a realizar respecto a los compromisos pendientes de registro contable, el centro contable procederá a registrar de oficio las retenciones de crédito por un importe igual al de dichas operaciones. Dichas retenciones se aplicarán a los créditos que cada centro contable determine, siempre dentro de la misma sección y fuente de financiación y preferentemente dentro del mismo capítulo y programa presupuestario a los que correspondan. El centro contable comunicará al órgano gestor las retenciones de crédito realizadas de oficio en el ejercicio 2022.

A efectos de practicar las retenciones a las que se refieren los apartados anteriores, habrá que tener en cuenta la fuente de financiación a la que deban traspasarse los compromisos en el ejercicio siguiente, con independencia de la fuente de financiación en el ejercicio origen.

Como regla general, y por lo que respecta a los créditos autofinanciados, desde el inicio del ejercicio 2022 los órganos gestores no podrán proponer, dentro de cada sección presupuestaria, nuevos expedientes de gasto en cada capítulo del Presupuesto de la Junta de Andalucía para el año 2022 y siguientes hasta el momento en que finalicen las operaciones de traspaso en el ámbito de cada centro contable o se contabilicen las retenciones de crédito previstas en los artículos 13 y 15. No obstante, se podrán proponer nuevos expedientes de gasto a nivel de sección y capítulo cuando no hayan finalizado las operaciones de traspaso ni hayan podido contabilizarse las retenciones de crédito previstas en los artículos 13 y 15 por razones técnicas relacionadas con el anormal funcionamiento del sistema contable, no imputables a los órganos gestores de los expedientes pendientes de traspaso.

Las Intervenciones correspondientes deberán devolver a los órganos gestores competentes aquellas propuestas de documentos contables que no puedan ser fiscalizadas por este motivo.

Lo dispuesto en el apartado anterior no será de aplicación a los siguientes tipos de gasto:

a) Los gastos de los Capítulos I, VIII y IX.

b) Los contratos menores gestionados en unidad de acto «ADO», las reposiciones de fondos del procedimiento de anticipo de caja fija, y los gastos corrientes en bienes y servicios menores de cinco mil euros.

c) Gastos de ejecución de sentencias y sanciones.

d) Becas a favor de personas perceptoras asimiladas a personas trabajadoras por cuenta ajena previstas en el Real Decreto 1493/2011, de 24 de octubre, por el que se regulan los términos y las condiciones de inclusión en el Régimen General de la Seguridad Social de las personas que participen en programas de formación, en desarrollo de lo previsto en la disposición adicional tercera de la Ley 27/2011, de 1 de agosto, sobre actualización, adecuación y modernización del sistema de la Seguridad Social, y salarios, con cargo, en ambos casos, a los Capítulos IV, VI y VII del estado de gastos del Presupuesto.

e) Gastos de endeudamiento de los Capítulos II y III.

f) Transferencias corrientes de financiación a entes instrumentales.

g) Prórrogas de arrendamientos de bienes inmuebles.

h) Conciertos educativos.

i) Otras prórrogas contractuales de carácter ineludible.

j) Gastos de honorarios y compensaciones por encargos de los poderes adjudicadores a medios propios personificados y recaudación de ingresos, en la medida en que la ejecución de dichos gastos vaya asociada a la aplicación de los ingresos efectivamente recaudados.

k) Gastos que se imputen a las aplicaciones presupuestarias destinadas a las transferencias de financiación de carácter corriente a favor de las Universidades públicas andaluzas.

l) Expedientes de gastos relativos a las obligaciones generadas hasta el día 31 de diciembre de 2021 que no hayan podido imputarse en el ejercicio presupuestario 2021 a sus respectivos presupuestos, de conformidad con lo establecido en el artículo 42.2 del Texto Refundido de la Ley General de la Hacienda Pública de la Junta de Andalucía.

m) Los contratos que se tramiten por el procedimiento de emergencia regulado en la Ley 9/2017, de 8 de noviembre, de Contratos del Sector Público, por la que se transponen al ordenamiento jurídico español las Directivas del Parlamento Europeo y del Consejo 2014/23/UE y 2014/24/UE, de 26 de febrero de 2014.

n) Los nuevos contratos de arrendamiento de bienes inmuebles, así como los nuevos contratos de servicios de carácter esencial para la prestación y el funcionamiento de los servicios públicos, y los de servicios o concesión de servicios que conlleven prestaciones directas a favor de la ciudadanía en los ámbitos sanitario, educativo y de servicios sociales, cuando tales contratos cumplan en todo caso los dos requisitos siguientes:

1.º Que supongan una verdadera continuación de otros contratos vigentes con anterioridad con análoga calidad y menor o igual cantidad de prestaciones, y se formalicen dentro de los dos meses siguientes a la finalización de estos últimos.

2.º Que se formalicen a cambio de un menor precio en relación con los contratos anteriores.

ñ) Los nuevos gastos derivados de la modificación de encargos de los poderes adjudicadores a medios propios personificados ya acordados a favor de entidades instrumentales, y cuyo destino sea cubrir el coste de las prórrogas de carácter ineludible que deban formalizarse en ejecución de aquellos encargos.

o) Los expedientes de gastos derivados de las acciones y medidas previstas en el Acuerdo de 21 de diciembre de 2020, del Consejo de Gobierno, por el que se establecen ayudas sociales de carácter extraordinario a favor de pensionistas por jubilación e invalidez en sus modalidades no contributivas, para el año 2021.

p) Los expedientes en los que la financiación con cargo al servicio autofinanciada constituya parte del gasto total, y éste se encuentre financiado parcialmente con cargo a fondos de la Unión Europea o al servicio subvenciones finalistas.

q) Los gastos de los depósitos previos a la indemnización por urgente ocupación, correspondientes a las expropiaciones con cargo a autofinanciada, derivadas de los proyectos para ejecución de las obras competencia de la Comunidad Autónoma de Andalucía.

r) Los expedientes de gastos, en sus diferentes modalidades, relativos a las prestaciones económicas a las familias acogedoras de menores, con cargo a créditos autofinanciados.

s) Las transferencias para la financiación de las agencias y consorcios adscritos a la Administración de la Junta de Andalucía.

t) Expedientes de gastos no incluidos anteriormente, comprendidos en el ámbito de aplicación del Decreto 5/2017, de 16 de enero.

Con el fin de que las obligaciones contraídas a través del procedimiento de gestión del anticipo de caja fija queden debidamente contabilizadas en el ejercicio 2021, los órganos gestores, conforme determina el artículo 5.1 de la Orden de la Consejería de Economía, Hacienda y Administración Pública, de 24 de julio de 2018, por la que se regula el procedimiento de anticipo de caja fija y la priorización de pagos menores, tramitarán hasta el día 7 de enero de 2022 las correspondientes propuestas de pago para imputar al Presupuesto de 2021 los gastos abonados a través del procedimiento de anticipo de caja fija, debiendo quedar fiscalizadas y contabilizadas con fecha límite 20 de enero de 2022.

Todos los órganos gestores tendrán como fecha límite hasta el día 20 de enero de 2022, para registrar en el ámbito del centro gestor, en el Sistema GIRO, la totalidad de las facturas o documentos equivalentes acreditativos de las obligaciones devengadas hasta el día 31 de diciembre de 2021, que hayan quedado pendiente del reconocimiento de la obligación en el ejercicio 2021.

En el caso de aquellas obligaciones a las que resulte de aplicación un procedimiento de aceptación o comprobación de los bienes entregados o servicios prestados, deberá dejarse constancia en el Registro Contable de Facturas de la Administración de la Junta de Andalucía, creado y regulado por el Decreto 75/2016, de 15 de marzo, por el que se crea el Registro Contable de Facturas de la Administración de la Junta de Andalucía y se establece su régimen jurídico, de la aprobación de los documentos que acrediten dicha conformidad, la cual, en todo caso, habrá de producirse dentro del plazo legalmente establecido. Para ello, estas obligaciones deberán encontrarse en situación «conformada» («CONF») en dicho registro.

Todas las facturas o documentos equivalentes registrados en el Sistema GIRO que no hayan sido anulados o dados de baja, con la misma fecha límite de 20 de enero, deberán tener consignada la fecha de conformidad, en el caso de que esta se haya producido, así como la fecha de devengo y la clasificación económica del gasto.

Las operaciones devengadas y no contabilizadas cuya fecha de devengo del gasto corresponda al ejercicio que se cierra o a ejercicios anteriores a éste deberán imputarse al presupuesto del ejercicio siguiente al que se cierra con fecha límite 30 de abril, una vez constatados todos los requisitos legalmente exigibles. De no realizarse por falta de cobertura presupuestaria, el órgano gestor deberá comunicar al respectivo centro contable, durante el mes de mayo, las retenciones a los créditos que se aplicarán a aquellos créditos cuya minoración ocasione menos trastornos para el servicio público. Las retenciones de crédito deberán ser registradas en otros créditos del Presupuesto, de la misma sección presupuestaria y fuente de financiación, y preferentemente dentro del mismo capítulo y programa presupuestario, por un importe igual al de dichas operaciones. Si el órgano gestor no hubiera realizado dicha comunicación durante el mes de mayo, el centro contable procederá a registrar de oficio durante el mes de junio las retenciones correspondientes, por un importe igual al de dichas operaciones.

Mediante las correspondientes Instrucciones de la Intervención General de la Junta de Andalucía, que serán objeto de difusión para general conocimiento, se fijará el procedimiento a seguir por los órganos gestores para comunicar aquellas obligaciones de gasto realizado o bienes y servicios recibidos que, al finalizar el ejercicio, figuren como pendientes de imputar al presupuesto, así como por las respectivas Intervenciones, para verificar, mediante auditorías y controles, la existencia de obligaciones no registradas contablemente, que deban ser objeto de su inclusión en la contabilidad económico patrimonial.

Los importes de las obligaciones derivadas de las facturas incluidas en el Registro Contable de Facturas de la Administración de la Junta de Andalucía, así como de las obligaciones comunicadas por los órganos gestores y las respectivas Intervenciones, formarán la cuenta 413 «Acreedores por operaciones devengadas», que recogerá las deudas derivadas de operaciones devengadas, soportadas o no en facturas, no imputadas al Presupuesto de 2021.

Con el fin de que los datos registrados en la contabilidad sean fiel reflejo de la realidad, los órganos gestores deberán depurar el Registro Contable de Facturas, rechazando, anulando o dando de baja aquellas facturas o documentos equivalentes cuya obligación no sea exigible, ya sea porque habiéndose llegado a la fase de disposición, no proceda el reconocimiento de la obligación, o porque habiéndose producido esta, no sea procedente el pago de la misma. Las respectivas Intervenciones velarán por el correcto cumplimiento de este precepto, para lo cual podrán llevar a cabo las actuaciones previstas en el artículo 12 del Decreto 75/2016, de 15 de marzo.

Asimismo, mediante dichas Instrucciones se determinará la información adicional que deberán suministrar los órganos gestores, necesaria para el cumplimiento de las obligaciones de rendición de información establecidas en la Ley Orgánica 2/2012, de 27 de abril, de Estabilidad Presupuestaria y Sostenibilidad Financiera y su normativa de desarrollo.

LOS PAGOS: CONCEPTO Y CLASIFICACIÓN.

Los pagos de las obligaciones de la Administración de la Junta de Andalucía y de las agencias administrativas y de régimen especial se realizarán por la Tesorería que corresponda de forma ordinaria por medio de transferencia bancaria.

El pago mediante cheque nominativo, no a la orden y cruzado, tendrá carácter excepcional, cuando concurran causas que lo justifiquen y sólo para personas físicas. Su utilización exigirá para cada caso concreto la previa autorización del órgano competente para ordenar el pago.

Las Tesorerías podrán atender obligaciones mediante pagos en formalización, aplicando el importe del documento de pago a conceptos del Presupuesto de ingresos o a conceptos no presupuestarios, que no producirán variaciones efectivas de tesorería.

Las Tesorerías podrán utilizar otros medios de pago, sean o no bancarios, siempre que se regulen por Orden de la persona titular de la Consejería competente en materia de hacienda las condiciones para su utilización, que podrá prever la restricción del uso de un medio de pago concreto para la materialización del pago de determinadas obligaciones.

Los pagos de las obligaciones mediante transferencia bancaria se realizarán por las Tesorerías ordenando a la entidad de crédito, con cargo a los saldos disponibles en sus cuentas generales o cuentas autorizadas, según corresponda, el abono del importe líquido de los documentos de pago a la cuenta bancaria designada por la persona acreedora.

La cuenta designada deberá estar necesariamente abierta en la entidad de crédito a nombre de la persona acreedora a cuyo favor se haya expedido el mandamiento de pago e incluida en el apartado de datos bancarios del Fichero Central de Personas Acreedoras.

En los supuestos de documentos de pago mediante transferencia expedidos a favor de personas físicas, personas jurídicas privadas y entidades privadas sin personalidad jurídica, las Tesorerías efectuarán el pago de las obligaciones a la cuenta que figure designada por la persona acreedora en el documento de pago, de entre el máximo de cinco cuentas activas regulado en el artículo 45.4.

Si no se hubiese indicado expresamente, el pago se realizará a la que conste como cuenta principal en el momento de la ordenación del pago, teniendo este pago carácter liberatorio para la Administración de la Junta de Andalucía, las agencias administrativas y de régimen especial. A este efecto, el órgano gestor deberá introducir en el momento de la grabación de la propuesta de documento contable de reconocimiento de la obligación, la cuenta principal, mediante ordinal, en los supuestos en los que la persona acreedora no haya realizado designación expresa.

La persona acreedora podrá solicitar que la transferencia sea realizada a una cuenta distinta de la designada siempre que la propuesta de pago no haya sido ordenada.

Los documentos de pago que han sido objeto de ordenación conformarán las diferentes relaciones de pagos en el ámbito de la Tesorería correspondiente a los efectos de la realización de los procesos finales para la materialización del pago.

Las Tesorerías verificarán el saldo bancario de las cuentas desde las que se vaya a realizar la salida de fondos para el pago de cada una de las relaciones y confeccionarán los documentos de órdenes de ejecución de transferencias. Dichos documentos contendrán la identificación de la cuenta de la Tesorería por la que se va a realizar el pago, su fecha de ejecución, la identificación de las relaciones de pago que comprenden mediante su código de identificación, su importe total y el número de documentos de pago que contienen. Cada documento de orden de ejecución de transferencias sólo podrá contener relaciones de pago que hayan de ser materializadas con cargo a una única cuenta de la Tesorería y en una fecha dada.

Los pagos de las órdenes de ejecución de transferencia estarán sometidos a la intervención material del pago de conformidad con lo establecido en los artículos 27 y 28 del Reglamento de Intervención de la Junta de Andalucía, aprobado por Decreto 149/1988, de 5 de abril.

Las órdenes de ejecución de transferencia, con anterioridad a su envío a cada entidad de crédito, deberán ser firmadas por tres personas autorizadas, correspondientes a las áreas de la Ordenación de pagos, de la Tesorería y de la Intervención, que firmarán en este mismo orden. El acto de firma por el área de la Intervención competente conlleva la intervención material del pago y la autorización necesaria para la disposición de los fondos de la cuenta de la Tesorería. Estos procesos se realizarán preferentemente mediante procedimientos de firma electrónica.

Una vez firmados los documentos de órdenes de ejecución de transferencias, se enviará a cada entidad de crédito, mediante transmisión telemática, el detalle de los documentos de pago que debe cumplimentar con los formatos de fichero establecidos en el sistema bancario, acompañados de los documentos de órdenes de ejecución de transferencias que correspondan en formato electrónico, que autorizan la disposición de fondos necesaria para la ejecución de las órdenes de transferencias remitidas. A estos efectos las entidades de crédito podrán verificar la identidad de los firmantes de cada orden de ejecución de transferencias en la correspondiente sede electrónica.

Tras la correcta recepción en las entidades de crédito de los ficheros descritos en el apartado anterior se procederá a contabilizar como pagados en el sistema de gestión presupuestaria, contable y financiera de la Administración de la Junta de Andalucía todos los documentos de pago contenidos en los mismos.

En la correspondiente sede electrónica se pondrá a disposición de cada persona perceptora la información relativa a la situación de los documentos de pago expedidos a su favor, con indicación de los elementos identificativos de los mismos.

Las entidades de crédito deben proceder a ejecutar las transferencias en el mismo día de su recepción, adeudando en las cuentas de la Tesorería el importe total de cada relación de pago recibida y abonando en las cuentas de las personas beneficiarias los importes correspondientes a cada uno de los documentos de pago contenidos en las relaciones de pago remitidas.

Si la entidad de crédito no pudiera cumplimentar el abono a la cuenta designada de alguno de los documentos de pago contenidos en las relaciones recibidas en el plazo máximo establecido por el Sistema Nacional de Compensación Electrónica, Subsistema General de Transferencias, abonará individualmente los importes de los documentos de pago no cumplimentados o retrocedidos en la misma cuenta de la Tesorería donde se realizó el adeudo de la relación correspondiente, identificando cada uno de ellos con su número específico de documento de pago y de la relación de pago en la que estaba contenido.

Todas las transferencias ordenadas a las entidades de crédito que no sean abonadas en la misma cuenta de la Tesorería donde se realizó el adeudo, se entenderán cumplimentadas en sus propios términos.

El pago mediante cheque tiene carácter excepcional y sólo podrá ser solicitado por personas físicas acreedoras.

La solicitud de pago mediante cheque deberá presentarse a través de los medios generales establecidos en las normas reguladoras del procedimiento administrativo.

La solicitud se dirigirá a la persona titular de los órganos determinados en el artículo 40 y su autorización mediante resolución motivada, habilitará a la Tesorería correspondiente a efectuar el pago mediante cheque expedido contra sus cuentas corrientes.

El plazo para resolver y notificar la autorización será de dos meses. Transcurrido dicho plazo sin haberse notificado resolución expresa se podrá entender estimada la solicitud por silencio administrativo.

Cada documento de pago que deba satisfacerse mediante cheque se incluirá en una única relación de pagos y se expedirá un mandamiento de pago que contendrá los elementos esenciales previstos en el capítulo primero del título II de la Ley 19/1985, de 16 de julio, Cambiaria y del Cheque, y que una vez firmado por las tres personas autorizadas, mediante el procedimiento previsto para los pagos por transferencia regulados en el artículo 54 del presente Decreto, otorgará a dicho documento la naturaleza de cheque, de conformidad con lo previsto en la citada Ley.

La utilización de este medio de pago requerirá la presencia física en la Tesorería que corresponda de la persona acreedora o de su representante legalmente acreditado, que deberán firmar con carácter previo a su entrega, un recibí justificativo de la misma, con indicación de la fecha de retirada del cheque.

Una vez entregado el cheque, se comunicará a la Intervención correspondiente para su contabilización.

Sin perjuicio de su aplicación a los correspondientes créditos presupuestarios, las órdenes de pago podrán indicar la sujeción a justificación posterior por parte de la persona perceptora en alguno de los supuestos siguientes:

a) **Pagos a justificar**.

Tendrán este carácter las órdenes de pago cuyos documentos acreditativos de la realización de la prestación o del derecho de la persona acreedora, a diferencia de los pagos en firme, no se puedan acompañar en el momento de su expedición, por desconocerse el importe exacto de la prestación o por cualquier otra causa que imposibilite la definitiva justificación al ordenarse el pago. Estos pagos tendrán carácter excepcional y las personas perceptoras quedarán obligadas a justificar la aplicación de las cantidades recibidas en el plazo de tres meses, ampliables a doce en los casos que reglamentariamente se determine. No podrá librarse nueva cantidad con éste carácter, si transcurrido el referido plazo, existiesen órdenes pendientes de justificación.

Mediante Orden de la Consejería competente en materia de hacienda podrán establecerse las normas que regulen la expedición de órdenes de pago a justificar, determinando los criterios generales, los límites cuantitativos, el plazo de ampliación de la justificación y los concretos supuestos de gasto en los que sean aplicables.

b) **Pagos en firme de justificación diferida.**

Tendrán este carácter las órdenes de pago en firme cuyos documentos acreditativos de la realización de la prestación o del derecho de la persona perceptora se acompañen en el momento de su expedición, cuando la persona acreedora, conforme a las normas del procedimiento de gasto de aplicación, deba aportar documentación posterior al reconocimiento de la obligación relativa a la aplicación de los fondos públicos recibidos a la finalidad para la que fueron concedidos.

En las propuestas y documentos contables de obligaciones sujetas a justificación posterior, el plazo límite de justificación se podrá asignar bien en función de una fecha concreta, bien en función de un plazo determinado que se computará a partir de la realización del pago.

Las órdenes de pago correspondientes a subvenciones obligarán a sus personas perceptoras a justificar la aplicación de los fondos recibidos a la finalidad para la que fueron concedidos. La documentación justificativa se presentará en el plazo que establezcan las normas reguladoras o la resolución de otorgamiento, en su caso y, en defecto de ambas, en el plazo de tres meses desde la finalización del plazo para la realización de la actividad.

En aplicación del régimen de contabilidad pública en cuanto al seguimiento de los documentos contables con fase de pago sujetos a cualquier tipo de justificación posterior, las personas interventoras cuidarán bajo su responsabilidad que la justificación definitiva se efectúe en los plazos descritos anteriormente, y a tal efecto expedirán requerimientos que remitirán a los órganos gestores competentes para que acrediten la justificación de las obligaciones pendientes que se encuentren fuera de plazo, con indicación de las actuaciones que procedan y el régimen de responsabilidad a que haya lugar en caso de que no sean atendidos.

Cuando se trate de pagos de justificación diferida en materia de subvenciones el requerimiento, que contendrá la alusión a la necesidad de iniciar el procedimiento de reintegro, también podrá incluir la relación de pagos que estando ya fuera de plazo de justificación, también puedan estar incursos en posible causa de prescripción.

Procedimiento de anticipo de caja fija.

La presente orden tiene por objeto regular y desarrollar el procedimiento de anticipo de caja fija establecido en el artículo 56 bis del Texto Refundido de la Ley General de la Hacienda Pública de la Junta de Andalucía aprobado por el Decreto Legislativo 1/2020, de 2 de marzo, definido como un instrumento de gestión del gasto y del pago destinado a la atención inmediata y posterior aplicación al Presupuesto de determinados gastos periódicos o repetitivos, referidos en el artículo 2 de esta Orden, o de otros que se determinen por acuerdo motivado de la persona titular de la Consejería con competencia en materia de Hacienda, previo informe de la Intervención General de la Junta de Andalucía y de la Dirección General competente en materia de Tesorería

Mediante este procedimiento se proveerá a los órganos gestores pagadores de un límite cuantitativo máximo hasta el que podrán tramitar facturas para el pago por la Tesorería General de la Junta de Andalucía o por las tesorerías de las agencias administrativas, de régimen especial, de las agencias públicas empresariales comprendidas en el artículo 2.c) del Texto Refundido de la Ley General de la Hacienda Pública de la Junta de Andalucía y de los consorcios adscritos a la Administración de la Junta de Andalucía. Este límite cuantitativo se restituirá a medida que se efectúe la tramitación de la justificación de las facturas pagadas.

Se considerarán incluidos en el procedimiento de anticipo de caja fija aquellos gastos periódicos o repetitivos de la Administración de la Junta de Andalucía, entidades instrumentales y consorcios del ámbito subjetivo indicado en el artículo 1.2 de esta Orden, cuando se imputen a los conceptos 220

"Material de oficina", 221 "Suministros", 223 "Transportes", 226 "Gastos diversos", 230 "Dietas" y 231 "Locomoción" del Capítulo II del Presupuesto de gastos, siempre que sea necesario abonarlos con cargo a los fondos en efectivo, ya sean en metálico o mediante tarjeta de débito prepago, recargable, monedero o similar.

Sin perjuicio de lo dispuesto en el apartado anterior, la persona titular de la Consejería competente en materia de Hacienda, mediante acuerdo motivado, previo informe de la Intervención General de la Junta de Andalucía y de la Dirección General competente en materia de Tesorería, podrá acordar la inclusión en este procedimiento, o la exclusión del mismo, de determinados gastos presupuestarios, distintos a los imputados a los conceptos anteriormente indicados, abonados con cargo a los fondos en efectivo, a solicitud de la Consejería, agencia o consorcio interesados.

En virtud de este procedimiento, los órganos gestores del anticipo de caja fija dispondrán de una cuantía, dentro de un límite máximo, para la tramitación de las obligaciones propias de dicho anticipo que se dotarán mediante los fondos en efectivo que cada órgano gestor pagador tenga autorizados de acuerdo con lo previsto en el artículo 3.

Se incluyen en el ámbito de la priorización de los pagos menores, los pagos por transferencias de los documentos de dotación de fondos en efectivo que se deriven o sean necesarios para la ejecución de gastos tramitados a través del procedimiento de anticipo de caja fija y los pagos derivados del procedimiento general de gestión del gasto cuyo importe sea inferior a cinco mil euros

Las Secretarías Generales Técnicas de las Consejerías y las Secretarías Generales u órganos equivalentes de las agencias y consorcios incluidos en el ámbito subjetivo de la presente Orden podrán solicitar a la Dirección General competente en materia de Tesorería la autorización de fondos en efectivo para la realización de los pagos que deriven de la tramitación de los gastos por el procedimiento de anticipo de caja fija para cualquiera de los órganos gestores de su Consejería, agencia o consorcio.

La solicitud deberá ir acompañada de la documentación que justifique la imposibilidad de realizar el pago de dichos gastos mediante transferencia bancaria, conforme al procedimiento previsto en el Título IV del Reglamento de organización y funcionamiento de la Tesorería General de la Junta de Andalucía y de la gestión recaudatoria. Dicha documentación justificativa deberá estar suscrita por la persona titular del órgano del que dependa el órgano gestor para el que se solicite la autorización de fondos en efectivo.

Cuando el órgano que solicita el anticipo de caja fija, requiera la utilización de tarjetas de débito prepago, recargable, monedero o similar para la realización de los pagos, deberá incluir en la documentación justificativa la identificación de la persona empleada pública a la que se autoriza el uso de la tarjeta y una descripción de los gastos cuyo pago se realizará con este medio.

El importe máximo de fondos en efectivo que se podrá autorizar será de seiscientos euros, salvo que en la documentación que acompañe a la solicitud, según se indica en los párrafos anteriores, se incluya la petición de un importe superior y se justifique expresamente su necesidad, sin que en ningún caso el importe autorizado pueda superar los cinco mil euros.

La resolución de autorización y las modificaciones posteriores, en su caso, serán comunicadas a la Intervención General de la Junta de Andalucía para su traslado a las correspondientes Intervenciones actuantes.

De conformidad con lo previsto en el artículo 18.3 del Reglamento de organización y funcionamiento de la Tesorería General de la Junta de Andalucía y de la gestión recaudatoria, las cajas pagadoras de efectivo con cargo a las que se efectuarán los pagos que se contemplan en la presente Orden se autorizarán a las personas titulares de los órganos de los que dependan los órganos gestores. A este efecto, se autorizará para cada una de ellas la apertura de una cuenta con la denominación del órgano gestor al que se autoriza, seguida de la expresión «Fondos en efectivo», con las siguientes especialidades en cuanto a su régimen de funcionamiento:

a) La cuenta se utilizará exclusivamente para que la Tesorería General de la Junta de Andalucía transfiera a la misma los fondos previstos mediante la ordenación y realización de los correspondientes pagos extrapresupuestarios. Debido a su finalidad meramente instrumental, la entidad seleccionada para la apertura de la cuenta será alguna de las entidades de crédito que hayan resultado adjudicatarias en la licitación general de las cuentas tesoreras de la Tesorería General de la Junta de Andalucía y serán cuentas no retribuidas.

b) De la custodia, retirada de fondos de la cuenta y aplicación al pago de estos fondos será directamente responsable la persona empleada pública que sea formalmente designada por el órgano del que dependa el órgano gestor para el que se solicite la autorización de fondos en efectivo y que tendrá firma autorizada, sin perjuicio de las responsabilidades establecidas en el artículo 21.2 y 3 del Reglamento de organización y funcionamiento de la Tesorería General de la Junta de Andalucía y de la gestión recaudatoria.

La disposición de los fondos de la cuenta deberá estar autorizada por la firma mancomunada de, al menos, dos personas empleadas públicas con firma autorizada que deberán ser designadas por la persona titular del órgano administrativo que solicitó la apertura de la cuenta. Las disposiciones de fondos podrán consistir en la retirada de efectivo para abonar los pagos que hayan de realizarse en metálico o bien en la recarga de las tarjetas autorizadas con el saldo necesario para abonar los gastos tramitados conforme a este procedimiento.

Dichas designaciones, deberán ser comunicadas a la Dirección General competente en materia de Tesorería en el momento de la solicitud de autorización de los fondos en efectivo, indicando el cargo o puesto de trabajo que ocupen en el órgano de la Administración de la Junta de Andalucía o en la agencia o consorcio. Asimismo, deberá comunicarse cualquier modificación que se produzca en estas designaciones.

Todos los pagos realizados mediante estos fondos en efectivo, ya sea para su abono en metálico o mediante tarjeta de débito prepago, recargable, monedero o similar, se tramitarán necesariamente por el procedimiento de anticipo de caja fija, estableciéndose por el centro directivo competente los controles necesarios en el correspondiente sistema de información contable (GIRO) para que en ningún momento la cuantía autorizada sobrepase los límites establecidos. Dichos controles se implementarán en el sistema a solicitud del órgano al que corresponda la dirección funcional del ámbito en que se adopta la medida en cada caso.

Los gastos que hayan de atenderse a través del procedimiento de anticipo de caja fija, deberán seguir la tramitación establecida en función de la naturaleza de cada expediente de gasto, de acuerdo con los procedimientos administrativos vigentes, quedando de ello constancia documental.

El procedimiento de anticipo de caja fija no excluye la fiscalización previa de los gastos que lo soportan, en el caso en que ésta sea preceptiva, debiéndose cumplir la normativa contable aplicable.

En todo caso, y conforme a lo que dispone el artículo 56.bis del Texto Refundido de la Ley General de la Hacienda Pública de la Junta de Andalucía, aprobado por Decreto Legislativo 1/2010, de 2 de marzo, los gastos menores de tres mil euros que se tramiten a través de este procedimiento, no estarán sometidos a intervención previa.

Si al fiscalizar un pago realizado a través del procedimiento de anticipo de caja fija la Intervención actuante observara que la obligación o gasto a que correspondiera no hubiera sido previamente fiscalizado estando obligado a ello, no se podrá continuar el expediente de gasto ni, por tanto, reconocer la obligación, ni tramitar el pago, ni fiscalizar favorablemente estas actuaciones hasta que se resuelva dicha omisión, mediante su convalidación por el Consejo de Gobierno o la Comisión General de Viceconsejeros y Viceconsejeras, en los términos establecidos en el artículo 90.8 del Texto Refundido de la Ley General de la Hacienda Pública de la Junta de Andalucía.

Las facturas, recibos o cualquier otro justificante que se tramiten mediante el procedimiento de anticipo de caja fija, deberán contener o venir acompañados de la expresión «Páguese» firmada por el órgano competente en materia de gestión de gasto y propuesta de pago, o persona empleada pública designada formalmente para este específico cometido, dirigido a la persona responsable de la custodia y aplicación de los fondos en efectivo, teniendo dicha expresión la calificación de orden de pago que deberá ser atendida por la persona destinataria, sin perjuicio de las responsabilidades en las que pueda incurrir la persona firmante de la orden cursada.

Se excluyen de la obligación de facturación electrónica a las facturas que se tramiten mediante el procedimiento de anticipo de caja fija, de acuerdo con lo dispuesto por el artículo 4 de la Ley 25/2013, de 27 de diciembre, de impulso de la factura electrónica y creación del registro contable de facturas en el Sector Público, así como por el segundo párrafo del artículo 3 de la Orden de la Consejería de Hacienda y Administración Pública, de 29 de enero de 2015, por la que se regula el punto general de entrada de facturas electrónicas de la Comunidad Autónoma de Andalucía, así como el uso de la factura electrónica en la Administración de la Junta de Andalucía y en las entidades del sector público andaluz.

Los órganos gestores tramitarán las correspondientes propuestas de pago para imputar al Presupuesto los gastos abonados a través del procedimiento de anticipo de caja fija, a medida que sus necesidades de reposición lo aconsejen y, necesariamente, efectuarán una rendición de cuentas al final del ejercicio presupuestario.

Los órganos gestores de las Consejerías, agencias y consorcios incluidos en el ámbito subjetivo de la presente Orden adoptarán las medidas oportunas para que los gastos se realicen con constancia de crédito, cuidando especialmente del cumplimiento de esta norma.

La estructura y forma de dicha rendición de cuentas, así como la contabilidad auxiliar y el control de los fondos en efectivo, se sujetarán a las instrucciones que, a tal efecto, se dicten por la Intervención General de la Junta de Andalucía.

Teniendo en cuenta las cantidades abonadas por el anticipo de caja fija, se expedirán por los órganos gestores correspondientes, las propuestas de documentos contables de ejecución del presupuesto de gastos que procedan. Dichas propuestas se expedirán, en todo caso, en firme con imputación a las partidas presupuestarias a las que corresponda el gasto realizado, y aportando la documentación justificativa procedente, siendo propuestos por la autoridad que sea competente para la ejecución del gasto, e implicando la autorización de todos los gastos incluidos en dicha propuesta.

Tras la fiscalización favorable y contabilización de los documentos contables de pago realizados para imputar al Presupuesto los gastos abonados a través del procedimiento de anticipo de caja fija, se repondrán por ese mismo importe los fondos disponibles mediante operaciones de carácter extrapresupuestario.

Las Intervenciones correspondientes fiscalizarán las propuestas de pago y los documentos que las justifiquen tendentes a reponer la cuantía del saldo del anticipo de caja fija en el plazo de diez días, o de cinco si se hubiera remitido el expediente con declaración de urgencia.

La Intervención competente manifestará su conformidad con la propuesta de pago sometida a fiscalización o, cuando proceda, emitirá un informe de disconformidad en el que ponga de manifiesto, en su caso, los defectos o anomalías observados.

En el caso de que el informe de fiscalización sea de disconformidad, con los consiguientes efectos suspensivos en la reposición del saldo en el límite establecido y de los fondos en efectivo, el órgano gestor optará por alguna de las siguientes actuaciones:

a) Si existiera conformidad con el informe de la Intervención actuante, podrá llevar a cabo alguna de las siguientes actuaciones:

1.º Proceder a la subsanación o convalidación de las anomalías detectadas, cuando se trate de errores o deficiencias fácilmente subsanables, y tramitar de nuevo la propuesta de pago, con indicación de los aspectos revisados, incluso la acreditación, en su caso, del reintegro voluntario de las cantidades indebidamente abonadas.

2.º Instar la tramitación del expediente administrativo de revisión y/o el expediente de reintegro de pagos indebidos. En este caso el órgano gestor, antes de la resolución de tales expedientes, y previa acreditación del inicio de las correspondientes actuaciones, podrá volver a tramitar de nuevo la correspondiente propuesta de pago previa aprobación de la misma bajo su responsabilidad.

b) En caso de discrepancia con el informe de la Intervención actuante, se procederá conforme a lo dispuesto para el caso de resolución de reparos en el artículo 90.5 del Texto Refundido de la Ley General de la Hacienda Pública de la Junta de Andalucía. En este caso, la discrepancia y su resolución serán comunicadas a la Intervención actuante por parte de la Intervención General de la Junta de Andalucía.

Las Intervenciones actuantes comunicarán a la Intervención General de la Junta de Andalucía todas aquellas actuaciones que hayan sido objeto de informes de disconformidad sin que, en el transcurso de un año natural tras su emisión, los órganos gestores hayan vuelto a presentar cuentas de gastos y pagos, o se haya formulado la correspondiente discrepancia. Vista la comunicación, la Intervención General propondrá a la persona titular de la Consejería competente en materia de Hacienda la suspensión del procedimiento de anticipo de caja fija contemplada en el artículo 7.

La persona titular de la Consejería competente en materia de Hacienda, a propuesta de la Dirección General con competencia en materia de Tesorería o de la Intervención General de la Junta de Andalucía según el ámbito de actuación, podrá suspender el procedimiento de anticipo de caja fija respecto a un órgano gestor, cuando en la gestión de dicho procedimiento se observen irregularidades o actuaciones que pudieran causar daño a la Hacienda de la Comunidad Autónoma de Andalucía, y ello sin perjuicio de las responsabilidades de todo tipo que pudieran exigirse.

Una vez subsanadas las deficiencias que hubieren dado lugar a la suspensión del procedimiento de anticipo de caja fija, el órgano gestor podrá solicitar a la persona titular de la Consejería competente en materia de Hacienda el levantamiento de dicha suspensión, previo informe favorable de la Intervención General de la Junta de Andalucía y de la Dirección General competente en materia de Tesorería.

Las personas titulares de los órganos a los que se hayan autorizado las cajas pagadoras de efectivo para tramitar gastos por el procedimiento de anticipo de caja fija, las personas designadas como responsables de la custodia, retirada de los fondos y aplicación al pago, y las personas con firma autorizada para disponer de los fondos, serán responsables de su gestión. Estas personas responsables deberán adoptar las medidas necesarias para asegurar que todas las operaciones queden debidamente registradas en el sistema de gestión contable, con el fin de garantizar en todo momento que el citado sistema refleje fielmente la situación financiera de los pagos por el procedimiento de anticipo de caja fija. Asimismo, y con la periodicidad establecida en las correspondientes instrucciones contables, también serán responsables de la remisión de las cuentas de gastos y pagos a la Intervención correspondiente para su fiscalización.

Se priorizan los pagos por transferencias de documentos de dotación de efectivo, que se deriven o sean necesarios para la ejecución de gastos tramitados a través del procedimiento de anticipo de caja fija. A estos efectos, los lunes y jueves de cada semana o primer día hábil posterior, la Tesorería correspondiente realizará el pago material de los documentos de pago, que se hayan ordenado conforme al artículo 3.2 de esta orden, desde el día de pago anterior.

Igualmente se prioriza cualquier documento de pago tramitado a través del procedimiento general de pago de las obligaciones establecido en el Título IV del Decreto 197/2021, de 20 de julio, cuyo importe sea inferior a cinco mil euros. Las Ordenaciones de pago competentes realizarán todas las actuaciones necesarias dentro del ámbito de la ordenación para que los documentos de pago de importe inferior a cinco mil euros se encuentren disponibles para la materialización de su pago en las fechas determinadas.

La priorización del pago establecida en los apartados anteriores se aplicará por los órganos gestores de la Tesorería General de la Junta de Andalucía dentro del marco del Presupuesto de la Tesorería y de las disponibilidades monetarias existentes en cada momento, aplicando los criterios objetivos determinados en el Reglamento de Tesorería, y sin perjuicio de la prioridad otorgada por normas de rango superior.

Para realizar **pagos en el extranjero** las Consejerías y Organismos Autónomos de la Comunidad interesarán directamente de la Dirección General de Tesorería las situaciones de divisas en el exterior que les afecten, cursando al efecto los documentos "O" debidamente intervenidos, con la documentación que justifique su expedición mediante el procedimiento general establecido.

Tratándose de Organismos Autónomos, será preceptiva la previa remesa de fondos a las Cuentas Generales de la Tesorería de la Comunidad.

La Dirección General de Tesorería, previa autorización de la Dirección General de Transacciones Exteriores del Ministerio de Economía y Hacienda, procederá a tramitar la orden de situación de divisas, determinándose su contravalor según el tipo de cambio vigente en el momento del pago.

A la vista de los pagos efectivos realizados, se procederá a extender por la Dirección General de Tesorería, las correspondientes certificaciones, las cuales servirán de base para la expedición, por las respectivas intervenciones Delegadas, de los documentos "P" en formalización con cargo a los conceptos del Presupuesto de Gastos.

TEMA 20

LAS RETRIBUCIONES DEL PERSONAL AL SERVICIO DE LA COMUNIDAD AUTÓNOMA DE ANDALUCÍA. NÓMINAS: ESTRUCTURA Y NORMAS DE CONFECCIÓN. PROCEDIMIENTO DE ELABORACIÓN: FORMACIÓN, TRAMITACIÓN, APROBACIÓN, CONTROL, CONTABILIZACIÓN Y PAGO.

RETRIBUCIONES DEL PERSONAL AL SERVICIO DE LA COMUNIDAD AUTÓNOMA DE ANDALUCÍA.

Los **gastos en materia de personal** son la suma de los recursos públicos destinados a retribuir los servicios prestados por el personal de las administraciones públicas. Se consignan en el capítulo 1 de gastos (clasificación económica).

Son todo tipo de retribuciones e indemnizaciones a satisfacer por la Junta de Andalucía y sus organismos autónomos a todo su personal por razón del trabajo realizado por éste y los de naturaleza social realizados en cumplimiento de las disposiciones vigentes con destino a su personal.

A nivel de artículo se desglosa como sigue:

10	Altos cargos.
11	Personal eventual
12	Funcionarios
13	Laborales
14	Otro personal
15	Incentivos al rendimiento
16	Cuotas sociales.
17	Otros gastos de personal
19	Vacantes

NÓMINAS: ESTRUCTURA Y NORMAS DE CONFECCIÓN.

La Constitución Española establece en el artículo 149.1.18 que el Estado tiene competencia exclusiva sobre las bases del régimen estatutario de los funcionarios, que comprenden los registros administrativos de personal, dotaciones presupuestarias de personal, relaciones de puestos de trabajo, retribuciones, estructura de cuerpos y escalas.

La comunidad autónoma de Andalucía regula supletoriamente estas materias (decreto legislativo 1/2010 del texto refundido de la ley de hacienda pública comunidad autónoma).

Los gastos en materia de personal de la Junta de Andalucía se abonarán de acuerdo con la Orden de 12/12/2005 que regula la nómina general de la Administración de la Junta de Andalucía, que adapta el proceso de realización de nóminas a la aplicación SIRhUS (supervisados por la Secretaría General para la Administración Pública y las Direcciones generales de Presupuestos y Tesorería y Deuda Pública).

Por medio del decreto 52/2002 se estableció que el pago de haberes se realizará por la Dirección General de Tesorería y Política Financiera respecto del personal que preste sus servicios en la administración de la Junta de Andalucía, y por la tesorería de cada organismo autónomo respecto de su propio personal, en ambos supuestos previas las correspondientes órdenes de pago, cuyas propuestas serán aprobadas por los titulares de los órganos gestores de las consejerías u organismos autónomos que tengan atribuidas dichas competencias, por lo que supone la desaparición de las cuentas de habilitación a cargo de las cuales se realizaba el pago de haberes a los empleados de la Junta de Andalucía.

La nómina general se formará cada mes natural con la totalidad de las nóminas individuales del personal incluido en su ámbito de aplicación ordenado por los siguientes sectores: Administración General, personal docente dependiente de la Consejería de Educación, personal de los centros e instituciones sanitarias dependiente del Servicio Andaluz de Salud, y personal al servicio de la Administración de Justicia en la Comunidad Autónoma de Andalucía. Comprenderá para cada perceptor sus retribuciones y descuentos debidamente acreditados.

Sólo excepcionalmente podrá confeccionarse durante un mismo mes una nómina complementaria de la general, previo informe favorable de la Dirección General de Función Pública, que lo pondrá en conocimiento de la Dirección General de Presupuestos, de la Dirección General de Tesorería y Deuda Pública y de la Intervención General.

La nómina general constituye la expresión ordenada y sistemática, elaborada de manera uniforme, global y con los mismos plazos y procedimientos para todo su ámbito, del conjunto de las retribuciones devengadas, conforme a la normativa aplicable en cada caso, en un período determinado por las personas incluidas en el ámbito de aplicación a que se refiere el artículo anterior, así como de los descuentos que, legal o reglamentariamente, proceda realizar sobre dichas retribuciones.

Asimismo, se incluirán también en la nómina general los conceptos retributivos u otras cantidades que deban abonarse a personas en situación distinta de la de servicio activo, cuando así se determine por disposición legal o reglamentaria o por sentencia u otra resolución judicial firme.

De igual forma, se incluirán en la nómina las ayudas de acción social y los anticipos reintegrables de nómina, así como los descuentos en concepto de devolución de los mismos, cuando proceda de acuerdo con su normativa reguladora.

Sólo podrán incluirse en la nómina las obligaciones económicas con cargo al Presupuesto de la Comunidad Autónoma que deriven de resolución judicial o acto administrativo, cuando sean referidas a conceptos retributivos o descuentos y su devengo sea posterior al día 1 de enero de 2002. Las restantes obligaciones que deriven de tales resoluciones o actos se tramitarán y abonarán al margen del Sistema de Información de Recursos Humanos «SIRhUS».

No se incluirá en la nómina el pago de las indemnizaciones por razón del servicio. Formarán parte del Sistema las tablas relativas a indemnizaciones por razón del servicio que puedan tener repercusión en los descuentos a practicar en la nómina.

Los perceptores de retribuciones incluidas en la nómina general dispondrán del correspondiente recibo individual y justificativo del pago de la nómina con expresión detallada de los distintos conceptos retributivos y de los descuentos aplicados a través del acceso personalizado a dicha información por medios informáticos. No obstante, en los casos en que ello no sea posible y, a petición del perceptor, le será facilitado por la Administración.

La formación, tramitación, aprobación y control de la nómina general se realizarán a través del subsistema de Gestión de Nóminas del SIRhUS, y la contabilización y pago de la misma a través del Sistema integrado de gestión presupuestaria, contable y financiera de la Administración de la Junta de Andalucía (Sistema Júpiter), sin perjuicio de la necesaria vinculación entre ambos sistemas de información y de éstos con el Sistema Unificado de Recursos (SUR).

A estos efectos, la captación de los datos, actos administrativos y demás antecedentes necesarios para la formación de la nómina se obtendrá de los subsistemas que integran el SIRhUS, sin perjuicio de otros datos, actos o documentos ajenos al mismo que, en su caso, deban reflejarse en la nómina.

PROCEDIMIENTO DE ELABORACIÓN: FORMACIÓN, TRAMITACIÓN, APROBACIÓN, CONTROL, CONTABILIZACIÓN Y PAGO.

A efectos de elaboración, fiscalización y pago, la nómina general podrá subdividirse por secciones presupuestarias o ámbitos inferiores.

Cualquier alta, baja o alteración en la vida administrativa o laboral de un perceptor debe encontrarse acreditada en el SIRhUS, que generará, si procede, la incidencia correspondiente en la nómina. El contenido de las incidencias habrá de estar, por tanto, justificado en los datos y actos administrativos que consten en los distintos subsistemas.

Las incidencias que impliquen variación en la nómina serán objeto de control de la Intervención. No podrán incorporarse a la nómina las incidencias que carezcan de crédito presupuestario adecuado y suficiente para su imputación, sin perjuicio de la obligación de ejecutar las resoluciones judiciales firmes, realizando, si fuese necesario para el pago, la correspondiente modificación presupuestaria.

La nómina general quedará constituida por la agrupación de los siguientes documentos:

a) Cuerpo de la nómina. Constituido por la relación nominal de todos los perceptores, ordenada por clases de personal comprendiendo, además, las descripciones referentes a la información de cabecera, los datos personales, retribuciones y descuentos. El cuerpo de la nómina se dividirá por Consejerías y Organismos Autónomos y podrá subdividirse en unidades orgánicas inferiores.

b) Resúmenes de la nómina integrados por:

⅄ Resumen contable. Que comprenderá el listado de aplicaciones presupuestarias e importes imputados a las mismas, y la relación de descuentos aplicados en nómina, totalizados por tipo de descuento.

⅄ Resumen de la nómina. Que comprenderá el número total de perceptores, importe total de las retribuciones íntegras desglosadas por retribuciones mensuales, atrasos y reintegros e importe líquido de la nómina; listado de perceptores por tipo de descuento agrupado por conceptos; listado de reintegros que han operado en nómina, distinguiendo por unidad de origen y destino y las compensaciones producidas.

⅄ Relaciones de pago. Que comprenderán la relación de perceptores e importes netos a transferir, así como la de los beneficiarios de los descuentos practicados y los importes a percibir.

La nómina general de la Administración de la Junta de Andalucía y sus Organismos Autónomos incluirá mensualmente, hasta el día de cierre que se determine en el calendario aprobado, todas las incidencias fiscalizadas de conformidad, así como las no seleccionadas en muestra en los supuestos de fiscalización por muestreo.

A la vista de dicha documentación, los órganos competentes a los que se refiere el artículo 5.6 de la presente Orden, procederán, dentro del plazo fijado en el calendario, a la aprobación de la nómina mediante la firma electrónica avanzada en el Sistema.

Una vez aprobada por los órganos competentes la totalidad de la nómina, el Sistema SIRhUS emitirá las propuestas de documentos contables de pago de la nómina y las propuestas de documentos contables de pago de las cotizaciones sociales, así como las propuestas de documentos extrapresupuestarios necesarios en función de los descuentos practicados en nómina.

El Sistema SIRhUS construirá una sola nómina y generará una única propuesta de documento contable por cada colectivo y sección presupuestaria. Dicha propuesta se generará automáticamente en el Sistema de Contabilidad Presupuestaria, siendo aprobada por los órganos señalados en los párrafos segundo y tercero del artículo 5.6 de esta Orden. Ello no impedirá que la propuesta de documento contable se pueda subdividir, por razones técnicas o contables, y de manera excepcional, por servicios o programas, previa autorización expresa y puntual de la Intervención General de la Junta de Andalucía, a requerimiento de la Dirección General de Recursos Humanos y Función Pública.

La competencia para la fiscalización formal de las propuestas de pago de la nómina mensual de retribuciones y su contabilización se residencia en las Intervenciones Delegadas de las respectivas Consejerías y agencias administrativas y de régimen especial. La Intervención General de la Junta de Andalucía podrá, en cualquier momento, modificar los ámbitos de fiscalización encomendados a una determinada Intervención Delegada o Provincial, mediante encomienda de funciones, motivada por las necesidades derivadas de reorganizaciones administrativas, redistribución de efectivos, o modificación de procedimientos.

La contabilización de las propuestas de pago en el Sistema Júpiter, generará la emisión en el sistema SIRhUS de la relación de personas perceptoras e importes netos a transferir a éstas y a las beneficiarias de los descuentos.

Una vez fiscalizados y contabilizados los documentos contables de la nómina, la Dirección General de Tesorería y Deuda Pública y las tesorerías de los Organismos Autónomos, en sus respectivos ámbitos, materializarán el pago de la nómina a los perceptores mediante transferencia bancaria, con antelación al último día hábil del mes.

A tales efectos, la información o documentación necesaria habrá de encontrarse en la fase de ordenación del pago, al menos, con cinco días de antelación al último día hábil de cada mes.

Los descuentos a practicar en las nóminas serán aquellos que tengan carácter obligatorio de acuerdo con la normativa de aplicación. Los descuentos practicados deberán figurar, en todo caso, en el correspondiente documento contable, y serán propuestos por los órganos gestores competentes para la aprobación de la nómina.

Los reintegros que deban realizarse por pagos indebidos a perceptores de la nómina se ajustarán a lo dispuesto en el Decreto 40/2017, de 7 de marzo, por el que se regula la organización y el funcionamiento de la Tesorería General de la Junta de Andalucía y la gestión recaudatoria y a la normativa de desarrollo de dicho precepto.

La fiscalización de los actos administrativos en materia de personal de los que deriven obligaciones de contenido económico se realizará con posterioridad a su adopción, y en el momento de su inclusión en nómina. A tal efecto, la Intervención General podrá aplicar técnicas de muestreo al universo de incidencias, estableciendo los oportunos mecanismos y criterios de selección, identificación y tratamiento de la muestra.

Sin perjuicio de lo anterior, la fiscalización de los actos o acuerdos se realizará previamente a la adopción de los mismos en los siguientes supuestos:

a) Celebración de contratos laborales, cualquiera que sea su forma, así como sus prórrogas, salvo los de carácter fijo que se suscriban tras la superación de los correspondientes procesos selectivos para el personal laboral de la Junta de Andalucía, los que teniendo carácter temporal se formalicen como consecuencia de la supresión o modificación de puestos de trabajo o de la resolución de un proceso selectivo o de provisión de puestos de personal laboral, y los de sustitución del personal de administración y servicios de los centros docentes dependientes de la Consejería de Educación.

b) Altas de personal funcionario, estatutario o interino de nuevo ingreso en la Administración de la Junta de Andalucía y sus Organismos Autónomos, excepto:

1.º Las derivadas de los nombramientos que se produzcan como consecuencia de los correspondientes procesos selectivos o de provisión de puestos.

2.º Las de los interinos nombrados para sustituciones de funcionarios o de estatutarios en el ámbito del Servicio Andaluz de Salud.

3.º Los nombramientos de personal interino al servicio de la Administración de Justicia en la Comunidad Autónoma de Andalucía, que tengan su causa en la necesidad de cubrir plazas por ausencia de su titular, por vacaciones, enfermedad, accidente o análogas, los que se produzcan por fallecimiento de su titular y los derivados de las modificaciones del carácter de los mismos.

4.º Los nombramientos de interinos que se deriven de la resolución de procesos selectivos o de provisión de puestos.

c) Reconocimiento de servicios previos.

d) Reconocimiento de complementos personales.

e) Resolución de recursos administrativos y reclamaciones previas a la vía judicial.

f) Ejecución de sentencias y demás resoluciones judiciales.

g) Regularización individual de haberes, cuando los atrasos a que dé lugar no se generen automáticamente por el Sistema. La relación de los actos e incidencias que pueden dar lugar a regularización individual no automática se definirá mediante Resolución de la Intervención General.

h) Formalización de haberes no practicados automáticamente por el Sistema.

La Intervención General podrá determinar que la fiscalización previa establecida en el apartado anterior pueda realizarse mediante la aplicación de técnicas de muestreo. Los actos e incidencias sometidos a fiscalización no podrán continuar el proceso para su inclusión en las nóminas mientras no sean fiscalizados favorablemente o formen parte de un universo al que se haya dado conformidad mediante técnicas de muestreo.

La intervención formal de los documentos contables de la nómina corresponderá a las Intervenciones competentes. La remisión de la información de los documentos contables a las respectivas tesorerías se realizará por procedimientos telemáticos.

Todos los actos e incidencias no incluidos en el control previsto en el artículo 16 de la presente Orden, estarán sometidos a los procedimientos de control posterior que establezca la Intervención General de la Junta de Andalucía.

El control posterior de la nómina previsto en este artículo, será ejercido por aquellas Intervenciones Delegadas o Provinciales a las que la Intervención General asigne dichas funciones en los planes de control que se elaboren al efecto.

Sin perjuicio de los controles previstos en los artículos anteriores, la Intervención General de la Junta de Andalucía podrá establecer la aplicación a los gastos de personal del control financiero previsto en el artículo 85 de la Ley General de la Hacienda Pública de la Comunidad Autónoma de Andalucía.

Los distintos órganos gestores de las nóminas deberán tener a disposición de las Intervenciones competentes la documentación justificativa de los actos e incidencias con repercusión en nómina, así como cualquier otra comprensiva de los expedientes de personal o complementaria, que podrá ser requerida en cualquier momento en el ejercicio de sus funciones de control. En ningún caso se solicitará por las Intervenciones la documentación de salida generada por el propio Sistema SIRhUS.

Una vez aprobada y fiscalizada la nómina, y con los datos procedentes del cuerpo y resúmenes de la nómina, el subsistema de Gestión de Nóminas generará automáticamente los documentos o ficheros de cotización de conformidad con la normativa de aplicación.

El proceso referido en el apartado anterior generará los siguientes listados:

a) Listado de cotización TC-2. En él figurará, con el mismo nivel de desagregación que el cuerpo de la nómina, y por Código de Cuenta de Cotización, la relación de trabajadores cuya cotización se efectúe ante la Tesorería General de la Seguridad Social.

b) Listado de cotización TC-1. En él figurarán, con el mismo nivel de desagregación que el cuerpo de la nómina, y por Código de Cuenta de Cotización, las cuotas a ingresar a la Tesorería General de la Seguridad Social.

c) Resumen Contable de Seguridad Social. En él figurarán, con el mismo nivel de desagregación que el resumen contable de la nómina de que se trate y por Código de Cuenta de Cotización, el importe total a cotizar, la cuota obrera retenida junto con los ajustes efectuados, la cuota patronal resultante y el desglose por aplicaciones presupuestarias de los importes de cuota patronal.

Las propuestas de pago relativas a la aportación patronal a la Seguridad Social se generarán automáticamente por el Sistema, con los datos referentes al mes completo que corresponda y serán aprobadas por los titulares de los órganos gestores que tengan atribuidas las competencias de gestión del gasto.

Los importes de las cuotas a ingresar a la Seguridad Social se librarán por las tesorerías competentes por los importes devengados en los plazos establecidos, ya sea con carácter general o particular, sin perjuicio de los convenios que en esta materia puedan ser suscritos con la Tesorería General de la Seguridad Social. A tal efecto, los órganos señalados en el artículo 5.6 de la presente Orden les remitirán los documentos de cotización que justifiquen las propuestas de pago.

La presentación de la relación nominal de trabajadores acogidos a los distintos regímenes de la Seguridad Social se realizará por la Dirección General de Función Pública mediante remisión electrónica de datos a través del subsistema de Gestión de Nóminas del Sistema SIRhUS, o mediante los procedimientos que, al efecto, establezcan los órganos competentes del Sistema de la Seguridad Social.

Funcionarios Civiles del Estado (MUFACE), Mutualidad General Judicial (MUGEJU), e Instituto Social de las Fuerzas Armadas (ISFAS), o cualquier otro similar, serán ingresados por las tesorerías correspondientes a través de los procedimientos que cada una de estas instituciones indiquen.

Por la Dirección General de Función Pública se facilitará a dichas instituciones, una vez aprobada y fiscalizada la nómina, la información referente a las cotizaciones mensuales en la forma y plazos establecidos. A tales efectos, las tesorerías correspondientes introducirán en el Sistema SIRhUS las fechas de pago material de las mismas.

Las cantidades detraídas en concepto de derechos pasivos serán ingresadas a favor del Tesoro Público en las cuentas que indique el Ministerio de Economía y Hacienda.

Cuando se hayan ingresado de forma indebida cotizaciones a la Seguridad Social u otras deducciones que no pudieran compensarse, los órganos a los que se refiere el artículo 5.6 de la presente Orden, serán los responsables de realizar las actuaciones que procedan ante la Tesorería General de la Seguridad Social o la entidad correspondiente.

La presentación de las preceptivas relaciones mensuales de retenciones y, en su caso, ingresos a cuenta correspondientes al Impuesto sobre la Renta de las Personas Físicas del personal incluido en la nómina general de la Administración de la Junta de Andalucía y sus Organismos Autónomos se realizará por la Dirección General de Tesorería y Deuda Pública y las tesorerías de los Organismos Autónomos, en sus ámbitos respectivos, mediante los soportes electrónicos establecidos al efecto por la Agencia Estatal de Administración Tributaria.

La elaboración del documento de Resumen Anual se realizará por los órganos competentes para la aprobación de la nómina, tomando los datos que facilite el Sistema SIRhUS respecto de las retribuciones satisfechas al respectivo personal.

El subsistema de Gestión de Nóminas, una vez contabilizado el pago material de los documentos contables de la nómina mensual, generará automáticamente las propuestas de los documentos contables extrapresupuestarios necesarios para la tramitación y materialización de los pagos a realizar a la Agencia Estatal de Administración Tributaria en concepto de retenciones e ingresos a cuenta del Impuesto sobre la Renta de las Personas Físicas.

La fiscalización de los actos administrativos en materia de personal de los que deriven obligaciones de contenido económico se realizará con posterioridad a su adopción, y en el momento de su inclusión en nómina.

A tal efecto, la Intervención General, de acuerdo con lo dispuesto en los apartados 2 y 3 del artículo 78 de la Ley General de la Hacienda Pública de la Comunidad Autónoma de Andalucía, podrá aplicar técnicas de muestreo al universo de incidencias, estableciendo los oportunos mecanismos y criterios de selección, identificación y tratamiento de la muestra.

De acuerdo con lo previsto en los apartados 2 y 3 del artículo 78 de la Ley General de la Hacienda Pública de la Comunidad Autónoma de Andalucía, la Intervención General podrá determinar que la fiscalización previa establecida en el apartado anterior pueda realizarse mediante la aplicación de técnicas de muestreo.

Los actos e incidencias sometidos a fiscalización no podrán continuar el proceso para su inclusión en las nóminas mientras no sean fiscalizados favorablemente o formen parte de un universo al que se haya dado conformidad mediante técnicas de muestreo.

La intervención formal de los documentos contables de la nómina corresponderá a las Intervenciones competentes.

La remisión de la información de los documentos contables a las respectivas tesorerías se realizará por procedimientos telemáticos.

Todos los actos e incidencias no incluidos en el control previsto en el artículo 16 de la presente Orden, estarán sometidos a los procedimientos de control posterior que establezca la Intervención General de la Junta de Andalucía.

TEMA 21

LAS SUBVENCIONES DE LA COMUNIDAD AUTÓNOMA DE ANDALUCÍA: CONCEPTO, CLASES Y RÉGIMEN JURÍDICO. ÓRGANOS COMPETENTES PARA SU CONCESIÓN. BENEFICIARIOS, REQUISITOS Y OBLIGACIONES. BASES REGULADORAS DE LA CONCESIÓN. ABONO Y JUSTIFICACIÓN: CONTROL DE SU APLICACIÓN. REINTEGRO.

LAS SUBVENCIONES DE LA COMUNIDAD AUTÓNOMA DE ANDALUCÍA: CONCEPTO, CLASES Y RÉGIMEN JURÍDICO.

Concepto.

Se entiende por subvención o ayuda, toda disposición gratuita de fondos públicos realizada a favor de personas o entidades públicas o privadas, para fomentar una actividad de utilidad o interés social, o para promover la consecución de un fin público, así como cualquier tipo de ayuda que se otorgue con cargo al presupuesto de la comunidad autónoma de Andalucía.

Naturaleza.

Las subvenciones y ayudas públicas se otorgarán con arreglo a los principios de publicidad, libre concurrencia y objetividad, respetando, en todo caso, las normas que les afecten del derecho comunitario, reguladoras de la supresión de barreras comerciales entre los estados miembros y de la libre competencia entre las empresas.

Clasificación.

Atendiendo al procedimiento de concesión y de acuerdo con lo previsto en el artículo 22 de la Ley 38/2003, de 17 de noviembre, así como en el artículo 120.1 del Texto Refundido de la Ley General de la Hacienda Pública de la Junta de Andalucía, a efectos del Decreto 282/2010 del Reglamento de los procedimientos de concesión de subvenciones de la Administración de la Junta de Andalucía las subvenciones se clasifican en regladas y de concesión directa.

Las subvenciones regladas se clasifican a su vez en:

a) Subvenciones cuyo procedimiento de concesión es iniciado de oficio. Son aquellas que se conceden en régimen de concurrencia competitiva, entendiendo por tal el procedimiento de concesión de subvenciones que se desarrolla mediante la comparación de las solicitudes presentadas en un único procedimiento, a fin de establecer una prelación entre las mismas de acuerdo con los criterios de valoración previamente fijados en las bases reguladoras, y de adjudicar, con el límite del crédito disponible fijado en la convocatoria, aquellas que hayan obtenido mayor valoración en aplicación de los citados criterios que habrán de tramitarse, valorarse y resolverse de forma conjunta.

b) Subvenciones cuyo procedimiento de concesión es iniciado a solicitud de la persona interesada. Son aquellas que se conceden en régimen de concurrencia no competitiva, en atención a la existencia de una determinada situación en la persona beneficiaria, sin que sea necesario establecer en tales casos la comparación de las solicitudes, ni la prelación entre las mismas, tramitándose y resolviéndose de forma independiente.

3. Las subvenciones de concesión directa se clasifican a su vez en:

a) Nominativas. Son aquellas cuyo objeto, dotación presupuestaria y persona beneficiaria aparecen determinados expresamente en los créditos iniciales de las leyes del Presupuesto de la Comunidad Autónoma de Andalucía.

b) De imposición legal. Son aquellas cuyo otorgamiento o cuantía venga impuesto por una norma de rango de Ley.

c) Excepcionales. Son aquellas en que se acrediten razones de interés público, social, económico o humanitario, u otras debidamente justificadas que dificulten su convocatoria pública.

Las subvenciones financiadas con cargo al Fondo Europeo de Orientación y Garantía Agrícola, Sección Garantía, y al resto de fondos de la Unión Europea, se regirán por las normas comunitarias aplicables y por las normas nacionales de desarrollo, siendo supletorias las disposiciones de la Administración Andaluza.

Régimen Jurídico.

Decreto legislativo 1/2010 del texto refundido de la ley de hacienda pública de la Junta de Andalucía.

L 47/2003 ley general presupuestaria.

L 39/2015 de procedimiento administrativo común de las Administraciones Públicas.

D 149/88 reglamento intervención Junta de Andalucía.

Orden 31-10-96 acreditación cumplimiento obligaciones fiscales y de seguridad social por beneficiarios de subvenciones.

D 46/86 reglamento de tesorería y ordenación de pagos.

D 44/93 gastos anualidades futuras.

L 1/88 Cámara de Cuentas de Andalucía.

L O 2/82 Tribunal de Cuentas.

Tratado Comunidad Europea, Acta Única Europea y Tratado de Maastrich y posteriores.

D 282/2010, por el que se aprueba el Reglamento de los Procedimientos de Concesión de Subvenciones de la Administración de la Junta de Andalucía.

Ley 38/2003, de 17 de noviembre, General de Subvenciones, que como su nombre indica contiene un alto porcentajes de artículos considerados legislación básica, por lo que el resto de las normativas autonómicas tienen que cumplir los requisitos mínimos establecidos en ella. En el caso de Andalucía, la regulación de las subvenciones se adapta sin problemas a la legislación básica del Estado, aunque hay aspectos como el título IV, sobre infracciones y sanciones administrativas en materia de subvenciones, que en la regulación andaluza no estaban contemplados, por lo que son de aplicación subsidiaria, así como determinados aspectos del procedimiento sancionador. La adecuación de la normativa autonómica a lo contemplado en la estatal se produjo por medio de la ley 3/2004 de medidas tributarias, administrativas y financieras.

Orden de 20 de diciembre de 2019 por la que se aprueban las bases reguladoras tipo y formularios tipo de la administración de la Junta de Andalucía para la concesión de subvenciones de régimen de concurrencia no competitiva.

Orden de 20 de diciembre de 2019 por la que se aprueban las bases reguladoras tipo y formularios tipo de la administración de la Junta de Andalucía para la concesión de subvenciones de régimen de concurrencia competitiva.

Orden de 6 de abril de 2018, por la que se regula el procedimiento de gestión presupuestaria del gasto público derivado de las subvenciones otorgadas por la Administración de la Junta de Andalucía y sus agencias administrativas y de régimen especial.

ÓRGANOS COMPETENTES PARA SU CONCESIÓN.

Son órganos competentes para conceder subvenciones, previa consignación presupuestaria para este fin, las personas titulares de las Consejerías y de la presidencia o dirección de sus agencias, en sus respectivos ámbitos.

No obstante, será necesario el Acuerdo del Consejo de Gobierno para autorizar la concesión de subvenciones cuando el gasto a aprobar sea superior a 3.000.000 euros. La autorización del Consejo de Gobierno llevará implícita la aprobación del gasto correspondiente.

Todos los acuerdos de concesión de subvenciones deberán ser motivados, razonándose el otorgamiento en función del mejor cumplimiento de la finalidad que lo justifique.

BENEFICIARIOS, REQUISITOS Y OBLIGACIONES.

De acuerdo con el artículo 11 de la Ley 38/2003, de 17 de noviembre, tendrá la consideración de persona o entidad beneficiaria de subvenciones la que haya de realizar la actividad que fundamentó su otorgamiento o que se encuentre en la situación que legitima su concesión.

Además de los supuestos contemplados en el artículo 13.2 y 3 de la Ley 38/2003, de 17 de noviembre, tampoco podrán obtener la condición de personas o entidades beneficiarias de subvenciones quienes tengan deudas en periodo ejecutivo de cualquier otro ingreso de derecho público de la Junta de Andalucía. La acreditación de dicha circunstancia constituye, además de las previstas en el artículo 14 de la referida Ley, una obligación de la persona o entidad beneficiaria que deberá cumplir con anterioridad a dictarse la propuesta de resolución de concesión, en la forma que se determine por la Consejería competente en materia de Hacienda.

La normativa reguladora de cada subvención podrá, en atención a la naturaleza de la misma, exceptuar de la prohibición establecida en el párrafo anterior.

Sin perjuicio de las obligaciones establecidas en el artículo 14 de la Ley 38/2003, de 17 de noviembre, las personas o entidades beneficiarias de subvenciones estarán obligadas a hacer constar en toda información o publicidad que se efectúe de la actividad u objeto de la subvención que la misma está subvencionada por la Junta de Andalucía, indicando la Consejería o agencia que la ha concedido, en la forma que reglamentariamente se establezca.

Asimismo, en los supuestos de subvenciones financiadas con fondos comunitarios, las personas o entidades beneficiarias deberán cumplir con las disposiciones que sobre información y publicidad se dicten por la Unión Europea. Las normas reguladoras de concesión de subvenciones recogerán estas obligaciones.

De conformidad con lo establecido en el artículo 13.2 de la Ley 12/2007, de 26 de noviembre, para la promoción de la igualdad de género en Andalucía, no podrán ser beneficiarias de subvenciones aquellas empresas sancionadas o condenadas por resolución administrativa firme o sentencia judicial firme por alentar o tolerar prácticas laborales consideradas discriminatorias por la legislación vigente.

Tendrá la consideración de beneficiario de las subvenciones y ayudas el destinatario de los fondos públicos que haya de realizar la actividad que fundamentó su otorgamiento o que se encuentre en la situación que legitima su concesión.

Las bases reguladoras, teniendo en cuenta las circunstancias de aplicación a cada caso, deberán relacionar las obligaciones de las personas beneficiarias establecidas en los artículos 14.1 y 46.1 de la Ley 38/2003, de 17 de noviembre, en los artículos 116 y 119.2.h) del Texto Refundido de la Ley General de la Hacienda Pública de la Junta de Andalucía y las que en su caso se establezcan en las propias bases reguladoras o en aquellas otras normas que sean de aplicación.

Las mencionadas bases deberán incluir la determinación, en su caso, de cuantos estados contables y registros específicos fuesen exigibles para garantizar el adecuado ejercicio de la facultad de comprobación y control de la subvención.

Asimismo, de conformidad con lo previsto en el artículo 124.2 del Texto Refundido de la Ley General de la Hacienda Pública de la Junta de Andalucía, las bases reguladoras de cada subvención podrán establecer, de manera justificada, la obligación de acreditar, antes de proponerse el pago, que las personas beneficiarias se hallan al corriente en el cumplimiento de sus obligaciones tributarias y frente a la Seguridad Social así como que no son deudores de la Junta de Andalucía por cualquier otro ingreso de derecho público.

Son obligaciones de los beneficiarios:
- Realizar la actividad o adoptar el comportamiento que fundamente la concesión de la subvención en la forma y plazos establecidos.
- Justificar ante la entidad concedente o, en su caso, la entidad colaboradora la realización de la actividad o la adopción del comportamiento, así como el cumplimiento de los requisitos y condiciones que determinen la concesión o disfrute de la concesión.
- El sometimiento a las actuaciones de comprobación, a efectuar por la entidad concedente o la entidad colaboradora, en su caso, y a las de control financiero que corresponden a la Intervención General de la Junta de Andalucía, en relación con las subvenciones y ayudas concedidas, y a las previstas en la legislación del Tribunal de Cuentas y de la Cámara de Cuentas de Andalucía.
- Comunicar a la entidad concedente o la entidad colaboradora, en su caso, la obtención de otras subvenciones o ayudas para la misma finalidad, procedente de cualesquiera administración o entes públicos o privados, nacionales o internacionales, así como las alteraciones de las condiciones tenidas en cuenta para la concesión de la subvención.

Respecto a la acreditación de estar al corriente de las obligaciones fiscales frente al Estado y frente a la seguridad social se estará a lo dispuesto en el correspondiente convenio de colaboración con la administración del Estado. No obstante, la normativa reguladora de cada subvención o ayuda podrá exigir la acreditación de tales obligaciones atendiendo a la naturaleza, régimen, cuantía u otras circunstancias de la misma. Por medio de la Orden de 12 de septiembre de 2003 se regula dicha acreditación, que puede ser cumplida con certificado expreso o bien, por medio de autorización para que sea la propia Junta de Andalucía la que solicite la información necesaria al organismo competente.

Además de lo establecido en el artículo 13 de la ley 38/03 general de subvenciones, no podrá obtener la condición de beneficiario de subvenciones quienes tengan deudas en periodo ejecutivo de cualquier otro ingreso de Derecho Público de la Comunidad Autónoma de Andalucía.

En Decreto 282/2010 establece que las bases reguladoras establecerán los requisitos que deberán reunir las personas beneficiarias para la obtención de la subvención y, en su caso, los miembros de las entidades y demás solicitantes contemplados en el artículo 11.2 y 11.3 párrafo segundo de la citada Ley 38/2003, de 17 de noviembre, así como la forma de acreditarlos y el periodo durante el cual deberán mantenerse.

Los requisitos deberán ajustarse a lo dispuesto en el artículo 13 de la Ley 38/2003, de 17 de noviembre y en el artículo 116 del Texto Refundido de la Ley General de la Hacienda Pública de la Junta de Andalucía.

Atendiendo a la naturaleza de la subvención, las bases reguladoras podrán establecer que las personas beneficiarias y las entidades colaboradoras quedarán exceptuadas, a efectos de la concesión de la subvención, de todas o algunas de las prohibiciones establecidas en el artículo 13.2 de la Ley 38/2003, de 17 de noviembre. Asimismo, conforme a lo dispuesto en el artículo 116 del Texto Refundido de la Ley General de la Hacienda Pública de la Junta de Andalucía, podrán establecer que quedarán exceptuadas de acreditar que no tienen deudas en periodo ejecutivo de cualquier ingreso de derecho público de la Junta de Andalucía.

No podrá proponerse el pago de subvenciones a personas o entidades beneficiarias que no hayan justificado en tiempo y forma las subvenciones concedidas con anterioridad con cargo al mismo programa presupuestario por la Administración de la Junta de Andalucía y sus agencias.

BASES REGULADORAS DE LA CONCESIÓN.

El procedimiento ordinario de concesión de subvenciones, que se iniciará siempre de oficio, se tramitará en régimen de concurrencia competitiva, de acuerdo con lo dispuesto en el artículo 22.1 de la Ley 38/2003, de 17 de noviembre. A solicitud de la persona o entidad interesada, podrán concederse subvenciones en atención a la mera concurrencia de una determinada situación en el perceptor, sin que sea necesario establecer, en tales casos, la comparación de las solicitudes ni la prelación entre las mismas. También podrán concederse subvenciones de forma directa de conformidad con lo dispuesto en el artículo 22.2 de la Ley 38/2003, de 17 de noviembre.

La presentación de la solicitud por parte de la persona o entidad interesada conllevará la autorización al órgano gestor para recabar las certificaciones a emitir por la Agencia Estatal de Administración Tributaria, por la Tesorería General de la Seguridad Social y por la Consejería de Economía y Hacienda de la Junta de Andalucía, que las bases reguladoras requieran aportar.

Las solicitudes serán evaluadas por el órgano instructor, que formulará la propuesta de concesión al órgano competente para resolver. Las bases reguladoras podrán prever que la evaluación de solicitudes y la propuesta de resolución se lleven a cabo por un órgano colegiado. El plazo máximo para resolver y notificar la resolución del procedimiento no podrá exceder de seis meses, salvo que una norma con rango de ley establezca un plazo mayor o así venga previsto en la normativa de la Unión Europea. El plazo se computará a partir del día siguiente al de finalización del plazo para la presentación de solicitudes, salvo para las subvenciones a las que se refiere el párrafo segundo del apartado 1 del presente artículo, en las que se computará desde la fecha en que la solicitud haya tenido entrada en el registro del órgano competente para su tramitación.

El vencimiento del plazo máximo sin haberse notificado la resolución legitima a las personas o entidades interesadas para entender desestimada por silencio administrativo la solicitud de concesión de la subvención, cualquiera que sea su naturaleza o el procedimiento de concesión de que se trate.

Toda alteración de las condiciones tenidas en cuenta para la concesión de la subvención y, en todo caso, la obtención concurrente de subvenciones o ayudas otorgadas por otras Administraciones o entes públicos o privados, nacionales o internacionales, podrá dar lugar a la modificación de la resolución de concesión. Esta circunstancia se deberá hacer constar en las correspondientes normas reguladoras de la concesión de subvenciones.

Según el Decreto 282/2010 por el que se aprueba el Reglamento de los Procedimientos de Concesión de Subvenciones de la Administración de la Junta de Andalucía atendiendo al procedimiento de concesión y de acuerdo con lo previsto en el artículo 22 de la Ley 38/2003, de 17 de noviembre, así como en el artículo 120.1 del Texto Refundido de la Ley General de la Hacienda Pública de la Junta de Andalucía, a efectos de este Reglamento las subvenciones se clasifican en regladas y de concesión directa.

Las subvenciones regladas se clasifican a su vez en:

a) Subvenciones cuyo procedimiento de concesión es iniciado de oficio. Son aquellas que se conceden en régimen de concurrencia competitiva, entendiendo por tal el procedimiento de concesión de subvenciones que se desarrolla mediante la comparación de las solicitudes presentadas en un único procedimiento, a fin de establecer una prelación entre las mismas de acuerdo con los criterios de valoración previamente fijados en las bases reguladoras, y de adjudicar, con el límite del crédito disponible fijado en la convocatoria, aquellas que hayan obtenido mayor valoración en aplicación de los citados criterios que habrán de tramitarse, valorarse y resolverse de forma conjunta.

b) Subvenciones cuyo procedimiento de concesión es iniciado a solicitud de la persona interesada. Son aquellas que se conceden en régimen de concurrencia no competitiva, en atención a la existencia de una determinada situación en la persona beneficiaria, sin que sea necesario establecer en tales casos la comparación de las solicitudes, ni la prelación entre las mismas, tramitándose y resolviéndose de forma independiente.

Las subvenciones de concesión directa se clasifican a su vez en:

a) Nominativas. Son aquellas cuyo objeto, dotación presupuestaria y persona beneficiaria aparecen determinados expresamente en los créditos iniciales de las leyes del Presupuesto de la Comunidad Autónoma de Andalucía.

b) De imposición legal. Son aquellas cuyo otorgamiento o cuantía venga impuesto por una norma de rango de Ley.

c) Excepcionales. Son aquellas en que se acrediten razones de interés público, social, económico o humanitario, u otras debidamente justificadas que dificulten su convocatoria pública.

La Administración de la Junta de Andalucía y las agencias utilizarán y facilitarán a las personas interesadas la utilización de técnicas y medios electrónicos, informáticos y telemáticos necesarios para realizar todos los trámites relativos al procedimiento de concesión de subvenciones, de acuerdo con las garantías y requisitos establecidos en la ley 39/2015 de procedimiento administrativo común de las Administraciones Públicas, en la Ley 59/2003, de 19 de diciembre, de firma electrónica, y demás normativa aplicable en esta materia.

Todo ello, sin perjuicio de las publicaciones que deban realizarse en el Boletín Oficial de la Junta de Andalucía y en los tablones de anuncios en soporte electrónico o medios de comunicación.

La ciudadanía tiene derecho a presentar las solicitudes de subvenciones utilizando medios electrónicos. No obstante, las normas por las que se aprueben las bases reguladoras de las subvenciones podrán establecer la obligatoriedad de comunicarse con la Administración de la Junta de Andalucía y sus agencias utilizando sólo medios electrónicos, cuando las personas interesadas se correspondan con personas jurídicas o colectivos de personas físicas que por razón de su capacidad económica o técnica, dedicación profesional u otros motivos acreditados tengan garantizado el acceso y disponibilidad de los medios tecnológicos precisos. En tal caso, la correspondiente Consejería o agencia adoptará, tanto en sus servicios centrales como en los periféricos, las medidas necesarias para facilitar a las personas destinatarias la presentación de las solicitudes y la realización de cuantas actuaciones hubieran de efectuar durante la tramitación del procedimiento de concesión.

Los órganos que tramiten procedimientos de concesión de subvenciones, deberán poner en su sede electrónica, a disposición de las personas interesadas, un sistema que les permita consultar en tiempo real, previa identificación, la información sobre el estado de la tramitación del procedimiento con indicación de los actos de trámite realizados, su contenido y fecha en que fueron dictados.

Las normas reguladoras de la concesión concretarán como mínimo los siguientes extremos, de acuerdo con los preceptos de carácter básico incluidos en el artículo 17.3 de la Ley 38/2003, de 17 de noviembre:

a) Definición del objeto de la subvención.

b) Requisitos que deberán reunir las personas o entidades beneficiarias para la obtención de la subvención, y, en su caso, los miembros de las entidades contempladas en el artículo 11.2 y 3 segundo párrafo de la citada Ley, y forma y plazo en que deben presentarse las solicitudes.

c) Procedimiento de concesión de la subvención.

d) Criterios objetivos de otorgamiento de la subvención y, en su caso, ponderación de los mismos.

e) Órganos competentes para la ordenación, instrucción y resolución del procedimiento de concesión de la subvención y plazo en que será notificada la resolución.

f) Criterios de graduación de los posibles incumplimientos de las condiciones impuestas con motivo de la concesión de las subvenciones. Estos criterios resultarán de aplicación para determinar la cantidad que finalmente haya de percibir la persona o entidad beneficiaria o, en su caso, el importe a reintegrar, y deberán responder al principio de proporcionalidad.

Asimismo, contendrán los siguientes extremos:

a) Obra, servicio o, en general, finalidad de interés público o social para el que se otorga la subvención.

b) Periodo durante el cual deberán mantenerse los requisitos para la obtención de la subvención y forma de acreditarlos.

c) Condiciones de solvencia y eficacia que hayan de reunir las entidades colaboradoras, cuando se prevea el recurso a este instrumento de gestión.

d) Forma y secuencia del pago de la subvención. En el supuesto de contemplarse la posibilidad de efectuar anticipos de pago sobre la subvención concedida, la forma y cuantía de las garantías que, en su caso, habrán de aportar las personas o entidades beneficiarias.

e) Medidas de garantía en favor de los intereses públicos que puedan considerarse precisas, así como la posibilidad, en los casos que expresamente se prevean, de revisión de subvenciones concedidas.

f) Plazo y forma de justificación por parte de la persona beneficiaria o de la entidad colaboradora, en su caso, del cumplimiento de la finalidad para la que se concedió la subvención y de la aplicación de los fondos percibidos. Por justificación se entenderá, en todo caso, la aportación al órgano concedente de los documentos justificativos de los gastos realizados con cargo a la cantidad concedida.

g) Deberá incluirse dentro de los criterios a aplicar en la concesión de la subvención, la ponderación del grado de compromiso medioambiental de la persona o entidad solicitante.

k) Los criterios de imputación de los costes indirectos así como el método de asignación de los mismos.

No obstante lo establecido en el párrafo anterior, las bases reguladoras, previos los estudios económicos que procedan, podrán establecer la fracción del coste total que se considere coste indirecto imputable a la misma, de acuerdo con lo establecido en el artículo 83.3 del Real Decreto 887/2006, de 21 de julio, por el que se aprueba el Reglamento de la Ley 38/2003, de 17 de noviembre, General de Subvenciones.

Asimismo, cuando las actuaciones subvencionables deban someterse a las medidas exigidas en la normativa de protección medioambiental, deberá incluirse la valoración de las medidas complementarias que propongan ejecutar los solicitantes, respecto a las de la citada normativa.

Entre los criterios de concesión de la subvención también se incluirán la valoración de empleos estables creados y, en su caso, los empleos estables mantenidos.

h) Obligación de la persona o entidad beneficiaria de facilitar cuanta información le sea requerida por el Tribunal de Cuentas, la Cámara de Cuentas de Andalucía y la Intervención General de la Junta de Andalucía.

i) La circunstancia a la que se refiere el artículo 121 de la presente Ley (modificación de las resoluciones de concesión).

j) La especificación de que la concesión de las subvenciones estará limitada por las disponibilidades presupuestarias existentes.

Las normas reguladoras y, en su caso, los convenios que se suscriban con entidades colaboradoras, para que por éstas se lleve a cabo la entrega y distribución de los fondos a las personas o entidades beneficiarias, deberán prever el régimen de control, previo o financiero, al que se someterán los expedientes de gasto de las subvenciones concedidas, conforme a los criterios que para determinar la modalidad de control interno se determinan en el Capítulo II del Título V.

En caso de sometimiento a fiscalización previa, esta podrá llevarse a cabo aplicando técnicas de muestreo, mediante el procedimiento que determine al efecto la Intervención General.

El D 282/2010 de reglamento de subvenciones especifica, de acuerdo con el artículo 119 del Texto Refundido de la Ley General de la Hacienda Pública de la Junta de Andalucía, el contenido mínimo de las bases reguladoras de la concesión de las subvenciones regladas conforme a la siguiente estructura:

a) Objeto.

b) Régimen jurídico de las subvenciones.

c) Requisitos de las personas beneficiarias y de las entidades colaboradoras.

d) Cuantía de las subvenciones y gastos subvencionables.

e) Limitaciones presupuestarias.

f) Financiación y régimen de compatibilidad de las subvenciones.

g) Entidades colaboradoras.

h) Clase de procedimiento de concesión.

i) Solicitudes.

j) Criterios objetivos para la concesión de la subvención.

k) Tramitación y resolución.

l) Notificaciones.

m) Obligaciones de las personas beneficiarias.

n) Forma y secuencia del pago.

ñ) Medidas de garantía.

o) Justificación de la subvención.

p) Posibilidad de modificar la resolución de concesión, prevista en el artículo 32.2.

q) Causas de reintegro.

r) Los criterios para graduar los posibles incumplimientos de condiciones impuestas con motivo de la concesión de las subvenciones.

Las bases reguladoras definirán el objeto de las subvenciones o, en general, la finalidad de interés público o social para las que se otorgan. Cuando la Orden o el Decreto que apruebe las bases reguladoras incluya la convocatoria de las subvenciones, se hará constar expresamente.

En las bases reguladoras se concretará el porcentaje máximo de la subvención a conceder en relación al presupuesto total de las actividades subvencionadas y, en su caso, la cuantía máxima de la subvención, o el importe cierto sin referencia a un porcentaje o fracción del coste total. Cuando proceda, las bases podrán establecer una cuantía mínima a conceder.

Además, de acuerdo con el artículo 19.3 de la Ley 38/2003, de 17 de noviembre, y artículo 122 del Texto Refundido de la Ley General de la Hacienda Pública de la Junta de Andalucía, el importe de las subvenciones en ningún caso podrá ser de tal cuantía que, aisladamente, o en concurrencia con subvenciones o ayudas de otras Administraciones Públicas, o de otros entes públicos o privados, nacionales o internacionales, supere el coste de la actividad a desarrollar por la persona beneficiaria.

La Base de Datos de Subvenciones de la Junta de Andalucía tiene como fin promover la transparencia, mejorar la gestión, ayudar a la planificación estratégica y luchar contra el fraude.

La Intervención General de la Junta de Andalucía es el órgano responsable de la administración y custodia de la Base de Datos de Subvenciones.

Las subvenciones concedidas deberán ser comunicadas a la Base de Datos de Subvenciones mediante el procedimiento de recogida de datos que reglamentariamente se establezca. Para el acceso a la información contenida en la misma, se estará a lo dispuesto en la Ley 1/2014, de 24 de junio, de Transparencia Pública de Andalucía, y demás normativa que le sea de aplicación.

Asimismo, en el supuesto de que el objeto de las subvenciones a conceder se desarrolle en varias líneas de subvenciones, se enumerarán éstas con el detalle necesario, así como los diferentes conceptos subvencionables.

Excepcionalmente, y siempre que así se prevea en las bases reguladoras, el órgano concedente procederá al prorrateo entre las personas beneficiarias de la subvención, del importe global máximo destinado a las subvenciones, de conformidad con lo dispuesto en el artículo 22.1 de la Ley 38/2003, de 17 de noviembre. Atendiendo a la naturaleza de los gastos subvencionables, las bases reguladoras concretarán, cuando proceda, las determinaciones establecidas por el artículo 31 de la Ley 38/2003.

Las bases reguladoras deberán contener los siguientes extremos:

a) La especificación de que la concesión de las subvenciones estará limitada por las disponibilidades presupuestarias existentes, de acuerdo con el artículo 119.2.j) del Texto Refundido de la Ley General de la Hacienda Pública de la Junta de Andalucía.

b) En el supuesto de que la Orden o el Decreto que apruebe las bases reguladoras efectúe la convocatoria de las subvenciones en concurrencia competitiva, los créditos presupuestarios que financien la ejecución del programa de subvenciones especificarán la cuantía total máxima destinada a cada línea de subvenciones en dicha convocatoria, con la previsión, en su caso, de la posibilidad de adquirir compromisos de gasto de carácter plurianual de conformidad con lo establecido en el artículo 40 del Texto Refundido de la Ley General de la Hacienda Pública de la Junta de Andalucía y su normativa de desarrollo. En este último caso, además deberá indicarse su distribución por anualidades.

c) El régimen de control de las subvenciones, mediante la fiscalización previa o mediante control financiero, según corresponda.

d) Excepcionalmente, la convocatoria de subvenciones en concurrencia competitiva podrá fijar, además de la cuantía total máxima dentro de los créditos disponibles, una cuantía adicional cuya aplicación a la concesión de subvenciones no requerirá de una nueva convocatoria. La fijación y utilización de esta dotación presupuestaria adicional estarán sometidas a las siguientes reglas:

1.ª Sólo resultará admisible la fijación de esta cuantía adicional cuando la dotación necesaria de los créditos a los que resulta imputable no figure en el Presupuesto en el momento de la convocatoria, pero se prevea obtener en cualquier momento anterior a la resolución de concesión por depender de un aumento de los créditos derivados de una generación, una ampliación o una incorporación de crédito.

2.ª La convocatoria deberá hacer constar expresamente que la efectividad de la cuantía adicional queda condicionada a la declaración de disponibilidad del crédito, previa aprobación de la modificación presupuestaria que proceda en un momento anterior, en cualquier caso, a la resolución de concesión de la subvención.

3.ª La declaración de créditos disponibles, que deberá efectuarse por quien efectuó la convocatoria, deberá publicarse en los mismos medios que ésta, sin que tal publicidad implique la apertura de un plazo para presentar nuevas solicitudes, ni el inicio de un nuevo cómputo de plazo para adoptar y notificar la resolución.

e) La convocatoria podrá también prever que eventuales aumentos sobrevenidos en el crédito disponible posibiliten una resolución complementaria de la concesión de la subvención que incluya solicitudes que, aun cumpliendo todos los requisitos, no hayan sido beneficiarias por agotamiento del mismo.

En el supuesto de que en la subvención de que se trate se exija un importe o porcentaje de financiación propia de la persona beneficiaria para cubrir la actividad subvencionada, se deberá indicar expresamente en las bases reguladoras, de conformidad con lo establecido en el artículo 19.1 de la Ley 38/2003, de 17 de noviembre. En su caso, las bases reguladoras especificarán la participación en la financiación de la subvención de la Unión Europea y el fondo europeo que corresponda, así como la participación de la Administración General del Estado.

Las bases reguladoras determinarán el régimen de compatibilidad o incompatibilidad para la percepción de otras subvenciones, ayudas, ingresos o recursos para la misma finalidad, procedentes de cualesquiera Administraciones o entes públicos o privados, nacionales, de la Unión Europea o de organismos internacionales, de conformidad con el artículo 19.2 de la Ley 38/2003, de 17 de noviembre y demás normativa de aplicación.

Las bases reguladoras de la concesión de subvenciones serán aprobadas mediante Orden de la persona titular de la correspondiente Consejería o, en su caso, mediante Decreto del Consejo de Gobierno, y publicadas en el Boletín Oficial de la Junta de Andalucía.

De conformidad con lo dispuesto en el artículo 6 de la Ley 38/2003, de 17 de noviembre, las subvenciones financiadas con cargo a los fondos de la Unión Europea se regirán por las normas comunitarias aplicables y por las normas nacionales de desarrollo o transposición de aquéllas, siendo de aplicación supletoria las disposiciones que sobre procedimientos de concesión y control rijan para la Administración de la Junta de Andalucía.

Las subvenciones y transferencias por operaciones de capital financiadas con fondos comunitarios a favor de agencias públicas empresariales, agencias de régimen especial y sociedades mercantiles del sector público andaluz y otros entes públicos o privados, destinadas a la ejecución de acciones cuyos gastos elegibles han de ser certificados por los citados entes receptores, se adecuarán, en su régimen de pagos, al previsto en cada caso para el pago de las ayudas financiadas por la Unión Europea.

De conformidad con lo previsto en el artículo 8.3 de la Ley 38/2003, de 17 de noviembre, las subvenciones se otorgarán y se gestionarán con arreglo a los principios de publicidad, transparencia, concurrencia, objetividad, igualdad y no discriminación; eficacia en el cumplimiento de los objetivos fijados por la Administración otorgante y eficiencia en la asignación y utilización de los fondos públicos.

Se respetarán, en todo caso, las normas que les afecten del Derecho de la Unión Europea, reguladoras de la supresión de barreras comerciales entre los Estados.

En el procedimiento de elaboración de las bases reguladoras de la concesión si las bases reguladoras contemplan la financiación de las subvenciones con fondos provenientes de la Unión Europea, deberá solicitarse informe a la Dirección General competente en dichos fondos sobre la subvencionalidad de los gastos establecidos para los mismos, sobre la coherencia de las políticas horizontales de la Unión Europea y sobre el cumplimiento de la normativa comunitaria de gestión y verificación.

En los supuestos de subvenciones financiadas con fondos comunitarios, las personas o entidades beneficiarias deberán cumplir con las disposiciones que sobre información y publicidad se dicten por la Unión Europea.

ABONO Y JUSTIFICACIÓN: CONTROL DE SU APLICACIÓN.

El órgano que, a tenor del artículo 115 de la presente Ley, sea titular de la competencia para la concesión de subvenciones, así como el competente para proponer el pago, podrán, mediante resolución motivada, exceptuar la limitación contenida en este apartado cuando concurran circunstancias de especial interés social, sin que en ningún caso pueda delegarse esta competencia.

La norma reguladora de cada subvención podrá establecer, de manera justificada, la obligación de acreditar, antes de proponerse el pago, que las personas o entidades beneficiarias se hallan al corriente en el cumplimiento de sus obligaciones tributarias y frente a la Seguridad Social, así como que no son deudoras de la Junta de Andalucía por cualquier otro ingreso de derecho público.

Las órdenes de pago cuyos documentos no puedan acompañarse en el momento de su expedición, tendrán el carácter de "a justificar". Los perceptores de estar órdenes de pago quedarán obligados a justificar la aplicación de las cantidades recibidas en el plazo de tres meses (excepcionalmente doce meses). En el mes siguiente a la fecha de aportación de los documentos justificativos se llevará a cabo la aprobación o reparo de la cuenta por la autoridad competente.

Es obligación del beneficiario y de la entidad colaboradora, en su caso, la justificación de la realización de la actividad o la adopción del comportamiento, así como el cumplimiento de los requisitos y condiciones que determinen la concesión o disfrute de la concesión y justificar la aplicación de los fondos recibidos ante la entidad concedente y entregar la justificación presentada por los beneficiarios (segundo caso).

La intervención de la aplicación de subvenciones consistirá en comprobar que los importes de las mismas han sido invertidos en las finalidades por las cuales se hubieran concedido.

Las personas físicas o jurídicas de carácter privado deben justificar documentalmente que ha sido ejecutada la obra, realizado el servicio o cumplida la finalidad que haya motivado la concesión, además deberán aportar certificado que el importe de la subvención ha quedado registrado en su contabilidad, con expresión del asiento practicado.

Los interventores delegados y provinciales, en su caso, llevarán un registro de subvenciones concedidas y satisfechas sujetas a justificación posterior y, pasado el plazo de justificación sin que lo hayan sido, procederán a ponerlo en conocimiento del órgano concedente para que se inicie el expediente de reintegro.

Las bases reguladoras deberán contener el plazo y forma de justificación por parte de la persona beneficiaria o de la entidad colaboradora, en su caso, del cumplimiento de la finalidad para la que se concedió la subvención y de la aplicación de fondos percibidos bien mediante cuenta justificativa, por módulos o presentación de estados contables en los términos establecidos en el artículo 30 de la Ley 38/2003, de 17 de noviembre, y en el Capítulo II del Título II del Reglamento de dicha Ley, aprobado por el Real Decreto 887/2006, de 21 de julio. Las subvenciones a las corporaciones locales se justificarán mediante un certificado de la intervención de la entidad correspondiente, acreditativo del empleo de las cantidades a la finalidad para las que fueron concedidas.

Asimismo, las citadas bases indicarán que la justificación deberá comprender el gasto total de la actividad subvencionada aunque la cuantía de la subvención sea inferior, de acuerdo con lo dispuesto en el artículo 19.4.

En las subvenciones cuya justificación se efectúe con posterioridad al cobro de la misma, no se podrá abonar al beneficiario un importe superior al 75% de la subvención, sin que se justifiquen previamente los pagos anteriores, excepto en los supuestos en que el importe de aquéllas sea igual o inferior a 6.000 euros.

Como excepción a la regla general de abono de las subvenciones cuya justificación se efectúe con posterioridad al cobro de las mismas, podrá abonarse hasta el cien por cien del importe de las siguientes subvenciones:

a) Las concedidas a entidades sin ánimo de lucro que desarrollen programas relacionados con el Plan Andaluz sobre Drogas y Adicciones, Plan Andaluz para la Inclusión Social, Minorías Étnicas, Inmigrantes, Grupos con Graves Problemas Sociales, Atención al Menor, Personas con Discapacidad,

Primera Infancia, Mayores, Emigrantes Andaluces Retornados, Comunidades Andaluzas, Emigrantes Temporeros Andaluces, el Voluntariado a cargo del programa presupuestario 3.1.H, proyectos para la erradicación de la Violencia de Género y la trata de mujeres y personas menores con fines de explotación sexual, Programas de Cooperación al Desarrollo, Acciones para la Igualdad y la Promoción de las Mujeres, Fondo de Emergencias, programas de interés general con cargo a la asignación tributaria del 0,7% del Impuesto sobre la Renta de las Personas Físicas y las subvenciones a las primas por la contratación de seguros agrarios reguladas en el Decreto 63/1995, de 14 de marzo.

b) Las concedidas a las Corporaciones Locales dentro del Plan de Cooperación Municipal.

c) Aquellas que determine el Consejo de Gobierno, a propuesta de la persona titular del órgano concedente, cuando existan razones de interés público, social, económico o humanitario.

Durante el ejercicio presupuestario de 2021, en orden al cumplimiento de la normativa reguladora y de los objetivos de estabilidad presupuestaria y sostenibilidad financiera, se autoriza a los órganos competentes para conceder subvenciones o ayudas para, con cumplimiento de la normativa reguladora de las subvenciones, dejar sin efecto las convocatorias que no hayan sido objeto de resolución de concesión, así como para suspender o no realizar las convocatorias futuras.

Del mismo modo, y con el mismo fin de interés general, los órganos competentes para conceder subvenciones o ayudas podrán modificar las bases reguladoras vigentes para prever, como causa de modificación de las resoluciones de concesión, las decisiones dirigidas al cumplimiento de los objetivos de estabilidad presupuestaria y sostenibilidad financiera. La modificación, por estos motivos, de las subvenciones concedidas en el momento de la entrada en vigor de esta Ley, si no estuvieran previstos en las bases o convocatorias que resultasen en su caso de aplicación, o en caso de subvenciones nominativas o excepcionales sin previsión expresa en el mismo sentido, requerirá la previa solicitud o la conformidad de sus beneficiarios.

Las subvenciones previstas en el apartado 1 podrán quedar exoneradas de la obligación de acreditar el cumplimiento de las obligaciones contempladas en el artículo 116.2 del texto refundido de la Ley General de la Hacienda Pública de la Junta de Andalucía, cuando así lo establezca su normativa reguladora.

La norma reguladora de cada subvención podrá establecer, de forma justificada, la obligación de acreditar, antes de proponerse el pago, que los beneficiarios se hallan al corriente en el cumplimiento de sus obligaciones tributarias y frente a la Seguridad Social, así como que no son deudores de la Comunidad Autónoma por cualquier otro ingreso de Derecho Público.

La Base de Datos Nacional de Subvenciones operará como sistema nacional de publicidad de subvenciones.

A tales efectos, las administraciones concedentes deberán remitir a la Base de Datos Nacional de Subvenciones información sobre las convocatorias y las resoluciones de concesión recaídas en los términos establecidos en el artículo 20.

Los beneficiarios deberán dar publicidad de las subvenciones y ayudas percibidas en los términos y condiciones establecidos en la Ley 19/2013, de 9 de diciembre, de transparencia, acceso a la información pública y buen gobierno. En el caso de que se haga uso de la previsión contenida en el artículo 5.4 de la citada Ley, la Base de Datos Nacional de Subvenciones servirá de medio electrónico para el cumplimiento de las obligaciones de publicidad.

Los beneficiarios deberán dar la adecuada publicidad del carácter público de la financiación de programas, actividades, inversiones o actuaciones de cualquier tipo que sean objeto de subvención, en los términos reglamentariamente establecidos.

En el decreto 282/2010 se establece que las bases reguladoras deberán contener el plazo y forma de justificación por parte de la persona beneficiaria o de la entidad colaboradora, en su caso, del cumplimiento de la finalidad para la que se concedió la subvención y de la aplicación de fondos percibidos bien mediante cuenta justificativa, por módulos o presentación de estados contables en los términos establecidos en el artículo 30 de la Ley 38/2003, de 17 de noviembre, y en el Capítulo II del Título II del Reglamento de dicha Ley, aprobado por el Real Decreto 887/2006, de 21 de julio. Las subvenciones a las corporaciones locales se justificarán mediante un certificado de la intervención de la entidad correspondiente, acreditativo del empleo de las cantidades a la finalidad para las que fueron concedidas.

Asimismo, las citadas bases indicarán que la justificación deberá comprender el gasto total de la actividad subvencionada aunque la cuantía de la subvención sea inferior, de acuerdo con lo dispuesto en el artículo 19.4.

El **control financiero de subvenciones** se ejercerá respecto de beneficiarios y, en su caso, entidades colaboradoras por razón de las subvenciones de la Administración General del Estado y organismos y entidades vinculados o dependientes de aquélla, otorgadas con cargo a los Presupuestos Generales del Estado o a los fondos de la Unión Europea.

El control financiero de subvenciones tendrá como objeto verificar:

a) La adecuada y correcta obtención de la subvención por parte del beneficiario.

b) El cumplimiento por parte de beneficiarios y entidades colaboradoras de sus obligaciones en la gestión y aplicación de la subvención.

c) La adecuada y correcta justificación de la subvención por parte de beneficiarios y entidades colaboradoras.

d) La realidad y la regularidad de las operaciones que, de acuerdo con la justificación presentada por beneficiarios y entidades colaboradoras, han sido financiadas con la subvención.

e) La adecuada y correcta financiación de las actividades subvencionadas, en los términos establecidos en el apartado 3 del artículo 19 de este ley.

f) La existencia de hechos, circunstancias o situaciones no declaradas a la Administración por beneficiarios y entidades colaboradoras y que pudieran afectar a la financiación de las actividades subvencionadas, a la adecuada y correcta obtención, utilización, disfrute o justificación de la subvención, así como a la realidad y regularidad de las operaciones con ella financiadas.

La competencia para el ejercicio del control financiero de subvenciones corresponderá a la Intervención General de la Administración del Estado, sin perjuicio de las funciones que la Constitución y las leyes atribuyan al Tribunal de Cuentas y de lo dispuesto en el artículo 6 de esta ley.

El control financiero de subvenciones podrá consistir en:

a) El examen de registros contables, cuentas o estados financieros y la documentación que los soporte, de beneficiarios y entidades colaboradoras.

b) El examen de operaciones individualizadas y concretas relacionadas o que pudieran afectar a las subvenciones concedidas.

c) La comprobación de aspectos parciales y concretos de una serie de actos relacionados o que pudieran afectar a las subvenciones concedidas.

d) La comprobación material de las inversiones financiadas.

e) Las actuaciones concretas de control que deban realizarse conforme con lo que en cada caso establezca la normativa reguladora de la subvención y, en su caso, la resolución de concesión.

f) Cualesquiera otras comprobaciones que resulten necesarias en atención a las características especiales de las actividades subvencionadas.

El control financiero podrá extenderse a las personas físicas o jurídicas a las que se encuentren asociados los beneficiarios, así como a cualquier otra persona susceptible de presentar un interés en la consecución de los objetivos, en la realización de las actividades, en la ejecución de los proyectos o en la adopción de los comportamientos.

Los Interventores propondrán, conforme a los criterios establecidos por la Intervención General, una muestra de las subvenciones completamente pagadas y justificadas en los doce meses anteriores al trimestre en que realiza la muestra. Asimismo se propondrá las subvenciones cuyo plazo de justificación hubiese vencido.

La Intervención General, a propuesta de la Intervención Delegada para el Control de Subvenciones, confeccionará la muestra de subvenciones que va a ser objeto de control, y designará las que le corresponden a cada Interventor.

El objetivo que se persigue es conseguir evidencia de la adecuada obtención, destino y disfrute de la subvención por los beneficiarios y, en su caso, formular recomendaciones para la mejora de la gestión de las subvenciones.

De cada subvención aprobada para su control, los Interventores proponentes facilitarán a las Intervenciones actuantes, antes del 15 de febrero del año en que se ejecute el Plan de Control, una copia de la documentación que forme cada expediente de control.

La documentación deberá consistir básicamente en la siguiente:

· Fotocopia de la normativa reguladora.
· Solicitud de la subvención.
· Documentación presentada junto con la solicitud.
· Resolución y/o convenio de concesión, y sus modificaciones.
· Documentos contables.
· Documentación que justifique los gastos y pagos efectuados.

Coordinación, en su caso, con el facultativo asesor, de las actuaciones a llevar a cabo, relativas a la subvención, tales como la necesidad de realizar una inspección física, fecha prevista para realizar el trabajo, ... etc.

Remisión al beneficiario de un documento, de acuerdo con el modelo establecido por la Intervención General, comunicando la realización del control y solicitando la preparación, para su revisión, de la siguiente documentación:

· Certificación acreditativa de haber quedado registrado en la contabilidad del beneficiario el importe de la subvención, con expresión del asiento contable practicado y del ingreso de la subvención en la cuenta bancaria del beneficiario.

· Documentación justificativa de la ejecución de la obra, adquisición del bien, prestación del servicio o cumplimiento de la finalidad objeto de la concesión.

· Estados financieros de las entidades beneficiarias, a una fecha anterior y a una fecha posterior a la obtención de la subvención y ejecución de las actuaciones.

Concertación de las visitas en la que conste, entre otros datos, fecha y hora previstas para la realización del control. El personal dependiente de la Intervención que colabore en la comprobación deberá aportar credencial personal expedida y firmada por el Interventor General.

El Interventor actuante, una vez efectuada la visita de comprobación, deberá emitir informe escrito sobre los hechos manifestados en el control y de las conclusiones que se deriven de aquellos. El informe provisional se remitirá por el Interventor actuante a la entidad colaboradora o beneficiario de la subvención, concediendo un plazo de quince días para la emisión de las alegaciones que consideren oportunas. El Interventor actuante sobre la base del informe provisional y una vez analizadas las alegaciones recibidas emitirá informe definitivo.

REINTEGRO.

Procederá el reintegro de las cantidades percibidas y la exigencia del interés de demora desde el momento del pago de la subvención hasta la fecha en que se acuerde la procedencia del reintegro, en los casos previstos en el artículo 37 de la Ley 38/2003, de 17 de noviembre.

Asimismo, procederá el reintegro en el supuesto de incumplimiento de las normas medioambientales al realizar el objeto de la subvención. En este supuesto, la tramitación del expediente de reintegro exigirá previamente que haya recaído resolución administrativa o judicial firme, en la que quede acreditado el incumplimiento por parte del beneficiario de las medidas en materia de protección del medio ambiente a las que viniere obligado.

Las cantidades a reintegrar tendrán la consideración de ingresos de derecho público, resultando de aplicación para su cobro lo previsto en el artículo 22 de la presente Ley.

El interés de demora aplicable en materia de subvenciones será el interés legal del dinero incrementado en un 25 por 100, salvo que la Ley de Presupuestos Generales del Estado o la normativa comunitaria aplicable establezcan otro diferente. En cuanto a la prescripción, regirá lo dispuesto en el artículo 39 de la Ley 38/2003, de 17 de noviembre, y lo previsto en el párrafo siguiente, sin perjuicio de lo establecido en la normativa comunitaria.(4 años como norma general).

En los supuestos de subvenciones de justificación previa, el plazo de prescripción se computará desde la fecha en la que se materialice el pago de la subvención.

El plazo máximo para resolver y notificar la resolución del procedimiento de reintegro será de doce meses desde la fecha del acuerdo de iniciación.

Serán responsables subsidiariamente de la obligación de reintegro los administradores y administradoras de las personas jurídicas que no realizasen los actos necesarios que fueren de su incumbencia para el cumplimiento de las obligaciones infringidas, adoptasen acuerdos que hicieran posibles los incumplimientos o consintieren el de quienes de ellos dependan. Asimismo, los administradores y administradoras de las mismas serán responsables subsidiariamente, en todo caso, de las obligaciones de reintegro pendientes de las personas jurídicas que hayan cesado en sus actividades.

En el caso de sociedades o entidades disueltas y liquidadas, sus obligaciones de reintegro pendientes se transmitirán a los socios o partícipes en el capital, que responderán de ellas solidariamente y hasta el límite del valor de la cuota de liquidación que se les hubiere adjudicado. Asimismo, serán de aplicación los supuestos de responsabilidad en la obligación de reintegro previstos en los apartados 2 y 5 del artículo 40 de la Ley 38/2003, de 17 de noviembre.

Será competente para resolver el reintegro el órgano o entidad concedente de la subvención.

La resolución de reintegro será notificada por la Agencia Tributaria de Andalucía a la persona interesada, con indicación de la forma y plazo en que deba efectuarse el pago.

Corresponderá a la Agencia Tributaria de Andalucía la gestión recaudatoria del reintegro frente a los obligados al mismo. Igualmente le corresponderá la resolución, o inadmisión en su caso, de las solicitudes de compensación, así como de las solicitudes de aplazamiento y fraccionamiento a que se refiere el artículo 124 ter.

La derivación de responsabilidad a que se refiere el artículo 40.2 de la Ley 38/2003, de 17 de noviembre, cuando se realice en período voluntario de pago, corresponderá al órgano competente para acordar el reintegro.

La resolución de los recursos contra las resoluciones de reintegro corresponderá al órgano que la tuviera atribuida conforme a las normas de organización específica de la Consejería o entidad concedente, correspondiendo la notificación a la Agencia Tributaria de Andalucía.

Los recursos contra las resoluciones de reintegro que hayan sido notificadas por la Agencia Tributaria de Andalucía se dirigirán a esta, que los remitirá en el plazo de diez días al órgano que, en cada caso, hubiera acordado el reintegro.

No obstante lo anterior, en el caso de subvenciones gestionadas por el Organismo Pagador de Andalucía de los Fondos Europeos Agrarios, corresponderán al mismo:

a) La notificación de las resoluciones de reintegros y de los recursos contra dichas resoluciones.

b) La resolución o inadmisión de solicitudes de compensación en las que el crédito y la deuda deriven de procedimientos cuya competencia corresponda al organismo pagador.

c) La resolución o inadmisión de solicitudes de aplazamiento o fraccionamiento en período voluntario de pago de reintegros de subvenciones acordadas por el organismo pagador.

Cuando los hechos y circunstancias que motiven el reintegro se conozcan como consecuencia de actuaciones de control de la Intervención General de la Junta de Andalucía, ésta dará traslado al órgano o entidad concedente de la subvención de que se trate, de las actas e informes de comprobación en que se plasmen los resultados de los controles realizados, para la instrucción y resolución del procedimiento de reintegro.

El régimen sancionador en materia de subvenciones aplicable en el ámbito de la Junta de Andalucía será el previsto en el Título IV de la Ley 38/2003, de 17 de noviembre, siendo competentes para acordar e imponer las sanciones las personas titulares de las respectivas Consejerías. Los administradores o administradoras de las personas jurídicas serán responsables subsidiariamente de la sanción en los mismos casos previstos en el artículo 126 de la presente Ley.

Serán subsidiariamente responsables de la obligación de reintegro los administradores de las personas jurídicas que no realizasen los actos necesarios que fueren de su incumbencia para el cumplimiento de las obligaciones infringidas, adoptasen acuerdos que hicieran posible los incumplimientos o consintiesen el de quienes de ellos dependan.

Así mismo, los administradores de las mismas serán responsables subsidiariamente, en todo caso, de las obligaciones de reintegro pendientes de las personas jurídicas que hayan cesado en sus actividades.

Será competente para acordar el reintegro de las cantidades percibidas por el beneficiario el órgano o entidad concedente de la subvención o ayuda.

El acuerdo de reintegro será notificado al interesado con indicación de la forma y plazo en que deba efectuarse. Transcurrido el plazo de ingreso voluntario sin que se materialice el reintegro, el órgano o entidad concedente de la subvención dará traslado del expediente a la Consejería competente en materia de Hacienda para que se inicie el procedimiento de apremio.

Cuando los hechos y circunstancias que motiven el reintegro se conozcan como consecuencia de actuaciones de control de la Intervención General de la Junta de Andalucía, ésta dará traslado al órgano o entidad concedente de la subvención de que se trate, de las actas e informes de comprobación en que se plasmen los resultados de los controles realizados, para la instrucción y resolución del expediente de reintegro.

El órgano competente para el otorgamiento de la subvención lo es también para la tramitación y resolución, en su caso, del correspondiente expediente de reintegro, de acuerdo con las siguientes reglas:

El procedimiento se inicia de oficio por acuerdo del órgano competente, debiendo reconocer, en todo caso, a las personas interesadas el derecho a efectuar alegaciones, proponer medios de prueba y el preceptivo trámite de audiencia previo a la propuesta de resolución.

El plazo para resolver y notificar la resolución es de doce meses, a contar desde la fecha del acuerdo de iniciación. El vencimiento del plazo máximo establecido sin que se haya dictado y notificado resolución expresa producirá la caducidad del procedimiento.

Si como consecuencia de reorganizaciones administrativas se modifica la denominación del órgano o entidad concedente, o la competencia para la concesión de las subvenciones o ayudas de la línea o programa se atribuye a otro órgano, la competencia para acordar la resolución y el reintegro corresponderá al órgano o entidad que sea titular del programa o línea de subvenciones en el momento de adoptarse el acuerdo de reintegro.

La resolución de reintegro será notificada al interesado indicándole lugar, forma y plazo para realizar el ingreso advirtiéndole que, en el caso de no efectuar el reintegro en plazo, se aplicará procedimiento de recaudación en vía de apremio o, en los casos que sea pertinente, de compensación.

Transcurrido el plazo de ingreso voluntario sin que se materialice el reintegro, el órgano concedente de la subvención dará traslado al expediente a la Consejería competente en materia de Hacienda para que inicie el procedimiento de apremio.

Los administradores de las personas jurídicas serán responsables subsidiarios de la obligación de reintegro. Asimismo, en el caso de sociedades o entidades disueltas o liquidadas, sus obligaciones de reintegro se transmitirán a los socios o partícipes en el capital, que responderán de ellas solidariamente en los términos previstos en el decreto legislativo 1/2010 del texto refundido de la ley de hacienda pública de la comunidad autónoma de Andalucía.

El interés de demora aplicable en materia de subvenciones será el interés legal del dinero incrementado un 25%, salvo que la ley de presupuestos generales del Estado establezca otro diferente. El plazo máximo para resolver y notificar la resolución del procedimiento no podrá exceder de seis meses, salvo que una norma con rango de ley establezca un plazo mayor o así venga previsto en la normativa de la Unión Europea. El plazo se computará a partir de la publicación de la correspondiente convocatoria, salvo que la misma posponga sus efectos a una fecha posterior. En cuanto a la prescripción, se estará a lo establecido en la ley 38/2003 general de subvenciones (art. 39).

TEMA 22

GESTIÓN DE EXPEDIENTES DE CONTRATACIÓN: PREPARACIÓN, ADJUDICACIÓN, MODIFICACIÓN Y EXTINCIÓN. LOS GASTOS CONTRACTUALES. LOS REAJUSTES DE ANUALIDADES Y LAS TRAMITACIONES DE EMERGENCIA.

GESTIÓN DE EXPEDIENTES DE CONTRATACIÓN: PREPARACIÓN, ADJUDICACIÓN, MODIFICACIÓN Y EXTINCIÓN.

La celebración de contratos por parte de las Administraciones Públicas requerirá la previa tramitación del correspondiente expediente, que se iniciará por el órgano de contratación motivando la necesidad del contrato en los términos previstos en el artículo 28 de esta Ley y que deberá ser publicado en el perfil de contratante.

El expediente deberá referirse a la totalidad del objeto del contrato, sin perjuicio de lo previsto en el apartado 7 del artículo 99 para los contratos adjudicados por lotes.

Al expediente se incorporarán el pliego de cláusulas administrativas particulares y el de prescripciones técnicas que hayan de regir el contrato. En el caso de que el procedimiento elegido para adjudicar el contrato sea el de diálogo competitivo regulado en la subsección 5.ª, de la Sección 2.ª, del Capítulo I, del Título I, del Libro II, los pliegos de cláusulas administrativas y de prescripciones técnicas serán sustituidos por el documento descriptivo a que hace referencia el apartado 1 del artículo 174. En el caso de procedimientos para adjudicar los contratos basados en acuerdos marco invitando a una nueva licitación a las empresas parte del mismo, regulados en el artículo 221.4, los pliegos de cláusulas administrativas y de prescripciones técnicas serán sustituidos por el documento de licitación a que hace referencia el artículo 221.5 último párrafo.

Asimismo, deberá incorporarse el certificado de existencia de crédito o, en el caso de entidades del sector público estatal con presupuesto estimativo, documento equivalente que acredite la existencia de financiación, y la fiscalización previa de la intervención, en su caso, en los términos previstos en la Ley 47/2003, de 26 de noviembre, General Presupuestaria.

En el expediente se justificará adecuadamente:

a) La elección del procedimiento de licitación.

b) La clasificación que se exija a los participantes.

c) Los criterios de solvencia técnica o profesional, y económica y financiera, y los criterios que se tendrán en consideración para adjudicar el contrato, así como las condiciones especiales de ejecución del mismo.

d) El valor estimado del contrato con una indicación de todos los conceptos que lo integran, incluyendo siempre los costes laborales si existiesen.

e) La necesidad de la Administración a la que se pretende dar satisfacción mediante la contratación de las prestaciones correspondientes; y su relación con el objeto del contrato, que deberá ser directa, clara y proporcional.

f) En los contratos de servicios, el informe de insuficiencia de medios.

g) La decisión de no dividir en lotes el objeto del contrato, en su caso.

Si la financiación del contrato ha de realizarse con aportaciones de distinta procedencia, aunque se trate de órganos de una misma Administración pública, se tramitará un solo expediente por el órgano de contratación al que corresponda la adjudicación del contrato, debiendo acreditarse en aquel la plena disponibilidad de todas las aportaciones y determinarse el orden de su abono, con inclusión de una garantía para su efectividad.

Completado el expediente de contratación, se dictará resolución motivada por el órgano de contratación aprobando el mismo y disponiendo la apertura del procedimiento de adjudicación. Dicha resolución implicará también la aprobación del gasto, salvo en el supuesto excepcional de que el presupuesto no hubiera podido ser establecido previamente, o que las normas de desconcentración o el acto de delegación hubiesen establecido lo contrario, en cuyo caso deberá recabarse la aprobación del órgano competente. Esta resolución deberá ser objeto de publicación en el perfil de contratante.

Los expedientes de contratación podrán ultimarse incluso con la adjudicación y formalización del correspondiente contrato, aun cuando su ejecución, ya se realice en una o en varias anualidades, deba iniciarse en el ejercicio siguiente. A estos efectos podrán comprometerse créditos con las limitaciones que se determinen en las normas presupuestarias de las distintas Administraciones Públicas sujetas a esta Ley.

Se consideran **contratos menores** los contratos de valor estimado inferior a 40.000 euros, cuando se trate de contratos de obras, o a 15.000 euros, cuando se trate de contratos de suministro o de servicios, sin perjuicio de lo dispuesto en el artículo 229 en relación con las obras, servicios y suministros centralizados en el ámbito estatal.

En los contratos menores la tramitación del expediente exigirá el informe del órgano de contratación motivando la necesidad del contrato. Asimismo se requerirá la aprobación del gasto y la incorporación al mismo de la factura correspondiente, que deberá reunir los requisitos que las normas de desarrollo de esta Ley establezcan.

En el contrato menor de obras, deberá añadirse, además, el presupuesto de las obras, sin perjuicio de que deba existir el correspondiente proyecto cuando normas específicas así lo requieran. Deberá igualmente solicitarse el informe de las oficinas o unidades de supervisión a que se refiere el artículo 235 cuando el trabajo afecte a la estabilidad, seguridad o estanqueidad de la obra.

En el expediente se justificará que no se está alterando el objeto del contrato para evitar la aplicación de las reglas generales de contratación, y que el contratista no ha suscrito más contratos menores que individual o conjuntamente superen la cifra que consta en el apartado primero de este artículo. El órgano de contratación comprobará el cumplimiento de dicha regla. Quedan excluidos los supuestos encuadrados en el artículo 168.a).2.º

Los contratos menores se publicarán en la forma prevista en el artículo 63.4.

Podrán ser objeto de **tramitación urgente** los expedientes correspondientes a los contratos cuya celebración responda a una necesidad inaplazable o cuya adjudicación sea preciso acelerar por razones de interés público. A tales efectos el expediente deberá contener la declaración de urgencia hecha por el órgano de contratación, debidamente motivada.

Los expedientes calificados de urgentes se tramitarán siguiendo el mismo procedimiento que los ordinarios, con las siguientes especialidades:

a) Los expedientes gozarán de preferencia para su despacho por los distintos órganos que intervengan en la tramitación, que dispondrán de un plazo de cinco días para emitir los respectivos informes o cumplimentar los trámites correspondientes.

Cuando la complejidad del expediente o cualquier otra causa igualmente justificada impida cumplir el plazo antes indicado, los órganos que deban evacuar el trámite lo pondrán en conocimiento del órgano de contratación que hubiese declarado la urgencia. En tal caso el plazo quedará prorrogado hasta diez días.

b) Acordada la apertura del procedimiento de adjudicación, los plazos establecidos en esta Ley para la licitación, adjudicación y formalización del contrato se reducirán a la mitad, salvo los siguientes:

1.º El plazo de quince días hábiles establecido en el apartado 3 del artículo 153, como período de espera antes de la formalización del contrato.

2.º El plazo de presentación de proposiciones en el procedimiento abierto en los contratos de obras, suministros y servicios sujetos a regulación armonizada, que se podrá reducir de conformidad con lo indicado en la letra b) del apartado 3) del artículo 156.

3.º Los plazos de presentación de solicitudes y de proposiciones en los procedimientos restringido y de licitación con negociación en los contratos de obras, suministros y servicios sujetos a regulación armonizada, que se podrán reducir según lo establecido en el segundo párrafo del apartado 1 del artículo 161 y en la letra b) del apartado 1 del artículo 164, según el caso.

4.º Los plazos de presentación de solicitudes en los procedimientos de diálogo competitivo y de asociación para la innovación en contratos de obras, suministros y servicios sujetos a regulación armonizada, no serán susceptibles de reducirse.

5.º El plazo de 6 días a más tardar antes de que finalice el plazo fijado para la presentación de ofertas, para que los servicios dependientes del órgano de contratación faciliten al candidato o licitador la información adicional solicitada, será de 4 días a más tardar antes de que finalice el citado plazo en los contratos de obras, suministros y servicios sujetos a regulación armonizada siempre que se adjudiquen por procedimientos abierto y restringido.

La reducción anterior no se aplicará a los citados contratos cuando el procedimiento de adjudicación sea uno distinto del abierto o del restringido.

6.º Los plazos establecidos en el artículo 159 respecto a la tramitación del procedimiento abierto simplificado, de conformidad con lo señalado en el apartado 5 de dicho artículo.

Las reducciones de plazo establecidas en los puntos 2.º, 3.º y 5.º anteriores no se aplicarán en la adjudicación de los contratos de concesiones de obras y concesiones de servicios sujetos a regulación armonizada cualquiera que sea el procedimiento de adjudicación utilizado, no siendo los plazos a que se refieren dichos puntos, en estos contratos, susceptibles de reducción alguna.

c) El plazo de inicio de la ejecución del contrato no podrá exceder de un mes, contado desde la formalización.

Tramitación de emergencia. Cuando la Administración tenga que actuar de manera inmediata a causa de acontecimientos catastróficos, de situaciones que supongan grave peligro o de necesidades que afecten a la defensa nacional, se estará al siguiente régimen excepcional:

a) El órgano de contratación, sin obligación de tramitar expediente de contratación, podrá ordenar la ejecución de lo necesario para remediar el acontecimiento producido o satisfacer la necesidad sobrevenida, o contratar libremente su objeto, en todo o en parte, sin sujetarse a los requisitos formales establecidos en la presente Ley, incluso el de la existencia de crédito suficiente. En caso de que no exista crédito adecuado y suficiente, una vez adoptado el acuerdo, se procederá a su dotación de conformidad con lo establecido en la Ley General Presupuestaria.

b) Si el contrato ha sido celebrado por la Administración General del Estado, sus Organismos Autónomos, Entidades Gestoras y Servicios Comunes de la Seguridad Social o demás entidades públicas estatales, se dará cuenta de dichos acuerdos al Consejo de Ministros en el plazo máximo de treinta días.

c) El plazo de inicio de la ejecución de las prestaciones no podrá ser superior a un mes, contado desde la adopción del acuerdo previsto en la letra a). Si se excediese este plazo, la contratación de dichas prestaciones requerirá la tramitación de un procedimiento ordinario.

d) Ejecutadas las actuaciones objeto de este régimen excepcional, se observará lo dispuesto en esta Ley sobre cumplimiento de los contratos, recepción y liquidación de la prestación.

En el supuesto de que el libramiento de los fondos necesarios se hubiera realizado a justificar, transcurrido el plazo establecido en la letra c) anterior, se rendirá la cuenta justificativa del mismo, con reintegro de los fondos no invertidos.

Las restantes prestaciones que sean necesarias para completar la actuación acometida por la Administración y que no tengan carácter de emergencia se contratarán con arreglo a la tramitación ordinaria regulada en esta Ley.

Las Comunidades Autónomas y las entidades que integran la Administración Local podrán aprobar **pliegos de cláusulas administrativas generales**, de acuerdo con sus normas específicas, previo dictamen del Consejo de Estado u órgano consultivo equivalente de la Comunidad Autónoma respectiva, si lo hubiera.

Los **pliegos de cláusulas administrativas particulares** deberán aprobarse previamente a la autorización del gasto o conjuntamente con ella, y siempre antes de la licitación del contrato, o de no existir esta, antes de su adjudicación, y solo podrán ser modificados con posterioridad por error material, de hecho o aritmético. En otro caso, la modificación del pliego conllevará la retroacción de actuaciones.

En los pliegos de cláusulas administrativas particulares se incluirán los criterios de solvencia y adjudicación del contrato; las consideraciones sociales, laborales y ambientales que como criterios de solvencia, de adjudicación o como condiciones especiales de ejecución se establezcan; los pactos y condiciones definidores de los derechos y obligaciones de las partes del contrato; la previsión de cesión del contrato salvo en los casos en que la misma no sea posible de acuerdo con lo establecido en el segundo párrafo del artículo 214.1; la obligación del adjudicatario de cumplir las condiciones salariales de los trabajadores conforme al Convenio Colectivo sectorial de aplicación; y las demás menciones requeridas por esta Ley y sus normas de desarrollo. En el caso de contratos mixtos, se detallará el régimen jurídico aplicable a sus efectos, cumplimiento y extinción, atendiendo a las normas aplicables a las diferentes prestaciones fusionadas en ellos.

Los pliegos podrán también especificar si va a exigirse la transferencia de derechos de propiedad intelectual o industrial, sin perjuicio de lo establecido en el artículo 308 respecto de los contratos de servicios.

Los pliegos de cláusulas administrativas particulares podrán establecer penalidades, conforme a lo prevenido en el apartado 1 del artículo 192, para los casos de incumplimiento o de cumplimiento defectuoso de la prestación que afecten a características de la misma, en especial cuando se hayan tenido en cuenta para definir los criterios de adjudicación, o atribuir a la puntual observancia de estas características el carácter de obligación contractual esencial a los efectos señalados en la letra f) del apartado 1 del artículo 211. Asimismo, para los casos de incumplimiento de lo prevenido en los artículos 130 y 201.

Los contratos se ajustarán al contenido de los pliegos de cláusulas administrativas particulares, cuyas cláusulas se consideran parte integrante de los mismos.

La aprobación de los pliegos de cláusulas administrativas particulares corresponderá al órgano de contratación, que podrá, asimismo, aprobar modelos de pliegos particulares para determinadas categorías de contratos de naturaleza análoga.

El órgano de contratación aprobará con anterioridad a la autorización del gasto o conjuntamente con ella, y siempre antes de la licitación del contrato, o de no existir esta, antes de su adjudicación, los pliegos y documentos que contengan las prescripciones técnicas particulares que hayan de regir la realización de la prestación y definan sus calidades, sus condiciones sociales y ambientales, de conformidad con los requisitos que para cada contrato establece la presente Ley, y solo podrán ser modificados con posterioridad por error material, de hecho o aritmético. En otro caso, la modificación del pliego conllevará la retroacción de actuaciones.

Las prescripciones técnicas a que se refieren los artículos 123 y 124, proporcionarán a los empresarios acceso en condiciones de igualdad al procedimiento de contratación y no tendrán por efecto la creación de obstáculos injustificados a la apertura de la contratación pública a la competencia.

Las prescripciones técnicas podrán referirse al proceso o método específico de producción o prestación de las obras, los suministros o los servicios requeridos, o a un proceso específico de otra fase de su ciclo de vida, según la definición establecida en el artículo 148, incluso cuando dichos factores no formen parte de la sustancia material de las obras, suministros o servicios, siempre que estén vinculados al objeto del contrato y guarden proporción con el valor y los objetivos de este.

Para toda contratación que esté destinada a ser utilizada por personas físicas, ya sea el público en general o el personal de la Administración Pública contratante, las prescripciones técnicas se redactarán, salvo en casos debidamente justificados, de manera que se tengan en cuenta la Convención de las Naciones Unidas sobre los derechos de las personas con discapacidad, así como los criterios de accesibilidad universal y de diseño universal o diseño para todas las personas, tal y como son definidos estos términos en el texto refundido de la Ley General de derechos de las personas con discapacidad y de su inclusión social, aprobado mediante Real Decreto Legislativo 1/2013, de 29 de noviembre.

De no ser posible definir las prescripciones técnicas teniendo en cuenta criterios de accesibilidad universal y de diseño universal o diseño para todas las personas, deberá motivarse suficientemente esta circunstancia.

Sin perjuicio de lo anterior, siempre que existan requisitos de accesibilidad obligatorios adoptados por un acto jurídico de la Unión Europea, las especificaciones técnicas deberán ser definidas por referencia a esas normas en lo que respecta a los criterios de accesibilidad para las personas con discapacidad o el diseño para todos los usuarios.

Siempre que el objeto del contrato afecte o pueda afectar al medio ambiente, las prescripciones técnicas se definirán aplicando criterios de sostenibilidad y protección ambiental, de acuerdo con las definiciones y principios regulados en los artículos 3 y 4, respectivamente, de la Ley 16/2002, de 1 de julio, de Prevención y Control Integrados de la Contaminación.

Sin perjuicio de las instrucciones y reglamentos técnicos nacionales que sean obligatorios, siempre y cuando sean compatibles con el derecho de la Unión Europea, las prescripciones técnicas se formularán de una de las siguientes maneras:

a) En términos de rendimiento o de exigencias funcionales, incluidas las características medioambientales, siempre que los parámetros sean lo suficientemente precisos para permitir a los licitadores determinar el objeto del contrato y al órgano de contratación adjudicar el mismo;

b) Haciendo referencia, de acuerdo con el siguiente orden de prelación, a especificaciones técnicas contenidas en normas nacionales que incorporen normas europeas, a evaluaciones técnicas europeas, a especificaciones técnicas comunes, a normas internacionales, a otros sistemas de referencias técnicas elaborados por los organismos europeos de normalización o, en defecto de todos los anteriores, a normas nacionales, a documentos de idoneidad técnica nacionales o a especificaciones técnicas nacionales en materia de proyecto, cálculo y ejecución de obras y de uso de suministros; acompañando cada referencia de la mención «o equivalente»;

c) En términos de rendimiento o de exigencias funcionales según lo mencionado en la letra a), haciendo referencia, como medio de presunción de conformidad con estos requisitos de rendimiento o exigencias funcionales, a las especificaciones contempladas en la letra b);

d) Haciendo referencia a especificaciones técnicas mencionadas en la letra b) para determinadas características, y mediante referencia al rendimiento o exigencias funcionales mencionados en la letra a) para otras características.

Salvo que lo justifique el objeto del contrato, las prescripciones técnicas no harán referencia a una fabricación o una procedencia determinada, o a un procedimiento concreto que caracterice a los productos o servicios ofrecidos por un empresario determinado, o a marcas, patentes o tipos, o a un origen o a una producción determinados, con la finalidad de favorecer o descartar ciertas empresas o ciertos productos. Tal referencia se autorizará, con carácter excepcional, en el caso en que no sea posible hacer una descripción lo bastante precisa e inteligible del objeto del contrato en aplicación del apartado 5, en cuyo caso irá acompañada de la mención «o equivalente».

Cuando los órganos de contratación hagan uso de la opción prevista en el apartado 5, letra a), de formular prescripciones técnicas en términos de rendimiento o de exigencias funcionales, no podrán rechazar una oferta de obras, de suministros o de servicios que se ajusten a una norma nacional que transponga una norma europea, a un documento de idoneidad técnica europeo, a una especificación técnica común, a una norma internacional o a un sistema de referencias técnicas elaborado por un organismo europeo de normalización, si tales especificaciones tienen por objeto los requisitos de rendimiento o exigencias funcionales exigidos por las prescripciones técnicas, siempre que en su oferta, el licitador pruebe por cualquier medio adecuado, incluidos los medios de prueba mencionados en los artículos 127 y 128, que la obra, el suministro o el servicio conforme a la norma reúne los requisitos de rendimiento o exigencias funcionales establecidos por el órgano de contratación.

Cuando los órganos de contratación hagan uso de la opción de referirse a las especificaciones técnicas previstas en el apartado 5, letra b), no podrán rechazar una oferta basándose en que las obras, los suministros o los servicios ofrecidos no se ajustan a las especificaciones técnicas a las que han hecho referencia, siempre que en su oferta el licitador demuestre por cualquier medio adecuado, incluidos los medios de prueba mencionados en el artículo 128, que las soluciones que propone cumplen de forma equivalente los requisitos exigidos en las correspondientes prescripciones técnicas.

Los órganos de contratación podrán exigir que los operadores económicos proporcionen un informe de pruebas de un organismo de evaluación de la conformidad o un certificado expedido por este último, como medio de prueba del cumplimiento de las prescripciones técnicas exigidas, o de los criterios de adjudicación o de las condiciones de ejecución del contrato.

Cuando los órganos de contratación exijan la presentación de certificados emitidos por un organismo de evaluación de la conformidad determinado, los certificados de otros organismos de evaluación de la conformidad equivalentes también deberán ser aceptados por aquellos.

Supletoriamente los órganos de contratación deberán aceptar otros medios de prueba adecuados que no sean los contemplados en el apartado primero, como un informe técnico del fabricante, cuando el empresario de que se trate no tenga acceso a dichos certificados o informes de pruebas ni la posibilidad de obtenerlos en los plazos fijados, siempre que la falta de acceso no sea por causa imputable al mismo y que este sirva para demostrar que las obras, suministros o servicios que proporcionará cumplen con las prescripciones técnicas, los criterios de adjudicación o las condiciones de ejecución del contrato, según el caso.

El órgano de contratación podrá señalar en el pliego el organismo u organismos de los que los candidatos o licitadores puedan obtener la información pertinente sobre las obligaciones relativas a la fiscalidad, a la protección del medio ambiente, y a las disposiciones vigentes en materia de protección del empleo, igualdad de género, condiciones de trabajo y prevención de riesgos laborales e inserción sociolaboral de las personas con discapacidad, y a la obligación de contratar a un número o porcentaje específico de personas con discapacidad que serán aplicables a los trabajos efectuados en la obra o a los servicios prestados durante la ejecución del contrato.

Cuando se facilite la información a la que se refiere el apartado 1, el órgano de contratación solicitará a los licitadores o a los candidatos en un procedimiento de adjudicación de contratos que manifiesten haber tenido en cuenta en la elaboración de sus ofertas las obligaciones derivadas de las disposiciones vigentes en materia de fiscalidad, protección del medio ambiente, protección del empleo, igualdad de género, condiciones de trabajo, prevención de riesgos laborales e inserción sociolaboral de las personas con discapacidad, y a la obligación de contratar a un número o porcentaje especifico de personas con discapacidad, y protección del medio ambiente.

Esto no obstará para la aplicación de lo dispuesto en el artículo 149 sobre verificación de las ofertas que incluyan valores anormales o desproporcionados.

Cuando una norma legal un convenio colectivo o un acuerdo de negociación colectiva de eficacia general, imponga al adjudicatario la obligación de subrogarse como empleador en determinadas relaciones laborales, los servicios dependientes del órgano de contratación deberán facilitar a los licitadores, en el propio pliego, la información sobre las condiciones de los contratos de los trabajadores a los que afecte la subrogación que resulte necesaria para permitir una exacta evaluación de los costes laborales que implicará tal medida, debiendo hacer constar igualmente que tal información se facilita en cumplimiento de lo previsto en el presente artículo.

A estos efectos, la empresa que viniese efectuando la prestación objeto del contrato a adjudicar y que tenga la condición de empleadora de los trabajadores afectados estará obligada a proporcionar la referida información al órgano de contratación, a requerimiento de este. Como parte de esta información en todo caso se deberán aportar los listados del personal objeto de subrogación, indicándose: el convenio colectivo de aplicación y los detalles de categoría, tipo de contrato, jornada, fecha de antigüedad, vencimiento del contrato, salario bruto anual de cada trabajador, así como todos los pactos en vigor aplicables a los trabajadores a los que afecte la subrogación. La Administración comunicará al nuevo empresario la información que le hubiere sido facilitada por el anterior contratista.

Lo dispuesto en este artículo respecto de la subrogación de trabajadores resultará igualmente de aplicación a los socios trabajadores de las cooperativas cuando estos estuvieran adscritos al servicio o actividad objeto de la subrogación.

Cuando la empresa que viniese efectuando la prestación objeto del contrato a adjudicar fuese un Centro Especial de Empleo, la empresa que resulte adjudicataria tendrá la obligación de subrogarse como empleador de todas las personas con discapacidad que vinieran desarrollando su actividad en la ejecución del referido contrato.

En caso de que una Administración Pública decida prestar directamente un servicio que hasta la fecha venía siendo prestado por un operador económico, vendrá obligada a la subrogación del personal que lo prestaba si así lo establece una norma legal, un convenio colectivo o un acuerdo de negociación colectiva de eficacia general.

El pliego de cláusulas administrativas particulares contemplará necesariamente la imposición de penalidades al contratista dentro de los límites establecidos en el artículo 192 para el supuesto de incumplimiento por el mismo de la obligación prevista en este artículo.

En el caso de que una vez producida la subrogación los costes laborales fueran superiores a los que se desprendieran de la información facilitada por el antiguo contratista al órgano de contratación, el contratista tendrá acción directa contra el antiguo contratista.

Asimismo, y sin perjuicio de la aplicación, en su caso, de lo establecido en el artículo 44 del texto refundido de la Ley del Estatuto de los Trabajadores, aprobado por Real Decreto Legislativo 2/2015, de 23 de octubre, el pliego de cláusulas administrativas particulares siempre contemplará la obligación del contratista de responder de los salarios impagados a los trabajadores afectados por subrogación, así como de las cotizaciones a la Seguridad social devengadas, aún en el supuesto de que se resuelva el contrato y aquellos sean subrogados por el nuevo contratista, sin que en ningún caso dicha obligación corresponda a este último. En este caso, la Administración, una vez acreditada la falta de pago de los citados salarios, procederá a la retención de las cantidades debidas al contratista para garantizar el pago de los citados salarios, y a la no devolución de la garantía definitiva en tanto no se acredite el abono de éstos.

Procedimiento de adjudicación.

Los contratos que celebren las Administraciones Públicas se adjudicarán con arreglo a las normas de la presente sección.

La adjudicación se realizará, ordinariamente utilizando una pluralidad de criterios de adjudicación basados en el principio de mejor relación calidad-precio, y utilizando el procedimiento abierto o el procedimiento restringido, salvo los contratos de concesión de servicios especiales del Anexo IV, que se adjudicarán mediante este último procedimiento.

En los supuestos del artículo 168 podrá seguirse el procedimiento negociado sin publicidad; en los casos previstos en el artículo 167 podrá recurrirse al diálogo competitivo o a la licitación con negociación, y en los indicados en el artículo 177 podrá emplearse el procedimiento de asociación para la innovación.

Los contratos menores podrán adjudicarse directamente a cualquier empresario con capacidad de obrar y que cuente con la habilitación profesional necesaria para realizar la prestación, cumpliendo con las normas establecidas en el artículo 118.

En los contratos relativos a la prestación de asistencia sanitaria en supuestos de urgencia y con un valor estimado inferior a 30.000 euros, no serán de aplicación las disposiciones de esta Ley relativas a la preparación y adjudicación del contrato.

Para proceder a la contratación en estos casos bastará con que, además de justificarse la urgencia, se determine el objeto de la prestación, se fije el precio a satisfacer por la asistencia y se designe por el órgano de contratación la empresa a la que corresponderá la ejecución.

Los órganos de contratación darán a los licitadores y candidatos un tratamiento igualitario y no discriminatorio y ajustarán su actuación a los principios de transparencia y proporcionalidad.

En ningún caso podrá limitarse la participación por la forma jurídica o el ánimo de lucro en la contratación, salvo en los contratos reservados para entidades recogidas en la disposición adicional cuarta.

La contratación no será concebida con la intención de eludir los requisitos de publicidad o los relativos al procedimiento de adjudicación que corresponda, ni de restringir artificialmente la competencia, bien favoreciendo o perjudicando indebidamente a determinados empresarios.

Sin perjuicio de lo dispuesto en la legislación vigente en materia de acceso a la información pública y de las disposiciones contenidas en la presente Ley relativas a la publicidad de la adjudicación y a la información que debe darse a los candidatos y a los licitadores, los órganos de contratación no podrán divulgar la información facilitada por los empresarios que estos hayan designado como confidencial en el momento de presentar su oferta. El carácter de confidencial afecta, entre otros, a los secretos técnicos o comerciales, a los aspectos confidenciales de las ofertas y a cualesquiera otras informaciones cuyo contenido pueda ser utilizado para falsear la competencia, ya sea en ese procedimiento de licitación o en otros posteriores.

El deber de confidencialidad del órgano de contratación así como de sus servicios dependientes no podrá extenderse a todo el contenido de la oferta del adjudicatario ni a todo el contenido de los informes y documentación que, en su caso, genere directa o indirectamente el órgano de contratación en el curso del procedimiento de licitación. Únicamente podrá extenderse a documentos que tengan una difusión restringida, y en ningún caso a documentos que sean públicamente accesibles.

El deber de confidencialidad tampoco podrá impedir la divulgación pública de partes no confidenciales de los contratos celebrados, tales como, en su caso, la liquidación, los plazos finales de ejecución de la obra, las empresas con las que se ha contratado y subcontratado, y, en todo caso, las partes esenciales de la oferta y las modificaciones posteriores del contrato, respetando en todo caso lo dispuesto en la Ley Orgánica 3/2018, de 5 de diciembre, de Protección de Datos Personales y garantía de los derechos digitales.

El contratista deberá respetar el carácter confidencial de aquella información a la que tenga acceso con ocasión de la ejecución del contrato a la que se le hubiese dado el referido carácter en los pliegos o en el contrato, o que por su propia naturaleza deba ser tratada como tal. Este deber se mantendrá durante un plazo de cinco años desde el conocimiento de esa información, salvo que los pliegos o el contrato establezcan un plazo mayor que, en todo caso, deberá ser definido y limitado en el tiempo.

Los órganos de contratación podrán publicar un **anuncio de información previa** con el fin de dar a conocer aquellos contratos de obras, suministros o servicios que, estando sujetos a regulación armonizada, tengan proyectado adjudicar en el plazo a que se refiere el apartado 5 del presente artículo.

Los anuncios de información previa a que se refiere el apartado anterior se publicarán, con el contenido establecido en el Anexo III. A, a elección del órgano de contratación, en el «Diario Oficial de la Unión Europea» o en el perfil de contratante del órgano de contratación a que se refiere el artículo 63 que se encuentre alojado en la Plataforma de Contratación del Sector Público o servicio de información equivalente a nivel autonómico.

Los anuncios de información previa se enviarán a la Oficina de Publicaciones de la Unión Europea o, en su caso, se publicarán en el perfil de contratante, lo antes posible, una vez tomada la decisión por la que se autorice el programa en el que se contemple la celebración de los correspondientes contratos, en el caso de los de obras, o una vez iniciado el ejercicio presupuestario, en los restantes.

En cualquier caso, los poderes adjudicadores deberán poder demostrar la fecha de envío del anuncio de información previa.

La Oficina de Publicaciones de la Unión Europea confirmará al poder adjudicador la recepción del anuncio y la publicación de la información enviada, indicando la fecha de dicha publicación. Esta confirmación constituirá prueba de la publicación.

En el caso de que el anuncio de información previa se publique en el «Diario Oficial de la Unión Europea», no se publicará a nivel nacional antes de aquella publicación. No obstante, podrá en todo caso publicarse a nivel nacional si los poderes adjudicadores no han recibido notificación de su publicación a las cuarenta y ocho horas de la confirmación de la recepción del anuncio por parte de la Oficina de Publicaciones de la Unión Europea.

El periodo cubierto por el anuncio de información previa será de un máximo de 12 meses a contar desde la fecha de envío del citado anuncio a la Oficina de Publicaciones de la Unión Europea o, en su caso, a partir de la fecha de envío también a esta última, del anuncio de publicación en el perfil de contratante a que se refiere el apartado cuarto anterior.

Sin embargo, en el caso de los contratos de servicios que tengan por objeto alguno de los servicios especiales del Anexo IV, el anuncio de información previa podrá abarcar un plazo superior a 12 meses.

La publicación del anuncio previo a que se refiere el primer apartado de este artículo, cumpliendo con las condiciones establecidas en los apartados 2 y 3 del artículo 156 y en el apartado 1 del artículo 164, permitirá reducir los plazos para la presentación de proposiciones en los procedimientos abiertos y restringidos en la forma que en esos preceptos se determina.

El **anuncio de licitación** para la adjudicación de contratos de las Administraciones Públicas, a excepción de los procedimientos negociados sin publicidad, se publicará en el perfil de contratante. En los contratos celebrados por la Administración General del Estado, o por las entidades vinculadas a la misma que gocen de la naturaleza de Administraciones Públicas, el anuncio de licitación se publicará además en el «Boletín Oficial del Estado».

Cuando los contratos estén sujetos a regulación armonizada la licitación deberá publicarse, además, en el «Diario Oficial de la Unión Europea», debiendo los poderes adjudicadores poder demostrar la fecha de envío del anuncio de licitación.

La Oficina de Publicaciones de la Unión Europea confirmará al poder adjudicador la recepción del anuncio y la publicación de la información enviada, indicando la fecha de dicha publicación. Esta confirmación constituirá prueba de la publicación.

Cuando el órgano de contratación lo estime conveniente, los procedimientos para la adjudicación de contratos de obras, suministros, servicios, concesiones de obras y concesiones de servicios no sujetos a regulación armonizada podrán ser anunciados, además, en el «Diario Oficial de la Unión Europea».

Los anuncios de licitación y los anuncios de información previa a que se refiere la disposición adicional trigésima sexta no se publicarán en los lugares indicados en el primer párrafo del apartado primero anterior antes de su publicación en el «Diario Oficial de la Unión Europea», en el caso en que deban ser publicados en dicho Diario Oficial, debiendo indicar la fecha de aquel envío, de la que los servicios dependientes del órgano de contratación dejarán prueba suficiente en el expediente, y no podrán contener indicaciones distintas a las incluidas en dicho anuncio. No obstante, en todo caso podrán publicarse si el órgano de contratación no ha recibido notificación de su publicación a las 48 horas de la confirmación de la recepción del anuncio enviado.

Los órganos de contratación fijarán los plazos de presentación de las ofertas y solicitudes de participación teniendo en cuenta el tiempo que razonablemente pueda ser necesario para preparar aquellas, atendida la complejidad del contrato, y respetando, en todo caso, los plazos mínimos fijados en esta Ley.

Los órganos de contratación deberán ampliar el plazo inicial de presentación de las ofertas y solicitudes de participación, de forma que todos los posibles interesados en la licitación puedan tener acceso a toda la información necesaria para elaborar estas, cuando por cualquier razón los servicios dependientes del órgano de contratación no hubieran atendido el requerimiento de información que el interesado hubiera formulado con la debida antelación, en los términos señalados en el apartado 3 del artículo 138.

Esta causa no se aplicará cuando la información adicional solicitada tenga un carácter irrelevante a los efectos de poder formular una oferta o solicitud que sean válidas.

En todo caso se considerará información relevante a los efectos de este artículo la siguiente:

a) Cualquier información adicional trasmitida a un licitador.

b) Cualquier información asociada a elementos referidos en los pliegos y documentos de contratación.

Los órganos de contratación deberán ampliar el plazo inicial de presentación de las ofertas y solicitudes de participación, asimismo, en el caso en que se introduzcan modificaciones significativas en los pliegos de la contratación, sin perjuicio de lo señalado en los artículos 122.1 y 124. En todo caso se considerará modificación significativa de los pliegos la que afecte a:

a) La clasificación requerida.

b) El importe y plazo del contrato.

c) Las obligaciones del adjudicatario.

d) Al cambio o variación del objeto del contrato.

La duración de la prórroga en todo caso será proporcional a la importancia de la información solicitada por el interesado.

La presentación de proposiciones o la recepción de la documentación en formato electrónico necesaria para la presentación de las mismas en cualquier procedimiento, no podrá suponer la exigencia de cantidad alguna a los licitadores.

En caso de que el expediente de contratación haya sido declarado de tramitación urgente, los plazos establecidos en esta Sección se reducirán en la forma prevista en la letra b) del apartado 2 del artículo 119 y en las demás disposiciones de esta Ley.

Los órganos de contratación ofrecerán acceso a los pliegos y demás documentación complementaria por medios electrónicos a través del perfil de contratante, acceso que será libre, directo, completo y gratuito, y que deberá poder efectuarse desde la fecha de la publicación del anuncio de licitación o, en su caso, del envío de la invitación a los candidatos seleccionados.

Las proposiciones de los interesados deberán ajustarse a los pliegos y documentación que rigen la licitación, y su presentación supone la aceptación incondicionada por el empresario del contenido de la totalidad de sus cláusulas o condiciones, sin salvedad o reserva alguna, así como la autorización a la mesa y al órgano de contratación para consultar los datos recogidos en el Registro Oficial de Licitadores y Empresas Clasificadas del Sector Público o en las listas oficiales de operadores económicos de un Estado miembro de la Unión Europea.

Las proposiciones serán secretas y se arbitrarán los medios que garanticen tal carácter hasta el momento de apertura de las proposiciones, sin perjuicio de lo dispuesto en los artículos 143, 175 y 179 en cuanto a la información que debe facilitarse a los participantes en una subasta electrónica, en un diálogo competitivo, o en un procedimiento de asociación para la innovación.

Cada licitador no podrá presentar más de una proposición, sin perjuicio de lo dispuesto en el artículo 142 sobre admisibilidad de variantes y en el artículo 143 sobre presentación de nuevos precios o valores en el seno de una subasta electrónica. Tampoco podrá suscribir ninguna propuesta en unión temporal con otros si lo ha hecho individualmente o figurar en más de una unión temporal. La infracción de estas normas dará lugar a la no admisión de todas las propuestas por él suscritas.

En la proposición deberá indicarse, como partida independiente, el importe del Impuesto sobre el Valor Añadido que deba ser repercutido.

Cuando en la adjudicación hayan de tenerse en cuenta criterios distintos del precio, el órgano de contratación podrá tomar en consideración las variantes que ofrezcan los licitadores, siempre que las variantes se prevean en los pliegos. Se considerará que se cumple este requisito cuando se expresen los requisitos mínimos, modalidades, y características de las mismas, así como su necesaria vinculación con el objeto del contrato.

La posibilidad de que los licitadores ofrezcan variantes se indicará en el anuncio de licitación del contrato precisando sobre qué elementos y en qué condiciones queda autorizada su presentación.

Las precisiones de las variantes que se puedan admitir podrán hacer referencia a determinadas funcionalidades que puedan tener los bienes, obras o servicios objeto del contrato, o a la satisfacción adecuada de determinadas necesidades.

En los procedimientos de adjudicación de contratos de suministro o de servicios, los órganos de contratación que hayan autorizado la presentación de variantes no podrán rechazar una de ellas por el único motivo de que, de ser elegida, daría lugar a un contrato de servicios en vez de a un contrato de suministro o a un contrato de suministro en vez de a un contrato de servicios.

A efectos de la adjudicación del contrato podrá celebrarse una **subasta electrónica**, articulada como un proceso electrónico repetitivo, que tiene lugar tras una primera evaluación completa de las ofertas, para la presentación de mejoras en los precios o de nuevos valores relativos a determinados elementos de las ofertas que las mejoren en su conjunto, basado en un dispositivo electrónico que permita su clasificación a través de métodos de evaluación automatizados, debiendo velarse por que el mismo permita un acceso no discriminatorio y disponible de forma general, así como el registro inalterable de todas las participaciones en el proceso de subasta.

La subasta electrónica podrá emplearse en los procedimientos abiertos, en los restringidos, y en las licitaciones con negociación, siempre que las especificaciones del contrato que deba adjudicarse puedan establecerse de manera precisa en los pliegos que rigen la licitación y que las prestaciones que constituyen su objeto no tengan carácter intelectual, como los servicios de ingeniería, consultoría y arquitectura. No podrá recurrirse a las subastas electrónicas de forma abusiva o de modo que se obstaculice, restrinja o falsee la competencia o que se vea modificado el objeto del contrato.

La subasta electrónica se basará en uno de los siguientes criterios:

a) únicamente en los precios, cuando el contrato se adjudique atendiendo exclusivamente al precio;

b) o bien en los precios y en nuevos valores de los elementos objetivos de la oferta que sean cuantificables y susceptibles de ser expresados en cifras o en porcentajes, cuando el contrato se adjudique basándose en varios criterios de adjudicación.

Los órganos de contratación que decidan recurrir a una subasta electrónica deberán indicarlo en el anuncio de licitación e incluir en el pliego de condiciones, como mínimo, la siguiente información:

a) Los elementos objetivos a cuyos valores se refiera la subasta electrónica.

b) En su caso, los límites de los valores que podrán presentarse, tal como resulten de las especificaciones relativas al objeto del contrato.

c) La información que se pondrá a disposición de los licitadores durante la subasta electrónica y, cuando proceda, el momento en que se facilitará.

d) La forma en que se desarrollará la subasta.

e) Las condiciones en que los licitadores podrán pujar y, en particular, las mejoras mínimas que se exigirán, en su caso, para cada puja.

f) El dispositivo electrónico utilizado y las modalidades y especificaciones técnicas de conexión.

Antes de proceder a la subasta electrónica, el órgano de contratación efectuará una primera evaluación completa de las ofertas de conformidad con los criterios de adjudicación y, a continuación, invitará simultáneamente, por medios electrónicos, a todos los licitadores que hayan presentado ofertas admisibles a que participen en la subasta electrónica.

Una oferta se considerará admisible cuando haya sido presentada por un licitador que no haya sido excluido y que cumpla los criterios de selección, y cuya oferta sea conforme con las especificaciones técnicas sin que sea irregular o inaceptable, o inadecuada, en los términos de los artículos 167 y 168 de la presente Ley.

Entre la fecha de envío de las invitaciones y el comienzo de la subasta electrónica habrán de transcurrir, al menos, dos días hábiles.

La subasta electrónica podrá desarrollarse en varias fases sucesivas.

A lo largo de cada fase de la subasta, y de forma continua e instantánea, se comunicará a los licitadores, como mínimo, la información que les permita conocer su respectiva clasificación en cada momento.

Adicionalmente, se podrán facilitar otros datos relativos a los precios o valores presentados por los restantes licitadores, siempre que ello esté contemplado en el pliego que rige la licitación, y anunciarse el número de los que están participando en la correspondiente fase de la subasta, sin que en ningún caso pueda divulgarse su identidad.

El cierre de la subasta se fijará por referencia a uno o varios de los siguientes criterios:

a) Mediante el señalamiento de una fecha y hora concretas, que deberán ser indicadas en la invitación a participar en la subasta.

b) Atendiendo a la falta de presentación de nuevos precios o de nuevos valores que cumplan los requisitos establecidos en relación con la formulación de mejoras mínimas.

De utilizarse esta referencia, en la invitación a participar en la subasta se especificará el plazo que deberá transcurrir a partir de la recepción de la última puja antes de declarar su cierre.

c) Por finalización del número de fases establecido en la invitación a participar en la subasta. Cuando el cierre de la subasta deba producirse aplicando este criterio, la invitación a participar en la misma indicará el calendario a observar en cada una de sus fases.

La adjudicación de los contratos se realizará utilizando una pluralidad de criterios de adjudicación en base a la mejor relación calidad-precio.

Previa justificación en el expediente, los contratos se podrán adjudicar con arreglo a criterios basados en un planteamiento que atienda a la mejor relación coste-eficacia, sobre la base del precio o coste, como el cálculo del coste del ciclo de vida con arreglo al artículo 148.

La mejor relación calidad-precio se evaluará con arreglo a criterios económicos y cualitativos.

Los criterios cualitativos que establezca el órgano de contratación para evaluar la mejor relación calidad-precio podrán incluir aspectos medioambientales o sociales, vinculados al objeto del contrato en la forma establecida en el apartado 6 de este artículo, que podrán ser, entre otros, los siguientes:

1.º La calidad, incluido el valor técnico, las características estéticas y funcionales, la accesibilidad, el diseño universal o diseño para todas las personas usuarias, las características sociales, medioambientales e innovadoras, y la comercialización y sus condiciones;

Las características medioambientales podrán referirse, entre otras, a la reducción del nivel de emisión de gases de efecto invernadero; al empleo de medidas de ahorro y eficiencia energética y a la utilización de energía procedentes de fuentes renovables durante la ejecución del contrato; y al mantenimiento o mejora de los recursos naturales que puedan verse afectados por la ejecución del contrato.

Las características sociales del contrato se referirán, entre otras, a las siguientes finalidades: al fomento de la integración social de personas con discapacidad, personas desfavorecidas o miembros de grupos vulnerables entre las personas asignadas a la ejecución del contrato y, en general, la inserción sociolaboral de personas con discapacidad o en situación o riesgo de exclusión social; la subcontratación con Centros Especiales de Empleo o Empresas de Inserción; los planes de igualdad de género que se apliquen en la ejecución del contrato y, en general, la igualdad entre mujeres y hombres; el fomento de la contratación femenina; la conciliación de la vida laboral, personal y familiar; la mejora de las condiciones laborales y salariales; la estabilidad en el empleo; la contratación de un mayor número de personas para la ejecución del contrato; la formación y la protección de la salud y la seguridad en el trabajo; la aplicación de criterios éticos y de responsabilidad social a la prestación contractual; o los criterios referidos al suministro o a la utilización de productos basados en un comercio equitativo durante la ejecución del contrato.

2.º La organización, cualificación y experiencia del personal adscrito al contrato que vaya a ejecutar el mismo, siempre y cuando la calidad de dicho personal pueda afectar de manera significativa a su mejor ejecución.

3.º El servicio posventa y la asistencia técnica y condiciones de entrega tales como la fecha en que esta última debe producirse, el proceso de entrega, el plazo de entrega o ejecución y los compromisos relativos a recambios y seguridad del suministro.

Los criterios cualitativos deberán ir acompañados de un criterio relacionado con los costes el cual, a elección del órgano de contratación, podrá ser el precio o un planteamiento basado en la rentabilidad, como el coste del ciclo de vida calculado de conformidad con lo dispuesto en el artículo 148.

La aplicación de más de un criterio de adjudicación procederá, en todo caso, en la adjudicación de los siguientes contratos:

a) Aquellos cuyos proyectos o presupuestos no hayan podido ser establecidos previamente y deban ser presentados por los candidatos o licitadores.

b) Cuando el órgano de contratación considere que la definición de la prestación es susceptible de ser mejorada por otras soluciones técnicas o por reducciones en su plazo de ejecución.

c) Aquellos para cuya ejecución facilite el órgano, organismo o entidad contratante materiales o medios auxiliares cuya buena utilización exija garantías especiales por parte de los contratistas.

d) Aquellos que requieran el empleo de tecnología especialmente avanzada o cuya ejecución sea particularmente compleja.

e) Contratos de concesión de obras y de concesión de servicios.

f) Contratos de suministros, salvo que los productos a adquirir estén perfectamente definidos y no sea posible variar los plazos de entrega ni introducir modificaciones de ninguna clase en el contrato, siendo por consiguiente el precio el único factor determinante de la adjudicación.

g) Contratos de servicios, salvo que las prestaciones estén perfectamente definidas técnicamente y no sea posible variar los plazos de entrega ni introducir modificaciones de ninguna clase en el contrato, siendo por consiguiente el precio el único factor determinante de la adjudicación.

En los contratos de servicios que tengan por objeto prestaciones de carácter intelectual, como los servicios de ingeniería y arquitectura, y en los contratos de prestación de servicios sociales si fomentan la integración social de personas desfavorecidas o miembros de grupos vulnerables entre las personas asignadas a la ejecución del contrato, promueven el empleo de personas con dificultades particulares de inserción en el mercado laboral o cuando se trate de los contratos de servicios sociales, sanitarios o educativos a que se refiere la Disposición adicional cuadragésima octava, o de servicios intensivos en mano de obra, el precio no podrá ser el único factor determinante de la adjudicación. Igualmente, en el caso de los contratos de servicios de seguridad privada deberá aplicarse más de un criterio de adjudicación.

h) Contratos cuya ejecución pueda tener un impacto significativo en el medio ambiente, en cuya adjudicación se valorarán condiciones ambientales mensurables, tales como el menor impacto ambiental, el ahorro y el uso eficiente del agua y la energía y de los materiales, el coste ambiental del ciclo de vida, los procedimientos y métodos de producción ecológicos, la generación y gestión de residuos o el uso de materiales reciclados o reutilizados o de materiales ecológicos.

Los órganos de contratación velarán por que se establezcan criterios de adjudicación que permitan obtener obras, suministros y servicios de gran calidad que respondan lo mejor posible a sus necesidades; y, en especial, en los procedimientos de contratos de servicios que tengan por objeto prestaciones de carácter intelectual, como los servicios de ingeniería y arquitectura.

Sin perjuicio de lo dispuesto en los apartados primero y tercero del artículo anterior, cuando solo se utilice un criterio de adjudicación, este deberá estar relacionado con los costes, pudiendo ser el precio o un criterio basado en la rentabilidad, como el coste del ciclo de vida calculado de acuerdo con lo indicado en el artículo 148.

Cuando se utilicen una pluralidad de criterios de adjudicación, en su determinación, siempre y cuando sea posible, se dará preponderancia a aquellos que hagan referencia a características del objeto del contrato que puedan valorarse mediante cifras o porcentajes obtenidos a través de la mera aplicación de las fórmulas establecidas en los pliegos.

La elección de las fórmulas se tendrán que justificar en el expediente.

En todo caso, la evaluación de las ofertas conforme a los criterios cuantificables mediante la mera aplicación de fórmulas se realizará tras efectuar previamente la de aquellos otros criterios en que no concurra esta circunstancia, dejándose constancia documental de ello.

Los órganos de contratación podrán establecer en los pliegos de cláusulas administrativas particulares criterios de adjudicación específicos para el desempate en los casos en que, tras la aplicación de los criterios de adjudicación, se produzca un empate entre dos o más ofertas.

Dichos criterios de adjudicación específicos para el desempate deberán estar vinculados al objeto del contrato y se referirán a:

a) Proposiciones presentadas por aquellas empresas que, al vencimiento del plazo de presentación de ofertas, tengan en su plantilla un porcentaje de trabajadores con discapacidad superior al que les imponga la normativa.

En este supuesto, si varias empresas licitadoras de las que hubieren empatado en cuanto a la proposición más ventajosa acreditan tener relación laboral con personas con discapacidad en un porcentaje superior al que les imponga la normativa, tendrá preferencia en la adjudicación del contrato el licitador que disponga del mayor porcentaje de trabajadores fijos con discapacidad en su plantilla.

b) Proposiciones de empresas de inserción reguladas en la Ley 44/2007, de 13 de diciembre, para la regulación del régimen de las empresas de inserción, que cumplan con los requisitos establecidos en dicha normativa para tener esta consideración.

c) En la adjudicación de los contratos relativos a prestaciones de carácter social o asistencial, las proposiciones presentadas por entidades sin ánimo de lucro, con personalidad jurídica, siempre que su finalidad o actividad tenga relación directa con el objeto del contrato, según resulte de sus respectivos estatutos o reglas fundacionales y figuren inscritas en el correspondiente registro oficial.

d) Las ofertas de entidades reconocidas como Organizaciones de Comercio Justo para la adjudicación de los contratos que tengan como objeto productos en los que exista alternativa de Comercio Justo.

e) Proposiciones presentadas por las empresas que, al vencimiento del plazo de presentación de ofertas, incluyan medidas de carácter social y laboral que favorezcan la igualdad de oportunidades entre mujeres y hombres.

La documentación acreditativa de los criterios de desempate a que se refiere el presente apartado será aportada por los licitadores en el momento en que se produzca el empate, y no con carácter previo.

En los casos en que el órgano de contratación presuma que una oferta resulta inviable por haber sido formulada en términos que la hacen anormalmente baja, solo podrá excluirla del procedimiento de licitación previa tramitación del procedimiento que establece este artículo.

La mesa de contratación, o en su defecto, el órgano de contratación deberá identificar las ofertas que se encuentran incursas en presunción de anormalidad, debiendo contemplarse en los pliegos, a estos efectos, los parámetros objetivos que deberán permitir identificar los casos en que una oferta se considere anormal.

La mesa de contratación, o en su defecto, el órgano de contratación realizará la función descrita en el párrafo anterior con sujeción a los siguientes criterios:

a) Salvo que en los pliegos se estableciera otra cosa, cuando el único criterio de adjudicación sea el del precio, en defecto de previsión en aquellos se aplicarán los parámetros objetivos que se establezcan reglamentariamente y que, en todo caso, determinarán el umbral de anormalidad por referencia al conjunto de ofertas válidas que se hayan presentado, sin perjuicio de lo establecido en el apartado siguiente.

b) Cuando se utilicen una pluralidad de criterios de adjudicación, se estará a lo establecido en los pliegos que rigen el contrato, en los cuales se han de establecer los parámetros objetivos que deberán permitir identificar los casos en que una oferta se considere anormal, referidos a la oferta considerada en su conjunto.

Cuando hubieren presentado ofertas empresas que pertenezcan a un mismo grupo, en el sentido del artículo 42.1 del Código de Comercio, se tomará únicamente, para aplicar el régimen de identificación de las ofertas incursas en presunción de anormalidad, aquella que fuere más baja, y ello con independencia de que presenten su oferta en solitario o conjuntamente con otra empresa o empresas ajenas al grupo y con las cuales concurran en unión temporal.

Cuando la mesa de contratación, o en su defecto el órgano de contratación hubiere identificado una o varias ofertas incursas en presunción de anormalidad, deberá requerir al licitador o licitadores que las hubieren presentado dándoles plazo suficiente para que justifiquen y desglosen razonada y detalladamente el bajo nivel de los precios, o de costes, o cualquier otro parámetro en base al cual se haya definido la anormalidad de la oferta, mediante la presentación de aquella información y documentos que resulten pertinentes a estos efectos.

La petición de información que la mesa de contratación o, en su defecto, el órgano de contratación dirija al licitador deberá formularse con claridad de manera que estos estén en condiciones de justificar plena y oportunamente la viabilidad de la oferta.

La mesa de contratación o, en su defecto, el órgano de contratación clasificará, por orden decreciente, las proposiciones presentadas para posteriormente elevar la correspondiente propuesta al órgano de contratación, en el caso de que la clasificación se realice por la mesa de contratación.

Para realizar la citada clasificación, se atenderá a los criterios de adjudicación señalados en el pliego, pudiéndose solicitar para ello cuantos informes técnicos se estime pertinentes. Cuando el único criterio a considerar sea el precio, se entenderá que la mejor oferta es la que incorpora el precio más bajo.

Si en el ejercicio de sus funciones la mesa de contratación, o en su defecto, el órgano de contratación, tuviera indicios fundados de conductas colusorias en el procedimiento de contratación, en el sentido definido en el artículo 1 de la Ley 15/2007, de 3 de julio, de Defensa de la Competencia, los trasladará con carácter previo a la adjudicación del contrato a la Comisión Nacional de los Mercados y la Competencia o, en su caso, a la autoridad de competencia autonómica correspondiente, a efectos de que a través de un procedimiento sumarísimo se pronuncie sobre aquellos. La remisión de dichos indicios tendrá efectos suspensivos en el procedimiento de contratación. Si la remisión la realiza la mesa de contratación dará cuenta de ello al órgano de contratación. Reglamentariamente se regulará el procedimiento al que se refiere el presente párrafo.

Una vez aceptada la propuesta de la mesa por el órgano de contratación, los servicios correspondientes requerirán al licitador que haya presentado la mejor oferta, de conformidad con lo dispuesto en el artículo 145 para que, dentro del plazo de diez días hábiles, a contar desde el siguiente a aquel en que hubiera recibido el requerimiento, presente la documentación justificativa de las circunstancias a las que se refieren las letras a) a c) del apartado 1 del artículo 140 si no se hubiera aportado con anterioridad, tanto del licitador como de aquellas otras empresas a cuyas capacidades se recurra, sin perjuicio de lo establecido en el segundo párrafo del apartado 3 del citado artículo; de disponer efectivamente de los medios que se hubiese comprometido a dedicar o adscribir a la ejecución del contrato conforme al artículo 76.2; y de haber constituido la garantía definitiva que sea procedente. Los correspondientes certificados podrán ser expedidos por medios electrónicos, informáticos o telemáticos, salvo que se establezca otra cosa en los pliegos.

De no cumplimentarse adecuadamente el requerimiento en el plazo señalado, se entenderá que el licitador ha retirado su oferta, procediéndose a exigirle el importe del 3 por ciento del presupuesto base de licitación, IVA excluido, en concepto de penalidad, que se hará efectivo en primer lugar contra la garantía provisional, si se hubiera constituido, sin perjuicio de lo establecido en la letra a) del apartado 2 del artículo 71.

En el supuesto señalado en el párrafo anterior, se procederá a recabar la misma documentación al licitador siguiente, por el orden en que hayan quedado clasificadas las ofertas.

El órgano de contratación adjudicará el contrato dentro de los cinco días hábiles siguientes a la recepción de la documentación. En los procedimientos negociados, de diálogo competitivo y de asociación para la innovación, la adjudicación concretará y fijará los términos definitivos del contrato.

No podrá declararse desierta una licitación cuando exista alguna oferta o proposición que sea admisible de acuerdo con los criterios que figuren en el pliego.

Si como consecuencia del contenido de la resolución de un recurso especial del artículo 44 fuera preciso que el órgano de contratación acordase la adjudicación del contrato a otro licitador, se concederá a este un plazo de diez días hábiles para que cumplimente los trámites que resulten oportunos.

La resolución de adjudicación deberá ser motivada y se notificará a los candidatos y licitadores, debiendo ser publicada en el perfil de contratante en el plazo de 15 días.

Sin perjuicio de lo establecido en el apartado 1 del artículo 155, la notificación y la publicidad a que se refiere el apartado anterior deberán contener la información necesaria que permita a los interesados en el procedimiento de adjudicación interponer recurso suficientemente fundado contra la decisión de adjudicación, y entre ella en todo caso deberá figurar la siguiente:

a) En relación con los candidatos descartados, la exposición resumida de las razones por las que se haya desestimado su candidatura.

b) Con respecto a los licitadores excluidos del procedimiento de adjudicación, los motivos por los que no se haya admitido su oferta, incluidos, en los casos contemplados en el artículo 126, apartados 7 y 8, los motivos de la decisión de no equivalencia o de la decisión de que las obras, los suministros o los servicios no se ajustan a los requisitos de rendimiento o a las exigencias funcionales; y un desglose de las valoraciones asignadas a los distintos licitadores, incluyendo al adjudicatario.

c) En todo caso, el nombre del adjudicatario, las características y ventajas de la proposición del adjudicatario determinantes de que haya sido seleccionada la oferta de este con preferencia respecto de las que hayan presentado los restantes licitadores cuyas ofertas hayan sido admitidas; y, en su caso, el desarrollo de las negociaciones o el diálogo con los licitadores.

En la notificación se indicará el plazo en que debe procederse a la formalización del contrato conforme al apartado 3 del artículo 153 de la presente Ley.

En el caso en que el órgano de contratación desista del procedimiento de adjudicación o decida no adjudicar o celebrar un contrato para el que se haya efectuado la correspondiente convocatoria, lo notificará a los candidatos o licitadores, informando también a la Comisión Europea de esta decisión cuando el contrato haya sido anunciado en el «Diario Oficial de la Unión Europea».

La decisión de no adjudicar o celebrar el contrato o el desistimiento del procedimiento podrán acordarse por el órgano de contratación antes de la formalización. En estos casos se compensará a los candidatos aptos para participar en la licitación o licitadores por los gastos en que hubiesen incurrido en la forma prevista en el anuncio o en el pliego o, en su defecto, de acuerdo con los criterios de valoración empleados para el cálculo de la responsabilidad patrimonial de la Administración, a través de los trámites del procedimiento administrativo común.

Solo podrá adoptarse la decisión de no adjudicar o celebrar el contrato por razones de interés público debidamente justificadas en el expediente. En este caso, no podrá promoverse una nueva licitación de su objeto en tanto subsistan las razones alegadas para fundamentar la decisión.

El desistimiento del procedimiento deberá estar fundado en una infracción no subsanable de las normas de preparación del contrato o de las reguladoras del procedimiento de adjudicación, debiendo justificarse en el expediente la concurrencia de la causa. El desistimiento no impedirá la iniciación inmediata de un procedimiento de licitación.

En el supuesto de acuerdos marco, el desistimiento y la decisión de no adjudicarlos o celebrarlos corresponde al órgano de contratación que inició el procedimiento para su celebración. En el caso de contratos basados en un acuerdo marco y en el de contratos específicos en el marco de un sistema dinámico de adquisición, el desistimiento y la decisión de no adjudicarlos o celebrarlo se realizará por el órgano de contratación de oficio, o a propuesta del organismo destinatario de la prestación.

Los contratos que celebren las Administraciones Públicas deberán formalizarse en documento administrativo que se ajuste con exactitud a las condiciones de la licitación, constituyendo dicho documento título suficiente para acceder a cualquier registro público. No obstante, el contratista podrá solicitar que el contrato se eleve a escritura pública, corriendo de su cargo los correspondientes gastos. En ningún caso se podrán incluir en el documento en que se formalice el contrato cláusulas que impliquen alteración de los términos de la adjudicación.

En los contratos basados en un acuerdo marco o en los contratos específicos dentro de un sistema dinámico de adquisición, no resultará necesaria la formalización del contrato.

En el caso de los contratos menores definidos en el artículo 118 se acreditará su existencia con los documentos a los que se refiere dicho artículo.

Si el contrato es susceptible de recurso especial en materia de contratación conforme al artículo 44, la formalización no podrá efectuarse antes de que transcurran quince días hábiles desde que se remita la notificación de la adjudicación a los licitadores y candidatos. Las Comunidades Autónomas podrán incrementar este plazo, sin que exceda de un mes.

Los servicios dependientes del órgano de contratación requerirán al adjudicatario para que formalice el contrato en plazo no superior a cinco días a contar desde el siguiente a aquel en que hubiera recibido el requerimiento, una vez transcurrido el plazo previsto en el párrafo anterior sin que se hubiera interpuesto recurso que lleve aparejada la suspensión de la formalización del contrato. De igual forma procederá cuando el órgano competente para la resolución del recurso hubiera levantado la suspensión.

En los restantes casos, la formalización del contrato deberá efectuarse no más tarde de los quince días hábiles siguientes a aquel en que se realice la notificación de la adjudicación a los licitadores y candidatos en la forma prevista en el artículo 151.

Cuando por causas imputables al adjudicatario no se hubiese formalizado el contrato dentro del plazo indicado se le exigirá el importe del 3 por ciento del presupuesto base de licitación, IVA excluido, en concepto de penalidad, que se hará efectivo en primer lugar contra la garantía definitiva, si se hubiera constituido, sin perjuicio de lo establecido en la letra b) del apartado 2 del artículo 71.

En este caso, el contrato se adjudicará al siguiente licitador por el orden en que hubieran quedado clasificadas las ofertas, previa presentación de la documentación establecida en el apartado 2 del artículo 150 de la presente Ley, resultando de aplicación los plazos establecidos en el apartado anterior.

Si las causas de la no formalización fueren imputables a la Administración, se indemnizará al contratista de los daños y perjuicios que la demora le pudiera ocasionar.

La formalización de los contratos deberá publicarse, junto con el correspondiente contrato, en un plazo no superior a quince días tras el perfeccionamiento del contrato en el perfil de contratante del órgano de contratación. Cuando el contrato esté sujeto a regulación armonizada, el anuncio de formalización deberá publicarse, además, en el «Diario Oficial de la Unión Europea».

En el **procedimiento abierto** todo empresario interesado podrá presentar una proposición, quedando excluida toda negociación de los términos del contrato con los licitadores.

En procedimientos abiertos de adjudicación de contratos sujetos a regulación armonizada, el plazo de presentación de proposiciones no será inferior a treinta y cinco días, para los contratos de obras, suministros y servicios, y a treinta días para las concesiones de obras y servicios, contados desde la fecha de envío del anuncio de licitación a la Oficina de Publicaciones de la Unión Europea.

En los contratos de obras, suministros y servicios, el plazo general previsto en el apartado anterior podrá reducirse en los siguientes casos:

a) Si el órgano de contratación hubiese enviado un anuncio de información previa, el plazo general de presentación de proposiciones podrá reducirse a quince días. Esta reducción del plazo solo será admisible cuando el anuncio voluntario de información previa se hubiese enviado para su publicación con una antelación máxima de doce meses y mínima de treinta y cinco días antes de la fecha de envío del anuncio de licitación, siempre que en él se hubiese incluido, de estar disponible, toda la información exigida para este.

b) Cuando el plazo general de presentación de proposiciones sea impracticable por tratarse de una situación de urgencia, en los términos descritos en el artículo 119, el órgano de contratación podrá fijar otro plazo que no será inferior a quince días contados desde la fecha del envío del anuncio de licitación.

c) Si el órgano de contratación aceptara la presentación de ofertas por medios electrónicos, podrá reducirse el plazo general de presentación de proposiciones en cinco días.

En las concesiones de obras y de servicios solo se podrá reducir el plazo general cuando se dé la circunstancia establecida en la letra c) del apartado anterior.

Sin perjuicio de lo establecido en el apartado 3 del artículo 135 respecto de la obligación de publicar previamente en el «Diario Oficial de la Unión Europea», en los procedimientos abiertos la publicación del anuncio de licitación en el perfil de contratante deberá hacerse, en todo caso, con una antelación mínima equivalente al plazo fijado para la presentación de las proposiciones en el apartado siguiente.

En los contratos de las Administraciones Públicas que no estén sujetos a regulación armonizada, el plazo de presentación de proposiciones no será inferior a quince días, contados desde el día siguiente al de la publicación del anuncio de licitación del contrato en el perfil de contratante. En los contratos de obras y de concesión de obras y concesión de servicios, el plazo será, como mínimo, de veintiséis días.

La Mesa de contratación calificará la documentación a que se refiere el artículo 140, que deberá presentarse por los licitadores en sobre o archivo electrónico distinto al que contenga la proposición.

Posteriormente, el mismo órgano procederá a la apertura y examen de las proposiciones, formulando la correspondiente propuesta de adjudicación al órgano de contratación, una vez ponderados los criterios que deban aplicarse para efectuar la selección del adjudicatario.

Cuando, de conformidad con lo establecido en el artículo 145 se utilicen una pluralidad de criterios de adjudicación, los licitadores deberán presentar la proposición en dos sobres o archivos electrónicos: uno con la documentación que deba ser valorada conforme a los criterios cuya ponderación depende de un juicio de valor, y el otro con la documentación que deba ser valorada conforme a criterios cuantificables mediante la mera aplicación de fórmulas.

En todo caso la apertura de las proposiciones deberá efectuarse en el plazo máximo de veinte días contado desde la fecha de finalización del plazo para presentar las mismas.

Si la proposición se contuviera en más de un sobre o archivo electrónico, de tal forma que estos deban abrirse en varios actos independientes, el plazo anterior se entenderá cumplido cuando se haya abierto, dentro del mismo, el primero de los sobres o archivos electrónicos que componen la proposición.

En todo caso, la apertura de la oferta económica se realizará en acto público, salvo cuando se prevea que en la licitación puedan emplearse medios electrónicos.

Cuando para la valoración de las proposiciones hayan de tenerse en cuenta criterios distintos al del precio, el órgano competente para ello podrá solicitar, antes de formular su propuesta, cuantos informes técnicos considere precisos. Igualmente, podrán solicitarse estos informes cuando sea necesario verificar que las ofertas cumplen con las especificaciones técnicas del pliego.

También se podrán requerir informes a las organizaciones sociales de usuarios destinatarios de la prestación, a las organizaciones representativas del ámbito de actividad al que corresponda el objeto del contrato, a las organizaciones sindicales, a las organizaciones que defiendan la igualdad de género y a otras organizaciones para la verificación de las consideraciones sociales y ambientales.

La propuesta de adjudicación no crea derecho alguno en favor del licitador propuesto frente a la Administración. No obstante, cuando el órgano de contratación no adjudique el contrato de acuerdo con la propuesta formulada deberá motivar su decisión.

Cuando el único criterio para seleccionar al adjudicatario del contrato sea el del precio, la adjudicación deberá recaer en el plazo máximo de quince días a contar desde el siguiente al de apertura de las proposiciones.

Cuando para la adjudicación del contrato deban tenerse en cuenta una pluralidad de criterios, o utilizándose un único criterio sea este el del menor coste del ciclo de vida, el plazo máximo para efectuar la adjudicación será de dos meses a contar desde la apertura de las proposiciones, salvo que se hubiese establecido otro en el pliego de cláusulas administrativas particulares.

Si la proposición se contuviera en más de un sobre o archivo electrónico, de tal forma que estos deban abrirse en varios actos independientes, el plazo anterior se computará desde el primer acto de apertura del sobre o archivo electrónico que contenga una parte de la proposición.

Los plazos indicados en los apartados anteriores se ampliarán en quince días hábiles cuando sea necesario seguir los trámites a que se refiere el apartado 4 del artículo 149 de la presente Ley.

De no producirse la adjudicación dentro de los plazos señalados, los licitadores tendrán derecho a retirar su proposición, y a la devolución de la garantía provisional, de existir esta.

Los órganos de contratación podrán acordar la utilización de un **procedimiento abierto simplificado** en los contratos de obras, suministro y servicios cuando se cumplan las dos condiciones siguientes:

a) Que su valor estimado sea igual o inferior a 2.000.000 de euros en el caso de contratos de obras, y en el caso de contratos de suministro y de servicios, que su valor estimado sea igual o inferior a 100.000 euros.

b) Que entre los criterios de adjudicación previstos en el pliego no haya ninguno evaluable mediante juicio de valor o, de haberlos, su ponderación no supere el veinticinco por ciento del total, salvo en el caso de que el contrato tenga por objeto prestaciones de carácter intelectual, como los servicios de ingeniería y arquitectura, en que su ponderación no podrá superar el cuarenta y cinco por ciento del total.

El anuncio de licitación del contrato únicamente precisará de publicación en el perfil de contratante del órgano de contratación. Toda la documentación necesaria para la presentación de la oferta tiene que estar disponible por medios electrónicos desde el día de la publicación del anuncio en dicho perfil de contratante.

El plazo para la presentación de proposiciones no podrá ser inferior a quince días a contar desde el siguiente a la publicación en el perfil de contratante del anuncio de licitación. En los contratos de obras el plazo será como mínimo de veinte días.

La tramitación del procedimiento se ajustará a las siguientes especialidades:

a) Todos los licitadores que se presenten a licitaciones realizadas a través de este procedimiento simplificado deberán estar inscritos en el Registro Oficial de Licitadores y Empresas Clasificadas del Sector Público, o cuando proceda de conformidad con lo establecido en el apartado 2 del artículo 96 en el Registro Oficial de la correspondiente Comunidad Autónoma, en la fecha final de presentación de ofertas siempre que no se vea limitada la concurrencia. A estos efectos, también se considerará admisible la proposición del licitador que acredite haber presentado la solicitud de inscripción en el correspondiente Registro junto con la documentación preceptiva para ello, siempre que tal solicitud sea de fecha anterior a la fecha final de presentación de las ofertas. La acreditación de esta circunstancia tendrá lugar mediante la aportación del acuse de recibo de la solicitud emitido por el correspondiente Registro y de una declaración responsable de haber aportado la documentación preceptiva y de no haber recibido requerimiento de subsanación

b) No procederá la constitución de garantía provisional por parte de los licitadores.

c) Las proposiciones deberán presentarse necesaria y únicamente en el registro indicado en el anuncio de licitación.

La presentación de la oferta exigirá la declaración responsable del firmante respecto a ostentar la representación de la sociedad que presenta la oferta; a contar con la adecuada solvencia económica, financiera y técnica o, en su caso, la clasificación correspondiente; a contar con las autorizaciones necesarias para ejercer la actividad; a no estar incurso en prohibición de contratar alguna; y se pronunciará sobre la existencia del compromiso a que se refiere el artículo 75.2. A tales efectos, el modelo de oferta que figure como anexo al pliego recogerá esa declaración responsable.

Adicionalmente, en el caso de que la empresa fuera extranjera, la declaración responsable incluirá el sometimiento al fuero español.

En el supuesto de que la oferta se presentara por una unión temporal de empresarios, deberá acompañar a aquella el compromiso de constitución de la unión.

d) La oferta se presentará en un único sobre en los supuestos en que en el procedimiento no se contemplen criterios de adjudicación cuya cuantificación dependa de un juicio de valor. En caso contrario, la oferta se presentará en dos sobres.

La apertura de los sobres conteniendo la proposición se hará por el orden que proceda de conformidad con lo establecido en el artículo 145 en función del método aplicable para valorar los criterios de adjudicación establecidos en los pliegos. La apertura se hará por la mesa de contratación a la que se refiere el apartado 6 del artículo 326 de la presente Ley. En todo caso, será público el acto de apertura de los sobres que contengan la parte de la oferta evaluable a través de criterios cuantificables mediante la mera aplicación de fórmulas establecidas en los pliegos. A tal efecto, en el modelo de oferta que figure como anexo al pliego se contendrán estos extremos.

e) En los supuestos en que en el procedimiento se contemplen criterios de adjudicación cuya cuantificación dependa de un juicio de valor, la valoración de las proposiciones se hará por los servicios técnicos del órgano de contratación en un plazo no superior a siete días, debiendo ser suscritas por el técnico o técnicos que realicen la valoración.

f) En todo caso, la valoración a la que se refiere la letra anterior deberá estar efectuada con anterioridad al acto público de apertura del sobre que contenga la oferta evaluable a través de criterios cuantificables mediante la mera aplicación de fórmulas. En dicho acto público se procederá a la lectura del resultado de aquella.

Tras dicho acto público, en la misma sesión, la mesa procederá a:

1.º Previa exclusión, en su caso, de las ofertas que no cumplan los requerimientos del pliego, evaluar y clasificar las ofertas.

2.º Realizar la propuesta de adjudicación a favor del candidato con mejor puntuación.

3.º Comprobar en el Registro Oficial de Licitadores y Empresas Clasificadas que la empresa está debidamente constituida, el firmante de la proposición tiene poder bastante para formular la oferta, ostenta la solvencia económica, financiera y técnica o, en su caso la clasificación correspondiente y no está incursa en ninguna prohibición para contratar. Si el licitador hubiera hecho uso de la facultad de acreditar la presentación de la solicitud de inscripción en el correspondiente Registro a que alude el inciso final de la letra a) del apartado 4 de este artículo, la mesa requerirá al licitador para que justifique documentalmente todos los extremos referentes a su aptitud para contratar enunciados en este número.

4.º Requerir a la empresa que ha obtenido la mejor puntuación mediante comunicación electrónica para que constituya la garantía definitiva, así como para que aporte el compromiso al que se refiere el artículo 75.2 y la documentación justificativa de que dispone efectivamente de los medios que se hubiese comprometido a dedicar o adscribir a la ejecución del contrato conforme al artículo 76.2; y todo ello en el plazo de 7 días hábiles a contar desde el envío de la comunicación.

En el caso de que la oferta del licitador que haya obtenido la mejor puntuación se presuma que es anormalmente baja por darse los supuestos previstos en el artículo 149, la mesa, realizadas las actuaciones recogidas en los puntos 1.º y 2.º anteriores, seguirá el procedimiento previsto en el citado artículo, si bien el plazo máximo para que justifique su oferta el licitador no podrá superar los 5 días hábiles desde el envío de la correspondiente comunicación.

Presentada la garantía definitiva y, en los casos en que resulte preceptiva, previa fiscalización del compromiso del gasto por la Intervención en los términos previstos en la Ley 47/2003, de 26 de noviembre, General Presupuestaria en un plazo no superior a 5 días, se procederá a adjudicar el contrato a favor del licitador propuesto como adjudicatario, procediéndose, una vez adjudicado el mismo, a su formalización.

En caso de que en el plazo otorgado al efecto el candidato propuesto como adjudicatario no presente la garantía definitiva, se efectuará propuesta de adjudicación a favor del siguiente candidato en puntuación, otorgándole el correspondiente plazo para constituir la citada garantía definitiva.

En el supuesto de que el empresario tenga que presentar cualquier otra documentación que no esté inscrita en el Registro de Licitadores, la misma se tendrá que aportar en el plazo de 7 días hábiles establecido para presentar la garantía definitiva.

g) En los casos en que a la licitación se presenten empresarios extranjeros de un Estado miembro de la Unión Europea o signatario del Espacio Económico Europeo, la acreditación de su capacidad, solvencia y ausencia de prohibiciones se podrá realizar bien mediante consulta en la correspondiente lista oficial de operadores económicos autorizados de un Estado miembro, bien mediante la aportación de la documentación acreditativa de los citados extremos, que deberá presentar, en este último caso, en el plazo concedido para la presentación de la garantía definitiva.

h) En lo no previsto en este artículo se observarán las normas generales aplicables al procedimiento abierto.

En los casos de declaración de urgencia del expediente de contratación en el que el procedimiento de adjudicación utilizado sea el procedimiento abierto simplificado regulado en el presente artículo, no se producirá la reducción de plazos a la que se refiere la letra b) del apartado 2 del artículo 119.

En contratos de obras de valor estimado inferior a 80.000 euros, y en contratos de suministros y de servicios de valor estimado inferior a 35.000 euros, excepto los que tengan por objeto prestaciones de carácter intelectual a los que no será de aplicación este apartado, el procedimiento abierto simplificado podrá seguir la siguiente tramitación:

a) El plazo para la presentación de proposiciones no podrá ser inferior a diez días hábiles, a contar desde el siguiente a la publicación del anuncio de licitación en el perfil de contratante. No obstante lo anterior, cuando se trate de compras corrientes de bienes disponibles en el mercado el plazo será de 5 días hábiles.

b) Se eximirá a los licitadores de la acreditación de la solvencia económica y financiera y técnica o profesional.

c) La oferta se entregará en un único sobre o archivo electrónico y se evaluará, en todo caso, con arreglo a criterios de adjudicación cuantificables mediante la mera aplicación de fórmulas establecidas en los pliegos.

d) La valoración de las ofertas se podrá efectuar automáticamente mediante dispositivos informáticos, o con la colaboración de una unidad técnica que auxilie al órgano de contratación.

Se garantizará, mediante un dispositivo electrónico, que la apertura de las proposiciones no se realiza hasta que haya finalizado el plazo para su presentación, por lo que no se celebrará acto público de apertura de las mismas.

e) Las ofertas presentadas y la documentación relativa a la valoración de las mismas serán accesibles de forma abierta por medios informáticos sin restricción alguna desde el momento en que se notifique la adjudicación del contrato.

f) No se requerirá la constitución de garantía definitiva.

g) La formalización del contrato podrá efectuarse mediante la firma de aceptación por el contratista de la resolución de adjudicación.

En todo lo no previsto en este apartado se aplicará la regulación general del procedimiento abierto simplificado prevista en este artículo.

En el **procedimiento restringido** cualquier empresa interesada podrá presentar una solicitud de participación en respuesta a una convocatoria de licitación.

Solo podrán presentar proposiciones aquellos empresarios que, a su solicitud y en atención a su solvencia, sean seleccionados por el órgano de contratación.

Los pliegos de cláusulas administrativas particulares podrán contemplar primas o compensaciones por los gastos en que incurran los licitadores al presentar su oferta en contratos de servicios en los casos en los que su presentación implique la realización de determinados desarrollos.

En este procedimiento estará prohibida toda negociación de los términos del contrato con los solicitantes o candidatos.

Este procedimiento es especialmente adecuado cuando se trata de servicios intelectuales de especial complejidad, como es el caso de algunos servicios de consultoría, de arquitectura o de ingeniería.

En los procedimientos de adjudicación de contratos sujetos a **regulación armonizada**, el plazo de presentación de las solicitudes de participación deberá ser el suficiente para el adecuado examen de los pliegos y de las circunstancias y condiciones relevantes para la ejecución del contrato, todo ello en atención al alcance y complejidad del contrato. En cualquier caso, no podrá ser inferior a treinta días, contados a partir de la fecha del envío del anuncio de licitación a la Oficina de Publicaciones de la Unión Europea.

Cuando el plazo general de presentación de solicitudes sea impracticable por tratarse de una situación de urgencia, en los términos descritos en el artículo 119, el órgano de contratación para los contratos de obras, suministros y servicios podrá fijar otro plazo que no será inferior a quince días contados desde la fecha del envío del anuncio de licitación.

Sin perjuicio de lo establecido en el apartado 3 del artículo 135 respecto de la obligación de publicar en primer lugar en el «Diario Oficial de la Unión Europea», en los procedimientos restringidos la publicación del anuncio de licitación en el perfil de contratante deberá hacerse con una antelación mínima equivalente al plazo fijado para la presentación de las solicitudes de participación en el apartado siguiente.

Si se trata de contratos no sujetos a regulación armonizada, el plazo para la presentación de solicitudes de participación será, como mínimo, de quince días, contados desde la publicación del anuncio de licitación.

Las solicitudes de participación deberán ir acompañadas de la documentación a que se refiere el artículo 140, con excepción del documento acreditativo de la constitución de la garantía provisional.

Con carácter previo al anuncio de licitación, el órgano de contratación deberá haber establecido los criterios objetivos de solvencia, de entre los señalados en los artículos 87 a 91, con arreglo a los cuales serán elegidos los candidatos que serán invitados a presentar proposiciones.

El órgano de contratación señalará el número mínimo de empresarios a los que invitará a participar en el procedimiento, que no podrá ser inferior a cinco. Cuando el número de candidatos que cumplan los criterios de selección sea inferior a ese número mínimo, el órgano de contratación podrá continuar el procedimiento con los que reúnan las condiciones exigidas, sin que pueda invitarse a empresarios que no hayan solicitado participar en el mismo, o a candidatos que no posean esas condiciones.

Si así lo estima procedente, el órgano de contratación podrá igualmente fijar el número máximo de candidatos a los que se invitará a presentar oferta.

En cualquier caso, el número de candidatos invitados debe ser suficiente para garantizar una competencia efectiva.

Los criterios o normas objetivos y no discriminatorios con arreglo a los cuales se seleccionará a los candidatos, así como el número mínimo y, en su caso, el número máximo de aquellos a los que se invitará a presentar proposiciones se indicarán en el anuncio de licitación.

El órgano de contratación, una vez comprobada la personalidad y solvencia de los solicitantes, seleccionará a los que deban pasar a la siguiente fase, a los que invitará, simultáneamente y por escrito, a presentar sus proposiciones en el plazo que proceda conforme a lo señalado en el artículo 164.

Las invitaciones contendrán una referencia al anuncio de licitación publicado e indicarán la fecha límite para la recepción de ofertas; la dirección a la que deban enviarse y la lengua o lenguas en que deban estar redactadas; los documentos que, en su caso, se deban adjuntar complementariamente; los criterios de adjudicación del contrato que se tendrán en cuenta y su ponderación relativa o, en su caso, el orden decreciente de importancia atribuido a los mismos, si no figurasen en el anuncio de licitación; y el lugar, día y hora de la apertura de proposiciones.

La invitación a los candidatos contendrá las indicaciones pertinentes para permitir el acceso por medios electrónicos a los pliegos y demás documentación complementaria.

El plazo general de presentación de proposiciones en los procedimientos restringidos relativos a contratos sujetos a regulación armonizada será el suficiente para la adecuada elaboración de las proposiciones en función del alcance y complejidad del contrato. En cualquier caso no será inferior a treinta días, contados a partir de la fecha de envío de la invitación escrita.

El plazo general previsto en el párrafo anterior podrá reducirse en los siguientes casos:

a) Si se hubiese enviado el anuncio de información previa, el plazo general podrá reducirse a diez días. Esta reducción del plazo solo será admisible cuando el anuncio de información previa se hubiese enviado cumpliéndose los requisitos que establece la letra a) del apartado 3 del artículo 156.

b) Cuando el plazo general de presentación de proposiciones sea impracticable por tratarse de una situación de urgencia, en los términos descritos en el artículo 119, el órgano de contratación podrá fijar otro plazo que no será inferior a diez días contados desde la fecha del envío de la invitación escrita.

c) Si el órgano de contratación aceptara la presentación de ofertas por medios electrónicos, podrá reducirse el plazo general de presentación de proposiciones en cinco días.

En las concesiones de obras y de servicios solo se podrá reducir el plazo general cuando se dé la circunstancia establecida en la letra c) anterior.

En los procedimientos restringidos relativos a contratos no sujetos a regulación armonizada, el plazo para la presentación de proposiciones no será inferior a diez días, contados desde la fecha de envío de la invitación.

En la adjudicación del contrato será de aplicación lo previsto en esta Ley para el procedimiento abierto, salvo lo que se refiere a la necesidad de calificar previamente la documentación a que se refiere el artículo 140.

En los **procedimientos con negociación** la adjudicación recaerá en el licitador justificadamente elegido por el órgano de contratación, tras negociar las condiciones del contrato con uno o varios candidatos.

En el pliego de cláusulas administrativas particulares se determinarán los aspectos económicos y técnicos que, en su caso, hayan de ser objeto de negociación con las empresas; la descripción de las necesidades de los órganos de contratación y de las características exigidas para los suministros, las obras o los servicios que hayan de contratarse; el procedimiento que se seguirá para negociar, que en todo momento garantizará la máxima transparencia de la negociación, la publicidad de la misma y la no discriminación entre los licitadores que participen; los elementos de la prestación objeto del contrato que constituyen los requisitos mínimos que han de cumplir todas las ofertas; los criterios de adjudicación.

La información facilitada será lo suficientemente precisa como para que los operadores económicos puedan identificar la naturaleza y el ámbito de la contratación y decidir si solicitan participar en el procedimiento.

Los procedimientos con negociación podrán utilizarse en los casos enumerados en los artículos 167 y 168. Salvo que se dieran las circunstancias excepcionales que recoge el artículo 168, los órganos de contratación deberán publicar un anuncio de licitación.

Los órganos de contratación podrán adjudicar contratos utilizando el procedimiento de licitación con negociación en los contratos de obras, suministros, servicios, concesión de obras y concesión de servicios cuando se dé alguna de las siguientes situaciones:

a) Cuando para dar satisfacción a las necesidades del órgano de contratación resulte imprescindible que la prestación, tal y como se encuentra disponible en el mercado, sea objeto de un trabajo previo de diseño o de adaptación por parte de los licitadores.

b) Cuando la prestación objeto del contrato incluya un proyecto o soluciones innovadoras.

c) Cuando el contrato no pueda adjudicarse sin negociaciones previas debido a circunstancias específicas vinculadas a la naturaleza, la complejidad o la configuración jurídica o financiera de la prestación que constituya su objeto, o por los riesgos inherentes a la misma.

d) Cuando el órgano de contratación no pueda establecer con la suficiente precisión las especificaciones técnicas por referencia a una norma, evaluación técnica europea, especificación técnica común o referencia técnica, en los términos establecidos en esta Ley.

e) Cuando en los procedimientos abiertos o restringidos seguidos previamente solo se hubieren presentado ofertas irregulares o inaceptables.

Se considerarán irregulares, en particular, las ofertas que no correspondan a los pliegos de la contratación, que se hayan recibido fuera de plazo, que muestren indicios de colusión o corrupción o que hayan sido consideradas anormalmente bajas por el órgano de contratación. Se considerarán inaceptables, en particular, las ofertas presentadas por licitadores que no posean la cualificación requerida y las ofertas cuyo precio rebase el presupuesto del órgano de contratación tal como se haya determinado y documentado antes del inicio del procedimiento de contratación.

f) Cuando se trate de contratos de servicios sociales personalísimos que tengan por una de sus características determinantes el arraigo de la persona en el entorno de atención social, siempre que el objeto del contrato consista en dotar de continuidad en la atención a las personas que ya eran beneficiarias de dicho servicio.

Los órganos de contratación podrán adjudicar contratos utilizando el **procedimiento negociado sin la previa publicación de un anuncio de licitación** únicamente en los siguientes casos:

a) En los contratos de obras, suministros, servicios, concesión de obras y concesión de servicios, en los casos en que:

1.º No se haya presentado ninguna oferta; ninguna oferta adecuada; ninguna solicitud de participación; o ninguna solicitud de participación adecuada en respuesta a un procedimiento abierto o a un procedimiento restringido, siempre que las condiciones iniciales del contrato no se modifiquen sustancialmente, sin que en ningún caso se pueda incrementar el presupuesto base de licitación ni modificar el sistema de retribución, y que se envíe un informe a la Comisión Europea cuando esta así lo solicite.

Se considerará que una oferta no es adecuada cuando no sea pertinente para el contrato, por resultar manifiestamente insuficiente para satisfacer, sin cambios sustanciales, las necesidades y los requisitos del órgano de contratación especificados en los pliegos que rigen la contratación. Se considerará que una solicitud de participación no es adecuada si el empresario de que se trate ha de ser o puede ser excluido en virtud de los motivos establecidos en la presente Ley o no satisface los criterios de selección establecidos por el órgano de contratación.

2.º Cuando las obras, los suministros o los servicios solo puedan ser encomendados a un empresario determinado, por alguna de las siguientes razones: que el contrato tenga por objeto la creación o adquisición de una obra de arte o representación artística única no integrante del Patrimonio Histórico Español; que no exista competencia por razones técnicas; o que proceda la protección de derechos exclusivos, incluidos los derechos de propiedad intelectual e industrial.

La no existencia de competencia por razones técnicas y la protección de derechos exclusivos, incluidos los derechos de propiedad intelectual e industrial solo se aplicarán cuando no exista una alternativa o sustituto razonable y cuando la ausencia de competencia no sea consecuencia de una configuración restrictiva de los requisitos y criterios para adjudicar el contrato.

3.º Cuando el contrato haya sido declarado secreto o reservado, o cuando su ejecución deba ir acompañada de medidas de seguridad especiales conforme a la legislación vigente, o cuando lo exija la protección de los intereses esenciales de la seguridad del Estado y así se haya declarado de conformidad con lo previsto en la letra c) del apartado 2 del artículo 19.

b) En los contratos de obras, suministros y servicios, en los casos en que:

1.º Una imperiosa urgencia resultante de acontecimientos imprevisibles para el órgano de contratación y no imputables al mismo, demande una pronta ejecución del contrato que no pueda lograrse mediante la aplicación de la tramitación de urgencia regulada en el artículo 119.

2.º Cuando se dé la situación a que se refiere la letra e) del artículo 167, siempre y cuando en la negociación se incluya a todos los licitadores que, en el procedimiento antecedente, hubiesen presentado ofertas conformes con los requisitos formales del procedimiento de contratación, y siempre que las condiciones iniciales del contrato no se modifiquen sustancialmente, sin que en ningún caso se pueda incrementar el precio de licitación ni modificar el sistema de retribución.

c) En los contratos de suministro, además, en los siguientes casos:

1.º Cuando los productos se fabriquen exclusivamente para fines de investigación, experimentación, estudio o desarrollo; esta condición no se aplica a la producción en serie destinada a establecer la viabilidad comercial del producto o a recuperar los costes de investigación y desarrollo.

2.º Cuando se trate de entregas adicionales efectuadas por el proveedor inicial que constituyan bien una reposición parcial de suministros o instalaciones de uso corriente, o bien una ampliación de los suministros o instalaciones existentes, si el cambio de proveedor obligase al órgano de contratación a adquirir material con características técnicas diferentes, dando lugar a incompatibilidades o a dificultades técnicas de uso y de mantenimiento desproporcionadas. La duración de tales contratos, no podrá, por regla general, ser superior a tres años.

3.º Cuando se trate de la adquisición en mercados organizados o bolsas de materias primas de suministros que coticen en los mismos.

4.º Cuando se trate de un suministro concertado en condiciones especialmente ventajosas con un proveedor que cese definitivamente en sus actividades comerciales, o con los administradores de un concurso, o a través de un acuerdo judicial o un procedimiento de la misma naturaleza.

d) En los contratos de servicios, además, en el supuesto de que el contrato en cuestión sea la consecuencia de un concurso de proyectos y, con arreglo a las normas aplicables deba adjudicarse al ganador. En caso de que existan varios ganadores, se deberá invitar a todos ellos a participar en las negociaciones.

Asimismo, cuando se trate de un servicio concertado en condiciones especialmente ventajosas con un proveedor que cese definitivamente en sus actividades comerciales, o con los administradores de un concurso, o a través de un acuerdo judicial o un procedimiento de la misma naturaleza.

e) En los contratos de obras y de servicios, además, cuando las obras o servicios que constituyan su objeto consistan en la repetición de otros similares adjudicados al mismo contratista mediante alguno de los procedimientos de licitación regulados en esta ley previa publicación del correspondiente anuncio de licitación, siempre que se ajusten a un proyecto base que haya sido objeto del contrato inicial adjudicado por dichos procedimientos, que la posibilidad de hacer uso de este procedimiento esté indicada en el anuncio de licitación del contrato inicial, que el importe de las nuevas obras o servicios se haya tenido en cuenta al calcular el valor estimado del contrato inicial, y que no hayan transcurrido más de tres años a partir de la celebración del contrato inicial. En el proyecto base se mencionarán necesariamente el número de posibles obras o servicios adicionales, así como las condiciones en que serán adjudicados estos.

Cuando se acuda al procedimiento de licitación con negociación por concurrir las circunstancias previstas en el artículo 167, el órgano de contratación, en todo caso, deberá publicar un anuncio de licitación en la forma prevista en el artículo 135.

Serán de aplicación a la tramitación del procedimiento de licitación con negociación, las normas contenidas en el apartado 1 del artículo 160, y en los artículos 161, 162, 163 y 164.1 relativos al procedimiento restringido. No obstante, en caso de que se decida limitar el número de empresas a las que se invitará a negociar, el órgano de contratación y los servicios dependientes de él, en todo caso, deberán asegurarse de que el número mínimo de candidatos invitados será de tres. Cuando el número de candidatos que cumplan con los criterios de selección sea inferior a ese número mínimo, el órgano de contratación podrá continuar el procedimiento con los que reúnen las condiciones exigidas, sin que pueda invitarse a empresarios que no hayan solicitado participar en el mismo, o a candidatos que no posean esas condiciones.

Los órganos de contratación podrán articular el procedimiento regulado en el presente artículo en fases sucesivas, a fin de reducir progresivamente el número de ofertas a negociar mediante la aplicación de los criterios de adjudicación señalados en el anuncio de licitación o en el pliego de cláusulas administrativas particulares, indicándose en estos si se va a hacer uso de esta facultad. El número de soluciones que lleguen hasta la fase final deberá ser lo suficientemente amplio como para garantizar una competencia efectiva, siempre que se hayan presentado un número suficiente de soluciones o de candidatos adecuados.

Durante la negociación, las mesas de contratación y los órganos de contratación velarán porque todos los licitadores reciban igual trato. En particular no facilitarán, de forma discriminatoria, información que pueda dar ventajas a determinados licitadores con respecto al resto.

Los órganos de contratación informarán por escrito a todos los licitadores cuyas ofertas no hayan sido excluidas, de todo cambio en las especificaciones técnicas u otra documentación de la contratación que no establezca los requisitos mínimos a que se refiere el artículo 166, y les darán plazo suficiente para que presenten una nueva oferta revisada.

No se negociarán los requisitos mínimos de la prestación objeto del contrato ni tampoco los criterios de adjudicación.

En el expediente deberá dejarse constancia de las invitaciones cursadas, de las ofertas recibidas, de las razones para su aceptación o rechazo y de las ventajas obtenidas en la negociación.

En el curso del procedimiento las mesas de contratación y los órganos de contratación cumplirán con su obligación de confidencialidad en los términos establecidos en esta Ley, por lo que no revelarán a los demás participantes los datos designados como confidenciales que les haya comunicado un candidato o licitador sin el previo consentimiento de este. Este consentimiento no podrá tener carácter general, sino que deberá especificar a qué información se refiere.

Cuando el órgano de contratación decida concluir las negociaciones, informará a todos los licitadores y establecerá un plazo común para la presentación de ofertas nuevas o revisadas. A continuación, la mesa de contratación verificará que las ofertas definitivas se ajustan a los requisitos mínimos, y que cumplen todos los requisitos establecidos en el pliego; valorará las mismas con arreglo a los criterios de adjudicación; elevará la correspondiente propuesta; y el órgano de contratación procederá a adjudicar el contrato.

En el **diálogo competitivo**, la mesa especial de diálogo competitivo dirige un diálogo con los candidatos seleccionados, previa solicitud de los mismos, a fin de desarrollar una o varias soluciones susceptibles de satisfacer sus necesidades y que servirán de base para que los candidatos elegidos presenten una oferta.

Cualquier empresa interesada podrá presentar una solicitud de participación en respuesta a un anuncio de licitación, proporcionando la información y documentación para la selección cualitativa que haya solicitado el órgano de contratación.

El procedimiento de diálogo competitivo podrá utilizarse en los casos enumerados en el artículo 167 y deberá verse precedido de la publicación de un anuncio de licitación.

El órgano de contratación podrá acordar en el documento descriptivo la aplicación de lo dispuesto en los apartados 4 y 5 del artículo 234 a los contratos que se adjudiquen mediante dialogo competitivo.

Con el objetivo de fomentar la participación de las empresas que puedan ofrecer las soluciones más apropiadas e innovadoras, los órganos de contratación podrán establecer en el documento descriptivo primas o compensaciones para todos o algunos de los participantes en el diálogo.

En el supuesto de que no se reconozcan primas o compensaciones para todos los participantes, estas se reconocerán a los que obtuvieron los primeros puestos en el orden de clasificación de las ofertas. Las cantidades que se fijen deberán ser suficientes para el cumplimiento del objetivo mencionado en el párrafo anterior.

En el caso en que se reconozcan primas o compensaciones, en el expediente de contratación se deberá acreditar la cobertura financiera necesaria para hacer frente al pago derivado de las mismas.

El pago de las cantidades a las que se refiere el primer apartado de este artículo, se efectuará de conformidad con lo establecido en el artículo 198, contándose los plazos previstos en él a partir del día siguiente a aquel en que se produjo la formalización del contrato.

La mesa especial del **diálogo competitivo** desarrollará con los candidatos seleccionados un diálogo cuyo fin será determinar y definir los medios adecuados para satisfacer sus necesidades. En el transcurso de este diálogo, podrán debatirse todos los aspectos del contrato con los candidatos seleccionados.

Durante el diálogo, la mesa dará un trato igual a todos los licitadores y, en particular, no facilitará, de forma discriminatoria, información que pueda dar ventajas a determinados licitadores con respecto al resto.

La mesa no podrá revelar a los demás participantes las soluciones propuestas por un participante u otros datos confidenciales que este les comunique sin previo consentimiento de este, en los términos establecidos en el apartado 7 del artículo 169.

El procedimiento podrá articularse en fases sucesivas, a fin de reducir progresivamente el número de soluciones a examinar durante la fase de diálogo mediante la aplicación de los criterios de adjudicación indicados en el anuncio de licitación o en el documento descriptivo, indicándose en estos si se va a hacer uso de esta posibilidad.

El número de soluciones que se examinen en la fase final deberá ser lo suficientemente amplio como para garantizar una competencia efectiva entre ellas, siempre que se hayan presentado un número suficiente de soluciones o de candidatos adecuados.

A petición del licitador que haya sido descartado en la fase de diálogo, la mesa informará lo antes posible y en todo caso dentro de los quince días siguientes al de recepción de la solicitud por escrito de aquel, del desarrollo del diálogo con los licitadores.

La mesa proseguirá el diálogo hasta que se encuentre en condiciones de determinar, después de compararlas, si es preciso, la solución o soluciones presentadas por cada uno de los participantes durante la fase de diálogo, que puedan responder a sus necesidades.

Una vez determinada la solución o soluciones que hayan de ser adoptadas para la última fase del proceso de licitación por el órgano de contratación, la mesa propondrá que se declare el fin del diálogo, así como las soluciones a adoptar, siendo invitados a la fase final los participantes que hayan presentado las mejores soluciones.

Tras declarar cerrado el diálogo por el órgano de contratación e informar de ello a todos los participantes, la mesa invitará a los participantes cuyas soluciones hayan sido ya adoptadas a que presenten su oferta definitiva, basada en su solución o soluciones viables especificadas durante la fase de diálogo, indicando la fecha límite, la dirección a la que deba enviarse y la lengua o lenguas en que puedan estar redactadas.

Las ofertas deben incluir todos los elementos requeridos y necesarios para la realización del proyecto.

La mesa podrá solicitar precisiones o aclaraciones sobre las ofertas presentadas, ajustes en las mismas o información complementaria relativa a ellas, siempre que ello no suponga una modificación de los elementos fundamentales de la oferta o de la licitación pública, en particular de las necesidades y de los requisitos establecidos en el anuncio de licitación o en el documento descriptivo, cuando implique una variación que pueda falsear la competencia o tener un efecto discriminatorio.

La mesa evaluará las ofertas presentadas por los licitadores en función de los criterios de adjudicación establecidos en el anuncio de licitación o en el documento descriptivo y seleccionará la oferta que presente la mejor relación calidad precio de acuerdo con la letra b) del apartado 3 del artículo 145.

La mesa podrá llevar a cabo negociaciones con el licitador cuya oferta se considere que presenta la mejor relación calidad-precio de acuerdo con la letra b) del apartado 3 del artículo 145 con el fin de confirmar compromisos financieros u otras condiciones contenidas en la oferta, para lo cual se ultimarán las condiciones del contrato, siempre que con ello no se modifiquen elementos sustanciales de la oferta o de la licitación pública, en particular las necesidades y los requisitos establecidos en el anuncio de licitación o en el documento descriptivo, y no conlleve un riesgo de falseamiento de la competencia ni tenga un efecto discriminatorio.

Elevada la propuesta, el órgano de contratación procederá a la adjudicación del contrato.

La **asociación para la innovación** es un procedimiento que tiene como finalidad el desarrollo de productos, servicios u obras innovadores y la compra ulterior de los suministros, servicios u obras resultantes, siempre que correspondan a los niveles de rendimiento y a los costes máximos acordados entre los órganos de contratación y los participantes.

A tal efecto, en los pliegos de cláusulas administrativas particulares, el órgano de contratación determinará cuál es la necesidad de un producto, servicio u obra innovadores que no puede ser satisfecha mediante la adquisición de productos, servicios u obras ya disponibles en el mercado. Indicará asimismo qué elementos de la descripción constituyen los requisitos mínimos que han de cumplir todos los licitadores, y definirá las disposiciones aplicables a los derechos de propiedad intelectual e industrial. La información facilitada será lo suficientemente precisa como para que los empresarios puedan identificar la naturaleza y el ámbito de la solución requerida y decidir si solicitan participar en el procedimiento.

El órgano de contratación podrá decidir crear la asociación para la innovación con uno o varios socios que efectúen por separado actividades de investigación y desarrollo.

Los contratos que se adjudiquen por este procedimiento se regirán:

a) En la fase de investigación y desarrollo, por las normas que se establezcan reglamentariamente, así como por las prescripciones contenidas en los correspondientes pliegos, y supletoriamente por las normas del contrato de servicios.

b) En la fase de ejecución de las obras, servicios o suministros derivados de este procedimiento, por las normas correspondientes al contrato relativo a la prestación de que se trate.

En las asociaciones para la innovación, cualquier empresario podrá presentar una solicitud de participación en respuesta a una convocatoria de licitación, proporcionando la información sobre los criterios objetivos de solvencia que haya solicitado el órgano de contratación.

El plazo mínimo para la recepción de las solicitudes de participación será de treinta días a partir de la fecha de envío del anuncio de licitación, cuando el contrato esté sujeto a regulación armonizada. En otro caso, dicho plazo no podrá ser inferior a veinte días contados desde la publicación del anuncio de licitación en el perfil de contratante.

A los efectos de seleccionar a los candidatos, los órganos de contratación aplicarán, en particular, criterios objetivos de solvencia relativos a la capacidad de los candidatos en los ámbitos de la investigación y del desarrollo, así como en la elaboración y aplicación de soluciones innovadoras.

Solo los empresarios a los que invite el órgano de contratación tras evaluar la información solicitada podrán presentar proyectos de investigación e innovación destinados a responder a las necesidades señaladas por el órgano de contratación que no puedan satisfacerse con las soluciones existentes.

Los órganos de contratación podrán limitar el número de candidatos aptos que hayan de ser invitados a participar en el procedimiento, de conformidad con el artículo 162.2, siendo tres el número mínimo de empresarios a los que se invitará a negociar.

Concluida la selección de los candidatos, el órgano de contratación les invitará a presentar sus proyectos de investigación e innovación para responder a las necesidades a cubrir.

Los contratos se adjudicarán únicamente con arreglo al criterio de la mejor relación calidad-precio, según lo dispuesto en el artículo 145.2.

Salvo que se disponga de otro modo, los órganos de contratación negociarán con los candidatos seleccionados las ofertas iniciales y todas las ofertas ulteriores presentadas por estos, excepto la oferta definitiva, con el fin de mejorar su contenido.

No se negociarán los requisitos mínimos ni los criterios de adjudicación.

Las negociaciones durante los procedimientos de las asociaciones para la innovación podrán desarrollarse en fases sucesivas, a fin de reducir el número de ofertas que haya que negociar, aplicando los criterios de adjudicación especificados en los pliegos de cláusulas administrativas particulares y recogidos en el anuncio de licitación. El órgano de contratación indicará claramente en el anuncio de licitación y en los pliegos de cláusulas administrativas particulares si va a hacer uso de esta opción.

La asociación para la innovación se estructurará en fases sucesivas siguiendo la secuencia de las etapas del proceso de investigación e innovación, que podrá incluir la fabricación de los productos, la prestación de los servicios o la realización de las obras. La asociación para la innovación fijará unos objetivos intermedios que deberán alcanzar los socios y proveerá el pago de la retribución en plazos adecuados.

Sobre la base de esos objetivos, el órgano de contratación podrá decidir, al final de cada fase, resolver la asociación para la innovación o, en el caso de una asociación para la innovación con varios socios, reducir el número de socios mediante la resolución de los contratos individuales, siempre que el órgano de contratación haya indicado en los pliegos de cláusulas administrativas particulares que puede hacer uso de estas posibilidades y las condiciones en que puede hacerlo.

En ningún caso, la resolución de la asociación para la innovación o la reducción del número de candidatos participantes dará lugar a indemnización, sin perjuicio de la contraprestación que, en las condiciones establecidas en el pliego, corresponda por los trabajos realizados.

Finalizadas las fases de investigación y desarrollo, el órgano de contratación analizará si sus resultados alcanzan los niveles de rendimiento y costes acordados y resolverá lo procedente sobre la adquisición de las obras, servicios o suministros resultantes.

Las adquisiciones derivadas de asociaciones para la innovación se realizarán en los términos establecidos en el pliego de cláusulas administrativas particulares. Cuando la asociación se realice con varios empresarios la selección del empresario al que se deba efectuar dichas adquisiciones se realizará sobre las base de los criterios objetivos que se hayan establecido en el pliego.

En el caso de que la adquisición de las obras, servicios o suministros conlleve la realización de prestaciones sucesivas, aquella solo se podrá llevar a cabo durante un periodo máximo de cuatro años a partir de la recepción de la resolución sobre la adquisición de las obras, servicios o suministros a la que se refiere el apartado 1 del presente artículo.

El órgano de contratación velará por que la estructura de la asociación y, en particular, la duración y el valor de las diferentes fases reflejen el grado de innovación de la solución propuesta y la secuencia de las actividades de investigación y de innovación necesarias para el desarrollo de una solución innovadora aún no disponible en el mercado. El valor estimado de los suministros, servicios u obras no será desproporcionado con respecto a la inversión necesaria para su desarrollo.

Son **concursos de proyectos** los procedimientos encaminados a la obtención de planos o proyectos, principalmente en los campos de la arquitectura, el urbanismo, la ingeniería y el procesamiento de datos, a través de una selección que, tras la correspondiente licitación, se encomienda a un jurado.

Las normas de la presente sección se aplicarán a los concursos de proyectos que respondan a uno de los tipos siguientes:

a) Concursos de proyectos organizados en el marco de un procedimiento de adjudicación de un contrato de servicios, en los que eventualmente se podrán conceder premios o pagos.

El contrato de servicios que resulte del concurso de proyectos además también podrá tener por objeto la dirección facultativa de las obras correspondientes, siempre y cuando así se indique en el anuncio de licitación del concurso.

b) Concursos de proyectos con premios o pagos a los participantes.

Cuando el objeto del contrato de servicios que se vaya a adjudicar se refiera a la redacción de proyectos arquitectónicos, de ingeniería y urbanismo que revistan especial complejidad y, cuando se contraten conjuntamente con la redacción de los proyectos anteriores, a los trabajos complementarios y a la dirección de las obras, los órganos de contratación deberán aplicar las normas de esta sección.

Se consideran sujetos a regulación armonizada los concursos de proyectos cuyo valor estimado sea igual o superior a los umbrales fijados en las letras a) y b) del apartado 1 del artículo 22 en función del órgano que efectúe la convocatoria.

El valor estimado de los concursos de proyectos se calculará aplicando las siguientes reglas a los supuestos previstos en el apartado 2 de este artículo: en el caso de la letra a), se tendrá en cuenta el valor estimado del contrato de servicios y los eventuales premios o pagos a los participantes; en el caso previsto en la letra b), se tendrá en cuenta el importe total de los premios y pagos, e incluyendo el valor estimado del contrato de servicios que pudiera adjudicarse ulteriormente con arreglo a la letra d) del artículo 168, si el órgano de contratación hubiere advertido en el anuncio de licitación de su intención de adjudicar dicho contrato.

Las normas relativas a la organización de un concurso de proyectos se establecerán de conformidad con lo regulado en la presente Subsección y se pondrán a disposición de quienes estén interesados en participar en el mismo.

En el caso de que se admitieran premios o pagos, las bases del concurso deberán indicar, según el caso, la cantidad fija que se abonará en concepto de premios o bien en concepto de compensación por los gastos en que hubieren incurrido los participantes.

En los concursos de proyectos, la valoración de las propuestas se referirá a la calidad de las mismas, y sus valores técnicos, funcionales, arquitectónicos, culturales y medioambientales.

El órgano de contratación podrá limitar el número de participantes en el concurso de proyectos. Cuando este fuera el caso, el concurso constará de dos fases: en la primera el órgano de contratación seleccionará a los participantes de entre los candidatos que hubieren presentado solicitud de participación, mediante la aplicación de los criterios a que se refiere el apartado siguiente; y en la segunda el órgano de contratación invitará simultáneamente y por escrito a los candidatos seleccionados para que presenten sus propuestas de proyectos ante el órgano de contratación en el plazo que proceda conforme a lo señalado en el artículo 136.

En caso de que se decida limitar el número de participantes, la selección de estos deberá efectuarse aplicando criterios objetivos, claros y no discriminatorios, que deberán figurar en las bases del concurso y en el anuncio de licitación, sin que el acceso a la participación pueda limitarse a un determinado ámbito territorial, o a personas físicas con exclusión de las jurídicas o a la inversa. En cualquier caso, al fijar el número de candidatos invitados a participar, deberá tenerse en cuenta la necesidad de garantizar una competencia real.

La segunda fase a que se refiere el apartado 1 de este artículo podrá realizarse en dos sub-fases sucesivas, a fin de reducir el número de concursantes.

En la primera sub-fase se invitará simultáneamente y por escrito a los candidatos seleccionados para que presenten una idea concisa acerca del objeto del concurso ante el órgano de contratación en el plazo que proceda de conformidad con lo dispuesto en el artículo 136, debiendo estas ser valoradas por el Jurado con arreglo a los criterios de adjudicación previamente establecidos de acuerdo con lo indicado en el apartado anterior.

En una segunda sub-fase los participantes seleccionados serán invitados, también simultáneamente y por escrito, para que presenten sus propuestas de proyectos en desarrollo de la idea inicial en el plazo que proceda de acuerdo con lo indicado en el artículo 136, debiendo ser valorados por el Jurado de conformidad con los criterios de adjudicación que se hubieren establecido previamente.

En cualquier caso el número de candidatos invitados deberá ser suficiente para garantizar una competencia real. El número mínimo de candidatos será de tres.

En todo caso los participantes en el concurso de proyectos cuyas ideas hubieran resultado seleccionadas y, por lo tanto, hubieren superado la primera sub-fase, tendrán derecho a percibir la compensación económica por los gastos en que hubieran incurrido, a que se refiere el apartado 2 del artículo anterior.

En los pliegos, el órgano de contratación indicará si va a hacer uso de esta opción.

En el caso de que el órgano de contratación se proponga adjudicar un contrato de servicios ulterior a un concurso de proyectos, mediante un procedimiento negociado sin publicidad, y deba adjudicarse, con arreglo a las normas previstas en el concurso de proyectos, al ganador o a uno de los ganadores del concurso de proyectos, en este último caso, todos los ganadores del concurso deberán ser invitados a participar en las negociaciones.

La licitación del concurso de proyectos se publicará en la forma prevista en el artículo 135 y en las demás disposiciones de esta Ley que resulten de aplicación.

Cuando el órgano de contratación se proponga adjudicar un contrato de servicios ulterior mediante un procedimiento negociado sin publicidad, deberá indicarlo en el anuncio de licitación del concurso.

Los resultados del concurso se publicarán en la forma prevista en el artículo 154. No obstante, el órgano de contratación podrá no publicar la información relativa al resultado del concurso de proyectos cuando prevea que su divulgación dificultaría la aplicación de la ley, sería contraria al interés público, perjudique los intereses comerciales legítimos de empresas públicas o privadas, o podría perjudicar la competencia leal entre proveedores de servicios.

Una vez finalizado el plazo de presentación de las propuestas de proyectos, se constituirá un jurado cuyos miembros serán designados de conformidad con lo establecido en las bases del concurso.

En los concursos de proyectos no habrá intervención de la mesa de contratación. Todas aquellas funciones administrativas o de otra índole no atribuidas específicamente al Jurado serán realizadas por los servicios dependientes del órgano de contratación.

El jurado estará compuesto por personas físicas independientes de los participantes en el concurso de proyectos.

Cuando se exija una cualificación profesional específica para participar en un concurso de proyectos, al menos dos tercios de los miembros del jurado deberán poseer dicha cualificación u otra equivalente.

El jurado adoptará sus decisiones o dictámenes con total autonomía e independencia, sobre la base de proyectos que le serán presentados de forma anónima, y atendiendo únicamente a los criterios indicados en el anuncio de licitación del concurso.

A estos efectos se entenderá por proyectos presentados de forma anónima aquellos en los que no solo no figure el nombre de su autor, sino que además no contengan datos o indicios de cualquier tipo que permitan conocer indirectamente la identidad del autor o autores del mismo.

El jurado hará constar en un informe, firmado por sus miembros, la clasificación de los proyectos, teniendo en cuenta los méritos de cada proyecto, junto con sus observaciones y cualesquiera aspectos que requieran aclaración, del que se dará traslado al órgano de contratación.

Deberá respetarse el anonimato hasta que el jurado emita su dictamen o decisión.

De ser necesario, podrá invitarse a los participantes a que respondan a preguntas que el jurado haya incluido en el acta para aclarar cualquier aspecto de los proyectos, debiendo levantarse un acta completa del diálogo entre los miembros del jurado y los participantes.

Una vez que el jurado hubiere adoptado una decisión, dará traslado de la misma al órgano de contratación para que este proceda a la adjudicación del concurso de proyectos al participante indicado por el primero.

Los premios y los pagos que, en su caso, se hubieren establecido en las bases del concurso, se abonarán de conformidad con lo establecido en el artículo 198, contándose los plazos fijados en él a partir de que la adjudicación sea notificada.

A tales efectos, en el expediente de gasto se acreditará la cobertura financiera necesaria para poder hacer frente a dichos premios o pagos.

Ejecución.

Los contratos deberán cumplirse a tenor de sus cláusulas, sin perjuicio de las prerrogativas establecidas por la legislación en favor de las Administraciones Públicas.

Dentro de los límites y con sujeción a los requisitos y efectos señalados en la presente Ley, el órgano de contratación ostenta la prerrogativa de interpretar los contratos administrativos, resolver las dudas que ofrezca su cumplimiento, modificarlos por razones de interés público, declarar la responsabilidad imputable al contratista a raíz de la ejecución del contrato, suspender la ejecución del mismo, acordar su resolución y determinar los efectos de esta.

Igualmente, el órgano de contratación ostenta las facultades de inspección de las actividades desarrolladas por los contratistas durante la ejecución del contrato, en los términos y con los límites establecidos en la presente Ley para cada tipo de contrato. En ningún caso dichas facultades de inspección podrán implicar un derecho general del órgano de contratación a inspeccionar las instalaciones, oficinas y demás emplazamientos en los que el contratista desarrolle sus actividades, salvo que tales emplazamientos y sus condiciones técnicas sean determinantes para el desarrollo de las prestaciones objeto del contrato. En tal caso, el órgano de contratación deberá justificarlo de forma expresa y detallada en el expediente administrativo.

En los procedimientos que se instruyan para la adopción de acuerdos relativos a las prerrogativas establecidas en el artículo anterior, deberá darse audiencia al contratista.

En la Administración General del Estado, sus Organismos Autónomos, Entidades Gestoras y Servicios Comunes de la Seguridad Social y demás Administraciones Públicas integrantes del sector público estatal, los acuerdos a que se refiere el apartado anterior deberán ser adoptados previo informe del Servicio Jurídico correspondiente, salvo en los casos previstos en los artículos 109 y 195.

No obstante lo anterior, será preceptivo el dictamen del Consejo de Estado u órgano consultivo equivalente de la Comunidad Autónoma respectiva en los casos y respecto de los contratos que se indican a continuación:

a) La interpretación, nulidad y resolución de los contratos, cuando se formule oposición por parte del contratista.

b) Las modificaciones de los contratos cuando no estuvieran previstas en el pliego de cláusulas administrativas particulares y su cuantía, aislada o conjuntamente, sea superior a un 20 por ciento del precio inicial del contrato, IVA excluido, y su precio sea igual o superior a 6.000.000 de euros.

c) Las reclamaciones dirigidas a la Administración con fundamento en la responsabilidad contractual en que esta pudiera haber incurrido, en los casos en que las indemnizaciones reclamadas sean de cuantía igual o superior a 50.000 euros. Esta cuantía se podrá rebajar por la normativa de la correspondiente Comunidad Autónoma.

Los acuerdos que adopte el órgano de contratación pondrán fin a la vía administrativa y serán inmediatamente ejecutivos.

Los pliegos o el documento descriptivo podrán prever penalidades para el caso de cumplimiento defectuoso de la prestación objeto del mismo o para el supuesto de incumplimiento de los compromisos o de las condiciones especiales de ejecución del contrato que se hubiesen establecido conforme al apartado 2 del artículo 76 y al apartado 1 del artículo 202. Estas penalidades deberán ser proporcionales a la gravedad del incumplimiento y las cuantías de cada una de ellas no podrán ser superiores al 10 por ciento del precio del contrato, IVA excluido, ni el total de las mismas superar el 50 por cien del precio del contrato.

Cuando el contratista, por causas imputables al mismo, hubiere incumplido parcialmente la ejecución de las prestaciones definidas en el contrato, la Administración podrá optar, atendidas las circunstancias del caso, por su resolución o por la imposición de las penalidades que, para tales supuestos, se determinen en el pliego de cláusulas administrativas particulares o en el documento descriptivo.

Los pliegos reguladores de los acuerdos marco podrán prever las penalidades establecidas en el presente artículo en relación con las obligaciones derivadas del acuerdo marco y de los contratos en él basados.

El contratista está obligado a cumplir el contrato dentro del plazo total fijado para la realización del mismo, así como de los plazos parciales señalados para su ejecución sucesiva.

La constitución en mora del contratista no precisará intimación previa por parte de la Administración.

Cuando el contratista, por causas imputables al mismo, hubiere incurrido en demora respecto al cumplimiento del plazo total, la Administración podrá optar, atendidas las circunstancias del caso, por la resolución del contrato o por la imposición de las penalidades diarias en la proporción de 0,60 euros por cada 1.000 euros del precio del contrato, IVA excluido.

El órgano de contratación podrá acordar la inclusión en el pliego de cláusulas administrativas particulares de unas penalidades distintas a las enumeradas en el párrafo anterior cuando, atendiendo a las especiales características del contrato, se considere necesario para su correcta ejecución y así se justifique en el expediente.

Cada vez que las penalidades por demora alcancen un múltiplo del 5 por 100 del precio del contrato, IVA excluido, el órgano de contratación estará facultado para proceder a la resolución del mismo o acordar la continuidad de su ejecución con imposición de nuevas penalidades.

La Administración tendrá las mismas facultades a que se refieren los apartados anteriores respecto al incumplimiento por parte del contratista de los plazos parciales, cuando se hubiese previsto en el pliego de cláusulas administrativas particulares o cuando la demora en el cumplimiento de aquellos haga presumir razonablemente la imposibilidad de cumplir el plazo total.

En los supuestos de incumplimiento parcial o cumplimiento defectuoso o de demora en la ejecución en que no esté prevista penalidad o en que estándolo la misma no cubriera los daños causados a la Administración, esta exigirá al contratista la indemnización por daños y perjuicios.

Las penalidades previstas en los dos artículos anteriores se impondrán por acuerdo del órgano de contratación, adoptado a propuesta del responsable del contrato si se hubiese designado, que será inmediatamente ejecutivo, y se harán efectivas mediante deducción de las cantidades que, en concepto de pago total o parcial, deban abonarse al contratista o sobre la garantía que, en su caso, se hubiese constituido, cuando no puedan deducirse de los mencionados pagos.

En el supuesto a que se refiere el artículo 193 (Resolución por demora y ampliación del plazo de ejecución de los contratos), si la Administración optase por la resolución esta deberá acordarse por el órgano de contratación o por aquel que tenga atribuida esta competencia en las Comunidades Autónomas, sin otro trámite preceptivo que la audiencia del contratista y, cuando se formule oposición por parte de este, el dictamen del Consejo de Estado u órgano consultivo equivalente de la Comunidad Autónoma respectiva.

Si el retraso fuese producido por motivos no imputables al contratista y este ofreciera cumplir sus compromisos si se le amplía el plazo inicial de ejecución, el órgano de contratación se lo concederá dándosele un plazo que será, por lo menos, igual al tiempo perdido, a no ser que el contratista pidiese otro menor. El responsable del contrato emitirá un informe donde se determine si el retraso fue producido por motivos imputables al contratista.

Será obligación del contratista indemnizar todos los daños y perjuicios que se causen a terceros como consecuencia de las operaciones que requiera la ejecución del contrato.

Cuando tales daños y perjuicios hayan sido ocasionados como consecuencia inmediata y directa de una orden de la Administración, será esta responsable dentro de los límites señalados en las leyes. También será la Administración responsable de los daños que se causen a terceros como consecuencia de los vicios del proyecto en el contrato de obras, sin perjuicio de la posibilidad de repetir contra el redactor del proyecto de acuerdo con lo establecido en el artículo 315, o en el contrato de suministro de fabricación.

Los terceros podrán requerir previamente, dentro del año siguiente a la producción del hecho, al órgano de contratación para que este, oído el contratista, informe sobre a cuál de las partes contratantes corresponde la responsabilidad de los daños. El ejercicio de esta facultad interrumpe el plazo de prescripción de la acción.

La reclamación de aquellos se formulará, en todo caso, conforme al procedimiento establecido en la legislación aplicable a cada supuesto.

La ejecución del contrato se realizará a riesgo y ventura del contratista, sin perjuicio de lo establecido para el contrato de obras en el artículo 239.

El contratista tendrá derecho al abono del precio convenido por la prestación realizada en los términos establecidos en esta Ley y en el contrato.

En el supuesto de los contratos basados en un acuerdo marco y de los contratos específicos derivados de un sistema dinámico de contratación, el pago del precio se podrá hacer por el peticionario.

El pago del precio podrá hacerse de manera total o parcial, mediante abonos a cuenta o, en el caso de contratos de tracto sucesivo, mediante pago en cada uno de los vencimientos que se hubiesen estipulado.

En los casos en que el importe acumulado de los abonos a cuenta sea igual o superior con motivo del siguiente pago al 90 por ciento del precio del contrato incluidas, en su caso, las modificaciones aprobadas, al expediente de pago que se tramite habrá de acompañarse, cuando resulte preceptiva, la comunicación efectuada a la Intervención correspondiente para su eventual asistencia a la recepción en el ejercicio de sus funciones de comprobación material de la inversión.

El contratista tendrá también derecho a percibir abonos a cuenta por el importe de las operaciones preparatorias de la ejecución del contrato y que estén comprendidas en el objeto del mismo, en las condiciones señaladas en los respectivos pliegos, debiéndose asegurar los referidos pagos mediante la prestación de garantía.

La Administración tendrá la obligación de abonar el precio dentro de los treinta días siguientes a la fecha de aprobación de las certificaciones de obra o de los documentos que acrediten la conformidad con lo dispuesto en el contrato de los bienes entregados o servicios prestados, sin perjuicio de lo establecido en el apartado 4 del artículo 210, y si se demorase, deberá abonar al contratista, a partir del cumplimiento de dicho plazo de treinta días los intereses de demora y la indemnización por los costes de cobro en los términos previstos en la Ley 3/2004, de 29 de diciembre, por la que se establecen medidas de lucha contra la morosidad en las operaciones comerciales. Para que haya lugar al inicio del cómputo de plazo para el devengo de intereses, el contratista deberá haber cumplido la obligación de presentar la factura ante el registro administrativo correspondiente en los términos establecidos en la normativa vigente sobre factura electrónica, en tiempo y forma, en el plazo de treinta días desde la fecha de entrega efectiva de las mercancías o la prestación del servicio.

Sin perjuicio de lo establecido en el apartado 4 del artículo 210 y en el apartado 1 del artículo 243, la Administración deberá aprobar las certificaciones de obra o los documentos que acrediten la conformidad con lo dispuesto en el contrato de los bienes entregados o servicios prestados dentro de los treinta días siguientes a la entrega efectiva de los bienes o prestación del servicio.

En todo caso, si el contratista incumpliera el plazo de treinta días para presentar la factura ante el registro administrativo correspondiente en los términos establecidos en la normativa vigente sobre factura electrónica, el devengo de intereses no se iniciará hasta transcurridos treinta días desde la fecha de la correcta presentación de la factura, sin que la Administración haya aprobado la conformidad, si procede, y efectuado el correspondiente abono.

Si la demora en el pago fuese superior a cuatro meses, el contratista podrá proceder, en su caso, a la suspensión del cumplimiento del contrato, debiendo comunicar a la Administración, con un mes de antelación, tal circunstancia, a efectos del reconocimiento de los derechos que puedan derivarse de dicha suspensión, en los términos establecidos en esta Ley.

Si la demora de la Administración fuese superior a seis meses, el contratista tendrá derecho, asimismo, a resolver el contrato y al resarcimiento de los perjuicios que como consecuencia de ello se le originen.

Sin perjuicio de lo establecido en las normas tributarias y de la Seguridad Social, los abonos a cuenta que procedan por la ejecución del contrato, solo podrán ser embargados en los siguientes supuestos:

a) Para el pago de los salarios devengados por el personal del contratista en la ejecución del contrato y de las cuotas sociales derivadas de los mismos.

b) Para el pago de las obligaciones contraídas por el contratista con los subcontratistas y suministradores referidas a la ejecución del contrato.

Las Comunidades Autónomas podrán reducir los plazos de treinta días, cuatro meses y seis meses establecidos en los apartados 4, 5 y 6 de este artículo.

Transcurrido el plazo a que se refiere el apartado 4 del artículo 198 de esta Ley, los contratistas podrán reclamar por escrito a la Administración contratante el cumplimiento de la obligación de pago y, en su caso, de los intereses de demora. Si, transcurrido el plazo de un mes, la Administración no hubiera contestado, se entenderá reconocido el vencimiento del plazo de pago y los interesados podrán formular recurso contencioso-administrativo contra la inactividad de la Administración, pudiendo solicitar como medida cautelar el pago inmediato de la deuda. El órgano judicial adoptará la medida cautelar, salvo que la Administración acredite que no concurren las circunstancias que justifican el pago o que la cuantía reclamada no corresponde a la que es exigible, en cuyo caso la medida cautelar se limitará a esta última. La sentencia condenará en costas a la Administración demandada en el caso de estimación total de la pretensión de cobro.

Los contratistas que tengan derecho de cobro frente a la Administración, podrán ceder el mismo conforme a derecho.

Para que la cesión del derecho de cobro sea efectiva frente a la Administración, será requisito imprescindible la notificación fehaciente a la misma del acuerdo de cesión.

La eficacia de las segundas y sucesivas cesiones de los derechos de cobro cedidos por el contratista quedará condicionada al cumplimiento de lo dispuesto en el número anterior.

Una vez que la Administración tenga conocimiento del acuerdo de cesión, el mandamiento de pago habrá de ser expedido a favor del cesionario. Antes de que la cesión se ponga en conocimiento de la Administración, los mandamientos de pago a nombre del contratista o del cedente surtirán efectos liberatorios.

Las cesiones anteriores al nacimiento de la relación jurídica de la que deriva el derecho de cobro no producirán efectos frente a la Administración. En todo caso, la Administración podrá oponer frente al cesionario todas las excepciones causales derivadas de la relación contractual.

Modificación.

Sin perjuicio de los supuestos previstos en esta Ley respecto a la sucesión en la persona del contratista, cesión del contrato, revisión de precios y ampliación del plazo de ejecución, los contratos administrativos solo podrán ser modificados por razones de interés público en los casos y en la forma previstos en esta Subsección, y de acuerdo con el procedimiento regulado en el artículo 191, con las particularidades previstas en el artículo 207.

Los contratos administrativos celebrados por los órganos de contratación solo podrán modificarse durante su vigencia cuando se dé alguno de los siguientes supuestos:

a) Cuando así se haya previsto en el pliego de cláusulas administrativas particulares, en los términos y condiciones establecidos en el artículo 204;

b) Excepcionalmente, cuando sea necesario realizar una modificación que no esté prevista en el pliego de cláusulas administrativas particulares, siempre y cuando se cumplan las condiciones que establece el artículo 205.

En cualesquiera otros supuestos, si fuese necesario que un contrato en vigor se ejecutase en forma distinta a la pactada, deberá procederse a su resolución y a la celebración de otro bajo las condiciones pertinentes, en su caso previa convocatoria y sustanciación de una nueva licitación pública de conformidad con lo establecido en esta Ley, sin perjuicio de lo dispuesto en el apartado 6 del artículo 213 respecto de la obligación del contratista de adoptar medidas que resulten necesarias por razones de seguridad, servicio público o posible ruina.

Las modificaciones del contrato deberán formalizarse conforme a lo dispuesto en el artículo 153, y deberán publicarse de acuerdo con lo establecido en los artículos 207 y 63.

Los contratos de las Administraciones Públicas podrán modificarse durante su vigencia hasta un máximo del veinte por ciento del precio inicial cuando en los pliegos de cláusulas administrativas particulares se hubiere advertido expresamente de esta posibilidad, en la forma y con el contenido siguientes:

a) La cláusula de modificación deberá estar formulada de forma clara, precisa e inequívoca.

b) Asimismo, en lo que respecta a su contenido, la cláusula de modificación deberá precisar con el detalle suficiente: su alcance, límites y naturaleza; las condiciones en que podrá hacerse uso de la misma por referencia a circunstancias cuya concurrencia pueda verificarse de forma objetiva; y el procedimiento que haya de seguirse para realizar la modificación. La cláusula de modificación establecerá, asimismo, que la modificación no podrá suponer el establecimiento de nuevos precios unitarios no previstos en el contrato.

La formulación y contenido de la cláusula de modificación deberá ser tal que en todo caso permita a los candidatos y licitadores comprender su alcance exacto e interpretarla de la misma forma y que, por otra parte, permita al órgano de contratación comprobar efectivamente el cumplimiento por parte de los primeros de las condiciones de aptitud exigidas y valorar correctamente las ofertas presentadas por estos.

En ningún caso los órganos de contratación podrán prever en el pliego de cláusulas administrativas particulares modificaciones que puedan alterar la naturaleza global del contrato inicial. En todo caso, se entenderá que se altera esta si se sustituyen las obras, los suministros o los servicios que se van a adquirir por otros diferentes o se modifica el tipo de contrato. No se entenderá que se altera la naturaleza global del contrato cuando se sustituya alguna unidad de obra, suministro o servicio puntual.

Las modificaciones no previstas en el pliego de cláusulas administrativas particulares o que, habiendo sido previstas, no se ajusten a lo establecido en el artículo anterior, solo podrán realizarse cuando la modificación en cuestión cumpla los siguientes requisitos:

a) Que encuentre su justificación en alguno de los supuestos que se relacionan en el apartado segundo de este artículo.

b) Que se limite a introducir las variaciones estrictamente indispensables para responder a la causa objetiva que la haga necesaria.

Los supuestos que eventualmente podrían justificar una modificación no prevista, siempre y cuando esta cumpla todos los requisitos recogidos en el apartado primero de este artículo, son los siguientes:

a) Cuando deviniera necesario añadir obras, suministros o servicios adicionales a los inicialmente contratados, siempre y cuando se den los dos requisitos siguientes:

1.º Que el cambio de contratista no fuera posible por razones de tipo económico o técnico, por ejemplo que obligara al órgano de contratación a adquirir obras, servicios o suministros con características técnicas diferentes a los inicialmente contratados, cuando estas diferencias den lugar a incompatibilidades o a dificultades técnicas de uso o de mantenimiento que resulten desproporcionadas; y, asimismo, que el cambio de contratista generara inconvenientes significativos o un aumento sustancial de costes para el órgano de contratación.

En ningún caso se considerará un inconveniente significativo la necesidad de celebrar una nueva licitación para permitir el cambio de contratista.

2.º Que la modificación del contrato implique una alteración en su cuantía que no exceda, aislada o conjuntamente con otras modificaciones acordadas conforme a este artículo, del 50 por ciento de su precio inicial, IVA excluido.

b) Cuando la necesidad de modificar un contrato vigente se derive de circunstancias sobrevenidas y que fueran imprevisibles en el momento en que tuvo lugar la licitación del contrato, siempre y cuando se cumplan las tres condiciones siguientes:

1.º Que la necesidad de la modificación se derive de circunstancias que una Administración diligente no hubiera podido prever.

2.º Que la modificación no altere la naturaleza global del contrato.

3.º Que la modificación del contrato implique una alteración en su cuantía que no exceda, aislada o conjuntamente con otras modificaciones acordadas conforme a este artículo, del 50 por ciento de su precio inicial, IVA excluido.

c) Cuando las modificaciones no sean sustanciales. En este caso se tendrá que justificar especialmente la necesidad de las mismas, indicando las razones por las que esas prestaciones no se incluyeron en el contrato inicial.

Una modificación de un contrato se considerará sustancial cuando tenga como resultado un contrato de naturaleza materialmente diferente al celebrado en un principio. En cualquier caso, una modificación se considerará sustancial cuando se cumpla una o varias de las condiciones siguientes:

1.º Que la modificación introduzca condiciones que, de haber figurado en el procedimiento de contratación inicial, habrían permitido la selección de candidatos distintos de los seleccionados inicialmente o la aceptación de una oferta distinta a la aceptada inicialmente o habrían atraído a más participantes en el procedimiento de contratación.

En todo caso se considerará que se da el supuesto previsto en el párrafo anterior cuando la obra o el servicio resultantes del proyecto original o del pliego, respectivamente, más la modificación que se pretenda, requieran de una clasificación del contratista diferente a la que, en su caso, se exigió en el procedimiento de licitación original.

2.º Que la modificación altere el equilibrio económico del contrato en beneficio del contratista de una manera que no estaba prevista en el contrato inicial.

En todo caso se considerará que se da el supuesto previsto en el párrafo anterior cuando, como consecuencia de la modificación que se pretenda realizar, se introducirían unidades de obra nuevas cuyo importe representaría más del 50 por ciento del presupuesto inicial del contrato.

3.º Que la modificación amplíe de forma importante el ámbito del contrato.

En todo caso se considerará que se da el supuesto previsto en el párrafo anterior cuando:

(i) El valor de la modificación suponga una alteración en la cuantía del contrato que exceda, aislada o conjuntamente, del 15 por ciento del precio inicial del mismo, IVA excluido, si se trata del contrato de obras o de un 10 por ciento, IVA excluido, cuando se refiera a los demás contratos, o bien que supere el umbral que en función del tipo de contrato resulte de aplicación de entre los señalados en los artículos 20 a 23.

(ii) Las obras, servicios o suministros objeto de modificación se hallen dentro del ámbito de otro contrato, actual o futuro, siempre que se haya iniciado la tramitación del expediente de contratación.

En los supuestos de modificación del contrato recogidas en el artículo 205, las modificaciones acordadas por el órgano de contratación serán obligatorias para los contratistas cuando impliquen, aislada o conjuntamente, una alteración en su cuantía que no exceda del 20 por ciento del precio inicial del contrato, IVA excluido.

Cuando de acuerdo con lo dispuesto en el apartado anterior la modificación no resulte obligatoria para el contratista, la misma solo será acordada por el órgano de contratación previa conformidad por escrito del mismo, resolviéndose el contrato, en caso contrario, de conformidad con lo establecido en la letra g) del apartado 1 del artículo 211.

Suspensión.

Si la Administración acordase la suspensión del contrato o aquella tuviere lugar por la aplicación de lo dispuesto en el artículo 198.5, se extenderá un acta, de oficio o a solicitud del contratista, en la que se consignarán las circunstancias que la han motivado y la situación de hecho en la ejecución de aquel.

Acordada la suspensión, la Administración abonará al contratista los daños y perjuicios efectivamente sufridos por este con sujeción a las siguientes reglas:

a) Salvo que el pliego que rija el contrato establezca otra cosa, dicho abono solo comprenderá, siempre que en los puntos 1.º a 4.º se acredite fehacientemente su realidad, efectividad e importe, los siguientes conceptos:

1.º Gastos por mantenimiento de la garantía definitiva.

2.º Indemnizaciones por extinción o suspensión de los contratos de trabajo que el contratista tuviera concertados para la ejecución del contrato al tiempo de iniciarse la suspensión.

3.º Gastos salariales del personal que necesariamente deba quedar adscrito al contrato durante el período de suspensión.

4.º Alquileres o costes de mantenimiento de maquinaria, instalaciones y equipos siempre que el contratista acredite que estos medios no pudieron ser empleados para otros fines distintos de la ejecución del contrato suspendido.

5.º Un 3 por 100 del precio de las prestaciones que debiera haber ejecutado el contratista durante el período de suspensión, conforme a lo previsto en el programa de trabajo o en el propio contrato.

6.º Los gastos correspondientes a las pólizas de seguro suscritas por el contratista previstos en el pliego de cláusulas administrativas vinculados al objeto del contrato.

b) Solo se indemnizarán los períodos de suspensión que estuvieran documentados en la correspondiente acta. El contratista podrá pedir que se extienda dicha acta. Si la Administración no responde a esta solicitud se entenderá, salvo prueba en contrario, que se ha iniciado la suspensión en la fecha señalada por el contratista en su solicitud.

c) El derecho a reclamar prescribe en un año contado desde que el contratista reciba la orden de reanudar la ejecución del contrato.

Extinción

Los contratos se extinguirán por cumplimiento o por resolución.

El contrato se entenderá cumplido por el contratista cuando este haya realizado, de acuerdo con los términos del mismo y a satisfacción de la Administración, la totalidad de la prestación.

En todo caso, su constatación exigirá por parte de la Administración un acto formal y positivo de recepción o conformidad dentro del mes siguiente a la entrega o realización del objeto del contrato, o en el plazo que se determine en el pliego de cláusulas administrativas particulares por razón de sus características. A la Intervención de la Administración correspondiente le será comunicado, cuando ello sea preceptivo, la fecha y lugar del acto, para su eventual asistencia en ejercicio de sus funciones de comprobación de la inversión.

En los contratos se fijará un plazo de garantía a contar de la fecha de recepción o conformidad, transcurrido el cual sin objeciones por parte de la Administración, salvo los supuestos en que se establezca otro plazo en esta Ley o en otras normas, quedará extinguida la responsabilidad del contratista. Se exceptúan del plazo de garantía aquellos contratos en que por su naturaleza o características no resulte necesario, lo que deberá justificarse debidamente en el expediente de contratación, consignándolo expresamente en el pliego.

Excepto en los contratos de obras, que se regirán por lo dispuesto en el artículo 243, dentro del plazo de treinta días a contar desde la fecha del acta de recepción o conformidad, deberá acordarse en su caso y cuando la naturaleza del contrato lo exija, y ser notificada al contratista la liquidación correspondiente del contrato, y abonársele, en su caso, el saldo resultante. No obstante, si la Administración Pública recibe la factura con posterioridad a la fecha en que tiene lugar dicha recepción, el plazo de treinta días se contará desde su correcta presentación por el contratista en el registro correspondiente en los términos establecidos en la normativa vigente en materia de factura electrónica. Si se produjera demora en el pago del saldo de liquidación, el contratista tendrá derecho a percibir los intereses de demora y la indemnización por los costes de cobro en los términos previstos en la Ley 3/2004, de 29 de diciembre, por la que se establecen medidas de lucha contra la morosidad en las operaciones comerciales.

Son causas de resolución del contrato:

a) La muerte o incapacidad sobrevenida del contratista individual o la extinción de la personalidad jurídica de la sociedad contratista, sin perjuicio de lo previsto en el artículo 98 relativo a la sucesión del contratista.

b) La declaración de concurso o la declaración de insolvencia en cualquier otro procedimiento.

c) El mutuo acuerdo entre la Administración y el contratista.

d) La demora en el cumplimiento de los plazos por parte del contratista.

En todo caso el retraso injustificado sobre el plan de trabajos establecido en el pliego o en el contrato, en cualquier actividad, por un plazo superior a un tercio del plazo de duración inicial del contrato, incluidas las posibles prórrogas.

e) La demora en el pago por parte de la Administración por plazo superior al establecido en el apartado 6 del artículo 198 o el inferior que se hubiese fijado al amparo de su apartado 8.

f) El incumplimiento de la obligación principal del contrato.

Serán, asimismo causas de resolución del contrato, el incumplimiento de las restantes obligaciones esenciales siempre que estas últimas hubiesen sido calificadas como tales en los pliegos o en el correspondiente documento descriptivo, cuando concurran los dos requisitos siguientes:

1.º Que las mismas respeten los límites que el apartado 1 del artículo 34 establece para la libertad de pactos.

2.º Que figuren enumeradas de manera precisa, clara e inequívoca en los pliegos o en el documento descriptivo, no siendo admisibles cláusulas de tipo general.

g) La imposibilidad de ejecutar la prestación en los términos inicialmente pactados, cuando no sea posible modificar el contrato conforme a los artículos 204 y 205; o cuando dándose las circunstancias establecidas en el artículo 205, las modificaciones impliquen, aislada o conjuntamente, alteraciones del precio del mismo, en cuantía superior, en más o en menos, al 20 por ciento del precio inicial del contrato, con exclusión del Impuesto sobre el Valor Añadido.

h) Las que se señalen específicamente para cada categoría de contrato en esta Ley.

i) El impago, durante la ejecución del contrato, de los salarios por parte del contratista a los trabajadores que estuvieran participando en la misma, o el incumplimiento de las condiciones establecidas en los Convenios colectivos en vigor para estos trabajadores también durante la ejecución del contrato.

En los casos en que concurran diversas causas de resolución del contrato con diferentes efectos en cuanto a las consecuencias económicas de la extinción, deberá atenderse a la que haya aparecido con prioridad en el tiempo.

La resolución del contrato se acordará por el órgano de contratación, de oficio o a instancia del contratista, en su caso, siguiendo el procedimiento que en las normas de desarrollo de esta Ley se establezca.

No obstante lo anterior, la resolución del contrato por la causa a que se refiere la letra i) del artículo 211.1 solo se acordará, con carácter general, a instancia de los representantes de los trabajadores en la empresa contratista; excepto cuando los trabajadores afectados por el impago de salarios sean trabajadores en los que procediera la subrogación de conformidad con el artículo 130 y el importe de los salarios adeudados por la empresa contratista supere el 5 por ciento del precio de adjudicación del contrato, en cuyo caso la resolución podrá ser acordada directamente por el órgano de contratación de oficio.

La declaración de insolvencia en cualquier procedimiento y las modificaciones del contrato en los casos en que no se den las circunstancias establecidas en los artículos 204 y 205, darán siempre lugar a la resolución del contrato.

Serán potestativas para la Administración y para el contratista las restantes modificaciones no previstas en el contrato cuando impliquen, aislada o conjuntamente, una alteración en cuantía que exceda del 20 por ciento del precio inicial del contrato, IVA excluido.

En los restantes casos, la resolución podrá instarse por aquella parte a la que no le sea imputable la circunstancia que diera lugar a la misma.

Cuando la causa de resolución sea la muerte o incapacidad sobrevenida del contratista individual la Administración podrá acordar la continuación del contrato con sus herederos o sucesores.

La resolución por mutuo acuerdo solo podrá tener lugar cuando no concurra otra causa de resolución que sea imputable al contratista, y siempre que razones de interés público hagan innecesaria o inconveniente la permanencia del contrato.

En caso de declaración en concurso la Administración potestativamente continuará el contrato si razones de interés público así lo aconsejan, siempre y cuando el contratista prestare las garantías adicionales suficientes para su ejecución.

En todo caso se entenderá que son garantías suficientes:

a) Una garantía complementaria de al menos un 5 por 100 del precio del contrato, que deberá prestarse en cualquiera de las formas contempladas en el artículo 108.

b) El depósito de una cantidad en concepto de fianza, que se realizará de conformidad con lo establecido en el artículo 108.1, letra a), y que quedará constituida como cláusula penal para el caso de incumplimiento por parte del contratista.

En el supuesto de demora a que se refiere la letra d) del apartado primero del artículo anterior, si las penalidades a que diere lugar la demora en el cumplimiento del plazo alcanzasen un múltiplo del 5 por ciento del precio del contrato, IVA excluido, se estará a lo dispuesto en el apartado 4 del artículo 193.

El incumplimiento de las obligaciones derivadas del contrato por parte de la Administración originará la resolución de aquel solo en los casos previstos en esta Ley.

Los expedientes de resolución contractual deberán ser instruidos y resueltos en el plazo máximo de ocho meses.

Cuando la resolución se produzca por mutuo acuerdo, los derechos de las partes se acomodarán a lo válidamente estipulado por ellas.

El incumplimiento por parte de la Administración de las obligaciones del contrato determinará para aquella, con carácter general, el pago de los daños y perjuicios que por tal causa se irroguen al contratista.

Cuando el contrato se resuelva por incumplimiento culpable del contratista le será incautada la garantía y deberá, además, indemnizar a la Administración los daños y perjuicios ocasionados en lo que excedan del importe de la garantía incautada.

Cuando la resolución se acuerde por las causas recogidas en la letra g) del artículo 211, el contratista tendrá derecho a una indemnización del 3 por ciento del importe de la prestación dejada de realizar, salvo que la causa sea imputable al contratista o este rechace la modificación contractual propuesta por la Administración al amparo del artículo 205.

En todo caso el acuerdo de resolución contendrá pronunciamiento expreso acerca de la procedencia o no de la pérdida, devolución o cancelación de la garantía que, en su caso, hubiese sido constituida.

Al tiempo de incoarse el expediente administrativo de resolución del contrato por las causas establecidas en las letras b), d), f) y g) del apartado 1 del artículo 211, podrá iniciarse el procedimiento para la adjudicación del nuevo contrato, si bien la adjudicación de este quedará condicionada a la terminación del expediente de resolución. Se aplicará la tramitación de urgencia a ambos procedimientos.

Hasta que se formalice el nuevo contrato, el contratista quedará obligado, en la forma y con el alcance que determine el órgano de contratación, a adoptar las medidas necesarias por razones de seguridad, o indispensables para evitar un grave trastorno al servicio público o la ruina de lo construido o fabricado. A falta de acuerdo, la retribución del contratista se fijará a instancia de este por el órgano de contratación, una vez concluidos los trabajos y tomando como referencia los precios que sirvieron de base para la celebración del contrato. El contratista podrá impugnar esta decisión ante el órgano de contratación que deberá resolver lo que proceda en el plazo de quince días hábiles.

Cuando el contratista no pueda garantizar las medidas indispensables establecidas en el párrafo anterior, la Administración podrá intervenir garantizando la realización de dichas medidas bien con sus propios medios, bien a través de un contrato con un tercero.

Cesión de los contratos.

Al margen de los supuestos de sucesión del contratista del artículo 98 y sin perjuicio de la subrogación que pudiera producirse a favor del acreedor hipotecario conforme al artículo 274.2 o del adjudicatario en el procedimiento de ejecución hipotecaria en virtud del artículo 275, la modificación subjetiva de los contratos solamente será posible por cesión contractual, cuando obedezca a una opción inequívoca de los pliegos, dentro de los límites establecidos en el párrafo siguiente.

A tales efectos, los pliegos establecerán necesariamente que los derechos y obligaciones dimanantes del contrato podrán ser cedidos por el contratista a un tercero siempre que las cualidades técnicas o personales del cedente no hayan sido razón determinante de la adjudicación del contrato, y de la cesión no resulte una restricción efectiva de la competencia en el mercado. Sin perjuicio de lo establecido en el apartado 2, letra b), no podrá autorizarse la cesión a un tercero cuando esta suponga una alteración sustancial de las características del contratista si estas constituyen un elemento esencial del contrato.

Cuando los pliegos prevean que los licitadores que resulten adjudicatarios constituyan una sociedad específicamente para la ejecución del contrato, establecerán la posibilidad de cesión de las participaciones de esa sociedad; así como el supuesto en que, por implicar un cambio de control sobre el contratista, esa cesión de participaciones deba ser equiparada a una cesión contractual a los efectos de su autorización de acuerdo con lo previsto en el presente artículo. Los pliegos podrán prever mecanismos de control de la cesión de participaciones que no impliquen un cambio de control en supuestos que estén suficientemente justificados.

Para que los contratistas puedan ceder sus derechos y obligaciones a terceros, los pliegos deberán contemplar, como mínimo, la exigencia de los siguientes requisitos:

a) Que el órgano de contratación autorice, de forma previa y expresa, la cesión. Dicha autorización se otorgará siempre que se den los requisitos previstos en las letras siguientes. El plazo para la notificación de la resolución sobre la solicitud de autorización será de dos meses, trascurrido el cual deberá entenderse otorgada por silencio administrativo.

b) Que el cedente tenga ejecutado al menos un 20 por 100 del importe del contrato o, cuando se trate de un contrato de concesión de obras o concesión de servicios, que haya efectuado su explotación durante al menos una quinta parte del plazo de duración del contrato. No será de aplicación este requisito si la cesión se produce encontrándose el contratista en concurso aunque se haya abierto la fase de liquidación, o ha puesto en conocimiento del juzgado competente para la declaración del concurso que ha iniciado negociaciones para alcanzar un acuerdo de refinanciación, o para obtener adhesiones a una propuesta anticipada de convenio, en los términos previstos en la legislación concursal.

No obstante lo anterior, el acreedor pignoraticio o el acreedor hipotecario podrá solicitar la cesión en aquellos supuestos en que los contratos de concesión de obras y de concesión de servicios los pliegos prevean, mediante cláusulas claras e inequívocas, la posibilidad de subrogación de un tercero en todos los derechos y obligaciones del concesionario en caso de concurrencia de algún indicio claro y predeterminado de la inviabilidad, presente o futura, de la concesión, con la finalidad de evitar su resolución anticipada.

c) Que el cesionario tenga capacidad para contratar con la Administración y la solvencia que resulte exigible en función de la fase de ejecución del contrato, debiendo estar debidamente clasificado si tal requisito ha sido exigido al cedente, y no estar incurso en una causa de prohibición de contratar.

d) Que la cesión se formalice, entre el adjudicatario y el cesionario, en escritura pública.

El cesionario quedará subrogado en todos los derechos y obligaciones que corresponderían al cedente.

El contratista podrá concertar con terceros la realización parcial de la prestación con sujeción a lo que dispongan los pliegos, salvo que conforme a lo establecido en las letras d) y e) del apartado 2.º de este artículo, la prestación o parte de la misma haya de ser ejecutada directamente por el primero.

En ningún caso la limitación de la subcontratación podrá suponer que se produzca una restricción efectiva de la competencia, sin perjuicio de lo establecido en la presente Ley respecto a los contratos de carácter secreto o reservado, o aquellos cuya ejecución deba ir acompañada de medidas de seguridad especiales de acuerdo con disposiciones legales o reglamentarias o cuando lo exija la protección de los intereses esenciales de la seguridad del Estado.

La celebración de los subcontratos estará sometida al cumplimiento de los siguientes requisitos:

a) Si así se prevé en los pliegos, los licitadores deberán indicar en la oferta la parte del contrato que tengan previsto subcontratar, señalando su importe, y el nombre o el perfil empresarial, definido por referencia a las condiciones de solvencia profesional o técnica, de los subcontratistas a los que se vaya a encomendar su realización.

b) En todo caso, el contratista deberá comunicar por escrito, tras la adjudicación del contrato y, a más tardar, cuando inicie la ejecución de este, al órgano de contratación la intención de celebrar los subcontratos, señalando la parte de la prestación que se pretende subcontratar y la identidad, datos de contacto y representante o representantes legales del subcontratista, y justificando suficientemente la aptitud de este para ejecutarla por referencia a los elementos técnicos y humanos de que dispone y a su experiencia, y acreditando que el mismo no se encuentra incurso en prohibición de contratar de acuerdo con el artículo 71.

El contratista principal deberá notificar por escrito al órgano de contratación cualquier modificación que sufra esta información durante la ejecución del contrato principal, y toda la información necesaria sobre los nuevos subcontratistas.

En el caso que el subcontratista tuviera la clasificación adecuada para realizar la parte del contrato objeto de la subcontratación, la comunicación de esta circunstancia será suficiente para acreditar la aptitud del mismo.

La acreditación de la aptitud del subcontratista podrá realizarse inmediatamente después de la celebración del subcontrato si esta es necesaria para atender a una situación de emergencia o que exija la adopción de medidas urgentes y así se justifica suficientemente.

c) Si los pliegos hubiesen impuesto a los licitadores la obligación de comunicar las circunstancias señaladas en la letra a) del presente apartado, los subcontratos que no se ajusten a lo indicado en la oferta, por celebrarse con empresarios distintos de los indicados nominativamente en la misma o por referirse a partes de la prestación diferentes a las señaladas en ella, no podrán celebrarse hasta que transcurran veinte días desde que se hubiese cursado la notificación y aportado las justificaciones a que se refiere la letra b) de este apartado, salvo que con anterioridad hubiesen sido autorizados expresamente, siempre que la Administración no hubiese notificado dentro de este plazo su oposición a los mismos. Este régimen será igualmente aplicable si los subcontratistas hubiesen sido identificados en la oferta mediante la descripción de su perfil profesional.

Bajo la responsabilidad del contratista, los subcontratos podrán concluirse sin necesidad de dejar transcurrir el plazo de veinte días si su celebración es necesaria para atender a una situación de emergencia o que exija la adopción de medidas urgentes y así se justifica suficientemente.

d) En los contratos de carácter secreto o reservado, o en aquellos cuya ejecución deba ir acompañada de medidas de seguridad especiales de acuerdo con disposiciones legales o reglamentarias o cuando lo exija la protección de los intereses esenciales de la seguridad del Estado, la subcontratación requerirá siempre autorización expresa del órgano de contratación.

e) De conformidad con lo establecido en el apartado 4 del artículo 75, en los contratos de obras, los contratos de servicios o los servicios o trabajos de colocación o instalación en el contexto de un contrato de suministro, los órganos de contratación podrán establecer en los pliegos que determinadas tareas críticas no puedan ser objeto de subcontratación, debiendo ser estas ejecutadas directamente por el contratista principal. La determinación de las tareas críticas deberá ser objeto de justificación en el expediente de contratación.

La infracción de las condiciones establecidas en el apartado anterior para proceder a la subcontratación, así como la falta de acreditación de la aptitud del subcontratista o de las circunstancias determinantes de la situación de emergencia o de las que hacen urgente la subcontratación, tendrá, entre otras previstas en esta Ley, y en función de la repercusión en la ejecución del contrato, alguna de las siguientes consecuencias, cuando así se hubiera previsto en los pliegos:

a) La imposición al contratista de una penalidad de hasta un 50 por 100 del importe del subcontrato.

b) La resolución del contrato, siempre y cuando se cumplan los requisitos establecidos en el segundo párrafo de la letra f) del apartado 1 del artículo 211.

Los subcontratistas quedarán obligados solo ante el contratista principal que asumirá, por tanto, la total responsabilidad de la ejecución del contrato frente a la Administración, con arreglo estricto a los pliegos de cláusulas administrativas particulares o documento descriptivo, y a los términos del contrato, incluido el cumplimiento de las obligaciones en materia medioambiental, social o laboral a que se refiere el artículo 201.

El conocimiento que tenga la Administración de los subcontratos celebrados en virtud de las comunicaciones a que se refieren las letras b) y c) del apartado 2 de este artículo, o la autorización que otorgue en el supuesto previsto en la letra d) de dicho apartado, no alterarán la responsabilidad exclusiva del contratista principal.

En ningún caso podrá concertarse por el contratista la ejecución parcial del contrato con personas inhabilitadas para contratar de acuerdo con el ordenamiento jurídico o comprendidas en alguno de los supuestos del artículo 71.

El contratista deberá informar a los representantes de los trabajadores de la subcontratación, de acuerdo con la legislación laboral.

Los subcontratos y los contratos de suministro a que se refieren los artículos 215 a 217 tendrán en todo caso naturaleza privada.

Sin perjuicio de lo establecido en la disposición adicional quincuagésima primera los subcontratistas no tendrán acción directa frente a la Administración contratante por las obligaciones contraídas con ellos por el contratista como consecuencia de la ejecución del contrato principal y de los subcontratos.

El contratista está obligado a abonar a los subcontratistas o suministradores el precio pactado en los plazos y condiciones que se indican a continuación.

Los plazos fijados no podrán ser más desfavorables que los previstos en la Ley 3/2004, de 29 de diciembre, por la que se establecen medidas de lucha contra la morosidad en las operaciones comerciales, y se computarán desde la fecha en que tiene lugar la aceptación o verificación de los bienes o servicios por el contratista principal, siempre que el subcontratista o el suministrador hayan entregado la factura en los plazos legalmente establecidos.

La aceptación deberá efectuarse en un plazo máximo de treinta días desde la entrega de los bienes o la prestación del servicio. Dentro del mismo plazo deberán formularse, en su caso, los motivos de disconformidad a la misma. En el caso de que no se realizase en dicho plazo, se entenderá que se han aceptado los bienes o verificado de conformidad la prestación de los servicios.

El contratista deberá abonar las facturas en el plazo fijado de conformidad con lo previsto en el apartado 2. En caso de demora en el pago, el subcontratista o el suministrador tendrá derecho al cobro de los intereses de demora y la indemnización por los costes de cobro en los términos previstos en la Ley 3/2004, de 29 de diciembre, por la que se establecen medidas de lucha contra la morosidad en las operaciones comerciales.

Sin perjuicio de lo dispuesto en el art. 69 bis del Reglamento del Impuesto sobre el Valor Añadido, aprobado por Real Decreto 1624/1992, de 29 de diciembre, sobre la remisión electrónica de los registros de facturación, los subcontratistas que se encuentren en los supuestos establecidos en el apartado 1 del artículo 4 de la Ley 25/2013, de 27 de diciembre, de impulso a la factura electrónica y creación del registro contable de facturas del sector público, deberán utilizar en su relación con el contratista principal la factura electrónica, cuando el importe de la misma supere los 5.000 euros, que deberán presentar al contratista principal a través del Registro a que se refiere el apartado 3 de la disposición adicional trigésima segunda, a partir de la fecha prevista en dicha disposición.

En supuestos distintos de los anteriores, será facultativo para los subcontratistas la utilización de la factura electrónica y su presentación en el Registro referido en el apartado 3 de la disposición adicional trigésima segunda.

La cuantía de 5.000 euros se podrá modificar mediante Orden del Ministro de Hacienda y Función Pública.

Los subcontratistas no podrán renunciar válidamente, antes o después de su adquisición, a los derechos que tengan reconocidos por este artículo, sin que sea de aplicación a este respecto el artículo 1110 del Código Civil.

Las Administraciones Públicas y demás entes públicos contratantes podrán comprobar el estricto cumplimiento de los pagos que los contratistas adjudicatarios de los contratos públicos, calificados como tales en el artículo 12, han de hacer a todos los subcontratistas o suministradores que participen en los mismos.

LOS GASTOS CONTRACTUALES.

Los contratos de obras, concesión de obras, concesión de servicios, suministro y servicios que celebren las entidades pertenecientes al sector público se calificarán de acuerdo con las normas contenidas en la presente sección.

Los restantes contratos del sector público se calificarán según las normas de derecho administrativo o de derecho privado que les sean de aplicación.

Contrato de obras.

Son contratos de obras aquellos que tienen por objeto uno de los siguientes:

a) La ejecución de una obra, aislada o conjuntamente con la redacción del proyecto, o la realización de alguno de los trabajos enumerados en el Anexo I.

b) La realización, por cualquier medio, de una obra que cumpla los requisitos fijados por la entidad del sector público contratante que ejerza una influencia decisiva en el tipo o el proyecto de la obra.

Por «obra» se entenderá el resultado de un conjunto de trabajos de construcción o de ingeniería civil, destinado a cumplir por sí mismo una función económica o técnica, que tenga por objeto un bien inmueble.

También se considerará «obra» la realización de trabajos que modifiquen la forma o sustancia del terreno o de su vuelo, o de mejora del medio físico o natural.

Los contratos de obras se referirán a una obra completa, entendiendo por esta la susceptible de ser entregada al uso general o al servicio correspondiente, sin perjuicio de las ampliaciones de que posteriormente pueda ser objeto y comprenderá todos y cada uno de los elementos que sean precisos para la utilización de la obra.

No obstante lo anterior, podrán contratarse obras definidas mediante proyectos independientes relativos a cada una de las partes de una obra completa, siempre que estas sean susceptibles de utilización independiente, en el sentido del uso general o del servicio, o puedan ser sustancialmente definidas y preceda autorización administrativa del órgano de contratación que funde la conveniencia de la referida contratación.

Se podrán celebrar contratos de obras sin referirse a una obra completa en los supuestos previstos en el apartado 4 del artículo 30 de la presente Ley cuando la responsabilidad de la obra completa corresponda a la Administración por tratarse de un supuesto de ejecución de obras por la propia Administración Pública.

Están sujetos a regulación armonizada los contratos de obras, de concesión de obras y de concesión de servicios cuyo valor estimado sea igual o superior a 5.382.000 euros.

En el supuesto previsto en el artículo 101.12 relativo al cálculo del valor estimado en los contratos de obras que se adjudiquen por lotes separados, cuando el valor acumulado de los lotes en que se divida la obra iguale o supere la cantidad indicada en el apartado anterior, se aplicarán las normas de la regulación armonizada a la adjudicación de cada lote.

No obstante lo dispuesto en el párrafo anterior, los órganos de contratación podrán exceptuar de estas normas a los lotes cuyo valor estimado sea inferior a un millón de euros, siempre que el importe acumulado de los lotes exceptuados no sobrepase el 20 por 100 del valor acumulado de la totalidad de los mismos.

En los términos previstos en esta Ley, la adjudicación de un contrato de obras requerirá la previa elaboración, supervisión, aprobación y replanteo del correspondiente proyecto que definirá con precisión el objeto del contrato. La aprobación del proyecto corresponderá al órgano de contratación salvo que tal competencia esté específicamente atribuida a otro órgano por una norma jurídica.

En el supuesto de adjudicación conjunta de proyecto y obra, la ejecución de esta quedará condicionada a la supervisión, aprobación y replanteo del proyecto por el órgano de contratación.

A los efectos de elaboración de los proyectos se clasificarán las obras, según su objeto y naturaleza, en los grupos siguientes:

a) Obras de primer establecimiento, reforma, restauración, rehabilitación o gran reparación.

b) Obras de reparación simple.

c) Obras de conservación y mantenimiento.

d) Obras de demolición.

Son obras de primer establecimiento las que dan lugar a la creación de un bien inmueble.

El concepto general de reforma abarca el conjunto de obras de ampliación, mejora, modernización, adaptación, adecuación o refuerzo de un bien inmueble ya existente.

Se consideran como obras de reparación las necesarias para enmendar un menoscabo producido en un bien inmueble por causas fortuitas o accidentales. Cuando afecten fundamentalmente a la estructura resistente tendrán la calificación de gran reparación y, en caso contrario, de reparación simple.

Si el menoscabo se produce en el tiempo por el natural uso del bien, las obras necesarias para su enmienda tendrán el carácter de conservación. Las obras de mantenimiento tendrán el mismo carácter que las de conservación.

Son obras de restauración aquellas que tienen por objeto reparar una construcción conservando su estética, respetando su valor histórico y manteniendo su funcionalidad.

Son obras de rehabilitación aquellas que tienen por objeto reparar una construcción conservando su estética, respetando su valor histórico y dotándola de una nueva funcionalidad que sea compatible con los elementos y valores originales del inmueble.

Son obras de demolición las que tengan por objeto el derribo o la destrucción de un bien inmueble.

Los proyectos de obras deberán comprender, al menos:

a) Una memoria en la que se describa el objeto de las obras, que recogerá los antecedentes y situación previa a las mismas, las necesidades a satisfacer y la justificación de la solución adoptada, detallándose los factores de todo orden a tener en cuenta.

b) Los planos de conjunto y de detalle necesarios para que la obra quede perfectamente definida, así como los que delimiten la ocupación de terrenos y la restitución de servidumbres y demás derechos reales, en su caso, y servicios afectados por su ejecución.

c) El pliego de prescripciones técnicas particulares, donde se hará la descripción de las obras y se regulará su ejecución, con expresión de la forma en que esta se llevará a cabo, las obligaciones de orden técnico que correspondan al contratista, y la manera en que se llevará a cabo la medición de las unidades ejecutadas y el control de calidad de los materiales empleados y del proceso de ejecución.

d) Un presupuesto, integrado o no por varios parciales, con expresión de los precios unitarios y de los descompuestos, en su caso, estado de mediciones y los detalles precisos para su valoración. El presupuesto se ordenará por obras elementales, en los términos que reglamentariamente se establezcan.

e) Un programa de desarrollo de los trabajos o plan de obra de carácter indicativo, con previsión, en su caso, del tiempo y coste.

f) Las referencias de todo tipo en que se fundamentará el replanteo de la obra.

g) El estudio de seguridad y salud o, en su caso, el estudio básico de seguridad y salud, en los términos previstos en las normas de seguridad y salud en las obras.

h) Cuanta documentación venga prevista en normas de carácter legal o reglamentario.

No obstante, para los proyectos de obras de primer establecimiento, reforma o gran reparación inferiores a 500.000 euros de presupuesto base de licitación, IVA excluido, y para los restantes proyectos enumerados en el artículo anterior, se podrá simplificar, refundir o incluso suprimir, alguno o algunos de los documentos anteriores en la forma que en las normas de desarrollo de esta Ley se determine, siempre que la documentación resultante sea suficiente para definir, valorar y ejecutar las obras que comprenda. No obstante, solo podrá prescindirse de la documentación indicada en la letra g) del apartado anterior en los casos en que así esté previsto en la normativa específica que la regula.

Salvo que ello resulte incompatible con la naturaleza de la obra, el proyecto deberá incluir un estudio geotécnico de los terrenos sobre los que esta se va a ejecutar, así como los informes y estudios previos necesarios para la mejor determinación del objeto del contrato.

Cuando la elaboración del proyecto haya sido contratada íntegramente por la Administración, el autor o autores del mismo incurrirán en responsabilidad en los términos establecidos en esta Ley. En el supuesto de que la prestación se llevara a cabo en colaboración con la Administración y bajo su supervisión, las responsabilidades se limitarán al ámbito de la colaboración.

Cuando el proyecto incluyera un estudio geotécnico y el mismo no hubiera previsto determinadas circunstancias que supongan un incremento en más del 10 por ciento del precio inicial del contrato en ejecución, al autor o autores del mismo les será exigible la indemnización que establece el artículo 315, si bien el porcentaje del 20 por ciento que este indica en su apartado 1 deberá sustituirse, a estos efectos, por el 10 por ciento.

Los proyectos deberán sujetarse a las instrucciones técnicas que sean de obligado cumplimiento.

Cuando las obras sean objeto de explotación por la Administración Pública el proyecto deberá ir acompañado del valor actual neto de las inversiones, costes e ingresos a obtener por la Administración que vaya a explotar la obra.

La contratación conjunta de la elaboración del proyecto y la ejecución de las obras correspondientes tendrá carácter excepcional y solo podrá efectuarse en los siguientes supuestos cuya concurrencia deberá justificarse debidamente en el expediente:

a) Cuando motivos de orden técnico obliguen necesariamente a vincular al empresario a los estudios de las obras. Estos motivos deben estar ligados al destino o a las técnicas de ejecución de la obra.

b) Cuando se trate de obras cuya dimensión excepcional o dificultades técnicas singulares, requieran soluciones aportadas con medios y capacidad técnica propias de las empresas.

En todo caso, la licitación de este tipo de contrato requerirá la redacción previa por la Administración o entidad contratante del correspondiente anteproyecto o documento similar y solo, cuando por causas justificadas fuera conveniente al interés público, podrá limitarse a redactar las bases técnicas a que el proyecto deba ajustarse.

El contratista presentará el proyecto al órgano de contratación para su supervisión, aprobación y replanteo. Si se observaren defectos o referencias de precios inadecuados en el proyecto recibido se requerirá su subsanación del contratista, en los términos del artículo 314, sin que pueda iniciarse la ejecución de obra hasta que se proceda a una nueva supervisión, aprobación y replanteo del proyecto. En el supuesto de que el órgano de contratación y el contratista no llegaren a un acuerdo sobre los precios, el último quedará exonerado de ejecutar las obras, sin otro derecho frente al órgano de contratación que el pago de los trabajos de redacción del correspondiente proyecto.

En los casos a que se refiere este artículo, la iniciación del expediente y la reserva de crédito correspondiente fijarán el importe máximo previsto que el futuro contrato puede alcanzar. No obstante, no se procederá a la fiscalización del gasto, a su aprobación, así como a la adquisición del compromiso generado por el mismo, hasta que se conozca el importe y las condiciones del contrato de acuerdo con la proposición seleccionada, circunstancias que serán recogidas en el correspondiente pliego de cláusulas administrativas particulares.

Cuando se trate de la elaboración de un proyecto de obras singulares de infraestructuras hidráulicas o de transporte cuya entidad o complejidad no permita establecer el importe estimativo de la realización de las obras, la previsión del precio máximo a que se refiere el apartado anterior se limitará exclusivamente al proyecto. La ejecución de la obra quedará supeditada al estudio de la viabilidad de su financiación y a la tramitación del correspondiente expediente de gasto.

En el supuesto de que se renunciara a la ejecución de la obra o no se produzca pronunciamiento en un plazo de tres meses, salvo que el pliego de cláusulas estableciera otro mayor, el contratista tendrá derecho al pago del precio del proyecto incrementado en el 5 por 100 como compensación.

Antes de la aprobación del proyecto, cuando el presupuesto base de licitación del contrato de obras sea igual o superior a 500.000 euros, IVA excluido, los órganos de contratación deberán solicitar un informe de las correspondientes oficinas o unidades de supervisión de los proyectos encargadas de verificar que se han tenido en cuenta las disposiciones generales de carácter legal o reglamentario así como la normativa técnica que resulten de aplicación para cada tipo de proyecto. La responsabilidad por la aplicación incorrecta de las mismas en los diferentes estudios y cálculos se exigirá de conformidad con lo dispuesto en el apartado 4 del artículo 233 de la presente Ley.

En los proyectos de presupuesto base de licitación inferior al señalado, el informe tendrá carácter facultativo, salvo que se trate de obras que afecten a la estabilidad, seguridad o estanqueidad de la obra en cuyo caso el informe de supervisión será igualmente preceptivo.

Aprobado el proyecto y previamente a la aprobación del expediente de contratación de la obra, se procederá a efectuar el replanteo del mismo, el cual consistirá en comprobar la realidad geométrica de la misma y la disponibilidad de los terrenos precisos para su normal ejecución. Asimismo se deberán comprobar cuantos supuestos figuren en el proyecto elaborado y sean básicos para el contrato a celebrar.

En la tramitación de los expedientes de contratación referentes a obras de infraestructuras hidráulicas, de transporte y de carreteras, se dispensará del requisito previo de disponibilidad de los terrenos, si bien no se podrá iniciar la ejecución de las obras en tanto no se haya formalizado la ocupación en virtud de la vigente Ley de Expropiación Forzosa.

En los casos de cesión de terrenos o locales por Entidades públicas, será suficiente para acreditar la disponibilidad de los terrenos, la aportación de los acuerdos de cesión y aceptación por los órganos competentes.

Una vez realizado el replanteo se incorporará el proyecto al expediente de contratación.

La ejecución del contrato de obras comenzará con el acta de comprobación del replanteo. A tales efectos, dentro del plazo que se consigne en el contrato que no podrá ser superior a un mes desde la fecha de su formalización salvo casos excepcionales justificados, el servicio de la Administración encargada de las obras procederá, en presencia del contratista, a efectuar la comprobación del replanteo hecho previamente a la licitación, extendiéndose acta del resultado que será firmada por ambas partes interesadas, remitiéndose un ejemplar de la misma al órgano que celebró el contrato.

Las obras se ejecutarán con estricta sujeción a las estipulaciones contenidas en el pliego de cláusulas administrativas particulares y al proyecto que sirve de base al contrato y conforme a las instrucciones que en interpretación técnica de este diere al contratista la Dirección facultativa de las obras.

Cuando las instrucciones fueren de carácter verbal, deberán ser ratificadas por escrito en el más breve plazo posible, para que sean vinculantes para las partes.

Durante el desarrollo de las obras y hasta que se cumpla el plazo de garantía el contratista es responsable de todos los defectos que en la construcción puedan advertirse.

En casos de fuerza mayor y siempre que no exista actuación imprudente por parte del contratista, este tendrá derecho a una indemnización por los daños y perjuicios, que se le hubieren producido en la ejecución del contrato.

Tendrán la consideración de casos de fuerza mayor los siguientes:

a) Los incendios causados por la electricidad atmosférica.

b) Los fenómenos naturales de efectos catastróficos, como maremotos, terremotos, erupciones volcánicas, movimientos del terreno, temporales marítimos, inundaciones u otros semejantes.

c) Los destrozos ocasionados violentamente en tiempo de guerra, robos tumultuosos o alteraciones graves del orden público.

A los efectos del pago, la Administración expedirá mensualmente, en los primeros diez días siguientes al mes al que correspondan, certificaciones que comprendan la obra ejecutada conforme a proyecto durante dicho período de tiempo, salvo prevención en contrario en el pliego de cláusulas administrativas particulares, cuyos abonos tienen el concepto de pagos a cuenta sujetos a las rectificaciones y variaciones que se produzcan en la medición final y sin suponer en forma alguna, aprobación y recepción de las obras que comprenden.

En estos abonos a cuenta se observará lo dispuesto en el párrafo segundo del apartado 2 del artículo 198.

El contratista tendrá también derecho a percibir abonos a cuenta sobre su importe por las operaciones preparatorias realizadas como instalaciones y acopio de materiales o equipos de maquinaria pesada adscritos a la obra, en las condiciones que se señalen en los respectivos pliegos de cláusulas administrativas particulares y conforme al régimen y los límites que con carácter general se determinen reglamentariamente, debiendo asegurar los referidos pagos mediante la prestación de garantía.

Cuando la naturaleza de la obra lo permita, se podrá establecer el sistema de retribución a tanto alzado, sin existencia de precios unitarios, de acuerdo con lo establecido en los apartados siguientes cuando el criterio de retribución se configure como de precio cerrado o en las circunstancias y condiciones que se determinen en las normas de desarrollo de esta Ley para el resto de los casos.

El sistema de retribución a tanto alzado podrá, en su caso, configurarse como de precio cerrado, con el efecto de que el precio ofertado por el adjudicatario se mantendrá invariable no siendo abonables las modificaciones del contrato que sean necesarias para corregir errores u omisiones padecidos en la redacción del proyecto.

La contratación de obras a tanto alzado con precio cerrado requerirá que se cumplan las siguientes condiciones:

a) Que así se prevea en el pliego de cláusulas administrativas particulares del contrato, pudiendo este establecer que algunas unidades o partes de la obra se excluyan de este sistema y se abonen por precios unitarios.

b) Las unidades de obra cuyo precio se vaya a abonar con arreglo a este sistema deberán estar previamente definidas en el proyecto y haberse replanteado antes de la licitación. El órgano de contratación deberá garantizar a los interesados el acceso al terreno donde se ubicarán las obras, a fin de que puedan realizar sobre el mismo las comprobaciones que consideren oportunas con suficiente antelación a la fecha límite de presentación de ofertas.

c) Que el precio correspondiente a los elementos del contrato o unidades de obra contratados por el sistema de tanto alzado con precio cerrado sea abonado mensualmente, en la misma proporción que la obra ejecutada en el mes a que corresponda guarde con el total de la unidad o elemento de obra de que se trate.

d) Cuando en el pliego se autorice a los licitadores la presentación de variantes sobre determinados elementos o unidades de obra que de acuerdo con el pliego de cláusulas administrativas particulares del contrato deban ser ofertadas por el precio cerrado, las citadas variantes deberán ser ofertadas bajo dicha modalidad.

En este caso, los licitadores vendrán obligados a presentar un proyecto básico cuyo contenido se determinará en el pliego de cláusulas administrativas particulares del contrato.

El adjudicatario del contrato en el plazo que determine dicho pliego deberá aportar el proyecto de construcción de las variantes ofertadas, para su preceptiva supervisión y aprobación. En ningún caso el precio o el plazo de la adjudicación sufrirá variación como consecuencia de la aprobación de este proyecto.

Serán obligatorias para el contratista las modificaciones del contrato de obras que se acuerden de conformidad con lo establecido en el artículo 206. En caso de que la modificación suponga supresión o reducción de unidades de obra, el contratista no tendrá derecho a reclamar indemnización alguna.

Cuando las modificaciones supongan la introducción de unidades de obra no previstas en el proyecto o cuyas características difieran de las fijadas en este, y no sea necesario realizar una nueva licitación, los precios aplicables a las mismas serán fijados por la Administración, previa audiencia del contratista por plazo mínimo de tres días hábiles. Cuando el contratista no aceptase los precios fijados, el órgano de contratación podrá contratarlas con otro empresario en los mismos precios que hubiese fijado, ejecutarlas directamente u optar por la resolución del contrato conforme al artículo 211 de esta Ley.

Cuando la modificación contemple unidades de obra que hayan de quedar posterior y definitivamente ocultas, antes de efectuar la medición parcial de las mismas, deberá comunicarse a la Intervención de la Administración correspondiente, con una antelación mínima de cinco días, para que, si lo considera oportuno, pueda acudir a dicho acto en sus funciones de comprobación material de la inversión, y ello, sin perjuicio de, una vez terminadas las obras, efectuar la recepción, de conformidad con lo dispuesto en el apartado 1 del artículo 243, en relación con el apartado 2 del artículo 210.

Cuando el Director facultativo de la obra considere necesaria una modificación del proyecto y se cumplan los requisitos que a tal efecto regula esta Ley, recabará del órgano de contratación autorización para iniciar el correspondiente expediente, que se sustanciará con las siguientes actuaciones:

a) Redacción de la modificación del proyecto y aprobación técnica de la misma.

b) Audiencia del contratista y del redactor del proyecto, por plazo mínimo de tres días.

c) Aprobación del expediente por el órgano de contratación, así como de los gastos complementarios precisos.

No obstante, no tendrán la consideración de modificaciones:

i. El exceso de mediciones, entendiendo por tal, la variación que durante la correcta ejecución de la obra se produzca exclusivamente en el número de unidades realmente ejecutadas sobre las previstas en las mediciones del proyecto, siempre que en global no representen un incremento del gasto superior al 10 por ciento del precio del contrato inicial. Dicho exceso de mediciones será recogido en la certificación final de la obra.

ii. La inclusión de precios nuevos, fijados contradictoriamente por los procedimientos establecidos en esta Ley y en sus normas de desarrollo, siempre que no supongan incremento del precio global del contrato ni afecten a unidades de obra que en su conjunto exceda del 3 por ciento del presupuesto primitivo del mismo.

Cuando la tramitación de una modificación exija la suspensión temporal total de la ejecución de las obras y ello ocasione graves perjuicios para el interés público, el Ministro, si se trata de la Administración General del Estado, sus Organismos Autónomos, Entidades Gestoras y Servicios Comunes de la Seguridad Social y demás entidades públicas integrantes del sector público estatal, podrá acordar que continúen provisionalmente las mismas tal y como esté previsto en la propuesta técnica que elabore la dirección facultativa, siempre que el importe máximo previsto no supere el 20 por ciento del precio inicial del contrato, IVA excluido, y exista crédito adecuado y suficiente para su financiación.

El expediente de continuación provisional a tramitar al efecto exigirá exclusivamente la incorporación de las siguientes actuaciones:

a) Propuesta técnica motivada efectuada por el director facultativo de la obra, donde figure el importe aproximado de la modificación, la descripción básica de las obras a realizar y la justificación de que la modificación se encuentra en uno de los supuestos previstos en el apartado 2 del artículo 203.

b) Audiencia del contratista.

c) Conformidad del órgano de contratación.

d) Certificado de existencia de crédito.

e) Informe de la Oficina de Supervisión de Proyectos, en el caso de que en la propuesta técnica motivada se introdujeran precios nuevos. El informe deberá motivar la adecuación de los nuevos precios a los precios generales del mercado, de conformidad con lo establecido en el apartado 3 del artículo 102.

En el plazo de seis meses contados desde el acuerdo de autorización provisional deberá estar aprobado técnicamente el proyecto, y en el de ocho meses el expediente de la modificación del contrato.

Dentro del citado plazo de ocho meses se ejecutarán preferentemente, de las unidades de obra previstas, aquellas partes que no hayan de quedar posterior y definitivamente ocultas.

La autorización del Ministro para iniciar provisionalmente las obras, que, en su caso, únicamente podrá ser objeto de delegación en los Secretarios de Estado del Departamento Ministerial, implicará en el ámbito de la Administración General del Estado la aprobación del gasto, sin perjuicio de los ajustes que deban efectuarse en el momento de la aprobación de la modificación del contrato.

Las obras ejecutadas dentro del plazo de ocho meses, serán objeto de certificación y abono en los términos previstos en la presente Ley con la siguiente singularidad:

Las certificaciones a expedir durante la tramitación del expediente modificado que comprendan unidades no previstas en el proyecto inicial tomarán como referencia los precios que figuren en la propuesta técnica motivada, cuyos abonos tienen el concepto de pagos a cuenta provisionales sujetos a las rectificaciones y variaciones que puedan resultar una vez se apruebe el proyecto modificado, todo ello, sin perjuicio de las rectificaciones y variaciones que se produzcan en la medición final y sin suponer en forma alguna, aprobación y recepción de las obras que comprenden.

A la recepción de las obras a su terminación y a los efectos establecidos en esta Ley, concurrirá un facultativo designado por la Administración representante de esta, el facultativo encargado de la dirección de las obras y el contratista asistido, si lo estima oportuno, de su facultativo.

Dentro del plazo de tres meses contados a partir de la recepción, el órgano de contratación deberá aprobar la certificación final de las obras ejecutadas, que será abonada al contratista a cuenta de la liquidación del contrato en el plazo previsto en esta Ley.

En el caso de obras cuyo valor estimado supere los doce millones de euros en las que las operaciones de liquidación y medición fueran especialmente complejas, los pliegos podrán prever que el plazo de tres meses para la aprobación de la certificación final al que se refiere el párrafo anterior, podrá ser ampliado, siempre que no supere en ningún caso los cinco meses.

Si se encuentran las obras en buen estado y con arreglo a las prescripciones previstas, el funcionario técnico designado por la Administración contratante y representante de esta, las dará por recibidas, levantándose la correspondiente acta y comenzando entonces el plazo de garantía.

Cuando las obras no se hallen en estado de ser recibidas se hará constar así en el acta y el Director de las mismas señalará los defectos observados y detallará las instrucciones precisas fijando un plazo para remediar aquellos. Si transcurrido dicho plazo el contratista no lo hubiere efectuado, podrá concedérsele otro nuevo plazo improrrogable o declarar resuelto el contrato.

El plazo de garantía se establecerá en el pliego de cláusulas administrativas particulares atendiendo a la naturaleza y complejidad de la obra y no podrá ser inferior a un año salvo casos especiales.

Dentro del plazo de quince días anteriores al cumplimiento del plazo de garantía, el director facultativo de la obra, de oficio o a instancia del contratista, redactará un informe sobre el estado de las obras. Si este fuera favorable, el contratista quedará exonerado de toda responsabilidad, salvo lo dispuesto en el artículo siguiente, procediéndose a la devolución o cancelación de la garantía, a la liquidación del contrato y, en su caso, al pago de las obligaciones pendientes que deberá efectuarse en el plazo de sesenta días. En el caso de que el informe no fuera favorable y los defectos observados se debiesen a deficiencias en la ejecución de la obra y no al uso de lo construido, durante el plazo de garantía, el director facultativo procederá a dictar las oportunas instrucciones al contratista para la debida reparación de lo construido, concediéndole un plazo para ello durante el cual continuará encargado de la conservación de las obras, sin derecho a percibir cantidad alguna por ampliación del plazo de garantía.

No obstante, en aquellas obras cuya perduración no tenga finalidad práctica como las de sondeos y prospecciones que hayan resultado infructuosas o que por su naturaleza exijan trabajos que excedan el concepto de mera conservación como los de dragados no se exigirá plazo de garantía.

Podrán ser objeto de recepción parcial aquellas partes de obra susceptibles de ser ejecutadas por fases que puedan ser entregadas al uso público, según lo establecido en el contrato.

Siempre que por razones excepcionales de interés público debidamente motivadas en el expediente el órgano de contratación acuerde la ocupación efectiva de las obras o su puesta en servicio para el uso público, aun sin el cumplimiento del acto formal de recepción, desde que concurran dichas circunstancias se producirán los efectos y consecuencias propios del acto de recepción de las obras y en los términos en que reglamentariamente se establezcan.

Si la obra se arruina o sufre deterioros graves incompatibles con su función con posterioridad a la expiración del plazo de garantía por vicios ocultos de la construcción, debido a incumplimiento del contrato por parte del contratista, responderá este de los daños y perjuicios que se produzcan o se manifiesten durante un plazo de quince años a contar desde la recepción.

Asimismo, el contratista responderá durante dicho plazo de los daños materiales causados en la obra por vicios o defectos que afecten a la cimentación, los soportes, las vigas, los forjados, los muros de carga u otros elementos estructurales, y que comprometan directamente la resistencia mecánica y la estabilidad de la construcción, contados desde la fecha de recepción de la obra sin reservas o desde la subsanación de estas.

Las acciones para exigir la responsabilidad prevista en el apartado anterior por daños materiales dimanantes de los vicios o defectos, prescribirán en el plazo de dos años a contar desde que se produzcan o se manifiesten dichos daños, sin perjuicio de las acciones que puedan subsistir para exigir responsabilidades por incumplimiento contractual.

Transcurrido el plazo de quince años establecido en el primer apartado de este artículo, sin que se haya manifestado ningún daño o perjuicio, quedará totalmente extinguida cualquier responsabilidad del contratista.

Son causas de resolución del contrato de obras, además de las generales de la Ley, las siguientes:
a) La demora injustificada en la comprobación del replanteo.
b) La suspensión de la iniciación de las obras por plazo superior a cuatro meses.
c) La suspensión de las obras por plazo superior a ocho meses por parte de la Administración.
d) El desistimiento.

La resolución del contrato dará lugar a la comprobación, medición y liquidación de las obras realizadas con arreglo al proyecto, fijando los saldos pertinentes a favor o en contra del contratista. Será necesaria la citación de este, en el domicilio que figure en el expediente de contratación, para su asistencia al acto de comprobación y medición.

Si se demorase injustificadamente la comprobación del replanteo, dando lugar a la resolución del contrato, el contratista solo tendrá derecho por todos los conceptos a una indemnización equivalente al 2 por cien del precio de la adjudicación, IVA excluido.

En el supuesto de desistimiento antes de la iniciación de las obras, o de suspensión de la iniciación de las mismas por parte de la Administración por plazo superior a cuatro meses, el contratista tendrá derecho a percibir por todos los conceptos una indemnización del 3 por cien del precio de adjudicación, IVA excluido.

En caso de desistimiento una vez iniciada la ejecución de las obras, o de suspensión de las obras iniciadas por plazo superior a ocho meses, el contratista tendrá derecho por todos los conceptos al 6 por cien del precio de adjudicación del contrato de las obras dejadas de realizar en concepto de beneficio industrial, IVA excluido, entendiéndose por obras dejadas de realizar las que resulten de la diferencia entre las reflejadas en el contrato primitivo y sus modificaciones aprobadas y las que hasta la fecha de notificación del desistimiento o de la suspensión se hubieran ejecutado.

Cuando las obras hayan de ser continuadas por otro empresario o por la propia Administración, con carácter de urgencia, por motivos de seguridad o para evitar la ruina de lo construido, el órgano de contratación, una vez que haya notificado al contratista la liquidación de las ejecutadas, podrá acordar su continuación, sin perjuicio de que el contratista pueda impugnar la valoración efectuada ante el propio órgano. El órgano de contratación resolverá lo que proceda en el plazo de quince días.

Contrato de concesión de obras.

La concesión de obras es un contrato que tiene por objeto la realización por el concesionario de algunas de las prestaciones a que se refiere el artículo anterior, incluidas las de restauración y reparación de construcciones existentes, así como la conservación y mantenimiento de los elementos construidos, y en el que la contraprestación a favor de aquel consiste, o bien únicamente en el derecho a explotar la obra en el sentido del apartado cuarto siguiente, o bien en dicho derecho acompañado del de percibir un precio.

El contrato podrá comprender, además, el siguiente contenido:

a) La adecuación, reforma y modernización de la obra para adaptarla a las características técnicas y funcionales requeridas para la correcta prestación de los servicios o la realización de las actividades económicas a las que sirve de soporte material.

b) Las actuaciones de reposición y gran reparación que sean exigibles en relación con los elementos que ha de reunir cada una de las obras para mantenerse apta a fin de que los servicios y actividades a los que aquellas sirven puedan ser desarrollados adecuadamente de acuerdo con las exigencias económicas y las demandas sociales.

El contrato de concesión de obras podrá también prever que el concesionario esté obligado a proyectar, ejecutar, conservar, reponer y reparar aquellas obras que sean accesorias o estén vinculadas con la principal y que sean necesarias para que esta cumpla la finalidad determinante de su construcción y que permitan su mejor funcionamiento y explotación, así como a efectuar las actuaciones ambientales relacionadas con las mismas que en ellos se prevean. En el supuesto de que las obras vinculadas o accesorias puedan ser objeto de explotación o aprovechamiento económico, estos corresponderán al concesionario conjuntamente con la explotación de la obra principal, en la forma determinada por los pliegos respectivos.

El derecho de explotación de las obras, a que se refiere el apartado primero de este artículo, deberá implicar la transferencia al concesionario de un riesgo operacional en la explotación de dichas obras abarcando el riesgo de demanda o el de suministro, o ambos. Se entiende por riesgo de demanda el que se debe a la demanda real de las obras o servicios objeto del contrato y riesgo de suministro el relativo al suministro de las obras o servicios objeto del contrato, en particular el riesgo de que la prestación de los servicios no se ajuste a la demanda.

Se considerará que el concesionario asume un riesgo operacional cuando no esté garantizado que, en condiciones normales de funcionamiento, el mismo vaya a recuperar las inversiones realizadas ni a cubrir los costes en que hubiera incurrido como consecuencia de la explotación de las obras que sean objeto de la concesión. La parte de los riesgos transferidos al concesionario debe suponer una exposición real a las incertidumbres del mercado que implique que cualquier pérdida potencial estimada en que incurra el concesionario no es meramente nominal o desdeñable.

Con carácter previo a la decisión de construir y explotar en régimen de concesión unas obras, el órgano que corresponda de la Administración concedente acordará la realización de un estudio de viabilidad de las mismas.

El estudio de viabilidad deberá contener, al menos, los datos, análisis, informes o estudios que procedan sobre los puntos siguientes:

a) Finalidad y justificación de las obras, así como definición de sus características esenciales.

b) Justificación de las ventajas cuantitativas y cualitativas que aconsejan la utilización del contrato de concesión de obras frente a otros tipos contractuales, con indicación de los niveles de calidad que resulta necesario cumplir, la estructura administrativa necesaria para verificar la prestación, así como las variables en relación con el impacto de la concesión en la estabilidad presupuestaria.

c) Previsiones sobre la demanda de uso e incidencia económica y social de las obras en su área de influencia y sobre la rentabilidad de la concesión.

d) Valoración de los datos e informes existentes que hagan referencia al planeamiento sectorial, territorial o urbanístico.

e) Estudio de impacto ambiental cuando este sea preceptivo de acuerdo con la legislación vigente. En los restantes casos, un análisis ambiental de las alternativas y las correspondientes medidas correctoras y protectoras necesarias.

f) Justificación de la solución elegida, indicando, entre las alternativas consideradas si se tratara de infraestructuras viarias o lineales, las características de su trazado.

g) Riesgos operativos y tecnológicos en la construcción y explotación de las obras.

h) Coste de la inversión a realizar, así como el sistema de financiación propuesto para la construcción de las obras con la justificación, asimismo, de la procedencia de esta.

i) Estudio de seguridad y salud o, en su caso, estudio básico de seguridad y salud, en los términos previstos en las disposiciones mínimas de seguridad y salud en obras de construcción.

j) El valor actual neto de todas las inversiones, costes e ingresos del concesionario, a efectos de la evaluación del riesgo operacional, así como los criterios que sean precisos para valorar la tasa de descuento.

k) Existencia de una posible ayuda de Estado y compatibilidad de la misma con el Tratado de Funcionamiento de la Unión Europea, en los casos en que para la viabilidad de la concesión se contemplen ayudas a la construcción o explotación de la misma.

La Administración concedente someterá el estudio de viabilidad a información pública por el plazo de un mes, prorrogable por idéntico plazo en razón de la complejidad del mismo y dará traslado del mismo para informe a los órganos de la Administración General del Estado, las Comunidades Autónomas y Entidades Locales afectados cuando la obra no figure en el correspondiente planeamiento urbanístico, que deberán emitirlo en el plazo de un mes.

El trámite de información pública previsto en el apartado anterior servirá también para cumplimentar el concerniente al estudio de impacto ambiental, en los casos en que la declaración de impacto ambiental resulte preceptiva.

Se admitirá la iniciativa privada en la presentación de estudios de viabilidad de eventuales concesiones. Presentado el estudio será elevado al órgano competente para que en el plazo de tres meses comunique al particular la decisión de tramitar o no tramitar el mismo o fije un plazo mayor para su estudio que, en ningún caso, será superior a seis meses. El silencio de la Administración o de la entidad que corresponda equivaldrá a la no aceptación del estudio.

En el supuesto de que el estudio de viabilidad culminara en el otorgamiento de la correspondiente concesión, salvo que dicho estudio hubiera resultado insuficiente de acuerdo con su propia finalidad, su autor tendrá derecho en la correspondiente licitación a 5 puntos porcentuales adicionales a los obtenidos por aplicación de los criterios de adjudicación establecidos en el correspondiente pliego de cláusulas administrativas particulares. Para el caso de que no haya resultado adjudicatario tendrá derecho al resarcimiento de los gastos efectuados para su elaboración, incrementados en un 5 por cien como compensación, gastos que podrán imponerse al concesionario como condición contractual en el correspondiente pliego de cláusulas administrativas particulares. El importe de los gastos será determinado en función de los que resulten justificados por quien haya presentado el estudio.

La Administración concedente podrá acordar motivadamente la sustitución del estudio de viabilidad a que se refieren los apartados anteriores por un estudio de viabilidad económico-financiera cuando por la naturaleza y finalidad de las obras o por la cuantía de la inversión requerida considerara que este es suficiente. En estos supuestos la Administración elaborará además, antes de licitar la concesión, el correspondiente anteproyecto o proyecto para asegurar los trámites establecidos en los apartados 3 y 4 del artículo siguiente.

El órgano que corresponda de la Administración concedente deberá aprobar el estudio de viabilidad o, en su caso, adoptar la decisión de sustitución mencionada en el apartado anterior, y publicar estas decisiones en el correspondiente perfil del contratante.

En función de la complejidad de las obras y del grado de definición de sus características, la Administración concedente, aprobado el estudio de viabilidad, podrá acordar la redacción del correspondiente anteproyecto. Este podrá incluir, de acuerdo con la naturaleza de las obras, zonas complementarias de explotación comercial.

El anteproyecto de construcción y explotación de las obras deberá contener, como mínimo, la siguiente documentación:

a) Una memoria en la que se expondrán las necesidades a satisfacer, los factores sociales, técnicos, económicos, medioambientales y administrativos considerados para atender el objetivo fijado y la justificación de la solución que se propone. La memoria se acompañará de los datos y cálculos básicos correspondientes.

b) Los planos de situación generales y de conjunto necesarios para la definición de las obras.

c) Un presupuesto que comprenda los gastos de ejecución de las obras, incluido el coste de las expropiaciones que hubiese que llevar a cabo, partiendo de las correspondientes mediciones aproximadas y valoraciones. Para el cálculo del coste de las expropiaciones se tendrá en cuenta el sistema legal de valoraciones vigente.

d) Un estudio relativo al régimen de utilización y explotación de las obras, con indicación de su forma de financiación y del régimen tarifario que regirá en la concesión, incluyendo, en su caso, la incidencia o contribución en estas de los rendimientos que pudieran corresponder a la zona de explotación comercial.

El anteproyecto se someterá a información pública por el plazo de un mes, prorrogable por idéntico plazo en razón de su complejidad, para que puedan formularse cuantas observaciones se consideren oportunas sobre la ubicación y características de las obras, así como cualquier otra circunstancia referente a su declaración de utilidad pública, y dará traslado de este para informe a los órganos de la Administración General del Estado, las Comunidades Autónomas y Entidades Locales afectados. Este trámite de información pública servirá también para cumplimentar el concerniente al estudio de impacto ambiental, en los casos en que la declaración de impacto ambiental resulte preceptiva y no se hubiera efectuado dicho trámite anteriormente por tratarse de un supuesto incluido en el apartado 6 del artículo anterior.

La Administración concedente aprobará el anteproyecto de las obras, considerando las alegaciones formuladas e incorporando las prescripciones de la declaración de impacto ambiental, e instará el reconocimiento concreto de la utilidad pública de esta a los efectos previstos en la legislación de expropiación forzosa.

Cuando el pliego de cláusulas administrativas particulares lo autorice, y en los términos que este establezca, los licitadores a la concesión podrán introducir en el anteproyecto las variantes que estimen convenientes.

En el supuesto de que las obras sean definidas en todas sus características por la Administración concedente, se procederá a la redacción, supervisión, aprobación y replanteo del correspondiente proyecto de acuerdo con lo dispuesto en los correspondientes artículos de esta Ley y al reconocimiento de la utilidad pública de la obra a los efectos previstos en la legislación de expropiación forzosa.

Cuando no existiera anteproyecto, la Administración concedente someterá el proyecto, antes de su aprobación definitiva, a la tramitación establecida en los apartados 3 y 4 del artículo anterior para los anteproyectos.

Será de aplicación en lo que se refiere a las posibles mejoras del proyecto de las obras lo dispuesto en el apartado 5 del artículo anterior.

El concesionario responderá de los daños derivados de los defectos del proyecto cuando, según los términos de la concesión, le corresponda su presentación o haya introducido mejoras en el propuesto por la Administración.

Los pliegos de cláusulas administrativas particulares de los contratos de concesión de obras deberán hacer referencia, al menos, a los siguientes aspectos:

a) Definición del objeto del contrato, con referencia al anteproyecto o proyecto de que se trate y mención expresa de los documentos de este que revistan carácter contractual. En su caso determinación de la zona complementaria de explotación comercial.

b) Requisitos de capacidad y solvencia financiera, económica y técnica que sean exigibles a los licitadores, pudiendo fijarse distintos requisitos de solvencia en función de las diferentes fases del contrato, de conformidad con lo dispuesto en el artículo 86.3, a los efectos de una posible cesión en los términos establecidos en el artículo 214.2.c).

c) Preverán también la posibilidad de que se produzca la cesión del contrato de conformidad con lo previsto en el artículo 214, así como de las participaciones en la sociedad concesionaria cuando se constituyera una sociedad de propósito específico por los licitadores para la ejecución del contrato.

Asimismo, establecerán criterios para la determinación de cuándo la cesión de las participaciones deberá considerarse por suponer un efectivo cambio de control y, en el caso de que estuviera justificado por las características del contrato, se establecerán también mecanismos de control para cesiones de participaciones en la sociedad concesionaria que no puedan equipararse a una cesión del contrato. En todo caso se considerará que se produce un efectivo cambio de control cuando se ceda el 51 por ciento de las participaciones.

d) Contenido de las proposiciones, que deberán hacer referencia, al menos, a los siguientes extremos:

1.º Relación de promotores de la futura sociedad concesionaria, en el supuesto de que estuviera prevista su constitución, y características de la misma tanto jurídicas como financieras.

2.º Plan de realización de las obras con indicación de las fechas previstas para su inicio, terminación y apertura al uso al que se destinen.

3.º Plazo de duración de la concesión vinculado al sistema de financiación de la concesión.

4.º Plan económico-financiero de la concesión que incluirá, entre los aspectos que le son propios, el sistema de tarifas, la inversión y los costes de explotación, la tasa interna de rentabilidad o retorno estimada, y las obligaciones de pago y gastos financieros, directos o indirectos, estimados. Deberá ser objeto de consideración específica la incidencia en las tarifas, así como en las previsiones de amortización, en el plazo concesional y en otras variables de la concesión previstas en el pliego, en su caso, de los rendimientos de la demanda de utilización de las obras y, cuando exista, de los beneficios derivados de la explotación de la zona comercial, cuando no alcancen o cuando superen los niveles mínimo y máximo, respectivamente, que se consideren en la oferta. En cualquier caso, si los rendimientos de la zona comercial no superan el umbral mínimo fijado en el pliego de cláusulas administrativas, dichos rendimientos no podrán considerarse a los efectos de la revisión de los elementos señalados anteriormente.

5.º En los casos de financiación mixta de la obra, propuesta del porcentaje de financiación con cargo a recursos públicos, por debajo de los establecidos en el pliego de cláusulas administrativas particulares.

6.º Compromiso de que la sociedad concesionaria adoptará el modelo de contabilidad que establezca el pliego, de conformidad con la normativa aplicable, incluido el que pudiera corresponder a la gestión de las zonas complementarias de explotación comercial, sin perjuicio de que los rendimientos de estas se integren a todos los efectos en los de la concesión.

7.º En los términos y con el alcance que se fije en el pliego, los licitadores podrán introducir las mejoras que consideren convenientes, y que podrán referirse a características estructurales de la obra, a su régimen de explotación, a las medidas tendentes a evitar los daños al medio ambiente y los recursos naturales, o a mejoras sustanciales, pero no a su ubicación.

e) Sistema de retribución del concesionario en el que se incluirán las opciones posibles sobre las que deberá versar la oferta, así como, en su caso, las fórmulas de actualización de costes durante la explotación de la obra, con referencia obligada a su repercusión en las correspondientes tarifas en función del objeto de la concesión.

f) El umbral mínimo de beneficios derivados de la explotación de la zona comercial por debajo del cual no podrá incidirse en los elementos económicos de la concesión, quedando el mismo a riesgo del concesionario.

g) Cuantía y forma de las garantías.

h) Características especiales, en su caso, de la sociedad concesionaria.

i) Plazo, en su caso, para la elaboración del proyecto, plazo para la ejecución de las obras y plazo de explotación de las mismas, que podrá ser fijo o variable en función de los criterios establecidos en el pliego.

j) Derechos y obligaciones específicas de las partes durante la fase de ejecución de las obras y durante su explotación.

k) Régimen de penalidades y supuestos que puedan dar lugar al secuestro o intervención de la concesión.

l) Lugar, fecha y plazo para la presentación de ofertas.

m) Distribución entre la Administración y el concesionario de los riesgos relevantes en función de las características del contrato, si bien en todo caso el riesgo operacional le corresponderá al contratista.

Sin perjuicio del derecho de información a que se refiere el artículo 138, el órgano de contratación podrá incluir en el pliego, en función de la naturaleza y complejidad de este, un plazo para que los licitadores puedan solicitar las aclaraciones que estimen pertinentes sobre su contenido. Este plazo, como mínimo, deberá respetar lo establecido en el apartado 3 del artículo 138. Las respuestas tendrán carácter vinculante y deberán hacerse públicas en términos que garanticen la igualdad y concurrencia en el proceso de licitación.

Las obras se realizarán conforme al proyecto aprobado por el órgano de contratación y en los plazos establecidos en el pliego de cláusulas administrativas particulares, pudiendo ser ejecutadas con ayuda de la Administración. La ejecución de la obra que corresponda al concesionario podrá ser contratada en todo o en parte con terceros, de acuerdo con lo dispuesto en esta Ley y en el pliego de cláusulas administrativas particulares.

La ayuda de la Administración en la construcción de las obras podrá consistir en la ejecución por su cuenta de parte de la misma o en su financiación parcial. En el primer supuesto la parte de obra que ejecute deberá presentar características propias que permitan su tratamiento diferenciado, y deberá ser objeto a su terminación de la correspondiente recepción formal. Si no dispusiera otra cosa el pliego de cláusulas administrativas particulares, el importe de la obra se abonará de acuerdo con lo establecido en el artículo 240.

En el segundo supuesto, el importe de la financiación que se otorgue podrá abonarse en los términos pactados, durante la ejecución de las obras, de acuerdo con lo establecido en el artículo 240, o bien una vez que aquellas hayan concluido, en la forma en que se especifica en el artículo 266.

El sistema de ayudas públicas deberá respetar en todo caso la transferencia efectiva del riesgo operacional.

Corresponde al concesionario el control de la ejecución de las obras que contrate con terceros debiendo ajustarse el control al plan que el concesionario elabore y resulte aprobado por el órgano de contratación. Este podrá en cualquier momento recabar información sobre la marcha de las obras y girar a las mismas las visitas de inspección que estime oportunas.

Las obras se ejecutarán a riesgo y ventura del concesionario, quien, además, asumirá el riesgo operacional de la concesión, de acuerdo con lo dispuesto en los artículos 197 y 239, salvo para aquella parte de la obra que pudiera ser ejecutada por cuenta de la Administración, según lo previsto en el apartado 2 del artículo 252, en cuyo caso regirá el régimen general previsto para el contrato de obras.

Si la concurrencia de fuerza mayor implicase mayores costes para el concesionario se procederá a ajustar el plan económico-financiero. Si la fuerza mayor impidiera por completo la realización de las obras se procederá a resolver el contrato, debiendo abonar el órgano de contratación al concesionario el importe total de las ejecutadas, así como los mayores costes en que hubiese incurrido como consecuencia del endeudamiento con terceros.

Una vez perfeccionado el contrato, el órgano de contratación solo podrá introducir modificaciones en el proyecto de acuerdo con lo establecido en la Subsección 4.ª, Sección 3.ª, Capítulo I, Título I, del Libro Segundo de esta Ley y en la letra b) del apartado 1 del artículo 261. El plan económico-financiero de la concesión deberá recoger en todo caso, mediante los oportunos ajustes, los efectos derivados del incremento o disminución de los costes.

A la terminación de las obras, y a efectos del seguimiento del correcto cumplimiento del contrato por el concesionario, se procederá al levantamiento de un acta de comprobación por parte de la Administración concedente. El levantamiento y contenido del acta de comprobación se ajustarán a lo dispuesto en el pliego de cláusulas administrativas particulares.

Al acta de comprobación se acompañará un documento de valoración de la obra pública ejecutada y, en su caso, una declaración del cumplimiento de las condiciones impuestas en la declaración de impacto ambiental, que será expedido por el órgano de contratación y en el que se hará constar la inversión realizada.

En las obras financiadas parcialmente por la Administración concedente, mediante abonos parciales al concesionario con base en las certificaciones mensuales de la obra ejecutada, la certificación final de la obra acompañará al documento de valoración y al acta de comprobación a que se refiere el apartado anterior.

La aprobación del acta de comprobación de las obras por el órgano de la Administración concedente llevará implícita la autorización para la apertura de las mismas al uso público, comenzando desde ese momento el plazo de garantía de la obra cuando haya sido ejecutada por terceros distintos del concesionario, así como la fase de explotación.

Los concesionarios tendrán los siguientes derechos:

a) El derecho a explotar las obras y percibir la tarifa por uso prevista en el contrato durante el tiempo de la concesión como contraprestación económica.

b) El derecho al mantenimiento del equilibrio económico de la concesión, en la forma y con la extensión prevista en el artículo 270.

c) El derecho a utilizar los bienes de dominio público de la Administración concedente necesarios para la construcción, modificación, conservación y explotación de las obras. Dicho derecho incluirá el de utilizar, exclusivamente para la construcción de las obras, las aguas que afloren o los materiales que aparezcan durante su ejecución, previa autorización de la Administración competente, en cada caso, para la gestión del dominio público correspondiente.

d) El derecho a recabar de la Administración la tramitación de los procedimientos de expropiación forzosa, imposición de servidumbres y desahucio administrativo que resulten necesarios para la construcción, modificación y explotación de las obras, así como la realización de cuantas acciones sean necesarias para hacer viable el ejercicio de los derechos del concesionario.

En todo caso, los bienes y derechos expropiados que queden afectos a la concesión se incorporarán al dominio público.

e) El derecho a ceder la concesión de acuerdo con lo previsto en el artículo 214 y a hipotecar la misma en las condiciones establecidas en la Ley, previa autorización del órgano de contratación en ambos casos.

f) La facultad de titulizar sus derechos de crédito, en los términos previstos en la Ley.

g) Cualesquiera otros que le sean reconocidos por esta u otras Leyes o por los pliegos de condiciones.

Serán obligaciones generales del concesionario:

a) Ejecutar las obras con arreglo a lo dispuesto en el contrato.

b) Explotar las obras, asumiendo el riesgo operacional de su gestión con la continuidad y en los términos establecidos en el contrato u ordenados posteriormente por el órgano de contratación.

c) Admitir la utilización de las obras por todo usuario, en las condiciones que hayan sido establecidas de acuerdo con los principios de igualdad, universalidad y no discriminación, mediante el abono, en su caso, de la correspondiente tarifa.

d) Cuidar del buen orden y de la calidad de las obras, y de su uso, pudiendo dictar las oportunas instrucciones, sin perjuicio de los poderes de policía que correspondan al órgano de contratación.

e) Indemnizar los daños que se ocasionen a terceros por causa de la ejecución de las obras o de su explotación, cuando le sean imputables de acuerdo con el artículo 196 de la presente Ley.

f) Proteger el dominio público que quede vinculado a la concesión, en especial, preservando los valores ecológicos y ambientales del mismo.

g) Cualesquiera otras previstas en esta u otra Ley o en el pliego de cláusulas administrativas particulares.

El concesionario deberá cuidar de la adecuada aplicación de las normas sobre uso, policía y conservación de las obras.

El personal encargado de la explotación de las obras, en ausencia de agentes de la autoridad, podrá adoptar las medidas necesarias en orden a la utilización de las obras, formulando, en su caso, las denuncias pertinentes. A estos efectos, servirán de medio de prueba las obtenidas por el personal del concesionario debidamente acreditado y con los medios previamente homologados por la Administración competente, así como cualquier otro admitido en derecho.

El concesionario podrá impedir el uso de las obras a aquellos usuarios que no abonen la tarifa correspondiente, sin perjuicio de lo que, a este respecto, se establezca en la legislación sectorial correspondiente.

El concesionario deberá mantener las obras de conformidad con lo que, en cada momento y según el progreso de la ciencia, disponga la normativa técnica, medioambiental, de accesibilidad y eliminación de barreras y de seguridad de los usuarios que resulte de aplicación.

La Administración podrá incluir en los pliegos de condiciones mecanismos para medir la calidad del servicio ofrecida por el concesionario, y otorgar ventajas o penalizaciones económicas a este en función de los mismos.

En todo caso esta opción no podrá ser utilizada para limitar el riesgo operacional de la concesión.

Atendiendo a su finalidad, las obras podrán incluir, además de las superficies que sean precisas según su naturaleza, otras zonas o terrenos para la ejecución de actividades complementarias, comerciales o industriales que sean necesarias o convenientes por la utilidad que prestan a los usuarios de las obras y que sean susceptibles de un aprovechamiento económico diferenciado, tales como establecimientos de hostelería, estaciones de servicio, zonas de ocio, estacionamientos, locales comerciales y otros susceptibles de explotación.

Estas actividades complementarias se implantarán de conformidad con lo establecido en los pliegos generales o particulares que rijan la concesión y, en su caso, con lo determinado en la legislación o el planeamiento urbanístico que resulte de aplicación.

Las correspondientes zonas o espacios quedarán sujetos al principio de unidad de gestión y control de la Administración Pública concedente y serán explotados conjuntamente con las obras por el concesionario, directamente o a través de terceros, en los términos establecidos en el oportuno pliego de la concesión.

Dentro de los límites y con sujeción a los requisitos y con los efectos señalados en esta Ley, el órgano de contratación o, en su caso, el órgano que se determine en la legislación específica, ostentará las siguientes prerrogativas y derechos en relación con los contratos de concesión de obras:

a) Interpretar los contratos y resolver las dudas que ofrezca su cumplimiento.

b) Modificar unilateralmente los contratos por razones de interés público debidamente justificadas, de acuerdo con lo previsto en esta Ley.

c) Decidir el restablecimiento del equilibrio económico de la concesión a favor del interés público, en la forma y con la extensión prevista en el artículo 270.

d) Acordar la resolución de los contratos en los casos y en las condiciones que se establecen en los artículos 279 y 280.

e) Establecer, en su caso, las tarifas máximas por la utilización de las obras.

f) Vigilar y controlar el cumplimiento de las obligaciones del concesionario, a cuyo efecto podrá inspeccionar el servicio, sus obras, instalaciones y locales, así como la documentación, relacionados con el objeto de la concesión.

g) Asumir la explotación de las obras en los supuestos en que se produzca el secuestro o intervención de la concesión.

h) Imponer al concesionario las penalidades pertinentes por razón de los incumplimientos en que incurra.

i) Ejercer las funciones de policía en el uso y explotación de las obras en los términos que se establezcan en la legislación sectorial específica.

j) Imponer con carácter temporal las condiciones de utilización de las obras que sean necesarias para solucionar situaciones excepcionales de interés general, abonando la indemnización que en su caso proceda.

k) Cualesquiera otros derechos reconocidos en esta o en otras leyes.

El ejercicio de las prerrogativas administrativas previstas en este artículo se ajustará a lo dispuesto en esta Ley y en la legislación específica que resulte de aplicación.

Las obras objeto de concesión serán financiadas, total o parcialmente, por el concesionario que, en todo caso, asumirá el riesgo operacional en los términos definidos en el apartado cuarto del artículo 14.

Cuando existan razones de rentabilidad económica o social, o concurran singulares exigencias derivadas del fin público o interés general de las obras objeto de concesión, la Administración podrá también aportar recursos públicos para su financiación, que adoptará la forma de financiación conjunta de la obra, mediante subvenciones o préstamos reintegrables, con o sin interés, de acuerdo con lo establecido en el artículo 252 y en esta Sección, y de conformidad con las previsiones del correspondiente pliego de cláusulas administrativas particulares, debiendo respetarse en todo caso el principio de asunción del riesgo operacional por el concesionario.

La construcción de las obras objeto de concesión podrá asimismo ser financiada con aportaciones de otras Administraciones Públicas distintas a la concedente, en los términos que se contengan en el correspondiente convenio, y con la financiación que pueda provenir de otros organismos nacionales o internacionales.

Las Administraciones Públicas podrán contribuir a la financiación de las obras mediante aportaciones que serán realizadas durante la fase de ejecución de las obras, tal como dispone el artículo 252, o una vez concluidas estas, y cuyo importe será fijado por los licitadores en sus ofertas dentro de la cuantía máxima que establezcan los pliegos de condiciones.

Las aportaciones públicas a que se refiere el apartado anterior podrán consistir en aportaciones no dinerarias del órgano de contratación o de cualquier otra Administración con la que exista convenio al efecto, de acuerdo con la valoración de las mismas que se contenga en el pliego de cláusulas administrativas particulares.

Los bienes inmuebles que se entreguen al concesionario se integrarán en el patrimonio afecto a la concesión, destinándose al uso previsto en el proyecto de las obras, y revertirán a la Administración en el momento de su extinción, debiendo respetarse, en todo caso, lo dispuesto en los planes de ordenación urbanística o sectorial que les afecten.

Todas las aportaciones públicas han de estar previstas en el pliego de condiciones determinándose su cuantía en el procedimiento de adjudicación y no podrán incrementarse con posterioridad a la adjudicación del contrato.

El mismo régimen establecido para las aportaciones será aplicable a cualquier tipo de garantía, avales y otras medidas de apoyo a la financiación del concesionario que, en todo caso, tendrán que estar previstas en los pliegos.

El concesionario tendrá derecho a percibir de los usuarios o de la Administración una retribución por la utilización de las obras en la forma prevista en el pliego de cláusulas administrativas particulares y de conformidad con lo establecido en este artículo, que se denominará tarifa y tendrá la naturaleza de prestación patrimonial de carácter público no tributario.

Las tarifas que abonen los usuarios por la utilización de las obras serán fijadas por el órgano de contratación en el acuerdo de adjudicación. Las tarifas tendrán el carácter de máximas y los concesionarios podrán aplicar tarifas inferiores cuando así lo estimen conveniente.

Las tarifas serán objeto de revisión de acuerdo con lo establecido en el Capítulo II del Título III del Libro I de la presente Ley.

La retribución por la utilización de la obra podrá ser abonada por la Administración teniendo en cuenta el grado de disponibilidad ofrecido por el concesionario y/o su utilización por los usuarios, en la forma prevista en el pliego de cláusulas administrativas particulares. En caso de que la retribución se efectuase mediante pagos por disponibilidad deberá preverse en los pliegos de cláusulas administrativas particulares la inclusión de índices de corrección automáticos por nivel de disponibilidad independientes de las posibles penalidades en que pueda incurrir el concesionario en la prestación del servicio.

El concesionario se retribuirá igualmente con los ingresos procedentes de la explotación de la zona comercial directamente vinculada a la concesión, en el caso de existir esta, según lo establecido en el pliego de cláusulas administrativas particulares.

El concesionario deberá separar contablemente los ingresos provenientes de las aportaciones públicas y aquellos otros procedentes de las tarifas abonadas por los usuarios de las obras y, en su caso, los procedentes de la explotación de la zona comercial.

Las Administraciones Públicas podrán otorgar al concesionario las siguientes aportaciones a fin de garantizar la viabilidad económica de la explotación de las obras, que, en todo caso, tendrán que estar previstas en el pliego de condiciones y no podrán incrementarse con posterioridad a la adjudicación del contrato, sin perjuicio del reequilibrio previsto en el artículo 270:

a) Subvenciones, anticipos reintegrables, préstamos participativos, subordinados o de otra naturaleza, para ser aportados desde el inicio de la explotación de las obras o en el transcurso de las mismas. La devolución de los préstamos y el pago de los intereses devengados en su caso por los mismos se ajustarán a los términos previstos en la concesión.

b) Ayudas, incluyendo todo tipo de garantías, en los casos excepcionales en que, por razones de interés público, resulte aconsejable la promoción de la utilización de las obras antes de que su explotación alcance el umbral mínimo de rentabilidad.

Cuando dos o más obras mantengan una relación funcional entre ellas, el contrato de concesión de obras no pierde su naturaleza por el hecho de que la utilización de una parte de las obras construidas no esté sujeta a remuneración siempre que dicha parte sea, asimismo, competencia de la Administración concedente e incida en la explotación de la concesión.

El correspondiente pliego de cláusulas administrativas particulares especificará con claridad los aspectos concernientes a las obras objeto de concesión, según se determina en esta Ley, distinguiendo, a estos efectos, la parte objeto de remuneración de aquella que no lo es.

Los licitadores deberán presentar el correspondiente plan económico-financiero que contemple ambas partes de las obras.

En todo caso, para la determinación de las tarifas a aplicar por la utilización de las obras objeto de concesión se tendrá en cuenta el importe total de las obras realizadas.

El contrato de concesión de obras deberá mantener su equilibrio económico en los términos que fueron considerados para su adjudicación, teniendo en cuenta el interés general y el interés del concesionario, de conformidad con lo dispuesto en el apartado siguiente.

Se deberá restablecer el equilibrio económico del contrato, en beneficio de la parte que corresponda, en los siguientes supuestos:

a) Cuando la Administración realice una modificación de las señaladas en el artículo 262.

b) Cuando actuaciones de la Administración Pública concedente, por su carácter obligatorio para el concesionario determinaran de forma directa la ruptura sustancial de la economía del contrato.

Fuera de los casos previstos en las letras anteriores, únicamente procederá el restablecimiento del equilibrio económico del contrato cuando causas de fuerza mayor determinaran de forma directa la ruptura sustancial de la economía del contrato. A estos efectos, se entenderá por causas de fuerza mayor las enumeradas en el artículo 239.

En todo caso, no existirá derecho al restablecimiento del equilibrio económico financiero por incumplimiento de las previsiones de la demanda recogidas en el estudio de la Administración o en el estudio que haya podido realizar el concesionario.

En los supuestos previstos en el apartado anterior, el restablecimiento del equilibrio económico del contrato se realizará mediante la adopción de las medidas que en cada caso procedan. Estas medidas podrán consistir en la modificación de las tarifas establecidas por la utilización de las obras, la modificación en la retribución a abonar por la Administración concedente, la reducción del plazo concesional, y, en general, en cualquier modificación de las cláusulas de contenido económico incluidas en el contrato. Asimismo, en los casos previstos en la letra b) y en el último párrafo del apartado 2 anterior, y siempre que la retribución del concesionario proviniere en más de un 50 por ciento de tarifas abonadas por los usuarios, podrá prorrogarse el plazo de la concesión por un período que no exceda de un 15 por ciento de su duración inicial.

El contratista tendrá derecho a desistir del contrato cuando este resulte extraordinariamente oneroso para él, como consecuencia de una de las siguientes circunstancias:

a) La aprobación de una disposición general por una Administración distinta de la concedente con posterioridad a la formalización del contrato.

b) Cuando el concesionario deba incorporar, por venir obligado a ello legal o contractualmente, a las obras o a su explotación avances técnicos que las mejoren notoriamente y cuya disponibilidad en el mercado, de acuerdo con el estado de la técnica, se haya producido con posterioridad a la formalización del contrato.

Se entenderá que el cumplimiento del contrato deviene extraordinariamente oneroso para el concesionario cuando la incidencia de las disposiciones de las Administraciones o el importe de las mejoras técnicas que deban incorporarse supongan un incremento neto anualizado de los costes de, al menos, el 5 por ciento del importe neto de la cifra de negocios de la concesión por el período que reste hasta la conclusión de la misma. Para el cálculo del incremento se deducirán, en su caso, los posibles ingresos adicionales que la medida pudiera generar.

Cuando el contratista desistiera del contrato como consecuencia de lo establecido en este apartado la resolución no dará derecho a indemnización alguna para ninguna de las partes.

En el caso de que los acuerdos que dicte el órgano de contratación respecto al desarrollo de la explotación de la concesión de obras carezcan de trascendencia económica el concesionario no tendrá derecho a indemnización o compensación por razón de los mismos.

Los plazos fijados en los pliegos de condiciones de acuerdo con lo dispuesto en el artículo 29, solo podrán ser prorrogados de acuerdo con lo establecido en el último inciso del apartado 3 del artículo 270.

Las concesiones relativas a obras hidráulicas se regirán, en cuanto a su duración, por el artículo 134.a) del texto refundido de la Ley de Aguas, aprobado por el Real Decreto Legislativo 1/2001, de 20 de julio.

La concesión se entenderá extinguida por cumplimiento cuando transcurra el plazo inicialmente establecido o, en su caso, el resultante de las prórrogas acordadas conforme al apartado 3 del artículo 270, o de las reducciones que se hubiesen decidido.

Quedarán igualmente extinguidos todos los contratos vinculados a la concesión y a la explotación de sus zonas comerciales.

Son causas de resolución del contrato de concesión de obras, además de las señaladas en el artículo 211, con la excepción de las contempladas en sus letras d) y e), las siguientes:

a) La ejecución hipotecaria declarada desierta o la imposibilidad de iniciar el procedimiento de ejecución hipotecaria por falta de interesados autorizados para ello en los casos en que así procediera, de acuerdo con lo establecido en la Ley.

b) La demora superior a seis meses por parte del órgano de contratación en la entrega al concesionario de la contraprestación, de los terrenos o de los medios auxiliares a que se obligó según el contrato.

c) El rescate de la explotación de las obras por el órgano de contratación. Se entenderá por rescate la declaración unilateral del órgano contratante, adoptada por razones de interés público, por la que dé por terminada la concesión, no obstante la buena gestión de su titular, para su gestión directa por la Administración. El rescate de la concesión requerirá además la acreditación de que dicha gestión directa es más eficaz y eficiente que la concesional.

d) La supresión de la explotación de las obras por razones de interés público.

e) La imposibilidad de la explotación de las obras como consecuencia de acuerdos adoptados por la Administración concedente con posterioridad al contrato.

f) El secuestro o intervención de la concesión por un plazo superior al establecido de conformidad con el apartado 3 del artículo 263, sin que el contratista haya garantizado la asunción completa de sus obligaciones.

En los supuestos de resolución por causa imputable a la Administración, esta abonará en todo caso al concesionario el importe de las inversiones realizadas por razón de la expropiación de terrenos, ejecución de obras de construcción y adquisición de bienes que sean necesarios para la explotación de la obra objeto de la concesión, atendiendo a su grado de amortización. Al efecto, se aplicará un criterio de amortización lineal. La cantidad resultante se fijará dentro del plazo de tres meses, salvo que se estableciera otro en el pliego de cláusulas administrativas particulares.

En los casos en que la resolución se produzca por causas no imputables a la Administración, el importe a abonar al concesionario por cualquiera de las causas posibles será el que resulte de la valoración de la concesión, determinado conforme lo dispuesto en el artículo 281.

En todo caso, se entenderá que la resolución de la concesión no es imputable a la Administración cuando obedezca a alguna de las causas previstas en las letras a), b) y f) del artículo 211, así como en las letras a) y f) del artículo 279.

Cuando el contrato se resuelva por causa imputable al concesionario, le será incautada la garantía y deberá, además, indemnizar a la Administración los daños y perjuicios ocasionados en lo que exceda del importe de la garantía incautada.

En los supuestos de las letras b), c), d) y e) del artículo 279, y en general en los casos en que la resolución del contrato se produjera por causas imputables a la Administración y sin perjuicio de lo dispuesto en el apartado 1 de este artículo, la Administración concedente indemnizará al concesionario por los daños y perjuicios que se le irroguen.

Para determinar la cuantía de la indemnización se tendrán en cuenta:

a) Los beneficios futuros que el concesionario dejará de percibir, cuantificándolos en la media aritmética de los beneficios antes de impuestos obtenidos durante un período de tiempo equivalente a los años que restan hasta la terminación de la concesión. En caso de que el tiempo restante fuese superior al transcurrido, se tomará como referencia este último. La tasa de descuento aplicable será la que resulte del coste de capital medio ponderado correspondiente a las últimas cuentas anuales del concesionario.

b) La pérdida del valor de las obras e instalaciones que no hayan de ser entregadas a aquella, considerando su grado de amortización.

El órgano de contratación podrá acordar también la resolución de los contratos otorgados por el concesionario para el aprovechamiento de las zonas complementarias. El órgano de contratación podrá acordar también, como consecuencia de la resolución de la concesión, la resolución de los contratos otorgados de explotación comercial, abonando la indemnización que en su caso correspondiera. Esta indemnización será abonada con cargo al concesionario cuando la resolución se produjera como consecuencia de causa imputable a este. Cuando no se acuerde la resolución de los citados contratos, los titulares de los derechos de aprovechamiento seguirán ejerciéndolos, quedando obligados frente al órgano de contratación en los mismos términos en que lo estuvieran frente al concesionario, salvo que se llegara, de mutuo acuerdo, a la revisión del correspondiente contrato.

Si el concesionario no cumpliera con las obligaciones del beneficiario en las expropiaciones y en virtud de resolución judicial, cualquiera que fuera su fecha, la Administración concedente tuviera que hacerse cargo de abonar las indemnizaciones a los expropiados, esta quedará subrogada en el crédito del expropiado. En todo caso, desde el momento en que se declare la obligación de pago a cargo de la Administración concedente, las cantidades que no le sean reembolsadas minorarán el importe global que corresponda de conformidad con lo dispuesto en el apartado primero de este artículo.

En el supuesto de la letra b) del artículo 279, el contratista tendrá derecho al abono del interés de demora previsto en la Ley 3/2004, de 29 de diciembre, por la que se establecen medidas de lucha contra la morosidad en operaciones comerciales de las cantidades debidas o valores económicos convenidos, a partir del vencimiento del plazo previsto para su entrega y hasta la liquidación de la indemnización resultante de la resolución, así como de los daños y perjuicios sufridos.

Contrato de concesión de servicios.

El contrato de concesión de servicios es aquel en cuya virtud uno o varios poderes adjudicadores encomiendan a título oneroso a una o varias personas, naturales o jurídicas, la gestión de un servicio cuya prestación sea de su titularidad o competencia, y cuya contrapartida venga constituida bien por el derecho a explotar los servicios objeto del contrato o bien por dicho derecho acompañado del de percibir un precio.

El derecho de explotación de los servicios implicará la transferencia al concesionario del riesgo operacional, en los términos señalados en el apartado cuarto del artículo anterior.

La Administración podrá gestionar indirectamente, mediante contrato de concesión de servicios, los servicios de su titularidad o competencia siempre que sean susceptibles de explotación económica por particulares. En ningún caso podrán prestarse mediante concesión de servicios los que impliquen ejercicio de la autoridad inherente a los poderes públicos.

Antes de proceder a la contratación de una concesión de servicios, en los casos en que se trate de servicios públicos, deberá haberse establecido su régimen jurídico, que declare expresamente que la actividad de que se trata queda asumida por la Administración respectiva como propia de la misma, determine el alcance de las prestaciones en favor de los administrados, y regule los aspectos de carácter jurídico, económico y administrativo relativos a la prestación del servicio.

El contrato expresará con claridad, en todo caso, el ámbito de la concesión, tanto en el orden funcional, como en el territorial.

Los pliegos de cláusulas administrativas particulares y de prescripciones técnicas deberán hacer referencia, al menos, a los siguientes aspectos:

a) Definirán el objeto del contrato, debiendo prever la realización independiente de cada una de sus partes mediante su división en lotes, sin merma de la eficacia de la prestación, de acuerdo con lo dispuesto en el artículo 99.3, con la finalidad de promover la libre concurrencia.

b) Fijarán las condiciones de prestación del servicio y, en su caso, fijarán las tarifas que hubieren de abonar los usuarios, los procedimientos para su revisión, y el canon o participación que hubiera de satisfacerse a la Administración. En cuanto a la revisión de tarifas, los pliegos de cláusulas administrativas deberán ajustarse a lo previsto en el Capítulo II, del Título III, del Libro Primero.

c) Regularán también la distribución de riesgos entre la Administración y el concesionario en función de las características particulares del servicio, si bien en todo caso el riesgo operacional le corresponderá al contratista.

d) Definirán los requisitos de capacidad y solvencia financiera, económica y técnica que sean exigibles a los licitadores, pudiendo fijarse distintos requisitos de solvencia en función de las diferentes fases del contrato de conformidad con lo dispuesto en el artículo 86.3, a los efectos de una posible cesión en los términos establecidos en el artículo 214.2.c).

e) Preverán también la posibilidad de que se produzca la cesión del contrato de conformidad con lo previsto en el artículo 214, así como de las participaciones en la sociedad concesionaria cuando se constituyera una sociedad de propósito específico por los licitadores para la ejecución del contrato. Asimismo, establecerán criterios para la determinación de cuándo la cesión de las participaciones deberá considerarse por suponer un efectivo cambio de control y, en el caso de que estuviera justificado por las características del contrato, se establecerán también mecanismos de control para cesiones de participaciones en la sociedad concesionaria que no puedan equipararse a una cesión del contrato. En todo caso se considerará que se produce un efectivo cambio de control cuando se ceda el 51 por ciento de las participaciones.

En los casos en que la concesión de servicios se refiera a servicios públicos, lo establecido en el presente apartado se realizará de acuerdo con las normas reguladoras del régimen jurídico del servicio a que se refiere el artículo 284.2.

En los contratos de concesión de servicios la tramitación del expediente irá precedida de la realización y aprobación de un estudio de viabilidad de los mismos o en su caso, de un estudio de viabilidad económico-financiera, que tendrán carácter vinculante en los supuestos en que concluyan en la inviabilidad del proyecto. En los casos en que los contratos de concesión de servicios comprendan la ejecución de obras, la tramitación de aquel irá precedida, además, cuando proceda de conformidad con lo dispuesto en el artículo 248.1, de la elaboración y aprobación administrativa del Anteproyecto de construcción y explotación de las obras que resulten precisas, con especificación de las prescripciones técnicas relativas a su realización; y, además, de la redacción, supervisión, aprobación y replanteo del correspondiente proyecto de las obras.

En los supuestos en que para la viabilidad de la concesión se contemplen ayudas a la construcción o explotación de la misma, el estudio de viabilidad se pronunciará sobre la existencia de una posible ayuda de Estado y la compatibilidad de la misma con el Tratado de Funcionamiento de la Unión Europea.

El concesionario está obligado a organizar y prestar el servicio con estricta sujeción a las características establecidas en el contrato y dentro de los plazos señalados en el mismo, y, en su caso, a la ejecución de las obras conforme al proyecto aprobado por el órgano de contratación.

En el caso de que la concesión recaiga sobre un servicio público, la Administración conservará los poderes de policía necesarios para asegurar la buena marcha de los servicios de que se trate.

Las concesiones de servicios únicamente podrán ser objeto de hipoteca en los casos en que conlleven la realización de obras o instalaciones fijas necesarias para la prestación del servicio, y exclusivamente en garantía de deudas que guarden relación con la concesión.

El concesionario estará sujeto al cumplimiento de las siguientes obligaciones:

a) Prestar el servicio con la continuidad convenida y garantizar a los particulares el derecho a utilizarlo en las condiciones que hayan sido establecidas y mediante el abono, en su caso, de la contraprestación económica comprendida en las tarifas aprobadas. En caso de extinción del contrato por cumplimiento del mismo, el contratista deberá seguir prestando el servicio hasta que se formalice el nuevo contrato.

b) Cuidar del buen orden del servicio, pudiendo dictar las oportunas instrucciones, sin perjuicio de los poderes de policía a los que se refiere el artículo anterior.

c) Indemnizar los daños que se causen a terceros como consecuencia de las operaciones que requiera el desarrollo del servicio, excepto cuando el daño sea producido por causas imputables a la Administración.

d) Respetar el principio de no discriminación por razón de nacionalidad, respecto de las empresas de Estados miembros de la Comunidad Europea o signatarios del Acuerdo sobre Contratación Pública de la Organización Mundial del Comercio, en los contratos de suministro consecuencia del de concesión de servicios.

e) Cualesquiera otras previstas en la legislación, en el pliego de cláusulas administrativas particulares y en el resto de la documentación contractual.

El concesionario tiene derecho a las contraprestaciones económicas previstas en el contrato, entre las que se incluirá, para hacer efectivo su derecho a la explotación del servicio, una retribución fijada en función de su utilización que se percibirá directamente de los usuarios o de la propia Administración.

Las contraprestaciones económicas pactadas, que se denominarán tarifas y tendrán la naturaleza de prestación patrimonial de carácter público no tributario, serán revisadas, en su caso, en la forma establecida en el contrato, que se ajustará, en todo caso, a lo previsto en el Capítulo II del Título III del Libro Primero de la presente Ley, relativo a la revisión de precios en los contratos de las entidades del sector público.

En la contabilidad diferenciada que el concesionario debe llevar respecto de todos los ingresos y gastos de la concesión, y que deberá estar a disposición de la entidad contratante, quedarán debidamente reflejados todos los ingresos derivados de las contraprestaciones pactadas en la forma prevista en el apartado 6 del artículo 267.

Si así lo hubiera establecido el pliego de cláusulas administrativas particulares, el concesionario abonará a la Administración concedente un canon o participación, que se determinará y abonará en la forma y condiciones previstas en el citado pliego y en la restante documentación contractual.

La Administración podrá modificar las características del servicio contratado y las tarifas que han de ser abonadas por los usuarios, únicamente por razones de interés público y si concurren las circunstancias previstas en la Subsección 4.ª de la Sección 3.ª del Capítulo I del Título I del Libro Segundo de la presente Ley.

Cuando las modificaciones afecten al régimen financiero del contrato, se deberá compensar a la parte correspondiente de manera que se mantenga el equilibrio de los supuestos económicos que fueron considerados como básicos en la adjudicación del contrato.

Finalizado el plazo de la concesión, el servicio revertirá a la Administración, debiendo el contratista entregar las obras e instalaciones a que esté obligado con arreglo al contrato y en el estado de conservación y funcionamiento adecuados.

Durante un período prudencial anterior a la reversión, que deberá fijarse en el pliego, el órgano competente de la Administración adoptará las disposiciones encaminadas a que la entrega de los bienes se verifique en las condiciones convenidas.

Los bienes afectos a la concesión que vayan a revertir a la Administración en virtud de lo establecido en el presente artículo, no podrán ser objeto de embargo.

Si la Administración no hiciere efectiva al concesionario la contraprestación económica o no entregare los medios auxiliares a que se obligó en el contrato dentro de los plazos previstos en el mismo y no procediese la resolución del contrato o no la solicitase el concesionario, este tendrá derecho al interés de demora de las cantidades o valores económicos que aquellos signifiquen, de conformidad con lo establecido en el artículo 198.

Cuando el contrato recaiga sobre un servicio público, si por causas ajenas al concesionario o bien del incumplimiento por parte de este se derivase perturbación grave y no reparable por otros medios en el servicio, la Administración podrá acordar el secuestro o intervención del mismo en los términos establecidos en el artículo 263. En todo caso, el concesionario deberá abonar a la Administración los daños y perjuicios que efectivamente le haya ocasionado.

En cualquier caso, en los supuestos de incumplimiento por parte del concesionario resultará de aplicación el régimen de penalidades establecidas en el artículo 264 de la presente Ley respecto de la concesión de obras, siempre que resulte compatible con la naturaleza de la concesión de servicios.

Son causas de resolución del contrato de concesión de servicios, además de las señaladas en el artículo 211, con la excepción de las contempladas en sus letras d) y e), las siguientes:

a) La ejecución hipotecaria declarada desierta o la imposibilidad de iniciar el procedimiento de ejecución hipotecaria por falta de interesados autorizados para ello en los casos en que así procediera, de acuerdo con lo establecido en esta Ley.

b) La demora superior a seis meses por parte de la Administración en la entrega al concesionario de la contraprestación o de los medios auxiliares a que se obligó según el contrato.

c) El rescate del servicio por la Administración para su gestión directa por razones de interés público. El rescate de la concesión requerirá además la acreditación de que dicha gestión directa es más eficaz y eficiente que la concesional.

d) La supresión del servicio por razones de interés público.

e) La imposibilidad de la explotación del servicio como consecuencia de acuerdos adoptados por la Administración con posterioridad al contrato.

f) El secuestro o intervención de la concesión por un plazo superior al establecido de conformidad con el apartado 3 del artículo 263, sin que el contratista haya garantizado la asunción completa de sus obligaciones.

En los supuestos de resolución por causa imputable a la Administración, esta abonará al concesionario en todo caso el importe de las inversiones realizadas por razón de la expropiación de terrenos, ejecución de obras de construcción y adquisición de bienes que sean necesarios para la explotación de los servicios objeto de concesión, atendiendo a su grado de amortización. Al efecto, se aplicara un criterio de amortización lineal de la inversión.

Cuando la resolución obedezca a causas no imputables a la Administración, el importe a abonar al concesionario por razón de la expropiación de terrenos, ejecución de obras y adquisición de bienes que deban revertir a la Administración será el que resulte de la valoración de la concesión, determinado conforme lo dispuesto en el artículo 281.

En todo caso, se entenderá que no es imputable a la Administración la resolución del contrato cuando esta obedezca a alguna de las causas establecidas en las letras a), b) y f) del artículo 211, así como a las causas establecidas en las letras a) y f) del artículo 294.

Con independencia de lo dispuesto en el artículo 213, el incumplimiento por parte de la Administración o del contratista de las obligaciones del contrato producirá los efectos que según las disposiciones específicas del servicio puedan afectar a estos contratos.

En el supuesto de la letra b) del artículo 294, el contratista tendrá derecho al abono del interés de demora previsto en la Ley 3/2004, de 29 de diciembre, por la que se establecen medidas de lucha contra la morosidad en operaciones comerciales, de las cantidades debidas o valores económicos convenidos, a partir del vencimiento del plazo previsto para su entrega y hasta la liquidación de la indemnización resultante de la resolución, así como de los daños y perjuicios sufridos.

En los supuestos de las letras b), c), d) y e) del artículo 294, y en general en los casos en que la resolución del contrato se produjera por causas imputables a la Administración, sin perjuicio de lo dispuesto en el apartado 1 de este artículo, la Administración indemnizará al contratista de los daños y perjuicios que se le irroguen, incluidos los beneficios futuros que deje de percibir, cuantificados conforme a lo establecido en la letra a) del apartado 3 del artículo 280 y a la pérdida del valor de las obras e instalaciones que no hayan de revertir a aquella, habida cuenta de su grado de amortización.

En el contrato de concesión de servicios, la subcontratación solo podrá recaer sobre prestaciones accesorias, resultándole de aplicación la regulación establecida en los artículos 215, 216 y 217 de la presente Ley.

En lo no previsto en el presente Capítulo respecto al contrato de concesión de servicios, le será de aplicación la regulación establecida en la presente Ley respecto al contrato de concesión de obras, siempre que resulte compatible con la naturaleza de aquel.

Contrato de suministro.

Son contratos de suministro los que tienen por objeto la adquisición, el arrendamiento financiero, o el arrendamiento, con o sin opción de compra, de productos o bienes muebles.

Sin perjuicio de lo dispuesto en la letra b) del apartado 3 de este artículo respecto de los contratos que tengan por objeto programas de ordenador, no tendrán la consideración de contrato de suministro los contratos relativos a propiedades incorporales o valores negociables.

En todo caso, se considerarán contratos de suministro los siguientes:

a) Aquellos en los que el empresario se obligue a entregar una pluralidad de bienes de forma sucesiva y por precio unitario sin que la cuantía total se defina con exactitud al tiempo de celebrar el contrato, por estar subordinadas las entregas a las necesidades del adquirente.

b) Los que tengan por objeto la adquisición y el arrendamiento de equipos y sistemas de telecomunicaciones o para el tratamiento de la información, sus dispositivos y programas, y la cesión del derecho de uso de estos últimos, en cualquiera de sus modalidades de puesta a disposición, a excepción de los contratos de adquisición de programas de ordenador desarrollados a medida, que se considerarán contratos de servicios.

c) Los de fabricación, por los que la cosa o cosas que hayan de ser entregadas por el empresario deban ser elaboradas con arreglo a características peculiares fijadas previamente por la entidad contratante, aun cuando esta se obligue a aportar, total o parcialmente, los materiales precisos.

d) Los que tengan por objeto la adquisición de energía primaria o energía transformada.

Están sujetos a regulación armonizada los contratos de suministro cuyo valor estimado sea igual o superior a las siguientes cantidades:

a) 140.000 euros, cuando se trate de contratos adjudicados por la Administración General del Estado, sus Organismos Autónomos, o las Entidades Gestoras y Servicios Comunes de la Seguridad Social. No obstante, cuando los contratos se adjudiquen por órganos de contratación que pertenezcan al sector de la defensa, este umbral solo se aplicará respecto de los contratos de suministro que tengan por objeto los productos enumerados en el anexo II.

b) 215.000 euros, cuando se trate de contratos de suministro distintos, por razón del sujeto contratante o por razón de su objeto, de los contemplados en la letra anterior.

En el supuesto previsto en el artículo 101.12 relativo al cálculo del valor estimado en los contratos que se adjudiquen por lotes separados, cuando el valor acumulado de los lotes en que se divida el suministro iguale o supere las cantidades indicadas en el apartado anterior, se aplicarán las normas de la regulación armonizada a la adjudicación de cada lote. No obstante, los órganos de contratación podrán exceptuar de estas normas a los lotes cuyo valor estimado sea inferior a 80.000 euros, siempre que el importe acumulado de los lotes exceptuados no sobrepase el 20 por 100 del valor acumulado de la totalidad de los mismos.

En el contrato de arrendamiento, el arrendador o empresario asumirá durante el plazo de vigencia del contrato la obligación del mantenimiento del objeto del mismo. Las cantidades que, en su caso, deba satisfacer la Administración en concepto de canon de mantenimiento se fijarán separadamente de las constitutivas del precio del arriendo.

A los contratos de fabricación se les aplicarán directamente las normas generales y especiales del contrato de obras que el órgano de contratación determine en el correspondiente pliego de cláusulas administrativas particulares, salvo las relativas a su publicidad y procedimiento de adjudicación que se acomodarán, en todo caso, al contrato de suministro.

El contratista estará obligado a entregar los bienes objeto de suministro en el tiempo y lugar fijados en el contrato y de conformidad con las prescripciones técnicas y cláusulas administrativas.

Cualquiera que sea el tipo de suministro, el adjudicatario no tendrá derecho a indemnización por causa de pérdidas, averías o perjuicios ocasionados en los bienes antes de su entrega a la Administración, salvo que esta hubiere incurrido en mora al recibirlos.

Cuando el acto formal de la recepción de los bienes, de acuerdo con las condiciones del pliego, sea posterior a su entrega, la Administración será responsable de la custodia de los mismos durante el tiempo que medie entre una y otra.

Una vez recibidos de conformidad por la Administración bienes o productos perecederos, será esta responsable de su gestión, uso o caducidad, sin perjuicio de la responsabilidad del suministrador por los vicios o defectos ocultos de los mismos.

El adjudicatario tendrá derecho al abono del precio de los suministros efectivamente entregados y formalmente recibidos por la Administración con arreglo a las condiciones establecidas en el contrato.

En el contrato de suministros en el que la determinación del precio se realice mediante precios unitarios, se podrá incrementar el número de unidades a suministrar hasta el porcentaje del 10 por ciento del precio del contrato, a que se refiere el artículo 205.2.c).3.º, sin que sea preciso tramitar el correspondiente expediente de modificación, siempre que así se haya establecido en el pliego de cláusulas administrativas particulares y se haya acreditado la correspondiente financiación en el expediente originario del contrato.

Cuando razones técnicas o económicas debidamente justificadas en el expediente lo aconsejen, podrá establecerse en el pliego de cláusulas administrativas particulares que el pago del precio total de los bienes a suministrar consista parte en dinero y parte en la entrega de otros bienes de la misma clase, sin que, en ningún caso, el importe de estos pueda superar el 50 por cien del precio total.

A estos efectos, el compromiso de gasto correspondiente se limitará al importe que, del precio total del contrato, no se satisfaga mediante la entrega de bienes al contratista, sin que tenga aplicación lo dispuesto en el artículo 27.4 de la Ley 47/2003, de 26 de noviembre, General Presupuestaria, en el apartado 3 del artículo 165 de la Ley Reguladora de las Haciendas Locales, aprobada por Real Decreto Legislativo 2/2004, de 5 de marzo, o en análogas regulaciones contenidas en las normas presupuestarias de las distintas Administraciones Públicas sujetas a esta Ley.

La entrega de los bienes por la Administración se acordará por el órgano de contratación, implicando dicho acuerdo por sí solo la baja en el inventario y, en su caso, la desafectación de los bienes de que se trate.

En este supuesto el importe que del precio total del suministro corresponda a los bienes entregados por la Administración será un elemento económico a valorar para la adjudicación del contrato y deberá consignarse expresamente por los empresarios en sus ofertas.

El contenido de este artículo será de aplicación a los contratos de servicios para la gestión de los sistemas de información, los de servicios de telecomunicación y los contratos de mantenimiento de estos sistemas, suministros de equipos y terminales y adaptaciones necesarias como cableado, canalizaciones y otras análogas, siempre que vayan asociadas a la prestación de estos servicios y se contraten conjuntamente con ellos, entendiéndose que los bienes a entregar, en su caso, por la Administración han de ser bienes y equipos informáticos y de telecomunicaciones.

La Administración tiene la facultad de inspeccionar y de ser informada del proceso de fabricación o elaboración del producto que haya de ser entregado como consecuencia del contrato, pudiendo ordenar o realizar por sí misma análisis, ensayos y pruebas de los materiales que se vayan a emplear, establecer sistemas de control de calidad y dictar cuantas disposiciones estime oportunas para el estricto cumplimiento de lo convenido.

Salvo pacto en contrario, los gastos de la entrega y transporte de los bienes objeto del suministro al lugar convenido serán de cuenta del contratista.

Si los bienes no se hallan en estado de ser recibidos se hará constar así en el acta de recepción y se darán las instrucciones precisas al contratista para que subsane los defectos observados o proceda a un nuevo suministro de conformidad con lo pactado.

Si durante el plazo de garantía se acreditase la existencia de vicios o defectos en los bienes suministrados tendrá derecho la Administración a reclamar del contratista la reposición de los que resulten inadecuados o la reparación de los mismos si fuese suficiente.

Durante este plazo de garantía tendrá derecho el contratista a conocer y ser oído sobre la aplicación de los bienes suministrados.

Si el órgano de contratación estimase, durante el plazo de garantía, que los bienes suministrados no son aptos para el fin pretendido, como consecuencia de los vicios o defectos observados en ellos e imputables al contratista y exista la presunción de que la reposición o reparación de dichos bienes no serán bastantes para lograr aquel fin, podrá, antes de expirar dicho plazo, rechazar los bienes dejándolos de cuenta del contratista y quedando exento de la obligación de pago o teniendo derecho, en su caso, a la recuperación del precio satisfecho.

Terminado el plazo de garantía sin que la Administración haya formalizado alguno de los reparos o la denuncia a que se refieren los apartados 1 y 3 de este artículo, el contratista quedará exento de responsabilidad por razón de los bienes suministrados.

Son causas de resolución del contrato de suministro, además de las generales, las siguientes:

a) El desistimiento antes de la iniciación del suministro o la suspensión de la iniciación del suministro por causa imputable a la Administración por plazo superior a cuatro meses a partir de la fecha señalada en el contrato para la entrega salvo que en el pliego se señale otro menor.

b) El desistimiento una vez iniciada la ejecución del suministro o la suspensión del suministro por un plazo superior a ocho meses acordada por la Administración, salvo que en el pliego se señale otro menor.

La resolución del contrato dará lugar a la recíproca devolución de los bienes y del importe de los pagos realizados, y, cuando no fuera posible o conveniente para la Administración, habrá de abonar esta el precio de los efectivamente entregados y recibidos de conformidad.

En los supuestos establecidos en la letra a) del artículo anterior, solo tendrá derecho el contratista a percibir, por todos los conceptos, una indemnización del 3 por ciento del precio de la adjudicación del contrato, IVA excluido.

En los supuestos contemplados en la letra b) del artículo anterior, el contratista tendrá derecho a percibir, por todos los conceptos, el 6 por ciento del precio de adjudicación del contrato de los suministros dejados de realizar en concepto de beneficio industrial, IVA excluido, entendiéndose por suministros dejados de realizar los que resulten de la diferencia entre los reflejados en el contrato primitivo y sus modificaciones aprobadas, y los que hasta la fecha de notificación del desistimiento o de la suspensión se hubieran realizado.

Contrato de servicios.

Son contratos de servicios aquellos cuyo objeto son prestaciones de hacer consistentes en el desarrollo de una actividad o dirigidas a la obtención de un resultado distinto de una obra o suministro, incluyendo aquellos en que el adjudicatario se obligue a ejecutar el servicio de forma sucesiva y por precio unitario.

No podrán ser objeto de estos contratos los servicios que impliquen ejercicio de la autoridad inherente a los poderes públicos.

Están sujetos a regulación armonizada los contratos de servicios cuyo valor estimado sea igual o superior a las siguientes cantidades:

a) 140.000 euros, cuando los contratos hayan de ser adjudicados por la Administración General del Estado, sus Organismos Autónomos, o las Entidades Gestoras y Servicios Comunes de la Seguridad Social.

b) 215.000 euros, cuando los contratos hayan de adjudicarse por entidades del sector público distintas a la Administración General del Estado, sus Organismos Autónomos o las Entidades Gestoras y Servicios Comunes de la Seguridad Social.

c) 750.000 euros, cuando se trate de contratos que tengan por objeto los servicios sociales y otros servicios específicos enumerados en el anexo IV.

En el supuesto previsto en el artículo 101.12 relativo al cálculo del valor estimado en los contratos que se adjudiquen por lotes separados, cuando el valor acumulado de los lotes en que se divida la contratación de servicios iguale o supere los importes indicados en el apartado anterior, se aplicarán las normas de la regulación armonizada a la adjudicación de cada lote. No obstante, los órganos de contratación podrán exceptuar de estas normas a los lotes cuyo valor estimado sea inferior a 80.000 euros, siempre que el importe acumulado de los lotes exceptuados no sobrepase el 20 por 100 del valor acumulado de la totalidad de los mismos.

Salvo que se disponga otra cosa en los pliegos de cláusulas administrativas o en el documento contractual, los contratos de servicios que tengan por objeto el desarrollo y la puesta a disposición de productos protegidos por un derecho de propiedad intelectual o industrial llevarán aparejada la cesión de este a la Administración contratante. En todo caso, y aun cuando se excluya la cesión de los derechos de propiedad intelectual, el órgano de contratación podrá siempre autorizar el uso del correspondiente producto a los entes, organismos y entidades pertenecientes al sector público.

En ningún caso la entidad contratante podrá instrumentar la contratación de personal a través del contrato de servicios, incluidos los que por razón de la cuantía se tramiten como contratos menores.

A la extinción de los contratos de servicios, no podrá producirse en ningún caso la consolidación de las personas que hayan realizado los trabajos objeto del contrato como personal de la entidad contratante. A tal fin, los empleados o responsables de la Administración deben abstenerse de realizar actos que impliquen el ejercicio de facultades que, como parte de la relación jurídico laboral, le corresponden a la empresa contratista.

En los contratos de servicios que impliquen el desarrollo o mantenimiento de aplicaciones informáticas el objeto del contrato podrá definirse por referencia a componentes de prestación del servicio. A estos efectos, en el pliego de cláusulas administrativas particulares se establecerá el precio referido a cada componente de la prestación en términos de unidades de actividad, definidas en términos de categorías profesionales o coste, homogéneas para cualquier desarrollo, de unidades de tiempo o en una combinación de ambas modalidades.

Esta definición deberá completarse con referencia a las funcionalidades a desarrollar, cuyo marco deberá quedar determinado inicialmente, sin perjuicio de que puedan concretarse dichas funcionalidades por la Administración atendiendo a consideraciones técnicas, económicas o necesidades del usuario durante el período de ejecución, en los términos en que se prevean en el pliego de cláusulas administrativas particulares.

La financiación y pago de estos contratos se ajustará al ritmo requerido en la ejecución de los componentes de prestación requeridos, debiendo adoptarse a este fin por el responsable del contrato, las medidas que sean necesarias para la programación de las anualidades y durante el período de ejecución.

El pliego de cláusulas administrativas establecerá el sistema de determinación del precio de los contratos de servicios, que podrá estar referido a componentes de la prestación, unidades de ejecución o unidades de tiempo, o fijarse en un tanto alzado cuando no sea posible o conveniente su descomposición, o resultar de la aplicación de honorarios por tarifas o de una combinación de varias de estas modalidades.

En los casos en que la determinación del precio se realice mediante unidades de ejecución, no tendrán la consideración de modificaciones, siempre que así se haya establecido en el pliego de cláusulas administrativas particulares, la variación que durante la correcta ejecución de la prestación se produzca exclusivamente en el número de unidades realmente ejecutadas sobre las previstas en el contrato, las cuales podrán ser recogidas en la liquidación, siempre que no representen un incremento del gasto superior al 10 por ciento del precio del contrato.

En determinados servicios complejos en los que la ejecución del contrato lleve aparejados costes de inversión iniciales y se prevea que las obras o equipamientos que se generen vayan a incorporarse al patrimonio de la entidad contratante al concluir o resolverse el contrato, podrá establecerse un sistema de retribución que compense por las mismas.

En los contratos que tengan por objeto la prestación de actividades docentes en centros del sector público desarrolladas en forma de cursos de formación o perfeccionamiento del personal al servicio de la Administración o cuando se trate de seminarios, coloquios, mesas redondas, conferencias, colaboraciones o cualquier otro tipo similar de actividad, siempre que dichas actividades sean realizadas por personas físicas, las disposiciones de esta Ley no serán de aplicación a la preparación y adjudicación del contrato.

En esta clase de contratos podrá establecerse el pago parcial anticipado, previa constitución de garantía por parte del contratista, sin que pueda autorizarse su cesión.

Para acreditar la existencia de los contratos a que se refiere este artículo, bastará la designación o nombramiento por autoridad competente.

El contrato se ejecutará con sujeción a lo establecido en su clausulado y en los pliegos, y de acuerdo con las instrucciones que para su interpretación diere al contratista el responsable del contrato, en los casos en que se hubiere designado. En otro caso, esta función le corresponderá a los servicios dependientes del órgano de contratación.

El contratista será responsable de la calidad técnica de los trabajos que desarrolle y de las prestaciones y servicios realizados, así como de las consecuencias que se deduzcan para la Administración o para terceros de las omisiones, errores, métodos inadecuados o conclusiones incorrectas en la ejecución del contrato.

La Administración determinará si la prestación realizada por el contratista se ajusta a las prescripciones establecidas para su ejecución y cumplimiento, requiriendo, en su caso, la realización de las prestaciones contratadas y la subsanación de los defectos observados con ocasión de su recepción. Si los trabajos efectuados no se adecuan a la prestación contratada, como consecuencia de vicios o defectos imputables al contratista, podrá rechazar la misma quedando exento de la obligación de pago o teniendo derecho, en su caso, a la recuperación del precio satisfecho.

Si durante el plazo de garantía se acreditase la existencia de vicios o defectos en los trabajos efectuados el órgano de contratación tendrá derecho a reclamar al contratista la subsanación de los mismos.

Terminado el plazo de garantía sin que la Administración haya formalizado alguno de los reparos o la denuncia a que se refieren los apartados anteriores, el contratista quedará exento de responsabilidad por razón de la prestación efectuada, sin perjuicio de lo establecido en los artículos 314 y 315 sobre subsanación de errores y responsabilidad en los contratos que tengan por objeto la elaboración de proyectos de obras.

Los contratos de mera actividad o de medios se extinguirán por el cumplimiento del plazo inicialmente previsto o las prórrogas acordadas, sin perjuicio de la prerrogativa de la Administración de depurar la responsabilidad del contratista por cualquier eventual incumplimiento detectado con posterioridad.

El contratista tendrá derecho a conocer y ser oído sobre las observaciones que se formulen en relación con el cumplimiento de la prestación contratada.

En los contratos de servicios que conlleven prestaciones directas a favor de la ciudadanía se deberán cumplir las siguientes prescripciones:

a) Antes de proceder a la contratación de un servicio de esta naturaleza deberá haberse establecido su régimen jurídico, que declare expresamente que la actividad de que se trata queda asumida por la

Administración respectiva como propia de la misma, determine el alcance de las prestaciones en favor de los administrados, y regule los aspectos de carácter jurídico, económico y administrativo relativos a la prestación del servicio.

b) El adjudicatario de un contrato de servicios de este tipo estará sujeto a las obligaciones de prestar el servicio con la continuidad convenida y garantizar a los particulares el derecho a utilizarlo en las condiciones que hayan sido establecidas y mediante el abono en su caso de la contraprestación económica fijada; de cuidar del buen orden del servicio; de indemnizar los daños que se causen a terceros como consecuencia de las operaciones que requiera el desarrollo del servicio, con la salvedad de aquellos que sean producidos por causas imputables a la Administración; y de entregar, en su caso, las obras e instalaciones a que esté obligado con arreglo al contrato en el estado de conservación y funcionamiento adecuados.

c) Los bienes afectos a los servicios regulados en el presente artículo no podrán ser objeto de embargo.

d) Si del incumplimiento por parte del contratista se derivase perturbación grave y no reparable por otros medios en el servicio y la Administración no decidiese la resolución del contrato, podrá acordar el secuestro o intervención del mismo hasta que aquella desaparezca. En todo caso, el contratista deberá abonar a la Administración los daños y perjuicios que efectivamente le haya ocasionado.

e) La Administración conservará los poderes de policía necesarios para asegurar la buena marcha de los servicios que conlleven prestaciones directas a favor de la ciudadanía de que se trate.

f) Con carácter general, la prestación de los servicios que conlleven prestaciones directas a favor de la ciudadanía se efectuará en dependencias o instalaciones diferenciadas de las de la propia Administración contratante. Si ello no fuera posible, se harán constar las razones objetivas que lo motivan. En estos casos, a efectos de evitar la confusión de plantillas, se intentará que los trabajadores de la empresa contratista no compartan espacios y lugares de trabajo con el personal al servicio de la Administración, y los trabajadores y los medios de la empresa contratista se identificarán mediante los correspondientes signos distintivos, tales como uniformidad o rotulaciones.

g) Además de las causas de resolución del contrato establecidas en el artículo 313, serán causas de resolución de los contratos de servicios tratados en el presente artículo, las señaladas en las letras c), d), y f) del artículo 294.

Son causas de resolución de los contratos de servicios, además de las generales, las siguientes:

a) El desistimiento antes de iniciar la prestación del servicio o la suspensión por causa imputable al órgano de contratación de la iniciación del contrato por plazo superior a cuatro meses a partir de la fecha señalada en el mismo para su comienzo, salvo que en el pliego se señale otro menor.

b) El desistimiento una vez iniciada la prestación del servicio o la suspensión del contrato por plazo superior a ocho meses acordada por el órgano de contratación, salvo que en el pliego se señale otro menor.

c) Los contratos complementarios quedarán resueltos, en todo caso, cuando se resuelva el contrato principal.

La resolución del contrato dará derecho al contratista, en todo caso, a percibir el precio de los estudios, informes, proyectos, trabajos o servicios que efectivamente hubiese realizado con arreglo al contrato y que hubiesen sido recibidos por la Administración.

En los supuestos de resolución previstos en las letras a) y c) del apartado primero del presente artículo, el contratista solo tendrá derecho a percibir, por todos los conceptos, una indemnización del 3 por ciento del precio de adjudicación del contrato, IVA excluido.

En los supuestos de resolución contemplados en la letra b) del apartado 1 del presente artículo, el contratista tendrá derecho a percibir, por todos los conceptos, el 6 por ciento del precio de adjudicación del contrato de los servicios dejados de prestar en concepto de beneficio industrial, IVA excluido, entendiéndose por servicios dejados de prestar los que resulten de la diferencia entre los reflejados en el contrato primitivo y sus modificaciones aprobadas, y los que hasta la fecha de notificación del desistimiento o de la suspensión se hubieran prestado.

Contratos mixtos.

Se entenderá por contrato mixto aquel que contenga prestaciones correspondientes a otro u otros de distinta clase.

Únicamente podrán celebrarse contratos mixtos en las condiciones establecidas en el artículo 34.2 de la presente Ley.

El régimen jurídico de la preparación y adjudicación de los contratos mixtos se determinará de conformidad con lo establecido en este artículo; y el de sus efectos, cumplimiento y extinción se determinará de acuerdo con lo dispuesto en el artículo 122.2.

Para la determinación de las normas que regirán la adjudicación de los contratos mixtos cuyo objeto contenga prestaciones de varios contratos regulados en esta Ley, se estará a las siguientes reglas:

a) Cuando un contrato mixto comprenda prestaciones propias de dos o más contratos de obras, suministros o servicios se atenderá al carácter de la prestación principal.

En el caso de los contratos mixtos que comprendan en parte servicios especiales del anexo IV, y en parte otros servicios, o en el caso de los contratos mixtos compuestos en parte por servicios y en parte por suministros, el objeto principal se determinará en función de cuál sea el mayor de los valores estimados de los respectivos servicios o suministros.

b) Cuando el contrato mixto contenga prestaciones de los contratos de obras, suministros o servicios, por una parte, y contratos de concesiones de obra o concesiones de servicios, de otra, se actuará del siguiente modo:

1.º Si las distintas prestaciones no son separables se atenderá al carácter de la prestación principal.

2.º Si las distintas prestaciones son separables y se decide adjudicar un contrato único, se aplicarán las normas relativas a los contratos de obras, suministros o servicios cuando el valor estimado de las prestaciones correspondientes a estos contratos supere las cuantías establecidas en los artículos 20, 21 y 22 de la presente Ley, respectivamente. En otro caso, se aplicarán las normas relativas a los contratos de concesión de obras y concesión de servicios.

LOS REAJUSTES DE ANUALIDADES Y LAS TRAMITACIONES DE EMERGENCIA.

Podrán ser objeto de tramitación urgente los expedientes correspondientes a los contratos cuya celebración responda a una necesidad inaplazable o cuya adjudicación sea preciso acelerar por razones de interés público. A tales efectos el expediente deberá contener la declaración de urgencia hecha por el órgano de contratación, debidamente motivada.

Los expedientes calificados de urgentes se tramitarán siguiendo el mismo procedimiento que los ordinarios, con las siguientes especialidades:

a) Los expedientes gozarán de preferencia para su despacho por los distintos órganos que intervengan en la tramitación, que dispondrán de un plazo de cinco días para emitir los respectivos informes o cumplimentar los trámites correspondientes.

Cuando la complejidad del expediente o cualquier otra causa igualmente justificada impida cumplir el plazo antes indicado, los órganos que deban evacuar el trámite lo pondrán en conocimiento del órgano de contratación que hubiese declarado la urgencia. En tal caso el plazo quedará prorrogado hasta diez días.

b) Acordada la apertura del procedimiento de adjudicación, los plazos establecidos en esta Ley para la licitación, adjudicación y formalización del contrato se reducirán a la mitad, salvo los siguientes:

1.º El plazo de quince días hábiles establecido en el apartado 3 del artículo 153, como período de espera antes de la formalización del contrato.

2.º El plazo de presentación de proposiciones en el procedimiento abierto en los contratos de obras, suministros y servicios sujetos a regulación armonizada, que se podrá reducir de conformidad con lo indicado en la letra b) del apartado 3) del artículo 156.

3.º Los plazos de presentación de solicitudes y de proposiciones en los procedimientos restringido y de licitación con negociación en los contratos de obras, suministros y servicios sujetos a regulación armonizada, que se podrán reducir según lo establecido en el segundo párrafo del apartado 1 del artículo 161 y en la letra b) del apartado 1 del artículo 164, según el caso.

4.º Los plazos de presentación de solicitudes en los procedimientos de diálogo competitivo y de asociación para la innovación en contratos de obras, suministros y servicios sujetos a regulación armonizada, no serán susceptibles de reducirse.

5.º El plazo de 6 días a más tardar antes de que finalice el plazo fijado para la presentación de ofertas, para que los servicios dependientes del órgano de contratación faciliten al candidato o licitador la información adicional solicitada, será de 4 días a más tardar antes de que finalice el citado plazo en los contratos de obras, suministros y servicios sujetos a regulación armonizada siempre que se adjudiquen por procedimientos abierto y restringido.

La reducción anterior no se aplicará a los citados contratos cuando el procedimiento de adjudicación sea uno distinto del abierto o del restringido.

6.º Los plazos establecidos en el artículo 159 respecto a la tramitación del procedimiento abierto simplificado, de conformidad con lo señalado en el apartado 5 de dicho artículo.

Las reducciones de plazo establecidas en los puntos 2.º, 3.º y 5.º anteriores no se aplicarán en la adjudicación de los contratos de concesiones de obras y concesiones de servicios sujetos a regulación armonizada cualquiera que sea el procedimiento de adjudicación utilizado, no siendo los plazos a que se refieren dichos puntos, en estos contratos, susceptibles de reducción alguna.

c) El plazo de inicio de la ejecución del contrato no podrá exceder de un mes, contado desde la formalización.

Cuando la Administración tenga que actuar de manera inmediata a causa de acontecimientos catastróficos, de situaciones que supongan grave peligro o de necesidades que afecten a la defensa nacional, se estará al siguiente régimen excepcional:

a) El órgano de contratación, sin obligación de tramitar expediente de contratación, podrá ordenar la ejecución de lo necesario para remediar el acontecimiento producido o satisfacer la necesidad sobrevenida, o contratar libremente su objeto, en todo o en parte, sin sujetarse a los requisitos formales establecidos en la presente Ley, incluso el de la existencia de crédito suficiente. En caso de que no exista crédito adecuado y suficiente, una vez adoptado el acuerdo, se procederá a su dotación de conformidad con lo establecido en la Ley General Presupuestaria.

b) Si el contrato ha sido celebrado por la Administración General del Estado, sus Organismos Autónomos, Entidades Gestoras y Servicios Comunes de la Seguridad Social o demás entidades públicas estatales, se dará cuenta de dichos acuerdos al Consejo de Ministros en el plazo máximo de treinta días.

c) El plazo de inicio de la ejecución de las prestaciones no podrá ser superior a un mes, contado desde la adopción del acuerdo previsto en la letra a). Si se excediese este plazo, la contratación de dichas prestaciones requerirá la tramitación de un procedimiento ordinario.

d) Ejecutadas las actuaciones objeto de este régimen excepcional, se observará lo dispuesto en esta Ley sobre cumplimiento de los contratos, recepción y liquidación de la prestación.

En el supuesto de que el libramiento de los fondos necesarios se hubiera realizado a justificar, transcurrido el plazo establecido en la letra c) anterior, se rendirá la cuenta justificativa del mismo, con reintegro de los fondos no invertidos.

Las restantes prestaciones que sean necesarias para completar la actuación acometida por la Administración y que no tengan carácter de emergencia se contratarán con arreglo a la tramitación ordinaria regulada en esta Ley.

TEMA 23

LA TESORERÍA DE LA COMUNIDAD AUTÓNOMA DE ANDALUCÍA: CUENTAS GENERALES Y CUENTAS AUTORIZADAS. LAS CUENTAS DE GASTOS DE FUNCIONAMIENTO: PRINCIPIOS GENERALES, LIBROS NECESARIOS Y NORMAS SOBRE SU CUMPLIMENTACIÓN Y CONTROL. LA JUSTIFICACIÓN DE LOS GASTOS LIBRADOS "A JUSTIFICAR" Y LOS LIBRADOS EN FIRME DE "JUSTIFICACIÓN DIFERIDA".

LA TESORERÍA GENERAL DE LA COMUNIDAD AUTÓNOMA DE ANDALUCÍA: CUENTAS GENERALES Y CUENTAS AUTORIZADAS.

Constituyen la Tesorería General de la Junta de Andalucía todos los recursos financieros, sean dinero, valores o créditos, tanto por operaciones presupuestarias como extrapresupuestarias de la Administración de la Junta de Andalucía, sus agencias administrativas y de régimen especial y sus instituciones. Las disponibilidades de la Tesorería General y sus variaciones quedarán sujetas a intervención y al régimen de contabilidad pública.

Son funciones encomendadas a la Tesorería General de la Junta de Andalucía:

a) Recaudar sus derechos y pagar sus obligaciones.

b) Servir al principio de unidad de caja, mediante la centralización de todos los fondos y valores generados por operaciones presupuestarias y extrapresupuestarias.

c) Distribuir en el tiempo y en el territorio las disponibilidades necesarias para la satisfacción puntual de sus obligaciones.

d) Responder de sus avales.

e) Realizar las demás que se establezcan o se relacionen con las anteriores.

El proceso de pago comprende las siguientes fases sucesivas:

a) La ordenación del pago, acto mediante el cual la persona ordenadora de pago competente dispone la ejecución de los pagos de las obligaciones reconocidas.

b) La materialización del pago, acto por el que se produce la salida material o virtual de los fondos de la Tesorería correspondiente.

El proceso de pago de las obligaciones económicas contraídas por la Administración de la Junta de Andalucía se desarrollará y ejecutará por la Dirección General competente en materia de Tesorería.

El proceso de pago de las obligaciones económicas contraídas por las agencias administrativas y de régimen especial se desarrollará y ejecutará en los órganos de gestión de sus Tesorerías propias, realizando las actuaciones relativas a la ordenación del pago de sus obligaciones, de conformidad con lo dispuesto en los artículos 52.2 y 54.3 de esta ley.

La Dirección General competente en materia de Tesorería realizará las funciones de materialización del pago de las obligaciones que se ordenen en el ámbito de las agencias administrativas y de régimen especial cuando existan obligaciones pendientes de pago en la Tesorería General de la Junta de Andalucía a favor de estas agencias. Esta fase del proceso de materialización del pago se realizará aplicando mecanismos de compensación y siempre en nombre y por cuenta de estas agencias.

La Tesorería General situará sus caudales en el Banco de España y en las entidades de crédito y de ahorro. El régimen de prestación de servicios que se puedan concertar con las entidades indicadas en el apartado anterior se determinará reglamentariamente.

Los caudales de las agencias, instituciones y sociedades mercantiles del sector público andaluz se situarán en la Tesorería contablemente diferenciados. No obstante, cuando convenga por razón de las operaciones que se desarrollen o del lugar en que se efectúen, las entidades indicadas en el apartado anterior podrán abrir y utilizar cuentas en las entidades de crédito y de ahorro, previa autorización de la Consejería competente en materia de Hacienda.

Los consorcios recogidos en el artículo 12.3 de la Ley 9/2007, de 22 de octubre, las fundaciones del sector público andaluz, y las demás entidades previstas en el artículo 5.1 de la presente Ley, deberán obtener autorización previa de la Consejería competente en materia de Hacienda para la apertura de cualquier clase de cuenta, destinada a situar los fondos en una entidad de crédito y ahorro. Al mismo régimen de autorización previa se someterán los fondos sin personalidad jurídica referidos en el artículo 5.3 de la presente Ley.

Los ingresos en la Tesorería General podrán realizarse por las personas o entidades obligadas al pago, según se establezca por la Consejería competente en materia de Hacienda, en las cuentas abiertas en el Banco de España y en las entidades de crédito y ahorro, tengan o no la condición de entidades colaboradoras, o directamente en la caja situada en la dependencia del órgano de recaudación. También podrán realizarse a través de la entidad de crédito y ahorro que preste el servicio de caja en el local del órgano de recaudación.

La Consejería competente en materia de Hacienda podrá establecer cualquier otro lugar de pago atendiendo a las especiales condiciones del mismo y con las necesarias medidas de control.

Las entidades de crédito y ahorro podrán ser autorizadas por la Consejería competente en materia de Hacienda en el ámbito que la misma determine como colaboradoras en la gestión recaudatoria de los recursos tributarios, así como del resto de los ingresos de derecho público. Los ingresos podrán realizarse mediante dinero de curso legal, giros, transferencias, cheques y cualquier otro medio o documento de pago sea o no bancario reglamentariamente establecido. Asimismo, podrán hacerse efectivos mediante domiciliación bancaria o tarjeta de débito o crédito, en los términos que se establezcan mediante Orden de la Consejería competente en materia de Hacienda, que igualmente podrá determinar qué medios habrán de ser utilizados en cada uno de los lugares de pago.

La Tesorería General podrá, asimismo, pagar sus obligaciones por cualquiera de los medios a que se refiere el apartado anterior.

Con el objeto de garantizar el cumplimiento de la normativa estatal de estabilidad presupuestaria y sostenibilidad financiera, la Tesorería General de la Junta de Andalucía podrá cancelar obligaciones pendientes de pago de las agencias y demás entes instrumentales que integran su sector público con sus acreedores, realizando directamente el pago a estos últimos con cargo a obligaciones que se encuentren pendientes de pago en la Tesorería a favor de dichos entes instrumentales, hasta el límite máximo del importe total de las citadas obligaciones y siempre que la naturaleza o finalidad de las mismas no impidan la aplicación de este mecanismo.

La norma de desarrollo de este procedimiento deberá garantizar la participación de los entes instrumentales en la toma de decisiones que afecten a la determinación de las obligaciones de pago que deben ser canceladas, sin perjuicio de la competencia de supervisión que corresponde a la Dirección General de Tesorería y Deuda Pública a los efectos de garantizar el cumplimiento de la normativa estatal vigente en materia de estabilidad presupuestaria y sostenibilidad financiera.

El mecanismo previsto en el apartado anterior será también de aplicación a las fundaciones, consorcios y sociedades mercantiles que, sin formar parte del sector público andaluz, se encuentran incluidas dentro del perímetro de consolidación de la Comunidad Autónoma de Andalucía de acuerdo con la metodología de la contabilidad nacional.

El Consejo de Gobierno, a propuesta conjunta de la Consejería competente en materia de hacienda y de la Consejería a la que se encuentre adscrito el ente, podrá excluir de la aplicación del mecanismo previsto en este artículo a determinados entes que, por razón de su especialidad derivada del volumen y tipología de pagos de su tesorería, no puedan integrarse en este procedimiento.

Mediante Decreto del Consejo de Gobierno se establecerá el procedimiento para la aplicación del mecanismo previsto en el presente artículo y se determinará la fecha de implantación.

Con la finalidad de velar por la aplicación del principio de prudencia financiera previsto en el artículo 13 bis de la Ley Orgánica 8/1980, de 22 de septiembre, de Financiación de las Comunidades Autónomas, introducido por la Ley Orgánica 6/2015, de 12 de junio, de modificación de la Ley Orgánica 8/1980, de 22 de septiembre, de Financiación de las Comunidades Autónomas y de la Ley Orgánica 2/2012, de 27 de abril, de Estabilidad Presupuestaria y Sostenibilidad Financiera, deberán remitir información a la Consejería competente en materia de Hacienda, sobre la situación de sus activos financieros, pasivos financieros, pasivos contingentes, otorgamiento de garantías públicas y otras formas de afianzamiento o medidas de apoyo extrapresupuestario, las siguientes entidades:

a) Las agencias administrativas, agencias de régimen especial y las agencias públicas empresariales de la Administración de la Junta de Andalucía.

b) Las sociedades mercantiles del sector público andaluz.

c) Los consorcios y las fundaciones del sector público andaluz.

Las entidades gestoras de los fondos carentes de personalidad jurídica remitirán la información a la que se refiere el párrafo anterior respecto a los fondos gestionados por las mismas.

La información se enviará con carácter mensual, dentro de los quince primeros días de cada mes. Asimismo, las citadas entidades comunicarán dicha información cuando así le sea requerido por la Consejería competente en materia de Hacienda

La Consejería competente en materia de Hacienda, al objeto de conseguir una gestión eficaz de la Tesorería General, mediante la adecuada distribución temporal de sus pagos y la estimación temporal de sus ingresos, elaborará, al menos trimestralmente, un Presupuesto de necesidades monetarias de dicha Tesorería.

A estos efectos, podrán someterse a calendarios de pago aprobados por la citada Consejería, las obligaciones de pago contraídas por la Administración de la Junta de Andalucía con las agencias, instituciones, sociedades mercantiles del sector público andaluz, los consorcios, fundaciones y otras entidades referidas en el artículo 5.1 de esta Ley, así como con los fondos sin personalidad jurídica referidos en su artículo 5.3.

La Tesorería General de la Junta de Andalucía, bajo la superior dirección de la política de tesorería que corresponde a la Consejería con competencias en materia de Hacienda, se gestionará por los siguientes órganos:

a) La Dirección General con competencias en materia de tesorería, a cuya persona titular le corresponde la dirección de las unidades administrativas bajo su dependencia orgánica y funcional, para la preparación y gestión de los procedimientos de su ámbito de competencias.

A este efecto, la Dirección General con competencias en materia de tesorería, es el órgano directivo al que le corresponden las funciones de la Tesorería General de la Junta de Andalucía atribuidas en el Texto Refundido de la Ley General de la Hacienda Pública, en orden al cobro y gestión financiera de sus derechos y al pago de sus obligaciones, sirviendo al principio de unidad de caja mediante la concentración de todos los fondos y valores y gestionando la Tesorería General conforme a los procedimientos establecidos en la presente norma.

Las personas titulares de las Jefaturas de los Servicios Provinciales de Tesorería, existentes en los servicios periféricos de la Consejería con competencia en materia de Hacienda, dependerán orgánica y funcionalmente de la Dirección General competente en materia de tesorería.

b) Los órganos de las Tesorerías de cada una de las agencias administrativas, de régimen especial y de las agencias públicas empresariales del artículo 2.1, bajo la dirección de las personas titulares de la Presidencia o Dirección de las agencias y, en su caso, de las instituciones, de conformidad con lo establecido en el artículo 51 de la Ley 9/2007, de 22 de octubre, de la Administración de la Junta de Andalucía.

La coordinación de la gestión de las Tesorerías de las agencias administrativas, de régimen especial, de las agencias públicas empresariales del artículo 2.1 y de las instituciones se llevará a cabo por la Dirección General competente en materia de tesorería, sin perjuicio de las facultades de gestión de la tesorería y de administración de los recursos que les corresponde a estas agencias e instituciones.

Los órganos de gestión de la Tesorería General de la Junta de Andalucía se regirán en su funcionamiento y desarrollo de sus procedimientos por lo dispuesto en el Texto Refundido de la Ley General de la Hacienda Pública de la Junta de Andalucía, en el presente Reglamento, normas de desarrollo, así como por la normativa específica de las entidades instrumentales que resulte aplicable.

Los órganos de gestión de las Tesorerías de los consorcios comprendidos en el artículo 1.b), bajo la dirección de las personas titulares de su Presidencia o Dirección, ejercerán sus funciones conforme a lo establecido en el artículo 72.3 del citado Texto Refundido y en las disposiciones del presente Reglamento y normas de desarrollo que se refieran a los mismos, así como por la normativa específica que les resulte de aplicación. La Dirección General competente en materia de tesorería realizará funciones de coordinación en el ámbito de las tesorerías de los consorcios.

La gestión de tesorería de los recursos financieros de los fondos carentes de personalidad jurídica previstos en el artículo 5.5 del Texto Refundido de la Ley General de la Hacienda Pública de la Junta de Andalucía corresponderá a la entidad gestora y se ejercerá conforme a lo que se determine en su Ley de creación, y en la regulación específica establecida para estos fondos tanto en las normas generales como en las especiales, por lo que no resultarán de aplicación a la gestión de los mismos las disposiciones contenidas en la presente norma, salvo en los aspectos que expresamente se indiquen.

En virtud de la exigencia de cumplimiento de los principios de estabilidad presupuestaria y sostenibilidad financiera que afectan al ámbito subjetivo determinado en el artículo 2 de la Ley Orgánica 2/2012, de 27 de abril, las Tesorerías de los entes instrumentales comprendidos en el referido precepto, estarán sometidas a los procedimientos e instrumentos de interrelación con la Secretaría General de Hacienda u órgano que asuma sus competencias y con la Dirección General competente en materia de tesorería que se establecen en el artículo 44 y en la sección 4.ª del capítulo II del título IV.

LAS CUENTAS DE GASTOS DE FUNCIONAMIENTO: PRINCIPIOS GENERALES, LIBROS NECESARIOS Y NORMAS SOBRE SU CUMPLIMENTACIÓN Y CONTROL.

Los órganos de gestión de la Tesorería General de la Junta de Andalucía operarán con las cuentas que mantengan abiertas en el Banco de España y en las entidades de crédito.

La Dirección General con competencias en materia de tesorería operará con cuentas tesoreras, que podrán ser:

a) Generales.

b) Especiales.

Asimismo, esta Dirección General, para la prestación por las entidades de crédito del servicio de caja y del servicio de colaboración en la gestión recaudatoria de la Comunidad Autónoma, operará con cuentas restringidas para la recaudación, con el régimen especial de funcionamiento regulado en el presente Reglamento y sus normas de desarrollo.

El resto de órganos de gestión de la Tesorería General operarán con cuentas autorizadas cuya apertura, de conformidad con lo previsto en el artículo 75.2 del Texto Refundido de la Ley General de la Hacienda Pública de la Junta de Andalucía, deberá ser previamente autorizada por la Consejería competente en materia de Hacienda atendiendo a la siguiente clasificación:

a) Cuenta de Tesorería de agencia o institución.

b) Cuenta Restringida de ingresos de agencia o institución.

c) Procedimientos especiales de agencia o institución.

En el resto de órganos de la Administración de la Junta de Andalucía y de los consorcios del artículo 1.b) podrán existir cuentas autorizadas de conformidad con lo dispuesto en el artículo 12.

Las cuentas de la Tesorería General de la Junta de Andalucía serán cuentas corrientes y en ellas no podrá efectuarse cargo alguno por disposición o movimiento de fondos sin la preceptiva autorización de las personas titulares de los órganos o unidades previstos en los artículos 9.4 y 12.2 o, en su caso, de las personas con firma autorizada que correspondan, ni podrán producirse descubiertos que, en todo caso, serán por cuenta exclusiva de la entidad de crédito.

Las entidades de crédito estarán obligadas a realizar con la máxima diligencia las anotaciones de los abonos y cargos que correspondan en las cuentas con la fecha de valoración que proceda y de conformidad con la normativa dictada sobre esta materia por el Banco de España.

En aplicación del principio de unidad de caja, los intereses devengados por los fondos de la Tesorería General de la Junta de Andalucía se ingresarán en la cuenta tesorera general que determine la Dirección General competente en materia de tesorería.

El régimen de las cuentas previsto en los apartados anteriores será aplicable a los consorcios del artículo 1.b).

El régimen jurídico y el funcionamiento de las cuentas de la Tesorería General de la Junta de Andalucía y de los consorcios del artículo 1.b) se desarrollarán por Orden de la persona titular de la Consejería competente en materia de Hacienda.

Son **cuentas tesoreras** aquellas de las que dispone la Tesorería General de la Junta de Andalucía para gestionar sus cobros y sus pagos en orden a cumplir las funciones encomendadas en el artículo 73 del Texto Refundido de la Ley General de la Hacienda Pública de la Junta de Andalucía.

Atendiendo a la aplicación del principio de unidad de caja, la Tesorería operará con cuentas tesoreras generales, si bien, por la singularidad que pueda requerir la tramitación de determinados procedimientos de gastos, podrá disponer de cuentas tesoreras especiales que se regirán por su normativa específica, sin perjuicio de la aplicación supletoria de las disposiciones contenidas en la presente sección.

La disposición de la apertura y cierre de las cuentas tesoreras corresponderá a la persona titular de la Dirección General competente en materia de tesorería.

Las cuentas tesoreras girarán bajo la siguiente denominación: Tesorería General de la Junta de Andalucía, a la que se podrá añadir una expresión adicional para concretar su finalidad específica.

La disposición y el movimiento de fondos de las cuentas tesoreras requerirá tres firmas mancomunadas por parte de las áreas de la Ordenación de Pagos, Tesorería e Intervención, que corresponderán, respectivamente, a las personas titulares de la Dirección General competente en materia de tesorería, de su Servicio de Tesorería y de su Intervención Delegada.

En todo caso, las firmas de las áreas de Ordenación de Pagos y de Tesorería podrán ser sustituidas por la del personal de las respectivas áreas que haya sido designado previamente por la persona titular de la Dirección General competente en materia de tesorería, que siempre deberá ser personal funcionario cuando se realicen disposiciones de fondos.

Para la prestación del servicio de colaboración de las entidades de crédito en la gestión recaudatoria de la Comunidad Autónoma de Andalucía existirán **cuentas restringidas para la recaudación**, donde las entidades autorizadas para la prestación de este servicio estarán obligadas a situar los ingresos que resulten de los documentos presentados a tal fin por las personas que realizan el pago.

Las cuentas restringidas serán cuentas corrientes, no serán retribuidas ni devengarán comisión alguna y en ellas solo podrán efectuarse anotaciones en concepto de abonos por la recaudación que se realice y una única anotación por adeudo referida a cada quincena para proceder a ingresar el saldo de las mismas en la cuenta tesorera general destinada a la centralización de estos cobros. No obstante, podrán efectuarse otras anotaciones cuando tengan origen en rectificaciones de errores producidos por incidencias en la prestación del servicio siempre que sean debidamente justificadas y se realicen durante la quincena en la que se han producido, en los términos que se establezca mediante Orden de la persona titular de la Consejería competente en materia de Hacienda.

Cada entidad de crédito colaboradora en la gestión recaudatoria procederá a la apertura de una cuenta restringida para todo el ámbito competencial de la Comunidad Autónoma de Andalucía en la oficina que designen para relacionarse con la Tesorería General de la Junta de Andalucía.

Esta cuenta se denominará bajo el siguiente título: Tesorería General de la Junta de Andalucía. Cuenta restringida para la recaudación, asignándole el Número de Identificación Fiscal de la Junta de Andalucía.

El régimen jurídico de la prestación del servicio de colaboración de las entidades de crédito será el establecido en el Reglamento General de Recaudación, aprobado por el Real Decreto 939/2005, de 29 de julio, y en el presente Reglamento, correspondiendo el desarrollo normativo de esta materia a la persona titular de la Consejería con competencia en materia de Hacienda, que deberá contener, entre otros extremos, el régimen de autorización del servicio, el funcionamiento de las cuentas restringidas y el procedimiento de ingreso.

Las entidades colaboradoras centralizarán la operación de ingreso de las cantidades que hayan recaudado durante cada quincena en la cuenta de la Tesorería General designada por la Dirección General competente en materia de tesorería y enviarán a esta la información necesaria para la gestión y seguimiento de los ingresos en los plazos y forma que se establezcan por la Consejería competente en materia de Hacienda.

Cada quincena comprenderá desde el fin de la anterior hasta el día 5 o 20 siguiente o hasta el inmediato hábil posterior, si el 5 o el 20 son inhábiles.

El día 18 de cada mes o el inmediato hábil anterior, las entidades colaboradoras ingresarán en la cuenta de la Tesorería General el total de lo recaudado durante la quincena que finaliza el día 5 del referido mes y el penúltimo día hábil de cada mes ingresarán el total de lo recaudado durante la quincena que finaliza el día 20 de dicho mes.

Para facilitar la aplicación de los ingresos al ejercicio presupuestario correspondiente, sin alterar las quincenas de recaudación definidas, la primera quincena de enero de cada año, que comprende los ingresos realizados en entidades colaboradoras desde el día 21 de diciembre del año anterior hasta el 5 de enero, será fraccionada en dos períodos, el primero comprendido entre el día 21 de diciembre y el fin del ejercicio, cuyo ingreso en la cuenta tesorera deberá realizarse el día 5 de enero y el segundo desde el inicio del año siguiente hasta el día 5 de enero inclusive, cuyo ingreso deberá realizarse el día 18 de enero. Si los días 5 o 18 de enero fuesen inhábiles, el ingreso se realizará el inmediato hábil posterior.

A efectos de lo previsto en este apartado se consideran días inhábiles los sábados, domingos y las festividades nacionales, autonómicas y locales de la localidad en la que se encuentre situada la oficina designada por la entidad de crédito para relacionarse con la Tesorería General de la Junta de Andalucía.

Cuando las entidades colaboradoras en la recaudación no efectúen los ingresos en la cuenta de la Tesorería General de la Junta de Andalucía en las fechas establecidas, la Dirección General competente en materia de tesorería exigirá el inmediato ingreso y practicará liquidación por los intereses de demora, sin perjuicio de que pueda cancelarse o suspenderse la autorización concedida para actuar como entidad colaboradora.

Las responsabilidades en que pudieran incurrir las entidades colaboradoras no alcanzarán en ningún caso a los sujetos pasivos o deudores por los ingresos realizados en las cuentas restringidas, quedando estos liberados de sus deudas, con efectos de la fecha que conste en el documento de ingreso mecanizado por la entidad de crédito.

Para la prestación del **servicio de caja** por las entidades de crédito, previsto en el artículo 76.1 del Texto Refundido de la Ley General de la Hacienda Pública de la Junta de Andalucía, existirá una cuenta restringida abierta en la entidad donde se realizarán los ingresos por las personas obligadas al pago.

La entidad de crédito que preste el servicio de caja deberá ingresar diariamente en la Tesorería General de la Junta de Andalucía las cantidades recaudadas en esta cuenta restringida y remitirá a la Dirección General competente en materia de tesorería una relación justificativa de las cantidades ingresadas en la cuenta restringida y los documentos acreditativos de las deudas a las que corresponden.

Por Orden de la persona titular de la Consejería competente en materia de Hacienda se desarrollará el régimen de prestación de este servicio, el funcionamiento de estas cuentas, así como la forma, soporte y plazo en los que la entidad de crédito que presta el servicio de caja deberá remitir la información necesaria para el seguimiento de los ingresos.

De conformidad con lo dispuesto en el artículo 75.2 del Texto Refundido de la Ley General de la Hacienda Pública de la Junta de Andalucía, cuando convenga por razón de las operaciones que desarrollen o del lugar en que se efectúen y para el ejercicio de las funciones y operaciones de tesorería que correspondan, las agencias administrativas, de régimen especial, las agencias públicas empresariales del artículo 2.1, las instituciones y los consorcios del artículo 1.b), podrán solicitar la apertura de cuentas en las entidades de crédito, que requerirá autorización previa de la Consejería competente en materia de Hacienda.

La disposición y movimiento de fondos de las **cuentas autorizadas** requerirá tres firmas mancomunadas por parte de las áreas de la Ordenación de Pagos, Tesorería e Intervención, que corresponderán, respectivamente, a la persona titular de la Presidencia o Dirección de la agencia, institución o consorcio, a la persona titular de la unidad que tenga atribuido el ejercicio de las funciones de tesorería, que deberá ser personal funcionario en caso de disposición de fondos, y a la persona titular de la Intervención Delegada, Central o Provincial competente.

Las firmas de las áreas de Ordenación de Pagos y de Tesorería podrán ser sustituidas por las del personal de las respectivas áreas que haya sido designado previamente por la persona titular de la Presidencia o Dirección de la agencia, institución o consorcio. En caso de disposición de fondos, las personas designadas deberán tener la condición de personal funcionario.

Se podrán autorizar las siguientes clases de cuentas:

a) Cuenta de tesorería de la agencia administrativa, de régimen especial, de la agencia pública empresarial, institución o consorcio. A esta denominación se añadirá la de la agencia, institución o consorcio de que se trate. Esta cuenta existirá cuando los entes ejecuten la fase de materialización del pago prevista en el artículo 73.bis.1.b) del Texto Refundido de la Ley General de la Hacienda Pública de la Junta de Andalucía.

La cuenta se utilizará para situar los fondos derivados de sus operaciones presupuestarias y extrapresupuestarias, destinados a satisfacer sus obligaciones de pago. Las disposiciones de los fondos de estas cuentas serán autorizadas de conformidad con lo dispuesto en el apartado 2.

b) Cuenta restringida de ingresos de la agencia administrativa, de régimen especial, de la agencia pública empresarial, institución o consorcio. A esta denominación se añadirá la de la agencia, institución o consorcio de que se trate.

Se podrá autorizar la apertura de este tipo de cuenta para situar fondos que se deriven de la propia actividad de la agencia, institución o consorcio cuando su necesidad esté debidamente justificada por razones de mejor prestación del servicio, custodia de los fondos u otras causas similares.

Con cargo a esta cuenta no podrán efectuarse más adeudos que los que tengan por objeto ingresar, al menos mensualmente, el importe recaudado en la cuenta de la Tesorería General de la Junta de Andalucía que se indique o en la cuenta de tesorería de la agencia, consorcio o institución cuando el ente la tenga autorizada. Estos movimientos de fondos serán autorizados de conformidad con lo dispuesto en el apartado 2.

En el ámbito de las agencias, consorcios e instituciones a los que les resulte de aplicación el segundo párrafo del artículo 73.bis.3 del Texto Refundido de la Ley General de la Hacienda Pública de la

Junta de Andalucía, la prestación de este servicio bancario se podrá licitar por la Consejería competente en materia de Hacienda dentro de los servicios de gestión de cobros de la Tesorería General de la Junta de Andalucía conforme al artículo 5.4.

En el ámbito de los órganos de la Administración de la Junta de Andalucía, existirán cuentas restringidas de ingreso asociadas a las cajas de recaudación autorizadas conforme a lo establecido en el artículo 18.

Mediante Orden de la persona titular de la Consejería competente en materia de Hacienda podrá regularse la existencia de otras cuentas autorizadas en los órganos de la Administración de la Junta de Andalucía, de las agencias administrativas, de régimen especial, de las agencias públicas empresariales del artículo 2.1, instituciones y consorcios del artículo 1.b), de conformidad con el artículo 7.3.c) y 7.4, cuando resulten necesarias por su vinculación a procedimientos concretos de ejecución del gasto, de materialización del pago, de contratos de financiación o para el desarrollo de los procesos de recaudación material del ingreso.

La Orden reguladora determinará el régimen de funcionamiento necesario para el cumplimiento de la finalidad que haya motivado su autorización cuando no exista régimen específico, sin perjuicio de la aplicación supletoria de las normas generales y, en su caso, del régimen de licitación y autorización establecido en la presente norma, cuando resulte compatible con la naturaleza de la cuenta.

Corresponde a la persona titular de la Dirección General competente en materia de tesorería la autorización necesaria para la apertura de las cuentas autorizadas de la Tesorería General de la Junta de Andalucía, previa solicitud de la persona titular del órgano de la Administración de la Junta de Andalucía o de la persona titular de la Presidencia o Dirección de las agencias administrativas, de régimen especial, de las agencias públicas empresariales del artículo 2.1, de las instituciones y de los consorcios del artículo 1.b).

La solicitud de autorización de apertura de la cuenta deberá expresar la clase o naturaleza de la misma con la justificación de su finalidad, las personas con firma autorizada para la disposición y movimiento de fondos y el cargo o puesto de trabajo que ocupen en el órgano de la Administración de la Junta de Andalucía, en la agencia, en la institución o en el consorcio. La solicitud de autorización deberá presentarse mediante el modelo normalizado que se apruebe por Resolución de la persona titular de la Dirección General competente en materia de tesorería, que será publicada en el Boletín Oficial de la Junta de Andalucía.

La Dirección General emitirá una autorización provisional que permitirá al órgano que solicita la apertura de la cuenta poder iniciar el procedimiento que corresponda para la selección de la entidad de crédito, conforme a lo establecido en el artículo 5.3.

El plazo para resolver y notificar la autorización provisional al órgano que solicita la apertura de la cuenta será de dos meses. Transcurrido dicho plazo sin haberse notificado resolución expresa se podrá entender estimada la autorización por silencio administrativo.

Una vez realizada la adjudicación y formalización del contrato, se comunicarán estos extremos a la Dirección General competente en materia de tesorería, con indicación de la fecha de inicio de su ejecución. El referido órgano directivo, en el plazo de diez días hábiles, confirmará la autorización por el plazo de duración total del contrato.

Si transcurridos seis meses desde que se notificó la autorización provisional no se hubiera formalizado el contrato referido en el párrafo anterior, dicha autorización provisional perderá su eficacia, siendo notificado al órgano que solicitó la apertura de la cuenta.

La cancelación anticipada de las cuentas autorizadas requerirá la comunicación previa a la Dirección General competente en materia de tesorería, indicando su causa.

En los supuestos establecidos en el artículo 5.4 de la presente norma, la apertura de cuentas por los órganos administrativos y entidades referidos en el apartado 1 de este artículo se realizará mediante contratos derivados del acuerdo marco, requiriéndose autorización previa de la Dirección General competente en materia de tesorería.

El procedimiento de autorización de estas cuentas se desarrollará por Orden de la persona titular de la Consejería competente en materia de Hacienda.

La persona titular de la Dirección General competente en materia de tesorería respecto de las cuentas tesoreras generales y especiales, las personas titulares de los órganos de la Administración de la Junta de Andalucía y las personas titulares de la Presidencia y Dirección de las agencias administrativas, de régimen especial, de las agencias públicas empresariales del artículo 2.1, de los consorcios del artículo 1.b) e instituciones respecto de las cuentas autorizadas, deberán realizar, mensualmente y referida al último día del mes anterior, una conciliación de las cuentas entre los saldos reflejados en la contabilidad pública en las cuentas financieras bancarias y los reflejados en los extractos bancarios remitidos por las entidades de crédito.

Para la realización de las conciliaciones se requerirá de las entidades de crédito los extractos demostrativos de los movimientos que se han realizado en la cuenta.

Cuando los saldos de la entidad de crédito y de la contabilidad pública de una cuenta no coincidan se deberá proceder a la comprobación individualizada de las partidas registradas por la entidad de crédito y las reflejadas en la contabilidad, investigando el origen de las partidas a conciliar y clarificando las diferencias.

En ningún caso se podrán registrar adeudos en la contabilidad pública que tengan como único soporte los apuntes reflejados en los extractos bancarios de las entidades de crédito, y siempre se requerirá que exista el correspondiente documento justificativo del órgano administrativo competente que dé soporte al asiento en la contabilidad pública.

De la conciliación y análisis de la cuenta será responsable la persona titular del órgano administrativo a cuya disposición se encuentre o esté adscrita la misma.

Las conciliaciones mensuales de las cuentas generales y de las cuentas autorizadas se rendirán a la oficina contable de la Intervención que corresponda, con anterioridad a la finalización del mes posterior al que va referida.

El órgano competente deberá remitir a la Dirección General con competencias en materia de tesorería las conciliaciones de las cuentas autorizadas realizadas a fecha 31 de diciembre de cada año, con anterioridad a la finalización del mes de enero del año siguiente, sin perjuicio de que este último órgano directivo pueda requerir en cualquier momento la remisión de las conciliaciones mensuales de dichas cuentas.

La Dirección General competente en materia de tesorería ejercerá funciones de comprobación y verificación del régimen de funcionamiento de las cuentas tesoreras y de las cuentas autorizadas previstas en los artículos 7.3 y 12, de acuerdo con lo establecido en la presente norma y sus disposiciones de desarrollo, y revisará la correcta aplicación de los intereses a los recursos situados en las cuentas referidas, que revierten finalmente a la caja única de la Tesorería General de la Junta de Andalucía.

Estas funciones se ejercerán sin perjuicio de las actuaciones de control que correspondan a la Intervención General de la Junta de Andalucía.

Para el ejercicio de estas funciones, la Dirección General competente en materia de tesorería podrá solicitar la información y realizar las labores de comprobación necesarias, requiriendo la colaboración precisa del órgano de la Administración de la Junta de Andalucía, de la agencia, institución o consorcio que corresponda y de las entidades de crédito en las que se abran las cuentas, que estarán obligadas a proporcionar a la Dirección General y a la Intervención General de la Junta de Andalucía la información que estos órganos directivos les soliciten.

La Dirección General competente en materia de tesorería planificará anualmente estas funciones, mediante instrucción, determinando el ámbito específico de cuentas sometidas a estas actuaciones, así como el período y extremos concretos objeto de verificación.

El referido órgano directivo podrá determinar mediante resolución la cancelación o bloqueo de las cuentas autorizadas, cuando constate que no subsisten las razones que originaron su autorización, cuando se produzcan hechos que dificulten su normal funcionamiento o se detecten incumplimientos del régimen y condiciones impuestas para su utilización.

LA JUSTIFICACIÓN DE LOS GASTOS LIBRADOS "A JUSTIFICAR" Y LOS LIBRADOS EN FIRME DE "JUSTIFICACIÓN DIFERIDA".

Pagos a justificar

Las órdenes de pago cuyos documentos no puedan acompañarse en el momento de su expedición, según establece el artículo anterior, tendrán el carácter de «a justificar», sin perjuicio de su aplicación a los correspondientes créditos presupuestarios.

Los perceptores de estas órdenes de pago quedarán obligados a justificar la aplicación de las cantidades recibidas en el plazo de tres meses. Excepcionalmente podrá ampliarse este plazo hasta doce meses en los casos que reglamentariamente se determinen, estando en cualquier caso sujetos al régimen de responsabilidades previsto en la presente Ley.

Durante el mes siguiente a la fecha de aportación de los documentos justificativos, a que se refieren los apartados anteriores de este artículo, se llevará a cabo la aprobación o reparo de la cuenta por el órgano competente.

Pagos en firme con justificación diferida

En los libramientos en firme con «justificación diferida» la justificación de la obligación presupuestaria se halla totalmente acreditada al tiempo de la expedición de la orden de pago, aún cuando, con posterioridad, debe acreditarse el cumplimiento de los fondos recibidos.

El seguimiento de obligaciones con justificación posterior es un módulo del Sistema GIRO que permite el control contable de los documentos con fase de pago que hayan de ser objeto de alguno de los tipos de justificación posterior, así como la verificación del cumplimiento de los plazos de justificación.

Los documentos contables podrán indicar que el pago de los mismos está sujeto a justificación por parte de su perceptor.

Los documentos contables de pago correspondientes a obligaciones sujetas a justificación posterior podrán ser expedidos en alguno de los siguientes supuestos:

a) Cuando hayan de realizarse al acreedor pagos de cuyos justificantes no pueda disponerse hasta que no se hayan materializado, por desconocerse el importe exacto u otra causa que imposibilite la definitiva justificación. La fecha límite de justificación será la que establezcan las normas de aplicación al procedimiento de gasto en el que se realiza el libramiento, o en su defecto, las que se establecen en el Reglamento de la Tesorería General de la Junta de Andalucía.

b) Cuando el acreedor de los mismos, conforme a lo exigido en las normas del procedimiento de gasto de aplicación, deba aportar documentación acreditativa posterior a la materialización del pago, y de modo particular en las subvenciones en las que se otorgue un plazo para la justificación de la aplicación de los fondos posterior a dicha materialización.

Los documentos contables que indican que el pago está sujeto a justificación serán los siguientes:

a) »OJ».

b) «ADOJ».

c) «DOJ».

Conforme a lo dispuesto en el artículo 18.2 se podrán emitir los siguientes documentos barrados:

a) Documento «OJ/».

b) Documento «ADOJ/».

c) Documento «DOJ/».

La tramitación de estos documentos se realizará de acuerdo con el procedimiento establecido con carácter general para los documentos contables de gastos en fase de propuesta y en fase de contabilidad oficial.

En estos documentos el plazo límite de justificación se podrá asignar bien a una fecha concreta, o a un plazo determinado que se computará a partir de la realización del pago.

Las justificaciones de los libramientos expedidos se efectuarán mediante el documento «J», que se tramitará siguiendo el procedimiento establecido para los documentos contables de gastos en fase de propuesta y en fase de contabilidad oficial.

Cuando proceda, se podrá expedir el documento «J negativo», con objeto de minorar el importe justificado.

Las propuestas de documentos «J» de pagos de subvenciones se darán de alta en la contabilidad desde el módulo de gestión de subvenciones del Sistema GIRO.

La Intervención General de la Junta de Andalucía determinará los procedimientos que se habiliten en el Sistema GIRO para la diferenciación en cada propuesta de documento contable de la naturaleza elegible o no de la justificación, de acuerdo con la normativa aplicable a la fuente de financiación de la obligación de justificación posterior; así como, en su caso, para la distinción en materia de subvenciones entre la justificación del empleo adecuado de los recursos públicos y aquellos otros supuestos que, sin representar la justificación anterior, se tramiten en sustitución de la misma, tales como la devolución voluntaria de los fondos percibidos por parte de los beneficiarios o el reintegro de los mismos.

Las prórrogas o modificaciones de los plazos de justificación que hayan de producirse por la ampliación de los inicialmente establecidos, y que se acuerden por las oficinas de gestión competentes, se introducirán en el Sistema por las oficinas contables modificando la fecha límite de justificación de los documentos de pago.

Las oficinas contables expedirán requerimientos de justificación que remitirán a las oficinas gestoras responsables de acreditar la justificación de las obligaciones a justificar pendientes y fuera de plazo, con indicación de la necesidad de cancelar dichos importes pendientes en la forma que, en cada caso, proceda.

La nómina general de la Administración de la Junta de Andalucía, de sus agencias administrativas y de sus agencias de régimen especial, que se elabore y apruebe en el Sistema SIRhUS, generará documentos ADO, y documentos O, en su caso, sin datos de justificación. Los pagos correspondientes a dicha nómina tendrán, a todos los efectos, la consideración de pagos en firme de justificación previa.

No obstante lo dispuesto en el apartado anterior, y sin perjuicio de que se consideren pagos en firme a los restantes efectos, los documentos contables con fase O que se imputen a créditos del presupuesto de gastos, cofinanciados con fondos de la Unión Europea, y que requieran la cumplimentación de la lista de comprobación FE08, o similar, se grabarán con datos de justificación, a fin de que en el plazo de 45 días desde la contabilización del pago material, los órganos gestores procedan a grabar los documentos J acreditativos del cumplimiento y del resultado de dicha verificación, sin cuyo requisito no podrá ser fiscalizada de conformidad la siguiente propuesta de pago.

TEMA 24

EL CONTROL DE LA ACTIVIDAD FINANCIERA DE LA COMUNIDAD AUTÓNOMA. CONCEPTO Y CLASES. EL CONTROL INTERNO: LA FUNCIÓN INTERVENTORA Y SUS MODALIDADES. EL CONTROL FINANCIERO Y EL CONTROL FINANCIERO PERMANENTE. LA INTERVENCIÓN GENERAL DE LA JUNTA DE ANDALUCÍA. EL CONTROL EXTERNO: LA CÁMARA DE CUENTAS DE ANDALUCÍA Y EL CONTROL PARLAMENTARIO.

EL CONTROL DE LA ACTIVIDAD FINANCIERA DE LA COMUNIDAD AUTÓNOMA. CONCEPTO Y CLASES.

Concepto.

La actividad financiera, tanto en su vertiente de ingresos como de gastos, de la Administración de la Junta de Andalucía, de sus entidades instrumentales y de las demás entidades incluidas en el artículo 5 de esta Ley, se encuentra sometida al control interno de la Intervención General de la Junta de Andalucía y al régimen de contabilidad pública, todo ello, con arreglo a lo dispuesto en esta Ley y en las disposiciones que la desarrollen.

Clases.

A)   Control interno: bajo la competencia directa de la intervención de la Junta de Andalucía.

•   Control financiero.
•   Control financiero permanente.

A)   Control externo:

•   Control por el Parlamento Andaluz (control político).
•   Control por la Cámara de Cuentas, Tribunal de Cuentas.

EL CONTROL INTERNO: LA FUNCIÓN INTERVENTORA Y SUS MODALIDADES.

El control financiero del sector público es un control posterior que tiene por objeto comprobar que su funcionamiento, en el aspecto económico-financiero, se ajusta al ordenamiento jurídico y a los principios de legalidad, eficacia, eficiencia, economía y buena gestión financiera.

El control financiero tiene como finalidad promover la mejora de las técnicas y procedimientos de la gestión económico-financiera, a través de recomendaciones en los aspectos económicos, financieros, patrimoniales, presupuestarios y procedimentales para corregir las actuaciones que lo requieran.

En función de los objetivos particulares, el control financiero podrá consistir en:

a) Auditoría de cumplimiento, que consistirá en verificar que los actos, operaciones y procedimientos de gestión se han desarrollado de conformidad con las normas, disposiciones y directrices que les sean de aplicación.

b) Auditoría financiera, que consistirá en verificar que la contabilidad, en general, y las cuentas anuales, estados y demás informes de gestión, en particular, expresan fielmente la situación patrimonial y el resultado de la gestión de acuerdo con las normas y principios contables que sean de aplicación.

c) Auditoría operativa, que consistirá en verificar que los procedimientos aplicados aseguran de manera razonable el cumplimiento de la normativa aplicable y la consecución de la eficacia, eficiencia y economía en la gestión de los recursos públicos.

d) Auditoría de programas, que consistirá en verificar que los sistemas y procedimientos de seguimiento de objetivos aplicados por los servicios o entidades sometidas a control aseguran una adecuada calidad en los informes emitidos sobre consecución de objetivos, así como verificar el cumplimiento de los objetivos asignados a los centros gestores del gasto.

El control financiero podrá realizarse, siguiendo las directrices de la Intervención General, en los plazos o periodos que la trascendencia de la operación u operaciones a controlar y de la entidad sujeta al mismo hagan aconsejable. El control financiero podrá realizarse incluso respecto de las operaciones que, conforme a lo dispuesto en el artículo 89.3 de esta Ley, hayan podido ser objeto de control previo.

Las entidades sometidas a control financiero deberán prestar su colaboración a la Intervención General de la Junta de Andalucía, así como suministrarle la información requerida en los plazos establecidos. A estos efectos, si por causa imputable a la entidad sujeta a control no pudieran cumplirse los objetivos del mismo, dando lugar a una denegación de opinión, tal circunstancia se pondrá en conocimiento de la persona titular de la Consejería de adscripción, así como de la persona titular de la Consejería competente en materia de Hacienda para que por estas se adopten las medidas oportunas.

A fin de determinar las actuaciones a realizar en materia de control financiero, la Intervención General de la Junta de Andalucía aprobará, en el primer mes de cada ejercicio, un plan de control comprensivo de las citadas actuaciones. Dicho plan será enviado a la Cámara de Cuentas de Andalucía para su conocimiento.

El **control financiero permanente** es una modalidad del control financiero cuyo objeto, finalidad y ámbito son los previstos en los apartados 1 y 2 del artículo anterior, y que se aplica sobre el órgano, servicio o ente sometido a este tipo de control de forma regular.

En sustitución del control previo previsto en el presente Título, por Acuerdo del Consejo de Gobierno podrá establecerse el sometimiento a control financiero permanente de determinados órganos o servicios en los que se considere adecuada dicha fórmula de control.

Por la Intervención General de la Junta de Andalucía se establecerán las condiciones del ejercicio del control financiero permanente, una vez adoptado el Acuerdo a que se refiere el apartado anterior.

Las agencias de régimen especial quedarán sometidas, en todo caso, a control financiero permanente.

No obstante, por Acuerdo del Consejo de Gobierno adoptado a propuesta razonada de la Intervención General de la Junta de Andalucía y para una mayor eficacia del principio de intervención de todas las operaciones económicas, podría someterse la totalidad o parte de los gastos propios de estas agencias al régimen de control previo previsto en la Sección 1.ª del Capítulo II de este Título. En dicho Acuerdo se establecerá la entidad afectada por esta medida, la duración de la misma y los gastos que quedarán sometidos a esta modalidad de control.

El Consejo de Gobierno, a propuesta de la persona titular de la Consejería competente en materia de Hacienda y de la Consejería a la que estén adscritas, podrá determinar aquellas agencias públicas empresariales y sociedades mercantiles del sector público andaluz en las que el control financiero se ejercerá de forma permanente con las condiciones y en los términos establecidos en los apartados 1 y 3 anteriores.

Estas entidades no podrán adquirir compromisos de gastos corrientes o de inversión que superen los importes globales previstos en sus programas de actuación, inversión y financiación y en sus presupuestos de explotación y capital.

Asimismo, los compromisos que adquieran dichas entidades con cargo a ejercicios futuros estarán sujetos al alcance y a los límites establecidos en los apartados 1 a 7 del artículo 40 de esta Ley, que serán aplicados sobre los presupuestos y programas del ejercicio corriente. Sin perjuicio de ello, dichos límites podrán ser modificados en su cuantía y número de anualidades, mediante acuerdo del órgano que tenga atribuida la competencia en la entidad para la aprobación de las modificaciones de los Programas de Actuación, Inversión y Financiación, previa autorización de la Consejería competente en materia de Hacienda.

A los efectos anteriores, se creará un registro auxiliar donde habrán de consignarse todos los compromisos que se adquieran con terceros por las citadas entidades.

Las agencias públicas empresariales y sociedades mercantiles del sector público andaluz que se encuentren sometidas a control financiero permanente deberán contar con unidades propias de control interno, para el desarrollo de los trabajos del plan anual de control financiero, que formarán parte de la estructura de la Intervención General.

La Intervención General podrá determinar las entidades de la Junta de Andalucía no sometidas a control financiero permanente que deberán implantar dichas unidades de control interno, atendiendo al volumen de su actividad o a otras razones justificadas que así lo aconsejen.

El personal que se integre en las citadas unidades estará adscrito orgánicamente al máximo órgano de dirección de las entidades referidas en el apartado anterior y actuará de forma exclusiva para la Intervención General de la Junta de Andalucía y bajo su dependencia funcional única. Su contratación y cese requerirá previa conformidad de la Intervención General de la Junta de Andalucía.

El **control financiero de subvenciones** se ejercerá por la Intervención General de la Junta de Andalucía respecto de las personas o entidades beneficiarias y, en su caso, entidades colaboradoras, con el objeto de comprobar la adecuada y correcta obtención, destino y disfrute de las subvenciones concedidas.

Cuando se considere preciso, el control al que se refiere el apartado anterior se aplicará también a las personas físicas o jurídicas vinculadas con los beneficiarios y beneficiarias de subvenciones, así como a las personas o entidades proveedoras, clientes, y demás relacionadas directa o indirectamente con las operaciones financiadas con las mismas.

Las personas y entidades a que se refieren los apartados 1 y 2 de este artículo deberán facilitar el libre acceso a los locales y a la documentación objeto de investigación, así como la posibilidad de obtener copia de esta.

El personal funcionario encargado del control en el ejercicio de sus funciones tendrá la consideración de agente de la autoridad, a efectos de determinar la responsabilidad administrativa y penal de quienes ofrezcan resistencia o cometan atentado o desacato contra ellos, de hecho o de palabra, en acto de servicio o con motivo del mismo.

Las autoridades, cualquiera que sea su naturaleza, así como las personas titulares de la jefatura o dirección de oficinas o entidades del sector público, y quienes en general desarrollen su trabajo en tales oficinas y entidades, están obligados a prestar la debida colaboración y apoyo al personal funcionario encargado del control financiero de subvenciones en el ejercicio de sus facultades de control.

En el ejercicio de las facultades de control previstas en el anterior apartado, y cuando sea necesaria la posesión de especiales conocimientos técnicos, el personal funcionario encargado del control financiero podrá solicitar de la persona titular de la Intervención General la designación de asesores o peritos en los términos previstos en el apartado 3 del artículo 92.

Las actuaciones de control financiero a las que se refiere el artículo anterior se documentarán en diligencias e informes. En las diligencias se constatarán los hechos advertidos y en los informes se reflejarán los hechos relevantes que se pongan de manifiesto, tendrán el contenido, la estructura y los requisitos que se determinen por la Intervención General e incorporarán, como anexo, las observaciones que pudieran realizar los beneficiarios, el órgano gestor que concedió la subvención y la entidad colaboradora, en su caso.

Tanto las diligencias como los informes tendrán naturaleza de documentos públicos y constituirán prueba de los hechos que motiven su formalización, salvo que se acredite lo contrario.

El personal funcionario de la Intervención General competente para extender dichos documentos tendrá la consideración, a estos efectos, de agente de la autoridad.

En el **control del Fondo Europeo de Desarrollo Regional, del Fondo Social Europeo y del Fondo Europeo Marítimo y de la Pesca**, la Intervención General realizará las funciones que, como autoridad de auditoría o como órgano de control colaborador de la autoridad de auditoría, se le asignen en cada programa operativo.

El control de estos fondos se llevará a cabo en los términos establecidos por la normativa comunitaria y tendrá por objeto evaluar el correcto funcionamiento de los sistemas de gestión y control de cada programa operativo.

Para ello la Intervención General realizará auditorías sobre las operaciones que han sido certificadas a la Comisión Europea y de los sistemas de gestión y control que han sido aplicados por los organismos intermedios de la autoridad de gestión, así como de la cuenta que integra los gastos declarados en los programas operativos en los que la Intervención General es autoridad de auditoría.

En el caso de que el personal funcionario encargado de la auditoría lo estime necesario, dispondrá del asesoramiento técnico especializado recogido en el artículo 95.6.

Cuando las operaciones objeto de control se hayan materializado mediante la concesión de subvenciones y ayudas, y como resultado del control se detectara la existencia de una causa de reintegro de acuerdo con lo establecido en el artículo 37 de la Ley 38/2003, de 17 de noviembre, General de Subvenciones, el órgano de control comunicará esta circunstancia al órgano concedente de la subvención para que evalúe y, en su caso, exija el reintegro que corresponda, de acuerdo con el artículo 128 de la presente Ley. A estos efectos no será de aplicación lo establecido en el artículo 95 bis.

No obstante, el órgano controlado, una vez recibida la comunicación del resultado del control en cuestión, informará a la Intervención General en el plazo máximo de dos meses desde la citada comunicación acerca de la evaluación efectuada a propósito de las causas de las irregularidades comunicadas. En el supuesto de que se acuerde el reintegro de la subvención, los servicios centrales de la Intervención General realizarán el seguimiento del mismo y se incluirá en el informe a que se refiere el apartado 8 del artículo 95 bis.

Se atribuye a la Consejería competente en materia de Hacienda, con carácter exclusivo, la competencia para contratar auditorías sobre cualquier órgano o entidad de la Comunidad Autónoma de Andalucía y sus agencias administrativas, de régimen especial, públicas empresariales de las previstas en el artículo 2.c) y sobre los consorcios, así como para la contratación de la auditoría de las cuentas anuales sobre las agencias públicas empresariales del artículo 2.b) y sociedades mercantiles del sector público andaluz sometidas a control financiero permanente.

No obstante, estas últimas deberán recabar de la Intervención General informe con carácter previo a la contratación de auditorías distintas a las de cuentas anuales.

Sin perjuicio de lo dispuesto en el apartado anterior, las Consejerías competentes en materia de Administración Pública y de Hacienda coordinarán, en el marco de sus respectivos ámbitos competenciales, el ejercicio de las funciones auditoras e inspectoras de los servicios, con el fin de evitar posibles disfuncionalidades.

Las agencias públicas empresariales del artículo 2.b) y sociedades mercantiles del sector público andaluz no sometidas a control financiero permanente, y las fundaciones del sector público andaluz no obligadas a auditarse por su normativa específica, deberán recabar de la Intervención General de la Junta de Andalucía informe con carácter previo a la contratación de auditorías, incluidas, en el caso de las sociedades mercantiles, aquellas que resulten obligatorias por la legislación mercantil.

La Intervención General de la Junta de Andalucía realizará anualmente la auditoría de las cuentas anuales de las fundaciones del sector público andaluz obligadas a auditarse por su normativa específica, así como la auditoría de las cuentas anuales de los fondos carentes de personalidad jurídica a los que se refiere el artículo 5.3 de esta Ley y las de los consorcios referidos en el artículo 12.3 de la Ley 9/2007, de 22 de octubre.

Las citadas entidades deberán recabar de la Intervención General informe con carácter previo a la contratación de auditorías distintas a las de cuentas anuales.

La función interventora tiene por objeto controlar la legalidad económico-presupuestaria y contable de los actos de la administración de la comunidad autónoma de Andalucía que den lugar al reconocimiento de derechos u obligaciones de contenido económico, así como de los ingresos y pagos que de ellos se deriven; y la recaudación, inversión y aplicación de los caudales públicos.

La función interventora contendrá:

La intervención previa o crítica de los actos, documentos y expedientes susceptibles de producir derechos u obligaciones de contenido económico o movimiento de fondos y valores.

La intervención formal de la ordenación del pago.

La intervención material del pago.

La intervención de la aplicación de los fondos públicos, la comprobación de los efectivos de personal y las existencias de metálico, valores y demás bienes.

El control financiero.

Igualmente se encuentra dentro del ámbito de la función interventora, el control ejercido a través de la contabilidad pública.

Son inherentes a la función interventora:

➢ Interponer los recursos y reclamaciones que autoricen las disposiciones vigentes.

➢ Recabar de los órganos competentes los asesoramientos, informes, antecedentes y documentos que sean necesarios para el mejor ejercicio de esta función.

Toda persona natural o jurídica, pública o privada, estará obligada a proporcionar, previo requerimiento del órgano de control de la Intervención General de la Junta de Andalucía actuante, toda clase de datos, informes o antecedentes, con trascendencia para las actuaciones de control que desarrolle, deducidos directamente de sus relaciones económicas, profesionales o financieras con otras personas.

El Gabinete Jurídico de la Junta de Andalucía, previa la suscripción del convenio al que se refiere el artículo 41, apartado 3, de la Ley 9/2007, de 22 de octubre, en los supuestos que proceda, prestará la asistencia que, en su caso, corresponda al empleado público que, como consecuencia de su participación en actuaciones de control, sea objeto de citaciones por órganos jurisdiccionales. Dicha asistencia deberá ser solicitada por el órgano directivo correspondiente, y requerirá de la previa autorización del Jefe de Gabinete Jurídico de la Junta de Andalucía, salvo los supuestos a que se refiere el artículo 44 de la Ley 9/2007, de 22 de octubre, que se regirán por el mismo y sus normas de desarrollo.

A) Intervención crítica.

Se entiende por intervención crítica o fiscalización previa del reconocimiento de obligaciones o gastos, el ejercicio de la competencia atribuida a la intervención para examinar, antes de que se dicte el correspondiente acuerdo, todo expediente o documento en que se formule una propuesta de gasto, con objeto de reconocer si su contenido, y tramitación se ajustan a la legalidad económico-presupuestaria y contable aplicable al caso.

La fiscalización previa podrá ejercerse aplicando técnicas de muestreo y comprobaciones periódicas a los actos, documentos y expedientes objeto de control. Esto no será de aplicación a las obligaciones y gastos de cuantía indeterminada ni a los que deban ser objeto de autorización o aprobación por el Consejo de Gobierno que, en todo caso, requerirán de fiscalización individualizada.

No estarán sometidos a fiscalización previa:

- Los gastos de carácter periódico y demás de tracto sucesivo, una vez intervenido el gasto correspondiente al periodo inicial del acto o contrato del que se deriven o sus modificaciones.
- Los contratos menores definidos en la ley de contratos del sector público.
- Los gastos menores de 3.000 euros cuyo pago, de conformidad con la vigente legislación, deba realizarse mediante el procedimiento de Anticipo de Caja Fija.

Por vía reglamentaria, cuando lo demande la agilización de los procedimientos, podrán ser excluidos de intervención previa y sometidos a control posterior, sin quiebra de los principios económicos-administrativos y contables, los siguientes gastos:

❋ Los relativos a personal.

❋ Los de bienes corrientes y servicios, excepto los relativos a conciertos sanitarios.

❋ Los gastos de farmacia y prótesis.

❋ Los gastos destinados a satisfacer los honorarios y compensaciones que deban percibir las personas o entidades a quienes la Junta de Andalucía encomienda la gestión recaudatoria de sus ingresos, cuando el importe de tales gastos se calcula por programas integrados en los sistemas informáticos de gestión, liquidación y recaudación de impuestos.

Se sustituye la fiscalización previa de los derechos por la toma de razón de los mismos, estableciéndose las actuaciones comprobatorias posteriores que determine la Intervención General de la Junta de Andalucía. El procedimiento de control de los tributos cedidos cuya gestión se haya delegado a la Comunidad Autónoma será el que establezca la normativa legal que regule dicha cesión.

En el acto de la fiscalización previa, la intervención comprobará los siguientes extremos:

- Que la obligación o gasto se generará por aprobación del órgano competente.
- Que el crédito al que se pretende imputar el gasto u obligación es el adecuado a su naturaleza.
- Que existe remanente suficiente en el crédito indicado para dar cobertura al gasto u obligación.
- En el supuesto de que se trate de contraer compromisos de gastos de carácter plurianual si se cumplen los requisitos establecidos en decreto legislativo 1/2010 es que consten los informes preceptivos que deban figurar en el expediente.

La intervención formulará aquellas observaciones que considere procedentes respecto de los demás requisitos y trámites de cada expediente, no informados preceptivamente por otros órganos con anterioridad, sin que dichas observaciones tengan efectos suspensivos en su tramitación.

Se entiende por intervención crítica o fiscalización previa del reconocimiento de derechos, el ejercicio de la competencia atribuida a la intervención para examinar todo expediente o documento en el que se formule un reconocimiento de derecho o su liquidación, con objeto de reconocer si su contenido y tramitación se ajustan a la legalidad económico-presupuestaria y contable aplicable al caso.

A)   Intervención formal del pago.

Se llevará a cabo por los Interventores Delegados o Provinciales. Los servicios gestores de la Consejería o del organismo autónomo correspondiente, confeccionarán las propuestas de pago y las enviarán, en unión de cuantos documentos sean precisos para acreditar el derecho de quien haya de figurar como perceptor, a la respectiva intervención, para su fiscalización.

Tratándose de propuestas de pagos expedidas por las delegaciones provinciales de las consejerías que hubiesen delegado o desconcentrado estas competencias se fiscalizarán por la intervención provincial correspondiente.

Los respectivos interventores comprobarán que la propuesta de pago procede de un gasto fiscalizado y que documentalmente queda acreditada la ejecución de la obra, la realización del suministro o la prestación del servicio, así como el derecho y la legitimidad del acreedor. Igualmente comprobará, tratándose de propuestas de pago que hayan tenido su causa en la adquisición de bienes inventariables, que éstos han quedado inscritos en el libro registro de inventario.

B)   Intervención material del pago.

Consistirá en comprobar que el cheque bancario u orden de transferencia se ha expedido por el mismo importe y a favor de la misma persona que figura en la orden de pago.

Se efectuarán por los interventores delegados o provinciales.

C)   Intervención en la aplicación de fondos públicos.

Consistirá en la comprobación de que las cantidades pagadas responden a un servicio prestado, un suministro realizado o una obra ejecutada. Esta comprobación será previa cuando haya de servir de base para la expedición de mandamientos "en firme" y posterior cuando tenga por objeto acreditar el empleo que se haya dado a las cantidades libradas con el carácter de a justificar (recepciones obras).

D)   Intervención de la aplicación de subvenciones.

Consistirá en comprobar que los importes de las mismas han sido invertidos en las finalidades para las cuales se hubiera concedido. Se realizará, salvo que la normativa reguladora de la subvención exija otros requisitos, mediante la comprobación de la certificación de haber sido registrado en su contabilidad el ingreso de las subvenciones o auxilios percibidos, con expresión del asiento contable practicado.

E)   Comprobación de los estados de situación de personal, cuentas, cajas y existencias.

La comprobación de los estados de situación de personal consistirá en la verificación de la presencia física del personal incluido en las nóminas, en los puestos que según las mismas deben ocupar, comprobando así mismo la situación administrativa de dicho personal.

La comprobación de cuentas y cajas consistirá en la realización de actas de conciliaciones y arqueos de las cuentas de habilitación de personal (desaparecidas en función de lo establecido en el D 52/2002), de gastos de funcionamiento y de recaudación o restringida de ingresos y de las cajas autorizadas.

Se entiende por comprobación de existencias, la verificación de inventarios de bienes muebles en los almacenes y establecimientos de las consejerías y organismos autónomos.

F)   Control financiero.

El control de carácter financiero tendrá por objeto comprobar el funcionamiento económico-financiero de la Administración de la Junta de Andalucía, de sus entidades instrumentales, de las instituciones, así como de los consorcios, fundaciones y demás entidades del artículo 5.1 y fondos carentes de personalidad jurídica a que se refiere el artículo 5.3.

Asimismo, este control financiero será de aplicación a las Corporaciones de derecho público cuyos presupuestos hayan de ser aprobados por alguna de las Consejerías de la Junta de Andalucía.

Este control se efectuará mediante procedimientos y técnicas de auditoría en los siguientes casos:

a) Las agencias públicas empresariales, agencias de régimen especial, sociedades mercantiles del sector público andaluz y las entidades referidas en el artículo 5 de esta Ley. En este caso el control se referirá tanto a la total actuación de la entidad, como a aquellas operaciones individualizadas y concretas que por sus características, importancia o repercusión puedan afectar al desenvolvimiento económico-financiero de la misma.

b) Las sociedades mercantiles, empresas, entidades y particulares por razón de las subvenciones, créditos, avales y demás ayudas concedidas por la Junta de Andalucía y sus agencias. En estos casos el control tendrá por objeto determinar la situación económico-financiera de la entidad, y la inspección de las inversiones realizadas con créditos avalados por la Tesorería de la Junta, y/o de las ayudas concedidas por ésta.

c) Las Corporaciones de derecho público a que se refiere el párrafo primero de este artículo.

El control a que se refiere el apartado anterior podrá realizarse, siguiendo las directrices de la Intervención General, en los plazos o periodos que la trascendencia de la operación u operaciones a controlar y de la entidad sujeta al mismo hagan aconsejable.

Cuando la importancia de las operaciones individualizadas y concretas así lo aconseje, el control financiero podrá ejercerse, total o parcialmente, antes de que tales operaciones se formalicen o concierten. Clases de auditorías: Se atribuye a la Consejería competente en materia de Hacienda, con carácter exclusivo, la competencia para contratar auditorías sobre cualquier órgano o entidad de la Comunidad Autónoma de Andalucía y sus agencias administrativas, así como para la contratación de la auditoría de las cuentas anuales sobre las agencias públicas empresariales y de régimen especial y sociedades mercantiles del sector público andaluz sometidas a control financiero permanente.

No obstante, dichas entidades deberán recabar de la Intervención General informe con carácter previo a la contratación de auditorías distintas a las de las cuentas anuales, siempre que se cumplan los requisitos del artículo 1 de la Ley 19/1988, de 12 de julio, de Auditoría de Cuentas. Sin perjuicio de lo dispuesto en el apartado anterior, las Consejerías competentes en materia de Administración Pública y de

Hacienda coordinarán, en el marco de sus respectivos ámbitos competenciales, el ejercicio de las funciones auditoras e inspectoras de los servicios, con el fin de evitar posibles disfuncionalidades.

Las agencias públicas empresariales y de régimen especial y las sociedades mercantiles del sector público andaluz no sometidas a control financiero permanente deberán recabar de la Intervención General de la Junta de Andalucía informe con carácter previo a la contratación de las auditorías, incluidas aquéllas que resulten obligatorias por la legislación mercantil.

La Intervención General de la Junta de Andalucía realizará anualmente la auditoria de las cuentas anuales de las fundaciones del sector público andaluz obligadas a auditarse por su normativa específica.

Auditoria integral	Auditoria de regularidad	Auditoria de cumplimento	Determina si el ente acreditado ha cumplido la legalidad vigente
		Auditoria financiera	Determina si los estados financieros y contables del auditado representan adecuadamente la gestión realizada de acuerdo con los principios contables que le sean de aplicación.
	Auditoría operativa o de gestión		Evalúa si la gestión se ha desarrollado con criterios de economía y eficacia, al servicio de los objetivos previstos.

G)   Control financiero permanente.

Se entiende por control financiero permanente el control regular posterior sobre la totalidad de las operaciones de contenido económico de la entidad sujeta al mismo, con un triple objetivo:

a) Comprobación del cumplimiento de la legalidad y de las normas y directrices de aplicación.

b) En su caso, examen de las cuentas anuales, con objeto de emitir un dictamen sobre si las mismas se gestionan y presentan de acuerdo con los principios, criterios y normas contables aplicables al efecto.

c) Examen y juicio crítico sobre la gestión de los programas asignados a la entidad sujeta a control, con objeto de verificar si su ejecución se ha desarrollado en forma económica, eficaz y eficiente.

En sustitución de la intervención previa prevista en el presente Título, por Acuerdo del Consejo de Gobierno podrá establecerse el sometimiento a control financiero permanente de determinados órganos o servicios en los que se considere adecuada dicha fórmula de control.

Por la Intervención General de la Junta de Andalucía se establecerán las condiciones del ejercicio del control financiero permanente, una vez adoptado el Acuerdo a que se refiere el apartado anterior.

El Consejo de Gobierno, a propuesta de la persona titular de la Consejería competente en materia de Hacienda y de la Consejería a que estén adscritas, podrá determinar aquellas agencias públicas empresariales, agencias de régimen especial y sociedades mercantiles del sector público andaluz en las que el control financiero se ejercerá de forma permanente con las condiciones y en los términos establecidos en el apartado anterior.

Las agencias públicas empresariales y sociedades mercantiles del sector público andaluz que se encuentren sometidas a control financiero permanente deberán contar con unidades propias de control interno, que colaborarán con la Intervención General de la Junta de Andalucía en el desarrollo de los trabajos de ejecución del plan anual de auditorías.

La Intervención General podrá determinar las entidades de la Junta de Andalucía no sometidas a control financiero permanente que deberán establecer dichas unidades de control interno, atendiendo al volumen de su actividad o a otras razones justificadas que así lo aconsejen.

El personal que se integre en las citadas unidades estará adscrito al máximo órgano de dirección de las entidades referidas en el apartado anterior y actuará bajo la dependencia funcional exclusiva de la Intervención General de la Junta de Andalucía en lo que se refiere a las labores de control interno y de auditoría que desempeñe. Su contratación y cese requerirá previa conformidad de la Intervención General de la Junta de Andalucía.

EL CONTROL FINANCIERO Y EL CONTROL FINANCIERO PERMANENTE.

El control de carácter financiero a que se refiere el artículo 85 de la Ley General de la Hacienda Pública de la Comunidad Autónoma de Andalucía consistirá, en el examen de cuantos documentos y antecedentes de cualquier clase afecten al aspecto económico-financiero de los entes y organismos sujetos al citado control y en la inspección de las inversiones realizados con créditos avalados por la Tesorería de la Junta o financiadas, en todo o en parte, con ayudas concedidas por ésta.

El control financiero podrá referirse a la total actuación del ente u organismo durante cada ejercicio económico, o bien a aquellas operaciones individualizadas y concretas que a juicio de la Intervención General, por sus características, importancia o repercusión puedan afectar en grado considerable a su desenvolvimiento económico-financiero.

En este último caso, cuando la importancia de las operaciones, a criterio de la Intervención General, así lo aconseje, el control financiero podrá ejercerse, total o parcialmente, antes de que tales operaciones se formalicen o concierten.

Para el ejercicio del control financiero en la Administración de la Junta, la Intervención General utilizará el personal destinado en el Servicio de Control Financiero. No obstante, en aquellos casos especiales en que así resulte necesario, el titular de la Consejería competente en materia de hacienda, a propuesta del Interventor General de la Junta de Andalucía, podrá designar a funcionarios destinados en otros Servicios o Dependencias de la propia Consejería, previo informe del Jefe del Centro del que dependa.

Las actuaciones realizadas y las conclusiones a las que se lleguen, se plasmarán en informes.

El informe emitido, antes de su elevación a definitivo, se remitirá al ente u organismo a que se refiera para que, en el plazo de quince días, alegue lo que a su juicio proceda.

El titular de la Consejería competente en materia de hacienda, previo informe de la Intervención General, dará cuenta al Consejo de Gobierno de aquellos resultados que por su interés y repercusión deban ser destacados o puedan servir de base para la adopción de criterios uniformes de actuación.

En los casos en que, por aplicación de lo dispuesto en el artículo 85 de la Ley General de la Hacienda Pública de la Comunidad Autónoma de Andalucía, este control haya de efectuarse mediante técnicas de auditoría, el procedimiento se ajustará a las normas de auditoría del sector público Las auditorias, en cuanto sea posible, serán realizadas por el personal del Servicio de Control Financiero de la Intervención General de la Junta de Andalucía, el cual podrá contar con la colaboración de funcionarios de otros Servicios, ya sea del mismo Centro o de otro dentro de la misma Consejería. En este último caso, la designación corresponderá al titular de la Consejería competente en materia de hacienda a propuesta del Interventor General y previo informe del Jefe del Centro del que dependan.

Cuando no sea posible llevar a cabo una auditoría exclusivamente por medios propios, previo informe del Interventor General se podrá contratar por el titular de la Consejería competente en materia de hacienda la colaboración de empresas privadas especializadas. En todo caso la auditoria deberá ser dirigida por el funcionario designado por el Interventor General.

Según la orden de 30 de abril de 2014,por la que se desarrollan los mecanismos adicionales de control de las transferencias de financiación a entidades del sector público andaluz con contabilidad no presupuestaria, el plan de auditorías elaborado cada año por la Intervención General de la Junta de Andalucía deberá determinar sobre qué entidades sometidas a control financiero y que reciban transferencias de financiación se aplicarán dichas medidas. En todo caso, serán aplicables a todas las entidades del sector público andaluz sometidas a control financiero permanente que reciban transferencias de financiación con contabilidad no presupuestaria.

Los organismos, entidades públicas y privadas y particulares sujetos al control financiero a quienes previamente se les habrá comunicado la decisión de efectuar tal control facilitarán a los funcionarios designados el acceso a las oficinas, centros, dependencias y establecimientos de todo orden, dándoseles por los jefes de las mismas las facilidades necesarias para el cumplimiento de su función y, en especial, facilitándoles el acceso a cuanta documentación sea precisa para ello.

La calidad en la gestión pública comprende cumplir con el principio de eficacia, entendido como la consecución de los objetivos, metas y estándares orientados a la satisfacción de las necesidades y expectativas del ciudadano.

La gestión pública debe seguir el principio de eficiencia, comprendido como la optimización de los resultados alcanzados por la Administración Pública con relación a los recursos disponibles e invertidos en su consecución.

La calidad en la gestión pública dependerá de que se cumpla con el principio de economía, esto es, que el funcionamiento de la Administración Pública propenda a la utilización racional de los recursos públicos. La asignación de recursos a la Administración Pública se ajustará estrictamente a los requerimientos de su funcionamiento para el logro de las metas y objetivos previstos.

Se entiende por control financiero permanente el control regular posterior sobre la totalidad de las operaciones de contenido económico de la entidad sujeta al mismo, con un triple objetivo:

a) Comprobación del cumplimiento de la legalidad y de las normas y directrices de aplicación.

b) En su caso, examen de las cuentas anuales, con objeto de emitir un dictamen sobre si las mismas se gestionan y presentan de acuerdo con los principios, criterios y normas contables aplicables al efecto.

c) Examen y juicio crítico sobre la gestión de los programas asignados a la entidad sujeta a control, con objeto de verificar si su ejecución se ha desarrollado en forma económica, eficaz y eficiente.

En sustitución de la intervención previa prevista en el presente Título, por Acuerdo del Consejo de Gobierno podrá establecerse el sometimiento a control financiero permanente de determinados órganos o servicios en los que se considere adecuada dicha fórmula de control.

Por la Intervención General de la Junta de Andalucía se establecerán las condiciones del ejercicio del control financiero permanente, una vez adoptado el Acuerdo a que se refiere el apartado anterior.

El Consejo de Gobierno, a propuesta de la persona titular de la Consejería competente en materia de Hacienda y de la Consejería a que estén adscritas, podrá determinar aquellas agencias públicas empresariales, agencias de régimen especial y sociedades mercantiles del sector público andaluz en las que el control financiero se ejercerá de forma permanente con las condiciones y en los términos establecidos en el apartado anterior.

Las agencias públicas empresariales y sociedades mercantiles del sector público andaluz que se encuentren sometidas a control financiero permanente deberán contar con unidades propias de control interno, que colaborarán con la Intervención General de la Junta de Andalucía en el desarrollo de los trabajos de ejecución del plan anual de auditorías.

La Intervención General podrá determinar las entidades de la Junta de Andalucía no sometidas a control financiero permanente que deberán establecer dichas unidades de control interno, atendiendo al volumen de su actividad o a otras razones justificadas que así lo aconsejen.

El personal que se integre en las citadas unidades estará adscrito al máximo órgano de dirección de las entidades referidas en el apartado anterior y actuará bajo la dependencia funcional exclusiva de la Intervención General de la Junta de Andalucía en lo que se refiere a las labores de control interno y de auditoría que desempeñe. Su contratación y cese requerirá previa conformidad de la Intervención General de la Junta de Andalucía.

LA INTERVENCIÓN GENERAL DE LA JUNTA DE ANDALUCÍA.

La Intervención de la Junta, con plena autonomía respecto a los órganos y entidades sujetas a fiscalización, tendrá el carácter de centro de control interno, directivo de la contabilidad pública de Andalucía, y de control financiero.

La función interventora será ejercida por la Intervención General de la Junta de Andalucía que, bajo la dependencia jerárquica del Consejero competente en materia de Hacienda, se estructura del modo siguiente:

a.-   Intervención General.

b.-   Intervenciones Delegadas en los servicios centrales de las consejerías, centros, organismos autónomos y otros entes públicos.

c.-   Intervenciones Provinciales en las delegaciones provinciales de Hacienda y en los servicios periféricos de las consejerías, centros u organismos en las que existan o se implanten en el futuro.

A)   La Intervención General.

El Interventor General, con categoría de director general, es nombrado por decreto del Consejo de Gobierno a propuesta del Consejero competente en materia de Hacienda. Ostenta la dirección funcional de todos los servicios, dependencias y funcionarios adscritos a la Intervención General, y desarrolla las funciones que le atribuyen las leyes y demás disposiciones.

Son competencias exclusivas del Interventor General:

•   La fiscalización previa de los expedientes de gastos de cuantía indeterminada y los que hayan de ser aprobados por el Consejo de Gobierno.

•   Los que se deriven o tengan el carácter adicional de otros que hubieran sido fiscalizados por el Interventor General.

- El informe de las modificaciones presupuestarias que hayan de ser aprobadas por el Consejo de Gobierno.
- La resolución de las discrepancias que se susciten entre los demás interventores y los órganos gestores.
- El examen y reparo, en su caso, de las cuentas que hayan de rendirse al parlamento de Andalucía, el Tribunal de Cuentas y la Cámara de Cuentas de Andalucía.
- La formación de la cuenta general.
- El establecimiento del sistema de contabilidad de la Junta y sus organismos autónomos y la vigilancia e impulso de las oficinas de contabilidad.
- El control de carácter financiero.
- La dirección e inspección de todas las Intervenciones Delegadas y Provinciales.
- El asesoramiento y la emisión de dictámenes en materia contable y de control financiero.

El Interventor General podrá recabar, en cualquier momento, la fiscalización de cualquier obligación o gasto en principio atribuido a los interventores delegados o provinciales.

Por orden del Consejero de Hacienda y Administración Pública se podrán nombrar Interventores Adjuntos por delegación del Interventor General que desarrollen las funciones que éste les encomiende.

A)   Intervenciones Delegadas.

Dependiendo del Interventor General, en cada Consejería y organismo autónomo, en la Dirección General de Tesorería y Política Financiera y en aquellos otros centros directivos que resulte necesario, existirá una Intervención Delegada.

Al frente de cada intervención delegada estará un Interventor Delegado que será nombrado por el Consejero de Hacienda y Administración Pública. Podrá nombrar Interventores Adjuntos al Interventor Delegado cuando alguna Consejería u organismo autónomo gestione un volumen de recursos tal que hiciera necesaria su existencia.

Independientemente de los adjuntos al Interventor General previsto, existirán Interventores Adjuntos al SAS (antes también en el IASS) que se denominarán Interventores Centrales (nombrados por el Consejero de Hacienda y Administración Pública).

Bajo la dependencia del Interventor General de la Junta de Andalucía, los Interventores Centrales ejercerán la dirección de todas las intervenciones territoriales integradas en las estructuras de dicho organismo y servicio.

También se podrá nombrar interventor adjunto, en los interventores centrales.

A las Intervenciones Delegadas y a las Centrales corresponden, en relación con los órganos en que actúan, las funciones previstas en el D 149/88 reglamento de intervención de la Junta de Andalucía que no estén atribuidas a la Intervención General ni a las provinciales y sin perjuicio del derecho de avocación que asiste a aquella.

Corresponde a la intervención delegada en la Dirección General de Tesorería y Política Financiera:

- La fiscalización previa de los gastos que se originen como consecuencia de los actos de gestión de la dirección general en relación con la sección de la deuda pública.
- La intervención formal de la ordenación de los pagos, siempre que no esté atribuido a las Intervenciones Delegadas o Provinciales.
- La intervención material de los pagos que se efectúen en la tesorería general.
- Dirigir e inspeccionar la contabilidad de la tesorería general, de la ordenación central de pagos, de la deuda pública y de la caja central de depósitos.

A)   Interventores Provinciales.

En las delegaciones de la Consejería competente en materia de Hacienda y en las gerencias provinciales del SAS, existirá, dependiendo del Interventor General, un Interventor Provincial nombrado por el Consejero de Hacienda y Administración Pública. En cada Intervención Provincial podrá existir un Interventor Adjunto al Interventor Provincial, que auxiliará a éste en materia de su competencia y le sustituirá en caso de ausencia, vacante o enfermedad.

Sin perjuicio del derecho que asiste al Interventor General de avocar para sí la fiscalización de cualquier expediente, será competencia de las intervenciones provinciales:

a)   En materia fiscal:

- La intervención previa de los derechos que se liquiden como consecuencia de los actos de gestión e inspección de los tributos propios o cedidos.
- La intervención previa de los gastos que se originen como consecuencia de los actos de gestión desconcentrada o delegada del gasto público en el ámbito de su territorio.
- La intervención formal de la ordenación de los pagos, siempre que se deriven de propuestas formuladas por órganos de su demarcación territorial en los que se hubiera delegado o desconcentrado tal competencia.
- La intervención material de los pagos que se efectúen por la tesorería de su delegación o gerencia.
- Presenciar o intervenir el movimiento de caudales, artículos y efectos en las cajas, almacenes y establecimientos de su demarcación territorial y comprobar la existencia de personal, metálicos, efectos, artículos y materiales.

b)   En materia contable:
- La contabilización de los actos, documentos y expedientes tramitados en su demarcación territorial de los que se deriven derechos, gastos, obligaciones, ingresos y pagos realizados por la tesorería de su delegación o gerencia.
- La formación de las cuentas de rentas públicas y tesorería y, en su caso, la de los gastos públicos desconcentrados o delegados.
- La contabilidad de la caja provincial de depósitos.

El Interventor General de la Junta de Andalucía, cuando no sea posible o adecuado acudir a los mecanismos de sustitución previstos en este Reglamento, podrá designar a un funcionario destinado en las Intervenciones Centrales, Delegadas, Provinciales y de Centros de gasto, o a un estatutario en el caso de los centros sanitarios, para desempeñar alguna de las funciones del correspondiente Interventor o Interventor Adjunto, en caso de vacante, ausencia o enfermedad de su titular, y previa autorización de la Consejería u Organismo Autónomo de destino. En el supuesto de vacante, deberá previamente convocarse el correspondiente procedimiento de provisión.

En tales casos, dicho personal, que deberá reunir los requisitos necesarios para el desempeño de las funciones correspondientes, actuará bajo la dependencia funcional del Interventor General de la Junta de Andalucía, y desempeñará las funciones que éste le asigne durante el tiempo que persistan las circunstancias que justificaron su designación

EL CONTROL EXTERNO: LA CÁMARA DE CUENTAS DE ANDALUCÍA Y EL CONTROL PARLAMENTARIO.

Según el Estatuto de Autonomía:

Art. 106.12: corresponde al Parlamento de Andalucía el examen y aprobación de la Cuenta General de la Comunidad Autónomas sin perjuicio del control atribuido a la Cámara de Cuentas.

Art. 130: la Cámara de Cuentas es el órgano de control externo de la actividad económica y presupuestaria de Andalucía, de los entes locales y del resto del sector público de Andalucía. La Cámara de Cuentas depende orgánicamente del Parlamento de Andalucía. Su composición, organización y funciones se regulará por ley.

Art. 194. Corresponde a la Cámara de Cuentas la fiscalización externa del sector público andaluz en los términos del artículo 130.

La Constitución Española (art. 136) establece que el **Tribunal de Cuentas** es el supremo órgano fiscalizador de las cuentas y de la gestión económica del Estado, así como del sector público. Las cuentas del Estado y del sector público se rendirán al Tribunal de Cuentas y serán censuradas por éste.

El Tribunal de Cuentas, sin perjuicio de su propia jurisdicción, remitirá a las Cortes Generales un informe anual en el que, cuando proceda, comunicarán las infracciones o responsabilidades en que, a su juicio, se hubiera incurrido (L.O. 2/82 Tribunal de Cuentas).

Se le atribuyen a este tribunal dos funciones diferenciadas: la función fiscalizadora y la función de enjuiciamiento de la responsabilidad contable en que incurran quienes tengan a su cargo el manejo de caudales o efectos públicos

La Cámara de Cuentas de Andalucía y el control parlamentario.

La Constitución Española establece en el artículo 153,d), que el control de la actividad de los órganos de las Comunidades Autónomas se ejercerá por el Tribunal de Cuentas, el económico y presupuestario.

El Estatuto de Autonomía establece (art. 194) que corresponde a la Cámara de Cuentas la fiscalización externa del sector público andaluz. En el artículo 130 se define la Cámara de Cuentas como el órgano de control externo de la actividad económica y presupuestaria de la Junta de Andalucía, de los entes locales y del resto del sector público de Andalucía. La Cámara de Cuentas depende orgánicamente del Parlamento de Andalucía. Su composición, organización y funciones se regulará mediante ley.

A través de la L 1/88 se creó la Cámara de Cuentas de Andalucía como órgano de control económico-financiero que, sin perjuicio de la competencia del Tribunal de Cuentas estatal, actúa bajo los criterios de colaboración y coordinación de éste.

La Cámara de Cuentas de Andalucía es un órgano técnico dependiente del Parlamento de Andalucía, al que, sin perjuicio de las competencias que la Constitución Española atribuye al Tribunal de Cuentas, corresponde la fiscalización externa de la gestión económica, financiera y contable de los fondos públicos de la comunidad autónoma de Andalucía.

Componen el sector público de la comunidad autónoma de Andalucía:
◆ La Junta de Andalucía, sus organismos autónomos, sus instituciones y empresas.
◆ Las corporaciones locales que forman parte del territorio de la comunidad autónoma, así como los organismos autónomos y empresas públicas de ellas dependientes.
◆ Cuantos organismos y entidades sean incluidos por norma legal.

Son fondos públicos, todos los gestionados por el sector público andaluz, así como las subvenciones, créditos, avales y todas las ayudas, cualquiera que sea su naturaleza, concedidas por los órganos del sector público a cualquier persona física o jurídica.

Son funciones propias de la Cámara de Cuentas de Andalucía, que ejercerá con total independencia:

Fiscalizar la actividad económico-financiera del sector público de Andalucía, velando por la legalidad y eficiencia de cuantos actos den lugar al reconocimiento de derechos y obligaciones de contenido económico, así como de los ingresos y pagos que de ellos se deriven y, en general, de la recaudación, inversión o aplicación de los fondos públicos.

En todo caso, a la Cámara de Cuentas de Andalucía corresponde la fiscalización de las subvenciones, créditos, avales u otras ayudas de los órganos del sector público andaluz, percibidas por personas físicas o jurídicas.

Fiscalizar el grado de cumplimiento de los objetivos propuestos en los diversos programas presupuestarios y en las memorias de las subvenciones, créditos, avales u otras ayudas que se otorguen a personas físicas o jurídicas.

Asesorar al Parlamento de Andalucía en la materia propia de sus competencias.

Fiscalizar especialmente los contratos administrativos celebrados por los componentes del sector público.

Desarrollar las funciones de fiscalización que, por delegación, le encomiende el Tribunal de Cuentas.

La Consejería competente en materia de Hacienda trasladará a la Cámara de Cuentas todos los contratos que se celebren por la Junta de Andalucía, cuyo importe inicial exceda de 150.253,03 euros (25 millones de pesetas), para su examen y toma en razón. Dichos contratos deberán ser enviados a la Consejería competente en materia de Hacienda por los órganos de contratación.

Si la Cámara de Cuentas apreciase una manifiesta infracción de ley con grave perjuicio para el interés público, dará inmediato conocimiento al parlamento y al Consejo de Gobierno por medio de un informe extraordinario.

La iniciativa fiscalizadora corresponde a la Cámara de Cuentas y al Parlamento de Andalucía, aunque podrán interesar igualmente la actuación fiscalizadora de la Cámara de Cuentas o la emisión de informe:
➢ El gobierno de la comunidad autónoma.
➢ Las entidades locales, previo acuerdo del respectivo pleno.

La iniciativa habrá de ser realizada a través de la Comisión de Hacienda y Presupuestos del Parlamento de Andalucía, que se pronunciará sobre la propuesta.

El ejercicio de la función fiscalizadora se realizará, con sometimiento al ordenamiento jurídico, por los procedimientos siguientes:

a.- Examen y comprobación de la cuenta general anual de la Junta de Andalucía.

b.- Examen y comprobación de las cuentas de las corporaciones locales, en las materias transferidas o delegadas de acuerdo con el Estatuto de Autonomía o sobre las que tengan competencia propia las instituciones andaluzas de autogobierno, así como en los supuestos de subvenciones recibidas de los órganos de gobierno de la comunidad autónoma. Todo ello sin perjuicio de las competencias que correspondan al Tribunal de Cuentas.

c.- Examen y comprobación de las cuentas de los organismos y entidades consideradas como sector público.

d.- Examen de las cuentas y documentos correspondientes a las ayudas concedidas por el sector público a personas físicas o jurídicas. Si fuera necesario, se realizará, en la contabilidad de los beneficiarios, las comprobaciones suficientes hasta ver qué cantidades, objeto de financiación, se han aplicado a las finalidades para las que fueron solicitadas.

La Cámara de Cuentas podrá exigir de cuantos organismos y entidades integran el sector público andaluz los datos, informes, documentos o antecedentes que considere necesarios. También podrá inspeccionar y comprobar toda la documentación de las oficinas públicas, libros, metálicos y valores dependencias, depósitos, almacenes y en general, cuantos documentos, establecimientos y bienes considere necesarios.

Habrá de presentarse a la Cámara de Cuentas, en las fechas siguientes:

La cuenta general de la Junta de Andalucía, hasta el 30 de septiembre inmediato posterior al ejercicio económico a que se refiera.

Las cuentas de las corporaciones locales, dentro del mes siguiente a su aprobación por los respectivos plenos y, en todo caso, antes del primero de noviembre inmediato posterior al ejercicio económico a que se refieran.

La Cámara de Cuentas procederá al examen y comprobación de la cuenta general de la Junta de Andalucía, dentro del plazo de tres meses a partir de la fecha en que se hayan presentado.

El resultado de la actividad fiscalizadora de la Cámara de Cuentas se expondrá por medio de informes anuales o especiales, que serán elevados al parlamento de Andalucía, remitidos al Tribunal de Cuentas y publicados en el BOJA.

En dichos informes se hará constar:

a.- La observancia de la legalidad reguladora de la actividad económico-financiera del sector público y de los principios contables aplicables.

b.- El grado de cumplimiento de los objetivos previstos y si la gestión económico-financiera se ha ajustado a los principios de economía y eficacia.

c.- La existencia, en su caso, de infracciones, abusos o prácticas irregulares.

d.- Las medidas que, en su caso, se proponen para la mejora de la gestión económico-financiera de las entidades fiscalizadas.

El informe anual que la Cámara de Cuentas deber remitir al parlamento de Andalucía, contendrá además del análisis de la cuenta general de la Junta de Andalucía, el análisis de la gestión económico-financiera de cuantas entidades, organismos u órganos sin personalidad jurídica hayan sido controlados en el ejercicio a que se refiera, así como de las medidas que, en su caso, hubiesen adoptado los órganos competentes.

La Cámara de Cuentas estará integrada por los siguientes órganos:

a) El pleno (7 miembros).

b) La comisión de gobierno (Consejero mayor más dos miembros).

c) El Consejero mayor.

d) Los consejeros (elegidos por 3/5 de los votos del parlamento de Andalucía).

e) La secretaría general.

La Cámara de Cuentas rendirá a la comisión de hacienda y presupuestos del parlamento de Andalucía, antes del 1 de marzo de cada año, una memoria de las actuaciones por ella realizadas en el año inmediato anterior, dicha memoria incluirá la liquidación de su presupuesto.

La presentación de la memoria correrá a cargo del Consejero mayor.

El informe que la Cámara de Cuentas ha de presentar al parlamento sobre la cuenta general de la comunidad autónoma de Andalucía será objeto de dictamen en la comisión de economía y hacienda y presupuestos, dentro de los 30 días siguientes a su publicación en el Boletín oficial del parlamento de Andalucía.

El acuerdo del pleno del parlamento se publicará tanto en el Boletín oficial del parlamento como en el BOJA.

Las autoridades y el personal funcionario y laboral al servicio de la Administración de la Junta de Andalucía y de sus agencias, instituciones y sociedades mercantiles del sector público andaluz que por dolo, culpa o negligencia graves, ocasionen menoscabo en los fondos públicos a consecuencia de acciones u omisiones contrarias a las disposiciones de esta Ley o de las leyes reguladoras del régimen presupuestario, económico-financiero, de contabilidad y de control aplicables, estarán obligados a la indemnización de daños y perjuicios, con independencia de la responsabilidad penal o disciplinaria que les pueda corresponder.

La responsabilidad de quienes hayan participado en la resolución o en el acto será mancomunada, excepto en los casos de dolo, que será solidaria.

Para la determinación de esta responsabilidad en materia de tasas se estará a lo establecido en a Ley 10/2021, de 28 de diciembre, de tasas y precios públicos de la Comunidad Autónoma de Andalucía.

Constituyen infracciones, según determina el artículo anterior:

a) Incurrir en alcance o malversación en la administración de los fondos de la Junta de Andalucía.

b) Administrar los recursos y demás derechos de la Hacienda de la Junta de Andalucía sin sujetarse a las disposiciones que regulan su liquidación, recaudación e ingreso en la Tesorería.

c) Comprometer gastos y ordenar pagos sin crédito suficiente para realizarlo o con infracción de lo dispuesto en la presente Ley o en la del Presupuesto que sea aplicable.

d) Dar lugar a pagos indebidos al liquidar las obligaciones o al expedir documentos en virtud de funciones encomendadas.

e) No rendir las cuentas reglamentarias exigidas, rendirlas con notable retraso o presentarlas con graves defectos.

f) No justificar la inversión de los fondos a que se refiere el artículo 56.

Conocida la existencia de las infracciones enumeradas en el artículo anterior, los órganos superiores de las personas presuntamente responsables y los órganos competentes para la ordenación de los pagos instruirán las diligencias previas y adoptarán, con igual carácter, las medidas necesarias para asegurar los derechos de la Junta de Andalucía, poniéndolo inmediatamente en conocimiento de la persona titular de la Consejería competente en materia de Hacienda y, en su caso, del Tribunal de Cuentas, para que procedan según sus competencias y conforme a los procedimientos establecidos.

La persona titular de la Intervención que en el ejercicio de sus funciones advierta la existencia de infracciones lo pondrá en conocimiento de la persona titular de la Consejería competente en materia de Hacienda a los efectos previstos en el apartado anterior.

Sin perjuicio de las competencias de la Cámara de Cuentas, en los supuestos de los apartados a) y e) del artículo 109, la responsabilidad será exigida por el Tribunal de Cuentas de conformidad con lo establecido en su legislación específica. En los demás supuestos del artículo 109, la responsabilidad será exigida mediante procedimiento administrativo instruido a la persona interesada, en la forma que reglamentariamente se determine, sin perjuicio de dar conocimiento de los hechos al Tribunal de Cuentas a los efectos prevenidos en el artículo 41.1 de la Ley Orgánica 2/1982, de 12 de mayo, del Tribunal de Cuentas.

El acuerdo de iniciación, el nombramiento de instructor o instructora y la resolución del procedimiento corresponderán al Consejo de Gobierno cuando tenga la condición de autoridad de la Junta de Andalucía, y a la persona titular de la Consejería competente en materia de Hacienda en los demás casos.

La resolución que ponga fin al procedimiento, tramitado con audiencia de la persona interesada, deberá pronunciarse sobre los daños y perjuicios causados a los derechos económicos de la Hacienda de la Junta de Andalucía, y las personas responsables tendrán la obligación de indemnizar en la cuantía y el plazo que se señalen.

Los perjuicios declarados en los procedimientos a que se refiere el artículo anterior tendrán la consideración de derechos de la Hacienda de la Junta de Andalucía, gozarán del régimen a que se refieren los artículos 22 y 24, y se procederá a su cobro, en su caso, por la vía de apremio.

La Hacienda de la Junta de Andalucía tiene derecho al interés previsto en el artículo 23 sobre el importe de los alcances, malversaciones, daños y perjuicios en sus bienes y derechos, desde el día que se produzcan los perjuicios.

Cuando por insolvencia de la persona o entidad deudora directa se derive la acción a las personas subsidiariamente responsables, el interés se calculará a contar desde el día en que se le requiera el pago.

La Dirección General de Tesorería será el órgano responsable en los supuestos de ordenación improcedente de pagos centralizados, cuando los daños y perjuicios irrogados a la Hacienda de la Comunidad provengan de faltas o errores cometidos en el ejercicio de las competencias que, por el artículo 33, de este Reglamento tiene atribuidas.

En la misma medida, alcanzará tal responsabilidad a los Delegados Provinciales de la Consejería de Hacienda respecto a la ordenación de pagos desconcentrados.

De igual modo se exigirá responsabilidad a las autoridades y funcionarios que, en el ejercicio de sus funciones, comprometan gastos o fiscalicen pagos sin crédito suficiente para realizarlo, o no justifiquen la inversión de los fondos a que se refieren los artículos 45 y 50.

La responsabilidad consistirá, con independencia de la penal o disciplinaria a que hubiera lugar, en el reintegro de las cantidades indebidamente satisfechas.

La gestión para conseguirlo se dirigirá, en primer término, contra los perceptores y si estos resultaran insolventes, se procederá contra los funcionarios que hubieren sido causa del abono.

Todo ello con sujeción a lo preceptuado en los artículos 98 y siguiente de la Ley General 5/1983 de Hacienda Pública de la Comunidad.

9 798418 300423